中国人口普查
CHINA POPULATION CENSUS

第六次全国人口普查科学讨论会

论文集

国务院人口普查办公室
国家统计局人口和就业统计司 编

中国统计出版社
China Statistics Press

图书在版编目(CIP)数据

第六次全国人口普查科学讨论会论文集 / 国务院人口普查办公室，国家统计局人口和就业统计司编. —— 北京：中国统计出版社，2013.3

ISBN 978－7－5037－6781－4

Ⅰ. ①第… Ⅱ. ①国… ②国… Ⅲ. ①人口普查－中国－学术会议－文集 Ⅳ. ①C924.25－53

中国版本图书馆 CIP 数据核字(2013)第 031992 号

第六次全国人口普查科学讨论会论文集

作　　者/国务院人口普查办公室　国家统计局人口和就业统计司
责任编辑/徐　涛
封面设计/李雪燕
出版发行/中国统计出版社
通信地址/北京市丰台区西三环南路甲 6 号　邮政编码/100073
电　　话/邮购(010)63376909 书店(010)68783171
网　　址/http://csp.stats.gov.cn
印　　刷/河北天普润印刷厂
经　　销/新华书店
开　　本/880×1230mm　1/16
字　　数/1476 千字
印　　张/51.25
版　　别/2013 年 3 月第 1 版
版　　次/2013 年 3 月第 1 次印刷
定　　价/480.00 元

第六次全国人口普查科学讨论会论文集编委会编辑部工作人员名单

前言

2010年第六次全国人口普查是一次重要的国情国力调查，这次人口普查是在我国工业化、城镇化快速推进，经济社会快速发展的情况下开展的，普查取得了圆满成功，获得大量丰富翔实的人口资料。为做好人口普查资料的分析研究和开发利用，使人口普查资料能够发挥更大的社会效益，2012年11月，国务院人口普查办公室、国家统计局人口和就业统计司在北京召开了“第六次全国人口普查科学讨论会”。来自联合国驻京机构、有关部委、大专院校、科研单位的专家、学者以及各省、自治区、直辖市各级人口普查办公室的业务骨干200余人参加了讨论会。

本次科学讨论会共收到论文120余篇，这些论文都是利用2010年第六次全国人口普查资料，对城镇化、人口流动和住房，人口年龄性别结构、老龄化，人口与经济，婚姻家庭生育和普查技术方法，少数民族、人口素质等方面进行分析研究的成果。我们希望这些成果能为社会各界了解我国人口发展状况、各级政府科学决策和社会管理提供重要的参考依据，在发挥人口普查的社会效益上能起到积极的推动作用。

展现在读者面前的这本论文集，是我们从提交的120余篇论文中选出的，共77篇。所有论文都是作者辛勤研究的成果，仅代表作者个人的观点。

本论文集在编辑过程中得到了各省、自治区、直辖市人口普查办公室和社会各界的支持，联合国人口基金驻华代表处和联合国儿童基金会驻中国办事处对本论文集的出版给予了大力帮助，在此我们表示衷心的感谢。

编辑过程中存在的不足之处恳请读者批评指正。

大会会场

国家统计局副局长国务院人口普查办公室主任张为民在开幕式上致辞

联合国儿童基金会代表麦吉莲女士在开幕式上讲话

联合国人口基金副代表慕杰女士在开幕式上讲话

中国人口学会常务副会长翟振武在开幕式上讲话

国务院人口普查办公室常务副主任冯乃林宣读论文

国务院发展研究中心林家彬研究员宣读论文

甘肃省统计局副局长陈波宣读论文

北京大学郭志刚教授宣读论文

北京师范大学李实教授宣读论文

中国社会科学院王广州研究员宣读论文

代表提问

人口普查科学讨论会分会场 1

人口普查科学讨论会分会场 2

国家统计局副局长国务院人口普查办公室主任张为民在开幕式上的致辞

（2012 年 11 月 28 日　北京）

女士们、先生们，各位代表：

首先，我代表国务院人口普查办公室和国家统计局向第六次全国人口普查科学讨论会的召开表示热烈祝贺，向来自各省区市人口普查办公室的代表，向来自各大专院校、科研单位的专家、学者以及与会的各位朋友，向联合国人口基金、儿童基金代表，表示诚挚的欢迎。

根据中国政府的规定，我国于 2010 年进行了第六次全国人口普查。

这次人口普查是在我国工业化、城镇化快速推进，经济社会快速发展的情况下开展的，普查对象非常庞大、流动性强，普查内容非常丰富、涉及面广，普查难度前所未有。在各级政府的坚强领导下，在各级普查工作人员的艰苦努力下，在全国各族人民的大力支持配合下，普查取得了圆满成功，获得大量丰富翔实的人口资料。

这次人口普查，向我们展示了我国人口变化的新态势、揭示了人口发展面临的新挑战：生育率持续保持低水平；城镇化进程加快，流动人口增多；老年人口规模庞大，老龄化程度加深；劳动力资源依然丰富，但占总人口比重开始平稳下降；人口受教育年限快速提高；人口平均预期寿命明显延长；出生婴儿性别比仍然偏高等等。这些人口变化的新特点，必将对我国经济社会发展产生重大而深远的影响。

我们召开这次科学讨论会，就是推动大家都来开发利用人口普查资料这个宝贵的资源，共同分享人口普查资料研究成果，共同探讨我国人口发展所面临的问题、挑战和对策，为政府制定政策和规划，为全面建成小康社会、实现中华民族永续发展提供参考依据。

最后，祝这次科学讨论会取得圆满成功！

祝各位代表身体健康！工作顺利！

谢谢！

中国人口学会常务副会长翟振武在开幕式上的讲话

（2012年11月28日　北京）

尊敬的各位来宾、尊敬的各位专家学者：

经过精心的筹备和努力，在举世瞩目的第六次全国人口普查结束两年的时刻，国务院人口普查办公室组织的第六次全国人口普查科学讨论会在这里隆重召开。首先，我代表中国人口学会，向会议的顺利召开表示热烈的祝贺。

中国人口已经达到13.4亿之多，规模一直居世界第一位。对这样一个巨量人群中的每一个人进行全方位的详细询问、登记和调查，本身就是一项无比浩瀚的工程。通过这项工程收集上来的数据资料，也同样是无比的浩瀚、无比的丰富。人口是社会生活主体，是经济社会发展最基础、最重要的因素。人口的情况是一个国家最基本的国情。在各种各样的调查中，没有一个调查能像人口普查这样收集到如此全面详细的信息。人口普查的数据资料是一个巨大宝藏，对了解认识中国的基本国情提供了最好的资源。以人口普查的资料数据为基础进行开发、研究、讨论和交流，显然具有非常重要的、无可替代的理论价值和实际意义。

中国人口在过去几十年中，发生了巨大的，甚至是翻天覆地的变化。30年前的中国人口，20年前的中国人口，10年前的中国人口，甚至5年前的中国人口，都与今天的人口有巨大的不同。从前的中国妇女，平均生7个孩子，现在生不到两个；从前中国很少有流动人口，今天流动人口占了全部人口的六分之一；从前中国是一个年轻化的人口，今天变成了迅速老龄化的人口；从前出生性别比正常，今天世界上最高；从前中国农民是多数，而今天农民变成了少数，城市人口变成多数……诸如此类的、让人眼花缭乱的巨大变化，就发生在最近的几年，最近的十几年。第六次人口普查，恰恰为我们提供了认识人口新变化、判断人口新态势，预测未来人口发展趋势的宝贵资料。

人口普查资料的开发、利用、分析、研究，引起了无数专家学者及各个方面的高度关注和热情。人口在中国社会经济发展中的作用如此重要，人口普查的资料如此全面、详细和宝贵，又有无数专家学者像掘宝人一样投入热情进行开发、分析和研究，这次讨论会就是一个展示成果，交流学术，研讨创新的平台。我们相信，通过这个科学研讨会的平台，一定能极大丰富人们对最新中国人口状况的了解，极大推进人们对复杂中国人口问题的认识，并为制定应对新的人口挑战的战略策略提供重要的依据和支撑。

我们期待并预祝第六次全国人口普查科学讨论会的圆满成功。

谢谢！

目　　录

专题一　人口普查组织实施与数据质量

专题二　年龄结构、民族与人口素质

专题三　人口流动与城镇化

专题四　婚姻家庭生育与死亡

专题五　人口老龄化与社会保障

专题六　人力资源与经济发展

专题七　人口发展与住房

对 2010 年人口普查数据准确性的估计

我国以 2010 年 11 月 1 日零时为标准时点进行了第六次全国人口普查,《2010 年第六次全国人口普查主要数据公报(第 1 号)》结果显示全国总人口为 133972 万人(国家统计局,2011)。

2012 年 5 月,国家统计局出版了《中国 2010 年人口普查资料》(国务院人口普查办公室、国家统计局人口司,2012),公布了机器汇总从每个人常住地汇总的总人口 133281 万人(不含 230 万现役军人,不含难以确定常住地的 465 万人)以及各种结构数据,这为研究中国的人口问题提供了详细的资料。为便于人们准确认识和使用普查数据,本文将利用人口分析技术和与历史数据、行政记录资料比较等方法,对这次普查机器汇总数据进行评估,对主要数据的准确性做出估计。

1. 分年龄人口的准确性

人口年龄构成是人口的最基本结构。人口年龄构成是否存在偏差是衡量数据质量的关键。

1.1 10 岁及以上人口的准确性

与 2000 年人口普查的年龄结构进行比较,2010 年普查的 a+10 岁人口应为 2000 年普查 a 岁的存活人口(a>=0),即 $P_{2010}(a+10)/p_{2000}(a)$ 为留存率。一般情况下,人口留存率应严格小于 1,并随年龄的增大而减小;人口留存率还应该围绕生命表留存率曲线上下波动(翟振武等,1989)。

图 1 和图 2 绘出了男性人口和女性人口 2000—2010 年的留存率曲线(在计算普查的留存率时,均加入了现役军人)。可以看出留存率曲线低年龄波动较大,其余年龄在生命表留存率曲线上下小幅波动。从分年龄段看:

(1)10—19 岁。男女两性留存率均大于 1,即 2000 年 0—9 岁的人活到 2010 年不仅没减少反而增加了,这主要是 2000 年 0—9 岁人口的漏报所致。

(2)20—45 岁。男女两性留存率既有大于 1 的也有小于 1 的,但基本围绕生命表留存率曲线波动。男性 22—29 岁几个年龄留存率均低于生命表留存率,而 20、21 及 31—40 岁留存率又大于 1 或高于生

图1 2000-2010年留存率(男性)

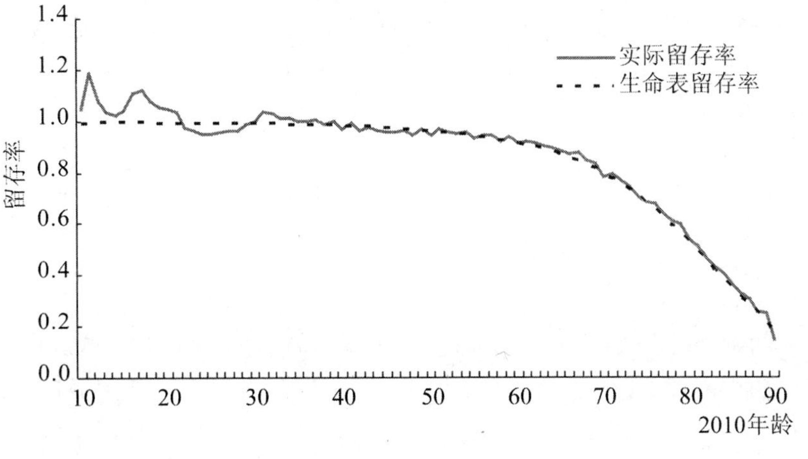

资料来源:根据 2000 年和 2010 年人口普查数据计算.

图 2　2000—2010 年留存率(女性)

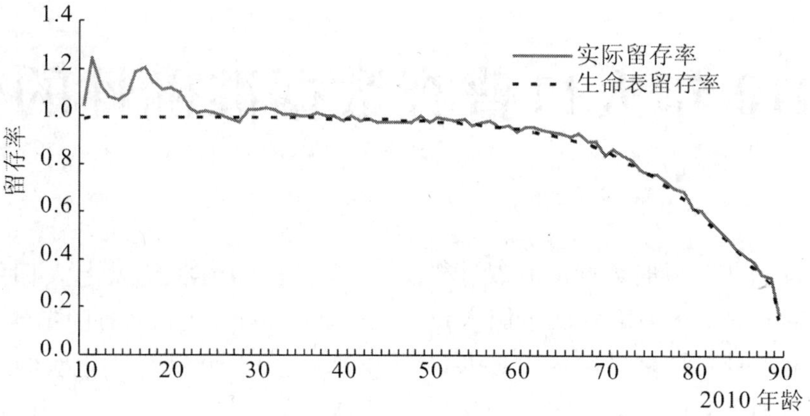

数据来源:根据 2000 年和 2010 年人口普查数据计算。

命表留存率,说明男性 22—29 岁可能存在漏报,而 20、21 岁及 30—40 岁又可能存在重报;女性在 20—25 岁、30—34 岁也出现了大于 1 的留存率。如果假定 2000 年 10—35 岁人口数是准确的,以 2000 年 10—35 岁为基础按留存率推算到 2010 年,再与这次普查 20—45 岁人口比较,便可估算出 2010 年 20—45 岁人口有漏也有重,但总体上表现出重报多于漏报。其中男性净重报 31 万人,女性净重报 572 万人,共净重复登记了 604 万人,占 20—45 岁人口的 1.1%。

青壮年人口的重复登记,主要是两头登记的信息不一致造成的。一部分人既在现住地被确定为常住,又在户口登记地被确定为常住,从而造成两边重复统计为常住人口。但这种重复的现象并不严重。

(3)46 岁及以上。46 岁及以上各年龄留存率均与生命表留存率吻合的比较好,说明与 2000 年普查的一致性较强,也表明 46 岁及以上人口的准确性较高。

1.2　0—9 岁人口的准确性

根据国家统计局历年公布的出生人数,推算出存活到 2010 年的人口,与普查登记的 0—9 岁人口比较,可以评价低年龄人口的准确性。即 2001 年的出生人数存活到 2010 年应为 2010 年普查的 9 岁人口,2002 年的出生人数存活到 2010 年应为 8 岁人口……2010 年的出生人数存活到普查时点为 0 岁人口。

表 1　历年出生人口推算的 2010 年 0—9 岁人口

年份	历年公布出生数(万人)	回推相应年龄		普查登记人数(万人)	回推—登记(万人)
		2010 年年龄(岁)	人口数(万人)		
2001	1702	9	1654	1425	229
2002	1647	8	1602	1367	235
2003	1599	7	1555	1343	213
2004	1593	6	1550	1480	70
2005	1617	5	1575	1473	101
2006	1584	4	1543	1522	21
2007	1594	3	1554	1525	29
2008	1608	2	1570	1562	8
2009	1591	1	1568	1566	2
2010	1592	0	1576	1379	198
0—9 岁合计			15748	14641	1107

数据来源:(1)2001—2009 年出生数来源于 2001—2009 年国民经济和社会发展公报;2010 年出生数根据第六次全国人口普查数据推算。

(2)0—9 岁普查登记人数来源于《中国 2010 年人口普查资料》。

表 1 可以看出，用出生人口推算到相应年龄（0—9 岁）的人口数，累计比普查多 1107 万人。说明普查 0—9 岁低年龄人口漏报 1107 万人，漏报率为 7.56%。

低年龄人口漏报，是中国人口普查面临的主要问题之一（人口研究编辑部，2009、2011）。2000 年和 2010 年人口普查，都不同程度地出现了后一次普查 10—19 岁人口明显多于前一次普查 0—9 岁人口的问题。通过 2000 年人口普查我们已经看到 1990 年 0—9 岁人口漏报 1254 万人，占 1990 年 0—9 岁实际登记人口的 5.81%（张为民、崔红艳，2002）。同样地，2010 年 10—19 岁人口明显多于 2000 年的 0—9 岁人口。

将这次普查 10—19 岁人口按照留存率回推后与 2000 年普查 0—9 岁的人口进行比较，我们发现，2000 年 0—9 岁累计漏报 1689 万人（见表 2），占 2000 年 0—9 岁实际登记人口的 10.61%。也进一步说明 2000 年调查环境比 1990 年时差，低年龄漏报比 1990 年严重。

表 2 2010 年人口普查与 2000 年人口普查相应年龄的比较

2010 年人口普查		2000 年人口普查		2010 年普查回推2000 年相应年龄人口（万人）	回推人数与 2000 年登记人数之差（万人）	2000 年漏报率（%）
年龄（岁）	实际登记（万人）	年龄（岁）	实际登记（万人）			
10	1445	0	1379	1466	86	6.25
11	1394	1	1150	1403	254	22.06
12	1540	2	1401	1549	147	10.53
13	1523	3	1445	1530	84	5.85
14	1589	4	1522	1596	74	4.86
15	1802	5	1693	1810	117	6.90
16	1879	6	1647	1887	240	14.57
17	2078	7	1791	2087	295	16.49
18	2082	8	1875	2092	216	11.54
19	2172	9	2008	2183	175	8.69
累计	17505	累计	15913	17602	1689	10.61

数据来源：本表普查登记数据分别来源于《中国 2000 年人口普查资料》和《中国 2010 年人口普查资料》。

以上分析可以看出，近几次人口普查低年龄人口均存在漏报，主要原因是群众对超生的孩子往往不愿意如实申报，以便避开超生处罚造成的。

2. 分性别数据的准确性

同年龄构成一样，性别结构也是人口的最基本结构之一，它是衡量数据质量的另一关键指标。

2.1 10 岁及以上人口性别比的准确性

采用同队列性别比比较的方法（国家统计局人口司，1992），对 2010 年和 2000 年同一出生队列人口的性别比进行比较，判断性别数据与 2000 年登记的一致性。一般地，由于各年龄死亡率男性都比女性高，同队列性别比应该呈下降趋势。而又由于青壮年年龄死亡人口较少，两性差异较小，所以青壮年年龄同队列性别比曲线应该比较接近；高年龄死亡人口相对较多，且两性差异较大，同队列性别比随年龄增大差异加大。

图 3 给出了 2000—2010 年同队列性别比曲线图，从中可以看出：第一，10—19 岁性别比下降明显。2010 年 10—19 岁性别比为 111.85，与 2000 年 0—9 岁性别比（117.45）比较下降了 5.60。结合第一部分对年龄结构的分析，如果假定 2010 年 10—19 岁年龄性别登记准确，说明 2000 年 0—9 岁性别比被高估了，而主要原因是 2000 年低年龄人口漏报女性多于男性，对性别比的影响达 5.40 个百分点（117.45—112.05）（见表 3）。

图 3　2000 和 2010 年同队列性别比比较

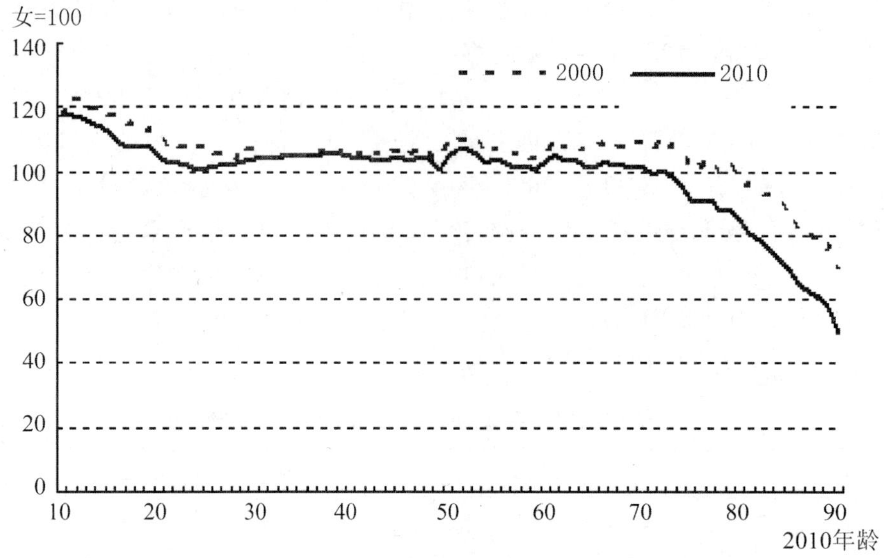

数据来源：根据 2000 年和 2010 年人口普查数据计算。

表 3　用 2010 年 10—19 岁性别比推算 2000 年 0—9 岁性别比

单位：万人，女=100

2010 年人口普查				回推至 2000 年				2000 年普查登记性别比
年龄	男	女	性别比	年龄	男	女	性别比	
10	783	662	118.23	0	794	672	118.17	117.79
11	752	641	117.30	1	758	645	117.46	122.65
12	829	711	116.57	2	834	714	116.75	122.07
13	816	706	115.53	3	821	709	115.72	120.44
14	846	743	113.92	4	851	746	114.11	118.52
15	952	850	112.06	5	957	853	112.27	117.77
16	980	900	108.89	6	985	902	109.10	116.59
17	1076	1001	107.48	7	1082	1005	107.70	115.21
18	1081	1001	107.99	8	1087	1004	108.23	114.61
19	1126	1047	107.55	9	1132	1050	107.81	113.48
10—19 合计	9242	8263	111.85	0—9 合计	9301	8301	112.05	117.45

数据来源：本表普查登记性别比分别来源于《中国 2000 年人口普查资料》和《中国 2010 年人口普查资料》。

第二，20—29 岁性别比下降较为明显。2010 年 20—29 岁性别比为 102.36，与 2000 年 10—19 岁性别比(107.64)比较下降了 5.28。结合第一部分对年龄构成的分析，不难看出，2010 年 20—29 岁性别比较低是由于这一年龄段男性人口漏报造成的。

第三，30 岁及以上人口性别比与 2000 年同队列性别比相比呈现差距逐渐加大的趋势，符合性别比下降的人口趋势。

2.2　总人口性别比

2010 年人口普查总人口性别比为 105.20，比 2000 年的 106.67 有所下降。通常情况下，受人口由年轻型向老年型过渡以及男性死亡率高于女性的影响，总人口性别比呈逐步下降趋势。尽管 20 世纪 90 年代以来出生人口性别比持续偏高，但是，近年来中国老年人口比重不断提高，它对总人口性别比所起的降低作用大于出生人口性别比偏高对总人口性别比所产生的上升作用。综合这些因素，并结合前面对各年龄性别比的分析，总人口性别比略低于2000年，达到105.20是比较符合实际的。说明，这次普查分性别数据比较准确，尽管分年龄数据有漏报或重报，但总体看不影响性别数据的准确性。

3. 生育水平的准确性

2010年第六次全国人口普查长表中登记了每个育龄妇女普查前一年的生育状况。根据其生育状况，获得2010年妇女的年龄别生育率，在此基础上直接计算总和生育率为1.18。这是否是目前中国真实的生育水平呢?

3.1 相关数字之间的矛盾说明总和生育率1.18明显偏低

普查登记长表中在普查前一年从妇女生育情况中登记的出生人口为119万人，而长表中0岁人口为130万人，推算到出生为132万人，比119万人多出10.17%，据此计算总和生育率应为1.30。

普查登记长短表全部出生人口为1384万人，这意味着出生人口的抽样比仅为8.64%，而长表总人口的抽样比为9.55%，15—49岁育龄妇女的抽样比为9.43%，这说明长表登记的出生人口偏低，依此计算的妇女总和生育率也必然会偏低，据此推算的总和生育率应为1.42。

3.2 对实际生育水平的估计

本文第一节通过与国家统计局公布的出生人数比较，得出了2010年出生人口1384万存在漏报，漏报率为15.06%。用这个漏报率来调整总和生育率，将达到1.50。

根据国家统计局历年人口变动抽样调查，2000—2009年出生人口在1592万—1702万之间。如果按出生人数推算，2000—2010年总和生育率在1.50—1.64之间(见表4)。说明我国已经处于比较稳定的低生育水平发展阶段，当前妇女总和生育率在1.5左右。

可以看出，随着经济社会的发展和生活方式的转变，人们生育意愿下降，我国已经进入低生育水平阶段，低生育水平不再只是计划生育的结果。我们认为，实际调查登记的总和生育率偏低，按历年公布的出生率反映的出生和生育数据较好地反映了我国实际的生育水平。

表4 对2001—2010年总和生育率的估计

年份	出生人口(万人)	推算总和生育率
2001	1702	1.64
2002	1647	1.62
2003	1599	1.59
2004	1593	1.60
2005	1617	1.62
2006	1584	1.54
2007	1594	1.54
2008	1608	1.54
2009	1591	1.51
2010	1592	1.50

数据来源：2001—2009出生人口来源于2001—2009年国民经济和社会发展公报；2010年出生人口根据第六次全国人口普查数据推算。

4. 死亡数据的准确性

2010年第六次全国人口普查登记的2009年11月1日至2010年10月31日期间的死亡人口为742万人，这一数据是否真实反映我国人口死亡水平呢?

4.1 标准化死亡率

根据登记的死亡人口直接计算粗死亡率为5.58‰。与2000年直接登记的5.92‰相比，下降了0.34个千分点。

表5 实际登记与标准化死亡率比较

年份	实际登记(‰)	标准化死亡率(‰)	比前一次下降幅度(%)
1990	6.65	7.39	
2000	5.92	5.92	19.9
2010	5.58	4.10	30.7

数据来源：本表实际登记死亡率分别来源于《中国1990年人口普查资料》、《中国2000年人口普查资料》和《中国2010年人口普查资料》。

实际上，粗死亡率不但受实际死亡水平的影响，还受年龄结构的影响。为更好地反映死亡水平的变化，我们以2000年普查的人口年龄结构为标准，分别对1990年、2010年普查登记的死亡率进行标准化。可以看出，2000－2010年间粗死亡率下降了30.7%（见表5），与前一个十年相比，呈现了一个较为明显的跳动，在经济社会、医疗水平稳步发展的情况下，这种跳动显然是不合理的。

4.2　分年龄死亡率

根据分性别的年龄别死亡率对数曲线（见图4），可以看到，除了0岁以外，2010年普查的男性分年龄死亡率普遍高于女性，这符合基于生理影响的男女正常死亡规律。值得注意的是，男女分年龄死亡率的差异呈现出随年龄增长先放大后缩小的趋势。在青壮年阶段，男女两性的死亡率差异最大。

图4　2010年普查分性别的年龄别死亡率对数曲线

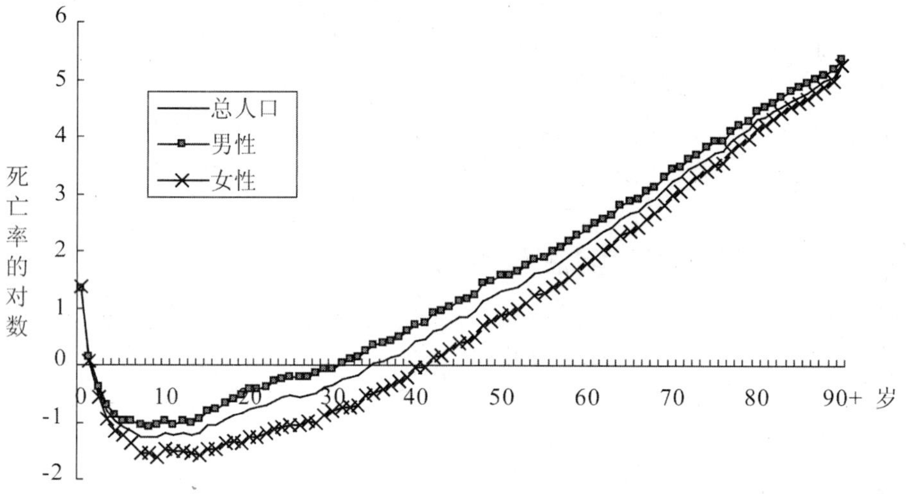

数据来源：根据2010年人口普查数据计算。

从年龄别死亡率的相对变动情况看（见图5），与2000年相比，2010年低年龄人口和20－30岁人口的死亡率下降幅度较大。这种不合理的变动源自死亡人口和总人口数据的登记误差。具体来看，在低年龄总人口存在漏报的前提下，说明低年龄死亡人口的漏报更为严重；而20－30岁人口死亡率的下降主要是由该年龄段总人口的重复登记造成的。

图5　2000、2010年年龄别死亡率的相对变动情况

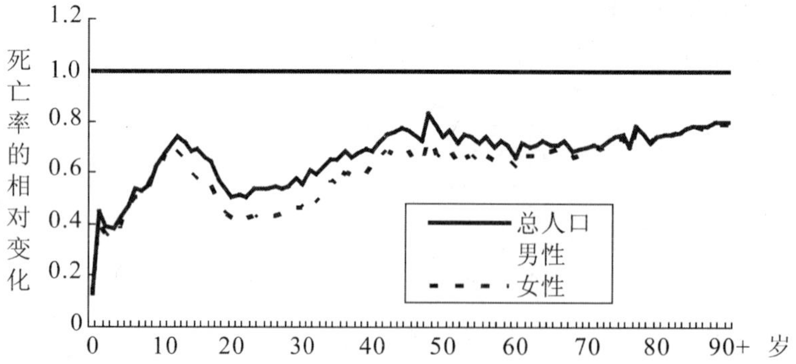

数据来源：根据2000年和2010年人口普查数据计算。

此外，在青壮年阶段，女性死亡率的下降幅度明显高于男性，这也间接造成了此年龄段男女死亡率的差异最大。青壮年女性死亡率的异常下降可能与十年来育龄妇女的生育减少或推迟有关，也可能与女性死亡人口的漏报有关。如果是漏报，为什么在此年龄段女性的死亡漏报会明显高于男性呢？目前还无法做出一个有说服力的解释，究竟是什么原因有待于进一步的研究。

4.3 平均预期寿命

根据普查直接登记的年龄别死亡率计算的2010年我国人口平均预期寿命将达到77.95岁，其中男性为75.65岁，女性为80.49岁。与2000年相比，分别提高6.55岁、6.02岁和7.16岁。而根据联合国平均预期寿命增长模型，在预期寿命达到70岁以后，每5年增长的1.5岁已经是非常快的速度。世界银行数据显示，2010年世界人口的平均预期寿命为69.6岁，其中高收入国家及地区为79.8岁。显然，我国普查直接登记的死亡人口存在明显的漏报。

4.4 死亡人口漏报率的估计

(1)根据2000年和2010年普查登记的总人口，可以推算出2000年0岁及以上人口到2010年已死亡7713万人，若考虑到2010年20—45岁人口还有604万人重报，这一数字可调整为8317万人。据测算，十年间低年龄人口死亡(2001年0岁、2002年0—1岁……2010年0—9岁)202万人。依此计算，2000—2010年间共死亡8637万人，平均每年死亡863.7万人，线性外推到2010年死亡人口为909万人。普查的死亡人口漏报率应为18.4%。

(2)根据2000年生命表，采用布拉斯罗吉特模型生命表方法，估算2010年生命表，以此计算2000—2010年的平均留存率，与实际人口的留存率进行拟合(国家统计局人口司，1992)。我们可以得到2010年生命表的高、低两个结果，除个别低年龄段以外，实际人口留存率基本位于高低两个模型的平均存活率的之间。对应的高模型预期寿命为75.92岁，低模型预期寿命为74.36岁，这表明2010年实际的平均预期寿命稳定在74.36—75.92岁之间。据此计算普查登记的死亡人口漏报率在13.6%—27.1%之间。

综合考虑上述两种方法，经过对2010年普查的人口死亡水平进行认真分析和评估，国家统计局公布2010年我国平均预期寿命为74.83岁，这较好地反映了2010年我国人口的健康水平。

图6 生命表留存率与实际留存率拟合

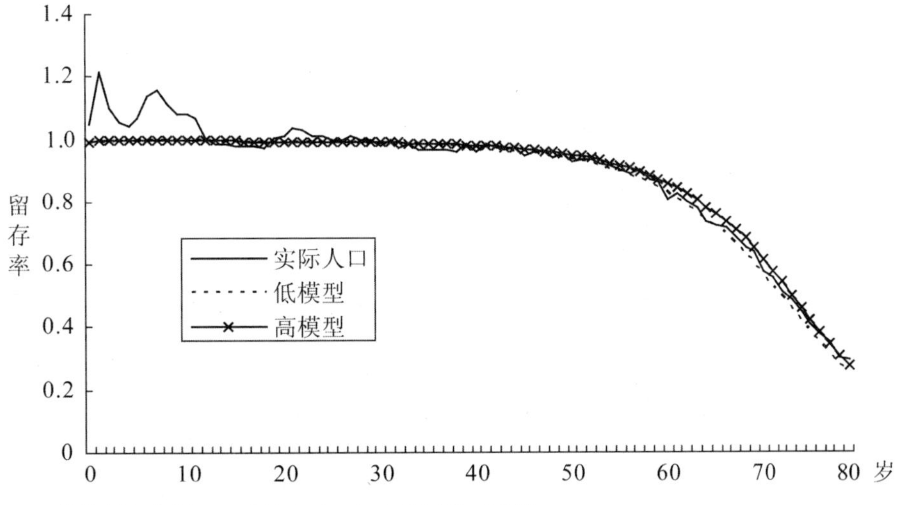

数据来源：根据2000年和2010年人口普查数据计算。

5. 对总人口的估计

第六次全国人口普查公报发布全国总人口(31个省、自治区、直辖市和现役军人)为133972万人，它是否真实反映我国人口规模呢。

第一，按照普查方案设计要求，2010年普查登记阶段结束后，从全国范围内直接抽取了402个调查小区的4万户、12万人进行事后质量抽查。抽查结果显示，总人口漏报率为0.12%，漏报160万人。

第二，根据本文第一节的论证，低年龄漏报约1107万人，青壮年净重报约604万人，从而总人口应为普查从常住地汇总的133281万人加上漏登的低年龄人口减去重登的青壮年人口，再加上230万现役军人，为134014万人，与公报发布人口相差42万人。

由以上两点可以看出2010年普查公报公布的总人口133972万人是可信的。

6. 教育数据的准确性

人口的受教育水平是衡量一个国家人口素质的重要标志，也是反映教育事业发展状况的基本指标。

6.1 大专及以上程度人口的准确性

近十年来我国高等教育的发展保持快速增长态势，获得了长足的进步。2010年人口普查计算机详细汇总数据显示，大陆31个省、自治区、直辖市和现役军人人口中，具有大专以上受教育程度的人口11923万人，占8.93%。它是否反映了我国大专及以上程度人口的真实水平呢？

以2000年人口普查公报大专及以上人口4571万人为基数，加上教育统计数据历年新增本专科人口，减去历年大专及以上程度死亡人口，则2010年全国大专及以上程度人口为12360万人（见表6）。因为教育统计中未包括历年军事院校招生数（徐岚、崔红艳，2008），按每年军事院校招生10万人，10年共计100万人计算，则按教育统计推算的2010年全国大专及以上程度人口为12460万人，占9.33%。与人口普查数据相比，相差537万人，0.40个百分点。考虑到教育统计中接受各类高等教育（普通本专科、成人本专科毕业生、网络本专科毕业生、自学考试毕业生）人口可能略有重复，则普查登记数据与教育统计数据比较接近，表明2010年普查基本反映了我国大专及以上受教育程度人口的实际状况。

表6 2000年以来大专及以上程度人口的变化情况

单位：万人

年份	大专及以上人口合计	新增本专科人口	普通高校本专科招生	成人高等教育毕业生	自学考试通过		大专及以上死亡人口
					本科	专科	
2000	4571						
2001	4990	425.44	268.28	93.06	16.16	47.94	6.61
2002	5550	567.42	7320.50	117.50	35.43	93.99	6.93
2003	6179	636.36	382.17	183.74	33.85	36.60	7.26
2004	6940	768.57	447.34	244.42	36.92	39.89	7.63
2005	7771	839.12	504.46	254.12	42.65	37.90	8.09
2006	8555	792.79	546.05	178.46	41.21	27.07	8.82
2007	9436	890.16	565.92	266.04	37.40	20.81	9.36
2008	10348	922.23	607.66	259.39	37.29	17.90	9.93
2009	11333	994.39	639.49	292.85	40.31	21.73	10.35
2010	12360	1038.33	661.76	307.84	46.09	22.64	10.78

注：(1)表中2000年大专及以上程度人口合计数为2000年人口普查公报数，其余年份为推算数。
(2)表中各年大专及以上程度死亡人口是根据2000年和2010年人口普查推算数。

6.2 文盲人口的准确性

近年来，随着"两基"（基本普及九年义务教育和基本扫除青壮年文盲）工作的继续推进，我国青壮年文盲持续减少。

2010年人口普查大陆31个省、自治区、直辖市和现役军人人口中，文盲人口为5419万人，占4.06%。

以2000年人口普查公报中文盲人口8507万人为基数，加上历年新增文盲人口，减去教育统计中历年扫盲人口数及历年

死亡的文盲人口（历年新增文盲和历年死亡文盲均根据2000年和2010年人口普查推算）。则推算的2010年全国文盲人口为5509万人，占4.11%（见表7）。与2010年人口普查相差90万人，0.05个百分点，表明2010年普查登记的文盲人口数据质量较高。

7. 长表数据代表性的分析

2010 年人口普查继续使用长短表技术，以随机等距概率抽样方法确定长表调查户。但为了方便普查员现场登记和避免更换长表调查户，采用了抽取住户组的方法，即在每个普查小区每 40 户抽 4 户(相邻 4 户一组)填报长表。

表 7 2000 年以来文盲人口的变化情况

年份	总人口 (万人)	文盲人口 (万人)	扫盲班 (万人)	死亡文盲人口 (万人)	新增文盲人口 (万人)	文盲率 (%)
2000	126583	8507			18.50	6.72
2001	127627	8092	220.51	213	17.26	6.34
2002	128453	7735	174.45	198	16.01	6.02
2003	129227	7362	203.14	185	14.77	5.70
2004	129988	6999	204.58	172	13.52	5.38
2005	130756	6683	169.05	159	12.28	5.11
2006	131448	6381	164.61	148	11.04	4.85
2007	132129	6157	95.78	138	9.79	4.66
2008	132802	5921	115.02	129	8.55	4.46
2009	133474	5712	95.74	121	7.30	4.28
2010	133972	5509	95.74	113	6.06	4.11

注：(1)表中 2000 年文盲人口为 2000 年人口普查公报数，其余年份为推算数。

(2)表中 2010 年总人口为普查时点数，其余为年末人口数。

普查表短表(指全部资料，下同)反映年龄、性别、民族、受教育程度等人口的基本情况，普查表长表的项目 45 个，包含就业状况、行业、职业、迁移流动、社会保障、婚姻、生育、死亡、住房情况等详细的信息。通过对长、短表直接登记的主要数据结果进行分析，我们可以对长表数据的代表性得出判断。

7.1 主要人口结构数据的比较

从主要人口结构数据看，长、短表数据存在一定的差异(见表 8)。具体来看，长表的家庭户比重和家庭户规模都高于短表，说明长表抽中的家庭户稍微偏多、稍微偏重家庭人口较少的户，但总的看，偏差不大；长表的总人口性别比为 103.47，低于短表的 104.89，反映长表抽中的男性人口偏少；分年龄段看，长表的少年人口、老年人口比重略高于短表，而青壮年人口比重略低于短表。这是由于长表抽中的青壮年偏少造成的。

7.2 抽样比比较

2010 年普查，长表总人口占到短表总人口的 9.55%，即长表的抽样比为 9.55%。从分年龄人口的抽样比看(见图 7)，抽样比在各年龄分布是不一致的，1—13 岁和 60—80 岁年龄组都比较高，超过 9.80%；17—31 岁比较低，在 9.30%以下；其他年龄段基本在 9.50%左右。总体来看，少年人口、老年人口的抽样比偏高，青壮年偏低，男性更为严重。

表 8 2010 长短表主要数据结构

	长表	短表
家庭户比重(%)	96.47	96.22
家庭户规模(人)	3.0834	3.0848
总人口性别比	103.47	104.89
0—14 人口比重(%)	17.12	16.61
15—64 人口比重(%)	73.59	74.47
65 及以上人口比重(%)	9.29	8.92

数据来源：根据第六次全国人口普查资料计算。

从长短表分年龄的性别比看(见图 8)，长表 20—50 岁各年龄的性别比都低于短表，其余年龄性别比与短表基本一致。这符合长表总人口性别比偏低的情况。

长短表产生差异的原因主要是长表漏掉了部分青壮年流动人口。这主要是由于现场登记时，对于在摸底时未了解到的人口，没有被列入户主姓名底册，未参加长表抽样，而这些人大部分是居住不太稳定的青壮年流动人口，这部分人在登记复查阶段都填报了短表。

图 7　分年龄抽样比比较

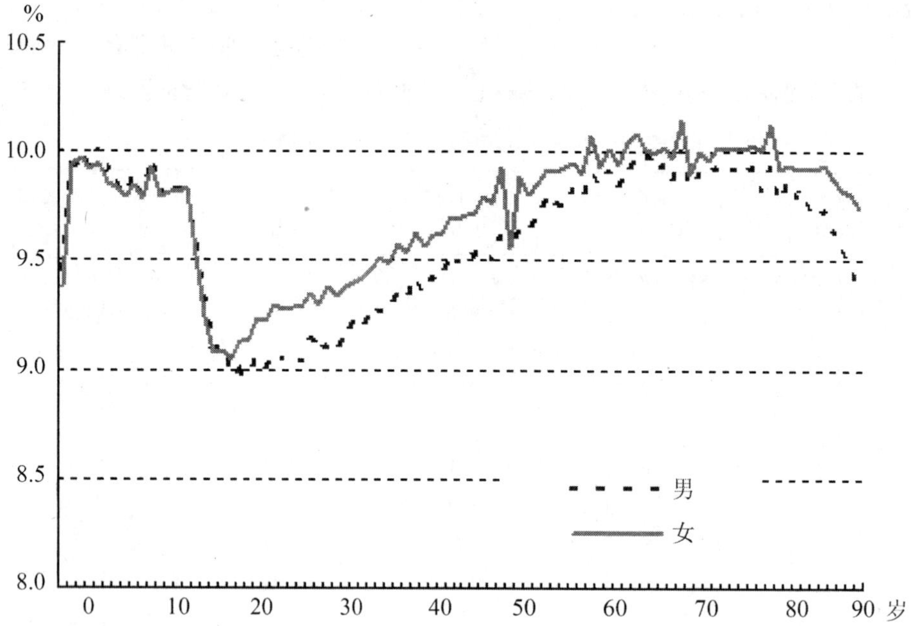

数据来源：根据 2010 年普查数据计算。

图 8　长短表性别比比较

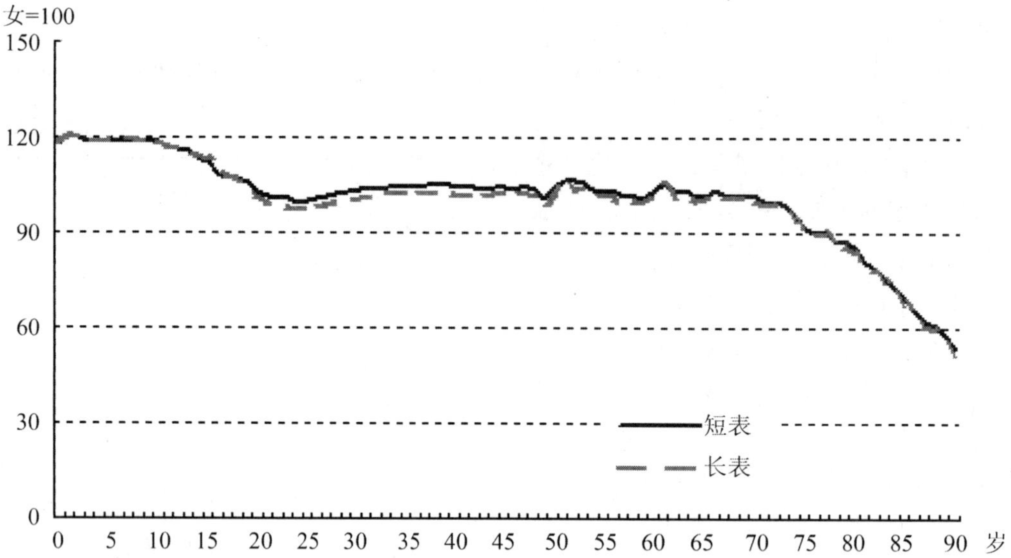

数据来源：根据 2010 年人口普查数据计算。

8. 结论

根据上述分析我们可以得出以下一些基本结论：

(1)0—9 岁低年龄人口存在漏报，漏报人口超过 1000 万人；20—45 岁人口有漏也有重，但重报大于漏报；其余年龄组人口的完整性比较高。

(2)受分年龄人口完整性的影响，从常住地汇总的总人口数据表现出净漏报；漏报主要发生在低年龄组和婴幼儿。

公报发布的总人口 133972 万人是符合实际的，真实反映了中国 2010 年的人口规模。

(3)性别数据可信度较高，但个别年龄受漏报或重报影响，性别比存在一定偏差，主要发生在低龄和青壮年年龄段。

出生婴儿性别比以及幼儿性别比依然偏高，存在一定程度的女婴漏报。

(4)育龄妇女生育水平明显偏低，根据长表妇女生育孩子数直接计算的总和生育率 1.18 大约低估了 27%，2010 年实际的总和生育率应为 1.5；2009 年 11 月 1 日至 2010 年 10 月 31 日期间的出生人口 1384 万(短表)至少漏报了 15%，实际出生人口应大于 1590 万人。

(5)根据普查登记的死亡人口直接计算的粗死亡率 5.58‰是一个偏低的估计，死亡人口漏报率超过 20%，实际死亡率应为 7.1‰左右；平均预期寿命达到 74.83 岁，比 2000 年提高了 3.43 岁。

(6)教育数据质量较好，反映了我国教育发展的成就。

(7)长表数据的代表性总体上比较好。但由于长表少登记了部分青壮年流动人口，尤其是男性流动人口，使得长、短表在年龄、性别结构上出现了一定的偏差，这可能会对长表的其他结构数据产生一定的影响，在使用长表数据推算总体时需要注意这些问题。

(8)这次普查结果使我们进一步印证了 2000 年人口普查 0－9 岁人口存在较高的漏报率，达到 10.61%，漏报人口约为 1689 万人。中国 2010 年人口普查尽管面临着许多挑战，难度空前，但在普查方案设计等技术环节进行了改进(人口研究编辑部，2010)，使得数据质量明显提高，总人口的漏报率大大降低。但是通过以上分析我们不难看出，查准出生和死亡人口仍然是普查的难点。

参考文献：

1. 国家统计局．2010 年第六次全国人口普查主要数据公报(第 1 号)．2011.
2. 国务院人口普查办公室，国家统计局人口司．中国 2010 年人口普查资料．中国统计出版社．2012.
3. 张为民，崔红艳．对中国 2000 年人口普查准确性的估计．人口研究，2002：4：25－35.
4. 徐岚，崔红艳．利用教育统计资料对我国出生婴儿性别比的研究．人口研究，2008：5：79－82.
5.《人口研究》编辑部．世人瞩目的六普：轨迹、解读与思考．人口研究，2011：3：41－55.
6.《人口研究》编辑部．2010 年第六次全国人口普查：挑战与展望．人口研究，2009：6：42－56.
7.《人口研究》编辑部．中国第六次人口普查：经验与启示论坛．人口研究，2010：6：19－31.
8. 国家统计局人口司．人口间接估计技术．北京：中国统计出版社，1992：35－80.
9. 翟振武等．现代人口分析技术．北京：中国人民大学出版社，1989：120－158.

国务院人口普查办公室　崔红艳　徐岚　李睿

普查低年龄组数据质量评价

数据是研究各种社会现象的重要媒介，通过对各种相关调查数据的分析，可以将抽象的社会事件与现象具体化，从中归纳演绎现象背后的动因与规律。在进行人口统计分析时，同样需要对数据的信度与效度进行评估。真实的人口数据对于判断我国未来的人口形势具有重要的意义，是探寻人口规律、制定人口政策的有力依据。回顾以往研究，学者们利用不同的方法对我国历次人口普查数据做出了评价与结构调整。第一次人口普查和第二次人口普查登记项目较少，数据信息量较小，而且时隔久远，对分析我国现在的人口问题与现状作用相对较小，但是数据质量相对较高，因而针对这两次人口普查进行的评估文献也较少。学者们更为关注距今较近的第三次人口普查、第四次人口普查以及第五次人口普数据的评价与调整。不同学者利用不同的分析方法对普查数据质量进行细致的评估，得出相对一致的观点：三普和四普数据整体质量较五普数据要好，但是四普数据在低龄组人口仍存在一定的漏报现象；五普数据存在较多问题，主要表现在 0－9 岁低龄组漏报，青壮年人口漏报与重报并存。同时，由于普查数据在不同年龄段上存在不同的问题，对相关人口指标的估计也会产生明显的影响，如出生性别比、生育水平、死亡水平等。

一、六普数据性别年龄结构的一致性检验

2010 年第六次人口普查工作的完成，为进一步研究我国 21 世纪以来的人口新变化提供了丰富的数据信息。但在使用六普数据进行相关分析之前，需要先对六普数据的质量进行检验，利用历次人口普查数据来分析六普数据的结构一致性问题。

图 1　五普与六普相同队列人口的分年龄性别比

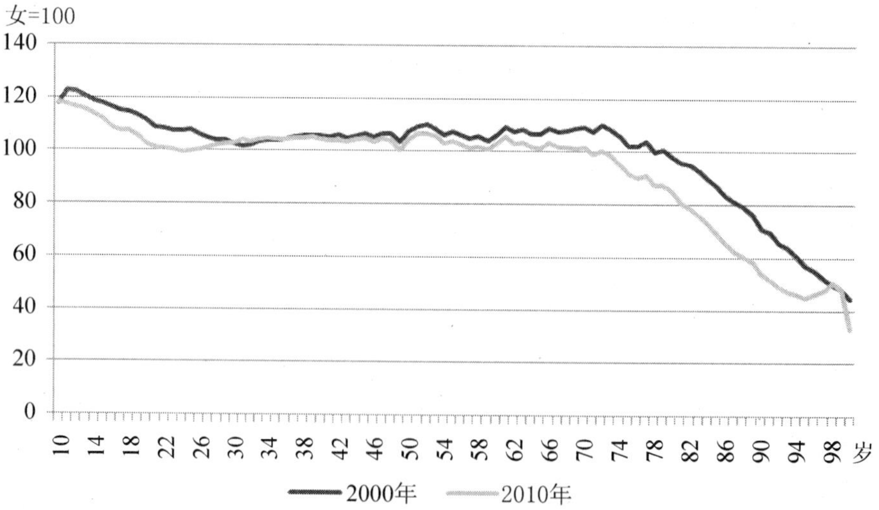

本文对六普数据性别结构的一致性进行了计算，分别计算第五次人口普查 0－90 岁及第六次人口普查 10－100 岁(相同出生队列人口)的分年龄性别比，并对比两套数据的计算结果。从图 1 中的两条曲线，可以看出，2000 年 0－19 岁人口的性别比明显高于 2010 年 10－29 岁人口的性别比。导致这种现象有两个可能的原因，一是五普数据中 0－19 岁人口存在漏报，且女性漏报更为严重；二是六普数据

10—29 岁人口存在重报，且是男性重报严重。但是，以往的研究证明，前一种解释的可能性更大，即 2000 年 0—19 岁人口存在漏报，且漏报了较多的女性人口。在其余的年龄组上，五普数据与六普数据相同队列人口的分年龄性别非常吻合，而且波动趋势也非常一致，说明成年人口普查数据质量较高。老年人口性别比出现差异，主要是由于 50 岁之后，年龄别死亡率开始大幅度上升，且男女死亡率性别差异逐渐拉大，男性死亡更多，导致老年人口中分年龄性别比下降。

对普查数据中人口年龄结构一致性的检验，常用方法是通过计算两次普查之间相同出生队列人口的存活率进行检验。在正常情况下，如果人口年龄数据是准确的，每一个年龄人口的存活率均小于 1。

表 1　五普数据中(2000 年)0—90 岁人口活到 2010 年的存活率

2000 年年龄	男	女	2000 年年龄	男	女	2000 年年龄	男	女	2000 年年龄	男	女
0	1.05	1.05	23	1.02	1.01	46	0.94	0.97	69	0.59	0.69
1	1.19	1.24	24	1.01	1.01	47	0.94	0.98	70	0.53	0.62
2	1.08	1.13	25	1.00	1.00	48	0.92	0.96	71	0.51	0.61
3	1.03	1.08	26	1.00	1.00	49	0.94	0.96	72	0.46	0.56
4	1.03	1.07	27	1.01	1.02	50	0.91	0.94	73	0.44	0.53
5	1.04	1.09	28	0.99	1.00	51	0.92	0.95	74	0.40	0.49
6	1.10	1.18	29	1.00	1.00	52	0.91	0.95	75	0.36	0.45
7	1.12	1.20	30	0.97	0.98	53	0.90	0.94	76	0.33	0.42
8	1.07	1.15	31	0.99	1.00	54	0.90	0.94	77	0.30	0.39
9	1.04	1.11	32	0.97	0.98	55	0.88	0.93	78	0.26	0.34
10	1.03	1.12	33	0.98	0.99	56	0.87	0.91	79	0.25	0.33
11	1.02	1.10	34	0.96	0.97	57	0.88	0.93	80	0.20	0.27
12	0.96	1.03	35	0.96	0.98	58	0.85	0.90	81	0.18	0.24
13	0.95	1.01	36	0.96	0.98	59	0.84	0.90	82	0.15	0.21
14	0.94	1.02	37	0.96	0.98	60	0.78	0.84	83	0.13	0.18
15	0.94	1.01	38	0.95	0.97	61	0.79	0.86	84	0.12	0.16
16	0.94	1.00	39	0.97	1.00	62	0.76	0.84	85	0.11	0.14
17	0.95	0.99	40	0.95	0.97	63	0.74	0.82	86	0.10	0.13
18	0.96	0.98	41	0.97	1.00	64	0.70	0.78	87	0.11	0.12
19	1.02	1.03	42	0.95	0.99	65	0.68	0.76	88	0.12	0.12
20	1.03	1.03	43	0.95	0.98	66	0.67	0.76	89	0.11	0.11
21	1.06	1.04	44	0.96	0.99	67	0.64	0.73	90	0.10	0.14
22	1.04	1.03	45	0.93	0.96	68	0.61	0.70			

2000 年 0—11 岁年龄组上，不论男性还是女性，相同队列人口的存活率均大于 1，且女性存活率偏离 1 的程度更严重。最可能的解释是 2000 年 0—11 岁低龄组漏报了大量人口，且女性漏报更为严重，这与性别结构一致性检验得到的初步结论相同。在 12—16 岁年龄段上，男性存活率小于 1，且处于偏低的水平，而女性存活率仍大于 1。造成男性存活率出现异常的解释是表 1 中计算使用的六普数据没有考虑现役军人的影响，导致该年龄段男性人口偏少，存活率计算结果偏低。在 19—29 岁年龄段上，男性与女性的存活率仍处于高于 1 的水平，主要是由于 2000 年 19—29 岁人口是军人的主要构成人群，在五普数据中没有纳入现役军人的影响，而在六普时这部分人中的一部分已经退役，进入普查登记系统，导致与五普数据相比，相应年龄段上的人口数增加。考虑该因素后计算，发现男性在存活率下降，但仍在 0.98—1.01 的水平上波动。同时，与女性相比，二者之间的差异已经十分微小。由此可以看出，随着年龄的增长，普查数据登记在性别上的差异逐渐减弱。此后的年龄段上，除个别年龄出现异常，男性和女性的存活率曲线呈现单调递减的趋势，是符合人口学规律的。

图 2　2000/2010 年男性分年龄存活率曲线

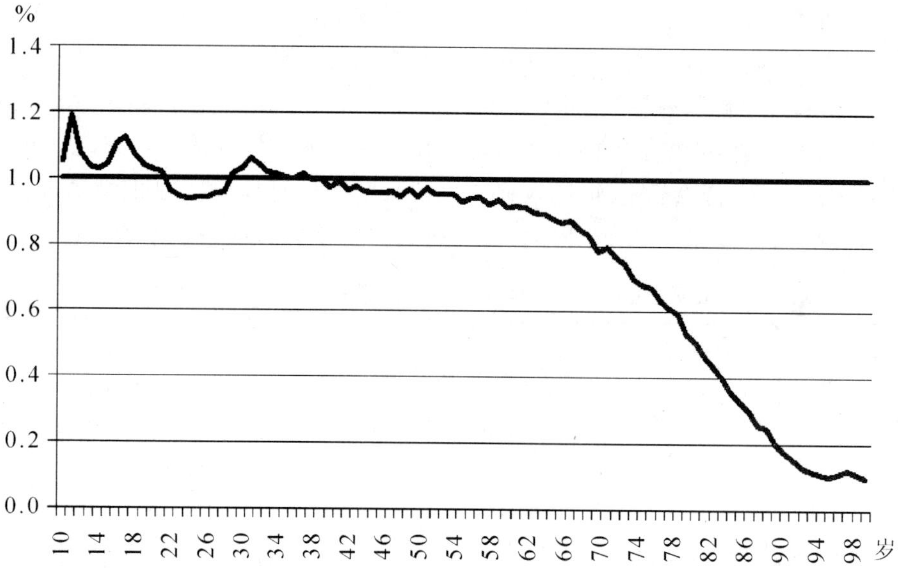

图 3　2000/2010 年女性分年龄存活率曲线

观察以“0”和“5”结尾的年龄，在 40－70 岁年龄段上，以“0”结尾的人口存活率低于相邻年龄，在男性和女性人口上均是如此，不存在性别差异。这是由于普查数据仍存在年龄堆积现象，而且五普数据比六普数据在以“0”结尾的年龄上堆积更为严重，才会导致存活率偏低的异常出现。

除存活率外，利用四普数据和五普数据中相同出生队列人口对六普数据各年龄人口的绝对规模进行检验。采用生命表技术，将第四次人口普查 0－80 岁人口及第五次人口普查 10－90 岁人口数据进行年龄推算，可推算得到两套 2010 年 20－100 岁的人口年龄数据，与六普数据结果进行对比。从三套数据的对比图上看，在 2010 年 10－30 岁人口上三套数据相差较多；30－50 岁年龄组上差异尚存，但相对一致，尤其是五普推算结果与六普数据基本一致；在 50 岁及以上年龄组上，三套数据结果在绝对规模和变动趋势上均十分一致，彼此之间吻合度很高，单个年龄也没有出现人口规模反常弹升或下降。

图 4 四普、五普与六普数据相同出生队列人口规模对比

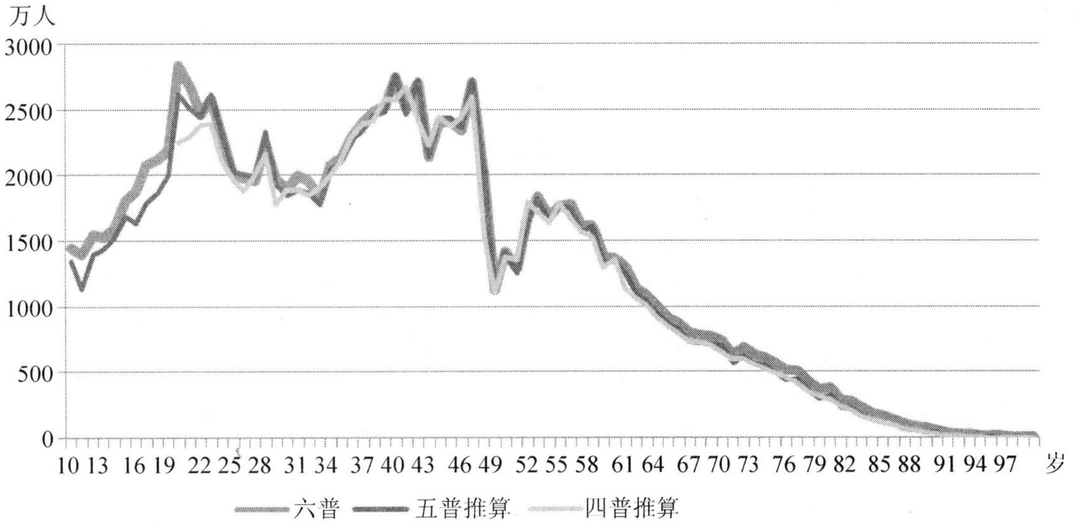

根据上文的分析，发现在低龄组以及青壮年人口上，普查数据存在较为明显的不一致现象，而且存在明显的性别差异。但是，随着年龄的增加，普查数据不一致的性别差异逐渐减弱。同时，对 60 岁及以上老年人口存活率及绝对规模的分析，发现四普、五普和六普数据在这部分人口上具有高度一致性，在年龄结构及性别结构上都没有出现明显的误差，反映出我国的人口普查在老年人口上质量较高，而在少儿人口和青壮年人口则存在一定的误差和不准确性。

造成这种现象的原因，与我国的社会经济发展及人口政策环境存在密切的关系。首先，在各种人口调查中，低年龄组本就是最容易漏报的，世界各国都是如此，这是一个普遍现象。第二，由于我国实行较为严格的人口控制政策，利用各种经济、行政等手段限制每个家庭生育孩子的数量，使得人们不愿意主动对家庭孩子数进行准确的登记。低龄组人口在各项调查中本就容易出现漏登，我国的生育政策环境强化了这种“漏报”的可能性，使得孩子漏报的问题“雪上加霜”。虽然在普查时，政府部门一直强调普查结果不与计划生育政策挂钩，但是从最终执行结果来看，两者还是存在一定的联系，导致人们对普查中孩子登记仍旧显得顾虑重重。第三，改革开放以来，伴随着社会经济活动的活跃，人口流动性增强，给青壮年人口的准确普查登记带来问题，容易出现漏报或者重报的问题。在流动期间生育孩子、带着孩子流动的现象越来越普遍，这就给确保普查结果的准确性带来了巨大的困难。从上述几个方面的原因来说，三个原因中的任何一个都没有减轻的迹象，甚至有的更为严重，所以“六普”的漏报程度并不会低于五普，甚至会比五普更为严重。

但是，不同时代的普查对于高年龄组（40 岁及以上）人口的登记非常吻合，数据质量非常高。普查在这部分人口上的高质量数据结果清晰地揭示出，我国的人口普查体系和机制在 40 岁以上人口的调查中是非常有效和准确的。

二、五普数据低龄组的人口检验

以往研究证明五普数据在低龄组人口上存在明显的漏报，六普数据的公布为对五普数据的再分析提供了更加可靠的数据条件。根据五普数据中 0—9 岁及六普数据中 10—19 岁的人口性别年龄结构数据，计算这 10 个相同出生队列人口的存活率。结果显示，10 个出生队列的存活率都大于 1，不论是总人口还是分性别人口，这种异常都存在，其中女性队列人口的存活率异常现象比男性人口更为严重。一般来说，普查中 10—19 岁人口的数据质量一般都比较好，用六普数据 10—19 岁人口的规模和性别结构评估五普数据 0—9 岁低龄组人口是相对可信的。这就反映出五普数据在 0—9 岁低龄组确实存在较为严重的漏报现象，而且女性比男性漏报更严重，这与以往学者的研究结论是一致的。分年龄来看，不同年龄存活率的异常程度不同，其中 2010 年 11 岁人口的存活率高达 1.21（男性为 1.19，女性为 1.24），意味着这批人口在经过 10 年时间后，人口规模增加

了五分之一以上，反映出这批人口在2000年普查时出现了严重的漏报或者误报。

相较于五普数据的0—9岁组，变化更为明显的是五普数据的10岁组。这队出生同批人在1990年0岁组统计时只有23220851人，到2000年五普时统计结果增加到26210044人，到2010年六普时进一步增长到28026954人，与四普时相比增长了480万人！当然，这种差距是多种因素作用的结果，部分原因可能是由于四普、五普时的漏报所造成的，部分原因也可能是由于六普常住地和户籍地重登造成的。但是，至少不可否认，普查低年组的漏报现象确实是非常严重的。

表2 2010年10—19岁队列人口的存活率

单位：%

年龄	总人口	男性	女性
10(0)	1.05	1.05	1.05
11(1)	1.21	1.19	1.24
12(2)	1.10	1.08	1.13
13(3)	1.05	1.03	1.08
14(4)	1.04	1.03	1.07
15(5)	1.06	1.04	1.09
16(6)	1.14	1.10	1.18
17(7)	1.16	1.12	1.20
18(8)	1.11	1.07	1.15
19(9)	1.07	1.04	1.11

在绝对规模上，2000年0—9岁人口总数为1.59亿，2010年10—19岁人口为1.75亿人，二者相差1567万人。在不考虑死亡和迁移的情况下，假定六普数据10—19岁人口是准确的，2000年0—9岁低龄组人口至少漏报1567万人，其中男性至少漏报622万人，女性至少漏报945万人。接下来利用不同来源的数据对该结论的可信性进行验证。对比五普数据、六普数据、2011年公安数据以及历年教育数据中相同出生队列的人口。教育数据是用1998—2007年各年份小学生在校人数中的7岁年龄人口，选择7岁年龄是基于以下考虑：我国义务教育法规定6周岁（每年9月1号之前满6周岁）为小学入学年龄，但是部分儿童是在9—12月份出生，不符合入学年龄的规定，导致6岁的在校小学生数偏低，7岁的在校小学生则更为可靠，而增加1岁引起的因为辍学原因遗漏的孩子数也比较少，所以选择7岁是比较恰当的。对比不同来源的数据中2000年0—9岁的队列人口，可以看出，均比五普公布的数据要多1500万人以上，公安数据、教育数据与六普数据的总量则非常相近。由此，可以判断五普0—9岁低龄组漏报了至少1500万人的结论是可信的。

表3 2000年0—9岁队列人口不同来源数据对比

单位：万人

	五普数据	六普数据	公安数据	教育数据
0(10)岁	1379	1445	1467	1620
1(11)岁	1150	1394	1459	1578
2(12)岁	1401	1540	1564	1612
3(13)岁	1445	1523	1604	1648
4(14)岁	1522	1589	1717	1702
5(15)岁	1693	1802	1726	1774
6(16)岁	1647	1879	1767	1768
7(17)岁	1791	2078	1900	1849
8(18)岁	1875	2076	2001	1938
9(19)岁	2008	2154	2243	2121
合计	15913	17480	17447	17611
差值		1567	1534	1698

考虑死亡因素①，不考虑国际迁移（国际迁移规模较小，而且分年龄数据不可获得），利用生命表技术将六普数据中10—19岁人口回推至2000年，与五普数据公布的0—9岁人口进行对比。将2010年六普数据中10—19岁人口推回至2000年，总人口为1.76亿，其中男性为9300万，女性为8322万。跟五普数据公布的0—9岁分性别年龄人口数相比，总人口增加了1709万，其中，男性增加了705万，女性增加了1004万人，即五普数据在低龄组人口漏报的人口数。

① 注：本文所采用生命表均为国家人口发展战略研究课题组《国家人口发展战略研究报告》中公布的生命表。

表 4　2000 年 0—9 岁人口的五普公布数与六普推算结果对比

单位:万人

年龄	五普公布数据			六普推算结果			差值		
	总人口	男	女	总人口	男	女	总人口	男	女
0	1379	746	633	1482	802	679	102	56	46
1	1150	633	516	1408	761	647	258	127	131
2	1401	770	631	1552	836	716	151	66	85
3	1445	790	656	1533	822	711	88	33	55
4	1522	826	697	1599	852	747	77	27	50
5	1693	916	778	1813	959	854	119	43	76
6	1647	887	760	1890	986	904	243	99	143
7	1791	959	832	2089	1083	1006	298	124	174
8	1875	1001	874	2088	1082	1006	213	81	132
9	2008	1067	941	2168	1116	1052	160	49	111
合计	15913	8595	7318	17622	9300	8322	1709	705	1004

表 5　五普数据低龄组人口的漏登率估计结果

单位:%

年龄	总人口	男	女
0	7.41	7.52	7.27
1	22.48	20.10	25.41
2	10.81	8.59	13.51
3	6.05	4.14	8.36
4	5.04	3.23	7.18
5	7.06	4.71	9.82
6	14.73	11.21	18.84
7	16.63	12.96	20.86
8	11.34	8.04	15.13
9	7.96	4.56	11.83
合计	10.74	8.20	13.72

计算六普推算结果与五普分年龄人口数的差值,可以估算 2000 年五普数据中低龄组人口的漏报水平。2000 年 0—9 岁 10 个年龄组的总漏报率达到 10.74%,男性漏报率是 8.32%,女性漏报率是 13.73%,其中 1 岁、2 岁、6 岁、7 岁及 8 岁 5 个年龄上,五普数据的漏报在 10%以上。由此可见,漏报在五普数据中的低龄组人口上不仅非常普遍,而且非常严重。假定第五次人口普查其他年龄的人口数据是准确的,仅考虑 0—9 岁人口的漏报,则 2000 年五普数据总人口的漏报率应该是大大高于国家统计局公布的 1.81%。

在这样高漏报率的情况下,直接采用普查的出生人口数据计算当年的生育水平,或者根据普查低年龄组数据回推过去几年的生育水平,会有很大的误差。我们的研究结果表明,这些数据必须经过仔细的评估和纠正才能使用,否则会与真实结果形成巨大的偏差。

中国人民大学社会与人口学院　翟振武

“六普”报告的婴儿死亡率误差和实际水平的估计

婴儿死亡率在人口死亡研究中有着特殊的位置。这是因为，在研究死亡力随年龄变化过程中，婴儿死亡是死亡的年龄起点，它的大小和社会经济发展程度，尤其是和妇幼卫生保健状况有密切的联系，它对以后的死亡力变化有很大的影响。由于它不受年龄结构的影响，所以比较适合用来做纵向（时间）和横向（空间）的人口死亡力比较。另一方面，在统计上，它又是一个不易测准的指标，这是因为由于社会原因（如申报人不愿意报告）和技术上的原因（判定是死产还是活产后死亡）等，婴儿死亡最容易漏报。我国自“三普”（1982 年）开始把人口死亡列入人口普查的调查项目后，婴儿死亡率也一直是人口研究关注的内容。过去几次普查表明，由于普查中婴儿死亡漏报，导致普查结果的婴儿死亡率与实际有较大出入。从这次普查看，由普查结果计算出的婴儿死亡率偏低也较明显。

一、“六普”的婴儿死亡率

1.“六普”的婴儿死亡率

根据公布的第六次全国人口普查资料，普查时点前一年（2009.11.1—2010.10.30）内，全国 0 岁人口死亡率为 3.816‰（男性为 3.730‰，女性为 3.918‰），据此，算出婴儿死亡率为 3.805‰（男性为 3.720‰，女性为 3.906‰）（由于这期间大部分在 2010 年，以下简称 2010 年的婴儿死亡率）。按照“五普”资料计算，2000 年，我国婴儿死亡率为 26.27‰（男性为 22.12‰，女性为 31.22‰），则 10 年内婴儿死亡率下降了 85%左右。

从“六普”的资料看看，有些地区的婴儿死亡率更是低得惊人。据估计，有 7 个地区的婴儿死亡率低于 2‰。其中，河南省的婴儿死亡率低于 1‰。用形式相同的资料作对比（即表 1 中 2000（1）的部分）[①]，各地区婴儿死亡率普遍地不同程度下降。按数据 1 计算，2000 年，31 个地区婴儿死亡率平均值为 22.80‰，和 2010 年相比，31 个地区平均下降了 17.90‰。但各地区下降幅度有很大差别，从绝对值来说，下降幅度最大的是云南，从 2000 年的 60.43‰下降到 14.57‰，下降了 45.86‰，下降幅度小的是上海，仅下降了 1.33‰。从相对值来说，下降幅度最大的是河南，从 2000 年的 21.28‰下降到 2000 年的 0.92‰，下降了 95.68%

普查数据显示出我国人口死亡力迅速下降，健康水平大幅提高，如果这是实际，我们当然十分欣喜。但数据毕竟只是数字，“六普”数据是否真的反映了中国婴儿死亡率的实际，还需要我们作进一步确证。

2. 婴儿死亡率的国际比较

下面，我们来作一下横向（国家、地区之间）和纵向（时间变化）的婴儿死亡率比较。

影响婴儿死亡率的因素可以有很多，归纳起来，大致可以分为(1)社会经济因素，社会经济的发展水平，例如经济收入、城市化水平、受教育水平、医疗水平、社会保障覆盖程度和社会风俗等。(2)家庭因素。如父母受教育水平、职业、家庭收入等，这关系到父母与孩子的营养和健康、分娩与接生的方式、对婴儿的照料、疾病的治疗等等；(3)个人因素，如是男孩还是女孩？是第几胎？有无遗传性疾病等等。

① 2000 年全国人口普查资料（全国卷）和 2010 年全国人口普查资料（全国卷）中都公布了全国各地区的人口和死亡人口（5 岁组），据此算出的各地区的婴儿死亡率严格来说只是估计的婴儿死亡率，和各地区人口普查资料直接提供的普查前 1 年内的平均人口算出的婴儿死亡率有较大差别。

(4)其他因素,如地理环境。在各种因素中,经济发展水平还是决定性的,因为它直接制约着社会发展、个人和家庭的生活水平可以享受福利的程度。所以,婴儿死亡率的高低和经济发展水平应该有密切的关系。

表1 各地区婴儿死亡率(2000年、2010年)

单位:‰

地区	2010			2000(1)			2000(2)		
	合计	男性	女性	合计	男性	女性	合计	男性	女性
北京	1.13	1.15	1.10	3.46	3.45	3.47	5.59	5.55	5.63
天津	1.38	1.65	1.07	3.96	3.96	3.95	6.25	6.24	6.27
河北	2.59	2.68	2.48	17.76	15.04	20.87	27.38	23.26	32.08
山西	4.24	4.09	4.41	16.85	15.55	18.31	25.59	23.54	27.89
内蒙古	4.04	4.55	3.46	27.95	26.39	29.65	42.86	40.45	45.48
辽宁	2.47	2.78	2.13	9.66	9.44	9.91	14.94	14.57	15.35
吉林	1.43	1.54	1.30	16.75	16.57	16.95	24.97	24.64	25.33
黑龙江	1.44	1.64	1.22	8.87	9.36	8.33	13.95	14.67	13.16
上海	2.71	3.11	2.25	4.04	3.88	4.20	6.50	6.23	6.79
江苏	2.01	2.11	1.89	11.92	10.85	13.20	18.32	16.78	20.14
浙江	3.89	4.05	3.70	11.23	10.44	12.13	17.07	15.84	18.48
安徽	4.82	4.80	4.86	28.64	22.96	35.91	42.06	33.87	52.42
福建	3.43	3.28	3.62	18.82	15.32	23.03	27.81	22.77	33.78
江西	3.78	3.37	4.31	43.89	26.49	64.95	64.24	39.89	91.78
山东	1.95	1.92	1.99	13.90	12.47	15.51	21.89	19.65	24.43
河南	0.92	0.91	0.93	21.28	16.36	27.45	31.51	24.68	39.74
湖北	3.53	3.50	3.58	17.28	15.22	19.93	25.94	22.88	29.86
湖南	2.50	2.50	2.50	23.51	20.38	27.39	35.79	30.91	41.88
广东	2.89	2.77	3.04	13.44	10.37	17.46	21.42	16.59	27.69
广西	3.98	3.91	4.07	24.85	18.47	32.82	37.30	27.79	49.09
海南	6.21	5.41	7.20	18.22	13.33	24.89	27.16	19.96	36.83
重庆	3.37	3.57	3.14	18.76	18.58	18.96	30.37	30.13	30.65
四川	3.37	3.49	3.23	18.27	17.91	18.70	29.35	28.69	30.13
贵州	15.61	14.24	17.30	56.05	49.30	63.45	83.80	74.53	93.71
云南	14.57	13.87	15.36	60.43	53.22	68.30	88.19	78.23	98.90
西藏	12.82	12.86	12.78	37.22	37.91	36.51	56.01	56.81	55.22
陕西	1.97	2.00	1.93	28.39	22.89	35.19	43.26	35.13	53.14
甘肃	8.24	7.41	9.23	42.88	36.39	50.47	62.55	53.65	72.71
青海	11.95	12.58	11.25	38.98	38.00	40.05	58.36	56.74	60.17
宁夏	10.27	10.77	9.71	22.26	22.58	21.90	34.27	34.74	33.77
新疆	8.33	9.04	7.58	27.35	28.95	25.67	41.00	43.26	38.61

资料来源:2000年各地区的婴儿死亡率由于其数据来源不同,2000(1)是根据公布在全国的"五普"资料中有关地区的数据计算的结果。2000(2)是根据各省(直辖市、自治区)公布的"五普"有关数据计算的结果。

社会经济发展水平可以用人均GDP来代表。图1是根据美国2000年的统计,世界174个国家和地区的人均GDP(对数)和婴儿死亡率(对数)散布图,三条直线中中间一条直线是人均GDP(对数)和婴儿死亡率(对数)的回归直线,其上下两条平行线表示有95%的点落在这两条线之间。回归方程为

$$\log(1000 \cdot IMR) = A + B \cdot \log(GDP/P)$$

系数 A=10.024, B=-0.8075,

确定系数 $R^2=-0.889$

估计标准误 S=0.53

从回归方程的系数看，婴儿死亡率与人均GDP呈负相关。从确定系数的值来看，方程的解释能力还是比较强的，即人均GDP(对数)解释了90%婴儿死亡率（对数）的变化。中国的人均GDP为6020ppp＄(购买力平价)，按回归方程估计婴儿死亡率为20‰(联合国统计资料估计为21‰)，在数据满足高斯假设条件下，人均GDP为6020ppp＄的95%置信区间为(6.9‰，57.8‰)。按回归方程计算，当人均GDP超过33000ppp＄时，婴儿死亡率才达到5‰以下，人均GDP超过33000ppp＄时，婴儿死亡率才达到5‰以下，人均GDP超过44000ppp＄时，婴儿死亡率才达到4‰以下。

“六普”显示的4‰以下的婴儿死亡率，完全超出了按国际的经验可以接受的范围。

图1　人均GDP的对数和婴儿死亡率对数的对应关系

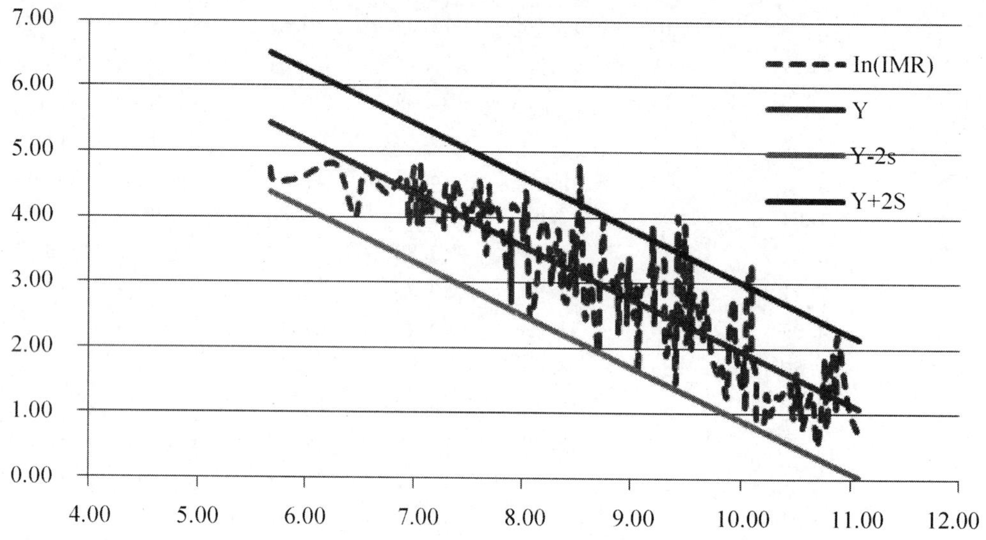

日本号称是世界各国中死亡力下降速度较快的国家，婴儿死亡率从25‰左右(1962年，26.4‰)下降到5%以下(1987年，5.0‰)用了25年时间[①]。按当时对美元计算，日本1987年的人均GDP已经接近2万美元，社会经济总体水平要远远高于我国目前的水平。

根据卫生部的统计，2010年我国的婴儿死亡率为13.1‰[②]。卫生部的统计是根据卫生监测地区的报告，它并没有覆盖中国的全地区和全人口，而没有被监测覆盖到的人口的死亡风险肯定会高于覆盖地区。实际发生的婴儿死亡肯定有遗漏．所以实际的婴儿死亡率应该比监测数据还要高。从监测数据看(表4)，我国的婴儿死亡率确实是在逐年下降，但13.1‰已是列年最低水平了。

综合以上几个方面，笔者认为，“六普”报告的婴儿死亡率过低、调查中有较大的婴儿死亡漏报是可以肯定的。

二、“六普”的婴儿死亡报告的问题

普查结果的婴儿死亡率过低是因为普查中婴儿死亡有漏报，下面，我们从多个方面来观察“六普”中婴儿死亡的报告问题。

1. 无婴儿死亡报告的地区

第六次人口普查时，全国31个省(市、自治区)共2870个县级行政单位，根据普查结果，全国共有434个县级单位或无男性或无女性婴儿死亡，占全国县级行政单位数的15.12%，其中128个县级单位既无男性也无或女性婴儿死亡。全国31个省级行政区中，只有上海、贵州、云南、宁夏等少数几个地区内全部县级行政单位没有出现无婴儿死亡报告的现

① (日)国立社会保障·人口问题研究所《人口统计资料集》72页

② 中国新闻网，2011/5/24

象。无婴儿死亡报告较多的省(市、自治区)有黑龙江、吉林、内蒙、陕西、辽宁,这些省区中无(男性或女性)婴儿死亡报告的县级行政单位占该省区的行政单位数都高达30%以上。其中黑龙江省无婴儿死亡报告的县占全省县级单位数的57.58%,即一半以上。无婴儿死亡报告的省(市、区)还有北京、山西、河南、西藏等地区,无婴儿死亡报告的县级单位占该地区全部县级单位的20%以上。

表2 各地区无婴儿死亡报告的县级单位数

单位:个

地区	单位数	男女	男	女
北京	18	0	2	3
天津	16	1	0	1
河北	172	0	3	15
山西	119	6	6	15
内蒙古	101	13	7	17
辽宁	100	6	9	16
吉林	60	9	6	11
黑龙江	132	40	10	26
上海	18	0	0	0
江苏	105	1	4	7
浙江	91		3	4
安徽	105		0	2
福建	84	1	0	1
江西	99	2	5	6
山东	140	1	4	10
河南	159	16	9	14
湖北	103	3	3	4
湖南	122	1	5	8
广东	129	2	0	3
广西	104		1	3
海南	22	1	0	0
重庆	40		0	1
四川	181	2	3	9
贵州	88		0	0
云南	129		0	0
西藏	73	6	6	4
陕西	107	9	10	17
甘肃	87	2	1	4
青海	46	2	1	0
宁夏	22	0	0	0
新疆	98	4	3	4
合计	2870	128	101	205

无婴儿死亡报告的地区,并不一定都是由于婴儿死亡漏报。有个别的确实是由于人口少,出生的婴儿少甚至无出生婴儿,如海南省的西沙群岛办事处。但大部分县(市)级地区未出现婴儿死亡报告,很可能是漏报造成的。

2. 新生儿死亡占婴儿死亡的比重

婴儿死亡风险和出生后的时间长度有密切关系。一般地,出生时间越短,死亡风险越大。随着婴儿死亡率的下降,婴儿死亡主要在新生儿阶段发生的现象越发明显。这是因为,随着卫生知识的普及,医疗卫生和妇幼保健的进步,导致婴儿死亡的后天原因,如破伤风、感染发炎、腹泻、意外事故等外源性死因减少并且都能得到有效的控制,而先天发育不良、遗传性疾病等内源性死因就会比较突出,这样,新生儿在婴儿死亡中所占的比重也会增加。表1为美国加利福尼亚州(1970,婴儿死亡率为18‰)年出生后1年内死亡者存活的时间长度和我国第六次人口普查数据中死亡人口(2009年11月1日至2010年10月30日)中0岁死亡人口的存活时间分布。

表3 婴儿死亡人口存活的时间分布

单位:人,%

月	美国		中国	
	死亡人数	时间分布	死亡人数	时间分布
0—1	4617	73.90	30034	49.88
1—2	418	6.69	8219	13.65
2—3	338	5.41	4390	7.29
3—4	212	3.39	3222	5.35
4—5	168	2.69	2531	4.20
5—6	126	2.02	2158	3.58
6—7	91	1.46	2031	3.37
7—8	76	1.22	1747	2.90
8—9	56	0.90	1610	2.67
9—10	49	0.78	1415	2.35
10—11	54	0.86	1550	2.57
11—12	43	0.69	1310	2.18
合计	6248	100.00	60217	100.00

资料来源:美国的数据取自(美)蒋庆琅著《寿命表及其应用》,方积乾译,上海翻译出版公司,1984年12月,90页;中国的数据又国务院第六次人口普查办公室提供。

一般把出生后1个月以内(确切地说是28天以内)被定义为新生儿死亡。由表3美国的数据表明,在出生后1个月内死亡人数大概占婴儿死亡总数的70%左右,由其他统计质量较高的国家的数据也支持了这个现象[①]。但我国人口普查的数据中新生儿死亡人数却只占婴儿死亡50%。

根据卫生部监测地区的数据，从2000年以来，新生儿占婴儿死亡的比例在63%至70%不等，且新生儿占婴儿死亡的比例有下降的趋势，但没有一年接近50%的，这从另一个侧面也反映了“普查”中婴儿死亡漏报的可能。

表4 监测地区的新生儿死亡率和婴儿死亡率

（单位：）

年份	新生儿（‰）	婴儿（‰）	新生儿/婴儿（%）
2000	22.8	32.2	70.8
2001	21.4	30.0	71.3
2002	20.7	29.2	70.9
2003	18.0	25.5	70.6
2004	15.4	21.5	71.6
2005	13.2	19.0	69.5
2006	12.0	17.2	69.8
2007	10.7	15.3	69.9
2008	10.2	14.9	68.5
2009	9.0	13.8	65.2
2010	8.3	13.1	63.4

数据来源：卫生部卫生统计信息中心（www.moh.gov.cn）

3.0岁的终寿区间成数和平均存活长度

美籍学者蒋庆琅在其的专著《寿命表及其应用》中，为了确定死亡概率和死亡率的关系，引入了终寿区间成数（死亡人口在他死亡年龄区间内平均存活的时间长度比例）的概念。因为人类死亡的发生有存在着共性，世界卫生组织根据各国的经验，总结了婴儿死亡率大小和终寿区间成数的对应关系如下（表3—3），当婴儿死亡率小于20‰时，0岁终寿区间成数为0.09，死亡的婴儿平均生存的时间长度为1.08个月。当婴儿死亡率在20‰—40‰时，终寿区间成数为0.15，死亡婴儿平均生存的时间长度为1.80个月。当婴儿死亡率在40‰—60‰时，终寿区间成数为0.23，平均生存的时间长度为2.76个月，即婴儿死亡率越低，终寿区间成数越小，死亡者平均存活的时间也越短。

表5 不同的婴儿死亡率对应的终寿区间成数与平均存活长度

IMR(‰)	终寿区间成数	平均存活(月)
<20	0.09	1.08
20—40	0.15	1.80
40—60	0.23	2.76
>60	0.60	7.20

表6 不同地区的婴儿死亡率、终寿区间成数与平均存活长度(2010年)

地区	0岁死亡人口(人)	婴儿死亡率(‰)	平均存活(月)	终寿区间成数
北京	151	1.128	4.149	0.346
天津	124	1.377	2.339	0.195
河北	2440	2.589	2.584	0.215
山西	1531	4.243	1.761	0.147
内蒙古	885	4.035	2.162	0.180
辽宁	722	2.472	2.726	0.227
吉林	288	1.425	2.698	0.225
黑龙江	383	1.444	3.547	0.296
上海	410	2.705	3.349	0.279
江苏	1503	2.011	2.980	0.248
浙江	1844	3.890	4.460	0.372
安徽	3641	4.824	1.892	0.158
福建	1450	3.430	2.352	0.196
江西	2498	3.783	2.534	0.211
山东	2043	1.950	2.164	0.180
河南	1199	0.920	3.403	0.284
湖北	2141	3.534	2.298	0.191
湖南	2069	2.498	3.268	0.272
广东	3268	2.892	2.692	0.224
广西	2843	3.982	2.633	0.219
海南	766	6.207	2.311	0.193
重庆	1005	3.367	2.823	0.235
四川	2772	3.370	3.161	0.263
贵州	7699	15.610	2.459	0.205
云南	8489	14.571	2.280	0.190
西藏	627	12.822	3.876	0.323
陕西	701	1.967	3.210	0.268
甘肃	2313	8.244	2.306	0.192
青海	882	11.945	3.161	0.263
宁夏	836	10.271	2.148	0.179
新疆	2694	8.334	3.071	0.256
全国	60217	4.060	2.618	0.218

① 也有学者认为，婴儿死亡与新生儿死亡之比是一种曲线关系：随着婴儿死亡率的下降，新生儿死亡比先上升至峰值（大致位置，新生儿死亡比为70.32%），后下降至谷底（大致位置，新生儿死亡比为61.22%），再上升。（叶烨等，2009）

根据“六普”调查数据计算，我国婴儿死亡率为4‰，0岁的终寿区间成数为0.2181(迭代计算的估计是0.2353)，0岁死亡者平均存活时间长度为2.62个月。和WHO(表3)推荐的数据相比较，用婴儿死亡率大小来衡量，则我国的终寿区间成数过大，平均存活时间长度长。按照终寿区间成数和平均存活时间长度，若用WHO标准衡量，则我国的婴儿死亡率似乎和40‰比较接近。

下面，我们来观察由"六普"调查数据算出的全国各地区婴儿死亡率、平均存活时间和终寿区间成数的值。

从婴儿死亡率的数值看，最高的贵州、云南也只有15‰和14‰，绝大部分地区的婴儿死亡都在10‰以下。按照WHO推荐的终寿区间成数为0.09，死亡婴儿的平均存活长度为1.08个月。但从我国数据看，各地区的终寿区间成数和死亡婴儿的平均存活长度都要大于WHO的推荐值。

图2 各地区婴儿死亡率与死亡者平均存活长度(2010年)

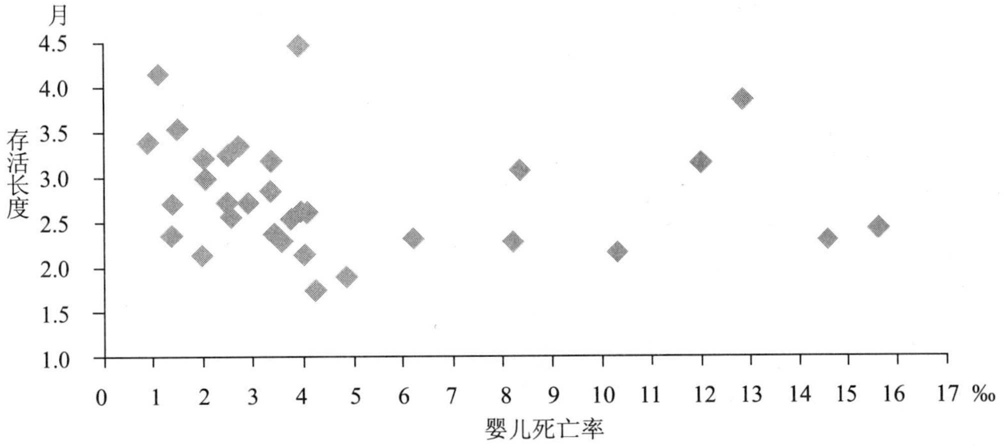

一般的情况是婴儿死亡率越低，则死亡者的平均存活长度也应该越短。但从“六普”的数据看，平均存活长度似乎和婴儿死亡率高低并无多大联系。31个地区，婴儿死亡率以1‰－5‰居多，婴儿死亡平均存活时间以2个月至3.5个个月居多。有比较特殊的，死亡率较低的浙江、北京，死亡者平均存活的时间却最长，分别达4.46个月和4.15个月，死亡概率大小居中的山西、安徽，平均存活的时间却较短，分别为1.76个月和1.89个月。

地区婴儿死亡率的数据不但不能帮助我们揭开实际的婴儿死亡率和真相，相反地使我们对中国的婴儿死亡率的真实水平更感到迷茫。因为婴儿死亡率和平均存活时间的对应相差太大。但从两个极端的情况却使人可以有这样的联想：婴儿死亡率的漏报可能和人口流动有关。北京、浙江的社会经济水平发展较高，所以婴儿死亡率较低，但由于这两地区流入人口较多，而流入者主要以“务工经商”的经济目标为主，如果一个妇女怀孕生产，即生后的孩子死了，她需要休养一段时间，就很可能回家乡去休养，结果就会导致在死亡的发生地，流入地漏报。

三、婴儿死亡率的估计

由上面的讨论，我们已经知道由于“六普”调查中的婴儿死亡漏报导致婴儿死亡率过低，那么，实际的婴儿死亡率应该是多少？

婴儿死亡率是以实际发生的事件为基础计算出的一个指标，所以，实际的婴儿死亡率水平只有通过再调查并确保在没有死亡漏报的情况下来确定。当然，这种方法实际中并不可行，我们只能通过其他方法来确定婴儿死亡率，而用其他方法得到的结果只是一种估计。

应该说，婴儿死亡率的估计并没有公认的可靠有效的方法。大多数的婴儿死亡率估计都是通过事后的抽样调查结果来估计(周有尚等，1989年)。威廉姆·M·马森(William·M·Mason)等曾经根据1988年全国2‰妇女生育节育调查的数据，通过妇女生育史来估计中国全国和各个省(区)在1959－1987年的婴儿死亡率(威廉姆·M·马森等，1992)。达德利·鲍思顿(Dudley Poston)曾对中国1982年人口普查的婴儿死亡率作过估计，他的估计方法很简单明了：根据国家统计局公布的各县的婴儿死亡率，把他认为数据不可靠的地区剔除，重新计算婴儿死亡率（达德利·鲍思顿，1992）。本文的估计方法和他们不同，拟从幼儿死亡概率着手来估计实际的婴儿死亡率和与报告的误差。

从过去的经验看，各个年龄的死亡都可能有漏报和误报，幼儿死亡也不例外，那么为什么可以同样有漏报的幼儿死亡可以来估计婴儿死亡呢？这是因为，与其他年龄的人口死亡相比，婴儿死亡漏报的可能性最大：一是社会习俗，生下不久就死亡会被认为不吉利、不光彩的事；二是技术上的原因，需要区分是死产还是活产后死亡；三是政策上的原因，譬如是超生的孩子，但产后死亡，他（她）肯定不愿意向人家报告曾经"违规"。上述有些因素在其他年龄虽然可能也会存在，但影响肯定不会很大。所以我们这里是以误差较小的死亡率来估计误差较大的死亡率。选择幼儿死亡作为估计婴儿死亡的基础，是因为幼儿死亡与婴儿死亡联系密切，如上面所说的两者的死亡的比值在一个确定的范围内，同时，从人口死亡的年龄变化来看，婴儿和幼儿都处于随着年龄的增加死亡风险减少的这样一个阶段。

1. 婴儿死亡率和幼儿（1—4 岁）死亡概率的对应关系

考虑幼儿死亡率和婴儿死亡率的关系上来估计实际婴儿死亡率的水平，我们先讨论理论模型。先假设婴幼儿死亡率模型：设到 x 岁的存活率 l_x 服从 Weibull 分布，其函数形式为：

$$\ln(-\ln l(x))=\ln(b)+c\ln(x)$$

在一定的婴儿死亡率（IMR）水平下，$l(1)$ $1-\mathrm{IMR}=\exp(-b)$，由此

$$b=-\ln(1-\mathrm{IMR}) \qquad (1)$$

另外，如果我们知道了终寿区间成数，例如，按照 WHO 的建议，当 IMR＜20‰时，$\alpha_0=0.09$，则

$$L_0=l(1)+(1-\alpha_0)(1-l(1))=1-\mathrm{IMR}+(1-\alpha_0)\mathrm{IMR} \qquad (2)$$

由于 b 已经确定，由（2）式可确定 c. 当 b、c 确定后，我们就可求出幼儿死亡率

$${}_4Q_1=1-l(5)/l(1)=1-\exp(-b5^c)/\exp(-b)$$

经过计算可以确定，当婴儿死亡率在 1‰至 20‰范围，$\alpha_0=0.09$ 时，b 的范围为 0.01 至 0.02，C 的范围为 0.1 至 0.11，对应的幼儿死亡概率约为 0.2‰至 4‰，幼儿死亡概率与婴儿死亡率之比在 0.17—0.19。当婴儿死亡率在 20‰至 40‰范围，$\alpha_0=0.15$ 时，b 的范围为 0.02 至 0.04，C 的范围为 0.179 左右，对应的幼儿死亡概率约为 5‰至 13.5‰，幼儿死亡概率与婴儿死亡率之比在 0.3 左右。且婴儿死亡率、幼儿死亡率越低，这个比值越小，这是因为婴儿死亡率越低，说明死亡率随年龄增加下降得越快。

图 3A　幼儿死亡概率与婴儿死亡率的比值（CD 模型表，男性）

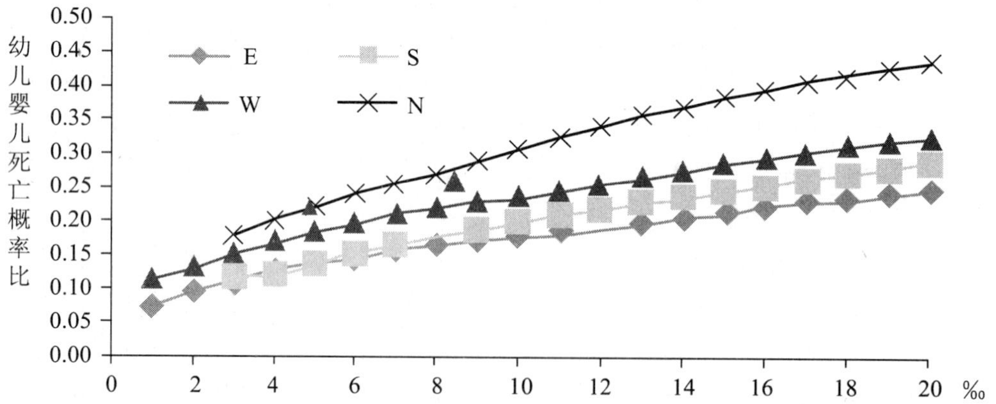

从实际的死亡来看，由于死亡类型不同，婴儿死亡率和幼儿死亡概率的比值不会有固定的数。从常用的模型生命表来看，如在 1966 年出版的寇尔一德蒙尼的模型生命表中，若婴儿死亡率小于 20‰，在男性的场合下，死亡水平（即出生预期寿命）在 72 岁以上，幼儿死亡概率与婴儿死亡率之比在 0.1—0.2 之

间，常用的西方表在 0.15 以下。在女性场合下，这个比在 0.2 以下。在 1982 年联合国发展中国家的模型生命表中，可能对象是发展中国家，很少有婴儿死亡率小于 20‰的国家，在男性的场合下，只有“远东”类型，死亡水平（即出生预期寿命）在 70 岁以上，幼儿死亡概率与婴儿死亡率之比在 0.13—0.19 之间。女性没有婴儿死亡率小于 20‰的类型。

图 3B　幼儿死亡概率与婴儿死亡率的比值（CD 模型表，女性）

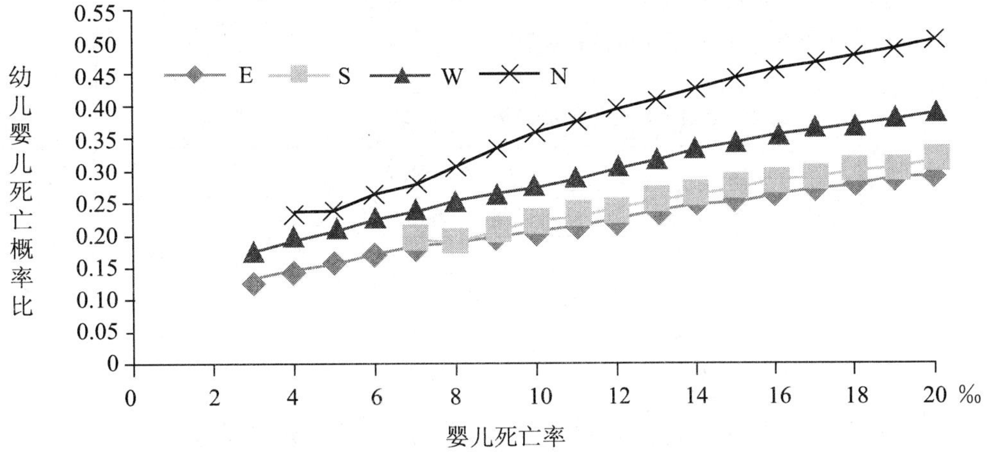

图 3C　幼儿死亡概率与婴儿死亡率的比值（UN 模型表，男性）

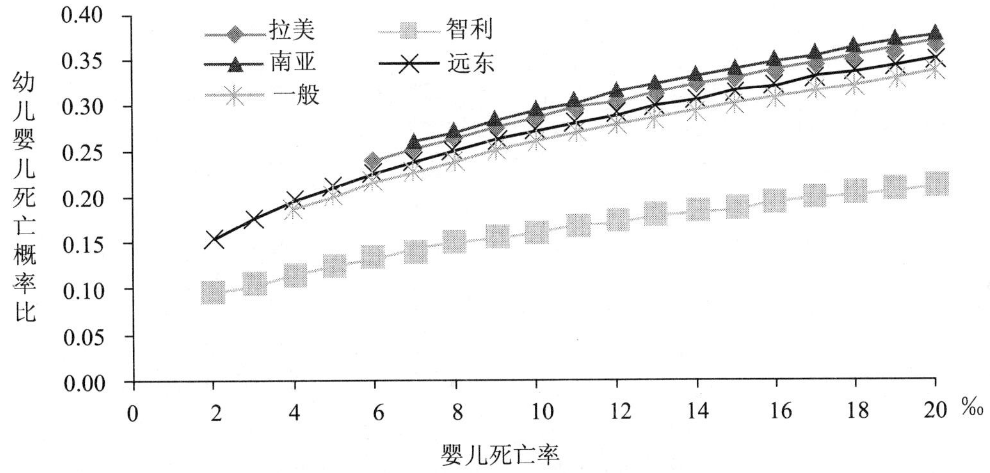

图 3D　幼儿死亡概率与婴儿死亡率的比值（UN 模型表，女性）

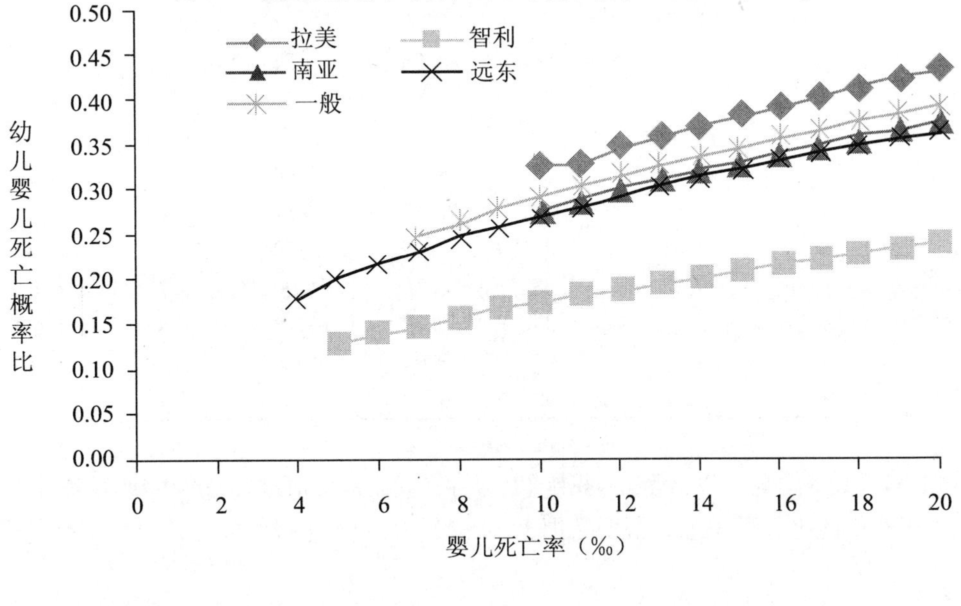

下面我们来观察一下我国的婴儿死亡率和幼儿死亡概率。

全国 31 个地区的幼儿死亡概率平均值为 3.1‰，观察图 3，按照模型生命表，幼儿死亡概率与婴儿死亡率之比约在 0.15 和 0.25. 之间。幼儿死亡概率越小，其比值越小。从我国各地区的幼儿死亡概率与婴儿死亡率之比来看，最低的山西，其比值为 0.39，超过了上述范围。而河南、湖南、四川、山西这几个地区的比值大于 1，即是说幼儿死亡概率大于婴儿死亡率。按照模型生命表，不管是 CD 模型表还是 UN 模型表，这种情况只有在死亡力极高(预期寿命很低)的情况才会出现。估计这几个地区婴儿死亡漏报的程度比较严重。

表 7　全国和各地区的婴儿死亡率和幼儿死亡率(2010 年)

地区	婴儿死亡率(‰)			幼儿死亡概率(‰)			幼儿死亡率/婴儿死亡率		
	合计	男性	女性	合计	男性	女性	合计	男性	女性
全　国	3.80	3.72	3.91	2.56	2.75	2.33	0.67	0.74	0.60
北　京	1.13	1.15	1.10	0.93	1.10	0.75	0.83	0.95	0.68
天　津	1.38	1.65	1.07	0.66	0.79	0.53	0.48	0.48	0.49
河　北	2.59	2.68	2.48	1.51	1.66	1.34	0.58	0.62	0.54
山　西	4.24	4.09	4.41	1.67	1.79	1.55	0.39	0.44	0.35
内蒙古	4.04	4.55	3.46	1.67	1.89	1.43	0.41	0.41	0.41
辽　宁	2.47	2.78	2.13	1.44	1.63	1.23	0.58	0.59	0.58
吉　林	1.43	1.54	1.30	1.21	1.28	1.13	0.85	0.83	0.87
黑龙江	1.44	1.64	1.22	1.16	1.27	1.04	0.80	0.77	0.85
上　海	2.71	3.11	2.25	1.58	1.77	1.36	0.58	0.57	0.60
江　苏	2.01	2.11	1.89	1.75	1.99	1.46	0.87	0.94	0.77
浙　江	3.89	4.05	3.70	2.72	3.03	2.38	0.70	0.75	0.64
安　徽	4.82	4.80	4.86	1.94	2.26	1.55	0.40	0.47	0.32
福　建	3.43	3.28	3.62	1.65	1.78	1.49	0.48	0.54	0.41
江　西	3.78	3.37	4.31	3.16	3.24	3.05	0.84	0.96	0.71
山　东	1.95	1.92	1.99	1.22	1.33	1.08	0.62	0.69	0.54
河　南	0.92	0.91	0.93	1.34	1.46	1.18	1.46	1.60	1.27
湖　北	3.53	3.50	3.58	2.26	2.44	2.03	0.64	0.70	0.57
湖　南	2.50	2.50	2.50	3.03	3.29	2.72	1.21	1.32	1.09
广　东	2.89	2.77	3.04	1.85	1.92	1.77	0.64	0.69	0.58
广　西	3.98	3.91	4.07	2.48	2.67	2.25	0.62	0.68	0.55
海　南	6.21	5.41	7.20	2.75	3.10	2.31	0.44	0.57	0.32
重　庆	3.37	3.57	3.14	2.98	3.38	2.54	0.89	0.95	0.81
四　川	3.37	3.49	3.23	3.85	4.24	3.42	1.14	1.21	1.06
贵　州	15.61	14.24	17.30	5.29	5.81	4.65	0.34	0.41	0.27
云　南	14.57	13.87	15.36	7.79	8.09	7.46	0.53	0.58	0.49
西　藏	12.82	12.86	12.78	10.87	10.87	10.87	0.85	0.85	0.85
陕　西	1.97	2.00	1.93	2.28	2.45	2.08	1.16	1.22	1.08
甘　肃	8.24	7.41	9.23	3.88	3.78	4.00	0.47	0.51	0.43
青　海	11.95	12.58	11.25	11.27	11.72	10.78	0.94	0.93	0.96
宁　夏	10.27	10.77	9.71	4.97	5.08	4.86	0.48	0.47	0.50
新　疆	8.33	9.04	7.58	5.99	6.62	5.34	0.72	0.73	0.70

从“六普”数据看，无论是理论上和经验上，我国幼儿死亡概率与婴儿死亡率的比值明显过大，说明数据上存在问题。比值过大的产生，或者是报告的幼儿死亡概率过大，或者是报告的婴儿死亡概率过小，或者两者兼

有之。在这几种可能性中,我们认为,婴儿死亡概率过小的可能性更大,即由于婴儿死亡漏报产生的。

2. 婴儿死亡率的估计

首先考虑幼儿死亡概率的修正。修正是以这 2 个假定为基础的:(1)、假设死亡报告不存在重报,只可能有漏报,这样,报告的死亡率只可能过低,不会出现过高的情况。(2)、死亡风险与社会经济发展程度(以人均 GDP 为代表)呈负向关系。社会经济发展程度越高,死亡风险越低,或者反过来说,社会经济发展程度越低,死亡风险越大。但考虑我国一些地区的实际,把地广人稀,少数民族人口集中地区:新疆、青海、西藏排除(不修正),按照上述 2 个假定对其他 28 个地区的数据进行修正。首先,按人均 GDP 大小对各地区排序(从大到小),若出现人均 GDP 低,死亡概率高的情况,我们就认为是正常,数据不修正。若出现人均 GDP 低,但死亡概率也低的情况,我们就认为存在漏报需要进行修正。修正的办法是假定该地区的幼儿死亡概率等于人均 GDP 高于该地区,但死亡概率也高于该地区的值。例如,上海在全国各地区的人均 GDP 最高。天津、北京的人均 GDP 低于上海,但幼儿死亡概率也低于上海,我们就对天津、北京的数据作修正,假定它们的死亡概率同上海相同。江苏人均 GDP 低于上海、天津、北京,但幼儿死亡概率高于上述地区,我们就不修正。依照上述方法,共对 22 个地区的幼儿死亡概率进行了修正(参考表 8)。

按照修正后的儿童死亡概率计算,全国幼儿死亡漏报为 71%(男性为 67%,女性为 77%)。

表 8 幼儿死亡概率的修正

地区	人均 GDP	报告幼儿死亡概率(‰)			修正幼儿死亡概率(‰)		
	(元/人)	合计	男性	女性	合计	男性	女性
上海	73297	1.58	1.77	1.36	1.58	1.77	1.36
天津	70402	0.66	0.79	0.53	1.58	1.77	1.36
北京	70251	0.93	1.10	0.75	1.58	1.77	1.36
江苏	52000	1.75	1.99	1.46	1.75	1.99	1.46
浙江	50024	2.72	3.03	2.38	2.72	3.03	2.38
内蒙古	47174	1.67	1.89	1.43	2.72	3.03	2.38
广东	43597	1.85	1.92	1.77	2.72	3.03	2.38
辽宁	41782	1.44	1.63	1.23	2.72	3.03	2.38
山东	41147	1.22	1.33	1.08	2.72	3.03	2.38
福建	38914	1.65	1.78	1.49	2.72	3.03	2.38
吉林	31232	1.21	1.28	1.13	2.72	3.03	2.38
河北	28108	1.51	1.66	1.34	2.72	3.03	2.38
湖北	27615	2.26	2.44	2.03	2.72	3.03	2.38
重庆	27367	2.98	3.38	2.54	2.98	3.38	2.54
陕西	26848	2.28	2.45	2.08	2.98	3.38	2.54
黑龙江	26715	1.16	1.27	1.04	2.98	3.38	2.54
宁夏	26080	4.97	5.08	4.86	4.97	5.08	4.86
山西	25448	1.67	1.79	1.55	4.97	5.08	4.86
新疆	24842	5.99	6.62	5.34	5.99	6.62	5.34
河南	24401	1.34	1.46	1.18	4.97	5.08	4.86
湖南	24210	3.03	3.29	2.72	4.97	5.08	4.86
青海	24000	11.27	11.72	10.78	11.27	11.72	10.78
海南	23665	2.75	3.10	2.31	4.97	5.08	4.86
江西	21170	3.16	3.24	3.05	4.97	5.08	4.86
四川	21013	3.85	4.24	3.42	4.97	5.08	4.86
广西	20645	2.48	2.67	2.25	4.97	5.08	4.86
安徽	20611	1.94	2.26	1.55	4.97	5.08	4.86
西藏	16903	10.87	10.87	10.87	10.87	10.87	10.87
甘肃	16107	3.88	3.78	4.00	4.97	5.08	4.86
云南	15707	7.79	8.09	7.46	7.79	8.09	7.46
贵州	13221	5.29	5.81	4.65	7.79	8.09	7.46

由于幼儿死亡概率和婴儿死亡率有确定的对应关系，利用修正后的儿童死亡概率，我们就可以估计婴儿死亡率了。由于我国的女婴死亡比较特殊，我们这里只考虑男性婴幼儿死亡关系，设幼儿死亡概率与婴儿死亡率有这样的关系：

表 9　幼儿死亡概率与婴儿死亡率的比值

幼儿死亡概率(‰)	<2	2－5	5－8	8－10	>10
比值	0.18	0.19	0.25	0.30	0.35

假定女性的婴儿死亡率保持“普查”数据中男婴、女婴的死亡性别比不变。按照修正后的幼儿死亡概率和幼儿死亡概率与婴儿死亡率的比值，可计算出各地区的婴儿死亡率(表 10)。

由表 10 可以知道，修正后的婴儿死亡率和报告的婴儿死亡率差别是很大的。每个地区的婴儿死亡率都有不同程度的提高。各地区中，提高幅度最大的是河南，修正后的婴儿死亡率增大了 19.57‰，从相对值来说，扩大了 21 倍。31 个地区 0 岁人口合计比调查数据多 3.60 倍，婴儿死亡率为 17.28‰(男性为 17.12‰，女性为 17.47‰)

全国人口报告的幼儿死亡概率为 2.56‰(男性为 2.75‰，女性为 2.33‰)，2010 年全国人均 GDP 为 29992 元。按照上面的修正方法，全国的人均 GDP 介于浙江和重庆之间，所以取其中，把幼儿死亡概率修正为 2.85‰(男性为 3.20‰，女性为 2.46‰)，幼儿死亡概率与婴儿死亡率之比为 0.19，保持女婴死亡和男婴死亡比不变，对婴儿死亡率修正的结果是 17.27‰(男性为 16.85‰，女性为 17.69‰)。与根据地区修正后得到的结果很接近。

对原始数据的修正要作得很精确是非常困难的事。由于数据上的原因，我们有意绕开了对婴儿死亡率直接修正，而改成对误差发生可能性较小的幼儿着手。这里的修正建立在对数据认真分析和合乎一般现象变化规律的推测上，在数据修正时，处理非常谨慎，本着尽量不改、少改的原则。在分别对全国数据直接修正和从地区数据修正推出的全国来看，两者的结果相当接近，和卫生监测的结果和联合国的估计结果也不是差得很远(介于两者之间)，所以修正的结果应该是可以接受的。当然，这只是一种估计，要判断估计结果和实际的符合程度还有待进一步检验。

表 10　报告婴儿死亡率和修正的婴儿死亡率

地区	报告婴儿死亡率(‰)			修正的婴儿死亡率(‰)		
	合计	男性	女性	合计	男性	女性
北　京	1.13	1.15	1.10	9.61	9.83	9.37
天　津	1.38	1.65	1.07	8.20	9.83	6.35
河　北	2.59	2.68	2.48	15.39	15.93	14.76
山　西	4.24	4.09	4.41	21.07	20.32	21.89
内蒙古	4.04	4.55	3.46	14.11	15.93	12.10
辽　宁	2.47	2.78	2.13	14.17	15.93	12.23
吉　林	1.43	1.54	1.30	14.75	15.93	13.44
黑龙江	1.44	1.64	1.22	15.61	17.77	13.19
上　海	2.71	3.11	2.25	8.55	9.83	7.11
江　苏	2.01	2.11	1.89	10.54	11.08	9.90
浙　江	3.89	4.05	3.70	15.30	15.93	14.56
安　徽	4.82	4.80	4.86	20.44	20.32	20.59
福　建	3.43	3.28	3.62	16.66	15.93	17.57
江　西	3.78	3.37	4.31	22.80	20.32	25.97
山　东	1.95	1.92	1.99	16.22	15.93	16.57
河　南	0.92	0.91	0.93	20.49	20.32	20.69
湖　北	3.53	3.50	3.58	16.09	15.93	16.30
湖　南	2.50	2.50	2.50	20.30	20.32	20.27
广　东	2.89	2.77	3.04	16.62	15.93	17.46
广　西	3.98	3.91	4.07	20.68	20.32	21.12
海　南	6.21	5.41	7.20	23.29	20.32	27.00
重　庆	3.37	3.57	3.14	16.78	17.77	15.67
四　川	3.37	3.49	3.23	19.61	20.32	18.82
贵　州	15.61	14.24	17.30	29.58	26.98	32.79
云　南	14.57	13.87	15.36	28.34	26.98	29.87
西　藏	12.82	12.86	12.78	30.99	31.07	30.90
陕　西	1.97	2.00	1.93	17.48	17.77	17.14
甘　肃	8.24	7.41	9.23	22.61	20.32	25.30
青　海	11.95	12.58	11.25	31.80	33.48	29.94
宁　夏	10.27	10.77	9.71	19.38	20.32	18.32
新　疆	8.33	9.04	7.58	24.40	26.47	22.21

参考文献:

1.(美)蒋庆琅著.寿命表及其应用.上海翻译出版公司出版,1984.

2. 周有尚,饶克勤,张德英.中国婴儿死亡率分析.中国人口科学,1989,3.

3.(美)威廉姆·M·马森,威廉姆·雷夫利,黑若明等.奥诺,当代中国的婴儿死亡率,1950—1987:生育节育抽样调查数据的评价.翟振武主编.人口数据分析方法及其应用.外文出版社,1992:99 - 121.

4. 达德利·鲍思顿.中国婴儿死亡率模式.翟振武主编.人口数据分析方法及其应用.外文出版社,1992:122 - 133.

5. 叶烨等,王洪源,纪颖.中国妇幼保健.2009,24:4422—4424.

首都经济贸易大学 黄荣清

六普数据中婴儿死亡率及儿童死亡概率的质疑与评估

一、引言

在关于人口死亡的各项指标中，婴儿死亡率和5岁以下儿童死亡概率是反映人口健康水平的重要指标，其高低水平与社会经济条件和医疗水平等因素存在着紧密的联系，所以常被作为衡量一个国家社会发展水平的基本指标。

过去的研究发现，我国近两次普查存在婴儿死亡率低估的现象。总的来看，1982年第三次人口普查的数据质量较高(蒋正华等，1984)，而1990年第四次和2000年第五次人口普查则存在较严重的死亡漏报问题(黄荣清，1992；孙福滨等，1993；李树茁，1994；翟德华，2003)。众多学者对前几次普查的婴儿死亡率的水平进行了调整和估计(表1)。除了第三次人口普查外，调整后的婴儿死亡率估计值都远高于普查直接公布的数据。

表1　学者对前几次普查的婴儿死亡率的估计

学者	第三次人口普查		第四次人口普查		第五次人口普查	
	男	女	男	女	男	女
蒋正华等	35.6	33.7				
翟振武			43.1	38.4		
李树茁	36.1	34.2	32.2	36.8		
任强等	43.3	42.3	37.0	36.3	31.0	31.2

数据来源：蒋正华等，1984；翟振武，1993；李树茁，1994；任强等，2004.

对第六次人口普查数据进行计算后发现，我国的婴儿死亡率和5岁以下儿童死亡概率降到了极低的水平。而且，在未对五普的死亡率做任何调整的情况下，根据两次普查结果计算得到的10年间婴儿和5岁以下儿童死亡概率的快速下降速度也是令人难以置信。在数据准确的前提下，婴儿死亡率和5岁以下儿童死亡概率的下降程度才能反映出我国卫生事业进步和居民健康水平提高的真实情况。否则，过低的数据不但无法反映我国卫生事业发展的真实水平，反而会模糊人们对我国居民特别是婴幼儿健康水平的正确认识，产生误导作用。因此，对我国人口的死亡水平，特别是婴儿死亡率和5岁以下儿童死亡概率进行重新考量和估计就显得十分必要。

从以往的研究看，学者对我国普查数据的死亡水平的评估和调整大多纯粹地使用统计或是数学方法来进行(蒋正华等，1984；黄荣清，1992；翟振武，1993；李树茁，1994；翟德华，2003；任强等，2004)，很少将我国与世界上其他国家的婴儿死亡率水平进行对比；也很少有学者对5岁以下儿童死亡概率的低估给予关注，而与其他国家的相关对比研究也很少。

本研究通过与其他来源数据的比较，对我国第六次人口普查的极低婴儿死亡率和5岁以下儿童死亡概率提出质疑，进一步探究国际上的婴儿死亡率和5岁以下儿童死亡概率的变化及其与经济发展水平、文化教育水平之间的关系，并根据这些关系对我国六普所报告的两者的死亡水平进行评估；最后利用国际流行的模型生命表和布拉斯罗吉特转换法对2010年我国婴儿死亡率和5岁以下儿童死亡概率进行估计。

二、与卫生部数据的比较

根据第五次和第六次人口普查的公开数据计算，我国的婴儿死亡率2010年为3.81‰，这一结果与我国卫生部公布的监测数据的结果有极大的出入。根据卫生部每年在全国妇幼卫生监测点统计的数据，我国2010年卫生数据显示我国婴儿死亡率约为13.1‰，比六普数据计算的结果要高出9个百分点还多。而且，六普数据公布的5岁以下儿童死亡概率仅为 5.99‰，也远远低于卫生部监测的 16.4‰ 的水平。

从下降速度看，根据妇幼卫生监测点的数据计算，进入 21 世纪后的 10 年间婴儿死亡率和 5 岁以下儿童死亡概率的年均下降速度几乎是上世纪最后 10 年死亡率年均下降速度的两倍（表 2）。然而，若将五普和六普数据的计算结果和卫生部监测数据的计算结果进行比较，可发现，普查计算的 5 岁以下儿童死亡概率的年均下降速度是卫生统计的近 2 倍，婴儿死亡率的年均下降速度是卫生统计的 2 倍还多。

表 2　1991 年—2010 年我国婴儿死亡率和 5 岁以下儿童死亡概率下降速度

年份	婴儿死亡率年均下降速度		5 岁以下儿童死亡概率年均下降速度	
	妇幼卫生监测点数据	普查数据	妇幼卫生监测点数据	普查数据
1991—2000	4.81%		4.66%	
2000—2010	8.60%	17.60%	8.46%	15.30%

注：下降速度分别根据妇幼卫生监测点数据（《2011 中国卫生统计年鉴》）和第五次及第六次人口普查数据（《中国 2010 年人口普查资料》）推算。

尽管卫生部监测点数据并不能代表我国所有地区的婴儿死亡率和 5 岁以下儿童死亡概率的状况，但这更能体现六普数据中这两种死亡率水平的过度低估。因为一般来说，能够建立监测点的地区都是经济发展较好、医疗卫生水平较高的地区，其婴儿死亡率及 5 岁以下儿童死亡概率理论上来说应当比真实的平均水平要更低一些。在卫生部门有关婴儿死亡率及 5 岁以下儿童死亡概率数据有可能偏低的情况下，六普数据比卫生数据在绝对水平上更低、死亡概率下降速度更快，更说明了六普数据中婴儿死亡率及 5 岁以下儿童死亡概率数据的不可靠性。

三、婴儿死亡率及 5 岁以下儿童死亡概率的国际比较

（一）绝对水平与下降速度比较

从婴儿死亡率和 5 岁以下儿童死亡概率与国际其他国家进行对比来看，我国的水平也过低，并且下降速度明显快于其他国家。

就 2010 年的婴儿死亡率水平看，根据世界银行的统计，世界平均的婴儿死亡率为 38‰，高收入国家的婴儿死亡率大约为 5.1‰，澳大利亚和韩国为 4.2‰，加拿大约为 5‰，美国的婴儿死亡率为 6.5‰。全世界所有国家中，婴儿死亡率低于 3.8‰ 的仅有 26 个。从 21 世纪前 10 年的婴儿死亡率的下降速度来看，我国的下降速度也远快于世界其他国家（图 1）。2000 年至 2010 年，世界婴儿死亡率年平均下降速度为 2.88%，世界银行数据库除中国外的 213 个国家中，婴儿死亡率年均下降速度超过 10%的仅有 2 个国家和地区，下降最快的为马尔代夫，约为 12.72%，也远低于我国普查数据计算的结果。

图 1　2000—2010 年部分国家和地区的婴儿死亡率变化趋势

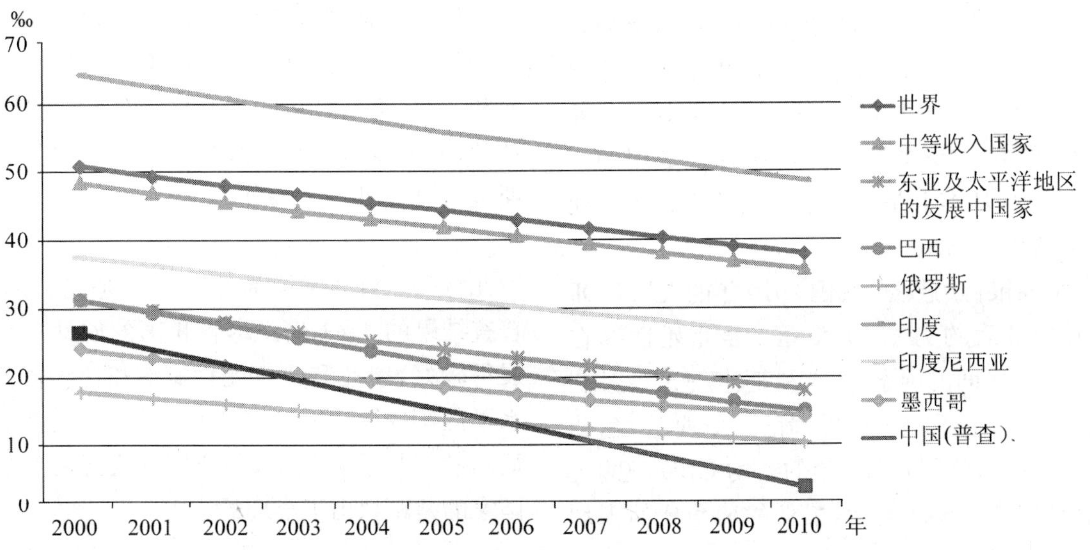

数据来源：世界银行数据库。

2010 年世界 5 岁以下儿童死亡概率的为 53.3‰，中等收入国家为 48‰，高收入国家为 6.1‰，5 岁以下儿童死亡概率低于 6‰的也仅有 34 个国家。根据我国六普数据推算的 5 岁以下儿童死亡概率比高收入国家的平均水平还要低。如果与世界银行的数据进行对比，根据六普数据计算的我国 2000—2010 年 5 岁以下儿童死亡概率下降速度(15.3%)不仅远远快于世界年均下降速度(3.07%)，也快于下降速度最快的马尔代夫(13.47%)。而世界银行的数据中，其他年均下降速度超过 10%的也仅有伯兹瓦纳和卢旺达两个儿童死亡概率起始水平较高的非洲国家。因而，同其他国家比较来看，我国 5 岁以下儿童死亡概率的绝对水平不太可能低于高收入国家，其年均下降速度更不可能超过 10%。尽管第五次和第六次人口普查的 5 岁以下儿童死亡概率都有低估，但显然第六次人口普查比实际情况偏离得更多。

图 2　2000—2011 年部分国家和地区的 5 岁以下儿童死亡概率变化趋势

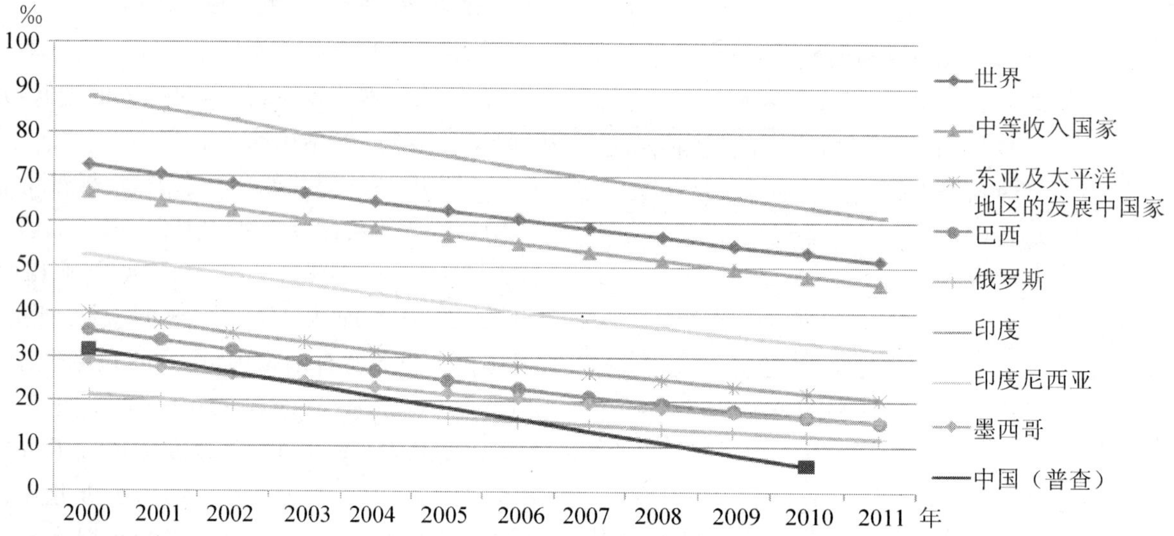

数据来源：同图 1。

(二)考虑到经济发展水平的婴儿死亡率和儿童死亡概率

1. 与经济发展水平指标相近的国家的比较

一国经济发展水平的高低在很大程度上会决定该国的卫生投入以及国民的健康水平，进而影响婴儿死亡率和 5 岁以下儿童死亡概率的水平。以往学者的研究结果显示，区域的经济发展水平对婴儿死亡率有较大的影响(梁博衡等，2007)，微观数据的分析结果也显示，基本上是收入水平低的家庭婴儿死亡率高(罗树生等，2006)。

根据世界银行的数据，我国 2010 年的人均 GDP 经购买力平价后约为 6819 美元。婴儿死亡率在 3.5‰和 5.0‰之间的国家(澳大利亚、奥地利、法国、德国、爱尔兰、以色列、意大利、荷兰、新西兰、葡萄牙、西班牙、瑞士、英国)2010 年的人均 GPD 经购买力平价后平均为 30943 美元，最低的葡萄牙的人均 GDP 也达 21665 美元，是我国的 3.18 倍。显然，我国六普数据统计的婴儿死亡率的水平过低，在我国的经济发展水平还远不及发达国家的情况下，我国的婴儿死亡率不可能低到与发达国家相似的水平。

另一方面，在与我国经济发展水平相近的国家中，即 2010 年人均 GDP 经购买力平价后在 6800 美元和 8000 美元之间的一些国家(阿尔巴尼亚、阿尔及利、厄瓜多尔、牙买加、马尔代夫、苏里南、土库曼斯坦)，其婴儿死亡率平均为 25.43‰，是我国 2010 年普查结果的 6.67 倍。这些国家在 2010 年 5 岁以下儿童死亡概率平均为 26.44‰，是我国的 2010 年普查结果的 4.41 倍。尽管我国的妇幼卫生工作开展得较好，婴儿和儿童死亡概率相比相同经济发展水平的国家来说处于较低的水平，但是普查数据所显示的结果明显过低，与相同社会经济发展水平的国家的差距超出了合理的范围。

图 3 2010 年世界个别国家经济发展水平与婴儿死亡率

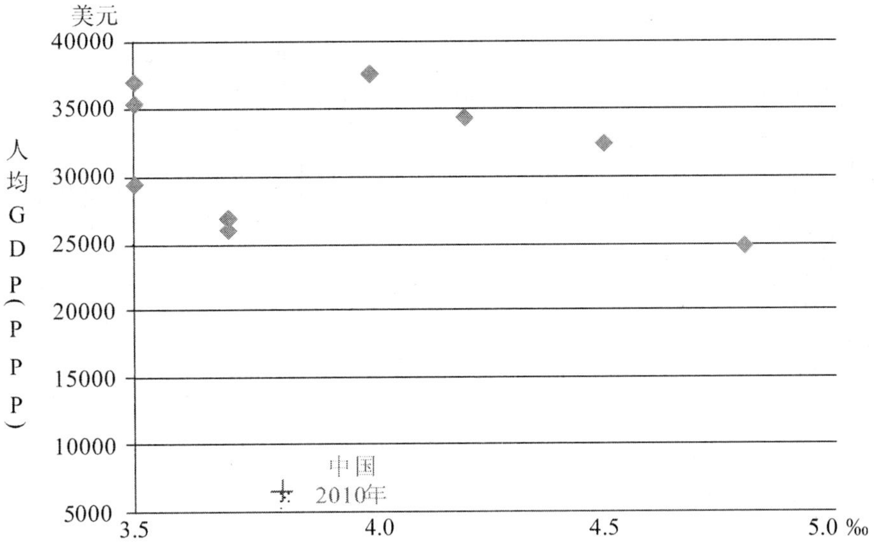

数据来源:2010 年中国婴儿死亡率为第六次人口普查公布数据推算;
2010 年人均 GDP(PPP)和其他国家婴儿死亡率均来源于世界银行数据库

图 4 2010 年世界个别国家经济发展水平与 5 岁以下儿童死亡概率

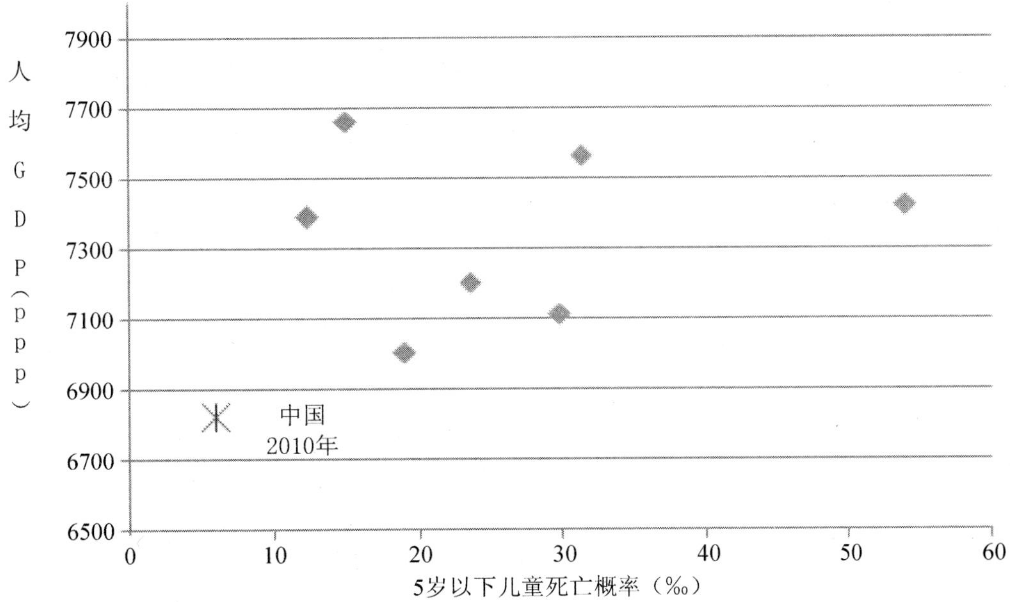

数据来源:2010 年中国 5 岁以下儿童死亡概率为第六次人口普查公布数据推算;
2010 年人均 GDP(PPP)和其他国家 5 岁以下儿童死亡概率数据均来源于世界银行数据库

2. 婴儿及 5 岁以下儿童死亡概率与经济发展水平的关系

总的来看,各国的经济发展水平与婴儿死亡率和 5 岁以下儿童死亡概率有着明显的相关性。

图 5 和图 6 分别显示的是 1991 至 2011 年共 21 年间,19 个国家的经购买力平价后的人均 GDP 与婴儿死亡率及 5 岁以下儿童死亡概率的拟合结果,两组数据点均为 399 个,拟合优度均超过 80%。从图上可以明显的看到,我国的数据点远远偏离其他国家的经验状况。

按照拟合结果推算,在我国 2010 年的经济发展水平下,婴儿死亡率和 5 岁以下儿童死亡概率分别在23.11‰和28.89‰左右的水平。由于我国对于卫生事业投入较大，特别是妇幼卫生工作起步早，对于妇女及婴幼儿的保障远远高于世界其他相同发展阶段国家的平均水平，因此在相同的经济发展水平下，我国婴儿及5岁以下儿童死亡概率会与世界上其他国家的经验有一定的偏离，但是六普数据所公布的3.8‰的婴儿死亡率和5.99‰的5岁以下儿童死亡概率显然与其他国家的经验相差太远，不符合统计规律。

图5　1991—2011共21年间19个国家经济发展水平与婴儿死亡率关系

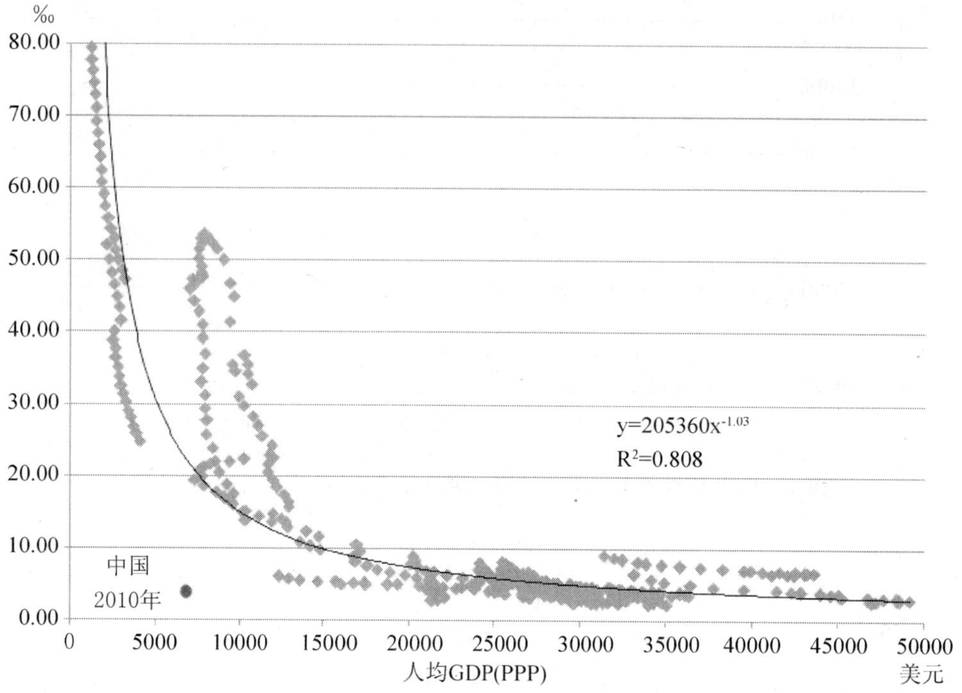

数据来源：同图3。

图6　1991—2011共21年间19个国家经济发展水平与5岁以下儿童死亡概率关系

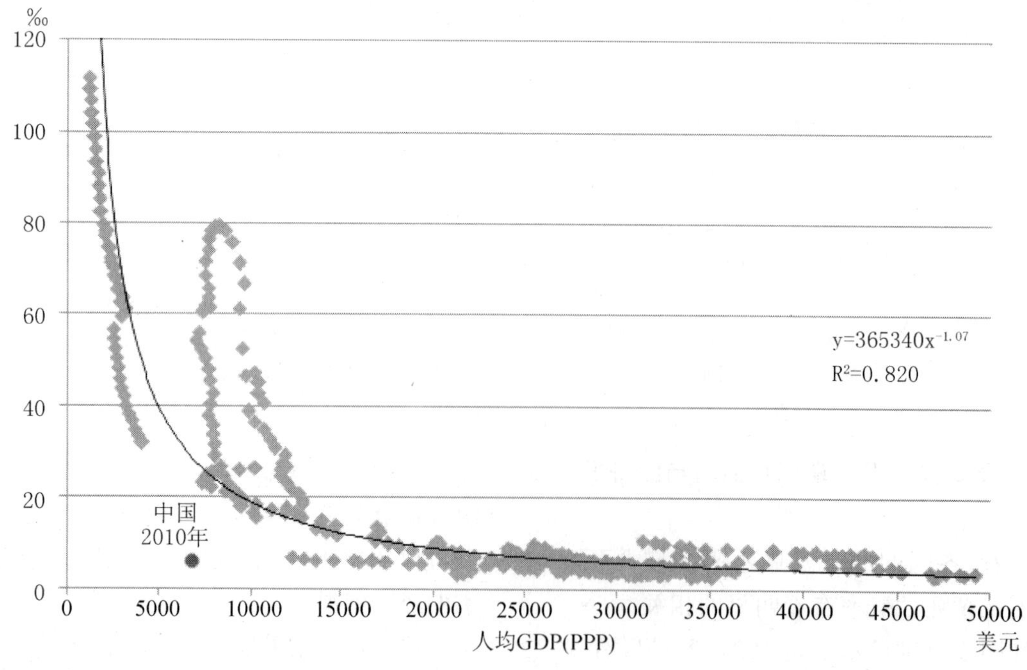

数据来源：同图4。

与生育水平不同，我国的婴儿死亡率和5岁婴儿死亡概率不太可能与其他国家经验水平出现较大差异。我国妇女生育率的下降速度也远远快于其他国家，在没有达到相应的社会经济发展水平时，就已经下降到了较低的生育水平。但是，婴儿死亡率及5岁以下儿童死亡概率却与生育水平不同。生育水平是容易受到政策因素的影响，人为地被降低到一个较低的水平。而婴儿死亡率及5岁以下儿童死亡概率的下降却是人类生存和繁衍的本能所共同追求的，只能受疾病或是意外灾害等因素的影响而升高，而无法简单地受政策等因素的影响而下降。因此，尽管我国的婴儿死亡率和儿童死亡概率有可能比其他国家的经验水平低一些，但却不应成为统计上的奇异值。

(三)考虑到文化水平的婴儿死亡率和儿童死亡概率

除了经济发展水平之外，以往的研究也显示，文化程度和教育水平的高低也会影响婴儿死亡率和儿童死亡概率，特别是母亲的文化程度很可能对抚养行为和就医行为有影响，进而影响到婴儿的健康状况(盛来运，1994；罗树生等，2006)。由于我国相比与经济发展水平相近的国家，妇幼保健工作开展得较早，妇幼保健事业发展速度较快，因此本文除了考察了经济发展水平与婴儿死亡率、5岁以下儿童死亡概率的关系外，还进一步利用世界各国的数据，分析了文化教育水平和婴儿死亡率、5岁以下儿童死亡概率的关系。

为方便进行国际比较，本文使用的是联合国开发计划署公布的人类发展指数中的教育指数，以此来作为各国文化教育水平的度量。2010年开始，联合国开发计划署使用新的方法计算人类发展指数，其中，教育指数是综合考虑各国平均受教育年限(一个大于或等于25岁的人在学校接受教育的年数)和预期受教育年限(一个5岁的儿童一生将要接受教育的年数)两方面来计算的。

图7 文化教育水平与婴儿死亡率关系

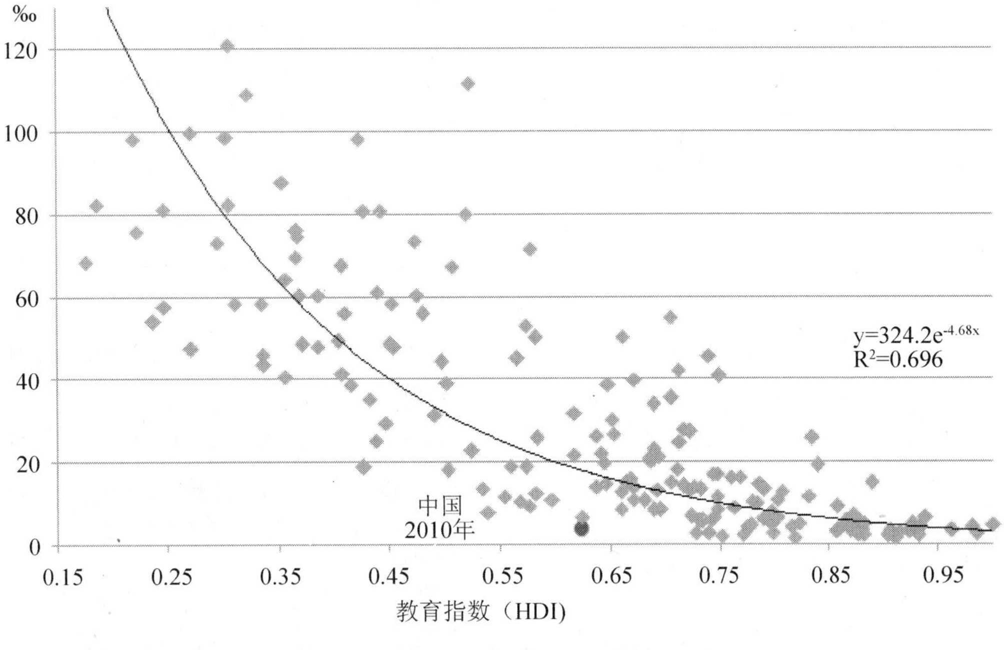

数据来源：2010年中国婴儿死亡率为第六次人口普查公布数据推算；
2010年其他国家婴儿死亡率来源于世界银行数据库；
2010年教育指数来源于联合国开发计划署公布的人类发展指数。

图7和图8是利用2010年世界上181个国家和地区的婴儿死亡率和5岁以下儿童死亡概率分别与人类发展指数中的教育指数拟合的曲线图，两条曲线的拟合优度都在70%左右，拟合结果较好。从图中可以看到，六普所统计的婴儿死亡率和5岁以下儿童死亡概率所在的数据点过低，出现类似情况

图 8　文化教育水平与 5 岁以下儿童死亡概率关系

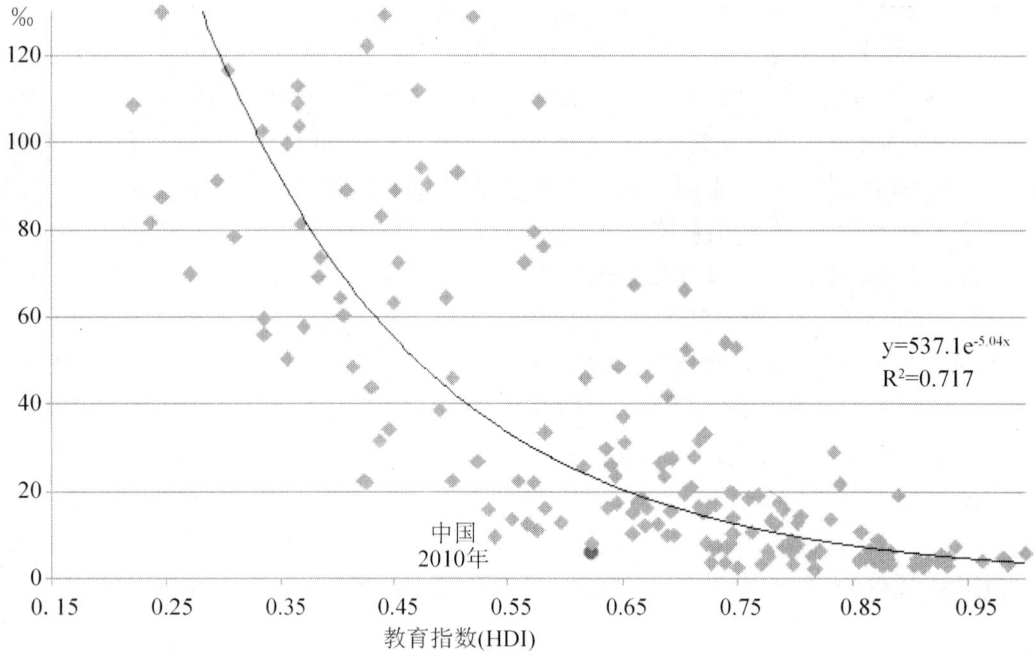

数据来源：2010 年中国 5 岁以下儿童死亡概率为第六次人口普查公布数据推算；
2010 年其他国家 5 岁以下儿童死亡概率来源于世界银行数据库；
2010 年教育指数来源于联合国开发计划署公布的人类发展指数。

的只有卡塔尔、阿曼、科威特、马尔代夫等依靠自然资源而达到较高经济发展水平的小国。总的来看，六普所统计的死亡水平结果所对应的教育指数应在 0.75 左右，而我国 2010 年真实的教育指数仅为 0.623。而根据拟合结果估计的我国 2010 年婴儿死亡率和 5 岁以下儿童死亡概率分别在 18.12‰和 23.25‰左右的水平，远高于六普公布的结果。但这一估计结果略低于仅考虑经济发展水平而估计的婴儿死亡率和 5 岁以下儿童死亡概率，这在一定程度上也证明了我国文化教育事业的快速发展，至少在有关妇幼保健知识的普及上领先于其他相近发展程度的国家。

四、与模型生命表比较与估计

为给出较为准确的估计，本文参照了国际通用的标准模型生命表，并进一步利用布拉斯罗吉特转换，推算出 2010 年的婴儿死亡率和 5 岁以下儿童死亡概率。

(一)与标准模型生命表比较

由于我国的出生婴儿大多数为母乳喂养，且我国特殊的生育政策使得各个家庭对子女的身体健康状况更为关注，国民的身体素质有了极大的改善，家庭对婴幼儿的照看更加细致。因此，在利用模型生命表对我国的婴儿死亡率和 5 岁以下儿童死亡率进行估计时，本文主要对比了 2010 年我国人口的死亡模式与寇尔德曼模型生命表的西区模式(代表了世界上相当多国家的死亡模式)和北区模式(相对多数人口来说，婴儿死亡率相对较低)的契合程度(翟振武等，1989)。

表 3 和表 4 所显示的是预期寿命在 73 与 78 岁之间的寇尔德曼模型生命表的西区模式和北区模式下的分性别婴儿死亡率和 5 岁以下儿童死亡概率。

表 3　模型生命表中预期寿命所对应的分性别婴儿死亡率

预期寿命(岁)	男婴死亡率(‰)		女婴死亡率(‰)	
	寇尔德曼(西区模式)	寇尔德曼(北区模式)	寇尔德曼(西区模式)	寇尔德曼(北区模式)
73	16.52	20.90	21.75	24.65
74	14.37	18.89	19.33	22.45
75	12.40	17.00	17.07	20.36
76	10.88	15.46	15.25	18.60
77	9.55	14.06	13.63	16.99
78	8.46	12.81	12.24	15.52

表 4 模型生命表中预期寿命所对应的分性别5岁以下儿童死亡概率

预期寿命（岁）	男孩死亡概率(‰)		女孩死亡概率(‰)	
	寇尔德曼（西区模式）	寇尔德曼（北区模式）	寇尔德曼（西区模式）	寇尔德曼（北区模式）
73	18.81	25.44	26.17	32.20
74	16.28	22.90	23.15	29.13
75	13.97	20.53	20.33	26.25
76	12.23	18.70	18.15	24.01
77	10.72	17.04	16.22	21.98
78	9.49	15.56	14.58	20.17

从对比的结果来看，除了85岁以上高龄组的死亡率略低于模型生命表外（有可能是由高龄组死亡漏报造成的），我国5岁以上人口死亡模式与寇尔德曼北区模式较为契合（见图9）。

与模型生命表的比较和估计的结果显示，我国男性和女性的预期寿命分别大概在74岁和77岁左右，这也与其他国家及我国以往的女性预期寿命比男性要高3至5岁的经验状况相符合，因此，考虑到两性的差异再对照模型生命表，我国婴儿死亡率的水平大约为18‰，5岁以下儿童死亡概率大概在22‰左右，略低于仅考虑经济发展状况的估计结果，但与依据文化教育水平估计的值极为相近。

图 9 六普死亡模式与寇尔德曼北区模式比较

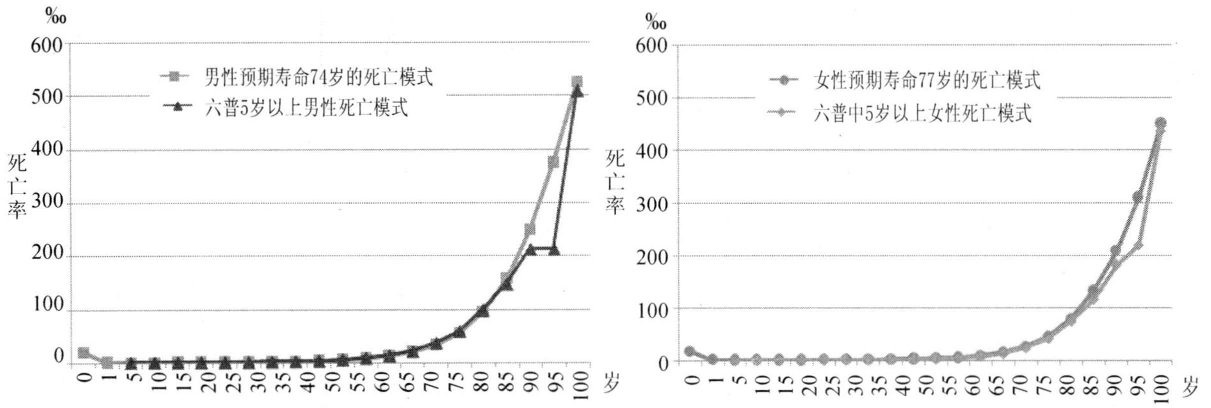

（二）利用布拉斯罗吉特转换进行估计

布拉斯于1966年发现，不同生命表年龄别存活概率在经过罗吉特转换后存在着线性关系，即：

$$0.5Ln[(l-l(x))/l(x)]=\alpha+\beta\times 0.5Ln[(l-l_s(x))/l_s(x)]$$

其中，$l_s(x)$ 是标准生命表中的存活概率，$l(x)$ 是目标生命表中的存活概率。只要选用合适的标准生命表，就能通过 α 和 β 把目标生命表的死亡率特征反映出来。

为给出相对准确的婴儿死亡率和5岁以下儿童死亡概率，本研究以第四次人口普查所计算的生命表作为标准生命表，取10岁至69岁（死亡率数据较为准确的年龄段）的存活概率计算 α 和 β。由于用布拉斯建议的分组平均法与最小二乘法估计 α 和 β 容易受到极端值的影响（曾毅，1993），因此，本研究采用分组中位数的方法估计 α 和 β 值。

推算结果现实，2010年我国婴儿死亡率和5岁以下儿童死亡概率分别为18.8‰和22.5‰，与之前的估计结果接近。

五、结论

通过研究发现，我国第六次人口普查的婴儿死亡率和5岁以下儿童死亡概率过低，其低估程度有可能比前几次普查更甚。第六次人口普查数据所直接计算的婴儿和5岁以下儿童死亡概率不但低于卫生部监测数据，也远远低于世界具有相似经济发展水平、文化发展水平国家的平均水平。通过与世界上其他国家的婴儿和5岁以下儿童死亡概率的水平及变动的比较，我们发现，在现有的发展水平和发展状况下，我国不可能经历如此极速的婴儿和5岁以下儿童死亡概率的下降，更不可能下降到与一些经济文化水平都高度发展的发达国家相近的水平。

本研究也利用其他国家的相关数据，进一步考察了经济发展水平、文化教育水平与婴儿死亡率及5岁以下儿童死亡概率的关系，给出了在我国现有的社会经济状态及文化教育水平下的婴儿死亡率及5岁以下儿童死亡概率估计值。考虑到相比发展程度相近的国家，我国拥有较高的妇幼卫生保健水平的现实，本研究进一步采用参照模式相近的模型生命表和布拉斯罗吉特相关生命表的方法，估计出我国婴儿死亡率和5岁以下儿童死亡概率分别在18‰—19‰和22‰—23‰左右。

参考文献：

1. 国务院人口普查办公室，国家统计局人口和社会科技统计司编. 中国2000年人口普查资料. 中国统计出版社，2002.
2. 国务院人口普查办公室，国家统计局人口和就业统计司编. 中国2010年人口普查资料. 中国统计出版社，2012.
3. 中华人民共和国卫生部编. 2011中国卫生统计年鉴，中国协和医科大学出版社，2011.
4. 寇尔德曼模型生命表，联合国人口司.
5. 联合国通用模型生命表，联合国人口司.
6. 联合国开发计划署，人类发展指数，2011.
7. 世界银行，2012年世界银行数据库，2012.
8. 翟振武. 1990年婴儿死亡率的调整和1989年生命表的估计. 人口研究，1993(2)：9—16.
9. 李树茁. 80年代中国人口死亡水平和模式的变动分析——兼论对1990年人口普查死亡水平的调整. 人口研究，1994(2)：37—44.
10. 翟德华. 中国第五次人口普查全国人口死亡水平间接估计. 人口与经济，2003(5)：65—69.
11. 蒋正华，张为民，朱力为. 中国人口平均期望寿命的初步研究，载于李成瑞主编：《十亿人口的普查》，国务院人口普查办公室和国家统计局人口统计司编印，1984.
12. 任强，尤允中，郑晓瑛，宋新明，陈功. 20世纪80年代以来中国人口死亡的水平、模式及区域差异. 中国人口科学，2004(3)：19—29.
13. 孙福滨，李树茁，李南. 中国第四次人口普查全国及部分省区死亡漏报研究. 中国人口科学，2003(2)：20—25.
14. 黄荣清. 中国第四次人口普查资料中死亡指标方法探讨. 中国人口科学，1992(4)：16—22.
15. 明艳. 我国婴儿死亡率的变动趋势及区域差异研究. 人口研究，2009(5)：77—87.
16. 罗树生，王艳，高军，徐玲. 中国1998—2003年婴儿死亡率及其相关因素研究. 中国妇幼保健，2006(13)：1841—1845.
17. 梁伯衡，李晓松，陈建生，袁萍. 我国婴儿死亡率影响因素的灰色关联分析. 现代预防医学，2007(10)：1883—1886.
18. 盛来运. 中国婴儿死亡率现状及影响因素分析. 人口与经济，1994(5)：20—25.
19. 翟振武，路磊，罗茂初，曲海波编著. 现代人口分析技术，北京：中国人民大学出版社，1989.
20. 游允中，郑晓瑛. 中国人口的死亡和健康. 北京：北京大学出版社，2005.
21. 曾毅. 人口分析方法与应用. 北京：北京大学出版社，1993.

中国人民大学　人口与发展研究中心　赵梦晗　杨凡

中国人口普查数据质量评估的改进与完善

一、引言

人口普查是一项重大的国情国力调查，人口普查的数据结果为科学制定国民经济和社会发展规划、统筹安排人民的物质和文化生活、构建社会主义和谐社会提供科学准确的统计信息支持。因此，人口普查的数据质量直接关系到政府各项政策措施的制定和执行效果，为了更好地发挥普查数据作用，各国普查机构都积极地致力于人口普查数据质量评估的理论与方法研究，例如行政记录检查法、逆记录检查法、向前记录检查法、人口统计分析模型和事后调查法。这些方法大体上可以分为两类：一类是利用人口行政记录资料，另一类是抽取一个与人口普查相独立的样本，对样本重新收集人口数据进行估计。

第一类方法中的行政记录检查法是通过对普查总体单元逐个的行政记录进行匹配检查，来评估普查数据的准确性。可以从现有的行政记录中抽取一个样本，再与该样本的普查登记结果进行核对，验证目标总体单元是否登记及其登记误差，该方法被称为逆记录检查法；也可以从普查总体中抽取一个样本，再与行政记录对比用以衡量普查数据质量，Biemer 和 Lyberg 称其为向前记录检查法。美国在 1940 年和 1950 年的人口普查中尝试采用新生儿出生记录和社会保障记录分别对普查中的婴儿记录和个人工资收入记录进行评估；加拿大自 1961 年第一次人口普查起均使用逆记录检查法估计普查遗漏人口数，这里的逆记录是指本次普查之前的记录，包括上次普查被计数人口记录、上次普查与本次普查标准日之间出生人口及迁入人口记录等。人口统计分析模型利用人口出生、死亡、迁移、医疗保险等有关的行政记录资料和其他估算资料来获得总体真实人口数估计值，然后在此基础上估计普查净遗漏率，即(估计的真实人口数－普查人口数)/估计的真实人口数。美国于 1970 年人口普查首次采用人口统计分析模型估计全国真实人口数及其普查净遗漏率，加拿大也使用该模型估计真实人口数并对逆记录检查的结果进行修正。虽然行政记录检查法和人口统计分析模型均采用独立于人口普查登记资料的外部行政记录对普查数据质量进行评估，但这两种方法只适合行政记录健全的国家，对大多数发展中国家基本不适用，因为缺少这方面健全的行政记录资料。

第二类方法即事后调查法，由于事后调查采用抽样调查的形式，通常又被称为事后抽查法。美国普查局在 1980 年人口普查中首次采用基于双系统估计量的事后调查法评估普查数据质量，并在其后的历次普查中不断改进和完善事后调查理论和方法。此外，英国、瑞士、意大利、土耳其、印度、南非等国在其人口普查事后质量抽查中也开始进行双系统估计的尝试。我国先后经历了六次人口普查，1953 年第一次人口普查后在全国抽取了 9%的人进行复查，这可以被视为我国最早的事后质量抽查尝试。改革开放后，从第三次全国人口普查开始，每次都要在普查登记工作结束后开展事后质量抽查，并从 2000 年第五次人口普查开始引入双系统估计量评估普查数据质量。虽然历次人口普查都开展了事后抽查，但相比国外，我国的人口普查数据质量评估尚处于不断探索和经验借鉴中。从已有的人口普查事后抽查看，我国人口普查事后抽查也亟待进一步从理论上加强和完善。

作为一种全面调查，普查数据的生成过程可以视为由个体数据汇总为总量数据的过程。对普查数据进行事后质量抽查，也就是对普查总体单元进行逐个的记录匹配检查，以此推断总体的遗漏和错误登记情况。笔者认为目前针对中国人口普查数据质量评估的研究还不够全面，论文拟通过对官方公布的以往历次全国人口普查方案和相关数据质量抽查实施办法的梳理，分别从普查摸底阶段、普查登记汇总编码阶段和普查事后质量抽查阶段分析现有人口普查数据质量评估特点，并在此基础上提出了双系统估计量在我国普查实践中的科学应用、扩展普查登记数据准确性的评估方法、在普查数据质量抽查中采用系统完善的抽样设计等改进措施，期望能够进一步完善人口普查数据质量评估的理论方法。

二、对现有人口普查数据质量评估的认识

对人口普查数据质量的控制和评估贯穿于普查工作的全过程，从普查登记前摸底、普查登记汇总编

图 1　第六次全国人口普查各阶段质量控制与验收工作流程图

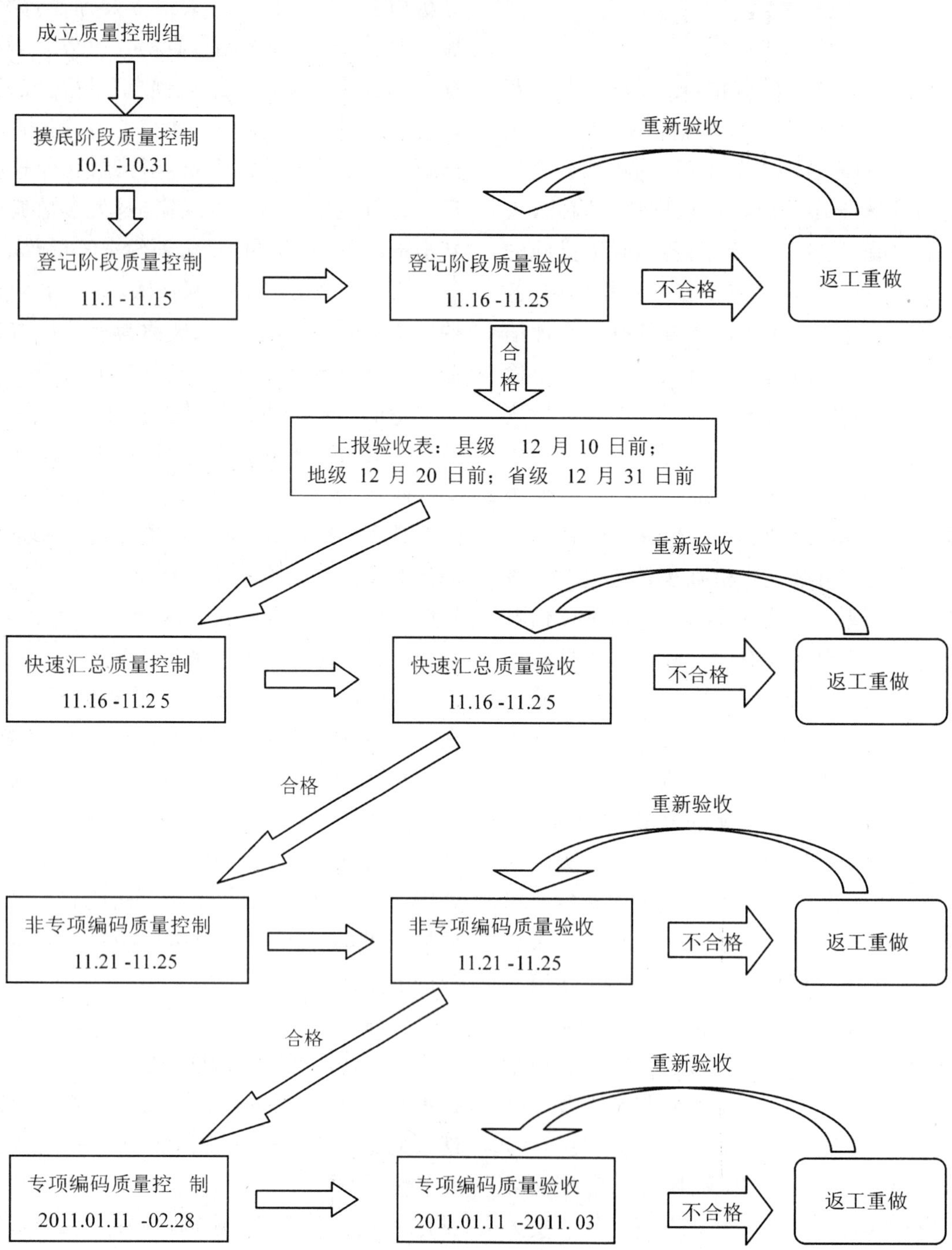

码到普查事后质量抽查，都应该制定相应的数据质量控制和评估办法，下图是我国第六次人口普查各阶段质量控制与验收工作流程图。

(一)普查摸底阶段的数据质量控制

《全国人口普查条例》规定人口普查的对象是普查标准时点在中华人民共和国境内的自然人以及在中华人民共和国境外但未定居的中国公民，不包括在中华人民共和国境内短期停留的境外人员。为了在人口普查登记期间保证普查登记工作的不重不漏，需要通过普查登记前的摸底工作编制《户主姓名底册》，真实、全面地记录本普查小区所有房屋及其他建筑物内居住人口的状况。《户主姓名底册》是普查登记工作的主要依据和工具，同时也是抽取普查表长表调查户的抽样框，是各级人口普查办公室指导工作、核查质量、验收数据的重要依据，因此编制高质量的《户主姓名底册》至关重要。

我国第一次和第二次人口普查方案中均未明确说明普查登记前是否编制《户主姓名底册》，1982 年第三次和 1990 年第四次人口普查方案仅规定在普查登记前根据户口整顿情况编制《户主姓名底册》，但未开展摸底工作。2000 年第五次和 2010 年第六次人口普查方案明确规定在户口整顿和区域划分的基础上由普查员、普查指导员通过实地勘察和入户访查，开展摸底工作，并在此基础上编制《户主姓名底册》。摸底工作完成后，乡级人口普查办公室组织村级人口普查小组和普查指导员对各普查小区《户主姓名底册》的汇总结果进行评估，结合经整理的户籍人口、流动人口、港澳台和外籍人员、出生人口和死亡人口等资料以及房管、物业部门提供的入住率(空房)清单、出租房屋户数等资料进行比对。发现问题及时查明原因，要把问题消灭在正式普查登记之前，保证普查数据质量。

人口普查数据搜集主要包括普查摸底和普查登记填报，其中普查摸底是基础性工作，关系到普查地址码库建立的准确性。因此，普查摸底数据质量不仅是人口普查数据质量的基础，也关系到开展普查事后抽查样本框的质量。虽然我国自第五次人口普查以来均制定了全国统一的摸底工作细则，明确了摸底工作的实施过程和质量控制措施，但只是对各普查小区《户主姓名底册》的汇总结果进行比对评估，并没有在摸底工作结束后随机抽取一部分普查区重新逐户调查核对，也没有制定统一的主要数据质量评估指标。因此，有必要采用系统完善的抽样设计保证普查摸底质量评估的可行性。

(二)普查登记汇总编码阶段的数据质量审核

我国人口普查主要调查人口和住户的基本情况，内容包括姓名、性别、年龄、民族、国籍、受教育程度、行业、职业、迁移流动、社会保障、婚姻、生育、死亡、住房情况等。1953 年第一次全国人口普查仅设 6 个项目；1964 年增加了本人成分、文化程度、职业，达到 9 个项目；1982 年增加到 19 项；1990 年为查清我国人口迁移的流向和原因，在原来基础上增加了“1985 年 7 月 1 日常住地状况”和“迁来本地的原因”两项；2000 年第五次人口普查表分为《普查表短表》、《普查表长表》、《死亡人口调查表》和《暂住人口调查表》四类，其中长表已达到 49 个项目，分为按户填报的项目和按人填报的项目，比上一次普查增加了 28 项，并首次加进了住房项目；2010 年第六次人口普查表分为《普查表短表》、《普查表长表》、《死亡人口调查表》和《境外人员普查表》四类，其中长表共计 45 个项目。我国历次人口普查均开展了复查审核验收工作，众多的普查表及其所包含的普查项目，必须有一套系统完善的审核制度才能进行有效的数据质量控制和评估。

人口普查登记汇总编码阶段主要通过汇总、议查或个别访查和人工逻辑检查方法验收，审核评估内容主要包括填报代码、每张表内登记指标间逻辑关系、不同登记表间逻辑关系的一致性和准确性检验，属于数据质量评估技术中的逻辑规则检验范畴。人口普查是由微观个体数据汇总为宏观总量数据的过程。对于汇总数据质量的评估，目前采用的是逻辑规则检验，即通过判断普查表内和表间相关指标汇总数据的逻辑性和客观性来评估数据的准确性。但审核验收的结果只能反映存在数据质量问题的记录数比重，且该方法的运用，是以遵循逻辑关系进行对比的同度量统计指标彼此互为参照标准为前提的。实践中应当采用更多的方法对普查得到的汇总指标数据进行评估。

(三)普查事后抽查阶段的数据质量评估

普查事后质量抽样调查作为整个普查工作的一部分，是普查登记之后进行的一次独立调查。事后质量抽查的目的是用于评价全国人口普查登记的质量,不评价省级及省级以下各级的登记质量,也不评价抽中普查小区的登记质量。1953 年第一次人口普查后在全国抽取了 9%的人进行复查,抽查的结果是,重复人口占抽查人口 0.139%,遗漏人口占 0.255%,二者相抵,净遗漏人数仅占 0.110%。改革开放后,1982 年第三次人口普查的事后质量抽查以全国各省为层,按照区(县)、街道(镇、公社)、普查区、普查小区的分层四阶段整群抽样设计,在全国共抽取 972 个普查小区,重报人口占 0.71‰;漏报人口占 0.56‰,重漏相抵,净差人口占 0.15‰。1990 年的人口普查事后抽查也基本沿用了这一事后抽查设计思路。2000 年第五次人口普查的事后质量抽查将全国 31 个省按总人口的多少分为四层,对每个省再按城乡分层,在每个层内采用一阶段随机等距整群抽样,直接抽取调查小区。同一层内的各省分配相同的样本量,全国共抽取了 602 个调查小区,抽查结果显示,人口漏登率为 1.81%。本次普查数据质量评估除了以事后质量抽查为准计算漏报率以外,初次应用双系统模型评估普查数据质量。2010 年第六次人口普查事后质量抽样调查根据人口普查地址码库,将全国 31 个省(自治区、直辖市)按照人口流动类型(流入、流出以及流入流出基本平衡地区类型)分为三类,在不同类中按照净流入人口规模或常住人口规模等指标进行分层,在每层内等量分配每个省份的样本。对省级普查小区的抽取,首先按照城乡分层,再在每层内按照一阶段随机等距整群抽样的方法进行。全国共抽取 402 个普查小区,抽查结果显示,人口漏登率为 0.12%。

由此可见,虽然第六次全国人口普查的事后质量抽查在抽样设计、估计方法等方面有所改进,但仍然存在以下问题。第一,在各个省(自治区、直辖市)只是按城乡标志对普查小区分层,然后在每层使用随机等距整群抽样方式直接抽取普查小区,这样的样本代表性明显不足;第二,在当前流动人口规模大、流动速度快的情况下,普查和事后质量抽查均存在人口遗漏问题,所以以事后质量抽查人口数为准评估普查数据质量的做法并不科学,有必要引入考虑两次调查均存在遗漏问题而构建的双系统估计量评估普查数据质量。我国虽然在 2000 年人口普查中采用了双系统估计量,但在未对抽取的样本调查小区进行任何处理的情况下直接使用双系统估计量,这违背了该估计量所要求的等概率假设条件;使用双系统估计量时未对普查登记人口数和事后抽查人口数进行必要的“清洗”,也就是说,未从普查登记人口数和事后抽查人口数中剔除重复记录和其它错误记录的人口数。第三,直接使用样本调查小区的普查人口数和事后抽查人口数估计这个调查小区的真实人口数,这不符合将样本数据使用抽样权数还原为人口总体估计量再对它们进行估计的抽样估计理论的要求。

三、改进与完善

(一)科学应用双系统估计量

人口普查质量评估的宗旨是,设法寻求一个对目标人口总体实际人口数目的“确切的”估计,以它为基准,将人口普查登记的人口数与之相减,算出人口普查计数结果的“误差”。为了准确评估人口普查摸底和普查登记的数据质量,考虑两次调查均存在人口遗漏的情况,有必要科学地把双系统估计引入普查摸底和普查事后抽查的数据质量评估中。双系统估计是建立在捕获一再捕获模型基础上的,把双系统估计科学引入我国人口普查数据质量评估,需要满足如下假设条件:普查样本与事后调查样本独立;总体中的每个人在普查和事后调查中有相同或相似的捕获再捕获概率;在普查及事后调查时,总体大小不变;各事后分层内部个体的遗漏概率具有同质性。

显然,科学应用双系统估计量的关键是看人口普查及事后调查的实际情况是否符合模型中的假设条件。首先,就两样本的独立性而言,理想的情况是:为了保证独立性,从事事后调查工作的调查员不应该是普查中的普查员。但实际上,为了节省时间和便于事后调查工作的开展,事后调查使用的通常是合格的普查员,为保证两样本一定程度上的独立性,如果事后调查中使用普查员,就应该将他派往不同于普查时工作过的调查区。此外,不让普查员事先知道选为事后调查员,也有利于保证两样本的独立性。其次,看个人是否有相同的捕获概率进入普查样本和事后调查样本。由于在房屋所有权,居住地点,种族,民族,年龄,性别等方面的差异,个人接受普查和事后调查的捕获概率是不一样的。例如，相比其他人，流浪者更难以调查。然后，看总体大小是否不变。由于人口生育，迁移及死亡，人口总体总是处于动态变化中，缩短两次调查的时间间隔和事后调查的时间有助于人口总体的稳定。最后，看遗漏概率是否具有同质性。一般来讲，只要事后分层标志足够地多，各事后分层遗漏概率就具有同质性。

(二)人口普查汇总数据准确性评估的完善

从人口普查数据的生成过程来看，其属于总量汇总数据。汇总数据的质量评估方法大致可分为逻辑规则检验、经验参数比对、相关指标比对、基于模型的异常数值识别与参数稳定性分析等五类。人口普查对象主要是中华人民共和国境内的自然人，随着社会的发展，反映人口特征的总量指标和相对指标表现出较稳定的规律性。对于人口普查登记的汇总数据质量评估，除了逻辑规则检验外，还可以通过分析反映人口特征若干指标之间较为稳定的关联性或协同变动的规律性，得到指标间基本固定的经验参数(通常表现为比率或比例等相对指标)。利用这些经验参数作为人口普查汇总数据质量评估的参照标准，如果相关指标间的实际比率或比例关系值出现与经验参数的较大偏离，则可初步判定待评估汇总数据的质量存在问题。或者通过寻找与待评估汇总数据具有长期稳定的较高的相关性、已知正确的其他统计指标，以此作为评估参照标准，根据其变动趋势来递推待评估汇总数据的变动趋势，由此来检验后者的准确性。

此外，对人口普查汇总数据质量评估时，若难以保证待评估汇总数据与辅助参照指标间存在确切而稳定的相关关系，可以采用基于模型的评估方法。该方法的评估路径可分为两种：一种是分析汇总数据实际值与模型拟合值之间的差异情况，识别出偏差较为显著的异常值；另一种是通过分析模型参数估计值的实际意义是否合理，判断模型所反映的人口特征是否违背人口模型假定和现实。

(三)在数据质量抽查中采用系统完善的抽样设计

我国2010年人口普查事后质量抽查采用分层一阶段随机等距整群抽样方法从城市层(h=1)和乡村层(h=2)分别抽取样本普查小区，很显然，这样的样本缺乏代表性。为提高样本的代表性，本文提出采用两步方式抽取样本。第一步，继续按城乡标志分层，以调查小区为抽样单位，从每一层使用等距方式抽取调查小区。第二步，对抽取的调查小区，先编制事后调查住户名单，并与普查住户名单比较，看这两份名单含的住户数是否一致。然后按这两份住户名单含住户数的一致性进行分层：①两份名单住户数一致性层(g=1，事后调查名单住户数减普查名单住户数与普查名单住户数的比值在±25%内)；②两份名单住户数大于层(g=2，事后调查名单户数减普查名单住户数与普查名单住户数的比值大于+25%)；③两份名单住户数小于层(g=3，事后调查名单户数减普查名单住户数与普查名单住户数的比值小于－25%)。从每一层使用等距方式抽取调查小区。

参考文献：

1. Don Kerr. A Review of Procedures for Estimating the Net Undercount of Censuses in Canada, the United States, Britian and Australia[R]. Statistics Canada, 1998(3).
2. Eckler A. R. and Pritzker, L. (1951). Measuring the Accuracy of Emumerative Surveys. Bulletion of the International Statistical Institute, 33, 7－24.
3. Szameitat, K. , and Schaffer, K. A. (1963). Imperfect Frames inStatistics and the Consequences for Their Use in Sampling. Bulletion of the International Statistical Institute, 40, 517－544.
4. Wolter, K. M. (1983). Coverage Error Models for Census and Survey Data. Bulletion of the International Statistical Institute. 415－431.
5. Griffin, R. (2005). Net Error Estimation for the 2010 Census. DSSD 2010 Census Coverage Measurement Memorandum Series #2010－E－01. U. S. Census Bureau, April 18, 2005.
6. Kostanich, D. , Whitford, D. , and Bell, W. R. (2004). Plans for Measuring Coverage of the 2010 Census. JSM Proceedings. 1626－1635.

7. 戴世光. 我国 1953 年的人口普查. 教学与研究,1957(4):1—6.
8. 胡桂华. 关于我国 2010 年人口普查事后质量检查样本量测算的建议. 数理统计与管理,2008(6):992—996.
9. 武洁. 人口普查中的事后质量抽样调查[J]. 南方人口,2002. 17(3):18—24.
10. 国家统计局. 国务院全国人口普查领导小组办公室. 第六次全国人口普查方案[EB/OL]. http://www.jyszfw.gov.cn/cms/cms/siteresource/article.shtml? id=20184978367600004. 2010—7—14.
11. 陶然,金勇进. 普查事后抽查理论研究与经验启示[J]. 调研世界,2010(9):9—12.
12. 王谦等. 中国第六次人口普查:经验与启示[J]. 人口研究,2010. 11(6):19—31.
13. 张为民,崔红艳. 对中国 2000 年人口普查准确性的估计[J]. 人口研究,2003(7):25—35.

中国人民大学统计学院　陈培培　金勇进

对青海第六次人口普查生育和死亡数据的评估与修正

一、引言

生育和死亡状况决定着人口的自然变动，决定着人口再生产的类型，决定着人口未来发展的趋势。生育和死亡数据对正确估计人口现状形势、分析人口变动规律、预测人口未来发展都显得非常重要。生育和死亡数据不仅是研究人口问题的基础，其数据质量的高低直接影响人口现状、人口发展、结构和规模的应用研究。而且，只有建立在正确数据信息基础上的研究才能正确把握人口的发展过程。

然而，多种因素综合影响数据质量，任何调查都可能存在误差，尤其是大规模的普查误差就更在所难免。第六次人口普查（以下简称为"六普"）国家统计局公布的人口漏登率为0.12%，总体质量较高。但由于人口普查是对人口各种状况的调查，普查项目多，调查范围广，工作时间紧，另方面被调查者对超生的孩子往往不愿意如实申报，以避开超生罚款；一些基层政府担心如果出生人数多于平时上报的数，那么计划生育工作的成效和政绩就会被怀疑，甚至会受到批评；加之一些带孩子外出打工和躲避计划生育管理的流动人口，出生孩子很难被如实登记等原因，有些指标（如出生人口、死亡人口和按分年龄妇女生育率计算的总和生育率、年龄别死亡率）现场登记难度较大，漏登率相对较高。为了提高"六普"数据质量，必须正视"六普"生育、死亡数据存在的问题，依据人口发展的客观规律，对人口普查数据存在的主要问题进行全面、详细的分析与评估，然后根据可靠信息对相关数据进行修正，以期达到对青海人口发展状况、发展过程全面认识和准确把握的目的，以防错误信息对人口问题判断的误导。

本课题重点对"六普"生育和死亡数据进行评估与修正。试图通过已有普查数据和部门数据，采用人口分析技术和与其它数据验证、对比等方法，对"六普"生育和死亡数据存在问题予以分析、评估，并以此为基础试图对"六普"生育和死亡数据进行修正，为今后青海人口发展研究奠定基础。

二、对2010年普查生育数据的评估与修正

（一）2010年普查生育数据质量评估分析

根据"六普"长表数据直接计算，2010年青海育龄妇女总和生育率为1.37。这个数据明显低于青海实际生育水平。

从生育政策看，青海自制定《计划生育条例》以来，一直执行的是"一、二、三"人口生育政策，即城镇一对夫妻生育一个子女，少数民族、城镇部分特殊家庭和农村一对夫妻可以生育二个子女，牧区少数民族牧民一对夫妻可以生育三个子女。根据"一、二、三"的生育政策测算，目前青海总和生育率为1.77，因此普查生育率明显低于政策生育水平。

从发展速度看，1990年第四次人口普查青海总和生育率为2.50，2000年第五次人口普查总和生育率为2.05，2010年第六次人口普查总和生育率是1.37，据此计算，1990—2000年十年间总和生育率下降18%，年均下降速度为1.96%，2000—2010年十年间总和生育率下降33.17%，年均下降速度为3.95%，而这二十年间全省生育政策没有发生大的变化，虽然近些年在全省农村牧区实施的"少生快富"和"奖励扶助"政策，人口控制工作取得一定成效，但这种下降速度成倍增长的现象是不现实的。

从内部数据一致性看，"六普"中，妇女生育情况来源于长表，普查前12个月的出生人口为5932人，而长短表的全部出生人口为72363人，这意味着长表的出生人口仅占全部出生人口的8.20%，而这次

普查长表的抽样比为9.52%,15—49岁妇女的抽样比为9.55%,说明长表的出生人口明显偏低,2010年出生人数存在一定的漏报,由此计算的总和生育率必然偏低。另外,0岁组人口是普查前12个月出生人口存活到普查时点的人数,严格来讲应该小于出生人口。但长表0岁组人口为6864人,反而比长表出生人口多932人,很明显是错误。按照生命表l_0与L_0之间的关系,由0岁人口反推出出生人口为6941人,比5932多出17%。因此,总和生育率必将有所上升。

从分孩次的总和生育率水平看,全省终生不育妇女所占比例微小,可以忽略不计。进入新世纪以来,全省妇女的平均初婚年龄变化不大,自2005年以来保持在24—24.86岁(见图1),没有明显的婚育年龄推迟的现象,一孩总和生育率理应接近1。而第六次人口普查数据汇总全省一孩总和生育率仅为0.74,明显存在漏报。而且历次普查以及计生部门的调查表明,二孩和多孩的出生人口更容易漏报。

图1　2005—2010年全省人口平均结婚年龄

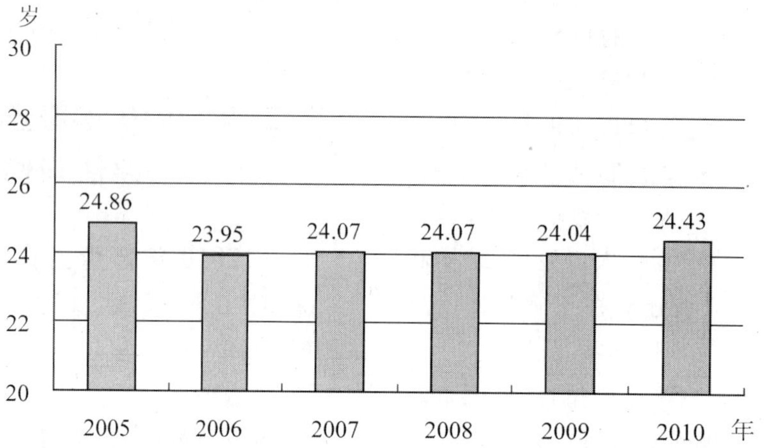

从倒推结果看,我们用1.37的总和生育率倒推2010年人口出生率,得到的结果是11.43‰,这个数值明显低于公布的14.94‰的出生率,因此可以说这次普查的生育率水平偏低,没有准确反映2010年青海妇女的生育水平,这主要是出生人口漏报造成的。那么,2010年青海妇女生育水平到底为多少?下面我们做进一步分析。

(二)对2010年普查生育数据准确性的检验

1. 从近几年小学入学人数看2010年普查0岁人口的漏报

近年来的人口变动调查表明,对出生人口,特别是超计划出生孩子的调查难度较大,漏报较多。我们利用近年来小学入学人数与2010年普查的低年龄人口做一对比(见表1),来估计0岁人口的漏报。

表1　普查登记人数与相应年份入学人数的比较

单位:人

年龄(岁)	2010年人口普查		实际入学人数	按人口普查回推到入学年龄人数	实际入学人数比回推入学人数多
	人数	入学年份			
5	73883	2011	82562	73735	8827
6	77392	2010	81464	77392	4072
7	76006	2009	87157	76105	11052
合计	227281		251183	227232	23951

小学入学人数与低年龄少年儿童数量有着密切的联系。假设(1)学龄儿童入学率为100%;(2)全省上小学的年龄统一为6周岁;(3)普查标准时点11月1日与9月1日的各年龄人口数的时点差异忽略不计。那么普查时5岁的人口减去一年死亡的人数就应该是2011年小学入学的人数,6岁人口应该是

2010年小学入学的人数，7岁人口加上上一年死亡的人数应该是2009年小学入学的人数，……依此类推，便可得到2009—2011年各年应该上小学的人数（表2中"按人口普查回推到入学年龄人数"）。

通过表2我们不难发现实际入学人数都比回推入学人数多，3年累计多出23951人。按理实际入学人数比回推入学人数稍少是正常的，因为入学率很难完全达到100%；而每年都比回推入学人数多则是不合常规的，因为教育统计中，虽然小学入学人数可能稍有重报，但连续3年多报23951人是不可能的。所以，这种不合常规的现象只能用这次普查5—7岁人口约有23951人被漏报来解释。

从以上分析看，5—7岁年龄段漏报人口达23951人，占该年龄段普查登记人数的10.54%，如果0岁人口也按此比例漏报，则0岁人口漏报7626人，再推算到普查前12个月的出生人口为80789人。这意味着出生人口漏报了8426人，漏报率为11.64%。

2. 通过2000年普查0－9岁人口的漏报看2010年普查0岁人口的漏报

表2 2010年人口普查与2000年人口普查相应年龄的比较

单位：人、%

2010年人口普查		2000年人口普查		2010年普查回推2000年相应年龄人口	回推人数与2000年登记人数之差	2000年漏报率
年龄	实际登记	年龄	实际登记			
10	85266	0	78043	87882	9839	12.61
11	79645	1	65315	81261	15946	24.41
12	86153	2	82076	87626	5550	6.76
13	84377	3	84961	85700	739	0.87
14	86740	4	87577	87988	411	0.47
15	97250	5	97015	98530	1515	1.56
16	95990	6	91232	97150	5918	6.49
17	102031	7	96834	103192	6358	6.57
18	100225	8	100621	101374	753	0.75
19	93589	9	96390	94719	－1671	－1.73
合计	911266	合计	880064	925423	45359	5.15

表2列出了"六普"10—19岁人口与2000年普查0－9岁人口的比较。假设"六普"10—19岁人口是准确的，将"六普"10—19岁人口回推后，2000年0－9岁人口累计漏报4.5万人，占2000年0－9岁实际登记人口的5.51%。同时，也可以看出，年龄越小漏报的可能性越大。2000年0岁人口的漏报率达到12.61%，是0－9岁平均漏报率5.51%的2倍。若2010年0岁人口的漏报率按此计算，那么0岁人口漏报有0.9万人，0岁人口应为8.06万人，再推算到普查时点前12个月的出生人数应为8.46万人，出生率为15.1‰。

3. 从实际生育水平的估计看出生人口的漏报

前面通过与近几年小学入学人数的比较，得出了这次普查0岁人口的漏报率为11.64%，以此来调整长表的0岁人口为6864×1.1164＝7663人，再推算到普查前12个月的出生人口为7920人，这就意味着长表登记的出生人口漏掉了1988人，漏报率为25.1%（1988/1988＋5932）。另外，上面估计的长表出生人口不会少于0.79万人，按照长表抽样比9.5%计算，全省普查前12个月的出生人口应该不会低于8.34万人，表明长短表合计登记的出生人口7.24万人，至少漏报了13.2%。

4. 从育龄妇女年龄结构状况估计出生人口

育龄妇女的结构是影响人口出生率的主要因素，在生育政策基本稳定的前提下，人口出生率的变动很大程度上取决于育龄妇女年龄结构，尤其是生育旺盛期（20—29岁）育龄妇女年龄的变化。近10年全省育龄妇女总量一直在逐年上升，从"五普"时的144.2万上升到"六普"时的164.4万，10年增加20.2万，其中生育旺盛期（20—29岁）育龄妇女则呈先降后升的态势，由2000年"五普"时的50.6万下降至2006年的43.6万，之后开始回升，到2010年"六普"时生育旺盛期妇女总量为44.3万人，比2000年减少6.3万人。生育旺盛期育龄妇女总量的减少，必然影响出生率的下降。但是，按人口统计学用生育旺盛期育龄妇女总量估算出生人口的方法，即44.3万生育旺盛期育龄妇女总量中，当年有18%生育测算，预计全省有出生人口8万人左右，因此，2010年全省人口出生率不应低于14.28‰。

综上所述，初步确定第六次人口普查长短表合计登记的前12个月出生人口7.24万人，漏报0.84—1.13万人，漏报率为11.64%—13.5%。2010年全省人口出生率不应低于15.1‰，因此必须对2010年普查生育数据进行修正。

(三)对2010年普查生育数据的修正

1. 总和生育率的调整

为了准确估计2010年青海省的出生人口数，我们可以利用历年的人口自然变动调查数据。2010年青海省统计局公布的人口出生率为14.94‰，是根据历年出生率的发展变化水平修正过的数据，也是同部门验证评估过的数据，较能准确的反应2010年青海省生育水平。而且，从以上数据准确性和漏报程度的分析中，也可以验证公布的14.94‰的人口出生率是比较可靠的。另外我们还可以计算出2010年年中人口数560.39万人，因此推算出2010年青海省出生人口数为8.37万人，由此得出第六次人口普查出生人口数据漏报1.13万人，漏报率为13.5%。

假设实际人口与调查人口的生育模式基本相同或类似，我们可以用下列公式对2010年总和生育率进行调整：

$$TFR_e = B/B_e \times TFR_s$$

其中：TFR_e是估算的实际人口的总和生育率

TFR_s是普查长表直接汇总的总和生育率，为1.37

B是根据公布的人口出生率计算的2010年出生人口数，为8.37万人

B_e是根据普查长表推算的2010年出生人口数，约为6万人。

因此，修正后的2010年总和生育率为1.91。同时，根据普查长表中青海省总和生育率与市、镇、乡总和生育率之间的比例关系，对市、镇、乡的总和生育率也进行了调整，结果为市1.39、镇1.77、乡2.17。

2. 分孩次年龄别生育率的调整

对分孩次生育率的调整，首先要假定，生育率分年龄的漏报率与年龄别生育率成正比。总和生育率为1.91，出生率为14.94‰，育龄妇女生育率为51.32‰(按普查数据中平均育龄妇女占育龄妇女的比重推算)。若按照一孩总和生育率为1计算，2010年青海省出生人口中，一孩所占比列为52.02%。而普查长表的情况是一孩所占比重为53.96%，二孩所占比重为33.46%，三孩及以上所占比重为12.58%，一孩所占比重比实际高1.94个百分点，二孩、三孩及以上仍有的漏报。因此根据二孩与三孩及以上的比例关系，确定二孩占35.05%，三孩及以上占12.93%。并以此对分孩次的年龄别生育率进行调整。表3为调整前后的结果比较，调整后一孩的总和生育率为1，二孩的总和生育率为0.67，三孩及以上的总和生育率为0.24。

表3 青海省妇女分孩次的年龄生育率的调整

单位：‰

年龄别	生育率		一孩		二孩		三孩及以上	
	调整前	调整后	调整前	调整后	调整前	调整后	调整前	调整后
总计	38.11	54.57	20.57	28.57	12.75	18.62	4.79	6.87
15—19	16.34	22.78	14.89	20.01	1.36	2.60	0.09	0.17
20—24	88.57	123.47	65.54	88.07	20.39	31.34	2.65	4.07
25—29	83.76	116.77	40.22	54.04	34.22	49.29	9.32	13.43
30—34	49.54	69.06	18.13	24.36	22.01	31.32	9.40	13.38
35—39	20.88	29.11	5.70	7.66	9.45	13.34	5.74	8.10
40—44	9.27	12.92	2.69	3.61	2.49	3.52	4.09	5.79
45—49	5.66	7.89	1.67	2.24	1.83	2.59	2.17	3.06

三、对2010年普查死亡数据的评估与修正

(一)2010年普查死亡数据质量评估与准确性分析

全省2010年第六次人口普查获得的相关死亡数据质量和可靠性如何,有必要在进行全省人口死亡水平及其变化趋势分析之前进行评估。死亡数据的误差主要来源于两方面:一是死亡人数的漏报,即在规定的时间内有关死亡的信息是否存在遗漏;二是死亡年龄误报,即报告者的死亡年龄是否与实际年龄相符。理论上讲,死亡数据登记误差还可能来源于重报和多报,但死亡在传统习俗中被认为是不吉利事件,所以,这类误差一般较少,可以忽略不计,但是因为死亡年龄误报导致的高估现象会出现在某些年龄组。不少学者已经对第三、四、五次人口普查死亡数据的完整性进行了评估,比较一致的结论是三次普查的死亡数据均存在一定程度的漏报,而且主要集中在婴儿死亡率上,婴儿死亡率的漏报成为前三次全国人口普查普遍存在的问题,也被国内外学者普遍认同。

2010年普查的死亡人口数是指普查时点(11月1日)前一年内的死亡人数,也就是2009年11月1日到2010年10月31日这一年的死亡人数。普查死亡率是用这些死亡人数和普查前一年的平均人口,即2010年5月1日的人口为基数进行计算的,这样得出的粗死亡率是5.4‰,其中男性为6.01‰,女性为4.74‰。但是经事后质量抽查测算,全省实际粗死亡率应该为6.31‰,以此计算的死亡人口漏报率为14.4%。第六次人口普查结果同时显示,全省0岁人口死亡率为11.19‰,其中0岁男婴死亡率为11.92‰,女婴死亡率为10.60‰,与2000年第五次人口普查时的44.44‰相比,10年间下降了33.15个千分点,如此规模的下降幅度是不现实的。首都经贸大学人口研究所黄荣清教授,在他的研究成果中阐述到,“影响婴儿死亡率的因素有很多,归纳起来可分为:(1)社会因素,社会经济的发展水平;(2)家庭因素;(3)个人因素;(4)其他因素,如地理环境。在各种因素中,经济发展水平还是决定性的,因为它直接制约着社会发展、个人和家庭的生活水平可以享受福利的程度。所以,婴儿死亡率的高低和经济发展水平有密切的关系。┈日本号称是世界各国中死亡率下降速度较快的国家,婴儿死亡率从25‰左右下降到5‰用了25年的时间。按当时对美元计算,日本1987年的人均GDP已经接近2万美元,社会经济总体水平要远远高于全省目前的水平。”因此,可以认为“六普”报告的婴儿死亡率过低,调查中有较大的婴儿死亡漏报是可以肯定的。下面我们做进一步的分析。

1. 粗死亡率

2010年普查前12个月死亡人口为30287人,普查的死亡率为5.4‰(又称粗死亡率)。与2000年普查的5.60‰比较,下降了0.2个千分点。虽然总的看,这种变化反映了全省人口死亡水平降低的趋势,但从以下几点看,普查的死亡率偏低。

(1)从全省标准化死亡率看,普查死亡率偏低。粗死亡率受年龄结构影响较大,标准化死亡率排除了年龄结构对死亡率产生的影响,可以进行死亡水平之间的比较。我们以1990年、2000年、2010年人口年龄结构均值为标准人口年龄结构,然后分别对1990年、2000年、2010年普查的年龄别死亡率进行标准化,得到1990年的死亡率为6.88‰,2000年的死亡率为5.79‰,2010年的死亡率为4.54‰(见表4)。从三次普查年份标准化死亡率结果不难发现,1990—2000年10年间死亡率降低幅度为15.84%,2000—2010年10年间降低幅度21.59%。通过前后10年的比较,尤其是在遭受玉树4.14地震的情况下,2000—2010年死亡率的下降速度过快,说明2010年普查的死亡人口有漏报,实际死亡率要高于5.4‰。

(2)从各地区标准化死亡率看,普查的死亡数据存在漏报。表5数据表明,黄南、海南以及海北、果洛这些社会经济发展相对滞后,社会发育程度较低,医疗卫生水平、城镇化水平不高的地区(玉树受4.14地震影响),其标准化死亡率也较低或略高于全省平均水平,说明普查的死亡数据存在漏报。

(3)从历年人口变动情况抽样调查结果看,普查死亡人口存在漏报。全省每年进行的人口变动情况抽样调查结果表明,2001—2010年每年人口的粗死亡率都在6.1‰—6.4‰之间,10年基本平稳,而且总体呈现略有下降的态势。所以2010年普查的粗

死亡率不应当与人口变动抽样调查的结果相差太大。由于人口普查是对人口各种状况的调查，普查项目多，而人口变动调查重点是对出生、死亡的专项调查，相对来讲更能真实反映人口的死亡情况。因此，2010 年普查的粗死亡率应在 6.3‰左右，以此计算的死亡人口漏报率约为 17%。

表 4　四、五、六普粗死亡率的直接标准化计算过程

年龄 x	年龄结构			平均人口年龄结构	分年龄死亡率			各年份分年龄死亡率与标准年龄结构的乘积		
	1990 年	2000 年	2010 年		1990 年	2000 年	2010 年	1990 年	2000 年	2010 年
0—4	0.10	0.08	0.07	0.08	14.78	9.84	4.60	1.21	0.80	0.38
5—9	0.09	0.09	0.07	0.09	1.47	0.80	1.49	0.13	0.07	0.13
10—14	0.11	0.10	0.08	0.09	0.97	0.67	1.11	0.09	0.06	0.11
15—19	0.13	0.08	0.09	0.10	1.31	1.07	1.31	0.13	0.11	0.13
20—24	0.13	0.09	0.09	0.10	1.97	1.62	1.75	0.20	0.17	0.18
25—29	0.09	0.11	0.08	0.09	1.87	1.54	1.88	0.17	0.14	0.18
30—34	0.06	0.11	0.09	0.09	2.14	1.87	1.89	0.18	0.16	0.16
35—39	0.06	0.08	0.10	0.08	2.78	2.30	2.15	0.23	0.19	0.18
40—44	0.05	0.05	0.10	0.07	3.66	2.98	2.76	0.24	0.20	0.18
45—49	0.05	0.05	0.08	0.06	4.65	4.54	3.49	0.27	0.26	0.20
50—54	0.04	0.04	0.04	0.04	8.08	7.61	5.65	0.34	0.32	0.24
55—59	0.03	0.03	0.04	0.04	12.48	11.13	8.57	0.45	0.40	0.31
60—64	0.02	0.03	0.03	0.03	22.48	18.58	14.46	0.62	0.51	0.40
65—69	0.01	0.02	0.03	0.02	35.97	31.91	21.72	0.74	0.66	0.45
70—74	0.01	0.01	0.02	0.01	57.33	51.86	37.41	0.79	0.71	0.51
75—79	0.00	0.01	0.01	0.01	80.01	76.91	57.52	0.61	0.59	0.44
80+	0.00	0.00	0.01	0.00	134.38	124.28	105.60	0.48	0.44	0.38
直接标准化死亡率								6.88	5.79	4.54

表 5　2010 年各地标准化死亡率

	全省	西宁	海东	海北	海南	黄南	果洛	玉树	海西
标准化死亡率(‰)	4.54	3.03	4.58	4.57	4.12	4.09	5.28	15.06	3.38

图 2　2000、2010 年年龄别死亡率(男性)

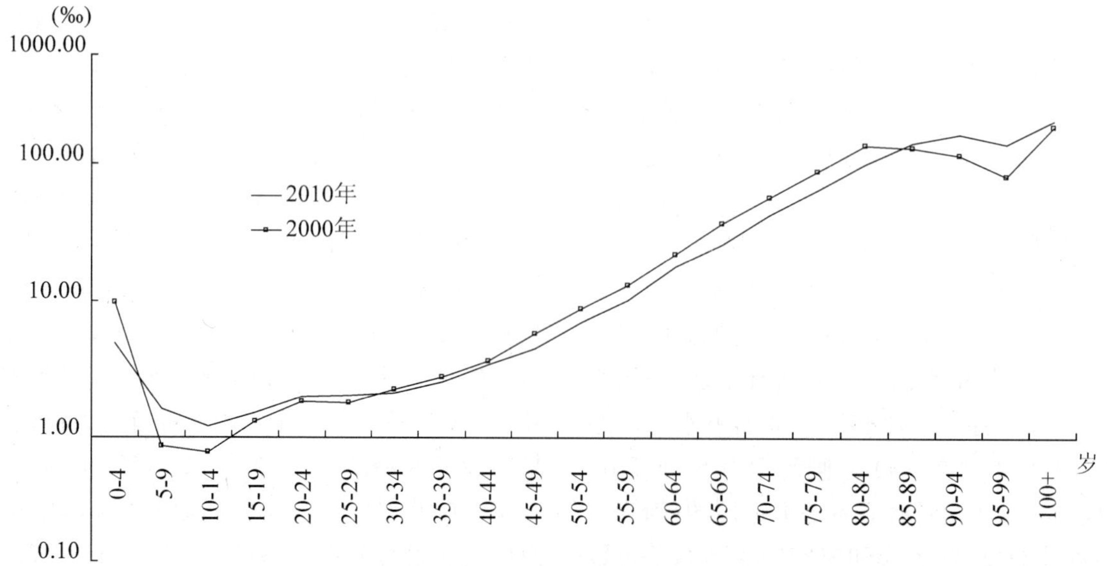

2. 分年龄、性别死亡率

图 3 2000、2010 年年龄别死亡率(女性)

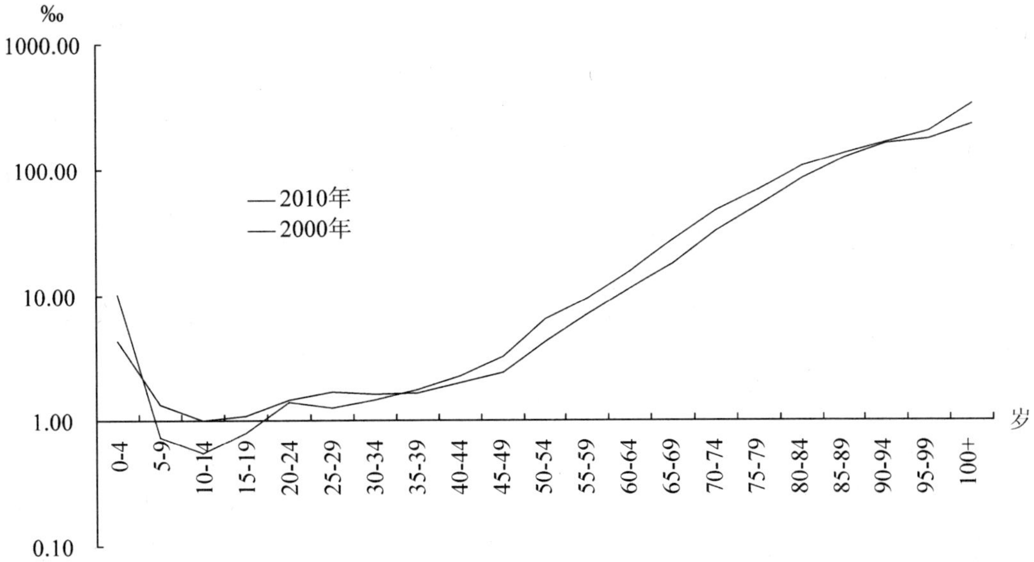

表 6 年龄别死亡率

单位:‰

年 龄(岁)	男		女	
	2010 年	2000 年	2010 年	2000 年
总计	6.01	6.12	4.74	5.04
0—4	4.83	9.65	4.35	10.05
5—9	1.63	0.86	1.33	0.74
10—14	1.21	0.79	1.01	0.55
15—19	1.51	1.33	1.09	0.80
20—24	2.01	1.83	1.47	1.39
25—29	2.06	1.79	1.70	1.27
30—34	2.15	2.25	1.62	1.45
35—39	2.58	2.80	1.66	1.75
40—44	3.46	3.65	1.98	2.24
45—49	4.45	5.78	2.40	3.25
50—54	6.91	8.76	4.24	6.45
55—59	10.08	13.02	6.99	9.23
60—64	17.72	21.66	11.33	15.33
65—69	25.95	36.37	17.75	27.22
70—74	42.70	56.62	32.33	47.16
75—79	64.14	87.10	51.20	68.22
80—84	99.13	137.21	85.06	105.94
85—89	141.72	131.34	121.64	134.22
90—94	164.46	114.91	160.49	165.03
95—99	138.73	81.52	175.51	201.18
100+	206.90	187.50	227.27	333.33

为了与 2000 年的年龄别死亡率比较,我们整理了表 6 数据并绘制了图 2、图 3。正常情况下,由于生理等因素的性别差异,男性死亡要略高于女性,表中 5 岁以上的各年龄组都服从这个规律。一般来讲,随着经济发展和卫生条件的改善,死亡率呈逐年下降的趋势,在医学上无重大突破或者没有发生意外等自然灾害情况下,相邻几年的死亡率波动不会很大。从表 6 和图 2—1、2—2 看,2010 年的年龄别死亡率,男性除 5—44 岁年龄段死亡率接近 2000 年水平,85 岁以上年龄组死亡率较高外,其余年龄组死亡率较低;女性也是除 5—44 岁年龄组死亡率接近 2000 年水平外,其余年龄组死亡率也较低,这表明 2010 年死亡人口漏报,男性主要发生在低年龄组和 45—84 岁年龄组;女性低年龄组漏报外,45 岁及以上的中、老年组均有漏报;男女两性低年龄和中、老年段年龄别死亡率低于 2000 年的幅度较大,说明漏报程度较大,而且男女漏报的年龄分布较广,尤其是女性。

3. 婴儿死亡率

利用生命表技术也可以计算婴儿死亡率。2010 年普查的 0 岁人口恰好是生于 2009 年 11 月 1 日至 2010 年 10 月 31 日并存活下来的人,二者之间应该有较强的一致性。从列克西斯时间年龄方格图上看,把普查的 0 岁人口当作生命表中的 L_0,2009 年 11 月 1 日至 2010 年 10 月 31 日出生人口视为 l_0,二者之间的关系为:

$$L_0 = l_1 + a_0 d_0$$
$$= l_0 + (a_0 - 1) * l_0 * q_0$$

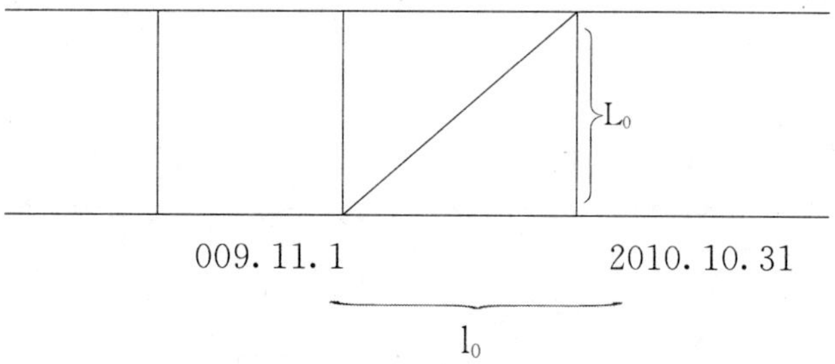

其中，q_0 是待求的婴儿死亡率，又称 0 岁组死亡概率，a_0 为 0 岁死亡人口平均存活年数，这里按寇尔—德曼方法估计，即男性 $a_0 = 0.0452 + 2.875\ q_0$，女性 $a_0 = 0.050 + 3.0\ q_0$，将 a_0 代入上述方程，得到分性别关于婴儿死亡率 q_0 的二次方程：

男　$2.875\ q_0^2 - 0.9575\ q_0 + 0.00998 = 0$

女　$3.\ q_0^2 - 0.95 q_0 + 0.00930 = 0$

解方程得男性婴儿死亡率 $q_0 = 30.6‰$，女性婴儿死亡率 $q_0 = 29.02‰$。如果这次普查登记的出生人口 l_0 和 0 岁存活人数 L_0 的完整性都等于 1，普查登记直接计算的婴儿死亡率（男 11.92‰，女 10.60‰）要高于用生命表技术估算的值。因此，可以断定死亡人口漏报。

（二）对 2010 年普查死亡数据的修正

人口统计学界已经积累了许多调整和修正死亡率数据的方法，不少学者已经对第三、四、五次人口普查的死亡数据进行了评估和修正，其修正方法主要有两种思路：一种是先估计分年龄、性别、时期、地区的总人口和死亡人口漏报水平，然后在此基础上调整死亡报告，计算新的粗死亡率、标准死亡率、并直接生成新的生命表，该方法中对总人口和死亡人口的漏报估计是分析的重点；另一种是基于人口死亡遵循一定模式的假定，选择适当的模型生命表或者已有的其他生命表作为标准表，对死亡率进行调整，生成新的生命表，并获得分年龄，性别甚至是地区的死亡率。两种方法各有优缺点，前一种能够提供有关总人口和死亡人口的详细信息，但需要更为庞大的历史数据及其它信息的支撑，计算复杂；后一种是对死亡模式的直接修正，而这种修正的关键是标准生命表的选择，与前者相比，它省略了对总人口和死亡数据的直接调整，需要的数据信息相对较少。国务院人口普查办公室用此方法对全国“六普”死亡数据进行了修正，本文结合对前面死亡数据的评估，也采用模型生命表的方法来对死亡数据进行修正。

模型生命表法是通过对实际数据构造的生命表与模型生命表进行比较，考察两个生命表之间的差异。这种方法可以进一步揭示各个年龄组死亡人数的漏报情况。生命表之间的比较可以直接进行，也可以先经过某种形式的变换。变换的方式可以使模型对比的效果更加显著。著名的罗吉特（Logit）模型生命表就是变换形式之一，本文就以此模型方式修正死亡率数据。第一步根据普查数据计算死亡率并进一步计算死亡概率，生成原始生命表；第二部根据对普查数据的质量评估，确定需要修正的年龄段，将 0—9 岁作为修正的重点。并依据以往研究结果及其反映的人口死亡特征选择合适的标准生命表，对原始生命表进行局部调整。第三步是对未修正部分进行平滑处理。

1. 利用 logit 变换调整 0—9 岁婴幼儿死亡率

从历次普查和人口变动调查死亡数据的漏报情况看，死亡人口年龄越小漏报的概率越大。因此，应用 Logit 生命表系统对 0—9 岁婴幼儿死亡率进行修正。

①logit 变换

对 2000 年 lx 和 2010 年调整后的 lx 作 logit 变换

$1/2 * \ln((100000 - lx)/lx)$

②建立两个生命表的线性关系

取 10—90＋岁的 logit 变换值进行拟合

③假定 2000 年与 2010 年人口死亡模式相同，则 $\beta = 1$，从而采用最小二乘法进行线性拟合，求出 α

④根据已知的 α、β，求出 2010 年 0—9 岁 lx

$\lambda(lx2010) = \alpha + \beta\lambda(lx2000)$

⑤计算并修正 2010 年 0—9 岁的死亡率（见表 7）

表 7　修正前后 2010 年青海省第六次人口普查 0—9 岁死亡率

年龄（岁）	修正前死亡率（‰）		修正后死亡率（‰）	
	男性	女性	男性	女性
0—4	4.83	4.35	8.34	8.10
5—9	1.63	1.33	0.69	0.55

2. 调整修匀分年龄死亡率

通常从调查和登记得到的死亡率因为统计过程中的各种误差，特别是对死亡人口以及死亡年龄的漏登、误登，致使各年龄组的死亡率出现明显的波动。为了消除这种波动，人口统计学界一般常用修匀法进行年龄组死亡率的调整修匀。本文根据漏报率对 10—90 岁及以上的分年龄人口死亡率直接采用修匀调整法，调整结果见表 8。

表 8 对 2010 年年龄别死亡率的调整结果

年龄别	原始数据	调整后的数据	年龄别	原始数据	调整后的数据
0	0.01129	0.03353	46	0.00340	0.00398
1	0.00434	0.00353	47	0.00330	0.00386
2	0.00262	0.00191	48	0.00412	0.00482
3	0.00223	0.00142	49	0.00434	0.00508
4	0.00217	0.00097	50	0.00520	0.00609
5	0.00200	0.00091	51	0.00482	0.00564
6	0.00182	0.00071	52	0.00525	0.00615
7	0.00131	0.00047	53	0.00587	0.00687
8	0.00107	0.00054	54	0.00689	0.00806
9	0.00128	0.00049	55	0.00692	0.00809
10	0.00123	0.00144	56	0.00815	0.00954
11	0.00122	0.00142	57	0.00887	0.01038
12	0.00123	0.00143	58	0.00932	0.01090
13	0.00096	0.00113	59	0.01005	0.01176
14	0.00096	0.00112	60	0.01234	0.01443
15	0.00094	0.00110	61	0.01395	0.01633
16	0.00113	0.00132	62	0.01395	0.01632
17	0.00140	0.00163	63	0.01597	0.01868
18	0.00166	0.00194	64	0.01671	0.01955
19	0.00142	0.00166	65	0.01691	0.01979
20	0.00159	0.00186	66	0.02021	0.02365
21	0.00183	0.00214	67	0.02172	0.02541
22	0.00182	0.00213	68	0.02399	0.02807
23	0.00167	0.00195	69	0.02658	0.03110
24	0.00186	0.00218	70	0.03094	0.03620
25	0.00183	0.00215	71	0.03318	0.03882
26	0.00193	0.00226	72	0.03827	0.04477
27	0.00201	0.00235	73	0.04333	0.05070
28	0.00186	0.00218	74	0.04347	0.05086
29	0.00179	0.00209	75	0.04987	0.05835
30	0.00212	0.00248	76	0.05008	0.05860
31	0.00191	0.00223	77	0.06187	0.07239
32	0.00183	0.00215	78	0.06439	0.07533
33	0.00160	0.00187	79	0.06786	0.07939
34	0.00200	0.00234	80	0.08229	0.09627
35	0.00212	0.00248	81	0.08683	0.10159
36	0.00225	0.00263	82	0.09657	0.11298
37	0.00221	0.00259	83	0.09297	0.10877
38	0.00196	0.00230	84	0.11034	0.12909
39	0.00221	0.00258	85	0.12391	0.14498
40	0.00251	0.00293	86	0.11808	0.13815
41	0.00245	0.00287	87	0.13108	0.15337
42	0.00285	0.00334	88	0.14321	0.16756
43	0.00295	0.00345	89	0.15481	0.18113
44	0.00316	0.00369	90+	0.16360	0.19141
45	0.00311	0.00364			

（三）修正后的死亡水平及特征

1. 总人口的死亡水平及特征

一个地区死亡水平的高低，是衡量和评价这个地区居民健康状况、经济和社会发展、医疗卫生和社会保障水平的客观标准，平均预期寿命是综合衡量人口死亡水平的重要指标，由于它不受年龄结构的影响，可以在不同地区、不同时点、不同人群进行比较。因此本文采用平均预期寿命这一指标来分析21世纪初青海人口死亡的整体水平，性别差异和地区差异。表9、10、11是修正后的2010年青海省男女合计和男性、女性人口的平均预期寿命表。

表9　修正后的2010年青海省人口平均预期寿命表

AGE	MI	QI	LI	DI	LLI	TI	EI
0	0.033533	0.03260396	100000	3260	97718	6996003	69.96
1	0.003532	0.00352573	96740	341	96569	6898286	71.31
2	0.001906	0.00190455	96399	184	96307	6801716	70.56
3	0.001424	0.00142343	96215	137	96146	6705410	69.69
4	0.000966	0.00096533	96078	93	96032	6609263	68.79
5	0.000912	0.00091198	95985	88	95941	6513232	67.86
6	0.000713	0.0007129	95898	68	95864	6417290	66.92
7	0.000471	0.00047129	95829	45	95807	6321427	65.97
8	0.000541	0.00054115	95784	52	95758	6225620	65.00
9	0.000486	0.00048618	95732	47	95709	6129862	64.03
10	0.001437	0.00143608	95686	137	95617	6034153	63.06
11	0.001424	0.00142253	95548	136	95480	5938536	62.15
12	0.001434	0.00143281	95412	137	95344	5843055	61.24
13	0.001125	0.00112467	95276	107	95222	5747711	60.33
14	0.001119	0.0011186	95169	106	95115	5652489	59.39
15	0.001098	0.00109721	95062	104	95010	5557374	58.46
16	0.001318	0.00131702	94958	125	94895	5462364	57.52
17	0.001632	0.00163082	94833	155	94755	5367468	56.60
18	0.001941	0.00193926	94678	184	94586	5272713	55.69
19	0.001664	0.00166247	94495	157	94416	5178126	54.80
20	0.001862	0.00186009	94337	175	94250	5083710	53.89
21	0.002138	0.00213554	94162	201	94061	4989461	52.99
22	0.002128	0.00212562	93961	200	93861	4895399	52.10
23	0.001952	0.00195001	93761	183	93670	4801538	51.21
24	0.002179	0.00217664	93578	204	93476	4707869	50.31
25	0.002146	0.00214325	93375	200	93275	4614392	49.42
26	0.002262	0.00225906	93174	210	93069	4521118	48.52
27	0.002354	0.00235081	92964	219	92855	4428048	47.63
28	0.00218	0.00217722	92745	202	92644	4335194	46.74
29	0.002091	0.00208919	92544	193	92447	4242549	45.84
30	0.002481	0.00247768	92350	229	92236	4150102	44.94
31	0.002233	0.00223034	92121	205	92019	4057867	44.05
32	0.002146	0.00214418	91916	197	91817	3965848	43.15
33	0.00187	0.00186838	91719	171	91633	3874031	42.24
34	0.002339	0.00233657	91547	214	91441	3782397	41.32
35	0.002475	0.00247231	91334	226	91221	3690957	40.41
36	0.002627	0.00262332	91108	239	90988	3599736	39.51
37	0.00259	0.00258645	90869	235	90751	3508748	38.61
38	0.002296	0.00229349	90634	208	90530	3417997	37.71
39	0.002581	0.00257758	90426	233	90309	3327467	36.80
40	0.002932	0.00292726	90193	264	90061	3237158	35.89
41	0.002869	0.00286508	89929	258	89800	3147097	35.00

续表

AGE	MI	QI	LI	DI	LLI	TI	EI
42	0.003336	0.00333023	89671	299	89522	3057297	34.09
43	0.003455	0.0034487	89372	308	89218	2967775	33.21
44	0.003692	0.00368513	89064	328	88900	2878557	32.32
45	0.003638	0.00363116	88736	322	88575	2789657	31.44
46	0.00398	0.0039722	88414	351	88238	2701082	30.55
47	0.003856	0.0038489	88063	339	87893	2612844	29.67
48	0.004817	0.00480508	87724	422	87513	2524950	28.78
49	0.005078	0.00506471	87302	442	87081	2437437	27.92
50	0.006088	0.00606974	86860	527	86596	2350356	27.06
51	0.005641	0.00562529	86333	486	86090	2263760	26.22
52	0.006146	0.00612706	85847	526	85584	2177670	25.37
53	0.006873	0.00684963	85321	584	85029	2092086	24.52
54	0.008062	0.0080294	84737	680	84397	2007057	23.69
55	0.008092	0.00805981	84056	677	83718	1922660	22.87
56	0.009541	0.00949582	83379	792	82983	1838943	22.06
57	0.010379	0.01032502	82587	853	82161	1755960	21.26
58	0.010899	0.01084006	81734	886	81291	1673799	20.48
59	0.01176	0.01169104	80848	945	80376	1592508	19.70
60	0.014432	0.01432879	79903	1145	79331	1512132	18.92
61	0.016326	0.01619341	78758	1275	78121	1432801	18.19
62	0.016323	0.01619122	77483	1255	76856	1354681	17.48
63	0.018682	0.01850885	76228	1411	75523	1277825	16.76
64	0.019549	0.01935971	74817	1448	74093	1202302	16.07
65	0.019789	0.01959549	73369	1438	72650	1128209	15.38
66	0.023648	0.02337135	71931	1681	71091	1055559	14.67
67	0.025412	0.02509344	70250	1763	69369	984468	14.01
68	0.028074	0.02768507	68487	1896	67539	915099	13.36
69	0.031104	0.03062721	66591	2040	65572	847560	12.73
70	0.0362	0.03555657	64552	2295	63404	781988	12.11
71	0.038824	0.03808503	62257	2371	61071	718584	11.54
72	0.044775	0.0437944	59886	2623	58574	657513	10.98
73	0.050701	0.04944783	57263	2832	55847	598939	10.46
74	0.050858	0.04959705	54431	2700	53082	543092	9.98
75	0.058352	0.05669745	51732	2933	50265	490010	9.47
76	0.058598	0.05693005	48799	2778	47410	439745	9.01
77	0.072389	0.06986061	46021	3215	44413	392335	8.53
78	0.075331	0.07259664	42806	3108	41252	347922	8.13
79	0.079393	0.07636196	39698	3031	38182	306671	7.73
80	0.096275	0.09185327	36667	3368	34983	268488	7.32
81	0.101589	0.09667869	33299	3219	31689	233506	7.01
82	0.112985	0.10694331	30079	3217	28471	201817	6.71
83	0.108773	0.10316207	26863	2771	25477	173346	6.45
84	0.129093	0.12126593	24091	2921	22631	147869	6.14
85	0.144976	0.13517746	21170	2862	19739	125238	5.92
86	0.138149	0.12922271	18308	2366	17125	105499	5.76
87	0.153368	0.1424447	15942	2271	14807	88374	5.54
88	0.16756	0.15460735	13671	2114	12615	73567	5.38
89	0.18113	0.16608796	11558	1920	10598	60952	5.27
90	0.191407	1	9638	9638	50354	50354	5.22

表10　2010年青海省男性人口平均预期寿命表

AGE	MI	QI	LI	DI	LLI	TI	EI
0	0.033668	0.03273087	100000	3273	97709	6810843	68.11
1	0.003592	0.00358514	96727	347	96554	6713134	69.40
2	0.002004	0.00200212	96380	193	96284	6616581	68.65
3	0.001499	0.00149833	96187	144	96115	6520297	67.79
4	0.000919	0.00091851	96043	88	95999	6424182	66.89
5	0.001085	0.00108434	95955	104	95903	6328183	65.95
6	0.000737	0.00073624	95851	71	95815	6232280	65.02
7	0.000465	0.00046524	95780	45	95758	6136465	64.07
8	0.000688	0.00068783	95736	66	95703	6040707	63.10
9	0.000488	0.00048783	95670	47	95646	5945004	62.14
10	0.001603	0.0016015	95623	153	95547	5849357	61.17
11	0.001414	0.00141341	95470	135	95403	5753811	60.27
12	0.001609	0.00160746	95335	153	95258	5658408	59.35
13	0.001232	0.00123102	95182	117	95123	5563150	58.45
14	0.001242	0.00124083	95065	118	95006	5468027	57.52
15	0.001322	0.00132076	94947	125	94884	5373021	56.59
16	0.001318	0.0013176	94821	125	94759	5278137	55.66
17	0.001992	0.00199029	94696	188	94602	5183378	54.74
18	0.002049	0.00204727	94508	193	94411	5088776	53.85
19	0.002145	0.00214278	94314	202	94213	4994365	52.95
20	0.002099	0.00209678	94112	197	94014	4900152	52.07
21	0.002522	0.00251899	93915	237	93797	4806138	51.18
22	0.002424	0.0024206	93678	227	93565	4712341	50.30
23	0.002349	0.00234637	93452	219	93342	4618776	49.42
24	0.002421	0.00241769	93232	225	93120	4525434	48.54
25	0.002218	0.00221598	93007	206	92904	4432315	47.66
26	0.002331	0.00232863	92801	216	92693	4339411	46.76
27	0.002712	0.00270815	92585	251	92459	4246718	45.87
28	0.002517	0.00251362	92334	232	92218	4154259	44.99
29	0.002219	0.00221691	92102	204	92000	4062041	44.10
30	0.00282	0.0028162	91898	259	91768	3970041	43.20
31	0.002446	0.00244255	91639	224	91527	3878273	42.32
32	0.002518	0.00251444	91415	230	91300	3786746	41.42
33	0.002273	0.0022705	91185	207	91082	3695445	40.53
34	0.002504	0.00250102	90978	228	90864	3604364	39.62
35	0.003124	0.00311879	90751	283	90609	3513499	38.72
36	0.003027	0.00302222	90468	273	90331	3422890	37.84
37	0.003101	0.00309593	90194	279	90055	3332559	36.95
38	0.002863	0.0028589	89915	257	89786	3242505	36.06
39	0.003001	0.00299609	89658	269	89524	3152718	35.16
40	0.003421	0.00341559	89389	305	89237	3063194	34.27
41	0.003653	0.00364643	89084	325	88922	2973958	33.38
42	0.004315	0.00430532	88759	382	88568	2885036	32.50
43	0.004307	0.00429728	88377	380	88187	2796468	31.64
44	0.004724	0.00471309	87997	415	87790	2708281	30.78

续表

AGE	MI	QI	LI	DI	LLI	TI	EI
45	0.004726	0.00471484	87582	413	87376	2620491	29.92
46	0.00519	0.00517704	87170	451	86944	2533115	29.06
47	0.005033	0.00502001	86718	435	86501	2446171	28.21
48	0.005627	0.00561168	86283	484	86041	2359671	27.35
49	0.006336	0.00631578	85799	542	85528	2273630	26.50
50	0.007082	0.00705749	85257	602	84956	2188102	25.66
51	0.00737	0.00734254	84655	622	84344	2103146	24.84
52	0.007566	0.00753776	84034	633	83717	2018802	24.02
53	0.008116	0.00808325	83400	674	83063	1935085	23.20
54	0.010045	0.00999472	82726	827	82313	1852022	22.39
55	0.0096	0.00955376	81899	782	81508	1769709	21.61
56	0.011288	0.01122434	81117	910	80662	1688201	20.81
57	0.012442	0.01236498	80206	992	79710	1607539	20.04
58	0.012521	0.01244263	79215	986	78722	1527829	19.29
59	0.013779	0.01368446	78229	1071	77694	1449107	18.52
60	0.016586	0.01644916	77158	1269	76524	1371414	17.77
61	0.019337	0.019152	75889	1453	75162	1294890	17.06
62	0.020367	0.02016181	74436	1501	73685	1219727	16.39
63	0.024291	0.02399993	72935	1750	72060	1146042	15.71
64	0.024939	0.0246321	71185	1753	70308	1073982	15.09
65	0.022559	0.02230773	69431	1549	68657	1003674	14.46
66	0.028405	0.02800714	67882	1901	66932	935018	13.77
67	0.031172	0.03069323	65981	2025	64969	868086	13.16
68	0.033309	0.03276308	63956	2095	62908	803118	12.56
69	0.037235	0.03655458	61861	2261	60730	740209	11.97
70	0.044083	0.0431321	59599	2571	58314	679480	11.40
71	0.044613	0.04363948	57029	2489	55784	621166	10.89
72	0.048817	0.04765381	54540	2599	53240	565381	10.37
73	0.052809	0.05145026	51941	2672	50605	512141	9.86
74	0.062794	0.06088282	49268	3000	47769	461536	9.37
75	0.067704	0.06548717	46269	3030	44754	413768	8.94
76	0.063016	0.06109155	43239	2642	41918	369014	8.53
77	0.079966	0.07689174	40597	3122	39037	327096	8.06
78	0.083107	0.07979147	37476	2990	35981	288059	7.69
79	0.09031	0.08640788	34485	2980	32996	252078	7.31
80	0.104	0.09885933	31506	3115	29948	219083	6.95
81	0.113312	0.10723624	28391	3045	26869	189134	6.66
82	0.123745	0.11653496	25346	2954	23870	162266	6.40
83	0.106542	0.10115341	22393	2265	21260	138396	6.18
84	0.147219	0.13712487	20128	2760	18748	117136	5.82
85	0.156072	0.14477421	17368	2514	16110	98388	5.67
86	0.150841	0.14026221	14853	2083	13812	82278	5.54
87	0.155881	0.1446096	12770	1847	11847	68466	5.36
88	0.169729	0.15645197	10923	1709	10069	56620	5.18
89	0.243616	0.21716409	9214	2001	8214	46551	5.05
90	0.188154	1	7213	7213	38337	38337	5.31

表 11　2010 年青海省女性人口平均预期寿命表

AGE	MI	QI	LI	DI	LLI	TI	EI
0	0.032974	0.03207492	100000	3207	97755	7206929	72.07
1	0.003423	0.00341677	96793	331	96627	7109174	73.45
2	0.00178	0.00177868	96462	172	96376	7012547	72.70
3	0.00134	0.00133899	96290	129	96226	6916171	71.83
4	0.000994	0.00099388	96161	96	96113	6819946	70.92
5	0.000732	0.00073211	96066	70	96031	6723832	69.99
6	0.000681	0.00068044	95995	65	95963	6627801	69.04
7	0.00047	0.0004697	95930	45	95908	6531839	68.09
8	0.000391	0.0003907	95885	37	95866	6435931	67.12
9	0.000477	0.00047723	95848	46	95825	6340065	66.15
10	0.00126	0.00125883	95802	121	95742	6244240	65.18
11	0.001433	0.00143222	95681	137	95613	6148499	64.26
12	0.001249	0.00124796	95544	119	95485	6052886	63.35
13	0.001013	0.00101282	95425	97	95377	5957402	62.43
14	0.000989	0.00098804	95328	94	95281	5862025	61.49
15	0.000864	0.00086344	95234	82	95193	5766744	60.55
16	0.001317	0.00131632	95152	125	95089	5671551	59.61
17	0.001255	0.00125462	95027	119	94967	5576462	58.68
18	0.001823	0.00182178	94907	173	94821	5481495	57.76
19	0.001137	0.00113636	94734	108	94681	5386674	56.86
20	0.001607	0.00160617	94627	152	94551	5291993	55.92
21	0.001732	0.0017308	94475	164	94393	5197442	55.01
22	0.001813	0.00181116	94311	171	94226	5103049	54.11
23	0.001533	0.00153176	94141	144	94068	5008823	53.21
24	0.001925	0.0019228	93996	181	93906	4914755	52.29
25	0.002069	0.00206654	93816	194	93719	4820849	51.39
26	0.002189	0.00218644	93622	205	93519	4727130	50.49
27	0.001966	0.0019639	93417	183	93325	4633611	49.60
28	0.001815	0.00181326	93234	169	93149	4540285	48.70
29	0.001955	0.00195269	93064	182	92974	4447136	47.79
30	0.002113	0.00211044	92883	196	92785	4354163	46.88
31	0.002002	0.00200022	92687	185	92594	4261378	45.98
32	0.001741	0.00173921	92501	161	92421	4168784	45.07
33	0.001431	0.00143047	92340	132	92274	4076363	44.14
34	0.002158	0.00215527	92208	199	92109	3984089	43.21
35	0.001749	0.00174774	92010	161	91929	3891980	42.30
36	0.002174	0.00217208	91849	200	91749	3800050	41.37
37	0.002008	0.00200606	91649	184	91557	3708301	40.46
38	0.001645	0.00164343	91465	150	91390	3616744	39.54
39	0.002108	0.00210565	91315	192	91219	3525354	38.61
40	0.002378	0.00237532	91123	216	91015	3434135	37.69
41	0.00198	0.00197768	90906	180	90817	3343120	36.78
42	0.002244	0.00224166	90727	203	90625	3252303	35.85
43	0.002513	0.00251024	90523	227	90410	3161678	34.93
44	0.002536	0.00253265	90296	229	90182	3071269	34.01

续表

AGE	MI	QI	LI	DI	LLI	TI	EI
45	0.002412	0.00240882	90067	217	89959	2981087	33.10
46	0.002617	0.00261352	89850	235	89733	2891128	32.18
47	0.002508	0.00250522	89616	225	89503	2801395	31.26
48	0.003904	0.00389668	89391	348	89217	2711892	30.34
49	0.003643	0.00363664	89043	324	88881	2622675	29.45
50	0.004948	0.0049356	88719	438	88500	2533794	28.56
51	0.00367	0.00366333	88281	323	88119	2445294	27.70
52	0.004531	0.00452035	87958	398	87759	2357175	26.80
53	0.005534	0.00551895	87560	483	87318	2269416	25.92
54	0.005915	0.00589738	87077	514	86820	2182098	25.06
55	0.006508	0.00648736	86563	562	86282	2095277	24.21
56	0.007703	0.00767314	86002	660	85672	2008995	23.36
57	0.008245	0.00821114	85342	701	84991	1923323	22.54
58	0.009235	0.00919271	84641	778	84252	1838332	21.72
59	0.00968	0.00963302	83863	808	83459	1754080	20.92
60	0.012183	0.01210956	83055	1006	82552	1670621	20.11
61	0.013247	0.01315969	82049	1080	81509	1588069	19.36
62	0.01253	0.01245199	80970	1008	80465	1506559	18.61
63	0.013561	0.0134699	79961	1077	79423	1426094	17.83
64	0.014924	0.0148134	78884	1169	78300	1346671	17.07
65	0.017289	0.01714068	77716	1332	77050	1268371	16.32
66	0.01924	0.01905628	76384	1456	75656	1191321	15.60
67	0.019959	0.01976228	74928	1481	74188	1115665	14.89
68	0.023057	0.02279429	73447	1674	72610	1041477	14.18
69	0.025163	0.02485053	71773	1784	70881	968867	13.50
70	0.028676	0.02827065	69990	1979	69000	897986	12.83
71	0.033195	0.03265316	68011	2221	66901	828986	12.19
72	0.04085	0.04003253	65790	2634	64473	762085	11.58
73	0.048654	0.04749826	63156	3000	61656	697612	11.05
74	0.039797	0.03902029	60157	2347	58983	635955	10.57
75	0.049449	0.04825601	57809	2790	56414	576973	9.98
76	0.054237	0.05280533	55020	2905	53567	520558	9.46
77	0.065064	0.06301386	52114	3284	50472	466991	8.96
78	0.067985	0.06574995	48830	3211	47225	416519	8.53
79	0.069418	0.06708981	45620	3061	44089	369294	8.10
80	0.089263	0.08544963	42559	3637	40741	325204	7.64
81	0.090578	0.08665355	38922	3373	37236	284464	7.31
82	0.10301	0.09796473	35550	3483	33808	247228	6.95
83	0.110762	0.10495012	32067	3365	30384	213419	6.66
84	0.11537	0.10907822	28702	3131	27136	183035	6.38
85	0.136595	0.12786216	25571	3270	23936	155899	6.10
86	0.128439	0.12068853	22301	2692	20956	131962	5.92
87	0.15152	0.14084949	19610	2762	18229	111007	5.66
88	0.165921	0.15321065	16848	2581	15557	92778	5.51
89	0.142538	0.13305533	14267	1898	13317	77221	5.41
90	0.193547	1	12368	12368	63903	63903	5.17

通过对2010年全省第六次人口普查人口死亡率的上述调整和修正，可以计算出修正后的死亡水平指标。通过修正后的寿命表中的平均预期寿命和死亡率指标来分析全省第六次人口普查死亡水平状况（见表12）。

表12　修正前后2010年全省第六次人口普查预期寿命和婴儿死亡率

性别	修正前		修正后	
	预期寿命（岁）	婴儿死亡率（‰）	预期寿命（岁）	婴儿死亡率（‰）
总人口	72.96	11.29	69.96	33.53
男	71.06	11.92	68.11	33.67
女	75.07	10.60	72.07	32.97

修正后的结果表明，2010年全省人口平均预期寿命为69.96岁，比10年前提高了1.48岁。人口平均预期寿命的提高，充分表明了10年来全省社会经济的快速发展，人民生活水平不断提高，以及医疗卫生保障体系逐步完善。2010年全省男性人口平均预期寿命为68.11岁，比2000年提高1.1岁；女性为72.07岁，比2000年提高1.97岁。男女平均预期寿命之差与十年前相比，由3.09岁扩大到3.96岁。在全省人口平均预期寿命不断提高的过程中，女性提高速度快于男性，并且两者之差也进一步扩大。这与世界其他国家平均预期寿命的变化规律是一致的。从大量的研究文献看，世界大多数国家的人口数据都显示男性死亡水平普遍高于女性，人口界的学者们基本概括出两种解释：一种是行为学观点，认为男性因为生活方式酗酒、吸烟及特殊职业等原因导致的死亡风险大于女性；另一种是生物学观点，认为人类遗传因素决定了平均寿命的性别差异。

表13　三次普查全省分性别人口的平均预期寿命及婴儿死亡率比较

单位：岁，‰

年份	平均预期寿命			婴儿死亡率		
	合计	男性	女性	合计	男性	女性
1990	65.60	64	67.2	54.50	58.42	50.47
2000	68.48	67.01	70.10	44.44	43.01	46.01
2010	69.96	68.11	72.07	33.53	33.67	32.97

全省人口平均预期寿命的提高，是各年龄死亡率水平下降综合作用的结果，从表13提供的1990、2000、2010年男女的平均预期寿命的变化不难发现，全省人口死亡水平在逐渐下降，而平均预期寿命在持续提高。

2. 婴儿死亡水平及性别差异

婴儿死亡率是指同时出生的一批婴儿未能存活到1岁的比例。修正后2010年全省婴儿死亡率为33.53‰，比2000年下降10.91个千分点。从表13中三次人口普查的婴儿死亡率变化趋势可以判断，随着社会经济文化水平，医疗卫生条件和社会保障能力的提高，婴儿死亡率水平持续下降，尤其是2000年以来西部大开发战略的实施，青海社会经济快速发展，人民生活水平和妇幼保健服务水平全面提升，婴儿死亡率下降速度呈加快趋势。婴儿死亡率的下降也为全省人口平均预期寿命的不断延长起着尤为重要的作用。

修正后2010年全省男婴死亡率为33.67‰，女婴死亡率为32.97‰，反映了通常情况下由生物医学和环境因素共同决定，男性婴儿死亡率高于女性婴儿死亡率的自然现象。但是，表13中2000年第五次人口普查的数据显示，女婴的死亡风险超过男婴。2010年第六次人口普查数据结果未重现这一有悖于自然现象的事实，原因应该在于，一方面随着全省社会，经济、文化和人口的快速转型，生育水平已逐渐过渡到更替水平之下，面对新形势全省各级政府和人口计划生育部门，狠抓出生人口性别比综合治理工作不放松，男孩偏好程度逐步下降，女婴死亡风险降低；另一方面青海一、二、三的生育政策也对降低女婴死亡风险有一定的影响。

3. 全省人口的死亡模式

从2010年第六次人口普查分年龄性别人口的死亡率看，全省低龄人口和老龄人口死亡率下降，分年龄女性死亡率基本低于男性，全省人口的死亡年龄模式如图所示呈J形分布。第六次人口普查全省婴儿死亡率为33.58‰，4—9岁死亡率在整个年龄段中最低，低于1‰；在成年段（21—49岁）死亡率开始回升；在中年（50—65岁）不断升高，70岁以后死亡率超过婴儿死亡率，其中男性在69岁时死亡率开始超过男婴死亡率，女性在71岁开始超过女婴死亡率。

图 3 修正后的 2010 年分年龄死亡率曲线

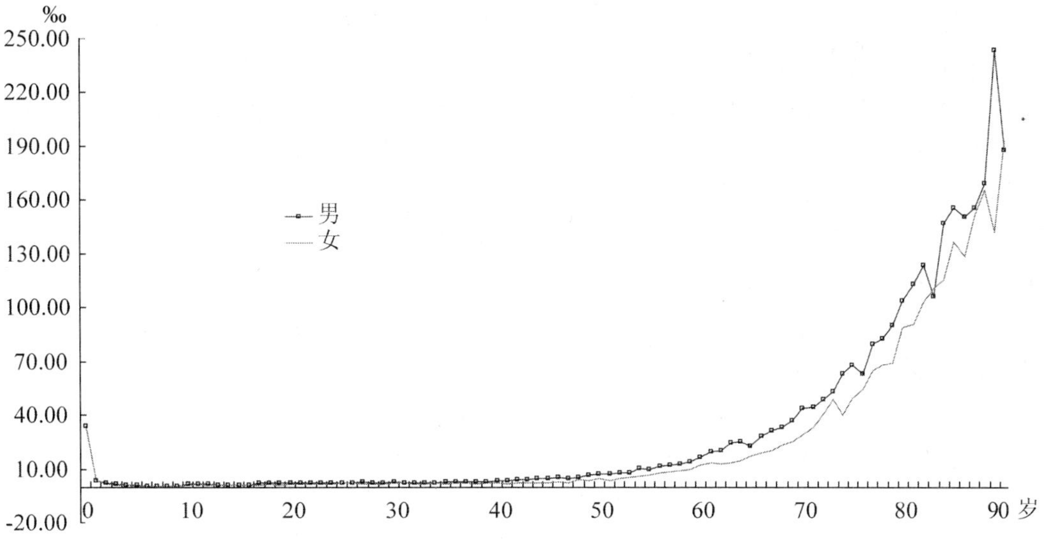

图 3 中的分年龄死亡率曲线在 6—16 岁为最低点，这表明该年龄组人群的死亡率水平在各个年龄组中最低，究其原因主要是由于影响人口死亡率的两类因素造成的。一类是生物性原因，当婴幼儿活到该年龄时，其适应外界环境和抵抗细菌、病毒感染的能力达到了较强的水平；另一类是社会原因，该年龄段的人群尚未接触社会，未参加经济活动，影响死亡风险的因素尚未产生作用。

图 3 曲线同时表明，在 1—60 岁，男女两性死亡率相对比较稳定，两性死亡率差距维持在 5 个千分点以内。而在年龄超过 60 岁以后，两性的死亡率差距逐步扩大，这是造成全省男女之间的平均预期寿命差距接近 4 岁的主要原因。而且男性死亡率高于女性在 19 岁以后人群中最为突出，这与女性的生存优势以及两性所从事的社会活动的差异密切相关。

（四）各地区人口死亡水平差异和平均预期寿命

青海 8 个州（地、市）之间自然环境，人口分布、生活条件，医疗卫生保障水平，社会经济发展速度均存在一定的差异，因而人口死亡水平及人口平均预期寿命在地区间差异也较为明显。为了进一步分析全省各地区之间的人口死亡水平差异，将各地区死亡数据采取了与全省相同的修正方法（玉树州分年龄死亡率剔除了“4.14”地震的影响），用修正后的数据计算得到各地区人口的平均预期寿命，从中来看地区间人口死亡水平的差异。

修正结果表明，西宁市人口平均预期寿命最高为 74.48 岁，其次是海西州为 72.56 岁，最低的是玉树州为 64.41 岁。

各地区人口平均预期寿命的高低与当地的自然条件、医疗卫生条件、社会经济发展水平以及居民的生活习惯密切相关。平均海拔在 3500 米以上的 4 个州中海西州人口平均预期寿命高于全省人口平均预期寿命 2.6 岁，玉树、果洛、黄南州分别低于全省 5.55、3.61 和 0.5 岁；海拔在 3000—3500 米的海南州人口平均预期寿命为 69.69 岁，海北州为 70.39 岁。海拔在 3000 米以下的西宁市和海东地区人口平均预期寿命分别为 74.48 和 70.50 岁。由此可见，人口平均预期寿命随着居住地区海拔的升高而下降。为什么海拔高度对人口预期寿命影响之大？《跨世纪的中国人口（西藏卷）》一书这样论述：“……随着不同高度的大气压和氧分压的变化，大气中的含氧量也在不断发生变化，海拔 3000 米高度大气中的含氧量为海平面大气含氧量的 72%，5000 米高度大气中的含氧量只有海平面的 57%，高原病也随之升高，人口死亡水平也随着海拔的升高而提高。尤其是青藏高原气候寒冷多变，日温差大，患呼吸系统疾病的机会大，加上高原缺氧，导致死亡的可能性更大。……”《世纪之交的中国人口（青海卷）》中这样叙述：“如果除去呼吸系统的疾病后，青海人口平均预期寿命会延长 3.39 岁，除去心血管疾病后延长 3.08 岁，除去恶性肿瘤后会延长 2.29 岁……”。可见青海自然环境对人口死亡水平的影响程度。

从各地区经济发展水平来看，人均 GDP 的高低也影响着人均预期寿命的高低。2010 年人均 GDP 超过 2.5 万元的西宁、海西两个地区，人均预期寿命明显高于其他地区，人均 GDP 最低的玉树州人均预期寿命也最低。这主要是由于经济发展相对滞后，社会发育程度较低，造成人们的生活水平和社会的医疗卫生保障程度不高，人均预期寿命较低。

从各地区人口的生活习俗看，海南、黄南、果洛、玉树五个民族自治州，藏族人口过半，尤其是果洛、玉树两州藏族人口占总人口的 90%以上。由于藏族人口游牧的生活方式以及受传统习俗的影响，也增加了婴幼儿及其他年龄段人口死亡的机率，多种因素综合作用，使玉树、果洛两州人口平均预期寿命明显低于全省。

综上所述，人口平均预期寿命受自然环境、社会经济发展水平，医疗卫生保障水平，人的生活习惯等诸多因素的综合制约。

四、结论

通过对上述出生和死亡人口数据的分析评估，我们可以归纳出以下基本结论。

1. 评估验证认为 2010 年普查登记的出生人口漏报，漏报率在 11.64%—13.5%，普查出生人口至少漏报 1.1 万人。普查直接计算的出生率 12.9‰应调整为 14.94‰。根据教育部门小学入学的人数，根据生育旺盛期妇女总量的变化，根据生育率模型预测的出生人口，均支持上述结果。

2. 评估验证认为 2010 年妇女总和生育率最不会低于 1.8，应该在 1.9 左右。第六次人口普查长表数据直接计算的 2010 年妇女总和生育率 1.37，至少偏低 25%。

3. 修正后的全省 2010 年生育水平已经降到 1.86—1.96，低于更替水平。妇女生育率接近生育政策的要求，进一步下降的余地不大。现行的低生育水平，主要是长期以来坚持计划生育工作的结果，城镇、乡村；农村、牧区；汉族、少数民族生育政策不同，使其生育水平存在差异。

4. 普查直接计算的粗死亡率 5.4‰偏低，漏报率约为 17%，实际死亡率应在 6.3‰左右；

5. 修正后的全省人口平均预期寿命为 69.96 岁，男性为 68.11 岁，女性为 72.07 岁。本课题采用模型生命表的方法对 2010 年分年龄死亡率数据 10 岁以下的用 logit 变化，10 岁及以上的按漏报率进行了修正。修正后的全省人口平均预期寿命虽比全国的 74.83 岁低 4.87 岁，但比世界人口的平均预期寿命 69.6 岁高 0.36 岁，比中等收入国家及地区的 69.1 岁高 0.86 岁。

6. 修正后 2010 年全省的婴儿死亡率是 33.53‰，比全国平均水平（13.93‰）高 19.6 个千分点。与 1990 年和 2000 年全省两次普查相比，婴儿死亡率持续降低，全省人口平均预期寿命不断增加，反映了青海人口整体的死亡水平下降和健康状况的提高。

7. 修正后 2010 年男性婴儿死亡率为 33.67‰，女性婴儿死亡率为 32.97‰，女婴死亡风险低于男婴，婴儿死亡人口的性别比为 102.10。另外除 4 岁、7 岁、11 岁、83 岁和 90 岁及以上的死亡人口性别比小于 100，其余年龄段人口死亡性别比均高于 100。这说明全省女性面临的死亡风险低于男性，这也使得男女人口的预期寿命差距逐步拉大。

8. 2010 年青海省普查人口的死亡水平延续了以往的变化趋势，整体死亡风险降低，预期寿命延长，但人口健康的内部异质性进一步扩大，这种差距不仅包括性别差异，也包括地区差异等。

参考文献：

1. 青海省 2010 年人口普查资料. 中国统计出版社，2012，6.
2. 张为民，崔红艳 . 中国 1990 年人口普查数据质量的评估 . 中国 1990 年人口普查—国际讨论会论文集，1993，12.
3. 杜鹏. 新世纪的中国人口—中国第五次全国人口普查资料分析. 中国人民大学出版社，2011，6.
4. 肖宁. 中国 2000 年生育水平评估. 第五次全国人口普查科学谈论会论文集. 中国统计出版社，2004，2.
5. 世纪之交的中国人口（青海卷）. 中国统计出版社，2005，4.
6. 人口和就业统计分析技术. 中国统计出版社，2012，4.

课题负责人：赵玉华
组成人员：李绛雪　王燕　谢芬兰

人口普查长表抽样方法探讨

2010年人口普查与2000年相同,采用了长短表技术。人口普查表长短表技术是指将人口普查表分为“普查表短表”和“普查表长表”两种。“普查表短表”,其特点是表中项目少,“普查表长表”,是表中项目多。“普查表长表”是抽取一定比例的户填报,“普查表短表”是由其余的户填报。在普查总体中抽取填报长表户,称为普查表长表抽样。人口普查表长表抽样设计与其它全国范围内的抽样设计不同,它不是一项独立的抽样设计,而是人口普查工作中的一部分,具有普查和抽样调查相结合的特点。

新中国成立后,中国相继于1953、1964、1982、1990,2000,2010年进行了六次全国人口普查,前四次对全国所有属于普查对象的人口登记了一种普查表,填报项目相同,项目相对较少。1953年人口普查项目有6个,人口为5.9亿。1964年项目有9个,人口为6.9亿。1982年普查项目有19个,人口为10.1亿人,1990年普查项目有21个,人口为11.3亿。到2000年第五次人口普查时,中国人口已经超过12亿,普查项目增加,内容更加丰富,普查项目涉及到人口结构、人口经济活动、人口住房等基本情况。为了从普查中尽可能多地获得信息,同时为了节省人力物力,避免普查工作量增加过多,,提高普查数据的质量。2000年第五次全国人口普查首次采用了普查表长短表技术。90%户填报普查表短表,短表共有19个项目,其中户记录10项,人记录9项。10%的户填报普查表长表,长表共有49个项目,其中户记录23项,人记录26项。2000年普查结果显示,长表填报数据质量好,代表性强,长短表技术在人口普查中应用取得了较好的效果,这是中国人口普查一项开拓性工作。

根据第六次全国人口普查方案,第六次全国人口普查仍采用长短表技术。90%的户填报普查表短表,第六次全国人口普查短表项目18个,其中户记录6项,人记录12项。10%的户填报普查表长表,长表项目45个,其中户记录17项,人记录28项。

一、2000年普查长表抽样方法简介

2000年普查表长表抽样工作在国务院人口普查办公室的统一部署下,省、自治区、直辖市人口普查办公室负责培训指导,各乡、镇、街道负责组织实施,广大普查指导员和普查员从画普查区图到编制《户主姓名底册》,采用了科学的抽样方法,抽取了10%的长表调查户,圆满地完成了长表抽样和现场登记工作。

长表代表性确定。毋庸置疑,2000年10%的长表户分布在全国31个省、自治区、直辖市的2800多个县级单位,400多万个普查小区,约有3500多万户,1.2亿人。其样本量大、分布广是全国任何抽样调查都不可比拟的。长表抽样设计对全国和省、地级市都有很好的代表性,同样也考虑了对县级单位(县、区、县级市)的代表性。中国县级单位具有城乡多种经济的综合性和地域宏观性,同时也具有稳定性和规范性。县级单位平均人口规模为40万人,按10%抽样比,县级单位抽取长表调查户的平均样本量在4万人左右。长表主要指标不仅对各省、地市级而且对县级也有较好的代表性。

长表抽样框编制。长表抽样框是由普查小区中的住户(家庭户和集体户)名单组成的《户主姓名底册》。《户主姓名底册》中的户名单,应能涵盖所有符合普查对象的住户,保证住户的不重不漏。同时住户名单应该是最新的和相对稳定的,具备普查员入户登记的可操作性。普查前的大量工作如“画地图、数房子,点人头”,编制《户主姓名底册》,为进行长表抽样做准备。在2000年11月1日普查登记前,普

查员将整个普查区域划分成若干个普查区和普查小区，每个普查员负责一个普查小区，在摸清普查小区边界和基本情况的基础上，绘制普查小区图，在地图上标明每栋可能住人的建筑物，给出建筑物内所有住户相应的房屋编号，并将符合普查对象住户所对应的房屋编号转变为“户编号”，“户编号”按 001 开始连续升序排列。不符合普查对象的户给予 900 以上的特殊“户编号”。

长表抽样方法。长表调查户抽样采用随机等距的抽样方法。在每个普查小区的《户主姓名底册》“户编号”栏中，随机等距抽取长表调查户。具体抽样步骤是，首先在“户编号”栏的 1—10 户中，根据《普查表长表调查户随机起点表》查随机起点，与随机起点号对应的“户编号”为第一个长表调查户，然后往下数每隔 10 户距离抽一户，直到下一户的组距小于 10 为止。

长表调查组织实施。长表调查户的抽样工作在普查时点 2000 年 11 月 1 日的前两天进行。乡级人口普查办公室负责组织各普查区指导员抽取长表户。为了保证长表抽样框《户主姓名底册》中的户编号不重不漏，普查区指导员在抽取长表调查户前，组织普查员对《户主姓名底册》进行核查，发现问题，及时纠正。长表调查户抽取后，由乡级人口普查办公室审核确认，一经确认后任何人不得随意改动，都必须严格按照抽取的长表户进行长表登记，以防止随意更换样本。

长表抽样误差分析。抽样误差是抽样调查总误差的基本组成部分，是调查总误差的下限，也是对抽样总体进行统计推算的基本依据。对于一项复杂的抽样设计，通过对其调查指标抽样误差的计算分析，可积累大量的信息与经验，为今后人口调查和其它相关调查的抽样方案设计提供宝贵的参考资料。2000 年第五次全国人口普查计算了长表主要指标的抽样误差，使长表数据更全面地反映实际情况，以供数据使用者参考。

普查表长表指标抽样误差评估范围在省、地级和县级单位。由于中国的县级单位人口规模差异大，用相同的抽样比，样本量差异大，指标的精确度会有所不同。因此，县级单位长表指标抽样误差的估计尤其重要。第五次全国人口普查长表指标计算的抽样误差内容包括了四个方面：一是人口基本情况指标；二是人口经济活动特征指标；三是迁移流动指标；四是住房项目。

长表指标抽样误差估计采用了比率估计方法，计算了比率、标准误、变异系数、设计因子等四个指标。抽样误差的汇总表式及计算结果举例见表 1，分地区按职业大类分的人口比重抽样误差。

表 1　分地区按职业大类分的人口比重抽样误差

地　区	在业人口	一、国家机关、党群组织、企业、事业单位负责人					二、专业技术人员				
		人数	比重	标准误	变异系数	设计因子	人数	比重	标准误	变异系数	设计因子
廊坊市	208277	4864	2.335	0.032	1.371	1.020	11454	5.499	0.050	0.921	1.069
安次区	18648	332	1.780	0.097	5.418	1.050	910	4.879	0.155	3.195	1.042
广阳区	18838	869	4.613	0.146	3.171	1.009	2522	13.387	0.246	1.844	1.049
固安县	23980	238	0.993	0.062	6.255	1.022	877	3.657	0.124	3.401	1.082
永清县	22182	259	1.168	0.073	6.281	1.072	808	3.642	0.132	3.649	1.114
香河县	17537	319	1.819	0.101	5.541	1.053	871	4.966	0.163	3.286	1.049
大城县	23674	309	1.305	0.069	5.250	0.979	844	3.565	0.127	3.572	1.114
文安县	23853	759	3.182	0.110	3.452	1.019	920	3.857	0.123	3.201	1.044
大厂回	6465	153	2.367	0.184	7.787	1.028	403	6.233	0.301	4.839	1.057
霸州市	29046	1101	3.791	0.108	2.845	1.014	1632	5.618	0.140	2.498	1.095
三河市	24054	525	2.183	0.092	4.235	1.034	1667	6.930	0.170	2.454	1.095

……

地区	六、生产、运输设备操作人员及有关人员					七、不便分类的其他劳动者				
	人数	比重	标准误	变异系数	设计因子	人数	比重	标准误	变异系数	设计因子
廊坊市	33232	15.955	0.088	0.554	1.161	369	0.177	0.011	6.225	1.261
安次区	2033	10.902	0.263	2.415	1.216	60	0.321	0.061	19.050	1.557
广阳区	3642	19.333	0.309	1.598	1.131	4	0.021	0.010	50.729	1.069
固安县	943	3.932	0.142	3.627	1.198	2	0.008	0.005	62.321	0.929
永清县	1705	7.686	0.212	2.767	1.253	5	0.022	0.013	59.129	1.393
香河县	3337	19.028	0.327	1.722	1.165	6	0.034	0.016	47.665	1.230
大城县	1296	5.474	0.148	2.712	1.058	4	0.016	0.010	61.644	1.299
文安县	4085	17.125	0.271	1.583	1.171	5	0.021	0.008	40.724	0.960
大厂回	1829	28.290	0.576	2.037	1.084	—				
霸州市	7315	25.184	0.281	1.119	1.166	283	0.974	0.065	6.717	1.197
三河市	7047	29.296	0.329	1.123	1.182	—				

—表示无有效数

其中：比率估计值（比重）：$r=\frac{y}{x}$

比率估计值 r 表示相对率指标。如失业率、文盲率、各职业、行业人口比重。x 表示相对率的分母，如经济活动人口、15 岁以上人口、职业行业人数。y 表示相对率分子，如失业人数、未识字人口、各职行业分类人数。

抽样方差：$\mathrm{var}(r)=\frac{1-f}{x^2}[\mathrm{var}(y)+r^2\mathrm{var}(x)-2r\mathrm{cov}(y,x)]$（详细公式略）

标准误：$\mathrm{Se}(r)=\sqrt{Var(r)}$　变异系数：$cv(r)=\frac{\sqrt{Var(r)}}{r}\times100\%$

相对误差：$t\times cv(r)=t\frac{\sqrt{Var(r)}}{r}\times100\%$

设计因子：$deff=\sqrt{设计效益\ deft}$ 值

其中，设计效应：

$$deft=\frac{复杂抽样方差\ \mathrm{var}(r)}{简单随机抽样方差\ \mathrm{var}_{SRS}(p)}$$

简单随机抽样估计值：$p=\frac{y}{x}$　抽样方差：$\mathrm{var}_{SRS}(p)=(1-f)\frac{p(1-p)}{x-1}$

简单随机抽样标准误：$Se(p)=\sqrt{\mathrm{var}_{SRS}(p)}$

2000 年人口普查长表指标抽样误差以及相对误差，就全国和省级范围来讲很小，推算总体的精确度高，能够满足推算总体的要求，绝大多数指标以及细分组其相对误差能控制在 5%以内，分析数据时，可以忽略抽样误差的影响。对地级范围总体来讲，所列的长表指标的相对误差，能控制在 10%以内，县级单位长表指标相对误差绝大多数指标能控制在 15%—20%以内，长表数据抽样误差达到了设计要求。

二、2010 年长表抽样技术改进

（一）重新定义了长表调查户的抽样总体

《第六次全国人口普查方案》要求，普查表长表抽取 10%的户填报，普查表短表由其余的户填报。尽管长表的抽样比同 2000 年相同，但 2010 年人口普查采用的登记原则与 2000 年前几次普查采用常住地登记的原则不同。2010 年人口普查采用按现住地登记原则，以“现有人口”加“户籍外出人口”为登记对象，即每个人必须在现住地进行登记。普查对象不在户口登记地居住的，在户口登记地也要填报普查表。2000 年人口普查是采用常住地登记原则，普查人口为常住人口。常住人口是指户籍在本地，并居住在本地的人口和外来人口在本地已居住了半年以上或离开户籍登记地半年以上的人口。从理论上讲，常住人口的定义是科学、严谨的，要求每个人都在常住地登记。但实际操作难度大，普查员要对每个人判断是否是本地的常住人口，而被调查的外来人口处于各种目的，不如实申报，再加上流动人口多，人户分离情况严重，使普查员现场判断是否常住人口难度增大，容易造成部分人口特别是流动人口的漏登。按现住地登记原则，减少由于普查员判断错误和被填报人不如实申报等原因造成的漏报，有利于查清总人口和流动人口。但这一登记原则，增加了普查员现场登记的工作量，普查员不仅要登记常住本地的人口，还要登记人户分离，外出半年以上的人口。这意味着普查员要将所有类型的户，全部列入2010年《户主姓名底册》，即包含全户暂住户，也包含外出半年以上、人户分离的户，寄挂户口的户，而根据2000年常住地登记的原则，这些户不属于当地登记的对象。

《户主姓名底册》是普查登记工作中的主要依据和工具，也是抽取长表调查户的抽样框。如果将《户主姓名底册》包含的所有类型的户都列入长表抽样框，将会带来三个问题：一是长表的调查项目填写可操作性差。2010年长表的调查项目与2000年长表项目类同，有45项。抽中的外出半年以上的户、寄挂户口户，人户分离的户，由于见面询问困难，影响长表填写的质量。二是减少了样本的有效性。长表中抽取外出半年以上的户、寄挂户口户比例大，会影响推算总体常住人口的特征和结构，产生较大的偏差。三是作为抽样框总体，“现有人口加户籍外出人口”普查口径在总体中有重复，没有保持抽样框一一对应的关系。

基于上述考虑，2010年人口普查对长表抽样总体重新进行了定义。长表调查户包括居住在本地家庭户和集体户，也包括离开本地不满半年的家庭户。全户外出半年以上的户、因房屋拆迁已离开本地的户、无人居住且没有户口寄挂的空房户，全户死亡户不列入长表抽样框总体，并给出“户编号”600以上。短表总体是包括了上述所有的户。2000年长表抽样框总体和短表登记人口总体定义是一致的，而2010年这两者的定义是不同的，这种定义是基于实际情况考虑，是在总结2000年人口普查难点后，为查准总人口所采用的重要手段。

（二）长表抽样由2000年的抽户改成了抽住户组

2000年长表抽样技术实施所积累的宝贵经验，为2010年长表抽样方法的改进提供了依据。同2000年相比，2010年长表抽样设计在考虑长表样本代表性的同时，针对减少长表填报误差，减轻普查员的工作负担，对长表抽样方法做了进一步改进。

2000年长表抽样在每个普查小区直接抽取10%的户，利用了普查摸底阶段所编制的《户主姓名底册》，每隔10户抽一户，样本户分散，在样本的代表性方面无可非议。但从现场调查组织情况看，增大了普查员调查工作的难度，长表调查户每隔10户有一户，长表户之间距离跨度大，入户登记难，找人难，常需要多次入户，普查员往返于户之间的时间过多，影响了普查员的精力和入户登记的质量。再是不利于现场长表登记质量的监控，也难以杜绝随意换户现象。

不同于2000年每隔10户抽一户，2010年长表抽样方法设计采取抽取长表住户组的方法。即在每个普查小区的《户主姓名底册》“户编号”上按10%的比例，随机等距抽取长表调查住户组，每个住户组由相邻的4户组成。这种抽取住户组方法的优点：首先，能保证样本分布在每个普查小区，又能使被抽中的长表调查户相对集中，节省普查员入户往返的时间，便于普查员再次入户或数据核查。其次，有利于分别选调长短表普查员（边远地区和交通不便的地区除外）。如1600户的普查区，抽取10%的长表调查户，如果每隔10户抽一户，普查员要路途在160个工作点停顿，加上多次入户，普查员完成入户登记的难度会大大增加。按照抽住户组的设计，住户分布在普查区内的40个相对集中的居住点，普查员在登记期间，路途集中停顿在40个工作点，也有易于长短表普查员分别抽调。再是加大调查中随意换户的难度，便于质量监控。

2010年长表抽样采用抽取住户组尽管在现场操作中有明显的优点，但也存在调查小区抽样比波动较大的问题。抽取住户组同每隔10户抽一户不同，如果组距不能整除，舍去或进入仅涉及到1户，舍去或进入一个住户组会涉及到4户。为防止抽取住户组产生的系统偏差，影响抽样比。2010年长表抽样对各普查小区抽取住户组的取舍做了统一规定，制定了《第六次全国人口普查长表抽样细则》，《第六次全国人口普查长表调查户抽取方法》，编制了《长表住户抽取参考表1》（普查小区最大户编号为

20户及20户以上)《长表住户抽取参考表2》(普查小区最大户编号为20户以下),供基层普查员参考,以保证普查区能按10%的抽样比抽取住户。

三、第六次人口普查长表基本数据分析

(一)抽样比

长表抽样细则中,要求按10%的抽样比例,在普查小区家庭户和集体户中抽取长表户。表2数据显示,在实际操作中,户的抽样比没有达到10%,为9.8%,其中家庭户为9.8%,集体户为9.1%。分城乡看,城镇抽样比为9.6%,其中家庭户为9.7%,集体户为9.2%。乡村抽样比为9.9%,其中家庭户为9.9%,集体户为8.5%。

数据表明,乡村户的抽样比为9.9%,最接近设计要求。城镇抽样比为9.6%,低于设计抽样比0.4个百分点。其原因初步分析为,长表调查户包括居住在本地家庭户和集体户,也包括离开本地不满半年的家庭户。当长表抽样抽取了离开本地不满半年的家庭户,如调查员无法填写被调查户长表中的调查项目,就有可能放弃填写长表,或用短表代替,造成长表抽样比低,这在城镇表现的比较突出。相比之下,乡村的调查员对离开本地不满半年的家庭户情况了解比较多,能够完成被调查户长表项目的填写。

表2 2010年人口普查全国城镇乡村长表抽样比和平均户规模

单位:户,人,人/户,%

类 型	合计	短表	长表	抽样比例
全国				
合计	417722698	376955054	40767644	9.8
家庭户数	401934196	362606917	39327279	9.8
集体户数	15788502	14348137	1440365	9.1
合计	1332810869	1205471284	127339585	9.6
家庭户人口数	1239981250	1118721047	121260203	9.8
集体户人口数	92829619	86750237	6079382	6.5
家庭户规模	3.09	3.09	3.08	
集体户规模	5.88	6.05	4.22	
城镇				
合计	221004022	199731596	21272426	9.6
家庭户数	207189173	187188689	20000484	9.7
集体户数	13814849	12542907	1271942	9.2
合计	670005546	607472348	62533198	9.3
家庭户人口数	590123513	532938446	57185067	9.7
集体户人口数	79882033	74533902	5348131	6.7
家庭户规模	2.85	2.85	2.86	
集体户规模	5.78	5.94	4.20	
乡村				
合计	196718676	177223458	19495218	9.9
家庭户数	194745023	175418228	19326795	9.9
集体户数	1973653	1805230	168423	8.5
合计	662805323	597998936	64806387	9.8
家庭户人口数	649857737	585782601	64075136	9.9
集体户人口数	12947586	12216335	731251	5.6
家庭户规模	3.34	3.34	3.32	
集体户规模	6.56	6.77	4.34	

同2000年相比，2010年长表抽样比没有明显的变化，2000年和2010年总抽样比均为9.8%。2000年家庭户、集体户抽样比分别为9.9%和7.9%，2010年家庭户、集体户分别为9.8%和9.1%，集体户抽样比明显高于2000年1.2个百分比点，这表明按住户组抽取集体户，能减少集体户的漏登，保证集体户在总体分布更均匀，代表性更强。

(二)家庭户规模

表2数据显示，2010年长表平均每个家庭户人口为3.08，普查总体为3.09，二者非常接近。其中城镇长表每个家庭户人口为2.86，城镇总体为2.85，乡村长表平均每个家庭户人口为3.32，乡村总体为3.34。无论是全国城镇乡村，长表家庭户人口与总体的差异仅在0.01—0.02的范围内。而2000年，长表家庭户的平均户规模与总体的差异全国为0.08，其中乡村相差0.11。实践证明，2010年长表按住户组抽取，能有效地解决现场调查随意换户，抽选人口少的家庭户填写长表的问题。

(三)年龄构成

表3数据显示，长表0—14岁，15—64岁和65岁以上的年龄段构成同总体存在差异。分长短表看，0—14岁比例长表比短表要高0.6个百分点，15—64岁的比例长表比短表要低1个百分点，65岁的比例长表比短表要高0.4个百分点。分城镇和乡村看，长表和短表的对比都存在相同特点，长表0—14岁低年龄段和65岁以上高年龄段比例高，15—64岁年龄段比例低。

表3　2010年人口普查长表短表年龄结构比较

单位:%

类　别	长表	短表	合计
全国			
0—14岁	17.12	16.55	16.61
15—64岁	73.60	74.56	74.47
65岁以上	9.29	8.88	8.92
城镇			
0—14岁	14.62	14.02	14.08
15—64岁	77.31	78.21	78.12
65岁以上	8.07	7.77	7.80
乡村			
0—14岁(%)	19.53	19.12	19.16
15—64岁	70.01	70.86	70.78
65岁以上	10.46	10.02	10.06

分析其原因，一是长表抽样调查范围未包含一些依法服刑的特殊人口，也没有包含普查时点时，新进入调查小区的人口。二是由于长表调查项目多，更容易受到漏报偏差的影响，特别是15—19岁、20—24岁和25—29岁的青年人口很容易漏报，其漏报的比例也高于其他年龄段(见图1)。

图1　2010年长表和短表年龄构成的比较

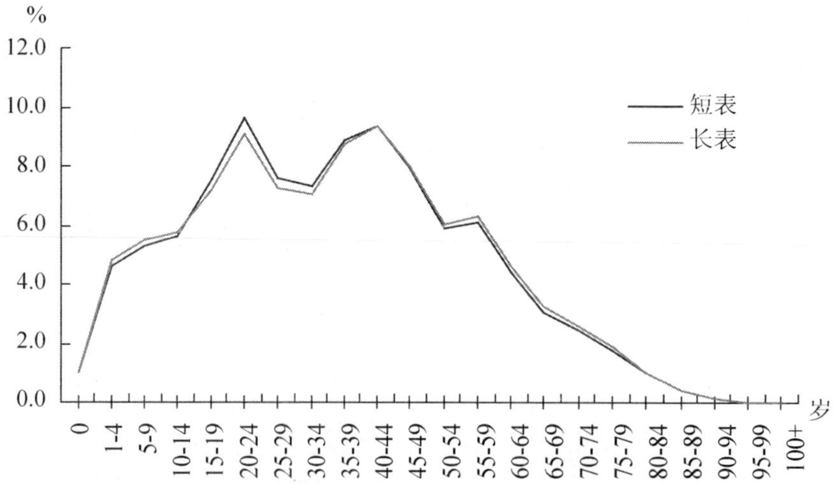

(四)性别构成

表4数据显示：2010年长表的性别比低于短表。长表的性别比为103.47，短表为105.05，这说明长表的男性人口明显漏报，尤其在20—24岁，25—29岁，30—34岁，城镇男性人口更容易漏报，性别比均低于100，比短表低了近4个百分点。长表数据性别比偏低同上述长表年龄结构漏报的问题是相互交织的。

表 4 2010 年人口普查长表短表性别比

单位：%

类别	合计	10—14 岁	15—19 岁	20—24 岁	25—29 岁	30—34 岁	35—39 岁	40—44 岁
全国	104.90	116.24	108.17	100.95	101.32	104.00	104.78	104.03
城镇	104.92	116.66	106.22	102.93	100.93	103.09	105.28	106.16
乡村	104.87	115.92	110.47	98.52	101.83	105.25	104.17	101.85
长表								
合计	103.47	116.37	108.50	98.95	98.84	101.44	102.31	101.84
城镇	102.69	116.92	106.08	99.94	97.39	99.73	102.31	103.43
乡村	104.22	115.96	111.15	97.77	100.74	103.76	102.32	100.27
短表								
合计	105.05	116.23	108.14	101.16	101.57	104.27	105.04	104.26
城镇	105.15	116.63	106.24	103.22	101.29	103.44	105.59	106.44
乡村	104.95	115.91	110.40	98.60	101.94	105.41	104.37	102.02

四、推算总体

用长表数据推算总体，通常有四种方法。方法一用抽样比推算总体。理论上讲，普查表长表抽样采用自行加权的样本设计，即将长表数据乘以抽样比的倒数，也就是将长表的数据扩大 10 倍推算总体中具有某种特征的人口。2010 年设计抽取住户的抽样比为 10%，但实际抽样比为 9.8%。由于住户户规模的差异，按人计算抽样比例为 9.6%。同样在总体的各个子总体中不能保证人口抽样比都达到 10%。2000 年长表抽样数据表明，用抽样比推算总体和实际总体相比较，一些长表项目推算总体的误差在 2%—8%，最大误差会达到 19%。因此，用长表指标推算总体时，不能简单地使用长表抽样比推算总体。方法二是比例推算，即用长表各项指标在长表调查总体中结构及比例来推算在整个普查总体中的比例。方法三是区间估计方法。计算长表指标比例，并计算该指标的抽样误差，用长表指标加减抽样误差，用区间估计方法推算总体。方法四是直接对长表数据进行加权，得到长表总体推算值，使读者使用长表资料更便利。目前我们出版普查资料，长表普查资料仍是 10%的抽样数据。

用长表数据推算总体时，采用那种方法，取决于数据使用者研究问题的需要和数据推算的范围。如果推算全国和省、地级区域，可以采用上述第二种方法。如推算县级单位(县、区、县级市)以下总体的某一指标，同时对数据精度要求高，应同时采用几种方法，对其结果进行比较，已取得可靠的推算结果。

五、长表抽样方法的进一步探讨

第六次人口普查与前几次人口普查相比遇到了更大的挑战和困难，但这并没有影响普查表长表抽样技术的改进。第六次人口普查长表抽样技术采用抽住户组的方法在全国范围内顺利实施，其现场操作优点也得到了实践证明。

分析表明，2010 年长表抽样方法明显优于 2000 年，主要体现在：一是提高了长表平均家庭户规模的精度，全国和分省、区、市的平均家庭户规模同总体的误差明显小于 2000 年。二是抽取集体户的比例明显高于 2000 年。

数据显示，2000 年和 2010 年的长表抽样，全国户的抽样比都未达到设计要求的 10%。分省看，两次普查全国都只有 1/3 的省长表户抽样比达到了设计要求 10%，其他 2/3 的省小于 10%。其次，虽然 2010 年集体户抽取比例超过 9%，比 2000 年有了明显的提高，增加了集体户在总体的分散度，但长表中抽取集体户人口在总体中的比例同 2000 年相比，误差增加了 0.5 个百分点。分析其原因，主要是同长表集体户抽样方法规定有关。长表集体户抽样方法规定“对于普查小区内抽中长表调查户为大集体户，即居住在同一个房间的人数超过了 10 人，由普查员在该户中任选 10 人登记长表，其余的人登记短表”。

再是,长表0—14岁低年龄段和65岁以上高年龄段比例高,15—64岁年龄段比例低,长表数据青年人口比短表更易漏报的问题在2010年的长表抽样中仍未得到很好的解决。另外,2010年普查长表数据汇总还未完成长表主要指标抽样误差的估计。2010年长表指标抽样误差内容同2000年相同,包括了四个方面:一是人口基本情况指标;二是人口经济活动特征指标;三是迁移流动指标;四是住房项目。由于县级单位长表抽样误差的估计,对小区域总体数据推算非常重要,因此,待2010年长表指标抽样误差估计工作完成后,需进一步评估2010年长表数据质量和抽样方法。

参考文献:

1. 国务院人口普查办公室.第五次全国人口普查工作细则,2000.
2. 国务院人口普查办公室.第五次全国人口普查普查员手册.中国统计出版社,2000.
3. 国务院人口普查办公室.2000年第五次全国人口普查主要数据.中国统计出版社,2000.
4. 张为民,崔红艳.对中国2000年人口普查准确性的估计.国务院人口普查办公室编.第五次全国人口普查科学讨论会论文集,2004,2.
5. 胡英.2000年人口普查长表抽样和误差分析.国务院人口普查办公室编.第五次全国人口普查科学讨论会论文集,2004,2.
6. 徐岚.人口普查对象的界定.中国统计,2008,9.
7. 国务院人口普查办公室.第六次全国人口普查普查员手册.中国统计出版社,2010.
8. LESLIE KISH,SURVEY SAMPLING. JOHN WILEY&SONS,Inc.
9. Philip M. Gbur,Steven P. Hefter,and Lisa D. Fairchild,Long form design for the U. S census 2000 dress rehearsaland plans for census 2000. U. S. Bureau of the Census.

国务院人口普查办公室　胡英

人口普查1.2‰的总人口漏报率是如何得到的?

2010年第六次全国人口普查事后质量抽查在全国抽取398个县(市、区)的402个普查小区,抽查评估结果表明,全国总人口漏报率为1.2‰。此数据是如何得到的?是否客观反映了全国人口登记状况?本文从事后质量抽查的方案设计、组织实施、抽样方法、数据采集、估计方法和总量评估方面进行分析和研究。

一、科学严谨的抽查方案设计

2010年全国人口普查事后质量抽查与以往相比,在抽查对象、抽查表设计、组织实施、数据处理、评估方法方面均有所不同和提升。抽查方案的设计本着科学严谨、操作简洁、保证数据质量的原则进行设计,从抽查的基本特征来看有以下几个特点。

1. 抽查目的用于评价全国总人口登记质量

2010年全国人口普查事后质量抽查作为整个普查的一部分,其目的在于评价全国人口普查登记的质量。人口普查条例和普查方案规定:国务院人口普查办公室统一组织事后质量抽查工作事后质量抽查用于评价全国人口普查登记的质量,并不评价省级及省级以下各级的登记质量,也不评价抽中普查小区的登记质量,目的是评估计算全国总人口漏报率。

2. 抽查对象与普查对象不同

事后质量抽查作为评价人口普查登记质量的手段,同时作为人口普查后独立的一次调查,在抽查时点、范围、对象和项目的设计上,既要考虑与人口普查项目和时间的衔接,又要保证其独立性。第六次全国人口普查登记采用现住地登记的原则,要求现有人口与户籍外出人口均要登记,普查对象不在户口登记地居住的,户口登记地要登记其相应信息。

事后质量抽查对象为抽中普查小区内2010年11月25日晚居住在本户的具有中华人民共和国国籍的人。对抽查时点的现有人口进行登记以获得准确、详细的人口信息,是本次事后质量抽查的原则。抽查对象不包括外籍人员与户籍外出人口。抽查与普查对象不同,目的有两个,一是避免参照普查表;二是可以把握流动人口的普查登记状况。

3. 抽查时点与普查时点不同

第六次全国人口普查标准时点为2010年11月1日零时,而事后质量抽查标准时间为2010年11月26日零时。普查与抽查两个标准时间相差25天,主要目的一是可以反映出人口的变动即迁移流动和自然变动;二是考虑到普查登记时间为十天,普查登记后还有登记复查工作,因此在普查登记结束前,不宜进行事后质量抽查;三是两次入户登记间隔时间长,也不利于获得普查时点准确的人口情况;四是考虑到后期专业编码与数据处理等工作流程安排,同时参考国际做法,抽查标准时点定为普查标准时点后二十五天,即2010年11月26日零时。

4. 抽查的普查小区与普查的地域范围一致

抽查范围为抽中普查小区的完整地域,对地域内抽查时点的现有人口进行登记。人口普查与质量抽查数据以普查小区完整地域作为基本的比对单位。通过普查表和抽查表对本普查时点的现有人口、常住人口和户籍人口分别进行比对。

5. 抽查项目便于登记与比对,具有相对独立性

抽查表的设计本着既能与普查表项目相衔接,又保证抽查表的独立性,也有利于抽查后的普查登记查询工作。对于抽查表的设计,一是要考虑到回答问题的可操作性与准确性,尽量反映抽查时点的客观情况,减少人为判断与涉及到普查时点的详细情况的项目;二是要通过个人项目设置,需要满足通过抽查表信息,找到此人的普查表,并与其进行比对。

抽查表分为本户地址、户记录和人记录三部分。户记录包括2010年11月25日晚居住在本户的人数;普查年度的出生人口和死亡人口三个调查项目,与普查表中本户记录中的出生、死亡人口相对应。抽查人记录有六项,包括姓名、性别、出生年月、普查时点居住地、离开户口登记地时间和户口登记地。

二、统筹严密的组织实施过程

事后质量抽查由国务院人口普查办公室统一组织,采用国家和省两级抽查的办法进行。国务院人口普查办公室组织成立了30个国家级抽查组,赴各省(西藏自治区除外)对抽中普查小区的质量抽查工作进行监督,并对每省(自治区、直辖市)抽中普查小区中的1个普查小区具体实施质量抽查。各省级人口普查办公室负责成立若干省级抽查组,负责对本地其余抽中普查小区实施质量抽查。

1. 精心抽选调查员,集中强化培训

抽查人员选调和抽查人员集中培训成为事后质量抽查的又一特色。每个国家抽查组由5名人员组成,设1名组长,1名副组长,1名录入员,2名抽查员。组长、副组长由国务院人口普查办公室在国家统计局和部分省级人口普查办公室相关人员中选定,其余人员从省地级以上人口普查办公室抽调,每个省抽调3人,并由国务院人口普查办公室统一分派,跨省开展抽查工作。

各省级人口普查办公室根据本地需要负责抽查的普查小区数量,参照国家抽查组的组建方式,在本省统计局以及地、县级人口普查办公室中抽调人员,组建若干省级抽查组,跨县进行质量抽查工作。要求参加事后质量抽样调查工作的人员必须具有较高的政治素质,责任心强,熟悉人口普查业务,能承担繁重的工作任务。抽查人员要严格遵守保密规定,对抽查前抽中小区名单和抽查后被调查户申报的资料,必须保守秘密。

国家抽查组人员的培训由国务院人口普查办公室负责组织,集中进行。省级抽查组人员的培训由各省级人口普查办公室负责组织,国务院人口普查办公室负责对各省级人口普查办公室负责质量抽查工作的人员进行先期培训。

2. 组织严谨的抽查现场工作

国务院人普办对30个国家抽查组的事后质量抽查工作操作进行了规范。抽查前,国务院人普办对抽查人员进行集中培训、分组,领取抽查资料和密封的抽查点名单后,各抽查组统一分赴抽查省份,到达省会城市,在省人普办负责人在场的情况下,组长开启第一层信封,宣布抽中县(市、区),抽查组在省人普办工作人员陪同下赴抽中县(市、区)后,开启第二层信封,宣布抽中普查小区名单,及时调取抽中普查小区的普查表、普查区图、普查小区图和户主姓名底册,抽查组组长安排录入人员对普查表进行录入,抽查人员进行入户登记,抽查结束后,抽查组人员返回原单位,根据要求报送相关资料。

3. 认真组织查询工作

对于抽查表中普查时点居住地和户口登记地填写其他地址的人均要进行查询,以查到这部分人口的普查时点居住地和常住地的普查表登记情况。根据抽查表和查询得到的普查表信息进行匹配,得到这部分人口的普查登记情况。

根据抽查表填报情况,对需要查询的人口信息进行整理分类后,下发到各省级人普办,各省人普办根据工作细则要求进行查询,查询方式主要有现场查询或光电录入的普查表进行查询。查询信息有普查时点是否已登记等,如果已登记,录入普查登记表中有关信息,以便对不同口径的登记人口进行分类识别是否漏报或重登。

三、抽样设计与样本分布

1. 使用完善统一的抽样框

2010年事后质量抽查样本以第六次全国人口普查地址码库为抽样框抽取。抽样框包括全国31个省、地(市)、县(市、区)和乡(镇、街道)的552万个

普查小区的地址码、行政区划名称、普查小区所在的城乡属性。城乡属性包括了:111—主城区;112—城乡结合区;121—镇中心区;122—镇乡结合区;123—特殊区域;210—乡中心区;220—村庄。

2. 统一抽取调查样本

按分层、随机、等距、整群抽样方式抽取省级普查小区。首先,将全国31个省(自治区、直辖市)按照人口流动类型(流入、流出以及流入流出基本平衡

地区类型)分为三类;然后,在不同类中按照净流入人口规模及常住人口规模等指标进行分层;在每层内等量分配每个省(自治区、直辖市)的样本。各地按照城镇人口比重分为两类:一是高于全国平均水平的为第一类,二是低于全国平均水平的为第二类,全国抽中的普查小区城镇个数占67%。

3. 样本量及其分布

按照全国总人口漏报率相对误差控制在5%以内,人口出生率相对误差控制在6%以内,人口死亡率相对误差控制在8%以内的设计目标,全国共抽取398个县级单位402个普查小区,约4万户、12万人,占全国总人口0.1‰。

全国事后质量抽查实际调查了32878户,94795人,其中城镇70912人,乡村23883人,城镇人口比重占74.8%。全国事后质量抽查入户率为95.4%。

表1 全国抽取普查小区个数情况

省份个数	普查小区个数	抽样误差(%)	相对误差(%)
18	10	0.6	31
5	15	0.5	26
1	18	0.4	23
4	20	0.4	22
2	22以上	0.4	20
1	2		

其中国家抽查组涉及30个普查小区,近3000户,1万人的样本。国家抽查组抽中普查小区考虑的因素包括样本的分布、城乡属性、普查小区的构成、人口的流动性以及总量等。

四、分散与集中相结合的数据处理方式

2010年全国人口普查事后质量抽查数据处理过程分为普查表录入、抽查表录入、抽查数据与普查数据比对、反馈查询、加权汇总等步骤。前四步数据处理过程使用专门软件《第六次全国人口普查事后质量抽查数据处理系统》进行,生成包括普查表、抽查表、比对情况、查询表等数据在内的数据库,再使用统计软件对事后质量抽查数据进行加权汇总。

图1 事后质量抽查数据处理流程

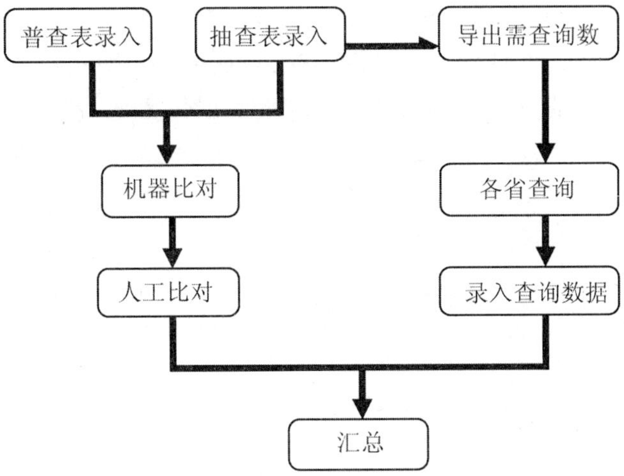

五、采用多种方法进行数据评估

以抽查数据为主体形成了包含本小区普查比对数据、查询结果数据的数据库,按全国各地区常住人口、城镇人口和乡村人口三个指标进行加权汇总。汇总指标主要有:抽查总户数、总人数、出生人口、死亡人口、入户率、现有人口漏报率、常住人口漏报率、户籍人口漏报率、分性别漏报率等。

(一)现有人口和常住人口的定义

现有人口:指普查时点居住在本普查小区的人口。

常住人口:指普查时点满足以下条件之一的人口:

1. 居住在本乡(镇、街道),户口本乡(镇、街道)(或户口待定);

2. 居住在本乡(镇、街道),户口在本乡(镇、街道),离开户口登记地半年以上;

3. 未居住在在本乡(镇、街道),户口在在本乡(镇、街道),离开户口登记地不满半年。

户籍人口:户口登记地在本村(居)委会以及户口待定的人口。

(二)漏报率的计算方法

针对2010年人口普查登记项目的特点,事后质量抽查可以得到不同口径的漏报率,即现有人口漏报率、常住人口漏报率和户籍人口漏报率。

1. 现有人口漏报率

对每个抽查对象按普查时点居住地的登记情况

进行比对和查询。若抽查对象普查时点居住地在本普查小区，则与普查表数据进行比对，未作为现有人口登记的计为漏报；若抽查时点居住地与普查时点居住地不同，则到给出的普查时点居住地进行查询，判断抽查对象在普查时点的居住地是否作为现有人口登记，若未登记，则判断为普查时点居住地的现有人口漏报。

表 2　按现住地比对方法计算现有人口漏报率分类方法

抽查结果 普查结果	R4=1 （本普查小区）	R4=2 （其他地方）
未漏报	在本普查小区登记	在 R4=2 地址登记
		在本普查小区登记
		在 R6=2 地址登记
漏报	L_{X1}：在本普查小区和 R6=2 地址未登记	L_{X2}：在 R4=2 地址、本普查小区和 R6=2 地址未登记
无法查询	—	无法查询

注：现有人口漏报率 $P_X=(L_{X1}+L_{X2})/N$，其中，$L_{X1}+L_{X2}$ 为漏报总人数，N 为抽查总人数减去无法查询的人口。

2. 常住人口漏报率

对每个抽查对象按抽查中普查时点常住地的登记情况进行比对和查询。若抽查对象普查时点常住地在本普查小区，则与普查表数据进行比对，未作为常住人口登记的计为漏报；若抽查时点居住地与普查时点常住地不同，则到给出的普查时点常住地（普查时居住地或户籍登记地）进行查询，判断抽查对象在普查时点是否作为常住人口登记，若未登记，则判断为普查时点的常住人口漏报。汇总漏报数和抽查总人数，计算常住人口漏报率。

表 3　按常住地比对方法计算常住人口漏报率分类方法

抽查结果 普查结果	R4=1 且 R5=1 或 2 （本普查 小区常住）	R4=2 且 R5=1 或 2 （非本普查小区 的普查时点 居住地）	R5=3 （离开户籍地 不满半年）
未漏报	在本普查小区登记	在本普查小区登记	在本普查小区登记
			在 R6=2 地址登记
			在 R4=2 地址登记
漏报	L_{C1}：在本普查小区未登记	L_{C2}：在本普查小区地址、R4=2 地址未登记	L_{C3}：在 R4=2 地址、本普查小区和 R6=2 地址均未登记
无法查询	—	无法查询	无法查询

注：常住人口漏报率 $P_C=(L_{C1}+L_{C2}+L_{C3})/N$，其中 $L_{C1}+L_{C2}+L_{C3}$ 为漏报总人数，N 为抽查总人数减去无法查询的人口。

3. 户籍人口漏报率

表 4　按户籍地比对方法计算户籍人口漏报率分类方法

抽查结果 普查结果	R4=1 且 R5=1 （本普查 小区户籍）	R4=2 且 R5=1 （本普查 小区户籍）	R5=3 （离开户籍地 不满半年）
未漏报	在本普查小区登记	在本普查小区登记	在本普查小区登记
			在 R6=2 地址登记
			在 R4=2 地址登记
漏报	L_{H1}：在本普查小区未登记	L_{H2}：在本普查小区和 R4=2 地址未登记	L_{H3}：在本普查小区、R6=2 地址和 R4=2 地址未登记
无法查询	—	无法查询	无法查询

注：1. 为评估离开户口登记地半年以上人口的漏报情况，以 $L_{H3}*N_2/N_3$ 估计离开户口登记地半年以上漏报人口，其中 R5 为抽查表中调查项目"离开户口登记时间"，R5=2 表示 4 月 30 日及以前，其人数记为 N_2，R5=3 表示 4 月 30 日后，其人数记为 N_3。

2. 户籍人口漏报率 $P_H=(L_{H1}+L_{H2}+L_{H3}+L_{H3}*N_2/N_3)/N$，其中 $L_{H1}+L_{H2}+L_{H3}+L_{H3}*N_2/N_3$ 即为漏报总人数，N 为抽查总人数减去无法查询的人口。

抽查对象根据抽查结果应在当地作为户籍人口登记而未作为户籍人口登记的，视为户籍人口漏报。对每个抽查对象按户口登记地的登记情况进行比对和查询。若抽查对象户口登记地在本普查小区，则与普查表数据进行比对，未作为常住人口登记的计为漏报；若户口登记地不在本普查小区，则到给出的户口登记地进行查询，判断抽查对象在普查时点是否作为户籍人口登记，若未登记，则判断为普查时点的户籍人口漏报。户籍人口漏报人数占户籍总人数的比例为户籍人口漏报率。

(三)重登率的计算方法

1. 现有人口重登率

抽查对象在抽查地、非抽查地的普查时点居住地、户口登记地三个地点的普查登记中,如果在两个地点(若普查时点居住地与户口登记地相同,则不计)均作为现有人口登记,则判断此人为现有人口重登。现有人口重登数占总抽查人数的比例为现有人口重登率。

2. 常住人口重登率

抽查对象在抽查地、非抽查地的普查时点居住地、户口登记地三个地点的普查登记中,如果在两个地点(若普查时点居住地与户口登记地相同,则不计)均作为常住人口登记,则判断此人为常住人口重登。常住人口重登数占总抽查人数的比例为常住人口重登率。

3. 户籍人口重登率

抽查对象在抽查地、非抽查地的普查时点居住地、户口登记地三个地点的普查登记中,如果在两个地点(若普查时点居住地与户口登记地相同,则不计)均作为户籍人口登记,则判断此人为户籍人口重登。户籍人口重登数占总抽查人数的比例为户籍人口重登率。

六、普查登记总人口评估结果

1. 方法比较

按几种不同口径计算的总人口漏报率数据结果是有差异的,不同口径计算的漏报率各有利弊。全国总人口漏报率为少登率与重登率之差。

按现有地比对方法计算的少登率在某种程度上会夸大人口的漏登情况,由于人口普查采取的“两头登”的原则,对总人口的界定可以从现住地和户籍地进行总量的判断;按常住地比对方法计算的重登率不完全涵盖,由于抽查对象中离开户口登记地半年以上的人口,不进行反馈查询,因此这部分人口没有户口登记地的普查登记数据,无法计算重登情况;户籍人口漏登是指抽查对象在普查登记表中,未作为本村户籍人口登记,即漏登人口为在抽查的普查小区、抽查时点居住地、户口登记地三个地方的普查表均未登记为普查中的本村(居)委会或户口待定人口,此漏登人口包括查询后的确定漏报人口以及本普查小区核对后的数据之和。户籍重登人口为在两个以上地址的普查表中,登记为本村户籍人口(包括户口待定)的抽查对象。按户籍地比对方法可以得到比较完整的总人口漏报率。

2. 全国总人口净漏登率为 1.2‰

比较各种方法的计算结果以及评估数据,加权计算综合评估后的总人口净漏报率为 1.2‰。与 2000 年人口普查相比,漏报率明显降低。1982 年人口普查总人口重登率为 0.15‰,1990 年人口普查总人口漏报率为 0.6‰,2000 年人口普查漏报率为 1.81%,2010 年总人口漏报率为 1.2‰。普查登记对象由以往的常住人口改为现有人口加上户籍人口,克服了人户分离现象突出等给普查登记带来的巨大困难。

2010 年 11 月 1 日普查时点全国大陆地区总人口 133792 万人,年底推算总人口为 134091 万人。普查总量数据与年度总人口相衔接,和部门行政记录总体数据保持了一致性。根据 2010 年全国总人口,调整了 2009 年全国总人口为 133450 万人,与 2009 年年度发布的 133474 万人,相差 24 万人,主要是考虑了总人口的出生率、死亡率以及自然增长率的数据衔接问题,而对其他年份的历史总人口数据没有调整。由此看出,全国总人口净漏登率 1.2‰客观科学地反映了第六次人口普查的人口登记状况。

参考文献:

1. 金勇进,杜子芳,蒋妍. 抽样技术[M]. 北京:中国人民大学出版社,2008.
2. 胡桂华. 美国 2000 年和 2010 年人口普查质量评估方法解读[J]. 数理统计与管理,2010(2).
3. Anne Renand. Coverage Estimation for the Swiss Population Census 2000: EstimationMethodology and Results [R]. Swiss Federal Statistical Office. 2004.
4. Donna L. Kostanich, Richard A. Griffin, and Magdalena Ramos. 2010 Census Coverage Measurement Estimation Methodology[R]. DSSD 2010 Census Coverage Measurement Memorandum Series# 2010—E—18,2008(3).

国务院人口普查办公室 武 洁

境外人员普查工作探讨

2010年第六次全国人口普查，首次将居住在我国境内的港澳台和外籍人员（以下简称境外人员）纳入普查范围，普查取得了圆满成功，获得的数据基本上反映了境外人员在大陆的状况。这是一次有益的尝试，也为下次人口普查积累了经验。

一、将境外人员纳入人口普查的目的和意义

随着我国社会经济的发展，大陆与港澳台及世界各国的联系日益密切，常住大陆的港澳台和外籍人员日渐增多。了解和掌握这部分人口的信息，可以为国家决策、规划和行政管理提供重要的依据。

联合国相关机构制定的《联合国2010轮人口和住房普查的原则和建议》中，将人口的国际迁移作为人口普查的核心问题之一。大部分国家在进行人口普查时，也都是将本国居民和普查时点在本国居住一定时间的外籍人员全部作为普查对象。将常住大陆的港澳台和外籍人员纳入我国人口普查，符合人口普查的国际惯例。

将境外人员纳入人口普查，是第六次全国人口普查的一个创新，也是中国人口普查与国际人口普查接轨的一次有益尝试。

二、境外人员普查的准备工作

由于是首次对境外人员进行普查，没有任何经验可以借鉴，为了搞好境外人员普查，开展了一系列的工作。如到境外人员较多的地区开展调研，了解境外人员的管理情况；召开座谈会，就如何进行境外人员普查征求有关部门和专家的意见；在广东深圳和福建泉州进行试点。

1. 在首部《全国人口普查条例》中明确境外人员也属于中国人口普查对象，使得对境外人员的普查有了法律依据。

在《全国人口普查条例》中对普查对象的定义为“人口普查对象是指普查标准时点在中华人民共和国境内的自然人以及在中华人民共和国境外但未定居的中国公民，不包括在中华人民共和国境内短期停留的境外人员”。而以前的《全国人口普查办法》对普查对象的定义是“具有中华人民共和国国籍并在中华人民共和国境内常住的自然人”，强调必须具有中华人民共和国国籍。

2. 国家统计局分别于2009年3—4月和2009年6—7月，在广东深圳和福建泉州进行了两次境外人员普查试点，为制定《港澳台和外籍人员登记工作细则》和境外人员普查表打下了坚实的基础。

广东试点主要试验了对港澳台居民、外籍人员以及大陆居民采取不同的普查表和普查方法的可行性。针对港澳台居民、外籍人员以及大陆居民的不同特点，设计了三种内容不同的普查表。港澳台居民不存在语言问题，普查指标的设置比较多。外籍人员普查表的内容比较简单，与入境签证上的内容基本相同，为方便填写，还将普查表翻译成英、法、俄、德、韩、日、阿等七种文字。港澳台居民、外籍人员采取自填的方式，大陆居民采取普查员入户登记的方式。

福建试点主要试验了将港澳台居民、外籍人员以及大陆居民登记在同一张普查表上的可行性。

3. 境外人员普查的基本原则。第六次全国人口普查的主要目的就是查准我国的人口数量，普查的所有工作都围绕这一目的进行，而不能对其产生任何不利影响。因此这次境外人员普查的基本原则为，在不影响查准我国人口数量的前提下，尽量做好境外人员普查工作。这一原则也是符合我国的实际情况的，因为境外人员普查是首次进行，虽然没有成功的经验可以借鉴，但也没有衡量是否失败的标准，从某种意义上说只要做了就是成功的。而且通过试点发现，查准一个境外人员比查准一个境内人员要

多付出几倍的努力。如果刻意强调查准境外人员，势必影响到查准我国人口数量这一主要目的。

根据这一原则制定的《港澳台和外籍人员登记工作细则》，规定了境外人员普查各阶段的工作，其核心是境外人员普查相对独立，普查表的内容、登记方式、普查表的报送、编码和数据录入等工作都与境内人员的普查不同。登记方式除由普查员入户登记外，还可采取由境外人员自填的方式。普查表的报送采取层层上报到国家的办法，由国家统一进行数据处理工作。数据录入采取手工录入的方式。

4. 境外人员普查表的指标确定。境外人员普查表的指标设置本着简单易行、满足最基本需求的原则，没有设置户记录指标，只设置了人记录指标，共有11项，姓名、与户主关系、性别、出生年月、来大陆或来华目的、已在大陆或在华居住时间、受教育程度、身份或国籍、过去六个月回港澳台居住时间、行业、职业等。其中后三项外籍人员不填，只由香港、澳门、台湾地区居民填写，主要是为了满足香港特区政府统计处了解在大陆居住的香港居民就业状况的需求。

在表式设计上，为了使境外人员能够了解普查内容，减少由于普查员不懂外语遇到的困难，采取中英文对照的方式，并按照手工编码、录入的方式排列指标。最终形成了A4大小对开4页的普查表。

三、境外人员普查的难点及解决办法

1. 首次将境外人员纳入普查，毫无经验可循。

由于首次将境外人员纳入普查，在普查对象的界定、指标的理解掌握、登记方式的选择、协调沟通等方面都没有经验可以借鉴，只能摸着石头过河。

2. 境外人员资料不完善。

虽然公安出入境管理部门对港澳台和外籍人员进行登记管理，但一般只在出入境时登记，对在境内的流动情况没有更新，社区登记的资料信息也存在更新不及时、资料不准确等情况。这给境外人员普查尤其是前期的摸底工作带来了较大的困难。

3. 境外人员对普查的理解有限，配合难度大。

由于首次将境外人员纳入普查，部分境外人员对我国的人口普查不太了解，同时，个人隐私意识较强，戒备心理较重，导致境外人员的配合程度不高。在入户登记中经常出现敲门不开，或者即使有人但拒绝登记的现象。

4. 由于语言问题导致沟通不畅，影响普查登记。

人口普查需要普查与被调查人员面对面的交流，对一些调查特殊规定必须说明清楚，但是我们绝大多数的普查人员不懂外语，许多外国人又不懂中文，这在沟通上就产生了困难，进而影响到普查表指标填写的准确性。

对于境外人员普查中出现的难点问题，采取了以下措施：

1. 积极调研、重视试点，充分积累经验。如到境外人员较多的地区开展调研，了解境外人员的管理情况；召开座谈会，就如何进行境外人员普查征求有关部门和专家的意见；在广东深圳和福建泉州进行试点。

2. 强化部门沟通联系，有效利用部门资料。除了与公安部门沟通联系，充分利用现有资料外，还与境外人员聚居社区的物业部门加强联系，取得物业部门掌握的资料，这样既利于保护业主信息，又利于工作的开展。

3. 加强宣传、强化培训，解决见面难、入户难问题。除在主流媒体开展宣传外，还在在境外人员经常出入的场所摆放宣传材料，并根据本地区境外人员语种情况，增加相关语种的宣传材料。有针对性的对普查员进行外事礼仪、民族宗教、风俗习惯以及入户技巧等方面的培训，以取得境外人员的理解与配合。

4. 简化指标，采用多种登记方式，化解登记难题。境外人员普查表没有户记录，只有11项人记录并采取中英文对照的形式。除普查员入户登记外，还采取了设站登记和自填的普查方式，收到了很好的效果。

四、境外人员普查结果

在这次普查中，居住在我国境内并接受普查登记的香港特别行政区居民234829人、澳门特别行政区居民21201人、台湾地区居民170283人，外籍人员593832人，合计1020145人。

上述人员中，男性605821人，女性414324人。其中：境内的香港特别行政区居民，男性为141321人，女性为93508人。境内的澳门特别行政区居民，男性为11708人，女性为9493人。境内的台湾地区居民，男性为116547人，女性为53736人。境内的外籍人员，男性为336245人，女性为257587人。

居住时间三个月以下的103754人；居住时间三个月至半年的90078人；居住时间半年至一年的143210人；居住时间一年至两年的183001人；居住时间两年至五年的249668人；居住时间五年以上的250434人。

以商务为目的204962人；以就业为目的201955人；以学习为目的202482人；以定居为目的186648人；以探亲为目的100113人；其他目的的123985人。

按居住地分，人数排在前十位的地区是：广东省316138人，上海市208602人，北京市107445人，江苏省64177人，福建省62564人，云南省47396人，浙江省36380人，山东省33098人，辽宁省23834人，广西壮族自治区23445人。居住在其他省（区、市）的97066人。

按国籍分，在我国境内居住的外籍人员数量排在前十位的国家是：韩国120750人，美国71493人，日本66159人，缅甸39776人，越南36205人，加拿大19990人，法国15087人，印度15051人，德国14446人，澳大利亚13286人。在我国境内居住的其他国家人员181589人。

五、境外人员普查工作中存在的问题

虽然境外人员普查取得了成功，获得了许多以前没有的数据。但由于是第一次进行，没有任何经验可以借鉴，因此还存在一些问题，需要在下次普查中改进。主要有：

1. 为确保境内人员的普查，主观上放松了对境外人员普查工作的要求。由于是第一次将境外人员纳入普查范围，国家对境外人员普查的总体要求是，在不影响整个普查工作的情况下，尽可能做好。在这个指导思想下，各级普查机构在工作中，如果遇到与整个普查工作发生矛盾时，就会放松对境外人员普查工作的要求，由此造成在某些工作环节上的要求力度不够。

2. 宣传工作不到位，境外人员对人口普查不够了解。由于境外人员在我国的分布很不均衡，各地对境外人员普查工作的重视程度也不一样，反映在宣传工作上就是不同地区的宣传效果不一样，有些地区的境外人员根本不知道人口普查。另外，境外人员个人隐私意识较强，戒备心理较重，导致境外人员的配合程度不高。

3. 境外人员普查确实比较困难，容易造成畏难情绪。首先是语言问题，遇到不懂中文的外籍人员，一般的普查员很难进行普查登记。这就为普查员的选调、培训带来了许多困难；其次是配合问题，有些境外人员在自己国家可能很遵守法律，但在中国就有一种优越感，不把普查当回事，认为和他没有关系，不进行配合。有些地方还发生外籍人员聚居的小区集体拒绝普查登记的情况。在这些不利条件的影响下，个别地区的普查人员在工作中遇到问题后不是想办法解决，而是采取放弃的态度，使一些本应登记的境外人员最后没有普查到。

4. 境外人员普查与境内人员普查各成体系，客观上影响了境外人员普查。虽然境外人员普查是整个普查工作的一部分，但由于要对境外人员单独进行登记，因此普查表是单独设计的，无论是内容还是形式都与境内人员普查表有所不同。在普查员的选调和培训上也有所区别。由此造成在方案设计和组织实施上都与整个普查工作有所区别，自成体系。这就在客观上造成了对境外人员普查工作的另眼相看，境外人员较多的地区可能重视程度高一些，其他地区重视程度就低一些。

5. 判定普查对象的时间标准不够明确。这次普查中，非境外人员是以“现有人口加户籍外出人口”为普查对象，而境外人员是以常住人口为普查对象。最初对境外人员也是想以现有人口为原则进行登记，把所有普查时点上在境内居住的境外人员都普查上，但通过深圳试点发现基本上做不到。特别是大量居住在宾馆饭店的旅游者，根本登记不上，饭店不配合。但如果按照半年的标准来确定常住对象，又会少登记很多境外人员，最后尽管仍然按照常住的原则进行登记，但没有给出一个明确的常住时间标准，而是在指标设置上有一个三个月以下的指标，也就是说三个月以上的人肯定是普查对象。但三个月以下的是否都是普查对象，没有明确。我们的本意是三个月以下的，尽量登记，没有时间限制。那么短期停留的境外人员的短期如何界定，只能灵活掌握。只居住了一天，但还将继续居住下去的，能登记上也要登记。居住一个月以上，但认为自己是旅游者，马上要离开的，不愿登记的也可放弃。因此对境外人员是否属于普查对象，在时间上的判定是灵活的，其目的就是在不影响大陆居民登记的前提下，尽量多登。

6. 家庭户的匹配存在问题，为数据分析带来困难。由于境内外人员分别填写在两张表上，如果一对夫妻中一方是境外人员，那么本来完整的一户，反映在表上就成了两个不完整的户。某些地区有境外人员的家庭户是很多的，特别是广东的深圳，与香港通婚的人很多。虽然当初在设计普查表时考虑到了这一点，从理论上讲也是可以通过地址码、户编号将两个家庭匹配起来。但这样做不仅工作量很大，而且即使匹配上，也不能完全确定这就是一家人。因为在两张表上他们分别是户主，理论上并不能认定他们就是夫妻，也可能女方是境外人员家的保姆。因此在分析时我们只能根据年龄、性别等条件来判定他们是否是夫妻。所以我国到底有多少境内外人员混合的家庭，从这次普查的数据中是得不到准确数据的。

7. 普查表登记质量不高，存在指标漏填、逻辑混乱的情况。由于一些境外人员普查是自填的，有些指标没有填，普查员回收后也没有认真核对就上报了，在数据录入时对漏填指标也没有要求必须补填，造成数据汇总时带有缺失和错误项，对数据的使用造成了一定的困难。

8. 有些数据存在不确定性。通过与公安、台办、港澳办掌握的数据进行对比发现，有些普查得到的境外人员数据与部门掌握的数据有一定的差距，尽管这些数据的口径不一样，公安、台办、港澳办也非常认可普查数据，但由于普查对象判定存在的不确定性，也造成了有些境外人员数据的不确定性。

六、解决办法

随着我国经济社会的发展，居住在我国境内的境外人员会越来越多，如果下次全国人口普查还采取将境内外人员分开进行普查登记的方法，这次普查中存在的问题不但不能解决，可能还会产生新的问题。因此，我们首先要提高认识，做到一视同仁，不再把境外人员与境内人员区别对待；其次在技术上要将境外人员与境内人员填写在一张普查表上，这也是国际上通行的做法，只要做到这两点，这次普查中出现的问题就能得到解决。由于不再区分境内外人员，在工作要求上就不会有所偏重；登记在同一张表上，就不会出现两套方案，两种工作体系，同一个家庭也不会分别登记两种不同的表上；普查对象的判定也严格按照境内人员的判定标准执行，最终得到的数据也将是确定的。

1. 普查短表与境外人员普查表合二为一

第六次全国人口普查短表人记录共有 12 项，姓名、与户主关系、性别、出生年月、民族、普查时点居住地、户口登记地、离开户口登记地时间、离开户口登记地原因、户口性质、是否识字、受教育程度。

境外人员普查表共有 11 项，姓名、与户主关系、性别、出生年月、来大陆或来华目的、已在大陆或在华居住时间、受教育程度、身份或国籍、过去六个月回港澳台居住时间、行业、职业，其中后三项只有港澳台居民填写。

比较一下两种表可以看出，姓名、与户主关系、性别、出生年月、受教育程度五项指标是相同的；离开户口登记地时间、离开户口登记地原因与来大陆或来华目的、已在大陆或在华居住时间两项指标是相似的；只有身份或国籍一项是人口普查短表中没有的。这样一来，只要将两项相似的指标稍做修改，再加上一项没有的指标，人口普查短表就包括了境外人员普查表中所有人都填报的八项指标。

具体做法是，将“离开户口登记地时间”改为“离开户口登记或来中国大陆时间”，将“离开户口登记地原因”改为“离开户口登记或来中国大陆原因”，两项指标中所列的选项内容保持不便。

2. 普查的方式

采取与境内人员相同的由普查员入户登记的方式。如遇到不懂中文的境外人员，可以采取让经过专门培训的普查员上门登记，或者每位普查员随身携带一张英文版的普查表，对照填写。

随着社会的发展，普查不能只采用普查员入户登记的一种方式，应顺应时代要求采取多种方法，如网上填报，设站登记等。特别是对境外人员，这些方法可能会更有效。总之，只要我们重视，就一定能够做好境外人员的普查工作。

国务院人口普查办公室　武超

我国青年人口的新特点

青年人是当前和未来经济社会基础建设的重要力量，是国家经济发展的驱动力。青年人能够给国家经济带来活力、智慧和创造力，重视青年人对于一个国家意义重大。2000年以来联合国倡导的世界青年行动计划，特别强调各国要加强对青年人口的状况和能力评估，要给青年人提供更多、更好的机会，以保证他们充分、有效、建设性地参与社会生活。

根据联合国有关青年人口的统计标准，15－24岁为青年人口。以此统计口径，利用2010年第六次全国人口普查最新数据及历史普查资料，全面分析青年人口状况对于当前转型时期的中国人口、社会和经济都具有现实意义。

一、我国青年人口数量情况

青年人口增长趋势悄然改变。2010年我国15－24岁青年人口22730万人，性别比104.1，占总人口比重17.1%，比2000年增加2970万人，增长了15%，所占比重提高了1.2个百分点，年均增长率1.41%，高于同期全国总人口0.57%的年均增长水平。尽管2010年我国青年人口比2000年有所增长，但是增长趋势发生了历史性转变，2006年15－24岁人口达到峰值，同年所占比例开始下降，自2007年我国青年人口数量开始减少。

据国际劳工组织测算，世界各地区青年人口比例已经开始全面下降，发展中地区也正在接近人口转变的最后阶段。2010年，发达经济和欧共体国家青年人口比重为12.5%，人口老龄化已成为其关注点；世界许多发展中地区，如中东、南撒哈拉、北非和南亚地区，青年人口比例约为1/5，但自2005年后开始下降。预计2011－2015年全球青年人口数量将开始下降，除南亚和南撒哈拉地区，其他地区均呈现青年人口负增长。据2011年《印度青年就业和失业》报告，2011年印度15－24岁青年人口23977万人，年增长率为1.54%，青年比重20.1%，印度已成为世界第一青年人口大国，也正处于青年人口转变的临界点。

13个省、自治区青年人口比例下降。我国分地区看（见表1），人口大省基本保持了青年人口数量领先。2000年青年数量前5位的分别是广东、河南、山东、河北和四川，均超过1000万人，广东省最多，为1818万人；2010年青年人口前5位的是广东、河南、山东、江苏和河北，均超过1200万人，最多的广东省达2227万人。青年人口比例发生了变化。2010年青年人口比例最高的前5位省份是广东21.3%、西藏19.9%、陕西19.5%、天津19.2%和北京18.9%，2000年前5位是广东21.3%、西藏19.7%、海南18.8%、福建18.7%和北京18.4%，除了西藏，青年人口有向大城市和经济文化发达地区聚集的趋势。值得关注的是，与2000年比较，2010年13个省份青年比例出现了下降，分别是内蒙古、辽宁、吉林、黑龙江、福建、江西、广西、海南、贵州、云南、青海、宁夏和新疆，这些省份主要分布在东北和西部地区，多是经济欠发达或人口流出省份。

城镇青年数量超过乡村。2000年我国城镇15－24岁青年人口8325.4万人，性别比100.5，乡村青年11435.1万人，性别比106.9，城镇青年人口比例为42.1%，数量少于乡村青年；2010年城镇青年人口12465万人，性别104.3，乡村青年10265万人，性别比103.7，城镇青年比例为54.8%，高出2010年全国城镇人口比重5.1个百分点，城镇青年人口超过乡村。

表1 2000、2010年各地区15—24岁人口构成

地区	2010年			2000年			青年人口比例增减百分点
	人口数（万人）	占本地区青年人口%	占全国青年人口%	人口数（万人）	占本地区青年人口%	占全国青年人口%	
总计	22730	17.1	100.0	19760	15.9	100.0	1.2
北京	370	18.9	1.6	249	18.4	1.3	0.5
天津	248	19.2	1.1	164	16.6	0.8	2.6
河北	1289	17.9	5.7	1123	16.8	5.7	1.1
山西	656	18.4	2.9	495	15.3	2.5	3.1
内蒙古	375	15.2	1.6	392	16.8	2.0	−1.6
辽宁	618	14.1	2.7	600	14.3	3.0	−0.2
吉林	419	15.2	1.8	423	15.8	2.1	−0.5
黑龙江	558	14.6	2.5	575	15.9	2.9	−1.3
上海	374	16.3	1.6	265	16.1	1.3	0.1
江苏	1343	17.1	5.9	1024	14.0	5.2	3.0
浙江	854	15.7	3.8	703	15.3	3.6	0.4
安徽	966	16.2	4.2	846	14.3	4.3	1.9
福建	674	18.3	3.0	638	18.7	3.2	−0.5
江西	745	16.7	3.3	679	16.8	3.4	−0.1
山东	1495	15.6	6.6	1344	14.9	6.8	0.7
河南	1703	18.1	7.5	1382	15.1	7.0	3.0
湖北	1039	18.2	4.6	973	16.4	4.9	1.8
湖南	1033	15.7	4.5	973	15.4	4.9	0.4
广东	2227	21.3	9.8	1818	21.3	9.2	0.0
广西	728	15.8	3.2	784	17.9	4.0	−2.1
海南	159	18.3	0.7	142	18.8	0.7	−0.4
重庆	439	15.2	1.9	343	11.3	1.7	4.0
四川	1257	15.6	5.5	1048	12.7	5.3	2.9
贵州	525	15.1	2.3	544	15.4	2.8	−0.3
云南	778	16.9	3.4	752	17.8	3.8	−0.8
西藏	60	19.9	0.3	52	19.7	0.3	0.2
陕西	727	19.5	3.2	543	15.4	2.8	4.1
甘肃	475	18.6	2.1	365	14.5	1.8	4.1
青海	98	17.3	0.4	85	17.7	0.4	−0.3
宁夏	110	16.7	0.5	100	18.2	0.5	−1.5
新疆	387	18.1	1.7	336	18.2	1.7	−0.1

二、我国青年人口受教育状况

15—24岁是接受中等和高等教育的主要年龄段，青年人素质的培养、提高和参与社会的能力主要取决于这一时期的受教育程度和学业完成情况。

青年受教育程度提高，城乡差距很大。初中、高中和大专以上3个主要受教育程度构成明显改善。

2010年我国青年人口中受初中、高中和大专以上教育的比例分别是46.0%、29.0%和17.8%，2000年初中、高中和大专以上人口比例分别是54.6%、22.7%和5.9%(见表2)，10年来受初中教育的青年比例下降，高中比例上升，高等教育比例大幅提高，受高等教育青年人口由1156万人增至4046万人，增长了2.5倍。小学及以下文化程度人口快速减少。2010年未上过学和只有小学文化程度人口的比例分别是0.5%和6.7%，比2000年下降了0.6和8.9个百分点，2010年这两项人口合计1635万人，比2000年减少了一半。

表2　2000、2010年全国青年人口受教育程度

受教育程度	2010年			2000年		
	人口(万人)	比重(%)	性别比	人口(万人)	比重(%)	性别比
青年人口	22730	100.0	104.1	19760	100.0	104.2
其中:未上过学	114	0.5	85.5	221	1.1	55.6
小学	1521	6.7	91.8	3090	15.6	79.4
初中	10449	46.0	105.4	10798	54.6	110.0
高中	6600	29.0	111.0	4494	22.7	110.8
大专以上	4046	17.8	95.6	1156	5.9	114.3

分城乡看，城乡青年受教育程度差异显著。城镇青年受教育程度在初中、高中和大专以上分布比较均匀，差别不大，高中和大专以上合计为63.5%；乡村青年受教育程度以初中为主，高达61.6%，高中20.1%，大专以上仅6.5%，高中和大专以上合计26.6%，低于城镇大专以上27.1%的水平，同时乡村仍有10.9%是小学文化程度，乡村青年受教育程度明显偏低(见图1、表3)。与2000年比较，城镇受教育程度最大的变化是，初中比例明显降低，由42.8%降至33.1%，大专以上比例大幅提高，由12.7%升至27.1%；乡村最显著的变化是，小学比例明显降低，由22.17%降至10.9%，高中比例快速提高，由11.5%升至20.1%，大专以上也由0.8%提高到6.5%。我国城乡青年人口受教育程度的显著变化，体现了近年来我国教育事业快速发展的成就，也反映了青年人口年龄结构的变化。

图1　2010年全国城乡青年受教育程度

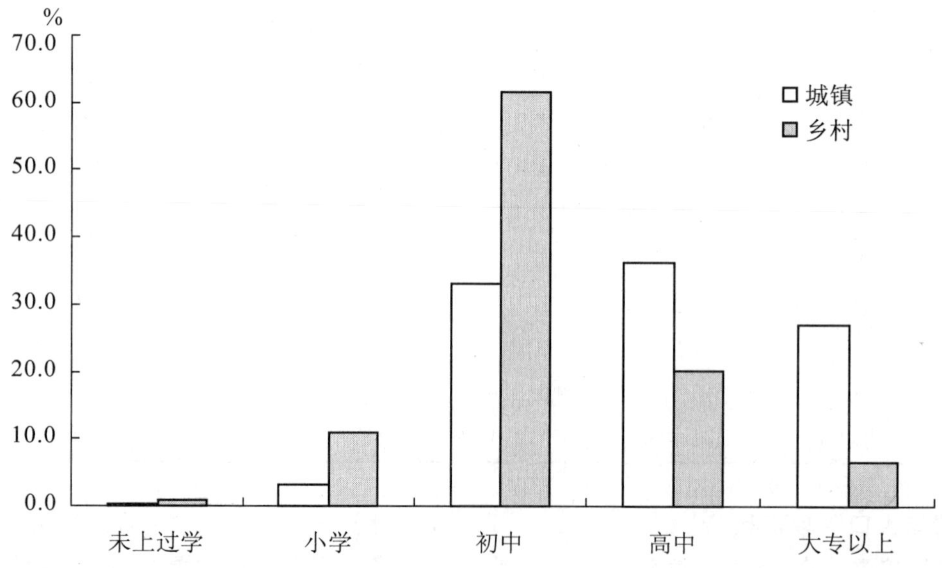

表 3　2000、2010 年全国城乡青年受教育程度人口比重及性别比

受教育程度	城镇				乡村			
	2010 年		2000 年		2010 年		2000 年	
	比重(%)	性别比	比重(%)	性别比	比重(%)	性别比	比重(%)	性别比
合计	100	104.3	100	100.5	100	103.7	100	106.9
未上过学	0.2	105.2	0.3	79.9	0.8	79.5	1.7	53.3
小学	3.3	106.4	6.0	84.1	10.9	86.9	22.7	78.5
初中	33.1	107.8	42.8	98.5	61.6	103.8	63.3	116.1
高中	36.4	108.8	38.2	101.9	20.1	116.1	11.5	135.9
大专以上	27.1	94.5	12.7	113.1	6.5	101.3	0.8	129.1

城镇大专以上女性人口超过男性，乡村受教育人口性别构成改善。2010 年全国青年人口中受初中、高中和大专以上教育的性别比分别是 105.4、111.0 和 95.6，2000 年分别是 110.0、110.8 和 114.3，大专以上青年人口性别比发生了巨大变化，女性超过了男性。2010 年 15－24 岁女性接受大专以上教育的人口达到 2068 万人，比 2000 年增长 2.8 倍，同期男性增长 2.2 倍，女性增速明显高于男性。这种变化是由城镇青年人口的相关变动主导的（见表 3），城镇大专以上青年人口性别比由 2000 年 113.1 降至 2010 年 94.5，乡村也由 129.1 降至 101.3，尽管城乡降幅都很大，但 2010 年城镇大专以上青年人口比重高达 83.4%，起了决定作用。表明我国城镇更多的青年女性选择了接受高等教育，这也与一些发达国家的情况相类似。

10 年来我国乡村青年受教育人口的性别构成也明显改善（见表 3）。初中和大专以上由男性偏好趋于男女平衡，分别由 116.1 和 129.1 降至 103.8 和 101.3，虽然高中人口的男性偏好依然在，但性别比已由 135.9 降至 116.1。值得关注的是，乡村仍有未上过学和小学受教育程度的女性青年 1865 万人，比同等受教育程度男性多 28.9%，农村低文化程度青年女性依然明显偏多。

青年人在校学习的比例大幅提高，城镇青年近一半在校，乡村青年三分之一在校。2010 年全国青年在校生占青年人口 41.3%，其中男性为 41.7%，女性 40.8%，2000 年则分别为 27.5%，29.4% 和 25.6%，10 年间青年人的在校比例有了很大提高，而且男女比例趋于平衡。

分城乡看，2010 年全国城镇青年在校生占城镇青年人口的比例为 48.4%，乡村为 33.0%，表明城镇近一半青年仍在校学习，而乡村青年仅有 1/3 在校（见表 4）。除了小学在校生比例均接近 0，城镇初中比例低于乡村 30 个百分点，高中、大专以上则分别高出近 5 个和 26 个百分点。乡村初中在校生比例偏高与其入学年龄推迟，15 岁以上仍大量就读初中有关。城镇人口受教育程度历来高于乡村，加之高等学校主要分布在城市地区，使乡村大专以上在校生明显偏少，也相对提高了乡村初中、高中在校生比例。青年人口中乡村在校生比例平均低于市镇 15 个百分点，并且每个单岁年龄的在校生比例都低于市镇青年，是乡村青年在校人口少、在校生受教育程度偏低的现实情况。

表 4　2010 年全国城乡按受教育程度分的在校生人口比例(%)

类别	合计	小学	初中	高中	大专以上
合计	100	0.1	24.4	44.7	30.8
城镇	100	0.0	13.2	46.4	40.4
乡村	100	0.1	43.3	41.9	14.7

三、我国青年人口经济活动状况

劳动力资源是指劳动年龄人口，包括经济活动人口和非经济活动人口两部分，其中经济活动人口包括就业和失业人口。15－24 岁也是开始进入社会和经济活动领域的年龄段，国际通行的劳动年龄标准是 15 岁及以上，我国是 16 岁及以上，因此我国青年人口的就业分析基于 2000 年和 2010 年人口普查 16－24 岁人口长表抽样数据。

2010 年全国城镇和乡村 16－24 岁青年经济活动人口比例分别是 46.5%和 53.5%，青年就业人口比例分别为 45.2%和 54.8%，青年失业人口比例分

别是65.7%和34.3%，青年非经济活动人口比例分别是64.3%和35.7%。农村青年经济活动人口和就业人口的比例超过一半，城镇青年失业人口和非经济活动人口比例接近2/3，是我国青年经济活动的基本国情，城乡青年经济活动人口结构的不均衡，在很大程度上决定了青年经济活动总体状况。

1. 青年经济活动人口状况

青年劳动参与率快速下降，城乡差距缩小。2010年我国青年劳动参与率为57.4%，其中男性59.6%，女性55.1%；2000年劳动参与率73.3%，男性73.9%，女性72.8%。10年来青年劳动参与率降低了14个百分点，女性下降幅度大于男性，男性参与率相对女性有所提高。与25岁及以上成年人比较，2010年青年劳动参与率低于成年人17个百分点，而2000年仅低6个百分点，青年劳动参与率出现了快速下降。

分城乡看（见表5），2010年城镇青年劳动参与率49.3%，低于全国平均水平8.1个百分点，仅有一半青年人参与经济活动，低于2000年城镇水平11.5个百分点；2010年乡村青年劳动参与率66.9%，高出全国9.5个百分点，尽管有2/3的乡村青年参与了经济活动，但比2000年乡村水平下降了15.9个百分点，乡村青年劳动参与率下降幅度更大；10年来青年劳动参与率与成年劳动参与率差距明显拉大，2010年全国、城镇和乡村青年劳动参与率分别低于成年参与率16.6、18.6和13.2个百分点，比2000年的差距扩大了10.9、8.8和11.9个百分点。

表5　2000、2010青年和成年劳动参与率比较

单位：%

类　别	2010年			2000年		
	全国	城镇	乡村	全国	城镇	乡村
青年（16—24岁）	57.4	49.3	66.9	73.3	60.8	82.8
成年（25岁及以上）	74.0	67.9	80.1	79.0	70.6	84.1

我国青年劳动参与率与国际差距大幅缩小，女性参与率依然保持较高水平（见表6）。2010年全球青年劳动参与率为50.9%，10年来稳中略降了3个百分点，世界其他地区也是同样的趋势；我国青年劳动参与率则发生了历史性转折，出现了大幅度下降，降幅达16个百分点，与国际水平的差距由2000年的19.5个百分点缩小到6.5个百分点。分性别看，男女青年劳动参与率均有降低，世界青年女性参与率保持低于男性约17个百分点，其中南亚、中东地区男女差异更加悬殊，2010年接近或超过30个百分点，只有东亚女性高于男性；10年来我国男性高出女性的差距略有增加，由1.1个百分点增至4.5个百分点，但女性参与率依然较高，2010年为55.1%，仅低于东亚地区。2007—08年印度15—24岁青年劳动参与率41.3%，男性56.3%，女性25.4%，其男性参与率与我国2010年水平基本持平，但总体水平尤其是女性明显低于我国。

表6　2000、2010年青年劳动参与率国际对比

单位：%

类　别	合计		男性		女性	
	2010年	2000年	2010年	2000年	2010年	2000年
世界	50.9	53.8	58.9	62.5	42.4	44.7
中国	57.4	73.3	59.6	73.9	55.1	72.8
印度（2007—2008年）	41.3		56.3		25.4	
发达国家及欧盟	50.2	53.1	52.6	55.9	47.7	50.3
非欧盟及独联体国家	41.7	42.4	47.7	48.9	35.5	35.7
东亚	59.2	67.2	57.0	65.8	61.6	68.7
东南亚及太平洋地区	51.3	55.8	59.1	63.5	43.3	48.0
南亚	46.5	48.0	64.3	66.1	27.3	28.5
中东	36.3	36.9	50.3	52.6	21.5	20.2
拉美及加勒比地区	52.1	54.2	61.3	66.5	42.7	41.7
北非	37.9	39.4	52.5	53.4	22.9	25.1
南撒哈拉非洲	57.5	57.8	62.7	64.1	52.2	51.4

数据来源：2009年国际劳工组织《经济活动人口预测和规划》第五次修订版、中国人口普查和2011年《印度青年就业和失业》报告。

2. 青年人口就业状况

随着青年人口劳动参与率降低，我国青年的就业水平和从业状况也发生了变化。2010 年全国 16—24 岁就业人口占同龄人口比重从 2000 年 67.1% 下降到 2010 年 53.7%，降低了 13.4 个百分点，16—24 岁青年就业人口占全部就业人口比重也从 2000 年 15.9%降至 2010 年 14.3%。

表 7　2000、2010 年青年和成年人口的产业构成

单位：%

产业	2010 年		2000 年	
	青年	成年	青年	成年
合计	100	100	100	100
第一产业	39.6	49.8	58.1	65.6
第二产业	32.8	22.7	23.6	15.5
第三产业	27.6	27.5	18.3	18.9

青年人在第一产业就业比重最高。从就业的产业分布看（见表 7），青年和成年产业的差异集中体现在第一、二产业。2010 年青年在第一产业的比例为 39.6%，比 2000 年下降了 18.5 个百分点，低于成年人 10 个百分点；青年在第二产业产业比例为 32.8%，高于成年人 10.1 个百分点，较 10 年前提高了 9.2 个百分点。青年人从事第一产业的比重仍接近 40%，这与农村在业青年多于城镇，农村产业结构以第一产业为主有关。2010 年全国青年与成年人口在第三产业的比例基本相同，接近 28%，10 年间青年和成年就业人口同步提高了 9 个百分点。进一步分析青年第三产业就业构成，青年人就业最多的前三位是“批发和零售业”38.2%、“住宿和餐饮业”16.9%和“居民服务和其他服务业”9.9%，合计达 65.0%，近 2/3 的第三产业从业青年集中在传统服务业；而成年人在第三产业的前三位分布是，“批发和零售业”33.1%、“交通运输仓储和邮政业”13.6%和“公共管理和社会组织”10.3%，合计为 56.9%，成年人更多地就业于第三产业的现代行业部门。

与国外对比，2004 年美国青年第一、二、三产业就业比例分别是 14.6%、26.4% 和 59.0%，法国 15.9%、25.3%和 58.8%，2010 年菲律宾是 30.7%、15.1% 和 54.2%，2007－2008 年印度为 54.4%、23.9%和 21.7%。除了印度，与其他国家相比，我国青年在第一产业就业偏多，第三产业发展不足，我国青年就业尚未摆脱传统结构模式。

青年人多从事传统经济活动。进一步分析青年的职业构成，可以贴近观察其具体的经济活动和社会身份。表 8 显示，与 2000 年相同，2010 年在单位负责人、专业技术人员、办事人员 3 个职业大类和农林牧渔水利业生产人员中，青年人比例低于成年人，在商业服务业人员、生产运输业人员中，青年人比例高于成年人。2010 年青年农业劳动者比例尽管比 2000 年降低了 21.5 个百分点，大于成年人 15.9 个百分点的降幅，但比例还是最高，为 36.7%，表明我国相当多青年仍在从事技术水平偏低、收入微薄的传统经济活动，没有实现社会经济转型。2010 年 2/3 的青年就业人口是农林牧渔水利业生产人员和生产运输设备操作人员及有关人员，他们中的许多人可能不具备高技术及相应的文化知识的机会，从而失去了将来可能的高生产力以及潜在的高收入。

表 8　农业、非农业户口青年和成年人口职业大类构成

单位：%

职　　业	青年				成年			
	2010 年			2000 年	2010 年			2000 年
	合计	农业户口	非农业户口	合计	合计	农业户口	非农业户口	合计
合　　计	100	100	100	100	100	100	100	100
国家机关、党群组织、企业、事业单位负责人	0.6	0.4	1.7	0.3	2.0	0.9	5.2	1.9
专业技术人员	5.6	3.2	20.9	5.2	7.1	1.8	23.4	5.8
办事人员和有关人员	3.5	2.1	12.2	2.6	4.5	1.3	14.4	3.2
商业、服务业人员	19.8	17.3	36.0	10.4	15.6	11.6	27.9	9.0
农林牧渔水利业生产人员	36.7	45.0	5.0	58.2	49.7	63.9	5.6	65.6
生产、运输设备操作人员及有关人员	30.9	32.0	24.0	23.2	21.1	20.4	23.2	14.4
不便分类的其他从业人员	0.1	0.1	0.2	0.1	0.1	0.1	0.2	0.1

青年人职业深受其户籍影响。尽管现在许多省份名义上已经取消了农业、非农业户口，但原户口身份背后附加的一系列受教育、就业、社会福利等政策并没有根本改变，仍在很大程度上制约着青年人的经济活动范围。2010年农业户口从业青年中，农林牧渔水利业生产人员比例45.0%，高于非农户口青年40个百分点；生产运输设备操作人员及有关人员32.0%，高出非农户口青年8个百分点；商业服务业人员17.3%，低于非农户口青年比例一半；单位负责人、专业技术人员和办事人员合计仅5.7%，而非农户口青年这三大类合计是34.8%(见表8)。户籍身份折射出青年人就业巨大的经济社会差异，农业户口成年人的职业构成固然还深刻着我国二元经济结构的历史烙印，但现在大多数农业户口的青年人仍没有摆脱户籍名下的现实落差。

表9　2010、2000年我国青年失业状况

单位：%

类别	2010年			2000年		
	合计	男	女	合计	男	女
青年失业率	6.4	6.3	6.5	8.6	8.9	8.2
失业青年/失业成年	49.4	51.3	47.5	69.3	70.0	68.5
失业青年/失业总人口	33.1	33.9	32.2	40.9	41.2	40.6
失业青年/青年人口	3.7	3.7	3.6	6.3	6.6	5.9

3. 青年人口失业状况

青年人口失业状况缓和，“毕业后未工作”是失业的主要原因。一般来说，青年是一个比较脆弱的就业群体，往往比成年人更容易失业，其失业率比成年人要高很多，这已被世界各国实践所证实。有关失业的指标显示(见表9)，2010年我国青年失业率6.4%，较2000年下降2.2个百分点，其中男性6.3%，女性6.5%。其他指标也显示，2010年失业青年人口与失业成年人口比降低了20个百分点，失业人口中青年比例下降了8个百分点，青年人口中失业的比例下降了3个百分点，2010年青年人口的失业压力有所缓解。

进一步分析失业原因，2010年“毕业后未工作”是青年失业的第一位原因，占失业人口58.6%，其他主要原因分别是“其他”占18.3%、“因本人原因失去工作”占12.3%。

城镇青年失业率明显降低，仍高于乡村。2000年我国城乡青年人口失业率分别是15.8%和4.5%，相差3.5倍，2010年城乡青年失业率分别是9.0%和4.1%，乡村失业率稳中略降，城镇下降了6.8个百分点，但仍高出乡村1倍多。失业青年人口中，城乡比例分别是65.7%和34.3%(合计为100%)，“毕业后未工作”失业青年的城乡比例分别是67.1%和32.9%(合计为100%)，城镇青年均占了约2/3，这也反映了城镇青年的就业预期与市场需求存在较大差距。

我国青年失业状况好于世界其他地区。青年失业状况国际对比显示(见表10)，近10年来，除了中国，世界各地区劳动年龄人口中青年比重均有下降，中东地区降了4.1个百分点，最为突出；失业青年占失业总人口比重均略有下降，中国和南亚地区降幅最大，达到8个百分点；青年人口中失业的比例有升有降，波动不大，中国下降幅度最大，从6.3%降至3.7%，与世界各主要地区相比是最低的。如前所述，我国青年失业率下降的原因之一是青年在校学生大量增加，没有进入劳动力市场。应当看到，我国青年人口比重下降迟于世界其他地区，也是我国经济持续快速发展的有利条件。

4. 青年人口非经济活动状况

非经济活动人口是指不能工作或不想找工作的人口，与劳动参与率相反，非经济活动人口比例从相反的角度反映了劳动力资源利用状况，但非经济活动人口不参与失业率计算，所以单看失业率指标并不能完全反映劳动力资源利用状况。

青年非经济活动人口达4成。2010年我国青年非经济活动人口比例为42.6%，男性为40.4%，女性44.9%，成年非经济活动人口比例为26.0%；2000年，相应比例分别是26.7%、26.1%、27.2%和21.0%。10年间青年非经济活动人口比例提高了16个百分点，男性提高了14个百分点，女性提高了18个百分点，而成年非经济活动人口仅提高了5个百分点。青年非经济活动人口大量增加，4成以上青年人口游离于劳动力市场之外，是我国劳动力资源结构变化的突出特点。

在校学习是非经济活动人口增多的主要原因。非经济活动人口大量增加，究其原因要么是青年在校率提高了，要么是一些年轻人不能工作或没有工作意愿。按非经济活动人口的成因分析，2000—

表 10 1998、2009 年青年失业状况国际对比

单位:%

类别	青年/劳动年龄人口		失业青年/失业总人口		失业青年/青年人口	
	1998	2009	1998	2009	1998	2009
世界	25.7	24.4	41.9	39.0	6.8	6.6
中国	15.9(2000)	17.1(2010)	40.9(2000)	33.1(2010)	6.3(2000)	3.7(2010)
发达国家及欧盟	16.7	15.2	28.4	26.8	7.4	8.9
非欧盟及独联体国家	22.1	21.0	30.9	30.0	10.1	8.6
东亚	21.8	21.3	38.5	34.9	6.4	5.3
东南亚及太平洋地区	29.4	25.6	58.7	54.1	6.7	7.6
南亚	31.0	28.9	56.3	48.1	4.3	4.8
中东	34.9	30.8	56.4	51.6	8.4	8.5
拉美及加勒比地区	29.0	25.1	47.0	40.6	8.5	8.4
北非	33.3	29.9	54.0	51.2	10.4	9.0
南撒哈拉非洲	35.7	35.4	45.3	43.3	7.8	6.9

数据来源:2009 年国际劳工组织《经济活动人口预测和规划》第五次修订版,中国 2000、2010 年人口普查数据。

注:中国失业指标有关年龄指 16—24 岁和 16 岁及以上。

2010 年 16—24 岁丧失工作能力的青年占该年龄段非经济活动人口比例由 1.2%降至 0.7%,没有工作意愿的比例从 16.4%降至 14.8%,而在校生由 82.4%升至 84.5%。虽然在校生仅提高了 2.1 个百分点,但由于所占份额很大,从而使青年非经济活动人口数量明显增多,在校生增多成为非经济活动人口增长的主要原因,进而也拉低了青年经济活动参与率,10 年间从 73.3%降至 57.4%。

城镇青年在校生超过全国青年非经济活动人口一半。分城乡看,2010 年青年非经济活动人口比例城镇和乡村分别是 64.3%和 35.7%(合计为 100%),城镇占了近 2/3。全国城乡青年非经济活动人口的成因(见表 11)主要集中在“在校学习”、“料理家务”和“毕业后未工作”三个方面,城镇分别是 87.5%、4.6%和 3.5%,乡村分别是 79.2%、9.1%和 4.4%,“在校学习”是城乡最主要的原因,“毕业后未工作”和“料理家务”合计,城镇比例是 8.1%,乡村为 13.5%。单看在校学生,城乡比例分别是 66.5%和 33.5%(合计为 100%),城镇在校生占全国青年非经济活动人口的比例达 56.2%,全国超过一半的青年非经济活动人口是城镇在校学生。

表 11 2010 年我国城乡按未工作原因分的非经济活动人口

单位:%

类别	合计	在校学习	丧失工作能力	毕业后未工作	因单位原因	因本人原因	承包土地被征用	离退休	料理家务	其他
合计	100.0	84.5	0.7	3.8	0.0	0.7	0.0	0.0	6.2	4.0
城镇	100.0	87.5	0.4	3.5	0.0	0.7	0.0	0.0	4.6	3.2
乡村	100.0	79.2	1.2	4.4	0.0	0.7	0.0	0.0	9.1	5.4

四、对我国青年人口状况的思考

以上分析表明,与国际大趋势一样,过去 10 年我国青年人口的增速和总量先后进入了下降通道;中高级教育快速发展,初中教育全面普及,使青年受教育水平明显提高,在校青年人口大量增加,受高等教育的青年人口增长了 1 倍,女性优势显现,但城乡差距依然明显；与此相联系，我国青年劳动参与率出现了历史性转变，下降幅度超出全球降幅 13 个百分点，而且乡村快于城镇，城镇青年只有一半进入劳动力市场，乡村为 2/3；青年就业比例下降的同时，其就业结构还没有摆脱传统模式，在第三产业的就业份额与成年人口相同，在第一产业仍高达 40%，青年的职业分布，尤其是乡村青年仍聚集于技术水平较低、收入微薄的传统经济活动中中，没有实现社会经济转型，这在户籍制度背景下反映更加突出；仅从失业指标看，青年失业状况有所改善，城乡差距依然存在；10 年来青年非经济活动人口迅速增加，超过 4 成青年人没进入劳动力市场，这在一定程度上减轻了就业的压力。应当看到的是，我国青年占劳动力资源的比重下降迟于世界其他地区，庞大青年劳动力窗口依然敞开着，如何更有效地投资于青年群体，使青年之窗转化为持续的高经济增长，是我们面对的现实问题。

青年人的就业机会和社会定位对于他们自身和社会经济发展现状和未来走向密切相关。青年人初始的就业定位会影响到其个人未来的就业产出和收入水平，关系到国家的创新能力和经济发展潜力，激发年轻人对高产出的未来充满希望是一种高价的、多方位的投入。因此，从国家政策安排的角度，不仅要向青年人提供更多、更好的受教育机会，还要为青年人提供适宜的、有利于未来发展的就业岗位。

首先，要从国家持续、稳定、创新发展出发，将青年人就业的具体目标纳入国家发展战略和就业政策，实施长期、稳定的青年就业行动计划，打破传统体制的隔离和障碍，彻底消除我国青年受教育、就业以及公共服务的城乡差别和户籍差别，为年轻人提供学习和就业的制度和政策保障。其次，要在国家和地方各级层面上建立广泛的参与机制，加强教育、劳动就业、公安、社会保障等部门对青年就业工作的协调配合，通过青年就业行动计划将青年就业优先权转化为具体的行动，扶持青年人高起点、高效率地参与社会经济，从青年人开始实现产业结构调整。第三、要有针对性地加强青年教育和培训项目投入，进一步提高青年人口的文化和职业素质，增强青年的就业竞争力，全面提高青年就业的起点。要加大对农村的高中教育投入，降低农村高中教育成本，提高农村青年受教育水平。要强化青年人的职业培训，提高青年就业与劳动力市场的对接水平，引导城乡青年非经济活动人口顺利进入劳动力市场，维护我国社会经济长期、稳定、健康发展。

国务院人口普查办公室　贾毓慧

湖南女性人口状况

一、研究背景

自古以来，就有“巾帼不让须眉”、“妇女能顶半边天”的说法，女性在推动社会进步、促和谐发展的过程中有不可忽视的作用。进入新世纪，女性积极参与社会经济发展、争取女性权利，在政治、经济、社会等各方面可见到女性活跃的身姿。湖南是个人口大省，其中有48.59%是女性，共3192.43万人，关注、分析和研究近十年来女性人口发展情况，具有很强的现实性和针对性，也能有效地促进社会文明进步。

二、女性人口的基本状况

（一）女性人口数量增加，增速高于全省和男性人口

2010年第六次全国人口普查显示，全省常住人口为6570.08万人，其中女性人口为3192.43万人，占总人口的比重为48.59%，同2000年第五次全国人口普查时相比，增加164.38万人，占总人口的比重上升0.74个百分点，增长速度为5.43%，年均增长速度为0.53%，比同期全省常住人口增长速度3.83%和年均增长速度0.38%分别高1.60和0.15个百分点，比同期男性人口增长速度2.37%和年均增长速度0.23%分别高3.06和0.3个百分点。

（二）女性人口中成年人群比重较大，老年人口比重上升最快

2010年，全省0—14岁、15—59岁、60岁及以上女性人口分别为523.90万人、2193.80万人和474.73万人，占全省女性人口的比重分别为16.41%、68.72%和14.87%，与2000年相比，0—14岁女性人口减少128.58万人，比重下降5.14个百分点；15—59岁、60岁及以上女性人口分别增加171.49万人、121.47万人，比重分别上升1.94个、3.20个百分点。

（三）女性人口有56.35%分布在农村，城镇女性人口增速快于农村

2010年，全省女性人口居住在城市、镇、乡村的分别有630.08、763.53和1798.81万人，从户口性质来看，女性人口中是农业户口的有2435.93万人，占全省女性总人口的77.06%，非农业户口的725.35万人，占22.94%，农业户口女性的比重比2000年下降了4.03个百分点。尽管大部分的女性人口仍然生活在农村，但城镇女性人口的增长速度快于农村。2000—2010年的10年间，居住在城市的女性人口增加了118.37万人，占女性人口的比重上升了2.84个百分点；居住在镇的女性人口增加了430.53万人，占女性人口的比重上升了12.92个百分点；居住在乡村的老年人口减少了384.52万人，占女性人口的比重下降了15.76个百分点。从长期发展的趋势看，随着经济的发展，城市化进程的加快，城镇女性人口的比例将会不断提高。

（四）各市州女性人口分布与总人口分布趋势相吻合，长沙城镇女性人口占比最高，邵阳农村女性人口占比最高

由于全省各地区社会经济发展等情况的不一致，各地区的女性人口数量存在较明显的地区差异。2010年，全省14个市州中，长沙、衡阳和邵阳聚集了全省32.27%的女性人口，这与各地区总人口的分布趋势吻合。分城乡来看，长沙城镇女性人口的占比最高，为16.83%，邵阳农村女性人口的占比最高，为12.64%。

表1 2010年全省分地区、性别男女人口占比情况

单位:%

地区	全省			城镇		乡村	
	合计	男	女	男	女	男	女
长沙市	10.72	10.60	10.84	16.67	16.83	6.02	6.20
株洲市	5.87	5.83	5.91	7.65	7.66	4.46	4.56
湘潭市	4.19	4.15	4.23	4.85	4.84	3.63	3.75
衡阳市	10.88	10.98	10.78	11.38	10.97	10.68	10.63
邵阳市	10.76	10.87	10.65	8.23	8.09	12.86	12.64
岳阳市	8.33	8.39	8.28	8.93	8.78	7.98	7.89
常德市	8.70	8.53	8.88	7.62	8.00	9.21	9.55
张家界	2.25	2.23	2.27	1.72	1.77	2.62	2.65
益阳市	6.56	6.48	6.63	5.96	6.14	6.88	7.02
郴州市	6.98	7.03	6.92	6.75	6.69	7.25	7.09
永州市	7.91	8.01	7.80	6.50	6.41	9.14	8.87
怀化市	7.22	7.24	7.19	5.97	6.06	8.20	8.06
娄底市	5.76	5.77	5.75	4.68	4.63	6.60	6.61
湘西州	3.88	3.87	3.89	3.08	3.14	4.47	4.47

三、女性地位不断提高

(一)出生人口性别比、总人口性别比均下降

进入21世纪,随着社会经济的发展,人们重男轻女的观念有所改变,特别是在城市中,"生儿生女都一样"的观念已经深入人心。一是出生人口性别比下降。根据历次调查、普查资料,1981－2000年的19年间,湖南省出生人口性别比是逐步升高的趋势,1981年为107.60、1985年为119.10、1990年为110.16、1995年为116.30、2000年普查时为126.16,2010年第六次全国人口普查时,全省登记的2009年11月1日－2010年10月31日的出生人口的性别比为123.23,比2000年低2.93,首次呈现下降趋势。二是总人口性别比下降。2010年第六次全国人口普查显示,2010年全省总人口性别比为105.80,比2000年下降0.94,分城乡来看,城市人口性别比为102.17,集镇为105.81,乡村为107.07,与2000年相比,分别下降2.95、1.44、3.05。

(二)女性受教育程度得到提高

1. 受教育人口增加,所占比重提高

2010年第六次全国人口普查显示,全省6岁及以上女性人口2967.02万人,其中受教育人口2821.92万人,占95.11%,比2000年提高4.67个百分点。从受教育程度来看,未受教育人口145.10万人,比2000年减少127.92万人,下降46.85%。受教育人口中,具有小学受教育程度的为916.54万人,比2000年减少298.52万人,下降24.57%;具有高中受教育程度的为443.95万人,增加154.93万人,增长53.61%;具有大学专科受教育程度的为147.29万人,增加97.60万人,增长196.42%;具有大学本科受教育程度的为72.53万人,增加56.68万人,增长357.78%;具有研究生受教育程度的为4.80万人,增加4.16万人,增长649.24%。

2. 每10万人口中具有初中及以上受教育程度的人口增加,小学受教育程度人口减少

2010年全省每10万女性人口中,具有小学、初中、高中、大学专科、大学本科、研究生受教育程度人口分别为30269人、40845人、14661人、4864人、2395人、159人,与2000年相比,小学受教育程度的人口减少7792人,下降20.47%,初中及以上受教育程度的人口均有不同程度的增加,增长速度最快的是研究生受教育程度人口,增长689.91%。

3、文盲人口减少,文盲率降低。2010年,全省女性文盲人口130.37万人,与2000年的224.51万人相比,减少94.14万人;文盲率由2000年的9.45%下降为2010年的4.89%,下降4.56个百分点。

4、平均受教育年限增加。2010年,全省15岁及以上女性人口的平均受教育年限为9.06年,比2000年的7.33年提高1.73年,人均受教育年限达到初中文化水平。与男性比较来看,全省15岁及以上男性人口的平均受教育年限为9.37年,比2000年的8.23年提高1.14年,女性受教育年限提高幅度高于男性。此外,男女受教育年限的差距为0.31年,差距较2000年的0.90有缩小。

(三)女性就业水平和就业质量有所提高

就业是女性获得经济独立和发展的基本保障,是女性参与社会发展的基本形式之一。近年来,女性参与社会活动、创造社会财富的发展空间越来越广阔,更多的女性走出家门,参与社会发展。

1. 女性在第三产业就业具有一定优势

2010年,分性别就业结构看,男性一、二、三产业就业比重分别为52.75%、22.78%和24.46%,其中第二、三产业就业比重较2000年分别提高11.07和8.57个百分点;女性一、二、三产业就业比重分别为59.84%、14.99%和25.17%,其中第二、三产业就业比重较2000年分别提高7.85和10.48个百分点。与男性相比,女性从事第三产业的就业人数增幅较快。按国民经济行业分,2010年在第三产业所属的十五大行业门类中,女性从业人员在批发和零售业,住宿和餐饮业,居民服务和其他服务业,教育,卫生、社会保障和社会福利业较男性有一定优势。

表2 2010年全省国民经济各行业就业人口比重情况

单位:%

行业门类	全省	男性	女性
农、林、牧、渔业	55.89	52.75	59.84
采矿业	0.92	1.38	0.33
制造业	12.84	12.96	12.69
电力、燃气及水的生产和供应业	0.53	0.66	0.36
建筑业	5.05	7.77	1.61
交通运输、仓储和邮政业	3.17	4.81	1.09
信息传输、计算机服务和软件业	0.52	0.53	0.50
批发和零售业	9.02	7.57	10.86
住宿和餐饮业	2.76	2.22	3.46
金融业	0.60	0.55	0.65
房地产业	0.38	0.45	0.30
租赁和商务服务业	0.43	0.49	0.35
科学研究、技术服务和地质勘查业	0.16	0.19	0.13
水利、环境和公共设施管理业	0.26	0.27	0.24
居民服务和其他服务业	1.80	1.74	1.87
教育	1.99	1.74	2.32
卫生、社会保障和社会福利业	1.09	0.85	1.41
文化、体育和娱乐业	0.39	0.37	0.41
公共管理和社会组织	2.20	2.68	1.58
国际组织	0.00	0.00	0.00

2. 女性就业人口受教育程度与男性差距缩小,职业结构有所优化

2010年,全省男性就业人口平均受教育年限为9.28年,女性为8.99年,相差0.29年,差距较2000年的0.46年有缩小。随着女性受教育程度的提高,女性就业层次也进一步提高。湖南女性在各职业人口中,受教育程度居前三位的分别是专业技术人员,办事人员和有关人员,国家机关、党群组织、企业、事业单位负责人。三类职业中,具有大学专科以上受教育程度分别占58.85%、52.99%和35.89%,较2000年分别提高21.21、21.16和2.70个百分点。商业、服务业人员,生产、运输设备操作人员及有关人员这两个职业中,初中和高中文化程度所占比重最大,均超过80%;受教育程度最低的依然是农、林、牧、渔、水利业生产人员,小学及初中学历的占88.26%。可见,女性职业层次的优化,与其自身的文化水平和素质成正比例关系,其受教育程度越高,就业机会就越多，择业范围也越宽，职业的层次　越高。

表 3　2010 年湖南省就业女性受教育程度的职业差异

单位：%

职业大类	合计	未上过学	小学	初中	高中	大学专科及以上		
						大学专科	大学本科	研究生
国家机关、党群组织、企业、事业单位负责人	100.00	0.28	5.12	30.22	28.49	22.30	12.59	1.00
专业技术人员	100.00	0.11	1.95	14.04	25.05	35.93	20.96	1.96
办事人员和有关人员	100.00	0.07	2.06	16.18	28.69	33.23	18.72	1.05
商业、服务业人员	100.00	0.42	9.54	54.27	27.35	6.83	1.55	0.04
农、林、牧、渔、水利业生产人员	100.00	4.15	36.32	51.94	7.03	0.49	0.07	0.00
生产、运输设备操作人员及有关人员	100.00	0.43	13.48	65.20	16.61	3.43	0.82	0.03
不便分类的其他从业人员	100.00	1.01	15.55	54.76	18.55	6.99	3.04	0.09

3. 就业女性的人身权利和劳动权益保护基本得到落实

2010 年，在全省各企业中，执行了《女职工四期劳动保护规定》的企业达到 30127 家，比 2002 年（2000 年和 2001 年数据缺口，下同）增加 22171 家，年均增长 18.11%；执行了《女职工禁忌劳动范围规定》的企业达到 30653 家，比 2002 年增加 21908 家，年均增长 16.97%。在妇女劳动权益保护方面，随着企业发展不断得到规范，侵犯妇女劳动权益的案例逐年减少。2010 年全省查处有关违反女职工特殊劳动保护规定的案件比 2000 年减少 242 起，年均下降 14.6%。

4. 女性劳动者参加保险人数增加

近年来，随着城乡社会保障体系不断健全和完善，企业职工保险、城镇居民医疗保险和新型农村合作医疗的推进，企业女职工参加基本养老、医疗、工伤、生育和失业保险的人数不断增加。从 2010 年参加基本养老、医疗和失业保险的女性人数看，分别为 431.89 万人、357.6 万人和 183.77 万人，与 2002 年相比（注：2000 年、2001 年无数据），分别增加 323.84 万人、191.58 万人和 45.29 万人，年均分别增长 18.9%、10.1%和 3.6%。湖南省于 2003 年才启动实施的工伤保险和生育保险，到 2010 年参与这两项保险的女性人数分别为 237.35 万人和 242.48 万人，比上年增加 16.89 万人和 7.85 万人，增长 7.66%和 3.35%。参保人数与 2004 年相比，年均分别增长 19.57%和 17.72%。

（四）女性参政议政“声音”更大

2001 年，中共中央组织部下发《关于进一步做好培养选拔女干部、发展女党员工作的意见》，提出省级党委、人大、政府、政协领导班子要各配备 1 名以上女干部；县级党委、政府领导班子要各配 1 名以上女干部；中央、国家机关部委，省、自治区、直辖市和市级党委、政府工作部门要有一半以上的领导班子配备女干部；其中教育、科技、文化、卫生、体育、计划生育、民政、司法、劳动和社会保障等部门的领导班子要首先选配；其他女职工比较集中的行业以及企事业单位的领导班子，要多选配一些女干部。与此相适应的，《中国妇女发展纲要（2001—2010 年）》中也强调要进一步加大培养女干部的力度，特别注意选拔女性担任正职领导职务。女性因此有更多的机会参与国家和社会事务管理，参与决策层次和担任高职位的人数增加。

1. 人大女代表和政协女委员比例稳中有升

从各级党代会、人代会女代表和政协女委员人数所占比例情况看，基本保持在上一届的基础上稳步提高。2010 年，在省级人大代表中，女代表占代表人数的比重为 17.27%；省人大常委会组成人员中女性所占比重由 2000 年的 9.23%提升到 21.88%，上升 12.65 个百分点；市（州）和县（市、区）两级人大女代表人数与 2000 年比较，分别增长 18.78%和 67.14%，所占比重提高 2.33 个和 9.02 个百分点；市（州）和县（市、区）两级人大常委会组成人员中女性人数与 2000 年相比，分别增加 46 人和 379 人，增长 70.77%和 125.50%，所占比重分别提高 13.79 个和 5.78 个百分点。2010 年，在省政协委员中，女委员 145 人，比 2000 年增加 22 人，增长 17.89%，所占比重也由 2000 年的 17.13%提高到 19.28%，上升 2.15 个百分点；市（州）

和县(市、区)两级政协女委员与2000年比较,分别增长31.18%和40.08%,所占比重提高2.24个和1.96个百分点。其中市(州)级政协常委的女性人数比2000年增长41.43%,所占比重达20.73%;县(市、区)级政协常委的女性人数比2000年增长34.76%,所占比重达21.14%。

2. 各级党、政领导班子中基本配备了女干部

在全省各级党委、政府领导班子中基本都配备了女干部,其中省级党委、政府从2003年起就配备了1名女干部。在2005年,湖南省市(州)级党、政领导班子中的女干部配备率只有93.0%和86.0%,到2008年这两个领导班子都配备了1名女干部。2010年,在省、市(州)、县(市、区)各级政府工作部门领导班子中,女干部配备率分别达到44.9%、49.4%和64.2%,将近一半的领导班子配备了女干部。在各村民、居民委员会成员中,女性成员比重分别达到27.5%和42.2%。其中,村民委员会女成员比例比2000年提高8.34个百分点。

3. 中、高层女干部比例有提高

2010年,省级党政机关女公务员占公务员总数的比重为21.4%。其中,省直部门担任厅局长(一把手)职务的女性人数占厅局长人数的比重为7.1%。在全省厅局级干部队伍中,45岁及以下女性人数占15.56%,比2000年提高2.5个百分点;在县处级干部队伍中,35岁及以下女性人数占36.5%,比2000年提高0.5个百分点。在市(州)中,担任副市(州)委书记和副市(州)长的女性人数占同级职务人数的比重分别为12.1%和15.2%,比2000年提高6.8个和6.0个百分点;在县(市、区)中,担任县(市、区)委书记、副书记的女性人数占同级职务人数的比重分别为8.3%和6.9%,比2000年提高7.5个和1.1个百分点;担任县(市、区)长、副县(市、区)长的女性人数占同级职务人数的比重分别为6.6%和14.7%。

四、女性发展中不容忽视的问题

(一)出生人口性别比偏高

出生婴儿的性别构成,按照国际上长期的观察,在没有人为因素干扰的情况下,生男生女完全由人的生理因素决定,一般认为在103－107之间变动。但是从历次普查、调查数据来看,虽然2010年第六次全国人口普查时登记的2009年11月1日－2010年10月31日的出生人口的性别比比2000年有所下降,但是依然较高(为123.23),远高于在一般情况下出生人口性别比的正常值范围,消除重男轻女的传统观念任道重远。

(二)受教育程度还需要提高

与2000年第五次人口普查相比,湖南女性的受教育程度有所改观,受教育人口增加,所占比重提高;每10万人口中具有初中及以上受教育程度的人口增加;文盲人口减少,文盲率降低;平均受教育年限增加,与男性的差距缩减。如此情况为湖南今后的发展奠定了坚实的人才基础,也有力地促进了劳动人口素质与劳动生产率的提高,对推动全省经济发展与社会进步具有重要作用。但是我们应该清醒地看到,由于受传统习俗、民族文化、政治经济等因素的影响,湖南女性人口的受教育程度仍需提升,突出表现在以下几方面:

1. 受教育程度在性别上存在较大差异

2010年,全省6岁及6岁以上人口中,接受小学及小学以上教育的人口性别比为108.03:100,其中,接受小学教育的人口性别比为92.04:100,接受初中、高中、大学专科、大学本科、研究生教育的人口性别比分别为:110.04:100,128.26:100,117.00:100,131.72:100,139.68:100,随着学历的提高,男性多于女性的情况更明显。此外,从文盲人口来看,全省男性文盲45.06万人,占25.69%,女性130.37万人,占74.31%,与2000年相比,女性文盲人口占比虽然下降了1.81个百分点,但是占比超过70%,且女性文盲人口是男性的2.89倍。说明在受教育机会均等上,男女仍存在较大的不平等性。

2. 受教育程度在城乡间存在较大差异

由于城乡长期存在社会结构制度的二元性,使得城乡间社会经济发展状况有相当大的差异,这种差异也必然反映在女性受教育程度上。根据2010年第六次全国人口普查数据资料,从分城乡分性别、受教育程度的6岁及6岁以上人口看,75.48%未上过学的女性人口分布在湖南农村,随着教育层次的提高,城乡女性差距拉大,受过大学专科及以上教育的女性人口中有74.94%生活在城镇(见表4)。可见,女性受教育程度城乡间存在较大差距。

表 4　湖南省女性人口分城乡、不同受教育程度的人员比重

单位:%

类别	未上过学	小学	初中	高中	大学专科	大学本科	研究生
合计	100.00	100.00	100.00	100.00	100.00	100.00	100.00
城市	7.19	10.83	16.05	36.09	51.42	69.61	85.58
集镇	17.33	20.43	23.94	32.16	30.84	21.71	9.59
农村	75.48	68.73	60.01	31.75	17.74	8.68	4.83

3. 女性受教育程在行业上存在较大差异

2010 年,在湖南省各行业中,59.84%的女性从事农林牧渔业,且 92.35%为初中及以下文化程度;12.69%的女性从事制造业,且 75.39%为初中及以下文化程度;10.86%的女性从事批发和零售业,且 82.15%为初高中文化程度;3.46%的女性从事住宿和餐饮业,且 83.53%为初高中文化程度;5.31%的女性从事教育,卫生、社会保障和社会福利业,公共管理和社会组织,却有 64.12%人员为大学专科及以上文化程度。文化素质低的女性一般分布在第一产业和第二产业,从事体力劳动;文化素质高的女性多分布在第三产业,从事脑力劳动。不同职业所需的文化知识水平含量是有区别的,文化素质的高低会直接影响女性就业。

表 5　湖南省女性人口分行业、不同受教育程度的人员比重

单位:%

行　　业	合计	未上过学	小学	初中	高中	大学专科	大学本科	研究生
农、林、牧、渔业	100.00	4.14	36.29	51.91	7.06	0.51	0.08	0.00
采矿业	100.00	0.65	15.30	52.27	22.74	6.65	2.29	0.10
制造业	100.00	0.37	12.05	62.98	18.07	4.88	1.59	0.08
电力、燃气及水的生产和供应业	100.00	0.09	2.70	23.93	35.63	27.75	9.53	0.37
建筑业	100.00	0.60	17.15	59.98	13.52	6.10	2.57	0.08
交通运输、仓储和邮政业	100.00	0.46	8.15	44.47	29.79	12.94	4.02	0.16
信息传输、计算机服务和软件业	100.00	0.21	3.21	25.39	32.28	26.58	11.53	0.79
批发和零售业	100.00	0.29	8.27	53.06	29.09	7.52	1.73	0.04
住宿和餐饮业	100.00	0.34	10.01	59.03	24.50	5.04	1.04	0.03
金融业	100.00	0.06	1.32	13.05	29.20	36.56	19.02	0.79
房地产业	100.00	0.29	5.88	29.85	29.15	24.72	9.79	0.32
租赁和商务服务业	100.00	0.32	4.42	27.76	28.56	25.94	12.25	0.76
科学研究、技术服务和地质勘查业	100.00	0.05	3.64	21.89	24.10	27.58	19.62	3.11
水利、环境和公共设施管理业	100.00	1.12	15.17	40.79	23.43	13.69	5.53	0.27
居民服务和其他服务业	100.00	1.07	13.13	56.87	23.44	4.48	0.98	0.03
教育	100.00	0.07	1.25	9.03	21.07	36.09	28.89	3.59
卫生、社会保障和社会福利业	100.00	0.13	1.70	11.20	27.35	42.78	15.61	1.23
文化、体育和娱乐业	100.00	0.27	4.52	35.76	29.27	17.15	12.41	0.61
公共管理和社会组织	100.00	0.11	1.59	10.09	26.62	37.50	22.90	1.19
国际组织	100.00	0.00	0.00	28.57	28.57	28.57	14.29	0.00

(三)女性就业存在一些问题

1. 第一产业女性化的趋势在加重

随着工业化、城镇化的不断推进,具有体力或技术优势的男性就业人口不断融入第二、第三产业,特别是在农村中,在知识、经验等方面具有优势的男性逐渐转移出去了,留下的女性不得不接替男性从事农林牧渔业的生产,客观上加剧了第一产业女性化的进程。2010年,湖南女性从事第一产业的比例为59.84%,比男性从事第一产业的比例高7.09个百分点,与2000年男女从事第一产业比例差5.78有提高;从事第一产业的农村女性更是占到农村就业女性总数的77.43%。表面看起来,“第一产业女性化”反映的是女性的就业参与率很高,但其实暴露了女性就业质量需提高,就业环境需改善的情况。

2. 女性存在阶段性就业

女性由于生育、照顾家庭等方面原因,存在阶段性就业。根据第三期中国妇女社会地位抽样调查资料,被调查的湖南女性中,48.5%的35岁以下女性中有过半年以上没有工作也无收入的情况,比男性高25.4个百分点;城乡35岁以下有6岁以下孩子母亲的就业率分别为58.9%和48.3%,比同龄没有年幼孩子母亲的就业率低22.9个和35个百分点。

3. 女性就业中遭遇性别歧视

虽然女性的社会地位有了很大的提高,且2007年颁布的《就业促进法》中第二十七条明确规定:“国家保障妇女享有与男子平等的劳动权利。用人单位招用人员,除国家规定的不适合妇女的工种或者岗位外,不得以性别为由拒绝录用妇女或者提高对妇女的录用标准。用人单位录用女职工,不得在劳动合同中规定限制女职工结婚、生育的内容。”但是在人才市场上,女性在谋求职业时,依然会遭遇性别歧视,进入工作领域的障碍往往多于男性,例如:某些用人单位对职位的要求明确注明只要男性,或者男性优先,或者有意提高女性就业标准,甚至在工作后,女性也会遭遇性别歧视。第三期中国妇女社会地位抽样调查资料显示,被调查的女性中,在就业方面遭遇过性别歧视的占9.2%,男性仅为5.8%。

(四)老年女性人口需要加强关注

2010年第六次全国人口普查显示,全省60岁及以上的女性老年人口有474.73万人,占总人口的比重为7.23%;同2000年相比,增加了121.47万人,占总人口的比重上升了1.65个百分点。从2000年到2010年的10年间,60岁及以上的女性老年人口增长了34.38%。随着老年人口的持续增加,养老问题越来越突出,而女性由于生理等因素影响,女性的寿命相对更长,高龄老年妇女成为高龄老人的主体。从分年龄段的老年人口的性别比可以看出,60—64岁的性别比为108.36,随着年龄的增加,性别比逐渐下降,100岁及以上的仅为32.09(见表6)。此外,虽然女性寿命更长,却并不意味着生活质量就高,一是女性单身老人多于男性。从丧偶率来看,2010年全省老年人口的丧偶率为28.13%,其中:女性的丧偶率为38.95%,男性为17.30%,女性丧偶率是男性的2.25倍。二是女性老年人口的生活自理能力和长期照料问题日益突出。全省60岁及以上的女性老年人口中,健康和基本健康的共计366.87万人,占女性老年人口的比例为76.73%;不健康,但生活能自理的女性老年人口为94.69万人,占19.81%;16.54万女性老年人口生活不能自理,占3.46%。且年龄越大生活自理能力越差,80岁及以上的老年人口中,女性生活不能自理的比例高于男性,高出0.98个百分点。

表6　湖南省老年人口性别比情况

单位:人

年龄(岁)	男性人口	女性人口	男女性别比(女=100)
60—64	1631170	1505322	108.36
65—69	1099436	1005092	109.39
70—74	960089	919194	104.45
75—79	631505	675356	93.51
80—84	331161	399139	82.97
85—89	119866	180273	66.49
90—94	27252	50592	53.87
95—99	6467	12342	52.40
100+	388	1209	32.09

五、关爱女性,促进女性发展

(一)贯彻落实男女平等的基本国策

1. 继续加大宣传力度,倡导男女平等

男女平等是基本国策,也是社会文明进步的重要标志,要坚持广泛宣传,充分发挥大众传媒的舆论导向作用，宣传男女平等的基本国策、《妇女权益保障法》等法律法规，增强社会各界的性别平等意识，努力消除社会文化中对女性的歧视和偏见；特别针对农村居民进行有效宣传，改变他们重男轻女的世俗观念。

2. 采取有效措施，制止人为干扰出生婴儿性别行为

由于“重男轻女”的观念未完全消除，导致存在人为干扰出生婴儿性别的现象，要继续开展相关法律法规宣传，并严格打击孕期性别检查行为，从源头上杜绝出生性别人为选择的现象发生。

3. 保护女性的劳动权益

要努力消除就业中的性别歧视，给予女性同等的就业机会。一是要完善就业导向机制，为女性劳动者提供优质高效的职业介绍、职业指导等服务，推动妇女参加职业技能培训，提高女性就业竞争力。二是加强宣传，提高用人单位的法律意识，自觉遵守有关法律法规，落实男女平等，同工同酬的精神。三是要加强劳动合同管理，指导各类用人单位把女职工特殊劳动保护条款纳入劳动用工合同，在各个层面建立和完善女职工特殊保障措施，严肃查处违反女职工特殊劳动保护规定的行为。

（二）保障女性受教育权利，提高女性素质

1. 加强对女性教育的支持力度。

首先，政府应该提高对女性教育的重视度，通过制定相关政策和规范，切实保障女性的受教育权利，使女性获得与男性均等的受教育机会。其次，要积极引导和规范社会舆论，消除性别歧视，为女性求学、就业创造良好的社会文化氛围。最后，大力培养和建设女性干部队伍。因为女性干部更容易理解、支持和帮助女性，更利于女性教育问题的解决。

2. 加强教育投入

进一步加大对教育经费的投入，统筹规划，合理布局，为女性接受各个层次教育提供条件，从而减缓女性受教育水平差异的扩大，提高女性劳动力的整体素质。

3. 做好女性的教育工作

一是开展形式多样的扫盲活动，有效地降低农村女性成人文盲率。二是以多种手段鼓励农村妇女学知识、学技术、学科学，依靠科技脱贫，依靠知识致富，在实现农业现代化过程中，起骨干作用，在参与中提高自身的素质。三是消除妨碍女性接受教育的任何人为障碍。取消与性别有关的入学录取分数差异政策，积极开展升学指导工作，拓宽女学生择校择业的视野，优化女性人才的结构。四是积极发展适应妇女特点的成人教育。重点发展职业技术教育，增加妇女接受职业教育和继续教育的机会，使女性人力资源能有选择地接受教育和培训，提高女性受教育程度和自身的竞争能力和应变能力。

（三）提高公共服务水平，不断健全社会保障制度

1. 提高公共服务水平

在目前养老机构难以满足社会需求的情况下，建议大力发展社区居家养老，加快构建社区老年照料服务平台，促使家庭养老社会化。

2. 大力推进养老保险全覆盖

一个健全的社会保障制度能确保人民“病有所医、老有所养”，必须不断完善社会保障制度。一是继续扩大社会保障覆盖范围，二是加快完善各项社会保险制度，做好新型农村医疗合作医疗、城镇居民医疗保险，继续开展新型农村社会养老保险试点和城镇居民养老保险试点。

湖南省统计局　杨畅文　赵宏　廖闻菲

重庆市人口年龄结构现状及发展趋势研究

人口年龄结构是指不同年龄组人口在总人口中所占的份额。它是人口最基本、最重要的结构之一，也是长期人口自然变动、迁移变动和社会变动的必然结果。随着当前幼儿教育、用工短缺以及人口老龄化等问题逐渐成为社会各界所热议的焦点，人口年龄结构对经济可持续发展、产业升级转移、社会资源优化配置等方面的影响显得更加突出，值得社会大众与决策层给予高度的瞻前性关注。

第六次全国人口普查数据的公布，为分析重庆市人口年龄结构的现状和变化特征，探寻未来长时期的发展趋势，客观审视年龄结构因素对社会经济发展的影响等提供了非常全面且宝贵的基础性数据。本课题在对第六次人口普查数据汇总分析的基础上，通过对当前人口年龄结构与社会经济发展相互影响的角度进行研究，深入分析重庆市人口年龄结构的现状、变动特征、影响因素等，为科学规划和制定中长期人口政策、就业发展战略以及社会公共管理政策等提供科学依据。

一、重庆市人口年龄结构现状及基本特征

第六次人口普查数据资料显示，2010年重庆市常住人口中，0－14岁的少儿[①]人口为489.80万人，占总人口的16.98%；15－64岁的人口为2061.41万人，占总人口的71.46%；65岁及以上的老年人口为333.41万人，占总人口的11.56%。

（一）重庆市人口年龄结构的基本特征

1. 少儿人口数量呈减少态势，占总人口比重持续下降

2010年，重庆市少儿人口比重为489.80万人，比2000年的664.91万人减少175.11万人。少儿人口比重由2000年的23.34%下降为2010年的16.98%，下降了6.36个百分点。少儿人口的绝对数量和相对比重的“双降”意味着全市人口自然增长速度放缓，不仅对未来人口再生产产生较大的影响，也会对各项青少年社会事业的发展、特别是教育发展规划带来现实的影响。

2. 劳动年龄人口稳步增长

第六次全国人口普查数据显示，2010年重庆市劳动年龄人口为2014.09万人，占总人口的69.82%。与2000年相比，劳动年龄人口净增120.19万人，增长6.3%，占总人口的比重上升3.34个百分点。其中，劳动适龄人口[②]为1736.02万人，比2000年增加32.71万人，增长1.9%，占总人口的比重由2000年的59.8%上升到60.2%，上升0.4个百分点。劳动年龄人口特别是劳动适龄人口的稳步增长，保证了劳动力资源的充分供给，有效的减轻了社会人口抚养负担，所形成的人口红利通过资源配置机制的改革得以释放，并且通过重庆参与经济全球化的过程而作为比较优势得以实现，从而延缓了资本报酬递减的过程，成为保证重庆经济持续健康快速发展的重要因素之一。

3. 老龄化程度不断加深，老年型社会结构进一步显现

人口老龄化是指在总人口的构成中，老年人口比重不断上升的一个动态发展进程。它是世界人口发展的一种普遍趋势，是现代生育模式下人口生育率下降和平均预期寿命延长的结果，是经济发展和技术进步的标志。国际上一般将少儿人口比重低于30%、老年人口比重超过7%、年龄中位数在30岁上的人口年龄结构判断为老年型社会。

① 本文将0－14岁称为少儿人口，16－64岁称为劳动年龄人口，65岁及以上称为老年人口。如无特殊标注，皆采用此种划分方法。

② 本课题将16－59岁的男性人口及16－54岁的女性人口统称为劳动适龄人口。

早在2000年第五次全国人口普查时，重庆市就已经步入老龄化社会。近十年来，重庆市老年人口比重持续攀升，老龄化程度不断加深，老年社会结构进一步显现。2010年，全市老年人口达到333.41万人，较2000年增加91.09万人；老年人口占总人口的比重达到11.56%，较2000年上升2.72个百分点。

表1　重庆市1982—2010年主要年份年龄结构

单位：%、岁

年龄结构类型		0—14岁人口比重	65岁及以上人口比重	年龄中位数
国际标准	年轻型	>40	<4	<20
	成年型	30—40	4—7	20—30
	老年型	<30	>7	>30
重庆市	1982年	33.3	4.8	23.6
	1990年	21.7	5.8	26.7
	2000年	23.34	8.84	33.8
	2010年	16.98	11.56	38.7

全市人口老龄化程度加深，不仅仅反映在老年人口绝对数量和相对比重的增加，还突出的表现为高龄老人快速增长，老年人口呈现高龄化发展态势。2011年，全市重庆80岁及以上高龄老人56.54万人，占老年人口比重16.96%，十年增加20.24万人，年均增速达4.5个百分点。百岁老寿星的人数由2000年的485人，增加到2010年的826人，增长70.3%，年均增长5.5%。高龄老人和百岁老人的年平均增速远远快于重庆总人口和老年人口的增速。

4. 社会总抚养水平稳步降低

(1)少儿抚养比持续下降。由于计划生育政策的有效执行，总和生育率明显下降，新生人口数量得到严格控制，少儿抚养负担显著降低。尤其是进入21世纪后，计划生育工作以人为本的各项服务措施进一步落实、社会经济的快速发展以及城镇化水平的不断提高，都极大地促进了群众生活方式的改变和生育观念的转变，为稳定低生育水平提供了有利的社会经济条件。2000—2010年，全市少儿抚养比由34.4%下降到23.8%，下降10.6个百分点。

(2)老年抚养比逐步上升。老年人口的迅速增长，推动了社会的老龄化进程，也提升了老年抚养比。重庆市老年抚养比由2000年的13.0%上升到2010年的16.2%，上升3.2个百分点。

(3)总抚养比稳步降低。虽然随着重庆市人口进入老龄型社会，老年抚养比逐步上升，但其上升幅度小于生育率下降引起的少儿抚养比的下降幅度。因此，全市总抚养比仍然呈稳步下降的趋势。2010年全市总抚养比为39.9%，比2010年降低7.5个百分点。

5. 人口年龄结构的城乡差异显著

由于重庆市城乡“二元经济”的社会经济发展水平差异的存在，乡村人口特别是青少年人口和劳动年龄人口由乡村地区向经济更为发达的城镇地区聚集，加之城镇地区的计划生育政策要求较乡村更加严格，生育观念更新，生育水平更低，致使城乡人口的年龄结构差异显著。如表2所示，2010年，市人口的0—14岁的少儿人口比重最低，镇次之，乡村最高，高低差距8.60个百分点；65岁及以上老年人口比重依然是市人口为最低、镇次之、乡村最高，高低差距5.65个百分点；相应的，15—64岁的中青年人口比重则相反，市人口比重最高、镇次之、乡村最低。从年龄中位数看，乡村人口的年龄中位数最高，为40.8岁；镇人口次之，为37.21岁；市人口最低，为37.15岁。按照人口年龄结构类型的划分，市、镇、乡村人口均已进入老龄化社会，但乡村人口的老龄化程度明显高于市、镇人口。

表2　重庆市2010年城乡人口年龄结构

单位：%，岁

指标	合计	市	镇	乡村
0—14岁	16.98	11.56	17.58	20.16
15—64岁	71.46	79.79	72.69	65.53
65岁及以上	11.56	8.66	9.74	14.31
年龄中位数	38.70	37.15	37.21	40.77

6. 育龄妇女总量有所增加，但20—29岁生育旺盛期妇女人数大幅减少

国际上根据妇女的生理特点和生育规律，将15—49岁的妇女界定为育龄妇女，将20—29岁妇女定义为生育旺盛期妇女。2010年，重庆市育龄妇女为764.30万人，比2000年增加32.73万人，而生育旺盛期妇女则由2000年的199.70万人下降到2010年的189.71万人，减少9.99万人，减幅为5.3%。生育旺盛期妇女占育龄妇女的比重由2000年的27.3%下降为2010年的24.8%，下降2.5个百分点。由于生育旺盛期妇女所生孩子数占全部出生人口的63.3%,因此生育旺盛期妇女数量的减少,在相同的生育率条件下,导致出生人口减少。据测算,2010年人口出生率比2000年下降0.6个千分点,其中受"生育旺盛期妇女数量减少"的影响约为0.1个千分点。

表3 重庆市育龄妇女年龄结构变动情况

单位:万人,%

年龄别	2010年		2000年		2010年较2000年增减	
	人数	比重	人数	比重	人数	比重
合　计	764.30	100.00	731.57	100.00	32.73	0.00
15—19岁	110.97	14.52	71.79	9.81	39.18	4.71
20—24岁	109.37	14.31	64.38	8.80	44.99	5.51
25—29岁	80.34	10.51	135.32	18.50	−54.98	−7.99
30—34岁	74.95	9.81	141.87	19.39	−66.92	−9.58
35—39岁	143.25	18.74	120.22	16.43	23.03	2.31
40—44岁	135.66	17.75	79.48	10.86	56.18	6.89
45—49岁	109.76	14.36	118.51	16.20	−8.75	−1.84

7. 学龄人口规模和结构发生显著变化

由于生育率的连续下降、出生人数减少,使得少儿及青少年人口数减少,学龄人口规模和结构也随之发生增减变化。2010年,重庆市0岁婴儿组人口比2000年减少1.69万人,占总人口的比重下降0.1个百分点;1—3岁的幼儿组人数减少7.04万人,占比下降0.3个百分点;4—5岁的学龄前儿童组人数减少25.32万人,占比下降0.9个百分点;6—11岁的小学学龄人口减少94.69万人,占比下降3.4个百分点;12—14岁的初中学龄人口减少46.62万人,占比下降1.7个百分点。15—17岁的高中学龄人口增加52.46万人,占比上升1.8个百分点。这种变化将在一定程度上逐渐减轻幼儿园、小学及初中的入学压力,有利于全市整体办学条件的改善和教学质量的提高,因此当前的人口年龄结构变化无疑是有利于教育事业发展的。

表4 重庆市重要学龄组人口数量及结构比例变化

单位:万人,%

年龄组	2010年	2000年	增减	2010年	2000年	增减百分点
0岁组	26.23	27.92	−1.69	0.9	1.0	−0.1
1—3岁(幼儿组)	96.37	103.40	−7.03	3.3	3.6	−0.3
4—5岁(学龄前儿童组)	65.55	90.87	−25.32	2.3	3.2	−0.9
6—11岁(小学生组)	184.47	279.16	−94.69	6.4	9.8	−3.4
12—14岁(初中生组)	117.18	163.80	−46.62	4.1	5.8	−1.7
15—17岁(高中生组)	145.04	92.58	52.46	5.0	3.3	1.8

(二)影响重庆市人口年龄结构变动的因素

人口年龄结构是长期人口自然变动、迁移变动和社会变动的必然结果。影响人口年龄结构变动的人口学因素主要包括出生、死亡、迁移变动、人口年龄结构的自身惯性因素等。

1. 出生人口减少对人口年龄结构的影响

国内外研究表明,生育率下降对人口年龄结构的影响远大于死亡率下降对人口老龄化的作用。生育率的下降在一定程度上使年轻人特别是少年儿童人口占总人口的比重下降,从而相对增加了年长人口占总人口的比重,导致人口老龄化,进而改变人口年龄结构。2000—2010年,重庆市人口出生率由9.8‰下降为9.2‰,下降了0.6个千分点,平均每年下降近0.1个千分点;相应地,全市出生人口由2000年的30.29万人减少为2010年的26.34万人。由于出生人口的减少，全市少儿人口比重由2000年的23.34%下降为2010年的16.98%，10年间共下降6.36个百分点。

2. 死亡率下降对人口年龄结构的影响

2010年全市死亡率为6.9‰，2010年下降为6.4‰。其中老年人口的死亡率为37.3‰，较2000年下降19.5个千分点。老年人口死亡率的下降速度明显快于全市人口的平均死亡率的下降速度。因此，死亡率的下降特别是老年人口死亡率的下降，在一定程度上使得老年人口比重上升，进而改变人口年龄结构。

3. 人口净外出对人口年龄结构的影响

进入21世纪之后，社会主义市场经济体制的逐步规范健全，劳动力资源市场化配置机制在实践中不断发展完善，全国范围内的大规模人口迁移流动进一步加剧并呈现常态化趋势。虽然近年来重庆市社会经济快速发展，外来人口不断增加，但人口净外出的基本状况并未发生根本性转变。劳动年龄人口的大规模外出，势必使得市内常住人口的少儿比重和老年人口比重相应提高。据测算，"外出市外因素"使常住人口中的0－14岁的少儿比重提高了1.0个百分点，15－64岁的劳动年龄人口降低了2.5个百分点，65岁及以上老年人口比重上升了1.6个百分点。

表5　重庆市外出市外人口对常住人口年龄结构的影响

单位：%

年龄组	常住人口年龄结构	外出市外人口年龄结构	包含外出市外的总人口年龄结构	外出市外人口对常住人口年龄结构的影响（百分点）
0－14岁	16.98	10.3	16.0	1.0
15－64岁	71.46	88.1	74.0	－2.5
65岁及以上	11.56	1.6	10.0	1.6

图1　2010年外出市外人口与常住人口年龄结构比较图

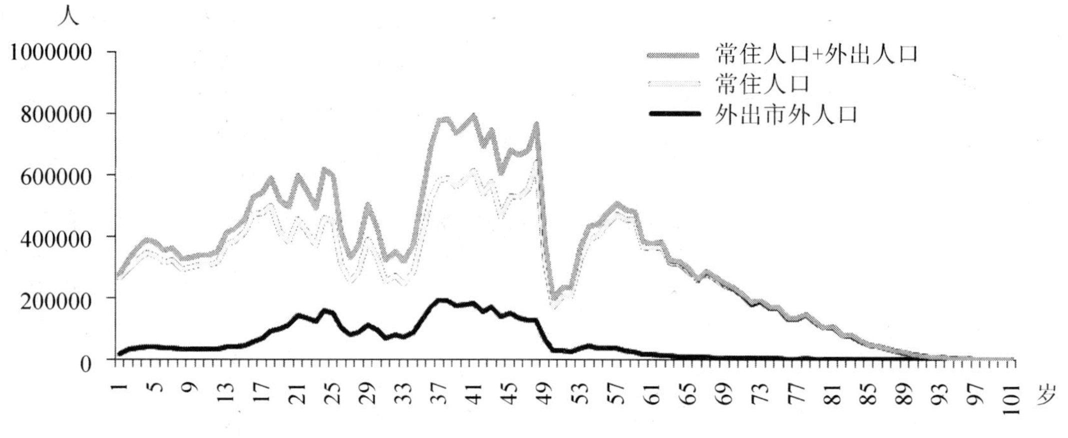

图1形象地反映出外出人口对常住人口年龄结构的影响，从常住人口和外出人口的曲线形状来看，表现出较好的凹凸拟合关系，说明第六次人口普查在外出市外人口和常住人口在数量上的反向关系和趋势一致性。比较常住人口和包含外出市外人口的总人口曲线，两条曲线中间的面积可视作外出市外人口对常住人口年龄结构的影响程度。从图上直观地反映出外出人口对常住人口年龄结构的影响主要还是10－49岁年龄组阶段。

4. 初期人口年龄构成的惯性影响

如前所述，由于现实的人口结构都是过去人口年龄结构在出生、死亡、迁移等因素作用下变动的结果，因此其具有惯性特点。利用人口年龄推移算法将2000年第五次人口普查的年龄结构顺推10年后与2010年第六次人口普查年龄结构相比较，可以反映人口年龄结构的惯性作用并相互检验人口年龄结构资料的一致性与准确性。

由图2可见两条曲线的整体形态基本一致，2010年第六次人口普查18－26岁年龄组曲线明显低于2000年年龄推移计算值，而27－43岁以及55岁以上年龄组曲线均明显高于年龄推移计算结果。

图 2 2010 年常住人口和 2000 年推移计算人口的年龄结构比较图

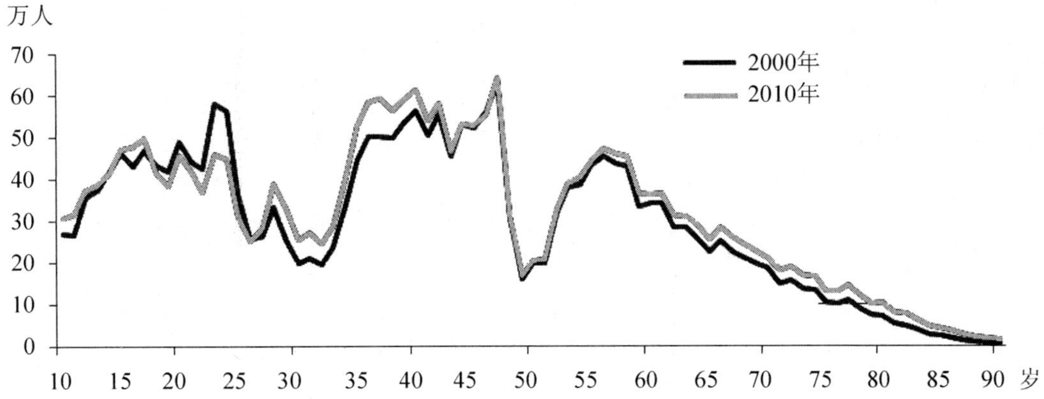

2000 年第五次人口普查年龄结构推移计算 10 年后的结果与 2010 年第六次人口普查年龄结构的比较结果表明：2010 年第六次人口普查和 2000 年第五次人口普查的年龄结构资料的准确性非常高，初期人口年龄结构的惯性因素对当前年龄结构的影响相当大；人口的机械变动也是影响年龄结构的重要因素，重庆市迁出人口主要集中在 18—26 岁年龄段，而迁入人口主要集中在 27—43 岁年龄段；此外，伴随中老年人口死亡率的显著降低，人口老龄化程度进一步加深，55 岁及以上的人口数量明显增加。

二、重庆市年龄结构发展趋势

几乎所有人口现象和许多社会经济活动在不同年龄的人群之间都存在着差别，有时甚至是很大的差别。一个国家或地区的全体人口的状况及其变动，实际上不过是不同年龄人口的一种综合表现，或者说是不同年龄人口的一个平均水平。例如，全体人口的死亡率不过是不同年龄人口死亡率的一个平均数。因而整个人口在人口现象方面（如出生、死亡、迁移等）或社会经济活动方面（教育、劳动、消费等）的种种表现无不受到年龄结构的制约。所以，不仅要分析估计人口年龄结构的历史演变进程，更重要的是通过回顾历史来探寻人口年龄结构的未来发展趋势。这对制定未来人口发展目标以及与人口相关的社会经济发展规划，使人口发展与社会经济发展同步协调，具有十分重要的意义。为了较为准确地把握今后一段时期重庆市人口年龄的发展趋势，我们对未来 20 年重庆市人口年龄结构的发展进程进行了预测。

（一）预测模型及参数设计

本文采用人口学分要素预测方法，将中国人口与发展研究中心的提供的《国际人口预测软件（PADIS—INT）》作为预测模型工具，以 2010 年重庆市第六次人口普查数据作为基础数据，在给出生育、死亡、迁移以及基期年的分年龄性别人口后，即可以通过一定的生育水平、死亡水平和净迁移模式的选择或者给定的参数模式设计，通过模型运行得到预测分年度的总人口规模和分年龄性别的人口数。

1. 总和生育率

本预测选定了三种不同的妇女总和生育率（TFR）假设：

（1）低生育率方案：自 2010 年至 2050 年 TFR 保持在目前重庆市较低的 1.38 水平上不变

根据重庆市第六次人口普查数据，2010 年重庆市的总和生育率为 1.38。我们所选择的低生育方案能够说明，如果在未来 20 年内始终保持现有较低的总和生育率不变发展下去，重庆市人口将经历一个怎样的人口变动过程。

（2）中生育率方案：自 2010 年至 2030 年 TFR 呈线性变动，从当前重庆市 1.38 的水平逐步上升到全国政策生育率 1.5 的水平上。

事实上，我们认为，当前如此低的生育率并不太可能持续 20 年不变。首先，目前的生育率水平过低，难以长期维持；其次，按照现行的生育政策，已经开始有越来越多的年轻夫妇由于符合“双方都是独生子女”而在政策上获得生育两个子女的许可。就目前全国平均水平而言，政策许可的总和生育率水平为 1.5 左右；第三，随着社会经济的发展，未来流动人口占总人口的比重将进一步增加，也会在一定程度上提升生育水平。

(3)高生育率方案：自 2010 年至 2030 年 TFR 呈线性变动，从 2010 年得 1.38 逐步上升到 2030 年的 1.8。

如前所述，从现在开始，随着“双独”夫妇的增加以及流动人口在总人口中比重的加大，重庆市将迎来新一轮的人口生育高峰，预计未来 20 年重庆市的总和生育率将会逐渐有所回升。当前，发达国家妇女的综合生育率水平在 1.80 左右。因此，我们选定未来生育率将逐年上升到目前发达国家 1.80 的 TFR 平均水平。

总和生育率确定以后，需要按照一定的年龄模式将总和生育率分解为分年龄的生育率。根据重庆市第六次人口普查妇女生育率的特点，本预测对分年龄妇女总和生育率进行了分解。

2. 死亡水平

死亡水平主要是预期寿命的参数设定，预期寿命的变化有一定的规律，根据联合国平均预期寿命增长模型①(中速)，给出今后重庆市的预期寿命的增加值假定。根据该模型，预测 2010—2030 年各年份分性别的预期寿命值，并作为预测重庆市人口年龄结构的参数。

表 6　重庆市分男女预期寿命值

单位：岁

年份	男性	女性	年份	男性	女性
2010	72.70	78.20	2021	74.68	80.18
2011	72.88	78.38	2022	74.86	80.36
2012	73.06	78.56	2023	75.04	80.54
2013	73.24	78.74	2024	75.14	80.72
2014	73.42	78.92	2025	75.24	80.90
2015	73.60	79.10	2026	75.34	81.08
2016	73.78	79.28	2027	75.44	81.26
2017	73.96	79.46	2028	75.54	81.44
2018	74.14	79.64	2029	75.64	81.62
2019	74.32	79.82	2030	75.74	81.80
2020	74.50	80.00			

3. 人口净迁移率

重庆市是传统的人口净外出地区，直辖以来至 2004 年全市常住人口呈下降趋势。但自 2005 年起，重庆市常住人口开始逐渐增长。常住人口的增长一方面源自常住人口自身的自然增长率，另一方面源于人口的迁移，即市外人口的迁入和外出市外人口的回流。从近年来常住人口的增长趋势看，人口迁移的数量大大超过了自然增长的人口数量。因此可以预见，今后一段时期内，重庆市净外出人口规模将不会再继续增加，反而将随着重庆市经济的发展水平和城市地位的提升，城市吸引力的增加，外来人口和回流人口的逐年增长，人口净外出规模将逐渐缩小。根据以上推论并综合考虑影响人口迁移的各种因素变化趋势及人口迁移模式，本文对未来人口净迁移率作如下假设：假定未来净迁移率与当前保持一致，即男性为 6‰，女性为 5‰，迁移模式以第六次人口普查迁移人口的年龄性别为参照方案；

4. 出生婴儿性别比

近年来，生育观念的逐步转变，加之出生人口性别比受到社会各界的广泛关注，出生婴儿性别比呈总体下降趋势。2010 年，重庆市出生婴儿性别比为 112.5，因此假定出生婴儿性别比到 2030 年达到 108 的正常范围内。

(二)预测及结果分析

在预测过程中，本文主要考虑生育水平变化，其他诸如死亡水平、婴儿性别比、迁移模式等参数按照假定条件保持不变。将上述参数设定及条件假设代入人口预测模型，得出 3 套不同的预测方案组合，并对预测方案的结果进行分析。

1. 重庆市人口老龄化变动趋势

自进入 21 世纪以来，重庆市就已经进入了老龄化社会。随着生育水平的降低和养老问题的日益凸显，近年来，人口老龄化问题受到了社会各界越来越多的关心和重视。

由于预测时间跨度为 20 年，各预测年份的老年人口由 2010 年现有人口演变而来，与预测期的生育水平、新增人口无关，受人口迁移的影响也相当微弱。所以，就老年人口绝对规模的变动而言，对重庆市未来 20 年的预测，各方案的预测结果基本一致。到 2030 年，重庆市老年人口将达到 651 万人左右。

① 联合国根据世界各国平均预期寿命的增长速度，按照平均预期寿命初始水平划分的每 5 年的增量，分别分了五种增长速度即：非常快、快速、中速、慢速、非常慢

表7 重庆市2010—2030年老年人口

单位:人

年份	方案1	方案2	方案3
2010	333.40	333.40	333.40
2011	348.42	348.42	348.42
2012	364.59	364.59	364.59
2013	380.16	380.16	380.16
2014	399.83	399.83	399.83
2015	418.28	418.28	418.28
2016	436.11	436.11	436.11
2017	461.33	461.33	461.34
2018	486.15	486.15	486.15
2019	511.16	511.16	511.17
2020	532.41	532.41	532.42
2021	549.67	549.67	549.68
2022	564.83	564.84	564.86
2023	573.53	573.54	573.56
2024	570.73	570.75	570.77
2025	567.36	567.37	567.40
2026	560.47	560.48	560.53
2027	566.09	566.11	566.16
2028	601.05	601.08	601.15
2029	627.41	627.44	627.52
2030	650.90	650.93	651.03

而与老年人口绝对数量变化趋势不同的是，在不同预测方案下，老年人口占总人口的比重则呈现出一定的差异性。对比不同方案条件下的预测结果可知，所选预测方案的总和生育率越低，未来老年人口所占比重越高(见表6和图3)。方案1(低生育率方案，下同)假设的综合生育率为1.38，为各预测方案中的最低值，故该方案下老龄化系数攀升最快。在这种方案下，65岁以上老年人口在总人口中所占比重由2010年的11.56%上升到2020年的17.17%，并将于2030年达到20.02%的极高比例。

在方案3(高生育率方案，下同)的条件下，重庆市未来人口老龄化的程度稍显轻微。在这种方案下，65岁以上老年人口在总人口中所占比重由2010年的11.56%上升到2020年的17.05%，并将于2030年达到19.52%的较高比例。与方案1相比，方案3所达到的老龄化最高比例要低0.50个百分点。

由于方案2(中等生育率方案，下同)所选择的生育率水平介于方案1和方案3之间，这种预测方案下重庆市人口未来将达到的老龄化程度也介于上述两种方案之间。

图8 重庆市2010—2030年老龄化率

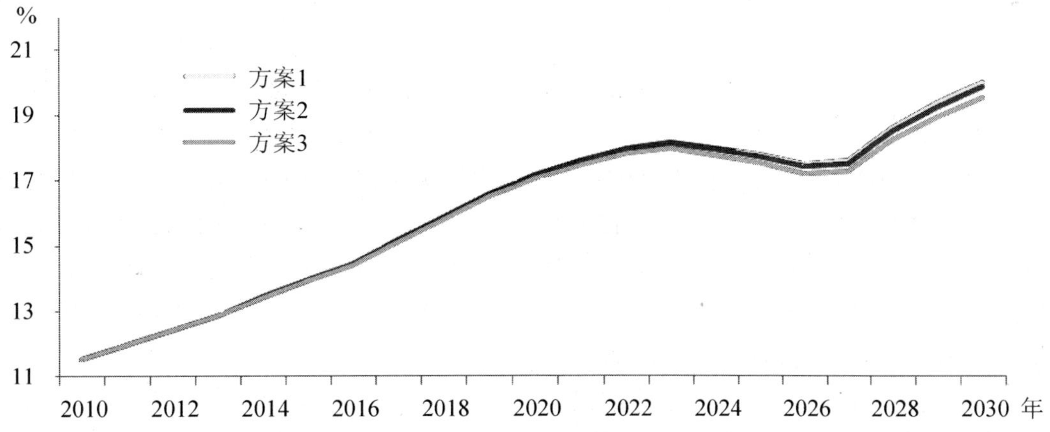

综合上述分析，我们可以得出以下结论：

(1)虽然在不同预测方案下，老年人口占总人口的比重有所不同，但是可以看到无论在哪一种预测方案下，其发展趋势是一致的，在今后20年内，重庆市人口的年龄结构会更进一步老化，未来重庆市人口都将是一个高度老龄化的人口。未来65岁及以上老年人在总人口中所占的比例将接近或超过20%，这已经是无法回避的必然趋势。

(2)既然人口老龄化已是必然趋势而且未来老龄化的程度相当严重，重庆市从现在开始就应该未雨绸缪，及时采取有效措施迎接老龄化的挑战而作出必要的准备。特别是在重庆市农村人口比例较高、农村养老保障体系不健全的情况下，一定要及早搞好农村养老保障体系的建立和健全工作。

(3)人口老龄化是社会经济发展的必然产物。我们完全没有必要因为人口老龄化的到来而惊慌失措，可以通过有条件的适度放松生育控制、积极吸引外来人口等措施，延缓人口老龄化的趋势，减轻人口老龄化对社会经济的影响。

2. 重庆市义务教育阶段学龄人口变动趋势研究

"控制人口数量、提高人口素质"是我国的基本国策和人口发展的长期战略方针。一个国家人口素质的高低，是衡量国家发展、民族兴衰以及社会文明程度的重要尺度。在人口数量增长的势头初步得到有效控制的时候，提高人口素质的任务显得特别的迫切和重要。人口的未来变动，直接决定了重庆市未来学龄人口的变动趋势，从而也直接决定了重庆市未来教育事业发展的基本走向。现阶段，我国仍然以普及九年制义务教育为主。因此，我们着重考察义务教育阶段学龄人数的变动趋势。

如前所述，我们所选择的 3 种方案的预测结果均呈先降后升的整体趋势，其中低生育率方案（方案1）和高生育率方案（方案 3）的预测结果给出的是学龄人口数变动的下限值和上限值。

图 9　重庆市 2010—2030 年义务教育阶段学龄人口

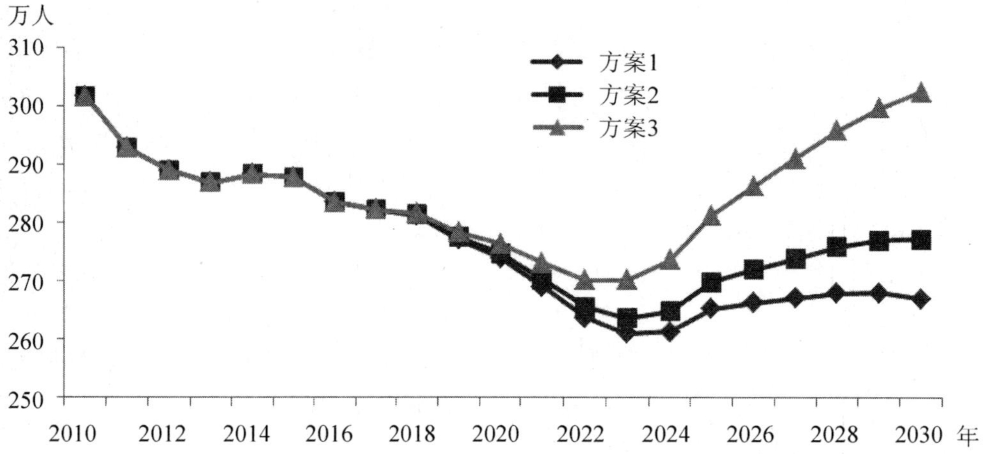

在方案 1 中，重庆市义务教育阶段学龄人口数量从 2010 年以后一直处于下降过程中，直到 2023 年后学龄人口数量才有所恢复。2010 年，全市义务教育阶段学龄人口数为 301.96 万人，到 2030 年，全市义务教育阶段学龄人口数将减少到 266.99 万人，是 2000 年学龄人口数的 88.4%。换句话说，在方案 1 中，在未来 20 年内，重庆市小学和初中阶段适龄学生总量将减少 35 万人左右，减幅约为 11.6%。

在方案 3 中，重庆市义务教育阶段学龄人口数量在经历 13 年的快速下降后，于 2023 年达到最低值 270.12 万人，并从 2024 年起开始迅速回升，到 2030 年全市学龄人口预计将达到 302.48 万人，略微高于 2010 年水平。

方案 2 的变化趋势与上述两个方案显示的基本趋势相同，变化幅度介于上述两个方案之间。这里我们用处于中间水平的方案 2 来进一步分析和描述未来重庆市义务教育阶段学龄人口的变化趋势。

根据方案 2 的预测结果，2010—2015 年，重庆市小学学龄人口数量有所增加，由 2010 年的 184.67 万人增加到 2015 年的 196.66 万；随后，小学学龄人口迅速下降至 2020 年的 171.42 万人，减少 25.24 万人；2020 年后，小学学龄人口逐步回升，2028 年达到 188.25 万人；之后，再次小幅下降，2030 年全市小学学龄人口为 183.45 万人，较 2010 年的略微减少 1.22 万人。

2010—2030 年，重庆市初中学龄人口规模同样呈波浪式起伏变化趋势。在 2010—2015 年是迅速减少期，由 117.31 万人减少为 91.09 万人，减少 26.22 万，平均每年减少约 5.24 万；到 2020 年，初中适龄人口回升至 103.31 万人；到 2025 年，又快速下降至 87.08 万人；之后又小幅回升至 2030 年的 93.71 万人。

表 8 重庆市 2010—2030 年小学和初中阶段学龄人口

单位:万人

年份	合计			小学			中学		
	方案 1	方案 2	方案 3	方案 1	方案 2	方案 3	方案 1	方案 2	方案 3
2010	301.65	301.65	301.65	184.47	184.47	184.47	117.18	117.18	117.18
2011	292.80	292.80	292.80	185.02	185.02	185.02	107.78	107.78	107.78
2012	288.99	288.99	288.99	188.71	188.71	188.71	100.28	100.28	100.28
2013	286.89	286.89	286.89	193.24	193.24	193.24	93.65	93.65	93.65
2014	288.28	288.28	288.28	196.07	196.07	196.07	92.21	92.21	92.21
2015	287.75	287.76	287.76	196.66	196.66	196.66	91.09	91.09	91.09
2016	283.49	283.49	283.49	190.45	190.45	190.45	93.04	93.04	93.04
2017	282.15	282.15	282.15	187.10	187.10	187.10	95.05	95.05	95.05
2018	281.20	281.40	281.61	181.33	181.53	181.73	99.87	99.87	99.88
2019	277.05	277.45	278.26	174.58	174.98	175.78	102.47	102.47	102.47
2020	273.93	274.74	276.36	170.61	171.42	173.04	103.31	103.31	103.32
2021	269.05	270.27	273.14	169.94	171.17	174.03	99.10	99.11	99.11
2022	263.72	265.58	270.12	173.40	175.25	179.79	90.32	90.33	90.33
2023	260.98	263.69	270.14	174.82	177.53	183.97	86.16	86.16	86.17
2024	261.27	264.83	273.65	176.65	180.01	188.61	84.62	84.83	85.04
2025	265.23	269.86	281.23	178.55	182.78	193.34	86.67	87.08	87.89
2026	266.30	271.98	286.29	179.41	184.27	196.96	86.89	87.70	89.33
2027	267.09	273.80	291.01	179.31	185.00	199.54	87.78	88.80	91.47
2028	267.93	275.89	295.80	178.74	185.25	201.41	89.19	90.65	94.39
2029	267.98	276.96	299.72	177.57	184.65	202.57	90.41	92.31	97.15
2030	266.99	277.15	302.48	175.62	183.45	202.82	91.37	93.71	99.66

图 10 重庆市 2010—2030 年劳动年龄人口

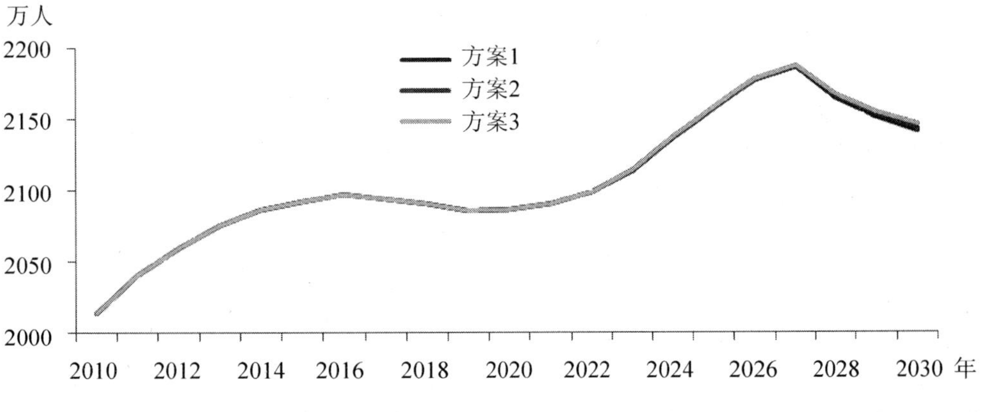

义务教育年龄段人口在 2023 年以前的迅速减少值得教育部门高度重视。总的来说,生育水平的降低、年出生人数的减少,非常有利于教育事业的发展,一方面,它能让我们将更多的资金用于教育,而不是用于抚养大量增多的新生人口;另一方面,新生人口减少本身也减少了对教育的压力,教育部门可以从应付学生数量的增加为主转变为以提高教育质量为主,教育事业发展模式可以从外延式扩张转变为内涵式发展。应该说,这是非常有利的变化,这正是最近 30 多年来我国严格实行计划生育给教育事业带来的有利影响。我国的计划生育事业给教育事业的未来发展创造了一个有利的人口环境。

但与此同时,又必须清醒地看到,在制定教育发展战略规划时,如果我们不能及时、准确地把握学龄人口数量变化趋势,不能根据人口变动趋势对教育事业的规模、结构和布局作出及时的调整，就可能出现一些新的问题，面临新的挑战，其中最为突出的问题就是教师及教学设施不能得到充分利用而引起的教育资源的浪费。

表 9　重庆市 2010—2030 年劳动年龄人口所占比重

单位：%

年　份	方案 1	方案 2	方案 3
2010	69.8	69.8	69.8
2011	70.2	70.2	70.2
2012	70.3	70.3	70.3
2013	70.3	70.3	70.3
2014	70.1	70.1	70.1
2015	69.8	69.8	69.7
2016	69.5	69.4	69.3
2017	68.9	68.8	68.7
2018	68.3	68.2	68.0
2019	67.6	67.5	67.3
2020	67.3	67.1	66.8
2021	67.0	66.8	66.5
2022	66.9	66.7	66.2
2023	67.0	66.8	66.2
2024	67.4	67.1	66.5
2025	67.7	67.4	66.7
2026	68.0	67.7	66.9
2027	68.0	67.6	66.8
2028	67.1	66.7	65.8
2029	66.4	66.0	65.0
2030	65.8	65.4	64.3

3. 劳动年龄人口变动趋势研究

劳动年龄人口是全部人口中的主体。社会生产劳动的参与和社会财富的创造主要是这类人群中的就业人口完成的。因此对于劳动年龄人口变动趋势的研究，具有十分重要的意义。

因为 2026 年之前的劳动力在 2010 年已经出生了，其数量变动不会受到未来生育方案的影响，所以在所有的预测结果中，2010 年至 2026 年间的劳动力变动趋势基本上是完全一致的。到 2026 年，劳动年龄人口将达到 2177 万人左右，年均增加约 10.18 万人。2026 年以后，各人口预测方案下的劳动力变动趋势开始出现差异，但基本的走向是比较接近的，即重庆市劳动年龄人口在 2027 年达到峰值之后，开始迅速减少。在方案 1 的条件下，到 2030 年，重庆市劳动年龄人口为 2140.94 万人，较 2027 年的峰值减少 44.70 万人；在方案 3 的条件下，到 2030 年，重庆市的劳动年龄人口为 2145.79 万人，较峰值减少 41.31 万人。方案 2 的结果介于上述两个方案之间。

从模型运行结果还显示，由于人口年龄结构的惯性推移和人口老龄化不可逆转的持续性，在各种假设的生育率水平和净迁移率条件下，总人口增加幅度超过了劳动年龄人口增加的幅度，导致虽然重庆市劳动年龄人口的绝对数量呈现了先增加后下降的趋势，但劳动年龄人口占总人口的比重却呈现总体下降的态势，相应地全社会的抚养负担持续加重。

图 11　重庆市 2010—2030 年社会抚养比(单位：%)

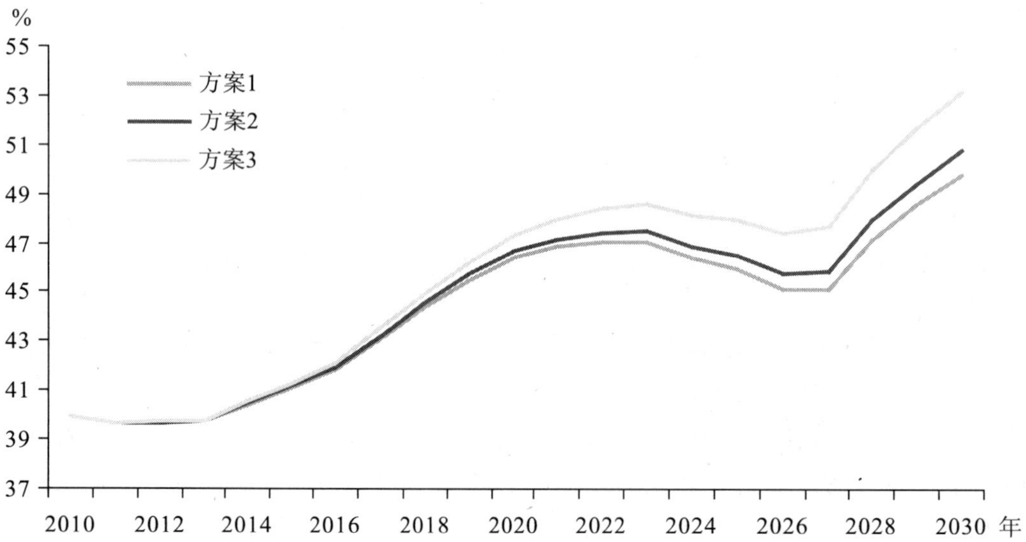

在方案1的条件下，2030年劳动力资源人口占总人口的比重为65.8%，社会抚养比为49.8%；在方案2的条件下，2030年的劳动力资源人口比重为65.4%，社会抚养比超过50%，达到50.8%；在方案3的条件下，2030年的劳动力资源比重仅为64.3%，社会抚养比达到53.2%的较高比重。

根据对劳动年龄人口变动趋势的预测，可以得到以下几方面的结论：

首先，劳动和非劳动人口比例将发生变化。从人口整体结构看，随着人口"老龄化"程度不断加深，劳动年龄人口数量将出现减少，而非劳动人口数量将逐渐增加。从另一个角度来说，从事生产的人口逐渐减少，而需要抚养的"纯消费人群"正在扩张，这将导致整体社会经济结构的转变，特别是内部需求结构和外部需求结构将随之做出相应的调整和改变。

其次，生产要素配置组合出现变化。过去30年来，重庆经济的发展很大程度上是通过大量劳动力数量投入减缓资本边际报酬递减，从而实现经济快速增长。然而未来20年左右，劳动年龄人口将逐渐减少，而需要负担少年人口和老年人口数量和比重逐渐增大，人口红利必将逐渐减少并最终消亡，依靠劳动数量投入实现经济快速增长的模式将难以持续，资本劳动比将大幅上升，生产要素配置组合将出现阶段性变化。从这个角度来说，如果按照现有模式发展，未来资本边际报酬将加速递减，从而出现较长时期内经济潜在增长能力将会出现实质性下降的趋势。诸多研究表明，伴随着人口年龄结构的转变，劳动力的供给将由当前的相对过剩向绝对短缺转变，经济发展将面临着全新的考验与挑战。

第三，生产要素相对价格发生变化。与劳动和非劳动人口比例变化和生产要素配置组合出现变化相对应，劳动力生产要素的价格将出现长期持续提升的状况，由此引发劳动力要素与资本要素相对价格发生变化。这种变化直接导致长期依赖低成本劳动力的产业竞争优势将逐步削弱，进而间接的促进产业结构的升级调整。

重庆市统计局　邹毅　王伟

贵州人口年龄结构特征及变动趋势观察

人口年龄构成是人口最基本的结构之一，现实的人口年龄构成是过去人口再生产的必然结果，又对未来的人口再生产和经济社会发展产生直接的重要影响。本文利用第六次人口普查资料，全面分析2000年第五次人口普查以来贵州人口年龄构成的变化特点，并通过观察未来一段时间人口年龄结构的变化趋势来判断人口发展形势，分析人口年龄结构变动对人口再生产、教育、就业、消费、养老等经济社会问题的预期影响。旨在引起有关方面在实际工作中加强对人口年龄结构变动这不可抗的规律性认识，了解和掌握人口年龄结构对人口自身发展和经济社会生活带来的影响，积极作好应对措施。

一、2000年以来人口年龄结构的变化特征

（一）人口年龄结构的总体变化特征

1. 人口年龄金字塔底部缩减，形状近似三层“宝塔”

人口年龄金字塔是对人口性别年龄结构的形象刻画，在金字塔图形中，各年龄组由低到高、自下而上排列，纵轴的左右两边分别表示各年龄组男性和女性人口占总人口的百分比。

如下图所示，可以看出2010年贵州人口年龄金字塔总体上呈“宝塔”型。与2000年相比，两次普查金字塔在底部、中部及中上部均分别存在明显的三处凹陷，体现了人口年龄队列的一致性。只是2010年金字塔又有了一些新的变化：一是金字塔底部变得更窄，且窄的地方显得更高一些即年龄跨度更大，形象地反映了少儿人口占总人口的比重在持续降低，是出生率下降，少儿人口持续减少的结果；二是20—24、25—29岁年龄组凹陷得更深、条形更短，显得金字塔腰部更细、更长，反映青壮年人口外出的规模进一步扩大。此外，2010年49—52岁组的凹陷程度与2000年39—42岁保持一致，这是1960—1962年“三年困难时期”贵州人口“低出生、高死亡、低自然增长”的时代烙印。

图1　2010年贵州人口年龄金字塔

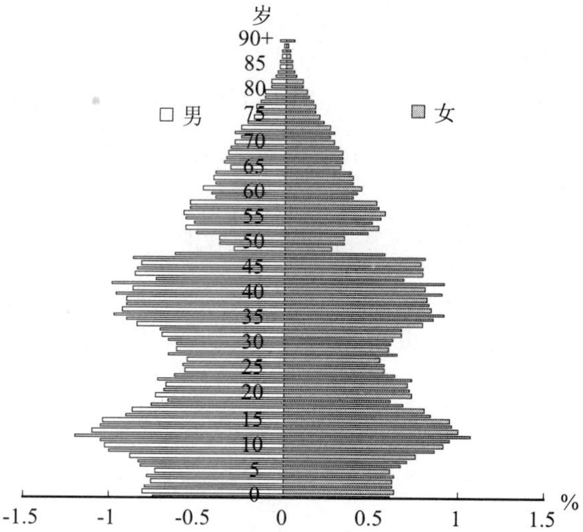

图2　2000年贵州人口年龄金字塔

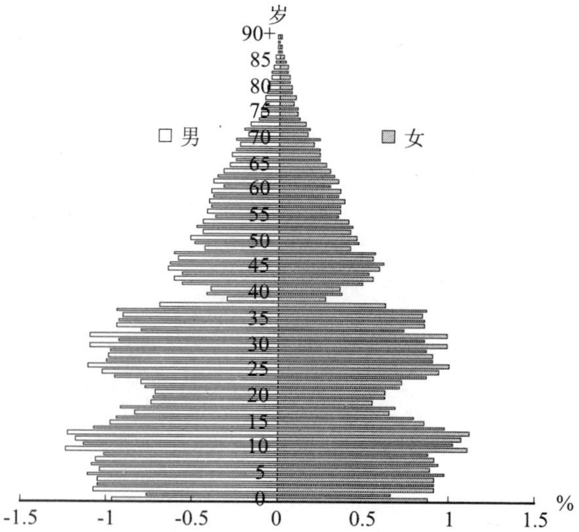

2. 人口老龄化进程加快，年龄结构各项指标均符合老年型标准

按照国际通用判断人口年龄结构的标准，1990年第四次人口普查，贵州人口刚刚迈进成年型门槛，年龄结构类型尚属成年型早期；2000年第五次人口

普查，贵州省人口年龄结构为成年型末期；2010年第六次人口普查表明，贵州人口年龄结构的各项指标都在老年型标准之内。2010年全省3474.86万常住人口中，0－14岁少儿人口为877.82万人，占25.26％；15－64岁劳动年龄人口2294.41万人，占66.03％；65岁及以上老年人口302.62人，占8.71％；老少比(65岁及以上人口数与0－14岁人口数之比)为34.49％，年龄中位数为32.67岁。与2000年第五次人口普查相比，少儿人口数量减少185.56人、比重下降4.91个百分点；15－64岁劳动年龄人口数量增加43.31万人、比重上升2.17个百分点；65岁及以上老年人口数量增加92.32万人、比重上升2.74个百分点；老少比提高14.70个百分点；年龄中位数提高5.49岁。根据老年型人口的判定标准(0－14岁比重30％以下、65岁及以上比重7％以上、老少比30％以上，年龄中位数30以上)，我省人口年龄结构的各项指标均符合老年型标准。

表1 贵州人口年龄结构类型指标

类别		少儿系数(％)	老年系数(65＋)(％)	老少比(％)	年龄中位数(岁)
年龄结构类型(国际标准)	年轻型	40以上	4以下	15以下	20以下
	成年型	30－40	4－7	15－30	20－30
	老年型	30以下	7以上	30以上	30以上
1982年		40.88	4.66	11.41	18.76
1990年		32.68	4.61	14.11	21.99
2000年		30.17	5.97	19.79	27.18
2010年		25.26	8.71	34.49	32.67

资料来源：贵州省第五次、第六次人口普查机器汇总资料。以下各表同。

3. 总抚养比下降，人口负担有所减轻

总抚养比也称总负担系数，是指人口总体中非劳动年龄人口数与劳动年龄人口数之比，反映人口作为生产者与消费者的关系。2010年，贵州常住人口总抚养比为51.45％，其中：少儿抚养比为38.26％，老年抚养比为13.19％。与2000年第五人口普查相比，总抚养比下降5.13个百分点，少儿抚养比下降8.98个百分点，老年抚养比上升3.85个百分点。总抚养比下降，意味着人口负担有所减轻。

(二)重要年龄段人口变化特征

1. 各种学龄人口规模及结构发生变化

少年儿童人口数量减少标志贵州人口年龄结构发生了重要转变，它表现为人口年龄金字塔底部缩小，反映了人口自然增长速度放缓。少年儿童人口数量和比重的降低，不仅对未来人口再生产产生影响，而且对各项社会事业的发展、特别是教育发展规划带来现实的影响。与2000年第五次人口普查相比，各种学龄组人口的数量主要变化特征是：初中及以下学龄人口规模减少，高中及大学学龄人口规模略有增加。具体情况是：减少41.55万人3－6岁学龄前儿童组减少61.55万人、7－12岁小学生学龄组减少53.27万人13－15岁初中生学龄组减少了7.71，而15－18岁高中生和19－22岁大学生学龄组分别增加了0.15万和0.31万人。

表2 各种学龄组人口数量变化情况

单位：万人、％

年龄组	人口数			比重		
	2010年	2000年	增减	2010年	2000年	增减
1－3岁(幼儿组)	147.28	188.83	－41.55	4.24	5.36	－1.12
4－6岁(学龄前儿童组)	148.47	210.02	－61.55	4.27	5.96	－1.69
7－12岁(小学生组)	391.65	444.92	－53.27	11.27	12.62	－1.35
13－15岁(初中生组)	211.87	219.58	－7.71	6.1	6.23	－0.13
16－18岁(高中生组)	169.68	169.53	0.15	4.88	4.81	0.07
19－22岁(大学生组)	192.31	192.00	0.31	5.53	5.45	0.09

2. 劳动年龄人口数量增长，占总人口的比重上升

按照国际标准，15—64 岁劳动年龄人口由 2000 年的 2251.10 万人增加到 2294.41 万人，净增 43.41 万人，增长了 1.93%，占总人口的比重由 63.87%上升为 66.03%，提高 2.16 个百分点。按照国内标准(男 16—59 岁、女 16—54 岁为劳动年龄)，贵州劳动年龄人口由 2000 年的 2001 万人减少了 1991.45 万人，减少 9.55 万人。

3. 育龄妇女总量继续增加，但生育旺盛期妇女数大幅度减少

国际上根据妇女的生理特点和生育规律，将 15—49 岁的妇女界定为育龄妇女，将 20—29 岁妇女定义为生育旺盛期妇女。2010 年贵州 15—49 岁育龄妇女总数为 882.48 万人，比 2000 年增加 12.35 万人。但 20—29 岁生育旺盛期妇女则由 2000 年的 288.01 万人减少至 225.34 万人，减少了 62.67 万人，减幅为 21.76%，超过五分之一。生育旺期妇女占育龄妇女总量的比重由 2000 年的 33.1%下降为 25.54%，下降 7.56 个百分点。由于生育旺期妇女所生孩子数占全部出生人数的近 70%(2010 年“六普”长表数据)，生育旺期妇女数量的大幅减少，在相同的生育率下，出生人口必然减少(少生 8 万)、出生率下降。2010 年人口出生率比 2000 年下降了 6.63 个千分点，据测算下降因素中“生育旺盛期妇女数减少”的影响幅度约为 2.3 个千分点。

表 3　贵州育龄妇女年龄结构变动比较表

单位:万人

年龄别	2010 年		2000 年		2010 年比 2000 年增减	
	人数	比重	人数	比重	人数	比重
合计	882.48	100.00	870.13	100.00	12.35	—
15—19 岁	135.38	15.34	124.76	14.34	10.62	1.00
20—24 岁	122.64	13.90	125.48	14.42	−2.84	−0.52
25—29 岁	102.70	11.64	162.53	18.68	−59.83	−7.04
30—34 岁	117.71	13.34	155.81	17.91	−38.10	−4.57
35—39 岁	148.42	16.82	122.47	14.07	25.95	2.75
40—44 岁	143.02	16.21	82.33	9.46	60.69	6.75
45—49 岁	112.61	12.76	96.76	11.12	15.85	1.64

二、人口年龄结构的城乡差异和地区差异

(一)人口年龄结构的城乡差异

由于经济水平、生育政策的城乡差异及人口流动等原因，城乡人口的年龄结构表现出较大差异。如下表所示:2010 年 0—14 岁少儿人口比重以城市最低 17.12%、镇次之 23.39%、乡村最高 27.73%，高低悬殊 10.61 个百分点;65 岁及以上老年人口比重乡村最高 9.49%、城市次之 7.32%、镇最低 7.04%;15—64 岁劳动年龄人口比重城市最高 75.56%、镇次之 69.57%、乡村最低 62.78%;年龄中位数城市最高 33.87 岁、乡村次之 32.5 岁、镇最低 32 岁。上述数据表明:由于经济发展水平和生育政策的区别，城市人口出生率长期低于乡村，因此城市少儿比重相应也较低。此外，由于人口流动的原因、乡村劳动力人口大量涌向城镇区域务工就业，造成乡村人口老化系数高于城镇、城镇劳动年龄人口比重高于乡村的现象。按照人口年龄结构类型的划分标准，我省城市、镇、乡村三种口径人口均已达到老年型标准。

由于乡村少年儿童人口比重和老年人口比重较高、劳动年龄人口比重较低的“两高一低”特点，决定了乡村人口抚养负担系数远高于城镇。2010 年乡村人口总抚养比为 59.28%，比镇高 15.54 个百分点，比城市高 26.94 个百分点。

表4 贵州省城乡人口年龄构成

单位:人、%

类别		2010年				2000年			
		合计	市	镇	乡村	合计	市	镇	乡村
人口年龄结构类型指标	0—14岁	25.26	17.12	23.39	27.73	30.17	20.89	27.29	32.12
	15—64岁	66.03	75.56	69.57	62.78	63.87	73.44	67.17	61.8
	65岁及以上	8.71	7.32	7.04	9.49	5.97	5.68	5.54	6.08
	老少比	34.49	42.76	30.10	34.23	19.79	27.19	20.3	18.93
	年龄中位数	32.67	33.87	32.00	32.50	27.26	29.78	28.57	26.49
年龄构成指数	总抚养比	51.45	32.34	43.74	59.28	56.58	36.17	48.87	61.81
	少儿抚养比	38.26	22.65	33.62	44.16	47.24	28.44	40.63	51.97
	老年抚养比	13.19	9.69	10.11	15.12	9.34	7.73	8.24	9.84

(二)人口年龄结构的地区差异

1. 各州市人口老龄化进程不一

按照老年型人口年龄结构类型的判别标准,2010年全省9个地区中,除黔西南州和毕节两个地区的老少比略低于老年型标准、毕节地区年龄中位数未达老年型标准外,其余7个地区的四项判别指标均达到老年型标准。其中少儿系数最低的是贵阳市17.04%、其次是黔南州23.37%、第三是遵义市23.57%,最高是毕节地区31.24%,比最低的贵阳市高14.2个百分点;老年系数最高的是黔东南州9.98%,其次是铜仁地区9.77%,第三是遵义市9.56%,均为外出人口比重较高地区。老年系数最低的是毕节地区7.54%。

表5 贵州省分地区年龄构成比较

单位:%、岁

地区	少儿系数		老年系数		老少比		年龄中位数	
	2010年	2000年	2010年	2000年	2010年	2000年	2010年	2000年
全省	25.26	30.17	8.71	5.97	34.49	19.79	32.67	27.26
贵阳市	17.04	22.94	8.05	5.98	47.25	26.07	34.45	29.38
六盘水市	24.58	31.09	7.59	5.02	30.88	16.15	31.63	25.91
遵义市	23.57	29.94	9.56	6.21	40.56	20.74	35.64	28.48
安顺市	25.26	30.70	8.82	6.33	34.92	20.62	32.28	27.12
铜仁地区	28.02	32.26	9.77	6.53	34.87	20.24	32.47	27.67
黔西南州	27.99	32.52	7.96	5.75	28.44	17.68	30.20	25.59
毕节地区	31.24	32.47	7.54	5.54	24.14	17.06	28.30	25.25
黔东南州	24.88	29.84	9.98	6.21	40.12	20.81	34.54	27.77
黔南州	23.37	29.52	9.53	6.14	40.78	20.80	34.27	27.55

人口年龄中位数的的变化可以直观而敏感地反映出人口年龄结构的总体变化趋势。2010年全省各地区人口年龄中位数除毕节地区低于30岁以外,其余8个地区都在30岁以上。年龄中位数最高的地区由2000年的贵阳市变为遵义市,贵阳市降为第三位。遵义、黔东南、黔南三个市州人口年龄中位数的提高速度高于全省平均值。

2. 经济欠发达地区人口负担系数更大

2010 年总抚养比最低的地区是贵阳市 33.49%，比全省平均水平低 17.96 个百分点。总抚养比相对较高的有毕节地区，铜仁地区等地，这两个地区抚养比在 60%以上。与 2000 年相比，毕节地区的总抚养比上升外，其余 8 个地区的总抚养比均呈下降趋势(详见表 6)。

表 6 贵州省分地区人口抚养比

单位:%

地 区	总抚养比		少儿抚养比		老年抚养比		人均 GDP(元)	
	2010 年	2000 年	2010 年	2000 年	2010 年	2000 年	2010 年	2000 年
全 省	51.45	56.58	38.26	47.24	13.19	9.34	13119	2759
贵阳市	33.49	40.68	22.74	32.27	10.75	8.42	26209	7920
六盘水市	47.44	56.52	36.25	48.66	11.19	7.86	17462	2853
遵义市	49.54	56.61	35.25	46.89	14.29	9.72	14650	3326
安顺市	51.70	58.82	38.32	48.76	13.38	10.06	10014	2332
铜仁地区	60.73	63.37	45.03	52.71	15.7	10.66	9304	1709
黔西南州	56.14	61.98	43.71	52.67	12.43	9.31	10839	2036
毕节地区	63.34	61.32	51.03	52.38	12.31	8.94	9113	1782
黔东南州	53.52	56.39	38.2	46.67	15.31	9.72	8839	1805
黔南州	49.03	55.41	34.82	45.87	14.2	9.54	10861	2685

三、常住人口与户籍人口年龄结构差异

(一)人口年龄金字塔形态迥异

从金字塔看，常住人口和户籍人口年龄构成的主要区别在于常住人口的中部凹陷得更深，腰更细，而户籍人口金字塔的腰粗了很多；从年龄别曲线图上来比较，可以看出常住和户籍两种口径 16 岁及以下年龄组和 43 岁及以上中老年年龄组的曲线拟合程度非常好，而 17—42 岁青壮年年龄段的两条曲线高度有明显的区别，这正是流出人口最集中的年龄段。

图 3 2010 年常住人口年龄金字塔

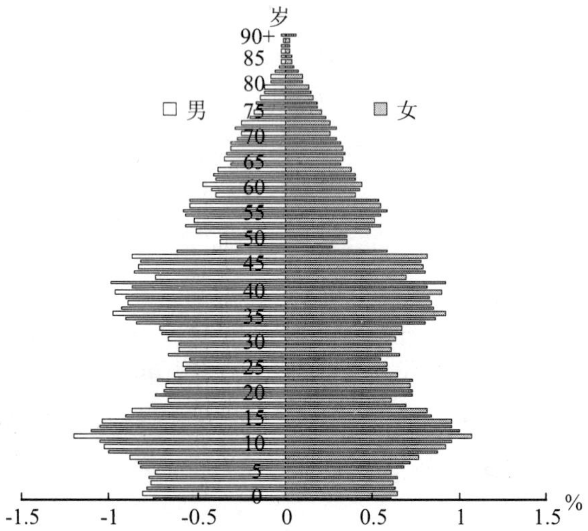

图 4 2010 年户籍人口年龄金字塔

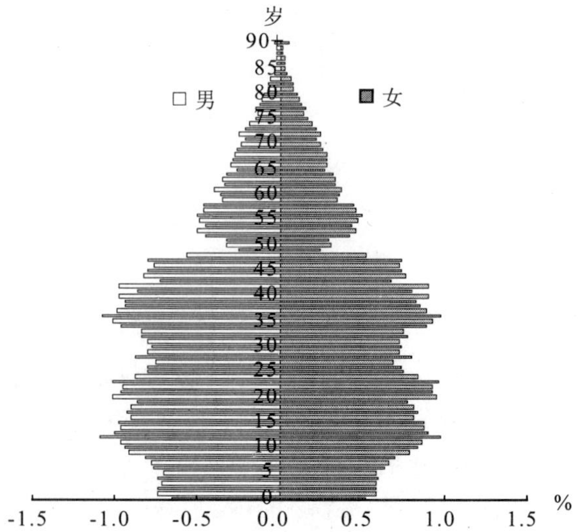

图 5 2010 年常住人口与户籍人口年龄别曲线比较

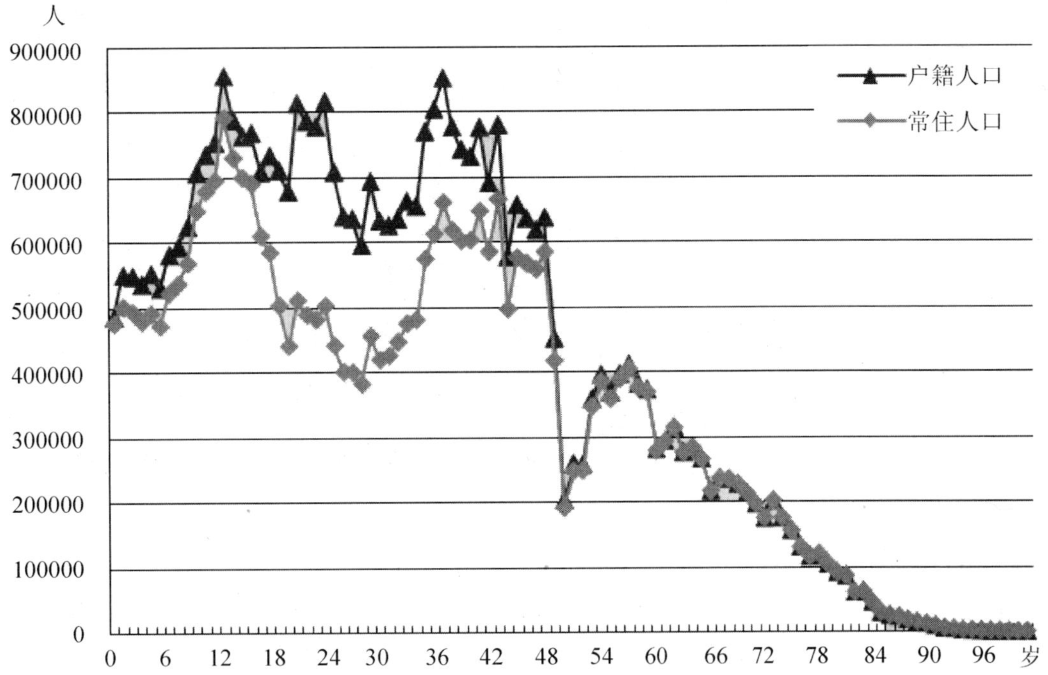

(二)重要年龄段人口数量及结构的差异

分年龄段比较,常住人口中 0—14 岁少年儿童人口数为 877.82 万人,户籍人口为 961.19 万人,常住比户籍少 83.37 万人。15—64 岁劳动年龄常住人口为 2294.41 万人,户籍为人口数为 2894.31 万人,常住比户籍少 599.9 万人。65 岁及以上老年常住人口比户籍人口少 1.92 万人。15—49 岁育龄妇女数常住口径比户籍口径少 269.07 万人,其中 20—29 岁生育旺盛期妇女数少 130.47 万人。数据表明,贵州常住人口与户籍人口数量相差大的年龄是在劳动年龄段,按户籍口径计算,贵州人口年龄结构更为年轻,人口负担系数也更小。贵州户籍人口年龄中位数为 30.02 岁,比常住人口年轻 2.65 岁,总抚养比为 43.74%,比常住人口低 7.71 个百分点。

表 7 常住人口、户籍人口和外出人口年龄结构比较表

单位:万人、%

类别	常住人口		户籍人口		外出人口	
	人口数	比重	人口数	比重	人口数	比重
总计	3474.86	100.00	4160.04	100.00	717.81	100.00
0—14 岁	877.82	25.26	961.19	23.11	93.17	12.98
15—64 岁	2294.41	66.03	2894.31	69.57	621.03	86.52
65 岁+	302.62	8.71	304.54	7.32	3.61	0.50
年龄中位数(岁)	32.67	30.02				
老少比(%)	34.49	31.69				
抚养比(%)	51.45	43.74				
15—49 岁女	882.48		1151.55		257.91	35.93
#20—29 岁女	225.34		355.81		107.59	14.99

图 6　常住人口和户籍人口年龄结构比较

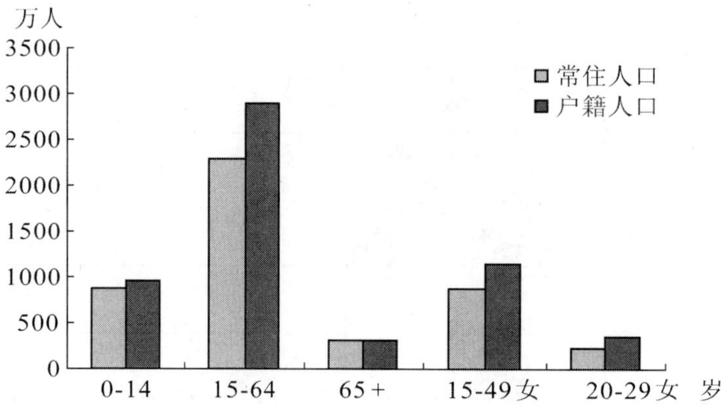

（三）两种口径人口年龄结构差异的根本原因是人口的迁移流动

2010 年第六次人口普查，贵州户籍外出省外半年以上人口为 718 万，占户籍总数的 17%。比 2000 年第五次人口普查的 241 万增加了 477 万。在外出总人口中，15－64 岁劳动年龄人口 621 万，占 86.52%，其中 16—45 岁青壮年 572 万人，占 80%；0—14 岁少儿人口 93 万，占 12.98%；65 岁及以上 4 万人，占 0.5%。与 2000 年第五次人口普查相比，各年龄组外出的绝对数量都在扩大，且呈现出少儿和老年外出人口比重明显上升的特点，特别是少儿外出数量和比重上升得较快。少儿外出人口增加较多的原因是由于近来教育部门在促进流动儿童入学的问题上做了大量工作，农民工子女就学问题得到了较好的解决，因此随父母外出打工的儿童也越来越多。老年人外出省外的原因主要有两种情况：一是在外工作的子女经济条件较好，接老人来赡养，二是部分老年人为了帮助照顾在外地工作的子女的孩子。

图 7　2010 年贵州外出省外人口年龄分布图

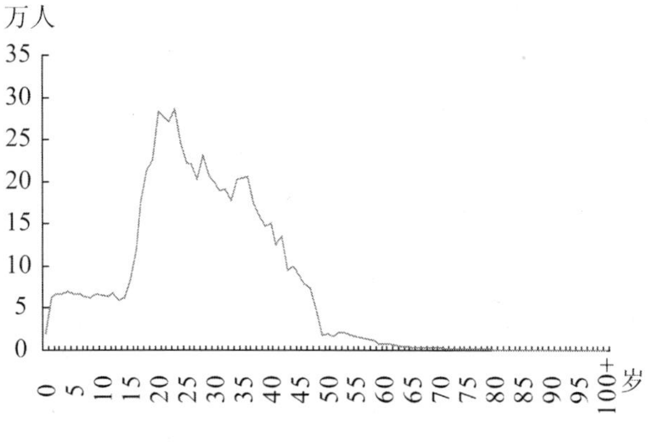

四、未来十年人口年龄结构变动趋势及其预期影响

（一）生育旺盛期妇女数量波动式增长，第四次人口出生高峰仍将持续

贵州自 2008 年始人口出生率在经历 11 年的连续下降后开始回升，标志着第四次生育高峰的来临。这一轮生育高峰是 80 年代第三次生育高峰出生的人口陆续进入婚育期带来的，持续时间将较长。根据第六次人口普查人口年龄结构的变动情况进行预测，在不考虑机械变动因素下，未年 10 年，贵州 15—49 岁育龄妇女总数呈波动式小幅增长，20—29 岁生育旺盛期的妇女人数呈较大幅度稳定增长。预计 2020 年 15—49 岁妇女比 2010 年增加 32.53 万人，20—29 岁妇女将增加 78.59 万人。

若假设未来十年妇女生育水平保持“六普”水平不变，那贵州出生人口将经历短暂下降后持续走高的过程。2011 年至 2012 年，出生人口会连续减少两年，自 2013 至 2020 年，由于生育旺盛期妇女逐年较大幅度增加，出生人口将持续增加，出生率也随之再次出现回升和反弹。

当然，上述预测仅是在不考虑机械变动的情况下所进行的理论性预测。事实上，人口自然增长因素除育龄妇女这一人口学内部因素影响外，还会受到迁移流动、生育政策及生育观念转变等社会经济因素的影响。其中人口迁移流动的影响力度不可忽视。由于贵州人口流动量大频繁，人口流动的主要原因是就业和用工需求的拉动，而用工需求会受到未来省内外经济形势、产业结构调整、企业效益等因素的影响。因此，人口流动的趋势可能会发生不可预知的变化，进而会对人口自然变动带来影响。

面对第四次生育高峰的持续，要实现贵州省委省政府制定的“到2015年全省人口出生率、自然增长率分别控制在13‰、6‰以内的“双降”目标，任务十分艰巨，如果妇女生育水平不进一步降低的话，实现目标困难很大。据人口计生部门统计，2010年贵州符合政策生育率为92.8%，还有很大的提升空间。据第六次人口普查，2010年贵州出生人口的孩次构成为一孩57.20%、二孩30.55%、三孩及以上9.14%。可见，出生人口中有近十分之一属于多孩生育，按照现行计生政策，多孩生育中绝大多数均属于政策外生育。因此，必须进一步巩固和提高符合政策生育率，坚决杜绝政策外多孩率，才能在一定程度上平抑第四次生育高峰。

表8 2011—2020年贵州省育龄妇女及出生人数预测

单位：万人，‰

年份	育龄妇女数				出生人数
	15—49岁		20—29岁		
	数量	比上年增加	数量	比上年增加	
2010	882.48		225.34		47.53
2011	905.23	22.75	225.51	0.17	46.24
2012	918.61	13.38	226.65	1.14	46.38
2013	926.94	8.33	235.43	8.78	46.20
2014	931.74	4.80	244.56	9.13	47.32
2015	935.44	3.70	257.07	12.51	48.79
2016	937.14	1.71	267.90	10.83	50.55
2017	938.52	1.38	277.05	9.15	52.14
2018	930.45	−8.07	289.82	12.76	53.87
2019	925.39	−5.06	297.68	7.86	55.18
2020	915.01	−10.37	303.93	6.25	56.02

(二)劳动年龄人口数量处于绝对增加态势，就业高峰持续

尽管贵州户籍人口中已有621万15—64岁的劳动力人口流出省外，但省内常住人口中的劳动力年龄人口在未来十年内仍保持绝对增加态势。在不考虑输出和输入的情况下，2010年至2010年，全省15—64岁人口将从2294.41万人增长到2538.68万人，增加241.27万人，每年增长量在10—45万之间不等。2011至2016年，贵州劳动年龄人口的增长速度较快、增量在30—45万人之间，2017年以后，增速将大幅度放缓，2017—2020年间，年增量下降为10—3万人之间。可见，未来十年贵州仍处于就业高峰期，就业压力不减。据普查结果，2010年贵州全省城乡失业率为2.8%，失业人口为49万，其中城镇失业率为6.79%，已经接近7%的警戒线边缘，城镇失业人口为36万。

表9 贵州省15—64岁劳动年龄人口预测

(2011—2020)

单位：万人，%

年份	15—64岁	比上年增加	占总人口比重
2010	2294.41	—	66.03
2011	2330.40	35.99	66.59
2012	2367.88	37.47	67.21
2013	2412.40	44.52	68.02
2014	2443.70	31.30	68.44
2015	2475.48	31.78	68.86
2016	2505.64	30.16	69.21
2017	2519.44	13.79	69.10
2018	2529.60	10.16	68.88
2019	2535.83	6.23	68.54
2020	2538.68	2.85	68.12

就业是民生之本，和谐之基。要从根据上解决贵州数以百万计的农村剩余劳动力的就业问题、留

守儿童问题及农村养老等系列问题，解决每年城镇新成长的二三十万劳动力就业和新毕业大中专学生的就业问题，必须靠增强经济的自我发展能力来增强就业岗位的自给能力。“十二五”时期贵州应紧紧抓住国发 2 号文件的历史机遇，积极实施工业化和城镇化带动战略，通过加快经济的发展来创造更多的就业岗位，吸纳更多的劳动力就近就业。

图 8　贵州劳动年龄人口数量变化图

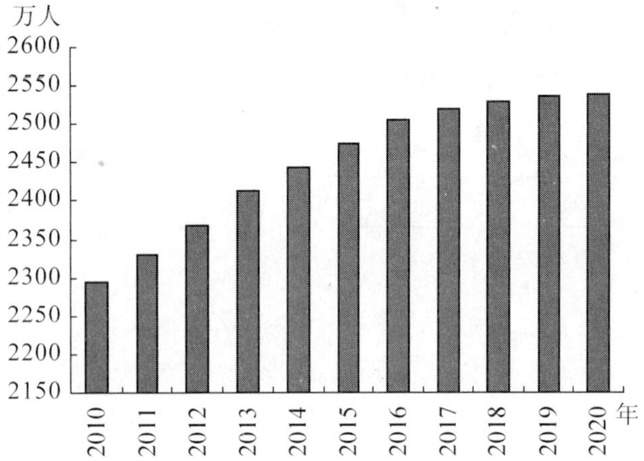

(三)老年人口数量不断增加，老龄化程度继续加深

按照国内标准，贵州 60 岁及以上老年人口数量将从 2010 年的 446.13 万人增加到 2020 年的 594.80 万人，十年增长 146.67 万人，平均每年增长 15 万人左右，其中 2017 年前每年增量在 12 万至 22 万之间。受 1960－1962 年“三年困难时期”出生人口陆续进入老年人口行列的影响，2018－2020 年老年人口的增量将会大幅减少，如 2020 年 60 岁及以上老年人口仅较上年增加 1.69 万人。

按照国际标准，65 岁及以上老年人口将由 2010 年的 302.62 万人增加到 2020 年的 447.62 万人，十年增长 145 万人，平均每年增长的数量也在 15 万人左右。占总人口的比重将由 8.71% 提高至 12.01%。

上述表明，无论是国内标准还是国际标准，贵州老年人口增长的数量和速度都超大大超过上一个十年。2000 年－2010 年 10 年间贵州 65 岁及以上老年人口数量增加 92.32 万人，而未来十年年增加量将是 145 万人以上。当然，上述预测也是在不考虑机械变动的情况下得出的结果，第六次人口普查贵州外出省外人口中 50－59 岁年龄段人尚有 15.97 万人，如果这部分人口退出社会经济活动以后选择回到户籍地安度晚年、发生回迁的话，省内常住老年人口数量将增加得更多。

表 10　贵州老年人口预测(2011－2020 年)

单位：万人，%

年份	60 岁及以上			65 岁及以上		
	数　量	比上年增加	占总人口%	数　量	比上年增加	占总人口%
2010	446.13	—	12.84	302.62	—	8.71
2011	459.67	13.54	13.13	316.36	13.74	9.04
2012	481.02	21.35	13.65	330.71	14.35	9.39
2013	501.93	20.91	14.15	343.23	12.52	9.68
2014	524.53	22.59	14.69	358.37	15.13	10.04
2015	544.46	19.93	15.14	370.39	12.02	10.30
2016	560.43	15.98	15.48	380.11	9.72	10.50
2017	577.82	17.39	15.85	397.20	17.09	10.89
2018	590.54	12.72	16.08	413.83	16.62	11.27
2019	593.11	2.56	16.03	432.00	18.18	11.68
2020	594.80	1.69	15.96	447.62	15.62	12.01

贵州人口老龄化是在“未富先老”的情况下到来的，老龄化的速度和程度与老龄事业发展滞后的矛盾突出，社会保障覆盖面及保障水平均比较低。当前应紧紧抓住劳动力资源充沛、总抚养比下降的人口年龄结构优势，加快经济社会发展的速度，从物质、政策、精神等方面积极应对人口老龄化的挑战。

特别是要健全覆盖城乡的社会养老保障体系和老年人基本医疗保障体系，积极发展社区养老服务机构，巩固家庭养老基础地位，弘扬全社会尊老爱老孝老的文明风尚等。

4. 青少年人口及义务教育阶段学龄人口数量呈减少趋势

假设育龄妇女生育水平保持“六普”年龄别生育率不变，那么随着育龄妇女年龄结构的变化，未来十年贵州0—14岁少年儿童人口将经历连续8年减少后又略有上升的过程。2010年至2018年，0—14岁人口将从877.82万人减少为729.26万人，八年减少148.56万人，平均每年减少18万人左右。少年儿童人口占总人口的比重将持续下降，由2010年的25.26%下降为2020年的19.87%，下降5.39个百分点，降幅超过上一个十年（2000—2010年下降4.91个百分点）。

表11 贵州0—14岁少年儿童人口数预测

（2011—2020年）

单位：万人、%

年份	数　量	比上年减少	占总人口比重
2010	877.82		25.26
2011	852.87	—24.95	24.37
2012	824.66	—28.21	23.41
2013	791.19	—33.46	22.31
2014	768.56	—22.64	21.52
2015	749.11	—19.45	20.84
2016	734.43	—14.68	20.29
2017	729.40	—5.03	20.01
2018	729.26	—0.13	19.86
2019	731.89	2.63	19.78
2020	740.39	8.50	19.87

从各种学龄人口看，未来十年贵州幼儿园学龄人口规模基本保持一个比较稳定的水平，在183至198万之间波动。虽然幼儿人口数量没有明显的增长，但是贵州幼教事业发展还非常滞后。2010年贵州全省有幼儿园2196所，专任教师1.46万人，在读人数76.91万人，在园人数仅为全省3—6岁适龄人数的39.18%，幼儿园师生比为1:53。说明贵州幼教资源严重不足，适龄儿童入园难问题较为突出，幼教事业亟需发展。

未来十年，小学和初中义务教育适龄人口都将呈持续减少趋势，其中小学适龄人口将由2010年的391.65万人减少到2020年的281.68万人，减少110万。特别是2011—2014年，减少的速度较快，每年减少量在17—27万之间。初中适龄人口将从2010年的211.87万人减少到2020年的143.29万人，共减少68.58万人。义务教育学龄人口规模的缩减，一定程度上减轻了中小学的办学压力，有利于将工作重心转移到办学条件的改善和教学质量的提高上来，如可以调整班级规模，实行小班化教学，还可以将一部分中小学教师调整充实到幼儿园中去，弥补幼教师资严重不足的问题。

未来十年，贵州高中学龄人口数量将出现先增加后减少的变化特点。2010—2016年呈增加趋势，6年将增加51万，2017年开始转为减少。2010年，贵州高中阶段毛入学率为55%，比2000年的21.7提高了33.3个百分点，但是与提高就业人口素质的需要相比，高中教育的普及程度还很不够，在巩固和提高“两基”的同时，应逐步扩大高中阶段的教育供给，提高高中阶段入学率，以提高劳动者的素质和技能。

表12 贵州学龄人口预测（2011—2020年）

单位：万人

年份	幼儿园 3—6岁	小学生 7—12岁	初中生 13—15岁	高中生 16—18岁
2010	196.34	391.65	211.87	169.68
2011	193.27	364.51	221.92	188.19
2012	195.94	342.01	221.37	199.58
2013	193.44	323.13	216.10	211.45
2014	191.58	305.99	201.70	221.48
2015	187.50	298.28	188.93	220.92
2016	183.56	294.43	174.69	215.66
2017	184.00	288.79	162.00	201.30
2018	186.54	287.56	152.32	188.55
2019	191.67	283.57	147.72	174.33
2020	197.58	281.68	143.29	161.67

综上所述，2000年以来十年间贵州人口年龄结构呈现出人口老龄化进程加快，劳动年龄人口数量增长，人口抚养负担有所减轻，生育旺盛期妇女数量大幅度减少等的变化特点，同时人口年龄结构还存在明显的城乡和地区差异，户籍人口年龄结构较常住人口年轻。

根据人口年龄结构的变动情况预测，未来十来贵州人口年龄的变化趋势将呈现出生育旺盛期妇女数量波动式增长，第四次人口出生高峰仍将持续；劳动年龄人口数量处于绝对增加态势，就业高峰持续；老年人口数量不断增加，老龄化程度继续加深；青少年人口及义务教育阶段学龄人口数量呈减少趋势等特点。根据未来人口发展形势，现阶段须进一步巩固和提高符合政策生育率，杜绝政策外多孩率，才能平抑第四次生育高峰；必须靠增强经济的自我发展能力来增强就业的自给能力，创造更多的就业岗位促进就业；面对未富先老的情况，当前应紧紧抓住劳动力资源充沛、总抚养比下降的人口年龄结构优势，加快经济社会发展的速度，从物质、政策、精神等方面积极应对人口老龄化的挑战；应根据义务教育学龄人口规模的变化特点，需合理调整和优化教育资源的配置，进一步提高人口文化素质和劳动者技能。

贵州省统计局　陈应芳

我国少数民族人口发展与变化趋势分析

我国少数民族人口数量在五普时已过亿，据这次即第六次人口普查数据第1号公报，全国少数民族人口已为113792211人，占全国人口比例为8.49%。人口超过一亿是个重要标志，世界上目前超过一亿的国家才不过11个。

一、少数民族人口的数量变化

我国少数民族人口总量虽然大，但由于民族多达55个，所以分民族来看，相差很大，人口最多的民族是壮族人口近1700万人，而人口最少的民族塔塔尔族才3千多人。在20世纪80年代，我国只有一个少数民族即壮族人口过千万；而到2010年已有四个民族人口超过一千万，他们是壮族1693万人、满族1039万人、回族1059万人、维吾尔族1007万人。

人口在百万以上的民族也从1982年的15个，增加到现在的18个。百万人口以上的民族中，拿从1953年到2010年的增幅来看，增幅最快的民族是土家族，57年就增加了近15倍，这当然不可能是生育所致，主要是在20世纪80年代，在认定民族成份的归本还原工作中，大批已改填汉族的土家族又改回原来的民族成份所致，当然也有汉族趁机更改自己民族成份现象。

增长较快的民族还有满族、瑶族、蒙古族、黎族、侗族等，而增长最慢的民族则是朝鲜族，朝鲜族文化素质高，生育率低是增长慢的主要原因，但朝鲜族也是一个跨界民族，部分人口流向韩国也是影响人口数量减少的因素之一。见表1。

表1 百万人口以上少数民族人口增长表

单位：万人，%

民族	1953年	1964年	1982年	1990年	2000年	2010年	1953—2010年增幅
全国总计	57785.6	69122.0	100391.4	113051.1	124511.1	133281.1	130.6
蒙古族	145.1	196.6	341.1	480.2	581.4	598.2	312.3
回族	353.0	447.3	722.8	861.2	981.7	1058.6	199.9
藏族	275.3	250.1	384.8	459.3	541.6	628.2	128.2
维吾尔族	361.0	399.6	596.3	720.7	839.9	1006.9	178.9
苗族	249.1	278.2	502.1	738.4	894.0	942.6	278.4
彝族	322.8	338.1	545.4	657.9	776.2	871.4	170.0
壮族	686.5	838.6	1338.3	1555.6	1617.9	1692.6	145.6
布依族	123.8	134.8	211.9	254.8	297.1	287.0	131.8
朝鲜族	111.1	134.0	176.5	192.3	192.4	183.1	64.8
满族	239.9	269.6	430.5	984.7	1068.2	1038.8	333.0
侗族	71.3	83.6	142.6	250.9	296.0	288.0	303.9
瑶族	66.6	85.7	141.2	213.7	263.7	279.6	319.8
白族	56.7	70.7	113.2	159.8	185.8	193.4	241.1
土家族		52.5	283.7	572.5	802.8	835.4	1491.2
哈尼族	48.1	62.9	105.9	125.5	144.0	166.1	245.3
哈萨克族	50.9	49.2	90.8	111.1	125.0	146.3	187.4
傣族	47.9	53.5	83.9	102.5	115.9	126.1	163.3
黎族	36.1	43.9	88.7	111.2	124.8	146.3	305.3

资料来源：全国第一至第六次人口普查数据。

二、少数民族人口增长幅度的变化

第六次人口普查统计2000年至2010年，全国汉族人口增幅5.74%，少数民族人口增幅6.92%，少数民族人口增长幅度已比上一次人口普查时有所下降。在1990年2000年期间少数民族增长幅度为15.10%，同上一次人口普查相比，少数民族的人口增长幅度降低了一倍多，这说明在全国整体人口增幅减少的情况下，少数民族的人口增长速度也开始放缓。

全国少数民族增长速度的下降，说明群众的生育观念已开始发生变化，民族地区的人口也出现了低生育水平现象。在这次人口普查中我们可以看到有13个民族人口出现负增长，包括四个百万人口以上的民族，如：布依族、朝鲜族、满族、侗族等。

一些群众担心少数民族少数民族政策较宽，可以生多孩，会出现少数民族人口过快增长的局面，但是这种情况并没有出现。这次人口普查数据表明，少数民族人口增长仅略高于汉族，没有出现人口大规模增长的现象。

减幅最高是塔塔尔族，十年间减幅27.28%，这也是个边境跨界民族，与相邻国家来往多，迁移出境是减少的主要因素。分布在乌兹别克斯坦、哈萨克斯坦的塔塔尔族也被称为“鞑靼族”，鞑靼族在乌兹别克斯坦有5万人左右，在哈萨克斯坦也有30多万，所以塔塔尔族的主体并不在我国，人口流动大也是正常现象。减幅在百分之十以上的另一个民族是乌孜别克族，也是一个跨界民族，乌孜别克族在乌兹别克斯坦有1500万人左右。

增幅最高的民族为怒族、布朗族，都是分布云南的少数民族，十年间增幅分别为30.47%和30.21%。这么高的增长率估计并非高生育率所致，应该有人为因素干扰，如更改民族成份的现象存在。见表2：

表2　少数民族人口2000～2010年增长幅度表

民　族	2000年(人)	2010年(人)	增幅(%)	民　族	2000年(人)	2010年(人)	增幅(%)
合计	1242612226	1332810869	7.26	柯尔克孜族	160823	186708	16.13
汉族	1137386112	1220844520	7.34	土族	241198	289565	20.05
蒙古族	5813947	5981840	2.89	达斡尔族	132394	131992	－0.30
回族	9816805	10586087	7.84	仫佬族	207352	216257	4.29
藏族	5416021	6282187	15.99	羌族	306072	309576	1.14
维吾尔族	8399393	10069346	19.88	布朗族	91882	119639	30.21
苗族	8940116	9426007	5.43	撒拉族	104503	130607	24.97
彝族	7762272	8714393	12.27	毛南族	107166	101192	－5.57
壮族	16178811	16926381	4.62	仡佬族	579357	550746	－4.94
布依族	2971460	2870034	－3.41	锡伯族	188824	190481	0.88
朝鲜族	1923842	1830929	－4.83	阿昌族	33936	39555	16.56
满族	10682262	10387958	－2.76	普米族	33600	42861	27.56
侗族	2960293	2879974	－2.71	塔吉克族	41028	51069	24.47
瑶族	2637421	2796003	6.01	怒族	28759	37523	30.47
白族	1858063	1933510	4.06	乌孜别克族	12370	10569	－14.56
土家族	8028133	8353912	4.06	俄罗斯族	15609	15393	－1.38
哈尼族	1439673	1660932	15.37	鄂温克族	30505	30875	1.21
哈萨克族	1250458	1462588	16.96	德昂族	17935	20556	14.61
傣族	1158989	1261311	8.83	保安族	16505	20074	21.62
黎族	1247814	1463064	17.25	裕固族	13719	14378	4.80
傈僳族	634912	702839	10.70	京族	22517	28199	25.23
佤族	396610	429709	8.35	塔塔尔族	4890	3556	－27.28
畲族	709592	708651	－0.13	独龙族	7426	6930	－6.68
高山族	4461	4009	－10.13	鄂伦春族	8196	8659	5.65
拉祜族	453705	485966	7.11	赫哲族	4640	5354	15.39
水族	406902	411847	1.22	门巴族	8923	10561	18.36
东乡族	513805	621500	20.96	珞巴族	2965	3682	24.18
纳西族	308839	326295	5.70	基诺族	20899	23143	10.74
景颇族	132143	147828	11.86	外国人加入中国籍	941	1448	53.88

资料来源：第五、第六次全国人口普查数据。

三、少数民族的性别构成

我国总人口性别比 2010 年第六次人口普查统计为 104.90,属正常范围。少数民族人口性别比 104.80,与全国性别比基本持平;与 1990 年的 105.14 相比,则稍有下降。

(一)人口性别比正常的民族

从 56 个不同民族来说,性别比又各有高低;大多数少数民族的人口性别比处于正常范围。在全国 55 个少数民族中有 24 个民族人口性别比在 102 至 106 之间,占整个少数民族的 45.5%。其中 18 个百万人口以上的少数民族中,有 9 个在这个范围中,他们是:回族(1059 万人)、维吾尔族(1007 万人)、苗族(943 万人)、彝族(871 万人)、壮族(1693 万人)、布依族(287 万人)、白族(193 万人)、土家族(835 万人)、哈萨克族(146 万人)。

由此看来,从整体人口性别比来看我国各民族人口中,大多数是处在正常范围内,这种局面是有利于人口均衡性社会发展的。出生人口性别比偏高的因素对整体人口性别比影响,有一个积累效应,目前虽未造成大的影响,但绝不能掉以轻心,一旦影响到整体人口性别比再采取措施就为时晚矣。见表 3。

表 3 人口性别比正常的民族

民 族	性别比		民 族	性别比		民 族	性别比	
	2000 年	2010 年		2000 年	2010 年		2000 年	2010 年
汉族	106.34	104.90	土家族	109.52	106.44	仫佬族	106.94	104.52
回族	103.89	103.10	哈萨克族	102.80	104.49	羌族	103.92	102.29
维吾尔族	103.55	102.53	傈僳族	105.71	102.28	布朗族	107.18	104.83
苗族	108.73	106.91	高山族	118.36	102.47	撒拉族	105.76	103.04
彝族	105.74	104.66	拉祜族	106.64	103.93	塔吉克族	104.38	104.63
壮族	107.37	105.49	东乡族	106.06	104.43	裕固族	102.23	103.86
布依族	106.27	102.93	柯尔克孜族	103.24	102.80	京族	101.24	104.59
白族	103.95	102.57	土族	105.05	104.63	基诺族	102.84	103.03

资料来源:第五、第六次人口普查数据。

(二)人口性别比偏高的民族

除在正常范围以内的民族外,我国尚有 12 个民族人口性别比偏高,而且其中有 5 个民族人口在百万以上,他们是满族(1039 万人)、侗族(288 万人)、瑶族(280 万人)、哈尼族(166 万人)、黎族(146 万人)。

人口性别比偏高的民族,一般来说,人们头脑中都存在有重男轻女的思想,这种思想必然会反映到人口的性别比构成上。像满族过去重男轻女思想严重,如果新生儿是一名男孩,家人就会欣喜若狂、奔走相告;如果生了女孩则会受到抱怨。侗族也是这样,有重男轻女思想,为父系继嗣制度,家庭财产主要由儿子继承;由于生产活动和习俗的需要偏好男孩,认为男孩越多越好,那是家庭有实力、家族兴旺的象征。水族有较强的"传宗接代"的思想,因此重视男孩,认为没有儿子就会绝后,低人一等,如此等等。由于受这些重男轻女的思想的影响,加上受一些民族地区生产力水平较低,对男性生产力需求大,出生人口性别比就会上升,从而导致出现整体人口中人口性别比偏高的现象。

我国人口性别比最高的民族为畲族,人口 70 万。2010 年第六次人口普查性别比为 117.75,2000 年第五次人口普查时,也高达 115.97,均为全国最高。畲族很注重传宗接代,有明显的重男轻女思想,妇女没有继承权,宗祠的继承也由男子承担。人们希望能生育男孩,一方面为延续香火,另一方面也是为了承担繁重的农业劳动。男子在家中被称为"主心骨",要挑起家庭生活的"大梁"。

其它未识别民族主要集中在贵州,有 61 万多人口,这里山区多,生产力相对落后,重男轻女思想严重,他们的性别比也一直偏高。见表4。

表4 人口性别比偏高的民族

民族	性别比		民族	性别比		民族	性别比	
	2000年	2010年		2000年	2010年		2000年	2010年
满族	108.05	108.34	畲族	115.97	117.75	乌孜别克族	110.66	115.87
侗族	112.40	110.52	水族	110.38	107.79	塔塔尔族	108.97	114.60
瑶族	111.66	109.10	毛南族	111.28	109.26	其它未识别民族	110.76	109.74
哈尼族	109.32	108.25	仡佬族	115.71	110.71			
黎族	107.88	107.21	锡伯族	109.60	109.53			

(资料来源:第五、第六次人口普查数据)

(三)人口性别比偏低的民族

我国人口性别比偏低的民族也有20个,其中也有4个百万人口以上的民族,分别是蒙古族(598万)、藏族(628万)、朝鲜族(183万)、傣族(126万),人口性别比偏低的民族一般来说,女性社会地位较高。

如:蒙古族认为,女孩不仅是母亲的好帮手,更是未来联系姻亲关系的重要纽带,因此生男生女对蒙古人来说都是喜事,从不歧视女孩。藏族信仰佛教,没有男尊女卑的观念;藏民婚配女嫁男赘都一样,有男到女家的习俗;妇女在家中地位较高。傣族群众认为生男生女都一样,女儿、儿子都可以在家中继承财产,赡养父母,女儿甚至比儿子更强。一些民族由于地处偏避,步入现代社会晚,还保留着母系社会的痕迹,女性在家中拥有绝对的权威,如:居住在宁蒗、永宁等地的纳西族认为只要有女儿,家庭才兴旺,其“走婚”习俗更是将女儿视为“根骨”。从事游牧生活的鄂温克族,至今保留有残存的母居制,系母系社会的习俗,对女孩更独有所钟。鄂伦春族、赫哲族等游牧民族也与此相同。在这些民族中由于女性地位高,当然不会有溺弃女婴的现象。加上在游牧民族中男性死亡率高于女性,也是导致性别比偏低的因素之一。

我国人口性别比最低的民族是鄂伦春族,这次人口普查性别比为87.18。在2000年第五次人口普查时鄂伦春族的人口性别比也仅89.55,还不到90。鄂伦春族人口很少,第六次人口普查全国才8659人。鄂伦春人世世代代以狩猎、驯鹿为生,在传统的游猎经济中,妇女在家庭生活中起到了举足轻重的作用。男子出猎多则两三个月,少则几天,这期间老人和儿童主要在妇女的照顾下生活。妇女不仅要承担所有的家务劳动,还要从事手工制作、采集、捕鱼、甚至出猎。在传统的家庭生活中,妇女还承担饲养猎犬和管理猎马的任务。见表5。

表5 人口性别比偏低的民族

民族	性别比		民族	性别比		民族	性别比	
	2000年	2010年		2000年	2010年		2000年	2010年
蒙古族	97.85	100.58	佤族	104.46	101.49	独龙族	96.61	93.52
藏族	99.25	100.93	阿昌族	102.64	99.73	怒族	106.87	101.56
朝鲜族	98.97	98.93	普米族	102.94	100.02	鄂伦春族	89.55	87.18
傣族	99.81	98.28	俄罗斯族	89.34	89.83	赫哲族	97.36	98.08
纳西族	100.72	99.37	鄂温克族	93.50	90.50	门巴族	98.51	99.26
景颇族	97.66	93.21	德昂族	101.45	95.45	珞巴族	100.20	95.96
达斡尔族	98.51	96.63	保安族	104.04	99.58	外国人加入中国籍	52.27	62.51

资料来源:第五、第六次人口普查数据。

(四)影响民族人口性别比的因素

从聚居地看,少数民族人口性别比地域差异显著。性别比小于100的民族,东部地区3个,西部地区12个,西南地区8个,西北地区4个。性别比大于或等于105的少数民族,东部地区4个,西部地区11个,西南地区9个,西北地区2个。

没有性别偏好的民族,在我国也有不少,主要存在于游牧民族中。在游牧生产中,男子能干的诸如放牧、割草、季节性迁移等体力劳动,女子不仅能胜任,而且还比男子要多干一些家务、给牲畜挤奶、打酥油等工作。因此在家庭生产中妇女的地位高于男性,从而不会歧视女性使性别比趋于正常。

随着现代化生产力水平的提高,体力劳动的范围大大缩小,强度也低多了;大部分高科技及服务行业女性都能胜任,因此女性从业率上升,地位也有很大提高,歧视妇女的现象正在逐步减少。一些有招婿上门风俗的民族,妇女地位又更要高一些。这些因素都会使性别歧视现象逐步减少。

一些跨界民族,由于男性或女性的流动大,也会导致人口性别比的波动。如朝鲜族、乌兹别克族、塔塔尔族等。当男性迁出多时,导致性别比偏低;当女性迁出多时,导致性别比偏高。

外国人加入中国籍的性别比才62.51,性别比很低。这说明女性人口加入中国籍的比例大大多于男性,婚嫁应是女性加入中国籍的主要原因,从省区分布来看云南、河南、广东是外籍人员居多的三个省。

四、少数民族人口生育意愿的变化

(一)少数民族生育意愿的变化

少数民族的生育意愿一般来说要高于内地,这主要与当地经济不够发达,文化相对落后有关,同汉族一样越穷越生在这些地方表现的更加突出。例如在甘肃的回族、东乡族生育率一直偏高。在一些十分偏远的边疆乡村,计划生育宣传措施跟不上,也会使旧的生育意愿持续存在。

宗教也是一个重要的方面,在信仰伊斯兰教的民族中,认为孩子是真主赐给的,不能轻易引产。但是在信仰佛教的民族中,不追求多生,生育率并不高。比如:在甘南州上世纪八十年代初,实行独生子女奖励政策时,一些藏族群众就主动要求申领独生子女证。

民族地区经济的快速发展,人们受教育和文化程度的提高,都会促进生育观念的变化,从而使生育意愿变化,由多生转变少生。外出流动人口的增加和支边人口的进入,使先进的生育观念渗透进民族地区,也会使生育意愿发生变化。

在全国历次人口普查数据分析中,我们可以看到少数民族人口的比例虽然有所上升,但并不是象一些人担心的发生了很大变化。60年来也仅增幅了2.43个百分点,仍没有超过百分之十。由于在生育政策上的区别,这些增幅应该是在意料之中的。从年均增长率来看全国少数民族人口的年增长率近二十年来已呈逐步下降的趋势。见表6。

表6 历次人口普查少数民族人口变化表

指　标	1953年	1964年	1982年	1990年	2000年	2010年
人口数(万人)	3532	4002	6730	9120	10643	11379
比重(%)	6.06	5.76	6.68	8.04	8.41	8.49
年均增长率(%)		1.14	2.93	3.87	1.51	0.67

资料来源:全国第一至第六次人口普查数据。

这说明少数民族人口的增长也开始减缓,而且一些民族的减幅还不小。生育意愿的改变是随着社会发展和人们受教育水平的提高在变化,是不分民族的。在汉族生育观念发生转变的同时,少数民族的生育观念也在变化。少数民族的生育意愿不一定就比汉族高,有的甚至低于全国平均水平。

在2000年至2010年十年间,据第五次和第六次人口普查数据统计,在全国55个少数民族人口中,有13个民族人口呈负增长,其中百万人口以上呈负增长的民族有:布依族、朝鲜族、满族、侗族等。

例如:在甘肃东乡自治县调研中,一些东乡族群众讲述,他们以前要生五、六个,现在内要二、三个就行了,在外出打工中深感没有文化的苦头,所以生少些把孩子教育好更要紧。

随着改革开放以来生育观念的变化,少数民族群众的生育水平也有较大下降,一般也就二、三个孩子,而且对子女教育抓得很紧,投入也大。

注重子女质量,减少生育数量,已成了民族地区新生育观方面的时尚。一些群众因此放弃三胎、甚至二胎指标。在裕固族群众的生育意愿调查中,有群众就谈到:“我们上一辈家庭当时却是五六个孩子，我们小时候，吃不好、穿不暖、家里也顾不过来，现在我们再不希望自己的孩子也过那种生活，虽然我们可以生三个孩子，我也只生一个，我要让自己的孩子，从小就享受最好的学习和生活条件。”

由于许多人放弃生育指标，在甘肃肃南裕固族自治县大河乡，去年有正常生育指标60多个，但只生了30多个婴儿，指标用不了。乡上的书记担心的说：这样下去，今后裕固人口减少了怎么办！

(二)影响少数民族生育意愿的因素

甘肃省的肃北蒙古族自治县和阿克塞哈萨克族自治县都是以牧为主的少数民族县，在过去，有些干部及群众认为自治县地广人稀，不必实行计划生育，也有的人认为多生孩子自己能养得起就行，但实行计划生育后，群众的生育观念发生了根本转变，从多生多育转变为少生优育，多胎率从实行计划生育前的30%，降到目前的零。群众生育观念出现这样大的变化，主要原因有以下几个方面：

第一，通过多年的宣传教育，群众对计划生育的认识有了根本转变。牧民群众一方面对党的政策十分信任，认为政府的号召就应该积极响应；另一方面又通过身边活生生的现实，看到了多子女家庭负担重，困难多，生活受拖累，致富希望小，决心不走上辈人的老路，不要那么多孩子。

第二，这两个游牧民族都没有“重男轻女”的思想，为少生少育创造了有利条件。蒙古族和哈萨克族牧民家庭，生了男孩不嫌弃，生了女孩更痛爱，对新生儿没有性别偏好，这对减少多胎生育是十分重要的。在汉族家庭，为生男孩而多生是多胎生育的一个主要因素。由于游牧家庭的分工，牧民妇女在家庭的地位高于男性，无论是勤劳持家，还是生产劳动，她们都同男性一样吃苦耐劳，由于还要从事挤奶、打油等家务，她们平时的劳动量甚至超过男性，是家庭的主要劳力。老人们更愿意与女儿女婿一起生活，因此在这里也不存在养儿防老的思想，女儿也能养老。男女平等在这里早已实现。

第三，为了家庭利益和财富的积累，而开始自觉少生。包产到户，牧场划分后，牧民家庭个体畜群发展很快，牧畜多草场少，草原的载畜量增加，导致牧区草场逐渐退化。这使牧民认识到控制人口的重要性，而且由于草场已基本划分完毕，新增家庭的牧场和畜群必须由家庭内部自己再分配，这样许多牧民为了家庭财富的积累，也开始减少了生育。另外牧民现在已开始注重子女的培养，一般都希望自己的子女能上大学，供养一个学生的高昂费用，也使大家不再多生。

第四，人口城市化使小家庭成了人们的首选。近年来随着经济的蓬勃发展，在肃北和阿克塞县城市化的进程大大加快，尤其是阿克塞新县城建好后，许多牧民都把家安到了城里。现在大部分牧民都在城市有自己的住所，在牧场只设立简易的休息地，而且劳动形式也也有了很大变化，有50%的家庭采取雇工放牧的方式经营牧场，90%以上的家庭拥有摩托车，70%以上的家庭有汽车。这样劳动力已不再成为家庭生育的动机，追求少生，供养孩子上大学已成为时尚。

(三)坚持民族人口政策的执行

1. 要实行区别的政策

现在对甘肃酒泉市这两个民族自治县执行计划生育政策，已不存在照顾多胎的问题，其主要面临的问题是少数民族不愿多生、不要三胎，并且连续多年无多胎生育。这一方面说明群众思想觉悟提高了，能够自觉实行计划生育，另一方面对少数民族的计划生育优惠政策失去了基础，没有人接受，甚至出现了比省内一些汉族地区的生育率还低，这毕竟不是我们的目的。

对少数民族计划生育政策的执行，不应仅仅看作是放宽生育指标的问题，而应提高到体现党对少数民族优惠政策上来看。虽然可能出现一些民族自愿不再多生，人口自增率水平低于全国平均数的现象，但一个民族也可能有个别人愿生多胎，而只要这种要求是符合生育政策的，比如对牧区少数民族牧民可以生三胎，有个别人要生三胎，就应该满足这种要求，这种个别现象影响不了人口增长的大局，却能体现党的民族政策。而肃北县介绍说，这里全县没有一个多胎，这也不太合适。

现在一些地方，为体现计划生育成绩，一味强调本自治县无多胎，使人感到在计划生育工作上没有实行区别对待的必要了，这就会出现一些误导。因为对许多人口稀少或地处边远地区的少数民族来说，由于死亡率较高和迁出人口较多，一定比例的多胎，是补充人力资源和保持民族繁荣的前提。

2. 不能一味提倡少生

对酒泉这两个自治县来说，虽然主体是少数民族，即蒙古族和哈萨克族，而且蒙古族和哈萨克族的人口绝对数在成倍增长，但民族人口的比例却在下降。在两个自治县成立之初，少数民族人口都占总人口的80%以上，而现在均仅为30%左右，也就是占总人口数的比例不到一半了。这主要是由于经济开发对人才的需求，不少汉族专业人才迁来所致。

民族人口比例的下降，应该引起一定的关注。由此我们应该认识到不能一味提倡少生，在独生子女比例大的地方应提倡生育两个孩子，对一个民族来说人口应有一个稳定的基数，保持低增长或稳定人口更为适宜。对一个民族自治县来说，主体少数民族要保持在一定的比例上，不能过低。

对民族人口的增长，应该作好预测和规划。为保持民族人口一定的数量和比例，在生育政策上要宽严有别，计划外严格控制，计划内要动员完成生育计划，以避免出现少数民族人口的负增长。一些民族外迁，如哈萨克族迁往国外等，如愿意回来，就应持欢迎态度，也可以留有一定的民族移民指标，以保持民族人口的比例不至于有大的下降。

在搞好少数民族计划生育工作的同时，要注意计划生育不仅仅是少生，在保障人口素质不断提高的同时，也要有一个稳定的人口规模和群体。所以适度的低人口增长和稳定人口数量是目前民族自治地方人口构成的理想目标。

中国少数民族人口杂志社　马正亮

中国人口规模百万以上民族的职业结构现状及其变化特征

我国是一个统一的多民族国家，由于历史、文化、环境等多方面原因，我国少数民族总体发展相对滞后。不可否认，国家给予少数民族或民族地区大量的支持和特殊的照顾，然而，在我国快速工业化、信息化、城镇化、市场化的进程中，大多民族(区域)发展存在诸多差距，许多民族百姓因受教育程度低等因素导致了就业能力低、发展潜力弱，在产业升级进程中人口的就业结构处于产业链的低端，在当前社会逐步阶层化的趋势中势必沦为社会底层，这将不利于民族的团结和国家的统一稳定。经过十年的发展，我国少数民族的职业结构现状如何？十年来有怎样的显著变化特征？六普数据给出了经济社会发展进程中隐性的关于人口的发展。

本文基于第五次、第六次全国人口普查数据资料，系统研究我国少数民族人口就业结构的社会进步程度，全面了解并把握我国少数民族人口在社会发展进程中就业的发展现状、趋势及特征。由于职业数据属于长表数据，对于人口较少民族而言，利用抽样数据推断整体的发展状况可能会产生较大的误差，因而本文分析百万以上18个民族劳动年龄人口中就业人口的职业结构、各职业的性别结构以及近十年来(2000－2010年)的变化特征。由于各族群人口规模差异较大，本文对18个民族按照人口规模分为：千万以上、500－1000万人、100－500万人三个级别进行分类讨论。

2000年第五次人口普查分为7个大类(与四普相比去掉军人)，2010年第六次人口普查与第五次人口普查的职业大类与中类均一致。且在业人口的统计口径也一致，研究对象指标以及统计口径的一致有利于研究纵向趋势的对比分析。为具体研究不同职业的情况，本文不考虑“不便分类的其他劳动者”这个大类，将普适性的6个职业大类按照产业发展由高到低的序列标记为：1. 国家机关、党群组织企事业单位负责人；2. 专业技术人员；3. 办事人员和有关人员；4. 商业、服务业人员；5. 生产运输设备操作人员及有关人员；6. 农林牧渔水利业生产人员。(注：下文1，2，…，6分别代表上述各职业大类)。

1. 人口规模百万以上18个民族职业结构的现状分析

将我国百万以上的18个少数民族按照人口规模量级分为：千万以上、500－1000万人、100－500万人三个级别进行讨论。人口规模大于1000万人的民族包含壮族、回族、满族、维吾尔族；人口规模在500－1000万人之间的民族包含苗族、彝族、土家族、藏族和蒙古族五个民族；人口规模在100－500万人之间的民族包含侗族、布依族、瑶族、白族、朝鲜族、哈尼族、黎族、哈萨克族和傣族共9个民族。

表1　2010年人口规模千万以上各民族劳动力在业人口的职业构成

单位：%

民　族	国家企事业负责人	专业技术	办事人员	商业服务	生产运输	农林牧渔
壮族	0.64	4.13	2.38	9.42	14.16	69.28
回族	1.75	6.68	4.42	19.42	14.97	52.77
满族	1.81	7.35	3.98	13.17	15.22	58.47
维吾尔族	0.47	4.25	1.93	5.96	4.56	82.84
四民族总体	1.08	5.36	3.04	11.48	12.51	66.54

图 1 2010 年维吾尔族在业人口职业结构图

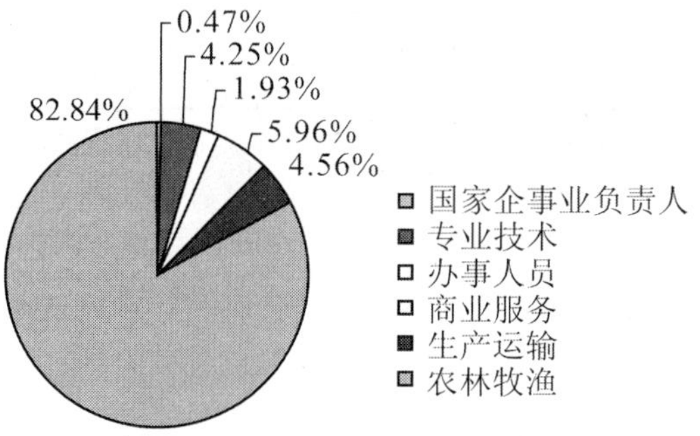

图 2 2010 年回族在业人口职业结构图

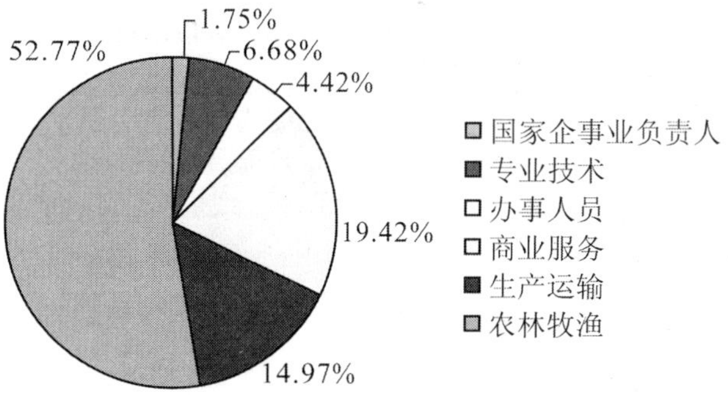

1.1 人口规模千万以上各民族的职业结构现状

数据显示：人口规模千万以上四个民族的职业结构存在很大差异，回族的整体职业结构相对最优，农林牧渔近 53%，商业服务显著优于其他民族；其次是满族，其与回族的职业构成趋势基本一致，壮族接近平均水平，职业结构中显著落差的是维吾尔族，其农林牧渔占比近 83%，商业服务与生产运输职业类别占比显著低于其他民族。职业结构属于产业链低端。

1.2 人口规模 500－1000 万人各民族的职业结构现状

表 2 2010 年人口规模 500－1000 万各民族劳动力在业人口的职业构成

单位：%

民 族	国家企事业负责人	专业技术	办事人员	商业服务	生产运输	农林牧渔
苗族	0.53	3.15	1.92	6.66	17.29	70.44
彝族	0.52	2.81	1.63	5.01	7.42	82.60
土家族	0.89	5.13	3.09	10.67	19.96	60.27
藏族	0.76	5.09	2.74	4.89	3.50	83.02
蒙古族	1.63	9.10	5.06	11.07	9.83	63.31
五民族总体	0.80	4.64	2.68	7.43	12.12	72.34

图 3 2010 年藏族在业人口职业结构图

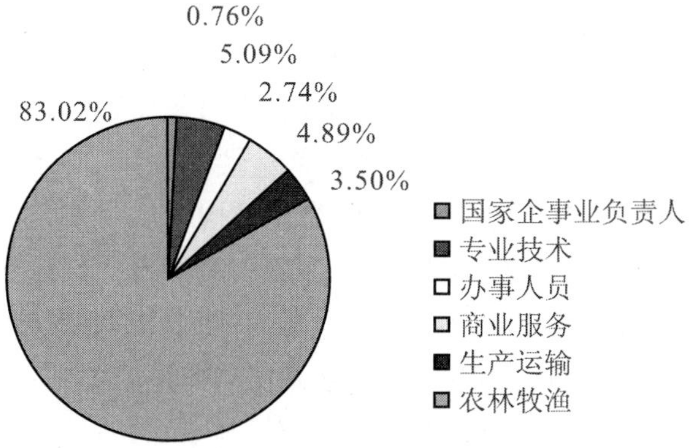

图 4 2010 年土家族在业人口职业结构图

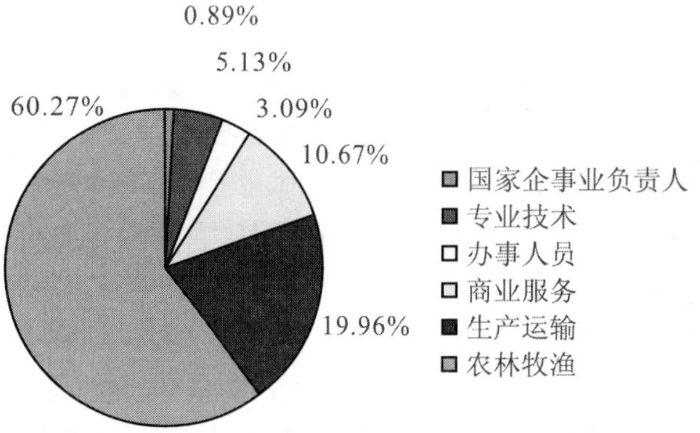

数据显示：人口规模 500－1000 万人五个民族的职业结构也存在很大差异，但相比千万以上规模的四个民族而言差异相对小，且这类民族职业结构的总体水平显著低于千万以上民族。五个民族中土家族与蒙古族的整体职业结构相对最优，土家族农林牧渔近 60%，生产运输与商业服务职业占比显著优于其他民族；而蒙古族的职业结构优势属于更高级的产业链，即，国家企事业负责人、专业技术与办事人员；苗族接近平均水平；职业结构中显著落差的是彝族与藏族，其农林牧渔占比均近 83%，不同的是彝族的商业服务与生产运输职业类别占比优于藏族，而藏族的国家企事业负责人、专业技术与办事人员类别优于彝族。目前彝族与藏族的职业结构属于产业链低端。

1.3 人口规模100—500万人各民族的 职业结构现状

表3 2010年人口规模100—500万各民族劳动力在业人口的职业构成

单位:%

民族	国家企事业负责人	专业技术	办事人员	商业服务	生产运输	农林牧渔
侗族	0.74	4.50	2.68	8.97	19.68	63.42
布依族	0.56	3.57	2.17	6.20	18.17	69.33
瑶族	0.58	3.66	2.21	6.26	13.40	73.89
白族	0.88	5.86	3.30	9.72	13.55	66.69
朝鲜族	3.87	13.46	6.54	33.01	16.75	26.38
哈尼族	0.41	2.58	1.48	7.00	9.79	78.73
黎族	0.57	2.90	2.28	7.14	5.86	81.26
哈萨克族	1.23	7.38	3.69	5.16	4.95	77.60
傣族	0.42	3.16	1.90	7.77	6.27	80.47
九民族总体	0.89	4.78	2.72	9.27	13.30	69.04

图5 2010年黎族在业人口职业结构图

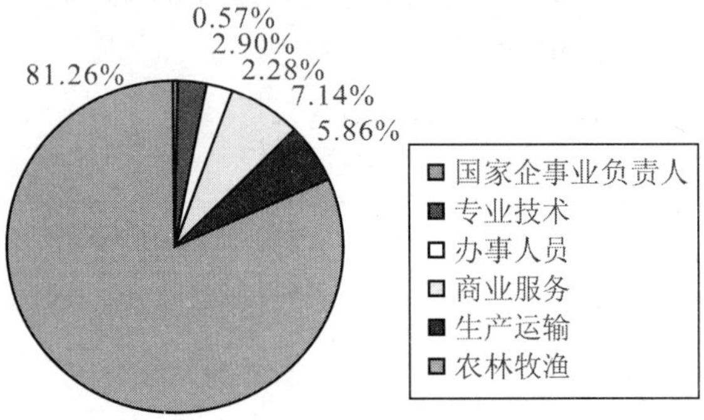

图6 2010年朝鲜族在业人口职业结构图

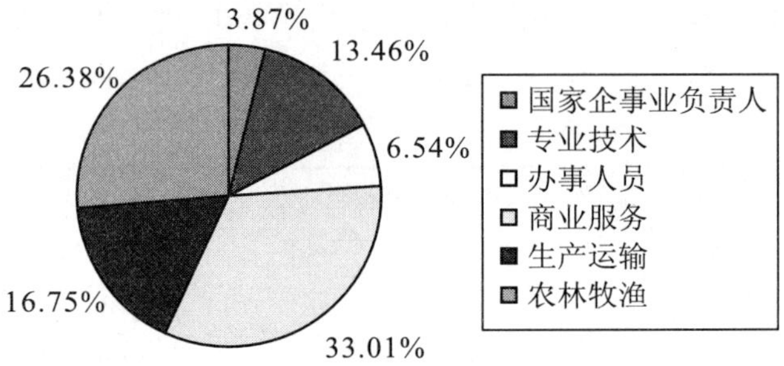

数据显示:相比以上两类民族,人口规模100—500万人九个民族的职业结构差异最大其总体水平介于千万以上与500—1000万人民族总体水平之间。九个民族中朝鲜族职业结构最优,也是56个民族中职业结构最优的民族,农林牧渔仅26.38%,且商业服务占比高达33%,所有职业类别均显著高于其他民族;其次是侗族、白族与布依族,此三个民族职业结构基本一致且接近总体水平,生产运输职业类别显著高于其他职业;然后是瑶族、哈尼族与哈萨克族,农林渔牧占比介于70%—80%,不同的是哈萨克族职业结构优势在于前三类职业类别,而哈尼族与瑶族的职业结构优势则在生产运输,总体而言,哈萨克族职业结构优于哈尼族和瑶族;目前黎族与傣族的职业结构属于产业链低端,农林渔牧占比高于80%。

2.十年间百万以上少数民族劳动力就业人口职业结构变化趋势分析

与2000年相比,2010年我国百万以上少数民族劳动力就业人口的职业结构有所上升。同样将百万以上少数民族按人口规模分三类:千万以上民族、500—1000万人民族、100—500万人民族,引入职业性别结构金字塔图研究此三类劳动力就业人口职业结构以及各职业中就业人口的性别结构的变化趋势。

金字塔图直观表明:十年间,人口规模百万以上民族的农业就业人口占比下降超过10%,生产运输与商业服务占比提升显著,职业结构进步程度显著增加。由图示可知:十年间,农牧人员所占比例显著减少,且男女占比及减少基本平衡;职业增加最显著的是生产运输与商业服务这两类,增幅高达96%、74%,且生产运输的男性占比明显高于女性,男性从事生产运输类职业具有显著优势,相反,女性从事商业服务类则优势明显。十年间,百万以上民族职业结构变化趋势显示以下3个特征:

第一、十年间,百万以上少数民族劳动力就业人口职业非农化程度进步较大但差异显著

全国层面看,2010年全国劳动力在业人员中农牧民所占比例 48.33%，汉族农牧民所占比例 46.40%，与全国及汉族相比，百万以上少数民族农业人口比例较大，比全国高出 13 个百分点，比汉族高出了 15 个百分点，说明我国百万以上少数民族劳动力非农化过程虽已推进，但其在业人口中农业人口占比高达 69.10%，非农化进程还很艰巨。

百万以上 18 个民族中非农化进程进步最大的是朝鲜族（下降 53%），最小的为哈萨克族（不降反升 11.34%），如图 7。

表 4　2000 年、2010 年百万以上少数民族劳动力就业人口的职业性别变化

单位：%

职业分类	2000 年			2010 年			2000 年较 2010 年增幅
	男	女	总	男	女	总	
国家企事业负责人	1.77	0.44	1.15	1.28	0.54	0.94	−14.42
专业技术	4.58	5.11	4.82	4.52	5.54	4.99	7.92
办事人员	2.81	1.38	2.15	3.53	2.05	2.85	38.52
商业服务	5.04	6.61	5.77	8.16	11.29	9.61	73.64
生产运输	8.99	4.04	6.68	16.41	8.12	12.50	96.71
农林牧渔	76.82	82.43	79.43	66.10	72.46	69.10	−9.30

图 7　2000 和 2010 年我国百万以上民族劳动力就业人口的职业性别结构金字塔图

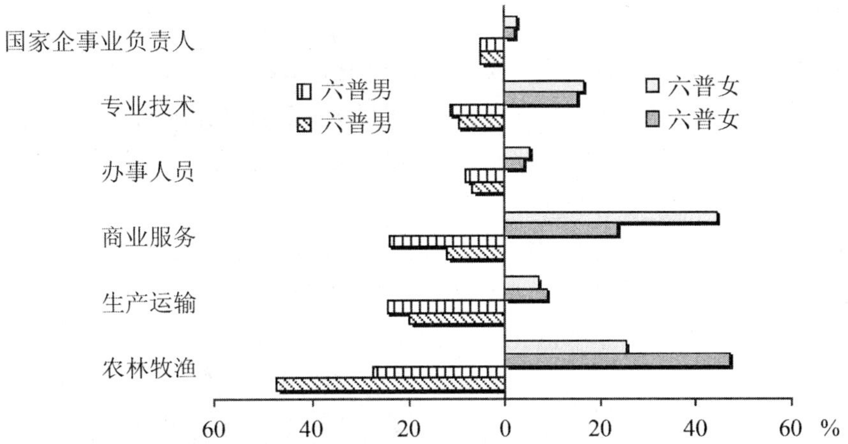

图 8　2000 和 2010 年朝鲜族劳动力职业性别分布金字塔对较图

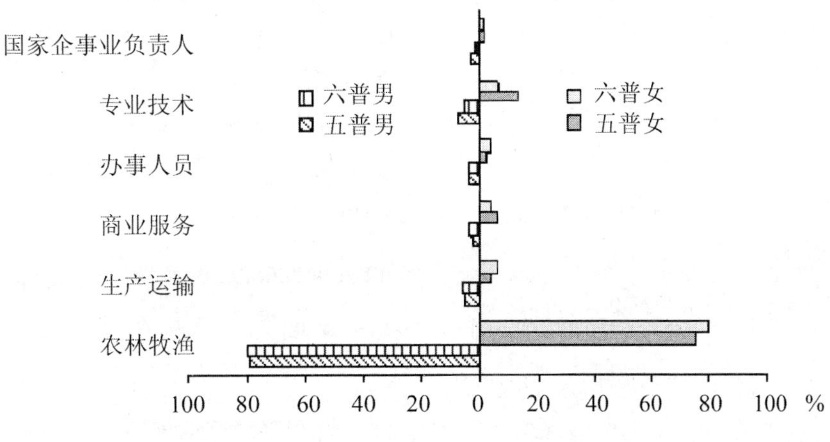

图 9　2000 和 2010 年哈萨克族劳动力职业性别分布金字塔对较图

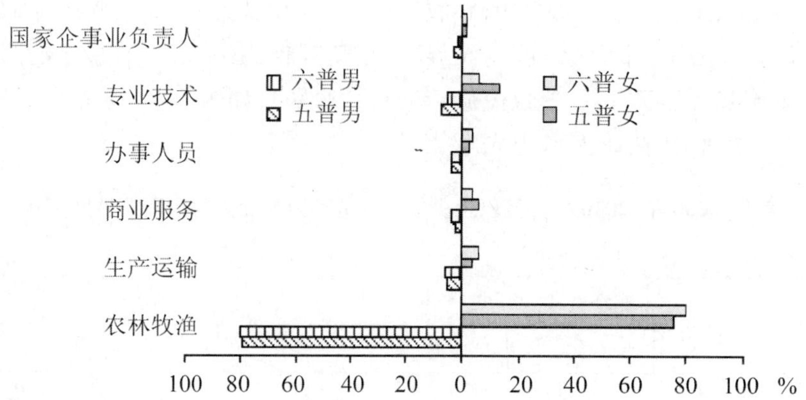

图 10　2000 年、2010 年人口规模百万以上民族"白领化"在业者占比变化趋势

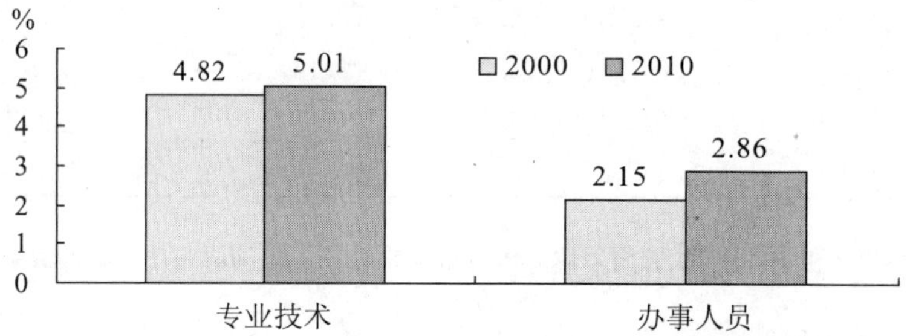

第二、百万以上少数民族劳动力就业人口职业"白领化"程度有所提升

所谓"白领"是一个比较模糊的概念,很难做出准确界定。本文依据文献将第二、第三职业大类作为白领化职业,此两类职业在业人员变动表征我国百万以上少数民族职业结构白领化的趋势[1]。严格来讲,在第一大类职业和第四大类职业中也包括了一部分白领阶层。

图 9 表明:第二大类与第三大类的占比均有一定提高,且第三大类办事人员的提升幅度较大。2010 年这两大类职业在业者占全部在业人员的 7.87%,比 2000 年提高了近 1 个百分点。2010 年全国这两大类职业在业者占全部在业人员的 11.15%,汉族此比重为 11.46%。考虑族群的受教育程度以及所处区域经济社会发展的差异,这两类职业占比与全国和汉族相比,比较合理。就职业自身的增幅而言,十年间,我国少数民族职业大类中专业技术人员、办事等相关人员的在业人员增长幅度分别为 7.92%和 38.52%.

百万以上 18 个民族中"白领"化进程进步最大的是哈尼族,最小的为维吾尔族(不升反降),如图 10。

第三、百万以上民族国家机关和党群组织负责人占比不升反降,呈现"倒挂"现象

图 12 表明:2010 年代表参与国家管理阶层的第一职业大类占比不升下降近 0.2 个百分点且男性占比明显下降,女性上升。与 2000 年相比,2010 年我国少数民族国家机关、党群组织、企事业单位负责人职业类别的在业人员减少幅度甚至大于农牧人员的减少幅度高达 14.42%。十年间,我国采取有效措

图 11　2000 和 2010 年哈尼族"白领"化占比变化

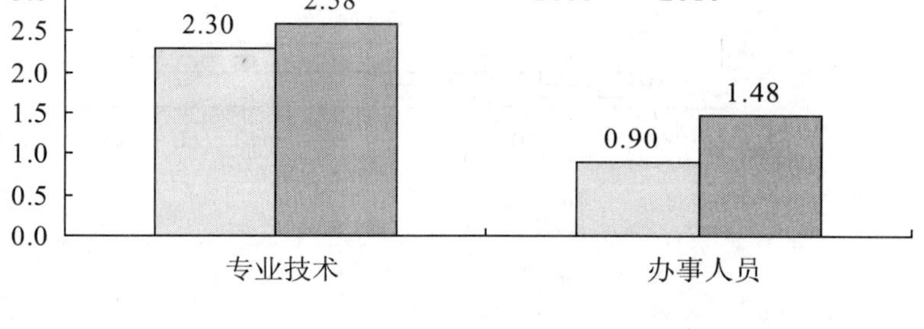

图 12　2000 和 2010 年维吾尔族“白领”化占比变化

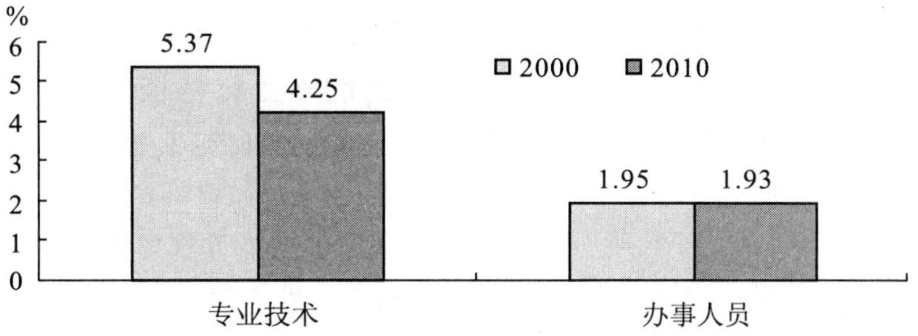

图 13　2000、2010 年百万以上民族国家机关和党群组织负责人在业人员占比

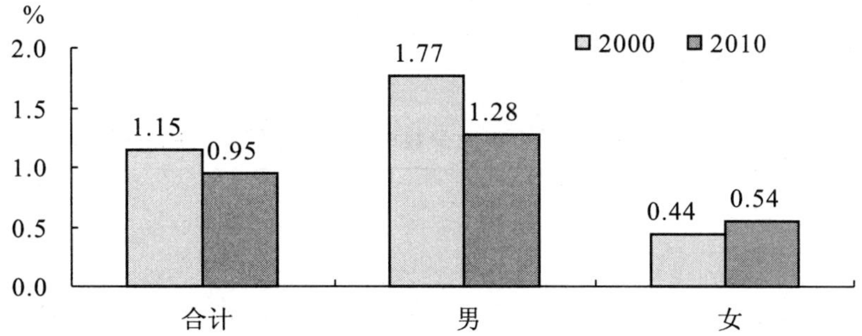

施，如，少数民族高层次骨干人才计划、少数民族骨干研究生计划等，加强并提升了少数民族国家管理人员的后备力量。然而，少数民族在业人员中国家机关和党群组织负责人占比呈现“倒挂”现象，可喜的是民族女性越来越多的参与到社会工作中来，说明民族女性的社会地位呈现提升趋势。

3　十年间百万以上少数民族劳动力在业人员职业的性别差异及变化特征

百万以上少数民族劳动力在业人员总体性别比从 2000 年的 115 增长到 2010 年 117，在业人员中男性增长速度高于女性。十年间，我国百万以上少数民族在业人员中男性增长 5.41%，女性增长 3.17%。就 2010 年数据而言，其性别比与全国(124)及汉族(125)相比，少数民族劳动力在业人员的性别差异较小。

3.1　十年间百万以上少数民族职业性别隔离现象分析

职业性别隔离意指在劳动力市场中劳动者因性别不同而被分配、集中到不同的职业类别，担任不同性质的工作。其性别隔离系数计算公式如下[2]：$I_i = \frac{L_i - L_T}{L_T}$，其中，$L_i$ 为第 i 类职业劳动力在业人口性别比，L_T 为全部劳动力在业人口性别比。

表 5　2000 年和 2010 年百万以上少数民族总体各职业在业者性别结构

在业人口职业分布	各职业在业者性别比(女性 100)		职业性别隔离系数	
	2000 年	2010 年	2000 年	2010 年
百万以上少数民族在业人口性别比	115	117	—	—
国家企事业负责人	459	276	2.99	1.36
专业技术	103	96	−0.11	−0.18
办事人员	234	202	1.03	0.72
商业服务	87	85	−0.24	−0.28
生产运输	255	236	1.22	1.02
农林牧渔	107	107	−0.07	−0.09

数据所示，性别隔离最大的职业为第一大类职业：国家机关、党群组织企事业单位负责人，数据显示近十年隔离系数下降最显著，说明十年间此职业类别男性的绝对主导得到显著改善，女性占比明显增加；性别隔离最小的职业为商业服务业，2000 年其性别隔离系数为－0.24，2010 年－0.28，说明该职业女性占比优势。六个职业大类中，各职业大类在业者的性别比都呈现下降趋势，特别是专业技术人员职业类别，性别结构出现了逆转，女性在业者的比例超过了男性。由于专业技术人员与受教育程度相关性很大，逆转现象从另一个角度说明，近十年百万以上少数民族女性受教育程度显著提升。

3.2 十年间百万以上少数民族职业结构的性别变化特征

新世纪以来，少数民族人口受教育程度有了很大提升，义务教育的全面实施、中等职业技术学校的大力推进及高等教育的快速发展，都有效促进了少数民族在业人员的就业水平。职业性别数据表明：少数民族女性教育的特别关爱，极大提升了女性的受教育程度和就业水平。近十年，百万以上少数民族在业人员中体现了职业性别结构的显著改善，具体分析如下：

表 6 2000 年、2010 年百万以上少数民族就业人口职业的性别变化

职业分类	增减数量（万人）			增减百分比（%）		
	合计	男	女	合计	男	女
合　计	23.55	15.58	7.97	4.36	5.41	3.17
国家企事业负责人	－0.89	－1.20	0.30	－0.17	－23.49	27.22
专业技术	2.06	0.54	1.52	0.38	4.09	11.85
办事人员	4.46	2.62	1.84	0.83	32.28	53.09
商业服务	22.94	10.26	12.68	4.25	70.64	76.26
生产运输	34.88	23.96	10.92	6.46	92.51	107.43
农林牧渔	－39.89	－20.60	－19.29	－7.39	－9.30	－9.30

图 14 十年间百万以上少数民族各职业在业人员性别变化的增幅

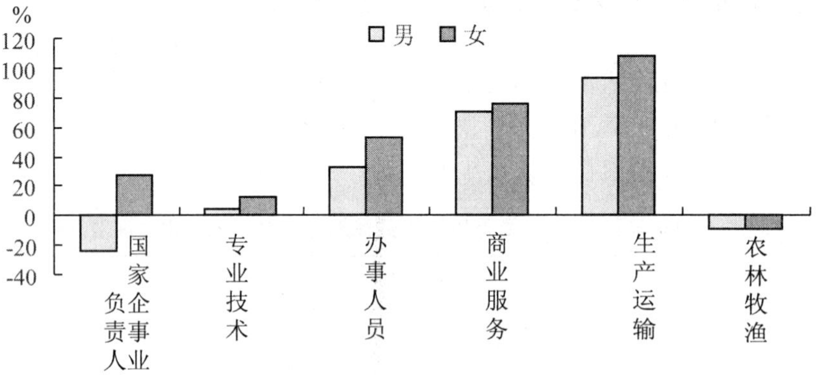

以上图表表明：百万以上少数民族女性在业者的职业结构改善状况优于男性，女性的职业的流动高于男性。职业上行流动的这种性别差异集中体现为男女职业分布变化格局的两大特征：1）第一类职业性别变化方向首次出现的“倒挂”现象：在国家机关、党群组织，企事业单位负责人中，男性数量减少，女性数量增加；2）女性上行职业快速增长，专业技术人员、办事人员和有关人员类别与商业、服务业人员类别中女性在业者数量增长幅度大大超过男性，特别是专业技术女性增加的比例近乎男性的三倍。

百万以上 18 个民族中职业性别“倒挂”最显著的是维吾尔族，如图 14。

图 15 十年间维吾尔族六类职业性别变化对比

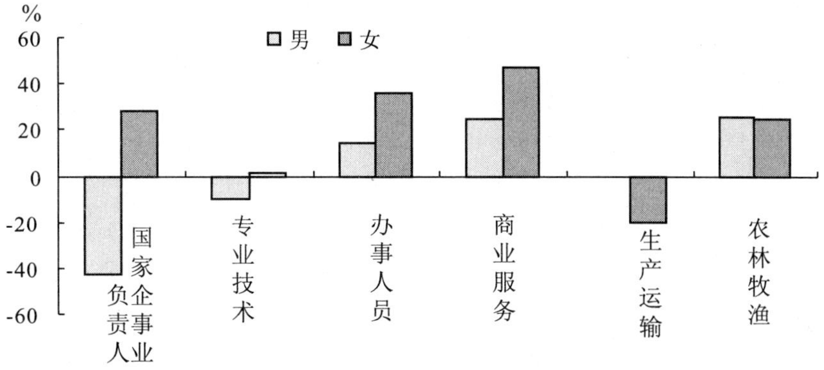

图 16 近十年百万以上少数民族各职业的流动率对比图

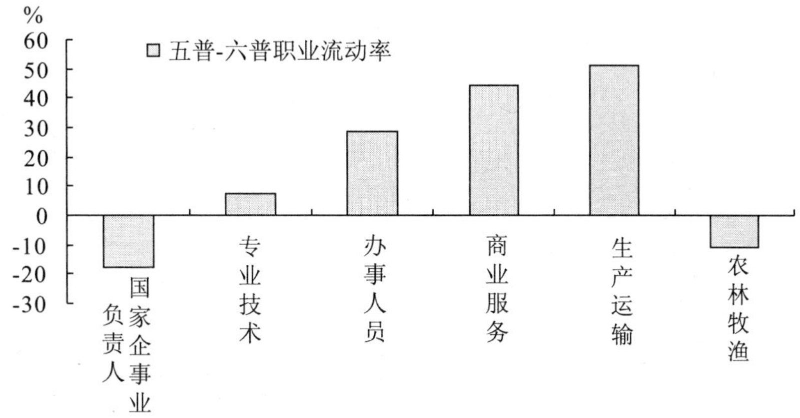

四、十年间百万以上少数民族劳动力在业人口职业流动特征分析

所谓职业流动是指劳动者在不同职业类属间的流动，是社会流动(social mobility)的一种形态。职业流动有两种形式：一是水平流动，即劳动者在同属社会层级职业间的流动；二是垂直流动，即劳动者在不同社会层级职业间的流动，这种流动包括上行垂直流动和下行垂直流动。本文采用职业流动率来分析在业人口的职业流动。不考虑职业进入(进入劳动市场)和职业退出(退出劳动市场)时序上比例明显变动的情况，若各个职业在业者的增幅大体相当，则人口在不同职业之间不存在流动。若各个职业在业者增幅差距大，表明存在流动。根据这个假设，可以定义下列两个指标测量职业流动[1]：

职业流动率＝{[(期末某职业人口－期初该职业人口)×(同期在业人口增长率＋1)]/测量时期该职业人口}×100

流动强度＝$\sum$(各职业的职业流动率绝对值×各职业平均人口占在业人口的比重)

根据上述定义，若某职业的职业流动率为正数，表示该职业中其他职业转入的人数超过该职业转入其他职业的人数；相反，某职业的职业流动率为负数，表示该职业流出强度越大。流动强度是整个职业流动率的一个加权和，表示某一时期整体职业流动的程度。流动职业的值越大，表示整体职业流动的强度越高。下图给出了五普一六普百万以上少数民族各类职业的流动率：

2000—2010 年我国百万以上少数民族劳动力就业人口的职业流动较大，职业流动强度为 17.58。六大类职业中，“国家机关，党群组织及企事业单位负责人”和“农林牧渔水利生产人员”两个职业类别的在业者是净流出，其他职业职业者均是净流入，特别是“生产运输设备操作人员及有关人员”、“商业服务人员”、“办事人员和有关人员”净流入非常高。上图显示：我国百万以上少数民族职业流动从较低的产业层级向较高层级流动强度显著提升。

百万以上 18 个民族中职业流动显著差异的两个民族，如图 17 和 18。

图 17 近十年维吾尔族各职业的流动率

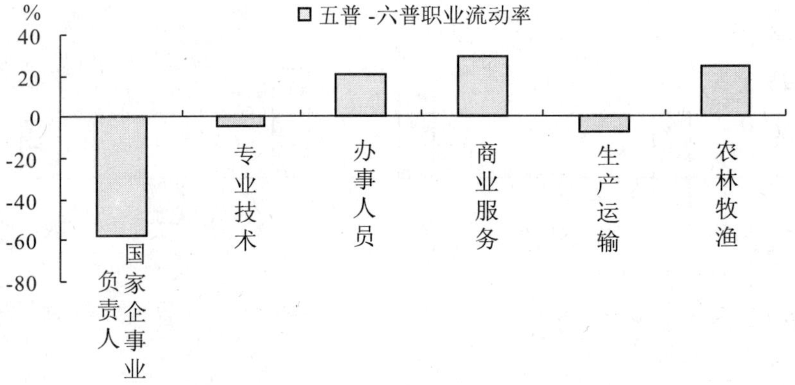

图 18 近十年朝鲜族各职业的流动率

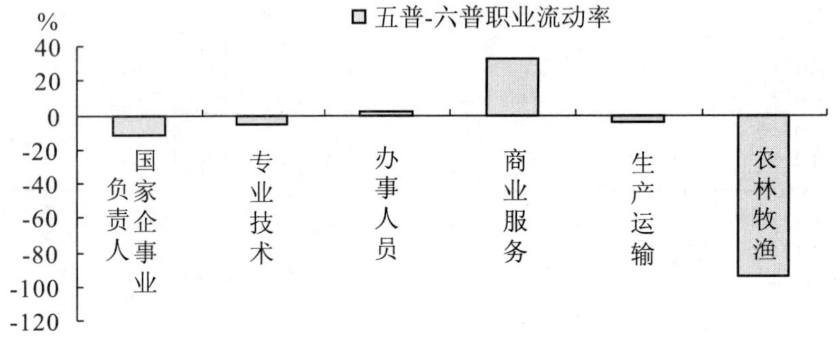

总之，十年间，我国少数民族群体职业上行流动显著，女性就业显著增加，且在较高产业级增加显著，这是一个良好的发展趋势。值得关注的是：国家一直在加大对少数民族教育的支持力度，通过加强对少数民族干部的管理和青年骨干的培训力度，以实现更多的少数民族骨干参与到社会管理事务中来，然而，2010 年普查数据显示：国家企事业负责人职业出现“倒挂”现象。是否是国家公务员考试等制度制约了少数民族新生力量对国家管理工作的参与？此现象的具体缘由需要进一步调研分析。

参考文献：

1. 李若建．1990—1995 年职业流动研究[J]．管理世界，1999(5).
2. 吴愈晓，吴晓刚．城镇的职业性别隔离与收入分层[J]．社会学研究，2009(4).
3. 黄荣清，赵显人等．20 世纪 90 年代中国各民族人口的变动[M]．北京：民族出版社，2004：258—343.
4. 李建民．中国劳动行业、职业结构变迁与经济发展水平区域比较研究[M]．国家统计局人口和社会科技统计司，2003.
5. 刘军丽．中国劳动力人口职业、行业结构变迁[J]．中国劳动关系学院，2009.
6. 周丽．中国产业结构和就业结构不平衡状态的动态分析：1979—2009[J]．肇庆学院，2009.
7. 王学民．应用多元分析[M]．上海：上海财经大学出版社，2009：208—249.

中央民族大学 蔡果兰

中国少数民族人口分布的地域性

一、地域性的理论证明

对地域性的理论证明，来自“地域趋异性”、“民族趋同性”、“聚居地烙印”、“地域因子综合作用原理”和“离散效应”。

（一）“趋异效应”和“地域趋异性”

“趋异效应”指，由于“环境可塑性”的存在，因空间流动而居住在不同地域的同一民族（在民族形成初期，她们必定生活在同一地理环境中）的各个部分的人口学特征，便会因受不同“自然—经济—社会”环境的长期“侵蚀”而“趋异”——变得各不相同，产生地域差异，形成同一民族人口现象在不同环境中的“地域趋异性”。

“地域趋异性”的特征是，随地域单元的降阶（地域单元变小、增多）而增大。即由于“趋异效应”的存在，地域单元的降阶（全国→省→地→县）使空间变小，不同地域之间塑造民族特征的“自然—经济—社会”环境的差异扩大——由是，同一民族生活在不同地域部分的人口现象的不同扩大而相应地“趋异”。

（二）“趋同效应”和“民族趋同性”

“趋同效应”指，由于“环境可塑性”的存在，居住在同一地域的不同少数民族（比例不等的部分）——不论他们的文化、宗教、习俗如何——，其人口学特征便会因受共同“自然—经济—社会”环境的长期“侵蚀”而“趋同”——民族差异被“抹平”而变得相近，形成不同民族人口现象在同一环境的“民族趋同性”。“民族趋同性”的特征是：

随地域单元的降阶而增大。即由于“趋同效应”的存在，地域单元的降阶使空间单元，进而塑造民族特征的同一“自然—社会—经济”环境内部的差异变小——由是，同一地域上不同民族的人口现象的差异因之显著缩小而相应地“趋同”。

（三）“聚居地效应”和“聚居地烙印”

“聚居地烙印”、“聚居地效应”指：第一，某一民族的人口学特征，在很大程度上为该民族“聚居地”的“自然—社会—经济”环境所塑造，为其性质所规定而深深地打上了聚居地的“烙印”并与集聚程度正相关；由是（扩展），以同一地域为“聚居地”的各民族人口学特征（总体上）的差异，由于“趋同效应”被“抹平”，变得较为接近而呈显著的“民族趋同性”。

“聚居地烙印”/“聚居地效应”具明显的指向性，即，地域环境愈优，以之为“聚居地”的民族（总体），和生活在其上的民族（部分），其人口学特征的现代性便越显著；反之，地域环境愈差，其人口学特征的传统性便越明显。

（四）“地域因子综合作用原理”

“趋异效应”的存在，使同一民族的人口学特征在不同地域变得不同而形成（地域）差异；“趋同效应”的存在，使居住在同一地域不同民族的人口学特征的差异被“抹平”，变得相近而形成民族“趋同”；“聚居地效应”的存在，使以同一地域为“聚居地”的民族（总体），和生活在其上的民族（部分），其人口学特征被深深地打上“聚居地”的“环境烙印”；“离散效应”、“基尼分布效应”的存在，则使少数民族人口学特征的性质（现代的或传统的）与（作为载体的）人口数量的空间分布状况紧密地联系了起来——由是，少数民族人口学特征/人口现象的空间分布，便被深深地打上了地域性的烙印：

少数民族人口学特征的地域性“烙印”，或对少数民族人口学特征的“再塑造”，并非某个因子、某种效应单独作用的结果，而是赖于处于相互影响中的“地域趋异效应”、“民族趋同效应”、“聚居地效应”、“离散效应”、“基尼分布效应”的综合作用。如，居住在东北的少数民族（对某个民族而言的部分），或以东北为“聚居地”的少数民族（对某个民族而言的整体），其人口受教育程度明显高于居住在西南或以西南为"聚居地"的少数民族:这既为以东北、西南"自然一社会一经济"环境差异为背景的"聚居地效应"所规定——东北的环境优于西南;又为"离散效应"、"基尼分布效应"所强化——东北的少数民族有着较高的离散度,西南的少数民族有着很高的首位分布率;而"趋同效应"、"趋异效应"则保证着"聚居地效应"和"离散效应"、"基尼分布效应"的形成。

(五)"离散效应"

"离散效应"和"基尼分布效应"既是一种地域性,也是地域性的重要作用机制。对"离散效应"、"基尼分布效应"成因的讨论,还将回答人口空间分布状况为什么会成为民族人口学特征的一种重要的塑造力。

"边缘效应"即地理学、生态学的"边界效应"。指在不同"自然一经济一社会"环境单元的过渡地带,特别是在边缘和边界,各环境单元的自然、社会、经济因子,由于空间的接近,交互作用的强化而变得十分活跃;而在每一环境单元的内部,各因子,特别是社会、经济因子,与其他单元因子的交互作用则由于空间阻隔而变得微弱而近乎处于"休眠"状态。由是,形成民族人口学特征现代性与人口空间分布"离散度"正相关的"离散效应",或与"首位分布率"(人口数量最大地域的基尼系数)反相关的"基尼分布效应"。即:

人口的"离散度"越高,即空间分布越分散,便会形成更多的与其他民族交互作用的"过渡地带"、"边缘"和"边界",处于"活跃状态"成员的比例便越高,人口学特征/人口现象在总体上便越趋于现代型;而民族人口学特征越趋于现代型,成员的活跃程度越高,便会推动人口在地域上的扩散,空间分布"离散度"的提高和系统的进一步开放。

反之,"离散度"越小,或空间分布集中程度和首位分布率越高,民族的大部分成员分布在少数(如1－2个)地域,与其他民族交互作用的"过渡地带"、"边缘"和"边界"便越少,处于"活跃状态"成员的比例便越低,人口学特征/人口现象在总体上便越趋于传统型;而民族人口学特征越趋于传统型,成员的活跃程度越低,便会进一步形成对地域扩散,"离散度"提高和集中程度下降的障碍,系统也由之趋于封闭。

二、地域性的实证研究

(一)人口空间分布的离散度和不完全基尼分布

本研究对地域性的实证方法,一是(55个已识别)民族人口学特征与离散度、首位分布率的关联度分析;一是少数民族人口分布的地域重叠度分析。

人口空间分布的离散度和基尼分布是判断人口地域分布状况简单而有效的指标。人口的首位分布率即首位基尼系数;离散度可借用辛普森多样性指数——$1-\sum ni^2/N^2$①表示。式中,N为某民族人口总量,ni为该民族在各地域单元的人口数。以31个省、区、市为地域单元,给出55个已识别民族和未识别民族、入籍外国人2010年人口空间分布的的离散度和不完全基尼分布。(表1)

表1 1990、2010年中国少数民族人口空间分布的离散度和不完全基尼分布

项目 / 民族	2010					1990				
	离散度	基尼系数(%)				离散度	基尼系数(%)			
		Ⅰ	Ⅱ	Ⅲ	Ⅳ		Ⅰ	Ⅱ	Ⅲ	Ⅳ
大陆人口	0.9548	7.8	15.0	22.1	28.1	0.9507	9.5	17.1	24.5	30.5
汉族	0.9517	8.4	16.2	23.8	30.2	0.9474	9.8	18.0	26.1	32.5
少数民族	0.9163	15.3	29.0	40.6	51.7	0.9060	18.2	31.7	44.0	54.4
壮族	0.2635	85.4	92.5	97.7	98.2	0.1606	91.4	97.9	98.8	99.1
回族	0.9068	20.5	32.4	41.7	50.8	0.9153	17.7	30.4	40.5	48.5
满族	0.6772	51.4	72.3	80.6	87.8	0.6872	50.3	67.9	80.0	90.7

① 孙儒泳、李庆芬、牛翠娟、娄安如. 基础生态学[M]. 北京:高等教育出版社,2002:143－144.

续表1

项目 民族	2010					1990				
	离散度	基尼系数(%)				离散度	基尼系数(%)			
		Ⅰ	Ⅱ	Ⅲ	Ⅳ		Ⅰ	Ⅱ	Ⅲ	Ⅳ
维吾尔族	0.0135	99.3	99.4	99.5	99.5	0.0042	99.8	99.9		
苗族	0.7509	42.1	64.0	76.7	81.8	0.6842	49.7	70.9	83.0	90.3
彝族	0.5641	57.8	88.2	97.8	98.3	0.5337	61.7	88.9	99.6	99.8
土家族	0.7783	31.5	56.7	73.9	90.6	0.7373	31.4	62.3	81.1	99.4
藏族	0.7018	43.2	67.1	88.9	96.7	0.6891	45.6	69.3	89.2	97.2
蒙古族	0.4855	70.6	81.6	84.7	87.3	0.4857	70.4	82.6	85.9	88.8
侗族	0.6512	49.7	79.4	90.0	93.1	0.5859	55.8	85.7	97.1	99.3
布依族	0.2318	87.5	91.9	94.1	96.1	0.0522	97.3	98.7	99.1	99.4
瑶族	0.6334	53.4	78.9	88.8	96.7	0.5569	62.1	83.7	91.8	98.1
白族	0.3326	80.9	90.2	96.2	97.1	0.2842	83.9	91.7	98.8	99.3
朝鲜族	0.6260	56.8	74.7	87.8	91.2	0.5510	61.5	85.1	97.1	98.3
哈尼族	0.0374	98.1	98.5	98.7	98.9	0.0084	99.6	99.7	99.7	99.8
黎族	0.2469	86.3	95.5	96.9	97.5	0.1513	91.7	99.0	99.3	99.6
哈萨克族	0.0596	97.0	97.3	97.6	97.9	0.0081	99.6	99.9	99.9	100.0
傣族	0.0600	96.9	97.6	98.1	98.6	0.0208	99.0	99.5	99.6	99.7
畲族	0.6579	51.6	75.0	87.9	93.1	0.6060	55.0	82.4	94.5	98.7
傈僳族	0.0948	95.1	98.1	98.4	98.6	0.0611	96.9	99.7	99.8	99.8
东乡族	0.2175	87.9	97.8	98.8	99.0	0.2802	83.5	98.6	99.3	99.7
仡佬族	0.1900	89.9	93.1	95.1	95.8	0.0341	98.3	99.0	99.6	99.8
拉祜族	0.0445	97.7	98.1	98.5	98.7	0.0157	99.2	99.4	99.6	99.7
佤族	0.1295	93.3	94.6	95.7	96.4	0.0240	98.8	99.1	99.3	99.6
水族	0.2793	84.7	88.0	91.1	94.0	0.1316	93.1	96.9	99.2	99.3
纳西族	0.0972	95.0	98.1	98.4	98.6	0.0856	95.6	98.7	99.1	99.3
羌族	0.0799	95.9	96.5	97.0	97.5	0.0201	99.0	99.5	99.6	99.6
土族	0.4873	70.6	81.2	84.7	86.7	0.2669	84.9	96.0	97.1	98.2
锡伯族	0.4816	69.5	87.6	91.6	93.2	0.4766	69.5	88.7	93.9	95.9
仫佬族	0.3491	79.7	91.2	96.3	97.6	0.0438	97.8	98.6	99.0	99.3
柯尔克孜族	0.0654	96.7	98.1	98.9	99.2	0.0234	98.8	99.8	99.9	
景颇族	0.0647	96.7	97.2	97.6	98.0	0.0144	99.3	99.7	99.8	99.8
达斡尔族	0.5707	57.8	88.3	92.5	94.0	0.5002	58.9	93.7	98.1	98.6
撒拉族	0.3160	82.0	92.3	95.2	95.9	0.2223	87.7	95.4	99.7	99.7
布朗族	0.0505	97.4	97.9	98.1	98.4	0.0126	99.4	99.6	99.7	99.7
毛南族	0.5043	64.8	91.8	96.8	98.0	0.0340	98.3	99.1	99.4	99.5
塔吉克族	0.1392	92.5	99.1	99.5	99.5	0.0016	99.9			
普米族	0.0378	98.1	98.4	98.7	98.8	0.0259	98.7	99.0	99.2	99.3
阿昌族	0.0739	96.2	97.8	98.2	98.4	0.0071	99.6	99.7	99.8	99.8
怒族	0.2785	84.8	88.5	90.1	91.4	0.0379	98.1	99.4	99.6	99.7
鄂温克族	0.2754	84.7	93.2	94.7	96.1	0.2047	88.6	98.5	98.9	99.1
京族	0.3148	82.6	86.6	89.7	91.5	0.2312	87.5	92.1	94.5	96.0
基诺族	0.0329	98.3	98.6	98.7	98.8	0.0188	99.1	99.6	99.8	99.9
德昂族	0.0356	98.2	98.5	98.7	99.0	0.0083	99.6	99.8	99.8	99.8
保安族	0.1778	90.5	95.0	97.8	98.3	0.1794	90.3	95.5	96.6	99.7
俄罗斯族	0.6021	55.1	85.5	87.7	89.8	0.5366	59.9	92.2	94.6	95.5

续表 2

项目 / 民族	2010					1990				
	离散度	基尼系数(%)				离散度	基尼系数(%)			
		Ⅰ	Ⅱ	Ⅲ	Ⅳ		Ⅰ	Ⅱ	Ⅲ	Ⅳ
裕固族	0.1813	90.4	93.1	94.3	94.9	0.0779	96.0	98.3	99.1	99.3
乌孜别克族	0.0841	95.7	96.5	97.2	97.7	0.0065	99.7	99.8	99.8	99.8
门巴族	0.1623	91.5	92.8	93.6	94.4	0.0204	99.0	99.1	99.1	99.4
鄂伦春族	0.6151	45.5	87.5	89.7	91.7	0.5353	51.7	96.1	97.3	97.9
独龙族	0.1591	91.7	92.9	93.7	94.5	0.0954	95.1	96.8	97.5	98.0
赫哲族	0.5361	67.5	73.0	77.0	80.8	0.2158	88.4	93.9	95.3	96.0
高山族	0.9255	19.5	30.0	36.9	42.2	0.9287	18.1	26.7	34.7	42.0
珞巴族	0.1015	94.8	97.1	97.5	97.8	0.0626	96.8	97.2	97.5	97.8
塔塔尔族	0.1683	91.2	92.7	93.4	94.0	0.0556	97.2	97.7	98.1	98.5
未识别民族	0.0832	95.7	97.2	97.8	98.2	0.0391	98.0	98.8	99.2	99.5
入籍外国人	0.9252	13.8	27.3	39.0	45.4	0.8841	19.8	37.1	51.3	60.9

资料来源:中国 1990 年人口普查资料·第一册,PP.300—319;第六次(2010)全国人口普查资料·表 T1—06.

人口空间分布的离散度和不完全基尼分布表明:中国少数民族人口(数量)空间分布离散度显著偏低、民族差异悬殊并呈东(部)高、西(部)低,(西)北高、(西)南低态势。与 1990 年相比,2010 年离散度显著上升,以西南为聚居地少数民族离散度的提高和与西北差距的缩小则尤为明显。(表 2)

表 2 1990、2010 年中国少数民族人口按地域分别的离散度

单位:个

聚居地 / 离散度		——0.5	——0.3	——0.1	——0.05	——0.03	——0.01	——
1990	合计	14	2	11	7	4	10	7
	西南地区	5		5	5	4	9	3
	西北地区	3	1	5	2		1	4
	东部地区	6	1	1				
2010	合计	16	7	16	11	4	1	
	西南地区	6	3	10	8	4		
	西北地区	3	3	6	3		1	
	东部地区	7	1					

资料来源:据表 1。

(二)中国少数民族人口学特征分布的地域性

——中国少数民族人口学特征与离散度、平均受教育年限显著相关而具显著的地域性和可塑性。

除性别比等少数指标外,中国少数民族人口学特征都与人口的空间分布状况——离散度和平均受教育年限相关、显著和极显著相关并以后者居多——而具显著的地域性和可塑性。在讨论的 36 种关联中,各种程度的相关 31 项占 86.11%,显著以上相关 28 项占 77.78%,极显著相关 21 项占 58.33%。(表 3)

——中国少数民族人口学特征地域差异显著,大致具三种空间态势。

中国少数民族人口学特征的地域差异显著,大致呈东(部)高、西(部)低,(西)北高、(西)南低;东(部)低、西(部)高,(西)北低、(西)南高,及东(部)高、西(部)低,(西)北低、(西)南高三种空间态势。(表 4)

表 3　中国少数民族人口学特征与离散度和平均受教育年限的关联度(2010)

民族人口学特征		空间离散度		平均受教育年限	
		R	相关程度	R	相关程度
平均受教育年限		.3767	显著		
人口数量		.3812	显著	—	—
性别比		.0871	不相关	—.0533	不相关
人口自然变动	出生率	—.3772	显著	—.5395	极显著
	死亡率	—.3100	相关	—.6421	极显著
	自然增长率	—.2093	不相关	—.1898	不相关
年龄结构	少儿系数	—.3248	相关	—.6583	极显著
	老年系数	.3339	相关	.1696	不相关
	人口类型(分)	.3736	显著	.4860	极显著
人口在业率		—.3734	显著	—.7769	极显著
在业人口产业构成	1	—.5742	极显著	—.8323	极显著
	2	.6557	极显著	.4443	极显著
	3	.4175	极显著	.8248	极显著
在业人口职业构成	Ⅰ	.4695	极显著	.7680	极显著
	Ⅱ	.3316	显著	.8484	极显著
	Ⅲ	.3489	显著	.7689	极显著
	Ⅳ	.4676	极显著	.6730	极显著
	Ⅴ	—.5650	极显著	—.8328	极显著
	Ⅵ	.6240	极显著	.5016	极显著

表 4　中国少数民族人口学特征*的空间分布态势(2010)

空间态势	东(部)高、西(部)低	东(部)低、西(部)高
(西)北高、(西)南低	受教育人口,受中等教育人口、受高等教育人口、平均受教育年限、劳动力资源比例、不在业率、职业Ⅰ、职业Ⅱ、职业Ⅲ、职业Ⅳ、职业Ⅵ	
(西)北低(西)南高	人口性别比、人口类型、产业 2	出生率、死亡率、自然增长率、总负担社会系数、负担少儿系数、负担老年系数、未上过学人口、受初等教育人口、在业率、产业 1、产业 3、职业Ⅴ

*职业Ⅰ代表国家机关、党群组织、企业、事单位负责人;职业Ⅱ代表专业技术人员;职业Ⅲ代表办事人员和有关人员;职业Ⅳ代表商业、服务业人员;职业Ⅴ代表农、林、牧、渔、水利业生产人员;职业Ⅵ代表生产、运输设备操作人员及有关人员。

(三)中国少数民族人口分布的地域重叠度

——民族人口学特征综合因子。

在对离散度、首位分布率、出生率、自然增长率、性别比、少儿系数、老年系数、人口类型、受教育人口、平均受教育年限、在业率、产业 2、产业 3、职业Ⅱ(专业技术人员)等指标进行因子分析的基础上,选取因子系数回归估计值较大的离散度、出生率、总负担系数、平均受教育年限、产业 3、职业Ⅱ作为代表性指标;运用主成分分析法把筛选出来的 6 个指标简化为一个特征根大于 1 的综合因子——少数民族人口学特征综合因子(特征根为 3.679,贡献度为 61.32%),据此综合评价少数民族人口分布的地域性。根据因子分析的基本原理,该综合因子值等于因子系数的回归估计值乘以对应变量的标准化值。(表 5)

表 5　中国少数民族人口学特征综合因子值(2010)

民　族	综合因子值(分)	民　族	综合因子值(分)	民　族	综合因子值(分)
俄罗斯族	2.33	土族	0.81	布依族	0.43
鄂伦春族	2.27	裕固族	0.75	独龙族	0.42
赫哲族	2.02	侗族	0.73	普米族	0.41
高山族	1.98	瑶族	0.72	景颇族	0.38
塔塔尔族	1.82	白族	0.72	阿昌族	0.37
达斡尔族	1.82	藏族	0.71	傣族	0.35
乌孜别克族	1.76	纳西	0.71	水族	0.34
鄂温克族	1.65	苗族	0.68	门巴族	0.31
朝鲜族	1.47	柯尔克孜族	0.66	佤族	0.26
回族	1.29	撒拉族	0.65	珞巴族	0.25
满族	1.19	壮族	0.61	哈尼族	0.24
蒙古族	1.24	黎族	0.57	布朗族	0.21
京族	1.19	塔吉克族	0.52	东乡族	0.19
锡伯族	1.17	羌族	0.53	德昂族	0.17
仫佬族	1.11	维吾尔族	0.52	拉祜族	0.15
畲族	0.91	基诺族	0.50	傈僳族	0.14
土家族	0.91	怒族	0.49	保安族	0.10
哈萨克族	0.87	彝族	0.48		
毛南族	0.85	仡佬族	0.46		

中国少数民族人口学特征综合因子的特征，一是民族差异十分显著；(表 5)一是地域差异大，空间分布呈极其显著的东(部)高、西(部)低，(西)北高、(西)南低的地域性特征——综合因子值≥0.75 的民族，东部 8 个占 100.0%，西部 13 个占 27.7%；西北 10 个占 62.5%，西南 3 个占 9.7%；综合因子值<0.50 的民族，西北 2 个占 12.5%，西南 18 个占 58.1%。(表 6)

——中国少数民族人口分布的地域重叠度。

以综合因子值为变量，采用 SPSS 系统聚类组间连接法对 55 个已识别民族进行聚类分析，结果可以分为两大类。

第一类 15 个民族，其中以西部为聚居地的民族 9 个，以东部为聚居地的民族 6 个；第二类 40 个民族，以东部为聚居地的民族 2 个，以西部为聚居地的民族 38 个。与聚居地分类相比，东部 8 个少数民族中，除土家族、畲族外，有 6 个进入第一类，地域重叠度为 75.0%；西部 47 个少数民族中，除回族、蒙古、京族、仡佬族、俄罗斯、达斡尔、塔塔尔、乌兹别克、鄂温克族外，有 38 个进入第二类，地域重叠度为 80.9%。(表 7)

表 6　中国少数民族人口学特征按综合因子值的地域分布(2010)

单位：个

综合因子(分) / 聚居地	— 0.50	— 0.75	— 1.00	— 1.50	—
合计	20	14	6	7	8
西南地区	18	10	1	2	
西北地区	2	4	3	2	5
东部地区			2	3	3

资料来源：据表 5。

表 7 中国少数民族人口聚类与聚居地分类的重叠度(2010)

聚居地分类		民族人口聚类	重叠程度	
			个数	%
东部	鄂伦春族、赫哲族、高山族、朝鲜族、满族、锡伯族、土家族、畲族(8个)	第一类:15个 东部6个:鄂伦春族、赫哲族、高山族、朝鲜族、满族、锡伯族 西部9个:俄罗斯族、塔塔尔族、达斡尔族、乌孜别克族、鄂温克族、回族、蒙古族、京族、仫佬族	6/8	75.0
西部	俄罗斯族、土族、布依族、裕固族、独龙族、侗族、普米族、瑶族、景颇族、塔塔尔族、白族、阿昌族、达斡尔族、藏族、傣族、乌孜别克族、纳西族、水族、鄂温克族、苗族、门巴族、柯尔克孜族、佤族、回族、撒拉族、珞巴族、壮族、哈尼族、蒙古族、黎族、布朗族、京族、塔吉克族、东乡族、羌族、德昂族、仫佬族、维吾尔族、拉祜族、基诺族、傈僳族、土家族、怒族、保安族、哈萨克族、彝族、毛南族、仡佬族(47个)	第二类:40个 西部38个:土族、布依族、裕固族、独龙族、侗族、普米族、瑶族、景颇族、白族、阿昌族、藏族、傣族、纳西族、水族、苗族、门巴族、柯尔克孜族、佤族、撒拉族、珞巴族、壮族、哈尼族、黎族、布朗族、塔吉克族、东乡族、羌族、德昂族、维吾尔族、拉祜族、基诺族、傈僳族、土家族、怒族、保安族、哈萨克族、彝族、毛南族、仡佬族 东部2个:土家族、畲族	38/47	80.9

中国少数民族人口学特征综合因子的差异，在西南与西北之间同样十分显著。以综合因子值0.75为界对西部少数民族进行指标值设定分类，≥0.75的少数民族13个，其中西北10个，西南3个；<0.75的少数民族34个，其中西北6个，西南28个。与聚居地分类相比，西北综合因子值≥0.75的少数民族10个(柯尔克孜族、撒拉族、塔吉克族、东乡族、维吾尔族、保安族综合因子值<0.75)，地域重叠度为62.5%；西南综合因子值<0.75的少数民族28个(京族、仫佬族、毛南族综合因子值≥0.75)，地域重叠度为90.3%。(表8)

三、讨论:地域性与民族政策和地区发展

(一)地域性与民族政策

——“地域趋异性”和“民族趋同性”:民族政策调整的出发点和基础

假定:政策是以民族性为背景制定并“适合”对象整体的。是故，由民族人口学特征“地域趋异性”造成的“适宜性政策真空”，和因“民族趋同性”引起的“政策摩擦”，便提出了调整民族政策的“诉求”并成为民族政策调整的基础。

一方面，“地域趋异性”的存在使同一民族或多或少的部分人口不能为“适应”该民族整体的政策所“涵盖”而形成“适宜性政策真空”；另一方面，在(多个)民族聚居地，又因“适宜性政策”的不同而形成“政策摩擦”——由是，调整民族政策便成为一种必然。而同一环境中的“民族趋同性”则为民族政策的调整提供了基础或可能性——由于聚居地各民族人口学特征的“趋同”，以“地域性”为背景制定的政策，便能“涵盖”、“适合”聚居地的各个民族，由之解决(同一民族内)“适宜性政策真空”和(不同民族之间)“政策摩擦”问题。

——“聚居地烙印”:地方发展和保护对民族发展的根本性

“聚居地烙印”，或聚居地性质对民族人口学特征的规定性表明，民族地方的发展——经济、社会、教育，和保护——生态/环境、民族文化，是民族发展的根本。

——“离散效应”:民族交往和“改革开放”的理论基础和原动力。

民族人口学特征现代性与人口空间分布“离散度”的正相关表明，“离散效应”是民族交往和“改革开放”的理论基础和原动力。

表8　西部少数民族综合因子设定分类与聚居地分类的重叠度(2010)

聚居地分类		综合因子设定分类	重叠程度	
			个数	%
西南	布依族、独龙族、侗族、普米族、瑶族、景颇族、白族、阿昌族、藏族、傣族、纳西族、水族、苗族、门巴族、佤族、珞巴族、壮族、哈尼族、黎族、布朗族、京族、羌族、德昂族、仫佬族、拉祜族、基诺族、傈僳族、怒族、彝族、毛南族、仡佬族(31个)	综合因子值<0.75的民族:34个 西南28个:布依族、独龙族、侗族、普米族、瑶族、景颇族、白族、阿昌族、藏族、傣族、纳西族、水族、苗族、门巴族、佤族、珞巴族、壮族、哈尼族、黎族、布朗族、羌族、 德昂族、拉祜族、基诺族、傈僳族、怒族、彝族、仡佬族 西北6个:柯尔克孜族、撒拉族、塔吉克族、东乡族、维吾尔族、保安族	28/31	90.3
西北	俄罗斯族、土族、裕固族、塔塔尔族、达斡尔族、乌孜别克族、鄂温克族、柯尔克孜族、回族、撒拉族、蒙古族、塔吉克族、东乡族、维吾尔族、保安族、哈萨克族(16个)	综合因子值≥0.75的民族:13个 西北10个:俄罗斯族、土族、裕固族、塔塔尔族、达斡尔族、乌孜别克族、鄂温克族、回族、蒙古族、哈萨克族 西南3个:京族、仫佬族、毛南族	10/16	62.5

(二)民族政策和地区发展建议

——制定有差异和无差异相结合的民族政策,促进民族和睦、推动社会和谐。

制定有差异和无差异相结合的民族(如人口和计划生育)政策,解决因"民族趋异性"和"民族趋同性"带来的"适宜性政策真空"、"政策摩擦"等问题,是促进民族和睦、推动社会和谐的必须。

第一步,对生活在环境条件大不相同地域中的同一民族(特别是规模较大民族),拟定有差异的民族政策,使之与居住地的环境相适应;对生活在同一环境中的不同民族,拟定无差异的民族政策,以保证生活在同一环境中所有民族的平等,促进民族和睦、推动社会和谐。

第二步,在拟定的有差异、无差异民族政策的基础上,通过协调(商)、优化、模拟、试行,制定有差异和无差异相结合的民族政策。

——以地域为单元,大力发展民族地方经济和社会事业;保护环境、积极进行生态重建,保护和发展民族文化,改善聚居地"自然—经济—社会"环境。

——进一步推动"改革开放",大力加强民族之间的往来和国际合作(经济、文化),积极推动人口流动。

——大力发展民族地方的教育,尤其是中、高等教育事业,增强塑造力,推动民族人口学特征的现代性。

——加强人口和计划生育工作,继续稳定低生育水平,降低死亡率,控制出生率和人口自然增长。

浙江大学　原华荣　张祥晶

云南省少数民族人口发展研究

——基于云南省第六次全国人口普查资料的分析

云南自古以来就是众多民族生息繁衍之地，少数民族人口居全国前列。云南省共有56个民族，人口数超过5000人的民族共有26个，除汉族外，分别是彝族、白族、哈尼族、壮族、傣族、苗族、傈僳族、回族、拉祜族、佤族、纳西族、瑶族、藏族、景颇族、布朗族、普米族、怒族、阿昌族、基诺族、德昂族、蒙古族、独龙族、满族、水族、布依族。其中有15个少数民族为云南特有，是全国特有民族最多的省份。

一、云南省少数民族人口发展现状

(一)云南省少数民族人口规模情况

在第六次全国人口普查实际登记人口中，云南省总人口为4596.6万人，其中各少数民族人口为1533.7万人，占总人口数的33.37%；汉族人口为3062.9万人，占云南省总人口的66.63%。

人口在100万以上的有彝族、哈尼族、白族、傣族、壮族、苗族；50万人以上的有回族和傈僳族；10万人以上的有拉祜族、佤族、纳西族、瑶族、藏族、景颇族、布朗族，其余民族均在10万人以下。人口在100万以上的少数民族人口数量占到了云南省少数民族总人口的77.44%，其中，彝族为人口第一大少数民族，占少数民族人口的32.87%；第二是哈尼族，占10.67%；第三是白族，占10.20%；第四是傣族，占7.97%；第五是壮族，占7.92%。排在后十位的分别是苗族、回族、傈僳族、拉祜族、佤族、纳西族、瑶族、藏族、景颇族和布朗族。人口在10万人以下的少数民族有布依族、普米族、阿昌族、怒族、基诺族、蒙古族、德昂族、满族、水族、独龙族。独龙族为云南省人口最少的主体少数民族，其他非主体少数民族共有3.7万人。同2000年第五次全国人口普查相比，云南省主体少数民族人口占全省人口比重基本保持不变。

(二)云南省少数民族人口增长情况

同2000年第五次全国人口普查相比，云南省各少数民族人口增加了118.4万人，增长了8.37%；汉族人口增加了242.3万人，增长8.59%。少数民族人口增长幅度略低于汉族人口增长，主要是受人口迁移流动等原因的影响，如流入云南省人口中汉族人口比重较大。

(三)少数民族人口年龄结构

人口年龄结构又称人口年龄构成，是指一定时点、一定地区各年龄组人口在全体人口中的比重，通常用百分比表示。人口年龄结构是过去几十年、甚至上百年自然增长和人口迁移变动综合作用的结果，是人口再生产基础和起点。它对未来人口发展类型、速度和趋势有重大影响。

1.少数民族儿童人口负增长，成年人口增速减缓

根据1990、2000、2010云南省人口普查数据，1990年0—14岁儿童人口为11705521人，2000年为10996679人，2010年为9528911人，增长率分别为－6.06%、－14.35%，云南省儿童人口数量绝对数下降。

单独统计少数民族地区1990、2000、2010年儿童和成年人口的数量变化，1990年云南省八个少数民族自治州儿童人口共计4624697人，2000年共计4180936人，2010年共计3607108人，增长率分别为－9.60%、－13.72%，与云南省儿童人口变化相同，不仅绝对量下降，增长速度也下降。三次人口普查时少数民族地区的成年人口数，1990年共计9112019人，2000年为10996027人，2010年为12527552人，增长率分别为20.68%，13.93%，和云南省成年人口变化相同，少数民族地区也出现了成年人口增速减缓现象。成年人口在总人口中比重在增加，且大于抚养人口比重，儿童人口一直呈负增长发展最终会影响全社会劳动人口数量。

2. 少数民族老龄化特征明显

从云南省历次人口普查的中人口年龄构成看，人口年龄结构类型的三组标准，1990 年云南省 0—14 岁人口占总人口的 31.66%，60 岁以上人口占总人口的 7.67%，老少比为 24.23%，属于成年型社会；2000 年云南省 0—14 人口占总人口的 25.96%，60 岁以上人口占总人口的 9.17%，老少比为 35.32%，超过了成年型社会人口年龄结构标准的老少比大于 20%小于 30%的上限，但 60 岁以上的老年人口尚未达到 10%的国际标准，说明云南省虽不是老龄化社会但已开始显示出老龄化发展的趋势。到了 2010 年，云南省 60 岁及其以上的人口为 508。7 万人，0 — 14 人口为 952.8 万人，老少比为 53.40%，65 岁以上人口占总人口的 7.63%，比 2000 年增加了 1.54 个百分点；六十岁以上的人口占总人口的 11.07%，比 2000 年增加了 1.9 个百分点。2010 年 60 岁以上人口数量超过了总人口的 10%，65 岁以上人口数量超过了总人口的 7%，按照国际标准，云南省已进入老龄化社会。

出现老龄化的原因，一是随着出生率下降，少年儿童人口比重下降。2000 年云南省出生率为 19.05‰，自然增长率为 11.48‰；2010 年云南省出生率为 13.10‰，自然增长率为 6.54‰，自然增长率下降了 56.78%，少年儿童人口比重的下降加重了少数民族人口老龄化特点；二是随着经济社会的快速发展，人民生活水平不断提高，医疗卫生保健事业不断改善，社会保障制度不断完善，人口寿命延长。2000 年云南省男性平均寿命为 64.2 岁，女性平均寿命为 66.9 岁；2010 年男性平均寿命为 66.5 岁，女性平均寿命为 69.0 岁。人口寿命的延长使得老年人口增加，人口老龄化趋势更加明显。

(四)少数民族人口性别结构

人口性别结构是指男性和女性在人口中所占比例及其相互关系。通常有两种表示方法：一种是性比重，即计算男性和女性在人口总数中的百分比；另一种是性比例，即计算男性人数对女性人数的百分比。本节采用第二种表示方法。

1. 少数民族人口性别比降低基本接近平衡

2010 年云南省人口性别比为 107.90，比起 2000 年 110.06 的性别比有所降低，从统计数据来看，按照 102—107 的平衡标准，2010 年云南省人口性别比已基本接近平衡。性别比下降与云南省老龄化有一定的关系，因为老龄人口性别比偏低在一定程度上拉低了总人口性别比。在云南省的少数民族自治州中，2000 年总体性别比为 109.3，2010 年总体性别比为 108.3，比十年前降低。2010 年楚雄州、大理州、德宏州性别比基本平衡，男性略多于女性；而版纳州、红河州、文山州、怒江州、迪庆州则性别比失调，人口性别比均在 107 以上，男性显著多于女性。原因在于版纳州、怒江州、迪庆州尚未进入老龄化，年轻段性别比较高，在一定程度上影响了总人口的性别比。红河州、文山州则在出生人口就具有较高的性别比，在男女死亡率基本接近的情况下，这一高比率会持续影响总人口性别比。通过对各少数民族自治州的性别比进行纵向比较，除迪庆州不降反升外，其余各州 2010 的性别比都较 2000 年出现了不同程度下降。

2. 少数民族人口的第二性别比低于省平均水平

第二性别比即出生婴儿比。少数民族人口聚居地区除了红河州和文山州之外，其余自治州出生婴儿性别比基本平衡；总体第二性别比为 109.4，低于云南省总体第二性别比 110.93。统计少数民族地区农村出生婴儿性别比，总体性别比为 109.75，与少数民族地区总体第二性别比基本相同；除了德宏州外，其他各少数民族自治州的农村出生婴儿性别比与该地总体出生婴儿比基本持平，这与部分省份农村出生婴儿性别比高于城市的现象存在差异，说明云南省少数民族不论城、乡都并未有意识地选择婴儿性别。

(五)少数民族人口民族结构

民族是人们在历史上形成的有共同语言、共同地域、共同经济生活以及基于文化特点上形成的共同心理素质稳定的共同体，是一个历史范畴，其产生、形成、发展和消亡是一个历史过程。一个国家或地区的人口通常由多个民族组成，民族结构就是指这个国家总人口中各民族人口的组合状况，是各个民族人口占某国或地区总人口的比例及相互关系，对人口再生产、社会经济以及环境协调发展有重要的影响作用，是各国社会经济政策和人口政策制定的重要依据之一。

少数民族占总人口比重变动不大，但存在数量

和增速差别

2010年云南省少数民族占云南省人口的比重为33.39%，与2000年的33.42%基本持平略有降低。根据2010年云南省各州市人口的自然增长率，计算出云南省汉族地区总体自然增长率为6.28‰，少数民族地区总体自然增长率为6.54‰，人口自然增长率的基本持平使得少数民族人口比率也基本持平。2010年第六次人口普查云南省共有少数民族55种；总人口数为15349186，比2000年的14160719增长了8.46%，与同期云南省总人口8.51%的增长率基本持平。人口数达百万以上的少数民族有六个：彝族、哈尼族、白族、傣族、壮族、苗族，与2000第五次人口普查的少数民族种类相同。

从云南省各民族的构成来看，2010年云南省少数民族人口中，数量最多的依然是彝族，2010年云南省彝族人口5041210人，占少数民族人口的34.94%，比2000年33.23%的比率略有增加。与2000年相比，有六个民族的数量出现了降低，蒙古族从28110人下降到22624人，朝鲜族从1693人下降到1343人，塔塔尔族从12人下降到10人，裕固族从10人下降到8人，塔吉克族从17人下降到7人。增长最快的是撒拉族，从2000年的55人增加到2010年265人，增长了347.1%，而减少幅度最大的是塔吉克族，从2000年的17人减少到2010年7人，减少了53.5%。人口数量在百万以上的少数民族为彝族、哈尼族、白族、傣族、壮族、苗族，与20000年相同；在十万到百万之间的有回族、傈僳族、拉祜族、佤族、纳西族、瑶族、景颇族、藏族、布朗族；与2000相比，增加了布朗族。

55个少数民族中，增速在省平均年增速之上的有14个，分别为土家族、毛南族、畲族、京族、土族、乌孜别克族、鄂伦春族、达斡尔族、黎族、门巴族、赫哲族、哈萨克族、撒拉族、保安族；以上各少数民族的人口总数都比较少，最多的土家族也仅有5963人，基数较小因此更容易表现出高增长率。

(六)少数民族人口地区分布现状

由于云南独特的地理位置和地貌结构，以及族别和数量较多的少数民族，形成了诸多类型和各具特色的少数民族人口分布。云南省少数民族人口主要分布在8个自治州，29个自治县和152个民族乡(镇)内，具有西部多、东部少、南部多、北部少；山区多、坝区少；边疆多、内地少的总体特征。同时，以聚居、混居、散居等多种类型存在，居住在不同的地域范围和海拔高度，形成不同民族的分布层次。

云南省少数民族人口地区分布特点

云南25个少数民族分布比较复杂，但突出的特点有两个：一是交错分布、大杂居、小聚居。云南省没有一个单一民族县(市)，也没有单个民族只住一个县(市)的情况，总的说来在边疆地区分布居多；二是立体分布，与云南立体地形、立体气候相联系，傣、壮两族主要居住在河谷地区，回、满、白、纳西、布依、水等民族主要聚居在坝区，哈尼、拉枯、佤、景颇、基诺等民族居住在半山区，苗、傈、怒、独龙、藏、普米等民族主要聚居在高山区。各州市少数民族人口比重不同，丽江、普洱、红河、文山、西双版纳、怒江和迪庆的少数民族所占比重超过了汉族，怒江和迪庆少数民族的比重超过了80%。而昆明、曲靖、保山、昭通、楚雄等地以汉族居多，汉族所占比重超过了少数民族。

(七)少数民族人口流动现状

2010年，云南省少数民族地区流入人口为2115732人，占全省流入人口的31.90%；流出人口为1697470人，占云南省流出人口的31.24%，反映出全省流动人口大部分集中在各市而非少数民族地区。少数民族地区虽然也属于人口净流入地区，流入人口总数大于流出人口，净流入人口为418262人，但并非主要流入地。

从第六次人口普查的数据中发现，在所有引起少数民族地区人口流动的原因中，不同原因造成男女流动人口的性别比不相同。女性因为“随迁家属”、“投亲靠友”流入的数量大于男性，而男性因为“务工经商”、“工作调动”、“学习培训”、“拆迁搬家”、“寄挂户口”流入的数量大于女，这在一定程度上反映了男女社会性别角色区别，男性仍较多地被认为是承担家庭责任的主体。但在“婚姻嫁娶”这一个流入原因上，少数民族地区男性流入的人口大于女性，但汉族地区女性流入的人口大于男性，可见比起男性，女性较少愿意因为婚嫁流入少数民族地区。

经济是引起人口流入首要因素。2010年人口普查的结果显示，引起云南省跨省、省内流入人口迁移的首要原因仍然是务工经商，这与2000年全国第五次人口普查时的调查结果相同，但因务工经商而流动的人口比率高于2000年时的调查结果，说明经济因素仍然是人口流动的首要原因，且这一因素对引起人口流动的作用在增强。汉族地区和少数民族地区引起人口跨省流动的两大因素是务工经商和随迁家属，汉族地区因务工经商流动的人口比率略高于少数民族地区，少数民族地区因随迁家属流动的人口比率略高于汉族地区，但经检验都无显著性差异。

少数民族地区的农村跨省流入人口首要原因是务工经商，而且比率高于少数民族和汉族地区同原因流入人口比率。由此可见，跨省流入少数民族地区农村的人口受到经济因素的影响特别突出。随迁家属的比率低于汉族地区和少数民族地区，婚姻嫁娶的比率高于汉族地区和少数民族地区，受基础设施条件影响，因为学习培训跨省流入少数民族农村地区人口也低于汉族地区和少数民族地区，但都无显著性差异。

(八)少数民族人口婚姻现状

婚姻、家庭和人口的关系极为密切，它不仅直接影响着人口的数量，而且也影响着人口的质量，关系到社会的稳定。婚姻是人口再生产的主要形式，对婚姻的研究有助于人口发展研究。

云南省25个主体少数民族，由于长期与不同的族群和文化接触，相互融合与相互影响和借鉴，形成了既有共性，又有个性的婚姻习俗。由于云南少数民族众多，其婚姻现状不尽相同。

云南省少数民族地区15岁以上人口的婚姻状况中，有配偶的比重最高，占到72.65%，其次是未婚，离婚和丧偶的比重较低。经单因素方差分析检验，F=0.787，Sig=0.605>0.05，可以认为各少数民族自治州在总体上婚姻状况无显著差异。但从各种婚姻状况比重上，经济发展水平越低的地区，未婚率越高，如怒江和德宏，这些地区的已婚率相应较低。其次，西双版纳的离婚率最高，为2.41%；文山的丧偶率最高，为6.71%。

在云南省少数民族地区，男、女间的婚姻状况存在很大差异，男性表现出较高未婚率、较高离婚率和低丧偶率。相反女性则表现出低未婚率、较低离婚率和高丧偶率。从每种婚姻状况的性别比可以看出，未婚性别比为170，说明未婚男性的比重远远大于未婚女性；有配偶的性别比为98，说明女性结婚的比例稍高于男性；离婚性别比为126，说明男性离婚比重稍大于女性，但德宏州较为特殊，出现了相反的情况；丧偶性别比为42。老龄人口中男性人口少于女性人口，且这一趋势随着年龄增大更加明显，这是由于男性人口平均寿命低于女性，且各年龄组死亡率均高于女性。男性死亡率高于女性是因为男性多从事较为繁重和危险的工作，例如修建房屋、挖掘煤矿等，繁重的体力劳动使男性在体力和精神上负担比女性重，意外死亡的机会也多一些。云南省少数民族地区男性的婚配压力很大，而老年女性丧偶独身人数增多。

(九)少数民族人口受教育程度

提高人口素质，促进云南省少数民族人口发展，将能推动少数民族地区经济发展，形成人口、社会与经济可持续发展。提高云南省少数民族人口素质，人口教育水平与教育质量将成为重要因素，只有提高少数民族教育程度，重视教育对经济增加的贡献，才能从本质上改变少数民族人口发展状况。

少数民族人口的受教育年限提高，文盲率明显下降

人口受教育程度指标反映年龄在6岁及6岁以上公民平均接受教育的时间，是衡量人口文化教育程度的重要指标。一是少数民族人口受教育程度增加。2010年云南省平均受教育年限为7.6年，比2000年“五普”数据6.3年延长了1.3年，增长了20.63%，反映了云南少数民族人口教育水平的整体提高。二是少数民族文盲人口明显下降，文盲率大幅下降，文化知识水平掌握程度有所提高。2010年云南省第六次人口普查公报数据显示，八个少数民族自治州文盲人数分别是9.4万、31.5万、19.5万、12.1万、14.1万、9.0万、8.6万和4.3万，文盲率比2000年“五普”下降了4.29%、8.38%、6.30%、1.19%、3.08%、3.60%、6.77%和11.25%。但同时也要看到，除楚雄州、文山州和大理州外，五个少数民族自治州文盲率高于云南省平均水平，扫盲与脱盲的任务依然艰巨，提高少数民族人口文化素质依然重要。三是高素质教育的人口比例逐步增加。10万人中具有大学文化程度人口比2000年第五次普查明显增加，八个少数民族自治增加幅度接近2到4倍，特别是迪庆州接近9倍。10万人中高中、初中文化程度人数明显增加，小学文化程度有大幅度下降，反映了云南省少数民族地区人口文化程度提高较快，这是云南省高度重视“普九”和“普六”工作的结

果，对提高少数民族人口文化素质，增强区域经济发展准备了文化与知识储备。

云南省经过近年发展，少数民族人口教育水平明显提高，对控制人口规模和改善人口结构，提高少数民族人口素质起到了基地作用。一是少数民族教育水平提高，有利于更好理解人口政策，降低人口出生率，从而控制人口总量。大量事实证明，受教育程度与妇女生育率成反向相关关系。受教育年限的延长，妇女的生育观念会发生重大变化，并且男女结婚年龄后移，结婚晚和子女的优生优育优教，使他们会减少子女生育，提高孩子受教育水平，增加人口发展质量。2010 年云南省楚雄、红河、文山、西双版纳、大理、德宏、怒江和迪庆八个少数民族自治州的人口出生率分别为 11.7‰、14.3‰、14.0‰、12.2‰、11.5‰、15.0‰、14.5‰和 12.1‰，比云南省云南省出生率 13.10‰高的有红河、文山、德宏和怒江四个少数民族自治州，3 个自治州出生率低于云南省均水平。

(十)少数民族人口健康状况

随着我国社会人口老龄化，云南省少数民族人口中 60 周岁及以上的人口增加，社会人口发展压力增大，迫使少数民族人口聚居区的卫生、保健、医疗、社会保障等部门与机构要随着人口发展而改变。提高少数民族人口健康水平，改善人民群众的健康状况，增加卫生保健、医疗防疫等机构投入，是提高少数人口素质，增强少数民族群众体质，延长寿命的重要任务。

2010 年，云南省第六次人口普查长表中，R28 项目涉及 60 周岁及以上身体健康状况普查，从统计分组指标分为健康、基本健康、不健康，但生活能自理、生活不能自理等四组，整体看包括健康状况基本内容，对全面了解 60 周岁少数民族人口健康有较大帮助。

老年人口的健康状况对少数民族人口发展具有重要影响。一是老年人健康状况明显改善，人口身体素质明显增强。根据 2010 年云南“六普”数据显示，八个少数民族自治州健康比例分别为 40.0%、40.2%、46.2%、48.5%、48.9%、47.3%、37.9%和 40.3%，超过云南省健康比例 42.7%的有文山、西双版纳、大理和德宏四个州，低于云南省的楚雄、红河、怒江和迪庆四州；按照基本健康指标看，超过云南省平均水平 39.8%的有楚雄、红河、怒江和迪庆四州，健康和基本健康两项指标占抽样统计 85%以上，显示云南省老年人健康状况改善，少数民族人口发展增强。二是少数民族老年人口不健康生活能自理和生活不能自理比例依然较大，两项指标云南省均水平为 17.4%，超过该指标的有楚雄、红河、怒江和迪庆四州，并且经济最不发达的怒江和迪庆两个州的指标数额最大，根本原因在于少数民族人口聚居区经济发展水平有限，对健康与保健投入低，导致 60 周岁以上老年人口的健康水平有一定降低，影响了人口的发展。

二、云南省少数民族人口发展存在问题及分析

(一)少数民族婚姻家庭发展问题

1. 结婚年龄普遍偏小。哈尼族青年男女 18 岁左右结婚，男方一般大于女方；苗族结婚一般在 16 至 18 岁之间；傣族一般 16 岁就结婚；白族年龄女到 16 岁，男到 18 岁开始成亲，超过 25 岁成亲很少。

2. 恋爱自由，婚姻不自主。男女青年婚姻自主权很大程度上操在父母手中，认为父母支配子女婚姻是“自然权利”，因此干涉婚姻这种行径从社会评价和道德评价角度认可了违法行为存在。

3. 部分落后婚俗依旧残存。“姑舅表婚”和“兄终弟及”转房婚，以及“不落夫家”习俗和部分实行氏族内婚制，同姓同宗可以结婚，甚至允许近亲结婚，造成少数民族人口素质得不到提高。

4. 妇女合法权利得不到保障。少数民族中仍保留“男尊女卑”痕迹，妻子无理由绝对服从丈夫，否则就认为是不守妇道，受他人鄙视。妇女不能享受充分人生自由，合法权利得不到有效保障。

5. 边疆少数民族婚姻家庭存在较大问题。边境少数民族毒品泛滥，严重危害婚姻家庭生活；“涉外婚姻”无法落户，影响计划生育工作，造成当地文盲数量剧增。

(二)少数民族人口经济结构问题

1. 人口产业结构分析。2010 年少数民族地区城镇单位就业人员比重为 6%～22%，乡村就业人员比重为 70%～89%，乡村就业人口是主体，人口发展依然是传统型人口产业结构；城镇个体和私营就业人员比重低于省均水平，个体私营经济发展力度不够，对人口就业贡献还比较低。城镇功能定位不准，

城镇人口少，产业布局不合理，城镇发展竞争力有限，城镇化水平不高，区域经济中心辐射力不强。

2. 人口职业结构。八个自治州乡村人口比重超过省均水平有楚雄、文山、大理、德宏、怒江和迪庆六州；从事农业产业人口比重较大，比例最大是文山州达 91.5%。城镇单位、国有单位、城镇集体单位和其他单位就业职工四项人数总和与人口总规模比例最大是西双版纳州为 18.6%，最小是文山州为 7.8%，低于省均水平有五个州。

3. 人口收入分配结构。少数民族自治州职工平均工资水平不高，超过 3000 元/人只有怒江和迪庆两个自治州；城乡居民人均储蓄存款额低于 10000 元有五个自治州；农村居民人均纯收入较低，只有 2000～4000 元，人均可支配收入较低影响少数民族地区人口和经济发展。人口收入结构分配不合理、行业收入不均衡，城乡居民收入差距较大，收入来源结构少，2010 年八个民族自治州城镇企业单位职工平均工资在 1700—4200 元之间，除怒江州和迪庆州外，其余六州低于省平均工资；事业单位职工平均工资除大理和迪庆州外，其他六州低于省平均工资；除大理州和迪庆州外，其余六州都低于省机关单位平均工资。2010 年少数民族农村家庭收入除西双版纳州外，其他自治州农村居民家庭全年总收入、全年纯收入都低于省平均水平。

4. 人口消费结构。农村居民家庭生活支出与全部总支出比率接近 50%以上。家庭经营费用支出与全部总支出比接近 30%以上，恩格尔系数在 43—63%之间，导致少数民族自治州农村人口发展缓慢。城镇居民家庭平均每人全年消费性支出最低 5061.99 元，最高为 22627.74 元，差异接近 4.5 倍，居住、衣着、家庭设备用品及服务、医疗保健、交通通信、教育文化娱乐服务和其他商品和服务最低与最高收入户消费支出差距拉大到了 3.7、6.9、7.2、4.6、9.4、9.3、17 倍。农村与城市居民家庭人均全年消费性支出差异在 6 倍以上有衣着、其他商品和服务消费两项；差异在 3～6 倍之间有生活消费支出、交通和通讯消费支出、教育文化娱乐服务消费支出和医疗消费支出四项；差异在 3 倍以上有食品消费支出、居住消费支出等。

(三)少数民族人力资本问题

1. 人口增长过快，总体素质低。少数民族地区人口数量的过度膨胀制约着人力资本的开发。人口总量过度扩张给人力资本开发带来了极其严重负效应，加重经济资源耗费，制约医疗卫生、科技和教育事业发展，减少整个区域的人力投资，减缓人力资本增长速度。少数民族人口低层次文化水平比例大，受教育年限低，职业技术欠缺，学习能力不强，接受新知识、新技术主动性不够，影响人力资本投资效果和积极性。

2. 少数民族地区人才流动单向性。贫困地区劳动力流动呈流动单向性，即表现为人才净流出。资料表明近 10 年内，少数民族地区流失专业技术人才就达 50000 多人，民族地区人力资本更为短缺，人力资本质量和数量下降。农村素质相对较高、身体素质较好的年轻人大量外出就业，区域人力资本存量急剧减少，制约了人力资本投资。

3. 人力资本投资收益低，投资不重视。多数人认为对教育投入不是投资，是消费，影响健康投资和保健投资，导致人力资本投资积极性不高，制约了人力资本开发。少数民族地区居民看不到投资回报，就会选择其他投资，至少会减少人力资本投资。政府为政治福利化教育投资目的，结果与实际需求存在差距，缺乏投资效率。地方政府由于无法从投资中获取相应回报，认为投资不经济，投资与收益不对称，人力资本投资积极性不高。

4. 政府对少数民族地区人力资本投资不足。少数民族地区人力资本投资力度不足，人力资本存量低。2010 年全省预算内教育经费达 422.7 亿元，占财政总支出 19.36%，仍有 736 万平方米 D 级危房需要拆除重建，有 1400 多万平方米需要加固改造，后续资金主要靠云南自己筹措，虽然比例不低，但总额大，与发达地区比有很大距离。

三、云南省少数民族人口发展对策

(一)少数民族婚姻家庭发展对策

1. 发展少数民族经济是解决婚姻家庭问题关键。根除少数民族婚姻陈规陋俗，解决途径是要发展少数民族地方经济。各级政府要认真贯彻和落实中央、国务院对少数民族人口扶持政策，加大资金、科技和人力投入，使少数民族人口聚居区尽快摆脱贫穷落后面貌，促进群众致富，彻底摆脱不合理婚姻家庭风俗束缚。

2. 加大对各少数民族人口宣传教育。做好教育工作，加大对婚姻家庭和计划生育法规宣传力度，提高少数民族人口法律意识。各级政府要组织人力和物力，广泛深入少数民族人口聚居区，采用喜闻乐见的形式开展法制宣传工作，使他们充分理解社会主义新型家庭关系，以及搞好计划生育、优生优育的科学依据，自觉遵守和执行国家婚姻家庭及计划生育国策。

3. 发扬少数民族婚姻家庭习俗中优良传统。尊重少数民族婚姻习俗，对不违背婚姻法基本原则的婚俗，应该给予尊重和保护。借助少数民族婚姻家庭习惯中积极因素，促使国家法律在具体实践中得到较好贯彻和使用。

4.《婚姻法》与少数民族婚姻家庭习惯法适当变通。法定结婚年龄变通规定：少数民族自治地方将《婚姻法》第 6 条规定的结婚法定年龄降低 2 岁，一般规定男不得早于 20 周岁，女不得早于 18 周岁结婚。计划生育政策变通规定：少数民族人口稀少可不提倡计划生育，个人是否实行计划生育，任其自愿。计划生育政策适当放宽：一对夫妇可以生育两个孩子，有特殊情况可以生三个孩子。若少数民族和汉族结婚则实行计划生育。对少数民族婚姻形式变通规定：有些少数民族只按习俗举行婚礼，并不办理结婚登记手续，属事实婚姻可以不主动干预，也不认可其效力，对其违反行为主要采取批评教育。

5. 加大执法力度，坚决惩处婚姻家庭中违法犯罪行为。考虑现行《婚姻法》贯彻执行可能性，对某些个案采取法律或行政手段执行负面效果较大时，可暂时认可或采取较缓和方法处理。对“买卖妇女”、利用“涉外婚姻”贩毒等违法行为，要坚决打击。废除等级制婚姻和一夫多妻、一妻多夫封建婚姻，保障妇女在婚姻中的合法权利。

(二)少数民族人口流动管理对策

1. 构建城乡统一的就业培训体系。发展适合流动人口需要的就业服务，发展和完善农村职业教育，提高农村剩余劳动力素质和技能，增强其就业能力。从战略角度统一规划，在全社会开展多层次、多形式流动人口培训，同时强化企业对流动人口职业技能培训责任，提高流动人口素质，增强发展能力。对第三产业从业人员进行服务意识和服务能力培训，带动产业发展同时吸引更多人才流入。

2. 构建流动人口公共服务体系。人口迁入地政府要提高认识，将流动人口子女教育纳入当地教育体制，增加外来人口教育经费预算，并根据区域人口变化合理配置义务教育资源，提高接收义务教育阶段流动人口子女入学能力，改变学籍管理方式，方便流动人口子女入学转学。做好流动人口公共卫生管理，实施传染病预防控制、计划生育、妇幼保健等管理服务政策。妥善解决流动人口住房问题，加快廉租房、经济适用房建设，加强对“城中村”规划管理，把改善流动人口居住地基础设施纳入城市发展规划。加强与规范房屋租赁管理，完善租赁服务，确保租赁房屋符合基本安全和卫生要求。

3. 稳步推进流动人口社会保障和社区服务体系建设。按照分类指导、稳步推进原则，逐步解决流动人口社会保障问题。要从城市化和长远发展战略高度，将流动人口纳入社会保险体系，为其提供基本社会保障。在制度设计上，要适应流动人口流动性大的特点，使其社会保障权益不受损害，为其建立唯一的、可移动的社会保障个人账户系统。做好对流动人口社区服务工作，增进相互了解，促使其逐步融入城市生活，弥合与城市居民的心理落差，减少本地居民与流动人口矛盾，防止被城市边缘化。

4. 加快少数民族人口地区城市化、工业化发展步伐。城市化是乡村农业人口向非农业人口转化并在城市集中的过程，意味着少数民族人口地理空间变化和职业地位生活方式转变。城市化、工业化扩宽了就业空间，增加了高层次职业人口数量，减小低层次职业人口比重，促进人口社会流动。加快少数民族地区经济、社会、文化发展，创造更好人文环境和居住环境，能吸引高素质劳动力回流，改善“精英流失”现象。

(三)少数民族人口教育发展对策

1. 营造良好人口教育环境，改变少数民族人口教育观。树立科学的少数民族人口教育观，转变传统教育理念，改变少数民族人口安于现状、小富居安、轻视教育思想。各级政府和教育机构要高度重视少数民族学生失学问题，进行正确引导，加大减免补助力度，形成学习文化科技和职业技术风气，提高少数民族人口教育水平与质量，促进人口发展。尊重教育，尊重人才，加大正常经费投入，提高教师工资待遇，合理配置偏远地区教学资源，提高教育质量与水平。

2. 发挥政府主导作用，确保教育落在实处。加强少数民族人口教育培养制度建设，完善职业教育体系，使劳动者享有终生教育权利，改变单纯学校教育模式。认真落实《义务教育法》，给予少数民族贫困家庭、贫困人口教育减免，减少适龄儿童失学率，完成义务教育，提高少数民族地区基础教育质量。提倡终生教育理念，发展多样化教育机构，向广大少数民族农村、城市居民提供多样化教育与培训，提高人口文化素质和职业修养。加大成人技术培训力度，增加建设投入，增拨经费，发挥农村成人技术文化学校功能，提高少数民族人口文化水平，推广农业技术和农业科技运用。

3. 加快少数民族人口教育体制改革，改变教育模式。加快教育布局和结构调整。按照现代教育发展规律与要求，适度集中办学，扩大学校规模，提高办学效益；以提高劳动者素质和劳动技能为目的，大力发展中等职业教育，培养实用型人才。职业教育坚持适应劳动就业需要原则和培养高素质技术型劳动者目标，克服职业教育普遍化倾向，把先进技术引入教学内容中，坚持产教结合，加强实践环节，锻炼学生实际动手能力，提升生态保护、环保建设、科学种田、农产品加工经营、调整产业结构等方面人才水平，形成少数民族人口教育特色和优势。成人教育要根据各地实际情况，采用集中与分散、理论和实践相结合，脱产或半脱产、不脱产等方式，以夜校、参观学习、聘请职业学校毕业生任教员等方法，抓实抓好人口教育工作，提高人口发展能力。

4. 加强对教育工作管理，协调有关部门，为教育工作服务。采取特殊照顾政策，给予必要支持。对少数民族人口毕业生采取特殊照顾政策给予安排工作，帮助解决实际问题。在少数民族地区大力推进"移民扶贫"和"小城镇"建设，把居住分散、交通不便、生产生活条件差、不便于子女就学的农民迁居到条件相对较好的地方，改善生产与生活条件，方便子女就近就读，提高人口发展质量。

（四）少数民族健康水平提高对策

1. 提高优生优育水平，保证婴幼儿童健康，提高人口基础素质。在少数民族人口集聚的农村地区，开展遗传性疾病等流行病调查与防治，解决先天残疾等可提前预防病变，提高婴幼儿人口基本素质。大力普及优生优育知识，农村、基层坚决执行严禁近亲结婚政策，提高产前诊断水平，改善医疗环境，降低出生缺陷。大力推行幼儿早期教育，重视青少年儿童心理卫生教育，促进人口素质提高。

2. 改善人口营养结构，增强人口身体素质。根据少数民族人口实际生产和生活水平及居民饮食习惯，在膳食构成中增加大豆食品，改善人口膳食结构，解决蛋白质摄取不足问题，提高少数民族人口营养水平，促进人口发展。

3. 重视老龄人口健康水平，发展公益性老年人口服务机构。严格执行老年人基本权益保护法，在公共服务等方面给予优先权，形成尊老爱老社会风尚。实施老龄人口健康工程，重视老龄人口医疗健康服务机构建设，建立相应养老院、敬老院，增加经费投入和补助社会化养老机构，为老龄人口免费服务，延长人口寿命，增加人口发展。鼓励民营资本等多元化方式投资养生、康体等公益性老年人口服务机构，给以政策支持、税费减免、财政补贴和银行优惠利息贷款等，完善少数民族人口老年健康服务体系。

4. 加快医疗体制改造，完善医疗卫生保健体系，提高服务质量，解决人口发展与医疗供需矛盾。加快医疗卫生体制改革，实现医药分离机制，减少药品费用，提高医生技术服务费用，鼓励医生提高医疗技术，为少数民族人民群众健康服务。发展基层医疗、卫生和保健机构，对基层医疗卫生保健机构要给予资金、技术和人员支持，帮助基层卫生院增加医疗器械，实现药品定点供应。利用新型农村医疗合作保险机制实现医生和患者双方得利，调动基层医护工作者主动性与积极性，提高服务质量，改善医疗卫生服务环境，真正为少数民族人口健康发展服务，提高人口健康水平，促进人口发展。

（五）少数民族人力资本发展对策

1. 控制人口规模，提高少数民族人口素质。充分认识控制人口规模和提高人口素质关系，坚持人口可持续发展观。通过在少数民族人口聚居区进行优生优育政策宣传，减少初生婴儿死亡率，制定相关教育扶持措施，减免教育附加费用，实行教育补偿机制，推行人口与生产联动补偿政策，形成有效的人口发展战略。

提高少数民族人口素质。加大医疗卫生、健康保健和生命发展等机构投入，完善四级医疗保健体系，构建完善的计划生育、卫生防疫和农村健康知识普及网络，向广大少数民族人口地区提供医疗、卫生和保健服务，增强人口身体素质。加大公共教育投入比例，把学前教育纳入义务教育范畴，在稳定基础教育同时提高职业教育发展质量，形成"知识＋技能"培训模式。以现有农村基础培训网络，增加农村实用技术、农民文化素质和成人职业素质培训，提高少数民族人口文化素质。输送一批素质高、文化水平高的优秀人才，通过在职培训、集中学习和实践训练等活动，形成少数民族地区人才资源。

2. 增进民族团结，实施灵活发展政策。发展和完善扶贫政策，从资金扶贫向智力扶贫转变，以灵活方式加速资源和要素流动，提升要素配置效率。向少数民族人口提高公平的教育环境，以奖励和补助办法提高医疗健康水平，对少数民族地区资源开发、技术改造、生产装备和基础设施建设给予政策、资金、税收等方面支持。建立少数民族人口和经济发展基金，扩大基金来源，提高发展基金运行质量，促进资源和要素合理配置，增强发展能力。

实施少数民族人口区域化战略，加快城乡统筹发展，构建滇南和滇西一体化发展中心，带动少数民族人口聚居区共同发展。构建以大理为中心的滇西经济一体化区，影响和带动滇西四州经济和人口发展；建立个旧、开远和蒙自市为中心经济一体化区，利用个开蒙城市群带动红河和文山州经济发展；楚雄州融入滇中经济区共同发展，加速民族地区人口经济发展。推动中小城镇发展，加快楚雄、景洪、文山城市建设，规划和发展县城、重点镇和人口聚居区域，促进少数民族人口共同发展。

完善现有民族地区经济发展机制，制定适宜的区域发展战略，加快转变经济发展方式，突破传统发展模式，提高人口和经济发展质量。充分结合少数民族人口发展特点，采用多元化发展方式，以特色资源利用为主，大力发展适应社会经济需要的产业，提升区域发展质量。利用"桥头堡"战略实施契机推动边境口岸建设，建立口岸商品贸易和加工区，以商品贸易和服务业推动口岸经济发展。发展具有民族文化特色、边境商贸旅游、特色农副产品加工和传统优势加工等，并提升产业品质和影响力，改变生产经营模式，增加产业竞争力，促进经济和人口发展。

3. 开发人力资本，科学规划人口发展战略。在现有少数民族人口存量基础上合理开发，充分利用好现有人力资本。少数民族自治州要在"六普"基础上，摸清区域内人力资本存量，研究少数民族人口发展规律，通过产业引导、区域调整、人口集中和共同发展等方式，制定科学开发与利用模式，鼓励人才向产业集中，鼓励高素质人才向重点部门集中，引导农村剩余劳动力向城市转移，优化配置人力资本。建立激励机制，以情留人、以能用人和以德服人，以物质激励和精神激励合理调配少数民族地区人才。完善劳动保障制度建设，帮助少数民族地区人才解决实际问题，在职称评审、干部聘任、岗位招聘和工人就业等方面坚持制度性和灵活性统一原则，帮助人才尽快成长，提高人力资本利用效率。鼓励少数民族人口地区优秀人才发展，实现人力资本高效运行。

促进人力资本高效流动，提升人力资源配置效率。少数民族地区要建立州、县、乡镇三级人才市场，发展人才中介市场，引导和转化农村剩余劳动力进入城市，引进本地区经济发展的农业技术、产品加工、商贸服务和经营管理等各类专业人才，提升人力资源配置效率。加强对流动人口管理和服务，促进人口合理分布。通过迁移、集中居住和农村城市化的方式引导少数民族地区人口有序流动，改变少数民族地区人口恶劣发展环境，并以建房补助、人口资助和生产技术援助方式，促进少数民族人口合理分布。

4. 优化人口结构，加快少数民族人口聚居区经济发展。调整少数民族人口经济结构，保障少数民族人口产业结构、职业结构、消费结构和收入分配结构合理。通过发展民族产业和民族文化产业，做大旅游产业，引导少数民族人口从农村向城市转移，从第一产业向二、三产业转移，增加服务业人口比重，提高少数民族地区人口收入水平，增加消费品生产，提升少数民族地区人口发展质量，形成良性的人口与经济发展循环。要重视少数民族地区性别结构，提升妇女在区域经济发展中地位，重视高层次妇女人才使用，形成合理的性别结构。重视少数民族地区人口老龄化问题，保障老年人口权利，创造和谐的社会氛围，形成尊老敬老氛围。加快老年社会发展中医疗、卫生、保健等社会服务机构建立，构建以社区为中心的老年人社会保障网络，更好为老人服务。利用城乡统筹化发展机制，加快城乡统筹一体化发展，打破人口行政区域结构，促进人口在城乡和各地区自然流动，为进入城镇人口提供更多享受城市保障的公平机会，在就业、就学和公共服务方面提供便利，加快少数民族地区人口发展。

云南省统计局　饶金才
玉溪师范学院　方增福

教育年限总和法人力资本测算

——基于人口普查数据的修订结果

一、引言

人力资本作为经济增长的要素之一，在经济增长和社会进步中发挥着越来越重要的作用。理论和实证的证据表明，一国的人力资本存量，是其经济表现的重要决定因素之一，是一国经济发展之源。正是由于人力资本的重要性，发达国家(如OECD国家及欧盟等)的学者及政府统计机构都投入大量资源对人力资本进行测算并着手建立人力资本账户(李海峥，2010)。

人力资本测算方法可分为三类：基于成本的方法、基于收入的方法以及基于教育指标的方法，还有一些学者提出了上述几种方法的整合。钱雪亚(2012)对几种方法的理论依据、估算思想及其在估算过程中面临的难点等进行了综述，认为教育指标法尽管存在一定的缺陷，但由于其直观简单、数据容易取得等优点，在相当长一段时间内该方法仍然是我国人力资本测算的一种可行的基本方法。

的确，到目前为止，大量的关于中国人力资本的测算方法均是基于教育指标法的，代表性的有蔡昉等(1999)、胡鞍钢(2002)、石庆焱等(2010)使用平均教育年限或总教育年限作为人力资本的度量指标。使用教育指标法的主要原因在于利用成本法和收入法时在目前的统计体系下较难得到不同分类口径下的数据，如：使用收入法中的J—F方法时，需要基于个人按年龄、性别、受教育程度等交叉分类的人口统计资料和收入数据。这在我国目前的统计体系下较难得到。虽然有些学者(如李海峥等(2010)，朱平芳和徐大丰(2007)、王德劲和向蓉美(2006))也采用过收入法，但是，由于完整的收入数据较难得到，只能利用相关资料估算的办法，而这些估算方法往往需要较多的假设条件，不同作者估算的结果之间差异也较大，其结果难以进行相互验证。因此，教育指标法目前仍然是测算我国人力资本的一种可行的替代方法。

但是，我们的研究发现(石庆焱，2009)，如果简单地利用常规年度公开的统计资料(如，《中国统计年鉴》和《中国劳动统计年鉴》)中的数据计算我国及各省市教育年限总和法人力资本，得到的人力资本序列并不稳定，部分地区还出现结果忽高忽低的状况，波动较大，这显示是不合理的，也是不符合实际的。究其原因，主要是因为常规年度数据来源于人口抽样调查，样本对就业人员受教育程度并不具有很好的代表性。因此，有必要基于普查数据对于人力资本序列进行修订。

二、基于常规年度数据的教育年限总和法测算结果

(一)人力资本测算的口径和范围

目前已有文献测算人力资本时采用的人口测算口径主要分为两种，一种是以6岁及以上人口受教育年限相关数据来测算人力资本存量，另一种是以就业人员的受教育程度相关数据来测算人力资本存量。

人力资本测算结果的一个重要应用是分析人力资本对经济增长的贡献。这时，基于就业人员口径计算的人力资本就具有更重要的意义。但为了考察总的人力资本存量及其变动情况，并以此为参照对基于就业人员口径计算的人力资本进行必要的修正，我们也估算了6岁及以上人口为口径的人力资本存量。

另外，由于中国各地区之间经济社会发展存在着较大的差异，对不同地区的人力资本进行测算也就显得十分必要。因此我们分别从6岁及以上人口

和就业人员两个口径对全国及各地区的人力资本进行了测算。

1982年的第三次人口普查是我们第一次现代意义上的人口普查，因此我们以1982年为起点，对1982—2010年的人力资本进行测算。

(二)教育年限总和法人力资本存量估算:以6岁及以上人口为口径

1. 估算6岁及以上人口数

公开的统计资料中给出了1982、1987、1990和1993—2010年期间全国分年龄分性别人口数以及1982、1987、1990、1995、2000、2005和2010共7个年份各地的分年龄分性别人口数，还有各年份各地区的人口总数，对于普查年份，用全部人口总数减去0—5岁的人口总数，即为6岁及以上人口数，对于抽样调查年份，用抽样调查的6岁及以上人口数除以抽样调查人口总数，即为抽样调查人口中6岁及以上人口的比重，用该比重乘以当年总人口数即得到6岁及以上人口数。

2. 6岁及以上人口各类受教育程度人数比重

公开的统计资料中给出了1982、1987、1990和1994—2010年期间全国及各地的6岁及以上人口各类受教育程度人数，或是直接给出6岁及以上人口各类受教育程度人数在全部6岁及以上人口中的比重，据此可以得到6岁及以上人口各类受教育程度人数的比重数据。

3. 6岁及以上人口中各类受教育程度人数估算

用前面计算或估算得到的6岁及以上人口总数，乘以6岁及以上人口各类受教育程度人数的比重，即可得到各年份6岁及以上人口中各类受教育程度的人数。

4. 6岁及以上人口人力资本存量估算

现有资料将6岁及以上人口的受教育等级分为未上过学、小学、初中、高中、以及大专以上五级水平，2010年人口普查分类更为细致，将大专及以上教育层次进一步细分为大学专科、大学本科、研究生。为了保持计算上前后一致，这里我们就按照未上过学、小学、初中、高中、大专及以上五级分类进行测算①。基于6岁及以上人口受教育程度估算人力资本存量的计算公式如下：

$$TH_t = \sum_{i=1}^{e} E_i P_{it} \tag{1}$$

其中，TH_t 为按6岁及以上人口为口径计算的第t年人力资本总存量，t=1982，1983，……，2010，E_i 为第i级教育水平的教育年限，详细设定见表1，P_{it} 为第t年6岁及以上人口中各类受教育程度的人数，i=1，2，…，5，表示教育水平的级数。

表1　各级教育水平的教育年限

单位:年

指　　标	未上过学	小学	初中	高中	大专及以上
教育年限	1.5	6.0	9.0	12.0	15.5

除1983—1986，1988，1989，1991，1992年份因缺少各类受教育程度人数比重数据暂时不予计算外；其他年份按前面的公式计算，即得到6岁及以上人口的人力资本存量。

(三)教育年限总和法人力资本存量估算:以就业人员为口径

以就业人员为口径对人力资本存量进行估算时与以6岁及以上人口为口径的估算方法与估算程序基本相同，只是核算人口的范围不同。另外，现有数据将就业人员受教育程度划分为七个等级，所以在测算人力资本时，按七级受教育程度来计算。

1. 全部就业人员中各类受教育程度人数估算

全国及各地1982、1987、1990和1995—2010年就业人员中各类受教育程度的人数或比重可从公开的统计资料中得到。用各年份三次产业就业人员总数，乘以就业人员各类受教育程度人数的比重，即可得到各年份全部就业人员中各类受教育程度的人数。

2. 就业人员人力资本存量估算

与对6岁及以上人口人力资本存量的估算相同，基于受教育程度的从业人员人力资本存量即为

① 2010年按五级和七级分类计算的人力资本仅相差0.05%，可忽略不计。

各类受教育程度从业人员的人力资本存量的加权和，但是受教育程度分为未上过学、小学、初中、高中、大学专科、大学本科和研究生及以上七个等级，具体的计算公式如下：

$$EH_t = \sum_{i=1}^{e} E_i PE_{it} \qquad (2)$$

其中，EH_t 为按就业人员为口径计算的第 t 年人力资本总存量，t=1982，1983，……，2010，E_i 为第 i 级教育水平的教育年限，具体设定见表 2，PE_{it} 为全部就业人员中第 t 年 i 类受教育程度人口总数。i=1，2，…，7，表示教育水平的级数。

表 2　各级教育水平的教育年限

单位：年

指　　标	未上过学	小学	初中	高中	大学专科	大学本科	研究生及以上
教育年限	1.5	6.0	9.0	12.0	15.0	16.0	19.6

除 1983—1986，1988，1989，1991—1994 和 2000 年[①]（和部分省份的 1995 年）因缺少各类受教育程度人数比重数据暂时不予计算外；其他年份按前面的公式计算，即得到就业人员口径的人力资本存量。

（四）测算结果及存在的问题

采用上述方法和数据，我们对全国及各省、自治区、直辖市人力资本进行了测算，发现以就业人员为口径时，无论是全国还是各省市，这一指标时间序列均不稳定，尤其是部分地区，指标序列呈现忽高忽低的状况，波动较大。

图 1 给出了以就业人员为口径计算的全国人力资本，可以看到，2005 年人力资本有一个明显的下降，比 2004 年降低了 2.3%，这显然是不合理的，因为我们计算的人力资本是教育年限总和，随着九年义务教育普及率的提高和各类大专院校的大规模扩招，整体受教育程度应该呈上升态势，由此得到总教育年限也应该是持续上升而不是下降。

图 1　就业人员口径计算的全国人力资本

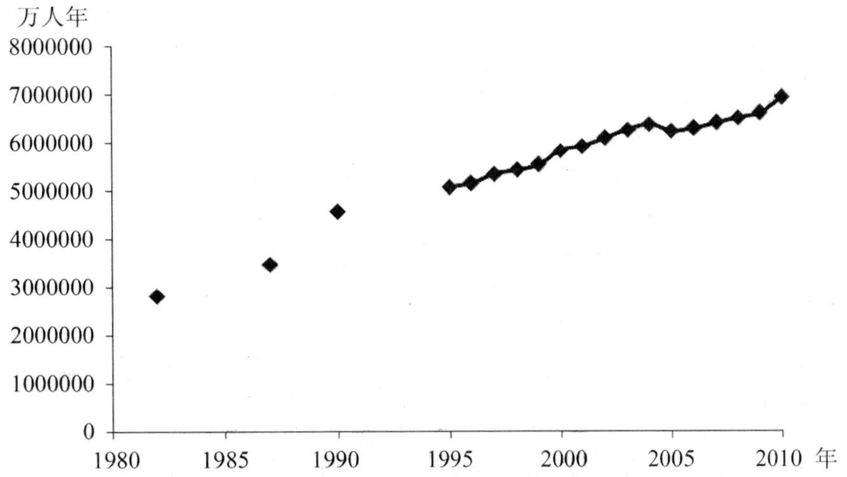

图 2—图 3 给出了天津和江苏以就业人员口径计算的人力资本。与全国相比，这些地区的人力资本时间序列数据更不稳定，波动更大。天津市 1996、1998 年的人力资本分别比上年下降了 9.8% 和 17.4%，2008 年又比上年上升了 17.2%。江苏省 1996 年人力资本更是比上年下降了 14.6%，2010 年比上年的上升幅度也超过了 10%。

① 2000 年普查资料中缺少各地区就业人员受教育程度构成数据。

图 2　以就业人员口径计算的天津市人力资本

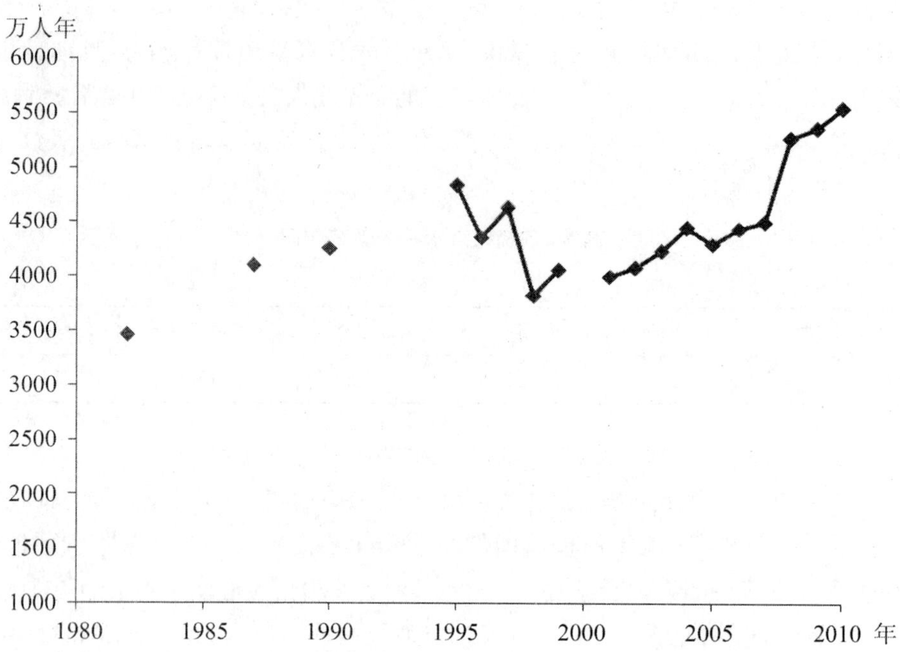

图 3　以就业人员口径计算的江苏省人力资本

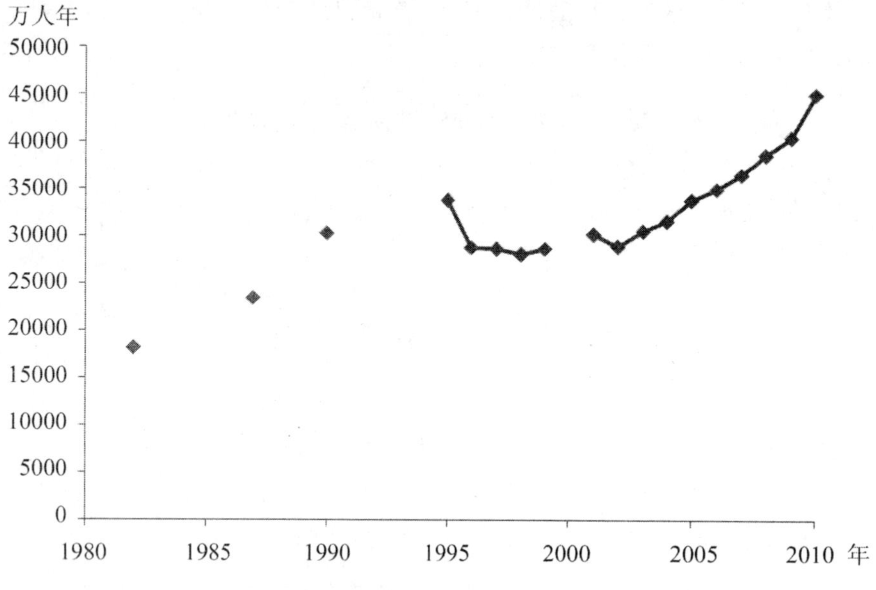

(五)对教育年限总和法测算结果进行修订的必要性

全国及各地区就业人员人力资本时间序列数据的剧烈波动说明这些数据没能反映人力资本的真实状况，究其原因我们认为主要跟我们的人口统计调查方法有关。当前我们的人口统计制度是由人口普查和定期人口抽样调查相结合的。每十年进行一次的人口普查提供了最全面、相对而言最准确的人口数据资料。人口抽样调查包括在两次普查中间进行的1%抽样调查和每年进行的人口变动情况和劳动力抽样调查。这些抽样调查的主要目的是掌握人口变动以及人口计划执行情况，反映城乡劳动力资源、就业和失业人口的总量和结构情况。抽取的样本对就业人员的受教育程度并不一定具有很好的代表性，由此得到的就业人员的受教育程度构成数据就会存在一定的偏差。那么据此计算的人力资本数据当然也就会存在一定的问题。从前面的计算结果可以看出，就业人员口径的人力资本序列2005年突然下降，2006—2009 年明显低估。

为了验证这一猜想，我们不妨计算一下按 09 年数据计算的 2010 年人力资本的虚拟值，也就是说，根据 2009 年人口变动情况抽样调查得到的不同类型受教育程度就业人员数和 2010 的相关教育统计数据、劳动力参与率、失业率等推算出 2010 年按照常规统计方法得到的就业人员中各类受教育程度人数。

具体计算方法如下：

2010 年各级受教育程度就业人员数＝2009 年各级受教育程度就业人员数＋2010 年新增的各级受教育程度就业人员数－2009 年各级受教育程度就业人员 2010 年死亡人数－2009 年各级受教育程度就业人员 2010 年离退休人员数

其中：

①2010 年新增的各级受教育程度就业人员数＝各级受教育程度的新增劳动年龄人数＊劳动力参与率－各级受教育程度新增劳动力中的失业人数

②各级受教育程度的新增劳动年龄人数＝各级学校毕业数－升学数

③不同受教育程度的劳动参与率用 2010 年普查的各级受教育程度的经济活动人口数与 16 岁及以上人口数据推算。

④各级教育程度新增劳动力中的失业人数＝新增经济活动人口 X 相应各级受教育程度的失业率；其中，各级受教育程度的新增劳动年龄人口与劳动力参与率的乘积即为各级受教育程度的新增经济活动人口，失业率用 2010 年普查的各级受教育程度的失业人口与经济活动人口数据推算。

⑤2009 年各级受教育程度就业人员死亡人数用 2010 年普查的分年龄（假定就业人员的年龄区间为 16—60 岁）死亡率和 6 岁及以上死亡人口的受教育程度构成（用该数据近似代替就业人员死亡人口的受教育程度构成）推算

⑥2009 年各级受教育程度就业人员 2010 年离退休人员数推算：普查资料只给出了 2010 年累计的男性 60—64 岁、女性 55—59 岁的离退休人数，我们不妨假设离退休人数在各年龄别中是均匀分布的，从而可以估算出男 60 岁、女 55 岁的离退休人数，以此作为 2010 年离退休人数。

通过上述方法，可以计算出以 2009 年数据为基础的 2010 年人力资本虚拟值，如图 6 所示。

图 4　2010 年全国就业人员人力资本虚拟值与普查值

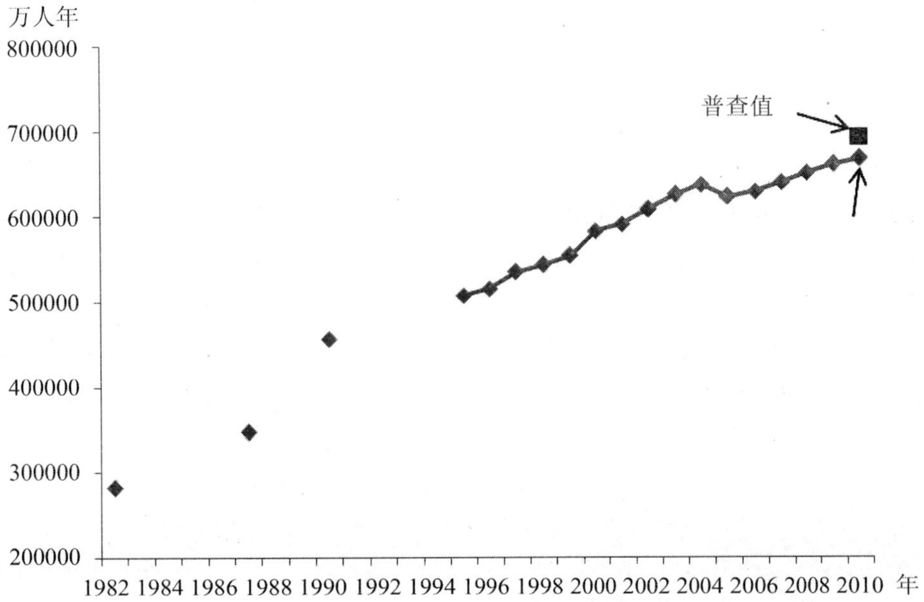

从图 4 可见，以 2009 年数据为基础推算出的 2010 年人力资本虚拟值显著低于按普查数据计算的人力资本，相差约 3.6％，这也证明了 2005—2009 年按常规年度数据计算出的人力资本数据存在较为明显的偏差，因此就有必要利用人口普查数据对基于抽样调查数据计算的人力资本数据进行修订。

三、利用普查数据修订常规年度数据的方法

(一)数据修订的常用方法

利用人口普查数据对常规年度的人力资本数据进行调整实际上是进行一项数据修订的工作。国际货币基金组织(IMF)对官方数据修订做如下定义：数据修订是指官方统计机构对对外公布的数据所进行的任何形式的改动(Carson etc.,2004)。

教育年限总和法人力资本测算所依据的基本统计资料均来源于人口统计数据。而这些人口统计数据在不同的年份也存在不一致性,因此在测算人力资本时也有必要对人口统计数据进行调整。对于人口数据及其结构的修订和调整,人口统计学已经发展出了较多较为成熟的方法。如局部误差修正法、修匀法、插值法、模型拟合法、缺失数据替代法、多种相关调查数据的综合利用和拟合方法等(国家统计局人口和就业统计司等,2012)。

人力资本不仅是个人口统计指标,同时也是一个经济指标。因此,一些对经济指标的修订方法在此处也是适用的。这里我们介绍两种常用的方法——相关指标加权平均法和趋势离差法(Derek William Blades,2004)。我们将尝试采用这两种方法对人力资本数据进行修订。

(二)相关指标加权平均法

相关指标加权平均法是以两个普查年度基准值为基础,利用相关指标序列的在两个普查年度之间的变动趋势,构建两个时间序列,然后对其进行加权平均,得到增加值修订序列。为了讨论方便,设 A'_0 为上一个普查年度的基准值,A'_T 为本次普查年度的基准值,A_1、A_2、$\cdots A_T$ 为两次普查年度之间的年度观察值,$A'_1,A'_2,\cdots,A'_T$ 为修订后的值。具体方法如下：

首先,以 A' 为起点,利用相关指标 $\{I_t\}$ 的变化趋势,构建一个序列 $\{AI_t\}$;然后,以 A'_T 为终点,也利用 $\{I_t\}$ 的变化趋势,构建另外一个序列 $\{AI'_t\}$;最后,对这两个序列进行加权平均,拟合为修订后增加值序列 $\{A'_t\}$,具体做法是：

①构建序列 $\{AI_t\}$,其中

$AI_0=A'_0$

$$AI_1=AI_0\cdot\frac{I_1}{I_0}=A'_0\cdot\frac{I_1}{I_0}$$

$$AI_2=AI_1\cdot\frac{I_2}{I_1}=A'_0\cdot\frac{I_2}{I_0}$$

……

$$AI_T=AI_{T-1}\cdot\frac{I_T}{I_{T-1}}=A'_0\cdot\frac{I_T}{I_0}$$

②构建序列 $\{AI'_t\}$,其中

$AI'_T=A'_T$

$$AI'_{T-1}=AI'_T\cdot\frac{I_{T-1}}{I_T}=A'_T\cdot\frac{I_{T-1}}{I_T}$$

$$AI'_{T-2}=AI'_{T-1}\cdot\frac{I_{T-2}}{I_{T-1}}=A'_T\cdot\frac{I_{T-2}}{I_T}$$

……

$$AI'_0=AI'_1\cdot\frac{I_0}{I_1}=A'_T\cdot\frac{I_0}{I_T}$$

③将 $\{AI_t\}$ 和 $\{AI'_t\}$ 加权平均,得到 $\{A'_t\}$,其中

$$A'_t=AI_t\cdot\frac{T-t}{T}+AI'_t\cdot\frac{t}{T},\quad t=1,2,\cdots,$$

T,即

$$A'_0=AI_0\cdot\frac{T-0}{T}+AI'_0\cdot\frac{0}{T}=A'_0$$

$$A'_1=AI_1\cdot\frac{T-1}{T}+AI'_1\cdot\frac{1}{T}=A'_0\cdot\frac{I_1}{I_0}\cdot\frac{T-1}{T}+A'_T\cdot\frac{I_1}{I_T}\cdot\frac{1}{T}$$

……

$$A'_T=AI_T\cdot\frac{T-T}{T}+AI'_T\cdot\frac{T}{T}=A'_T$$

利用加权平均法,可以使修订后的增加值序列与相关专业指标序列之间保持较为一致的变动趋势,但有可能同原增加值序列的变动趋势发生较大的偏差。因此,使用相关指标加权法时,需要找到一个与所修订的指标的变化趋势较为一致的指标,才能得到比较好的结果。

(三)趋势离差法

我们知道,一个经济时间序列(Y_t)可以分解成趋势项(T_t)、循环变动项(C_t)、季节变动项(S_t)和不规则变动项(I_t)。当然,对于年度数据则不存在季节变动项。通常,我们将 Y_t/T_T(对应乘法模型)或 Y_t-T_t(对应加法模型)称为趋势离差,一般情况下趋势离差相对比较稳定。

所谓趋势离差法，就是对由两个相邻普查年度基准数据构造的趋势值，乘以原序列的趋势离差估计出修订后的年度序列数据。所以，该方法的核心是如何有效估计出一个序列的趋势值。一般来说，估计一个序列的趋势值，有多种方法，如简单移动平均法、加权移动平均法、多项式法、幂函数法等。每种方法各有千秋，不存在一种绝对优势的方法。为了计算方便，我们采用幂函数法来估计一个序列的趋势值。仍采用上述符号，对于两个相邻普查年度基准数据，可以构造出如下趋势值：

$$T'_t = A'_0(1+r')^t r' = \sqrt[T]{A'_T/A'_0} - 1 \qquad (3)$$

其中，r'为两个相邻普查年度之间年份的年均增长率。同理，可以构造出原年度序列的趋势值：

$$T_t = A'_0(1+r)^T, r = \sqrt[T]{A_T/A'_0} - 1 \qquad (4)$$

由此，我们可以得到原年度序列的趋势离差值：

$$D_t = A_t/T_t \quad t = 0,1,2,\cdots\cdots,T \qquad (5)$$

至此，我们可以估计出原年度序列与普查数据相衔接的修订值：

$$A''_t = T'_t D_t, \quad t = 0,1,2,\cdots\cdots,T \qquad (6)$$

趋势离差法表现的好坏主要取决于趋势离差是否稳定，趋势离差越稳定，修订效果越好。

四、教育年限总和法全国人力资本测算—利用普查数据调整的结果

如前面所述，教育年限总和法计算的就业人员口径的全国和各地区人力资本序列出现了不合理的波动，不能准确地反映人力资本的实际状况，因此有必要采用一些修订方法或参考其他相关指标（如6岁及以上人口的人力资本序列）对就业人员口径的人力资本序列进行修订。2004年之前的全国人力资本数据较为合理，根据数据修订的原则，我们只对2005—2010年期间的人力资本数据序列进行修订，采用的方法是相关指标加权平均法和趋势离差法。下面对这两种修订方法的具体测算步骤和结果进行详细说明。

（一）相关指标法测算步骤

1. 选取相关指标——6岁及以上人口的人力资本

采用相关指标加权平均法的首要前提是找到一个与所修订的指标相关的、变化趋势较为一致的指标，这样才能得到比较好的修订结果。6岁及以上人口的人力资本与就业人员口径的人力资本相关而且具有一致的变化趋势，因此我们选取6岁及以上人口的人力资本作为相关指标，计算结果如图5所示。

从图中可见，从1982年到2004年，6岁及以上人口的人力资本始终保持平稳上升的走势，但是2005年突然下降，比2004年下降了2%，而且2005年人力资本的突然下降也使得2006—2009年的人力资本整体水平下移，到2010年才有所上升。

图5 全国6岁及以上人口的人力资本

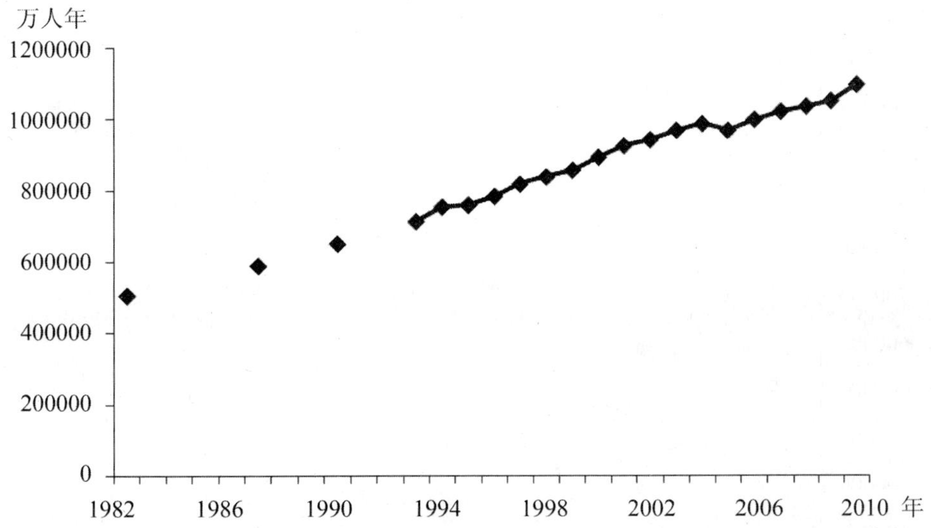

这样的结果显然与实际情况是不相符的，因为6岁及以上人口数始终在缓慢上升，而且随着九年义务教育普及率的提高和大专院校的不断扩招，6岁及以上人口的整体受教育程度应该保持上升态势，所以2005年人力资本的突然下降显然是不合理的。通过分析我们发现，问题在于2005年各类受教育程度的比重出现了不合理的变动，未上过学人口的比重达到10.4%，大大高于先后两年的水平，而受教育程度为初中、高中、大专及以上人口的比重则显著低于前后两年，这种突然的变化显然是不合理的，表明2005年的受教育程度构成数据存在问题。因此需要首先对2005年及以后各年的受教育程度构成进行调整。

2. 依据教育数据对6岁及以上人口的人力资本进行调整

由于1982－2004年人力资本测算结果都较为合理，因此我们假定2004年的受教育程度构成数据是可靠的。同时由于招生、毕业等教育数据可靠性相对较高，所以我们在2004年各类受教育程度人数的基础上根据2005－2009年各级各类学校的招生毕业情况来推算相应年份的各类受教育程度人数。各级各类学校的招生毕业数据来自相关年份的《中国教育统计年鉴》。

在人口普查和人口变动情况抽样调查中，受教育程度指的是调查对象接受教育的最高学历，无论是否在校、毕业、肄业或辍学。因此每年各级受教育程度人数的增量就应该等于该级别新招生人数减去高一级别的招生人数，再减去该级别的死亡人数。具体计算方法如下：

对于小学、初中和高中而言，当年受教育程度人数可用下式计算：

当年该级别受教育程度人数＝上年该级别受教育程度人数＋当年该级别招生数－当年高一级别招生数－当年该级别死亡人数

以2005年受教育程度为小学人口数为例，2005年小学教育程度人口数＝2004年小学教育程度人口数＋2005年小学招生数－2005年初中招生数－2005年小学教育程度死亡人口数，初中和高中教育程度人数以此类推。

对于大专及以上教育程度人数，则不必考虑高一级别的招生数，即：

当年大专及以上教育程度人数＝上年该级别受教育程度人数＋当年大专及以上招生数－当年该级别死亡人数

由于缺少死亡人口的受教育程度数据，这里假定死亡人口的受教育程度构成与6岁及以上人口的受教育程度构成相同，那么各级受教育程度的死亡人数等于当年6岁及以上死亡人口数乘以上一年6岁及以上人口中各类受教育程度人数的比重。

由此可以得到调整后的6岁及以上人口的受教育程度构成，然后即可算出6岁及以上人口的人力资本序列，如下图所示。从图中可见修正后的人力资本序列呈平稳上升趋势。

图6　修正前后的全国6岁及以上人口人力资本

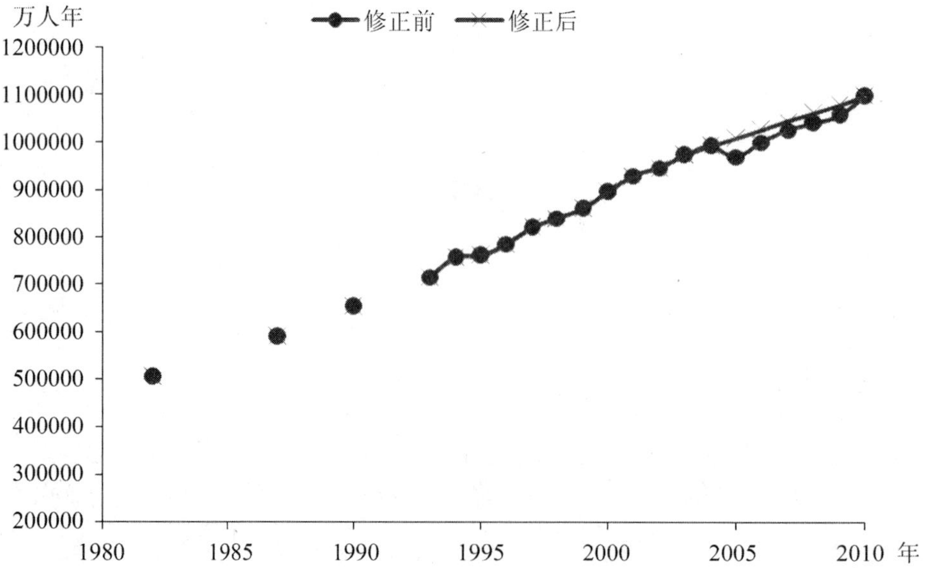

3. 用相关指标加权平均法修订就业人员口径的人力资本

相关指标加权平均法是以两个普查年度基准值为基础，利用相关指标序列在两个基准年度之间的变化趋势，构建两个时间序列，然后对其加权平均得到修订后的序列。这里我们以 2004 和 2010 年作为起点和终点，具体计算步骤如前所述。

(二)趋势离差法测算步骤

应用趋势离差法进行数据修订的前提是在普查年度既有普查得到的基准值，又有常规统计值，但是实际情况是在人口普查年份没有进行常规的人口变动情况抽样调查，因此应用此方法的关键是推算普查年份(2010)虚拟的常规统计值。推算过程我们在第二节中已经详细说明。我们选用幂函数法来构造趋势值。具体计算步骤如前所述。

(三)修订结果及讨论

图 7 给出了采用相关指标加权平均法和趋势离差法修订前后的全国就业人员人力资本。从图中可以看到，修订后的人力资本序列保持上升走势，没有出现突然下降的情况，两种方法的修订结果都比修订前有所提高，比修订前更加合理。

图 7 修订前后的全国就业人员口径的人力资本

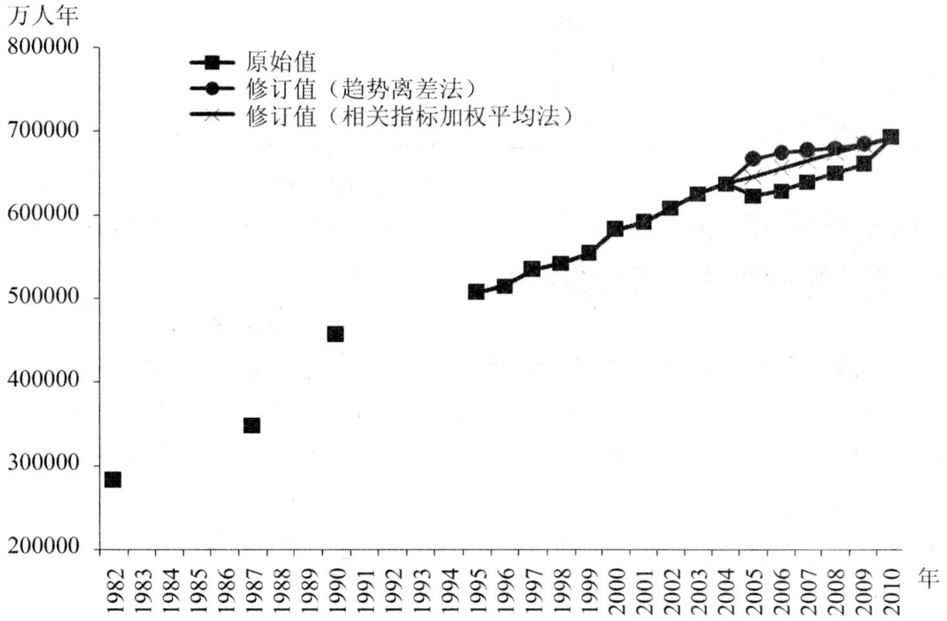

但是，这两种方法在运用的要点、数据来源的可靠性和修订结果的合理性上还存在一定的差别。

从修订方法的使用要点来看，运用相关指标法的重点是选取相关指标，即 6 岁及以上人口的人力资本，并对该序列的合理性进行考察，依据教育数据对个别年份不合理的数据进行调整。因此对不合理数据的调整方法和调整结果对最终修订结果的合理性有至关重要的影响。

由于趋势离差法要求在普查年份既有普查基准值，又有按照常规方法统计的常规值，但是在人口普查年份不进行人口变动情况抽样调查，因此运用趋势离差法的重点是基于已有的常规统计值和招生、毕业数等教育数据以及劳动力参与率、失业率等来推算虚拟的常规统计值。另外，趋势值的构造有多种方法，包括幂函数法、多项式法、简单移动平均法和加权移动平均法等，运用该方法的另一个要点就是要根据数据序列的特点选取适当的方法构造趋势值。

从数据来源的可靠性来看，相关指标法需要用到的数据有 6 岁及以上人口数、6 岁及以上人口的受教育程度、各级各类学校的招生毕业数、6 岁及以上死亡人口数，以上数据从《中国统计年鉴》、《中国人口和就业统计年鉴》以及《中国教育统计年鉴》中均可找到，数据准确性和可靠性较高。

趋势离差法需要用到的数据有就业人员数、就业人员受教育程度构成、各级各类学校招生毕业数、劳动力参与率、失业率、分受教育程度和年龄段的离退休人数等，其中前三项数据可以从《中国统计年鉴》、《中国人口和就业统计年鉴》以及《中国教育统计年鉴》中找到，但是不同受教育程度的劳动力参与率和失业率需要进行推算，不同受教育程度的离退休人数也只能近似估算，而且这里我们仅能估算新增经济活动人口中的失业人数，上年就业人员中到本年失业的人数无法准确估计，因此最后的估算结果相对偏差较大。

从修订结果的合理性来看，与趋势离差法相比，相关指标法修订后的数据序列基本延续了2004年前人力资本序列的增长趋势，增长更加平稳，与原序列的差距也更小，修订结果更加合理。

综上所述，综合考虑数据来源的可靠性和修订结果的合理性，相关指标加权平均法更适用于人力资本数据修订。

表3　修订前后的全国就业人员口径的人力资本

单位：万人年

年份	修订前人力资本	相关指标加权平均法修订结果		趋势离差法修订结果	
		修订值	修订前后差距(%)	修订值	修订前后差距(%)
2005	622571	645518	3.7	666235	7.0
2006	628831	655525	4.2	674095	7.2
2007	639716	664919	3.9	677184	5.9
2008	650512	674117	3.6	680577	4.6
2009	660705	683041	3.4	684801	3.6
2010	692732①	692732	0.0	692732	0.0

五、教育年限总和法的部分省市人力资本测算—利用普查数据调整的结果

上一节中通过参考教育资料对个别年份数据进行调整并运用相关指标加权平均法、趋势离差法等方法对全国就业人员口径的人力资本进行修订，得到了较为理想的人力资本数据序列。基于同样的思路，我们采用相关指标加权平均法对部分省市就业人员口径的人力资本进行修订。修订的时间区间是1995—2010年②。

(一)修订的方法

1.对于趋势基本合理的省份(较少)，不予修订；

如图9—12所示，湖南、宁夏、广东、广西四个省份，就业人员口径的人力资本序列趋势基本合理，可以不予修订。

图8　湖南就业人员口径的人力资本

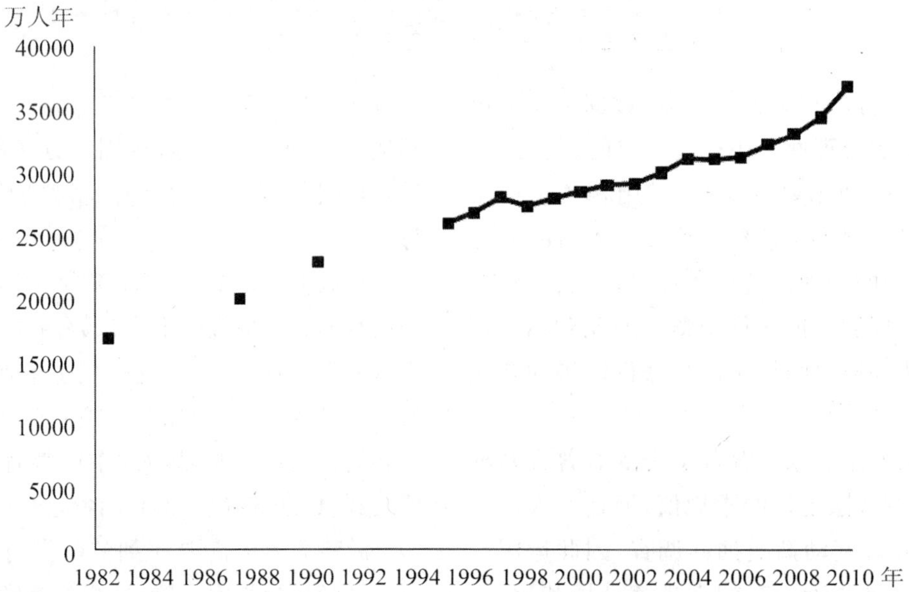

① 此处为2010年普查值

② 部分地区缺失1995年数据，修订区间为1996—2010。

图 9 局部修匀后的就业人员人力资本(浙江)

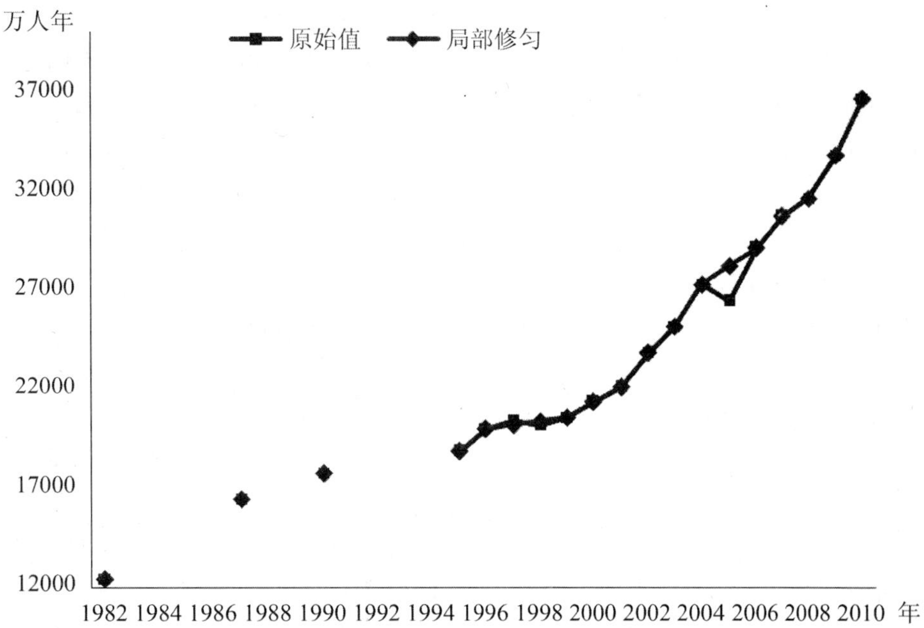

图 16 修订前后的就业人员口径人力资本一安徽

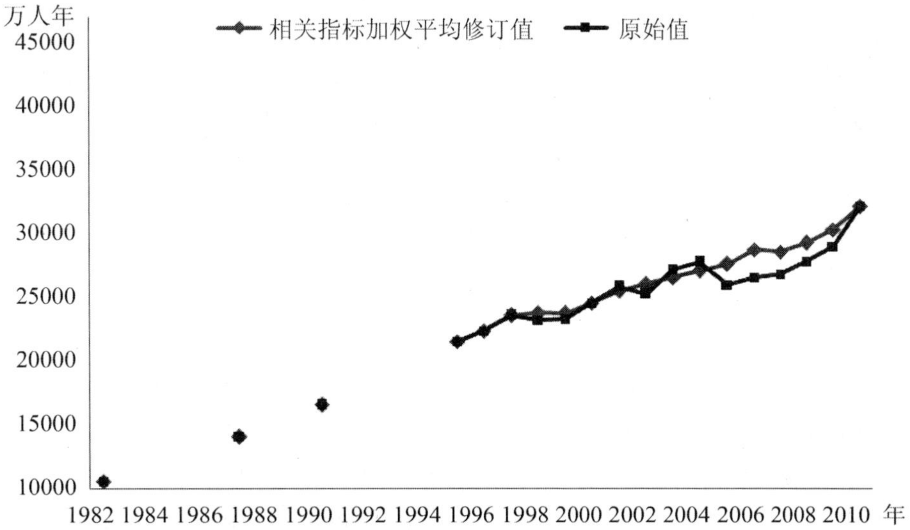

2. 对于只有局部(部分年份)不合理的省份,进行局部修匀;

对浙江、福建、山东、海南、新疆、黑龙江、山西、云南等 8 个省份,只有部分年份人力资本数据不合理,进行局部修匀(以浙江、福建、云南为例,见图 13—15)。

3. 对于波动较大的省份,采用相关指标加权法

除上述省份外,其余的 18 个省份就业人员口径的人力资本序列均存在一定程度的波动,有的波动还较大,需要采用相关指标加权法进行修订,此时需要首先对相关指标——6 岁及以上人口的人力资本序列的合理性进行考察,如有不合理之处先进行修正,然后再对就业人员人力资本就行修订。

对于各省市而言,公开资料中只能找到普查年份和 1% 抽样调查年份(1982、1987、1990、1995、2000、2005、2010 共 7 个年份)6 岁及以上人口数据,其他年份 6 岁及以上人口数只能通过推算的方法得到。因此首先要根据相关年份的死亡和迁移数据对除普查年份和 1%抽样调查年份以外年份的 6 岁及以上人口数进行推算①，然后计算出6岁及以上人口的人力资本序列，再运用相关指标加权平均法对就业人口的人力资本进行修订。这里我们将时间序列分为两段分别修订，即1995—2000年和2000—2010年，对两个时间段分别运用加权平均法进行计算，具体计算方法同前。

这里需要说明的是，2000年人口普查资料中没有各省市就业人员的受教育程度构成数据，所以2000年各省市就业人员口径的人力资本数据无法计算。为了运用相关指标加权平均法修订数据，我们假定2000年就业人员口径的人力资本等于前后两年的算术平均值。

以安徽省为例，修订前后的人力资本序列如图16—18所示。可以看到，修订后人力资本序列的波动幅度显著减小，走势更加平稳，个别年份人力资本下降的现象也得到了修正，修订后的结果更加合理可信。

六、结论和启示

通过对全国及各地区人力资本的测算，我们发现，直接采用常规年度人口变动情况抽样调查数据计算人力资本，会出现人力资本序列不合理变动甚至波动较大的情况，不能如实地反映人力资本的实际变化趋势。这就需要选取适当的方法对人力资本序列进行修订，通过测算和比较，我们认为采用6岁及以上人口的人力资本作为相关指标对就业人员口径的人力资本进行修订，数据可靠性较高，修订后的结果也较为合理，这一方法对全国及各地区就业人员人力资本的修订均较为适用。

事实上，由于数据来源及调查方法等方面的差异，不同年份之间的数据可能并不衔接，这一现象不仅存在于人力资本的测算，许多统计指标都存在这一问题。这时如果简单地套用模型或统计方法进行分析和研究，结果可能会存在较大偏差。因此，数据使用者在使用官方统计数据时，有必要了解数据的生成过程，并据此对不衔接的数据进行处理。同时官方统计部门也有责任利用普查等数据来源对常规年度数据进行修订，为公众提供协调一致的数据信息。

参考文献：

1. 钱雪亚，人力资本水平统计估算[J].统计研究，2012(8)，74—82.
2. 朱平芳，徐大丰.中国城市人力资本的估算[J].经济研究，2007(8)，84—95.
3. 王德劲，向蓉美.我国人力资本存量估算[J].统计与决策，2006(5)，100—102.
4. 李海峥.中国人力资本测度和指数构建[J]. 经济研究，2010(8)，42—54.
5. 蔡昉，王德文．中国经济增长可持续性与劳动贡献[J]. 经济研究，1999(10)，62—68.
6. 胡鞍钢.从人口大国到人力资本大国:1980—2000年[J].中国人口科学，2002(5)，1—10.
7. 石庆焱.人力资本和人才资本贡献率测算，中组部和国家统计局研究项目，2009.
8. Carol S. Carson, Sarmad Khawaja, and Thomas K. Morrison, Revisions Policy for Official Statistics: A Matter of Governance, IMF Working Paper, 2004.
9. Derek William Blades, "Interpolation Method"，在中国国家统计局—亚洲开发银行"改进中国服务业核算"第三次研讨会上的演讲材料，2004年，上海.
10. 国家统计局人口和就业统计司，中国人民大学社会与人口学院．人口和就业统计分析技术[M]，中国统计出版社，2012.
11. 曾毅，张震，顾大男，郑真真．人口分析方法与应用(第二版)[M]，北京大学出版社，2011.

国家统计局研究所　石庆焱　李伟

① 具体推算过程略。

北京市人口分布与公共教育资源分析

在近十年的时间里，北京市的人口，无论是总量还是分布都发生了明显的变化。2010年第六次人口普查数据显示，全市常住人口为1961.2万人，比2000年增加604.3万人。从人口的分布看，十年间，分区县看，昌平区、大兴区和通州区常住人口增长最快，十年间常住人口年均增长率分别达到10.4%、7.4%和5.8%，远高于全市3.8%的年均增长率。从人口普查公布的数据看，一方面，人口数量的增加对公共服务的需求量在不断增加；另一方面，人口城市化过程中的郊区化现象已经从城市近边缘地区向远边缘地区延伸的分布格局更会在公共服务资源的分布上提出更高的要求。在众多的公共服务资源上，教育的发展是人口素质提高和社会发展的基础，其中，学前教育以及小学教育是教育发展的重要组成部分，本文通过分析不同年龄段人口分布的现状和幼儿园、小学的教育资源的分布，发现二者之间的关系，并以此提出对策建议。

一、文献综述

目前，对人口分布和教育资源的分析研究大部分作为公共资源的一部分进行研究，也有一些关注人口变动对教育资源的影响。对人口分布和公共资源之间关系的分析，主要集中在以下几个方面：一是运用描述分析的方法，分别展现人口分布和公共资源的现状特征，发现其中的问题，并就此提出建议。张文新(2004)对北京市人口分布与服务设施分布的协调性进行了分析与评价，揭示了人口分布与服务设施分布之间存在的问题，并提出了若干政策建议。赵秀池(2011)分析了北京市人口分布与公共资源配置现状，提出了实现中心城人口疏解的相应对策。陈钟翰(2010)以各不同区域类型的人口概况以及人口规模与公共财政支出间的关系为分析背景，分别选取上海静安区、普陀区和闵行区为典型代表，从三区人口规模、结构、分布出发，分析其在公共卫生资源、教育资源、养老资源的配置状况，找出其不足和短缺，以探索不同类型区域间公共资源供需的差别。二是针对某种公共资源的需求进行的分析研究。黄荣清(2006)分析了北京市人口变动对教育资源的影响。他认为北京市从20世纪90年代起，由于妇女生育率和人口分布的变化，小学生生源减少，由此产生了小学资源的调整问题，继而又将产生中学资源的调整问题。孙磊(2008)对北京市未来各级受教育适龄人口的规模和比重进行预测，根据预测结果提出教育需求增加或减少在不同教育级别和类别的财政投入，尽可能保证教育公平与教育均衡。孟庆艳等(2009)分析了轨道交通布局与人口分布的互动关系。在轨道交通布局与人口分布的互动关系中，人口追随轨道交通网点是主要方面。他们的研究指出城市人口分布会对轨道交通的建设产生影响，是其网点规划、布局的重要依据。随着时间的推移，在城市总体规划方案的指导下，轨道交通的规划对城市人口再分布发挥导向作用。三是采用定量分析的方法，结合地理等多方面的知识，分析影响人口分布的因素。王春菊(2007)定量分析了福建各市县平均人口密度与地形指数、土地利用、道路网密度、河网密度之间的相关性。研究结果表明人口的分布明显受地形指数、土地利用、道路网密度、河网密度的影响。王金营(2004)通过对城近郊区人口密度及其变动与经济发展、城市交通、人均居住面积、绿地面积等因素的相关分析，阐明了北京市人口分布变动主要取决于经济发展水平，城市交通、人均居住面积、绿地面积等因素是通过经济变量作用于人口因素。

二、人口分布和教育分布情况

人口的分布既可以影响公共资源的需求，也影响其供给。我们通过分析人口的分布，特别是不同年龄段人口来反映对当前北京市教育资源的需求，进而影响其供给。2010 年，北京市常住人口为 1961.2 万人，与 2000 年人口普查相比，常住人口增加 604.3 万人，平均每年增加 60.4 万人，年均增长率为 3.8%。十年间常住人口的增量和增速，都明显高于 20 世纪 8、90 年代。在人口城市化过程中，各个地区的人口总量也发生了较大变化，人口分布已经从城市近边缘地区向远边缘地区延伸。

1. 常住人口分布

(1)常住人口分布

由于各地区自然环境和资源的差异，特别是受城市内部经济社会发展水平的差异和城市发展规划的影响，引起了人口增长的差异和人口分布的变动。

北京市有 16 个区县，分地区看，2010 年，朝阳区人口最多，为 354.5 万人，占 18.1%，其次是海淀区，为 328.1 万人，占 16.7%，这两个区集中了全市超过 1/3 的人口。排在第三位的是丰台区，常住人口为 211.2 万人，占全市常住人口的 10.8%。此外，西城、通州、昌平和大兴的人口规模也都突破百万。人口较少的地区是门头沟、延庆和怀柔，人口都在 40 万人以下，其中，门头沟人口最少，为 29 万人。从人口排位的变化看，东城和昌平的变化较大，其中，东城区人口在全市的排位从 2000 年的第 5 位下降到第 9 位，昌平区的排位从 2000 年的第 10 位上升到第 4 位。

十年间，虽然朝阳、海淀和丰台的人口总量仍列全市前三位，但是人口发生较大变化的地区却集中在远郊区县的昌平、大兴和通州。从增长速度看，昌平区常住人口增长最快，十年间常住人口年均增长率达到 10.4%；其次是大兴区和通州区，常住人口年均增长率分别为 7.4%和 5.8%，远高于全市 3.8%的年均增长率。朝阳、丰台和海淀，人口年均增长率也超过了全市的平均水平。相比之下，东城、西城、门头沟和平谷的人口增长较慢，年均增速都在 1%以下。这些地区人口的变化必然会对教育资源的需求产生不同的影响。

表 1　分地区常住人口

地　区	2000 年		2010 年		变化(2010—2000)	
	人口数(万人)	排位	人口数(万人)	排位	增量(万人)	年均增速(%)
全　市	1356.9	—	1961.2	—	604.3	3.8
东城区	88.2	5	91.9	9	3.7	0.4
西城区	123.3	4	124.3	6	1	0.1
朝阳区	229.0	1	354.5	1	125.5	4.5
丰台区	136.9	3	211.2	3	74.3	4.4
石景山区	48.9	11	61.6	11	12.7	2.3
海淀区	224.0	2	328.1	2	104.1	3.9
门头沟区	26.7	16	29.0	16	2.3	0.8
房山区	81.4	6	94.5	8	13.1	1.5
通州区	67.4	7	118.4	7	51	5.8
顺义区	63.6	9	87.7	10	24.1	3.3
昌平区	61.5	10	166.1	4	104.6	10.4
大兴区	67.2	8	136.5	5	69.3	7.3
怀柔区	29.6	14	37.3	14	7.7	2.3
平谷区	39.7	13	41.6	13	1.9	0.5
密云县	42.0	12	46.8	12	4.8	1.1
延庆县	27.5	15	31.7	15	4.2	1.4

图1 分功能区人口分布

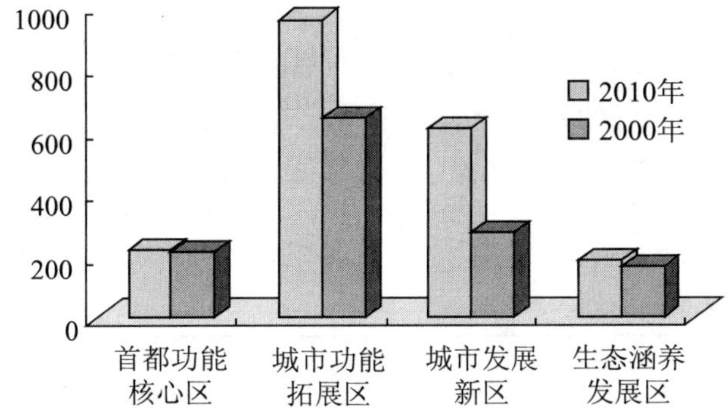

2004年，北京市城市总体规划将北京市划分为四大功能区，由于各个功能区定位的不同，以及自然资源和经济水平的差异，在人口分布上也不尽相同。四大功能区中，城市发展新区人口增长最快，与2000年人口普查相比，常住人口年均增长率为5.9%；城市功能拓展区人口年均增长率为4.1%；生态涵养发展区人口年均增长率为1.2%；首都功能核心区人口年均增长率仅为0.2%。从各大功能区人口所占比重的变化看，城市发展新区和城市功能拓展区人口比重分别比2000年人口普查时上升了5.7个和1.6个百分点，首都功能核心区和生态涵养发展区人口比重分别下降了4.6个和2.7个百分点。从这一方面讲，功能区的发展定位也会对教育资源的供给产生影响。

(2)外来人口分布

全市常住人口中，外省市来京人员为704.5万人，占常住人口的35.9%。与2000年人口普查相比，外来人口增加447.7万人，平均每年增加44.8万人，年均增长率为10.6%，远远高于常住人口3.8%的年均增速。外来人口的增加是人口增加的主要原因，因而，外来人口的分布变化对于人口的分布和再分布产生显著影响。

同人口总量的分布相同，全市704.5万的外来人口中，超过6成的外来人口集中在朝阳、海淀、丰台和昌平。其次是大兴和通州，比例分别为9.1%和6.2%。在区县内部，昌平区外来人口在常住人口中的比重已经超过了一半，达到了51%，其次是大兴、海淀、朝阳、丰台和通州，这几个地区，区内外来人口的比重均高于全市外来人口在常住人口的比重(35.9%)。

分功能区看，外来人口主要集中在城市功能拓展区和城市发展新区，这两个功能区内，大部分地区外来人口比重要高于全市水平。首都功能核心区和生态涵养发展区的外来人口的比例都在30%以下。这也反映出人口分布的郊区化进程，同时说明在这些地区居住着大量没有户口的常住人口，如果政府部门只按照户籍人口进行资源的配置，就容易造成资源的紧张和浪费。

2. 不同年龄段人口分布

由于本文分析的教育资源主要是指幼儿园和小学，这类教育资源针对特定的目标人群，因此，我们在年龄的选取上，将幼儿园儿童的年龄集中在3—5岁，小学学生的年龄集中在6—12岁。

从总体上看，2010年，3—12岁人口的总量为106.4万人，占全市的10.1%，其中，3—5岁人口38.1万人，6—12岁人口68.3万人。2007年以来，受金猪年、奥运等的影响，出生的人口量都较多，这部分出生的人口现在都已经进入了入园的年龄，这势必会产生巨大的需求量。

3—5岁人口中，城市功能拓展区的朝阳、海淀的人口数都超过5万人，居于全市前两位；其次是丰台、昌平和大兴，也都超过3万人。外来人口占3—5岁人口总量的33.3%，达到12.7万人。12.7万的外来人口，上述的五个地区占了近70%。6—12岁人口中，朝阳、丰台和海淀所占的比例较高，都超过了10%以上。外来人口有21万人，所占比例为30.7%。从这两个年龄段人口的分布可以看出，对城市功能拓展区和城市发展新区的教育资源需求量较大，应在未来的一段时间，通过增加供给来实现供求平衡。

3. 教育资源基本情况

目前，对于义务教育阶段，依然是按照“就近入学”的原则，相对于其它类型公共资源，教育资源的空间分布需要与这一原则相适应。另外，公共教育资源主要针对特定人群，即学龄人口。

根据北京市教委公布的数据，2011—2012学年度，北京市共有幼儿园1305所，其中，房山的幼儿园数量最多，有188所，其次是朝阳和海淀，分别为177所和152所。小学的总数为1090所，学校数量排在前三位的依然是朝阳、海淀和房山。从分地区各类学校的数量分布上，我们可以看到，学校的分布和人口的数量存在一定的不协调。房山区的人口数量没有昌平的多，但是学校数量却要多于昌平，这也反映出房山教育资源相对于昌平，压力不大。

除了学校数量作为教育资源的一个重要指标之外，教职工人数也是反映教育资源是否丰富的一个重要指标。全市幼儿园共有教职员工4.4万人，平均每所幼儿园有34名教职员工。从全市看，城近郊区平均每所幼儿园的教职工人数均高于全市的平均水平，而远郊区县的数量较低，教师资源最为匮乏的是平谷，平均每所幼儿园不足6名老师。全市小学共有教职员工5.5万人，平均每所小学有50名教职员工。与幼儿园教职员工情况较为接近，但是在部分远郊区县，如怀柔、顺义每所学校的教职工数量较高。

表2　分地区幼儿园、小学数量和教职工人数

地　区	幼儿园			小　学		
	数量（所）	教职工数量（人）	平均每所学校教职工数	数量（所）	教职工数量（人）	平均每所学校教职工数
总　计	1305	44458	34	1090	54781	50
首都功能核心区						
东城区	51	2086	41	63	4206	67
西城区	63	2596	41	72	4414	61
城市功能拓展区						
朝阳区	177	10177	57	134	6802	51
丰台区	116	5463	47	86	4555	53
石景山区	38	1681	44	32	1616	51
海淀区	152	8103	53	106	6957	66
城市发展新区						
房山区	188	3161	17	106	3714	35
通州区	77	1711	22	81	3332	41
顺义区	60	1440	24	43	2883	67
昌平区	85	2516	30	85	2856	34
大兴区	54	1951	36	88	3528	40
生态涵养发展区						
门头沟区	16	477	30	35	1555	44
怀柔区	67	758	11	26	1886	73
平谷区	53	313	6	49	2584	53
密云县	60	1405	23	40	2156	54
延庆县	48	620	13	44	1737	39

数据来源：北京市教委。

三、人口分布和教育资源的特点

1.整体上人口分布不平衡

从总体上看，虽然伴随着北京市产业结构调整和经济社会发展，核心区人口的增长缓慢，但是北京市人口分布仍然不平衡。世界特大城市发展的一般规律表明，特大城市大都是以中心城区高度的人口集中形成经济、社会、文化等各方面强辐射，带动整个城市区域的发展。北京市是我国的首都，属特大城市，也属于强中心辐射发展型城市。（王金营2004）正是由于城区的经济、社会等各方面对全市经济发展的强大影响，使得这些地区对人口具有强大的吸附力。比如，朝阳和海淀2010年GDP占全市GDP的总量超过四成，这两个地区人口总量也占到了全市的34.8%，可见，经济因素对人口分布有重要影响。

从人口密度变动来看，北京市人口规模持续增长，人口密度也在增长。2010 年第六次全国人口普查资料显示，全市常住人口密度为 1195 人/平方公里。北京市常住人口密度呈梯度分布，即从首都功能核心区开始，人口密度逐渐减少，即首都功能核心区人口密度为 23407 人/平方公里；城市功能拓展区排在第二位，为 7488 人/平方公里；城市发展新区位于第三，为 958 人/平方公里；生态涵养发展区人口密度最低，为 213 人/平方公里。与 2000 年相比，虽然各地区人口密度变化幅度不同，但是人口密度梯度分布的格局并未发生根本性改变，人口地区分布仍然不平衡。例如，中心城区中西城区常住人口密度最高，为 24605 人/平方公里，而延庆县最低，只有 159 人/平方公里。人口分布的特点表明，一方面，人口密度呈圈层分布，人口密度基本上由城市核心区向四周递减，即中心城区人口密度最大，随着离中心城区距离的增加，人口密度降低，表现出城市发展早期特征；另一方面，近郊区的人口密度持续上升，远郊区县的人口密度缓慢增加，这也体现出城市郊区化的发展。

2. 教育资源分布不平衡

与人口分布不平衡一致，教育资源在各地区的分布也不尽平衡，教师资源在城区要明显高于远郊区县。一般情况下，城区的学校配套设施要优于远郊区县，优质教育资源丰富，对优质教育资源的需求已经成为影响人口分布的又一大动因，也可能是吸引更多教职员工的一个原因。人口在对地域的选择上，往往会考虑这一地区的经济状况。我们对外来人口的流动因素进行分析时，发现收入是最为主要的原因。此外，城区会有更多的再培训机会，这对于个人而言也会具有一定的吸引力。

四、北京市人口分布和教育资源分布分析

1. 数据来源

本部分数据主要来自于两个方面。人口数据来自于人口普查分地区分年龄人口数。学校数据来自于北京市教委，由于未能获得 2010 年分乡镇街道各级学校的数量，这里使用 2012 年的数据。

在分析人口分布和教育资源的关系时，我们通过计算承载强度来反映这一地区内教育资源丰富还是匮乏，承载强度越大，表示这个地区的入园或者入学的压力越大。

承载强度的计算公式为：该地区某一年龄段人口数/该地区学校数量

2. 人口分布和教育资源的分析

(1)3－5 岁人口分布和幼儿园资源分析

利用人口数据和幼儿园数据，并结合地理信息系统，我们计算了幼儿园的承载强度，颜色越深的，表示该地区入园的压力越大。随着 2007 年、2008 年扎堆出生的“金猪宝宝”、“奥运宝宝”，使得北京市的幼儿园吃紧。分地区看，城区的幼儿园的承载强度要高于远郊区县，并且一些街道没有幼儿园。城区的幼儿园承载强度普遍较高，一个幼儿园基本上都在 500 人以上。比如，海淀区田村街道，仅有 1 家幼儿园，却要负担 2000 多名儿童的入园问题，丰台、朝阳等地区的一些乡镇街道内并没有幼儿园，而这一地区内对幼儿园的需求却较大，这就带来了供需之间的矛盾。在远郊区县，密云、延庆、平谷的幼儿园承载压力相对较少，而通州、大兴和昌平对幼儿园的需求量较大。对幼儿园需求较大的地区同样也是外来人口较为集中的地区。

(2)6－12 岁人口分布和小学资源分析

根据北京市中小学办学条件标准规定，一所小学基本上能够容纳 500－1000 人，按照这一标准，小学的教育资源的压力相对小于幼儿园。分地区看，城区的小学，平均每所学校需要负担 600－1000 名学生，与北京的办学条件标准较为接近，同时，也存在一些地区教育资源相对紧张。远郊区县中，大部分地区小学的人数在 600 人以下，但是在昌平、大兴等地区，有的乡镇街道教育资源紧缺，有的比较闲置，紧缺和闲置同时出现在同一区域同一类别的资源内，如何进行调整也是亟需各级政府需要关注的主要问题。

3. 主要结论

根据北京市幼儿园办园条件基本标准规定，幼儿园平均每班 20－30 人，从当前的实际情况看，幼儿园的数量不能满足这一标准，入园难已成为不争的事实。因此，政府应该积极引导，立法、规划和投入三位一体。鼓励、支持中央及地方各部门办园；扶

持并稳定街道、乡镇集体办园；鼓励优质公办幼儿园举办分部。

相对于幼儿园供给和需求的矛盾较大，小学教育资源相对丰富，但是随着近些年的生育高峰期，出生人口增加，对幼儿园资源的需求增长明显，按照这一趋势，未来几年对小学资源的需求也会增长，应该根据人口结构和分布的变动情况，及时调整小学教育资源，以保障未来学龄人口的顺利入学。

无论是幼儿园还是小学，在各个地区均存在教育资源紧缺和相对丰富并存的局面，如何促进教育资源协调发展，使资源发挥最大的作用是公共教育资源主要解决的问题之一。

五、对策及建议

教育资源的特定人群主要是学龄人口，教育资源的数量和质量，不光对于学龄人口，更对学龄人口的家庭，产生重要的影响。教育资源可能会影响人口再分布的格局。当前，北京正在建设“世界城市”，只有处理好教育资源和人口分布的关系，才能积极引导人口的合理分布，提升城市综合竞争力，更好的建设“世界城市”。

1. 积极引导公共服务的市场化

二十世纪七、八十年代，在公共行政理论出现了治理理论。治理理论以公共服务供给主体的多元化与机制创新为核心主题，指出作为公共服务外在体现的公共物品存在着生产与消费方面的多种属性，公共服务政府供给并不意味着政府独家直接生产，只要方法得当，很多公共服务的提供与具体的生产可以相对分开，生产形式可以多样化，而且相当多的公共服务的消费也具有可分割性与可选择性。（霍晓英，2007）教育作为准公共产品，并不意味这完全由政府供给。从全市幼儿园的现状看，供给和需求存在着大量的矛盾，单独依靠政府无法在短时间内解决问题，因此，政府可以引进多元供给主体，引入竞争机制，鼓励符合条件的单位和个人、民间组织以及社会团体的加入，通过联合办学、自主办学的形式创办各级各类学校，政府充分发挥好监督管理的作用，规范学校质量，进一步满足社会需求，提高效率。

2. 加强教育资源的辐射效应

众所周知，全市 16 个区县中，城区特别是西城、海淀等地区的优质教育资源较为丰富，全国知名的小学、中学大部分集中在这几个地区，而有的人口大区拥有很少的教育资源。目前，幼儿园、小学基本上还是按照就近入学的原则，为了寻求优质的教育资源，不少家庭就会在学校附近买房，出现了“学区房”，带来了这一地区房价的上涨，同时也会带来交通的拥挤。教育资源，特别是优质教育资源的分布不均衡会带来众多的社会问题。针对不同地区的教育资源的现状，不同的地区在教育资源的发展上需要有不同的发展方向。比如，在城区，除了要根据人口规模和分布的变化，适时调整学校数量之外，可以充分利用已有的优质资源，在此基础上，进一步提升服务的档次，发挥带头示范作用，树立未来发展方向。同时建立长效帮扶机制，建立点对点的支援，比如建立分校，定期把好学校的老师放在一般学校授课，将其优质资源辐射到更广的地方。对于郊区来说，公共资源相对来说较为薄弱，人口的大量流入使本来就压力较大的教育负担更重。因此，这些地区应将基础配套设施的建设放在首要位置，促进其延伸和发展，进一步完善教育资源的分布，进而提高教育的质量。教育资源相对优质的地区要重视资源的辐射效应，带动其他地区的完善和发展，进而实现全社会的全面进步和提高。

3. 以人口的再分布带动教育资源的合理分布

人口的分布受自然的、经济的、社会的、文化的等众多因素的共同作用，是与生产力的发展密切相关的。城近郊区人口密度及其变动与北京市总体经济发展有着高度的相关关系，（王金营，2004）从这一意义上来讲，经济原因是影响人口分布和教育资源合理分布的重要因素。当前，北京正在经历产业结构调整，通过优化产业布局，促进人口分布的调整，进而实现人口和公共资源的合理分布。2010 年人口普查数据显示，商业、服务业人员已成为第一大职业，吸纳了大量的就业人口，通过在新的开发区建立商业网点，带动人口的转移，减轻部分地区由于人口压力带来的资源不足的情况。同时，在这些地区也要加强公共资源的基础设施建设，做到二者的有效统一。产业布局的优化要符合首都功能要求的方向发展，加大高端产业功能区的发展，加强宏观调控，加快不符合首都功能定位产业的搬迁调整步伐，退出现有的高能耗、高物耗、高污染、低附加值以及破坏人文生态环境的行业，通过产业结构调整引导人口的合理流动，加强对人口的服务，实现人口分布与公共资源分布之间的协调发展。

参考文献：

1.张文新．北京市人口分布与服务设施分布的协调性分析．北京社会科学，2004(1)：78－84.

2.赵秀池．北京人口分布与公共资源配置研究．2011城市国际化论坛——全球化进程中的大都市治理(论文集).

3.陈钟翰．上海区域人口变动与社会公共资源配置．华东师范大学硕士学位论文，2010.

4.黄荣清．北京市人口变动对基础教育的影响．市场与人口分析，2006(3)：57－60.

5.孙磊．北京市人口变动对各级教育发展的影响研究．首都经贸大学硕士学位论文，2007.

6.孟庆艳　李强．轨道交通布局与人口分布的互动关系．中国人口报，2009.

7.王春菊．人口分布与影响因子之间的定量分析．华南金融电脑，2007(7)：81－84.

8.王金营．北京市经济持续增长下的城—近郊人口分布合理性研究．北京行政学院学报，2004(2)：28－32.

9.霍晓英．地方政府与公共服务能力研究．中央民族大学博士学位论文，2007.

北京市统计局人口就业处　安慧

辽宁未来人口变化与教育发展研究

教育事业的发展与地区间的人口变化状况有着直接的联系。由于人口规模、结构与流动将导致教育资源变化，一个地区教育事业的规模和结构必须依据现在和未来人口的发展变化进行制定。如何将人口变动和教育发展状况应用到人口与教育的政策中是关系到一个地区长远发展的重要因素。根据辽宁省第六次全国人口普查数据分析结果，未来10年辽宁人口结构，特别是各级各类教育的适龄人口数量、劳动力资源状况等都将发生很大的变化。作为与人口结构和人力资源开发密切相关的教育事业，必须转变发展方式，主动适应人口结构和劳动力资源的变化，为全面提升辽宁人口素质，建设富庶文明幸福新辽宁提供服务。

一、构建完善的教育公共服务体系，办好人民群众满意的教育

在不同的社会发展阶段，教育面临的任务不同，承载的使命不同。在教育资源不能充分满足教育需求的时期，教育首要任务是保证适龄人口有学上，而在教育资源已经基本能够人民群众有学上的条件下，就要强调扩大优质教育资源的覆盖面，满足人民群众上好学的需求。经过改革开放30多年的努力，辽宁的教育事业发展取得了显著成绩，基本实现了有学上的目标，未来10年辽宁教育的主要任务是满足人民群众上好学的需求。

1. 加快学前教育机构建设及资源配置，满足适龄幼儿的入园需求

未来3年学前教育阶段适龄人口呈小幅增加趋势。到2013年，辽宁学前教育3～5岁适龄人口将达到111.1万人，比2010年增加7.3%。从城乡分布来看，城镇3～5岁适龄幼儿在2012年达到峰值，2013年略有下降；农村3～5岁适龄幼儿持续增长，在2013年达到51.6万人，比2010年增加7.01%。从全省范围来看，0～5岁适龄幼儿流动特点明显，在流入城市的选择上，沈阳和大连地区学前适龄人口流入量较大，铁岭、朝阳、葫芦岛等地区学前教育适龄幼儿随父母流出态势明显。

综合辽宁省第六次人口普查及辽宁省现有学前教育资源数据分析，当前辽宁学前教育资源配置存在以下几点不足：一是全省学前教育3～5岁适龄幼儿入园率与《辽宁省中长期教育改革与发展规划纲要》提出的目标仍有差距，农村学前三年入园率低于城市和县镇，是辽宁学前教育发展的薄弱环节；二是全省学前教育专任教师及保育员数量不足，农村专任教师及保育员配备缺口较大；三是幼儿园总体数量、规模不足，公办幼儿园数量比例偏低，生均校舍建筑面积及幼儿园占地面积均达不到辽宁省城市、农村乡镇中心幼儿园办园的基本标准的相关文件的办园要求。

《辽宁省中长期教育改革和发展规划纲要》提出，到2020年，辽宁省学前教育毛入园率要达到95%。要完成这一发展目标，满足广大适龄幼儿的入园要求，必须加大学前教育投入，加快学前教育机构建设，足额配备专任教师、保育员以及其他玩具、教具、图书等相关配套设施，这是是应对辽宁学前教育适龄人口变化，满足幼儿入园需求，提升辽宁学前教育质量，促进教育资源合理配置的首要选择。

2. 加快推进义务教育均衡发展，缩小城乡、区域和学校之间的差距

未来10年义务教育阶段适龄人口呈总体下降趋势。一是适龄人口数量总体呈下降趋势，小学阶段在2016年降至最低，为2011年的94.3%；初中阶段在2017年降至最低，为2011年的88.4%。二是城镇小学适龄人口下降比例高于农村，2020年城镇适龄人口是2011年的86.9%，农村为2011年的94.2%。

随着未来10年义务教育阶段适龄人口逐渐减

少，义务教育规模逐步缩小，教育资源逐渐出现富余，但这仅仅是数量上的、低水平的富余，应抓住这一有利时机，充分利用闲置资源进行薄弱学校改造，缩小学校间的差距，在加强学校内涵建设上下功夫，努力提升学校教育质量，大力促进辽宁义务教育实现均衡发展。

要继续探索推进义务教育阶段的小班化教学。虽然到2020年辽宁义务教育阶段适龄人口总体呈下降趋势，学校规模、班级规模也在缩减，但着眼于下降过程中还有回升，义务教育发展还有一个趋紧的阶段，所以未来10年义务教育的各方面资源不应简单压缩和减少，应充分利用适龄人口缩减产生的富余资源，继续向小班化教学改革迈进，提高义务教育质量，促进学生有个性、有特长的发展。

尽管义务教育适龄人口有所下降，但教师资源不宜采取大规模“缩编减员”的措施，应积极完善教师教育体系，注重教师结构、质量、能力的建设。一是完善中小学教师退出机制，以多种方式、多种途径来解决富余教师，保证教师队伍结构合理、编制优化；二是通过职业培训，向学前三年教育转移农村小学富余教师；三是为保证教师队伍年龄结构的合理性，改变学科结构性余缺，保证短缺学科教师的及时补充，仍需创新农村中小学新进教师补充机制。

3. 科学谋划高中阶段教育布局及规模，合理配置教育资源

未来10年辽宁高中教育阶段适龄人口整体呈下滑趋势。2020年高中阶段适龄人口总数将减少31.5%，城镇适龄人口下降幅度大，由2011年的81.4万人减少到2020年的49.4万人，减少39.3%；农村适龄人口变化相对平稳，由2011年的55.9万人减少到2020年的44.6万人，减少20.2%。

辽宁高中阶段教育的发展思路是促进普职协调发展，推进高中阶段教育普及。要保持普通高中和中等职业教育大体适当的规模，推进高中阶段教育的普及，提升人口整体素质。

伴随着适龄人口的减少，要在普通高中教育学校规模、数量、教学设施与教师队伍方面做出相应调整。充分盘活因调整而闲置的教育资源，对教师队伍的配置进行结构性调整与补充，同时对教师的专业素养和能力进行提升和优化，构建教师优化配置、激励保障的机制，引导教师合理流动。加快推进普通高中标准化建设，扩大省示范性高中和优质高中学生数量。到2020年，初中毕业生升入优质普通高中占全部高中比重达到80%以上，基本实现普通高中优质特色发展。逐步打破区域分割，实行跨出区域联合招生，让优质高中资源发挥最大效益，让更多的学生享受优质教育资源。

大力发展职业教育，积极推进职业教育的布局结构的优化调整。未来10年，辽宁职业教育应加大资源优化与布局调整力度。在省级政府的统筹下，各市（县）应根据本区域经济社会发展现状，针对区域内优势特色产业，集中并优化整合职教资源，鼓励规模化、集团化办学，提高人才培养质量。职教院校减量不减质，在加大对资源整合力度的同时，要防止资源的流失，注重优质资源的科学优化与整合，扩大生均资源的数量与质量，真正使辽宁的中等职业教育做大做强。同时，要重新考虑城乡间与区域间职业学校的布局及比例调整，合理规划中等职业学校的城乡布局结构，以充分利用好现有的优质职教资源。

4. 转变发展理念，提高高等教育社会服务能力

未来10年高等教育适龄人口呈逐年下降趋势。18～21周岁常住人口从2011年的302.4万人下降到2020年的173.2万人，10年间减少129.2万人，减少42.72%。未来十年辽宁省高等教育适龄人口的低峰将在2020年到来，约为173.2万人，仅是目前适龄人口数的57%。

随着未来10年高等教育适龄人口的下降，直接导致高等教育生源的下降。适龄人口下降将有利于缓解我国高等教育资源与高等教育巨大需求之间的矛盾。生均教育经费的增加、生师比结构优化等教育资源的有效增加是也是高等教育优化结构、提高教育质量的重要机遇期。一是高等院校要找准办学定位，增强竞争意识；二是要调整招生结构，扩大高等职业教育招生规模，促进中等、高等职业教育协调发展；三是要通过院校或者院系、学科及专业资源的调整，优化学科专业结构，加强特色专业专业建设，创新人才培养模式，构建适应辽宁转变经济发展方式要求，特别是发展战略性新兴产业需求的新专业。

未来10年，辽宁应将发展普通高等教育的工作重心从扩大招生规模转移到提高办学质量和注重学科结构、普通高等教育和高等教育层次结构的协调发展上来。要牢固确立人才培养在高校工作中的中心地位，以培养学生的社会责任感、创新精神和实践能力为核心，着力培养高素质专门人才和拔尖创新人才。加大教学投入，把教学作为教师考核的首要内容，健全教授为低年级学生授课制度；深化教学改革，强化实践教学环节，加强实验教学示范中心和校内外实习基地建设，建立大学生创业实践基地、成果孵化基地。全面实施“高等学校本科教学质量与教学改革工程”，严格教学管理，健全教学质量保障与促进机制。

二、提高人均受教育年限，提升全省人口的整体文化素质

教育是提高人口文化素质的重要途径。人口增长与受教育水平，其实质是人口数量与人口质量的关系。“六普”数据显示，辽宁 15 岁及以上人口文盲率下降到 2.18%。辽宁每 10 万人拥有的小学受教育人口数，从 2000 年的 29845 人降低到 2010 年 21407 人，降低了 28 个百分点；每 10 万人拥有的初中受教育人口数，从 2000 年的 40067 人提高到 45328 人，提高了 13 个百分点；每 10 万人拥有的高中和中专受教育人口数，从 2000 年的 13192 人提高到 14788 人，提高了 13 个百分点；每 10 万人拥有的大专及以上受教育人口数，从 2000 年的 6181 人提高到 11965 人，提高了 94 个百分点。人口受教育水平的提高，是辽宁从人口大省转变为人力资源大省的必由之路。

随着适龄人口的逐年递减及高等教育毛入学率的不断提升，辽宁省人口受教育结构必然进一步优化，整体文化素质随之不断提升，受高等教育人口比重必然相应提高。

根据辽宁省《教育规划纲要》，全省主要劳动年龄人口平均受教育年限 2015 应达到 11.8 年，到 2020 年达到 12.6 年，即在主要劳动力人口中基本普及高中阶段教育。

三、加强人力资源开发，应对劳动力资源不足的发展趋势

根据第六次人口普查数据，2010 年，辽宁劳动力人口总量约为 2900 万，其中 16 岁及以上从事经济活动的就业人口为 2417.5 万。从 2012 年之后，辽宁的“人口红利”期即将过去，今后 10 年，辽宁新增劳动力人口大约仅为 350 万，20～30 岁人口大约将减少 200 万。而按照《2010～2020 年辽宁省人才发展规划》，到 2020 年，全省人才资源需求总量将达到 720 万，比 2010 年增长 58%。人力资源供给总量的减少与人才资源需求总量的不断增长是未来辽宁经济发展所要面临的一大主要矛盾。

统计数据及未来的人力资源需求趋势表明，未来 10 年，辽宁将面临人力资源结构不够合理及总量供给不足的双重压力。加快教育改革与发展，特别是职业教育和高等教育的改革与发展，从整体上提高劳动力人口的文化素质、提高人力资源深度开发的能力和水平将是应对这一挑战的有效措施。

1. 大力发展中等职业教育与培训，推进高中阶段教育普及

根据第六次人口普查统计，2010 年全省 16 岁及以上从事经济活动的就业人口在三次产业中的比重为 44:21:35，第一产业从业人口比重偏高，超过了 1000 万人，而 2010 年第一产业增加值仅占全省全年生产总值的 8.9%；总就业人员中受教育程度为初中及以下的占 72%，高中及以下的占 86.5%。从整体来看，就业人员整体受教育年限偏低，特别是在第一产业，初中及以下学历的占到了 95%，数量最多的人口创造了最低的生产总值，劳动生产率低下应该是未来要解决的重要问题；第二、三产业就业人员的整体受教育程度虽然好于第一产业，但高中及高中以下所占比例仍然偏高。

未来 10 年，随着第二产业和第三发展发展的不断加快，第一产业就业人口将逐步向第二、三产业转移，经济社会发展对第二、三产业高素质技能型人才需求的不断增加，大力发展职业教育与培训，特别是中等职业教育必将成为普及高中阶段教育、提高人口整体素质、提升劳动生产率从而有力推动区域经济社会发展的重要选择。

2. 适应产业结构升级需求，以优化人力资源专业结构为核心，调整高等教育科类结构

未来 10 年，辽宁高等教育基本有能力满足经济社会发展对各类产业人才的需求。但就当前来看，辽宁省高等教育专业结构培养适用人才的有效供给

并不充足，现有的科类结构与产业结构进一步升级所需要的差距较大。辽宁省人力资源主要集中在传统产业，新兴产业领域的外向型人才、高新技术人才和复合型人才尤其缺乏，自主创新能力不强。即使在辽宁支柱产业装备制造业中，高端人才特别是高端管理和科技人才缺乏的问题始终未得到有效解决。而高素质的科技人才和管理人才恰恰是加快发展方式转变的核心、是对转变发展方式是一种引导和保障，并将对经济社会的长远发展产生重要影响。未来10年，面对辽宁人力资源供给总量的减少与人才资源需求总量的不断增的双重矛盾，承担培养科技创新型人才、中高级管理人才的普通高校更要结合产业经济发展方式转变对人才的需求以及教育学科专业目录调整专业结构设置，积极灵活把握学科专业结构调整的现状，紧扣专业调整思路，培养基础扎实、知识面宽，有创新精神的高级人才，以满足经济社会发展对科技创新型人才的需求。主要从以下几个方面进行调整：

一是以为第二产业中的装备制造、重要原材料工业等支柱产业提供高技能人才为核心，提高相应专业的本科生创新能力。

二是提高现代农业相关科类的本科生培养能力。普通高校特别是普通农业高校应着眼于培养知识更宽厚，知识和技术应用能更强力、社会适应能力、专业素养和综合素质更高应用型人才、复合型人才。设置的专业要紧紧结合地方经济发展特点、产业特色，培养满足不同时期、适合当地经济和“三农”发展的应用型人才。

三是以提升现代服务业发展科技贡献率为着眼点，提升现代服务相关科类本科生创新、创意能力。在未来相当长的时期内，现代服务业将是辽宁省经济持续发展的主要增长点，更是增强辽宁省国际竞争力的战略举措。作为为社会经济发展提供人才与智力支持的省内高校，应在发展原有专业特色的基础上，应大力发展与现代服务业相关的学科专业特色，并着力培养学生的创新能力，以为提高辽宁现代服务业科技自主创新能力提供有效的人才支撑。

3. 提高人力资源深度开发的能力和水平

根据辽宁省经济社会发展态势，到2015年，全省高技能人才总量需求将达到100万人，到2020年，达到120万人，其中技师、高级技师分别达到27万人、3万人，初中级技能劳动者达到300余万人，高技能人才占技能型劳动者比例达到28%。为此，未来10年，辽宁人力资源发展的重点应在于不断提高人力资源的深度开发，即在加大经济社会发展所需各级各类人才的培养规模的同时，通过教育与培训，加强对现有人力资源的在开发，扩大人才资源在人力资源中比例，重点培养辽宁经济社会发展重点产业所需人才，改善人力资源的素质结构、技能结构与层次结构，通过劳动生产率的提高缓解劳动力资源规模上短缺所带来的影响。

提高职业院校与高等院校的培养规模与输出能力，满足对新增人才资源的需求。辽宁职业院校现年均输出技能型人才总量约为27.7万人，其中：中等职业学校年均输出初中级技能型人才约为18万人，其中技工学校的技师高级工班年输出为2.6万余人，未来10年可输出人才总量为180万左右；高等职业教育年均输出为9.7万人，2011～－2020年间能够培养高技能人才总量约为100万人左右。10年间中高等职业院校共可输送各级各类技能人才约为300万左右。

同时，全省职业院校应充分利用自身的教育教学资源，坚持学校教育与职业培训并举，全日制与非全日制并重，广泛开展校企合作的从业人员在职提高培训、未就业人员的职业技能培训、职业资格证书培训、农村劳动力转移培训等各种形式的职业培训，全面改善并提高劳动力人口的文化结构。2015年，对现有从业人员的继续教育规模达到650万人次，2020年达到800万人次。

优化教育发展层次结构与专业结构，保障辽宁重点发展产业对人力资源的需求。从辽宁省职业院校装备制造类技能型人才培养与输出能力来看，加工制造类专业群是全省中等职业教育在校生规模第二大的专业群，年输出技能型人才约1.4万人，约占总输出比重的8%，到2020年，输出人才总量约为14万人。其中沈阳经济区在数控技术应用专业和焊接专业方面居于主导地位。全省开设的装备制造类专业的高职院校有31所，包括了制造大类中的机械设计制造类、自动化类和机电设备类专业共19个专业。其中，专业点数最多的是数控技术专业，共有26所学校开设，占开设装备制造类院校总数的83.87%。年均输出制造大类技能型人才1.5万人，约占总输出比例的15.5%，到2020年输出总量约为15万人，中高级技能型人才输出总量约为29万人。

根据辽宁装备制造业产值增长速度，按从业人员规模年均增长率10%测算，到2015年，辽宁装备制造业人力资源总量将达到210万，其中新增需求量为80万；到2020年，装备制造业类集聚的人才总量至少应达到250万，现有的年均培养规模将难以满足产业发展的需求。

因此，未来10年，辽宁必须加大对装备制造业人才培养的力度，引导、支持普通高校和职业院校结合辽宁装备制造业重点发展领域的人才需求，调整学科专业，扩大培养规模，提高对该类人才的培养能力，提高使其在总培养能力中所占的比重，同时，将高职与中职人才输出比例逐步提高至1:1，改善现有装备制造业的人才结构。到2020年，中高级技能型人才的输出总量达到45万人。此外，还应加大对该产业现有从业人员的技能提升培训，提高高等级技术工人的比例。

基于以上分析，未来辽宁职业教育为适应经济社会发展对高素质技能型人才的需求，应创新发展模式，科学合理地对专业规模等进行规划，加强基于区域产业集群发展的职业教育专业集群建设，提高人才培养的针对性和有效性，即按照区域产业优势，根据产业群“产业相关＋地理相聚”的特点，紧密围绕该区域产业布局和特色产业集群发展，对区域内中等职业学校专业布局进行宏观调控，满足产业结构优化升级对人力资源开发的需要，提高职业教育对经济社会发展的服务能力。如沈阳经济区，重点发展面向先进装备制造业基地和高加工度原材料工业基地、辽宁乃至东北的高新技术业和农产品加工示范区建设的专业集群；以大连为龙头的沿海经济区，重点发展面向东北亚国际航运中心、石化基地、电子信息产业和软件基地、先进装备制造业基地、造船基地和高新技术产业基地建设的专业集群，形成信息产业和现代物流业的人才培养基地；以港口城市锦州、盘锦、葫芦岛为骨干的辽西沿海经济区，重点发展面向临港工业和外向型经济的专业集群，打造现代运输业、生态农业、建筑业的技能型人才供给基地。

四、加强老年教育，应对人口老龄化趋势

2010年，辽宁60岁以上老年人口数已达到675.08万人，占辽宁同期人口总数的15.43%，比2000年第五次人口普查高出3.80个百分点，已远远超过老龄化标准。在全国27个省和自治区（未含台湾省），辽宁的人口老龄化现象最为突出。全省各地均已超过老龄化标准，抚顺、丹东、锦州、鞍山、大连、沈阳60岁以上老年人口的比例已超过辽宁平均水平。省内城乡差异显著，城市老年人口高于镇域老年人口0.64个百分点，县域老年人口高于城市1.13个百分点，同第五次全国人口普查数据相比可以看出，辽宁农村人口老龄化速度明显高于城镇，出现城乡倒置现象。65岁以上老年人家庭中空巢家庭户的比例上升到38.50%，其中大连、朝阳、辽阳、抚顺的空巢家庭户的比例都超过40%。

辽宁老年人口年增速率已由3.2%上升为3.8%，年净增将达到20万以上。老年人口的剧增，为老年教育的发展提出了新要求，老年教育必须加快发展步伐。一是转变观念，树立信念为老年教育奠定思想基础；二是理顺体制，建立机制，为发展老年教育提供组织保障；三是扩充资源，强化载体，为发展老年教育提供基础保障；四是深化研究、加强交流，为发展老年教育提供理论指导。

论文负责人　周浩波
成员　刘国瑞　高鸿　宋芳　李卓　顾丽艳　魏丽娜
李潮海　赵昕　高树仁　孙照辉　周冬　张迎研

当前我国流动人口面临的主要问题和对策①

——基于2010年第六次全国人口普查数据的分析

2010年第六次全国人口普查(以下简称"六普")结果显示,我国流动人口规模达到2.21亿人(国家统计局,2011)。大规模流动人口在为国家社会经济发展做出重大贡献的同时,他们自身及其家庭的生存和发展状况也得到了较大改善。尽管如此,当前我国流动人口仍然面临诸多问题,他们在就业、就医、定居、子女入托入学等方面的实际困难重重(中共中央国务院,2006)。

党和政府高度重视流动人口问题的解决。党的十八大提出要"加快户籍制度改革,有序推进农业转移人口市民化,努力实现城镇基本公共服务常住人口全覆盖"。为切实解决流动人口问题,本文依据最新的六普资料以及其他相关数据资料、相关部门和机构的研究成果,对当前我国流动人口发展的主要特征、面临的主要问题进行分析和概括,并提出解决问题的政策建议。

1. 当前我国流动人口的主要特点

历经30余载,我国流动人口在规模、结构、分布、成因等诸多方面都发生了重要变化,逐步展现出一系列明显的特征。

1.1 规模持续快速增长

改革开放三十多年来,我国流动人口迅猛增长。从1982年到2005年,在短短20多年时间内,我国流动人口从657万增长到1.4735亿(见图1),年均增长14.5%。如此高速增长,史无前例。

在2005年至2010年六普前的5年间,我国流动人口继续保持高速增长势头,5年间增长49.99%,年均增速达8.4%。

图1 1982—2010年我国流动人口规模

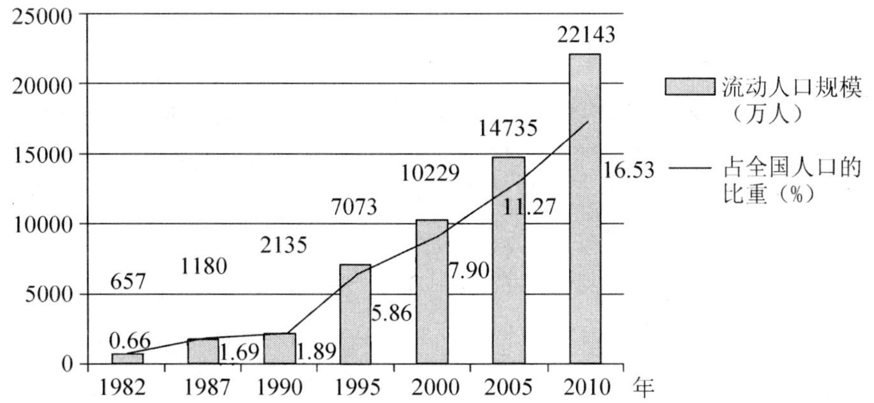

资料来源:1982—2000年流动人口规模由段成荣等根据1982至2000年历次全国人口普查和1%人口抽样调查数据推算,引自段成荣、杨舸、张斐、卢雪和,改革开放以来我国流动人口变动的九大趋势,《人口研究》,2008年第6期;2005年数据引自国家统计局"2005年全国1%人口抽样调查主要数据公报";2010年数据引自国家统计局"2010年第六次全国人口普查主要数据公报(第1号)"。

① 本文研究得到国务院人口普查办、国家统计局人口司的经费支持和数据支持。

在此背景下，流动人口的“能见度”(详细请参见段成荣，杨舸，2009a)一路高攀，从1982年不到1%快速增长至2010年的16.5%，流动人口随处可见，成为我国人口发展最显著的特征之一。

1.2 流动人口不流动

2010年，全国流动人口离开户籍所在地的平均时间达到4.5年，与2005年全国1%人口抽样调查时的同一指标、以及2000年第五次全国人口普查时“流动人口在流入地居住的平均时间”大体保持一致。

考虑到最近一段时期我国流动人口迅猛增长、新增成员大幅度增加的背景，要保持平均流动时间的这种稳定，必然意味着早期流动外出的流动人口在流入地滞留时间很长。

人口普查数据未提供外出流动六年以上流动人口在外流动的具体时间信息，但根据国家人口计生委2011年全国流动人口动态监测数据计算，在全部流动人口中，在流入地居住5年以上者所占比例达37.45%，其中10年以上者占15.41%，15年以上者占4.97%。结合全国流动人口规模估算，流动人口在流入地居住5年以上者达8293万，居住10年以上者达3412万，居住15年以上者达1100万。换一个角度看，在1995年业已外出流动的7073万流动人口中，到2010年仍处于“流动”状态者占15.5%；在2000年业已外出流动的1.02亿流动人口中，到2010年仍在外流动者占33.3%。

流动人口历来被强调其“流动性”，人们习惯认为流动人口居无定所。流动人口中确实存在频繁流动的情况，但是根据我们的调查分析发现这仅仅是少数，无论是流动人口整体还是近年才进入劳动力市场的新生代流动人口，他们中绝大多数人的居住都比较稳定。我们于2006年在北京市的调查发现，流动人口居住过的城市个数平均只有1.56个(翟振武，段成荣，毕秋灵，2007)。近期我们对全国新生代流动人口累计流动过的城市个数的调查结果显示，70.3%的人只流动到过1个城市，18.32%只更换过1个城市，6.83%只更换过2个城市，更换过3个及以上城市者更是寥寥无几(仅占3.77%)。

1.3 已完成人口流动家庭化进程的第二阶段，开始迈向第三阶段

当共同居住的家庭成员已经包括了两代人或三代人时，流动人口显然已经脱离了单枪匹马闯天下的状态，进入了携妻带子、携老扶幼共同流动的状态。根据六普数据计算，两代户、三代户家庭户分别占所有流动人口家庭户的38.52%、5.04%。一代户中大部分流动人口也是同配偶或兄弟姐妹等一起流动，独自一人流动的只占家庭户的26.76%。流动人口家庭化特征十分明显。

人口流动的家庭化过程大致有四个阶段：第一阶段，单个个人外出流动阶段。流动人口利用农闲季节外出务工，以短距离流动为主，大多数青壮年流动人口单身外出，农忙季节依然回家，没有脱离家庭生活；第二阶段，夫妻共同流动阶段。随着流动范围扩大，跨省跨区域流动成为主体，流动人口基本脱离农业生产，不少家庭中夫妻双方均外出务工经商，子女留给家里的祖父母或其他亲属照顾；第三阶段，核心家庭化阶段。青壮年流动人口在外地站稳脚跟后，并且在经济条件许可的情况下，安排子女随迁，在流入地生活、就学；第四阶段，扩展家庭化阶段。核心家庭在流入地稳定下来之后，青壮年流动人口进一步将父母列入随迁的考虑范围。

可以清楚的看到，我国人口流动的家庭化过程正处于从第二阶段到第三阶段过渡的过程中。

1.4 仍集中分布在东南沿海地区，但流向分散化的趋势明显

从1982年到2005年，我国流动人口的流入地分布经历了一个明显的集中化过程(段成荣，杨舸，2009b)。截至2010年，流动人口主要流向东部沿海地区的总趋势依然未变。2010年，东部地区吸收了全国流动人口总量的56.86%；在全国八大经济板块中，南部沿海地区和东部沿海地区吸收的流动人口合计占全部流动人口的40.77%(见表1)。

与此同时，近年来，随着西部开发、中部崛起、东北振兴等措施力度的不断加大，以及沿海产业不断向内陆地区转移等，中部和西部地区的发展明显加速，对人口和劳动力的吸引度不断增强，我国流动人口流向分布逐渐趋于分散化。2010年，流动人口的空间分布集中指数(详细请参见段成荣，杨舸，2009b)为26.03%，比2005年回落了7个百分点；同期，东部地区吸收流动人口的份额从64.56%下降到56.86%，下滑7.7个百分点，西部反而增加4.4个百分点，中部增加3.3个百分点；从全国八大经济板

块跨省流动人口所占份额来看，南部沿海和东部沿海占有的份额虽最高（分别达 20.91%和 19.86%），但均较 2005 年有所下降（见表 1），而中西部地区的吸引度则在上升，黄河中游、大西南地区、长江中游、北部沿海地区吸引度提高，份额分别增加了 3.16、2.55、1.3、1.25 个百分点。

表 1　八大经济板块吸收的流动人口占全国流动人口比重

单位：%

地　区	2010 年	2005 年
东北地区	6.20	6.95
北部沿海地区	13.22	11.97
大西北地区	4.13	3.14
黄河中游地区	11.14	7.98
大西南地区	13.53	10.98
长江中游地区	11.01	9.71
东部沿海地区	19.86	20.58
南部沿海地区	20.91	28.70
总计	100.00	100.00

资料来源：根据六普和 2005 年全国 1%人口抽样调查数据计算。

与此同时，我们又要看到，部分吸收流动人口特别多的中心城市，持续成为吸引流动人口的“磁极”，接受着越来越多的流动人口。以北京为例，北京市吸收的流动人口占全国流动人口的比例从 1982 年的 2.4%逐年提高到 2005 年的 3.17%，2010 年进一步提高到 3.19%。

1.5　新生代流动人口已超过半数

流动人口作为一个群体，其内部的结构正在发生重要变化，其中最引人注目的是新生代流动人口规模的急剧增加和份额的大幅提升。根据六普数据，1980 年后出生的新生代流动人口已经超过流动人口半数，占全部流动人口的 53.64%，比 2005 年的对应比例增加 19.04 个百分点；据此估计，新生代流动人口的规模已达 1.18 亿。新生代流动人口已成为我国流动人口的主体。

2. 当前我国流动人口面临的主要问题

2006 年，国务院《关于解决农民工问题的若干意见》对农民工和流动人口面临的问题做出了全面的概括，包括就业、收入、工资拖欠、劳动合同、劳动保护、工伤死亡、社保、医疗、劳动培训、子女教育、计划生育、维权、住房等近 20 个方面。几年来，这些问题尚未发生根本变化，有些甚至基本没有变化。在上述诸多问题中，我们认为，流动人口失业增加、社会保障缺失、子女教育、社会融入等问题是当前和今后一段时期的主要问题，需要优先予以关注、重视，积极加以解决。

2.1　流动劳动力失业问题值得关注

随着我国城镇化进程的不断推进，农业户籍流动劳动力已成为城市就业市场不可或缺的组成部分，但他们的失业问题一直未受到重视。以往研究认为流动人口就业机会多、工资要求低、并且流动性较强，因此流动人口不存在失业问题。很多政策制定者和研究者假定流动劳动力都是就业人口，而且他们一旦失业，就会回到农村种地。但这一情况在进入新世纪以来已经发生了很大变化。一是城镇化过程中土地的征收使得许多农民已无地可种。我国现有失地农民工超过四千万，他们除了在城市打工，别无谋生出路。第二，即使在农村有土地，光靠种地已经很难维持生计，务工收入已经成为农村家庭最重要的经济来源，耕地已变成口粮田，根本难以维持一个农村家庭的日常开支。

于是，失业遂逐渐成为流动劳动力面临的一个重要问题。2000 年五普时，流动劳动力失业率为 2.74%（翟振武，段成荣等，2006）。近年来，流动劳动力失业率进一步提高。根据我们对重庆市六普数据的计算，流动劳动力失业率达到 3.96%。

流动劳动力的失业问题，加之他们基本没有失业保险的荫庇，不仅对他们个人及家庭的生活产生重大影响，而且对城市以及整个社会的稳定等，都会成为越来越大的挑战。

2.2　流动人口在现居住地参加社会保障情况不容乐观，大多数流动人口仍被排斥在社会安全网之外

社会保险是重要的社会安全阀，在现代社会生活中具有重要地位。但从目前的情况看，流动人口在现居住地参加社会保障的情况很不理想。2005 年全国 1%人口抽样调查数据显示，全国流动人口中没参加任何社会保险的占 72.82%（段成荣，杨舸，2009b）。六普没有采集社会保险相关信息。但根据相关部门的信息，我国流动人口参加社会保险的情

况依然不容乐观。依据2011年全国流动人口动态监测调查，75%劳动年龄流动人口仍未参加工伤保险，95%未参加失业保险，85%未参加城镇基本养老保险（国家人口和计划生育委员会流动人口服务管理司，2012）。另据国家人力资源和社会保障部公布的2011年数据，农民工中参加基本养老保险的只有16.38%，参加失业保险者仅占9.46%，参加医疗保险者仅占18.36%（国家人力资源和社会保障部，2012）。

2.3 流动人口子女学龄前及高中教育面临巨大挑战，解决流动人口随迁子女异地高考刻不容缓

众多调查表明，流动人口子女教育是影响流动人口在城镇稳定生活的主要因素。

目前流动人口子女义务教育已基本得到保障，但六普结果显示，1.95%的义务教育阶段适龄儿童尚不能按义务教育的规定接受义务教育，流动儿童的义务教育仍待进一步加强。尤其是那些接收流动人口和流动儿童特别集中的大城市，为数众多的流动儿童还不能在公办学校就读，“两为主”方针还有待进一步落实。

与此同时，流动人口子女“两头”就学难题突出。流动儿童在流入地接受学前和高中教育比例偏低，延迟义务教育现象普遍。多数学龄前流动儿童在流入地未入读幼儿园，这与国家提出的基本普及学前教育、努力解决流动儿童入园问题的要求有较大差距。

另一个紧迫而重大的问题是流动人口随迁子女的异地高考问题。根据六普数据，结合其他资料，我们估计，近期每年有接近30万人面临异地高考问题。这是一个不仅事关当事个人和家庭发展，而且事关国家近期社会稳定及远期发展大计的大事，急需积极稳妥地加以解决。

2.4 流动人口融入当地社会愿望强烈，但社会参与渠道较少

大多数流动人口关心现居住地的发展和变化，愿意参与所在工作单位或所居住社区管理和选举活动，逐步融入当地社会。但流动人口与现居住地其他社会群体交流不多，社会交往仍局限在原有的亲缘、同乡等社会关系，参加当地社会活动比例较低。80.7%的流动人口当前工作是通过自己或家人/亲戚、同乡/同学等社会关系找到的。35%的流动人口从未参加现居住地举办的任何活动。参加选举、评先进以及业主委员会活动的比例较低，均不足10%（国家人口和计划生育委员会流动人口服务管理司，2012）。利益诉求渠道不断畅通、社会参与渠道得到拓宽、业余文化精神生活不断丰富已成为流动人口的新渴望。

2.5 新生代流动人口进退失据

我国以城市为中心的发展策略以及青壮年的大量外出已经从文化和意识形态上掏空了农村，许多流动人口，尤其是新生代流动人口，既没有务农经历（一部分甚至也不在农村出生和长大），也看不到在农村有任何发展的希望，所以即使在城市找不到出路，也不愿回到农村，形成了所谓的“城市无望，回村无意”的两难局面。

3. 对策建议

为更好地解决流动人口问题，我们提出如下对策建议：

3.1 把流动人口长期大量存在作为相关法规、政策和制度制定的基础

业已超过2.2亿的流动人口规模，仍未达到顶峰，随着人口城镇化进程的进一步推进，我国流动人口还将继续保持增长。早在2008年，段成荣、杨舸曾依据城镇化、农业剩余劳动力转移等对我国流动人口规模变动趋势进行预测①。结果表明，流动人口规模在2030年前将保持增长，其峰值可能达到3.5亿。这一预测结论已通过六普结果部分得到验证。总之，我国流动人口将长期存在，并将进一步较大幅度地增长，是十分明确的趋势。

强调这一点是十分重要的。这是因为，在流动人口问题上，不少部门、不少地区的规划、政策制定和服务提供等，都是将流动人口作为暂时性的简单问题对待，为追求眼前利益而采取短期行为。如众

① 该预测结果后被收录于《2010中国流动人口发展报告》

多城市在强调人口规模调控时将流动人口作为调控目标，希望挤出流动人口，这与流动人口长期存在相矛盾，与城市的长远利益相违背，结果也常常事与愿违。

一定要从长期性、全局性、战略性高度来认识流动人口问题，并把这种认识自觉落实到规划制定、制度建设、管理实施、服务提供的全方位和全过程。唯其如此，才能从根本上解决我国流动人口问题。

3.2 以“流动人口将扎根城市”为出发点，重新审视与流动人口相关的各种政策和制度

目前我国流动人口在流动行为模式上体现出非常明显的稳定趋势，并不是通常认为的频繁的更换城市、或者在城乡之间来回往复的“候鸟式”迁徙。事实上，调查发现，流动人口定居在城市、尤其是大城市的意愿和倾向也是非常明显。这就对我国一直以来的人口流动相关政策提出了挑战，现有的政策体系是建立在流动人口终会回乡的假设之上的，体现出“重就业、轻服务”，“重经济、轻保障”等特征，当大部分流动人口、尤其是年轻一代的流动人口不再回到农村，而将在城市长期居住时，很多政策、尤其是社会保障和福利相关政策需要重新设计。特别是那些主要的流入地城市不要再奢望流动人口会马上离开，把流动人口当作城市的过客，而应该彻底铲除以前基于“流动人口不断流动”假设而设计的相关政策，为流动人口扎根于城市创造更有利条件。只有让流动人口真正成为城市的一份子，更稳定的扎根于此，才能使他们更好地为城市发展做出自己的贡献，同时流动人口自身也获得更好地转变和提升。

3.3 以人为本，把流动人口的制度需求作为制度供给的依据

随着社会关注度的提高和政府部门越发重视，近些年关于流动人口的相关政策和制度不可谓不多。但很多制度对于流动人口根本不具吸引力，制度执行效果自然不尽理想。这其中一个根本的原因是没有以人为本，没有从流动人口的角度和意愿出发，没有按照流动人口的内在需求进行制度供给和服务提供。

最明显的例子是户籍制度改革。几十年来，我国户籍改革的方向是鼓励人口向中小城市流动，然而现实情况是有意进城落户的流动人口中75%希望进入各种类型大城市。这种制度供给与制度需求之间的不匹配问题，一方面使制度失去其根本的意义，另一方面也使相应改革举措难以收到实效。

在未来的制度设计中，更加深入地调查了解流动人口的需求，并自觉尊重这种需求，努力满足其中的合理部分，应成为制度建设的前提。

3.4 把提升家庭福利水平，提高家庭发展能力作为完善流动人口相关政策的目标

很长一段时间以来，城市仅仅是将流动人口当作所需要的劳动力，而较少将其作为社会中的一员来满足其作为人的基本需求。即使从人的角度也仅仅是满足其个体的需求，完全忽视了流动人口家庭生活的需要。根据六普数据计算，当前全国有3600万儿童随父母一起进城成为了流动儿童，但更有高达6100万的儿童没有跟随父母一起流动而成为了留守儿童。这表明，更多的流动人口不得不选择亲子分离的生活状态，分别在流入地和流出地残缺的家庭中生活，这是一种被迫和无奈的选择。

这种亲子分离的生活状况无论对于父母还是孩子都具有深刻的影响。特别是那些父母双亲都在外流动，占比达48%的留守儿童，他们单独留守在老家，父爱、母爱的缺失对于他们情感的需求，心理的健康都产生了负面的影响。在很多情况下，留守儿童因父母不在身边，其人身安全也受到威胁，最近发生的贵州毕节5个留守儿童被冻死的惨痛教训就是例证。

以家庭幸福和福利为出发点，我们需要创造更多的条件让孩子跟随父母进城，使他们以更加完整的家庭方式流动，更彻底地实现人口城市化。

前已述及，目前我国流动人口家庭化发展正处于从第二阶段向第三阶段过渡的时期。这意味着在今后一段时期，更多的儿童以及更多的老年将加入到流动人口行列中来。因此，整个社会，尤其是北京、上海、广州等吸收众多流动人口的城市一定要做好有更多的家庭进入城市生活，更多的孩子需要接受教育的准备。同时，还应关注到流动老年人口增加的趋势，六普结果显示，目前全国流动老年人口已达到900万人。流动老人因为生活习惯、语言、饮食习惯、社会交往等方面面对更多的挑战，他们融入城市存在更多的困难，流入地社会和政府需要未雨

绸缪。

3.5 提高公共服务能力，加快流动人口社会保障体系建设

顺应农村转移人口进城的趋势，将流动人口纳入城镇社会保障体系，完善社会保障的衔接和接续制度，逐步提高社会保障统筹层次，是提高流动人口福祉的必然要求。建议优先进行流动人口工伤保险和医疗保险制度建设。将长期工作、居住在城镇的流动人口纳入城市低保和城镇职工基本保险，对生活困难的流动人口及其家庭，纳入社会保险补贴范围。健全覆盖包括流动人口在内的常住人口住房供应体系。把符合条件的流动人口纳入住房公积金制度。

3.6 加强制度设计，努力为流动人口子女提供平等接受教育的机会

党的十八大报告对于农民工子女的教育做出了较大的推进，将以前相关文件针对农民工子女教育的表述——“平等接受义务教育”调整为“平等接受教育”，将政策目标指向农民工子女整个教育过程。这是这一领域的重大突破。但要把这一要求落到实处，还有很多工作要做，关键在于加强制度设计，努力为流动人口子女平等接受教育提供机会。在学前教育方面，要通过制度建设，迅速调动各方面力量，努力扩大供给，弥补学前教育的巨大供需缺口；在义务教育方面，要努力突破人口长期相对凝固状态下形成的“分级负责”体制，建立更能适应人口大流动时代的制度；在异地高考问题上，要尽早形成全国统一的异地高考政策。

3.7 高度关注新生代的问题

新生代流动人口问题已得到社会的广泛关注，特别是2010年“中央一号文件”首次正式使用“新生代农民工”概念并要求“采取有针对性的措施，着力解决新生代农民工问题”以来，如何针对新生代流动人口的特征，制定相应的措施解决其所面临的关键问题成为各部门相关工作．的重点之一。

新生代最重要的特征是“进退失据”，他们绝大多数已不可能再回到农村，因此他们如何在城市立足比老生代流动人口，比以往任何时候的流动人口更加迫切和重要。鉴于此，现阶段的户籍制度改革可以在新生代流动人口中先试先行，这也就抓住了重点问题和重要人群。同时，户籍制度改革要进行实质性的改革，给新生代流动人口带来实惠。

3.8 中西部城市要适应流入人口增加的趋势

长期以来，广大中西部地区主要作为人口流出地出现，与流动人口相关的工作也主要围绕人口流出而展开，因而多数中西部城市不熟悉人口流入的情况。在流动人口流向分散化的过程中，部分中西部城市可能迅速面临流动人口快速增长的挑战，要提早做好应对准备。

参考文献：

1. 段成荣，杨舸，张斐，卢雪和．改革开放以来我国流动人口变动的九大趋势．人口研究，2008，6：30—43.
2. 段成荣，杨舸．我国流动人口状况—基于2005年全国1%人口抽样调查数据的分析．南京人口管理干部学院学报，2009，4：5—10.
3. 段成荣，杨舸．我国流动人口的流入地分布变动趋势研究．人口研究，2009；6：1—12.
4. 国家人力资源和社会保障部．2011年度人力资源和社会保障事业发展统计公报．国家人力资源和社会保障部网站，2012.
5. 国家人口和计划生育委员会流动人口服务管理司．中国流动人口发展报告2012. 北京：中国人口出版社，2012.
6. 国家统计局．2005年全国1%人口抽样调查主要数据公报．统计局网站，2006.
7. 国家统计局．2010年第六次全国人口普查主要数据公报(第1号)．统计局网站，2011.
8. 中共中央国务院．关于全面加强人口和计划生育工作统筹解决人口问题的决定．2006.
9. 翟振武，段成荣等，跨世纪的中国人口迁移与流动．北京：中国人口出版社，2006.
10. 翟振武，段成荣，毕秋灵．北京市流动人口的最新状况与分析．人口研究，2007，2：30—40.

中国人民大学社会转型与社会管理协同创新中心　人口与发展研究中心　段成荣
中国人民大学社会与人口学院　吕利丹　邹湘江

中国流动老年人口变化特征及趋势分析

——基于第六次人口普查数据分析①

一 研究意义

2010年第六次人口普查数据表明，我国大陆31个省、自治区、直辖市的人口中，居住地与户口登记地所在的乡镇街道不一致且离开户口登记地半年以上的人口已达2.6亿人，其中不包括市辖区内人户分离的人口为2.2亿人。同时，60岁及以上人口为1.78亿人，占全国中人口的13.26%，比2000年提高了近3个百分点（国家统计局，2011）。以往的研究已经表明，虽然流动老年人口占总流动人口的比重依然很低，但流动老年人口的数量一直呈现上升趋势（孟向京等，2005），也有学者（段成荣等，2008）提出人口流动的四阶段理论，即流动人口从单打独动，到妻儿团聚，最后父母随迁的过程。虽然，我国目前流动人口依然处于由第二阶段到第三阶段的过渡阶段，但第四阶段老年人的随迁并不是尚未开始，而是一直存在，只是数量和比例还没有那么多和高而已。况且流动老年人口的随迁不仅是流动人口发展到一定阶段的家庭迁移特征，而且对于子女不在当地的父母来说，也将是未来他们会共同面临的选择之一。随着我国老龄化的加速，以及独生子女家庭的父母将越来越多的步入老年，那么，可以预见将有更多的老年人选择随子女而居的方式。另外，对于经济条件较好的老年家庭，选择异地养老的比例也逐渐增加（胡宗秀，2006）。这里的异地不一定是子女生活或工作的所在地，也可能是气候条件适宜、生活相对舒适、养老设施比较优越的地方（南海网，2012）。这些异地养老的老年人口也会成为流动老年人口的一部分。虽然老年人口流动相对而言是比较理性和自由的选择，他们也不再有教育和就业等问题困扰，但由于老年人的弱势地位，他们在流入地依然会面临很多需要解决的问题，如医疗、社会照料、以及家庭和社会的重新适应和融入等问题。了解流动老年人口的状况及流动特点，并分析其未来变化趋势，对于制定相关的社会政策以及各种服务保障措施，帮助流动老年人口在流动地度过幸福的晚年具有重要的社会意义。同时，老年人口的流入对当地的社会经济生活的方方面面都会有不同程度的影响，这也是我们需要对流动老年人口形势有个准确了解的理由。本文拟将利用第六次人口普查数据，对我国流动老年人口的特征进行分析，并就其相关政策含义进行解读。

二 数据与方法

本文关于老年人口的起始年龄采用60岁为标准，这和我国的退休年龄比较契合。流动人口的定义是指普查数据中离开户口所在地长达半年以上的人口，地域上指乡以上的人口流动，即不包括市内的人户分离人口。所用数据为课题组统一使用的六普长表1‰样本汇总数据。

文章主要从流动老年人口的基本特征和流动特征两个层面展开，在数据许可的情况下，尽可能做流动老年人口与未流动老年人口的对比分析，以及与五普数据的纵向对比分析。

① 本文是国家统计局第六次全国人口普查数据开发课题“当前和今后一段时期我国流动人口若干重大问题研究”项目的阶段成果。感谢国家统计局提供的数据支持！

三　流动老年人口基本特征分析

1　流动老年人口总量继续呈上升趋势

普查数据表明，2010 年 11 月 1 日，我国户籍不在原地且离开户口登记地半年以上的 60 岁以上流动老年人口数量为 934.4 万人，占全国 60 岁以上老年总人口的比例为 5.26%，占全部流动人口的比例为 5.79%，与 2005 年 1%人口抽样调查的 5.75%相比增幅不大，五年间流动老年人口总人数增加了 87.1 万人。

2　流动老年人口的性别比明显高于未流动老年总人口性别比

流动老年人口性别比为 110.6，明显高于未流动老年人口性别比 93.1。性别选择性与流动距离有很大关系。跨省远距离流动的老年人口性别比高达 121.6，其次为省内跨地区流动人口性别比为 115.6，省内跨县和县内跨乡老年流动人口性别比相对较低，分别为 104.6 和 105.6。这说明距离越远，男性的流动比例越高。从分年龄性别比来看，流动老年人口性别比在各个年龄上都高于未流动老年人口，这说明男性老年人口相比于女性老年人口更趋向于流动，流动老年人口同样存在性别选择性。

表 1　流动老年人口性别比

单位：女＝100

年　龄	流动老年人口	总人口
60—64	116.1	103.5
65—69	110.0	101.9
70—74	119.4	99.0
75—79	98.4	89.7
80—84	98.4	79.4
85—89	77.8	64.1
90＋	57.8	49.6
总计	110.6	93.1

3　低龄老年人口流动几率大于高龄老年人口

迁移流动人口的年龄选择性是总所周知的事实，通常青壮年劳动力是流动人口的主体，老年人口流动占流动人口的比重相对较低（Odland J and Shumway J M，1993；姚华松，徐学强，2008；曹菁轶，2007；唐家龙，马忠东，2007）。那么流动老年人口内部是否也有很强的年龄选择性呢？从表 2 可见，流动老年人口的人数比例随着年龄的升高而逐渐降低，70 岁以下的低龄流动老年人口占了总流动老年人口的 55%，80 岁以上的高龄流动老年人口仅占 12%。但这是否说明流动老年人口的年龄选择性很强呢？对比未流动老年人口的年龄结构，我们看到在流动老年人口内部，依然具有年龄选择差异，即流动老年人口的人口年龄结构教未流动老年人口年龄结构年轻，60—64 岁流动人口比例为 38.48%，比同龄的未流动老年人口高出 6.15 个百分点。这也符合老年人的生理和心里特点。但老年人口流动的年龄选择性没有青壮年流动人口的年龄选择性那么高。

图 1　流动老年人口与未流动老年人口性别比

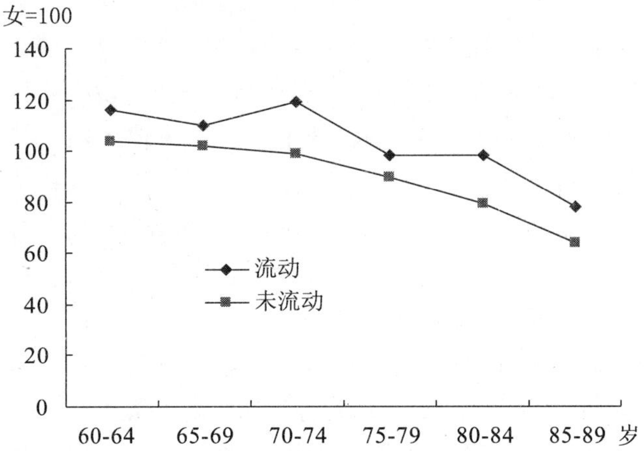

表 2　流动与未流动老年人口年龄构成%

单位：%

年　龄	流动老年人口	未流动老年人口
60—64	38.45	33.03
65—69	25.35	23.15
70—74	17.77	18.57
75—79	10.33	13.43
80—84	5.26	7.53
85—89	2.05	3.17
90＋	0.75	1.12
总计	100.00	100.00

图 2　流动老年人口年龄构成

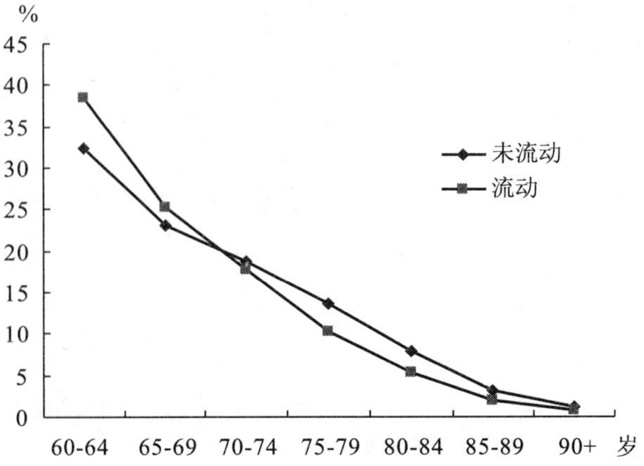

4 绝大部分的流动老年人口有配偶，离婚者占流动老年人口的比例最低

数据表明，77%的流动老年人口有配偶，但有配偶的比例随着年龄的增大而逐渐降低。相比于未流动老年人口，流动老年人口有配偶的比例要高（表3），丧偶比例为21.2%，低于未流动老年人口的丧偶比例。未婚和离婚人口比例都较低。

表3 流动老年人口婚姻状况

单位：%

年 龄	未婚	有配偶	离婚	丧偶
流动老年人口	1.0	77.0	0.7	21.2
未流动老年人口	1.8	70.0	0.8	27.4

5 具有较高文化程度的老年人远距离流动的比例更高

流动老年人口以小学文化程度占主体，占总流动老年人口的42.2%，其次为初中文化程度人口占23.8%，未上过学人口比例占18.1%，大学专科及以上人口比例为5.9%。从流动距离来看，省际流动老年人口的文化程度明显高于短距离的人口流动，这说明流动距离对流动老年人口教育程度的选择性。

表4 分流动距离的流动老年人口教育程度

单位：%

类 别	未上过学	小学	初中	高中	大学及以上
省 际	14.2	39.6	23.1	11.4	11.7
地市际	17.9	41.3	24.3	10.0	6.6
县 际	17.4	43.4	23.8	10.6	4.7
乡 际	20.3	43.5	23.9	9.2	3.1
总 计	18.1	42.2	23.8	10.0	5.9

5 身体健康的老年人口更易于流动

数据表明，流动老年人口身体状况要好于非流动老年人口，其健康和基本健康的比例高达90%，不健康和生活不能自理的比例为10%，未流动老年人口这一比例为16.8%。

表5 流动老年人口健康状况

单位：%

身体状况	健康	基本健康	不健康，但生活能自理	生活不能自理	合计
流动老年人口	54.2	35.9	8.0	1.9	100
未流动老年人口	43.8	39.3	13.9	2.9	100

6 流动老年人口经济不独立的比例要远大于未流动老年人口

在收入来源方面，男性流动老年人口与女性老年流动人口有很大的差异，男性流动老年人口的劳动收入要远高于女性流动人口，分别为36.1%和9.3%，而未流动女性劳动收入大大高于流动老年女性，为21.9%。这大概是更多的没有劳动收入的老年女性更倾向于投亲靠友的结果。流动老年男性收入来源为家庭其他成员供养的比例为45.6%，也远高于未流动老年人口28.2%的水平。女性流动老年人口收入来源为家庭成员供养的比例高达81.3%。这说明没有自己的劳动收入和离退休金的老年人口容易流动到与家庭其他成员在一起的地方。

表6 流动老年人口的收入来源对比

单位：%

收入来源	流动男性	流动女性	未流动男性	未流动女性
劳动收入	36.1	9.3	36.6	21.9
离退休养老金	12.3	5.6	28.9	19.6
最底生活保证金	2.0	1.0	4.1	3.7
财产性收入	0.9	0.3	0.04	0.3
家庭其他成员供养	45.6	81.3	28.2	52.6
其他	3.2	2.5	1.8	1.9
合计	100.0	100.0	100.0	100.0

四　流动老年人口流动特征分析

1　流动老年人口的流动时间——超过半数的流动老年人口在流入地已经居住5年以上

从流动老年人口流动时间来看，六年以内的流动老年人口随时间的增加而逐渐递减，流动半年到一年的流动老年人口占总流动老年人口的比重为12.2%，1—2年的流动比例为11.8%，5—6年的比例为4.7%。但6年及以上的流动老年人口比例高达47.7%，如果加上5—6年的流动老年人口，那么一半以上的流动老年人口已经在流入地居住了5年以上。这是我们在制定老年人口户籍改革制度时应该予以考虑的一项重要因素。长期居留于流入地的老年人将对流入地的社会经济生活产生重要的而影响，我们在制定各种社会经济政策的时候应该充分考虑到这部分老年人的需求，使他们在流入地安享晚年。

表7　流动老年人口流动时间

流动时间（年）	人数（万人）	比例（%）
0.5—1	113.7	12.2
1—2	109.8	11.8
2—3	94.2	10.1
3—4	71.8	7.7
4—5	55.4	5.9
5—6	43.5	4.7
6+	446.0	47.7
合计	934.4	100.0

图3　流动老年人口流动时间

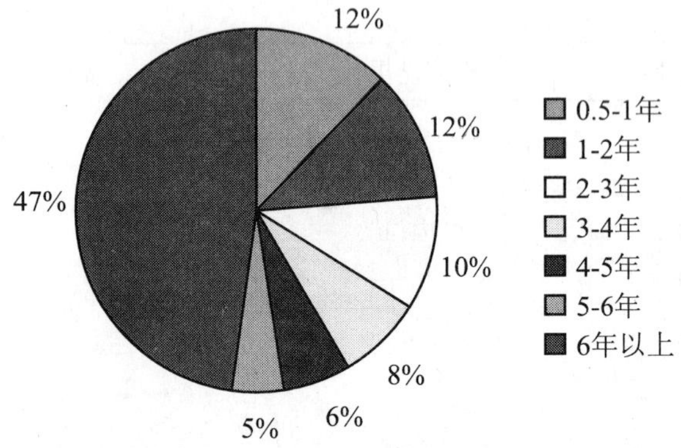

2　流动老年人口的流动距离——仍以近距离迁移为主，但跨省迁移亦占相当比重

流动距离是人口迁移和流动研究的一项重要内容，经典的人口迁移理论一般认为迁移会随着距离的增加而呈现递减规律（Lee，1966）。流动老年人口的流动距离是否也受此规律支配还是有其自身的特点？在本研究中我们把流动老年人口跨域不同的地域界限作为衡量流动老年人口流动距离的尺度，这些地域划分分别是跨省流动、省内跨地市流动、省地市内跨县流动以及县内跨乡流动四种维度。

数据结果表明，在四类距离的流动老年人口中，近距离的跨乡迁移所占比重最高为43.9%，跨省的流动比例为21.2%，跨地市和跨县流动人口比例分别为20%和15.1%。这说明近距离的人口流动依然是老年流动人口的首选，但同时我们也看到跨省的流动老年人口比例也已经占到老年流动人口五分之一以上，这部分老年人口将会面临更多的环境和社会适应问题以及相关老龄社会政策的问题，这是我们应该注意的一个发展趋势。

3　流动老年人口的迁移类型——以流入城镇为主导的流动类型

为了进一步观察老年流动人口的迁移特点，我们从迁移类型上划分了乡村到城市、城市到城市、乡村到乡村以及城市到乡村四种迁移类型。在劳动力人口流动中，乡城迁移占了绝对优势比重，那么，老年人口迁移类型是否有所不同？数据表明，流动老年人口的四种流动类型中，同样是由乡村到城市的流动比例最大，为41.6%，城市到城市的流动比例居第二为38.5%，城市到乡村的流动比例为10.4%，乡村到乡村的流动比例最低为9.5%。因此，虽然仍有十分之一的老年人口从城市流入农村，但流动老年人口的总体趋势是从农村流入城市和从城镇流入城镇。这也与我国城市化的总体趋势相一致。

4　流动老年人口的迁移原因——以非经济原因为主

以往的研究表明，我国老年人口的流动主要以非经济原因为主，五普数据表明我国流动老年人口非经济原因所占比例高达近 90％（翟振武，2006）。过了十年，老年流动人口的流动原因是否有所变化呢？第六次人口普查的流动原因与五普相比做了稍许调整，取消了分配录用一项增加了寄挂户口，但由于这两者所占比重均较小，所以，不妨碍我们对流动人口迁移原因的总体对比。同五普一样，老年流动人口的流动原因依然以非经济原因为主，但相较于五普，经济原因所占比例有所提高，务工经商的比例由 9.3％提高到 14.3％。非经济原因中，拆迁搬家的比例有了大幅度下降，由五普的 29.4％降低到 12.9％，随迁家属的比例由 14.6％提高到 21.8％。

表 8　流动老年人口流动原因

单位：％

类别	务工经商	工作调动	学习培训	随迁家属	投亲靠友	拆迁搬家	寄挂户口	婚姻嫁娶	其他
跨　省	22.9	2.7	0.1	19.0	37.3	4.4	1.3	3.5	8.8
跨地市	17.9	2.3	0.3	21.2	35.0	8.7	1.4	2.5	10.8
跨　县	12.7	4.0	0.1	21.6	27.2	13.8	1.6	3.6	15.4
跨　乡	9.1	4.0	0.3	23.4	20.6	18.7	2.9	4.4	16.7
合　计	14.3	3.4	0.2	21.8	28.0	12.9	2.0	3.7	13.7
五　普	9.3	1.0	0.1	14.6	30.0	29.4		2.0	13.6

注：五普数据来自文献（翟振武，2006）

图 4　不同迁移距离的老年人口迁移原因

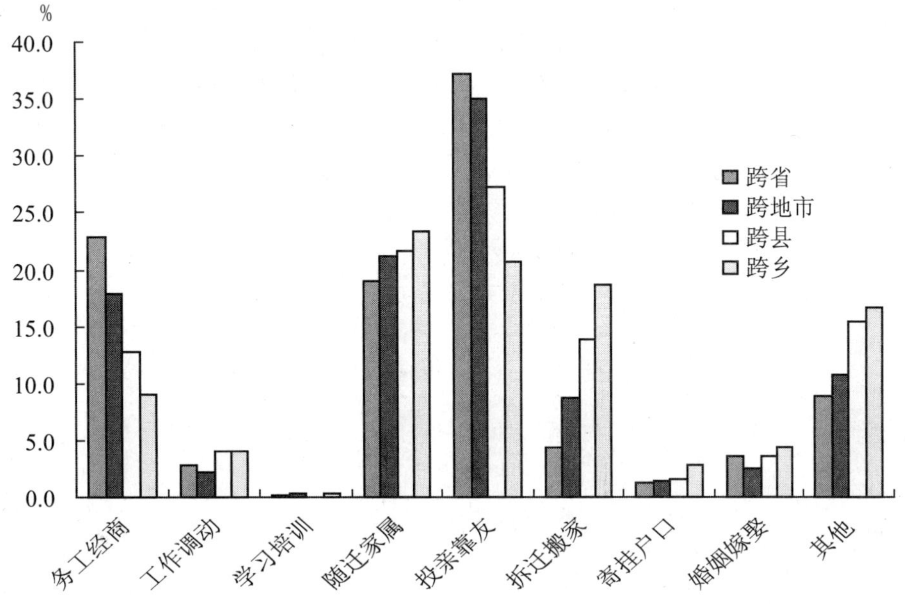

从不同迁移距离开看，老年人口的迁移原因有很大的差别，主要体现在务工经商和投亲靠友的比例随着迁移距离的增加而增加，而拆迁搬家的比例在近距离流动中比例更高。随迁家属比例随迁移距离的变化不大。与务工经商和投亲靠友相关的流动蕴含更多的社会政策含义，如何保障流动老年人在其流入地的相关权益，是我们可以深入研究的问题。

五　结论

本文用六普长表抽样数据，对流动老年人口的现状和流动特征进行了初步分析。研究结果表明，我国流动老年人口继续呈稳步增加的趋势，流动老年人口具有一定的性别和年龄选择性，即男性老年人较女性老年人流动比例更高，年轻老年人口教年老老年人口流动比例更高，但老年人迁移选择性不象劳动力人口那么明显。流动老年人口有配偶的比例要高于非流动老年人口，文化程度高的老年人更可能发生长距离的跨省迁移。此外，健康的老年人口流动比例更高，从经济上来说，经济不独立的老年人流动的比例更高，这与老年人口迁移以非经济原因迁移为主有关。

老年人口的流动时间在5年内呈递增趋势，但有一半以上的老年人口在流入地已经居留5年以上，这是流动老年人口居留时间长远化的一个标志，也是我们今后老年人口政策和社会服务政策应该关注的重点。从流动距离来看，跨省的流动老年人口已经占到了五分之一的比例，从流动类型来看，流动老年人口的流入地主要是城镇。跨省的长距离老年流动人口中，务工经商和随迁家属的比例均大大高于近距离流动老年人口的比例，务工经商过程的权益保障以及随迁家属的社会和生活适应问题，都为我们进一步研究提出了明确的方向。

由于种种原因，本研究尚未对流动老年人口的家庭特征进行分析。这是将来可以继续研究的问题。21世纪中期以前，会是我国老龄化速度加快的时期，也是我国人口流动和城市化急速发展的时期，流动老年人口的规模可以预计将会大大增加，老人随子女流动以及异地养老等新的养老方式，必定会带来我国流动老年人口流动类型、流动方向以及流动原因的新变化。这些问题都值得我们进一步关注并探讨其社会经济影响和意义。

参考文献：

1. 孟向京等．北京市流动流动老年人口特征及成因分析．人口研究，2004，6.
2. 段成荣等．改革开放以来我国流动人口变动的九大趋势．人口研究，2008，6.
3. 南海网．三亚成异地养老首选．2012. 网址：http://news. hainan. net/newshtml08/2012w10r21/906916f0. htm.
4. 胡宗秀．异地养老好．晚霞，2006，7.
5. 姚华松，徐学强，西方人口迁移研究进展，世界地理研究，第17卷第1期，2008；3：154－166.
6. 曹菁轶，中国少数民族人口迁移选择性及主要影响因素，发展，2007；12：157－158.
7. 唐家龙，马忠东，中国人口迁移的选择性：基于五普数据的分析，人口研究，第31卷第5期2007；9：42－51.
8. Odland，J & Shumway，J. M. 1993. Interdependencies in the timing of migration and mobility events. Regional Science. Volume 72，Number 3：pp. 221－237.
9. Lee，E. (1966). A Theory of Migration. Demography，Vol. 3，No. 1，pp. 47－57.
10. 翟振武．跨世纪的中国人口迁移与流动．中国人口出版社，2006. 北京．

中国人民大学社会与人口学院　孟向京　寇江泽

北京城市人口空间分布变动模拟研究

——基于近四次人口普查数据的分析

一、问题的提出

城市人口空间分布既是城市空间结构的重要因素，也是城市化健康发展的重要标志。城市人口的空间分布既受到城市其他诸多要素的影响，反过来人口分布也影响着其它要素的分布和重新组合的交互过程。城市空间的人口分布同该地区的自然、经济和社会资源的承载力适应程度是导致人口分布变动的重要原因。所以，对城市人口进行深入研究并有效地进行空间组织和引导调节，对于城市未来的空间结构的合理性起着关键作用，最终影响着城市的可持续发展。

改革开放三十多年来，北京城市建设突飞猛进，这其中包括有人口向城市集聚的过程，也有人口在城市空间重新分布的过程，还有城市空间逐渐由低级向高级演化的过程。但是，由于城市人口空间分布与基础设施、产业布局等的匹配不尽合理，导致城市交通愈加拥堵、城市空间不合理蔓延，生态环境遭到破坏，快速城市化中的空间要素缺乏统筹等诸多问题的发生。这些问题的出现，已经严重影响了首都城市系统运行和发展效率、首都的宜居性及健康城市化进程。鉴于此，研究人口在北京城市内部的空间分布及其变动规律，探讨人口分布及其与服务设施分布在空间上的协调性，对于解决首都城市交通、住宅、社会治安、环境等问题，合理配置城市商业、文教、卫生、体育等服务设施具有十分重要的意义。

本研究基于北京市第三、第四、第五和第六次人口普查数据，借助 Arc/GIS 空间统计分析工具，通过对数据格式转换和处理，模拟北京市不同圈层人口分布变化，并对其变化趋势和规律进行分析。

二、城市人口空间分布模型

城市人口空间分布研究较多，目前最有影响力的有两个模型，即克拉克和纽林模型。

(一)克拉克模型

1951 年，克拉克(Clark)通过对若干大城市的人口密度分布进行模拟，提出了著名的人口密度距离衰减模型

$$d_x = d_0 e^{-bx}$$

其中 d_x 是距离市中心的距离为 x 处的人口密度；d_0 是市中心区域的人口密度；b 为常数，x 为环带距离市中心的距离。d 越大，说明该环带区域内人口密度越高，人口分布越拥挤；反之，如果 d 趋向减小，说明环带区域内人口密度逐渐降低。b 代表人口密度随 x 的增加而衰减的速度，所以 b 值越大说明人口越趋向于分布在城市中心。随着城市的发展，人口郊区化趋势日益加剧，人口分布也会发生新的变化，人口密度最高点向外移动，城市中心人口密度缺口出现。

(二)纽林模型

纽林(Mewling)于 1969 年提出了二次指数模型，其数学表达式为：

$$d_x = d_0 e^{bx - cx^2}$$

式中，b 、c 为常数，其他符号含义同克拉克模型参数含义。当 b 为负值，c 为零的时候二次指数模型就转化成负指数模型，因此可以说负指数模型是二次指数模型的一个特例。

需要指出的是，无论负指数模型还是二次指数模型，都是西方学者针对西欧、北美等国家大城市的发展和人口空间变动分布而概括所得，对于北京城市是否适用还有待检验。因此本文还选择了直线方程、二次方程、三次方程、复合曲线、等比级数曲线、

指数方程等六种模型与之进行比较。

三、数据来源与处理

(一)数据来源

本文数据来源于北京市 1982 年第三次人口普查、1990 的第四次人口普查、2000 年第五次人口普查和 2010 年第六次人口普查结果。

(二)数据处理

人口密度函数的建立基于圈层距离法来获得距离和人口密度数据。具体来说是以北京市中心点为中心，以不同的距离为半径划圈，来测量和分析不同圈层中的人口状况。为准确获取不同圈层的人口数据，应用 ArcGIS 工具进行切割。

具体的步骤如下：

1. 根据北京市各区县第三、四、五、六次人口普查数据计算出人口密度。并将矢量数据转换成栅格数据，栅格单元 100 米×100 米

2. 确定市中心的位置，本研究以原中心四城区(东城、西城、崇文、宣武)的交点作为北京城市中心点；

3. 建立不同半径的缓冲区。使用命令 Multiple Ring Buffer 输入不同的半径值，这里根据研究的需要，从中心区开始以 3km 为半径进行切割；考虑到北京市区域形状特点，此次共切割到包括大兴和通州的区域，共 16 环，48 公里(3 公里×16 环)

4. 用不同半径的缓冲区来切割北京市的区县政区划图，如图 1；

图 1　北京市环带的划分

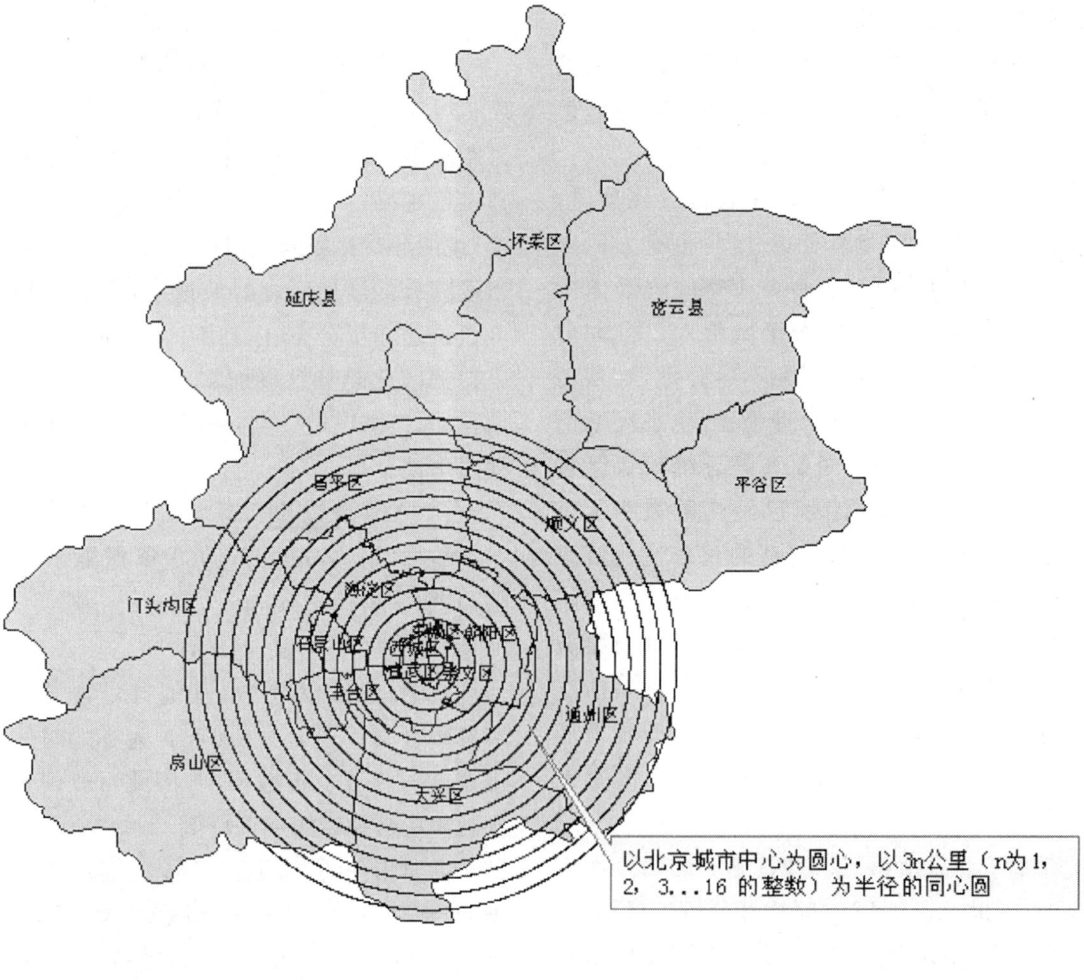

5. 根据每个环带重新切割之后的人口数量和面积，计算得到北京市四个年份人口密度与距离数据矩阵，见表 1。

表 1 北京市四个年份人口密度与距离数据矩阵

单位：人/km^2

环带序号	距离(km)	1982 年人口密度	1990 年人口密度	2000 年人口密度	2010 年人口密度
1	0—3	26300	25424	22942	23316
2	3—6	17228	16988	16166	17516
3	6—9	3950	4666	6225	8651
4	9—12	2046	2874	4616	7024
5	12—15	1822	2542	4040	6155
6	15—18	1622	2251	3516	5359
7	18—21	1405	1915	2963	4542
8	21—24	986	1295	1933	3015
9	24—27	702	896	1282	2070
10	27—30	610	771	1056	1720
11	30—33	552	689	911	1505
12	33—36	450	542	689	1176
13	36—39	380	437	523	938
14	39—42	374	428	510	920
15	42—45	358	407	482	860
16	45—48	336	381	451	810

得到人口密度和距离关系的矩阵以后，在 SPSS 软件里面通过曲线回归分别拟合了 6 种常见曲线函数以及前文提到的克拉克人口密度距离衰减模型和纽林的二次指数模型，分别得到 1982 年、1990 年、2000 年和 2010 年这四年里北京市人口密度拟合函数。

四、北京城市人口密度空间分布的函数模拟

(一)人口密度空间模拟

通过利用八个模型对四个年份北京城市人口空间分布进行拟合，结果表明纽林二次指数模型的判定系数达均在八个模型中最大。而克拉克人口密度距离衰减模型的判定系数为居于第二位，说明二次指数模型要优于一次指数模型。表 2 中是四个年份人口密度空间分布拟合的结果，其中 b_0 表示模拟函数的常数项，而 b_1、b_2、b_3 表示回归系数，R^2 表示判定系数，F 表示方差分析值。

各年份的人口密度空间分布模型分别为：

1982 年，$d_x=26300\times e^{0.006x-0.05x^2}$

$(x=0,3,\cdots,45)$，$R^2=0.983$

1990 年，$d_x=25424\times e^{-0.222x+0.003x^2}$

$(x=0,3,\cdots,45)$，$R^2=0.968$

2000 年，$d_x=22942\times e^{-0.175x+0.002x^2}$

$(x=0,3,\cdots,45)$，$R^2=0.976$

2010 年，$d_x=23460\times e^{-0.134x+0.001x^2}$

$(x=0,3,\cdots,45)$，$R^2=0.981$

通过对四个年份各圈层人口密度的实际观测值与指数模型的预测值作出的趋势图(图 2)，可以发现该年人口密度观测值随着环带编号的增加急剧下降，直至下降到第 4 环的时候速度开始减缓，随着环带编号的增加人口密度几乎不变。也就是说随着距离 x 的增加，人口密度 d 刚开始是急剧下降，下降至 3－6 千米所在环带的时候速度骤然放缓。

图 2　四个年份人口密度观测值与纽林模型预测结果比较

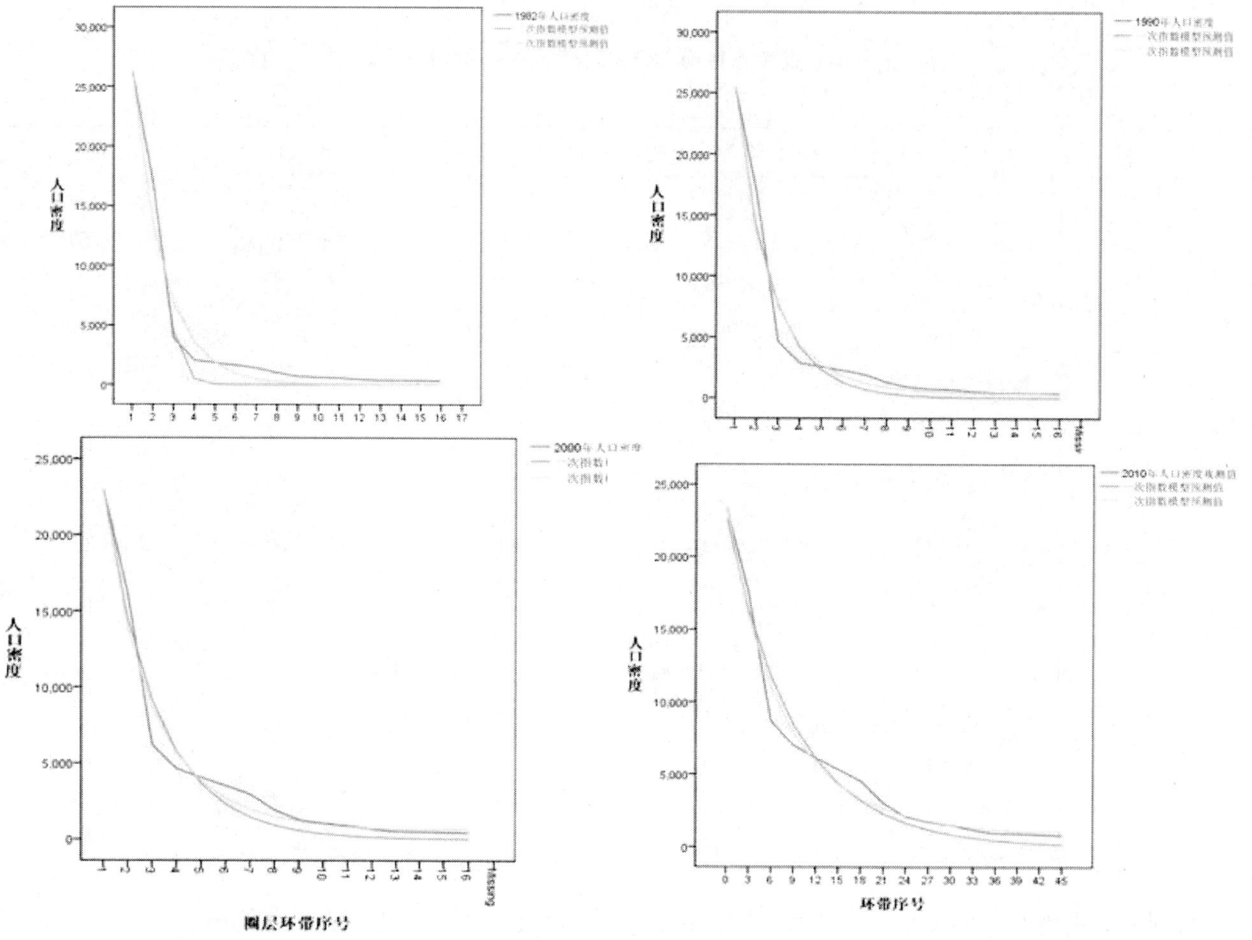

表 2　1982 年人口密度空间分布拟合结果

模型	年份	b_0	b_1	b_2	b_3	R^2	F 值
直线方程 LIN	1982	11203.037	−333.688			0.426	10.372
	1990	11466.074	−335.975			0.466	12.238
	2000	11811.118	−335.202			0.571	18.618
	2010	13700	−371.307			0.673	28.760
二次方程 QUA	1982	18625.004	−1393.969	23.562		0.746	19.130
	1990	18464.26	−1335.716	22.216		0.775	22.364
	2000	17760.854	−1185.165	18.888		0.845	35.384
	2010	19300	−1171	17.775		0.906	62.390
三次方程 CUB	1982	23833.412	−3056.335	118.954	−1.413	0.911	41.112
	1990	23160.220	−2834.525	108.223	−1.274	0.920	45.850
	2000	21223.484	−2290.331	82.306	−0.940	0.942	64.613
	2010	21980	−2027	66.9	−0.728	0.961	99.842
复合曲线 COM	1982	8459.043	0.918			0.841	74.163
	1990	10246.150	0.918			0.891	114.211
	2000	13323.597	0.918			0.950	265.313
	2010	16310	0.927			0.963	362.114

续表

模型	年份	b_0	b_1	b_2	b_3	R^2	F值
等比级数曲线GRO	1982	9.043	−0.086			0.841	74.163
	1990	9.235	−0.086			0.891	114.211
	2000	9.497	−0.085			0.950	265.313
	2010	9.699	−0.075			0.963	362.114
指数方程EXP	1982	8459.043	−0.086			0.841	74.163
	1990	10246.150	−0.086			0.891	114.211
	2000	13323.597	−0.085			0.950	265.313
	2010	16310	−0.075			0.963	362.114
克拉克一次指数模型	1982	26300	0.222			0.964	
	1990	25424	0.201			0.966	
	2000	22942	0.153			0.967	
	2010	22630	−0.109			0.969	
纽林二次指数模型	1982	26300	0.006	0.050		0.983	
	1990	25424	−0.222	−0.003		0.968	
	2000	22942	−0.175	−0.002		0.976	
	2010	23460	−0.134	0.001		0.981	

图3　四个年份人口密度观测值与指数方程预测结果比较

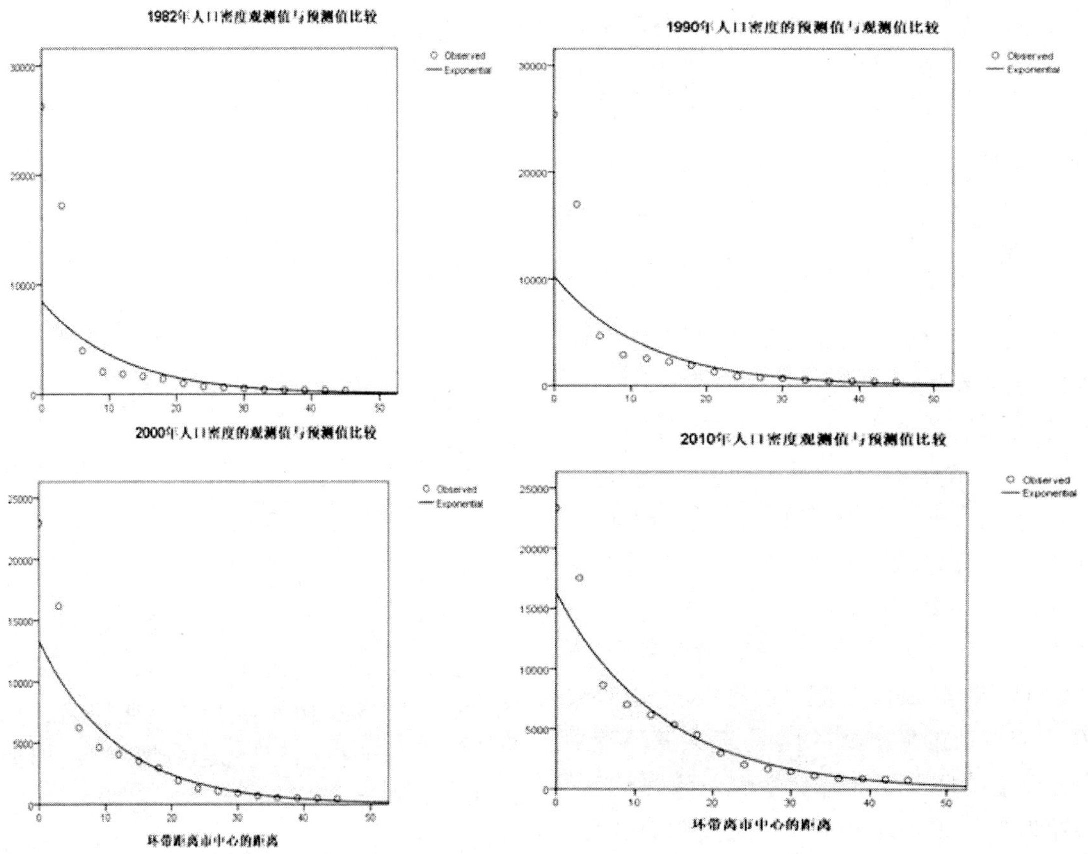

注：实线预测值，圆圈所表示的虚线为实际观测值

一次指数模型(克拉克模型)和二次指数模型都对人口密度 d 随距离 x 而变化的这一现象作了很好的拟合,表现在图 2 中就是一次指数模型和二次指数模型的预测曲线与观测值曲线几乎是一致的,尤其是第一环带至第三环带之间,而第三环带以后则预测的有些差强人意。运用指数方程对人口密度的预测值与实际观测值进行拟合后(图 3),结果表明第七环带至第十六环带(最后一个环带)之间,指数方程能够很精确地模拟人口密度的空间变化。

基于上述的分析,本文认为可以采用一个分段函数来模拟人口密度的空间分布,具体地,是用纽林二次指数模型来模拟第一环带至第三环带中人口密度的空间变化,用指数方程来模拟第四环带至第十六环带的人口密度空间变化,得到北京市 1982 年、1990 年、2000 年和 2010 年的人口密度空间分布模型如下:

$$1982\text{年}: d_x = \begin{cases} 26300 \times e^{0.006x - 0.05x^2} & (x = 0、3、6), \quad R^2 = 0.983 \\ 8459.043 \times (-0.086)^x & (x = 9、12、15、18、\cdots、45), R^2 = 0.841 \end{cases}$$

$$1990\text{年}: d_x = \begin{cases} 25424 \times e^{-0.222x + 0.003x^2} & (x = 0、3、6), \quad R^2 = 0.968 \\ 10246.150 \times (-0.086)^x & (x = 9、12、15、18、\cdots、45), R^2 = 0.891 \end{cases}$$

$$2000\text{年}: d_x = \begin{cases} 22942 \times e^{-0.175x + 0.002x^2} & (x = 0、3、6), \quad R^2 = 0.976 \\ 13323.597 \times (-0.085)^x & (x = 9、12、15、18、\cdots、45), R^2 = 0.950 \end{cases}$$

$$2010\text{年}: d_x = \begin{cases} 23460 \times e^{-0.134x + 0.001x^2} & (x = 0、3、6), \quad R^2 = 0.981 \\ 16310 \times (-0.075)^x & (x = 9、12、15、18、\cdots、45), R^2 = 0.963 \end{cases}$$

(二)人口密度空间模拟结果分析

由于四个年份人口密度的空间分布呈分段函数的属性,所以这里分别比较各年的二次指数模型预测值以及指数方程预测值。在各年的二次指数模型预测值的比较中,重点比较第一环带至第三环带的人口密度曲线走势;在各年指数方程预测值的比较中,重点比较第四环带至第十六环带的人口密度曲线走势。

一般地,人口密度趋势线越趋陡峭,说明城市中心区的人口密度越大,人口聚集程度越大;反之,人口密度趋势线越趋平缓,说明人口向城市外围转移了的越多,人口分散程度越大。据此,通过比较 1982 年、1990 年、2000 年以及 2010 年四个年份的人口密度趋势线的陡峭/平缓程度借以说明 1982 年至 2010 年期间北京市中心城区的人口分布情况。

比较第一至第三环带中人口密度趋势变化,可以看到,从 1982 年至 2010 年间,人口密度的趋势线由陡峭开始变得稍微平缓,说明第一至第三环带中的人口分布随着时间的变化趋于均匀、一致(图 4)。

比较第四至第十六环带中人口密度趋势变化,可以看到,从 1982 年至 2010 年间,人口密度的趋势线由平缓开始变得陡峭了,说明第四至第十六环带中的人口分布随着时间的变化趋于集中和不均衡,

图 4　各年人口密度纽林模型预测值比较(第一环至第三环)

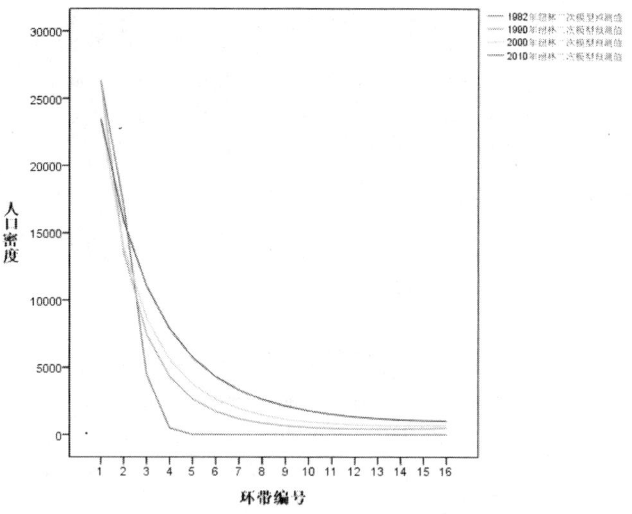

这一点是与第一至第三环带刚好相反的(图 5)。按照过去三十年的人口密度变化趋势,北京功能拓展区的人口密度越来越大,人口分布将越来越不均衡,如此,会导致功能拓展区交通拥堵越加严重,学校、医院、养老机构等公共基础设施更加拥挤,大城市病将会愈加严重。所以采取有效措施疏解核心区和功能拓展区人口,使之有序迁移到新城区,实现人口的合理分布势在必行。

图5 各年人口密度指数方程预测值比较(第四环至第十六环)

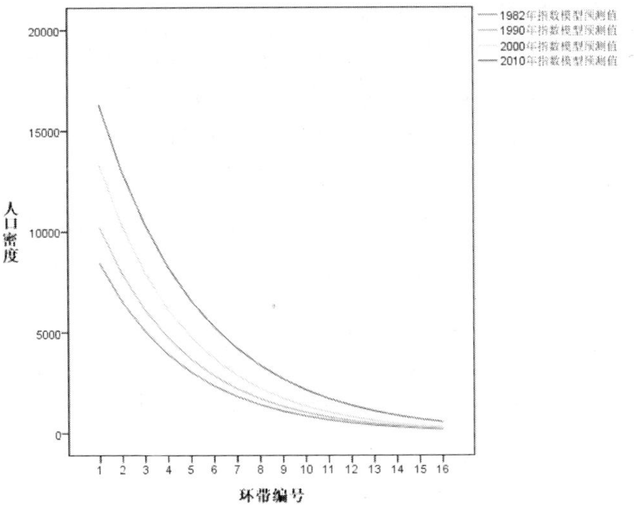

五、促进北京城市人口合理分布的对策建议

(一)继续实施功能区定位战略,实现区域功能定位与人口分布相协调

按照首都主体功能区规划,核心区主要任务是加强城市管理,保护古都风貌,改善人居环境,大力发展现代服务业,为实现首都城市性质和功能做出贡献;拓展区主要任务是拓展面向全国和世界的外向经济服务功能;新区是北京发展制造业和现代农业的主要载体;涵养区主要任务是加强生态环境的保护与建设。从人口分布角度来看,核心区要逐步降低人口密度,涵养区也要相应控制人口过度集中的态势,以减轻过量人口数量对资源环境的不良影响,更好的发挥生态涵养和生态屏障的功能。而拓展区和新区将承担起人口集聚的功能,拓展区的人口承载能力有显著提升,而新区的经济布局和产业重心还未完全显现,同时,还存在着人口文化程度整体较低与未来经济重心职能不符等问题。因此,未来北京还要继续实施功能区定位战略,优化不同功能区的人口分布,实现区域功能定位与人口分布相协调。

(二)合理配置要素空间布局,促进人口空间优化

以产业升级转型带动人口分布调整。近年来北京一直在进行产业布局的调整,在中心城区大力发展第三产业,将城区的工业迁往郊区。力图通过产业结构的调整在消除中心城区的工业污染源的同时达到引导人口外迁,缓解中心城区人口压力。但中心城区的人口密度依然较大,新城集聚人口的吸引力不强,一个重要的原因是产业布局不合理,如通州区住宅建设与产业不配套,吸纳人口就业的能力就受到限制,对人口的吸纳必将不能起到应有作用。

以城市住宅规划引导人口分布。规划城市住宅发展的重点区域将是城市人口迁移的主要方向,对人口的迁移有重要的引导作用。北京要合理规划住宅分布,改造城乡结合部住宅条件,科学选址商品房、保障房和公租房,并相应提高与住房相配套的其他公共服务设施的建设质量,引导人口朝着合理化方向发展。

通过改善基础设施优化人口分布。城市基础设施对城市人口分布在经济因素方面的影响,简单来说就是基础设施通过对经济发展的影响作用于城市人口分布,从而促进城市人口分布的拓展。其中,城市交通是城市空间的血管,直接影响城市人口迁移与流动。北京进一步改善基础设施建设,提升交通网络的通达性,必将优化交通规划分流人口分布。

(三)加强城镇一体化发展战略,实现人口合理分布

构建首都城乡全面对接的制度安排。加强制度创新和制度安排,持续推进城乡一体化进程。城乡一体化的重点在农村,难点也在农村,因此要逐步改变北京城乡管理各自自成体系的管理体制,建立起统一管理的新格局。

加速推进农村人口城镇化。坚持立足市情,围绕加快人口城镇化进程,稳步推进户籍、土地、社会保障制度改革。转变城镇发展方式,走资源节约、环境友好、集约紧凑的城镇化道路,引导人口有序流动和迁移。

大力推进城乡基本公共服务均等化。全市公共需求全面快速增长与基本公共产品短缺的矛盾凸显,公共资源配置失衡,新城区基本公共服务不足。基本服务在北京区域间的不均衡分布影响人口迁移流动。因此,要实现人口均衡分布就必须要缩小城区之间差距,推进基本公共服务均等化。

(四)改变单中心扩展模式,促进城市向着“多核心、均质化、相协同”的态势延展

北京是典型的单中心城市,城内8区面积只占全市总面积8.15%,但在这个中心圆中却汇聚了全市60%以上的人口,创造了75%以上的地区生产总值,承载了全国政治、文化、教育、科技等几乎全部市级以上的功能。尤其是以长安街两侧及其延长线为核心的中心城区,高度叠加着全国政治中心、市级行政管理中心、文化中心、旧城保护核心地区、金融中心、国际交往中心、中央商务区、国际化大都市重要展示区等多项城市功能。中心城区的功能高度聚集,是造成北京人口过密、住房紧张、空气污染、交通堵塞等“城市病”现象的重要原因。

城市发展要摒弃“摊大饼”模式,要将原来单中心均质发展的状况向多中心与新城发展战略转变,通过建设副都心和多个分中心,分散城市中心区的功能。

(五)加强与周边市区县的合作,增强区域的辐射带动能力

京津冀是我国北方重要的经济、金融和工业重镇,在全国的经济发展格局中扮演不可替代的角色,但客观来讲,京津冀区域一体化的进程和步伐要稍逊于长三角和珠三角地区,区域内发展较不均衡,经济发展中心过于集中。人口迁移是趋利性动机的结果,必然要涌入经济发达的地区,这客观上造成了人口过度涌入北京。

北京是京津冀区域的领跑者,必须要从区域协同发展的视角制定发展战略,密切与周边重要城市的合作,以自己的大发展带动整个区域经济的跨越式发展。北京应进一步发挥中心城市功能,带动周边城市,大力推进构建京津冀城市圈步伐。具体来说,就是要进一步增强天津、石家庄、秦皇岛、廊坊等城市的经济功能,增加集聚人口的吸引力,提升容纳人口的能力,发挥其为北京人口“分流”的作用。

参考文献:

1. Geary, R. The contiguity ratio and statistical mapping. The Incorporated Statistician, 1954. 5, 115－145.
2. Getis, A. and Ord, J. K. The analysis of spatial association by use of distance statistics. Geographical Analysis, 1992. 24, 189－206.
3. 冯健,周一星. 1990年代北京市人口空间分布的最新变化. 城市规划,2003,27(5).
4. 高向东. 大城市人口分布变动与郊区化研究——以上海为例. 复旦大学出版社,2003.
5. 沈金箴. 东京世界城市的形成发展及其对北京的启示. 经济地理,2003,23(4)
6. 王静文,毛其智. 北京城市近10年人口分布演变态势分析. 北京规划建设,2010,1.
7. 俞路,张善余. 近年来北京市人口分布变动的空间特征分析. 北京社会科学,2006,1.
8. 张文新. 北京市人口分布与服务设施分布的协调性分析. 北京社会科学,2004,1.
9. 周一星. 就城市郊区化的几个问题与张晓鸣讨论. 现代城市研究,2004,6.
10. 朱宝树. 上海人口城市化和再分布发展态势. 南方人口,2003,3.

中国人民大学　张耀军　刘沁　韩雪

人口流动性与社会管理创新研究

——以浙江为例

一、前言

社会管理是政府职能的重要组成部分，指国家通过制定一系列社会政策和法律规范，对社会组织和社会事务进行规范和引导，培育和健全社会结构，调整各类社会利益关系，回应社会诉求，化解社会矛盾，维护社会公正、社会秩序和社会稳定，维护和健全社会内外部环境，促进政治、经济、社会、文化和自然协调发展的一系列活动以及这些活动的过程。社会管理创新，则是指在现有社会管理条件下，运用现有的资源和经验，依据政治、经济和社会的发展态势，尤其是依据社会自身运行规律乃至社会管理的相关理念和规范，研究并运用新的社会管理理念、知识、技术、方法和机制等，对传统管理模式及相应的管理方式和方法进行改造、改进和改革，建构新的社会管理机制和制度，以实现社会管理新目标的活动或者这些活动的过程。社会管理创新的目的在于使社会能够形成更为良好的秩序，产生更为理想的政治、经济和社会效益。

目前我国有超过2亿的流动人口，这种大规模、长距离、大跨度的人口流动对社会管理提出巨大挑战，相应的社会福利保障、公平正义诉求以及由此而引发的社会治理等等一系列问题产生，对社会秩序和社会稳定产生极大影响，流动人口成为社会服务与管理的难点及综治维稳的热点。党的十七大报告明确提出要“加强流动人口服务和管理”；十七届中央政治局第三十六次会议专题研究加强和创新社会管理问题，特别强调要加强流动人口和特殊人群服务管理。2011年1月29日胡锦涛同志在省部级领导干部社会管理创新研讨班开班式上的讲话中指出，社会管理要搞好，必须加快推进以保障和改善民生为重点的社会建设。党的十八大报告中提出“使发展成果更多更公平惠及全体人民”，提出“加紧建设对保障社会公平正义具有重大作用的制度，逐步建立以权利公平、机会公平、规则公平为主要内容的社会公平保障体系，努力营造公平的社会环境，保证人民平等参与、平等发展权利。”我们党把保障社会公平正义摆到了更加突出的位置，加强流动人口的社会服务管理已成为我国新时期实现社会管理目标任务、构建和谐社会的基础和重要保证。

浙江是人口流动大省，自上世纪90年代中期以来人口一直处于净流入状态。2010年全省外来人口1990.09万，其中省外流入人口1182.40万，占全省常住人口的21.7%，与2000年比较，增加了813万，增幅高达220.6%。省外人口的快速流入已成为浙江省人口大幅度增加的最主要原因。虽然浙江享受了外来人口为经济社会发展带来的丰厚人口红利，但与全国一样，同时也面临着社会服务和社会管理压力不断加大的困境。流动人口的社会服务诉求与社会服务管理脱节逐渐成为引起社会阶层利益冲突、产生社会矛盾摩擦，进而影响社会秩序和社会稳定的关键因素。浙江省目前正处于全面建设小康社会、提前基本实现现代化建设的关键时期，继深入实施“八八战略”和“两创”总战略之后，今年省第十三次党代会又提出了“物质富裕、精神富有”的“两富”现代化使命，标志着浙江现代化建设将向纵深推进，全省综合实力获得较快提高，城乡人民生活将得到重大改善。一方面如何加强和改善外来人口的服务和管理，为他们的生存和发展创造更好的环境和条件，与本地居民共享浙江的“两富”；另一方面如何引导人口流动有序发展，维护社会秩序、促进社会和谐、保障人民安居乐业，为浙江的现代化建设创造一个和谐稳定而又充满活力的社会环境，已成为全省上下共同关注的重大问题。然而，要实现流动人口的有效服务和管理并非是一蹴而就的事，面临着观念上的排斥、制度上的二元性、资源上的分割、政策的自利性以及法规的滞后等等多方面的阻隔和障碍，而这些表现又可归因到制度层面，一方面是流动人口服务管理体制与服务管理理念、目标的不适应，另一方面是流动人口服务管理体制改革与工作机制创新的不配套，亟待进行流动人口社会管理理念与方法的创新。

二、浙江人口的流动性

人口流动是指人们不以永久改变定居地为目的、在一定地域之间的移动。对于某一特定区域而言，人口流动既有流入也有流出，所以流动人口包括流入人口和流出人口，也称外来人口和外出人口。根据2010年全国第六次人口普查的有关规定，本报告的浙江外来人口是指离开户口所在乡(镇、街道)半年以上、在浙江省现住乡(镇、街道)登记为常住人口的人口；外出人口指户口在浙江乡(镇、街道)、离开户籍所在地半年以上的人口。

(一)近30年浙江人口流动的基本情况

根据全国第六次人口普查资料，2010年浙江全省外来人口1990.09万，其中户口登记地在本县(市、区)其他乡(镇、街道)和本省其他县(市、区)、即省内跨乡(镇、街道)和跨县(市、区)的外来人口807.69万，占40.59%。户口登记地在其他省、市、区的即跨省的外来人口1182.40万，占59.41%；全省外出人口1255.12万，其中省内跨乡(镇、街道)和跨县(市、区)的外出人口970.90万，占77.36%，跨省外出到其他省、市、区的外出人口284.22万，占22.64%。2010年全省流动人口达2437.52万人。

回顾改革开放以来浙江省人口流动的发展历史，1982年第三次人口普查时，全省外出人口25.14万，外来人口4.14万；1990年第四次人口普查，全省外出人口142.23万，其中外出到其他省的77.76万。外来人口113.73万，其中来自其他省的外来人口33.59万。全省净外出人口44.17万；到2000年第五次人口普查，全省外出人口768.52万，其中外出到其他省的207.31万。外来人口859.87万，其中来自其他省的外来人口368.89万，全省净外来人口161.58万；至2010年，全省净外来人口达到898.18万(表2.1)。上世纪90年代中期之前，浙江外出省外人口多于省外外来人口，人口处于净流出状态。90年代中期以后，随着浙江城市化进程加速、民营经济快速增长、专业市场进一步发展，二、三产业对劳动力的需求越来越大，产生巨大的吸引力。在外出人口继续增加的同时，外来人口增长更快，一举扭转了浙江外出人口多于外来人口的格局，成为人口净流入大省。2010年，省外流入人口占全省常住人口的21.7%，与2000年比较，增加了813万，相当于新流入了一个海南省的人口，增幅高达220.6%，占常住人口的比例提高了13.8个百分点。与此同时，十年之间全省户籍人口仅增加246.7万人，只有省外流入人口的20.9%。省外人口的快速流入已成为我省人口大幅度增加的最主要原因。

表2.1　近30年浙江省人口流动基本情况

年份	户籍人口(万人)	外出人口					外来人口				
		小计(万人)	本省		外省		小计(万人)	本省		外省	
			万人	%	万人	%		万人	%	万人	%
1982	3924.32	25.14					4.14				
1990	4214.57	142.23	64.47	45.33	77.76	54.67	113.73	79.96	70.31	33.59	29.53
2000	4501.72	768.52	561.21	73.02	207.31	26.98	859.87	490.98	50.10	368.89	49.90
2010	4733.15	1255.12	970.90	77.36	284.22	22.64	1990.09	807.69	40.59	1182.40	59.41

(二)人口流动现状

区域经济社会发展水平的差异是导致人口流动的根本原因，但流动的频度、方向、距离、目的等又因人而异，从而使人口流动现象变得纷繁复杂，但仍有其自身特点和规律可循。普查资料显示，全省外来人口1990.09万，其中户口登记地在本县(市、区)其他乡(镇、街道)的424.3万，占21.31%，在本省其他县(市、区)的383.66万，占19.28%，在其他省、市、区的1182.40万，占59.41%。基于研究目的，本报告仅对省内跨县(市、区)和跨省的外来人口(即

1566.06万的外来人口)的流动现状进行分析。

1. 来源地和户口性质:省外流入人口主要为来自中西部地区的农村人口

浙江省外来人口1566.06万,其中来自省内其他县(市、区)的383.66万,占24.5%,来自外省的1182.40万,占75.5%。省外流入人口来源地遍布全国其他30个省、市、自治区,但主要集中来自安徽、江西、贵州、四川、河南等5个省,占65.79%。其中:来自安徽的外来人口228.52万,占省外外来人口的19.33%,来自江西的152.99万,占12.94%,来自贵州的149.92万,占12.68%,来自四川的124.06万,占10.49%,来自河南的122.42万,占10.35%。来自西藏的人数最少,仅有1084人(图2.1)。

图2.1 2010年浙江省外来人口的流出地分布

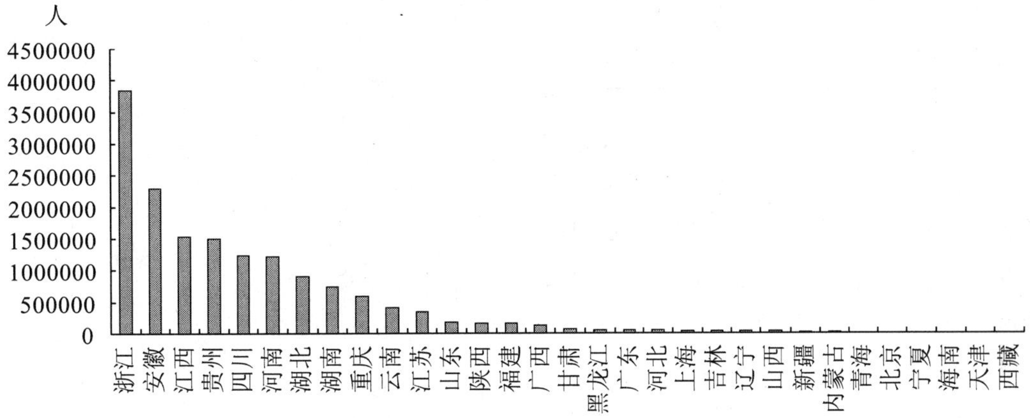

若将来源地划分为东部、中部、西部三大区域[①],来自中部地区的外来人口占57.52%,其中主要来自安徽、江西、河南、湖北、湖南五省;来自西部地区的外来人口占35.16%,主要来自贵州、四川、重庆、云南等省、市、区;来自东部地区(不包括浙江)的外来人口仅占7.32%。外来人口的户口性质以农业户口为主,占总外来人口的87.7%,非农业户口占12.3%。其中,浙江省内流入人口中持农业户口的占省内流入人口的67.0%,非农业户口占33.0%;省外流入人口中持农业户口占到省外流入人口总数的94.0%,非农业户口仅占6.0%(表2.2)。

表2.2 浙江省流入人口的户口性质

单位:%

户口性质	省内流入	省外流入	总体
农业	67.0	94.0	87.7
非农业	33.0	6.0	12.3
合计	100	100	100

2. 性别、年龄构成:男性多于女性,劳动年龄人口是外来人口的主体

外来人口男性多于女性,分别占54.73%和45.27%。从年龄构成看,劳动年龄人口(15－64岁)为外来人口的主体,占89.31%,少儿人口(0—14岁)占9.52%,老年人口(65岁及以上)仅占1.17%。每个年龄组均为男性多于女性(表2.3)。

表2.3 2010年浙江省外来人口的性别和年龄构成

单位:%

年龄组	总体	男性	女性
0—14	9.52	5.35	4.17
15—64	89.31	48.75	40.56
65+	1.17	0.63	0.54
合计	100	54.73	45.27

省内流入人口总体上也是男性多于女性,分别占52.3%和47.7%。流入人口中20－29岁组最多,占30.36%,其次是30－39岁和40－49岁年龄组,分别占18.9%和15.4%,20－49岁组合计占64.65%,构成了省内流入人口的主体。

① 说明:根据全国行政区划的东、中、西部划分,东部地区包括的11个省级行政区,即北京、天津、河北、辽宁、上海、江苏、浙江、福建、山东、广东和海南;中部地区有8个省级行政区,分别是山西、吉林、黑龙江、安徽、江西、河南、湖北、湖南;西部地区包括12个省级行政区,分别是四川、重庆、贵州、云南、西藏、陕西、甘肃、青海、宁夏、新疆、广西、内蒙古。

表 2.4　2010 年浙江省内流入人口的性别、年龄构成

单位:%

年龄组	总体	男性	女性
0—9	6.76	3.62	3.14
10—19	14.65	7.47	7.17
20—29	30.36	14.95	15.40
30—39	18.90	10.11	8.79
40—49	15.40	8.54	6.86
50—59	8.26	4.51	3.75
60+	5.68	3.11	2.59
合计	100.00	52.30	47.70

省外流入人口总体上也是男性多于女性，分别占 55.52% 和 44.48%。20—29 岁组人最多，占 32.41%，其次是 30—39 岁和 40—49 岁组，分别占 27.16%和 18.1%，这三个年龄组（合计 77.68%）也是构成省外流入人口的主体。

表 2.5　2010 年浙江省外流入人口的性别、年龄构成

单位:%

年龄组	总体	男性	女性
0—9	7.10	4.01	3.08
10—19	10.76	5.78	4.98
20—29	32.41	17.51	14.91
30—39	27.16	15.31	11.85
40—49	18.10	10.16	7.95
50—59	3.43	2.16	1.26
60+	1.05	0.59	0.46
合计	100.00	55.52	44.48

3. 受教育程度：平均受教育年限 9.23 年，省内流入受教育程度高于省外流入

我省 6 周岁以上的外来人口 1494.54 万，受教育程度为初中的人数最多（752.90 万人）占 50.38%，高中及以上占 29.14%，大专及以上占 16.20%，文盲占 2.18%，平均受教育年限 9.23 年，相当于高一水平。

省内流入人口中，受教育程度为初中的占 29.72%，高中及以上占 51.29%，大专及以上占 30.65%，文盲占 2.41%，平均受教育年限 11.07 年，相当于高三水平。

省外流入人口中，受教育程度为初中的占 57.10%，高中及以上占 14.45%，大专及以上占 4.01%，文盲占 2.10%，平均受教育年限 8.64 年，相当于初三水平。

省内流入人口与省外流入人口受教育程度差距显著，省内流入人口平均受教育年限比省外流入人口高 2.43 年，省外流入人口的受教育水平明显偏低（图 2.2）。

4. 流入地分布：杭、宁、温是主要流入地，省内流入首选杭州，省外流入首先温州

外来人口流入地遍布我省 11 个市，其中吸纳外来人口最多的是温州、杭州和宁波三地。流入温州的外来人口 333.60 万，占全省外来人口总数的 21.3%，流入杭州 292.10 万，占 18.65%，流入宁波 262.24 万，占 16.75%。衢州外来人口最少，仅占 1.33%（图 2.3）。

图 2.2　浙江省外来人口受教育程度

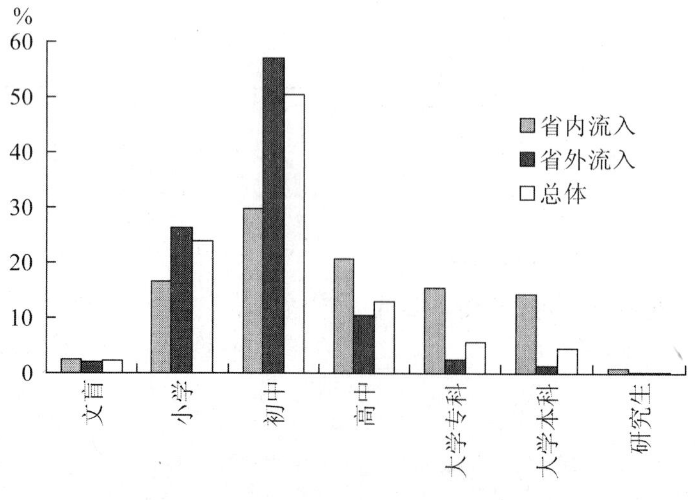

图 2.3 浙江省外来人口流入地分布

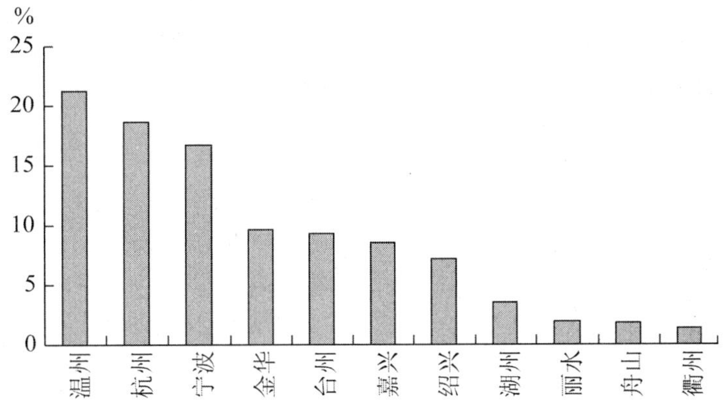

省内流入人口的去向分布：最多的是杭州，有117.82万，占30.7%，其次是宁波和温州，分别为63.89万和61.14万，分别占16.7%，15.9%。最少的是舟山，为7.58万，仅占2.0%(图2.4)。

图 2.4 浙江省内跨县流入人口地区分布

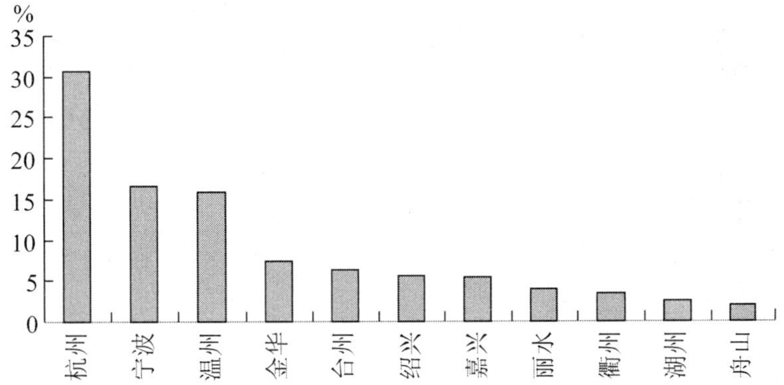

省外流入人口的去向分布：最多的是温州，为272.45万，占23%。其次是宁波和杭州，分别为198.34万和174.27万，分别占16.8%、14.7%。最少的是衢州，为7.98万，占0.7%(图2.5)。

图 2.5 浙江省省外流入人口地区分布

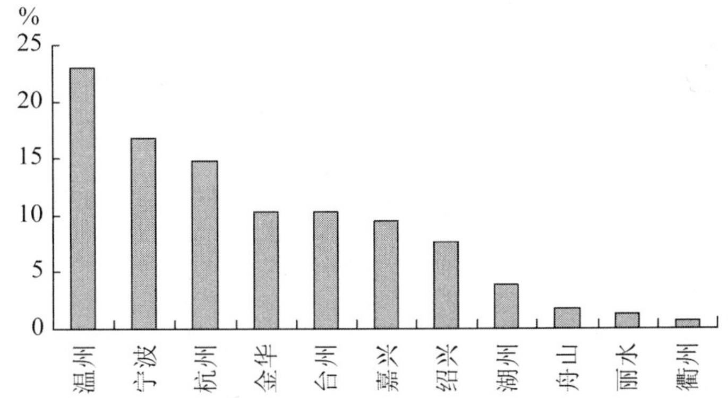

5. 居住时间：四成外来人口在流入地居住3年以上，湖州、绍兴、金华、衢州的外来人口流动性较大

从表2.6的统计结果可以看出，外来人口在浙江省居住时间越长的人口占比越低，居住半年至1年的最多，占23.77%，随着居住时间延长，占比逐步减少，居住5－6年的占4.95%、6年以上的占20.31%。比较各市外来人口的居住时间分布，存在区域的差异：宁波、温州、嘉兴、舟山，居住时间在3年以上的比例高于全省平均水平，居住稳定性相对较高；而湖州、绍兴、金华、衢州，居住时间在2年以下的比例高于全省平均水平，流动性相对较大。

表 2.6　浙江省外来人口居住时间分布

单位:%

地　区	半年—1 年	1—2 年	2—3 年	3—4 年	4—5 年	5—6 年	6 年以上
杭　州	21.49	21.44	15.50	9.93	5.91	4.95	20.77
宁　波	22.26	21.31	15.09	10.49	6.75	5.16	18.94
温　州	19.59	18.33	14.07	10.16	6.93	5.29	25.64
嘉　兴	19.77	18.63	13.99	10.02	7.56	6.74	23.28
湖　州	31.98	21.73	13.19	8.22	5.04	3.74	16.09
绍　兴	30.48	22.52	14.37	8.59	5.30	3.97	14.77
金　华	36.17	23.31	12.95	7.89	4.66	3.33	11.69
衢　州	23.49	25.00	15.76	8.83	5.52	4.00	17.40
舟　山	21.67	17.87	13.07	9.59	6.91	6.47	24.41
台　州	24.09	19.20	13.88	9.63	6.61	4.90	21.69
丽　水	20.80	22.57	16.52	10.12	6.45	4.66	18.89
合　计	23.77	20.58	14.42	9.68	6.30	4.95	20.31

省内流入人口的居住时间从表 2.7 的统计结果可以看出,省内外来人口在流入地居住时间越长的比例也越低,居住 1 年以下的最多,占 23.17%,随着居住时间延长,占比逐步减少,居住 5—6 年的占 4.11%、6 年以上的占 22.94%,与总体情况基本一致。但各市情况出现差别:温州、嘉兴、台州的省内流入人口居住时间在 1 年以下的比例高于全省平均水平,湖州、绍兴、金华、衢州的省内流入人口居住时间在 2 年以下的比例高于全省平均水平,而宁波、舟山的流入人口居住时间在 3 年以上的比例高于全省平均水平。

表 2.7　浙江省内流入人口居住时间分布

单位:%

地　区	半年以下	半年—1 年	1—2 年	2—3 年	3—4 年	4—5 年	5—6 年	6 年以上
杭　州	6.39	12.71	21.50	17.03	10.44	5.34	4.20	22.39
宁　波	5.10	12.44	19.44	14.81	10.56	6.43	4.74	26.48
温　州	15.96	10.30	14.86	12.29	8.26	5.13	3.86	29.34
嘉　兴	13.85	11.05	19.67	15.43	9.41	5.50	4.88	20.22
湖　州	10.24	16.98	22.97	15.55	8.49	4.24	3.19	18.34
绍　兴	11.52	13.62	24.65	15.62	7.98	4.55	3.47	18.59
金　华	10.90	21.02	22.63	14.01	8.73	4.60	3.33	14.79
衢　州	16.40	14.94	22.16	14.72	7.50	4.98	3.62	15.70
舟　山	10.23	10.49	17.74	14.27	10.65	6.09	5.20	25.35
台　州	16.14	14.72	18.03	12.99	7.57	4.79	3.56	22.20
丽　水	11.89	11.71	19.61	16.28	9.28	5.92	4.34	20.96
合　计	10.08	13.09	19.95	15.06	9.42	5.36	4.11	22.94

省外流入人口的居住时间从表 2.8 的统计结果可以看出,省外外来人口在流入地居住时间越长的比例也越低,居住半年至 1 年的最多,占 26.46%,随着居住时间延长,占比逐步减少,居住 5—6 年的占 5.06%、6 年以上的占 18.79%,与总体情况基本一致。各市情况有差异:湖州、绍兴、金华、衢州、丽水的省外流入人口居住时间在 2 年以下的比例高于全省平均水平,温州、嘉兴、舟山的省外流入人口居住时间在 3 年以上的比例高于全省平均水平。

表 2.8 浙江省省外流入人口居住时间分布

单位:%

地　区	半年—1 年	1—2 年	2—3 年	3—4 年	4—5 年	5—6 年	6 年以上
杭　州	26.50	20.47	13.80	9.17	6.04	5.25	18.77
宁　波	25.05	21.57	14.93	10.29	6.74	5.21	16.20
温　州	20.97	18.45	13.97	10.22	7.09	5.41	23.89
嘉　兴	20.88	17.96	13.37	9.88	7.75	6.91	23.25
湖　州	34.52	20.98	12.38	7.99	5.10	3.78	15.25
绍　兴	33.69	21.38	13.67	8.49	5.33	3.98	13.44
金　华	38.79	22.87	12.38	7.50	4.56	3.24	10.66
衢　州	31.04	22.99	13.27	8.64	4.95	3.56	15.55
舟　山	24.86	17.27	12.17	8.87	6.95	6.69	23.19
台　州	25.19	18.82	13.61	9.73	6.76	5.01	20.89
丽　水	27.39	22.85	14.81	9.74	6.21	4.42	14.58
合　计	26.46	20.11	13.74	9.45	6.40	5.06	18.79

如果将居住 5 年及以上的外来人口认为已在浙江省定居,全省有 385.69 万,其中省外流入的有 289.91 万。将居住 3—5 年的外来人口认为有在浙江省定居的倾向,全省有 244.16 万,其中省外流入的有 187.47 万。将居住 3 年以下的外来人口认为流动性比较大,全省有 897.55 万,其中省外流入的有 713.01 万。

6. 住房情况:省外流入人口超过九成为租赁住房,户均住房间数为 1.2 间,拥有厨房和抽水式厕所的比例不高

从住房属性看,全省外来常住家庭户的住房以租赁为主,占 84.7%,自有住房的比例只有 8%;其中省外外来户超过九成为租赁住房,只有 2.1%的家庭拥有住房。

表 2.9 浙江省外来常住家庭户的住房属性情况

单位:%

项目	租住			自有				其他	拥有率
	租赁廉租住房	租赁其他住房	自建住房	购买商品房	购买二手房	购买经济适用房	购买原公有住房		
合计	3.0	81.7	1.2	4.0	2.0	0.3	0.5	7.3	8.0
省内外来户	1.8	57.9	3.8	18.0	8.5	1.3	2.1	6.5	33.7
省外外来户	3.3	87.2	0.6	0.8	0.5	0.0	0.1	7.4	2.1

从居住密度看,全省外来常住家庭户的户均住房间数为 1.4 间,户均住房面积为 35.24 平方米。其中省外外来户的户均住房间数为 1.2 间,户均住房面积为 28.72 平方米;省内外来户的户均住房间数为 1.9 间,户均住房面积为 63.48 平方米。

表 2.10 浙江省外来常住家庭户的住房密度情况

单位:%

项目	户均面积	户均间数	人均面积	人均间数
合计	35.24	1.4	16.25	0.6
省内外来户	63.48	1.9	28.44	0.9
省外外来户	28.72	1.2	13.33	0.6

从住房的质量看,68.7%的外来户住在二层以上楼房中;房屋的承重类型以钢及钢筋混泥土结构和混合结构为主,达到 72.2%;住房的建成年代也以九十年代和 2000 年以后为主,共占 77.1%。

从住房的设施看,93.4%的外来户以燃气或电为主要炊事燃料;89.0%的外来户有管道自来水;拥有厨房和抽水式厕所的比例不高,分别为 64.2%和 55.5%,其中省内外来户情况要好于省外外来户,分别高 21.8 和 32.9 个百分点;住房设施中比例最低的则是洗澡设施,有热水洗澡设施的家庭仅有 23.8%。

表 2.11 浙江省外来常住家庭户的住房质量情况

单位：%

项　目	建筑层数		承重类型		建成年代	
	楼房	平房	钢及钢筋混泥土机构	混合结构	九十年代	2000 年以后
合计	68.7	31.3	20.7	51.5	28.1	49.0
省内外来户	88.4	11.6	38.0	51.4	31.2	50.6
省外外来户	64.1	35.9	16.6	51.5	27.3	48.7

表 2.12 浙江省外来常住家庭户的住房设施拥有率

单位：%

项目	燃气或电	自来水	厨房	抽水式厕所	热水洗澡
合计	93.4	89.0	64.2	55.5	23.8
省内外来户	93.4	95.8	81.9	82.2	59.7
省外外来户	93.4	87.4	60.1	49.3	15.5

7. 流动目的：七成以上流动目的是为务工经商，省内随迁家属的比例较高

浙江省外来人口的流动目的，居第一位的是务工经商，占 74.1%。居第二位的是随迁家属，占 10.6%；居第三、第四和第五位的是学习培训、拆迁搬家、投亲靠友，分别占 5.6%，2.9%和 2.2%（图 2.6）。

图 2.6 浙江省外来人口的流动目的

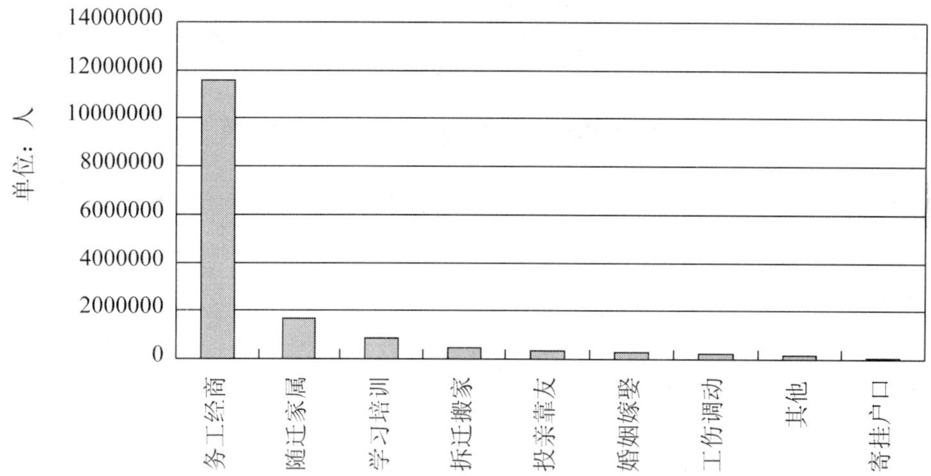

从流动目的分类看，浙江省外来人口以主动流入（务工经商、工作调动、学习培训、投亲靠友）为主，占总流入人口的 83.2%，被动流入（随迁家属、拆迁搬家、婚姻嫁娶）占 15.3%，其他原因占 1.5%。我省的社会经济的发展环境、发展机会对外来人口的具有较大的吸引力。

比较省内流入和省外流入人口的流动目的。省内流入人口主动流入占 69.69%，省外流入人口主动流入占 87.59%，比省内流入高 17.9 个百分比。相对应地，省内流入人口中被动流入的占 26.87%，比省外被动流入的 11.58%高出 15.29 个百分点。说明省外流入人口更多的是为了务工经商、学习培训而来浙江，而省内人口为务工经商、学习培训而外出的同时，对其家属具有更大的“带动效应”，换言之，省内举家流动的比例较高。

8. 行业分布与职业构成：七成外来人口主要从业于第二产业，省内流入人口的职业层次高于省外流入人口

从全省 16 岁及以上在业外来人口的行业分布情况看，最高行业为第二产业，占 69.1%，其次是第三产业，占 29.3%，最少的是第一产业，仅占 1.6%。比较省内流入人口和省外流入人口的行业分布情况。省内流入人口的就业行业居第一位是第三产业，占 58%，比省外流入人口从事该产业的 23.1%高出 34.90 个百分点；省外流入人口就业行业居第一位的是第二产业，占 75.7%，比省内流入人口在该产业的 38.6%高出 37.1 个百分点。省外流入就业人口大多集聚在浙江省的第二产业（图 2.7、图 2.8）。

图 2.7 省内流入人口的行业构成

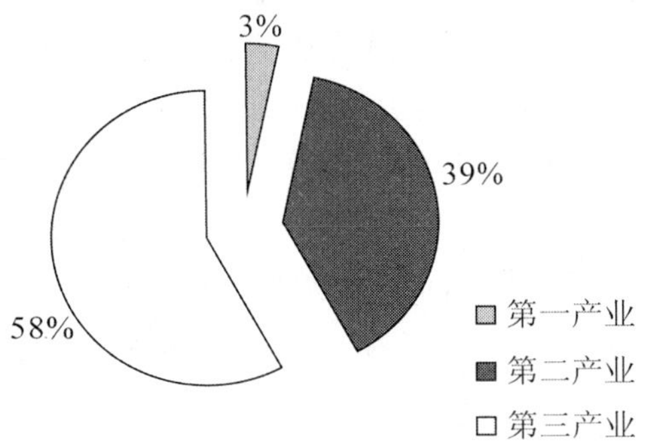

图 2.8 省外流入人口的行业构成

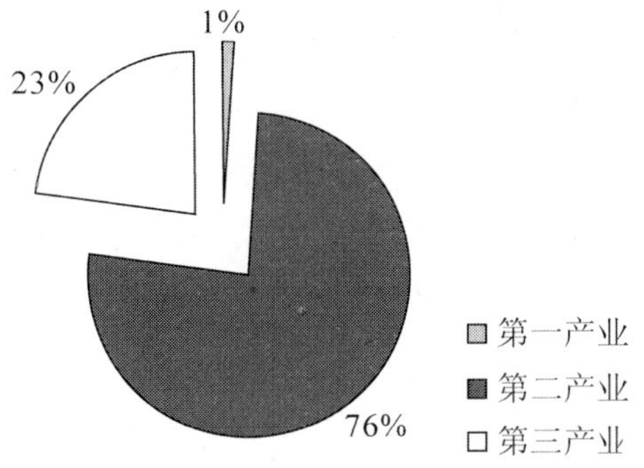

再从职业构成看，全省流入在业人口中，职业居第一位的是“设备操作人员”，占 65.4%，其次是“商业服务人员”，占 22.3%，两者合计占总就业人口的 87.7%。职业为“农业生产人员”的仅占 1.9%。外来人口户口性质为农业户口的占到 87.7%，可见原来在家乡从事农业生产活动的人口在流入浙江省后绝大部分从事非农业生产活动。比较省内流入和省外流入人口的职业构成(图 2.9)。可以看出省外流入人口的六大职业分布从高到低的趋势与外来人口的总体情况一致，而省内流入人口的职业构成则出现较大变化。居第一位的是“商业服务人员”占 37.8%，其次是“设备操作人员”占 28.9%，其他则按“专业技术人员”、“办事人员”、“单位负责人”、“农业生产人员”依次呈均匀递减趋势，且专业技术人员、办事人员、单位负责人的比例均显著高于省外流入的就业人口。而省外流入人口的职业构成，“设备操作人员”的比例最高，达到 73.3%，有“一行独大”的趋势，与其他五大职业的数量明显差距。从中可以反映出省内流入就业人口的职业层次明显高于省外流入就业人口，省内流入人员更多地从事知识、技术含量更高的职业，而省外流入就业人口更多地从事知识、技术含量较低的职业。这一特征与他们受教育程度的显著差距形成了很好的对应关系。

图 2.9 浙江省外来人口职业构成

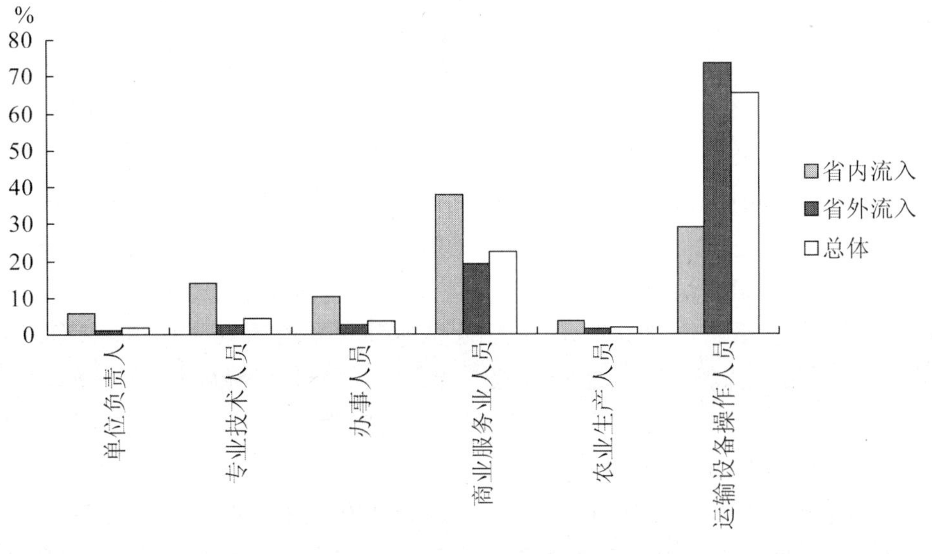

(三)浙江外来人口基本特征与趋势预测

1. 外来人口的基本特征

(1)"80 后"农民工成为流入人口的主体

浙江省外来人口平均年龄 30.2 岁,其中 0—29 岁(1980 年以后出生者)有 1007.6 万,占全体外来人口的 50.63%;20—29 岁有 635.0 万,占 31.91%,占比为所有年龄组中最高;与此同时,外来人口中持农业户口的有 1745.3 万,占 87.7%,其中省内流入人口中持农业户口的占 67.0%,省外流入人口中持农业户口的占 94.0%。也即浙江省 87.7%的外来人口、94.0%的省外外来人口保持着农民身份。而外来人口中劳动年龄人口(15—64 岁)占 89.31%,他们 98.4%从业于非农产业。因而"80 后"农民工已成为我省外来人口的主体。据省人社厅 2011 年关于浙江省农民工社会保障专题调研显示,浙江省 1950 万农民工中,青壮年农民工占主体,其中 80 后、90 后新生代农民工的比例为 56%。

(2)省外流入人口受教育程度不高,就业层次较低

尽管省外流入人口的受教育水平呈逐步提高的趋势,平均受教育年限、高中及以上占比分别从 2000 年的 8.1 年、8.4%提高到 2010 年的 8.6 年和 14.5%,大学、高中等较高学历人口逐步增加,2010 年,具有大专及以上和高中学历的省外流入人口分别占 4.0%和 10.4%,比 2000 年提高 2.7 和 3.3 个百分点。但仍低于浙江省流出省外人口和省内流入人口。浙江省外出省外 6 周岁以上流动人口的平均受教育年限为 9.56 年,高中及以上占 30.00%。省外流入人口的平均受教育年限比流出省外的低了 1.0 年,比省内流入的(11.07 年)低 2.43 年;高中及以上文化程度比重比流出省外的低 15.6 个百分点,比省内流入的(51.29%)低 36.84 个百分点。与外来人口受教育情况对相应的是,省内流入人员更多地从事知识、技术含量更高的职业,而省外流入就业人口更多地从事知识、技术含量较低的职业,省内流入就业人口的职业层次明显高于省外流入就业人口。

(3)举家流动、长期居留趋势增强

在以务工经商仍为人口流入首要目的的时同,举家流动的趋势在增强。浙江省外来人口中,因"随迁家属"、"投亲靠友"原因而流动的占 12.8%,比 2000 年的 8.8%提高 4.0 个百分点。其中省内流入人口中因"随迁家属"、"投亲靠友"原因而流动的占 15.93%,省外流入人口占 11.81%。人口流动对其家属的"带动效应"增大,流动人口携眷迁移流动的比例在升高,从原来丈夫一人独自流入为主的模式逐步转变为以举家流入、尤其是夫妻两人同时流入的模式。流入人口中少儿人口比重提高,2010 年 0—14 岁的少儿人口占到 9.52%。0—14 岁的省外人口为 112.8 万人,是 2000 年 19.6 万人的 5.8 倍,比 2000 年的 5.3%提高 4.2 个百分点。

由于举家流动、夫妻一起流动的比例上升,外来人口在流入地长期居住或定居的比例也随之上升。在流入地居住 3 年以上占 41.23%,其中省外外来人口为 39.69%,省内外来人口为 41.82%。意味着有 645.7 万外来人口在流入地已定居或具有定居倾向。

(4)外来人口流动性仍较大

从外来人口在流入地的居住时间看,居住在 3 年以上的占 41.23%,居住 5 年以上的占 25.26%,近 60%的外来人口在流入地停留时间在 3 年以下,44.35%在 2 年以下,23.77%在 1 年以下。其中省外外来人口在流入地居住 3 年以下的占 60.31%,省内外来人口在流入地居住 3 年以下占 58.18%。省外外来人口比省内外来人口的流动性更大。如果说居住 5 年以上可视为已在流入地定居,3—5 年有在流入地定居的倾向,3 年以下尚处于流动不稳定状况的话,那么 1566 万外来人口中,395.6 万已在流入地定居,250.1 万有定居倾向,920.3 万处于流动不稳定状态。

2. 省外流入人口的发展趋势预测

目前关于流动人口的预测还没有一个如同人口预测那样成熟、稳定的模型。本报告运用修正后的人口迁移重力模型对我省未来人口流动进行分析。由于受到人口流动迁移复杂性、详细数据资料缺乏以及模型自身结构的限制,本报告仅对常住人口中从省外农村流入我省城市的"净流入人口"进行预测。前面分析已经表明,在 1182.4 万省外外来人口中,持农业户口的占 94.0%,在我省城市从事非农产业的占 98.8%。可以断定,来自其他省农村、在我省城市生存发展,即乡——城流动人口是我省省外外来人口的主体。而且未来十年浙江人口城市化率仍将保持平均每年递增 0.6 个百分点左右的速度增

长。因此，预测常住人口中省外农村流入我省城市的净流入人口规模基本可以反映我省未来省外流入人口的主要变动趋势。

人口迁移流动重力模型认为区域的“经济重心与人口重心的距离”、“流入地与迁出地人口规模的差距”、“流入地与迁出地的收入差距”是导致人口发生迁移流动的三大动力[①]。区域的收入差距与区域经济发展水平密切相关，而经济重心与人口分布重心的距离可以在一定程度上体现出该区域经济发展的不平衡性；农村剩余劳动力越多，流入城市的的人口就越多，可以近似认为人口迁移规模与农村人口数成正比，与城市人口数成反比。由此，在最初的重力模型的基础上，可根据经济活动数据将其修正为：

$$M_{ij}=K\frac{P_iW_jD}{P_jW_i}$$

式中K为系数，M_{ij}为从农村迁移到城市的人口数，P_i为全国农村人口总数，P_j为全国城市人口总数，W_i为全国农村居民人均纯收入，W_j为全国城市居民人均可支配收入，D为全国人口重心与经济重心的空间距离。

浙江省2000年城市化率为48.67%，2005年城市化率达到56.03%，平均每年提高1.47个百分点。2006—2009年浙江省的城市化率分别为56.5%、57.2%、57.6%、57.9%，每年比前一年增长的百分点分别为0.5、0.7、0.4、0.3。2010年的人口普查公布的城市化率是61.6%，2011年为61.3%。众多研究认为我国未来10年城市化率将保持每年递增1个以上百分点的速度增长，浙江目前城市化率已领先于全国平均水平约10个百分点，估计未来的增长速度会低于全国平均水平。根据世界城市化规律以及浙江实际和未来发展规划，本研究估计未来20年浙江城市化率可能平均每年保持在0.5—0.6个百分点的增长速度，到2030年的城市化水平达到70%—73%，由此确定浙江城市人口的增长幅度和流入规模的上限。根据未来城市化水平测算未来K值的变动，再应用上述修正后的流入模型预测未来浙江省常住人口中的省外净流入人口规模，结果如表2.9：

表2.9 浙江未来省外净流入人口的预测

年 度	2011	2012	2013	2014	2015	2016	2017	2018	2019	2020
人口(万人)	912—931	954—976	995—1012	1033—1055	1068—1096	1098—1134	1125—1168	1149—1181	1118—1154	1086—1121

浙江未来净流入人口增长幅度仍会增大，达到峰值的时间为2018年，最高净流入量为1149—1181万，将比2010年897万净流入量增加252—284万；虽然2020年有所降低，但仍达到1086—1121万，将比2010年增加189—224万。省外人口的快速流入已成为浙江省人口大幅度增加的最主要原因。虽然浙江享受了外来人口为经济社会发展带来的丰厚人口红利，但同时也面临着社会服务和社会管理压力不断加大的困境。流动人口的社会服务诉求与社会服务管理不相匹配逐渐成为引起社会阶层利益冲突、产生社会矛盾摩擦，进而影响社会秩序和社会稳定的关键因素。

三、人口流动性对社会管理的挑战

浙江是人口流入大省，外来人口对浙江经济社会发展起到巨大推动作用的同时，也对流入地政府社会管理提出了更高诉求，将一些体制性矛盾更加凸显出来。上述分析表明，近十年来我省流动人口内部结构已经发生了深刻的变化，新生代农民工逐渐成为主体。由于成长于不同发展阶段的经济社会环境，新生代农民工无论在职业选择、自我身份认定，还是在维权意识、追求生活质量等方面，明显带有不同于传统农民工的时代烙印。他们对劳动就业、收入报酬、子女就学、公共卫生、住房租购、社会保障等方面获得与城镇居民同等待遇的期望和诉求要比老一代农民工更为强烈和迫切。然而在现实生活中新生代农民工的真正市民化仍面临诸多障碍。

(一)流动人口的社会保障仍存在“三低”现象

在人口大量、广泛迁移流动的情况下，确保流动人口、尤其是农民工享有政府提供的基本社会保障

① 米红，周伟，史文钊．人口迁移重力模型的修正及其应用，人口研究，2009，33(4)，99—104.

是现代化公民社会最起码的保障条件。近年来，浙江省面对流动人口的变动态势及保障需求，按照国家有关规定和要求，在改善流动人口、尤其是农民工的社会保障上进行了具有浙江特色的积极探索和创新，并卓有成效。但面对当前流动人口、农民工对社会保障诉求的逐步多元化，浙江省农民工社会保障工作仍面临各种问题和压力。

据省人社厅的相关调查，在参加保险意愿方面，农民工有较强的参加各种社会保险的愿望，但现实是我省农民工的参保率与城镇职工相比仍存在较大差距。2011 年，全省农民工参加企业职工基本养老、城镇职工基本医疗、工伤保险、失业保险人数分别占农民工总数的 28%、19%、36%、21%，这些比例尽管已大大高于全国农民工的平均参保率（13.5%、18.9%、26.1%、8.2%），但仍远远低于我省城镇职工的覆盖面；在待遇水平期望方面，50%的农民工认为目前的一次性生活补助金标准太低，38.9%的人认为目前领取的工伤保险待遇水平太低，不够治病；在社会保障服务需求方面，多数人感觉医疗保险、工伤认定的报销程序、认定时间等太麻烦复杂、时间太长，他们渴望更加便捷的社会保障服务。浙江省农民工社会保障仍存在参保率比较低、待遇比较低、效率比较低的“三低”问题。

尽管农民工参加各项城镇职工社会保障在制度上并不存在障碍，并且政府为企业足额缴纳“五险一金”制定了严格的规定，但农民工的参保率依然不高，主要问题在于费用负担太重。据一项研究的相关调查，要承担农民工各项社会保险，企业缴费约占工资总额的 31%，个人达到 10%①。一方面，浙江省私营中小企业众多，是农民工就业的主要选择。但许多中小私营企业自身的利润不高，31%的缴费比例对企业来说负担较重，加之一些企业主法律意识淡薄，用工不规范，为降低生产成本，存在不愿给职工缴纳社会保险或逃避缴纳等现象。另一方面，农民工个人缴费压力大。据省人社厅的数据，浙江省农民工的月收入水平主要集中在 1001 元至 2000 元，占已就业人数的 48%。而目前多数农民工月缴纳的养老保险费、医疗保险费分别为 100－200 元和 50 元以下，要占到月收入的 13%以上。再加上房租、生活、子女教育等各种支出，微薄的收入使农民工只能关注当前的利益，没有经济能力参加保险。

城镇职工社会保险制度安排上仍存在缺陷，影响了农民工及其用人单位的参保积极性，也影响了保障水平和保障效率。目前我省农民工的社会保险主要涉及医疗、养老、工伤三大块。一是工伤保险理赔期限过长，参保单位不得不垫付大量的医疗费用，而且赔偿标准偏低，伤残者得不到康复训练；二是农民工能够享受城镇职工医疗保险的比例低，2010 年全省 1566.06 万外来人口中持农业户口者 1373.4 万，参与城镇职工医疗保险率为 19%，意味着尚有 1112 万农民工没有参加城镇职工医疗保险或只能享受新型农村合作医疗保险。但由于新型农村合作医疗制度本身的缺陷，使得广大农民工难以享受医疗待遇；三是城镇职工养老保险待遇需要累计 15 年缴费，但流动人口高流动特点，使其很难保持连续性。虽然我省有社会保险关系转移接续的政策，但养老保险关系、医疗保险关系转移接续涉及不同地区经办机构的协作，在实际操作过程中仍无法打破地域限制，仍存在信息系统建设不统一、地方与国家政策存在差异等一系列问题，转续不顺畅的情况依然存在。

（二）就业质量低、收入待遇差影响流动人口的持续就业

目前非正规就业是进城农民就业的主渠道，在城市基本社会保障尚未全面惠及进城农民的情况下，要增强和提高他们在城市生存下去的能力和信心，关键要提高他们的就业质量，提高就业的持续性和稳定性。近年来，浙江省委、省政府高度重视统筹城乡就业工作，把统筹城乡就业作为事关发展大局的“民心工程”来抓。自 2003 年以来，连续、率先制定出台一系列相关政策、制度、措施、办法，积极促进城乡统筹就业，有效地促进了农村富余劳动力的产业转移，但目前在如何促进进城农民工持续就业、稳定就业上仍存在巨大压力与挑战。

首先，农民工实现平等就业的距离尚远，就业的持续性、稳定性较低。浙江民营经济发达，私营企业和个体工商户众多，为外来人口提供了大量的就业

① 国务院发展研究中心课题组，《农民工市民化——制度创新与顶层政府设计》，中国发展出版社，2011 年

岗位，但就业质量却不高，企业规模小，就业层次不高，劳动报酬偏低。浙江省人口计生委调查显示，82.6%流动人口的职业身份是雇员，比全国流动人口高出近20个百分点(全国为62.8%)，12.9%为自营劳动者，人均月收入为1900元，比全国平均水平(2118元)低218元。由于就业质量不高，劳动报酬偏低，全省各地普遍存在流动人口的就业稳定性低、流动性大的现象。

其二，流动人口劳动合同签订率较低，合法权利受到损害。与浙江省农民工91.6%高就业率形成鲜明对比的是53.2%的劳动合同签订率，而且在不同规模企业、不同地区之间也存在较大差距。由于劳动合同签订率低且不规范等原因，农民工发生职业病和工伤后很难获得及时、足额补偿。企业的计件工资等软性手段，使农民工超过法定时限超负荷劳动成为较为普遍现象。

其三，农民工接受技能培训和职业教育的覆盖面小、效果较差，影响其转移就业、稳定就业和收入提升。浙江省外流入人口受教育程度不高，相当于初中毕业水平，这在很大程度上影响了他们的就业层次和酬劳水平。近年来，虽然浙江省各地、各部门积极组织开展各种类型的培训，但仅有12.5%流动人口接受了各种培训，而且培训质量不高、效果较差。问题是出在培训教育的体制上：与农民转移就业和进城农民工的培训需求相比，政府投入偏少；技能培训和职业教育体制转变滞后，难以适应市场；企业作为培训主体，却多是重使用轻培训。

(三)流动人口享受基本公共服务存在“二元化”特征

近十年来浙江省人口流动随迁家属、举家流动的趋势在增强，与过去以单身民工为主的流动人口相比，当前的流动人口对流入地政府提供的基本公共服务提出更多、更高、更为迫切的要求。但与全国一样，浙江省基本公共服务的显著特征是“二元化”，即城乡、阶层、职业之间的分隔、分别设置、统筹层次低。在二元财经结构下，基本公共服务仍采取城乡分割、分享制度，广大农民并没有被“公共”在其中。如省人口计生委对流动人口、流动孕产妇卫生保健的调查数据显示：流动人口在现居住地医院就医、医疗费用回户籍地报销的只占7.4%，在现居住地享受医保的也仅占9.1%，全部自己支付的高达80.8%。流动育龄妇女大多回户籍地分娩，在现居住地分娩的仅占18.8%。

目前基本公共服务享受与户籍挂钩这种“二元化”特征，使浙江省基本公共服务均等化面临两难的境地：如果放开户籍制度，受以户籍人口为依据的财政转移支付和资源配置的限制，地方政府将面临着公共服务资金、资源方面的巨大压力，地方政府没有能力按现有户籍人口享受的水平向新迁入人口提供基本公共服务和社保。如果户籍制度不放开，各地经济发展的果实主要受惠对象只能是本地户籍人口，这又将进一步导致城乡间、不同群体间基本公共服务和社保水平的差距拉大，不利于人口的自由流动、融入城市和农民工市民化进程。

(四)流动人口实现城市社会融入还存在种种障碍

农民工城市社会融入是一个循序渐进的过程。2010年国务院发展研究中心社会部的一项调查显示，社会福利制度的平等、拥有所在城市户籍、稳定适合的工作和体面固定的住所、政治经济权利平等，是当前普遍意义上农民工城市社会融入的标志。但现实情况是，虽然大量进城农民可以在城市找到一份工作，但由于大部分农民工的工作性质、劳动报酬、社会保障、社会福利、政治地位等与普通市民的差异，没有能力过上与市民接近的生活方式和生活质量，从而难以与城市居民一起享受城市文明、城市文化和发展环境，难以接受并形成与市民相同的价值观，难以与城市居民共同达到“精神富有”，难以产生认同感、幸福感和归属感而真正成为城市的一员。国家人口计生委流动人口动态监测数据表明，我省农业流动人口有农转非农意向的仅占20.4%。

制度障碍、经济障碍、社会障碍、素质障碍是影响农民工融入城市社会的主要因素。以户籍制度为核心的城乡二元社会福利体制依然存在，公共财政难以适应人口大规模流动对基本公共服务均等化的要求，政府职能转型没有完全到位、社会管理体制落后难以有效应对新生社会问题；如果说农民工在职业身份上已实现了城市融入的话，那么这种融入是低级的，低层次就业和低收入使农民工融入城市社会的经济能力严重不足；城市在政治空间和社会空间对农民工几乎是封闭的，他们缺乏表达自身利益诉求的渠道和机会，他们与城市人之间缺乏深入交往的支持点；由于与城市主流社会疏远和隔阂，农民工的思维方式、生活习惯、政治法制观念，与城市居民存在较大差距，尚需要进一步的社会化和城市化。

四、社会管理创新的政策选择

（一）人口流动与积极的社会管理

社会管理是当代政府的基本职能，但社会管理不应该被单纯理解为“政府管控社会”，将社会及社会成员视为管制对象，将外来人口视为重点管理对象，将“消极的稳定社会”等同于“积极的和谐社会”，显然无助于社会管理问题的解决，甚至会人为地加剧社会管理中的矛盾。正如胡锦涛同志所指出的，加强社会建设，是社会和谐稳定的重要保证。必须从维护最广大人民根本利益的高度，加快健全基本公共服务体系，加强和创新社会管理，推动社会主义和谐社会建设。社会管理的根本目的在于社会正义的实现，因此社会管理创新的重点应该在于：其一，完善社会政策，满足人民的基本生存与发展需要；其二，让公民成为社会管理的主体，实现政府与社会的高度合作、协同。

在20世纪80年代之后，公民参与成了公共管理及社会管理的普遍法则。各国政府不仅允许公民参与，还主动创造社会力量参与的渠道和平台。一些国外地方政府不仅采用积极的社会政策手段保障移民权益，更针对对移民增加带来的隔阂问题，创造机会让各类人群通过公共事务参与来促进融合，实现意见的充分表达，这些做法取得了一些有益的成果。事实上，在浙江一些地方在这方面也作了积极的探索，取得一定的成效。所以社会力量参与社会管理应该被认为是一种必然，在流动人口社会管理中，让流动人口参与也同样是一种必然。社会管理应该是积极的，而人口的流动性更要求我们放弃“管控”理念，而代之以“权利”和“共治”的理念。

（二）相关机制与政策的选择

按照上述思路，针对人口的流动性，浙江省的相应社会管理创新可以从外来人口社会权利保障、经济权利实现和政府一社会共治等几方面展开：

1. 政府公共服务与外来人口需求的对接

在我国现有财政体制下，要实现对本地、外地人口公共服务均等化，应采取“逐步推进，分层次覆盖”的渐进策略。其一，提供外来人口最需要的公共服务，即使在基本公共服务中，也应有所选择，优先提供外来人口迫切需求的基本公共服务项目；其二，将优质公共服务优先提供给当地经济社会发展最需要的外来人口，包括与新兴产业相适应的、具有一定素质劳动力，社会管理和建设中的外来优秀分子。

2. 社会管理与公共服务的对接

社会管理包括两项主要内容：一是政府为社会公正、稳定、人民福祉而进行的“政府对社会”的管理，二是社会为了自身和公共的目的而进行的有效自我治理，两者不可偏废。至少在两方面政府可以有更加积极的作为：第一，从根源上消除易引起社会冲突的重大矛盾，如劳资矛盾；第二，实现外来人口在社会管理中的协同作用。将公共服务与有效管理结合起来，通过外来人口的自治，既能集结外地人口意愿，为政府公共服务供给提供信号和指向，又能提供公共服务的政策工具，使政府有限财力得到更加高效的使用。以这样方式推进社会管理，必须以公共服务为纽带，资源投入服从于公共服务的目的要求、以公共服务满足民众意愿，在公共服务职能的履行中培育社会力量，以资源投入方式的创新来引导和凝聚社会力量。

3. 解决三农问题与推进城市化对接

尽管省级及以下的地方政府难以改变全国性政策，但地方政府应该重新思考三农问题与城市化的关系，将外来人口的经济权利在更大范围内加以落实，才能最终实现（部分）流动人口的本地化。只有外来人口在农村的经济权利加以确认，并赋予外来人口就业、社会保障及公共服务的选择权，外来人口才能根据自身能力、产业状况、各地公共服务与税收的组合选择自己永久的居住地。

最后需要指出，作为人口的主要流入地，浙江省已经在外来人口管理方面进行了有效探索，并对相关的社会管理内容进行了创新，但创新和探索越是深入，便越能感受到体制性的助力。从这个意义上说，解决人口流动性带来的社会管理问题，不仅需要地方政府的创新举措，更需要从体制着手，进行某些根本性变革。

附件 1 全国历年人口重心和经济重心的距离

年度	人口重心		经济重心		距离（千米）
	经度	纬度	经度	纬度	
1996	113.40	32.62	115.05	32.73	183.65
1997	113.45	32.59	115.10	32.71	183.70
1998	113.44	32.58	115.14	32.73	188.79
1999	113.43	32.57	115.18	32.73	194.61
2000	113.46	32.52	115.21	32.76	195.86
2001	113.42	32.54	115.22	32.77	201.17
2002	113.41	32.54	115.19	32.72	198.51
2003	113.41	32.53	115.20	32.71	199.77
2004	113.41	32.50	115.17	32.72	197.12
2005	113.47	32.50	115.17	32.76	190.64
2006	113.48	32.50	115.15	32.76	188.65
2007	113.48	32.50	115.14	32.75	187.22
2008	113.47	32.51	115.12	32.78	185.78
2009	113.44	32.54	115.08	32.79	184.23
2010	113.43	32.58	115.06	32.81	182.96

表 2.13 系数 K 的计算

年度	城市人口（万人）	农村人口（万人）	流入人口（万人）	城市居民可支配收入（元）	农村居民纯收入（元）	人口—经济重心距离	系数 K（万人/千米）
2000	45906	80837	369	6280.0	2253.4	195.86	0.384
2001	48064	79563	412	6859.6	2366.4	201.17	0.427
2002	50212	78241	458	7702.8	2475.6	198.51	0.476
2003	52376	76851	505	8472.2	2622.2	199.77	0.533
2004	54283	75705	550	9421.6	2936.4	197.12	0.624
2005	56212	74544	594	10493.0	3254.9	190.64	0.729
2006	58288	73160	626	11759.5	3587.0	188.65	0.806
2007	60633	71496	680	13785.8	4140.4	187.22	0.925
2008	62403	70399	738	15780.8	4760.6	185.78	1.062
2010	66978	67113	898	19109.4	5919.0	182.96	1.517

浙江省统计局 黄建生 周丽苹 周东春 王诗宗 楼 航

四川流动人口现状及其影响研究

人口流动，作为人类活动的基本行为，是政治、经济、社会、文化及环境等各种因素综合作用的结果。四川人口的流动有着悠久的历史，特别是进入21世纪以来，其人口流动变化更趋复杂，规模不断增大，在人口发展中的作用，特别是在新型城镇化建设中的重要作用越来越被政府及社会各界广泛关注。因此，认真研究四川人口流动状况，对于引导人口有序流动，促进四川城乡经济社会协调发展具有重要的理论和现实意义。

一、现状及特点

根据第六次全国人口普查实施细则，流动人口是指居住本户，户口在其他乡(镇、街道)，离开户口登记地半年以上的外来人口和户口在本户，离开本乡(镇、街道)半年以上的外出人口。纵观四川流动人口具有以下主要特点。

(一)流动人口的分布特点

2010年第六次全国人口普查，四川省共登记外来半年以上人口1173.52万人。其中，省内1060.66万人，省外112.86万人。外出半年以上人口2091.37万人。其中，省内1040.82万人，省外1050.55万人(见图1)。四川流动人口分布特点主要表现如下。

图1　四川人口流动示意图

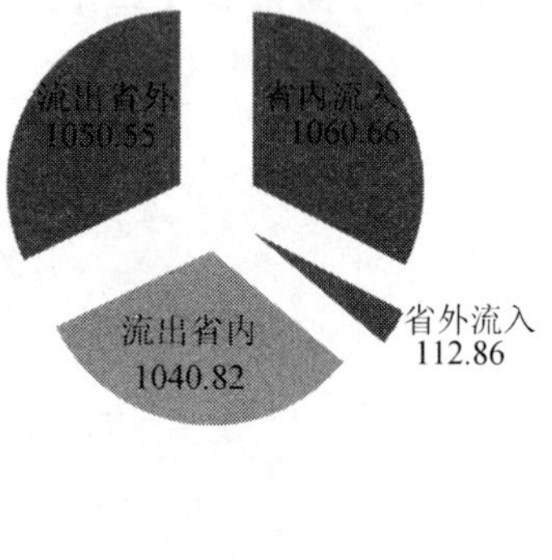

1. 地域分布以经济发达地区最多

2010年第六次全国人口普查资料显示，四川外出半年以上人口，省内占49.77%，省外占50.23%。分市、州看，流入人口最多的为成都市，占全省流入人口总数的38.62%，其次为绵阳市，占6.10%。最少的阿坝仅占0.94%。其余各市、州流入人口所占比例都在1个百分点以上。在流出省外人口中，全国30个省、市、区都有四川人口。最多为广东，占36.88%，其次为浙江，占12.66%。即使在西部少数民族地区的新疆、西藏，也分别占3.94和0.90个百分点。在四个直辖市中，四川人口流入最多的为重庆市，占5.45%，上海市和北京市分别为4.71%和3.45%。从大城市到中小城市，从省内到省外，从汉族地区到少数民族聚居区，到处都有四川流出人口的足迹。可以说在市场经济规律的作用下，凡是有条件、能赚钱的地方，都有四川流动人口存在，而流动人口的流向多集中在省内大中城市和农村集镇、省外经济发达的东部沿海地区和大城市(见表1)。

表1　各市、州流出人口及其比例

单位：万人、%

地区别	人数	比例	地区别	人数	比例
合计	2091.37		乐山市	70.38	6.76
省内	1040.82	49.77	南充市	176.85	16.99
省外	1050.55	50.23	眉山市	82.81	7.96
成都市	194.11	18.65	宜宾市	141.28	13.57
自贡市	84.97	8.16	广安市	169.75	16.31
攀枝花市	22.06	2.12	达州市	189.28	18.19
泸州市	123.08	11.83	雅安市	19.87	1.91
德阳市	71.26	6.85	巴中市	87.78	8.43
绵阳市	141.73	13.62	资阳市	163.35	15.69
广元市	88.84	8.54	阿坝州	11.66	1.12
遂宁市	76.91	7.39	甘孜州	10.36	1.00
内江市	79.30	7.62	凉山州	85.75	8.24

资料来源：2010年第六次全国人口普查机器汇总资料。

2. 城乡分布以城镇为主

2010年第六次全国人口普查资料显示，在省内流动人口中，有55.82%的人口居住在城市街道；31.52%的流动人口居住在城镇的居委会；12.66%的流动人口居住在乡村。其中，有9.91%的人口在乡村之间流动，有2.75%的人口在城镇之间流动。从人口流动原因来看，在乡村之间流动的人口，主要是婚姻嫁娶；在城镇之间流动主要是拆迁搬家、户口寄挂等引起的人户分离所致。

（二）流动人口的构成特点

1. 年龄构成上以青壮年为主

我国现阶段的人口流动从本质上说是劳动力的流动。2010年人口普查资料表明，四川流动人口中、青年占绝大部分。15—29岁流动人口占流动人口总数的34.47%，30—39岁占19.94%。15—44岁之间的青壮年劳动力成为流动人口的主流，所占比例高达64.17%。年龄构成轻是流动人口最突出的特征之一。

2. 性别构成上男性多于女性

流动人口的性别构成突出表现为男性多于女性，男性流动人口占流动人口总数的54.34%，比女性高8.67个百分点。但在区域分布上其差异程度有所不同，省内男性占51.64%，女性占48.36%，男性占比较女性多3.28个百分点。流出省外的人口，男性占57.01%，女性占42.99%，男性占比较女性高14.02个百分点。男性流动人口占比省外比省内高，是由于在省内流动人口中，婚姻嫁娶引起的人口流动占有一定比例，在5.58%的婚姻嫁娶人口中，女性占73.42%。其他如随迁家属、投亲靠友、学习培训等引起的流动人口，女性占比都高于男性。

3. 职业构成上以商业服务业为主

从流动人口所从事职业来看，在省内流动人口中，从事商业、服务业人员所占比例最高，达38.78%。其次为生产、运输设备操作人员及有关人员，占28.53%。专业技术人员和农、林、牧、渔、水利业生产人员所占比例分别只有12.08%和9.55%。在跨省流动人口中从事商业、服务业人员所占比例最高，达40.56%。其次为生产、运输设备操作人员及有关人员，占25.66%。专业技术人员和农、林、牧、渔、水利业生产人员所占比例分别只有11.86%和11.52%。

4. 受教育程度以初中及以下为主

人口普查结果表明，6岁及6岁以上流动人口受教育程度虽然高于总人口，但都表现为低文化程度人口占大多数。初中及以下受教育程度人口超过一半。在省内流动人口中，初中及以下受教育程度人口占61.13%。其中，女性初中及以下受教育程度人口占比较男性高2.49个百分点；高中仅占23.34%。在省外流入人口中，初中及以下受教育程度人口占54.12%，高中占20.01%。，其中，女性较男性低3.23个百分点。流出省外人口受教育程度略高于省内（见表2）。

（三）流动人口的社会经济特点

1. 经济上以低收入人群为主

人口流动的诱因在很大程度上是经济原因，因此，流动人口对收入状况的考虑是人口流动过程中产生问题的重要原因。据四川省统计局2011年2月中旬对来成都务工的外来务工人员工资收入调查，外来务工人员的月均收入（剔除第一次外出务工人员）大多在1000—3000元之间。其中，月均收入在1001—2000元的占36.9%，月均收入在2001—3000元的占34.7%。另据2010年年报统计，成都市职工年平均工资为30515元，月均2543元。与此相比，外来务工人员工资收入明显低于本地职工工资收入，且流动人口以低收入人群为主。流动人口不仅在劳动报酬上存在收入较低的特点，而且收入分布的区域差异也比较明显。经济发达地区流动人口月均收入比落后地区高，大中城市流动人口收入高于小城镇。

2. 居住条件较差

流动人口受住房供给条件和需求能力的限制，比起城镇户籍人口在住房的可获得性、住房条件和居住社区环境等方面都相对较差。他们大多数人成为城市社会生活的最底层。据“六普”资料计算，全省外来务工经商人员中，平均每户住房间数1.98间，人均住房建筑面积24.51平方米。分别比全省城镇平均水平低2.46间和10.28平方米。租房户占57.02%，是城镇人口租房户的3倍；购房者仅占14.38%，相当于城镇人口的三分之一。而且大多居住的房屋结构较差，80%居住的房屋为平房、混合结构、砖木结构和其他结构。另外，还有1.08%的户没有住房，有10.00%的户为住房兼作经营用房。流动人口中暂、寄住的人口比例高，流动性较大，分布面广，且较为零散，从城郊农村到市内社区、从平房到楼房，只要有空闲房屋，就会有流动人口居住。流动人口不仅住房条件差，所居住的社区环境也较差。可以说，社区环境越差，居住的流动人口就越多。这也从另一个侧面反映了流动人口收入和消费水平较低的特点。

表 2　各市、州按现在住地、受教育程度的流动人口

单位：人

现住地	合计	未上过学	小学	初中	高中	大学专科	大学本科	研究生
总计	10215950	298597	2117884	3570437	2425406	1067677	694054	41895
成都市	3970103	61460	677603	1432015	847044	532575	386885	32521
自贡市	249843	10188	54715	86853	57592	17658	22432	405
攀枝花市	265078	14614	71811	95880	48129	21327	13019	298
泸州市	365697	8362	85104	111331	111557	30397	18158	788
德阳市	411794	10152	79952	138290	111642	53034	17811	913
绵阳市	627359	14446	112373	229215	172605	54139	42976	1605
广元市	239083	6340	47953	79843	74982	22611	7176	178
遂宁市	237823	7343	53917	84715	65451	20009	6191	197
内江市	242249	5404	50572	88234	62899	21796	13159	185
乐山市	378404	11031	77923	127690	91958	39599	29586	617
南充市	498118	14501	106904	166855	133670	40343	34919	926
眉山市	287163	6358	53273	104662	86928	23230	12355	357
宜宾市	414418	10157	102055	131559	115544	35636	18717	750
广安市	210133	6441	51682	73148	62794	12230	3759	79
达州市	471230	11959	116141	181382	112181	35315	13945	307
雅安市	145663	5336	34059	54298	26416	9795	15064	695
巴中市	213172	4623	50199	77264	62550	14448	3942	146
资阳市	250344	8642	60151	101729	58265	14476	6885	196
阿坝州	97423	3920	22224	32972	21483	12750	3952	122
甘孜州	112620	11316	31906	30776	17355	18111	3039	117
凉山州	528233	66004	177367	141726	84361	38198	20084	493

资料来源：2010 年第六次全国人口普查机器汇总资料。

3. 未婚人口比例高

流动人口的婚姻状况主要表现为有配偶人口为主，相对于常住人口而言，流动人口未婚比例较高。在省内流动人口中，未婚人口占 15 岁及以上流动人口总数的 28.93%，有配偶人口占流动人口总数的 66.39%。省内未婚流动人口所占比例较省外流入人口低 3.83 个百分点，省内有配偶流动人口所占比例较省外流入人口高 2.14 个百分点。总的来讲是，无论省内、省外，流动人口未婚比例都比常住人口高 10 个百分点左右。尤其是男性未婚流动人口，省内、省外分别高达 30.94%和 37.70%，比常住人口中的未婚男性所占比例分别高 7.74 和 14.50 个百分点（见表 3）。

4. 思想素质相对较低

如前所述，流动人口受教育程度低，基本生活条件差，外出原因大多为务工经商。除此之外，也有投亲靠友的、逃避计划生育的、负案在逃的等几种类型。据有关部门典型调查，某辖区内被处罚的人员中有60%以上是流动人口。流动人口已成为城镇居民中刑事和治安案件的高发群体。

表3 四川流动人口的婚姻状况

单位:%

地区别	未婚	有配偶	离婚	丧偶
成都市	28.93	66.39	1.67	3.01
自贡市	31.15	64.90	1.65	2.30
攀枝花	24.75	67.87	2.43	4.96
泸州市	21.48	73.16	2.40	2.96
德阳市	32.60	61.94	2.00	3.46
绵阳市	28.07	66.46	2.15	3.32
广元市	33.45	62.11	1.80	2.64
遂宁市	25.33	70.10	1.38	3.20
内江市	30.59	64.11	1.20	4.10
乐山市	25.04	69.30	1.73	3.93
南充市	27.02	67.18	2.23	3.57
眉山市	32.41	63.11	0.97	3.51
宜宾市	24.49	70.33	1.89	3.30
广安市	25.41	68.68	2.25	3.66
达州市	33.11	62.34	0.77	3.78
雅安市	23.80	71.08	1.30	3.81
巴中市	23.05	72.27	1.53	3.15
资阳市	23.78	71.59	0.89	3.74
阿坝州	25.39	68.99	1.52	4.10
甘孜州	30.56	65.66	1.01	2.77
凉山州	35.23	60.36	1.33	3.07

资料来源:2010年第六次全国人口普查机器汇总资料。

二、人口流动的主要原因

人口流动的主要原因,总的来讲"适者生存"是人口流动的直接动因。根据普查资料显示,经济因素是人口流动的主要原因。

(一)人口流动的经济原因

1. 农村大量剩余劳动力需要转移是形成人口流动的前提和基础

改革开放,农村实行家庭联产承包责任制,极大地解放了农村劳动力,农民的生产积极性和劳动生产率不断提高,土地对劳动力的数量需求相对下降,农村劳动力剩余,成为潜在的隐蔽性的失业人口。加之,耕地逐年减少,农村劳动力逐年增加,隐性失业越来越显性化。随着农村经济体制改革进一步深化,各类专业合作组织的建立,土地经营规模化,以"公司加农户"、"农、工、商一体化"等形式的农村新型土地经营形式的出现,使人口与土地资源的矛盾更加明显,农村劳动力剩余现象越来越突出。加之土地对农民的束缚力不断弱化,客观上推动了农村劳动力向非农产业转移,向城镇转移。

2. 城乡、地区之间的收入差距是促进农村劳动力流动的重要原因

随着社会主义市场经济的发展,城乡之间、地区之间的收入分配差距不断扩大。即使在农村,东部农民人均收入比西部要高出许多倍,东部城市居民收入比西部城市居民收入差距就更大了。于是,大量剩余的劳动力在经济利益的驱使下,从农村走向城市,从落后的西部流向发达的东部地区,形成了一浪高过一浪的"民工潮"。

除此之外,城镇之间、城乡之间因工作调动、学习培训、投亲靠友、拆迁搬家等原因也造成了大量人口流动。

3. 经济利益驱动是形成人口流动的直接动因

对经济利益的追求是农村人口流向城镇,农业人口流向非农产业的直接动机。如前所述。农村经济体制改革以来,农民获得了赖以生存的土地支配权,极大地提高了农民的生产积极性,农业产量大幅度增加。但是由于农用生产资料的涨幅大大高于农产品价格的增加,农民从实践中感到种地同从事其他行业相比效益最低,所以外出"打工挣钱成了农村人口流动的直接驱动力。特别是在贫困地区,这一动机更加明显。而外出务工经商实际收入远远超过在家种地的事实,也产生了巨大的示范效应,更加强化了农村劳动力离开土地,走向城镇。

(二)人口流动的社会原因

改革开放以来,各级政府先后出台了一系列鼓励农民自由流动的政策。尤其是进入21世纪以来,各级政府把鼓励农民从事非农产业,农村人口进入城镇就业、落户、办企业,农民跨区域流动和就业作为解决"三农"问题,增加农民收入的重要抓手之一。实行城乡统筹,劳动部门不仅管理城市劳动力,也注意农村劳动力的就业问题。劳动力市场逐渐增多并日益完善,为农民进入城市择业提供就业培训、就业指导和有关信息服务,以及用法律手段保护农民工的合法权益等。同时,随着我国城市经济体制改革的逐步深入,城市各项社会体制的改革也配套进行。这些政策消除了人口流动尤其是农村人口向城镇流动和跨区域流动的障碍,使农村劳动力大规模流动成为可能,推动了农村劳动力的合理流动。加之大众传媒的宣传和农民受教育程度的提高,走出大山,面向市场,溶入城市社会,已成为农民摆脱贫困、走向富裕的必由之路。

(三)人口流动的个体动因

人口普查登记的流动人口,其流动的目的,即“离开户口登记地原因”,主要表现为务工经商。根据人口流动的不同性质,从流动的数量划分,基本属于个人或家庭流动,群体性流动很少;从流动的意愿划分,大多属于自愿性流动。

1. 农村外出人口流动的出发点突出表现为务工经商

四川农村外出人口中,务工经商占73.96%。比城镇外?务工经商所占比例高38.65个百分点。可见,四川农村外出人口,其主要目的是务工经商。尤其是流动到省外人口,务工经商所占比例高达84.48%。其中,男性流动到省外的务工经商人口占男性外出省外人口总数的87.03%,女性占81.83%。

分地区看,外出务工经商所占比例最高的是南充市,其次是遂宁、巴中、自贡和广安市,外出务工经商人口占外出总人口比例分别比全省平均水平高8.23、5.92、5.83、5.31和5.02个百分点。

分年龄看,中年最高,31—45岁年龄段所占比例达35.77%。16—30岁为25.03%;45—60岁年龄段为11.79%。外出务工经商人口占外出人口比例,在45岁前随年龄增大而呈增长趋势发展,45岁以后呈递减趋势发展(见表4)。

表4　分年龄农村外出务工经商人口比例

单位:%

年龄别	合计	男	女
合计	74.21	73.39	68.80
16—30	25.03	26.04	23.81
31—45	35.77	37.24	33.97
46—60	11.79	13.51	9.68

资料来源:2010年第六次全国人口普查机器汇总资料。

2. 务工经商是外来青壮年人口流动的主要原因

在流入的1173.52万人中,务工经商达440.14万人,占流入人口总数的37.51%。其中,男性占比达42.00%,女性占比达32.80%,男性比女性高.9.20个百分点。随着年龄增长,务工经商人口所占比例增高,到40—44岁组达到最高值,所占比例为57.02%。值得注意的是在15—19岁低龄组流入人口中,有12.09%务工经商人口,他们本应在校读书,却过早地离开学校,外出“打工”。在60岁及60岁以上流入人口中,有8.23%的外出务工经商人口,而男性更是高达11.2%,比女性高6.1个百分点。其中,65岁及以上流入人口中有5.25%的务工经商人口(见图2)。

图2　按“离开户口登记地原因”分的各类流动人口比例

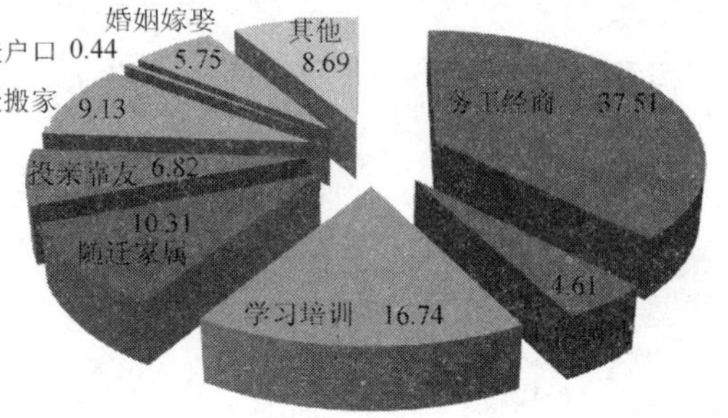

上述分析表明,四川农村人口流动的主要原因,总的来讲是外出务工经商。但在不同年龄段、不同性别人口中表现出明显差异性。如20岁以下青少年,外出原因多数是求学,其中,15—19岁年龄组学习培训人口占同龄组外来人口总数的50.33%;20—30岁年龄段青年外出比例女性高于男性,15—19、20—24、25—29三个年龄组的性比例分别比外来人口总的性比例高1.5、3.2和4.0个百分点,主要原因是青年妇女婚姻嫁娶所占比例较高;0—14岁投亲靠友所占比例较高,达17.7%,主要是少年儿童随父母外出所致。

三、人口流动对经济社会发展的影响

人口流动是经济社会发展在人口领域的特有现象,它既是市场经济的必然产物,又反过来影响经济社会发展进程。人口流动,使人口的居住范围不断扩大,交流增多,有利于地区间的经济、文化及信息交流;人口流动,使不同人群相互交流,增加认识和了解,使婚姻范围扩大,有利于人口的优生;人口流动,还可以使地区间人口的分布状况得到改善,使劳动者的聪明才智在流入地得到充分施展,提高劳动生产率，从而促进经济的发展。具体而言，人口流动对四川人口状况和经济社会的影响主要表现为以下几方面：

(一)人口流动对人口数量及构成的影响

人口的流动，在一个区域内不会引起该区域内人口总量的变化，而区域间人口的流动则会导致不同区域人口数量及其构成发生较大的变化。

1. 人口流动对人口总量的影响

四川省是流出人口规模较大的地区之一。2010年人口普查，四川省流出省外人口达1050.55万人。从这个角度看，人口流动对于四川这个人口大省而言，在控制人口数量，降低人口增长速度方面是有积极意义的。

虽然省内人口流动不会增加全省的人口总量，但从各市、州之间人口流动情况来看，由于人口流动的方向和规模不同，因而各地区流动人口增长量也不同。在当前市场经济条件下，由于市场机制的作用，人口流动的主要动因缘自于地区间的经济发展水平的差异，使得人口流动的结果往往是边远山区和农业比重较高的地区流出人口多于流入人口，而城市和经济较发达地区则表现为流入人口多于流出人口。2010年第六次全国人口普查资料显示，成都市、攀枝花市和甘孜州为流入人口多于流出人口，两市、州净流入人口分别为275.64万人、10.03万人和3.45万人，其余市、州均为流出人口大于流入人口。流出人口规模较大的达州、广安、资阳、南充四市，净流出人口分别高达189.28万人、146.16万人、135.52万人和121.99万人(见表5)。

表5 分地区人口流动情况表

单位:万人

地区别	流出人口	省内	省外	流入人口	省内	省外
合计	2091.37	1040.82	1050.55	1173.52	1060.66	112.86
成都市	194.11	167.27	26.84	469.74	409.61	60.13
自贡市	84.97	40.71	44.26	27.49	26.15	1.34
攀枝花市	22.06	19.15	2.91	32.09	27.82	4.28
泸州市	123.08	44.10	78.99	42.57	38.19	4.38
德阳市	71.26	46.75	24.51	46.53	42.59	3.94
绵阳市	141.73	74.08	67.65	70.34	64.70	5.64
广元市	88.84	34.32	54.51	27.48	24.82	2.66
遂宁市	76.91	36.90	40.01	25.87	24.73	1.15
内江市	79.30	39.79	39.51	26.79	25.29	1.50
乐山市	70.38	49.35	21.02	42.15	39.29	2.86
南充市	176.85	58.66	118.19	54.87	51.66	3.21
眉山市	82.81	55.62	27.19	31.44	29.71	1.73
宜宾市	141.28	57.27	84.01	46.28	43.14	3.14
广安市	169.75	31.60	138.16	23.59	21.93	1.66
达州市	189.28	55.81	133.47	53.01	49.61	3.41
雅安市	19.87	16.54	3.33	16.72	15.21	1.51
巴中市	87.78	25.24	62.54	23.13	22.35	0.78
资阳市	163.35	98.39	64.96	27.83	26.35	1.48
阿坝州	11.66	10.73	0.93	11.39	10.01	1.38
甘孜州	10.36	9.40	0.96	13.81	11.58	2.23
凉山州	85.75	69.14	16.60	60.39	55.91	4.47

资料来源：2010年第六次全国人口普查机器汇总资料。

分城乡看，四川省内人口流动主要是农村入城市。突出表现为农村流出人口多于流入人口，城市流入人口多于流出人口。据普查资料计算，四川省内向上流动人口所占比例，即乡村和镇流入城市街道的人口分别占其流出人口总数的83.63%和47.31%；向下流动人口所占比例，即镇的居委会流入乡村、城市街道流入镇的居委会和乡村的人口所占比例分别只有9.63%、14.29%和5.16%；平行流动人口所占比例，即乡村、城市街道和镇的居委会之间流动的人口所占比例分别为16.37%、80.55%和43.06%。这一不平衡的人口流动，使四川城市及经济较发达地区人口与乡村、边远落后地区人口分布不平衡状况持续并加剧，省内各市、州人口的相对增减在城乡人口流动中表现得极为明显。

2. 人口流动对人口年龄构成的影响

四川人口省际流动，青壮年人口占了绝对优势，其中又以15岁至30岁这一年龄段人口占优，其结果是使沿海地区因这些人口流入而使青壮年人口比例增加，人口年龄结构向着年轻型转变，在一定时期和一定程度上减缓了这些地区人口老龄化的速度和进程。而对于流出地四川省而言，青年人大规模流出，省内高年龄组人口比例相应增大，又在一定时期和一定程度上加速了四川人口年龄结构向成年型和老年型转变。省内人口流动也是一样，年青人流入城镇和经济较发达地区，促使这些地区的人口年龄结构相对年青化，而边远地区，尤其是经济较落后地区因年青人的流出也一定程度上推动了这些地区人口老龄化的进程。根据流动人口年龄计算，流入人口多于流出人口的成都、攀枝花两市，0－14岁和60岁及以上人口占总人口比重，分别比全省平均水平低6.03、1.88和0.19、1.95个百分点，15－59岁人口占总人口比重，比全省平均水平高7.91和2.14百分点。其余各市州则与此相反。说明人口流动改变了各地人口年龄结构。

3. 人口流动对人口性别构成的影响

2010年第六次全国人口普查资料显示，四川流出省外人口，一般都以青壮年男性为主，流出省外人口性别比高达142.57。其中，45－60岁各年龄组人口性别比都在200以上。这些人口流入沿海经济较发达地区，从而对两地人口性别结构造成影响。就流出地四川省而言，则主要表现为男性人口减少，女性人口相对增加，人口性别比下降。从人口流入情况看，省外人口流入四川也是以男性人口为主，只是省外流入人口较少，对我省人口性别必的影响十分有限。

如前所述，人口流出地以农村和经济不发达地区为主，流入地为城市及经济较发达地区。这一不平衡的人口流动，造成了在四川人口性别构成总体相对偏低的情况下，城市和农村性别构成之间却有较大差异的现象，即农村人口性别比下降速度快于城市。2000年四川城市人口性别比104.78，农村107.67，2010年城市人口性别比101.81，农村104.02。城市人口性别比降低2.97，农村人口性别比降低3.65，下降幅度农村大于城市。

从四川省内人口流动来看，经济落后地区和边远地区形成人口大量流出，特别是这些地区的农村，女性人口流出量一般都大于男性人口流出量，由此形成地区之间人口性别结构的影响同样出现“两极分化”。即经济较发达地区人口性别比相对上升，而经济相对落后地区人口性别比相对下降。

4. 人口流动对人口城乡构成的影响

普查资料显示，人口流动对我省乃至流入省份城乡人口的构成都产生了较大的影响。在省内流动人口中。有58.19%的人由乡村或者小城镇流入大中城市。乡村人口除因婚姻嫁娶在乡村间流动外，更多的是向上流动。全省有617.2万人由乡村或者小城镇流入大中城市。人口流动在减少乡村人口的同时，增加了城镇人口的数量，在一定程度上提高了人口城镇化水平，加快了城镇化进程。经测算，流动人口对我省城镇化率的贡献率达18.33%。另一方面，我省流出人口也推进了流入省份的城镇化进程。

5. 人口流动对职业构成的影响

人口流动改变了在业人口的职业构成。在人口流动过程中，有相当一部分农村剩余劳动力改变了自己的职业身份，他们大多由第一产业向第二、三产业转移，由农业从业人员向非农业从业人员转变，流动的结果，导致农业从业人员比重下降，非农业从业人员比重上升。根据2010年第六次全国人口普查资料计算，一、二、三产业在业人口占在业人口总数的比例分别为60.23%、16.32%和23.45%。与2010年比，第一产业在业人口所占比例较2000年下降了12.88个百分点，第二、第三产业在业人口所占比例分别比2000年增加了7.63和5.25个百分点。

(二)人口流动对经济发展的积极作用

人口流动对经济的发展有着积极的意义，概括起来有以下几个方面。

1. 人口流动实现了城乡劳动力资源的优化配置

现代化的过程是工业化、城镇化和农业现代化三位一体的过程。在这个过程中，农业作为第一产业的主要组成部分，其占国民经济的比重逐渐下降，农民作为从事农业的主体越来越少；二、三产业占国民经济的比重逐渐上升，城镇人口作为二、三产业的就业主体必然增加。经济发展客观上要求劳动力资源在城乡之间合理配置，以满足二、三产业的发展对劳动力的需要。因此,人口合理有序流动的过程客观上起到了劳动力供求矛盾的调节过程。

对城市来说,大量农村劳动力的流入,提供了数量充裕且廉价的劳动力要素,满足了二、三产业发展对劳动力的需求,弥补了城镇经济发展中劳动力的不足。如城镇的房地产开发、交通及其基础设施建设,特别是采矿业,井下作业人员几乎都是由农民工承担的。他们对经济发展的贡献有目共睹。尤其是农村劳动力填补了城市劳动力的结构性稀缺,诸如搬运、环卫、修理、废旧收购、贩卖蔬果、医院看护、家庭保姆、缝纫、餐饮、娱乐、饭馆及酒楼服务等行业,基本上由农民工承担,许多城市离开了这些农民工,很难保证其正常性运转。

2. 人口流动促进了经济的发展

以劳动力转移和从事经济活动为主体的人口流动,无疑加速了全省各地的经济发展。据对2010年全省21个市(州)流入、流出人口与地区生产总值、农林牧渔业总产值和农村居民人均纯收入进行相关分析,他们之间具有较强的相关性。其中,流入人口占常住人口的比重与地区生产总值的相关系数为0.74;人口流出使农村有一定文化的中、青年大量外出,对各地区农村经济有一定的影响,流出人口与农林牧渔业总产值所占比重的相关系数为−0.5。但对农民家庭收入水平的提高,起到了正面影响。各地区流出人口数与农村居民人均纯收入的相关系数为0.49。另外,流动人口的增加对民营经济的发展也有较为密切的关系,流入人口与民营经济增加值的相关系数为0.72。表明流入人口对民营经济发展有较强的推动作用。

(三)人口流动对社会发展的有利影响

1. 人口流动对社会进步起着潜移默化的促进作用

人口流动在进行劳动力转移和物资流动、资金流动的同时,也进行着无形的信息流动和交流,而这种信息流动和交流一个最直接的效益是社会先进文化的传播和发展。人口流动尤其是农村人口流动,对改变农村人口传统观念和劳动技能,作用尤为重要。研究表明,农村人口流动对农村人口素质提高有十分重要的促进作用。其一,接受职业培训和进一步学习的意识及行为明显增强。据调查,外出务工者的收入与受教育程度呈明显正相关关系,因此外出务工经商者大多有强烈的动机接受继续教育和职业培训,对学技术、学文化有高度的自觉性和紧迫感。另据劳动部调查,50%以上的农民工进城后接受过各种职业培训,有80%的人表示希望得到培训机会,甚至有67%的人愿意自费参加必要的培训。不仅如此,他们对子女的教育也非常重视。其二,劳动技能和创业精神明显增强。相当多的流动人口在外出活动中改变了思维方式和劳动技能,创业精神明显增强。许多人在外务工学到一定技能之后,回到家乡自主创业。不少人回乡办企业,搞农副土特产品加工,取得了十分丰厚的效益。

从我省情况看,近10年农民对教育的重视程度和支出大幅增加。据2011年《四川统计年鉴》资料计算,农民人均生活消费支出中,用于文化教育娱乐用品和服务的支出,2010年达218.62元,比2002年增长25%。

2. 人口流动有利于提高城乡人口的文化素质

人口流动的基本流向是从经济欠发达的地区向比较发达的地区和城镇流动,流动的主体往往是受教育程度相对较高的青壮年。而城镇、经济较发达地区人口的平均受教育程度都高于农村和经济欠发达地区。大批农村青壮年流入高文化素质区域,并通过上学读书、参加职业培训、实际工作锻炼等方式,获得更多新知识、新信息和新技能,丰富了自己的工作经验、生产技能和管理知识,提高了自己的文化层次。尤其是在城市生活的熏陶下,他们不仅接受了市场竞争观念。同时,他们中的一部分人返回原流出地——农村,带回了城市生活中新的文化观念、生产技能和管理知识,带回使用社会经济信息的经验和务工经商获得的资金,通过反馈知识和信息,发展非农产业,帮助家乡的经济发展,从而促进农村经济发展,对落后地区农村面貌的改变起着重要的推动作用。

3. 人口流动对计划生育的影响

人口流动使一部分青年推迟结婚,晚组家庭,或者部分已婚育龄青年晚育,从长远来看,有利于计划生育。2010年人口普查,流动人口中的未婚比例高达28.93%,比常住人口的未婚比例高9.22个百分点,而男性更是高达30.94%。这部分人口在外地务工经商,使其结婚年龄相应推迟。尤其是对女性来说,婚龄推迟,即缩短了生育周期,有利于控制人口。

生活在现代化都市的流动人口，其生产方式和生活方式都会发生变化，必然使其原有的生育观念受到冲击和影响，并使其逐渐形成新的现代生育观，进而降低人口出生率和生育率，达到计划生育，控制人口增长的目的。

流动人口从贫困地区出来，不仅可以改变本地区人口通婚圈较窄、观念陈旧落后的状况，有利于提高后代的健康水平；同时，流动人口由于受环境变化的影响，生存竞争的需要和生育成本的增大，加上城镇计划生育管理相对更加严格规范，这些流入人口在生育观念和生育行为上也会自觉不自觉地实行晚婚晚育，少生优生，这就从宏观上有利于控制人口数量，提高人口素质基本国策的实施。

四、人口流动对社会经济发展的不利影响

当然，在现实情况下，人口流动无论对流出地还是流入地都会带来一些不利的影响，其负面效应有的是暂时的，局部的，有的则可能是长期的，全局性的，影响到区域性的社会经济发展。

（一）农村青壮年人口大量外出，一定程度上影响农村经济发展

农业的持续发展，需要较高文化素质和生产技能的轻壮年劳动力，而流动人口中绝大多数是农村中年轻力壮、文化素质较高的劳动力，留在农村的则是一些妇女、儿童和老人。据普查资料计算，全省农村家庭户中，只有一个或者两个60岁及以上老人和一个未成年人的家庭有29.31万户，占农村家庭户的2%。农村受教育程度较高的青壮年劳动力大量外出，既降低了乡村人口的整体劳动能力，又降低了农村劳动力整体上的文化素质，也就势必会影响农业现代化的发展，影响农业产业化和集约化进程。造成的结果要么只有对土地采取粗放经营，要么使大量土地撂荒闲置，国土资源浪费，或者抛荒任其水土流失、土地肥力递减。由于缺乏有文化的劳动力，即使形成了人少地多现象，也很难实行大面积土地的规模化、机械化经营。普查数据显示，全省农村外出人口占户籍人口比例超过60%的村就有个501，个别村外出人口比例甚至高达90%，“空心村”现象在一些地方比较严重，值得高度重视。

（二）对社会管理造成一定影响

由于流动人口的居住和就业具有不确定性，由此给社会治安和户籍管理工作形成了较大的冲击。人口在乡村与城镇之间的流动无论是规模还是流向都是一种不对等和不稳定的现象，对农村地区来说，对于已经离开户籍所在地的外出务工人员，既难以掌握其流入地的具体居住地址，也不清楚其具体工作性质，更不能及时了解其流动变化情况，因而造成对外出人口管理上的失控。

对流入地区来讲，外来人口较为复杂，良莠不齐，鱼目混珠，其中少数人由于心态失衡、社会约束减弱等原因，犯罪倾向较为严重，并在社会上制造了一定数量的恶性刑事案件，抢劫案、盗窃案、诈骗案乃至凶杀案等屡屡发生。这些都在一定程度上影响了城市的精神文明建设和城市管理的规范化、秩序化。另外，大量外来人口流入城镇，必然会加重城镇基础设施的负担，造成交通更加拥挤、供水供电更加紧张以及城镇垃圾的增加和环境污染的加重等，也就必然加大了城市管理和工商管理的难度。

（三）流动人口对计划生育的负面效应

人口流动加大了计划生育工作的难度，给人口控制工作带来了相应的困难。主要是因为：流动人口构成复杂，管理困难；现有的经济处罚手段对流动人口难以奏效；现行的计划生育管理体制不适用于流动人口；在经济体制的转型期，城乡分割的打破，出现了一些计划生育政策管理上的死角和盲点。加之流动人口中育龄妇女规模庞大，潜存着巨大的生育压力。尤其是部分来自农村的流动人口受养儿防老、重男轻女封建思想的影响，为达到躲生、超生、抢生的目的来到城里，形成了一支支“超生游击队”，这一现象加大了城乡计划生育工作管理的难度。一定程度上影响了全省计划生育工作。流动人口计划生育管理一直是计划生育工作的重点和难点。

（四）人口流动对家庭产生的不利影响

农村劳动力外出务工弱化了留守老人的物质生活和精神生活，给留守儿童的学习、性格和心理的发展以及亲子关系的构建产生了消极的影响，单亲外出，影响夫妻间的情感交流以及夫妻关系的稳定。

农村青壮年劳动力大量外出，引起了农村留守老人的赡养及精神生活等一系列问题。据有关调查资料显示：留守老人中有73%的人认为现在生活过

得一般，有12%的则认为日子过得艰难。留守老人的经济来源绝大部分是靠自己务农，子女提供或者部分提供的仅占12%，而社会保障体系目前对农村留守老人的覆盖面很小；留守老人中有近一半认为心理有压力，并且感到孤单。与子女的沟通都是通过电话联系，大多一年只有几次，有的几年接不到子女一次电话。据调查，农村留守老人中心理压力很大的约占15%，存在一定心理压力的占42%。

农村劳动力外出务工对留守子女的学习、性格、行为习惯等造成不利影响。虽然外出务工增强了农村家庭对子女受教育的支付能力，形成了一些家长对子女接受教育的正确态度等。但是外出务工使家庭教育缺位，对子女良好行为习惯的养成产生诸多不利影响。一般说来祖辈对孙辈的教育存在一定弊端：一是祖辈大多关心孩子的温饱，对于如何给孩子提供良好的家庭教育并不重视；很多老人过分溺爱孩子，导致孩子的生活自理能力、自我控制能力差，怕苦怕累，使他们的学习产生了畏难情绪；祖辈中文盲和受教育程度低者所占比重较大，根本没有能力辅导孩子学习，更谈不上对孩子进行素质教育。即使是夫妻一方外出，单亲家庭教育对留守儿童的成长，特别是对子女的培养也是不利的。父亲或者母亲外出打工，长期不归，同孩子间缺乏沟通。同时，留守在家的单亲父母承担着养老扶幼、农活和家务劳动的重任，对孩子的教育缺少时间和精力。

除此之外，男性青壮年外出，留守农村的妇女大多数有生活压力感和孤单感，甚至发生性骚扰等导致她们的安全感很低。这种丈夫流动、妻子留守的农村家庭，使夫妻情感削弱，婚姻家庭的稳定性降低，甚至婚姻解体，家庭破裂。

五、经济社会对人口流动的影响

人口流动是商品经济发展的必然趋势，市场经是发达的商品经济。人口流动不仅是市场经济发展的必然产物，而且是市场经济进一步发展的重要条件。因此，社会经济发展，必然对人口流动产生一定的影响。

（一）经济发展对人口流动的影响

在发达的商品经济条件下，一切生产要素都需要通过市场来实现其有效配置。一切商品都需要通过市场交换才能实现其价值。因此，市场经济运行过程中发生的资本流动、货币流通、商品流通以及产业结构变动，都与人口流动有着密切的联系。

1. 资本投向决定人口流动的方向

市场经济运行过程中，首先要进行包括生产资料、资本、技术和劳动力等生产要素的有效配置，资本投向决定劳动力流动的方向。资本在地区间投向的变化，必然引起劳动力人口在地区之间的流动。因为，只有人口流动，才能不断地将劳动力要素合理地配置于社会生产效率最高的或者劳动力边际产出最大的地区。

根据近年来四川各市、州平均固定资产投资额，与2010年第六次全国人口普查资料汇总的流入人口进行相关分析，其相关系数高达0.99，充分说明投资与人口的流入具有非常强的相关性。凡是固定资产投资增长快的地区，必然出现区域性人口流动，使流入人口，尤其是从农村流入城镇的人口所占比重增高。

2. 产业结构变动决定人口流动的结构性变化

各产业部门投资的结果，形成不同产业结构类型的差异，决定了人口流动的结构性变化和流动人口的产业分布变化。随着市场经济的发展，必然要进行产业结构的调整，使生产要素随着资本有机构成的提高而在各部门进行重新组合。劳动力在部门间流动的结果，形成了流动人口的产业分布结构变化。一般来讲，在传统型产业结构向发展型产业结构转变过程中，大量农村剩余劳动力向城镇非农产业流动；在发展型产业结构和向现代型产业结构转变过程中，第一产业和第二产业劳动力向第三产业流动。不仅如此，产业结构转变的速度，也决定了劳动力转移流动的速度，形成地区之间流动人口产业分布的差异。

按照人口产业结构类型划分的一般标准，即：传统产业结构的一般标准值为：第一产业经济活动人口占50%以上，第二产业占25%左右，第三产业占25%以下；发展型产业结构的一般标准值为：第一产业经济活动人口占16%—49%，第二产业占26%—40%左右，第三产业占26%—49%；现代型产业结构的一般标准值为：第一产业经济活动人口占15%以下，第二产业占35%左右，第三产业占50%以上。根据2010年第六全国人口普查资料计算，四川一、

二、三产业在业人口占在业人口总数的比例依次为60.23%、16.32%和23.45%，在业人口的产业结构正处于传型统产业结构与发展型产业结构转变阶段，远远滞后于经济结构类型的变化。

同理，各地区产业结构类型不同，人口流动的速度不同，经济活动人口在各产业部门的分布也不同。根据2010年第六次全国人口普查资料汇总的流入人口与2010年四川各市、州二、三产业所占比重及第三产业增长速度进行相关分析，其相关系数分别为R=0.99和0.70，都具有很强的相关关系。说明四川劳动力人口流动主要表现为第一产业向第二、第三产业流动。而四川经济结构类型正在由发展型产业结构向现代型产业结构转变。由此可见，目前四川人口流动速度及外来劳动力在各产业部门的分布，不仅与各市、州经济发展密切相关。而且可以预见，未来四川人口流动还将进一步加速，只是流动的方向将会逐步发生变化，即主要由农村向城镇流动，发展为农村流向城镇与城镇之间流动并行。

(二)社会发展对人口流动的影响

1. 城乡一体化劳动力市场的形成促进了农村劳动力向城镇转移

大规模的人口流动，有力地促进了全国统一开放的劳动力市场的发育，并带动了户籍、就业等方面制度的改革。劳动力通过市场来配置是市场经济的内在要求，而劳动力市场的运行又是以劳动者的自由流动为前提。随着农村产权制度改革不断深入，获得生产经营权的广大农民，逐步摆脱了土地的束缚，离开家园，进入城镇，利用市场信息，寻求就业机会，参与市场竞争；城市政治经济体制改革，使进入城镇的农村劳动力，有机会通过劳动者与用人单位供需双方的自主决策实现自主就业，不仅使劳动力配置决策权由行政主体转移为市场主体，形成市场配置劳动力资源的新机制。而且，劳动力市场的形成，也带动了其他要素市场的形成和发育，使劳动力要素和其他生产要素能够在较大的地域空间内实现有效流动和优化组合。

2. 新型城镇化建设为农村人口流入城镇创造了宽松的社会环境

城镇化社会不仅仅是人类一种居住方式的改变，它更是一种完全不同于农业社会的新的文明层次，是人类发展的必经阶段。发达国家的经历表明工业化是城镇化的动力，人口流动是城镇化的途径之一。当前，四川城镇化水平不仅低于全国平均水平，也低于发达地区在同一工业化水平时的城镇化水平，甚至低于目前在同一发展水平上的地区和城市。也就是说，与一般城镇化水平相比，四川表现为“城镇化不足”。

对此，省委、省政府高度重视，着眼四川全局和长远发展的战略部署，把加快推进四川新型工业化新型城镇化，作为全省当前和今后一个时期加快发展的“重头戏”。提出：未来五年，我省将构建起以成都特大中心城市为核心，20个区域中心城市为依托，300个左右中小城市和重点镇为骨干，1500个左右小城镇为基础，布局合理、层级清晰、功能完善的城镇体系，促进大中城市和小城镇协调发展。同时快速起步建设天府新区，使成都的集聚辐射能力进一步增强。提升成都平原城镇群和川南城镇群的综合竞争力，发展攀西城镇群和川东北城镇群。同时，省政府在四川2010年经济体制改革工作意见中，提出户籍制度改革、农村产权制度改革、耕地保护机制创新等内容。上述意见和措施为各级政府合理规划，采取多种措施引导农村富余劳动力向城镇、非农产业转移，努力改善农民进城务工环境，促进农村劳动力有序流动创造了宽松的社会环境。

六、加强对流动人口管理的对策建议

流动人口管理工作涉及方方面面，是一项综合性的社会工作。必须按照党的十七大精神和科学发展观的要求，进一步统一思想，提高认识，形成农村与城市社区、机关、企事业单位及相关部门、社会团体齐抓共管的新格局，推动涉及流动人口服务管理的各项工作协调发展。

(一)建立服务及福利体系，为“农民工”融入城市提供政策支持

当前，我省正处于城镇化、工业化和城乡一体化快速发展的新时期。新型城镇化促进新型工业化，新型工业化带动新型城镇化，是加快四川经济社会全面发展的重大战略部署。“两化互动”客观上要求进入城镇的农村人口，尤其是“农民工”无障碍融入城市。“农民工”是一个多元群体，他们的拆求各不相同，需要各级政府根据本地实际，制定相关政策措

施，消除“农民工”融入城市社会的各种障碍和影响因素。

1. 为“农民工”提供就业服务

各级政府人社部门要研究、制定适合农村劳动力到城镇就业的服务模式，并同发改、工商、住建等政府职能部门，以及社会就业机构之间，建立就业信息沟通的长效机制。在农村建立就业服务体系，将有关就业政策和城镇用工信息直接传递给农民；政府基层组织，主要是农村乡镇一级政府应建立“农民工”就业统计和用工信息发布制度，以及就业预警机制，为“农民工”进城就业和返乡创业提供政策支持和信息服务。

2. 保障“农民工”的合法劳动权益

近年来，国家和各级地方政府先后制定了保护“农民工”合法劳动权益的有关法律法规，但由于各地对政策执行不到位，甚至有的部门制定的行业管理规章与政府的相关法规相冲突。有的政策法规不完善，不配套。致使“农民工”的合法劳动权益没有得到的保障。对此，国家和各级地方政府应进一步制定、完善保障“农民工”合法劳动权益的相关政策、法律法规。同时，人社部门要联合发改、工商、税务、住建、政法部门监督政府的各项政策法规的执行，切实杜绝对“农民工”的就业歧视、同工不同酬、拖欠工资、劳动用工管理不规范、不签劳动用工合同、劳动安全条件差等现象发生。

3. “农民工”的社会福利应与城镇居民一视同仁

要使“农民工”融入城市，除为“农民工”提供就业服务，保护“农民工”的合法劳动权益外，“农民工”的社会福利也要与城镇居民一视同仁。尤其是“农民工”子女教育、养老保险、医疗保险、住房保障等，应纳入城镇义务教育体系、城镇养老、医疗等社会保险体系和城镇住房保障体系。据了解，目前个体私营企业未给职工购买“社保”的现象比较突出，主要原因是这些企业没有纳入社保监管体系。而在这些企业就业的职工大多数都是“农民工”。因此，各级政府人社部门应联合工商、税务、政法等部门，督促检查个体私营企业为所雇用人员提供必要的社会福利，使职工真正享受到应该享受的社会福利。

4. 积极稳妥推进户籍制度改革

“农民工”进入城市，一方面未能享受到与城市居民同等的就业服务及各项社会福利，另一方面，由于城乡二元结构的户籍关系，“农民工”双重占用社会资源，有的地区农村户籍人口的福利待遇高于城镇居民，致使部分农民不愿转化户口。对此，发改部门应会同人社、财政、住建、公安等部门研究执行国务院颁发的关于农村人口自由向城镇迁徙政策，制定相关落实措施。符合政策的应允许其将农村户口转为城镇户口；暂时不符合条件的，可以“托管”方式，将承包经营的土地交由村（社）托管经营，经营收入的一部分可用于为原土地承包人购买新农保和新医保，剩余部分归集体所有。如若原承包人返回家乡，再将其承包土地退给承包人经营。

（二）建立流动人口管理“属地化”模式

流动人口管理“属地化”，是指充分发挥基层政府和群众自治组织的作用管理流动人口。流入城镇的人口大多是外地农村人口，离乡背井流入异地，最迫切需要的是入乡随俗，被流入地所接纳。流动人口管理“属地化”，就意味着流入地政府、社区把他们看作本地人口，能够无障碍地接纳他们，他们就会更快地接受当地政府和社区的管理。

因此，城镇社区、居委会要切实转变观念，加强对流动人口的服务，树立服务意识，维护流动人口的合法权益。以利益导向为基础，对流动人口信息进行及时、准确、全面登记，把提高流动人口登记率始终作为流动人口管理工作的重点，为政府及有关部门管理流动人口提供准确可靠的信息。

城镇社区、居委会，对流动人口的管理要由以社会制约为主的治安管理向综合服务管理的方式转变，由“重管理、轻服务”向“管理、服务并重”的方式转变，进而转变政府职能，在加强管理的同时，把尊重和保护流动人口的合法权益置于管理工作的首位，切实保障和维护流动人口参政议政、选民登记、行使选举权和被选举权、加入党团组织、平等就业、劳动安全、同工同酬、按时足额领取工资、申办工商营业执照、购买经济适用房、生活居住、社会保障、子女就学等的合法权益。充分发挥工会等组织对维护流动人口合法权益的监督作用，及时解决流动人口权益受侵害问题。将管理寓于服务之中，在服务中管理，使流动人口的服务和管理日趋和谐、稳定。

（三）正确引导人口有序流动

人口流动是社会主义市场经济发展及工业化、城市化和农业现代化的必然趋势，人口流动归根结底是农村剩余劳动力的转移问题。但是，现阶段我国国情决定了城市对农村人口的容纳能力有限。同时，农业现代化也需要有一定数量和较高文化素质的青壮年劳动力。因此正确引导人口有序流动，是经济发展和社会安定，正确解决“三农”不可忽视的重大问题。

1. 探索土地经营新模式，不断推进农业现代化

针对我省实际，积极引导农村剩余劳动力向农村非农产业流动，以及通过发展现代农业就地转移。如发展生态农业、绿色农业、旅游观光农业；积极引进以农产品为原料的工商企业到农村投资，以“公司＋农户”、“农、工、商”一体化等形式，“工厂式”经营土地，形成生产加工一条龙，推动农村非农化、农业现代化；大力发展农村专业合作组织，提高土地规模经营水平；搞好农副产品深加工、精加工，提高农产品附加值，不断推进农业产业化发展等等，吸引农业剩余劳动力就地转移。

2. 大力发展小城镇

小城镇不仅是吸收农村剩余劳动力的“蓄水池”，而且也是乡镇企业规模经营的基地。因此，要加快小城镇建设，完善小城镇建设的各项政策措施，促进小城镇在吸收农村剩余劳动力就业和城乡经济协调发展方面发挥更大作用。

3. 合理引导农村剩余劳动力向大、中城市有序流动，以满足城市经济发展对劳动力的需求，补充某些类型就业岗位的空缺

如大力发展和完善各种形式的就业中介组织，开展用工信息、技能培训、就业咨询、职业介绍等系列化服务，增强人口流动的目的性和有序性；建立跨地区、跨部门的农村剩余劳动力市场，推进市场信息网络建设，并逐步形成全国统一的劳动力市场和人口流动的合理导向机制，真正实现“信息导向、按需流动、凭证管理、全程服务”的目标。

此外，还可通过政府和民间多种渠道，扩大劳务输出市场，积极开拓国际劳务输出的渠道。

（四）建立农村儿童教育和监护体系，保护留守儿童健康成长

农村人口进城务工之后，父母缺位的家庭越来越多。在家庭教育缺位，没有可靠的人作为留守儿童监护人的情况下，建立和完善农村社区教育和监护体系非常重要。一方面可以避免“隔代教育”和“单亲监护”、“亲朋监护”、“兄长监护”及“姊妹监护”给留守儿童的学习、性格和心理的发展，以及亲子关系的构建产生的消极影响；另一方面，也有利于全面提升农村少年儿童教育教学质量。同时，少年儿童的教育也是家庭、学校与社区共同的义不容辞的责任。在农村建立留守儿童教育和监护体系，可以由基层社区、学校和共青团三家牵头，联合妇联、工会、村委会和派出所，共同构建农村中小学生的教育和监护体系，为少年儿童的学习与生活提供有效帮助，保护农村留守儿童健康成长。

四川省人口普查办公室　陈智　郭先全　魏翰　刘志东　马本昌

浙江人口城镇化及城镇规模分布研究

引言

城市是工业革命后人类生产、生活的主要空间。工业革命引起劳动生产率大幅提高，促使农村人口向城镇聚集，城镇化水平不断提高。目前，世界上主要发达国家的多数居民都已生活在城市中，但发展中国家仍处于大规模工业化阶段，城镇化还有较大空间。作为一个发展中的大国，伴随着经济的快速增长，中国展开一场规模宏大的城镇化运动。

全球化的不断深化，不仅改变了产业的空间分布和生产组织形式，而且把城市直接纳入到全球竞争体系中，每个城市都面临来自外部和内部多方面的挑战(Belland，2000)。浙江城市发展日新月异，同样面临着诸多内部矛盾和外部竞争，为使浙江未来的新型城镇化之路更为和谐，有必要利用第六次全国人口普查资料，对建国以来浙江人口城镇化进程与城镇规模分布特征进行研究。

开展浙江人口城镇化进程与城镇体系规模分布的探讨，理论上有利于深化对浙江城市发展规律的认识，加深对浙江城镇化及城镇体系分布特征及演化机制的理解，总结浙江城镇化的成功经验和典型模式。在全国整体城镇化背景下，浙江城镇化与城镇体系规模分布有其自身的独特性，通过对其现实特征和演化机理的研究，能够发现浙江有别于其它地区的城市发展规律，并从中得到有益的经验和启示，实践上可为未来浙江的新型城镇化道路提供有价值的对策建议，促进浙江城镇化与经济社会的协调发展。

一、浙江人口城镇化进程及特征

城市是社会生产力发展的产物，也是一个国家或地区政治、经济、文化聚集的中心，城镇化进程一定程度上反映出一个地区社会经济发展轨迹。建国以来，伴随着经济社会的发展，浙江省的城市发展和建设经历了不平坦的道路(马裕民、毛必林，1992)。

(一)浙江人口城镇化进程

1. 浙江城镇化的初期阶段(1949～1977 年)。 建国初期，我国实行社会主义工业化建设，一度出现工业化引起的高速城镇化，但很快受国民经济调整的影响，工业发展停滞，政府大力精简城市人口，人口流动受到严格限制，“文革”前期大量的知识青年和干部下放农村，城镇化进程受到抑制，发展缓慢。这一阶段，浙江的城镇化进程与全国城镇化轨迹基本相同，经历了 20 世纪 50 年代的较快发展、60 年代和 70 年代的徘徊不前，浙江城镇化水平由 1949 年的 11.8%上升为 1978 年的 14.5%，年均提高 0.09 个百分点。

2. 浙江城镇化的起步阶段(1978～1984 年)。 这一时期，在农村生产关系改革推进和经商传统的鼓舞下，浙江农业生产力得到迅速发展，农村集体和农民家庭的农业剩余在农村内部转移为乡镇企业发展的原始资本，浙北浙中地区的乡村集体企业、温台地区的联户企业与个体私营经济得到快速发展(王琳等，2009a)。依赖于乡镇企业及个私经济的快速发展，小城镇的数量和规模都有了一定的增长。

但由于此阶段农民对土地的依赖仍相当强烈，大部分农民仍不愿放弃农业生产；同时，城乡分割的管理制度，也使得城乡人口难以自由流动，所以城镇化处于农村城镇化的起步阶段。浙江城镇化水平由 1978 年的 14.5%上升为 1984 年的 15.6%，整体水平仍不高。

3. 浙江城镇化的稳步发展阶段(1985～1998 年)。 随着浙江市场经济的不断发展，乡镇工商业蓬勃兴起，农村工业化进一步发展，越来越多的农民进入城镇务工经商，促进人口和生产要素向小城镇聚集。许多地区纷纷撤乡建镇、修街造房，规划出生活区、商业区、乡镇工业小区，鼓励农民进镇投资办厂。一批有较强专业特色和经济辐射功能的新型城镇迅速发展起来，如绍兴的柯桥、黄岩的路桥、诸暨的枫桥等。工业化、市场化促进了浙江经济要素和人口的向优势地区集中，同时城镇化的相关政策开始注重引导产业集聚。以“乡镇行政区划调整”、“园区（开发区）建设”为代表的“自上而下”空间组织力量，逐步成为城镇化加速发展的主要动力。浙江城镇化的发展步伐加快，至1998年浙江省城镇人口增加到2236万人，城镇化水平达36.7%，年均增长1.11个百分点。

图1　1949—2011年浙江省城镇化水平

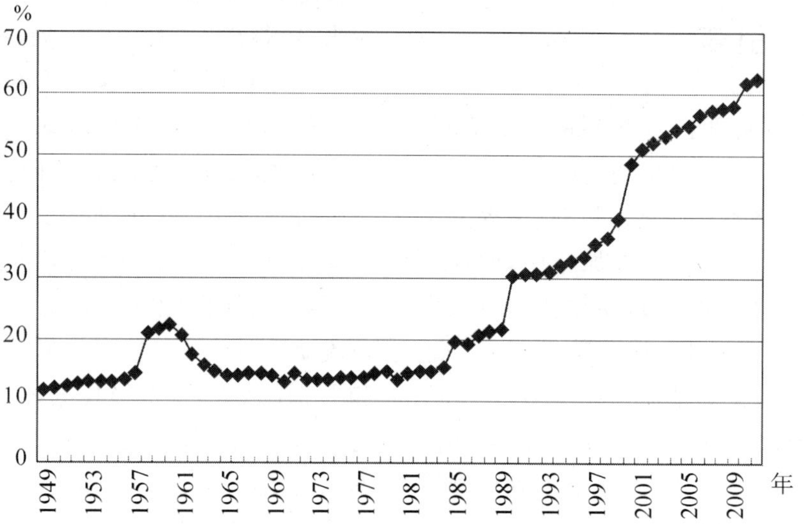

资料来源：《浙江省50年统计资料》和历年《浙江省统计年鉴》。

4. 浙江城镇化的加快发展阶段（1999～2005年）。1998年12月，省第十次党代会根据浙江经济社会发展阶段性变化的要求，作出了“要不失时机地推进城镇化进程”的战略决策。1999年实施《浙江省城镇体系规划（1996－2010年）》，在全国率先制定《浙江省城镇化发展纲要》。2000年，省委、省政府印发了《关于加快城镇化若干政策的通知》。在户籍、土地、投融资等方面一系列配套政策的改革，逐步破除了传统体制的种种束缚，浙江城镇化开始驶入快车道，进入加速发展的新阶段。1998～2005年，浙江城镇化水平从1998年的36.7%提高到2005年的56.5%，年均提高2.8个百分点，表现出前所未有的快速增长。

5. 科学发展的新型城镇化阶段（2006年至今）。2006年，为更好地贯彻落实科学发展观，浙江省委、省政府在全国率先出台了《关于进一步加强城市工作走新型城镇化道路的意见》，提出“走资源节约、环境友好、经济高效、社会和谐、大中小城市和小城镇协调发展、城乡互促共进的新型城镇化道路”。新型城镇化战略提出后，遵照“集约、统筹、和谐、创新”的原则，浙江城镇化逐步进入了质的提高和功能完善为主的新阶段，2010年城镇化水平达到61.6%，年均提高0.53个百分点。2011年，全省居住在城镇的常住人口为3403.4万人，城镇人口比重达到62.3%，比2006年提高5.8个百分点，城镇化迈上新台阶。

（二）浙江人口城镇化的主要特征

建国以来，浙江省城镇化经过曲折发展，当前仍处于快速发展阶段，在全国各水份中处于较高水平，内部地区之间差异明显。概括起来呈现出以下特征：

1. 在全国各省份中处于较高水平。城市是人口等要素在空间上聚集的产物，由于地区间的经济增长、区位条件等存在明显差异，城镇化出现空间聚集特征。全国分区域看，2010年我国东部、中部、西部和东北地区的城镇化水平分别为59.70%、43.55%、41.43%和57.67%，东北和东部地区的城镇化水平明显高于中部、西部地区。分省份看，城镇化水平最高的是上海，为89.30%，其次为北京和天津，分别为85.96%和79.44%；最低的是西藏和贵州，分别为22.67%和33.78%；超过全国平均水平的省份有13个，超过50%的省份有11个。浙江省的城镇化水平居第5位，位居3个直辖市及广东省之后，全国城市化水平50.27%高出11.3个百分点。

2. 省内各地区城镇化水平差异较大。浙江城镇化水平并不均衡，不同地区之间存在明显的差异。2000年和2010年两次全国人口普查数据显示，全省城镇化水平大致可以分为三个层次：杭州市、宁波市、舟山市和温州市为第一层次，2010年城镇化水平超过60%，其中杭州市作为省会、政治、经济、文化中心，城镇化水平高居榜首；金华市、绍兴市、台州市为第二层次，2010年城镇化水平在55%—60%之间；嘉兴市、湖州市、丽水市、衢州市为第三层次，2010年城镇化水平低于55%（含50%）。最高的杭州（73.25%）与最低的衢州（44.13%），城镇化水平相差近30个百分点。

3. 四大中心城市的带动效应日益明显。经济基础较好的杭州、宁波、温州、台州四个中心城市的城市集聚功能表现较为充分，有效地带动了人口、要素的流入，人口增长较快，杭、宁、温、台四大中心城市在浙江省省域城镇体系中的龙头地位已基本确立。特别是杭州市，在萧山市和余杭市并入后，有了更大的发展空间，2010年市辖区人口达到434.82万人，成为长江三角洲地区仅次于上海的特大城市。目前，杭州、宁波、温州、台州四大中心城市正逐步发挥它们作为中心城市在城镇化进程中所应承担的主导、带动作用，而其他城市，如衢州、丽水、舟山等城市的人口规模依然偏小，向心力作用不强，人口集聚和经济总量的扩张显得相对缓慢（潘强敏等，2009）。

4. 城镇化水平与经济发展基本相符。将各地区的城镇化水平与人均GDP相对照，发现两者总体上呈现出一致性，两者之间的相关系数为0.73，为显著性正相关；杭州市、宁波市的人均GDP分居前两位，其城镇化水平也是前2名；但也存在一定的差异，温州市的人均GDP相对较低，城镇化水平却较高。城镇化水平与人均GDP的一致性说明城镇化水平最终由经济发展程度决定，两者之间的差异性也反映出各地的不同经济发展特征。

5. 城镇化进程中城市空间规模扩张迅速。浙江设市城市面积由1981年的11182平方公里扩大到2006年的52664.95平方公里；其中，建成区面积扩大12.7倍，建设用地面积扩大15倍（王琳等，2009a）。2006—2010年城市建成区面积又由1744.16平方公里扩大为2757.36平方公里，四年增长58.1%。伴随着空间规模扩张，城市人口不断增加，全省市区人口超过100万人的特大城市由1995年的1个增加到5个，市区人口在50—100万人之间的大城市由6个发展到10个。

（三）浙江人口城镇化的典型模式

综合以往文献，结合浙江城镇化实际情况，可将浙江城镇化概括为以下五种典型模式：

1. 义乌模式。义乌市的产业集聚是先从横向经济联系突破，再向纵向经济联系延伸，进而推动城市在空间上由内向外地圈层式扩张的。义乌城市发展属于典型的"以商兴三（第三产业），以商促工，以商强农，以商富民，以商建城"。改革开放以来，义乌在小商品市场的带动下，资金、技术、劳动力等要素市场渐次发育，横向的关联产业，如交通运输业、电信金融业、旅游餐饮业、房地产业和其他生产生活服务业，迅速地发展起来。由于规模经济、范围经济和外部经济的共同作用，产业集聚又进一步纵向延伸，促进了专业化分工和专业化交换，形成了前后向联系密切的、连续的生产经营体系（葛立成，2004）。与这一类型的产业集聚相关联，义乌城市空间基本上是一种以中心商业区为核心，城区面积不断扩大，呈现出由内向外的同心圆的圈层式扩张。

2. 嘉善模式。嘉善县的产业集聚主要发生于木业、电子产业等领域，以外来资金等生产要素的集中推动为特征。从空间结构看，这种纵向为主的产业集聚基本上都是依托于魏塘镇而展开的，其城镇化的进程呈单极式的态势。改革开放以来，魏塘镇GDP在嘉善县所占比重，尽管有些波动，但总体呈上升趋势，全县的产业活动明显具有以魏塘镇为中心的集聚倾向。外来的投资加剧了这种纵向为主的集聚和单极式的城市扩张。外来生产要素所推动的产业集聚，同样集中于魏塘镇及其周围，同样主要依托纵向经济联系，来展开外来投资企业与外来投资企业、外来投资企业与当地企业之间的分工协作，延伸和配套产业链。人口集聚也反映出以魏塘镇为中心的单极式城市扩张。1998年魏塘镇户籍人口占全县的25.4%，比1987年增加了4.0个百分点；而同时全县其他18个乡镇的户籍人口，除大舜乡持平外,其余均呈下降趋势,其中下降幅度最大的达0.8个百分点。在全县6.7万人的暂住人口中,就有3.4万人在县城魏塘镇,占50%以上,为各乡镇最高。目前,嘉善的城区面积已进一步由1998年的9平方公里扩大至14平方公里,城区人口也由8万人增加到了14万人(葛立成,2004)。

3. 温岭模式。温岭市是产业特色比较鲜明的一个地区,大量要素和企业集聚于摩托车、汽配、机电、鞋服皮塑、水产食品等五大产业,并形成了一批特色工业园区。尽管温岭的产业集聚主要也因纵向经济联系而形成,但由于该市将园区尽量布局于市区或中心镇的边缘,定位于"新区+园区",因而其产业集聚在相当程度上成就了城市的区块式扩张(葛立成,2004)。园区按城市总体规划的要求和标准进行设计和建设,本身就构成了城市的一个组成部分,同时产业集聚又带动了人口集聚,形成了新区和老城互相促进、互动发展的局面。

4. 乐清模式。乐清市产业集聚的发生背景,是家庭工业的崛起以及农村工业化的发展。"家庭工业+专业市场+供销大军"和"小产品大市场、小企业大集聚、小商人大流动、小城镇大幅射"的发展格局,促成了乐清以电气机械及器材、电子及通信设备、机械制造业和服装业为特色的产业集聚。这种产业集聚,同样以纵向经济联系为主,但由于受地理条件的制约,基本上沿104国道展开,因而形成了从虹桥、乐成、柳市到北白象的"工业经济走廊"以及珠串状的城市扩张模式(葛立成,2004)。虹桥、乐成、柳市和北白象是乐清的四大经济重镇,产业向这四大重镇的集聚,带动了城镇基础设施建设和建城区面积的扩大,带动了农村剩余劳动力向非农产业的转移和农村人口向城镇的集中,加快了城镇化的进程。但是,由于乐清的产业集聚因地理条件的限制而沿虹桥、乐成、柳市和北白象呈轴线分布,未能形成或依托一个比较强大的"极点",因而其城市的扩张和城镇化的进程,基本上是以珠串形态整体推进的。

5 龙港模式。作为"中国第一座农民城"的龙港镇,真正体现了民间力量的代表广大农民群众不仅是小城镇资金的主要投入者,而且也是小城镇的建设者,是"造城运动"的实际执行者。1981年6月18日苍南县从原平阳县析出,出于县域经济利益的考虑,1982年新建的苍南县决定在本县的经济重心——江南片的出口方岩下一带建立本县的经济中心。1983年浙江省人民政府批准龙港建镇,到1984年正式建镇时,龙港只是一片荒凉的港湾和几个冷落的渔村,全镇面积只有7.2平方公里,人口不到7000人(史晋川等,2004)。龙港在其建设初期的1984年下半年到1986年的两年多时间里,平均每天有6000多农民在日夜奋战,整个建设工地在夜间灯火通明。到1986年底,建成的房屋总建筑面积达102万平方米,城建总投资1.9亿元。其中私人住宅13236间,建筑总面积559878平方米(朱康对,2003)。不到3年时间,一座新兴的小城镇已经初具规模。由于出资者就是建设者,利益上的直接相关性,形成了巨大的建镇积极性,带来了建设的高速度。另一方面,千家万户根据各自经济实力和实际需要而具体安排建设项目,确定建设规模,也有效地避免了由政府投资集中决策可能产生的好大喜功、摊子铺得过大、建设周期过长等弊端(张仁寿,1999)。

二、浙江城镇体系规模分布及演化

城镇体系是区域社会经济发展到一定阶段的产物,是城市带动区域的最有效的组织形式,完善的城镇体系能为区域发展提供合理的空间依托。新中国成立后,大规模的经济建设和社会发展推动着浙江城镇体系不断演化、发展。

(一)浙江城镇体系中的城镇数量变动

1. 改革开放前的城镇数量变动。1949年中华人民共和国成立,浙江省形成10个专区、9个市、78个县的行政格局。全省共设杭州、温州、宁波3省辖市,嘉兴、宁波、衢州、建德、温州、台州、丽水、金华、临安、绍兴10专区和嘉兴、湖州、绍兴、金华、兰溪、衢州6地辖市,以及78个县、2个专署直属区。到1952年底,浙江省共有杭州、宁波、温州、嘉兴、湖州、金华、绍兴7个设市城市,195个建制镇,城镇人口281.7万人,占总人口的比重上升到12.7%(陈国灿,2008)。

1955年6月国务院通过《关于设置市、镇建制的决定》,同年11月通过《关于城乡划分标准的规定》,根据这些规定,浙江省对各地区的城镇建制进行了适当调整，扩大杭州市的管辖区域，绍兴市由专区辖市升格为省辖市；镇建制方面，进行乡镇并编，乡镇数量大减。

从1958年起，浙江城镇数量进入动荡起伏阶段。1958年开始的“大跃进”运动改变了浙江城镇建设原有的发展进程，城镇市政设施建设大规模展开，城市数量虽没有多大变动，但城镇人口迅速增加到587.91万人，出现一些矛盾和问题。从1963年起根据国家统一部署，浙江各地实行国民经济调整，1964年国务院发布《关于调整市镇建制、缩小城市郊区的指示》，浙江省陆续撤并了近100个建制镇，在城市一级，撤销嘉兴、湖州、绍兴、金华4个建制市，仅保留杭州、宁波、温州3个省辖市。从1966年开始的“文化大革命”时期，浙江城镇发展处于停滞状态，城市数量基本没有变化。到1978年底，全省只剩杭州、宁波、温州3个省辖市。

2. 改革开放后的城镇数量变动。总体来看，改革开放后浙江城镇数量迅速增加，设市城市由1978年的3个增加到2006年的33个，但从2001年开始全省设市城市数量渐趋稳定。建制镇则由1978年的167个增加到1998年的1006个，之后由于市辖区增多和扩大中心镇、建制镇规模的需要，建制镇数量逐年减少，2010年调整至728个。

1979年浙江省重新设置了60年代被撤并的绍兴、嘉兴、湖州、金华、衢州5个地区辖市，1981年实行市、县合并，同时将部分县改制为地辖市，1982年城市数量增加到9个，1986年增至14个。

到1990年底，浙江省有设市城市25个，其中杭州、宁波、温州、嘉兴、湖州、绍兴、金华、衢州、舟山9市为地级市（省辖市）；萧山、余姚、慈溪、奉化、瑞安、海宁、诸暨、兰溪、东阳、义乌、江山、丽水、龙泉、椒江、临海、黄岩16市为县级市（地辖市）。1991年上半年，平湖县经国务院批准也改为平湖市，位全省设市城市总数达到26个。1990年建制镇为750个，比1952年增加2.9倍，平均每年增加14.6个。

至2010年全省形成100万以上人口的城市5个，50万—100万人口的城市6个，20万—50万人口的城市14个，20万人口以下的城市（镇）47个。依托沪杭甬、甬台温、杭金衢等交通廊道，初步形成了环杭州湾、温台沿海、浙中等一大批在全国具有重要影响的大中城市和小城市、中心镇组成的城市群。

（二）浙江城镇体系的规模分布

1. 规模等级体系。从城镇规模来看，不同规模等级城市之间的关系可用位序——规模模型来表示（许学强等，1997）。地级城市以市区人口数作为城市规模指标，县级城市以城区人口为城市规模指标，按人口数量多少划分城市规模等级，得到浙江城市的规模等级体系。

表1 浙江省城镇人口规模等级分布（2010年）

规模等级	城市名称	城市数（个）	α_i（%）	β_i（%）	k_i
>200万人	杭州、宁波	2	6	32.3	—
100—200万人	温州、湖州、台州	3	9.1	20.2	1.5
50—100万人	嘉兴、绍兴、金华、义乌、衢州、舟山	6	18.2	22.9	2.0
20—50万人	富阳、余姚、慈溪、奉化、瑞安、乐清、诸暨、上虞、嵊州、兰溪、东阳、温岭、临海、丽水	14	42.4	17.6	2.3
<20万人	建德、临安、海宁、平湖、桐乡、永康、江山、龙泉	8	24.2	7.0	0.6

资料来源：《中国城市建设统计年鉴2010》。

表1显示，不同规模等级的城市数量呈橄榄型分布，人口在20—50万人的城市数量最多，共14个，占到全部城市数量的42.4%，其次是人口小于20万人的城市数量共8个，占到全部城市数量的24.2%；再次是人口规模在50—100万人的城市数量，人口在于100万人的城市数量相对较少。每一规模等级城市个数与上一级规模城市数的比例先升后降，不同规模级别的城市总人口所占比重与城市规模呈正相关，随着城市规模级别下降，城市人口总数所占比重也呈下降趋势。

2. 城市首位分布。城市首位度指一国或地区最大城市与第二位城市人口的比值，是衡量城市规模分布状况的常用指标，首位度大的城市规模分布被称为首位型分布。浙江省的首位城市为杭州，2010年市区人口434.82万人，第二大城市为宁波，市区人口223.26万人，则城市首位度为

$$f_a = p_1/p_2 = 434.82/223.26 = 1.95$$

与城市首位度类似的指数还有首位比、四城市指数、十一城市指数等，计算得浙江城市体系的首位比、四城市指数、十一城市指数分别为0.21、0.81及0.78。从首位度、首位比、四城市指数及十一城市指数的计算结果可知，浙江城市体系呈现出的首位分布特征，杭州作为首位城市，规模明显大于其它城市。

3. 位序——规模法则。城市体系的位序——规模结构从不同规模级别城市的数目与人口数量之间的关系反映体系发育的水平。根据浙江省33个县级以上城市的人口规模，以第i位城市位序的自然对数ln(r)为自变量，以第i位城市人口数的自然对数$\ln(P_i)$为因变量，进行回归分析。得到

$$\mathrm{Ln}(P_i) = 6.4256 - 1.0806 \times \mathrm{Ln}(r) \qquad (1)$$

(0.0346) $R^2 = 0.9782$ $F = 740.8619$ $P = 0.0000$

回归模型的判决系数高达0.9782，F统计量通过1%的显著性检验，自变量通过T统计量的1%显著性水平检验。回归系数的符号反映出城市位序与城市人口规模之间呈负相关关系。

将上式变换为指数形式，得到浙江省设市城市等级规模分布的模型：

$$P_i = 617.45.13 r^{-1.0806} \qquad (2)$$

发现得到理论上首位城市的规模为617.45万人，与杭州的实际人口规模相差较大，故再把首位城市(杭州)人口数的对数值$\ln(P_0)$作为已知条件，利用除杭州外其余32个城市的人口规模数据进行估计。得到城市等级规模分布模型为

$$P_i = 434.82 r^{-1.1126} \qquad (3)$$

综合式(2)、式(3)，几种情况下q值都大于1，说明浙江城市体系呈首位分布型特征。另外，从各城市的经济规模及市辖区建设用地规模等进行类似的分析，发现浙江省城市体系分布同样呈现出首位型分布。

(三)浙江城镇体系的规模分布演化

随着改革的不断深化和城镇化进程的推进，各种产业、人力等要素不断向大中城市聚集，浙江省的城市规模不断扩大。到2010年底，浙江共有特大城市3个、大城市15个，中小城市15个。

表2　浙江不同规模城市数量变动情况

单位：个

年份	城市数量	特大城市	大城市	中小城市
1978	7		3	4
1995	34	1	6	27
2000	33	1	9	23
2005	33	2	11	20
2010	33	3	15	15

注：按照国家有关城市规模的划分标准：特大城市为市辖区非农业人口100万人以上；

大城市为20—100万人；中小城市为20万人以下。资料来源：历年《浙江统计年鉴》。

从表2可以看出，1978—1995年，浙江省城市数量剧增，规模明显扩大，杭州逐步成为特大城市，但中小城市增长较快。1995—2010年，城市数量基本稳定，大城市和特大城市数量都有明显增加，而中小城市明显减少，说明这一阶段浙江城镇化水平上升主要是由于城市规模扩大所带动，而且大城市的规模扩大快于中小城市，中心城市的聚集功能得到进一步强化。

根据相应的统计资料，计算得到1982—2010年间典型年份浙江城镇体系的首位度、四城市指数、十一城市指数及q值，具体见表3。

表3　典型年份浙江城镇体系规模分布指标

指　　标	1982	1990	1995	2000	2005	2007	2010
首位度	1.41	1.23	1.04	1.25	1.92	1.91	1.95
四城市指数	0.51	0.47	0.39	0.46	0.82	0.82	0.84
十一城市指数	—	0.26	0.20	0.22	0.39	0.39	0.41
q值	1.07	1.25	1.18	1.04	1.14	1.09	1.11

注：地级城市规模以市区人口来反映，2000年以前的县级城市规模以非农业人口来反映，2000年后以城区人口规模来反映。资料来源：历年《浙江省统计年鉴》、历年《中国城市统计年鉴》、历年《《中国城市建设统计年报》。

表3显示，浙江城市体系的首位度大于1，四城市指数大于0.33，十一城市指数大于0.1，q值都大于1，说明浙江城市体系呈现出首位型分布。总体上，四个指标的值都呈上升趋势，说明浙江城市体系首位分布特征越来越明显，杭州作为首位城市其中心聚集效应日益突出。从2000年到2005年四个指标数值都有显著的增加，原因在于2002年杭州市区行政区划调整后市区范围明显扩大，人口规模也明显变大，使得杭州在浙江城市体系中的首位城市地位更为突出。

三、浙江城镇化及城镇体系演化机理及经验

(一)浙江人口城镇化的演化路径

审视建国以来的浙江城镇化进程，可以发现浙江城镇化大致遵循着“与全国基本一致的波动型城镇化”→“具有浙江特色城镇化模式”→“科学发展的新型城镇化”的逐步演化路径。

1. 与全国基本一致的波动型城镇化。改革开放前，由于实行是高度集中的计划经济，各省执行与中央政府完全一致的政策，导致浙江城镇化轨迹与全国一致。当时，浙江城镇化进程主要受政府行政区划调整、城镇建制设置、“大跃进”、“文化大革命”等政策因素的影响，整体城镇化水平较低却呈现出较大的波动与起伏。

2. 具有浙江特色的城镇化模式。20世纪80年代浙江虽仍执行国家“控制大城市规模，合理发展中等城市，积极发展小城市”的城市规划建设方针，但浙江民营经济迅速发展，个体、乡镇企业及专业市场日益兴起，由此引发的以小城镇为主的乡村城镇化日益明显。至90年代初，随着工业化、市场化的深入，基础设施日益完善，浙江城镇化逐步走集约化发展道路，转向中心城市发展战略。21世纪初随着城乡问题日益突出，浙江提出“统筹城乡发展、推进城乡一体化”的目标，走出城乡统筹发展的城镇化道路。改革开放后，浙江在城镇化的路径选择、发展速度、动力机制、产业布局、城市经营、发展定位等各方面进行摸索，逐步形成具有浙江特色的城镇化道路，城镇化水平也不断提升。

3. 科学发展的新型城镇化道路。为改变粗放型城镇化增长方式，提高城镇化质量，促进城乡统筹发展，2006年浙江率先提出“新型城镇化”发展战略。城市粗放增长虽说不单是浙江城镇化所面临的问题，但浙江在科学发展观的指导下率先提出“新型城镇化”的战略措施，具有一定的前瞻性，明确了未来的城镇化方向，有效地引导浙江城镇化健康发展。

(二)浙江城镇体系演化的内在机制

当前，处于经济转型期的浙江，政府(他组织)和市场(自组织)两种力量共同作用于城镇体系演化。

1. 演化的自组织机制。城镇体系的演变本质上是经济主体经济行为的产物或结果。在浙江省，随着民营经济的繁荣和扩散，逐渐形成了以低层次产业的区域专业化集聚为主要形式的经济发展格局，中小企业的快速集聚，使浙江迅速兴起了一大批以专业化城镇为中心的城市，十分鲜明地呈现出“民营化＋市场化”推动“工业化＋城市化”的发展特点。正是这种以乡镇企业和专业市场推动为主的城市化动力机制，使浙江的城市化和城镇体系演化具有鲜明的自组织特征。

浙江城市化与城镇体系演化的自组织机制具体包括以下几个方面：(1)经济增长。经济增长是城市产生和发展的前提，是城市化与城镇体系演进的根本动力。改革开放后，浙江人均GDP与城市化水平的相关性达0.87，经济增长促使人口、产业和要素聚集于城镇，促使城镇数量增加和规模扩大。(2)结构转换。城市化与产业结构高级化相伴而行，改革开放前浙江是一个典型的农业省份，产业结构呈“一、二、三”分布；改革开放后第二、三产业比重不断提高，产业结构日益优化。在第二、三产业集聚经济作用下，城市表现出巨大的吸引力，大量劳动者从农村迁向城市，推动城市化与城镇体系演进。(3)产业集聚。产业集群可通过地方化经济和城市化经济的交互作用，共同促进城市化与城镇体系演化。长期以来，产业集群是浙江城市化的一大推动力，绍兴轻纺产业群、嵊州领带产业群、诸暨袜业产业群、嘉善木业产业群、慈溪小家电产业群、乐清柳市低压电器产业群等逐步构筑以地区专业化为基础的特色产业链条，有力地推动了当地城镇发展。(4)技术创新。技术创新的空间扩散效应主要包括近邻效应、等级效应、轴向效应和集聚效应四种。近邻效应导致创新由城市向郊区扩散，加快了城市的郊区化进程；轴向

效应使城市沿着交通轴扩展，等级效应使中小城市更易于接受大城市的辐射而发展壮大，集聚效应则有利于形成新的产业区或城市新区。改革开放后，浙江各地的技术创新日益活跃，创新的空间扩散效应有力地推动了城市化进程与城镇体系完善。

2. 演化的他组织机制。突出地表现在行政区划调整、城市规划导向、城市化战略及制度变革等对城市化演变的影响。

(1)行政区划调整。区域行政区划调整影响城市腹地范围和城市规模。改革开放前，浙江省各级建制区划变动较多，主要表现为市级建制从地区(专区)变更为设区市，县级建制增市辖区、县级市、自治县，影响城镇人口的统计口径，带来城市化水平波动。改革开放后，浙江省根据城市化进程和区域经济发展的需要，多次果断调整行政区划，拓展了城市发展空间。1992 年在全省范围内开展撤区扩镇并乡工作；2001 年撤杭州市的萧山、余杭两个县级市，设立萧山区、余杭区；2002 年宁波市撤鄞县设鄞州区。另外，还开展了乡镇区划调整和"撤镇设街、撤村建居"等工作。这些行政区划调整，影响了浙江城市化水平与城镇体系结构。

(2)城市规划导向。通过规划引导和控制对城市空间的发展进行人为干预，以期达到既定目标和空间效果，在新城建设和旧城市改造中显得尤为突出。从整体上讲，城市规划作为一种他组织手段，与城市空间发展自组织共同作用于城市空间发展过程。浙江城市化过程中各级政府非常注重各类规划的编制，初步形成以全省城镇体系规划、城市群规划、设区市城市总体规划、县市域总体规划以及相应的分区规划和详细规划为主要内容的城乡规划体系。这些规划对于引导城市发展、推进城市化进程与城镇体系演进，合理组织空间功能发挥了重要作用。

(3)城市化战略。政府不同时期的城市化战略决定着城市化的道路取向，是对城市未来发展的引导，直接影响到城市化进程与城镇体系结构。上世纪 80 年代，浙江经济发展走出一条农村工业化和城镇化发展道路。进入 90 年代后，省委、省政府不失时机地作出加快推进城市化的战略决策，出台一序列对城市化发展具有引领作用的重要文件，浙江城市化进程空前加速，城市成为区域经济活动的主要舞台。可以说，改革开放以来浙江城市化与城镇体系的不同阶段特征，是中央和当地政府城市化战略的一定反映。

(4)制度变革与创新。由于我国经历由计划经济向社会主义市场经济的制度重大变革，变革效应促使城乡生产要素进一步按市场化规律流动，使城市经济得到快速发展(陈自芳，1999)。针对城市化进程中遇到的各种矛盾和问题，特别是围绕如何打破城乡二元分割体制，浙江在行政管理、投融资、土地征用、户籍制度等方面进行了一系列制度变革。这些制度变革建立了有利于人口和产业集聚的体制环境，为农民有序向城市转移创造良好条件，推动城市化与城镇体系演进。

(三)城镇化及城镇体系演化的基本经验

归纳起来，浙江城镇化的基本经验主要包括以下几个方面：

1. 农村工业化带动城镇化。建国以来，特别是改革开放后，浙江省走出了一条重视乡镇企业和中小企业发展有浙江特色的农村工业化道路，带动一大批小城镇的崛起，极大地推动了浙江的整体城镇化进程(葛立成等，2008)。民营企业完全由市场来决定生产什么、生产多少和如何生产，市场机制在资源配置中充分发挥着基础性作用。市场配置资源和经济重心转向工业部门导致人口和生产要素向小城镇的集聚，浙江的众多小城镇以其经济总量大、发展速度快、开放程度高、竞争实力强而闻名全国，形成一批在区域经济发展中具有"增长极"效应的经济强镇。小城镇的迅速崛起极大地推动了浙江城镇化进程。

2. 块状经济与城镇化相得益彰。依托根植于地方社会文化结构的产业组织，凭着机制灵活的先发优势和追求自身利益最大化的特殊经验，浙江克服了自然资源短缺的制约，凭借相对的区位优势，在当地能人的示范带动下，逐渐形成规模化、多元化、产品特色鲜明的区域块状经济。改革开放初期，浙江农村以小作坊、个私小企业为主体，以低成本劳动密集型商品为对象，通过专业化分工，形成了一大批以"专业村"和"专业镇"为代表的特色块状经济。到了上世纪 90 年代，随着产业网络的建立和完善，块状经济所在地及与之关联的大批加工型城镇迅速崛起。一部分通过民间自发造城，如温州乐清北白象镇、瓯海的永中镇、龙港镇等地出现了由农民自理口粮进城，自己集资建设城镇的创举；一部分是政府主导的小城镇发展，许多乡政府所在地纷纷撤乡建镇、围城造房，鼓励农民进镇投资办厂，一批有较强专业特色和经济辐射功能的新型城镇迅速发展起来，如绍兴的柯桥、黄岩的路桥、诸暨的枫桥等。进入新世纪，以全省各地的特色块状经济为基础，适应产业升级和城镇化要求，以促进产业的专业化发展为目标，各级政府迅速发展了一批特色工业区、乡镇工业专业区、高新技术产业区、乡镇工业小区，园区数量急剧增加，步入迅速扩张阶段。

3. 专业市场与城镇化互促共进。浙江专业市场因数量多、规模大、市场成效额大、综合能力强、辐射范围广而成为一大特色。专业市场的快速发展有力地聚集了人口、刺激第三产业的兴起，带动了浙江城市规模的扩大和功能的拓展。自上世纪80年代以来，随着农村联产承包责任制的普遍推行和乡镇企业的崛起，浙江农村地区自发形成了一些“马路市场”，进而发展成为具有一定规模的以小商品、日用品批发为主的专业市场。到90年代，专业市场以超常规速度发展，不少市场由单一的农产品市场向综合小商品市场转变，城市专业市场迅速崛起，如义乌等地已开始涌现一批具有地区乃至全国影响的集散型大市场。专业市场成为浙江众多小规模农村工业企业的共享式销售网络，扩大了地区间的联系，大量农村劳动力和资金进入城镇，提高了一些城镇的吸引力。新世纪随着浙江经济发展进入工业化中期，经济发展的战略重点从农村转向城市，专业市场从量的扩张转向质的提高，进入稳定增长的成熟期。浙江专业市场发展与城镇化互促共进，一方面专业市场聚集了大量人口，扩大城市人口与产业规模，另一方面城市良好的配套设施和环境也利于扩大专业市场的吸引力和影响力。

4. 民间与市场力量是浙江城镇化的重要动力。浙江在推进城镇化过程中，充分发挥民间资金充裕和体制机制活的优势，通过民资建城、城镇国有土地出让、特许权项目经营、市场化筹资等途径，动员各方力量参与城市建设，有效解决了城市建设“钱从哪里来”的问题，大大加快了城镇化进程。如温州市较早运用级差地租原理，进行土地有偿出让，筹集建设资金，在旧城改造、建设新城等方面迈出了新的步伐。义乌市实行土地、水权、广告权、客货营运线路等政府资源有偿使用的办法，广泛吸纳社会资金投入城市建设，近年来城市建设投入资金的80%以上来自社会资金。乡镇企业和农民为浙江城镇的发展提供了土地、资金、劳动力并直接参与到城镇的建设当中，中国第一座农民城龙港镇最为典型。正是城市建设多元化投入机制的探索和推进，有效解决了城市建设资金不足问题，城市道路等基础设施建设步伐大大加快，城市面貌发生了深刻变化（宋炳坚，2008）。

5. 利用城镇化推动城乡统筹发展。在浙江城镇化过程中，政府不仅重视城市的发展，而且想方设法加快农村发展，实施了一系列统筹城乡发展的措施，使得实现快速城镇化的同时城乡一体化程度较高。在统筹城乡基础设施、社会设施建设方面，进行了积极有效的探索。通过推进区域性基础设施和公共服务设施网络化建设，提高综合服务功能和共享化水平，在在全国率先推进了给排水、公交、环卫等基础设施的城乡统筹建设，大力推进城乡供水、垃圾处理、污水处理、公交一体化。义乌以商品市场发展龙头，产业集聚为基础，以市场经济为主导，产业集聚与城乡一体化良性互动；以城市自身发展为主要特征，由城市的扩展而波及、卷入农村的社会变化，经过城镇化发展，通过工业生产作用实现对社会结构的改造，实现城乡全面一体化（王景新，2005）。嘉兴以建设网络型大城市为核心，深化城乡一体配套改革，大力推进城镇化、工业化和农业农村现代化，努力消除城乡二元结构，实现城乡协调发展，使全市人民共享现代文明。

四、浙江人口城镇化及城镇体系发展趋势

（一）浙江城镇化发展趋势

当前浙江城镇化水平正处于中期加速阶段，在统筹发展、科学发展及和谐社会的理念指导下，今后将坚定不移地走新型城镇化道路，城市发展必然呈现出以下发展趋势。

1. 集约化发展。浙江是一个人多地少、资源较为贫乏的省份，有“七山一水两分田”之说，土地资源尤其稀缺。如果继续以往的粗放型城市增长方式，

土地、能源等将无以为继。在进入资源环境紧约束和发展高成本时代，城镇化必须走资源节约、经济高效、环境友好的集约化之路。在城市资源稀缺性日趋突出的新形势下，将土地及其他资源利用从粗放型开发向集约型开发转变，提高城市资源的利用效率、不断提升城市的发展质量，将是今后浙江城市发展的主要特征（庞亚君等，2009）。大力发展循环经济，倡导绿色消费，创造优美人居环境，建设环境友好型城市，也是未来浙江城镇化发展的一个趋势。

2. 组群化发展。城市组群发展能够降低基础设施建设成本，提高资源利用效率，吸纳更多的人口，是新时期城镇化的主要形态。英国的伦敦一伯明翰一利物浦一曼彻斯特城市群集中了英国4个主要大城市和10多个中小城市，是英国产业密集带和经济核心区；美国波士顿——华盛顿城市群在沿海岸600多公里长、100多公里宽的地带上形成一个由5个大都市和40多个中小城市组成的超大型城市群，面积约13.8万平方公里，人口约4500万人，集中了美国人口的20%左右，全国制造业产值的30%；日本东海道太平洋沿岸城市群由东京、名古屋、大阪三大都市圈组成，大、中、小城市总数达310个，国土面积约10万平方公里，占全国总面积的31.7%；人口近7000万人，占全国总人口的63.3%，集中了日本工业企业和工业就业人数的2/3，工业产值的3/4和国民收入的2/3。未来浙江在环杭州湾、温台、浙中等人口和城市密集地区，须加快发展形成要素集聚能力强、人口合理分布的城市群。

3. 差异化发展。以不同地区的资源与生态环境条件和发展路径的差异性为基础，识别不同的城市空间形态和发展模式，制定差异化的城市发展策略。《浙江省城镇体系规划（2011—2020）》提出形成"三群四区七核五级网络化"的城镇空间结构，便体现出差异化原则。在城镇密集的环杭州湾、温台沿海和浙中地区形成三大城镇群，作为省域城镇空间发展的主体形态，以具备相当规模的杭州、宁波、温州以及金华一义乌为中心形成四个都市区，以嘉兴、湖州、绍兴、衢州、舟山、台州、丽水等中心城市为核心形成的特色城乡网络发展片区，目标是形成长三角区域中心城市、省域中心城市、县（市）域中心城市、重点镇和一般镇构成的五级城镇体系。

4. 一体化发展。新型城镇化要求从城乡分割的现实出发，从统筹城乡发展的高度，用发展和改革的方式，构建城乡互动、协调发展的机制，促进城镇化和新农村建设的联动发展；要求充分发挥城市的带动作用，通过工业反哺农业、城市带动农村，促进农业增效、农民增收，缩小城乡居民收入差距；要求城乡统筹规划，优化公共资源配置，围绕基本公共服务均等化的目标，促进城市基础设施向农村延伸、城市公共服务向农村覆盖、城市现代文明向农村扩散；要求加快城乡二元分割的户籍、财税、土地、投融资、行政管理及社会保障等方面的体制改革，不断完善城乡统筹的就业制度，创新土地流转制度，推动城乡之间人口的自由迁徙、劳动力的自由择业、要素的自由流动（庞亚君，2009）。

除上述发展趋势外，浙江城镇化发展还面临着一些条件约束，既有资源小省的"先天"因素，也有城市发展中普遍存在的功能缺陷，还有传统粗放型城镇化模式的"路径依赖"，更相关体制改革尚未突破的制度障碍。

（二）浙江城镇化水平预测

按照城镇化发展规律，城镇化水平达到30%左右时，进入快速发展阶段，达到70%左右时，进入相对稳定阶段，一般呈前快后慢再趋于稳定的发展趋势。

1. S型曲线模型预测。利用浙江省1949—2011年的城镇化水平拟合S型曲线得：

$$u_i = \frac{1}{1+10.9109e^{-0.0378t}} \qquad (4)$$

$R^2=0.7435$，$F=176.82$，$P=0.00$

由于改革开放前受政治等因素的影响，城镇化水平变动较为异常，利用浙江省1978—2011年的城镇化水平拟合S型曲线得：

$$u_i = \frac{1}{1+7.8645e^{-0.0786t}} \qquad (5)$$

$R^2=0.9757$，$F=1282.35$，$P=0.00$

将2015年及2020年对应的t值分别代入式(5)，预测得到相应年份浙江省的城镇化水平分别为：

表4　S型曲线模型预测结果

年　份	2015年	2020年
城镇化水平	71.6%	78.9%

由于S型曲线将城镇化水平的饱和值定为

100%，再加上2000年和2010年两次人口普查后城镇人口的口径发生较大变化，故预测得到的城镇化水平显然偏高。

2. 线性趋势模型预测。根据2000年以来浙江省的城镇化水平，发现基本呈线性趋势变化，建立线性趋势模型得：

$$y=48.3320+1.1259t \quad (6)$$

(0.0610)　$R^2=0.9715$　$F=340.45$　$P=0.00$

将2015年及2020年对应的t值分别代入式(6)，预测得到各年浙江省的城镇化水平分别为：

表5　线性趋势模型预测结果

年　份	2015年	2020年
城镇化水平	66.2%	71.8%

3. 相关分析模型预测。经验证明，城镇化水平与经济增长之间具有高度相关性，以下根据两者之间的对数曲线模型，对浙江省未来的城镇化水平加以描述和预测。

利用1978—2011年浙江省人均GDP与城镇化水平的时间序列数据，以人均GDP为自变量，城镇化水平为因变量，拟合对数曲线方程为：

$$y=9.7912Ln(x)-48.444 \quad (7)$$

(0.5032)　$R^2=0.9289$，$F=378.69$，$p=0.00$

模型通过显著性检验，自变量的系数为正说明城镇化与经济增长之间的正相关性；判定系数达0.9427，说明经济增长对城镇化水平提高的解释程度达94.27%，模型可以用来预测。再根据1995—2011年浙江的人均GDP数据，利用指数曲线预测得到2015年、2020年浙江省的人均GDP分别为96000元、180000元，代入式(7)得到城镇化水平的预测值分别为：64.8%、70.2%。

4. 综合预测。结合浙江实际情况来看，2006年以来浙江城镇化水平上升有趋缓趋势，受国际金融危机影响经济增长速度也有所下滑，故预计2015年浙江城镇化水平在65%左右，2020年达到70%左右。

(三)城镇化目标及镇体系布局展望

根据国际、国内城镇化发展模式比较分析和浙江城镇化道路选择应考虑的因素，结合《浙江省城镇体系规划2011—2020》和《浙江省新型城市化发展"十二五"规划》，我们认为今后一个时期浙江城镇化发展的总体目标是：遵循城镇化发展的客观规律，以提升城镇化质量为重点，以网络型城镇群作为推进城镇化的主体形态，实施差异化发展政策，走适应科学发展、模式转型、资源节约、环境友好、城乡一体、大中小城市和小城镇协调发展的新型城镇化道路。

今后一个时期浙江城镇体系总体布局将分层次推进，以主要交通、信息通道等基础设施为依托，形成大中小城市及中心镇协调发展的格局。通过新型城镇化，浙江要形成"三群四区七核五级网络化"的全省城乡空间布局，即环杭州湾、温台沿海和浙中城市群，杭州、宁波、温州、金华—义乌都市区，湖州、嘉兴、绍兴、衢州、舟山、台州、丽水七个省域中心城市，并由此构成的长三角区域中心城市、省域中心城市、县(市)域中心城市、中心镇和一般镇构成的网络化城镇体系。以长三角区域中心城市、省域中心城市和县(市)域中心城市为主体，依托交通、信息、能源通道形成具有辐射带动能力的中心城市网络体系；以中心城市网络体系为背景，以重点镇、一般镇、中心村为主体，形成覆盖浙江农村地区的城乡网络体系。

五、对浙江新型城镇化道路的启示及对策

走新型城镇化道路，是浙江省委、省政府在认真总结浙江推进城镇化历史经验的基础上，按照科学发展观的要求作出的一项重大战略决策。因为新型城镇化道路是落实科学发展观的客观要求，是实现新型工业化的重要途径，是建设社会主义新农村的必然选择，是浙江城镇化发展进入新阶段的迫切需要。为了走好未来的新型城镇化之路，我们必须结合浙江发展实际，采取有针对性的对策与措施。

1. 以新型城市化战略为引领，积极推进城市发展模式转变。

前阶段浙江城市化水平快速提高，城市综合实力不断提升，但总体上仍属粗放型、外延式扩张，资源要素瓶颈日益突出。当务之急是提高城市化质量，转变城市增长方式，实现城市合理布局与集约发展，提高城市土地利用效率，建设资源节约型和环境友好型城市。具体包括：(1)加快推进城市产业结构升级；(2)提高城市资源能源利用效率；(3)优化城市

生态环境。

2. 遵循城市发展规律，实现大中小城市与小城镇协调发展。

遵从城市发展规律，需充分发挥大城市优势的同时，带动中小城市与城镇协调发展。(1)突出发展大中城市，发挥聚集优势。从节约土地资源和加强环境、生态保护的角度考虑，今后浙江实现大中小城市和小城镇协调发展的重点应是大力发展大城市和中心城市，推动要素向大中城市集中，充分发挥其聚集效应。(2)提升大城市的带动效应，促进区域经济联动发展。利用大城市的信息、科技、设施等优势带动周边中小城市及腹地快速发展，实现区域经济的协调发展和城乡统筹发展。(3)积极培育三大城市群，作为推进城市化的主体形态。按照空间集约化原则，通过功能分工、产业布局和基础设施建设，全力打造环杭州湾、温台沿海、浙中三大主体城市群。

3. 开展科学规划，引导城市合理有序发展。

城市化过程是人类生态空间由自然状态进入人工状态的过程，为使城市更好地符合人类的需要和理想，必须科学规划。(1)构建功能明晰的规划体系，理清规划体系的功能分工，实现规划体系的功能互补、有机衔接。(2)城市规划要进一步体现地域特色，在遵循城市发展规律的基础上，结合本地实际情况编制好城市规划，因地制宜地确立城市的发展方向和模式。(3)树立规划的权威性、严肃性，加强社会监督，坚决查处违法建设行为，维护城市规划的权威性。

4. 深化改革，不断创新，破解城市化过程中的实际难题。

应继续加大改革力度，更多地依靠市场和企业、社区、个人等民间力量，走政府引导、市场化运作的城市化之路。(1)深化户籍制度改革，鼓励农村人口向城镇聚集；(2)改革住房、社会保障、教育等体制，适应人口流动需要；(3)调整就业政策，培育城乡统一的劳动力市场；(4)推进农村上地制度改革，促进农村剩余劳动力转移。

5. 遵从自组织演化机制，推进城市化与城镇体系合理演化。

鉴于城市化与城镇体系演化受到他组织和自组织机制的共同作用，各级政府在开展城市规划管理，制定城市发展战略、规模目标，利用他组织机制推动城市建设、发展的过程中，须充分认识到城市演化的自组织性，他组织干预只有适应并遵从自组织机制才能达到较好效果。政府的他组织行为能否对城市发展发挥积极促进效应，关键在于其是否与城市发展自组织机制相匹配，形成自组织与他组织同向复合的局面。

参考文献：

1. 陈国灿．浙江城镇发展史[M]．杭州：杭州出版社，2008.
2. 陈自芳．论近代杭州城市化的创新动力[J]．浙江社会科学，1999，(6)：136—139.
3. 段汉明．城市学基础[M]．西安：陕西科学技术出版社，2000：237—247.
4. 黄勇，杨周顺．浙江城市化进程的回顾与展望[J]．中共宁波市委党校学报，2000，(1)：28—31.
5. 葛立成．产业集聚与城市化的地域模式—以浙江省为例[J]．中国工业经济，2004，(1)：56—62.
6. 郭占恒．城市化30年浙江路径与经验[J]．浙江建设，2008，(10)：12—18.

浙江工商大学　程开明等

安徽省地区城市化水平比较分析

一、城市化的涵义和发展

城市化是中国经济社会发展所面临的一个突出问题，问题的存在必然要找到解决的办法，探讨一个问题首先要明白一个问题的内涵，即一个事物的本体论。那么什么是城市化？所以要对城市化这一本体问题进行认识，随后进行研究分析，总结出城市化的基本框架。

“城市化概念是由西班牙工程师 A·Serda 早在 1867 提出，但从世界经济的历史来看，城市化的进程在此前的工业革命开始时就已经启动。”[1]1 对于城市的概念大家有着一定的共识，认为城市是人类聚集居住在一起的一种组织形式，而各个学科领域都从各个学科的角度去研究城市化概念。“经济学家认为，城市化是人们从农业经济向非农业经济转移，各种非农产业发展的经济要素向城市集聚的过程，而且城市化与产业结构非农化同步发展。”[2]“社会学家以社群网（即人与人之间的关系网）的密度、深度和广度作为研究城市的对象，强调社会生活方式的主体从乡村向城市转化。人类学家则以社会规范为中心，认为城市化是人类生活方式的转变过程，即由乡村生活方式转为城市生活方式的过程。”[3]人口学家认为城市化是指农村人口逐渐转变为城市人口的过程，可以理解为一种是城市数量的增加[4]，另一种是城镇人口占总人口比例的不断增加。地理学家则认为城市化是在空间上，城市的中枢作用让农村人口转变为城市人口的过程。在本文的研究分析过程中，城市化更多地涉及到人口学与经济学、地理学学科相互交叉的影响。

中国学术界关于城市化道路的争论在 20 世纪 80 年代至 90 年代极为激烈，主要有小城市论、大城市论、中等城市论、多元发展论、城市体系论等。城市化问题在中国的发展有着一定的学术历史，也有着相当多的学术成果。中国的城市化水平随着经济的发展处在一个高速发展的阶段，但却没有达到高城市化水平阶段，而且与世界各国相比，中国的城市化道路又是具有中国特色的，这就涉及到下文分析的政府推进和市场机制在城市化进程发展中的共同作用。中国城市化研究不仅仅是一个进程问题，还是与当前中国社会经济发展中诸多矛盾相联系的一个问题，包括农民、农村富余劳动力向城市转移，产业区域梯度转移、产业聚集以及政府在城市化过程中宏观调控等问题。所以要把老问题拿来作新研究，同时中国城市化的研究是必要的，也是多变的。

早在《中华人民共和国国民经济与社会发展第十个五年计划纲要》专设了“实施城镇化战略，促进城乡共同进步”的一章，城镇化概念的提出，又在城市化的概念上形成新的一番讨论。由于中国把镇（town）和市（city）都称为城市，所以把原来与 rural（乡村）相对的 urban（城镇）一词的动词翻译为城市化，可见城市化与城镇化在学术上是同一意思，不同的是城镇化提出及其运用在政策上的涵义。[1]3 通过国家宏观社会经济发展的规划，城市化或城镇化的研究是客观发展过程中必然要面对的问题，不仅是整个中国的城市化问题，各个区域性城市化问题的研究也具有显著意义。

城市化水平通常用城镇常住人口占全部人口的百分比来表示，用于反映人口向城市聚集的过程和程度。计算城市化水平的关键在于科学、准确划分城镇和乡村地域。第六次全国人口普查城乡地域是以国家统计局《关于统计上划分城乡的暂行规定》为依据，以公共设施、居住设施等实际建设为判断标准进行划分的，城区包括街道办事处所辖的居民委员会地域，城市公共设施、居住设施等连接到的其他居民委员会地域和村民委员会地域；镇区包括镇所辖的居民委员会地域，镇的公共设施、居住设施等连接到的村民委员会地域，常住人口在 3000 人以上独立的工矿区、开发区、科研单位、大专院校、农场、林场等特殊区域；乡村是指除城区和镇区以外的地域。城乡划分的最小行政单元是村级单位，即一个村级单位只能整块判断为城镇或乡村。城乡地域划分后，根据普查统计的人口数，即可计算出某一区域的城市化水平。

二、安徽省地区城市化水平变化趋势和现状

（一）安徽省地区城市化特点

据第六次全国人口普查资料显示，2010 年安徽省居住在城镇的常住人口为 2559.1 万人，城市化率为 43.01%，比全国平均水平低 6.67 个百分点，在 31 个省（区、市）中排名第 23 位（见表 1）。全省城镇化主要呈现以下特点。

表 1　2010 年安徽人口城市化与全国各省（市、区）比较

单位：%

地　区	城市化水平	位次	地　区	城市化水平	位次
全　国	49.68		河　南	38.5	27
北　京	85.96	2	湖　北	49.7	14
天　津	79.55	3	湖　南	43.3	22
河　北	43.94	21	广　东	66.18	4
山　西	48.05	16	广　西	40	26
内蒙古	55.5	10	海　南	49.8	13
辽　宁	62.1	5	重　庆	53.02	12
吉　林	53.35	11	四　川	40.18	25
黑龙江	55.56	9	贵　州	33.81	30
上　海	89.3	1	云　南	34.7	29
江　苏	60.22	7	西　藏	22.67	31
浙　江	61.62	6	陕　西	45.76	18
安　徽	43.01	23	甘　肃	35.97	28
福　建	57.09	8	青　海	44.72	19
江　西	44.06	20	宁　夏	47.9	17
山　东	49.7	14	新　疆	43.01	23

1. 综合实力明显提升，城市化进程快速推进

改革开放以来，安徽省经济社会发展迅速。1978 年到 2010 年国内生产总值年均增长 10.5%，2010 年安徽 GDP 总量超过 1.2 万亿。同时产业结构实现了“一、二、三”向“二、三、一”的重大转变。经济的快速发展，加快推动了全省城市化进程。截至 2010 年，安徽省共有城市 22 个，其中地级市 17 个，县级市 5 个，市辖区 44 个，街道 258 个，居委会 3317 个，居委会个数已占全部村级单位总数的 17.4%。城市化水平由 2000 年的 27.8%提高到 2010 年的 43.01%，年均提高 1.5%，实现了城市化进程的快速推进。

2. 城市分布中部突出，沿江地区城市化较高

受地理特征影响，安徽省淮北地区的城市规模较大，分布集中，皖南地区城市规模较小，分布分散。由于皖西、皖南山区地形复杂，交通不便，不易发育成大城市，因此安徽的大部分城市集中分布在江淮之间。分地区看，2010 年，铜陵、马鞍山、合肥、芜湖、淮南 5 市城市化率均超过 60%，明显高于全省其他城市，也高于全国平均水平；淮北、池州、蚌埠、宣城 4 市居于第二层次，高于全省平均水平；滁州、巢湖、黄山、六安、安庆、宿州、亳州、阜阳等市低于全省平均水平，其中亳州市最低，只有 28%（见表 2）。总体上看，全省城市化率呈“合肥和沿江地区最高，皖南次之，皖北最低”的纺锤型分布态势。

3. 城市体系逐步形成，结构较为合理

2010 年，安徽户籍人口 6862 万人，其中非农业人口占 1/4，设市城市 22 个，县城 56 个。目前，已形成的城市体系规模等级序列呈“金字塔”式分布，结构较为合理，城市职能分工也较为明确。在这样的城市体系中，合肥居于核心；芜湖、蚌埠是沿江、沿淮区域性城市，为次核心。淮南、淮北、马鞍山、铜陵均是产业特色明显的工矿城市，黄山是著名风景旅游城市，这几座城市加上其他省辖市，构成了安徽省城市体系骨干，而宁国、界首、桐城、明光、天长 5 个县级市城市及县城构成了城市体系纽带。

4. 合肥特大城市作用凸现，经济首位度迅速提升

据中国社科院发布的《2010 年中国城市竞争力蓝皮书：中国城市竞争力报告》，合肥市城市综合竞争力排名跃居全国第 22 位，五年间排名上升了 15 位。在全国省会城市中，合肥 GDP 总量由第 18 位升至第 15 位。2010 年城市经济联系强度指数显示，除与马鞍山的经济联系度有所下降外，与其他 15 市的经济联系强度提高幅度均在 1 以上。其中，与六安的经济绝对联系量为 108.17，明显高于其他市，紧随其后的是淮南、阜阳、蚌埠、宿州四个皖北城市。

合肥市与芜湖、马鞍山三市空间距离缩短后，经济发展的关联性提高，已成为安徽省经济发展的"金三角"，经济总量占全省比重的42.8%，比2009年提高6个百分点以上。随着合肥经济首位度的迅速提升，皖江城市带和合肥经济圈的辐射带动作用也将日益突出。

表2 2010年安徽省各市城市化水平及位次

地 区	城市人口（万人）	城市化水平（%）	位次	地 区	城市人口（万人）	城市化水平（%）	位次
全 省	2557.71	43.01		黄山市	55.52	40.85	11
合肥市	388.73	68.17	3	滁州市	163.44	41.5	10
芜湖市	147.5	65.18	4	阜阳市	239.31	31.49	15
蚌埠市	137.36	43.41	8	宿州市	167.09	31.21	16
淮南市	144.21	61.79	5	巢湖市	157.43	40.65	12
马鞍山市	93.94	68.76	2	六安市	195.45	34.83	14
淮北市	111.96	52.95	6	亳州市	135.87	28.01	17
铜陵市	52.63	72.69	1	池州市	62.28	44.41	7
安庆市	195.35	36.78	13	宣城市	109.65	43.29	9

（二）安徽省地区城市化水平10年趋势

本文是基于安徽省第六次人口普查和人口学视角，主要以狭义人口学的城镇人口占总人口比例作为城市化水平研究对象。安徽省是一个农业大省，近年来，"中部崛起"的整体经济发展战略使得安徽经济发展呈现上升势头，皖江城市带承接产业转移示范区、合芜蚌自主创新综合试验区等战略规划的实施，成为提高安徽省城市化水平的重要因素。但从总体上看，安徽省城市化水平与全国城市化水平相比，还有一定的差距（如图1）。

图1 中国与安徽省城镇人口比例历年发展趋势

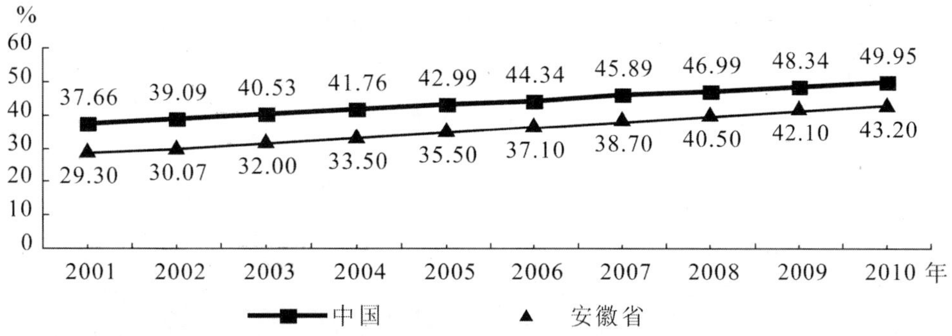

注：资料来源于《中国统计年鉴2011》和《安徽省统计年鉴2011》。

安徽省城市化水平整体上低于中国城市化水平。西方发达国家的城市化进程曲线在一定的城乡人口增长率（URGD）持续相当时间的情况下，大致近似为逻辑斯蒂曲线（S曲线）。[5]第一阶段为城市化初期城市人口增长缓慢，当城市化人口超过10%以后，城市化进程加快。当城市化人口超过30%时，就进入了第二阶段——城市化加速发展阶段，直到城市人口超过70%以后趋于平缓。在此之后进入城市化第三阶段——城市化进程停滞阶段，甚至略有下降趋势。而安徽省近10年的城市化进程处在第二阶段，城市化进程加速发展阶段。

（三）安徽省地区城市化水平区域分布

在以往众多关于安徽城市化研究中，城市化发展的区域格局是北部、中部、南部发展不平衡，南部好于中部，中部好于北部。[6]12441 这些仅仅从定性研究和各地区的经济水平去研究城市化水平，根据安徽地域中两条流域划分，各地区呈现发展不均衡。地区城市化发展的不平衡也确实是城市化进程中的普遍规律，由于各地在自然环境、产业政策和经济基础等方面的差别，造成各地的城市化水平有所差别，[7]但单从国内生产总值（GDP）看，安徽省城市化并不是仅仅呈现出南部、中部、北部的梯度变化。

图 2　安徽省三个区域之间生产总值与城市化水平

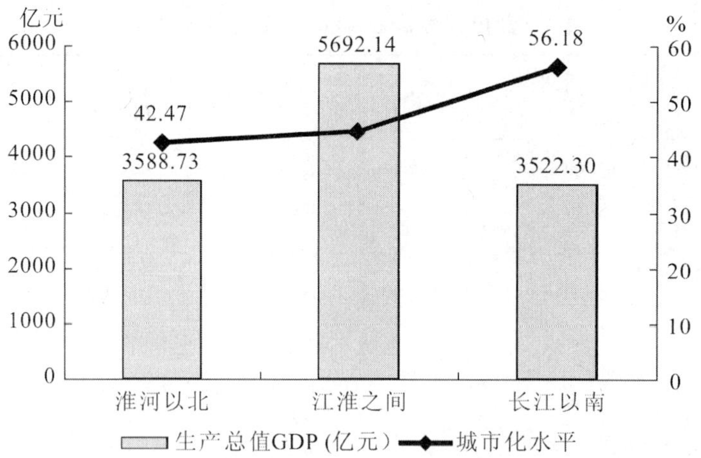

(四)安徽省地区城市化水平与产业结构现状

西方发达国家的城市化进程中，城市化中前期是工业化推动了城市化，工业的发展吸收了农村富余劳动力（剩余劳动力），城市化水平与工业化水平同时上升。进入城市化后期，第三产业发展吸引就业人口的能力更强，工业化推动城市化水平的影响力开始减弱，并被第三产业所取代。从图 **3** 可以看出，伴随工业化比重的增加城市化水平也在相应的增长。

伴随着城市化水平的上升，城市的第二产业（工业、建筑业）和第三产业需要大量的劳动力人口，而农业现代化的发展必然会出现农业富余或剩余劳动力现象。“根据配第—克拉克定理和库兹涅茨的分析，随着经济发展产业重心必然会由第一产业转移到第二产业进而第三产业，而由于不同产业所要求的产业载体不同，以产业结构升级和优化为主要特征的经济发展过程必然伴随着城市化过程。”[8]安徽省农业就业人口比例明显下降，第二产业就业人口和第三产业就业人口比例缓慢上升，三次产业就业人口比例逐步趋于稳定。城市化进程在不断加速，趋于稳定的三次产业就业人口比例不利于城市化的发展。

图 3　安徽省城市化水平与工业和第三产业十年变化趋势

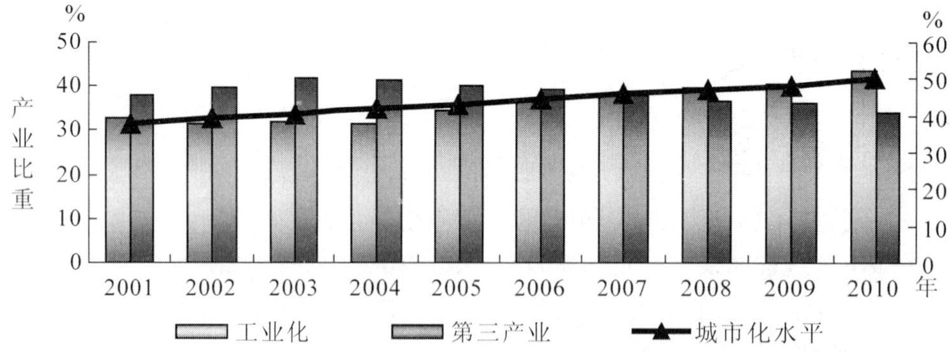

所以单单从产业、经济水平去看待城市化水平的变化是宏观的，不够细化。要从市场和政府的双向机制对于城市化的推动作用来分析安徽省城市化水平的发展和变化，并研究市场机制和政府推动的权重。同时由于安徽的特殊地域文化和地形特征，要对安徽省城市化水平进行空间分析，了解安徽省城市化水平的空间分布特征和空间变化趋势。

图 4　安徽省三次产业就业人口比重十年变化趋势

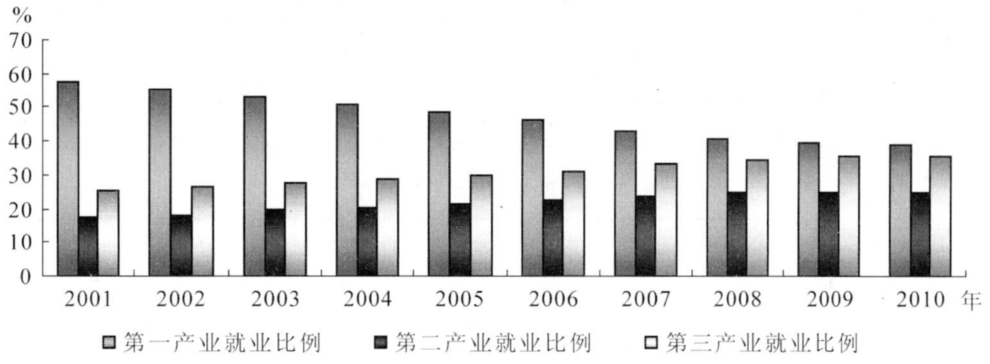

三、安徽省地区城市化水平的时空实证分析

(一)安徽省地区城市化水平时间比较和分析

1. 城市化水平动力机制的研究分析

城市化水平动力机制是个综合概念,无论是从国内生产总值,还是产业就业结构,都无法诠释城市化水平发展的根本相关因素,特别是针对类似于安徽省这样的区域城市化研究。城市化水平是一个伴随社会经济发展的产物,从宏观的角度它应该由社会经济决定,在中国由于宏观经济独特的发展和创造力,可以把城市化水平的发展大体上归为市场机制的运作和政府行为的推动。再从市场机制和政府行为的各个方面去考虑影响城市化水平的相关因素,最后再综合市场机制和政府行为的影响因素来衡量城市化进程中,市场机制和政府行为的作用大小。针对这样的研究思路,可以通过主成份分析法分析出市场机制和政府行为的影响因素,再通过市场机制和政府行为的综合分值进行与城市化水平逐步回归分析,揭示出城市化水平与动力机制之间的作用关系程度。

2. 指标体系的建立

关于城市化水平的动力机制指标,结合安徽省城市化指标实际情况,参阅了中国国际经济交流中心景春梅博士的城市化水平动力机制指标体系。[9]同时在对安徽省城市化水平进行综合评价,建立科学、公正、客观并且能在很大程度和范围内长期有效

表 3　安徽省城市化水平指标体系

市场机制		政府行为	
产业结构转化指标		国家财政支出对城市化的投入	
X1	第二产业产值占 GDP 比重	X10	社会保障和就业占财政支出的比重
X2	第三产业产值占 GDP 比重	X11	文化传媒占财政支出的比重
X3	第二产业从业人数占总就业人口比重	X12	教育占财政支出的比重
X4	第三产业从业人数占总就业人口比重	X13	科学技术占财政支出的比重
X14	医疗卫生占财政支出的比重		
市场拉力推力因素		城市化基础设施建设	
X5	城乡收入差距	X15	用水普及率
X6	制造业职工人数占总职工人数比重	X16	燃气普及率
X7	非国有单位职工人数占总职工人数的比重	X17	人均公共车辆
X8	非国有经济投资占全社会固定资产投资的比重	X18	生活垃圾清运
		X19	人均拥有道路面积
		X20	人均公共绿地
经济全球化因素		城市规划与建设(制度与政策因素)	
X9	外资占全社会固定资产投资的比重	X21	乡镇区划数
		X22	建成区面积

的评价指标体系。将指标体系层级化，将市场机制和政府行为作为目标层，在目标层下设立准则层，通过准则层的要求建立具体的指标，层级化的指标体系主要将复杂的市场机制和政府行为动力机制细化成可操作的指标，便于对安徽省城市化水平的研究。具体指标体系如表3。

3. 市场机制和政府行为的主成份分析

(1)市场机制和政府行为原始数据的处理

首先，通过安徽省2001年到2010年统计年鉴整理原始数据得到$(X)_{ij}$。

表4 市场机制指标原始数据

年份	X_1(%)	X_2(%)	X_3(%)	X_4(%)	X_5(元)	X_6(%)	X_7(%)	X_8(%)	X_9(%)
2001	38.65	37.92	17.3	25.2	3648.76	9.70	34.94	47.24	3.30
2002	37.99	39.75	18.1	26.3	3914.83	9.84	37.79	51.25	3.44
2003	39.13	41.76	19.5	27.5	4650.55	10.45	38.95	58.08	3.84
2004	38.76	41.26	20.4	28.8	5012.1	10.36	36.51	56.39	4.93
2005	41.98	39.96	21.4	30	5829.72	10.73	37.24	58.73	6.34
2006	44.35	39.1	22.4	31.1	6801.97	11.23	39.76	64.13	6.19
2007	45.8	37.9	23.7	33.4	7917.31	11.93	41.02	65.56	5.80
2008	47.44	36.54	24.7	34.6	8787.86	12.77	41.87	67.99	5.64
2009	48.75	36.39	25	35.8	9581.42	12.90	43.85	67.95	4.71
2010	52.08	33.93	25.1	35.8	10503	13.03	44.76	70.38	3.78

表5 政府行为指标原始数据

年份	X_{10}(%)	X_{11}(%)	X_{12}(%)	X_{13}(%)	X_{14}(%)	X_{15}(%)	X_{16}(%)	X_{17}(台)	X_{18}(万吨)	X_{19}(平方米)	X_{20}(平方米)	X_{21}(个)	X_{22}(平方公里)
2001	21.23	3.04	21.54	1.19	4.13	77.98	57.74	5.6	355	8.42	4.79	1791	915
2002	25.85	3.17	22.19	1.22	4.13	79.67	62.42	6.07	360	8.83	4.48	1791	975.73
2003	20.14	2.34	16.66	0.89	3.37	79.93	62.32	6.2	407	9.78	5.13	1739	1044.17
2004	17.56	2.42	17.55	0.87	3.68	89.95	69.18	7.41	467	11.14	5.93	1584	1123.37
2005	16.31	2.34	16.47	0.89	3.51	90.52	72.29	7.29	477	11.92	7	1696	1260.35
2006	16.42	2.30	16.18	0.91	3.70	94.44	79.9	8.09	405	12.9	8	1625	1135.85
2007	16.60	2.11	17.12	1.28	5.26	94.4	83.15	8.67	400	13.55	9	1519	1201.64
2008	13.85	1.99	17.38	1.44	6.30	95.11	87.6	9.18	428	14.15	9	1523	1310.88
2009	14.19	1.97	15.12	1.70	7.74	95.25	88.62	7.95	433	14.91	10	1520	1377.67
2010	12.91	2.00	14.93	2.24	7.12	96.06	90.52	8.23	435	16.01	11	1523	1491.32

注：安徽省统计年鉴2007年以后财政支出指标统计口径略有变化，选取2007年之前年鉴相同指标。

其次运用EXCEL软件对原始数据进行无量纲标准化处理，得到数据$(ZX)_{ij}$。

若$\sigma_{jj}=0$,;令$(ZX)_{ij}=0$。

$$(ZX)_{ij}=(X_{ij}-\bar{X}_j)/\sigma_j$$

表6 市场机制指标标准化数据

年份	X_1	X_2	X_3	X_4	X_5	X_6	X_7	X_8	X_9
2001	−0.98	−0.22	−1.55	−1.44	−1.24	−1.25	−1.48	−1.76	−1.29
2002	−1.11	0.54	−1.27	−1.16	−1.13	−1.14	−0.59	−1.24	−1.17
2003	−0.88	1.37	−0.78	−0.85	−0.83	−0.66	−0.23	−0.35	−0.83
2004	−0.96	1.17	−0.47	−0.52	−0.68	−0.73	−0.98	−0.57	0.11
2005	−0.31	0.63	−0.12	−0.22	−0.34	−0.44	−0.76	−0.26	1.33
2006	0.17	0.27	0.22	0.06	0.06	−0.05	0.03	0.44	1.20
2007	0.47	−0.23	0.67	0.65	0.51	0.50	0.42	0.62	0.87
2008	0.80	−0.79	1.02	0.96	0.87	1.15	0.69	0.94	0.72
2009	1.06	−0.86	1.12	1.26	1.20	1.26	1.30	0.93	−0.08
2010	1.73	−1.88	1.16	1.26	1.57	1.35	1.59	1.25	−0.88

表 7 政府行为指标标准化数据

年份	X_{10}	X_{11}	X_{12}	X_{13}	X_{14}	X_{15}	X_{16}	X_{17}	X_{18}	X_{19}	X_{20}	X_{21}	X_{22}
2001	0.95	1.59	1.64	−0.16	−0.47	−1.56	−1.45	−1.58	−1.54	−1.44	−1.14	1.40	−1.48
2002	2.12	1.90	1.90	−0.10	−0.47	−1.33	−1.06	−1.18	−1.42	−1.28	−1.28	1.40	−1.15
2003	0.67	−0.07	−0.35	−0.84	−0.94	−1.29	−1.07	−1.07	−0.24	−0.92	−1.00	0.94	−0.77
2004	0.01	0.13	0.01	−0.90	−0.75	0.08	−0.51	−0.05	1.26	−0.39	−0.65	−0.41	−0.33
2005	−0.31	−0.07	−0.43	−0.85	−0.86	0.16	−0.25	−0.15	1.51	−0.09	−0.19	0.57	0.42
2006	−0.28	−0.16	−0.54	−0.81	−0.74	0.70	0.37	0.52	−0.29	0.28	0.25	−0.05	−0.26
2007	−0.23	−0.60	−0.16	0.04	0.23	0.70	0.64	1.01	−0.42	0.54	0.68	−0.98	0.10
2008	−0.93	−0.89	−0.05	0.41	0.87	0.79	1.00	1.44	0.28	0.77	0.68	−0.95	0.70
2009	−0.84	−0.94	−0.98	1.00	1.76	0.81	1.09	0.41	0.41	1.06	1.11	−0.97	1.07
2010	−1.17	−0.87	−1.05	2.21	1.38	0.92	1.24	0.64	0.46	1.48	1.54	−0.95	1.70

表 8 市场机制主成份计算结果

成份	特征值	方差百分比%	累计方差贡献率%
1	7.4570	82.8559	82.8559
2	1.1794	13.1050	95.9609
3	0.2906	3.2293	99.1902
4	0.0407	0.4527	99.6429
5	0.0178	0.1982	99.8411
6	0.0112	0.1250	99.9661
7	0.0030	0.0332	99.9992
8	0.0001	0.0008	100.0000
9	0.0000	0.0000	100.0000

表 9 政府行为主成份计算结果

成份	特征值	方差百分比%	累计方差贡献率%
1	10.1380	77.9845	77.9845
2	1.6117	12.3973	90.3818
3	0.5867	4.5131	94.8950
4	0.2899	2.2296	97.1246
5	0.1571	1.2088	98.3334
6	0.0895	0.6881	99.0215
7	0.0623	0.4793	99.5009
8	0.0583	0.4486	99.9495
9	0.0066	0.0505	100.0000
10	0.0000	0.0000	100.0000
11	0.0000	0.0000	100.0000
12	−0.0000	−0.0000	100.0000
13	−0.0000	−0.0000	100.0000

(2)数据结果分析

按照特征值 $\lambda>1$，方差贡献率≥85%来提取主成份。经过 SPSS 处理得到特征值 λ 和累计方差贡献率。从表 8 可以看出，前两个主成份符合条件，累计方差贡献率达到 95.9609%，说明这两个主成份所包含的信息量占原始变量包含总信息的 95.9609%。从表 9 可以看出，前两个主成份符合条件，累计方差贡献率达到 90.3818%。本文将选取市场机制前两个主成份和政府行为前两个主成份进行研究。

表 10 市场机制主成份载荷矩阵表

指 标	主成份 1	主成份 2
第二产业产值占 GDP 比重	0.9846	−0.1099
第三产业产值占 GDP 比重	−0.7861	0.4795
第二产业从业人数占总就业人口比重	0.9825	0.1713
第三产业从业人数占总就业人口比重	0.9913	0.0816
城乡收入差距	0.9973	−0.0452
制造业职工人数占总职工人数比重	0.9923	−0.0332
非国有单位职工人数占总职工人数的比重	0.9436	−0.1834
非国有经济投资占全社会固定资产投资的比重	0.9650	0.1756
外资占全社会固定资产投资的比重	0.3477	0.9131

(3)市场机制和政府行为主成份值计算

通过 SPSS 运算出的载荷矩阵和特征值，再进行主成份值的计算。公式如下，m=1、2，$(ZX)_j$ 为标准化后的值，U_{ij} 为载荷矩阵旋转后的值与 λ 开方的比值。具体数据见表 10、11。

$$Y_m=U_{i1}(ZX)_1+U_{i2}(ZX)_2+\cdots+U_{ij}(ZX)_j$$

(4)市场机制和政府行为主成份权重和综合分值的计算

通过表 8、表 9 计算特征值的权重 W_i。λ_i 为特征值，Y_m 为主成份值，m 为主成份个数。

$$W_i=\lambda_i(\sum_{i=1}^{m}\lambda_i)^{-1}$$

$$F_{综}合分值=W_1Y_1+W_2Y_2+\cdots+W_mY_m[10]$$

表 11　政府行为主成份载荷矩阵表

指　　标	主成份 1	主成份 2
社会保障和就业占财政支出的比重	－0.9425	0.1765
文化传媒占财政支出的比重	－0.9298	0.2333
教育占财政支出的比重	－0.8395	0.3689
科学技术占财政支出的比重	0.6197	0.7199
医疗卫生占财政支出的比重	0.7616	0.5863
用水普及率	0.9469	－0.1407
燃气普及率	0.9737	0.1326
人均公共车辆	0.8967	－0.0994
生活垃圾清运	0.5867	－0.6627
人均拥有道路面积	0.9923	0.0753
人均公共绿地	0.9717	0.1831
乡镇区划数	－0.9399	0.0137
建成区面积	0.9544	0.0446

表 12　市场机制得分

年份	主成份 1	主成份 2	市场机制得分(M)
2001	－3.56926516	－1.38110481	－3.270465938
2002	－3.0482726	－0.93962375	－2.760327413
2003	－2.15242437	－0.14952335	－1.878912905
2004	－2.07927277	0.719321424	－1.697095055
2005	－0.88562288	1.504114177	－0.559271026
2006	0.408762736	1.217108211	0.519159861
2007	1.556394905	0.728954072	1.443407458
2008	2.627893531	0.374394684	2.320162844
2009	3.155111319	－0.43675964	2.664607571
2010	3.986695296	－1.63688102	3.218734603

表 13　政府行为得分

年份	主成份 1	主成份 2	政府行为得分(G)
2001	－4.61008566	1.251026065	－3.806702604
2002	－4.67753961	1.505256295	－3.830035812
2003	－2.63451188	－0.90575444	－2.397739626
2004	－0.61222926	－1.67766389	－0.758483118
2005	－0.06845167	－1.88670906	－0.317902164
2006	0.454582042	－0.91314407	0.26701577
2007	1.65365397	0.190539417	1.453179163
2008	2.775929813	0.240389181	2.428498734
2009	3.438133226	0.833134336	3.081271423
2010	4.28051903	1.362926173	3.880898235

(5)市场机制和政府行为核心因素影响

根据市场机制的主成份载荷矩阵表，从图 5 可以显示出，主成份 1 中除了第三产业产值占 GDP 比重、外资占全社会固定资产投资的比重外各项指标的载荷相关指数较大，可以把这些指标作为影响市场机制主成份 1 主要因素，同时主成份 2 可以解释为外资占全社会固定资产投资的比重(X_9)。

从图 6 可以显示出，政府行为主成份 1 中城市化基础设施建设类、财政在社会保障支出以及城市规划与建设类指标(制度与政策因素)的载荷相关指数较大，可以把这些指标作为影响市场机制主成份 1 主要因素，同时主成份 2 可以解释为科学技术占财政支出的比重(X_{13})。

图 5　影响城市化的市场机制核心因素相关程度的变化

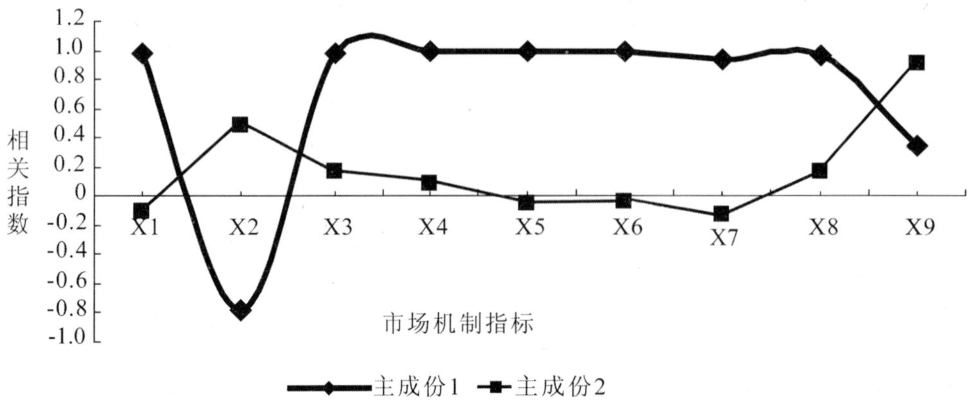

图6 影响城市化的城市行为核心因素相关程度的变化

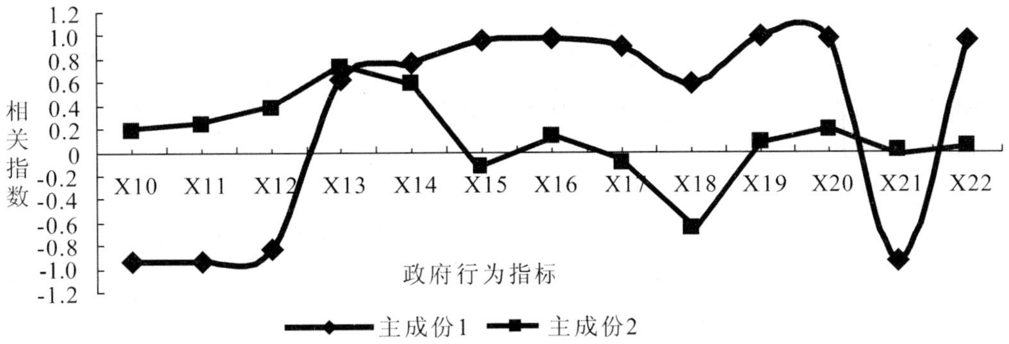

4. 市场机制和政府行为逐步回归分析

(1)研究方法与原理

表14 安徽省城市化水平因变量与自变量数据表

年份	因变量:安徽省城市化水平(%)	自变量:市场机制得分(M)	自变量:政府行为得分(G)
2001	29.30	−3.2705	−3.8067
2002	30.07	−2.7603	−3.8300
2003	32.00	−1.8789	−2.3977
2004	33.50	−1.6971	−0.7585
2005	35.50	−0.5593	−0.3179
2006	37.10	0.5192	0.2670
2007	38.70	1.4434	1.4532
2008	40.50	2.3202	2.4285
2009	42.10	2.6646	3.0813
2010	43.20	3.2187	3.8809

为了进一步了解政府行为和市场机制在城市化进程中的相关关系,以及两者在城市化水平发展中作用的大小,就必须引入统计学里的多元线性逐步回归方法。运用SPSS软件按自变量对因变量的作用程度从大到小逐个引入回归方程,同时检验方程中各个自变量的显著性。若合格则保留、不显著则剔除,反复进行直到再没有显著性影响的变量可以引入,最终形成最优的回归方程。[11]

(2)建模及求解

设 $U=A_0+A_1M+A_2G$

1. U——安徽省城市化水平(%)

2. M——市场机制主成份得分

3. G——政府行为主成份得分

将相关数据输入,运行SPSS软件求解得相关指标变量的回归系数及其显著性检验水平。

得出 $A_0=36.197$

得出回归模型为 $U=36.197+1.160M+0.806G$

表15 逐步回归方程检验表

自变量	回归系数	相关性t值	显著性水平Sig	相关性F值	复相关系数R
市场机制	1.160	5.810	0.001	1656.42	0.999
政府推动	0.806	4.706	0.002		

注:回归方程检验:$F>Fa(p,n-p-1)$、回归系数检验:$F_j>F_a(1,n-p-1)$。

从表中可以看出,复相关系数R为0.999,说明方程相关性很高。两个自变量在显著性水平都在0.05以下,通过查表 $F_{0.05}(2,10-2-1)=4.74$,远小于相关性F值1656.42,方程具有显著性意义。$F_j=t^2$,$F_{0.05}(1,10-2-1)=5.59$,两个自变量的 t^2 都大于 F_j,认为这两个自变量M、G对因变量U有显著性影响。所以安徽省城市化水平与市场机制、政府推动之间有着显著意义的相关关系。从回归系数来看,M(1.160)>G(0.806),说明在这10年里市场机制在城市化水平提高中有较为主要的作用,市场作用越大,推动城市化水平的动力越强。

(二)安徽省地区城市化水平空间实证分析

传统城市化水平分析仅仅在数值上反映出各城市之间的关系,无法直观地了解各城市化在空间上的关系与分类。本文在运用主成份方法评价城市化影响因素之后,通过MAPGIS软件对各城市化进行空间表达,并基于空间图形数据分析出安徽省城市化分布特征。

1. 城市化水平的空间分析方法和原理

(1)城市化的空间表达

在城市群空间尺度上,将各个城市的城市化水平按其数值进行分类(分类方法:单变量可以按照其之间数值距离，多变量可以借助聚类分析进行分类)，运用MAPGIS软件对城市化数据进行处理，以城市行政区域为单位，用由深到淡的颜色区块将不同类别城市的城市化水平在空间上表达，这样可以直观地分析城市化的空间分异状况。

(2)城市化的空间插值

空间插值是通过已知城市的城市化水平估计周围未知空间上的城市化水平，或由不规则分布的城市化数据生成连续表面或等值线的方法。“其实质是根据给定的一组呈离散状态的城市化特征值与空间位置拟合一个函数方程，该函数方程能充分反映特征值与空间位置间的数学关系，从而推断研究区范围内未知空间点的城市化水平。”[12]本文主要以高程点来进行空间插值，以每个城市行政规划的位置为点数据，把城市化数据编辑到点图元里，再进行离散数据网格化处理，最后再进行空间插值图平面彩绘。城市化空间插值可以表达城市化水平的扩展演变，以及城市化水平的发展态势。

2. 安徽省城市化水平空间分布

(1)基于城镇人口比例数据的安徽省城市化水平空间分布

根据安徽省2010年17个城市的城市化水平相互之间的距离，可以分为6个类型。

表16 城市化类型

城市化水平(X)	第一类(X>70%)	第二类(70%>X>60%)	第三类(60%>X>50%)	第四类(50%>X>40%)	第五类(40%>X>30%)	第六类(X<30%)
城市	铜陵	合肥、芜湖、淮南、马鞍山	淮北	黄山、蚌埠、池州、宣城、巢湖、滁州	六安、宿州、阜阳、安庆	亳州

图7 2010年安徽省城市化水平空间分布图

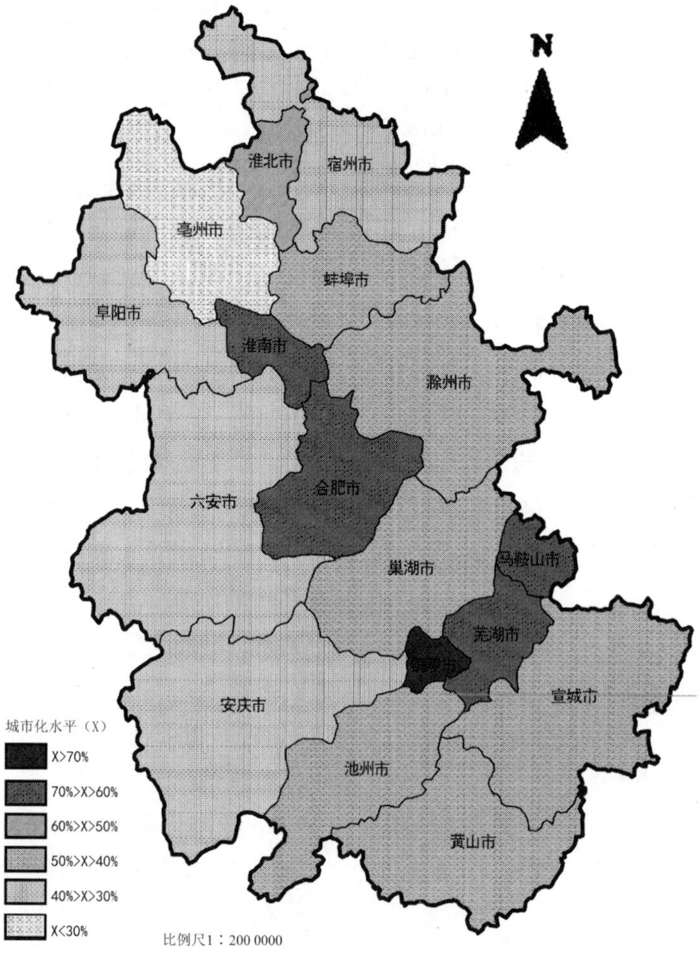

图 8 基于非农业人口和城镇人口双变量聚类结果的 2010 年安徽省城市化水平空间分布图

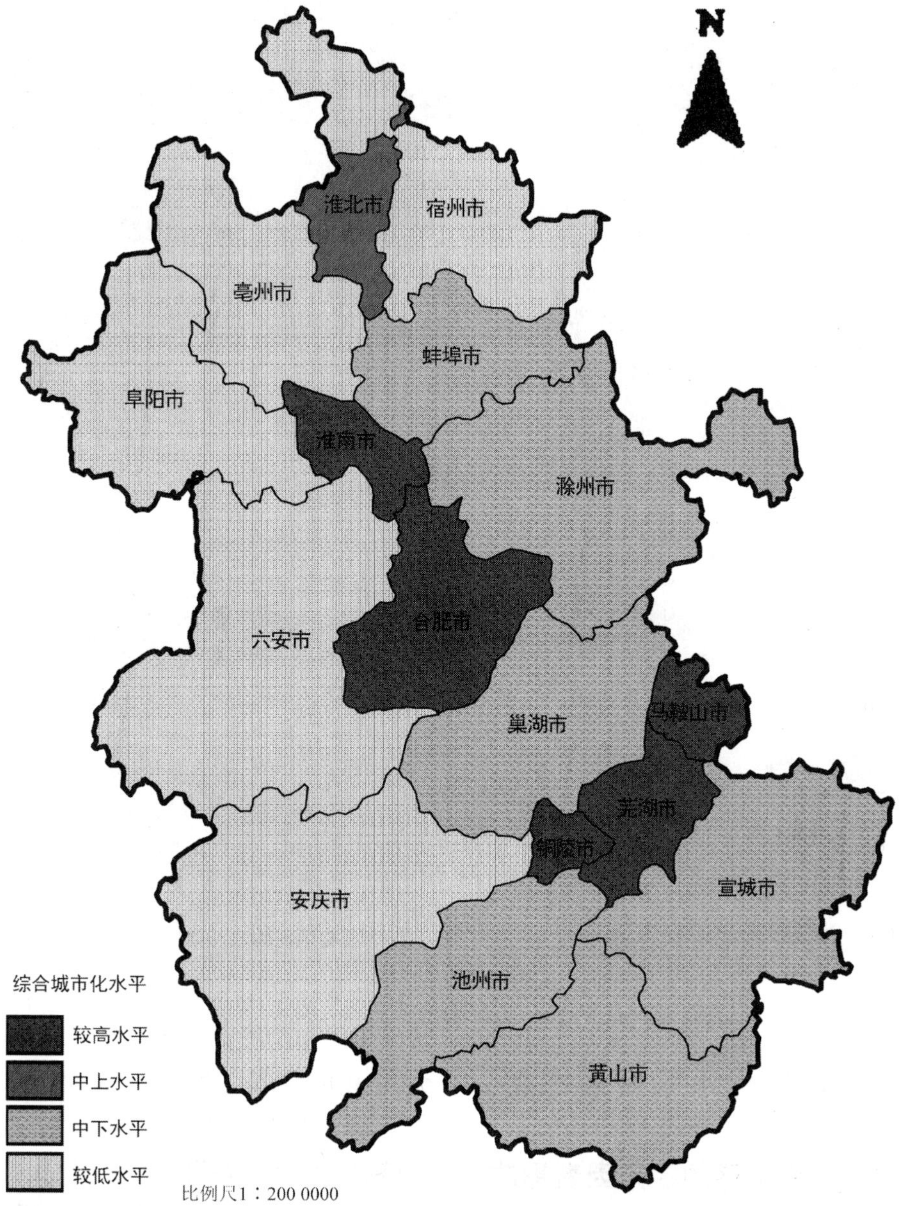

(2)基于非农业人口和城镇人口双变量聚类结果的安徽省城市化水平空间分布

将 2010 年安徽省的非农业人口比重和城镇人口比重这两个变量输入 SPSS 软件进行聚类分析，再运用 MAPGIS 软件对分类结果进行空间分布处理。

从空间分布图上可以看出，安徽省城市化水平东高西低，江南城市化整体水平较高于皖北城市化水平，皖江城市带承接产业转移示范区城市化水平高于其他区域，长江流域城市化水平较高。

3. 2009 年到 2010 年安徽省城市化水平空间扩展演变

从 2009 年和 2010 年安徽省城市化水平空间插值图可以看出，城市化水平高的城市空间扩张能力较强，形成了以淮南、合肥、芜湖、马鞍山、铜陵三角形的扩张区域，呈现一定的规律性，这一三角形区域的城市化水平扩展趋势对周边一些城市产生了挤压效应，最为明显的就是处在三角形中心位置的巢湖市城市化水平在这两年间的变化。淮南与合肥、芜马铜，2009 年时的城市化水平是以点的形式进行扩展，到了 2010 年，淮南与合肥、芜马铜形成由点扩展转变为两条轴扩展的形式，形成网络式扩散趋势，从 2010 年滁州周边地区的城市化水平可以看出，三角形区域向东扩展。在皖北城市中，淮北城市化水平较高，但是皖北整体城市化水平扩展趋势不明显。

图 9　2009 年安徽省城市化水平空间插值图

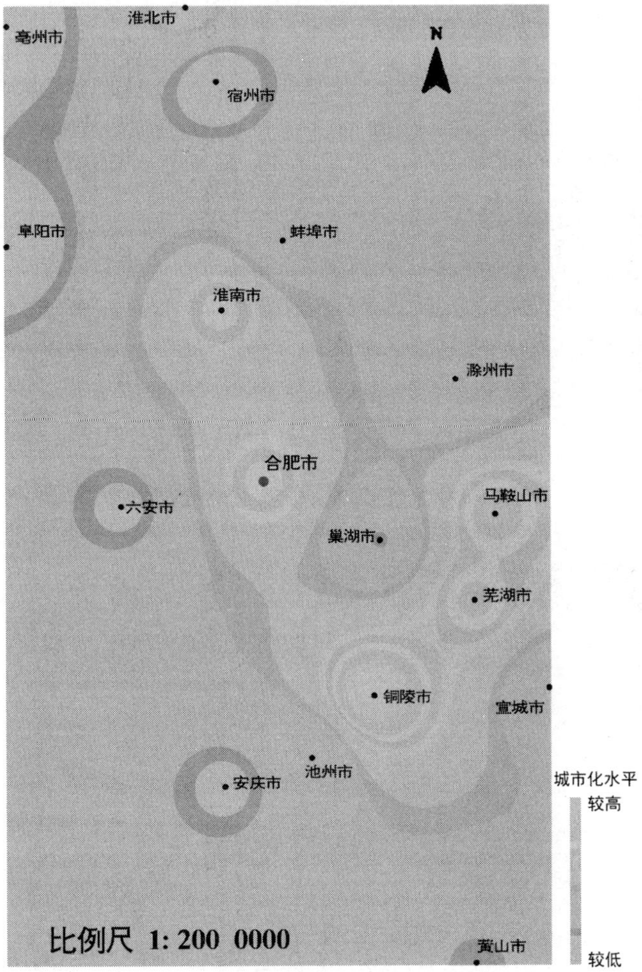

图 10　2010 年安徽省城市化水平空间插值图

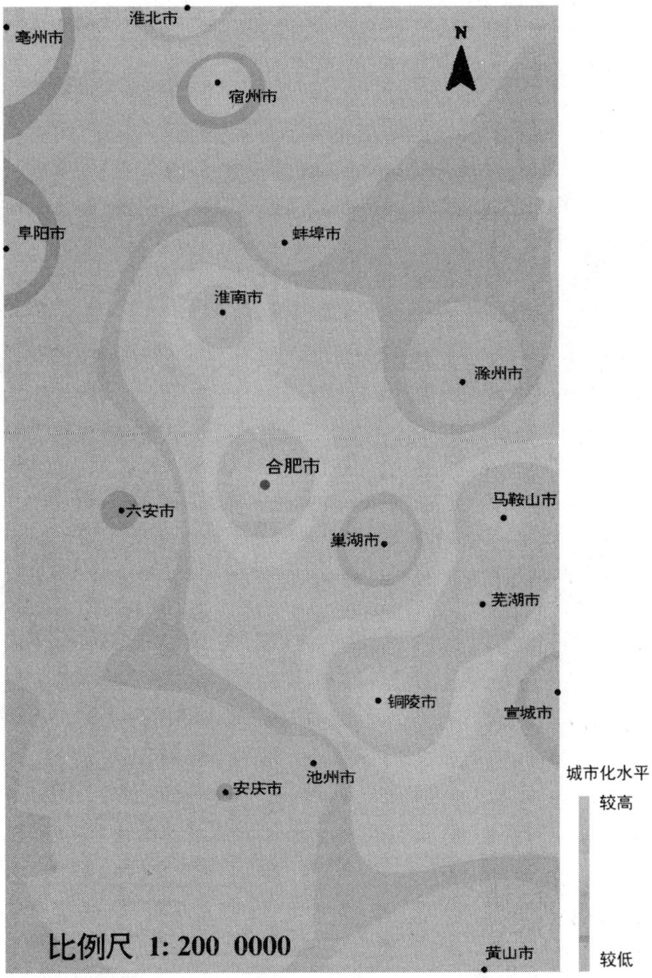

四、安徽省地区城市化水平发展态势

(一)安徽省城市化水平的多元因素影响

西方发达国家的城市化进程，呈现城市化初期由工业推动加速，后期由第三产业对于劳动力的吸附作用。安徽省城市化水平也不是单一的由国内生产总值、产业结构、就业人口比例决定的。

1. 城市化市场机制细化影响因素

第三产业产值占 GDP 比重、外资占全社会固定资产投资的比重对城市化影响还不是很明显，但是在第二产业产值、就业人口结构、城乡收入差距、制造业、非国有经济成份等方面对城市化影响显著。安徽省由原来的农业大省转向工业强省，工业化的发展使得工业化的贡献产值现阶段要高于第三产业产值，成为城市化推动的主要产业，而制造业和非国有经济成份也很大程度说明第二产业在现阶段城市水平发展中的推动作用。城乡收入的差距在逐年变大，也说明城市化进程中城乡收入成为推拉合力，加速了城市化进程，但在城乡收入差距变大同时，要努力增加农民收入，不能以减少农民收入来增加差距。

2. 城市化政府行为细化影响因素

政府在城市化进程中，安徽省对于城市基础建设做出了很大的贡献，城市公共基础建设是城市化发展的物质基础，同时通过政府合理的行政区划和面积规划，促使城市合理扩展衍生，也成为影响城市化主要因素。财政合理支出在很大程度上也影响着城市化，城市化是个综合概念，需要经济物质基础的支持，而经济物质基础的增长需要社会文化、科技教育、医疗卫生的长期投入。

(二)安徽省城市化水平市场与政府的推动

从回归的实证研究结果，政府的影响系数 G (0.841) 低于市场对城市化进程的影响系数 M

(1.121),说明市场对城市化进程作用力比政府推动大,安徽省现阶段城市化水平发展的主导因素是市场机制占主导作用。改革之前,安徽省城市化水平完全是由政府行为为主导的,通过排斥市场机制来抑制城市化的发展。长期地将城市作为政治和工业的重心,导致工业产品的挤压,消费不足,同时农村富余(剩余)劳动力没有充分融入第二、第三产业中去,导致产业发展的滞后。同时城市的公共基础设施没有得到长期的发展和经验积累,导致后期市场放开后,公共基础设施供给不足。

市场经济体制激发了经济发展的爆发力,使得压抑的城市化进程快速发展,特别是近十年安徽省城市化水平上升。市场机制的发展需要在政府的宏观调控和引导下正确发展,政府在城市化中的作用是潜移默化的,政府在城乡发展中,逐步确立了由城乡二元结构向城乡一体化的转变,并完善农村土地政策和法规、加快建立农村社会保障体系以及城乡公共服务均等化。

政府和市场是城市化进程中不可或缺的两个因素,从回归的实证研究结果,政府与市场和城市化进程都呈现正相关的关系,虽然市场影响系数大于政府,但系数差别不是特别大,整体反映出政府与市场的"双赢共强"的局面。政府和市场两者相互作用,相辅相成,互取长短才能促进安徽省城市化较快发展。

(三)安徽省城市化水平空间分布和空间演变

由于安徽省东部地区紧靠长三角,长江流域又经过江南地区,所以安徽省整体城市化水平东高西低,江南城市化整体水平较高于皖北城市化水平,皖江城市带承接产业转移示范区城市化水平高于安徽省其他地区。安徽省作为长三角经济发展的后工厂,在产业梯度转移的过程中,必然是从东部梯度向西部转移,安徽省东部地区各项社会经济指标要好于安徽省西部地区,城市化水平相应东高西低。"同时'两淮'城市是华东地区重要的煤炭能源基地,城市化水平发展较高。另外,蚌埠的交通枢纽作用,黄山的旅游业,滁州运输便利等,使这些地区城市化发展潜力巨大。"[6]12440

安徽城市化水平空间插值图显示出,形成了以淮南、合肥、芜湖、马鞍山、铜陵三角形的城市化水平扩展辐射区域,从2009年的点状辐射扩展,到2010年以淮南—合肥、芜湖—马鞍山—铜陵两轴的轴状辐射扩展趋势,逐渐形成三角形式的网络化城市化水平扩散辐射模式。皖北城市化水平没有呈现明显的城市化扩散模式。安徽省整体城市化向东扩展,巢湖市、滁州地区城市化水平受到三角形区域的压缩和辐射,同时城市化水平有绕过池州和宣城向黄山地区扩展的趋势。

五、安徽省地区城市化水平发展政策建议

(一)适当调整产业布局,加快基础设施建设,合理配置财政支出

根据现阶段安徽省城市化水平产业特点,适当加大第二产业投入,以工业化发展推动城市化发展。保持第三产业稳步发展,合理调整第二产业和第三产业就业人口比例,达到人力资本的有效需求。在基础设施建设过程中,逐步引入现代化、科学化的建设模式,达到城市基础设施最优配置。合理配置财政支出,注重对城市文明化建设的投入,包括文化事业、科学教育的投入,城市文明化是衡量城市化标准之一,同时提高社会保障和医疗卫生的投入,保障城市居民生产生活的持续性。

(二)市场与政府的"双赢共强"

市场与政府"双赢共强"的城市化道路是独具中国特色的,安徽省城市化水平也应具有同样的特点,安徽省要想实现在中部省份中的崛起,在保持原有城市化水平的同时,努力赶超东部沿海省份城市化水平。市场机制对城市化发展已经初现成效,要发挥市场配置资源的基础性作用。安徽省未来的城市化道路最优途径在于实现政府行为和市场机制的有效结合,取长补短,相互作用,相辅相成,共同推进安徽省城市化进程。

(三)加快安徽省西北部城市化发展进程

由于长三角地区经济社会辐射影响,安徽省东部地区城市化水平得到有利拉动,这是基于产业经济文化由东向西梯度转移的结果,要正视这样的发展态势,专门制定适合安徽省西北部城市城市化水平发展的对策和规划。皖北、皖中城市人口众多,有充足的劳动力供给,为发展第二产业提供了有效的

就业人口，如何加大安徽省西北部城市产业经济需求是加快西北部农村富余(剩余)劳动力转向城市人口的关键点，以加大产业需求带动劳动力人口的聚集是加快安徽省西北部城市化发展进程的有效途径。

参考文献：

1. 陈甬军，陈爱民．中国城市化实证分析与对策研究[M]. 厦门：厦门大学出版社，2002.
2. 马寿海．人口与经济[J]. 北京人口城市化发展，2008(1)：53.
3. 左学金，朱宇，王桂新．中国人口城市化和城乡统筹发展[M]. 上海：学林出版社，2007：17.
4. 谭仲池．城市发展新论[M]. 北京：中国经济出版社，2006.
5. 李玲，沈静，袁媛．人口发展与区域规划[M]. 北京：科学出版社，2008. 1：116.
6. 侍非，储金龙，顾康康．安徽省城市化发展区域分异特征[J]. 安徽农业科学．2011，39(20).
7. 冯云廷．安徽省城市化水平区域差异研究[J]. 资源开发与市场，2007，23(9)：838.
8. 韩峰，廖进中．人口城市化与产业结构变迁——基于湖南省的实证检验[J]. 西北人口，2009，30(2)：1.
9. 景春梅．城市化、动力机制及其制度创新[M]. 北京：社会科学文献出版社．
10. 候景新，尹卫红．区域经济学分析方法[M]. 北京：商务印书馆，2004：132.
11. 郝勇．对影响上海人均寿命与综合环境因素的逐步回归分析研究[J]. 经济师，2003(11)：33.
12. 王发曾，吕金嵘．中原城市群城市竞争力的评价与时空演变[J]. 地理研究，2011，30(1)：52—53.

安徽省统计局　程龙干

江西省人口城市化进程和空间变化研究

一 数据的采集与处理

城市化是人口向城市集中的过程。由于人口向城市迁移过程包含了社会、人口、空间、经济的转换等多方面内容，所以用城市人口占总人口的百分比表示城市化水平。

本文所采用的数据主要来自江西省统计局第六次人口普查整理数据。为了与“五普”形成时间序列上的对比，本文首先获取了常住人口和户籍人口两组数据，以便提高与“五普”对比的针对性，得出江西省十年间的人口变化特征。城市化水平为城市人口与总人口的比值，本文的城市人口数据取自常住人口中市人口和镇人口的总和。根据《统计上划分城乡的规定》，以乡镇街道为最小统计单元，逐级统计市镇的城市人口。由于城市的不断扩张，本文城市人口的计算范围为城市实体地域，这一数据更能接近城市真实的发展水平。城市的等级规模是指城市行政范围内人口数量的多少，为与“五普”进行纵向对比，本文采用了城市市区（镇区）人口和非农业人口两种口径来划分城市的等级规模。

同时，本文在探讨城市化与经济发展水平相关关系时，还采用了《江西统计年鉴 2011》中产业比重数据；结合江西省省内迁移人口的迁移方向和区域的数据，划分江西省的核心发展区域。

二 江西的人口城市化特征

2.1 江西 2000 年至 2010 年的城市化水平变化

2010 年全省常住人口总数是 4456.78 万人（不包括中国人民解放军现役军人和居住在省内的港澳台居民以及外籍人员），第五次人口普查全省总人口是 4139.80 万人，10 年共增加 316.98 万人，年平均增长率 0.74%。2010 年市镇人口 1950 万人，城市化水平 43.75%。2000 年市镇人口 1145.48 万人，城市化水平 27.67%。10 年间城市化水平上升了 16.09 个百分点[3]。

2000 年，江西省 21 个城市的城市人口为 551.7 万人；2010 年 21 个城市总人口 1556 万人，其中城市人口 915.49 万人，城市人口比重 58.84%。总体看，设区市城市发育比较好，城市实体的非农产业集聚规模大，城市人口比重 75.06%。不设区市行政边界内的城市实体小，城市人口比重只有 35.26%。

2000 年，江西省 70 个县城镇区总人口 282.98 万人，县城的平均规模只有 41011 人；2010 县城镇区的总人口 2900.77 万人，平均规模达到 103624 人，其中城市人口 1034.50 万人，城市化水平 35.66%。可以看出，县的城市化平均水平高于 10 个县级市的城市化平均水平，说明在 70 个县中有一定数量县的城市实体地域发育比较好，已经达到了设置城市建制的水平。

2.2 江西城市等级规模结构

2.2.1 21 个城市的等级规模结构

本文使用按延伸后的城市实体地域内的人口规模划分等级结构。100 万人口以上的特大城市还是南昌 1 个，但南昌市 5 区人口已经突破 200 万大关，10 年增长 55.40 万人，其中机械增长的人口增加很快。≥50 万人口的城市在 2000 年的萍乡 1 市，2010 年，新增了九江市、赣州市和新余 3 市，而九江市、赣州市已发展为全省的副中心城市；十年间，≥20 万和≥10 万人口规模的城市数量并没有很大的变化，但人口规模<20 万的城市数量相差悬殊，从 2000 年的 6 个骤减至 2 个。此外，江西省城市规模总体增大，大规模的城市数量不断增加，人口向部分大城市集中，而偏小规模的城市数量逐渐减少，表明江西省的城市建制逐渐趋于合理（表 1）。

江西省有 70 个县，这些县城关镇镇区人口发展迅速。2000年≥5万的县城有22个，而2010年≥5万的县城有65个，<5万的镇只剩4个，说明县城人口集聚度高；但是，比较2000年与2010年镇区人口和非农业人口的差值，2000年为58万，2010年已增长到60万，这说明人口向县城集聚使得县城城市规模扩大，但城镇化水平不高，在县城关镇行政边界内还是有比较多的农村人口，需要提高县城的建设质量。

表1　江西省城市等级规模结构按延伸后的城市人口划分(2010)

人口规模(万人)	个	城市人口(人)		平均规模(人)	参与统计的城市名称
		人口数	%		
≥100	1	2223661	29.05	2223661	南昌5区
≥50	4	2161889	28.25	540472	萍乡2区、九江2区、新余1区、赣州1区
≥20	7	2091866	27.33	298838	景德镇2区、鹰潭市1区、吉安市2区、宜春市1区、抚州市1区、上饶市1区、乐平市
≥10	7	1071284	14.00	153041	瑞昌市、贵溪市、瑞金市、南康市、丰城市、樟树市、高安市
<10	2	105210	1.37	52605	井冈山市、德兴市
合计	21	7653910	100	364472	

资料来源：江西统计局2010年第六次全国人口普查数据。

本项研究记载了784个建制镇，除去70个县城，其中市辖镇202个，县城以下县辖镇512个[4]。2000年市辖镇≥10万和≥5万的镇个数为0，2010年分别有4个、7个，共计11个，它们是城市新区建设的优选地点，搞好规划并按法律要求程序实施显得十分重要。而<2000人的小镇，2000年有79个，至2010年已减少至23个。县以下建制镇的人口规模也有较快的发展，镇区人口大于1万人的镇由2000年18个增加到88个，平均规模由15753人扩展到19538人。值得重视的是，县以下建制镇中有214个非农业人口小于1000人，平均规模只有643人，按国家设置建制镇的标准，我省有相当数量的现状建制镇人口应当归入农村人口，这就在一定程度上夸大了本次普查计算的人口城市化水平。

2.3　江西人口城市化空间差异

江西省城市化空间特征最显著的是南北城市化水平差异。大致以浙赣铁路为界，此线以北的15区、7市、35县，面积8.35万平方公里，占全省面积50.01%。南部包括抚州、吉安、赣州三个地级市管辖的4区、3市、35县，面积8.34万平方公里，占全省面积49.99%。2010年全省人口分布是，北部人口占全省61.65%，人口密度每平方公里329人。全省城市化水平北高南低，与2000年相比，南北部的总人口有所增长，南北部增长幅度分别为0.29%、1.6%。2010年北部城市化水平比南部高10.17个百分点，说明人口经济要素向北部全省经济增长核心区集中。北部2010年城市化水平47.65%，比2000年提高了16.55个百分点。南部2010年城市化水平37.48%，比2000年提高了15.38个百分点。江西南北部都达到了30%以上，整个江西处于快速城市化阶段(表2)[5]。十年间，江西省南北部城市表现出整体的发展、差距稍微拉大的特征。

表2　江西省城市化水平空间差异(2010)

地区	面积(Km^2)	城市个数					县城	总人口(人)	市镇人口(人)			城市化水平(%)
		特大	大	中	小	合计			市人口	镇人口	合计	
北部	83488	1	3	5	6	15	35	27476704	5900077	2193294	13093371	47.65
%	50.01					71.43		61.65	78.62	59.96	67.14	
南部	83445		1	2	3	6	35	17091093	1604214	4802375	6406589	37.48
%	49.98					28.57		38.34	21.38	40.04	32.86	
江西	166933	1	4	7	9	21	70	44567797	7504291	11995669	19499960	43.75

资料来源：江西统计局2010年第六次全国人口普查数据。

2010年全省21个城市北部有15个，其中特大城市1个、大城市3个，中等城市5个，小城市6个。城市人口占全省城市人口67.14%。城市沿交通干线分布最多，北部的浙赣线沿线共有上饶、贵溪、鹰潭、南昌、丰城、樟树、新余、宜春、萍乡9个城市，在铁路线上的城市还有九江、景德镇、瑞昌、乐平。南部有城市6个，其中大城市1个，中等城市2个，小城市3个。南部的吉安、赣州、南康、井冈山、瑞金、抚州也在铁路线上。

江西的市、县以下建制镇数量和平均规模都有明显的南北差异。市辖建制镇北部156个南部46个，北部是南部的3.4倍，镇平均规模北部大于1万人口的镇44个而南部只有7个。县以下建制镇北部1万人口以上的镇有59个，南部只有29个。反映了小城镇的发育是受区域城市化水平制约的，区域城市规模大，数量多，则这个区域的小城镇发育条件也好，可以得到更快的发展。

三 江西省核心区域的城市化

2000年城市规模偏小，且布局分散，还没有形成城市集聚发展的核心区域，经过10年的发展，国家出台了一系列对中国区域经济格局有重大影响的国家层面的区域规划，强调了重点区域的发展建设，至2010年，江西省重点建设的地区有鄱阳湖生态经济区城市群和南昌大都市区，赣州大都市区，本文称之为江西省核心区域[6-7]。

3.1 江西省人口向核心区域的迁移

江西省人口迁移规模比2000年有所扩大，其中省际迁移扩大较大，由340多万增加到约580万，全国各省(市、区)迁入江西省的人口数是59.99万人，江西省内县际人口迁移145.7万人，迁移总规模784.5万人。江西省迁往外省的人口主要迁往沿海经济发达的省(市)，广东、浙江、福建、上海、江苏五省市，占江西省外迁人口的88.11%。可见江西与长江三角洲城市群、珠江三角洲城市群、闽东南城镇群的经济关系密切，是这3个区域的劳动力供应地。江西人口迁移空间模式为省际净迁出为主。实际上自1980年代初，省际人口净流出的状况一直在扩大，这种状况对江西省的人口城市化影响很大。

江西地域空间可以分为南昌大都市区、鄱阳湖生态经济区城市群、鄱阳湖生态经济区城市群外围地区3个层次。鄱阳湖生态经济区城市群是江西的核心，南昌大都市区是鄱阳湖生态经济区城市群的核心。外省迁入江西的人口、省内市县区间的人口流动方向以核心区的人口吸引中心和设区市为主，说明了这种结构特征。江西省内人口迁移方向总体上是由乡村向城市、镇迁移。江西北部8个地级市合计迁入人口占省省内迁移人口总数83.59%，迁入鄱阳湖生态经济区人口占全省省内人口迁移总数的73.52%，南昌大都市区占全省省内迁移总量51.46%。外省迁入人口北部占78.55%，迁入鄱阳湖生态经济区人口占外省迁入总数的61.76%，南昌大都市区占36.54%。19个市辖区占外省迁入人口47.98%，其中南昌特大城市就占了19.01%。显示了南昌市作为全省增长核心的地位。江西南部3个地级市合计占省内迁移人口总数16.41%，在江西南部则以赣州市为中心，进入赣州市的人口占南部61.44%[8]。

根据这种人口流动方向和规模的变化，要认真思考江西人口城市化的空间模式。

3.2 江西省鄱阳湖生态经济区的城市化

鄱阳湖生态经济区规划范围共38个县(市、区)，国土面积5.12万平方公里。规划根据自然生态系统的不同特征和经济地域的内在联系，将鄱阳湖生态经济区划分为湖体核心保护区、滨湖控制开发带和高效集约发展区3个功能分区，面积分别是5181平方公里，3746平方公里，4.22万平方公里。高效集约发展区的功能是集聚经济、人口，高效集约开发，大力推进新型工业化、新型城镇化，促进人口向城镇集中[9]。

本项研究按上述3个功能区的划分思路，将鄱阳湖生态经济区划分三圈层，观察其内部分异。第二圈层的常住人口与户籍人口差额值为正值，而第一、三圈层为负值。外省迁入鄱阳湖生态经济区的人口中73.2%迁入第二圈层。城市化水平的分布是，第一圈城市化水平27.23%。第二圈城市化水平59.17%。第三圈城市化水平41.35%，三圈合计总人口1968.81万人，城市、镇人口947.21万人，城市化水平48.11%，略高于江西北部的城市化水平，更高于全省的城市化水平，说明江西的人口确实在向江西经济增长核心区运动。

据六普人口数据，外省迁入江西的人口数是59.99万人，其中迁入鄱阳湖生态经济区人口37.05万人，占迁入总数的68.54%，其中第二圈层占迁入鄱阳湖生态经济区总数的45.44%。省内县市间人口迁移数145.72万人，迁入鄱阳湖生态经济区总数是107.13万人，占全省省内人口迁移总数的73.52%，显然鄱阳湖生态经济区是全省人口运动最活跃的地区。其中鄱阳湖生态经济区内部市县之间的迁移数占迁入总数的71.28%，区外迁入的占28.71%。从组成鄱阳湖生态经济区市县看，迁入鄱阳湖生态经济区内人口多于迁入区外的人口。

3.3 南昌大都市区的城市化

南昌大都市区包括南昌市5区和所带新建、南昌、安义、进贤4县，与南昌市邻接的永修、奉新、靖安、高安、丰城，面积15716平方公里，人口802.45万人，人口密度497人/km2。南昌大都市区的地域结构可以分为中心市区、内圈层、外圈层，由中心城区向外人口密度依次减少，表现了地域圈层结构的存在（表3）。南昌大都市区的城市化水平54.17%，略高于鄱阳湖生态经济区范围内的城市水平，鄱阳湖生态经济区的城市化水平又仅仅略高于江西北部的城市化水平，说明江西经济、城市发展有地域差别但不强烈，核心区形成处于初级水平。南昌大都市区的城市化集中在南昌市城区和近郊区，各个县的县城关镇镇区。

表3 南昌大都市区的圈层结构

圈层结构		面积（km^2）	总人口（人）	密度（人/km^2）	城市人口比重（%）
中心市区	中心城区	115	1152663	10025	98.78
	中间城区	323	1125481	2258	91.18
	近郊区	376	717537	1908	85.71
内圈层		3151	1176245	373	22.38
外圈层		11803	3852528	326	33.84
合计		15716	8024454	497	54.17

资料来源：江西统计局2010年第六次全国人口普查数据。

南昌都市区中心市区的东湖区、西湖区、青云谱区、青山湖区有大量的机械迁入人口，净迁入率东湖区8.02%、西湖区14.6%，青云谱区21.65%，青山湖区46.62%，说明人口城市化最剧烈的地带是城区与近郊区结合部位。外省迁入南昌大都市区的人口，南昌城区占70.89%、内圈层23.76%，外圈层0.05%。江西省内人口迁移进入南昌大都市区人口74.99万，占全省省内迁移总量51.46%。省内进入南昌大都市区的人口中有45.41万人是大都市区内部市县区之间的迁移，占南昌大都市区接受迁移总量的60.55%，另有39.45%的人口是从南昌大都市区以外迁入的，说明都市区内部市县之间的关系比外部密切。在南昌大都市区内部中心市区、内圈层、外圈层获得的人口分别占大都市区内部市县区之间的迁移量77.82%、18.04%、4.14%，内圈层进入中心城区的人口远多于外圈层进入中心城区的人口数，说明以南昌市区为中心往外吸引人口的能力减弱。与南昌大都市区关系密切程度依次是抚州、宜春、吉安、新余，景德镇、鹰潭、赣州、萍乡迁入南昌都市区的人口只占该市迁出人口的小比例，17.8—23.6%之间。

南昌大都市区抽样调查的就业人口分布在三大产业的比重是第一产业42.21%，第二产业23.75%，第三产业34.04%。在五个圈层内三次产业的变化清晰，中心城区农业人口最少，第三产业就业占绝对优势达到78.77%，近郊区农业人口增加，但仍然以二、三产业为主，工业的比重高于第三产业。外圈层是第一产业大于第二产业，第二产业大于第三产业，产业结构明显低于中心市区圈层。内部圈层介于二者之间，南昌县、新建县一些开发区与中心市区连片，与南昌市的联系更密切。

3.4 赣州大都市区的城市化

从规划角度看，都市区范围的界定主要依据包括城镇发育状况、城镇历史联系、城市间的内在经济联系、区域基础设施条件等。本文据此确定的赣州大都市区的范围是赣州市章贡区1区，南康市1市，赣县、上犹、信丰、于都、崇义、大余、兴国7县。大都市区土地面积19416平方公里，总人口4948663人，人口密度255人/km2。章贡区位于大都市区的中心位置，土地面积476平方公里，是重点培育的城市。从中心往外是赣县、南康，土地面积4838平方公里，中心城区的建设已经延伸赣县、南康，将它们定位大都市区的内圈层。信丰、于都、兴国、上犹、崇义、大余6县处于内圈层的外围，与赣县或南康接壤，土地面积14103平方公里。从中心市区往外，到内圈层、外圈层人口密度是1351人/km2、276人/km2、211人/km2。赣州大都市区的常住人口494.87万人，城市人口比重38.84%。内圈层的城市人口比重32.27%，外圈层的城市人口比重29.83%。按照大都市区的空间特征、经济水平、城市化水平判断，赣州大都市区的发育尚处于雏形阶段，核心城市是区域的集聚中心，临近城市南康、赣县与核心城市有共同的历史基础，呈现一体化发展倾向。

表4 赣州大都市区圈层结构

圈　层	地区名	人口数（人）	面积（km^2）	人口密度（人/km^2）	城市人口（人）	城市人口比重（%）
中心市区	章贡区	642653	475.5	1351	605231	94.18
内圈层	赣县	546964	2993	183	156711	28.65
	南康	787636	1845	427	273969	34.78
小计		1334600	4838	276	430680	32.27
外圈层	信丰	664047	2878	231	231982	34.93
	大余	289378	1367	212	135480	46.82
	上犹	257464	1543.9	167	70126	27.24
	崇义	187234	2206.3	85	56089	29.96
	于都	853457	2893	295	223395	26.18
	兴国	719830	3214.5	224	169184	23.50
小计		2971410	14102.7	211	886256	29.83
合计		4948663	19416.1	255	1922167	38.84

资料来源：江西统计局2010年第六次全国人口普查数据。

江西省省内人口迁入赣州大都市区人口12.77万人，占全省8.76%。其中赣州大都市区内部9县(市、区)之间的迁移量占迁入总量的51.33%，从赣州大都市区以外的赣州市的其他县市、10个地级市迁入赣州大都市区的人口占48.67%。吉安市、赣州市(不包括都市区的市县区)迁入赣州大都市区人口占都市区外部迁入人口的57.31%，说明其它9个地级市迁入赣州大都市区的人口很少。在赣州大都市区内部中心城区迁入的人口最多，占迁入赣州大都市区总量的63.12%，内圈层迁入中心城区的人口多于外圈层，反映了章贡区的中心地位高，与内圈层的联系更密切。外省迁入赣州市13.57万人，章贡区占外省迁入赣州全市总量的50.89%，赣州大都市区占85.38%，换言之外省迁入赣州市的人口基本上集中在大都市区的市县，章贡区在赣南地区的中心地位十分突出。除章贡区之外的17县市迁出的人口较多，符合人口迁移的一般规律。

四　江西人口城市化影响因素

江西人口城市化的地域差异和空间结构变化是多种因素综合作用的结果[5]。

首先是江西南北的地理条件和资源条件不同对城市化水平差异的影响。北部鄱阳湖平原广袤，其上湖泊众多。南部以丘陵山地为主，其间是信奉盆地、赣州盆地、吉泰盆地等小型的断陷盆地。在农业时代北部的地理条件更有利于发展农业，所以古代城市先从北部发展起来。1949年以后江西省开始了大规模工业化运动。地质找矿的结果表明，保有储量人均拥有量高于国家平均水平的有15种，北部占优势的有12种，80%的价值分布在北部。煤、铁主要分布在北部。工业化初级阶段，煤铁铜这些大用量、大运量的矿产对城市的兴起和发展起重要作用。

其次是历史基础的影响。北部的平原农业在历史发展中形成了较好的经济基础。据考古资料证实，古代北部开发程就高于南方，南北的县治数量北部多南部少，明清时期大致达到了平衡，反映了古代江西区域经济由北向南开发的时空顺序。江西的近代工业首先在北部兴起，萍乡由煤矿兴起，九江、南昌实现向近代工业城市转型，江西工业化、城市化发展又开始了新一轮南北的空间差异扩大过程。北部因矿产开发兴起的城市很多，萍乡、丰城、乐平与煤矿有关，德兴、贵溪与铜有关，新余与铁有关，瑞昌与金、石灰石有关，高安是利用瓷土发展瓷业。相比之下，南部只是一些与钨矿产开发有关的镇。工业化阶段北部有了比南部更雄厚的经济基础，未来江西北部的城市化会率先进入后工业时期的城市化阶段。

第三是交通条件。古代河流航运对城市发展起重要作用，北部修、饶、赣、抚、信五河以鄱阳湖为中心形成的向心水系，沿河城市分布较多。近代沟通中国南北的京广、京沪铁路使赣江的南北运输枢纽地位丧失，江西在全国经济地位沦为相对落后。1905—1937年先后修筑了萍乡至株洲、九江至南昌、玉山至萍乡的铁路。在此期间还修了南昌至赣州、江西通福州的公路。近代的铁路对城市发展起重大作用，江西北部的铁路为城市发展创造了优越于南部的条件。解放以来交通网的建设北部超过南部。

第四是投资条件和经济水平的影响。直至“七五”计划以前，江西建设的重点是在浙赣铁路沿线，“八五”计划以后响应长江经济带的建设，投资重点向南昌—九江铁路转移，南北区域分异进一步加强。“十五”、“十一”五期间江西经济高速发展，城市化进程与经济同步高速发展。北部GDP三次产业构成是10.35%、58.91%、30.78%，南部依次19.23%、48.26%、32.5%，人均GDP全省21178元，北部是29196元，南部是北部的50.74%。从表5还可以明显看出人均GDP与地区城市化水平的关系，人均GDP高则城市化水平也高(表5)。

表5　江西分地区经济水平与城市化比较(2010年)

地区		GDP(亿元)	GDP构成(%)			人均GDP(元)	城市化水平(%)
			一	二	三		
	全省	9438.45	12.30	54.97	32.73	21178	43.75
北部	南昌市	2207.11	5.50	56.70	37.80	43961	65.71
	景德镇市	461.50	8.30	60.80	31.00	29155	56.31
	萍乡市	520.39	8.10	63.30	28.60	28106	59.17
	九江市	1032.06	9.50	56.20	34.30	21686	42.53
	新余市	631.22	6.00	63.90	30.10	55492	61.57
	鹰潭市	344.89	9.50	62.80	27.70	30769	47.43
	宜春市	870.00	19.00	56.60	24.50	10675	35.59
	上饶市	901.00	16.90	51.00	32.20	13729	39.73
	小计	6968.10	10.35	58.91	30.78	29196	47.65
南部	赣州市	1119.74	18.90	44.40	36.70	13397	37.54
	吉安市	720.53	19.80	50.50	29.70	14969	37.61
	抚州市	630.01	19.00	49.90	31.10	16083	37.22
	小计	2470.30	19.23	48.26	32.50	14814	37.48

资料来源:《江西统计年鉴2011》。

第五是区域发展战略和政策的影响。1980至2000年期间,江西经济发展战略的总体思路是以农为本,在"坚持把江西经济大厦建立在现代化农业基础之上"的总战略指导下,构思的城市化战略是以农村小城镇为主流,展开城市化运动。江西以小城镇取向的城市化战略与江西经济总体战略的农业取向存在天然的联系,农业生产的空间特征是分散,量大面广的小城镇与分散的农业空间相适应。江西城市化战略的小城镇取向一是使城市规模偏小,中等城市的发展太慢,缺少大城市,第二是全省的城市经济增长核心区无法形成,受沿海增长极极化强烈,人口和经济要素净流出。城市工业、服务业经济不发达,难以形成区域经济增长的源泉,使江西在区际竞争中处于不利地位。2000年至2010年期间江西人口城市化战略有二次重大转变。第一次重大转变是江西省国民经济和社会发展"十·五"规划提出,"遵循城镇化客观规律,实施非均衡发展战略,做大做强区域中心城市"。由原来的分散的、均衡的"大力发展小城镇"战略转化为有重点的、非均衡的引导人口"向大中城市集中,形成以城市密集区,大中城市吸收人口为主,小城市和农村小城镇吸收人口为辅的人口分布格局。"第二次重大转变是江西省国民经济和社会发展"十一·五"规划提出,"积极实施城市群发展战略",落实《鄱阳湖生态经济区规划》,打造南昌大都市区做江西增长极核,在全省集中力量建设一个经济增长核心区的思路日益明确。这两次大转变对江西人口城市化产生重大影响[10]。

江西省人口城市化动力变化是自2000年以来推行新兴工业化路线,以开发区的形式展开空间布局,城市除自身的用地范围扩展,还向相邻的行政区延伸,15市的延伸人口达95.19万人。在各个县城也办了许多开发区,26个县城的延伸人口达46.89万人。开发区建设加快了当地经济的发展,促使开发区所在地的城市人口规模扩大,推动城市用地扩张,吸引人口向城市集中,使江西省区域城镇体系的城市规模结构、城市空间结构发生重大变化。

五 江西的人口城市化空间格局趋势和建议

5.1 江西的人口城市化空间格局趋势

在上述多种因素的综合作用下全省形成了人口城市化现状空间格局,表现为人口城市化水平北高南低,城市沿铁路干线分布形成2条城市带,初步形成鄱阳湖城市群,南昌大都市区的发育处于集中城市化阶段,赣州等市人口进入大城市行列[11]。未来10年江西省城镇空间结构趋势表述为"一核一群二带,二市一区四轴"。

一核是南昌大都市区。围绕省会城市构筑区域增长极是加快区域发展的重要战略。南昌大都市区是鄱阳湖生态经济区城市群的核心区,在这个核心区构筑长江中游地区重要的综合交通枢纽、贸易物流基地、战略新兴产业基地、科教与文化服务中心、技术创新中心,使之成为江西省的增长极核,带动沪昆、京九等城镇带发展的核心城市。

一群是鄱阳湖生态经济区城市群。鄱阳湖生态经济区的城市群还处于城市群发育初期,鄱阳湖生态经济区城市群是对接长江中游城市群,推进江西新型工业化和城市化,促进江西现代化的核心区域。

二带为沪昆和京九城市发展带。沪昆与京九城镇发展带继承了江西纵向和横向的2个城市发展轴,进一步突出沪昆、京九等城镇发展带对提升江西省自身空间内聚能力,推动江西省新型工业化、城镇化有重要作用。

一区是"赣南苏区城镇协调发展区",是落实中央苏区振兴发展规划的举措。赣州市区、吉安市区、瑞金等城市是引导赣南地区发展的地区中心城市,在国家层面的战略指导下获得更快发展。这也是"落实中央苏区振兴发展规划"所具有的全国性的区域发展意义。赣州大都市地区通过规划建设、行政区划调整等,建设成为苏区振兴发展的兴业富民示范区。

二市是九江、赣州二个省域副中心城市。2000年以来这二个城市得到长足发展,都达到大城市规模等级,未来会以更快的速度发展,可以作为大都市区规划建设。九江将成为区域性综合交通枢纽与物流基地、装备制造业聚集区、区域性旅游服务中心。赣州市区是落实赣南苏区振兴规划的核心空间。作为中心城市会率先发展，成为落实赣南苏区振兴规划战略要求，带动江西南部革命老区发展核心增长极。

四轴是指江西的四条次级发展轴，即向莆、九景衢、206 国道、323 国道沿线城镇发展轴。四条次级发展轴的地位远低于二带，随着轴线地区各类国家级、区域性交通线网和枢纽的建设，这些地区的县市经济增速会明显加快，成为重要的交通—产业发展轴。

5.2 对江西的人口城市化发展的建议

(1)落实国家层面的战略，促进江西人口城市化

影响上述空间格局趋势的推动力既有国家层面的规划与政策，也有省级层面规划和政策。构建沪昆和京九城市发展带，建设鄱阳湖生态经济区城市群和赣南苏区城镇协调发展区，是落实国家层面战略的重要举措。江西城市化规划布局要研究中部崛起的三个基地一个枢纽的布置，中部 4 个重点开发区之间的关系，长江中游地区在中部崛起的地位与作用。江西鄱阳湖生态经济区城市群与湖北武汉城市圈、湖南长株潭城市群同属长江中游地区重点开发区，江西要重视协调三者的关系，加强与中部区域合作的深度、广度，密切与武汉联系合作[12]。

(2)突出江西经济核心区的地位，做强区域中心城市

鄱阳湖生态城镇群目前只是处于发展的初级阶段，南昌大都市区的城市化还处在集中城市化阶段，必须有强有力的战略措施，突出江西经济核心区的地位，做强区域中心城市，鄱阳湖生态经济区的发展战略才能够落在实处。要重视江西经济的核心区与边缘区的协调发展，做强区域中心城市不仅是自身的集聚，而且加强向江西核心区的集聚，提升江西省的内聚能力，避免分散。上饶、萍宜、赣州、吉安这些地区不仅要与沿海联系，同样要加强与江西北部核心区联系。

鄱阳湖生态经济区城市群是江西省转型发展的核心空间，构建“一核五轴”结构。首先，率先发展南昌—九江组成的昌九轴核地带，推动南昌和九江综合交通枢纽的一体化建设，促进产业要素、文化与旅游资源的优势整合，加快综合功能聚集。其次，南昌市连接景德镇、鹰潭、抚州、新余四个专业化特色突出的城市形成发展轴。第三是建设“蓝心绿廊”，“蓝心”为鄱阳湖湖区，“绿廊”是指依托信江、赣江、抚河、修水等建设生态廊道。

(3)江西省南北协调发展的问题

“一群一区”的提法较好地表达了江西南北协调发展的问题。在一群一区结构中的一群既代表江西北部，也代表江西经济增长核心区，经济比较发达的地区，一区既代表南部，也代表经济相对不发达的地区。南北各有一个国家层面的发展战略指导和支持。南北协调既包括南北空间，也包括经济的贫富，所以江西北部边远山区、革命老区、贫困地区，他们应该享有与南部相同的扶贫发展政策，这是落实“中央苏区振兴发展规划”的区域意义。江西地域空间有南昌大都市区、鄱阳湖生态经济区城市群、鄱阳湖生态经济区城市群的外围地区 3 个层次，四条次级轴代表了城市群与城市群以外地区的协调发展。因此考虑到未来江西省与海峡西岸经济区、长江中游城市群地区的联动发展，要将这些走廊作为重要的产业与交通轴来培育。

(4)江西的行政区划调整

调整鄱阳湖生态经济区城市群内部的行政区划，是一项保障江西经济核心区地位突出的措施。北部增加南昌、新余、景德镇、鹰潭 4 个中心城市的带县数。要建设南昌大都市区，确保核心区的发展顺畅，就要突破用地条件制约。新余、景德镇、鹰潭的位置处于鄱阳湖生态经济区的外圈，平原与丘陵山地的过渡地带，扩大带县数量，可以更好地发挥鄱阳湖生态经济区这个全省的经济增长核心区对外的辐射作用。

将瑞金升为地级行政区，调整赣州大都市区的组成县市，促进南部大都市区的发育。

加快设市建制的步伐。江西有 30 多个县城人口达到 10 万人以上，对这些县要及时论证设置市建制的工作。

本文是在研究报告的基础上写成的，是“江西省第六次人口普查重点课题研究”资助项目，论文在“国务院第六次全国人口普查科学讨论会”上交流。研究过程中，得到江西师大地理与环境学院、江西省人口普查办的领导、专家、同仁的帮助和支持，在此表示诚挚的感谢！

参考文献：

1. 许学强等. 城市地理学(二版)[M]. 高等教育出版社,2009,12.
2. 江西省人口普查办,第六次人口普查文件汇编. 2009,12.
3. 江西师范大学城市与人口研究所. 江西省人口城市化研究—江西省第五次人口普查城市化资料分析(R),江西省级人口普查资料课题研究中标项目,赣人普办字(2001)42号.
4. 江西省民政厅,江西省行政区划简册2011[M],2011年1月(资料截至2010年底).
5. 章定富. 江西城市化发展的空间差异. 吕桦,章定富,江景和. 新世纪新谋划. 中国经济出版社,2000,12.
6. 中华人民共和国国家发展和改革委员会. 全国主体功能区规划,2010,12.
7. 中华人民共和国国家发展和改革委员会. 鄱阳湖生态经济区规划,2009,12.
8. 国务院人口普查办公室,国家统计局人口和就业统计局. 中国2010年人口普查资料(上),2010,9.
9. 江西省住房和城乡建设厅. 鄱阳湖生态经济区新型城镇化专项规划(2010—2020),2009,12.
10. 江西省发展和改革委员会. 江西省国民经济和社会发展第十个五年计划纲要. 第十一个五年规划纲要.
11. 江西省住房和城乡建设厅,中国城市规划设计研究院,江西省城乡规划设计研究院. 江西省城镇体系规划(2010—2030),2011,12.
12. 吕桦,章定富,郑林. 论建设长江中游城市群区[J]. 江西师范大学学报(自然科学版),1995,3.

江西师范大学 地理与环境学院 郑林 章定富 胡梦颖

走向城乡统筹的河南新型城镇化研究

引　言

恩格斯早在1847年的《共产主义原理》中就提出了"城乡融合"的概念,英国城市学家霍华德在《明日的田园城市》当中也曾经倡导用城乡一体的新社会结构来取代城乡对立的旧的社会结构形态。20世纪60年代,美国城市学家刘易斯更明确主张建立城市中心,重建城乡之间的平等,并提出来要使全体居民都享受城市生活的好处。这些共识都阐述了人类社会的发展从工业化到城市化最终走向城乡一体化,是历史的基本发展路径。中国30多年改革开放的实践结果证明:统筹城乡、实现城乡一体化发展新格局是我国现代化进程的必经过程。

2010年第六次人口普查时,中国城镇化率已由1978年的17.9%上升到49.95%(2010年年底数),河南城镇化率也由1978年的13.63%上升到38.82%(年底数,下同),进入快速发展阶段。与此同时,河南仍有6200多万农村人口,占全国农村人口总量的十分之一,到2015年,即使河南城镇化发展完成了"十二五"规划48%的目标,仍有5000多万人生活在农村,这个庞大群体如何实现城镇化关乎国家发展大局。在"十二五"规划期起步的当年,中原经济区建设正式上升为国家战略,给河南城镇化发展带来新的机遇,面临宝贵的历史时机,选择正确的城镇化发展战略至关重要,河南省委果断提出积极探索适合省情实际、从统筹城乡人口出发、实现城乡一体发展、共同繁荣的新型城镇化发展战略,这个新型城镇化过程有别于传统城市化重城轻乡、削弱农业、剥夺农民、凋敝农村的过程,其鲜明特点是统筹城乡发展、加强农业、富裕农民、繁荣农村。河南新型城镇化战略是对党在新时期强调的科学发展观的有效落实,与现代化进程的走向城乡融合、一体发展高度一致,是顺应时代潮流、符合发展规律的正确抉择。

对于正处于工业化中期阶段的河南来说,如何有效推进城镇化是个重大现实课题。积极探索走出一条既符合省情国情,又遵循城市化一般规律、从统筹城乡出发、科学发展的中国特色城镇化道路,即是国之大略所需、又是自身发展所需。为此,本课题运用丰富的人口普查资料,凭借先进的统计分析预测技术,针对省情实际,探讨从城乡人口统筹出发的新型城镇化发展策略,为河南发展的科学决策提供依据。

一、河南省人口城镇化的发展进程、现状和趋势

据统计资料,1949年河南省有城镇128个,城镇人口265万人,城市化水平仅为6.35%,到改革开放初期的1978年,城镇人口为963万,城镇化率上升到13.63%。进入21世纪后城镇化进程加快,有史以来的传统农业区崛起了中原城市群。2010年河南省的城市化率已经达到38.82%(年底数,下同),近十年来城镇化率年均增速1.56个百分点,32年的城市化进程相当于西方国家百年城市化的发展过程。

2010年,随着中国城镇化率由1978年的17.9%上升到49.95%,河南城镇化率也由1978年的13.63%上升到38.82%,进入快速发展阶段。

(一)改革开放以来河南省人口城镇化的发展进程

改革开放以来,我国开展了四次人口普查,河南人口城镇化进程也大体经历了缓慢发展(1978－1991年)、较快发展(1992－1999年)、快速发展(2000－2010年)三个阶段。

河南城市化发展的过程伴随着30多年的改革进程,其间我们一步步从温饱走到小康,又一步步从

农村的工业化、城镇化走向今天的城乡一体化阶段。在这30多年的发展过程中，三个重要的转折点形成了改革开放各个阶段。第一个转折点就是1978年家庭承包责任制，打破了僵化的集体经营体制；第二个转折点是1992年我国建立了社会主义市场经济体制，打破了传统的计划经济体制；第三个转折点是2002年党的十六大首次提出统筹城乡发展战略以来，我们逐步地加快了城乡经济社会形成一体化新格局的推进。

第一阶段(1978年—1990年)为缓慢发展阶段

这一阶段的城镇化主要以农村经济体制改革为动力，从而推动了城镇化的进展。1978年至1991年12年间，全省城镇人口由963万人增加到1342万人，城镇化率由13.63%提高到15.52%，12年年均提高0.16个百分点。

第二阶段(1991年—2000年)为较快发展阶段

这一阶段的城镇化主要是由乡镇企业和城市改革双重推动。城镇人口由1990年的1342万人增加到2000年的2201万人，城镇化率由15.52%提高到23.20%，年均提高0.77个百分点。

第三阶段(2001—2010年)为加速发展阶段

这个阶段的城镇化有了很大突破。2000年6月，国务院专门出台了关于促进小城镇健康发展的若干意见，提出实施中国城镇化发展的战略，城镇化有了国家政策的推动，有了明确的思路和方向。此时河南的城镇化主要以建设城市，发展城镇为动力，城镇化率由2000年的23.20%提高到2010年38.82%，增长的速度年均提高1.56个百分点，进入提速推进时期。

党的十六大首次提出城乡统筹发展观念，明确了加快城镇化进程，坚持大中小城市和小城镇协调发展的战略。十七大强调走中国特色的城镇化道路，按照统筹城乡、布局合理、节约土地、以小带大的原则，促进大中小城市和小城镇协调发展，从此城镇化进程走向城乡一体化发展新格局时期。

(二)河南省人口城镇化的发展现状

经过30年的发展，河南省城市化水平到2010年已经达到了38.82%。截至2010年，河南省共有省辖市18个，市辖区50个，县级市20个，县88个，建制镇949个，乡929个。进入新世纪特别是"十一五"期间，河南省城镇化发展取得了显著成就。

1. 城镇化进度加快、发展水平提高

从1949年到1978年，改革开放前29年城镇化率共提高7.2个百分点，年均提高0.25个百分点；从1996到2000年的5年间城镇化率就提高6个百分点，年均提高1.2个百分点；而从2000年到2010年的10年间城镇化率就提高15.62个百分点，年均提高1.65个百分点，比全国年均1.37%的平均水平高出0.28个百分点，增幅排名在全国31个省、市(自治区)第八、中部六省排第二名，仅比排名第一的江西省低了0.01个百分点。

2010年全省城镇人口达到4052万人，比1978年增长3倍，乡村人口仅增长4.6%。以1996年为分水岭，之前城镇人口增长率一般在3%以下，乡村人口以1%左右的速率缓慢增长。之后城镇人口年均增长6.5%，乡村人口年均减少1.14%。城镇化率开始加速提升。"九五"期间城镇化率年均提高1.2个百分点，"十五"期间城镇化率年均提升1.5个百分点，"十一五"期间年均提高1.62个百分点。2011年又比2010年提升1.75个百分点，城镇化速度不断加快。同时，城市规模增大，城镇用地逐年递增。城市建成区面积由2005年的1572平方公里增加到2000平方公里以上。

2. 全省地区间的城镇化发展差距逐步缩小

河南全省城镇化水平的快速发展是18个省辖市城镇化水平快速发展的综合体现，但因18个省辖市人口规模、经济发展水平和结构、历史基础、地域环境等方面的差异，导致了各省辖市城镇化水平在发展状况、速度和质量等方面的不平衡。

突出体现在各省辖市城镇人口比重悬殊较大。有9个省辖市城镇人口比重高于全省，从高到低依次为郑州市、济源市、鹤壁市、焦作市、洛阳市、三门峡市、平顶山市、新乡市、漯河市，其中郑州市城镇人口达63.49%，比重最高；而低于全省城镇人口比重的省辖市也有9个，其中周口市、驻马店市城镇人口均为29.46%，比重最低。城镇人口比重最高和最低之间相差34.03%，在2000年时城镇人口比重最高和最低相差42.94%，可见，各省辖市之间的差距在逐步缩小。2000年城镇人口比重标准差和标准差系数分别为10.17和43.4%，2010年分别为8.6和22.3%。因此各省辖市城镇人口比重虽然差距较大，但从趋势来看，这种差异在逐步缩小。

各省辖市城乡人口比重的差异不仅是整体水平的差异，还存在发展质量上的差异。这种差异主要体现在各省辖市城市人口和镇人口在城镇人口比重中所占的份额，全省18个省辖市，有11个市的城市人口超过镇人口，郑州市城市人口占到城镇人口的85%，其次是济源市城市人口占城镇人口的73%，其余的都在50%—60%之间。而在几个农业人口占主体的人口大市，如南阳、信阳、周口和驻马店城市人口占城镇人口的比重在20%—30%之间，差距明显。

这种整体水平和发展质量区域间的不均衡，是历史发展、经济水平、区域位置及产业布局等因素综合作用的结果，也是各省辖市社会经济发展不均衡的体现。只有通过中原经济区战略大力推进城乡统筹发展，才能实现区域、城乡的均衡发展。

3. 城镇化质量逐年提升

河南省已形成了以省会郑州为首的包括洛阳、焦作开封、新乡、焦作、许昌、平顶山、漯河、济源九个城市的中原城市群。河南目前正处于产业结构和就业结构日益向二三产业集中，城镇规模快速扩张的过程。随着产业集聚区、城市新区、开发区的普遍建成，城市建成区面积从2000年的1074平方公里扩大到2010年的2014平方公里，10年间增长88%。房屋建筑施工面积是2005年的三倍。“十一五”时期的基础设施投资总额达到9964.32亿元，是“十五”时期两倍。

4. 城镇投资规模逐渐扩大、产业基础日益坚实

由于城镇投资环境的不断改善、招商引资力度的不断加大和产业集聚区的迅速发展，全省城镇投资规模快速增长。“十一五”期间的城镇投资分别是4843.76、6609.16、8721.19、11455.01和13934.82亿元，年均增长33.5%，占全社会固定资产的比重分别是82.0%、82.5%、83.1%、83.6%和84.0%。

城镇化产业基础坚实。2010年全省生产总值突破2万亿元，人均生产总值3000美元。全部工业增加值到突破1万亿元。地方财政总收入突破2000亿元。金融机构各项存款余额突破2万亿元。粮食总产量超过1000亿斤。农业产业化初具规模。三次产业结构为14.1∶57.3∶28.6，二三产业比重占85.9%；其中工业增加值占生产总值的比重达到51.8%，全省城市GDP占全省经济总量达28.5%，投资占全省29.3%，财政收入占53.0%。城镇化的经济基础日益坚实。

5. 城镇化发展动力持续增强

新时期，河南城镇化发展的三大动力是：一国家转变经济发展方式的环境动力；发展重点已由前期的主要依赖外向经济转向扩大国内市场，河南地处中原腹地，区位优势突出，农村人口占全国总量的十分之一，消费市场前景巨大；二政策注入的动力。“十二五”初，国家在大力实施促进中部地区崛起政策的基础中，又正式出台了支持加快建设中原经济区建设国家战略，未来时期陆续出台的多重配套政策，将源源不断地为河南城镇化发展注入活力；三是河南自身差距形成的发展空间。作为全国欠发达大省，河南人口总量巨大，各项人均指标均低于全国平均水平，有着与全国同步如期实现全面小康社会的迫切需求。目前河南城镇化水平尚低于全国平均水平十个百分点以上，尤其是河南拥有占据全国农村人口总量十分之一的农村人口，向城镇转化潜力巨大，这些因素都推动着河南城镇化进程的加快。

(三)河南省人口城镇化的发展趋势

1.“十二五”河南省人口发展规划和城镇化率目标

“十二五”发展规划提出到2015年河南省要实现城镇化率48%左右的目标。2010年年末全省城镇化率38.82%，按照目标需要年均增长1.84%，2011年调查结果显示：河南城镇化率40.57%，比上年增长1.75%，因此后四年要实现预定目标，年均增长需达到2%左右。《河南省全面建成小康社会规划纲要》提出到2020年全省城镇化率达到55%，所以2015年需实现48%，为2020年的完成目标奠定基础。

考虑到目前河南城镇化发展的现状、特征及存在的问题，分析今后十年发展城镇化面临的外部环境、经济推动力和政策等因素，从而准确地把握和预测河南省城镇化的发展趋势。

(1)有利河南城镇化快速发展的因素分析

未来十年，河南城镇化的快速发展是由河南城镇化所处的进程阶段、中原经济区发展战略、河南工业化发展趋势、河南农业现代化的积极推进以及对户籍制度、城乡统筹等一系列政策的逐步实施所决定。

——河南城镇化发展正处于快速发展转向加速发展的阶段，也是发展速度最快阶段。美国城市地理学家诺瑟姆研究了世界各国城市化经历的轨迹，将其概括为生长理论曲线，即著名的逻辑斯谛曲线。该理论表明城镇化有其自身的发展规律，并非始终呈直线上升，而是一个缓慢、加速、再减慢的过程，其全过程呈一条被稍微拉平的S型曲线。其中中期阶段是在城镇人口占总人口比重达30%—70%之间，这一阶段由于工业基础已比较雄厚，经济实力明显增强，农业劳动生产率大大提高，工业具备了吸收大批农业人口的能力，城市人口比重可在短短的几十年内突破50%而上升到70%。

世界主要发达国家城市化发展最快的一二十年中，大部分最高年均增长曾达到2%—4%。最近十年，国内有不少省份在城镇化快速发展的年份中年均城镇化率增长也达到了3—4个百分点。因此，从河南城镇化发展所处的阶段和各国、各省城镇化发展的经验推断，在城镇化加速发展阶段年均增长两个百分点以上是可以实现的。

——中原经济区战略的积极实施和推进为城镇化快速发展提供强大动力和政策保障。

2011年9月国务院下发了《国务院关于支持河南省加快建设中原经济区的指导意见》，标志着中原经济区正式上升为国家战略，“三化”协调发展成为中原经济区建设的核心任务。全省确立了以新型城镇化为引领，推进新型工业化、农业现代化和以工促农、以城带乡、产城互动的长效机制，城镇化被提到前所未有的战略高度，其快速发展得到政策促进。

——河南由工业大省加快向工业强省的跨越成为城镇化快速发展的强大推力。

近十几年，河南工业增加值增速一直保持在10%以上，城镇化与工业化需要协调发展，必然要求城镇化的发展超越常规加快发展，缩小与工业化的差距，河南已进入工业化进程中期阶段，工业必然会以更快的速度发展，从而推动城镇化加速发展。

——户籍制度改革和城乡统筹的城乡一体化发展模式为城镇化发展提供了广阔空间。

中原经济区正在不断探索的新型城镇化实现城乡统筹的城乡一体化发展，以及逐渐放宽的户籍制度都为农村社区逐渐转化为小城镇和农村剩余劳动力向城镇转移提供了广阔的空间。

——农业现代化的逐步实现将为城镇化快速发展提供大量的人力资本。

在保证现有耕地不变的情况下，集约化、规模化和现代化的农业生产将大大减少劳动力的使用量，可以为现代工业、现代服务业提供较充分的劳动力资源，通过产业转移不断转化为城镇人口，带动城镇化的快速发展。

(2)城镇化快速发展的影响因素分析

一是经济发展前景的不确定性；二是城市的承载能力问题，即城市的建设速度能否跟得上人口向城市转移的速度；三是经济结构的调整和转变经济发展方式能否顺利完成；四是新型城镇化推进成本在逐年提高，政府补助合村并村、城中村改造、拆迁补偿等等的费用逐年提高，同时面临经济下行、财政收入减缓，全省财政支出的承受困难在增加；五是城乡统筹的发展模式还处于多元化试验阶段，需积极稳妥，不可能迅猛推进。

2. 河南省人口城镇化的发展趋势预测

对城镇化水平的发展预测有多种模型，这些方法适用于不同的范围和条件，预测的结果也有差异。立足实际，河南是外出人口大省，省内城乡之间的流动人口规模大且比较频繁，城市接纳了大量的外来务工人员，农村大量户籍人口外出。自从2004年建立了河南省人口与城镇化抽样调查制度后，每年才有调查的城镇人口比重，可利用的调查数据年限较短，与其他经济指标相关性较差，综合考虑城乡人口的变动特征、统计数据的协调性及模型的适用范围条件等因素，本研究选择了灰色预测模型预测未来10年河南城镇化发展趋势。

选取河南省2000—2011年11年的城镇人口比重和2001年—2011年10年各年的城镇人口比重增长作为原始数据，利用上述灰色预测模型对河南省城镇化水平发展趋势和发展速度进行外推预测。

(1)河南省城镇人口比重的发展趋势预测

预测值显示，河南省城镇化水平到2015年为49.37%，到2020年将超过60%。

(2)河南省城镇人口比重的发展速度预测

预测结果显示：河南2011—2020年的城镇化发展速度将不断加快，2012年增长1.85%，到2020年比2019年增长2.7%，2011年到2015年年均增长1.94%，2016年到2020年年均增长2.47%，未来十年年均预计增长2.21%。

3. 对预测结果的分析说明

上述预测结果显示，未来十年河南城镇化水平将持续加速发展。综合判断：河南城镇化率2015年将达到49%左右，2020年将超过60%，发展速度每年将加快0.11%左右，2012年预计比2011年增长1.86%，2015年增速达到2.14%左右，2020年比2019年增长2.7%。按照此预测的发展趋势和发展速度，河南省可以完成"十二五"城镇化率达到48%的发展目标。

二、河南省城镇化进程需要着力解决的突出问题

2010年，全国第六次人口普查结果，河南农村人口规模占全国农村人口总数的十分之一，名列各省前茅。同时，河南城镇化率低于全国平均水平近10多个百分点，在全国31省份中排倒数第五，在中部六省排倒数第一。这"一多两低"是河南发展差距的最突出表现。

(一)河南城镇化发展水平总体滞后

从数量看，河南人口城镇化发展水平在2010年人口普查时只有38.52%，这其中还包括相当一部分仍处于不完全城镇化状态的在城市工作半年以上、户籍在农村的农民工及随迁人口，这部分人口不属于真正意义上的城镇居民，按户籍计算的人口城镇化水平不足32%，不仅明显低于发达国家近80%的水平和世界银行统计的中等收入国家平均48.5%的水平，并且也低于许多同等发展阶段国家的水平。城镇化发展水平总体滞后成为河南城镇化发展的最突出问题。

1. 城镇化水平长期低于全国平均水平

自新中国成立以来，河南城镇化水平就一直低于全国平均水平。1949年河南城镇人口比重仅为6.35%，而同期全国为10.64%，比河南高4.29个百分点。在城镇化的进程中，我省发展也相对缓慢，从1949年到2000年，河南城镇人口比重从6.35%上升到23.2%，增长了16.85个百分点，而同期全国城镇人口比重却增长了25.58个百分点。全国城镇化率1990和2000年分别为26.2%和36.92%，而河南省的城镇化率则为15.52%和23.44%，分别低于全国平均水平10.68和13.48个百分点。2010年全省城镇人口比重为38.82%，与全国49.95%的城镇化水平相比仍有11个百分点的差距。

2. 城镇化水平滞后于经济发展水平

城镇化是经济、社会、技术发展的结果，而人均GDP水平能较全面反映一个地区的经济社会技术等方面的综合发展水平，进而反映一个地区城镇化发展的潜力及应有的水平，因此，本研究把人均GDP水平作为比较的经济指标。

2010年河南省的人均GDP为24553元。以24553为区间中间点，在该数值上增加和减少40%来确立人均GDP的区间点，可得到人均GDP的区间为(34374,14732)，人均GDP在这个区间的省有19个。以各省总人口的占比为权数加权平均19个省的2010年的城镇化率，平均城镇化率为44.36%。2010年底河南城镇化率为38.82%，比平均城镇化率低5.54个百分点，相对滞后率【滞后率＝(19个省的平均城镇化率—河南城镇化率)/平均城镇化率】为12.49%。说明河南省现阶段的城镇化水平滞后于经济发展水平。

3. 城镇化发展滞后于工业化水平

2010年，河南工业化率和城镇化率分别为51.8%和38.82%。依据钱纳里定律，人均GDP达到1000美元时，城镇化率就会领先工业化率近30个百分点，而河南省城镇化率低于工业化率13.28个百分点。2010年河南人均GDP已达24446元，按当年汇率折合后超过3000美元，应处于工业化中期阶段，城市(镇)化率应介于30%－60%之间偏向上限，显然38.82%的城镇化率差距很大。

4. 城镇化发展内在质量亟待提高

2010年人口普查数据显示，河南非农就业比重33.5%，城镇化率38.52%，非农业就业比重与城市化率的比0.87；2000年人口普查，非农就业比重19.83%，城镇化率23.20%，比值为0.86。十年中比值小于1仅略有上升，与经验值1.2差距较大，表明河南省劳动力非农化与城市化相比相对滞后，城镇工业化发展没能吸收足够多的农村转移劳动力就业，或者说经济非农化进展缓慢。

产业结构和就业结构的不同是城市区别于农村的根本所在。2000年人口普查资料显示全省城镇就业人口在行业门类中从事农业的比例为30.54%，职业大类中从事农业的比例为30.59%。2010年人口普查显示这两个比例分别下降到28.66%和28.62%，超过城镇就业人口总量的1/4；而其中镇区

的农业行业、职业比例却明显上升，高出市区 36.6 和 36.7 个百分点。所以，虽然我省城镇化外在表现为规模在扩大、速度较快，但仍处于外延城镇化阶段，内在产业结构和就业结构还不名副其实。

(二)城镇化过程中“三农”问题突出

河南前期的城镇化发展缺乏城乡统一规划，城市发展和农村发展“一头重、一头轻”，形成了农村发展严重滞后的城乡二元经济社会结构。改革开放以来，尽管城乡之间的经济和社会联系越来越密切，但农村改革与发展和城市改革与发展总体上是沿着各自不同的轨道向前推进。城乡分割的二元经济社会结构还远未从根本上得到改造，城乡关系的问题突出表现在：工农差距扩大，农业仍然是弱势产业。收入差别扩大，农民仍然是低收入群体；资源占有差别扩大，农村仍然是低成本输出。城乡二元结构制约了河南农业和农村发展，导致城乡发展的差距不断扩大。

(三)城镇化发展中体制机制的制约

河南城乡发展失衡的二元结构问题，是当前我国整个城乡发展问题的反映和体现，其复杂多样的矛盾归纳起来，主要有土地管理制度、内在机制问题和外部政策三大问题。首先是土地管理制度问题。河南城镇化率每提高 1 个百分点，就会有 100 万人口从农村转移到城市，按照全省城镇化率每年提高 1.7 个百分点的目标，一年就要解决 170 万人的进城问题，按照每人用地 100 平方米计算，每年需要 25 万亩土地配合城镇化进程。城镇化发展必然要破解土地管理制度制约的难题。二、内在机制问题，目前，城乡之间生产要素流动的基本格局仍然是农村向城市单向净流出，即使这种单向流出也越来越受制约。三、外部政策和体制问题。之前的河南城乡发展过程中，政策明显向城市倾斜，在基础设施、公共产品和服务上，农村远远落后于城市。流向城市的农民工落户城镇较难，在工资、就业以及教育、社保、住房等方面与城市人有很大差距。这些都与现存户籍制度、土地政策和财税收支体制有关。

(四)城镇化发展的产业支撑问题

河南省城镇从业人口比重低于全国 26 个百分点，意味着城镇对农村的吸纳带动能力不强，也导致城镇化发展支撑能力不足。河南省多数县域城镇非农产业支撑扩张乏力，小城镇未形成具有特色的产业支撑，严重制约了城镇化的发展。

(五)城乡发展失衡、统筹水平偏低

城乡发展失衡主要表现为：

一方面：城乡居民收入和生活水平差距较大。城乡居民收入绝对差距已由 2000 年的 2780 元扩大到 2011 年的 11590.77 元，城乡居民收入比由 2.4：1 扩大到 2.9：1；城乡居民消费支出绝对差距由 2515 元扩大到 8016.52 元，城乡居民消费支出比高达 2.8：1；近两年，城镇恩格尔系数在 35%－33%，农村恩格尔系数在 37%－36%，城乡恩格尔系数也存在差距。

另一方面：城乡基础设施和基本公共服务水平差距较大。从固定资产投资上看：城镇固定资产投资与农村固定资产投资的比从 2002 年的大约 2 倍，逐步扩大到 2010 年的将近 5.3 倍，差距在逐年扩大。

(六)城镇结构体系亟待完善

河南作为上亿人口的区域，城市规模结构明显不合理，结构体系欠完善，影响人口、产业和生产要素的聚集，不利于城镇化加快发展。表现在：一省会城市规模不够，对全省城镇的辐射带动作用不明显。二全省中等城市数量偏少，中心承上启下的节点作用不够突出。如周口等省辖市虽市域人口已过千万，但中心市区的人口还不到百万，对周边地区发展的辐射带动受限。三是小城镇数量多、规模小、功能不全，服务带动乡村地区发展的功能较弱。四是城镇之间经济联系不紧密，各城镇大都独自作战，缺乏组织联系，处于松散状态。

三、统筹城乡的新型城镇化是河南发展战略的正确抉择

按“十二五”规划，到 2015 年我省城镇化率要实现 48%左右，期间年均增速至少要达到 1.8%以上的较高速度，意味着我省已经进入城镇化快速发展的战略机遇期，这个时期，选择正确的城镇化发展战略尤为重要，如果继续沿袭传统的做法，简单地通过扩大城市规模来提高城镇化率，势必造成无序蔓延，加重城市病，引发一系列社会问题。中原经济区建设正式上升为国家战略，国家支持河南探索统筹城乡、三化协调发展之路、允许先行先试的政策给河南城镇化发展带来新的机遇，省九次党代会明确提出河南实施新型城镇化发展战略。

(一)什么是河南新型城镇化

河南新型城镇化的准确表述是:城乡统筹、城乡一体、产城互动、节约集约、生态宜居、和谐发展,这24个字完整地构成了河南新型城镇化的内涵。新型城镇化的基本取向是大中小城市、小城镇、新型农村社区协调发展,互促共进。充分考虑了农村和农民,其本质是平衡发展和可持续发展的城镇化。

(二)构建具有河南特色的现代城镇体系

作为国家粮食大省,河南的城镇化必须把新型农村社区纳入进来,由此新型城镇化把传统的"四级"城镇体系拓展成了"五级"城镇体系,在原来的大、中、小城市、小城镇之后又增加一级"新型农村社区",形成了五个层次,即"国家区域性中心城市"即郑州洛阳两市;"地区中心城市"指省辖市所在地;"中小城市"指县城和新型的小城市与乡级市;"中心镇";第五个层次是"新型农村社区",作为统筹城乡发展的结合部,推进城乡一体化的切入点、促进农村发展的增长点。如此,即推动城市公共服务和基础设施向农村延伸,使一部分农民不离土不离乡就近就地转移,又缓解了我省城镇承载能力不强与大量农村人口亟待转移的矛盾,从而推动了城乡一体化发展格局的形成。是一条切合省情实际、具有河南特色的新型城镇化道路。

(三)河南新型城镇化的"新"在哪里

河南的新型城镇化作为一个创新的概念,具体体现了"四个新":一是"新"在城乡统筹发展。二是"新"在产城互动发展。三是"新"在节约集约发展。三是"新"在节约集约发展。

(四)推进城乡统筹的河南新型城镇化策略选择

农业人口规模庞大是我国我省区别于其他国家和地区的一个基本国情和省情,决定了我们的工业化、城镇化、农业现代化和建设中原经济区、全面建成小康社会是同一历史进程,必须同步推进。作为欠发达的内陆地区,河南发展基础薄弱,作为后发地区,河南城乡统筹要以适度超前的规划为引领,逐步完善和落实城乡统一的规划和管理制度。一、从土地管理制度改革入手,把新型农村社区建设作为统筹城乡发展的切入点。二、以加强农业、繁荣农村、富裕农民推进新型城镇化。三、以产业支撑强化城乡统筹。四、建立城乡统一的就业制度。五、构建城乡统一的社会保障体系。六、构建城乡统一的公共服务体系。

新型城镇化切合省情实际、符合城镇化最终走向城乡统筹发展的大趋势,是事关河南全面协调可持续发展的智慧的、正确的战略决策,必将取得扩大内需、带动发展;破解失调、统筹推进;缩小差距、融合发展的成效。综上所述,河南的新型城镇化,是加强农业、富裕农民、繁荣农村的过程,而不是传统的削弱农业、剥夺农民、凋敝农村的过程。

参考文献:

1. 国务院.关于支持河南省加快建设中原经济区的指导意见,2011.
2. 卢展工.深入贯彻落实科学发展观全面推进中原经济区建设为加快中原崛起河南振兴而努力奋斗,2011.
3. 中共河南省委宣传部.中共河南省第九次代表大会报告关键词解读.河南人民出版社,2012.
4. 李克强.论中国特色的城镇化发展道路.瞭望,2012.
5. 河南省统计局.河南省第六次人口普查资料.中国统计出版社,2012.
6. 曹维新.河南省人大.探索一条特色之路,共谋引领"三化"大计,2012.
7. 陈锡文.论城市化.中国房地产超市网,2012.
8. 胡鞍钢.中国2020:一个新型超级大国.浙江人民出版社,2012.
9. 耿明斋.中国特色社会主义道路河南实践.党的生活,2012.
10. 陆学艺.中国社会结构分析.社科文献出版社,2010.
11. 厉以宁.论城乡一体化.北京大学学报,2010.
12. 韩俊.中国城乡关系演变60年.改革,2009。

课题主持　安建军

课题执笔　金美江　王静　孟凡玲　叶皓瑜　马召　宗方

区域经济布局与人口城镇化进程研究

城镇化是农村人口向城镇和二三产业不断聚集、城镇规模适度扩大、功能不断提升的长期过程，是扩大内需最大的潜力所在，是城乡一体化的重要基础。但与发达地区相比，海南的经济发展起步晚、城镇化水平还比较低。目前海南正处于国际旅游岛建设的起步阶段，如何在区域经济布局的基础上实现经济跨越式发展、加快推进海南人口城镇化进程是值得探索和研究的重要课题。

一、海南区域经济布局现状分析

（一）海南区域经济布局的特点

近年来，海南省以区域布局理论为基础，根据资源环境承载能力、现有开发密度和发展潜力，统筹考虑未来海南省人口分布、经济布局、国土利用和城镇化格局，把海南省规划为东、西、南、北、中 5 个功能组团和一个海洋功能组团，各个功能组团明确了各自的产业发展方向。这种区域经济布局呈现如下特点：

一是打破了以农业、工业为主要产业特征来划分不同空间片区的界限。根据不同区域发展现状、环境承载力等划分，使得海南各区域在旅游服务业发展方面的优势更明显，重点更突出。如北部突出商务、专题旅游；南部是热带滨海度假、山海互补；中部是生态旅游和民族风情；东部是度假观光；西部是工业参观旅游。

二是功能组团考虑到旅游发展的趋向性，考虑到历史、文化等方面的相近性，考虑到了地域因素但不局限于此，对资源进行最大限度的整合。如保亭、乐东由中部进入南部组团；文昌由东部进入北部组团；陵水也从东部进入南部组团。

三是功能组团把海南按照一个大城市的发展思路推进城乡一体化和体制机制创新。通过六大功能组团的建设，实现功能区内的统一规划、统一建设，推动城乡一体化，既让老百姓享受国际旅游岛带来的收益，又能让潜在的土地资源变成海南中长期发展的巨大资本，解决了空间雷同问题、资源浪费问题和海南经济可持续发展问题。

（二）2010 年海南区域经济发展状况

区域经济发展水平是反映一个地区在一定时期内国民经济各方面的综合发展状况。在参阅大量相关文献基础上，本着科学性、实用性、可操作性、可比性、可量化等原则，本课题从经济发展的内涵，立足经济规模、经济效益、经济结构三个层次，构建区域经济发展水平综合评价指标体系，并根据专家对各指标重要性的评分结果采用层次分析法测算出各指标权重（见表 1）。

表 1　海南区域经济发展水平综合评价指标体系

目标层	准则层	指标层	二级权重	一级权重	标准值	单位
区域经济发展水平	经济效益 0.309	人均财政收入	0.4	0.1236	23567	元
		农民人均纯收入	0.3	0.0927	6502	元
		城镇居民人均可支配收入	0.3	0.0927	17758	元
	经济规模 0.529	人均 GDP	0.5933	0.3139	46596	元
		人均固定资产投资额	0.2764	0.1462	61611	元
		人均社会消费品零售额	0.1283	0.0679	21376	元
	经济结构 0.162	第三产业增加值占 GDP 比重	0.5499	0.0891	69.58	%
		第三产业从业人员占全部从业人员比重	0.2099	0.0340	59.83	%
		城镇人口比重	0.2402	0.0389	74.17	%

为使数据具有可比性，采用极大值标准化法来消除原始数据的单位和量纲。以 2010 年各项指标最大值作为标准值，实际值与标准值的比值为标准化数值，然后乘以相应的权重后再进行累加并转化为百分制，得到各区域的综合评价值。

依据 2010 年海南省 18 个市县经济发展水平指标数据，可以得出其综合评价值。由表 2 可知，海南省区域经济发展状况呈现以下特点：

表 2　2010 年海南区域经济发展状况综合得分

类　别	综合得分	排名	经济效益	经济规模	经济结构
东部组团平均	55.85		60.63	51.96	59.43
琼海市	58.17	3	59.58	57.10	58.99
万宁市	53.52	7	61.68	46.82	59.88
南部组团平均	54.75		61.53	48.87	61.01
三亚市	95.92	1	100.00	94.69	92.14
陵水县	49.10	9	52.66	46.99	49.18
保亭县	42.29	11	47.97	34.08	58.25
乐东县	31.70	16	45.50	19.73	44.47
西部组团平均	44.85		50.30	42.95	40.63
儋州市	54.04	6	54.32	56.15	46.63
临高县	35.26	15	46.16	28.21	37.50
昌江县	49.98	8	50.63	53.37	37.67
东方市	40.10	12	50.08	34.09	40.73
北部组团平均	59.06		59.97	57.10	63.69
海口市	85.85	2	67.99	91.95	100.00
文昌市	55.00	5	59.80	52.49	54.04
定安县	40.00	13	51.59	27.79	57.77
澄迈县	55.37	4	60.51	56.19	42.93
中部组团平均	34.56		42.16	23.74	55.40
五指山市	43.63	10	43.24	33.43	77.65
琼中县	29.85	17	37.82	18.61	51.37
屯昌县	35.86	14	47.49	23.42	54.33
白沙县	28.91	18	40.10	19.51	38.24

注：计算所需数据来源于《海南统计年鉴 2011》；除海口市和三亚市外，根据琼海市、儋州市、五指山市在各组团中的作用也定位为中心城市。

海口、三亚两地一枝独秀，其综合评价得分在 80 分以上；落后地区比较多，白沙、琼中、乐东、临高、屯昌等 5 个地区的综合评价得分不足 40 分；第一档次地区（海口、三亚，得分大于 80 分）和第二档次地区（琼海、澄迈、文昌、儋州、万宁，得分在 50—60 分）得分差距拉得较大，中间出现明显断层，这不利于海南省区域经济的协调发展。

从五大组团来看，北部、东部、南部组团经济发展状况较好，平均得分均超过 50 分；中部组团主要由于经济规模得分最低造成综合得分差距较大，西部组团主要由于经济结构得分最低造成综合得分有一定差距。总体来看，各组团在经济发展三大方面中经济规模得分均较低，投资和消费需求潜力有待进一步挖掘。

在各组团内部，中心城市在经济发展中的主导作用发挥程度不一致。南部、北部组团中心城市地位凸显，进一步巩固主导地位是关键；东部、西部、中部组团中心城市在经济发展方面的相对优势并不明显，需要在谋求自身发展的同时努力增强辐射带动作用促进人口城镇化发展。

经济发展是推进人口城镇化进程的重要基础。目前海南区域经济发展水平普遍比较低，人口城镇化发展仍存在较多制约因素。只有大力搞好经济发展才能不断夯实人口城镇化发展的硬件设施、提供良好的就业和社会保障等软环境。

二、海南人口城镇化现状

摸清海南人口城镇化现状，有助于研究城镇化发展思路，加快海南人口城镇化进程和国际旅游岛建设步伐。

海南人口城镇化呈现如下主要特点：

（一）人口城镇化进程加快，但总体水平偏低

第六次人口普查数据表明，我省 2010 年城镇人口为 430.89 万人，城镇化率达到 49.69%，比 2000 年第五次人口普查提升了 9.58 个百分点，比全国略高出 0.01 个百分点。在全国 31 个省市区中位居第 12 位。但与上海（89.30%）、北京（85.96%）、天津（79.55%）、广东（66.18%）相比，海南城镇化水平明显偏低。

（二）中心城市的核心作用比较显著

海口、三亚作为海南的两大中心城市，2010 年集中了 31.50%的人口，在经济发展中发挥了较大的

核心作用，创造的GDP占全省的42.16%、固定资产投资额占49.20%、社会消费品零售总额占63.55%、吸纳的第三产业从业人员占50.38%。在经济发展的带动下，海口和三亚城镇化率分别达到74.17%、66.21%，稳居全省前列。可见，打造中心城市是推进人口城镇化的重要途径，在各组团功能建设中更需发挥好中心城市的核心作用。

（三）城镇规模小，集聚能力较弱

据第六次人口普查资料显示，2010年，海南省18个市县中，100万人以上的大城市仅海口1个；人口在50－100万人的中等城市有4个（即儋州、三亚、万宁、文昌）；人口在50万以下的小城市（镇）有13个。不难看出，海南省不仅城市总数少，而且大城市缺位、中等城市偏少，规模等级不完整，结构体系不合理。据专家测算，如果要使小城镇的综合功能得到充分发挥，其人口合理规模应在10万人左右。但全省现有的204个行政乡镇中，总人口在8万人以上的乡镇仅12个，占5.88%。由于城镇规模过小，其经济效益和社会效益较差，城镇发展的集聚能力明显偏弱。

（四）区域人口城镇化进程不均衡

由于不同地区的地理环境、历史条件、自然资源、基础设施、科技实力、政策取向等因素的综合作用，海南北部组团城镇发展最快，城镇空间分布密（北部四市县的土地面积占全省的23.37%，而人口占38.46%），城镇化率较高，为61.95%；中部组团城镇发展相对较慢，城镇密度稀（中部四市县的土地面积占全省的21.07%，而人口仅占8.11%），城镇化率较低，为35.13%；南部、西部和东部组团城镇密度适当，城镇化率居中，分别为46.64%、42.02%、40.49%。从各市县城镇化情况来看，2010年仅海口、三亚、五指山高于全省水平；昌江、文昌、儋州略低于全省水平；白沙、乐东、琼中城镇化率最低，不足30%。

（五）城镇化与经济发展不同步

据《海南统计年鉴》资料显示，2000－2010年，海南第二产业和第三产业增加值占GDP的比重均在70%左右，而第二产业和第三产业从业人员比重一直低于50%，就业结构变化赶不上产业结构的调整影响了农村劳动人口的转移。海南农村劳动者中从事非农产业的比重由2000年的9.10%逐年上升到2010年的22.18%，比重提高了13.08个百分点，而城镇化率仅提高了9.7个百分点。经济发展未释放足够的就业空间，大量农民留守在农村，导致城镇化与经济发展不同步。

三、海南人口城镇化滞后的原因

（一）城镇基础设施建设和规划落后

许多城镇尤其是小城镇对外交通不便，城区道路狭窄，功能混乱；城镇供水紧张，排水设施不完善，下水管道普及率低，大量污水未经处理而直接排放；垃圾的收集与处理问题较多，基础设施建设滞后。同时由于缺乏长远规划，往往随着社会经济的快速发展，刚刚兴建的设施就已经不能适应新的投资需求和人民生活需要，如道路和房屋建设拥挤、公用设施不足等。这些问题的存在，在很大程度上限制了现有城镇对人口的容纳能力，农村人口向城镇转移难度较大。

（二）城镇发展的软环境建设进展缓慢

目前，海南省从大城市到小城镇社会保障体系尚不完善，远不能对城镇化的发展形成支撑作用，使投资者和进入城镇的农村剩余劳动力不能在城镇立足。此外，户籍政策也制约着人口城镇化的发展。即使已经进入到城镇就业的农村劳动力，因为得不到相应的就业保险、医疗保障和养老保障，农民进入城镇生活和工作的信心不足，阻隔了农村劳动力和人口向城镇聚集，影响了人口城镇化的全面推进。

（三）农村教育落后，人口素质提升乏力

由于农村教育设施投入的效益低，政府对农村正规教育和职业培训的投入不足，教育设施落后，师资力量欠缺，制约了农村教育的发展、农村人才的培养和人口素质的提高。2010年，海南乡村人口中具有高中及以上文化程度的比重为10.94%，而城镇人口中这一比例为38.16%，城乡教育的差距，一方面使得农村劳动生产率难以较大提高，另一方面制约了农村劳动力向城镇转移，城镇化进程缓慢。

（四）城镇经济不发达，难以提供足够的就业岗位

由于城镇投资环境不佳，投资机会少，城镇经济不发达，能够提供的就业岗位少。只有当资本投向

城镇建设并增加那里的就业岗位时，农村剩余劳动者才会随着就业机会的增多相应地流动起来，以投资带动人口流动乃至城镇化的发展才会是良性的。因此，逐步改善城镇投资环境、创造大量的就业岗位是大力推进海南人口城镇化的当务之急。

制约海南人口城镇化发展的因素还有许多，上述四个方面目前来说是比较突出的，应当引起重视并逐步加以解决。

四、区域经济发展与海南人口城镇化的关系

从目前海南城镇化进程所处的阶段来看，一方面，海南人口城镇化与区域经济发展正相关；另一方面，城镇化对经济发展产生积极的正效应。

(一)经济发展与城镇化的正相关

根据2000—2010年相关统计数据，通过绘制散点图，发现除东部组团外，其他组团和全省的城镇人口比重与人均GDP呈现稳定的关系。

通过Granger因果检验可知城镇人口比重和人均GDP存在单向因果关系，即人均GDP的增长是海南省城镇人口比重提高的原因；除东部组团外，其他组团均有此类关系。

从相关系数计算结果来看，城镇化水平确实与区域经济发展存在线性相关关系。其中，全省、西部、北部、中部组团的城镇化水平与经济发展程度高度线性相关(相关系数均大于0.8)；南部组团显著线性相关(0.7141)；东部组团低度线性相关(0.4707)。

由于东部组团城镇人口比重与人均GDP的Granger因果关系不确定，且呈低度线性相关，构建线性回归模型中暂不考虑。

为了消除异方差影响，先对变量取对数，然后运用Eviews软件进行普通最小二乘法估计，具体回归模型如表3。

表3　线性回归模型

全省	YL=0.164XL+2.276
南部	Y2L=0.111X2L+2.645
西部	Y3L=0.150X3L+2.326
北部	Y4L=0.204X4L+1.828
中部	Y5L=0.207X5L+1.709

由于回归方程有意义、回归系数是显著的、拟合效果较好，回归模型通过检验。

从以上五个线性回归模型来看，随着人均GDP的增加，城镇人口比重将出现不同程度的提高。其中北部和中部组团城镇化受经济发展的影响比较明显，人均GDP每增加1%，城镇人口比重相应提高0.2个百分点以上。因此，各组团要以经济发展为抓手大力推进人口城镇化。

此外，按照上述思路也可测算出各区域第三产业发展与城镇化的关系，详见表4。

表4　城镇化与第三产业发展的关系

地区	相关系数	结论	城镇人口比重对第三产业增加值占GDP比重的弹性系数
全省	0.422	低度正相关	0.148
东部组团	0.534	显著正相关	0.501
南部组团	0.849	高度正相关	0.704
西部组团	−0.242	负相关	——
北部组团	0.727	显著正相关	1.003
中部组团	0.910	高度正相关	0.760

结果表明，第三产业的发展对区域人口城镇化的影响更为直接。其中，北部、中部、南部组团城镇化对第三产业发展的反应最为灵敏。因此，推动区域城镇化需要找准产业发展方向，以期达到事半功倍的效果。

(二)城镇化对经济发展的正效应

以上主要阐述了经济发展对人口城镇化的影响，下面从三个方面分析城镇化对海南经济发展的正效应。

1. 人口城镇化有利于优化我省城镇内部的产业结构和就业结构

大量的农村闲置劳动力向城市转移，为我省第二产业和第三产业的发展提供了劳动力支持，使我省的非农业产值得到提升。由图1知，第三产业的主导地位不断凸显。

随着我省产业结构的优化，人口就业结构也渐趋合理。由图2知，第一产业从业人口占全部从业人口比重稳步下降，第二产业从业人口占全部从业人口比重持续缓慢上升，第三产业从业人口占全部

从业人口比重提升较快。第二产业和第三产业对就业人口的吸纳潜力逐步释放，就业对城镇化发展的促进作用不断增强。

图 1　2000—2010 年海南省三次产业构成

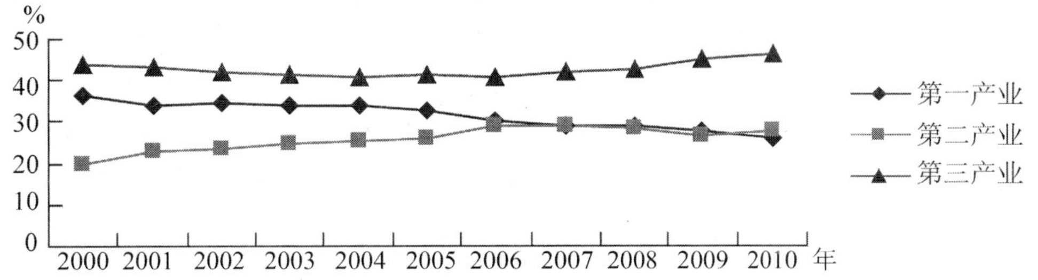

图 2　2000—2010 年海南省三产产业从业人口构成

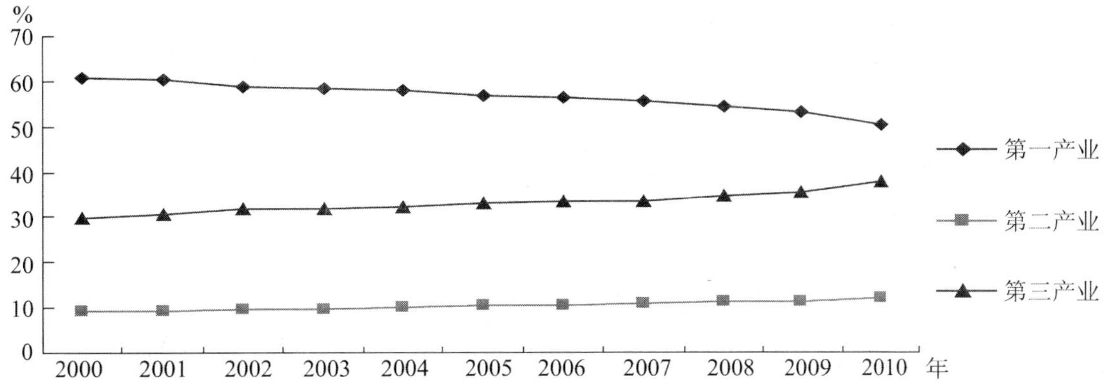

2. 人口城镇化有利于带动我省农村各产业的发展，是从根本上解决“三农问题”的必由之路

大量农村人口向城市转移，可以提高我省农村居民的人均土地占有量，让农民有充足的土地进行耕作，有利于提高农业的集约化程度，提高农民自身的劳动技术水平和农业生产率，提高农产品的产量和质量。这可以增加我省农村居民的收入水平，促进农村经济的发展，推动“三农”问题的解决。

3. 人口城镇化可以刺激消费需求，拉动我省经济快速增长

2011 年，我省城镇居民人均可支配收入为 18369 元，农村居民人均纯收入为 6446 元，分别比上年增长 11.8%、13.4%。随着收入水平的提高，社会消费品零售总额增长了 18.8%。消费需求拉动我省经济较快增长，全年 GDP 增长 12%。

五、海南人口城镇化发展趋势

根据 2000—2011 年海南城镇人口比重数据，运用灰色预测 GM(1,1)模型，测算出 2015 年我省城镇人口比重(即:城镇化率)将达到 55.161%，其中预测模型“$x(k+1)=2045.204\exp(0.02014k)-2004.534$”的平均相对误差较小(0.313%)，预测结果具有一定的可靠性。同时，考虑到在国际旅游岛建设的机遇下我省经济发展处于不断加速期，经济发展对城镇化的促进作用将逐步增强，实际的城镇化率将高于预测值，“十二五”时期城镇化率达到 56%的目标预期可以实现。因此，着力搞好经济发展始终是推动城镇化的关键。

六、加快海南人口城镇化进程的对策建议

(一)大力推动区域经济发展，夯实城镇化的经济基础

人口城镇化对区域经济发展有着较大的关联性，只有大力推动区域经济发展才能夯实人口城镇化的经济基础。

1. 提升北部组团综合经济实力，增强对全省的幅射带动和综合服务能力

推动海口与文昌航天城、铜鼓岭和澄迈盈滨半岛、定安南丽湖等北部组团旅游资源整合，形成具有滨海、滨江特色的区域旅游产业带。大力培育文化娱乐、会议展览、商业餐饮、高尔夫休闲、金融保险、教育培训、房地产等现代服务业；以海口高新区、海口综合保税区、老城开发区为重点，发展新能源新材料产业；以海口药谷为重点，发展生物医药产业；以海南生态软件园、海南国际创意港为重点，打造高新技术产业聚集区；促进农业科技开发、低碳循环经济与旅游观光休闲高度融合，推动热带特色农业集约发展。

2. 打造南部旅游经济圈，突出中心城市功能建设

加快三亚基础设施建设，完善城市功能；加快产业项目建设，主要包括酒店、中心渔港、免税店、动漫产业基地、影视文化公园等，以三亚为龙头，高起点规划建设一批大型国际化旅游休闲度假区；重点发展疗养休闲、商务会展、金融服务、文体娱乐、大型体育文化赛事等特色产业；以三亚创意产业园、国际旅游岛先行试验区、清水湾国际信息产业园为重点，大力发展信息服务、文化创意产业。

3. 高水平建设东部滨海旅游城市，提升现代服务业水平

琼海要继续发挥“博鳌亚洲论坛、万泉河、红色娘子军、中国温泉之乡和文明生态村”等旅游品牌优势，推进旅游资源开发，并把博鳌建成知名的对外经济文化合作交流基地。

万宁要着力把兴隆旅游渡假区打造成为集“温泉疗养、归侨文化、演艺娱乐、科普”于一体的旅游综合服务区；构建神州半岛、石梅湾和兴隆地区三个区域间旅游交通体系，形成集“度假疗养、激情娱乐、旅游观光、时尚购物”等为一体的旅游黄金三角地带，积极培育打造冲浪、垂钓、康体、文化娱乐、游艇、水上飞机、赛龙舟等旅游产业。

4. 加快西部组团新型工业建设，为经济增长提供强大后劲

昌江要以发展新型钢铁、新型干法水泥、新能源等产业为方向；临高要以金牌开发区为重点，发展船舶制造业；东方工业区要以发展天然气化工、精细化工产业为方向；洋浦开发区要着力推进“一港三基地”建设，打造富有特色和竞争力的产业集聚区。

5. 强化中部组团生态功能区作用，发展山区特色经济

继续完善生态补偿机制，扶持中部生态功能区建设。同时要不断改善和提高中部山区加快发展的环境条件，大力发展山区种植业和养殖业；积极发展复合农林业；适时发展生态旅游业，适当开发森林旅游，重点建设黎族苗族文化旅游项目。

6. 重视海洋组团建设，千方百计谋求海洋经济腾飞

加快南海资源开发，建设南海资源开发和服务基地；统筹推进“四方五港”、渔港和专业化码头建设，推进港口、产业和城镇联动发展；扶持提升壮大海洋渔业、海洋船舶工业、海洋交通运输业、海洋生物医药等特色海洋产业，推动海洋经济跨越式发展。

（二）拓宽筹资渠道，加大城镇建设投入力度

加大政府的投资比重，明确政府的投资方向，向交通、供水、污水处理、绿化等制约城市发展的薄弱环节倾斜，大力提升农村的基础设施水平。鼓励和引导企业单位和个人投资建设城镇基础设施，并允许投资者以一定的方式收回投资，同时鼓励金融机构向城镇基础设施建设提供中长期贷款，地方财政还应考虑给予一定比例的贴息，为城镇建设获得贷款提供宽松环境。

（三）统筹城镇化布局，完善城镇体系

首先要以海口、三亚、儋州为重点，打造具有较强集聚和辐射功能的中心城市。推动海口率先做强做大，进一步增强对全省的带动效应。继续提升三亚在全省旅游业中的龙头地位，着力打造世界热带滨海度假旅游城市。推进儋州与洋浦一体化发展，加快将儋州建设成为西部中心城市。

其次要完善各个城关镇基础设施建设，提高城镇综合发展实力和承载能力，增强其产业聚集、吸纳就业功能，促进农村人口加快向城关镇集中。

再次要建设一批特色旅游小镇，推动旅游小镇精品旅游线路的设计。一是自然风景观光旅游线路。海口演丰镇（东寨港红树林）—文昌东郊镇（东郊椰林）—琼海会山镇（万泉河漂流）—三亚天涯镇（天涯海角）—乐东尖峰镇（尖峰岭）—五指山水满乡（五指山）—昌江昌化镇（棋子湾）。二是休闲度假旅游线路。琼海博鳌镇（会展经济）—万宁兴隆镇（演

艺娱乐、体育赛事、高尔夫产业)一儋州蓝洋镇(温泉疗养业)一儋州中和镇(东坡书院文化产业)一澄迈福山镇(咖啡文化产业)。三是农业观光旅游线路。海口云龙镇(动物养殖业基地)一定安龙门镇(橡胶、槟榔、荔枝、甘蔗、胡椒种植业基地)一屯昌枫木镇(苦瓜、红茄基地)一保亭三道镇(橡胶、椰子、芒果、红毛丹基地)一琼中营根镇(绿橙基地)一白沙牙叉镇("老三样"甘蔗、橡胶、木薯和"新三样"竹、藤、南药产业基地)一东方天安乡(橡胶、花梨、木棉基地)。四是海洋产业观光旅游线路。临高新盈镇(集海钓、筏钓、拉网、赶海、观光等为一体的海洋休闲产业)一乐东莺歌海镇(盐场和渔场)一陵水新村镇(海洋捕捞业和海水养殖业)。同时要立足各镇优势,进一步明确旅游小镇的产业发展方向,确保旅游小镇持续发展。

(四)实施人口就近城镇化战略

统筹城镇化与乡村产业化。提升农业产业化、工业化水平。在嫁接创意农业、科技农业、生态农业的基础上,注入以带动就业为主的工业、服务业的发展。加快公共服务均等化,扎实推动各项公共服务的落实,保障新增的城镇居民享受到城市化的生活设施、服务设施、服务项目。乡村人口就近城镇化后,要逐步完成城市居住方式、消费方式、休闲方式、交往方式和日常家庭生活方式的转变,逐渐从心理上、文化上、自我认知上真正适应城市生活。

(五)大力推进农民工市民化

努力扩大就业。要积极引导农民工有序外出就业,鼓励农民就近转移就业,扶持农民工回乡创业,多渠道转移农村劳动力。要加大对农村职业教育和农民工技能培训的投入力度,大幅度提高技术熟练型农民工的比重。建立健全农民工与城市居民统一的制度体系。加快建立覆盖农民工的普惠的城镇公共服务制度;形成适合农民工特点的住房供应体系;放宽中小城市和城镇落户条件,基本公共服务由户籍人口扩展到常住人口。依法保护农民工土地权益,稳定农民生存保障。

课题负责人　符国瑄
课题组成员　韩平　童旭光　徐翠枚　张江伟
核稿　王渊

甘肃城镇人口布局的时空演变

进入21世纪以来，人口流动明显加速，城镇化建设也明显加快，由此加速了城乡人口布局的演变。本文根据2000年和2010年两次人口普查数据，采用ESDA分析方法，利用ArcGis 10.0和OpenGeoDa分析软件，试图从中观层面探讨甘肃城镇人口布局的时空演变特征。

一、数据来源和分析方法

(一)数据整理

数据整理包括空间数据的集成和属性数据的整理两部分。

空间数据的集成来源于第六次人口普查使用的遥感影像资料，并利用ArcGis10.0软件，在对坐标系统一转换的基础上，生成了甘肃省乡级图形数据文件。

属性数据的整理来自于2000年第五次人口普查和2010年第六次人口普查快速汇总的结果。由于两次普查间乡、镇、街道行政区划变动较大，因此对2000年人口普查数据按现行区划进行了重新整理和调整。

(二)分析方法

本文主要采用地统计学(Geostatistics)的探索性空间数据分析(exploratory spatial data analysis, ESDA)法。地统计学是以具有空间分布特点的区域化变量为基础，研究自然现象的空间变异与空间结构的一门学科。其理论基础是地理学第一定律(Tobler,1970)。

1. 地统计分析的基本原理

(1)随机过程的相关性。地统计假设研究区域的所有值都是由随机过程确定的，而随机过程中的所有事件都不是独立的。在一个空间或时间的范畴中，这样的相关性称为自相关。

(2)相关性随机过程的预测。地统计分析中有两个关键任务：一是揭示其依赖规则；二是作出预报。

(3)平稳性。对于大多数空间数据，通常平稳性的假设是合理的。平稳性有两种类型：一是均值平稳性。它假设均值是不变的，并且与位置无关；二是与协方差有关的二阶平稳性和与半变异函数有关的内蕴平稳性。二阶平稳性假设具有相同距离和方向的任意两点的协方差是相同的，协方差只与这两点的值有关；对于半变异分析，内蕴平稳性假设具有相同距离和方向的任意两点的方差是相同的。

2. 地统计分析的基本方法

其基本方法是探索性空间数据分析(exploratory spatial data analysis,ESDA)法。这种方法以空间关联测度(spatial association measures, SAMs)为核心，旨在描述空间分布，发现空间离群值/异常值(spatial outliers)或空间集聚模式，揭示空间联系的结构，给出空间异质/非平稳性的不同形式，以引导模型的建立和评价。除常用的统计方法(如均值、方差等)外，还有半变异函数、空间自相关统计量(Moran's I,Geary's C,LISA,G等)、Moran散点图及其派生图等等一系列专门处理空间数据的依赖性和异质性特点的各种技术和方法。

(1)半变异函数：区域化变量Z(x)在点x和x+h处的值Z(x)与Z(x+h)差的方差的一半，称为区域化变量Z(x)的半变异函数。它是地统计分析的特有函数。

其数学表达式为：

$$r(x,h)=\frac{1}{2}\mathrm{Var}[Z(x)-Z(x+h)]$$

其函数曲线图为：

块金值(Nugget)：由于测量误差或空间变异引起的误差。

基台值(Sill)：当样本间的距离h增大时，半变异函数$r(h)$从初始的块金值达到一个相对稳定的

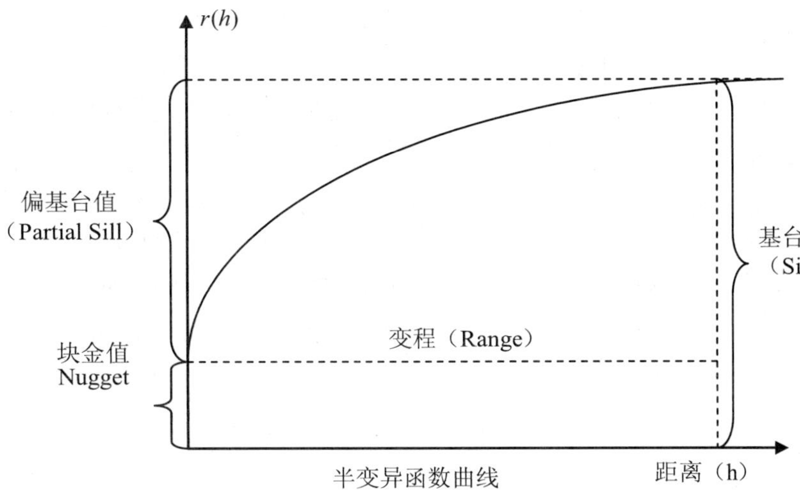

半变异函数曲线

常数时，该常数值称为基台值。

偏基台值（Partial Sill）：基台值与块金值的差值。

变程（Range）：当半变异函数的取值由初始的块金值达到基台值时，样本点的间隔距离称为变程。变程代表了空间相关性的作用范围。

空间相关性的强弱由 Partial/Sill 来反映，比值越大，空间相关性越强。相反，Nugget/Sill 的比值称为基底效应，反映样本间的变异特征。

（2）克里格插值（Kriging）：又称局部插值法，是以变异函数理论和结构分析为基础，在有限区域内对区域化变量进行无偏最优估计的一种方法。

其数学表达式为：

$$z(x_0)=\sum_{i=1}^{n}\lambda_i Z(x_i)$$

式中，$Z(x_0)$为未知样本点的值，$Z(x_i)$为未知样本点周围已知样本点的值，λ_i 为第 i 个已知样本点对未知样本点的权重，n 为已知样本点的个数。

（3）空间自相关统计量

①全局空间自相关统计量：用于描述整个研究区域中所有空间对象之间的平均关联程度、空间分布模式及其显著性等。常用的有：

Ⅰ. Gamma(r)统计量

$$r=\sum_{i=1}^{n}\sum_{j=1}^{n}w_{ij}y_{ij}$$

式中，W 是空间矩阵，Y 是属性矩阵。

Ⅱ. Moran's I 统计量

$$I=\frac{n\sum\sum w_{ij}(x_i-\bar{x})(x_j-\bar{x})}{W\sum(x_i-\bar{x})^2}$$

Moran's I 的取值在 −1 到 1 之间。其中，−1 表示极强的负空间自相关，1 表示极强的正空间自相关。

对 Moran's I 的检验采用 z 检验

$$Z_I=\frac{I-E(I)}{\sqrt{Var(I)}}$$

在给定显著性水平下，当 Moran's I 显著为正时，表示观测值之间存在显著的正相关，高的观测值倾向于和高的观测值积聚在一起，低的观测值倾向于和低的观测值积聚在一起，呈现高高积聚或低低积聚分布格局；当 Moran's I 显著为负时，表示观测值之间存在显著的负相关，高的观测值倾向于和低的观测值积聚在一起，高低相异，呈现空间分散格局。当 Moran's I 接近期望值时，表明不存在空间相关，观测值在空间上随机排列。

Ⅲ. General G 统计量

$$G(d)=\frac{\sum\sum w_{ij}(d)x_i x_j}{\sum\sum x_i x_j}$$

式中，d 为空间单元之间的临界距离，$w_{ij}(d)$是根据距离规则定义的空间权重。若单元 i 和单元 j 之间的距离位于 d 之内，则权重为 1，否则为 0。G(d)用于识别空间聚集模式，即是否存在高值聚集（热点）或低值聚集（冷点）。

②局部空间自相关统计量：用于反映空间自相关的空间变异性。

Ⅰ. 局部空间关联指标（local indicators of spatial association，LISA）

区域单元 i 的局部 Moran 统计量为：

$$I_i=z_i\sum_j w_{ij}z_j$$

z_i 和 z_j 是相应的 x 值与均值的离差，即：

$$z_i=\frac{x_i-\bar{x}}{6}$$

较高的局部 Moran 值意味着相似值(高值或低值)的聚集,较低的局部 Moran 值意味着相异值的聚集。

Ⅱ. 局部 G 统计量

$$G_i(d)=\frac{\sum_j w_{ij}(d)x_j}{\sum_j x_j} \quad (j\neq i)$$

上式表示单元 i 的周围邻居位置上的观测值之和与所有空间位置上的观测值之和的比值,用于识别在某一给定距离范围(d)内,单元 i 和周围邻居之间是高值的空间积聚还是低值的空间积聚。

二、甘肃城镇人口布局的时空演变特征

(一)城镇人口布局的时空变化

比较 2000 年和 2010 年甘肃城镇人口布局的变化,能够清晰地看出城镇人口布局具有向中部、南部和东部积聚的趋势(图 1、图 2)。

图 1　2000 年甘肃城镇人口乡域布局

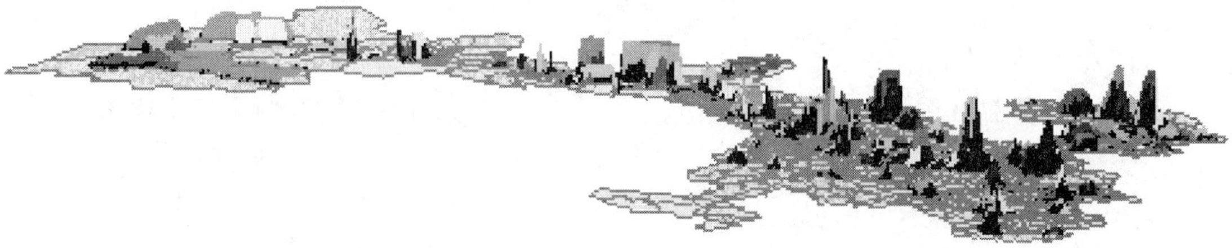

图 2　2010 年甘肃城镇人口乡域布局

从大区比较,兰(州)—白(银)中心区和河西地区是全省城镇化率最高的区域,但其城镇人口占全省的比重却呈下降趋势,分别下降了 4.80 和 5.10 个百分点;中部地区(定西、临夏)、南部地区(天水、陇南、甘南)和东部地区(平凉、庆阳)城镇人口占全省的比重呈上升趋势,分别提高了 4.85、3.16 和 1.89 个百分点。

城镇人口布局的变化,主要是人口流动的结果。比较图 3、图 4 和图 5 可以看出,人口流入区集中在甘肃中部、东部及南部,而外出人口的区域布局则相对均衡,因此中部、东部及南部成为人口流动的净流入区。同时,由于外出人口主要来自乡村,流入人口主要面向城镇,由此带动城镇人口布局的变化。

图 3　2010 年甘肃流入人口乡域布局

图 4　2010 年甘肃外出人口乡域布局

图 5　2010 年甘肃净流入人口乡域布局

(二)城镇化水平的时空变异

从乡域层面的趋势面分析发现,甘肃城镇化率无论在 2000 年或 2010 年都呈现明显的西高东低、北高南低的态势。其变化在于,东西趋势线的中部在升高,而南北趋势线的中部在隆起,趋势面的中南部出现了明显的积聚趋势(图 6、图 7)。这种变化与城镇人口布局的变化相一致。自 2000—2010 年,甘肃全省城镇化率提高了 12.10 个百分点,其中兰—白中心区城镇化率提高了 12.41 个百分点,河西地区仅提高了 6.94 个百分点,而中部地区提高了 14.55 个百分点,东部地区提高了 12.48 个百分点,南部地区提高了 11.28 个百分点。

图 6　2000 年甘肃城镇化率趋势分析

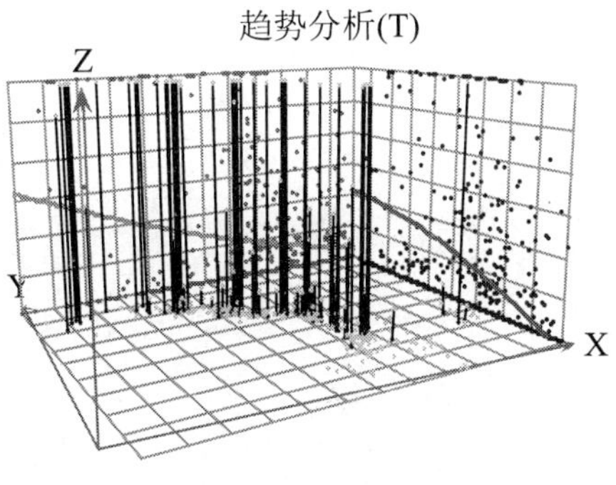

数据源: 乡面属性: 数字格式$.城镇比2000。

图 7　2010 年甘肃城镇化率趋势分析

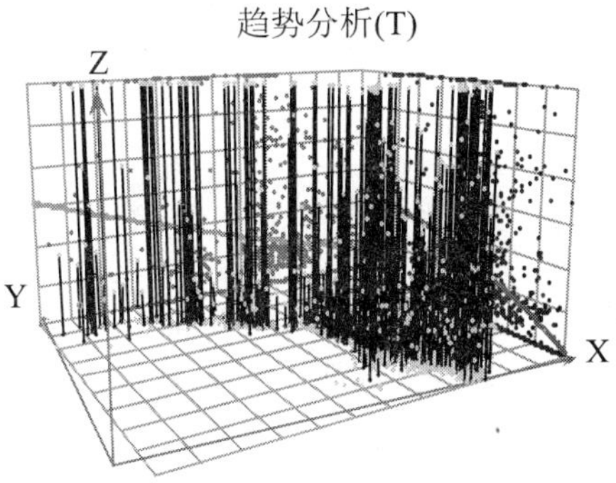

数据源: 乡面属性: 数字格式$.城镇比2010。

三、甘肃城镇化水平空间关联分析

(一)全局空间自相关分析

1. 空间关联度分析

利用 Arcgis10.0 分析软件计算的乡域层面城镇化率的空间关联度结果如图 8 和图 9。2000 年和 2010 年的空间关联系数分别为 0.5530 和 0.4589,Z 值分别为 33.24 和 27.58,P 值都为 0.0000,均具有很高的显著性,说明在乡域层面城镇化率具有明显的空间依赖性。但变化在于,空间关联度呈下降趋势,Z 值也明显下降,这说明离散度在提高,或异化趋势在加强。

利用OpenGeoDa软件绘制的Moran's散点图(图10,由于空间权重计算方法不同,空间关联系数略有差别)可以看出,与2000年比较,2010年位于第三象限的乡镇数量明显增多,其次是第二、四象限,验证了城镇化布局的异化现象。

图8　2000年甘肃乡域全局空间自相关分析

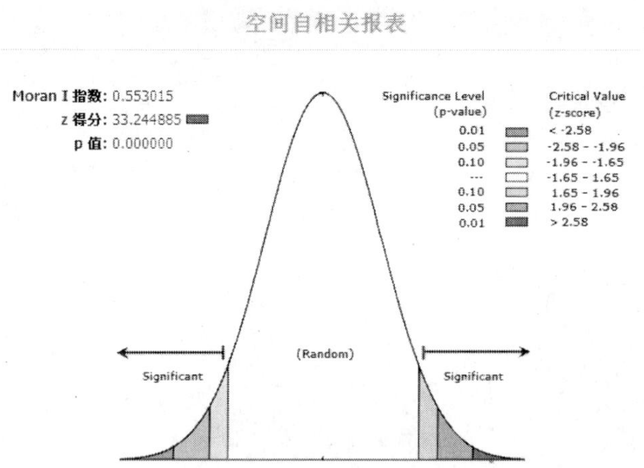

图9　2010年甘肃乡域全局空间自相关分析

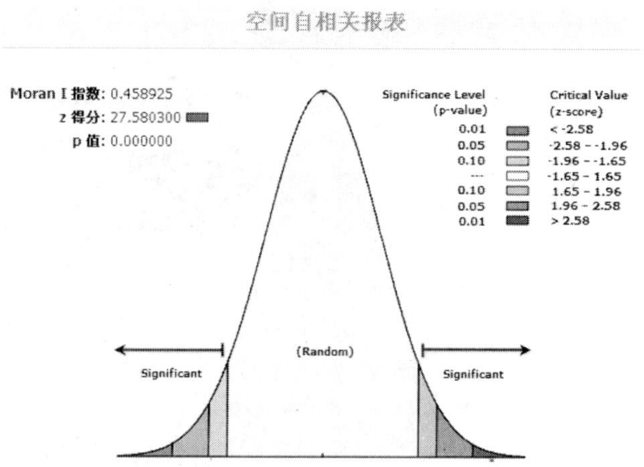

图10　甘肃乡域层面城镇化率Moran散点图

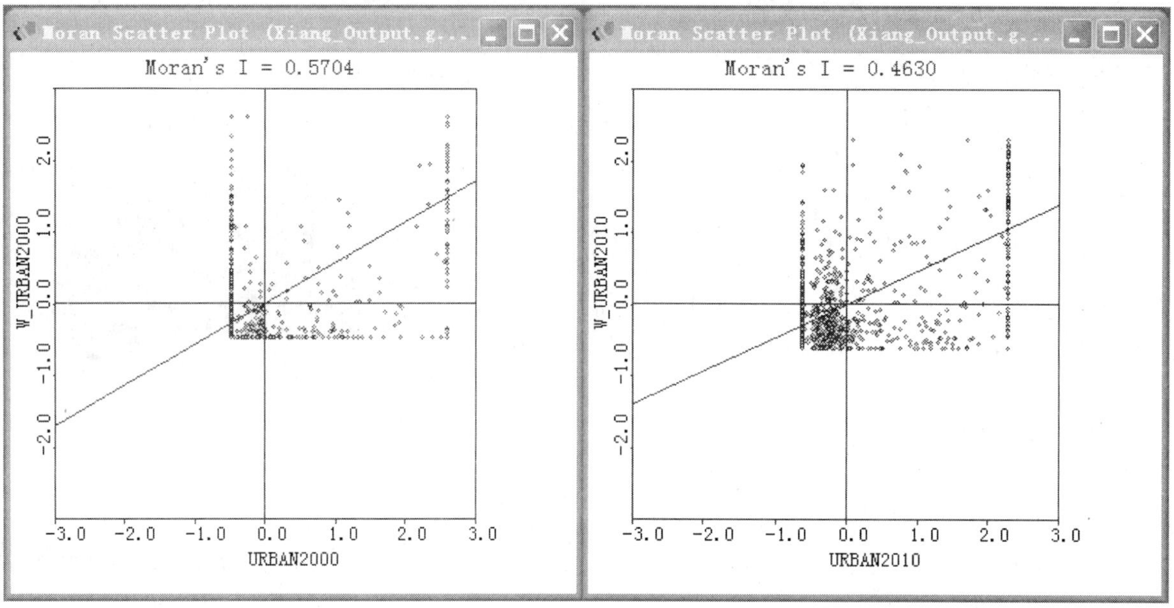

图11　2000年甘肃乡域城镇化率General G统计量

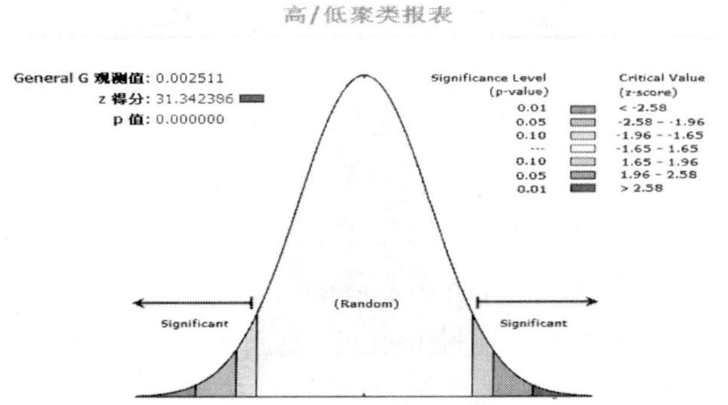

图12　2010年甘肃乡域城镇化率General G统计量

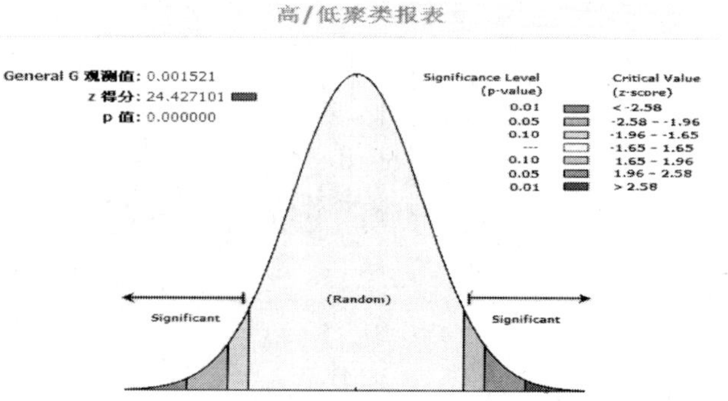

2. G统计量分析

从General G统计量分析可以判断，甘肃乡域层面的城镇化水平确实存在着高值—高值积聚（热点）或低值—低值积聚（冷点）的特征，但同时又存在着异化现象（图11、图12）。2000年，其General G观测值为0.0025，Z值为31.34；到2010年，其General G观测值为0.0015，Z值为24.42。虽然两个普查年份的P值都为0.0000，但G值和Z值都呈下降趋势。

（二）局部空间自相关分析

局部空间自相关分析（LISA）主要包括空间聚类分析和热点分析。

1. 聚类分析

根据2000年和2010年甘肃乡域层面城镇化水平的局部空间自相关聚类结果（图13，图14），发现城镇化模式有明显的空间分异现象。除兰—白中心区（因兰州乡面密集，地图缩小后被遮盖）、金川区、嘉峪关市等几个中心城市一直保持着高值—高值（HH）聚集模式外，其他地区都有明显变化。一是在敦煌周围形成了连片集中的高值聚集区（HH模式）；二是在玉门市周围出现了低值聚集区（LL模式）；三是在甘肃南部和东部形成了连片集中的低值聚集区（LL模式）；四是在东部地区形成了很多呈星状分布的高值聚集区（即HH模式—红色斑点和HL聚集模式—黄色斑点），即呈离散分布的小型中心—外围区。同时，在县域层面上，敦煌—阿克塞区域形成了连片分布的高值（HH模式）聚集区，而在中南部的天水、定西、陇南交界区域则形成了连片分布的低值（LL模式）聚集区（图15）。

图13　2000年甘肃乡域城镇化水平局部空间自相关聚类

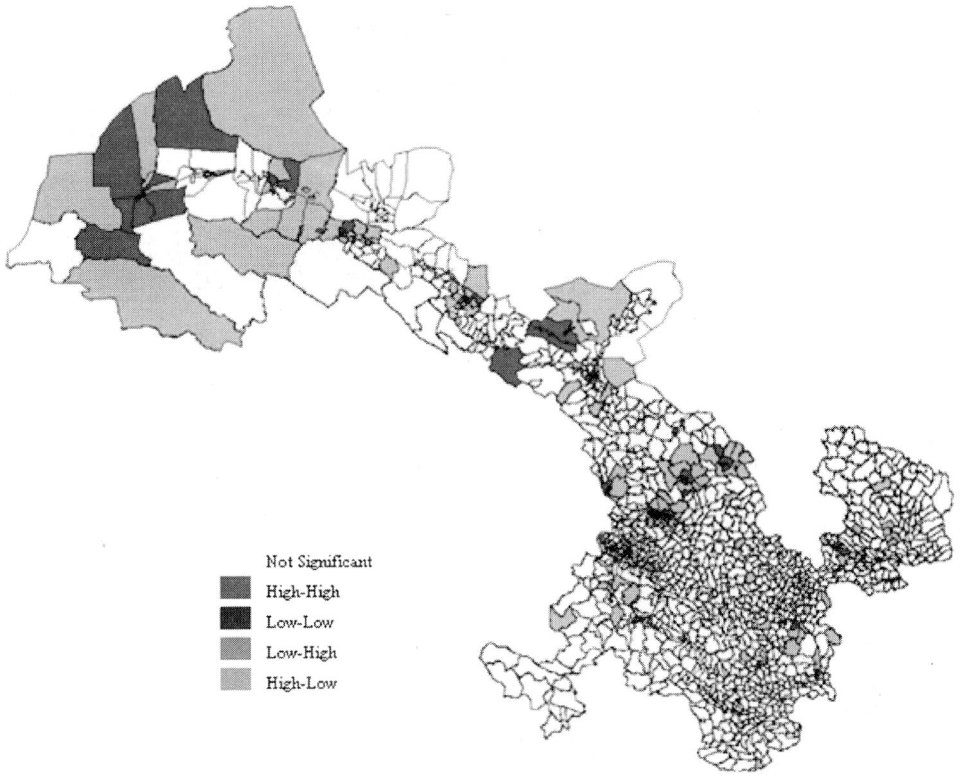

除了玉门低值区与其主城区的搬迁、尤其是玉门油田生活区搬迁到嘉峪关有关（2000—2010年，玉门市常住人口减少29186人，城镇人口减少43369人，城镇化率下降15.32个百分点）以外，其他聚集模式的演变应当是近10年来甘肃城镇化模式的新变化：即区域城镇化的空间分异趋势在增强，城镇化的动力机制由传统的少数中心城市带动演变为中心城市与中心小城镇互动。尤其是城镇化动力机制的变化，为促进城乡融合、实现城乡一体化提供了新的载体。

2. 热点分析

热点分析的主要目的在于发现城镇化的发展带动区域（热点）和发展滞后区域（冷点）。比较2000年和2010年甘肃乡域层面城镇化热点/冷点分布图（图16、图17），发现其变化依然明显。一是敦煌—

图 14　2010 年甘肃乡域城镇化水平局部空间自相关聚类

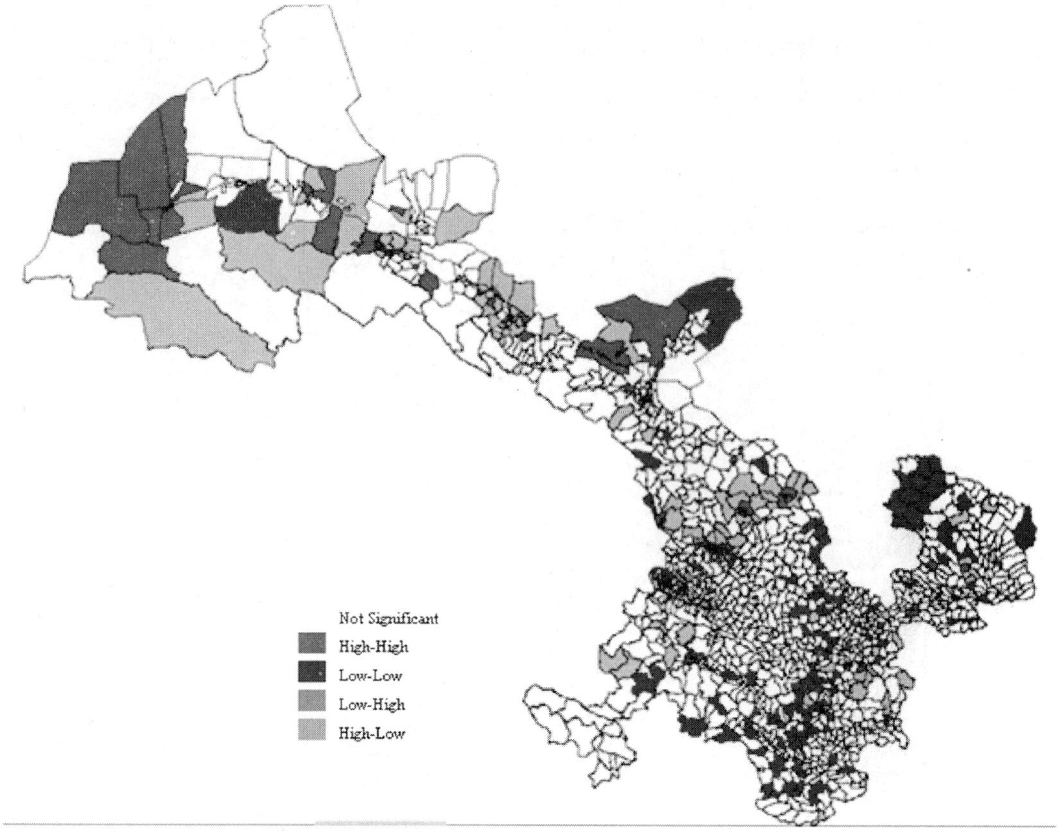

图 15　2010 年甘肃县域城镇化水平局部空间自相关聚类

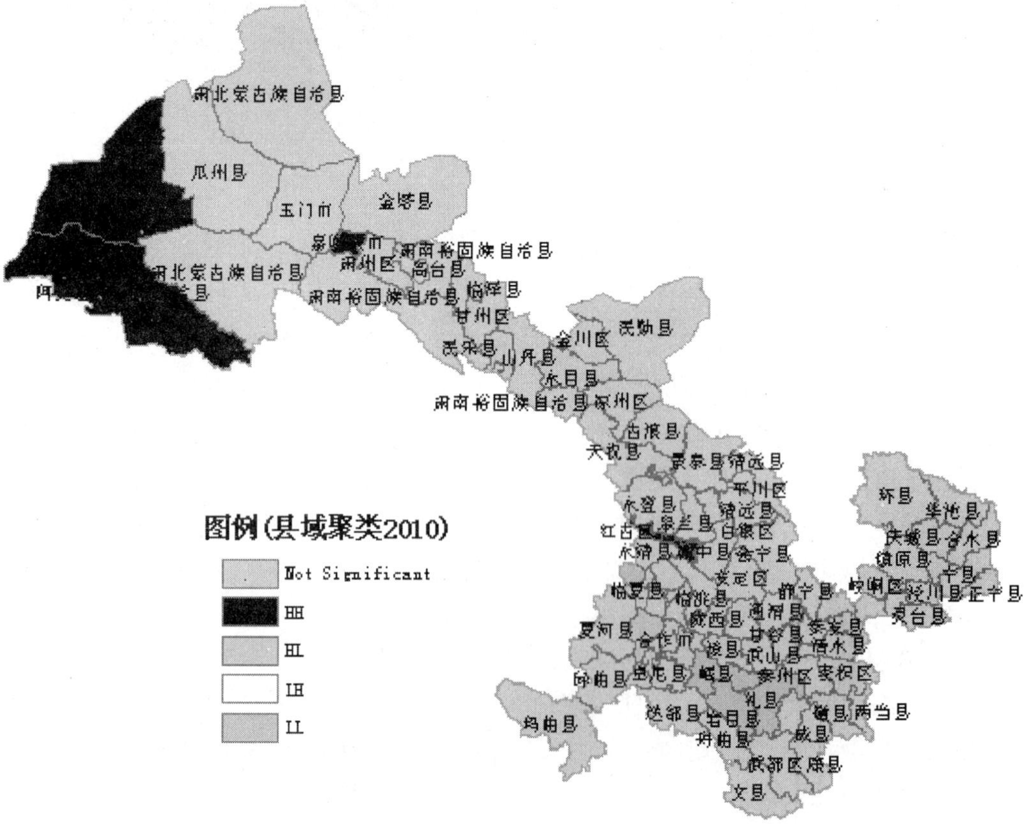

阿克塞—肃北热点区域收缩到敦煌一带。这种变化一方面是城乡划分标准调整的影响，导致敦煌市2010年城镇化率比2000年下降了15.63个百分点；另一方面是阿克塞人口向城区积聚的原因，其主城区红柳湾镇的人口2000年占全县的82.66%，到2010年上升为95.58%，而其他两个牧区乡的人口由2000年的1542人减少为2010年的466人。二是在中南部地区出现了斑状分布的冷点区域（淡绿色斑块），即城镇化的塌陷区域。这说明，甘肃中南部地区在乡域层面城镇化的内在动力依然很弱。

图16 2000年甘肃城镇化水平乡域层面热点分布

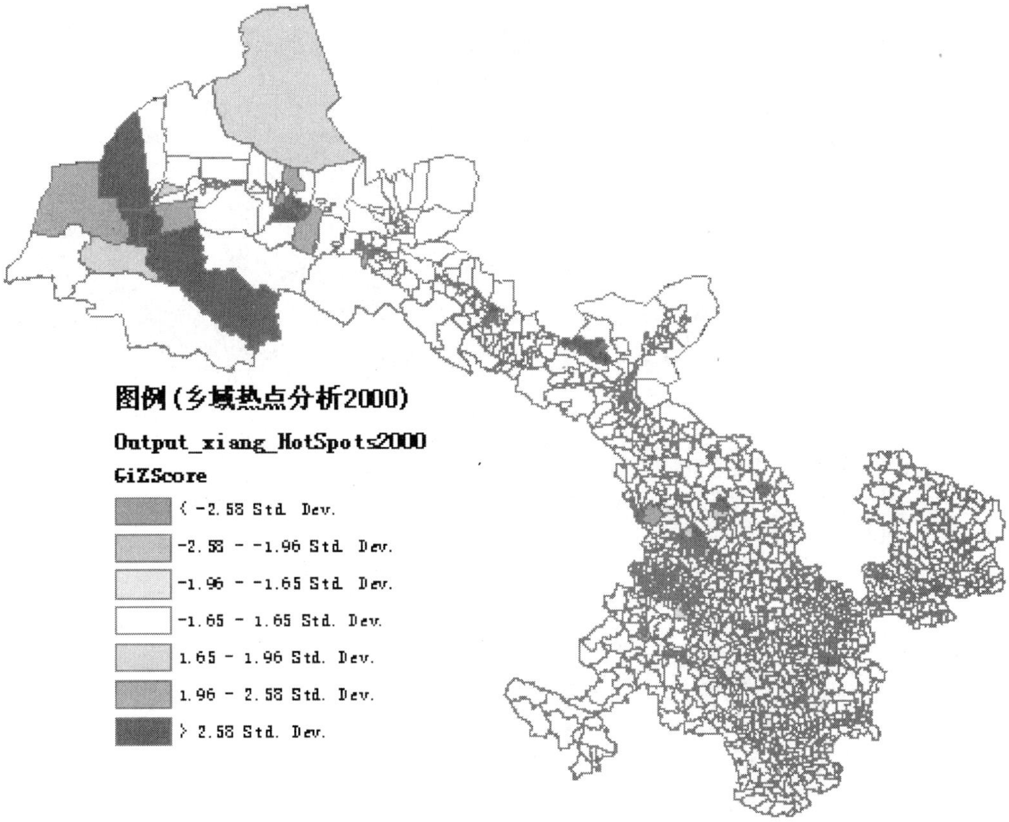

在县域层面的变化主要有两个方面，一是敦煌—阿克塞—肃北组成的三角地带城镇化的热点效应明显增强；二是城镇化的冷点区域由西南部向中南部转移，但强度在减弱，范围在收缩（图18、图19）。这说明县域层面城镇化的动力在不断增强。

图 17　2010 年甘肃城镇化水平乡域层面热点分布

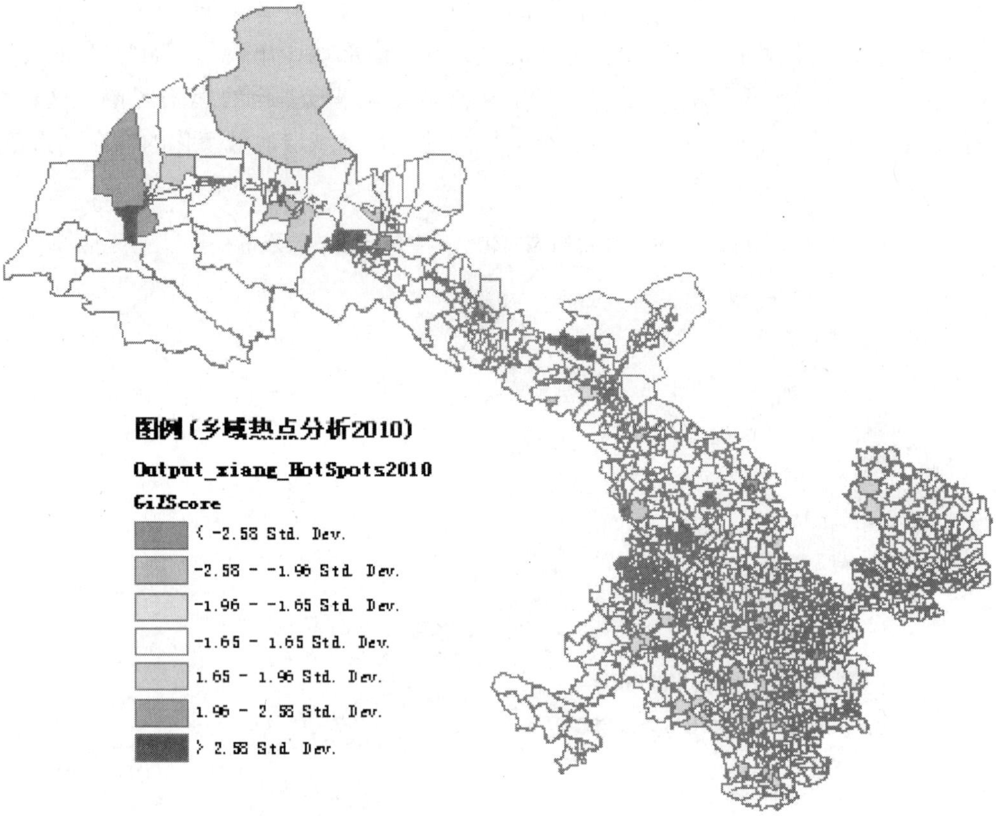

图 18　2000 年甘肃城镇化水平县域层面热点分布

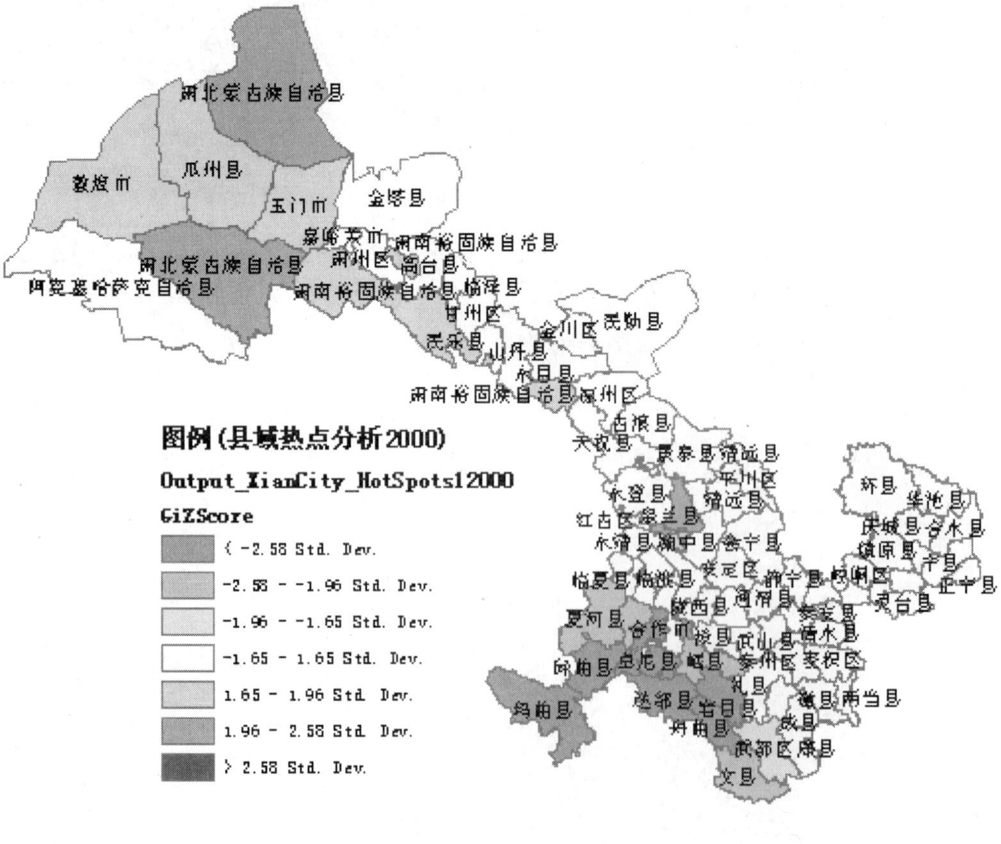

图 19 2010 年甘肃城镇化水平县域层面热点分布

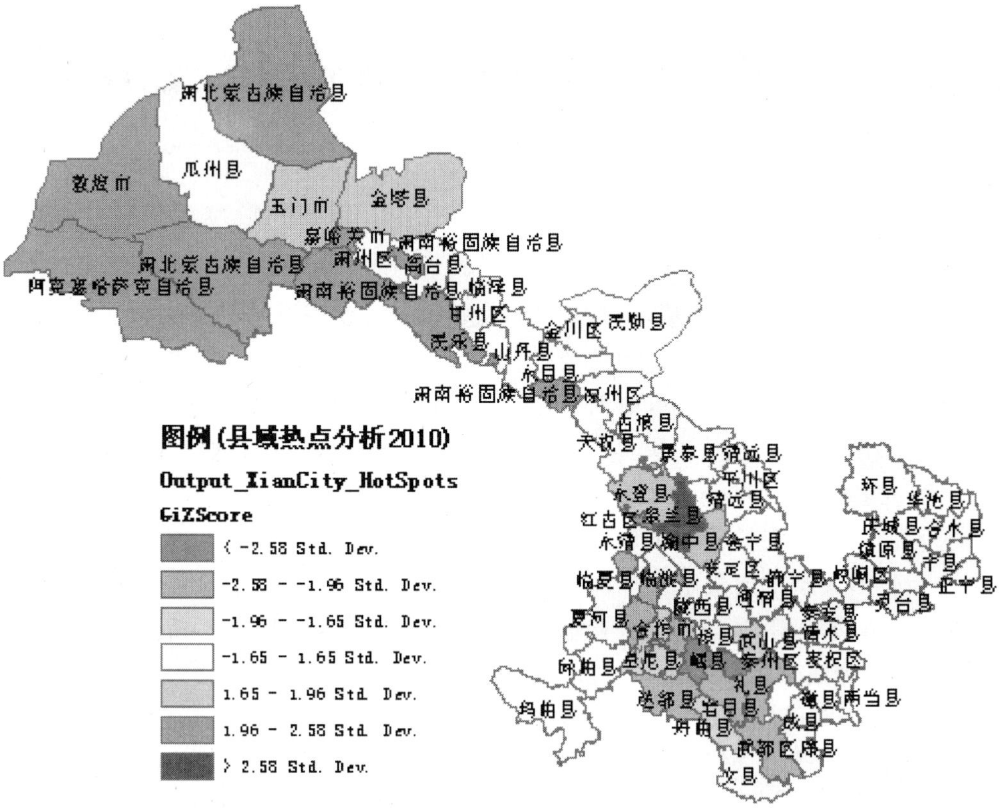

四、结论

综合上述分析，甘肃城镇人口布局的时空演变呈现如下特点：第一，城镇人口的布局呈现向中部、南部和东部积聚的趋势；第二，区域城镇化布局呈现空间分异趋势；第三，城镇化模式正在由中心城市带动模式向中心城市与中心小城镇互动模式转变；第四，中南部贫困地区城镇化的动力在不断增强，但基础依然薄弱。

参考文献：

1. Anselin L. Local Indicators of Spatial Association-LISA[[J]. Geographical Analysis，1995，27 (2)：93－115.

2. Anselin L et al. Advances in Spatial Econometrics：Methodology，Tools and Applications[M]. Berlin：Springer，2004.

3. [美]戴维·W·S·黄(David W·S·Wong)著，杰·李(Jay Lee)张学良译．ArcView GIS 与 ArcGIS 地理信息统计分析，Statistical Analysis Of Geographic Information with ArcView GIS and ArcGIS[M]. 北京：中国财经经济出版社，2008。

4. 汤国安，杨昕．ArcGis 地理信息系统空间分析实验教程[M]. 北京：科学出版社，2006.

5. 马荣华，蒲英霞，马晓冬．GIS 空间关联模式发现[M]. 北京：科学出版社，2007.

6. 武剑，杨爱婷．基于 ESDA 和 CSDA 的京津冀区域经济空间结构实证分析[J]. 中国软科学，2010，(3)：111－119.

甘肃省统计局 陈波

较低工业化条件下人口城镇化发展研究

——以青海人口城镇化为例

城镇化是经济社会发展的必然趋势，也是加快实现“建设新青海、创造新生活”战略目标的重要途径。青海尤其藏区在较低工业化条件下，如何适度超前于工业化统筹推进人口城镇化，加快人口城镇化进程，提升人口城镇化质量，促进经济社会又好又快发展，让越来越多的人享受城镇文明，使城镇化为建设新青海、创造新生活做出重要贡献。本课题围绕这一思路，运用人口普查和相关资料，在综合借鉴人口城镇化发展现有研究成果的基础上，通过对青海人口城镇化历程特点、发展因素、问题和难点分析，探讨较低工业化水平下推进人口城镇化发展的思路和对策。

一、基本概念和背景资料

(一)基本概念

城镇化是伴随着工业化进程而出现的非农产业及其人口从农业农村中逐渐聚集到城镇，使城镇经济在国民经济中的比例日益增大，城镇人口迅速增长的过程。它涵盖两个方面：一是变农村人口为城镇人口；二是城镇文化生活方式及其价值观念等城镇文明在农村地域的扩散，生产要素在城镇的聚集，经济结构和社会结构和人口结构的优化演进等。

人口城镇化是指农村人口向城镇集聚，城镇人口数量不断增加，比重不断提高的过程。

城镇化率指城镇人口占总人口的比重。当代统计工作以符合特定条件的地域作为城镇，把居住在城镇地区的人口（不论户籍、职业等其他区别）全部统计为城镇人口，其占总人口的比重高低作为反映城镇化进程的重要指标。

本课题以较低工业化条件下人口城镇化作为研究重点，一是因为城镇化与工业化关系密切，考虑到青海工业化程度，在较低工业化条件下，加快城镇化进程，是加快发展中普遍关注的问题。二是城镇化是一个复杂的动态过程，既包含乡村人口转移城镇，又有产业调整、制度变迁、社会进步、城镇发展和生活方式转变等，这些内容在城镇化的不同发展阶段以及不同地区呈现不同的表现形式。虽然不同学科不同地区不同时期对城镇化研究侧重点不同，但是社会经济变化诸因素导致乡村人口向城镇聚集，城镇人口占总人口比重不断上升，是城镇化发展的共性和显性特征，城镇化的其他内涵都与人口的转移有着须臾不可离开的相关关系，人口城镇化率一定程度上代表城镇化的其他内涵变化，因此本课题以人口城镇化命题，突出以人口转移为重点展开研究。本课题认为人口城镇化和城镇化概念在一定程度上是相通的，且国际上普遍称“城市化”和国内的“城镇化”，除国内在城市基础上增加了镇的区别外，两者是同义的。

(二)城镇化的一般模式

1. 型城市化和计划型城市化。这种划分主要根据经济体制划分城市化类。根据市场和计划在城市化中的作用程度，可以划分为三种模式：

市场型城市化以美国为代表。美国是当今世界最发达的资本主义国家，也是市场经济的典型代表，在其城市化和城市发展的过程中，市场发挥着至关重要的作用。由于美国政治体制决定了联邦政府没有及时对以资本为导向的城市化发展加以有效的引导，造成城市化发展的自由放任，并为此付出了高昂的代价。其突出的表现就是由于20世纪上半叶美国城市的快速发展，城市中心交通拥挤、环境恶化。随着经济的发展和汽车的普及，又出现过度郊区化。

计划型城市化是计划机制在城市化进程中发挥了主导作用，改革开放前中国城市化是计划型城市化的典型代表。

混合型城市化是市场和计划在城市化中共同发

挥作用，通过法律、行政和经济手段，引导城市化发展。韩国城市化主要是政府主导，通过集中产业布局，把经济增长的要素通过市场进行配置，通过政府引导走向城市化。

2. 发达型城市化和发展型城市化。这种划分主要根据经济发展状况划分城市化类型。根据与工业化和经济发展水平的关系考察，可以分为以下三种：

同步城市化。这是指城市化的进程与工业化和经济发展的水平趋于一致的城市化模式。发达国家在工业化中期，工业化与城市化的相关系数极高，平均水平为0.997。工业化率与城市化率曲线几乎是两条平行上升的曲线。大部分发达国家城市化进程中农村劳动力转移方式都具有地域迁移先于职业转换的特征。

超前城市化。城市化水平明显超过工业化和经济发展水平的城市化模式。大量农村人口涌入少数大中城市，城市人口过度增长，城市不能为居民提供就业机会和必要的生活条件，大量的贫民窟成为快速人口城市化的社会后遗症。在拉丁美洲表现突出，世界第二大城市墨西哥城和世界第四大城市圣保罗市，阿根廷的布利诺斯艾利斯，今天的巴西，已经有80%的人口居住在城市。里约热内卢是一座风景如画的海滨城市，占地500平方公里的建成区，低收入住区和贫民窟蔓延了城市的80%以上。拉美模式城市化现象的原因主要在于：快速的城市化过程很快剥夺了农民的土地，把农民赶到了城市，农民失去了土地，到城市又找不到工作，大量贫民窟必然成为他们蜗居城市的所在。

滞后城市化。指城市化水平落后于工业化和经济发展水平的城市化模式。滞后的原因主要是政府为了避免城乡对立和"城市病"的发生，采取种种措施来限制城市化的发展，结果使城市的集聚效益和规模效益得不到很好的发挥。改革开放前的中国城市化就是这种城市化的突出代表

（三）国际国内城镇化新趋势

一是发展中国家城市化进程加快。城市化进程在许多发展中国家迅速推进。根据预测，到2030年，世界人口的60%将居住在城市，多数新增城市人口发生在发展中国家。

二是世界人口城市化向大型城市集中。全球化的发展促进了信息和资本的流动，城市规模不断扩大，甚至出现了超大规模的城市。1975年发展中国家百万以上人口的城市有110个，到1995年增长到250个；发达国家1975年百万以上人口的城市有85个，1995年增加到114个；据预测，到2015年，发展中国家将有426个，发达国家有138个城市人口超过百万。因此，未来的世界不仅是城市化的世界，更是一个大城市的世界。各国在大城市化快速发展过程中都不同程度地遇到了土地、住房、交通、环境和历史文化保护等方面的问题，政府公共政策涉及的范围越来越广，压力越来越大。

三是逆城市化趋势更加明显。指城市市区人口尤其是大城市市区人口郊区化。逆城市化的倾向主要发生在城市化水平很高的发达国家。造成逆城市化的原因主要有大城市城区人口过于密集、就业困难、环境恶化、地价房租昂贵、生活质量下降，引起人口向环境优美、地价房租便宜的郊区或卫星城迁移等。

四是城市发展和管理成为未来人类面临的最严峻挑战。发展中国家的核心问题是处理好城市地区人口的飞速增长问题；发达国家城市未来的焦点是如何应对城市人口的复杂变化，尤其是城市的郊区化。

五是坚持走中国特色城镇化道路。中国城市化的发展背景远比西方发达国家城市化高潮时期以及大多数发展中国家面临的状态和问题更加错综复杂。一方面，中国持续、快速的经济增长和工业化，对城市化的拉动越来越强；另一方面，数以亿计的农村剩余劳动力形成的城乡迁移、跨区流动，对城市化的推动作用无与伦比；与此同时，全球化、信息化也在对沿海发达地区城市化施加越来越重要的影响。2010年，国家公布的人口城镇化水平为49.68%，但有专家分析如果剔除流动人口因素，户籍人口城镇化率仅为33.77%。著名学者翟振武认为，中国的城市化是"注水"的城市化。也有学者称之为"半城市化"、"不完全的城市化"。清华大学顾朝林教授认为中国的城市化，必须走新型的城市化道路。新型城市化是对转型阶段经济社会发展特点要求的响应，就是推进城市化由偏重数量规模增加向更加注重质量内涵提升转变，由偏重经济发展向更加注重经济社会协调发展转变，由偏重城市发展向更加注重城

乡一体化发展转变。

中共中央"十二五"规划建议指出，我国的城市化将实施区域发展总体战略和主体功能区战略，构筑区域经济优势互补、主体功能定位清晰、国土空间高效利用、人与自然和谐相处的区域发展格局，逐步实现不同区域基本公共服务均等化。坚持走中国特色城镇化道路，按照全国经济合理布局的要求，规范开发秩序，控制开发强度，形成高效、协调、可持续的国土空间开发格局。完善城市化布局和形态，按照统筹规划、合理布局、完善功能、以大带小的原则，遵循城市发展客观规律，以大城市为依托，以中小城市为重点，逐步形成辐射作用大的城市群，促进大中小城市和小城镇协调发展。同时加强城镇化管理。城市规划和建设要注重以人为本、节地节能、生态环保、安全实用、突出特色、保护文化和自然遗产，强化规划约束力，加强城市公用设施建设，预防和治理"城市病"。

二、发展进程及趋势特点

第六次人口普查（以下简称六普）资料显示：2010年青海人口城镇化率为44.7%，在全国31个省（市、区）排序中居第19位，在西部地区排第5位，低于内蒙（10.78个百分点）、重庆（8.3）、宁夏（3.18）、陕西（1.04）。虽然低于全国（49.7%）平均水平5个百分点，但青海是在工业化水平较低的条件下推进城镇化，成绩来之不易。1952－2010年间，在工业化率仅6.2%（全国17.6%）的条件下，人口城镇化率由5.19%（全国12.46%）起步，提升了39.53个百分点，年均提升0.68个百分点。同期全国年均提升0.66个百分点。期间，既有起伏，又有徘徊，近十年尤其是"十一五"时期，全省上下认真落实科学发展观，是历史上人口城镇化最好的发展时期。呈现纵向比发展速度不断加快，横向看各地区差异逐步缩小，结构上小城镇发展明显加强的趋势特点。

（一）建国后人口城镇化进程

青海历次人口普查年份的人口城镇化相关资料详见表1。结合社会经济发展状况，建国后青海人口城镇化进程大致分为四个发展阶段。

1949－1957年起步发展阶段。1949年，青海城镇人口为7.08万人。1952年工业化率仅6.2%，人口城镇化率5.1%。在国家的大力支持下，青海人口城镇化在较低水平上起步发展，1953年实施第一个五年计划，国家第一次在青海安排了一些工业建设项目，组织内地青年职工支援青海建设，在荒芜的柴达木盆地新建城镇，全省城镇规模逐渐扩大，城镇人口较快增加。1957年城镇人口30.04万人，人口城镇化率达到14.7%。

1958－1963年大起大落阶段。1958年"大跃进"开始，全民大办工业，工业化和城镇化在脱离农业的基础上超速冒进，期间新建格尔木、大柴旦和冷湖市，从外省和省内迁入一批农村人口进城镇。1960年，城镇人口发展到70.7万人，人口城镇化率由1957年的14.7%猛升到1960年的28.2%。1961年开始连续3年的经济调整，撤消三市，精简遣返城镇人口，三年累计减少城镇人口39.5万人，1963年人口城镇化率回落到14.6%。

表1　青海省历次人口普查年份城镇化相关资料

	单位	一普 1953	二普 1964	三普 1982	四普 1990	五普 2000	六普 2010
1. 总人口	万人	167.64	214.56	389.57	447.66	516.50	563.47
其中城镇人口	万人	19.42	35.57	79.82	121.88	179.54	251.63
2. 城镇化率	%	11.58	16.58	20.48	27.35	34.76	44.72
3. 工业化率	%	7.47	14.72	28.20	30.40	29.90	45.40
4. 非农从业人员比重	%	14.58	16.11	34.25	40.02	44.20	58.60
5. 城市数	个	1	2	2	3	3	3
建制镇数	个		7	7	35	49	137

注：本表根据人口普查资料和相关统计年鉴整理。

1964—1978年低迷徘徊阶段。期间国家在青海开展“三线”建设，陆续从外省迁入和新建了一批工矿企业，从省外迁入和省内农村招收职工，城镇人口增加。但“文化大革命”中经济社会发展遭受严重冲击，加之组织城镇知识青年上山下乡和干部下放农村，城镇化进程减缓。1978年，城镇人口67.84万，人口城镇化率为18.6%，15年仅累计增加4个百分点。

1979—2010年快速发展阶段。改革开放后，经济社会快速发展，新设格尔木和德令哈市，实施撤乡建镇，城镇规模不断扩大，城镇人口得到快速增长。2000年，城镇人口179.54万人，城镇化率为34.76%。1979—2000年，城镇人口年均净增5.08万人，城镇化率年均提升0.74个百分点。进入新世纪尤其是“十一五”时期是历史上最好发展阶段。六普资料显示，全省1个地级市，2个县级市和137个建制镇，全省城镇人口达到251.63万人，城镇化率为44.72%，十年间城镇人口年均增加7.15万人，城镇化率年均提高1个百分点。

(二)各州地市人口城镇化水平

根据近三次(即第六、五、四次)人口普查资料，各州地市的市镇个数和城镇人口分布和发展详见表2。表中资料表明，各地区间城镇化率差异较大，大致可分为3种类型：

表2 青海省各地区市镇个数及人口城镇化率

地区	1990年		2000年		2010年	
	市镇数(个)	人口城镇化率(%)	市镇数(个)	人口城镇化率(%)	市镇数(个)	人口城镇化率(%)
全省	38	27.35	52	34.76	140	44.72
西宁市	6	49.94	15	56.58	28	63.70
海东地区	12	8.19	14	12.19	35	22.83
海北州	2	10.76	4	28.21	11	32.78
黄南州	3	11.67	3	21.71	8	25.69
海南州	2	9.93	2	14.63	15	28.47
果洛州	1	9.66	1	19.51	8	24.72
玉树州	1	5.76	1	19.91	12	32.11
海西州	11	65.81	12	62.10	23	70.03

1. 西宁和海西为人口城镇化水平较高地区

2010年，省会西宁集中了全省56%的城镇人口，城镇人口140.69万人，人口城镇化率达63.7%，其中市区已达到99%。海西州资源丰富，工矿企业较为集中，城镇人口34.27万人，人口城镇化率达70.03%，其中格尔木市和德令哈市分别为86.58%、70.15%。乌兰县为46.88%，是全省除西宁四区、柴达木西部行委和部分州地政府驻地县以外，人口城镇化率最高的县级政区。

2. 海北州、玉树州和海南州人口城镇化程度居中

2010年，海北州城镇人口为8.96万人，人口城镇化率为32.78%，州府驻地海晏县达到55.34%。玉树州城镇人口12.15万人，人口城镇化率为32.11%，州府驻地玉树县为47.16%。海南州城镇人口为12.57万人，人口城镇化率为28.47%，州府驻地共和县为37.02%，贵德县为26.74%。

3. 黄南州、果洛州和海东地区人口城镇化程度较低

2010年，黄南州城镇人口为6.6万人，人口城镇化率为25.69%，州府驻地同仁县31.13%；果洛州城镇人口4.49万人，人口城镇化率为24.72%，州府驻地玛沁县47.03%。海东地区为农业大区，人口总量仅次于西宁，城镇人口31.89万人，人口城镇化率为22.83%，其中行署驻地平安县为49.04%，乐都县为26.88%，民和县为23.02%，互助县为16.13%。

(三)人口城镇化发展趋势特点

青海在较低工业化条件下，加快推进人口城镇化进程，呈现三个显著特点：

1. 纵向比发展速度不断加快

1952—1978年，在1952年工业化率仅6.2%(全国17.6%)的条件下起步，人口城镇化率年均提升0.52个百分点。1978—2000年，年均提升0.73个百

分点。进入新世纪,在工业化率2000年为29.9%(全国40.3%)的较低条件下,人口城镇化速度加快,年均提升1个百分点,其中“十一五”时期进一步加快到1.1个百分点。在工业化率相对较低的起点上,人口城镇化速度不断加快,这是十分可喜的。

2. 横向看地区差距逐步缩小

海东、环湖及三江源地区是青海工业化程度较低地区,但近些年人口城镇化速度不断加快,差距缩小。全省地区人口城镇化率最高与最低之差由1990年的60.05个百分点,2000年缩小为49.9,2010年再次缩小为47.2个百分点。六普资料显示,海东地区和除海西州外的其他五个自治州的城镇人口占全省的比重比“五普”提高了5.38个百分点。2010年,海东地区人口城镇化率为22.83%,比2000年提高10.64个百分点;环湖地区人口城镇化率为36.65%,提升10.91个百分点;三江源地区人口城镇化率为27.54%,提升10.12个百分点。在工业化水平较低条件下,三个地区人口城镇化率提升幅度均高于全省同期平均数,表明青海统筹地区协调发展迈出了新步伐,这又是一个十分可喜的趋势。

3. 结构上小城镇发展明显加强

1978年,青海省仅有7个建制镇,2000年增至49个,2010年达137个。近些年,青海十分重视发展小城镇,设立城乡一体化试验区,出台扶持小城镇加快发展的政策措施,推进户籍制度改革等取得了明显成效,小城镇吸纳人口集聚能力不断增强。六普资料显示,全省镇的流动人口由2000年的5.84万人增加到2010年的36.68万人,增长5.3倍,2010年镇常住人口114.82万人,比2000年增长67%,镇人口占全省城镇人口的比重达45.63%,提高6.88个百分点。镇人口增加对全省人口城镇化的贡献率为64.38%,拉动全省人口城镇化率上升6.41个百分点。加快发展小城镇为全省经济社会发展和城镇化创造了良好基础。

三、推动因素与问题难点

进一步剖析新世纪前十年青海城镇化进程,结果表明,经济快速发展是推动人口城镇化的综合因素,流动人口规模扩大和新建制镇增加是城镇化速度加快的两个主要单项因素。存在的主要问题是工业发展对人口城镇化的拉动力相对较低,小城镇的产业发展和基础设施建设有待进一步加强,今后发展的难点在农牧区人口转移,尤其牧区人口城镇化是难中之重,要积极应对人口城镇化面临的挑战,加速城镇化进程,提升城镇化质量。

(一)经济发展与人口城镇化

从历史经验来看,城镇化与工业化进程、经济发展相伴随。钱纳里等人研究了1965年90个国家和地区工业化、城镇化之间的关系,得出了人均国民生产总值越高,工业化水平越高,城镇化水平也越高的结论。辜胜阻、简新华、蔡孝箴等从劳动力就业部门构成角度分析得出:工业化率、非农化率与城镇化率之间基本上是正相关关系,第二、第三产业的发展水平越高,城镇化水平也越高,工业化率、非农化率与城镇化率之间基本上保持一个稳定值。本文通过2010年第三次人口普查数据,结合相关经济数据分析,青海省城镇化与经济发展的关系与上述理论相吻合,并呈现以下两大特点。

1. 经济增长驱动明显,相关程度较高

经济增长的城镇化模型中,城市作为一个开放的系统,与域外之间存在要素流动和产品,服务交换。要素自由流动是城镇化和经济发展的重要驱动力和前提,只要劳动力、资本、技术能够自由流动,城镇化与经济增长就会自我加强地持续进行下去。我们采用人均GDP、工业增加值和城乡居民人均收入四个指标进行城镇化水平和经济发展内在关系定量分析。

表3 青海省2000—2010年人均GDP、城镇化率、居民收入、工业增加值表

年份	人均GDP(元)	城镇化率(%)	城镇居民可支配收入(元)	农村居民人均纯收入(元)	工业增加值(亿元)
2000	5138	34.76	5170	1490	78.80
2001	5774	36.32	5854	1611	87.02
2002	6478	37.68	6200	1711	97.48
2003	7346	38.18	6732	1817	117.18
2004	8693	38.53	7320	2005	153.50
2005	10045	39.25	8058	2165	203.94
2006	11889	39.26	9000	2358	265.12
2007	14507	40.07	10276	2684	344.52
2008	18421	40.86	11648	3061	468.60
2009	19454	41.90	12692	3346	470.33
2010	24115	44.72	13855	3863	613.65

方法:以青海省 2000—2010 年的城镇化率、人均 GDP、城镇居民人均可支配收入、农村居民人均纯收入(详见表 3),建立线性回归模型,定量分析它们之间的内在关系。

(1)城镇化率与人均 GDP 的变化趋势。我省 2010 年人均 GDP 为 24115 元,2000 年为 5138 元,增长 4.69 倍。2010 年城镇化率为 44.72%,2000 年为 34.76%,上升了 9.95 个百分点。以人均 GDP 作为解释变量(X),以城镇化率作为被解释变量(Y),可以测算出两者之间的相关系数。测算结果表明:人均 GDP 与城镇化率之间高度相关,其相关系数 R=0.9532,Sig=0.0000<0.05,表明在 95%的置信概率条件下,青海省人均 GDP 与青海省城镇化之间存在高度相关,青海省人均 GDP 与青海省城镇化之间有着高度相关性。以城镇化率为因变量,人均 GDP 为自变量建立线形方程,拟合结果如下所示,回归系数为 0.000406,即人均 GDP 增加万元,城镇化率上涨 4.06 个百分点。

模型分析

	R	R 平方	修正的 R 平方	估计的标准误	对数似然值	AIC	SC
值	0.9532	0.9087	0.8985	0.8611	−12.8591	2.7017	2.7740

方差分析表

	平方和	自由度	均方	F 值	显著性
回归	66.3935	1	66.3935	89.5492	0.0000
残差	6.6728	9	0.7414		
总和	73.0662	10			

回归系数分析

	回归系数	标准误	标准化的 beta	t	显著性	95%置信区间上界	95%置信区间下界	方差扩大因子	容忍度
常数项	34.3618	0.5762		59.6349	0.0000	35.6652	33.0583		
人均 GDP	0.000406	0.0000	0.9532	9.4630	0.0000	0.0005	0.0003	1.0000	1.0000

城镇化率—拟合图

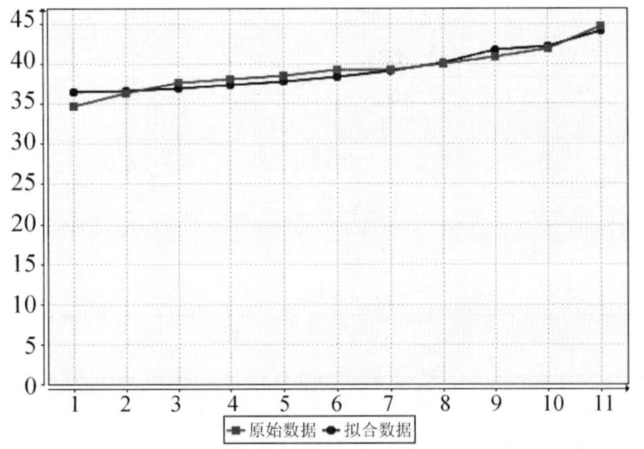

(2)城镇化率与工业增加值变化趋势。2010 年我省工业增加值为 613.65 亿元,2000 年为 78.80 亿元,增长 456.05 亿元,上涨了 7.79 倍。以城镇化率为因变量,工业增加值为自变量建立线形方程,拟合结果如下所示,回归系数为 0.0137,即工业增加值增长 1 亿元,城镇化率上涨 0.014 个百分点,说明工业对于城镇化具有推动作用。

(3)城镇化率与城镇居民人均可支配收入变化趋势。从基本原理讲,城镇居民人均收入的提高,对农村剩余劳动力与农村人口的城镇化具有拉动作用。2010 年我省城镇居民人均收入为 13855 元,2000 年为 5170 元,上涨了 2.68 倍。城镇化率与城镇居民人均可支配收入呈同方向变化趋势,以城镇化率为因变量,城镇居民人均收入为自变量建立线形方程,拟合结果如下所示,回归系数 0.0009,即城镇居民人均收入增加百元,城镇化率上涨 0.09 个百分点。

模型分析

	R	R平方	修正的R平方	估计的标准误	对数似然值	AIC	SC
值	0.9382	0.8803	0.8670	0.9858	−14.3476	2.9723	3.0446

方差分析表

	平方和	自由度	均方	F值	显著性
回归	64.3196	1	64.3196	66.1829	0.0000
残差	8.7466	9	0.9718		
总和	73.0662	10			

回归系数分析

	回归系数	标准误	标准化的beta	t	显著性	95%置信区间上界	95%置信区间下界	方差扩大因子	容忍度
常数项	35.6239	0.5337		66.7546	0.0000	36.8311	34.4167		
工业增加值	0.0137	0.0017	0.9382	8.1353	0.0000	0.0175	0.0099	1.0000	1.0000

城镇化率—拟合图

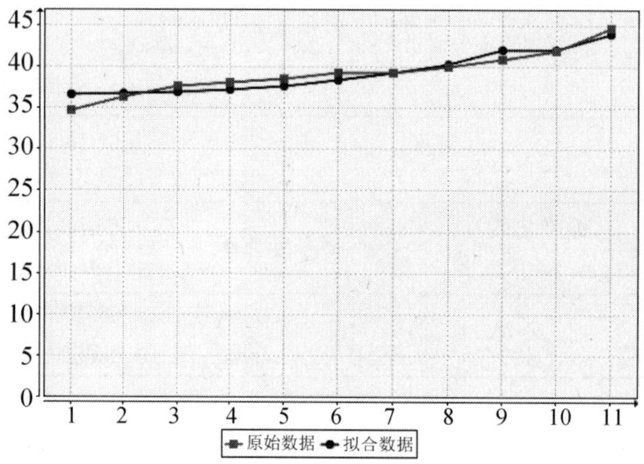

模型分析

	R	R平方	修正的R平方	估计的标准误	对数似然值	AIC	SC
值	0.9557	0.9135	0.9038	0.8382	−12.5634	2.6479	2.7202

方差分析表

	平方和	自由度	均方	F值	显著性
回归	66.7427	1	66.7427	94.9925	0.0000
残差	6.3235	9	0.7026		
总和	73.0662	10			

回归系数分析

回归系数	标准误	标准化的beta	t	显著性	95%置信区间上界	95%置信区间下界	方差扩大因子	容忍度	
常数项	31.5068	0.8317		37.8823	0.0000	33.3882	29.6253		
城镇居民可支配收入	0.0009	0.0001	0.9557	9.7464	0.0000	0.0011	0.0007	1.0000	1.0000

城镇化率—拟合图

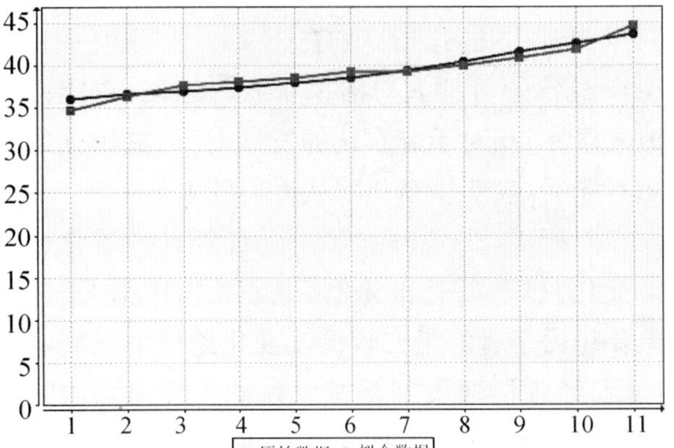

(4)城镇化与农牧民人均纯收入变化趋势。农村居民人均收入的提高，既是人口城乡移动的结果，又间接推动了城镇化进程。2010年我省农村居民人均纯收入为3863元，2000年为1491元，增加了2.59倍。农牧民人均纯收入的增长点主要是外出务工经商工资和非农收入，表明农村生产要素的流动促进了城镇化发展。以人均农村居民人均纯收入作为解释变量(X)，以城镇化率作为被解释变量(Y)，可以测算出两者与GDP之间的相关系数。测算结果表明：青海省农村居民人均纯收入与城镇化率之间高度相关，其相关系数R＝0.9622，Sig＝0.0000<0.05，表明在95％的置信概率条件下，青海省农村居民人均纯收入与青海省城镇化之间存在高度相关，青海省农村居民人均纯收入与青海省城镇化之间有着高度相关性。以城镇化率为因变量，农村居民人均纯收入为自变量建立线形方程，拟合结果如下所示，农村居民人均纯收入增加百元，城镇化率上涨0.34个百分点。

模型分析

	R	R平方	修正的R平方	估计的标准误	对数似然值	AIC	SC
值	0.9623	0.9260	0.9177	0.7753	－11.7053	2.4919	2.5642

方差分析表

	平方和	自由度	均方	F值	显著性
回归	67.6561	1	67.6561	112.5502	0.0000
残差	5.4101	9	0.6011		
总和	73.0662	10			

回归系数分析

	回归系数	标准误	标准化的beta	t	显著性	95％置信区间上界	95％置信区间下界	方差扩大因子	容忍度
常数项	31.2734	0.7855		39.8114	0.0000	33.0504	29.4963		
农村居民人均纯收入	0.0034	0.0003	0.9623	10.6090	0.0000	0.0041	0.0026	1.0000	1.0000

城镇化率—拟合图

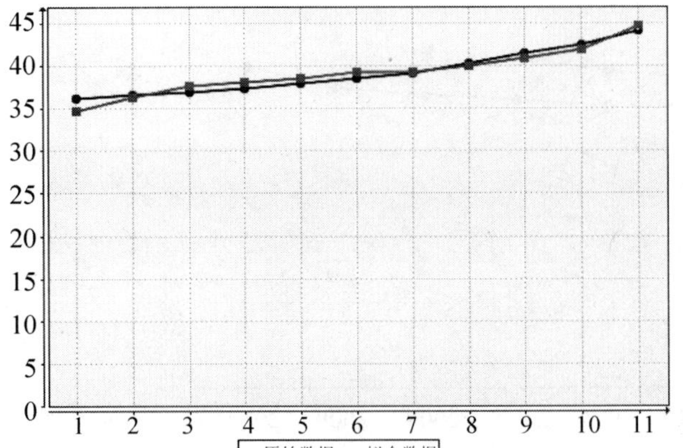

2. 发展不断趋向协调，拉动潜力较大

城镇化与工业化的发展关系有城镇化滞后、或超前于工业化和两化化协调发展等情况。学界主要用IU比和NU比这两个指标来分析一个国家和地区城镇化、工业化和非农化之间的发展关系。IU比是指劳动力工业化率(即工业劳动力占总劳动力的比重)与城镇化率(即城镇人口占总人口的比重)的比值，NU比是指劳动力非农化率(即非农产业劳动力占总劳动力的比重)与城镇化率的比值。当城镇化、工业化和非农化发展较为协调时，IU比大致为0.5，NU比大致为1.2左右。如果IU比明显小于

0.5,NU 比明显小于 1.2,则说明相对于工业化和非农化的发展程度而言,城镇化出现超前发展的态势。相反,如果 IU 比明显大于 0.5,而 NU 比明显大于 1.2,则说明相对于工业化和非农化的发展程度而言,城镇化的发展是滞后了,表明城镇化发展不足。

(1)IU 比指标说明青海城镇化和工业化发展关系不断趋向协调。青海近 10 年来 IU 比指标变化趋势详见表 4。可以看出,青海 IU 比指标从 2000 年的 0.36 不断趋向 0.5,根据国际公认的判断标准,说明青海城镇化和工业化发展趋势不断趋向协调。"十一五"时期,随着工业化速度加快,城镇化超前于工业化的状况得到明显改善,从 2006 年开始到 2010 年 IU 比在 0.5 左右波动,说明城镇化与工业化关系由明显超前转向总体趋于协调。

表 4　2000—2010 年青海省城镇化、工业化及 IU 比

年份	人口城镇化率(%)	工业劳动力占总劳动力的比重(%)	IU 比
2000	34.76	12.6	0.36
2001	36.32	13.3	0.37
2002	37.68	13.6	0.36
2003	38.18	15.8	0.41
2004	38.53	16.5	0.43
2005	39.25	17.4	0.44
2006	39.26	19.2	0.49
2007	40.07	20.6	0.51
2008	40.86	21.3	0.52
2009	41.9	21.9	0.52
2010	44.72	22.6	0.51

资料来源:《2011 年青海统计年鉴》整理。

(2)NU 比指标说明青海城镇化发展潜力较大。青海近 10 年来 NU 比指标变化情况详见表 5。可以看出,青海 NU 比指标多数年份大于 1.2,尤其是 2006 年开始,NU 比指标均在 1.3 以上,说明大量非农生产经营的劳动人口滞留于农村地区,未能向城镇地区聚集,相对于非农化的发展而言,城镇化的发展相对滞后,表明城镇化发展潜力较大。

综上所述,以 IU 标准来看,青海省城镇化超前于工业化,以 NU 标准来看,城镇化发展潜力较大。这主要是由于青海是在较低工业化条件下发展城镇化,非农经济快速发展是城镇化的主要驱动力。同时也表明,城镇化与工业化的相对协调也是低水平、低层次的协调,是城镇化与工业化双重滞后的表现(青海与全国城镇化与工业化发展趋势比较详见图)。今后我们要在加快经济发展的同时,力争在较低工业化条件下加速城镇化发展。

表 5　2000—2010 年青海省城镇化、非农化及 NU 比

年份	青海城镇化率(%)	非农产业劳动力占总劳动力的比重(%)	NU 比
2000	34.76	44.2	1.27
2001	36.32	40.4	1.11
2002	37.68	43.6	1.16
2003	38.18	45.9	1.20
2004	38.53	48.8	1.27
2005	39.25	50.5	1.29
2006	39.26	52.7	1.34
2007	40.07	55.7	1.39
2008	40.86	55.5	1.36
2009	41.9	57.0	1.36
2010	44.72	58.6	1.31

资料来源:《2011 年青海统计年鉴》整理。

图 1　2000—2010 年青海与全国城镇化水平比

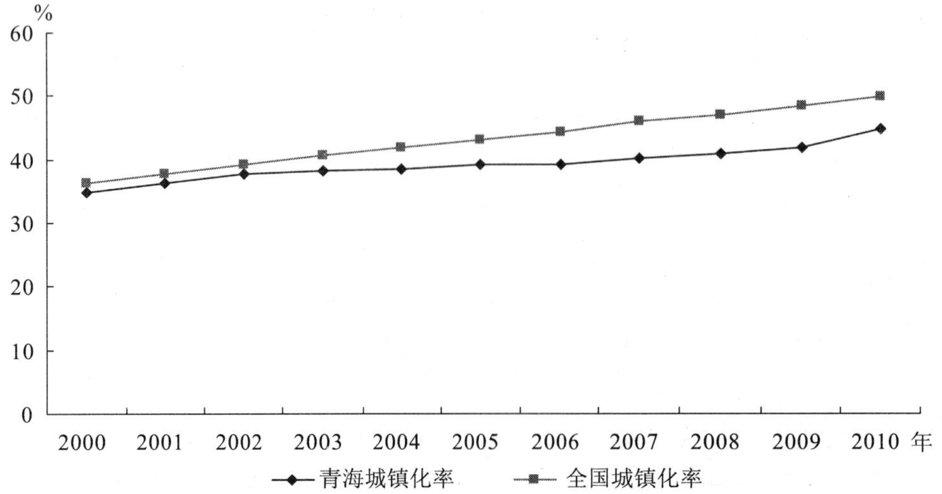

图2 2000—2010年青海与全国工业化水平比

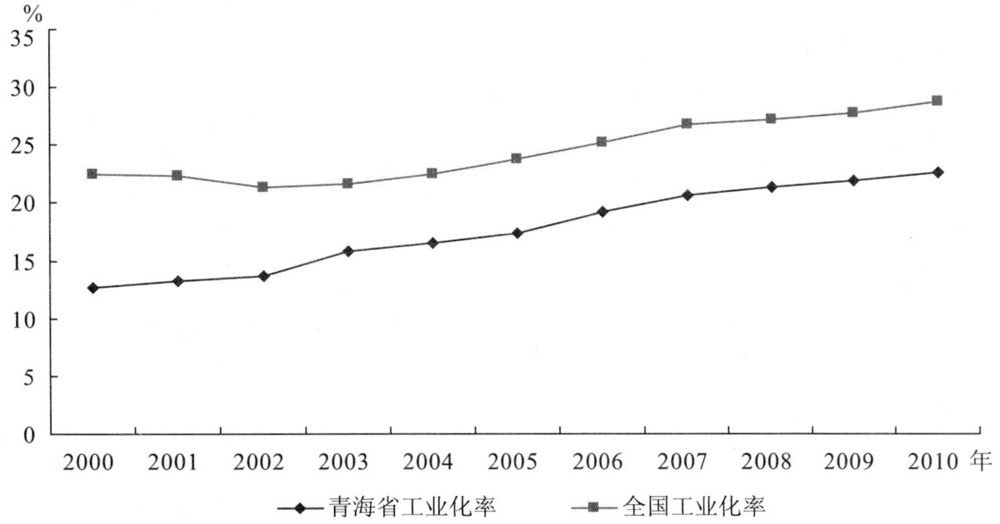

(二)人口发展与人口城镇化

人口发展由自然增长和迁移流动两方面影响人口城镇化,其中流动人口的影响较大,从规模数量和发展质量两方面影响着人口城镇化。

1. 流动人口增加拉动城镇化率提升约7个百分点。从规模数量看,2010年六普全省流动人口规模为99.3万人,比2000年五普的46.3万人增加了53万人,增长1.14倍,流动人口占常住人口的比例由8.94%上升到17.65%。其中城镇流动人口为76.71万人,增加49.77万人,增长1.85倍,占城镇常住人口的比重由14.9%提高到30.5%,对全省人口城镇化率提升的贡献率为70%,拉动全省人口城镇化率比2000年提高约7个百分点,为人口城镇化作出了重大贡献。在全部流动人口中,省外流入31.8万人,其中务工经商和随迁家属占80.3%;从事批发零售业、住宿餐饮业、建筑业、制造业、采矿业这五大行业占78.31%;流动性和定居性较高的特点同时并存,离开户口所在地半年至一年的短期流动占25.78%,六年以上的长期流动占26.04%。

2. 约有50万流动人口实质是“半城市化人口”。从发展质量看,全省六普城镇户籍人口198.46万人,没有城镇户籍的人口约53.17万人。没有户籍人口在就业、社保和子女上学等方面还没有完全平等享受户籍人口待遇,被称为“半城市化人口”。这些人口大多是务工经商的农民工,无论是劳动力单身进城打工赚钱,还是举家离土离乡,他们的承包地、家产都在老家农村户籍所在地,有的挣上钱后想在城镇买房定居或回家建新房,还没有完全融入到城市生活中来。

(三)行政区划调整与人口城镇化

影响城镇化的行政区划调整主要是撤县改市,撤乡建镇。我省近十年撤乡建镇力度较大,有利于促进地区经济社会发展,加快城镇化进程。同时,新建市镇的发展状况也在很大程度上决定了城镇化的质量。市镇的经济社会和市镇设施、公共服务发展快发展好,城镇化提升就又好又快。

1. 新建镇对全省人口城镇化率提升的贡献率为43.5%。从当前城镇人口数量变化看,撤乡建镇对城镇人口总量变化影响大于撤县改市。因为根据现行统计制度,撤县改市前后,城镇人口统计的范围基本不变,撤乡建镇原乡政府驻地改为镇政府驻地的村人口列入城镇人口。2000—2010年,青海新增88个建制镇,新增城镇人口31.08万人,对全省人口城镇化率提升的贡献率为43.5%,拉动全省人口城镇化率比2000年提高4.3个百分点。撤乡建镇增强了小城镇人口集聚力,镇的流动人口由2000年的5.84万人增加到36.68万人,镇流动人口占常住人口的比例达31.95%,明显高于全省流动人口的比例(为17.65%)。镇人口中既有带头致富群体,又有不少贫困家庭;既有大批农牧业劳力,又有大量务工经商人员。镇人口的生活条件比不上城市,但好于乡村,他们对发展的要求不断提高,对利益的诉求日趋复杂,成为界于市和乡村人口之间的一个新的大群体。

2. 一些农牧民感到“被城镇化”。镇是联系城市和乡村的桥梁,是做好“三农”工作的桥头堡,撤乡建镇，镇人口迅速增长，镇在社会管理中的作用日益增强。部份新建制镇行政区划由乡改镇，原来乡政府以农村牧区农牧业生产为主导的管理模式转变滞后，不适应撤乡建镇后的人口和经济发展。一些建制镇的发展滞后，建制镇与乡村差别不大，“有镇无市或市气不足”，行政区划由乡改镇，镇政府驻地的乡村人口变为城镇人口，一些农牧民感到和以前乡村人口没两样，作为城镇常住人口似乎“被城镇化”了。

(四)统计制度与人口城镇化

从目前统计制度看，城镇人口与是否为非农户籍人口无关，与市镇建制及市镇公共设施、居住设施连接情况密切相关。市镇建制增加或市镇公共设施、居住设施连接地域扩大，则城镇人口增加。

1. 城镇人口统计与户籍性质关联不大。从理论上看，城镇人口具有三个明显不同于乡村人口的特征：一是空间聚集性；二是经济活动的非农性；三是社会组织及社会生活的多元性。我国城镇户籍管理制度与之相近，且具有完整的户籍人口统计制度，故曾以城镇非农户籍人口占总人口的比重衡量城镇化水平。但从实践上看，随着城市经济、文化、生活方式的不断发展渗透，部分农村牧区已成为城镇的一部分，一些农牧民已成为城镇居民，但由于长期以来严格控制农业户籍转为非农户籍，当前因为各种利益关系，有些人口不愿意把农业户籍转为非农，因此，以城镇非农户籍人口占总人口的比重衡量城镇化水平脱离实际。以 2010 年为例，公安部门统计的全省非农户籍人口占户籍总人口比重为 30.1%。人口普查以在城镇居住半年及以上或离开原户籍地半年以上现居住城镇的人口为城镇常住人口，其占常住总人口比重为 44.72%，两种口径偏差较大。

2. 城乡划分标准是影响人口城镇化的重要因素。现行统计制度规定，城乡划分以民政部门确认的居民委员会和村民委员会为最小单位，将我国的地域划分为城区、镇区和乡村。具体规定：城区包括：①市街道办事处所辖的居民委员会地域；②城市公共设施、居住设施等连接到的其他居民委员会地域和村民委员会地域。镇区包括：①建制镇的镇人民政府驻地和所辖其他居委会地域；②镇的公共设施、居住设施等连接到的村民委员会地域；③常住人口在 3000 人以上独立的工矿区、开发区、科研单位、大专院校、农场、林场等特殊区域。乡村指上述未包括的其他区域。城区镇区的常住人口即为城镇人口。

根据经济发展情况对城镇区域的划分，历次人口普查有所变化。本课题以现行规定对历史数据作了调整，为方便研究，现将历次变化简述如下：

1953 年第一次人口普查规定：市镇人口包括城市的市区人口，县城的城关人口，2－3 千人以上工商业比较发达的集镇人口，以及工矿区和森林作业区等非农业人口比较集中的居民点的全部常住人口。

1964 年第二次人口普查城镇人口统计口径，在保留 1953 年城镇范围的基础上，扣除了该范围内的农业户籍人口。

1982 年第三次的人口普查，城镇人口统计标准又回到 1964 年前的口径。

1990 年第四次人口普查采用两种统计口径计算城镇人口。第一种口径基本是 1982 年普查的口径；第二种口径是将设区的市所辖的区人口和不设区的市所辖的街道人口及所辖镇的居委会人口，以及县辖镇的居委会人口作为城镇人口。

2000 年第五次口普查具体规定：①设区市的市辖区人口密度在每平方公里 1500 人以上的，区所辖地域的全部人口都计算为城镇人口；市辖区人口密度不足 1500 人的，区人民政府驻地和所辖其他街道地域的人口和区人民政府驻地的城区建设已延伸到周边建制乡镇所辖地域的全部人口计算为城镇人口。②不设区市的市人民政府驻地和所辖其他街道地域的人口和市人民政府驻地的城区建设已延伸到周边建制乡镇所辖地域的全部人口计算为城镇人口。③建制镇的镇人民政府驻地和镇所辖其他居委会地域的全部人口，以及镇人民政府驻地的镇区建设已延伸到周边村委会的全部人口计算为城镇人口。④上述城镇区域统计的城镇人口以外的人口，都计算为乡村人口。

(五)面临的主要问题和难点

综上所述，青海人口城镇化进程在各方面因素推功下，总体呈现平稳、较快、健康、协调态势，但也存在工业化带动人口城镇化弹性较低和小城镇发展不足两个主要问题，牧区人口城镇化难度大和城镇化的挑战加大等困难，今后加快人口城镇化速度，提高人口城镇化质量的难度不断加大。

1. 工业化带动人口城镇化弹性较低。青海近几年工业经济较快发展在促进全省城镇化进程方面发挥了重要的基础性带动作用，城镇化与工业化关系由明显超前转向总体趋于协调。但由于青海工业经济基础相对较弱，不少地区工业化水平较低，2006年以前城镇化滞后于工业化。加之就业弹性较高的轻工和小型企业规模较小（2010年全省工业中轻工业仅占13.1%、小型企业占17.4%），造成工业化带动人口就业的弹性较低。1995－2005年，全省工业增加值增长了3.4倍，工业就业人数反而下降了14%。"十一五"时期这一现象明显好转，但工业增加值与工业就业人数的增幅之比仍为1:0.11。从另一角度看，2000－2010年，西宁和海西州的工业增加值占全省比重提高16.3个百分点，但两地同期城镇人口比重却下降了5.35个百分点。当然，这种变化趋势受工业生产率提高较快和城市人口自然增长率明显降低等因素影响，具有一定的合理性，但不可否认青海工业化与城镇化的弹性较低。

2. 小城镇经济发展和城镇设施建设滞后。小城镇数量增加较多，拉动了人口城镇化率的提币。但和全国相比，小城镇经济发展和基础设施建设和内地的差距大于市的差距。县域经济基础薄弱，城镇经济和人口规模均偏小，部份小城镇经济发展和城镇设施建设相对滞后，影响了人口城镇化的质量。2005年，全国平均每个县级行政区域（不含地级市驻地和市辖区）的GDP为36.5亿元，青海为9.02亿元，其中有6个县GDP不足亿元，且第一产业比重较大。2010年六普查资料显示，全省建制镇中，镇人口在万人以上的镇31个，万人以下的镇106个，其中5000－2000人有35个，2000－1000人有35个，1000人以下有16个。目前小城镇相关情况统计尚缺，我们在看到近几年小城镇经济发展和基础设施、公共服务建设在不断加快的同时，也要看到青海小城镇的发展相对滞后，以上两组数据从侧面反映了这一情况。

3. 发展的难点主要在牧区。六普资料显示，2010年，全省乡村人口311.05万人，其中农业区217.33万人（西宁三县、海东六县183.49万人），牧区人口93.72万人。农业区经济社会发展基础相对较好，人口比较集中，东部城市群建设对城镇人口聚集作用较大。牧区自然条件较差，县域经济薄弱，小城镇基础设施和产业发展的能力低，人口居住分散，不少牧民仍过着逐水草而居的生活，人口老少比相对较高，受教育程度较低，尽管近些年采取相应的牧民定居和生态移民等措施，但实现和全省、全国同步进入小康社会，推进牧区人口城镇化的难度都很大。

4. 发展的挑战主要四方面。从发展趋势看，青海和全国一样，社会经济发展为城镇化创造了良好条件，人口城镇化进入较快发展时期，但也将面临一些挑战，而且应对难度较大。

挑战之一是如何帮助农民工群体真正成为城市资源享有者和发展红利获益者。这个问题在新生代农民工身上更为凸显。原来农民工外出务工经商主要目的是挣钱，改善日常生活或建新房。近年来，上世纪八十年代后出生的新生代农民工成为农民工的主体，约占农民工的60%以上。新生代农民工就业观念、生活方式、消费方式基本上和城市居民相差无几，要求平等就业、平等待遇、融入城镇的愿望强烈，对于城乡二元体制忍耐度更低，容易滋生和积累不满情绪，亟须进行有效地疏导，例如发生在深圳的"富士康"农民工跳楼事件。这已成为提高人口城镇化质量的重要任务之一。

挑战之二是如何加强农牧业基础和提高留守农牧民生活。在农业人口向工业或服务业领域转移的同时，必须大力发展规模农牧业，才能有效提高农牧业经济产出，稳定农牧业基础，提高农牧民收入和生活水平。当前，农村青壮劳力进城务工，导致农村劳动力的年龄结构、性别结构、素质结构发生明显变化，农业兼业化、农村空心化、农民老龄化的现象日趋明显。农村牧区留守老人、妇女和儿童问题逐渐突出。

挑战之三是如何针对城镇化进程中的矛盾纠纷加强社会治安管理问题。随着城镇化进程的加速，一些地方矛盾纠纷呈多发多样态势，土地征用、房屋拆迁、拖欠工资、劳资纠纷等新矛盾纠纷增加。外来人口与本地人矛盾初显。加之贫富差距拉大，使一些人心理失衡，留守妇女、老人、儿童，给违法犯罪分子以可乘之机，致使偷盗、抢劫等传统治安事件呈增长趋势。

挑战之四是如何解决开发发展与生态保护、耕地保护、传统历史文化古迹保护等矛盾。青海生态地位突出，自然生态保护区面积大，城镇周边人均耕地等资源偏少，历史发展和文化传承悠久，文物古迹和传统文化保护任务繁重。随着城镇化的快速发展，污染物从面集中到点上，大量耕地被占用，人均能耗成倍增加，文物古迹不断消减，人口城镇化使空间资源与环境压力增大。

四、发展思路并对策建议

上述城镇化进程中存在的困难和面临的挑战，是发展中的矛盾，要在加快发展中解决矛盾。我们要看到城镇化可以改善投资环境、消费环境、人居环境，城镇化的推进可以为二、三产业提供广阔的发展空间，促进社会经济发展，是推进“建设新青海、创造新生活”的重要途径。因此我们必须在推动工业化的同时抓住机遇，应对挑战，克服困难，化解矛盾，加快城镇化进程。工业化与城市化相辅相成，在较低工业化条件下，要积极探索具有中国特色符合青海实际的人口城镇化道路，促使城镇化适度超前于工业化，加速人口城镇化进程，提升人口城镇化质量，让城镇化为加快建设新青海、创造新生活做出更大贡献。

（一）探索地方特色人口城镇化路子

1. 尊重客观规律，吸取教训。工业化与城市化相辅相成，这是经济社会发展的客观规律。因为工业不同于传统农业，技术上不靠光合作用，不需要每部机器、每道生产工序都均匀地晒到太阳，可以在空间上集中，会刺激市场和商业中心的发展，促进人口的集聚。人口的集聚又带动其他要素的集聚，进一步推进工业化和经济发展，有利于加快基础设施的建设和节约建设成本，有利于居民物质文化生活的改善和提升。因此，城镇化在一定程度既是工业化的结果，又是推进工业化和经济社会发展的动力，是提高人民生活水平的重要途径。

资本逐利性是工业化带动城镇化链条运转的原始动力。西方国家为了追求高额利润，就通过刺激生产要素不断集中，降低工业生产成本，同时带动了城镇化发展，也出现了一些问题。一是由于国家调控相对缺失，生产要素过度集中，特大城市和大城市中心出现交通拥挤、环境恶化等城市病，出现逆城市化现象。二是拉美一些发展中国家人口城镇化过度超前，不能为居民提供就业机会和必要的生活条件，出现城市贫民窟漫延等问题，被称为“拉美发展陷阱”，并为此付出了高昂的代价。

我们积极探索具有中国特色符合青海实际的人口城镇化道路，必须吸取以上教训，尊重客观规律，促进工业化与城镇化相辅相成，在加快推进城镇化进程中，不但要防止城市贫民窟、城市病的发生，而且要不断改善民生。工业化需要广大人民群众的支持，尤其是广大农牧民贡献祖祖辈辈赖以生存的土地，要让农牧民群众享受工业化的成果，过上城镇化的生活，实现创造新生活的目标。

2. 从实际出发，发挥优势。青海整体上刚迈入工业化中期，从理论上讲进入了经济和城镇化加速发展阶段。但是从前些年全省城镇化发展进程实际看，工业化对人口城镇化的拉动较低。另方面，由于青海地广人稀，基础设施建设战线长，改善人居环境成本高，资本投入产出效益较低，人口分布过于分散成为工业化城镇化发展中的一大包袱。青海经济基础比较薄弱，工业化城镇化地区发展差异较大，有些地区工业化刚起步，甚至不少限制或禁止开发的地区难以推进工业化或不可能实现工业化，缺乏工业化城镇化相辅相成的发展条件和动力。上述省情是我们在较低工业化条件下加速人口城镇化必须面对的现实。这些地区肯定不能由于工业化条件差而不推进人口城镇化，因成本太高而延迟推进基础设施建设和人居环境的改善。在实现“两新”目标中，如何让这些地区加快发展，和全省共同进入小康，创造幸福美满的新生活，成为发展中的重点和难点。怎么办？我们能不能跨越发展阶段，在工业化程度较低或不可能工业化的情况下，超越工业化，优先推进人口城镇化，使传统分散的人口适度集聚到小城镇或新社区，从而可以发挥城镇化的优势，提高基础设施建设和人居环境改善的投资效益，加快经济社会发展，更好更快地提高人民生活水平。回答是肯定的。

在工业化程度较低情况下，人口城镇化超越工业化优先推进，不但必要，而且可行，是比较理性的选择。首先，我们具有社会主义优越制度，党和政府为人民，推进工业化与城市化发展不是追求高额利润，而是提升民生福祉。在优先推进人口城镇化进程中，充分发挥特色社会主义优势，有利于避免过度超前问题。其次，思路符合前述青海21世纪前10年城镇化发展的实际，体现了省十二次党代会精神和"十二五"规划要求。第三，不违背工业化带动城镇化的客观规律，是工业化与城市化相辅相成在后发展地区的特殊的表现形式。如果以加快小城镇、新社区发展来提高人口集聚程度，那么不仅有利于发挥人口集聚优势，加快新型工业化及第三产业，而且有利于促进发展方式的转变，和传统发展模式相比，更贴近农牧民就地就近转移的愿望，更有利于集中力量加快改善农牧区生产生活条件，更有利于地区经济社会加快发展，推进新青海建设，让人民群众享受更加美好的新生活。

问题的关键是走城镇化超前于工业化路子，仅仅采用工业化带动城镇化的传统思维方式和工作方法是不够的。在较低工业化条件下，依靠什么动力超前优先推进人口城镇化；如何防止由于超前人口城镇化，出现不能为居民提供就业机会和必要的生活条件等问题；如何把良好的愿望变为实践，做好超前优先推进人口城镇化的各项工作等等。出路在于科学发展，在于创新发展，探索具有青海地方特色的新型人口城镇化路子。

综合以上考虑，**本课题认为青海在较低工业化条件下，要力争人口城镇化适度超前于工业化，城镇化速度和质量并举，走老城区、新建市、小城镇、新社区共同发展的城镇化道路。总体思路：以人为本，适度超前，四轮驱动，加速提升，统筹推进，和谐发展。相应对策措施是坚持三项原则，着力四个突破，推进五项统筹。**

（二）以人为本，适度超前。

在较低工业化的条件下，适度超前于工业化，优先发展人口城镇化，发挥城镇化优势，加快建设新青海、创造新生活的进程，必须坚持科学发展，以人为本。适度超前实质是一种跨越式发展模式，其重要意义就是采取适当有效措施，使传统分散的人口先于工业化适度超前集聚，变人口极度分散的发展包袱为加快发展的动力。这是青海地方特色的新型城镇化路子的特点之一。

适度就是人口城镇化在宏观上要统筹规划稳扎稳打，和全省社会经济发展和财力物力的支撑相适应，中观上就是坚持各地不搞一刀切，和当地经济社会长远发展规划相适应，微观上坚持农牧民自觉自愿，和个人家庭转移的需求能力相适应。超前就是超越工业化一般水平，加速推进人口城镇化。既要发挥城镇化优势，又要防止过度超前城镇化，避免"拉美发展陷阱"。为此我们在适度超前推进人口城镇化中，必须始终坚持以下三项原则：

1. 坚持以人为本。在人口城镇化进程中，要尊重民意，改善民生，以提供宜居宜业环境和增加收入为重点，稳妥推进农牧区人口到城镇稳定就业定居，切实提高人口城镇化的质量，让城乡居民享受更多的发展成果。

2. 坚持绿色发展。城镇化既要宜居环境，又要防止滥占耕地，注重节水节能、减污减排，保护好自然环境和文物古迹，努力建设节约型、环保型、文化型的可持续的高原民族特色城镇。

3. 坚持统筹发展。人口城镇化与社会管理创新统筹发展，与工业化、工业园区统筹发展，与农业现代化、新农村建设和现代生态农牧业示范区建设统筹发展，与生态文明、文化事业和扶贫开发统筹发展，形成城乡一体化发展新格局。

（三）四轮驱动，加速提升。

在较低工业化条件下实现人口城镇化加速提升，既要积极推进工业化，又不片面强调工业化与城镇化同步发展，要**四轮驱动，走老城市、新建市、小城镇、新社区共同发展之路。**从全省看就是要大力提升西宁中心城市和格尔木、德令哈市档次，加快建设东部城市群和其他重点城镇新设市，强化小城镇发展，规划建设新社区，全方位加速人口城镇化进程、提升人口城镇化质量。这是青海地方特色新型城镇化路子的特点之二。

四轮驱动，那么动力在那儿？在于加快经济、社会、文化、生态建设和发展中，发挥当地优势，增强城镇人口集聚动力。具体措施是老城市、新建市、小城镇、新社区的发展都要依托**着力实现以下"四个突破"：**

1. 在政府主导推动上有新突破。我们应该发挥中国特色社会主义制度优势，进一步加强政府对城镇化发展的调控和服务，在政府主导推进人口城镇化上努力实现新突破。政府调控人口城镇化的重点是优化城镇规划和科学配置资源，在做好城镇化顶层规划设计的同时，实行分类指导。要积极运用市场和计划两重手段，相对发达地区要多用市场手段促进城镇化加速，对工业化滞后、限制或禁止开发的地区则应多采用计划手段。要以投资项目为依托，加大项目工作力度，尤其是基础设施建设和社会公益项目等。争取国家政策支持，盘活土地存量资产，尝试发行地方政府城镇建设债券，鼓励个人、企业、外商投资城镇建设。要集中财力，突出重点，重视配套，避免重复建设，提高资金使用效益。优化政府监督服务，健全公共资源配置监督系统，推行决策、操作、监管三分离模式，转变基层跑上级政府要钱、上级政府事后监督不力的现状。政府提供优化城镇规划、细化项目、配套资金的服务；项目业主专款专用，确保按质按量按时完成项目任务；监管部门自始至终参与监督，及时提出整改建议，在监管中提供服务。

2. 在特色经济驱动上有新突破。我们要发挥全省加快特色经济发展的优势，转变发展方式，优化创业环境，增加就业机会，在特色经济带动人口城镇化上努力实现新突破。要进一步做大做强特色工业，坚持绿色、低碳、集聚的理念，大力发展循环经济，增强工业开发区的集聚发展能力，提高工业化对人口城镇化的驱动力。要加快现代生态农牧业示范区的建设，用工业化的理念发展农牧业，用服务业的方法经营农牧业，为特色农牧业的集群发展开辟道路，以农牧业生产方式的转型促进农牧民传统生产、生活方式的转变，努力向企业化生产、上班族生活过度，使农牧业发展和农牧区人口转移成为城镇化发展的坚实基础和最大潜在动力。要以第三产业的发展促进人口集聚，人口集聚又促进第三产业发展，加快旅游、金融、物流、信息、文化和商贸流通等服务业发展，使第三产业成为城镇化加速的重要驱动力。

3. 在宜居环境拉动上有新突破。我们要抓住大力改善民生的发展机遇，加强城镇设施、公共服务和住房建设上下功夫，在以更好的宜居环境吸引人口转移集聚，拉动人口城镇化上努力实现新突破。人往高处走，就是向生存生活条件更好的地区转移。我们要进一步加强小城镇和新社区建设，尤其要把公共基础设施和住宅设施连片延伸和完善作为小城镇发展的重点之一。小城镇人口集聚有利于工业尤其是农畜产品加工业的发展，有利于教育、文化、卫生公共服务业和居民服务业的发展，有利于改善居住生活条件，为本地大中专职校毕业生创造就业落户平台，吸引艰苦牧区老人小孩就近到城镇社区定居。这既是吸引人口集聚的强大动力，更是提高人口城镇化发展质量的需要。我们相信良好的宜居环境必将成为今后青海加速城镇化的重要途径。

4. 在城乡一体联动发展上有新突破。城乡一体是中国特色城镇化发展新趋势，也是新型城镇化发展路子的题中之义。我们要抓住加快东部城市群建设和建立柴达木城乡一体化试验区的机遇，在城乡联动推进人口城镇化上努力实现新突破。东部和柴达木地区既是全省自然条件相对优越、资源丰富，开发较早、生产要素配置较好的全省经济社会发展优势重点地区。要按照“十二五”规划要求，积极推进城乡一体化发展，加快推进以西宁为中心的东部城市群建设，统筹推进中小城镇和新农村建设。加快以格尔木、德令哈为重点的柴达木地区城乡一体化发展示范区建设，积极开展新型社区建设试点工作。健全规划体系，完善政策配套，促进城乡联动，加快城镇发展，让东部和柴达木地区为青海加速人口城镇化再做新贡献。

（四）统筹推进，和谐发展

把人口城镇化作为一项经济社会发展的复杂工程，按照省十二次党代会精神和省“十二五”规划关于统筹发展精神，在统筹经济社会发展、统筹城乡发展、统筹改革发展稳定中加快推，实现跨越发展，和谐发展。这是具有青海地方特色的新型城镇化路子的特点之三。

较低工业化状况下加速人口城镇化，要比经济发达地区付出更多的艰辛。青海要借鉴国际国内先进地区城镇化发展的经验教训，结合本地实际，努力从以下五方面做好各项具体工作，统筹推进人口城镇化跨越发展、和谐发展：

1. 统筹区划调整和城镇规划建设

城镇发展是人口城镇化的平台，规划是城镇发展龙头。要防止重撤轻建，在撤县设市、撤乡建镇行政区划调整中，统筹做好城镇规划发展工作。

突出地域民族时代特色规划发展新型城镇体系。要转变规划理念，促使地域特色、民族特色、时代特色有机融合，把小城镇和新社区的规划建设放在突出位置，形成老城市、新建市、小城镇和社区协调发展，功能先进、特色明显、充满活力的高原新型城镇体系。

加快发展新建市。青海已20多年未设立新的市，要重点规划、逐步发展州政府驻地（玉树、平安、共和、同仁、海晏、玛沁）设市和东部城市群（乐都、互助、民和、大通等）及柴达木地区（大柴旦、乌兰等）的重点县镇，分期分批新建县级市（区）。

分层次规划小城镇。要在现有建制镇基础上，突出重点，整合规模，提升功能，形成有效的市场，提升区域竞争力和城镇人口集聚能力。**着力规划发展50个左右中心镇，**包括县级行政驻地、综合大镇（多巴镇、大通城关镇、群科镇等）、产业重镇（龙羊峡镇、甘河镇、默勒镇等）、初具规模的传统集镇和旅游名镇、交通要镇（高庙镇、马营镇、官亭镇、香日德镇、青石咀镇、过马营镇、坎布拉镇、倒淌河镇、茶卡镇、花石峡镇等），由省上统一编制中心镇布局规划，统筹区域经济发展规划，紧密结合风景名胜区和交通规划，发挥特色优势，形成区城中心，发展一批特色经济名镇、特色文化名镇、旅游名镇，增强聚集功能和辐射效应，带动一般集镇和社区发展。**其余一般建制镇要进一步明确功能定位。**主要功能：为农牧业生产服务的后勤基地、文教卫生服务中心、生态宜居家园，建设良好宜居宜业环境吸引农牧民就近就地转移集聚。

把城镇基础设施和住房建设连片推进作为规划发展重点。现行统计制度规定市、镇政府驻地和公共设施、居住设施等连接到的其他居民委员会地域和村民委员会地域的人口统计为城镇人口。例如互助县南门峡镇，镇政府驻地从却藏寺村南迁于公路十字交叉口，新镇区规划发展要突由十字交叉口向四周扩建的常规，加强镇区和邻近村庄连片规划，现在的十字口仅作为客流物流交通中心，把城镇商业、教育、卫生等公共服务设施和房建设规划在十字的北面和西面公路沿线，促进镇政府新驻地加快和北面原驻地却藏寺村及西面尕寺加村连成一片，这两个村人口进入统计制度规定的镇区，镇人口就能成倍增加。

2. 统筹小城镇发展与新农村建设

推进城镇化与建设社会主义新农村本质上是统一的。没有农村的发展，城镇化就失去了基础。统筹城镇化与新农村建设，推进镇村发展相辅相成，最佳结合点是重视小城镇建设，尤其要加强小城镇和新社区基础设施和住房建设。

首先，小城镇要成为新农村新牧区建设的依托。小城镇发展要与农牧业产业化发展紧密结合，成为新农村新牧区经济发展的服务中心、农牧业产业化和农牧产品加工中心、农牧区人口转移集聚中心。农牧业产业化发展要依托小城镇，发展产加销、贸工农一体化企业，使传统农牧业向加工、包装、储运、销售等各个环节延伸，项目适度集中小城镇工业小区，发挥小城镇与广大农村牧区联接传导的角色作用。从本地实际出发，发挥比较优势，利用当地资源，重点发展中心镇的优势产业，因地制宜发展一村一品，提高规模效益。

其次，整合资源推进镇村发展相辅相成。要整合小城镇规划、基础设施建设、旧村改造和扶贫开发资金、整村搬迁费用等资金捆绑使用。实出重点，以小城镇为纽带，实现镇村发展相辅相成。文教卫生公共服务设施建设以小城镇为重点，提升小城镇向周边村庄辐射服务功能。农村基础设施建设和农村公共事业的发展，要和小城镇规划发展相结合，相互联接，互补共享，避免村村低水平同步推进，减少重复建设，以提高资金和设施的使用效益。同时，对于拟撤并或发展前景差的村庄，要鼓励就近向小城镇集聚。

第三，在条件较好的街道镇村试行新社区建设。以小城镇带动农村牧区发展，推动基础设施向农村牧区延伸、公共服务向农村牧区覆盖，最好的形式是在镇政府驻地和条件较好的村庄建设新社区。新社区既要保持农村固有特色及生态环境，更要从以下方面推进城乡融合发展，农牧民向“准市民”转变。一是安居，逐步提高旧村改造、牧区新定居点配套建设标准，促使农牧民居住、基础设施、环境卫生和文化生活条件明显改善，让农牧民住进和城里人一样的楼房；二是乐业，政府组织定向的就业培训和农牧业应用技术培训，农牧民利用土地参与农牧业产业化经营，企业反哺农村，每年获得较稳定的收益；三是保障，享受与城市居民同等或者相近的社会保障；四是宣传引导，让农牧民思想文化意识和生活消费方式逐步向城镇文明转变。通过努力奋斗，让新社区成为代表城镇化和新农村建设统筹推进的载体。

3. 统筹产业发展与人口城镇化

产业发展是人口城镇化的支撑，城镇人口聚集又促进产业结构调整和转型发展。青海加速人口城镇化，关键是加快特色经济发展，推进以下四方面互动并进，为城镇化发展提供产业支撑。

城镇化与新型工业化互动并进。以工业经济的强势扩张，为城镇化发展提供产业支撑。**一是工业园区与城镇融合发展。**坚持园区与城镇统一规州，共同发展，以良好城镇设施吸引企业落户，以产业发展提升城镇档次。政府要加快产业重镇交通、供水、排水、供电、通讯、燃气等市政配套设施和文化、教育、医疗、卫生等公共服务设施，大幅提升城镇综合服务功能，有效增强吸纳客商和承载产业的能力。城镇要以服务工业园区为抓手，推动城镇基础设施、公共服务配套。企业要把外部环境作为潜在生产力，和城镇共同着力打造"魅力城镇"品牌。园区和城镇规划、建设、管理、服务上统筹兼顾，始终做到整体协同推进。**二是产业集群支撑城镇发展。**随着工业园区面积的拓展和功能的配套完善，聚集产业的洼地效应会日益显现，广大客商的关注程度不断提高，园区和城镇要联手合作，按照"集约集聚发展、产业协作配套"思路，以龙头企业带动产业发展，以产业集群强化城镇支撑，通过特色优势产业和循环经济项目的入驻建设、主导产业的强劲发展，产业链条的深度延伸，有效聚集人流、物流、信息流、资金流等资源要素向园区城镇流动，带动城镇现代物流、交易市场、中介服务、金融保险、信息通讯、文化娱乐、餐饮住宿等服务产业繁荣。产业经济的发展壮大，产生出裂变效应，释放出强大动能，推动城镇迈入发展快车道。

城镇化与现代生态农牧业发展互动并进。农牧业和农牧区是加速人口城镇化的基础和潜力所在。**一要加快农牧业结构调整，为人口城镇化发展提供优质丰富的农畜产品。**根据城镇人口集聚对农产品需求的变化，调整农牧业结构，重点围绕百里万棚蔬菜、百里万亩薄皮核桃、百里万头奶牛、百里万头仔猪工程建设等，形成一批具有地方特色的优势产业带。抓好农畜产品品牌建设。搞好农畜产品质量认证和品牌申报工作，切实打好"高原牌"、"绿色牌"和"有机牌"。积极推广标准化生产，强化农产品质量监管，为城镇提供优质丰富的农畜产品资源。**二要加快现代生态农牧业示范区建设，为小城镇发展和农牧民转移就业创造条件。**要创新示范区的发展方式，提升示范区的发展水平，以现代生态农牧业示范区建设，带动城镇发展，努力用工业化理念发展示范区，推进产业化经营、工厂化生产、市场化营销、社会化服务，增加农牧民的就业岗位。**三要转变农牧业生产方式，让农牧民群众有序参与城镇经济发展。**城镇化所占用的土地大都来源于农村耕地，会对农业产生一定的负面影响。一方面通过转变农牧业发展方式，优化整合农牧业生产要素，提高土地产出率，减少这种负面影响；另方面要为农牧民群众有序参与城镇经济发展搞好服务，加强城镇农副产品市场设，加快发展农畜产品加工销售体系和质量认证体系建设，提高农牧业市场化程度和效益。

城镇化与第三产业发展互动并进。服务业的发展水平是衡量城镇发展程度的重要标志。**一要大力发展高端城市服务业，提高城市品位。**立足把西宁建设成青藏高原中心城市，加快金融、信息、物流中心和旅游集散地建设步伐。**二要加快小城镇第三产业发展，拓宽农牧区劳动力的就近转移途径。**青海省农牧区劳动力就近转移就业的意愿强，要顺应这一愿望，大力发展小城镇第三产业，尤其是居民服务业和生产服务业。结合特色农牧业发展，大力推动观光农业、采摘农业、农事体验、生态休闲、农耕文化、游牧文化等休闲农牧业和旅游农牧业加快发展。兴建农产品销售市场，发展农牧业生产和农牧民生活服务业，拓展民间民俗文化、民族工艺品加工等非农产业，促进小城镇二、三产业升级，扩大农村牧区劳动力就近、就地转移就业的容量，实现城乡产业和小城镇联动发展。

城镇化与招商引资、非公有制经济发展互动并进。招商引资、发展非公有制经济是产业发展和加速城镇化的重要途径。**一要做到开放融合，以省外资源加快产业发展和加速城镇化。**当前我国东部地区在"腾笼换鸟"，加快产业结构调整和升级，一些产业已经出现了明显的转移趋势。我们要抓住这一有利时机，创造一个尊商、安商、惠商和富商的商业文化氛围，大力优化投资软环境，落实优惠政策，加大招商引资力度，加快产业发展和城镇化进程。**二要大力发展非公有制经济，发挥民间资金和小微企业在城镇化发展中的重要作用。**我们应更加重视发挥民营资本在城镇化进程中的作用，加快民间投入准入制度改革，降低准入门槛，优化民间投资进入城镇基础设施建设领域的环境，鼓励民众创业，扶持小微企业发展,进一步发挥非公有制经济促进城镇发展中伪作用。

4. 统筹城镇化和社会管理创新

加速发展城镇化,有利于更好更快实现现代化转型,但也必须看到对社会管理带来相应的诸多矛盾和问题,要统筹城镇化发展和社会管理创新。以加快发展解决发展中的问题,以城镇化涉及的重点人群作为重点对象,针对影响社会和谐稳定的突出问题,进一步推进社会管理创新。

探索城镇化进程中新社区建设和管理。要以小城镇新社区建设作为社会管理创新的突破口,积极整合资源,加强社区服务中心或服务站建设。以社区党组织为核心、居委会为主体、政法综治、群团组织为配套,构建融低保救助、解困帮扶、平安法治建设于一体的社区公共服务中心,形成综合治理、社区警务、治安防范、纠纷调处、外来人员管理、预防青少年违法犯罪、禁毒以及信息收集等于一体的社区管理新格局。同时,大力加强基层社区工作队伍建设,配备充实社区综治专职干部、驻村民警、社区管理人员。

要在城镇化进程中不断创新社会管理。"农牧区劳动力转移"与"户籍改革"在城镇化进程中扮演着重要的角色。要尊重历史,立足现实,保护迁移农牧民群众的利益,当前,要**加快劳动力转移制度创新**。把创新土地承包转社制度、解决户籍改革中的利益纠葛作为重点,让在城镇稳定就业的农民工通过合理合法途径,将农村承包地使用权转让置换城镇就业或社保的资本,农村宅基地置换城镇宅基地,购建不含地价的低价商品房,那么举家定居城镇的积极性就会大大提高,户籍改革难度将大大减小,建议作为解决城中村问题的途径,在西宁郊区先行试点。**加快推进户籍制度改革。**健全配套制度,完善实施细则,研究解决新增转户人员及其子女的教育、住房、医疗等问题,建立城乡统筹的社会保障体系,探索剥离依附在户口上的劳动就业、子女入学、社会保障等功能,把公共服务由户籍人口逐步向常住人口扩展,逐步实现城乡居民在教育、医疗、养老、文化、住房租购等基本服务和保障享有同等待遇。**统筹城乡劳动力就业制度,**将农牧民就业问题纳入整个社会就业体系中,把对城镇失业人员再就业和培训等方面的优惠政策落实到农村富余劳动力身上,促进他们向二三产业和城镇转移就业。**关爱农牧区留守群体。**针对青壮年劳力进城,农牧区劳动力的年龄结构、性别结构、素质结构发生明显变化的实际,对留守妇女儿童、空巢老人实施贫困母亲救助、关爱留守儿童、敬老志愿服务等活动。

把创新流动人口管理作为加速人口城镇化的重要内容。流动人口为推进人口城镇化做出了贡献,但也对社会管理带来了困难。在人口城镇化进程中要不断适应新形势创新流动人口管理。要以依法、开放、包容、团结为主线,让流动人口与当地人口、新市民和老市民和谐共处。要寓管理于服务中,在服务中延伸管理,实现流动人口从管控到服务。进一步在重点乡镇(街道)建立和健全流动人口服务管理办公室,在重点社区建立流动人口服务管理中心,为流动人口提供"一站式"服务。要完善人口信息采集动态管理体系,以公安人口信息为基础,融合计生、人社、房管、民政、教育、工商、税务、金融等部门信息资源,建立人口基础信息库,形成全面覆盖、功能齐全的人口管理和服务平台;配备专兼职协管员,通过信息化手段,实时采集流动人口信息,把以证管人与以房管人、以业管人结合起来,实现流动人口网格化本地化服务管理。

5. 统筹城镇化与人口发展

加速人口城镇化必须切实做好人口和计划生育工作,切实提高人口素质,不断优化城镇化发展人力资源条件。

做好人口计划生育工作。人口城镇化既要增加城镇人口,又要做好计划生育工作,户籍人口计划生育和流动人口计划生育工作两手抓。采取措施,把提高人口素质作为人口计生工作的重要内容。当前青海人口素质的状况要注意两方面,人口素质高的城镇生育率低,人口素质低的农牧区生育率高,从长期来看可能损害整体人口素质。因此,要加强农牧区计划生育工作,通过进一步落实奖励扶持政策,降低出生率,直接减少农村人口。要积极落实城镇独生子女家庭生育两胎政策,增加城镇自然增加人口,同时加强计划生育和产前产后服务工作,不断提高出生人口的素质,促进城镇人口均衡协调发展。

把老龄服务设施作为城镇化基础设施建设的内容之一。在建设良好人居环境,吸引艰苦农村牧区老人小孩就近到城镇社区定居的同时，把老龄人口服务设施作为城市和中心城镇基础设施建设的内容。在其他小城镇和新社区建设发展中也要切实做好老龄人口工作。

优化城镇化发展人力资源条件。人口质量是人口城镇化的本质问题。大量人口向城镇转移，大批劳动力向非农产业转移，产业结构调整升级、社会结构转型加快，对人口素质和劳动力就业能力的要求不断提高。未来学家预测，21 世纪中期，60%—70%的劳动大军由知识型人员组成。劳动力如果受过良好教育，具有较高文化素养，掌握现代科学技术，那么城镇化进程必然加快。加快发展教育事业，提高教育质量；继续加大农民工和和剩余劳力的培训，在就业转移和人口流动中提高素质；实施人才战略，培养和吸引更多人才参加到青海的大开发大发展中来；进一步改革用人制度，发挥用人制度对人口素质全面提升的引导作用；促进社会道德不断提高，人人争做“四有”新人。全省人口素质提高之日，也是青海城镇化实现之时。

参考文献：

1. 国务院发展研究中心课题组．中国城镇化：前景、战略与政策．中国发展出版社．2010，11.
2. 编写组．构建社会主义和谐社会．新华出版社，2005，3.
3. 青海省统计局第六次人口普查办公室．青海省 2010 年人口普查资料．中国统计出版社，2012，6.
4. 万军．社会建设与社会管理创新．国家行政学院出版社，2011—01.
5. 张伟．社会管理创新读本．中国人民大学出版社，2012—06.
6. 钱纳里，赛尔昆．发展的格局 1950—1970【M】．北京：中国财政经济出版社，1989.

青海省统计局　徐学初　钟秋霞　李绛雪　赵玉华

中国初婚模式变迁:基于婚姻表的分析

一、研究背景

婚姻是家庭生命周期形成的起点,从单身到结婚的变动过程是重要的人口变动过程,该变动通过家庭组合和生育从而对人口构成和增长有着非常重要的决定意义。哈伊纳尔(Hajnal)将婚姻模式分为“传统”和“现代”两大类,传统模式的特征是早婚和普婚,而以欧洲为代表的西方现代模式主要以晚婚和相对较高的单身比例为特征[1]。关于婚姻模式至今学界未给出明确的定义,已有对于婚姻模式研究主要集中在对婚姻行为的测度研究,主要围绕结婚时间和单身比例的分析[2-4]。我们认为初婚模式应该包括初婚时间、初婚速度、初婚水平、终身未婚比例等多维度婚姻特征的交集,可以通过多种指标进行多角度测度和分析。

现有很多对于中国的初婚模式研究,由于受到数据短期的局限,主要依赖单一指标的分析研究,这些议题也仅集中在平均初婚年龄及其趋势、夫妻年龄差等方面的讨论。国内外学者利用普查数据[5-6]、1982 和 1988 年生育率抽样调查数据[7-10],或是利用这两者数据结合[11-12]进行了分析,学者们的基本共识是:女性结婚集中在 20—25 岁之间,女性在 29 岁之前几乎都已成婚,而男性由于婚姻挤压的原因,在高年龄组未婚比例高于女性;由于新婚姻法的颁布,1980 年代初婚年龄较 1970 年代有所提高,但是 1990 年代后初婚年龄有平稳缓慢上升的趋势;中国夫妇年龄在夫小于妻 1 岁到夫大于妻 4 岁之间最为集中。已有研究在对初婚模式的分析和测度方面的指标和分析都较为简单,无法综合考察初婚模式变动的复杂和对特征的把握。

自 20 世纪 80 年代初,有学者开始尝试利用人口普查数据构建婚姻表来深入分析初婚模式。婚姻表被认为是考察婚姻变动最为精细的方法,婚姻表一般有两种,即总婚姻表(Gross Nuptiality Table)和净婚姻表(Net Nuptiality Table)[13]。婚姻表和生命表的构建方法相似,将婚姻视为个人递减的形式。净婚姻表就是要同时考虑结婚和死亡的双递减模式的生命表。当将婚姻过程进行生命表分析时,各年份的结婚“速度”和总结婚水平都可得到正确反映[14]。婚姻表对于婚姻各个指标分析、人口和婚姻预测以及各项社会经济发展预测有非常重要的作用[15]。然而由于婚姻表的构建要求的数据资料较多,且很多资料难以搜集,利用婚姻表进行中国婚姻模式的研究较少。目前仅有少数学者利用人口普查资料和相关资料,对我国 1970 年代和 1980 年代年的女性初婚表进行了编制、比较和分析[16-18],曾毅(1987)利用多增减婚姻表对 1950—1970 年代和 1981 年中国妇女各种婚姻状态进行了分析,也得出了较为相似的结论,中国女性的终身结婚率保持在近于 1,初婚年龄有显著提高[14]。Jiang 等人使用婚姻表和婚姻挤压模型对未来婚姻市场进行模拟[13],但他们的研究存在一些比较强的假设如初婚频率同比例的变动。虽然有已有少量研究利用婚姻表对初婚模式研究做了有益的尝试和分析,但是已有分析也仅是研究 1980 年代及以前婚姻市场,最近几十年的婚姻模式研究出现断层,并且已有研究主要集中于女性的初婚模式分析。

本文研究将利用最近发布的第六次人口普查数据并结合近几次的普查数据资料,在同时考虑初婚率和死亡率的情况下下,采用净婚姻表(Net Nuptiality Table)的分析方法构建从 1981 到 2010 年男性和女性初婚表,来系统地分析和探讨近三十年来中国初婚模式的多维度变迁特征和趋势,并讨论这些变迁的性别差异。

二、数据和方法

1. 数据

本文分析所使用的主要是构建婚姻表的数据，包括死亡数据和初婚数据。

(1)死亡数据。本文分析中的死亡数据来自根据最近四次人口普查数据得出的生命表，其中 1982 年和 1990 年的生命表来自黄荣清和刘琰[21]根据这两次人口普查计算出的男性和女性生命表，2000 年和 2010 年男性和女性生命表是我们根据同样的方法利用最近两次人口普查数据计算得出。

(2)初婚数据。年龄别的初婚和未婚数据主要来自最近四次人口普查的汇总数据集[22—25]，利用这些汇总数据计算出年龄别初婚概率，未婚比例以及其他初婚表的指标。

2. 方法

施赖奥克(Shryock)等人对婚姻表制作和计算给出了较为详细的说明[13]。本文综合已有的婚姻表的建构方法，在综合考虑初婚和死亡的影响下，利用净初婚表来考察中国初婚模式变动情况和性别差异。

人口学通常以 50 岁尚未结婚为终身未婚[27]。在 1980 年代，中国 15 岁之前和 50 岁之后发生的初婚人数占妇女初婚总人数的比例不足万分之一[17]。近几十年虽然这一比例有所变化，但是变化幅度很小。因此分析 15—50 岁妇女的初婚状况完全可以代表全部妇女的初婚状况。男性的婚姻状况可能略有差异，为了便于比较分析，我们采用和女性相同的时间段即 15—50 岁来构建初婚表。

三、研究结果

以下主要提取了我们构建的初婚表中一些核心指标，来分析初婚模式变动趋势和特征。这些指标包括：初婚概率(初婚速度)、未婚人口比例(婚姻水平)、终身结婚期待率(综合指标)和预期未婚寿命(未婚到已婚变换模式)，这四个指标从不同的维度较为全面分析初婚的速度、水平和变换模式。

1. 初婚概率

初婚概率是以各年龄年内的初婚人数除以年初未婚人口，因此初婚概率既与当年的初婚规模有关，也和以前的婚姻状况有关。通过初婚概率变化我们可以考察初婚在不同年份的速度变动趋势和性别差异。图 1 分别提供了女性和男性近 30 年初婚概率的变动情况，时间维度看，随着时间的推移，初婚概率显著降低，初婚速度趋缓。女性初婚概率峰值从 1982 年的 0.78 快速下降到 2010 年的 0.26，男性的初婚概率峰值相应地也从 0.38 下降到 0.21。初婚概率总体峰值后移，初婚年龄推迟。虽然 1990 和 2000 年峰值年龄较 1982 年稍稍有所提前，但总体上女性初婚峰值年龄从 1982 年 25 岁推迟到 27 岁，男性峰值年龄也相应地也从 26 岁推迟到 27 岁。

图 1(a) 女性初婚概率变化,1982—2010

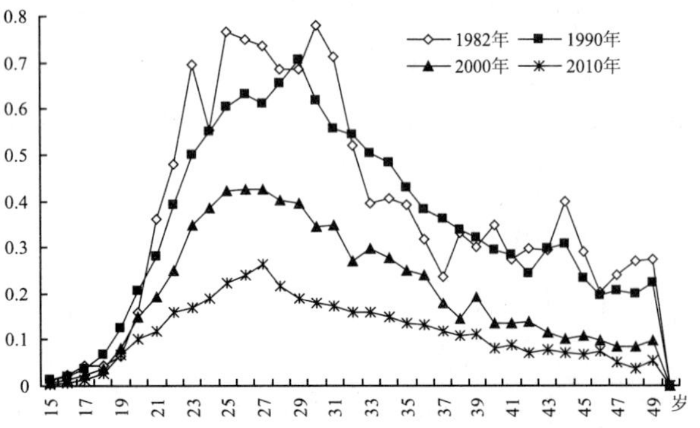

图 1(b) 男性初婚概率变化,1982—2010

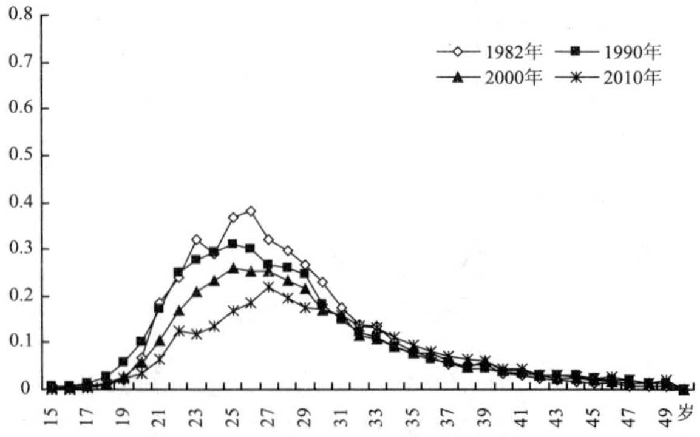

数据来源：1982、1990、2000 和 2010 年人口普查数据。

注：以 q_x^m 表示年龄别初婚概率，即 X 岁时的初婚概率，q_x^m = 该年该年龄性别初婚人数 / 该年该年龄性别未婚人数。

从性别维度来看，女性的初婚概率变化图“高而宽”，而男性的峰值“低而窄”，女性初婚概率远远大于男性，表明女性的结婚可能性远远高于男性。而且女性超过 30 岁以后，在 2000 年前初婚概率在

0.35 以上，而男性 30 之后初婚概率在 0.15 左右。女性初婚概率在高水平波动的年龄跨度大，2000 年前女性的初婚概率在 21 岁（2010 年为 24 岁）之前就达到 0.2，一直持续到 37 岁，女性在 40 岁以后初婚概率下降至 0.1 左右；2000 年前男性初婚概率的初婚概率在低水平较窄的年龄跨度，男性在 23 岁达到 0.2 而仅保持到 30 岁就，男性在 35 岁以后结婚概率迅速下降到 0.1 以下。这些均表明，女性在较长的年龄段保持较高的结婚概率，而男性随着年龄推移结婚可能性变得很小。

2. 未婚尚存人口比例

初婚表中提供了未婚尚存人数，指的是随着年龄的增长，出生的人口数量由于初婚和死亡事件在逐渐减少，那些仍然保持未婚且存活的人口。未婚尚存人口比例是用未婚尚存人数所占起点人数的比例，通过该指标来从未婚的角度从衡量初婚水平。

图 2 给出了未婚尚存人口比例变动情况。从时间维度来看，整体曲线右移，未婚尚存人口比例有所提高，而在 2010 年比之前三十年未婚尚存比例显著提高。表明随着时间推移，初婚年龄推迟和高年龄初婚概率下降，未婚尚存人口比例也随之增加。

图 2(a) 女性未婚尚存比例变化，1982—2010

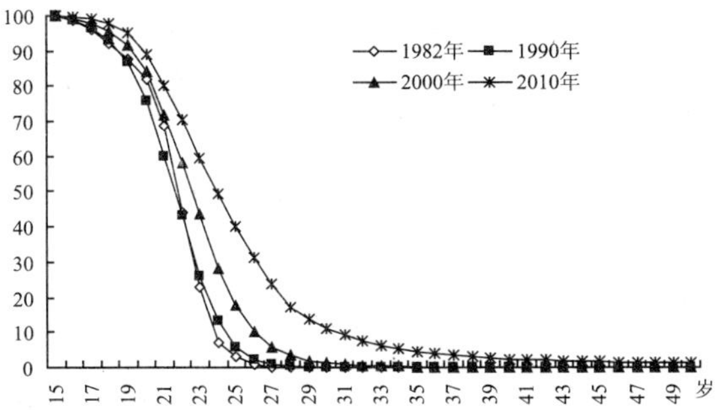

图 2(b) 男性未婚尚存比例变化，1982—2010

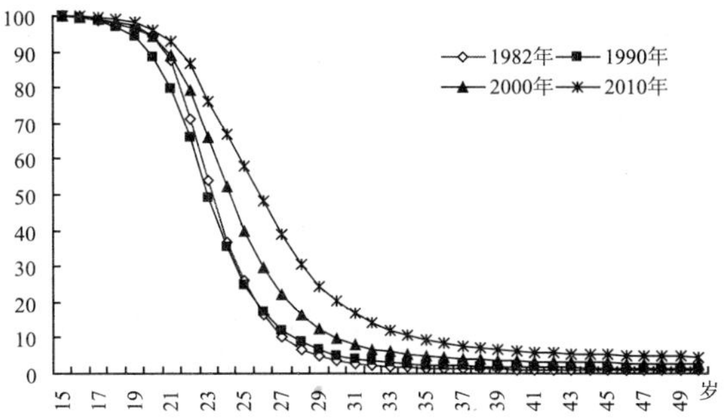

数据来源：1982、1990、2000 和 2010 年人口普查数据。

注：以 l_x^s 表示未婚尚存人数，即 X 岁时仍然保持未婚状态的人数。我们将 15 岁时取 10 万人，随着年龄的增长，由于初婚和死亡的发生，l_x^s 人口逐渐减少。$l_x^s = l_{x-1}^s - d_{x-1}^m - d_{x-1}^d$。$d_x^d$ 表示未婚死亡人数，指该年未婚尚存人数乘以该年龄死亡率，$d_x^d = l_x^s \times q_x^d$，$d_x^m$ 表示初婚人数，指该年未婚尚存人数乘以该年龄初婚概率，$d_x^m = l_x^s \times q_x^m$。本文分析中的所用的未婚尚存人口比例就是 l_x^s 占初始人数 10 万的比例。

从性别维度看，男女变动趋势基本一致，但女性变动曲线更加陡峭，而且男性未婚尚存人口比例高于女性。上世纪最后三十年女性未婚尚存人口比例在从 20 岁的 90%迅速下降到 26 岁之前的 10%，而男性则在 21 岁未婚比例 90%稍微缓慢的在 29 岁下降到 10%。2010 年男女的比例都略有升高，这些均表明，相对于男性，女性结婚概率高且年龄较为集中。从高年龄段的未婚尚存人口比例来看，女性超过 50 岁的未婚比例几乎为零，而男性超过 50 岁后未婚比例在最近十年保持在 4%左右。

3. 终身期待结婚率

终身期待结婚率是用来衡量整体结婚水平的指标，它是指到达某个年龄的未婚人口，到死亡为止的结婚比例，即为年龄别结婚期待率。它指按照各年度的分年龄的初婚状态下，个人在各个年龄时的结婚的可能性，终身结婚期待率是描述初婚特征最概括的指标。图 3 给出了近 30 年终身期待结婚率的变化趋势。

从时间维度看，近四十年女性终身结婚期待率有逐渐下降的趋势，在上世纪 90 年代前，女性在 40 岁之前都保持在 90%的终身结婚期待率，近年来该年龄逐渐下降到 30 岁之前。而男性的结婚期待率随时间推移并未有明显地变化，男性在 26—27 岁之前保持在 90%的结婚期待率。

从性别维度来看，终身期待率的变动表现出截然不同的变动模式。女性变动曲线像“高而鼓”的抛物线，女性结婚期待率在 30—40 岁之前一直维持在较高水平，之后缓慢下降。男性变动曲线较为陡峭，27 岁以后男性结婚期待率迅速从 90%下降到 42 岁左右的 10%以下。可以看出，女性较男性保持较高的结婚期待率，女性的结婚率很高，而男性超过 27 岁以后终身结婚期待率显著降低。

图 3(a) 女性终身结婚期待率,1982—2010

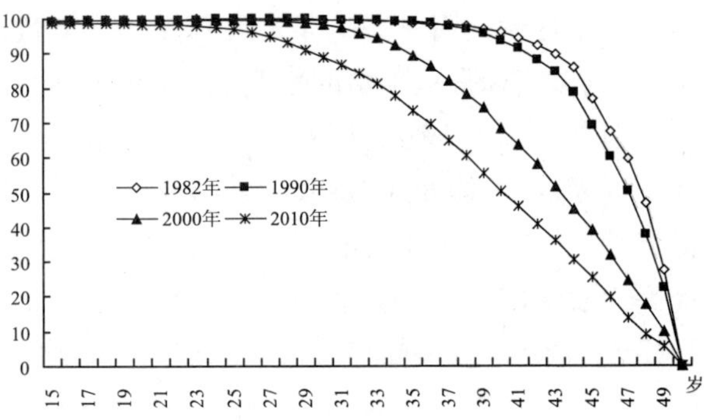

图 3(b) 男性女性终身结婚期待率,1982—2010

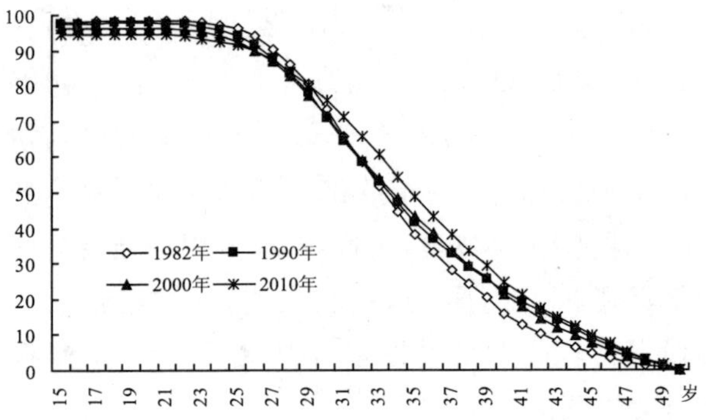

数据来源:1982、1990、2000 和 2010 年人口普查数据。

注:以 $\sum d_x^m/l_x^s$ 表示终身结婚期待率,达到 X 岁的未婚人口,到死亡为止的结婚比例,即为年龄别结婚期待率,是该年龄累计初婚人数除以未婚尚存人数。

4. 预期单身年限

预期单身寿命是指未婚尚存者由于初婚或者未婚死亡结束其未婚状态,预期“存活”(保持单身)的平均年数,也就是从未婚到结婚(或死亡)平均持续的年数。该指标可以来估计单身到结婚状态的变动模式。

图 4 提供了预期单身寿命的变动情况。从时间维度来看,预期单身寿命的变动曲线都有一定程度的上移,表明预期单身寿命的提高,表明单身到初婚变动模式趋缓。

图 4(a) 女性预期单身寿命,1982—2010

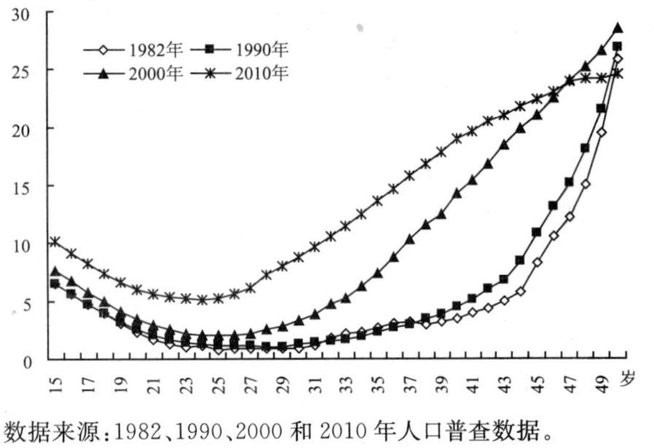

图 4(b) 男性预期单身寿命,1982—2010

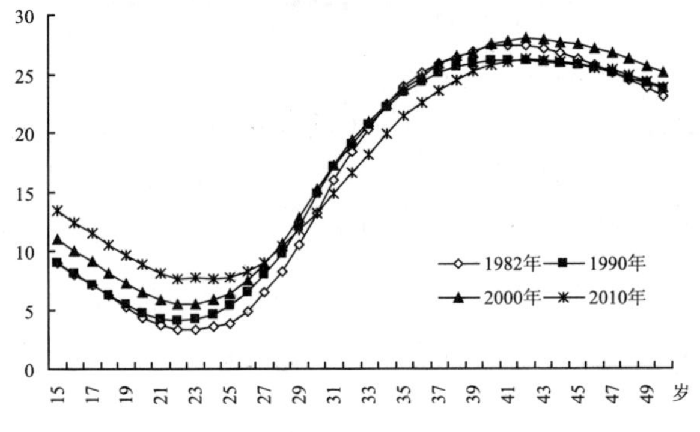

数据来源:1982、1990、2000 和 2010 年人口普查数据。

注:以 $\mathring{e}_x^s$ 表示预期单身寿命,表示未婚尚存者由于初婚或者死亡而结束其未婚状态,其平均年数即是预期单身寿命,$\mathring{e}_x^s = T_x^s/l_x^s$。其中 T_x^s 表示累计未婚存活人年数,从该年龄起,平均未婚存活人年数的加总,$T_x^s = \sum_{n=x}^{\infty} L_n^s$,$L_x^s$ 表示平均未婚存活人年数,利用未婚尚存人数,计算平均未婚存活人年数,$L_x^s = 1/2 \times (l_x^s + l_{x+1}^s)$。

从性别维度考察,预期单身寿命变动表现出显著的性别差异。女性变动曲线呈现出“山谷”形状,女性预期单身寿命在 25 岁左右迅速降低到谷底(谷底预期单身寿命几乎为 0),且在谷底持续较长的年龄段,1990 年之前女性在 40 岁(2000 年为 33 岁)之前保持在 5 年以下的预期单身寿命,2010 年谷底上移,女性的预期单身寿命逐渐延长。谷底过后,预期单身寿命在近年来有较大的提升,表明过了一定年龄段,女性成婚的等待的时间趋长。

男性变动曲线呈现出“波浪”形状,既有波峰也有谷底。男性的预期单身寿命是一直高于女性,但是近三十年变化并不大。男性预期单身寿命在 23 岁左右迅速降低到谷底,谷底的男性预期单身寿命在 5 岁左右。而且在谷底持续时间较短,男性在 27 岁以后预期单身寿命迅速提高,表明男性在此后未婚的可能性增大,大龄未婚男性成婚困难。男性在 42 岁左右预期单身寿命达到波峰,随后出现下降,此时的下降主要是死亡因素而并非低年龄段的初婚因素使得预期单身寿命减少。

从性别差异变动来看，女性预期单身寿命整体低于男性，表明女性从单身到已婚状态的转变高于男性。女性在20—30岁期间左右成婚概率非常大，而且在40岁之前保持较低的单身寿命，意味着较高的初婚概率。相比之下，男性过了27岁之后，从单身到结婚的预期单身寿命显著增加，结婚将变得十分困难。

四、研究结论

本文基于最近四次人口普查数据，构建净初婚表对中国近三十年的初婚速度、水平及变动模式及性别差异进行了系统的研究，得出的主要结论如下。

首先，虽然初婚概率和峰值年龄均有所推迟，中国仍然属于是普婚型社会。从初婚概率的分析可以看出，中国的初婚概率随时间的推移显著降低，初婚速度趋缓。虽然女性初婚概率远远高于男性，但是下降很快，近年来水平与男性趋同。女性初婚概率峰值从1982年的0.78快速下降到2010年的0.26，男性也相应地从0.38下降到0.21。初婚年龄峰值年龄在26－27左右，三十年峰值年龄推迟2岁左右。

从终身结婚期待率来看，女性较男性保持较高水平，近年来女性和男性在30岁之前都保持了90%的终身结婚期待率。从未婚尚存比例来看，近十年无论男性和女性的未婚比例均有显著的提升，然而女性超过50岁的未婚尚存比例几乎为零，而男性超过50岁后未婚尚存比例在最近十年在4%左右波动。“普婚型社会”泛指超过49岁尚未成婚的女性人口占成年女性的比例少于5%的社会[29]，从本文分析的多维度指标都反映出中国仍然属于普婚型社会。

其次，中国初婚模式的变动存在显著的性别差异，男性未婚水平较高一直存在，而女性近年来初婚水平下降非常明显，初婚模式性别差异正在逐渐缩小。

从文章中的各个核心指标测度的分析结果可以看出，中国男性的初婚概率一直都远低于女性。随着人们结婚年龄的推迟和初婚频率的降低，虽然未婚比例都有所推迟，但是女性未婚尚存人口比例上升幅度不大(尤其50岁以后)，而男性未婚比例上升并在高龄保持在一定比例。这表明中国男性较女性成婚困难历史上是长期存在。女性预期单身寿命整体低于男性，表明女性从单身到初婚状态的转变高于男性。女性在23岁左右预期单身寿命很低，成婚概率非常大，而且在40岁之前依然保持较低的预期单身寿命。相比之下，男性过了27岁之后，从单身到结婚的预期单身寿命显著增加，结婚将变得十分困难。男性的这种婚姻模式在近三十年一直保持未有大幅度变化。由于1980年代出生性别比出现失衡态势并且失衡程度持续恶化，婚姻市场中不平衡的性别比会增加匹配相称的难度并引发结婚的延期[30]。但出生性别结构对婚姻市场存在滞后作用，男性这种稳定的略有上升的单身比例(女性单身比例上升更迅速)是否与性别结构失衡有关，从目前的结果还难以做出判断。

女性初婚模式变动非常显著，虽然中国女性初婚概率历史上远高于男性，但近三十年间女性初婚概率下降迅速，最近已经达到和男性初婚概率相同的水平，初婚峰值年龄也和男性相差无几。反映出女性的初婚速度和男性接近。从终身结婚期待率和预期单身寿命两个指标来看，进入21世纪来，女性终身结婚期待率下降很快同时预期单身寿命显著提高，逼近了男性的初婚水平，而男性的这两个指标变动并不大。这些均表明，初婚模式的性别差异正随着时间的推移逐渐缩小。

再次，中国初婚模式正处在转型中，与西方模式和亚洲模式既有相同也存在差异。

从我们的分析看出，中国近三十年初婚模式变动的显著特点是初婚年龄的推迟和普遍结婚同时存在，这与西方婚姻模式存在差异，西方模式认为婚姻的推迟伴随着单身比例的较大的上升，存在这种差异的原因是由于家庭体系的不同。西方年轻人结婚必须通过家族继承或独立挣钱来负担结婚，而中国的家族制度下父母有责任和义务要给予年轻夫妇经济资源来促成其婚姻[3]。而这种传统至今未改变，这也是维持中国较高的结婚水平原因。

晚婚和普婚的婚姻模式不仅仅在中国出现，亚洲其他国家也有类似的发现[29]，亚洲的现代化过程会继续促使婚姻推迟和单身比例增加。然而由于亚洲各个国家存在文化和社会经济差异，目前亚洲国家婚姻模式向着西方现代模式的转变是否代表了个人自主的婚姻决策,或是对传统社会体系在当前压力下的暂时调整,还不能确定[3]。盖斯特和谭(Guest and Tan)[4]利用泰国1970—1990年三次普查数据得出与我们文章相似的结论,单身比例尤其是女性变化的幅度很大,三十年间40岁以上女性单身比例从4%上升到7%。他们认为是婚姻模式变化是社会经济变迁促成个人婚姻自主行为改变的结果,与人口结构变动和婚姻挤压并未显著关系。中国的婚姻模式变迁的解释是否一致,还需要我们更多地深入研究。

本文研究也存在一些局限性,首先由于数据的可获得性,本文没有对城乡的初婚表进行分析来考察中国城乡初婚模式差异;其次,本研究仅考察了近三十年初婚模式变动情况,而没有对于其他婚姻态势如离婚和再婚的模式没有进行分析。随着社会经济的发展,离婚和再婚也逐步被人们的观念接受,离婚和再婚水平稳步上升,将有可能逼进西方社会的水平[4]。2010年法院判决的和民政部门统计的中国离婚对数总数为267.8万对[36]。在离婚对数增加的同时,再婚人数也处于日渐攀升,2005年再婚人数为163.1万人[37]。显然离婚和再婚也是婚姻研究中很重要的方面,我们未来可以选择多增减婚姻表(Multiple Increment—decrement Nuptiality Table)来研究中国的婚姻问题;此外,近几十年来中国初婚模式变动的影响因素研究并未深入探讨,初婚模式变动是受人口结构变动、社会经济发展变动还是国家生育政策因素的影响以及这些影响的相互作用,都将是我们下一步研究努力的方向。

参考文献:

1. Hajnal, John. European Marriage Patterns in Perspective[M]// Glass, D. V. and D. E. Eversley. Population in History: Essays in Historical Demography. London: Edward Arnold, 1965:101—146.
2. Hajnal, John. Age at Marriage and Proportions Marrying[J]. Population Studies, 1953,7(2).
3. Smith, P. C. Asian Marriage Pattern in Transition[J]. Journal of Family History,1980, (1).
4. Guest, Philip and Tan JooEan. *Transformation of Marriage Pattern in Thailand*[R]. Institute for Population and Social Research, Mahidol University,1994.
5. 曾毅.利用普查数据估算平均初婚年龄与平均初婚初育间隔的方法及其在四普资料分析中的应用[J]. 人口与经济,1992,(3).
6. 郭维明.20世纪90年代我国婚育模式的初步分析[J]. 人口学刊,2003,(5).
7. 杨子慧.1970—1987年中国15—19岁育龄妇女婚姻生育状况的研究[J]. 人口与计划生育,1994, (2).
8. 陈友华.中国女性初婚、初育年龄变动的基本情况及其分析[J]. 中国人口科学,1991, (5).
9. Coale, A. J. , Wang F. , N. E. Riley, F. Lin. Recent Trends in Fertility and Nuptiality in China[J]. *Science*, 1991, 251.
10. Ye, Wenzhen. China's 'Later' Marriage Policy and its Demographic Consequences[J]. *Population Research and Policy Review*, 1992,(11).
11. 郭志刚,邓国胜.中国婚姻拥挤研究[J]. 市场与人口分析,2000, (3).
12. Banister, Judith. An Analysis of Recent Data on the Population of China[J]. *Population and Development Review*, 1984, (2).
13. Shryock, H. S. , A. L. Elizabeth and J. S. Siegel. *The Methods and Material of Demography*[M]. Washington D. C. : U. S. Bureau of the Census,1973:559—574.
14. 曾毅.多增—减生命表的构造方法及其在中国妇女婚姻研究中的应用[J]. 人口研究,1987,(3).
15. 魏进,黄荣清.初婚表的制作和用途[J]. 人口与经济,1984,(6).
16. 黄荣清,魏进.一九八一年全国女性初婚表的制作与分析[J]. 人口研究,1985,(5).
17. 王庆石.中国女性人口婚姻表的建立与分析[J]. 统计研究,1990, (5).
18. 黄荣清.1973、1978、1981年全国城乡女性初婚表的比较[J]. 人口与经济, 1987, (5).
19. Jiang, Q. , M. W. Feldman and S. Li. Marriage Squeeze, Never—married Proportion and Mean Age at First

Marriage[R]. Paper prepared for the International Seminar on First Union Patterns around the World, 2012.
20. 黄荣清，刘琰．中国人口死亡数据集[M]. 北京：中国人口出版社，1995.
21. 国务院人口普查办公室、国家统计局人口和社会科技统计司．中国1982年人口普查10%抽样资料(电子计算机汇总)[M]. 北京：中国统计出版社，1983.
22. 国务院人口普查办公室、国家统计局人口和社会科技统计司．中国1990年人口普查10%抽样资料(电子计算机汇总)[M]. 北京：中国统计出版社，1991.
23. 国务院人口普查办公室、国家统计局人口和社会科技统计司．中国2000年人口普查资料[M]. 北京：中国统计出版社，2002.
24. 国务院人口普查办公室、国家统计局人口和社会科技统计司．中国2010年人口普查资料[M]. 北京：中国统计出版社，2012.
25. United Nations. Patterns of a First Marriage[M]. ST/ESA/SER. R/111, New York, 1990.
26. Jones, G. W. *Changing Marriage Patterns in Asia*[R]. Asia Research Institute Working Paper Series, National University of Singapore, 2010.
27. Oppenheimer, V. K. A Theory of Marriage Timing[J]. *American Journal of Sociology*, 1988, (3).
28. 叶文振，林擎国．当代中国离婚态势和原因分析[J]. 人口与经济，1998，(3).
29. 贾丽娟．新时期中国社会离婚问题探析[D]. 山西师范大学，硕士学位论文，2012.
30. 张翼．中国当前的婚姻态势及其变化趋势[EB/OL].
http://www.sociology.cass.cn/shxw/shgz/shgz42/P020080218335825008116.pdf, 2008-01-01.

西安财经学院 人口与发展研究所　韦艳
西安财经学院 统计学院　董硕
西安交通大学 人口与发展研究所　姜全保

中国人口未婚率与终身不婚率的变化：2000—2010年比较研究

1 引言

1.1 研究背景

中国出生性别比的失衡和当前社会上的婚姻挤压一直是学者们关注的热点问题。从出生性别比来看，20世纪80年代以来，中国的人口出生性别比出现了迅速、持续增高的现象和趋势，2000年第五次人口普查结果表明，出生性别比已经达到116.9，比1982年的107.6增长了7.74%，而根据2010年最新的数据显示，我国人口出生性别比达到118.08。出生人口性别比总体上已处于失衡状态（谭克俭，2006）。而这种出生性别比的失衡最直接的后果就是导致了婚姻市场中的婚姻挤压问题。2006年完成的国家人口发展战略研究报告表明，出生性别比持续偏高，到2020年，20－45岁男性将比女性多3000万人左右。2005年以后进入婚育年龄人口男性明显多于女性，婚姻挤压问题凸现，低收入低素质者结婚难，所导致的社会秩序混乱将成为影响社会稳定的严重隐患（马月娟，2008）。除了数量上男性人数过多外，更有学者在地域分布上提出了担忧。王宗萍认为，不管我国未来的"过剩"男性数量是多少，如果这些"过剩"男性能够比较均匀地分散在全国960万平方公里土地上，他们尚不至于引发突出的社会问题。但当这些"过剩"男性高度集中在少数贫穷、落后地区时，这些地区面临的各种问题将会严重得多，对此必须予以高度重视（王宗萍，2003）。

1980年以来，中国人口的出生性别比开始偏离正常值持续走高，而这批"80后"目前已经成为了婚姻市场中的主力军。虽然目前学者们对婚姻挤压的研究比较多，但单纯的对未婚、终身不婚及其相应指标的变动特点的研究还比较少。由于婚姻挤压导致人们在婚育年龄的未婚，进而发展成为终身不婚，或许会在未来形成一个高峰。这种未婚与终身不婚，最终会产生老年供养和孤独等一系列社会问题，所以研究未婚与终身不婚，是有一定的现实意义的（王志刚，1991）。

本文将在以往研究及两次全国普查数据的基础上，对十年间人口的未婚率、终身不婚率的变动情况进行总结归纳，为更深层次的婚姻挤压等相关研究提供参考。

1.2 文献回顾

1.2.1 国内文献回顾

为了对未婚、终身不婚有一个更深层次的理解，首先我们要对婚姻市场及"婚姻挤压"做一个简单的回顾。对于婚姻挤压，郭志刚、邓国胜认为：婚姻是家庭的基础，是两个适龄男女之间的配对结合。一个人在进入婚龄后，就自觉不自觉的置于婚姻市场中，按照供给和需求的关系体系进行比较、选择和匹配。但如果婚姻市场可供选择的男性和可供选择的女性人数相差较大，从而出现比例失调，就会导致男性或女性不能按照传统偏好择偶，婚姻行为发生较大变化，这一现象即是婚姻挤压（郭志刚、邓国胜，2000）。婚姻市场的这种比例失调就会影响到人口的未婚及终身不婚。不少学者对我国目前的婚姻挤压现象表示忧虑，李树茁等人将初婚市场同再婚市场联系起来，预测2015—2045年间我国每年的男性过剩人口达到15%以上（李树茁等，2006）。我们可以说，性别人口的过剩与我国人口未婚及终身不婚现象有着紧密的联系。人口的未婚与终身不婚是一个复杂的社会现象。从人口学的角度观察，中国女性终身不婚和终身不育，几乎可以划等号。因此，女性的终身不婚率的高低，在某种程度上，会影响到一代人的生育水平（王志刚，1991）。

其实早在1986年，学者通过对1982年我国第三次人口普查的数据分析就已发现我国还有相当数量的终身不婚人口(李咏华,1986)。杜泳根据1995年1%人口抽样调查发现:30—44岁之间的大龄未婚人口规模大,性别构成不平衡,未婚男性比例远远高于女性,受教育程度和所从事职业是影响人们婚配的重要因素,文化程度较低的农村男性体力劳动者和一部分文化程度较高的城市女性脑力劳动者成为大龄未婚人口的重点和难点(杜泳,1998)。张翼通过分析2005年1%人口抽样调查数据发现,人们的初婚年龄进一步推迟,未婚人口所占百分比越来越高。少年人口性别比失衡,未来男性"婚荒"问题将会很严重(张翼,2008)。

在上述文献中,目前对于整体的男性婚姻挤压关注的比较多,对于未婚率、终身不婚率的变动特点等关注不足。1991年王志刚对女性的终身不婚率进行过初步的分析与探究,但其对于终身不婚率的推测尚未得到更新的验证(王志刚,1991)。

1.2.2 国外文献回顾

在国外的文献中,单纯对不婚率、终身不婚率的研究比较少。但是婚姻态度的变动及其对传统婚姻制度的替代可能性,一直备受西方学者关注。这些研究与文献对本课题也有着重要的借鉴意义。

随着未婚和非婚同居人口的增加,生育率的降低和离婚率的上升,以及家庭主义作为一种文化价值观的式微,一些学者认为,从西方社会发展历程来看,婚姻经历了从制度婚姻到伴侣婚姻,再到个体婚姻的历史阶段(Cherlin,2004),婚姻作为一种社会设置正在去制度化(Popenoe,1993)。而Levitan等则强调家庭具有很强的适应性.并认为家庭并不是在解体,反而是正在经历进化,目前社会流行的绝望和沮丧的推测是因为忽视了调整的过程和变化(Levitan、Belous,1981)。也有学者认为,就婚姻家庭的制度化而言,它具有一个重要特征——过程性,因此,现代婚姻变动中出现的离婚、再婚、同居及同性婚等的个人选择,只是当代婚姻和家庭制度化的组成部分,并不是问题和弱点(Sprey,2009),并且这些新生形式有着一定的进步和积极意义,这种积极意义并不能简单地和传统婚姻作比较,而是与更为具体相关的两性互动方式作对比。并且一些国际上的数据显示,不少国家赞成"结婚是个人自由,所以结婚不结婚都可以"的都占到大多数(徐安琪,2004)。

这种婚姻态度的变动及传统婚姻制度的演变也在全球化的浪潮中影响着中国,90年代末,婚前同居尽管依然遭反对,但反对率有所降低,约占调查总数的3/4(卢淑华,1997)。对中国当前离婚率和同居宽容度的提高,一些学者和媒体随之纷纷做出这将造成越来越多的"恐婚"、"不婚"一族的推测。

1.3 概念界定

一是未婚及未婚率。未婚是指目前处于未曾结过婚的婚姻状态,其对于任何年龄的人口都存在。为使研究具有现实意义及可比较性,本文在讨论时多计算的是25—59岁间的分年龄别、性别未婚率,计算公式为年龄组男性(女性)未婚人口数/该年龄组男性(女性)人口总数。

二是终身不婚及终身不婚率。对于终身不婚的年龄界定,学术界存在不同的看法。在以往的研究中,一般选取50岁作为不婚的标识。而从笔者对2000年、2010年两次人口普查的数据来看,2000年50—54岁人口的未婚人数为136332人,相应地,2010年60—64岁未婚人数为88541人,减少了47791人,数量看还是比较多的。学术界中也有将终身不婚的年龄设定为60岁来进行研究的(李咏华,1986;王志刚,1991),而王志刚在相关研究中对女性终身不婚率的变动进行过推测,本文也会进行相应的验证。所以为方便比较,本文选取60岁为人口终身不婚的年龄界限,而且60岁也常作为老年人的年龄起点,既从满60周岁起算做老年(邬沧萍、李宗正,1986)。所以终身不婚率的计算公式为60岁以上未婚人口数/60岁以上人口总数。和未婚率一样,在本文中,终身不婚率也是分性别计算的。

1.4 数据来源

本文所使用的数据:2000年全国第五次人口普查长表数据、2010年全国第六次人口普查长表数据。

1.5 研究假设

在参考已有文献和对2000年全国第五次人口普查数据和2010年全国第六次人口普查数据比较分析的基础上,本文试回答以下问题:

1.20世纪80年代中国的出生性别比开始出现失衡,随着这一时期出生的"80后"进入婚配年龄,中国人口的未婚率及终身不婚率是否出现上升并有大幅上升的趋势?男性与女性是否有显著的差异?

2.受教育程度较低的男性及受教育程度较高

的女性是否比其他受教育程度的人口有着较高的未婚率和终身不婚率？随时间变化的趋势如何？

3. 乡村地区的男性是否有较高的未婚率及终身不婚率？随时间变化的趋势是否明显？

2 中国未婚率十年间变动的基本情况分析

2.1 低年龄组人口未婚率上升幅度大，未婚率变化男女有差异

根据2000年全国第五次人口普查和2010年全国第六次人口普查的汇总数据，首先对全国数据进行了分年龄、性别的未婚率的计算与比较（见表1）。从计算结果及相互比较中我们发现：

表1 2000年 2010年中国分年龄、性别的未婚率和终身不婚率

年龄组	未婚率及终身不婚率(%)					
	2000		2010		2000—2010变动情况	
	男	女	男	女	男	女
25—29	24.68	8.67	36.29	21.62	11.61	12.95
30—34	7.45	1.35	12.62	5.35	5.17	4.00
35—39	3.82	0.51	6.44	1.76	2.62	1.25
40—44	4.12	0.29	4.15	0.75	0.03	0.46
45—49	3.96	0.21	3.12	0.44	—0.84	0.23
50—54	4.05	0.19	3.21	0.30	—0.84	0.11
55—59	4.25	0.15	3.43	0.25	—0.82	0.10
60及以上（终身不婚率）	3.18	0.21	3.26	0.37	0.08	0.16

数据来源：2000年第五次人口普查长表数据、2010年第六次人口普查长表数据

1. 十年来，人们的初婚周岁年龄推迟。女性各年龄组未婚率上升，而男性各年龄组的未婚率变化出现波动，但高年龄组未婚率总体水平仍旧较低；男性各年龄组未婚率大于女性。

十年间同龄人进行比较，无论男女，在整个25—39岁之间的婚配期，2010年未婚人口所占百分比均大于2000年。这就是说，从近10年的数据来看，都显现出未婚率的上升趋势——无疑，人们的初婚周岁年龄大大地推迟了①。

从女性角度来看，十年来各年龄组的未婚率呈现上升趋势，上升幅度最大的是25—29岁年龄组，2000年(8.67%)到2010年(21.62%)十年间上升了近13个百分点。从男性角度看，44岁以上各年龄组的未婚率上升，45—59岁各年龄组的未婚率下降，但下降幅度较小，不超过1个百分点。从男女差异来看，男性各年龄组未婚率大于女性。这表明在婚姻市场中，未婚人群仍旧以男性为主，这与我国目前的婚姻挤压现状相符合。

2. 十年队列人口比较来看，对于30岁以下人口来说，结婚仍为其首要选择。

按照队列人口的方法来考察人口未婚率及终身未婚率的变化特点，2000年X岁的人口在2010年进入到X+10岁，相应的，各年龄组的未婚率及最终的终身不婚率的变化有一定的规律(见表2)：

(1)队列人口分析发现，无论男性还是女性25—29岁这一年龄组在十年间未婚率下降最快，这意味着对于25—29岁这一年龄组内的人群，结婚仍旧是他们的首要选择，这一人群仍旧希望进入婚姻，寻找能够陪伴自己一生的另一半。

(2)40—44岁及以上人口未婚率变动男女差异明显。从男性来看，2000年40—44岁年龄组在进入2010年时，未婚率的下降是高于相邻两个年龄组的；而对于女性而言，从2000年40—44岁年龄组进入2010年开始，未婚率反而出现了上升，且有小幅度的增加。笔者认为女性这种在40—44岁年龄组出现的未婚率的上升并不是真实的情况，而是由于在普查中人们对自己婚姻状态的隐瞒及统计误差造成的。从人数上来看，2000年40—44岁女性未婚总人数为11026人，而这批人进入2010年后，既2010年50—54岁女性未婚总人数为11427人，比2000年反而有上升，这是不符合逻辑的，同时也验证了笔者的猜想。在数值上，男性各年龄段未婚率仍旧高于女性。

① 张翼.《中国当前的婚姻态势及变化趋势》. 河北学刊. 2008(3). 6—12.

表 2 2000－2010 全国人口分性别未婚率及终身不婚率比较

单位：%

年龄别	男性			女性		
	2000 年	2010 年	未婚率及终身不婚率差异（队列人口比较）	2000 年	2010 年	未婚率及终身不婚率差异（队列人口比较）
25－29	24.68	—	—	8.67	—	—
30－34	7.45	—	—	1.35	—	—
35－39	3.82	6.44	－18.24	0.51	1.76	－6.91
40－44	4.12	4.15	－3.30	0.29	0.75	－0.60
45－49	3.96	3.12	－0.70	0.21	0.44	－0.07
50－54	3.32	3.21	－0.91	0.27	0.30	0.01
55－59	—	3.43	－0.53	—	0.25	0.04
60 及以上	—	3.26	－0.06	—	0.37	0.10

注：为进行终身不婚率的队列比较，本表中 2000 年 50－54 岁未婚率实际为 2000 年 50－59 岁未婚率。

数据来源：2000 年第五次人口普查长表数据、2010 年第六次人口普查长表数据。

另外，除了未婚率十年间的变动情况外，本文还将简略分析同一年份中未婚率的差异是否随时间发生了变化。

同一年份比较，男性和女性的分年龄组未婚率差异情况不变。

从男性来看，无论是 2000 年还是 2010 年，25－59 岁间各个年龄组的未婚率整体呈现出由高到低、再小幅度上升的变化趋势，即 25－29 岁未婚率明显高于其他组，之后未婚率出现下降；而在 45－49 岁年龄组，男性人口未婚率降到最低，之后出现了未婚率的小幅度上升。

从女性来看，无论是 2000 年还是 2010 年，25－29 岁各个年龄组间的未婚率呈现整体的下降趋势，即 25－29 岁年龄组的未婚率显著高于其他各组，而后随着年龄组的增大，未婚率逐渐下降。图 1 形象的说明了这一变化趋势。

图 1 2000－2010 年 25－59 岁各年龄组女性未婚率

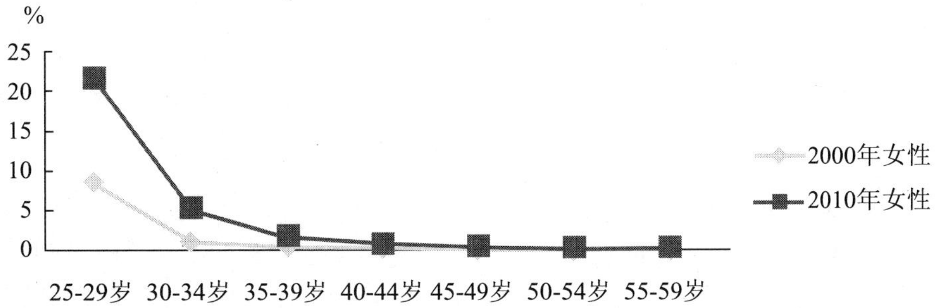

2.2 受教育程度低的男性和受教育程度高的女性未婚率上升快

中国人口的未婚及终身不婚与人口的受教育程度有着密切的关系，文化程度因素直接而强烈地影响着中国人口的未婚率（见表 3）的变动。

从表 3 可以分析 2000 年、2010 年全国分性别、受教育程度的未婚率的变动情况：

十年来，受教育程度低的男性未婚率上升快，受教育程度高的女性未婚率更高。

表 3 2000 年 2010 年中国分性别、受教育程度人口 25－59 岁未婚率

单位：%

受教育程度	2000		2010	
	男	女	男	女
未上过学	27.14	1.07	32.56	2.02
小学	9.35	0.75	9.08	1.18
初中	6.35	2.42	7.49	3.48
高中	6.64	3.49	9.36	6.45
大专	10.00	7.89	14.71	12.67
本科及以上	12.31	10.16	20.27	20.04

数据来源：2000 年第五次人口普查长表数据、2010 年第六次人口普查长表数据。

25—59岁未婚率，男性除了小学组外，未婚率均上升，并以两个极端（未上过学和本科以上）上升较多，但数值上未上过学的未婚率（32.56%）仍旧远高于本科及以上（20.27%）。十年间女性25—59岁未婚率各个受教育水平中同样均上升，随着受教育水平从未上过学到本科及以上，2010年女性25—59岁未婚率相比2000年分别上升0.95%、0.43%、1.06%、2.96%、4.78%、9.88%，可见受过高等教育的女性，25—59岁未婚率十年间的上升幅度最大。所以说，男性未婚率和文化程度大体上是一种负相关，文化程度越低的男性越不容易成婚；相反，女性的未婚率和文化程度大体上成正比关系，受教育程度越高的女性越容易未婚①。这也意味着低教育年限男性及高教育年限的女性25—59岁未婚率在10年间的变动更为明显。

另外，从同一年份比较来看，男性和女性的分受教育程度的未婚率差异情况不变。

无论是2000年还是2010年，随着受教育程度由未上过学、小学、初中、高中、大专、大学及以上的依次上升，男性和女性25—59岁的未婚率均呈现高、低、高的变化趋势，其中男性的拐点在小学与初中之间，女性的拐点在未上过学与小学之间。而且男性未婚率在各个受教育程度上均高于女性，其中在小学和未上过学这两个受教育程度上男性的未婚率要远远高于女性。

分析原因。未婚率这种情况也与中国社会的传统观念相符合，即在婚姻市场中，人们对男性的受教育程度要求更高，受教育程度较低的男性很难摆脱未婚的状态。而且受教育程度较低的男性和女性多集中在农村地区。在农村地区，人口的性别比高于城市地区，如2004年我国城镇人口的性别比为99.80，乡村人口的性别比为106.09，比城镇人口的性别比高6.3%②。这就使得那些受教育程度较低的男性更难找到合适的配偶来摆脱未婚的状态，从而出现其未婚率远高于女性的现象。

2.3 城乡人口未婚率变动有差异，乡村男性未婚率高

就全国而言，婚姻挤压风险可能主要由农村或经济不发达地区来承担③。可见分年龄、性别、城乡来比较人口未婚率的变化是有必要的。

表4 2000年2010年中国城乡分性别、年龄人口未婚率及终身不婚率

单位：%

城乡	年龄组	男性		女性	
		2000年	2010年	2000年	2010年
城镇	25—29	32.23	44.78	14.09	29.13
	30—34	7.04	13.34	2.73	7.35
	35—39	2.69	5.35	0.92	2.72
	40—44	1.57	2.93	0.68	1.33
	45—49	0.97	1.97	0.40	0.82
	50—59	0.64	1.27	0.33	0.52
	60以上	0.70	1.18	0.29	0.39
乡村	25—29	21.81	31.11	6.48	16.74
	30—34	7.51	13.67	0.88	4.42
	35—39	4.65	8.28	0.30	1.32
	40—44	4.72	5.53	0.13	0.51
	45—49	4.95	4.29	0.10	0.27
	50—59	5.64	4.68	0.15	0.17
	60以上	3.98	4.43	0.22	0.38

数据来源：2000年第五次人口普查长表数据、2010年第六次人口普查长表数据。

通过对表4的比较分析，可知：

1. 城镇男性未婚率、乡村男性44岁以上年龄组未婚率呈上升趋势，但乡村男性未婚率数值高于城镇

通过十年间的比较可知，城镇男性未婚率及终身不婚率均有所增加，但乡村男性在45—49岁、50—59岁年龄组的未婚率出现了下降，但总的数值仍旧高于城镇。比如45—49年龄组，城镇男性未婚率由0.97%上升到1.97%，而乡村男性未婚率虽然由5.64%下降到4.43%，但仍比城镇男性高2.46%。

2. 女性未婚率小幅度上升，城镇农村相差不大

对于女性而言，2000年到2010年十年间，无论乡村还是城市，其各个年龄组的未婚率出现了小幅度的上升，但数值上城镇农村相差不大，且与男性相

① 叶振文、林擎国.《中国大龄未婚人口现象存在的原因及对策分析》.中国人口科学.1998(4).16—22.

② 陈卫、宋健.《中国人口的年龄性别结构》.人口研究.2006(2).84—88.

③ 潘金红.《出生性别比失调对中国未来男性婚姻挤压的影响》.人口学刊.2007(2).20—25.

反，出现各个年龄组城镇女性未婚率高于乡村女性的情况。

综合上述分年龄、性别、城乡人口未婚率、终身不婚率的变动情况，特别是男女在城乡上变动的差异，说明城镇的男性，如果在城市找不到配偶，则退而求其次——可以从农村的女性中找到结婚的机会。这就会导致乡村男性难以婚配，也使农村女性向城市进行婚姻流动，对城市女性的婚姻市场造成性别挤压，在男性婚姻择偶趋势具有“下迁婚”特点的情况下，农村女性流动人口的进入，就将城市中那些学历较高的“挑剔者”逐渐剩余了下来，造成其越来越难以婚配[①]。

从同一年份来看，男性各年龄组未婚率均大于女性，这种差异在十年间没有变化。不论城镇还是乡村，同一年份，男性在各个年龄组内的未婚率及最后的终身不婚率均大于女性。同样证明了在婚姻挤压中男性处于更加不利的地位。

3 中国终身不婚率十年间变动的基本情况分析

3.1 人口终身不婚率上升，女性终身不婚率上升幅度大于男性

从对表1的数据分析可知，十年间男性和女性的终身不婚率均呈现上升趋势，女性的上升幅度(0.16%)是男性(0.08%)的2倍，但2010年女性的终身不婚率(0.37%)是低于男性的(3.26%)。王志刚在1991年的推测，2000年以后，中国女性终身不婚率在一个阶段内可能变化不大，然后再进入上升过程[②]。根据2000年和2010年的数据对比可知，女性的终身不婚率已经进入了一个上升的过程。

从同一年份来看，终身不婚率与上一年龄组的未婚率差异在十年间是比较稳定的。从男性来看，2000年，男性人口终身不婚率为3.18%，低于55－59岁年龄组未婚率4.25%；而在2010年，该差异不变。即男性人口终身不婚率3.26%低于55－59岁年龄组未婚率3.43%，但差距是在缩小的。从女性来看，终身不婚率的变化呈现出了与男性不同的特点。2000年，女性人口终身不婚率为0.21%，高于55－59岁年龄组未婚率0.15%；2010年，女性人口终身不婚率0.37%仍高于55－59岁年龄组未婚率0.25%，并且差距在增大。

3.2 受教育程度低的男性和受教育程度高的女性终身不婚率较高，男女变动有差异

根据表5显示的结果，在2000年及2010年中，在低受教育水平下，男性的终身不婚率要高于女性；而在高受教育水平下，女性的终身不婚率则高于男性。2000年到2010年间，男性的终身不婚率在未上过学和小学两个组内出现上升，其余组下降；而女性则稍有不同，其终身不婚率在初中、高中组下降，其余组上升。但从影响的强度来看，在未上过学这一组，十年间男性的终身不婚率上升了2.77%，女性终身不婚率只上升了0.23%，受教育水平较低的男性，终身不婚的趋势越来越明显。

表5 2000年2010年中国分性别、受教育程度人口终身不婚率

单位：%

受教育程度	2000		2010	
	男	女	男	女
未上过学	6.24	0.20	9.01	0.43
小学	2.63	0.17	3.26	0.27
初中	1.16	0.46	1.13	0.40
高中	1.01	0.69	0.73	0.59
大专	0.56	0.79	0.39	0.81
本科及以上	0.52	0.81	0.42	0.89

数据来源：2000年第五次人口普查长表数据、2010年第六次人口普查长表数据。

而根据相关文献，这种变动情况可以做出合理的解释。低受教育水平的男性人口的经济状况往往较差，而经济状况对男性终身不婚影响更甚，因为在中国传统的婚姻经济模式中，结婚的经济费用几乎全部有男方(家庭)负担。这样，家庭条件差的男子，结婚困难，常常推迟结婚，特别困难的甚至终身未婚[①]。

① 张翼.《中国当前的婚姻态势及变化趋势》.河北学刊.2008(3).6－12.

② 王志刚.《中国女性终身不婚率的初步探究》.中国人口科学.1991(3).57－60.

3.3 乡村男性和城镇女性终身不婚率高,城乡人口终身不婚率上升

由表4的比较可知,城镇和乡村男性的终身不婚率均出现了上升,虽然城镇男性终身不婚率的上升幅度(0.48%)略高于乡村男性(0.45%),但乡村男性终身不婚率的总数值(4.43%)远高于城镇男性(1.18%),推测这种情况在短时间内不会改变。

对于女性而言,2000年到2010年十年间,无论乡村还是城市,其终身不婚率均出现了小幅度的上升,但数值上城镇农村相差不大,且与男性相反,出现城镇女性终身不婚率高于乡村女性的情况。原因应该与女性未婚率变动相似,即农村女性的婚姻人口流动造成城镇婚姻市场的性别挤压,使部分城镇女性难以婚配,造成最后的终身不婚。

4 结论与讨论

4.1 结论

出生性别比失衡、婚姻挤压、"剩男剩女"问题的讨论,这些话题无论是在学术界还是在媒体内,都已成为了热点问题。通过文献回顾发现,目前的研究多数集中在出生性别比与婚姻挤压之间的联系与影响、婚姻挤压的定量研究及我国目前的婚姻市场现状、未来走势上,对于婚姻挤压的最终结果——人口未婚率、终身不婚率的变动研究不足。本文通过2000年第五次人口普查和2010年第六次人口普查相关婚姻数据的比较下,对人口未婚率、终身不婚率十年间的变动情况进行了归纳总结,希望能对今后对婚姻挤压等方向的研究提供参考。

本文通过数据的比较对人口未婚率、终身不婚率十年间的变动情况总结如下。

性别年龄差异下人口未婚率和终身不婚率随时间的变化:随着在20世纪80年代出生的"80后"进入婚配年龄,确实使25—29岁年龄组的未婚率出现了较大幅度的上升,并且2010年在这一年龄组男性未婚率(36.29%)要高于女性(21.26%)。目前来看,这一批人还未影响到较高年龄组的未婚率及终身不婚率的变化。从十年间队列人口的比较可知,2000年25—29岁年龄组到2010年十年间下降最快,说明25—29岁虽然是未婚人口的"主力军",但结婚仍然是这部分人口的首要选择。

受教育程度差异下人口未婚率和终身不婚率随时间的变化:低教育年限男性人口的未婚率及终身不婚率上升最快,未上过小学的男性其25—59岁未婚率及60岁以上的终身不婚率十年间分别上升5.42%和2.27%;受教育水平较高的女性25—59岁未婚率上升十分显著,大学及以上受教育水平的女性未婚率上升9.88%,远高于未上过学女性的0.95%的未婚率增长。这种变动结果说明低教育年限的男性及高教育年限的女性确实比其他受教育程度的人口有着较高的未婚率和终身不婚率,这也是与当前社会中男女的择偶观、婚配观有着紧密联系。

城乡差异下人口未婚率和终身不婚率随时间的变化:乡村男性各年龄组(45—49岁、50—59岁除外)未婚率及终身不婚率均上升且总体数值高于城镇。女性各个年龄组的未婚率及终身不婚率十年间有小幅度的上升,上升幅度城镇农村差别不大,但与男性不同的是,各个年龄组城镇女性未婚率、终身不婚率均高于乡村女性。这表明,除了验证出乡村地区的男性有较高的未婚率及终身不婚率外,还发现了城镇女性的特殊性。

4.2 讨论

20世纪80年代中国的出生性别比开始出现失衡,随着这一时期出生的"80后"进入婚配年龄,中国婚配人口低年龄组(25—29岁)未婚率出现上升并有大幅上升的趋势,但其余年龄组这种趋势并不明显。但笔者推测,随着这批"80后"年龄的增长,对更高年龄组未婚率的影响将逐渐显现,即未来其他年龄组——尤其是男性——的未婚率也将出现逐渐上升的趋势,上升幅度也将变大。但是这种影响会随着年龄组的增加而减弱——结婚仍然是人们的首要选择——所以对于终身不婚率来说,推测未来其会出现小幅度的连续上升。

根据婚姻市场的人口性别比例及中国传统观念的影响,推测低受教育水平的男性未婚率及终身不婚率上升情况将更加明显,受教育程度较高的女性亦然,但上升幅度会比较小。所以未来婚姻市场中,"甲女丁男"的现象可能会更加显著。

乡村地区的男性仍然会成为婚姻市场中的"弱势群体",这在未来相当长的一段时间内不会改变,伴随着乡村女性的婚姻人口流动,甚至可能加剧。

另外,本文在研究、讨论中也存在着不足。本文

仅仅梳理出了2000年至2010年十年间人口未婚率、终身不婚率的变动特点，对这种变动的原因只是结合相关文献和笔者的推测做了简单的说明，并没有对这种变动的原因做深层次的探究。对于未来趋势方面，本文只结合两次人口普查数据的比较进行了简单的变动推测，并没有对这种变动对未来会产生的影响及相关的对策进行深入的研究。例如这种变动与出生性别比、婚配比、单身性别比是否有深刻的联系，随着在出生性别比失衡时出生的“80后”逐渐进入到大龄婚配期甚至高龄婚配期会产生什么影响、有何对策，这些都有待于今后更加深入的调查和分析研究。

参考文献：

1. 谭克俭. 出生性别比失衡对构建和谐社会的冲击及其纠正[J]. 中共山西省委党校学报，2006(1).
2. 马月娟．中国出生人口性别比失衡的婚姻后果研究．中国人民大学优秀硕士论文，2008.
3. 王宗萍．高度集中的婚姻挤压最令人担忧[J]. 人口研究，2003(5).
4. 王志刚．中国女性终身不婚率的初步探究[J]. 中国人口科学，1991(3).
5. 郭志刚，邓国胜．中国婚姻拥挤研究[J]．市场与人口分析，2000(5)。
6. 李树茁，姜全保、阿塔尼·费尔德曼．中国的男孩偏好和婚姻挤压——初婚与再婚市场的综合分析[J]．人口与经济，2006(4).
7. 李咏华．我国人口的早婚、大龄未婚和终身不婚状况[J]. 人口与经济，1986(4).
8. 杜泳．1995年全国有795万30—44岁大龄未婚人口[J]．人口与经济，1998(3).
9. 张翼．中国当前的婚姻态势及变化趋势[J]. 河北学刊，2008(3).
10. Cherlin, A. J. The deinstitutionalization of American Marriage, Journal of Marriage and Family. 66. 2004.
11. Popenoe, D. f. American family decline, 1960 — 1990: A renew and appraisal. Journal of Marriage & Family. 55 (3). 1993.
12. Levitan, S. A. & Belous, R. S. What's happening to the American family? 1981.
13. Sprey J. Institutionalization of the Family and Marriage: Questioning Their Cognitive and Relational Realities, Journal of Family Theory & Review. 2009.
14. 马克·赫特尔著. 宋践，李茹译. 变动中的家庭——跨文化的透视[M]. 浙江人民出版社，1987.
15. 徐安琪．女性婚姻家庭观的国际比较[J]. 社会，2004(1).
16. 卢淑华. 婚姻观的统计分析与变迁研究[J]. 社会学研究，1997(2).
17. 邬沧萍，李宗正．人口学辞典[M]. 人民出版社，1986.
18. 倪晓峰．中国大陆婚姻状况变迁及婚姻挤压问题分析[J]. 南方人口，2008(1).
19. 叶文振、林擎国．中国大龄未婚人口现象存在的原因及对策分析[J]. 1998(4).
20. 陈卫、宋健．中国人口的年龄性别结构[J]. 人口研究，2006(2).
21. 潘金红．出生性别比失调对中国未来男性婚姻挤压的影响．人口学刊，2007(2).
22. 薛亚利．结婚还是不结婚？——青年人对不婚的态度及代际比较．当代青年研究，2011(8).
23. 郭显超．中国婚姻挤压研究的回顾与评述[J]. 西北人口．2008(1).
24. 陈友华，米勒·乌尔里希．中国婚姻挤压研究与前景展望[J]. 人口研究，2000(3).
25. 风笑天．农村外出打工青年的婚姻与家庭：一个值得重视的研究领域[J]. 人口研究，2006(1).

中国人民大学社会与人口学院 人口、资源与环境专业研究生　车广宇

四川家庭发展特征研究

近年来，中央提出以人的全面发展统筹解决人口问题，为我们研究人口及其相关的问题提供了新的视角。个人与家庭密不可分，家庭的全面发展既是个人全面发展的起点，又是作为个人全面发展的体现。本文通过对四川家庭现状及特征的把握，分析影响四川家庭发展变化的人口、经济、社会等各方面因素，以及四川家庭发展变化带来的经济社会效应，进而提出促进四川家庭发展的相关政策思路。

一、四川家庭的现状及特征

（一）四川家庭户总量位居全国第四

1. 四川家庭户数量增加，但增速低于全国平均水平

2010年，四川家庭户数为2579.4万户，较2000年增加215.6万户，平均每年增长0.88%，低于全国平均水平(1.67%)。

与此同时，四川家庭户数量仅次于山东、广东和河南，位居全国第4位，在西部12个省(市)中位居第1位。

2. 家庭户地区分布差异大，成都市一市独大

分市(州)看，2010年，成都市家庭户数为454.7万户，占全省家庭户总数的17.63%，仍位居全省首位。此外，家庭户数在200万户以上的仅有南充市，阿坝州的家庭户总数全省最低。

3. 农村家庭户居多，但比重大幅下降

2010年，四川农村家庭户为1528.6万户，占全省家庭户总数的59.26%，数量较2000年减少163.4万户，比重较2000年下降12.32个百分点。与此同时，四川城镇家庭户为1050.8万户，较2000年增加378.9万户，占全省家庭户的比重由2000年的28.42%上升至40.74%。

（二）四川家庭小型化特征明显

1. 四川平均家庭户规模变动趋势与全国一致，呈逐步缩小之势

2010年，四川平均每个家庭户的人口为2.95人，比2000年的3.32人减少0.37人。同全国相比，四川户均人口比全国平均水平少0.14人，位居全国第21位。在西部12个省(市)中仅高于重庆和内蒙古，位居第10位。

2. 三口之家居多，单口之家比重大幅上升

2010年，四川家庭户规模较集中于1—3人户，占家庭户总数的68.11%。其中，三人户所占比重最高(25.30%)，二人户次之(25.27%)。

与2000年相比较而言，除一人户、二人户所占比重有所上升外，其他家庭户规模所占比重均有所下降。一人户比重上升最多，使得其所占比重超过四人户，跃居第三。

3. 代际结构缩短，一代户比重大幅上升

2010年，四川家庭户以二代及以下户为主，占家庭户总数的79.85%，比重较2000年提高3.71个百分点。除一代户所占比重有所上升外，其他类别家庭户所占比重均较2000年有所下降，一代户比重超过三代户，跃居次位。

（三）四川家庭养老形势严峻

1. 有老人的家庭户比重提高，老年抚养比上升

2010年，四川有65岁及以上老人的家庭户为6710282户，较2000年增加1699217户，增长33.91%，占全省家庭户总数的比重由2000年的21.20%提高到26.01%。与此同时，四川65岁及以上人口占总人口的比重由2000年的7.56%提高到10.95%，老年抚养比由2000年的10.83%上升至15.19%。

2. 仍以有一个老人为主，但比重有所下降

2010年，四川有65岁及以上老人的家庭户中，有一个老人的户数为4772272户，占71.12%，比重较2000年下降6.11个百分点。此外，有二个老人和有三个及以上老人的家庭户比重分别由2000年的22.48%和0.29%上升至28.51%和0.37%。

3. 纯老人户[①]和仅有老人与未成年亲属户均大幅增加，单身老人户增幅最大

2010年，四川有65岁及以上老人的家庭户中，纯老人户为1910860户，较2000年增长138.14%，占28.48%，比重较2000年上升12.46个百分点。其中，单身老人户和只有一对老夫妇的户分别较2000年增长153.07%和120.27%，比重分别较2000年上升7.76个和4.70个百分点。

与此同时，四川有65岁及以上老人的家庭户中，仅有老人和未成年亲属的为197577户，较2000年增长40.75%，占2.94%，比重较2000年上升0.14个百分点。其中，一个老人与未成年亲属和一对老夫妇与未成年亲属的家庭户比重分别由2000年的1.62%和1.18%上升至1.69%和1.25%。

（四）四川家庭婚姻状况复杂

1. 婚龄人口增加，性别比下降

2010年，四川15岁及以上婚龄人口总数为6677.04万人，较2000年增加4.74%，占总人口的比重由2000年的77.41%上升至83.03%。其中，男性3363.20万人，女性3313.84万人，性别比由2000年的105.50下降至101.49。

2. 仍以有配偶为主，但比重有所下降

2010年，四川婚龄人口婚姻状况仍以有配偶为主，占婚龄人口总数的71.30%，但比重较2000年下降5.40个百分点。此外，未婚、离婚、丧偶所占比重分别由2000年的15.40%、1.09%和6.81%上升至19.71%、1.76%和7.23%。

3. 可婚未婚的比重上升，性别比大幅下降

2010年，四川15岁及以上未婚人口中，法定婚龄[②]及以上的占46.69%，较2000年上升2.51个百分点，性别比由2000年的258.72下降至138.30。

4. 离婚人口以中老年为主，且比重大幅上升

2010年，四川15岁及以上离婚人口中，以38岁及以上为主，占69.48%，比重较2000年上升17.53个百分点。

5. 丧偶人口以老人为主，且比重有所上升

2010年，四川15岁及以上丧偶人口中，65岁及以上的占69.15%，较2000年上升5.83个百分点。

综上所述，四川家庭呈现数量增加、规模小型化、人口老龄化、婚姻状况复杂化等特征，这一方面与四川的经济社会发展密切相关，另一方面将对四川的经济社会发展产生重要影响。

二、四川家庭发展变化的影响因素分析

（一）人口因素

1. 人口自然变动对家庭发展变化的影响

（1）低生育水平是家庭规模小型化的重要原因

2010年，四川总和生育率为1.38，低于全国1.5的平均水平。一方面，较低的生育水平直接减少了家庭生育子女数量，导致了家庭规模的小型化。另一方面，较低的生育水平通过缩短家庭生命周期，促使家庭形成和保持较长时间的“空巢”状态，增加社会上空巢家庭的比例。

（2）死亡率对家庭规模的影响逐渐显现

20世纪50年代以来，四川人口出生率下降的速度快于死亡率下降的速度，使得人口自然增长率整体呈下降趋势，从而促使四川家庭规模向小型化发展。

2. 人口质量对家庭发展变化的影响

（1）人口预期寿命提高改变家庭结构类型

2010年，四川人口的平均寿命为77.2岁，较2000年提高6岁。人口预期寿命的提高对家庭发展变化的影响主要表现在以下两个方面：一是提高三代以上直系家庭的比例，二是提高老年夫妇空巢家庭和老年单人家庭比重。在当前经济社会环境下，四川人口平均预期寿命的提高对家庭发展变化的影响主要体现在后一种效应，即提高老年夫妇空巢家庭和老年单人家庭比重。

（2）老年人口健康水平较高有利于家庭形式多样化

2010年，四川超过八成的60岁及以上人口身体健康状况较好。四川老年人口较高的健康水平，一方面有利于减少家庭为老年人承担的医疗费用，减轻家庭的经济负担。另一方面，有利于老年人口参与市场活动，实现老年人力资源的开发与利用，不仅

① 这里的“纯老人户”指代单身老人户和只有一对老夫妇的家庭户，不考虑有三个以上老人的家庭户，下同。

② 法定婚龄：男22周岁，女20周岁。

能够为社会创造更多的价值和财富，也会提高老年人口自身的经济实力，降低其对家庭成员的经济依赖，减轻家庭成员的养老负担。此外，老年人口的健康状况较好，可以自我照料生活，降低了对直系家庭或其他同灶共居家庭形式的依赖，有利于实现家庭形式的多样化。

3. 人口结构对家庭发展变化的影响

(1)人口年龄结构变化影响家庭的规模和结构

一方面，四川人口的老龄化使得四川有老人的家庭户数量、比重均大幅提高，促使四川家庭的老龄化。另一方面，由于中老年期人口的家庭一般由于子女的分家另过而处于家庭的收缩阶段，老年人口往往处于家庭生命周期中的空巢阶段，因此四川人口老龄化还会导致四川家庭规模的缩小，提高四川空巢家庭的比重。

此外，四川高龄老年人口数量增加，比重提高也会影响家庭的规模和结构。高龄老年人口最大的特点是丧偶率较高，丧偶一方面会使家庭规模缩小，另一方面会使部分空巢家庭变为单身家庭，导致家庭结构的变化。

(2)人口性别结构通过婚姻影响家庭的结构和规模

2010年，四川出生人口性别比由2000年的116.3下降至111.4，但仍高于103－107的正常值范围。较高的出生人口性别比会促使四川婚姻市场产生挤压，导致部分男性人口被迫晚婚，阻碍家庭规模的扩大，并且可能会延长独身户存在的时间长度，导致单身家庭的增多。目前，四川15岁及以上婚龄人口性别比处于较低水平，这一方面是由于人口流动所致①，另一方面是人口自然规律的作用②。随着四川经济社会不断发展，外出人口逐渐回流，将加剧四川婚姻市场挤压，从而影响家庭的结构和规模。

(3)人口地区间的迁移流动加速了家庭的分解

四川是一个人口流动大省，人口地区间的大规模迁移和流动，一方面由于地理空间的阻隔，使得人数众多的大家庭越来越难以维持，从而转向灵活多变的小家庭以适应这种生活方式。另一方面，迁移和流动的人口大多以青壮年劳动力为主，其中不乏未婚青年。青壮年劳动力是生育高峰期人口，其人口流动降低了生育率，从而造成家庭规模的缩小。

(二)经济因素

1. 经济发展水平对家庭发展变化的影响

(1)经济发展水平提高奠定家庭发展经济基础

改革开放以来，四川经济发展水平显著提高。地区经济发展水平的提高推动了四川城乡居民家庭收入和消费水平的不断提升，改善了四川城乡居民家庭的经济状况，为四川家庭发展奠定良好经济基础。但从人均水平看，尽管四川人均收入水平不断提高，但与全国平均水平仍有较大差距，制约了家庭经济状况的改善。

(2)经济发展水平提高推动家庭规模小型化

四川经济发展水平提高在改善家庭经济状况的同时，提高了家庭住房条件，为单立门户提供了物质条件，从而推动了家庭小型化。除此之外，经济发展水平提高还通过提高生育成本，促使生育观念由多生向少生转变，人口生育减少，从根本上推动了家庭规模的小型化。

(3)经济发展水平提高促使家庭功能转变

经济发展水平的提高促进了职业的分化分工以及社会福利制度的发展，家庭原来承担的部分功能将逐渐向社会转移，从而促使了家庭功能的转变。以赡养抚育功能为例，家庭原有的赡养功能可以通过敬老院、养老院，抚育孩子的功能可以通过托儿所、幼儿园等来完成，这样家庭中的成年劳动力可以有更多的精力投入到工作中去。

2. 产业发展水平与结构对家庭发展变化的影响

(1)产业发展水平与结构影响家庭的经济状况

四川在未来一定时期内，仍处于工业化阶段，需要大量农村劳动力从事制造业、建筑业等行业，有利于提高农村居民家庭的收支水平。随着产业发展水平的不断提升，产业结构的继续调整，四川第三产业的劳动力需求将超过第二产业。第三产业的迅速发展创造了大量适合女性从事的职业和岗位，提高了女性劳动参与率，增加女性就业收入，这一方面有利于改善家庭经济状况，另一方面提高女性家庭地位，增强女性自主意识，减轻对丈夫和家庭的依赖程度。

---

① 四川劳动力大量外出，且以男性为主。

② 四川人口老龄化，高龄男性死亡率高于女性。

(2)产业发展水平与结构影响家庭的规模和结构

产业发展水平提升与产业结构调整在提高女性劳动参与率,增加女性就业收入的同时,一方面提高婚姻、生育成本,另一方面改变家庭的就业结构,对家庭规模和家庭结构的演变起到了重要作用。

与此同时,产业发展水平提升与产业结构调整还促使了人口的迁移与流动,从而影响家庭的结构与稳定。四川是劳动力输出大省,农村劳动力大量外出务工,一方面使得夫妻双方长期分居两地,不利于家庭关系的和谐与稳定,另一方面使得农村留守家庭问题突出,隔代家庭、空巢家庭大幅增加,老人赡养和子女教育问题令人担忧。近年来,四川产业发展面临新的局面,大量承接东部产业转移,吸引了劳动力的大量回流,近距离迁移或当地就业,有利于劳动者就近照顾家庭,减少留守家庭、隔代家庭、空巢家庭等的存在,促进家庭关系的和谐与稳定。

(3)"两化互动"发展影响家庭城乡分布格局

近年来,四川工业化、城镇化进程明显加快。工业化、城镇化进程在调整地区产业城乡分布的同时,改变家庭城乡分布格局。工业化与城镇化的互动发展,一方面促使大量的农村家庭向城镇家庭转变,这种转变不单纯是身份上的转变,更是生活方式、生活习惯等的转变。另一方面促使大量的农村剩余劳动力从原有的农业生产中解放出来,从事专业化生产,成为产业工人,提高了个人及家庭的收入水平,带动地区经济发展的同时,促进家庭发展。

(三)社会因素

1. 社会观念对家庭发展变化的影响

(1)婚恋观念变化促使家庭婚姻状况复杂化

现代人的婚恋观念在逐渐转变,物质因素对现代人婚恋观的影响越来越大,离婚越来越被现代人所接受。此外,越来越多人认为"婚姻是爱情的坟墓","只恋爱,不结婚",享受着单身的乐趣,从而涌现出一批"单身贵族"。

(2)生育观念变化促使家庭规模小型化

随着经济发展、社会进步、生育成本的提高,人们渐渐改变"不孝有三,无后为大"、"养儿防老"的传统观念,一方面体现在由重视子女数量向重视子女质量的转变,另一方面体现在是否生育子女问题上的权衡。子女生育数量的减少,"丁克一族"的涌现在直接缩小家庭规模的同时,通过影响家庭生命周期,改变家庭的结构。

2. 社会管理对家庭发展变化的影响

(1)国家计生政策推动家庭规模小型化

国家计划生育政策对四川家庭规模与结构的转变具有决定性的作用。四川生育率的降低不是一个自发的过程,而是计划生育政策作用的直接结果。四川是生育政策实施最为严格的省份,一直执行的是无论城乡均为一胎化政策(盆周山区、民族地区例外)。因此四川积累的独生子女家庭的比例相对较高,这也意味着,四川计划生育政策的实施对四川家庭规模缩小的影响较大。

(2)户籍制度影响家庭结构改变

户籍制度对家庭结构的影响在四川表现十分突出。户籍管理主要表现为城乡二元分割,户籍和就业、福利制度相联系,严格限制农业人口户籍转化为非农业人口户籍。这一制度是形成农民工的主要原因,多数青年农民单身或夫妇一同前往城市寻求工作,父母、配偶、未成年子女则留在农村,从而在农村形成了大量的留守家庭、隔代家庭等。

3. 社会保障对家庭发展变化的影响

(1)社会保障制度的完善改善家庭经济状况

一方面,社会保险制度的建立解除了人们的后顾之忧,增强了家庭抵御意外事件的能力,减轻了家庭的经济负担。另一方面,基本生活保障制度的建立在使得生活存在经济困难的老年人、未成年人、残疾人、下岗职工等的基本生活得到保障的同时,改善了其所在家庭的经济生活状况。

(2)社会保障事业发展推动家庭小型化

随着社会保障事业的发展,养老保险、医疗保险、社会福利保障等社会化的服务体系越来越健全,老年人对子女的经济依赖性减弱,从而降低这些老年人因依靠子女养老而与已婚子女一起居住的必要性,有利于推动家庭小型化。

与此同时,四川属于"未富先老",老年社会保障模式并不足以应对四川人口、家庭的老龄化问题,老年人养老仍需依靠家庭。

4. 教育对家庭发展变化的影响

(1)受教育水平提高推迟初婚年龄

随着教育事业的发展,受教育水平的提高,受教育年限的增加,人们步入社会的年龄随之增大,从而推迟了单身男女的初婚年龄。

此外,受教育水平的提高对不同性别的婚姻状况的影响不同。男性受教育程度越低越不易成婚,相反女性受教育程度与未婚率成正比,文化水平越高越难进入婚姻关系,形成了“甲女丁男”大龄未婚的局面。

(2)受教育水平提高促使家庭规模缩小

受教育水平的提高会降低生育率,从而促使家庭规模缩小。其中,女性受教育程度的提高在这方面的作用更加明显。一方面,受教育水平的提高直接推迟了结婚和生育的年龄,晚婚晚育是导致生育率的降低的重要因素。另一方面,女性的受教育程度越高,生育率越低。随着高学历白领女性阶层的崛起,她们中晚婚、晚育甚至不婚或不育的群体不断扩大,对家庭的规模造成了一定影响。

三、四川家庭发展变化对经济社会发展的影响

(一)家庭发展变化对人口发展的影响

1. 对人口数量和结构的影响

(1)家庭规模小型化促使人口自然增长率下降,有利于缓解人口压力

四川是一个人口大省,生育率降低、出生率下降在促进家庭规模小型化的同时,直接减少了出生人口数量,降低了人口自然增长率,在一定程度上缓解了四川的人口压力。2010 年,四川社会总抚养比为 38.73%,较 2000 年下降 4.43 个百分点。由此可见,四川劳动力人均承担的抚养人数减少,劳动力负担有所减轻,人口压力有所缓解。

需要注意的是,尽管目前四川家庭规模的小型化在一定程度上有利于缓解人口压力,但由于四川老龄化速度较快,当少儿人口比重的下降低于老年人口比重的上升时,就会促使社会总抚养比上升,不利于人口再生产的同时,加重劳动力人口负担。

(2)家庭规模小型化促使少儿人口数量减少,比重下降

随着家庭规模的小型化,子女生育数量的减少,少年儿童人口明显减少,比重下降。2010 年四川全省常住人口中,0—14 岁人口为 1364.71 万人,较 2000 年减少 495.33 万人,占总人口的比重由 2000 年的 22.59%下降为 16.97%。

(3)家庭规模小型化提高老年人口比重,加剧人口老龄化

家庭规模的小型化在促使少年儿童人口比重下降的同时,使得老年人口比重上升,加剧人口老龄化。2010 年四川全省常住人口中,65 岁及以上人口为 880.55 万人,较 2000 年增加 257.61 万人,占总人口的比重由 2000 年的 7.56%上升为 10.95%。

2. 对人口质量的影响

(1)家庭规模小型化促进人口身体素质提升

随着家庭规模的小型化,子女生育数量的减少,家庭日常生活和抚养子女的物质、时间、精力等均较多子女时充沛。一方面使得夫妻双方有更多的时间进行休息和锻炼,有利于促进父母身体健康;另一方面使得子女可以获得相对较多的健康投入,有利于提高子女身体素质。

(2)家庭规模小型化促进人口文化素质提升

生育观念由重视子女数量向重视子女质量的转变,在促使家庭规模小型化的同时,有利于提高人口文化素质。原因在于:随着家庭规模的小型化,子女生育数量的减少,家庭的教育意识日益增强,对教育、文化方面的投入大幅增加。

(二)家庭发展变化对经济发展的影响

1. 对经济发展水平的影响

(1)家庭规模小型化推动地区经济增长

家庭规模小型化在降低人口自然增长率的同时,促使社会总抚养比下降。社会总抚养比是社会人口红利的表现形式,总抚养比越低,人口红利越高。社会总抚养比的下降为四川经济发展创造了有利的人口条件,消费率降低,储蓄率提高,投资高速增长,进而推动四川经济快速发展。

(2)家庭人口老龄化不利于经济持续增长

四川家庭人口老龄化特征明显,老年抚养比上升,抵消了部分由少儿抚养比下降所带来的人口红利,对地区经济发展产生不利影响。一方面,家庭人口老龄化使得居民家庭储蓄率降低,资本积累减少,居民家庭收入的可投资率下降,阻碍地区经济增长。另一方面,家庭人口老龄化使得政府储蓄随着用于老龄事业的转移支付的增加而减少,从而减少了财政收入的可投资率,减缓地区经济增长。

2. 对消费的影响

（1）家庭数量增加促使住房、耐用消费品等支出增加

四川家庭户数量的增加，在刺激住房需求的同时，扩大了对生活消费品、特别是耐用消费品的需求量。一方面，随着家庭户数量的增加，对住房的需求量也会增加，由此引起购房或租房支出的增加。另一方面，大多数消费品，尤其是耐用消费品，如冰箱、彩电、洗衣机、空调、抽油烟机、微波炉等都是以家庭为单位购买的，家庭户数量的增加直接促使耐用消费品支出的增加。

（2）家庭规模小型化促使消费种类与结构改变

四川家庭规模的小型化在促使消费支出朝着多元化发展的同时，改变家庭消费层次与结构。一方面，家庭规模的小型化促使住房、家庭设备和日用品等的购买趋于小型化。另一方面，消费需求呈现多样化、个性化趋向。此外，随着家庭规模的小型化，收入水平、保健意识和教育意识的提高，家庭在子女教育、人身保险、人际交往、能力发展等方面的投入将增加，使得医疗保健、交通和通讯以及教育、文化、娱乐服务等享受和发展型消费品的支出将呈上升势头。

（3）家庭人口老龄化促使医疗保健、交通和通讯支出增加

四川家庭人口老龄化，在促使家庭医疗保健支出增加的同时，增加了家庭交通和通讯支出。一方面，随着年龄的增长，人们的身体健康状况趋于下降，因此老年人有较强的医疗保健需求。另一方面，老年人需要较多的人文关怀，子女因外出务工、异地而居等原因，使得与老人的联系需要借助汽车、电话、电脑等现代交通和通讯工具，以达到与老人保持一种较高水平接触的目的，从而促使家庭交通和通讯费用的大幅增加。

3. 对行业产业发展的影响

（1）家庭户数量增加促进房地产及其相关行业发展

四川家庭户数量的增加将刺激住房需求，从而促进房地产及其相关产业的发展。房地产业产业链长，能够带动多个相关行业的发展：从后向关联看，房地产对向其供给生产要素的相关产业具有需求拉动作用，如钢铁业、金属制造业、交通运输及仓储业等；从前向关联看，其对房地产有需求或服务的相关产业具有供给推动作用，如化工业、餐饮业、零售业、旅馆业、家用电器业、家具制造业、建筑装饰业等；从环向关联看，房地产对建筑业、金融业、公共事业以及个人服务等行业具有需求拉动和供给推动两种作用。

（2）家庭规模小型化促进餐饮、家政、教育文化等产业发展

四川家庭规模小型化在促使家庭由自给自足的家庭内消费向社会化的消费发展的同时，带动了相关行业产业的发展。一是家庭规模小型化使得在家自己开火的预期收益下降，有利于促进餐饮行业的发展。二是家庭规模的小型化促使家务劳动社会化，带动家政服务行业的发展。三是家庭小型化有利于家庭成员增加对教育、文化、娱乐等方面的投入，促进文化娱乐、旅游等产业的发展。

（3）家庭人口老龄化促进医疗保健等老年产业的发展

四川家庭人口老龄化刺激老年人特殊需求迅速增长，促进以满足老年人特殊需求的养老服务设施、日常生活用品和社区服务、娱乐业等新型产业的发展。一是医疗服务业，包括向老年人提供护理服务、自助性生活辅助品、医疗康复器械及场所等。二是保健产业，包括保健品（如保健食品、保健器械以及保健美容用品备等）和保健服务（如提供健身、养生、心理咨询服务等）。三是老年文娱产业，包括老年教育、社区服务、老年旅游等。

（三）家庭发展变化对社会发展的影响

1. 对社会保障的影响

（1）家庭规模小型化对社会保障体系提出更高要求

随着家庭规模的小型化，家庭结构的不稳定性增强，在削弱家庭保障功能的同时，对社会保障事业的发展提出新的需求。随着家庭规模的小型化，家庭结构的不稳定性增强，家庭的保障功能有所减弱，家庭保障的脆弱性凸显，对发展社会保障，特别是社区在社会保障改革与制度安排中发挥更为重要的作用提出了新的需求和更高的要求。

（2）家庭人口老龄化刺激养老公共服务和资源需求

随着四川有老人的家庭户比重的提高，老年抚

养比上升，以及家庭养老功能的弱化等，家庭养老将逐步向社会养老转变，需要投入更多的社会资源保障老年人的生活。老年人不仅需要基本的生存保障，还渴望有质量的晚年生活，因此政府一方面要在养老硬件上增加投入，另一方面还要在养老服务上下功夫，为老年人提供日常生活照顾、健康医疗、护理、文化娱乐、精神慰藉、临终关怀等一体化的专业社会养老服务。

2. 对社会和谐与稳定的影响

（1）婚姻挤压不利于社会和谐与稳定

2010年，四川15岁及以上婚龄人口中，男性比女性多49.36万人。与此同时，四川达到法定婚龄的人口中，无配偶[①]的占28.70%，较2000年上升了5.40个百分点。由于适婚年龄男女数量不匹配，产生婚姻挤压，造成非自愿不婚人数增加，从而带来诸如性犯罪现象增多、婚姻被剥夺群体暴力事件等一系列社会问题。

（2）离婚率上升影响社会和谐与稳定

近十年来，四川内地居民离婚数持续上升。离婚不仅仅是一种家庭行为，更是一种社会行为。一方面，离婚率上升可能引起未成年犯罪率上升，促使社会公众成本增加。另一方面高离婚率影响公众对婚姻的信心，对婚恋观念的培育产生负面影响，使得非婚同居与非婚生子女数量的增加等，引发更多的社会问题。

四、政策思路

（一）重视家庭发展，共建和谐家庭

制定家庭发展规划，全面促进家庭发展。出台一部符合四川实际，并切实可行的家庭发展规划，将家庭发展作为社会政策的优先目标予以促进，充分考虑和评估社会政策、民生政策对家庭发展的影响，有目的、分阶段地实现家庭和谐、健康发展。

充分发挥政府作用，健全家庭发展体制机制。建立家庭发展联系会议制度，由人口计生部门牵头，财政、社保、民政、老龄、妇联、残联等相关部门参加，协调解决家庭发展问题。同时吸引各类社会组织和团体共同参与到促进家庭发展建设的各项工作中来，形成政府、市场组织、社区及社会团体等共同支持家庭发展建设的局面，增强和谐家庭建设工作的实效。

（二）完善家庭发展政策，推动家庭发展

建立信息平台，完善家庭人口政策。四川作为生育政策实施最为严格的省份，为我国实现低生育水平做出了重要贡献。在统筹解决家庭人口问题的过程中，应逐步完善生育政策。首先建立以家庭为单位的信息平台，对家庭发展状况进行统计、监测与评估，为促进家庭发展公共政策的制定提供决策依据。其次遵循人口再生产的客观规律，优化人口年龄和性别结构。根据现有生育水平、生育人群的不同条件和经济、社会、人口的发展的趋势，经充分论证后，出台有差别的人口管理条例，对生育子女数、生育间隔、生育条件等进行规范，并且注意一定的可调整性。

立足家庭发展，完善经济社会政策。首先，以家庭为单位制定社会经济政策，将个人所得税、假期和女性就业等制度与家庭发展联系起来，实现家庭效用最大而不是个人效用最大化。其次，完善各种制度化的保障体系和社会服务，将家庭养老、机构养老和社会养老结合起来，并以优惠政策鼓励对家庭成员的抚养、扶养和赡养。第三，鼓励发展家庭服务业，提供高质量的病患陪护服务、养老助残服务、家庭医生、家庭管家、育婴师等家庭专业性服务。第四，发展家庭科学建设，普及和推广婚姻家庭知识的学校教育和社区教育，提倡家庭文化建设。

（三）加强社会保障体系建设，积极应对家庭人口老龄化

大力发展社会保障事业，加快养老公共服务设施建设。加大社会保障事业发展力度，进一步扩大社会保障覆盖面，完善城乡养老保障体系，探索和试验长期护理保险制度[②]，做到“老有所养，老有所依”。加大对老龄事业投入力度，建设一批高标准、高质量、功能齐全、设施先进的老年人服务场所，增加功

① 包括未婚、离婚和丧偶。

② 长期护理保险是指当被保险人非常衰弱以至于在没有其他人帮助的情况下不能照顾自己，甚至不能利用辅助设备时，给付保险金的一种保险。

能，提高服务质量，以满足老年人的基本生活层次的需要。同时，走政府支持、市场开发、社会参与、多方投入的道路，加快养老福利院以及老年人护理医院的建设，在适当的时机引导和鼓励养老公寓的开发。

探索多元化养老模式，完善社区养老服务体系。积极探索家庭养老、机构养老、社区养老和政府养老相结合的多元化养老制度，建立社区与家庭相结合的"居家养老"模式，保持随意、个性化的家庭生活，集中家庭养老与机构养老的两方面优点。通过设立社区老年服务中心，由社区组织志愿者或有偿服务人员，通过每周2—3次的家庭访问，帮助老人做一些自己难以料理的事情，如购物、家务、卫生等家务劳动以及家庭医疗保健、老人照料等护理服务；兴办老年食堂、茶室、托老所、老年病防治站、心理咨询服务站、法律咨询服务站以及老年娱乐中心等，为社区老年人提供全方位、多功能、多形式的系列服务，解决老龄人的"老有所乐"问题。

创造就业活动机会，提高老年人社会参与率。鼓励老年人积极参加社会公益活动，提供机会让他们不断地充实自己，培养自己的爱好，丰富自己的文化生活。建立老年人人才服务中心，向有人才需求的企事业单位推介老年人才，从而为退休的高中级专业技术人才发挥余热提供服务。有条件的老龄工作机构可帮助把退休的专家学者、企业家组织起来，让他们为企业界充当顾问，提供咨询服务。成立"夕阳红"二次创业协会，使老年知识人才有一个创业组织，从而解决"老有所为"问题。

（四）完善社会管理，促进家庭稳定

推进改革，转变家庭迁移模式。劳动力流动迁移在影响家庭发展变化的同时，对流动人管理提出了新的要求。特别是农民工问题，由于城乡二元分割的社会管理制度，在就业、居住、医疗、子女教育等方面未能与城市居民享受同等待遇，不利于其家庭发展。对此应积极推进政策创新，努力解决农民工融入城市的问题。特别要加大户籍制度改革力度，放宽户籍限制，推进劳动就业、义务教育、计划生育、医疗卫生、社会保障等与户口性质相关的行政管理、社会管理等制度的配套改革，逐步形成农民工与城市居民身份统一、权利一致、地位平等的制度体系，促进农村劳动力从单飞式流动向家庭整体流动模式转变。

创新管理，促进家庭和谐与稳定。婚姻挤压、离婚率攀升等家庭婚姻问题在影响家庭、社会和谐的同时，对社会管理提出了新的需求。对此应在面对客观现实的基础上，分析研判由此引起的经济社会问题，及时解决人们关注的切身利益问题。完善家庭婚姻相关的社会管理和服务，鼓励兴办婚恋相关的机构、网站、电视节目等，为独身者提供社交机会，为家庭成员提供调解家庭矛盾和纠纷的平台，从而提高婚姻满意度，促进家庭稳定与和谐。

四川人口和计划生育委员会　四川省统计局
执笔人　丁娟　四川省统计局科研所研究人员　西南财经大学在读博士

宁夏出生人口性别比问题的研究及对策

进入21世纪以来，我国的人口状况，经过30多年严格的计划生育政策的实施，已进入低生育水平国家，人口过快增长的势头得到有效遏制。但人口发展的新问题和新挑战日益突显，最严重的当属出生人口性别比失衡问题。2000年第五次全国人口普查显示，宁夏新生婴儿中男孩与女孩的比例为109.45:100，2010年第六次全国人口普查显示已经升至113.86:100，远远高过国际公认的103－107之间的正常比值，全区出生人口性别比超出正常比值出现升高的情况，说明出生人口性别比失衡问题加剧。若不采取有效措施，将严重影响社会全面协调可持续发展与和谐社会建设的实现。

宁夏出生人口性别比升高的问题既有同其他地区相同的特点，又有民族地区的特殊性。因此，对宁夏出生人口性别比升高问题的特点、成因和治理对策进行深入研究，不但对本区具有重要的现实意义，而且对整个西部民族地区的性别比问题的认识及预防和治理都具有重要的意义。

一、宁夏近几年出生人口性别比基本状况

人口生育规律揭示，在不受干扰的情况下，人类出生婴儿性别的正常数值在103－107的范围内。即每出生100个女婴时，男婴为103－107个。人口学家把这个指标称为出生婴儿性别比的恒定值。由于男婴死亡率略高于女婴，这样到婚龄时男女性别比例就基本持平。

2010年，宁夏第六次全国人口普查常住人口性别比为104.99，但出生婴儿性别比为113.86，高出正常值上限数值6.86个百分点。与第五次人口普查的109.45相比，高出4.41个百分点。2001年宁夏出生婴儿性别比为110.62，2005年为111.52，2009年为112.84，出生婴儿性别比失衡呈现逐年加剧的趋势。

宁夏22个县域间出生婴儿性别比可分为3类：

第一类，出生婴儿性别比处在正常值范围(103－107)的有4个县(区)：

惠农区(104.73)、永宁县(104.65)、大武口区(105.24)、平罗县(106.24)。

第二类，出生婴儿性别比高于正常值的有17个县(区)：

盐池县(146.6)、彭阳县(122.16)、利通区(121.20)、西吉县(118.73)、红寺堡(118.73)、同心县(117.94)、沙坡头区(116.71)、隆德县(114.85)、贺兰县(114.58)、海原县(113.65)、兴庆区(113.02)、泾源县(112.97)、青铜峡市(112.66)、灵武市(111.98)、中宁县(111.43)、原州区(110.84)、金凤区(107.48)。

第三类，出生婴儿性别比低于正常值的有1个县(区)：

西夏区(97.38)。

近几年，通过执行计划生育政策和有效的人口控制工作，宁夏的人口出生率已从2000年的16.49‰下降到2010年的14.14‰。与此同时出生婴儿性别比却从2000年的108.79上升到2010年的115.17，并成为西部地区出生人口性别比上升较快从而也是较高的地区。为了准确把握这一情况，根据第六次全国人口普查资料，及近10年来公安和计生部门的统计资料，对全区五个大市以及县(区)出生婴儿性别的数据进行了对比分析：

(一)宁夏第六次全国人口普查数据推算

2000年、2001年、2003年、2005年、2006年、2007年、2008年、2009年和2010年宁夏全区出生人口性别比分别为109.45、110.62、109.83、111.52、112.94、111.69、113.64、112.84、113.87，年平均水平为113.88，年均高于正常值6.88(见表1)。

表 1 根据六普数据推算十年宁夏市级新生婴儿性别比

单位：%

年份	全区	银川市	石嘴山市	吴忠市	固原市	中卫市
2010	113.87	109.19	105.55	120.31	115.62	113.84
2009	112.84	111.23	110.55	117.04	111.32	113.02
2008	113.64	113.82	109.75	114.80	111.96	115.83
2007	111.69	114.32	106.31	111.88	109.85	112.63
2006	112.94	115.97	107.51	113.25	111.64	112.97
2005	111.52	111.46	107.57	112.91	112.16	110.90
2004	111.78	112.51	113.07	113.84	108.13	112.69
2003	109.83	112.44	107.90	110.25	107.56	110.23
2002	110.63	112.93	108.41	111.92	106.66	112.47
2001	110.62	113.14	110.40	111.38	108.18	109.70
2000	109.45	110.15	107.35	110.49	106.59	111.86

以上数据显示，自 2000 年以来，宁夏除石嘴山市以外，其他四市的出生人口性别比均已出现升高的问题，而且，回族集聚区的吴忠市和中部干旱带的中卫市以及南部山区固原市性别比出现严重失衡的情况。

（二）根据宁夏 2004—2009 公安统计年报数据显示

出生人口性别比分别为 111.18、108.97、111.50、114.10、112.33、108.44 年平均水平为 111.09，年均高于正常值 4.09。（见图 1）

图 1 2004－2009 年宁夏公安厅出生人口性别比变化情况

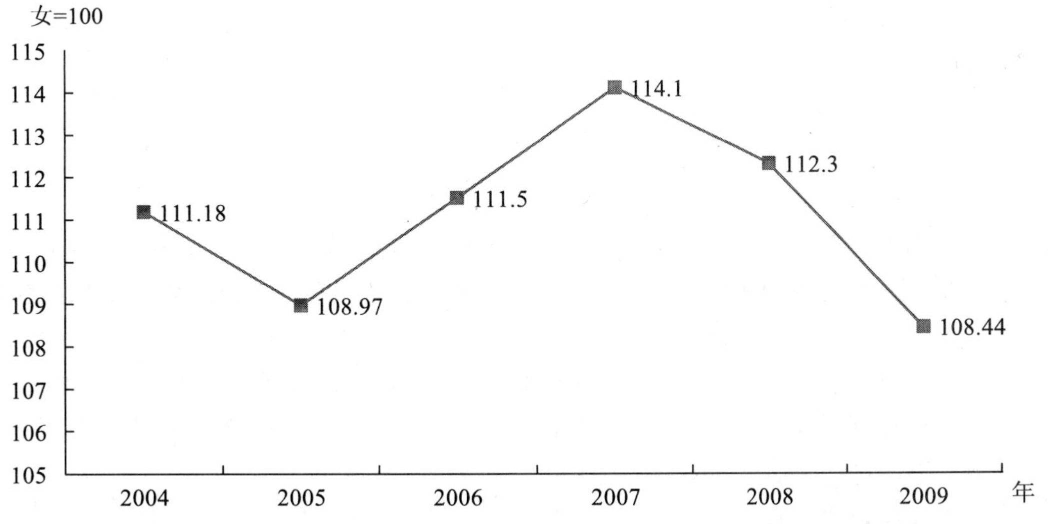

（三）根据宁夏计生委分孩次出生人口性别比看

通过几年性别比是随孩次升高而升高的（见图 2）。

通过对统计、公安、计生等数据看出，宁夏出生人口性别比已出现明显的超常偏高现象。这种现象表明，在生育行为背后存在人为干扰胎儿性别的情况。如不加以严格控制，就会形成日益严重和突出的人口性别结构失衡问题以及由此引发的一系列社会问题。因此，宁夏的性别比问题已到了该有关部门高度重视。

图2　宁夏人口计生统计分孩次出生人口性别比变化的情况

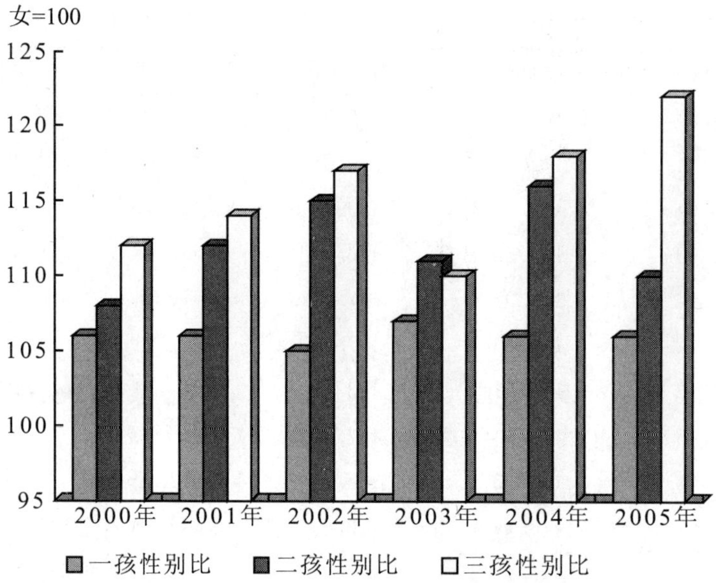

二、出生人口性别比失衡的影响和危害

目前，人们对出生人口性别比失衡问题的影响及危害有了越来越深刻和全面的认识，综合有关的研究主要有以下几个方面：首先，该问题是对妇女和女童人权的严重剥夺和损害，是当前我国性别关系不平等、不和谐，依然存在性别歧视的突出表现。第二，该问题有害于婚姻家庭关系的建立和稳固。庞大的过剩男子大军将带来婚姻市场的供需失衡，造成严重的“婚姻性别挤压”问题，即有一部分婚龄男性青年将难以解决婚配问题，由此引起的婚外恋增加、离婚率升高、买卖婚姻、诈骗婚姻、童婚交换等问题将日益严重。第三，该问题将导致侵害妇女的性犯罪、拐卖妇女女童等犯罪行为不断加剧，给色情服务场所提供了生存的空间，给女性的生存发展环境带来极大的威胁。第四，该问题也会影响低生育水平的巩固。性别比失调必然导致非婚生育、婚外生育和重新组合家庭中的超孕超生，引起生育的无计划性，使来之不易的低生育水平受到威胁。这些社会问题最终会影响甚至冲击社会的和谐和稳定。

通过对第六次全国人口普查资料分析认为，欠发达乃至贫困的西部民族地区一旦出现严重的出生人口性别比失衡问题，由于经济基础薄弱，生活水平低、人口素质也普遍偏低，上述危害将会表现更为严重。更令人担忧的是，其他地区特别是发达地区的性别比严重失衡问题，也将会给西部贫困和欠发达的民族地区带来严重的影响。

首先，随着经济社会发展和人口迁移的不断发生，受“人往高处走”的人口流动规律的作用，贫困落后地区的女性青年必然通过各种途径向经济发达地区流动，从而造成婚姻的“劫贫济富”现象，使发达地区的“婚姻挤压问题”向贫困落后地区转移，其结果是导致贫困落后地区成年人口的性别失衡日益严重，贫困的“光棍村”、“光棍镇”将会越来越多。

第二，由于别比失衡导致的各种社会问题也将对西部贫困落后地区产生更大的危害。这些地区的女性，特别是女童和女青年更容易受到买卖婚姻、性侵犯和绑架拐卖等违法犯罪行为的威胁和侵害。这就使得落后地区不得不承受其他地区性别比失衡问题的严重后果。因此，尽快治理和预防出生人口性别比失衡问题，对西部欠发达民族地区意义更为重要。

第三，口性别比例失衡，对未来将会带来的婚姻挤压、性别透支和人口结构失衡等严重社会问题，给人口安全、社会稳定带来巨大隐患，严重影响我区人口与经济、社会、资源、环境协调和可持续发展，甚至影响整个民族的繁荣和社会的长治久安。为此，各级政府要高度重视，各有关部门应采取有效措施，积极应对，努力化解矛盾，多做工作，遏制出生人口性别比失衡加剧的现象。

三、对宁夏出生人口性别比升高问题的对策建议

在最新修改颁布的《宁夏人口和计划生育条例》中，针对我区出生人口性别比日益升高的状况，《条例》采取综合配套的措施，加大了对该问题的预防和治理力度，在容易造成性别比升高的关键环节和重要部位都规定了一系列新的管理制度。为了贯彻《条例》的精神和有关规定，更加有效地预防和治理我区的出生人口性别比问题，应当着重采取以下措施。

(一)从贯彻落实科学发展观和构建社会主义和谐社会的高度认识控制出生人口性别比升高的重要意义

应该将预防和解决出生人口性别比升高问题作为党委、政府研究人口与计划生育工作的重点议题，并纳入人口发展规划和计生管理部门的工作目标和责任考核内容，以便促使各级政府和人口计生部门在日常工作中采取各种措施，和控制生育率一样控制性别比升高。

(二)认真做好出生人口性别比的统计监测与信息通报工作

《条例》规定："县级以上人民政府应当推进人口与计划生育信息化建设，加强人口数量、素质、结构、分布、迁移、就业等关系国民经济和社会发展重大问题的信息资源研究和开发利用，提高人口与计划生育科学决策、社会管理和公共服务水平。"这其中就包括出生人口性别比数据的统计监测与信息通报工作。应建立包括计生、卫生、经济、公安、统计等相关部门的出生婴儿性别比统计数据报告制度和数据监测工作制度，及时准确反映本地区分性别出生、引产、死产和分性别婴儿死亡的情况，并及时将重要信息通报当地政府及主管部门，为各级政府制定人口发展和社会管理方面的政策措施提供准确依据。

(三)建立健全控制出生人口性别比升高的配套管理制度。严格执行《条例》的规定，严厉制裁和打击非法鉴定胎儿性别和选择性别的终止妊娠行为

当务之急是要重点抓好B超登记和使用监管、孕情跟踪服务、流引产登记、终止妊娠药物管理、终止妊娠审查、举报有奖等方面的制度建设，建立起全方位、立体式的防控机制。同时，对育龄妇女的孕情进行跟踪监测和管理服务，做好优生监测、查孕、按期随访等服务工作，防止任何环节上的疏漏。要改变人们"重男轻女"的思想是一个长期的过程，当前要按照《条例》中的有关规定，多管齐下，标本兼治，综合治理，严厉制裁和打击非医学需要的胎儿性别鉴定、选择性别人工终止妊娠和遗弃、溺杀女婴及拐卖妇女儿童等违法犯罪行为。成立公安、人口、卫生、工商、民政等部门组织的联合整治工作组，开展专项整治活动，对违纪违规的按规定进行行政处理，构成犯罪的依法追究刑事责任。要制定举报奖励制度，动员群众参与到治理和预防出生人口性别比失衡问题的行动中来，切实对非法测定和选择婴儿性别的行为进行有效的遏制。

(四)深入持久地开展男女平等和新型婚育观念的宣传倡导工作，为治理出生人口性别比升高问题创造良好的文化条件和舆论氛围

出生人口性别比失衡问题是一个宏观性、渐进性的社会问题，这使人们对其危害性缺乏应有的认识；同时该问题也是一个具有普遍性的群众心理、认识和观念问题。治理出生人口性别比问题，必须把宣传教育工作放在首位，将其纳入精神文明建设和公民道德规范教育的内容之中，动员新闻媒体和社会各界，开展广泛、深入、持久的宣传教育，特别要注重探索开展宣传倡导工作的有效形式和长效机制。

(五)建立和完善有利于计划生育、有利于女孩及其家庭的社会经济政策和社会保障制度，以改变人们重男轻女的传统观念和行为

对实行计划生育的家庭特别是纯女户，在分配集体经济收入、享受集体福利、划分宅基地、就业、子女入学、升学、缴纳学费等方面均给予一定的优待优先，真正使所有计划生育家庭，尤其是纯女户在社会上有地位，经济上有实惠，生活上有保障。从而，让应该出生的女婴顺利问世，让已经出生的女婴在今后的一生中能够享有基本权利和福祉，充分体现出生女孩的价值。这样，才能逐步改变人们生育上的男孩偏好，真正树立起生男生女都一样的新型生育观。

宁夏统计局 贺惠英

六普的极低生育率低在哪里?[①]

一、研究背景与研究目的

中国的总和生育率(TFR)在20世纪90年代初降到更替水平以下,后来又进一步下降。尽管在较长时间里,很多人都将低生育率归因于调查中的严重漏报瞒报,然而后来的绝大多数全国性人口调查却不断重复着这种很低的总和生育率结果。2000年人口普查公布的总和生育率仅为1.22(国务院人口普查办公室、国家统计局人口和社会科技统计司,2002),2005年全国1%人口抽样调查反映出总和生育率仅为1.33(国务院全国1%人口抽样调查领导小组办公室、国家统计局人口和社会科技统计司,2007)。实际上,多年来历次全国人口变动抽样调查以及国家人口计生委组织的全国人口调查也反复表明中国生育率处于很低水平。

生育率到底是多高,这个问题关系到对中国人口发展进程的总体把握,不仅事关当前的人口和计划生育工作安排,而且关系到对人口长期发展趋势的前瞻性估计。人口发展状况和趋势又是各种社会经济发展规划的基础,因此,正确把握生育水平是一个极为重要的战略问题。纵观20年来对中国低生育水平问题的认识,反映出人口研究领域陷入了一个统计怪圈(郭志刚,2010),即"见到低生育率统计结果→归因于漏报并调高生育率估计→继续严格控制→再次见到低生育率统计结果"。因此,当我国生育率降到更替水平以下乃至达到很低程度时,便进入了一种迷茫状态。在对低生育现象缺乏认真的经验核实、原因探讨和深层理论研究的情况下,便认定出生漏报是我国低生育现象的首要原因甚至唯一原因,迟迟无法理解和正视中国人口早已进入低生育率时代这个极要重要的事实。

六普主要数据揭示出,我国总人口规模远远低于以往人口预测和规划水平,年龄结构上呈现出的少子化和老龄化程度也大大超出了以往的预测。根据六普主要结果对以往中国人口发展进行的模拟表明,以往多年来人口统计和估计结果的确存在严重失误,并且主要反映在高估出生水平和生育水平(郭志刚,2011)。六普公布的全国总和生育率为1.188,再次创下中国生育率的最低记录。根据以往研究的经验和教训,这个新低记录不能免除有统计漏报、瞒报的影响,但是即便如此,六普数据仍应得到充分尊重。笔者相信,六普数据可以反映中国生育方面的基本状况,并提供大量的参考信息。

本文的研究目的是:通过对六普生育数据的细致分析,探索六普生育率相比以前水平到底发生了哪些变化,定量描述六普新低生育率的原因。然后,本文就这些变化特征的可信性加以评论和判断。

本文所描述的六普生育率水平[②]、变化及影响因素均来自于六普生育数据直接展示的结果,分析中并未进行任何统计调整。也就是说,本文并不想提供一个"准确的"六普生育水平估计,但是本文分析结果将有助于推进对当前的实际生育水平和发展趋势的认识。

二、全国分孩次的总和生育率

表1提供了六普公布的长表分孩次总和生育率以及根据六普1‰样本数据的计算结果,同时提供了五普以及2005年小普查的相应结果。首先,六普长表的全国总和生育率为1.188,而六普1‰样本数据

---

① 本文为教育部人文社会科学重点研究基地重大项目"中国低生育率研究"(项目批准号:12JJD840005)的阶段成果。

② 本文在生育率计算方法上沿用了五普的标准统计方法,而未使用六普的标准生育率统计公式,因为前者更符合人口学常规,并且可以取得较平滑的年龄别生育率曲线。但是,两者取得的总和生育率值并无差异。

计算与之十分接近，且各孩次别总和生育率也吻合较好。六普的总和生育率水平低得惊人，不但低于计划生育政策所要求的全国平均生育水平 1.47（郭志刚等，2003），而且打破了 2000 年五普创下的低生育率记录 1.22。

表 1　全国育龄妇女的总和生育率及其比较

数据来源	孩次			
	1	2	3+	合计
2010 年六普长表资料	0.728	0.381	0.079	1.188
根据六普 1‰样本计算	0.729	0.379	0.082	1.190
2005 年小普查公布	0.891	0.384	0.063	1.338
2000 年五普公布资料	0.867	0.288	0.066	1.221

比较孩次别总和生育率便能发现：六普的一孩总和生育率显著低于 2000 年普查和 2005 年小普查的结果；六普二孩总和生育率明显高于五普结果，与 2005 年结果大体持平；而六普多孩总和生育率均略高于 2000 年和 2005 年的结果。也就是说，六普总和生育率之所以创下新低记录主要是一孩生育率显著下降（仅仅略高于 0.7）的缘故。

表 2 提供了以年龄别生育率为权数计算的孩次别平均生育年龄。可以看到，按六普公布生育率计算的孩次别平均生育年龄均比根据 1‰样本数据的相应结果高出 0.2—0.4 岁。这种幅度在孩次别平均生育年龄上应该算是比较显著了，表明样本妇女的生育年龄较早。但是六普结果与以往统计相比的变化则更为显著，其一孩平均生育年龄为 26.6 岁，比 2000 年（24.0 岁）和 2005 年（24.1 岁）提高了 2.5 岁。在二孩平均生育年龄上，2005 年比 2000 年提高了近 1 岁，而 2010 年则比 2005 年又提高了 1.5 岁。六普结果在平均多孩生育年龄上为 33.4 岁，比 2000 提高了 2.5 岁，比 2005 年提高了 2.0 岁。总的来看，2010 年时各孩次生育均比以往统计有了十分显著的推迟。

表 2　全国育龄妇女的孩次别平均生育年龄

单位：岁

数据来源	孩次		
	1	2	3+
2010 年六普长表资料	26.65	30.83	33.44
2005 年小普查资料计算	24.1	29.3	31.4

综合以上两表可知，六普的极低总和生育率主要降在一孩生育率上，而其中一个重要原因是因为一孩生育年龄大幅度推迟产生的时期进度效应。六普时二孩和多孩生育年龄虽然也有大幅度推迟，但是较年轻妇女在这两类孩次的生育推迟影响并不能抵消以前的推迟生育在 2010 年得以补偿实现的影响，所以二孩总和生育率相对 2005 年并未下降，相对于 2000 年则有明显提高，而多孩总和生育率则比以前两次调查都有提高。

三、市镇县生育水平分析

表 3 提供了六普公布的全国市镇县的分孩次总和生育率，以及根据六普 1‰样本统计的相应总和生育率。总的来说，六普样本统计结果与六普长表结果非常接近。生育率地区差异明显，市的水平最低，镇的水平居中，县的水平最高。

对比 2005 年的情况，六普市镇县的总和生育率都有所降低。其中，一孩生育率上降低最显著。市一孩总和生育率降幅近 0.07，而镇和县一孩生育率下降幅度更大，降幅均超过了 0.2。所以，各类地区人口（尤其是镇和县）在一孩生育率的显著下降导致了六普全国一孩总和生育率处于 0.73 的极低水平。在二孩生育率上，市和镇的水平略有提高，县的水平则略有下降。在多孩生育率上，六普水平均比 2005 年略有提高。

表 3　市镇县育龄妇女的总和生育率

数据来源	地区类型	孩次			
		1	2	3+	合计
六普长表资料	市	0.675	0.191	0.022	0.887
	镇	0.720	0.379	0.063	1.161
	县	0.771	0.542	0.131	1.444
2005 年小普查	市	0.743	0.167	0.017	0.926
	镇	0.926	0.317	0.035	1.278
	县	0.990	0.560	0.104	1.654

表 4 提供了 2010 年六普各类地区的孩次别平均生育年龄。可以看到，六普中市的一孩平均生育年龄远高于镇和县的相应水平，分别高出 2.5 到 3.5 岁，而 2005 年小普查时这种差异则分别为 1.5 到

2.1岁。这反映出，市的初婚初育年龄在全国是率先迅速推迟的，而镇和县则相继跟进。并且，六普结果还反映出，市镇县在二孩和多孩的平均生育年龄上也同样都有显著推迟，而且市镇县之间的差别也变得越来越大。尽管各孩次生育年龄在各地区都显著推迟，然而导致的生育率变化却不尽相同，其中我们发现镇和县的一孩生育年龄推迟导致了非常显著的生育率下降。

表4　市镇县育龄妇女的孩次别平均生育年龄

单位：岁

数据来源	地区类型	孩次		
		1	2	3+
六普长表资料	市	28.83	32.31	34.54
	镇	26.30	30.96	33.63
	县	25.33	30.30	33.01
2005年小普查资料	市	26.04	30.57	31.74
	镇	24.49	30.15	32.02
	县	23.87	29.47	31.32

四、按户口类型划分的生育率分析

由于巨量人口从农村向市镇流动，常规按市镇县划分的人口分析虽然能部分地反映出生育政策不同的影响，但是市镇县口径却并不能很好地作为生育政策口径的替代指标。这是因为一孩生育政策虽然主要是在市镇推行，然而农村地区却是多种生育政策并行。至于已经离开农村、进入城镇地区的流动人口中已经有很大一部分流而不动，成为城镇地区的常住人口。在计划生育管理中，流动人口虽然进入城镇地区，但是他们仍然执行原户口地区的生育政策条例。

所以，无论是对计划生育工作而言，还是对人口预测而言，往往采用户口类型（即农业户口或非农业户口）作为划分人口类型的标准更佳。尽管户口类型口径并不是国家标准的统计口径，然而按这种口径的分析和预测结果却构成了计划生育管理和人口规划的重要信息。表5提供了按照户口类型划分的生育率结果。

首先，我们看到非农业户口的总和生育率水平极低，仅为0.85。这个水平已经低于城镇居民中普遍推行的独生子女政策的要求。非农业户口育龄妇女的一孩总和生育率只有0.70，除了可能存在一定出生漏报，城镇育龄妇女的初婚初育较晚也是不可忽视的解释因素。值得注意的是，一方面非农户口育龄妇女的总和生育率低于六普长表资料计算的市镇合并口径的相应生育率（0.98），反映出农村流动育龄妇女进城后的对市镇生育率的影响。另一方面，非农户口一孩总和生育率（0.70）反而略高于市镇合并口径的相应生育率（0.69）的，反映出农村育龄妇女进城不但没有提高市镇的一孩总和生育率水平，反而使其略有降低。这并不一定就是出于流动人口出生漏报的影响，更有可能是农村育龄妇女进城后改变了原有的生活方式和生育观念，因而其初婚和初育年龄也就随之显著推迟所带来的影响。

其次，六普农业户口总和生育率为1.31，明显低于表3中的县人口的相应水平（1.44）。实际上，在2005年时便有类似情况发生。这反映出县人口是留在家乡的农业户口人口，而流入城镇地区的农业户口妇女的生育水平虽然高于非农业户口妇女，但是却低于留在家乡的农业户口妇女。

表5　2010年按户口类型划分的总和生育率

数据来源	户口类型	孩次			
		1	2	3+	合计
根据六普1‰样本计算	非农业	0.703	0.132	0.015	0.851
	农业	0.712	0.487	0.111	1.310
根据2005年2‰样本计算	非农业	0.792	0.092	0.008	0.892
	农业	0.964	0.492	0.080	1.537

重要的是，我们再次看到，六普生育率比2005年水平的降低中，其实非农户口生育率降得很少（仅0.04），而农业户口人口生育率则极为显著地下降了0.22。因此，无论这种情况背后是由于出生漏报还是由于实际生育率变化，都需要充分重视，需要进一步的研究与证实。

五、流动育龄妇女人口的生育率分析

当前的流动人口主体是年轻力壮的男女劳动力，同时又处于人口再生产的高峰期。以往一提起人口调查的漏报，人们总是习惯性地联想起“超生游击队”，认定他们具有较高生育水平，并且出生漏报极为严重。然而已经有许多统计证据表明，当前流动人口的受教育程度其实相对较高，观念更新，流动的目的主要是追求个人发展和较高收入。从这种视角来看，尽管流动人口计划生育管理难度加大，但是这并不等于流动人口一定会有较高的生育率。

表 6　全国育龄妇女按流动状况划分的总和生育率

数据来源	类别	孩次			
		1	2	3+	合计
六普 1‰样本	流动妇女	0.770	0.316	0.058	1.143
	非流动妇女	0.718	0.400	0.089	1.206
2005 年 2‰样本	流动妇女	0.838	0.262	0.037	1.137
	非流动妇女	0.964	0.400	0.064	1.427

表 6 提供了根据六普 1‰数据样本统计的全国育龄妇女按流动状况的孩次别总和生育率，并提供了 2005 年小普查样本的相应结果。其实，2005 年小普查和六普的结果都表明流动育龄妇女的总和生育率要低于非流动妇女。值得注意的是，六普两类之间的差距(0.06)已经比 2005 年的差距(0.29)大大缩小了，原因是六普流动妇女的生育率比 2005 年水平略有上升。与此同时，我们却看到非流动妇女的生育率却从 1.427 降到 1.206，下降了 0.2 以上。并且，生育率下降集中发生在非流动妇女的一孩生育率上。这一方面反映出六普生育率创造新低并不是流动妇女的出生漏报更严重了，另一方面还潜在地印证了前面分析的发现，即留在农村(即县口径)的妇女的生育率显著降低了。

六、按户口类型和流动状况划分的总和生育率

按照现行计划生育管理要求，流动人口在改变现住地后仍服从原籍地的生育政策，而原籍地的生育政策在不同户口类型上则存在显著差异。表 7 提供了按户口类型和流动状况交叉分类的生育率统计。结果表明，确实只有农业户口非流动妇女这一类的生育率(1.37)比 2005 年(1.64)非常显著地下降了 0.27。同样，这一下降中主要发生于一孩生育上。实际上，2005 年时该类的一孩总和生育率存在一定的出生堆积现象(即 TFR(1)大于 1.0)，而六普时该类的一孩总和生育率却只有 0.697，比 2005 年相应水平下降了 0.3 之多，甚至已经低于农业户口流动妇女的一孩总和生育率(0.76)。尽管农业户口流动妇女和非农业户口非流动妇女的一孩总和生育率也都有所下降，但幅度要小得多；而非农业户口流动妇女的一孩生育率却略有提高。在二孩和多孩总和生育率上，六普时所有四种交互类别的统计值全都略高于 2005 年小普查的结果。

表 7　2010 年按户口类型和流动状况划分的总和生育率

数据来源	交互类别	孩次			
		1	2	3+	合计
根据六普样本计算	农业户口流动妇女	0.760	0.348	0.063	1.172
	农业户口非流动妇女	0.697	0.540	0.129	1.366
	非农业户口流动妇女	0.814	0.174	0.030	1.018
	非农业户口非流动妇女	0.692	0.130	0.015	0.837
根据 2005 年样本计算	农业户口流动妇女	0.839	0.304	0.045	1.188
	农业户口非流动妇女	1.012	0.535	0.088	1.635
	非农业户口流动妇女	0.797	0.126	0.011	0.934
	非农业户口非流动妇女	0.798	0.090	0.008	0.895

七、县育龄妇女未婚比例大幅提高的影响

如上所述，农业户口非流动妇女大体上就是调查时居住于农村(即县口径)的妇女。什么原因导致六普居住在农村的妇女的一孩生育率发生了如此明显的下降呢？本文前面已经发现全国一孩总和生育率的下降是与一孩平均生育年龄显著推迟相关，实际上分析还表明以上所有类别的一孩生育率下降也都是这样，无一例外。本节将换一种统计指标来专门分析六普农村一孩生育率的下降原因。

图1提供了近年普查县育龄妇女的年龄别未婚比例曲线。可以看出，2000年至2005年期间县妇女未婚比例曲线变化很小，然而2005年至2010年期间这一曲线在20岁至35岁的变化非常显著，在22岁至25岁的年龄别未婚比例提高幅度都在10个百分点以上，而这段年龄正是一孩生育高峰期。由于未婚妇女只构成生育率的分母，然而却不能贡献生育率的分子，因此县育龄妇女未婚比例的大幅提高自然会显著降低县的一孩总和生育率。

图1 县女性的年龄别未婚比例

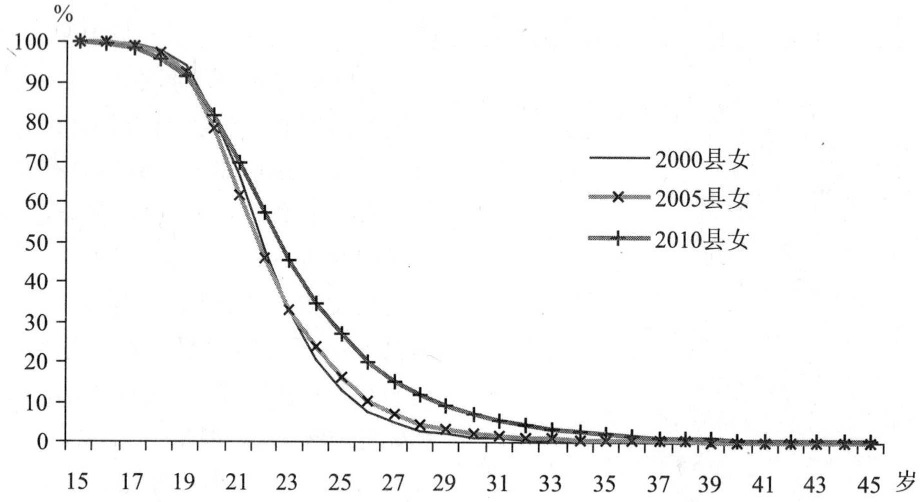

实际上，市镇育龄妇女的年龄别未婚比例也有比较明显的提高。然而，由于城镇本来生育率就低，而且以往推迟生育近年来得以补偿实现，因此城镇育龄妇女未婚比例提高在降低生育率上的作用反映得不太明显。而农村本来生育率相对较高，因而2005年以来的晚婚趋势便呈现出降低生育率的显著影响，尤其是在一孩生育率上。

在六普公布的乡村妇女的年龄别人数基础上，按2005年小普查公布的乡村妇女未婚比例推算出相应未婚人数，来进行标准化比较。如果2005年以来乡村妇女各年龄未婚比例不变，那么2010年20—34岁(生育高峰期)的推算未婚比例为22.2%。结果是，按这种假定推算的乡村未婚比例要比六普实际未婚比例低7.9个百分点。可见，六普生育率很低是存在内在原因的，并不简单就是出生和生育漏报的结果。况且，妇女对申报婚姻状况的敏感度要远低于申报前一年的生育情况，因此没有必要去刻意隐瞒实际婚姻状况。

八、年龄递进生育分析

生育过程实际上是严格的递进事件，也就是说，只有未生育者才能生育一孩，只有生育过一孩且尚未生育二孩者才能生育二孩。而常规生育率虽然是在生育研究中应用极为普遍的方法，则是以年龄别所有妇女总数作为基数，因而没有容纳育龄妇女的曾生孩次信息，也就不能控制曾生孩次这种结构影响。

我国已经推行多年的计划生育，对不同地区进行分类指导，形成多种生育政策类型，其最显著的特征便体现在二孩生育上的控制程度不同。多年在不同地区实施不同的生育政策，便会形成地区之间育龄妇女的孩次结构上的相应特征。显然，常规生育率的计算并不考虑对孩次结构的控制，因此这一缺

陷有可能导致其统计结果受时期或地区之间孩次结构影响很大，于是较难把握其统计结果上出现的波动或差异。并且，这时的时期生育率也不宜作为假设队列终身生育率来理解。实际上，在中国人口和计划生育领域中早就有统计递进总和生育率的实践。表 8 中应用中国学者马瀛通等人(1986)创建的年龄别孩次递进模型来计算六普的总和递进生育率，并与以往相应结果加以比较。

表 8 中提供的全国合计的总和递进生育率 1.392 远高于表 1 中相应常规总和生育率指标值 1.190，充分反映了当前是否控制孩次结构影响会导致生育率结果上大不相同。而且，总和递进生育率之所以能高出常规总和生育率很多也主要是因为全国一孩总和递进生育率(0.979)远高于常规一孩总和生育率(0.729)。这种统计比较表明，较低的常规一孩生育率其实主要是受到一孩生育年龄推迟的影响，而数值接近于 1.0 的一孩递进生育率则表明，尽管一孩生育推迟了，但当前绝大多数育龄妇女仍然至少会生育一个孩子。而全国二孩和多孩递进的总和递进生育率值其实反而略低于相应孩次的常规总和生育率水平，这表明从递进生育的角度来看，实际上当前处于只有一个孩子或两个孩子育龄妇女数量(即递进生育的分母)很大，因此相对于同样数量的二孩或多孩生育，相应的递进比反而有所降低，导致推导出来的二孩或多孩递进生育率水平也会比相应孩次的常规生育率较低。要是将表 8 的六普全国递进生育率与 2005 年的相应统计结果对比，其实各孩次及合计的递进生育水平都很接近，并无太大变化。

表 8 全国及市镇县的总和递进生育率

数据来源	地区类型	孩次			
		1	2	3+	合计
六普 1‰样本	市	0.968	0.163	0.009	1.141
	镇	0.990	0.363	0.036	1.390
	县	0.983	0.561	0.085	1.628
	全国	0.979	0.368	0.045	1.392
2005 年 2‰样本	市	0.937	0.156	0.007	1.100
	镇	0.985	0.344	0.024	1.354
	县	0.992	0.623	0.072	1.687
	全国	0.976	0.409	0.039	1.424

由于当前一孩递进生育率显著高于常规一孩递进生育率，因此六普分市、镇、县的总和递进生育率自然也比相应的常规生育率水平要高出 0.2 以上。与 2005 年的相应统计结果比较，六普市镇在各孩次的递进生育水平都略有提高，而县的合计递进生育率却有所降低，主要发生在一孩和二孩的递进生育上。

总之，六普所有各项递进生育率与 2005 年相应水平的变化幅度都不大，均在 0.06 以内。也就是说，排除孩次结构变化影响以后再看，近年来的递进生育水平其实相当稳定，没有明显变化。

九、终身生育率与时期总和生育率

以往多年来人口调查数据不断重复着很低的生育率水平，然而却总是被看作严重出生漏报的结果而加以大幅度调整，其中有一种做法是引用调查中 35—39 岁妇女的平均生育子女数来直接作为总和生育率估计。笔者曾指出(2008)，这一指标其实是队列累计生育水平，可以作为终身生育率的近似估计，但其中包含的生育发生在调查时点的前 20 年中，所以不能作为调查当年的总和生育率的估计。在生育率下降的转变中，这一指标值会远远高于总和生育率。但是参考历次普查这一指标与总和生育率之间的关系确实有助于对于理解当前的低生育率水平。

图 2 提供了历次人口普查中的这两种指标。首先，35—39 岁妇女的平均子女数已经从 1982 年普查的 3.8 降到了 2010 年的 1.52，它们分别大致反映了 1943—1947 年出生队列和 1971—1975 年出生队列的妇女终身生育水平。其次，这个指标值在历次普查中都显著高于总和生育率值。事实上正是由于 1990 年时两者相对比较接近，才使得一些研究人员认为也可以用它来估计 2000 年时的"真实"总和生育率，但是这显然是一种误解。这种做法已经不太适用于 2005 年小普查了，因为即使这个指标也已经显著低于 1.8 生育率的权威口径。此次六普该指标值则只有 1.52，反映出中国的终身生育水平其实已经相当接近于现行生育政策所要求的水平(1.47)。

六普这种终身子女率是根据育龄妇女自己所申报的子女数统计出来的，因此不可避免地会受瞒报低报的一定影响。然而，尽管这个指标存在低报偏差，仍能反映出终身生育水平的基本趋势。图 2 揭示出，中国终身生育率在 1990 年后跨跃了更替水平，并且继续一路走低，日益趋近于现行生育政策的要求。了解终身生育水平的历史变化轨迹，再反过头来看时期总和生育率的变化以及六普创下的新低，这两者所处的内在机制其实是高度一致的，其实并不存在难于理解的障碍。

图 2　历次普查 35－39 岁组妇女的平均子女数

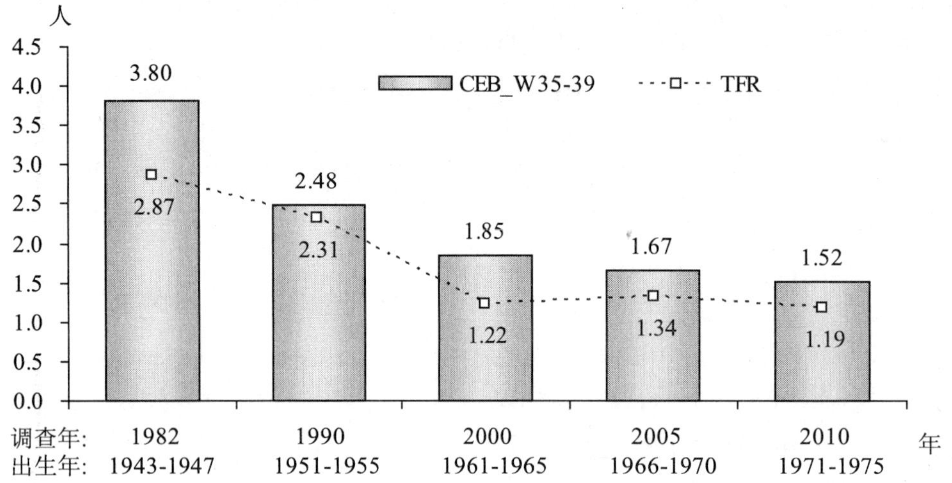

一些学者认为，既然超生现象仍旧存在，那么时期总和生育率低于政策要求水平就是不可能的。这显然是一种错误认识。因为，政策生育水平本身也是一种终身生育指标，而婚育推迟一类的时期进度效应的强劲影响导致时期生育水平较长期地低于政策生育水平不仅完全可能，而且是正在发生的现实。其实，以往多次人口普查和调查的结果已经反复证明了这一点，只是人们自己不承认极低生育率已经是中国的现实，非要一味将其说成是纯粹出生漏报的产物。

十、小结与讨论

六普总和生育率在 2005 年相应低水平上又下降了 0.15，创造了新低记录 1.188。本文通过六普生育数据的分析发现：第一，从全国水平来看，一孩生育普遍推迟的强烈时期进度效应造成全面性的一孩总和生育率下降。第二，在一孩总和生育率的全面下降中反映最突出的是居住于农村（即县口径）的育龄妇女的一孩总和生育率下降。第三，无论是全国还是各种分类的一孩总和生育率的下降主要是因为普遍存在婚育年龄的推迟，其强烈的时期进度效应导致了一孩总和生育率的显著下降。其中，居住于农村的育龄妇女在这一方面的变化最大，反映出晚婚晚育模式近年来已经从城镇地区扩散到了广大农村地区。

但是六普总和生育率创造新低的统计现象本身亦是由于常规生育率统计方法不能有效控制育龄妇女孩次结构影响所导致的。本文用年龄递进生育模型所计算的各类总和生育率与 2005 年的相应水平相比其实变化幅度不大，各类及各孩次的递进生育率水平的绝对变化幅度均小于 0.06。因此，在排除了孩次结构及大部分时期进度效应以后，其实全国递进生育水平仅略有降低，生育水平处于十分稳定的状态。

以上结论均是直接使用六普数据分析的结果，未加任何统计调整，为理解六普生育水平提供了直白的参考数据。那么，以上这些结论是否亦为六普数据存在严重出生（生育）漏报影响所导致的结果呢？笔者认为并不是这样。首先，分析结果显示出，六普的生育率下降主要发生在一孩生育上，而二孩生育和多孩生育的水平却普遍略有上升。而现行生育政策并不限制一孩生育，因此育龄妇女对其一孩生育没有必要刻意瞒报。其次，分析表明一孩生育率下降的原因是近年来晚婚晚育情况发展迅速，导致育龄妇女未婚比例显著提高和各孩次平均生育年龄显著提高。一方面，育龄妇女没有必要隐瞒自己的婚姻状况，另一方面，六普中申报有生育的妇女也没有必要在年龄上做假。因此，这些变化应该反映了实际中发生的人口变化，而不能简单地归结为漏报和误报的影响。

笔者并不否定六普生育数据存在一定的漏报瞒报现象，但是本文分析揭示出六普生育率极低具有人口发展自身的内在原因，而通过递进生育率和终身生育率的分析也足以反映中国人口生育水平已经过低的现实。

主要参考文献：

1. 国务院人口普查办公室，国家统计局人口和社会科技统计司．中国2000年人口普查资料．中国统计出版社，2002.
2. 国务院全国1%人口抽样调查领导小组办公室，国家统计局人口和社会科技统计司．2005年全国1%人口抽样调查资料．中国统计出版社，2007.
3. 国务院人口普查办公室，国家统计局人口和就业统计司．中国2010年人口普查资料．中国统计出版社，2012.
4. 郭志刚，张二力，顾宝昌，王丰．从政策生育率看中国生育政策的多样性．人口研究，2003，5.
5. 郭志刚．中国的低生育水平及相关人口研究问题．学海，2010，1.
6. 郭志刚．六普结果表明以往人口统计和预测严重失误．中国人口科学，2011，6.
7. 马瀛通，王彦祖，杨书章．递进人口发展模型的提出与总和递进指标体系的确立．人口与经济，1986，1—2.

北京大学中国社会发展研究中心研究员　社会学系教授　郭志刚

安徽省妇女生育水平变动与生育模式变迁研究

——以"六普"数据为基础

一、引言

生育问题的研究一直是人口学界关注和研究的热点问题之一。自20世纪70年代初以来,实行以控制人口增长为目标和核心的计划生育政策,我国的人口问题也发生了巨大转折。郭志刚(2012)认为我国的生育率伴随经历三个阶段:生育率急剧下降的1970年代;生育率波动徘徊的1980年代;以及进入及稳定在低生育水平上的1990年代并直到现在。对于计划生育政策实行的社会价值和历史评价,国内学术界也一致处于讨论和思考界定之中,在2010年社会各界都在纪念"中共中央关于控制我国人口增长问题致全体共产党员、共青团员的公开信"发表30周年之际,人口学者们对于以"公开信"为标志的计划生育政策的评价也可以说是盖棺定论,一致肯定了以"公开信"为标志的计划生育政策的效果,认为其所带来的人口变化和社会经济影响是积极而重大、深刻而久远。《国家人口发展战略报告》具体概括了计划生育政策举世瞩目的成就与经验:一是实现了人口再生产类型的历史性转变。在不到30年的时间内,人口再生产类型由"高出生、低死亡、高增长"转向"低出生、低死亡、低增长"。总和生育率从20世纪70年代初的5.8下降到目前的1.8,低于更替水平。比其他发展中的人口大国提前半个多世纪跨入低生育水平国家行列。少生了4亿多人,使世界60亿人口日推迟4年。二是有效缓解了人口增长对经济社会资源环境的压力。三是人口素质状况明显改善。15岁以上国民人均受教育水平从20世纪80年代初的4.5年已提高到目前的8.5年左右;总人口中,小学以下文化程度的比例显著下降,初中以上文化程度的比例明显上升,大学以上毕业生由1982年的610万跃升到2005年的7000万人左右。贫困人口大幅度减少,妇女地位显著提高。四是生育率下降导致人口抚养比下降1/3,为经济增长创造了40年左右的人口红利期。五是为世界人口与发展做出了重要贡献,也为世界各国尤其是发展中国家控制人口过快增长提供了宝贵经验。

然而在充分肯定计划生育政策社会价值和历史作用的同时,学术界对于我国当前的真实生育率水平却一直处于迷茫期。这种迷茫可以说始于20世纪90年代初。各种调查显示的总和生育水平自1992年开始均低于世代更替水平2.1以下,特别是到2000第五次人口普查显示仅为1.22(见表1)。甚至,关于我国人口总和生育率下降到世代更替水平以下这一事实,在20世纪90年代无论是人口学者还是计划生育工作者迎接这一转折的都是一片质疑和拒绝声。但随着各项不同年份和不同部门统计数据的出炉,且尽管不同专家学者对于生育率的估计数值各异,但由于所显示的生育率变动趋势是一致的——妇女总和生育率处于下降趋势且已低于世代更替水平,人口学界也不再将低生育率过度归因于出生漏报和瞒报和统计偏差影响。但真正接受我国进入低生育率时代这个现实是在2000年,党中央国务院出台了《关于加强人口与计划生育工作稳定低生育水平的决定》,成为正式接受这个现实的历史标志。

表 1 1990 年以来各种调查显示的全国总和生育率水平

年份	第四次人口普查①	国家统计局公布②	1992 年调查③	1997 年调查④	第五次人口普查⑤
1990	2.31	2.17	2.04	2.29	2.37
1991		2.01	1.66	1.75	1.80
1992			1.47	1.57	1.68
1993				1.51	1.57
1994		1.56		1.32	1.47
1995		1.43		1.33	1.48
1996		1.55		1.35	1.36
1997		1.46			1.31
1998		1.11			1.31
1999		1.45			1.23
2000		1.22			1.22

来源：①1990 年为全国人口普查结果；②国家统计局公布，见相应各年《中国人口统计年鉴》，其中 1994 年以后的 TFR 均根据相应年份的年龄别生育率计算得到；③为于景元等根据国家计生委 1992 年中国生育率抽样调查数据计算得到；④为郭志刚(2000)根据 1997 年国家计生委全国人口与生殖健康调查数据计算得到；⑤为郭志刚(2003)根据 2000 年全国人口普查数据通过家庭匹配方法计算得到。

进入 21 世纪，人口学界将更多的目光投注在“低生育率陷阱”这一现实问题，对于是否需要调整现行的生育政策和调整生育政策的最佳时期等问题的讨论处于风口浪尖。但苦于缺少较为准确和让各方信服的基础人口数据，而总和生育率又是判断人口和计划生育形势的重要指标，讨论未能达成一致意见 。于是，近 20 年来我国人口学界一直处于这样一个状态：一方面不敢相信调查到的很低生育率，另一方面又不知道实际生育率到底有多高。在这种情况下，而政府部门一直沿用生育率为 1. 8 左右的口径作为工作规划和宣传中的指导。因而围绕生育政策调整问题，各方争执了近 20 年，至今仍没有结果。因此很多学者将希望和期待寄托于我国第六次全国人口普查数据的公布，希望能够借六普数据，拨开一直困顿着人口学界的迷雾，看清中国人口发展的历史、现状与前景的机会，在我国陷入“低生育率陷阱”之前采取积极应对策略。

安徽省处于江淮大地，一直以来是一个农业大省和人口大省，人口总量始终居全国第八位，占全国总人口的比重在 5%左右。同时其地理位置的独特性和区域经济发展的复杂性，使得全省的人口发展状况也更加多样性和复杂性。本文借助于第六次人口普查数据，同时结合全省近十年来的人口统计年鉴数据，从横向和纵向两个角度进行考察和研究，以期进一步了解当前全省妇女的生育水平和生育模式的变迁情况。了解当下全省实际生育水平和当前所处的生育率发展阶段，对于掌握全省的人口发展形势，评价全省人口发展数量、质量和结构控制效果，对于制定未来人口政策和社会经济发展的决策以及相关研究的开展无疑将会起到十分重要的补充作用。

本文中所采用的分析数据来自于两个方面：一方面数据为安徽省第六次全国人口普查数据，主要用于横向分析比较我省各个地市间的生育水平；另一方面数据为安徽省近十年的统计年鉴数据，主要用于纵向考察我省近十年来的生育水平的变动趋势。在研究统计方法上，本文主要采用 SPSS、MAP-GIS 等软件和数据分析技术对相关数据进行处理并得出相关结论。

二、安徽省生育水平现状及发展趋势

(一)生育水平逐年下降并稳定低生育水平

妇女生育水平是指在一定时间和空间范围内，生育有生命表征的婴儿数，其水平高低在很大程度上将决定着未来人口发展的规模与结构。用于观察和测量人口生育水平的指标，一般采用育龄妇女(18—49 岁妇女)总和生育率(TFR)和年龄别生育率这两个指标，这样能够排除人口性别和年龄结构对于生育水平的影响。而总和生育率则是指在一定时期内(通常是一年)育龄妇女年龄别生育率之和，即假设按照现时某一年度各年龄妇女的生育水平来估算一个妇女一生可能生育的孩子数。

20世纪70年代，国家提出“一个不少，两个正好，三个多了”的生育政策，当时全国总和生育率均值为4.01。1978年以后，中国的社会经济发生了重大变革，进入到以经济建设为中心的新时期，对人口问题的认识进一步加深，1980年9月25日，中共中央发出了致全体共产党员、共青团员的公开信，提倡“一对夫妇只生一个孩子”；1984年4月，中共中央批转国家计划生育委员会《关于计划生育工作情况汇报》（中央7号文件），政府把实行计划生育定为基本国策，明确人口控制目标和发展规划。

同全国的人口发展趋势一致，随着计划生育工作的深入开展，安徽省育龄妇女生育水平也迅速下降，总和生育率由1970年的6.5降至1982年的2.79，甚至在1985年达到2.04的总和生育率水平，低于世代更替水平。之后由于80年代末的生育高峰影响，育龄妇女生育水平在1990年回升至2.51的总和生育率水平。但进入20世纪90年代以后，同全国绝大多数省份一样，生育水平进入了快速下落期，至2000年育龄妇女总和生育率仅为1.33，远远低于于2.1的世代更替水平，达到历史最低点。此后生育水平略有回升，2005年和2010年人口数据显示育龄妇女生育率分别为1.77和1.48，可以肯定虽然安徽省生育水平有一定的波动性，但于20世纪90以来进入了低生育水平，且稳定在世代更替水平以下，总和生育率低于1.8。

图1　安徽省主要年份总和生育率

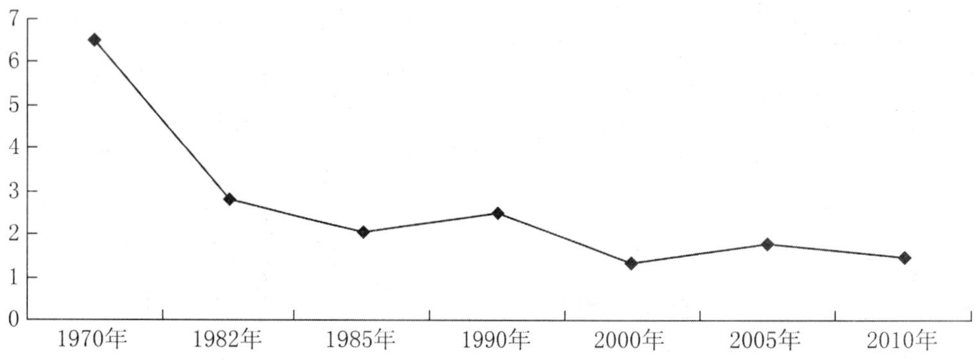

资料来源：安徽省统计局人口普查办公室编，《世纪之交安徽人口》，2002年1月。

安徽省第六次全国人口普查领导小组办公室编，《安徽省人口2010年人口普查资料》，2011年（下文资料来源未作特定说明均来自相同出处）

（二）安徽省生育水平地区差异明显，南北差异逐渐缩小

2010年安徽省各个地市的总和生育率分布图（图2）可以很直观地显示：安徽省各地市总和生育率由南往北总体上呈现阶梯状逐级递增，在地域上呈现出三大分布区域：淮河以北为最高、江淮之间为中等和长江以南为最低。而且南北之间总和生育率相差跨度非常大，发展很不平衡，其中总和生育率最高的是宿州市，达到1.87的水平，高出全省1.48的平均总和生育率26.4%，比全省最低的芜湖市0.99的总和生育率高出89.7%。此外，从17个地市的基本情况看。共有12个地市的总和生育率低于全省平均水平，其中以芜湖（0.99）、马鞍山（1.09）和合肥（1.10）三个城市为最低，5个地市的总和生育率高于全省平均水平，分别为六安市（1.56），蚌埠市（1.65），阜阳市（1.80），亳州市（1.83），宿州市（1.87）。

当然，安徽省生育水平的由南至北阶梯状递增格局分布，有其较深的历史和文化等因素的影响，但随着近年来的计划生育工作水平的不断提高和经济社会发展的推动，安徽省南北地区的生育水平正不断缩小，其中尤以淮北（1.31）和淮南（1.39）两市最为具有代表性，均低于全省平均水平。

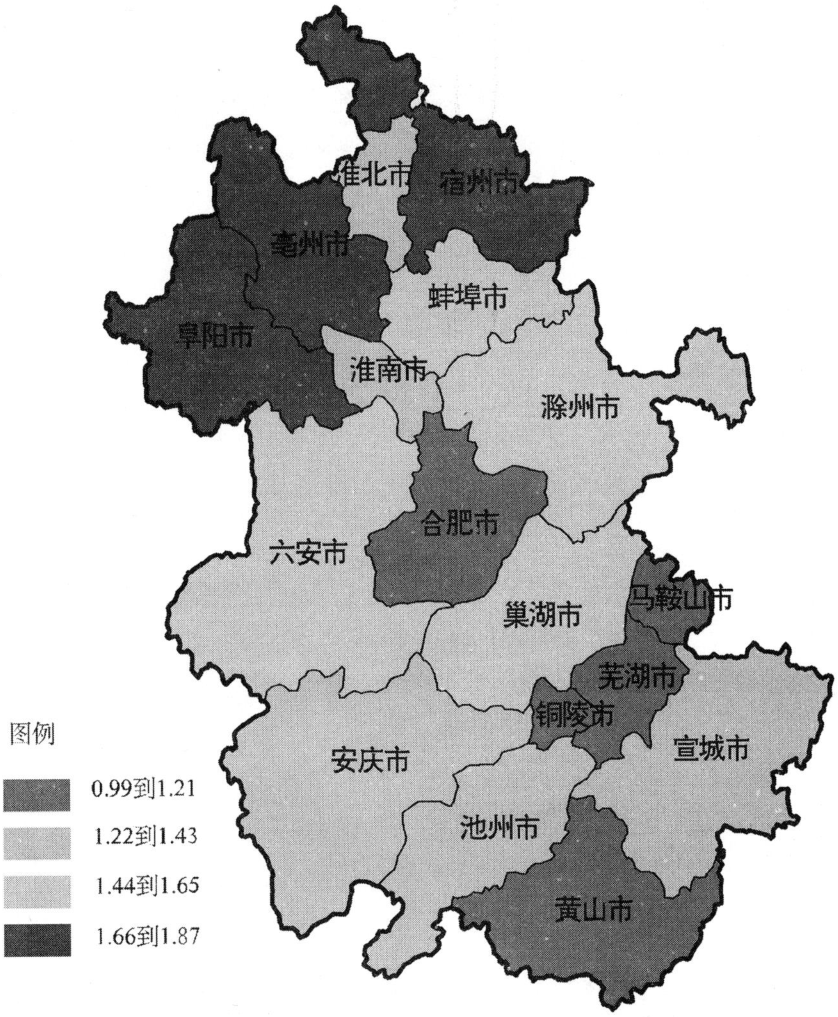

图2 安徽省2010年各地市总和生育率分布图

(三)计划生育工作效果逐渐显现

1. 生育旺盛期育龄妇女数不断减少,处于现代人口再生产类型

对比查看表1中三次人口普查的相关数据,安徽省自1990年始,女性总人口、育龄妇女总人数均处于稳步增长中,2010年育龄妇女占妇女总数的比例达到了58.21%(见表2),较之1990年增长了3.02%,但其中的20—29岁的生育旺盛期育龄妇女人数却下降了,较之1990年减少了151.63万人,特别是占育龄妇女比重由39.74%下降到了26.08%。20—29岁的生育旺盛期育龄妇女人数在很大程度上决定着生育水平的高低。可以发现,尽管安徽省的育龄妇女总数处于增长阶段,但总体年龄结构趋于老化,生育旺盛期妇女比例减少,这将会导致安徽省出生人口数的不断减少。

表2 安徽省主要年份育龄妇女状况

单位:人,%

年份	女性总人口	育龄妇女数	20—29岁妇女数	育龄妇女占妇女总数比重	20—29岁妇女占妇女总数比重	20—29岁妇女占育龄妇女比重
1990	27154600	14987800	5956400	55.19	21.94	39.74
2000	28562100	15768900	4751100	55.21	16.63	30.13
2010	29254956	17027876	4440076	58.21	15.18	26.08

资料来源:安徽省统计局人口普查办公室编,《世纪之交安徽人口》,2002年1月。

安徽省第六次全国人口普查领导小组办公室编,《安徽省人口2010年人口普查资料》,2011年。

纵观安徽省历年人口数据(见图3),出生率和自然增长率自1990年达到峰值之后,呈现大幅度下降趋势,并于本世纪初开始稳定在低水平阶段,出生率在11‰—14‰这区间,而自然增长率在6‰—7‰这区间波动。从20世纪90年代开始,全省加大人口计划生育工作的水平和力度,在经济欠发达的情况下,用较短的时间实现了人口再生产类型从高出生、低死亡、高增长到低出生、低死亡、低增长的历史性转变,并与21世纪初稳定在低生育水平阶段。

图3 安徽省历年人口数据图

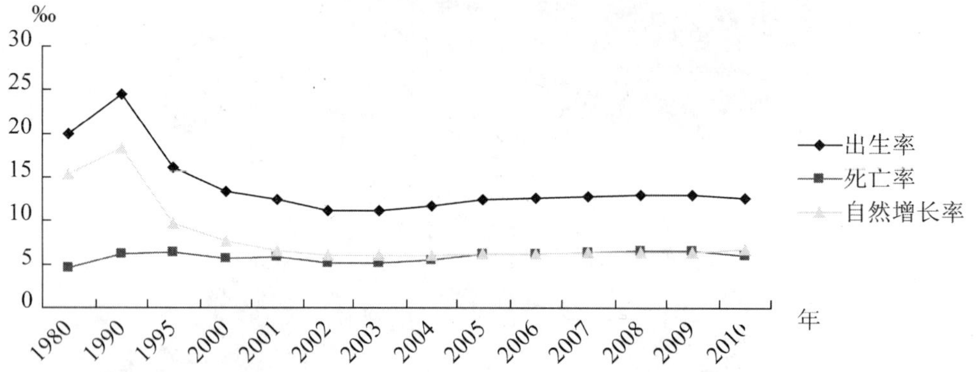

2. 育龄妇女生育子女存活率不断提高

表3 安徽省育龄妇女平均活产子女数及存活率

年龄别	平均活产子女数(人)		存活率(%)	
	2010年	2000年	2010年	2000年
总计	1.5	1.46	98.72	98.13
15—19	0.01	—	98.88	97.93
20—24	0.32	0.3	99.07	97.88
25—29	0.94	1.08	99.28	98.26
30—34	1.35	1.65	99.37	98.52
35—39	1.55	2.05	99.24	98.48
40—44	1.78	2.26	99.09	98.07
45—49	2.04	2.69	98.96	97.52

表3数据显示,2010年和2000年平均活产子女数数据非常接近,说明安徽省进入21世纪以来,已进入了并稳定在了低生育水平阶段,波动不是很明显。同时关注育龄妇女生育子女的存活率数据,可以发现在生育周期内的各个年龄段2010年的存活率较之2000年都有明显的提升,目前全省存活率水平高达98.72%。育龄妇女生育水平存活率的提高离不开我国医疗保健条件的不断改善,特别是农村地区医疗卫生条件的改善。

三、安徽省育龄妇女生育模式变动分析

(一)育龄妇女大龄比重上升,峰值生育率趋缓,生育周期逐渐拉长

对比2010年和2000年两次人口普查数据(表4),安徽省的育龄妇女总数处于增长阶段,但生育旺盛期妇女比重减少,育龄妇女大龄比重上升。2010年相比较2000年,安徽省35岁以上育龄妇女比重达到了48.71%,比2010年35岁以上比重高出了12.66%,而处于20—29岁的生育旺盛期的育龄妇女比重则下降了4.06%。

表4 安徽省育龄妇女分年龄构成与一般生育率

年龄别	育龄妇女构成(%)			生育率(‰)		
	2010年	2000年	相差	2010年	2000年	相差
总计	100	100	0	38.15	40.15	−2
15—19	13.36	13.16	0.2	8.08	2.02	6.06
20—24	15.02	12.83	2.19	110.65	142.62	−31.97
25—29	11.05	17.3	−6.25	107.28	95.51	11.77
30—34	11.85	20.66	−8.81	48.55	20.93	27.62
35—39	15.73	16.52	−0.79	15.43	3.29	12.14
40—44	18.5	7.83	10.67	4.46	0.75	3.71
45—49	14.48	11.7	2.78	1.86	0.49	1.37

同时比较2010年和2000年的一般生育率数据,其中呈现出有几个特点:首先,早育现象有所抬头。2010年的15—19岁育龄妇女生育率竟然高达8.08‰,较之2000年高出了6.06‰。违法早生现象应当引起足够重视,因为初育年龄越早,代表生育周期的延长,将会存在超生和多生的隐患。其次,峰值生育期和峰值生育率趋缓,晚育趋势非常明显。比照两次人口普查数据,特别是20—24岁年龄段,一般生育率从2000年的142.62‰下降到了2010年的110.65‰,下降了31.97个千分点,而25岁以后的

每个年龄段的一般生育率都较之 2000 年的对应年龄段的生育率都呈现正增长，其中尤以 30—34 岁这一年龄段增长最为明显，增长了 27.62‰。综合上述，安徽省育龄妇女的峰值生育率呈趋缓趋势，晚育趋势非常明显，但也需要对于部分存在的早育现象有所重视。

（二）生育水平城乡差异明显，且差异不断扩大

图 4 显示了安徽省育龄妇女总和生育率的城乡比较，无论是从 2000 年数据还是从 2010 年数据均显示出城市、镇、乡村三者之间总和生育率存在着明显差异，其中城市最低，镇次之，乡村最高，且只有乡村总和生育水平高于全省平均水平。因此城镇化对于降低生育水平的影响不容忽视。此外，对比 2010 年和 2000 年城乡之间所呈现的差异发现，2000 年乡村和城市之间的总和生育率差值为 0.47，与镇之间的差异为 0.25，而 2010 年乡村和城市之间的总和生育率差值则达到了 1，与镇之间的差异为 0.44. 数据显示，城乡之间生育水平的差异正处于不断扩大，城乡之间生育政策的区别性应该是其中的主要因素，而城乡之间生活方式和文化经济生活的差异则可能是其中的影响因素，但全省的计划生育工作仍需要对于农村地区有所侧重和关注。

图 4　安徽省城乡育龄妇女总和生育率比较

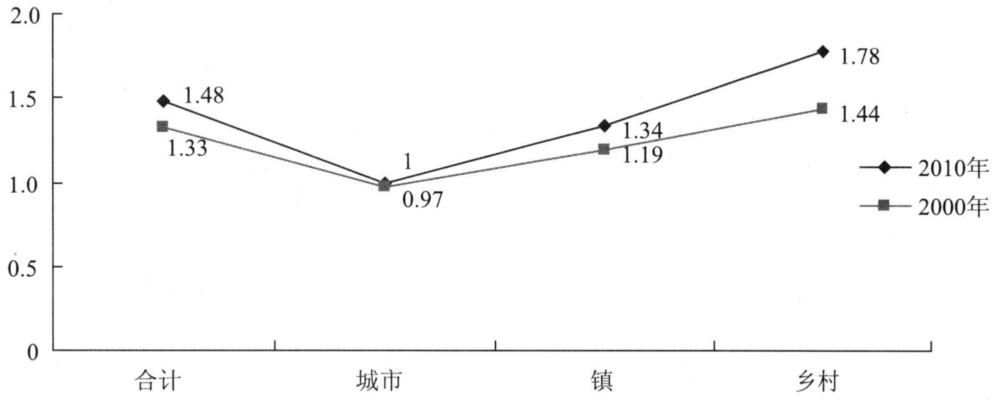

四、影响生育水平的因素

（一）政策因素

上个世纪 70 年代开始实施计划生育政策以来，安徽省人口总和生育率已降至 2010 年的 1.48，表明自实施了计划生育政策，经历了改革开放的浪潮，人口过快增长的趋势得到了很好的控制，并逐步稳定下来。在人口波动性增长的过程中，计划生育政策对于人口的控制起到了决定性作用。

不同于 80 年代第二次生育高峰带来的人口生育波动性，进入 21 世纪的人口生育政策的变化也对生育操作状况带来了影响。80 年代中期以来，照顾性的独女户生育政策在城乡间的差异，形成了城乡人口生育水平的差异，且由于乡村的生育惯性，出现了不少抢生多生的情况。1981 年女性初育年龄为 24.3 岁，到 1989 年则降为了 21.8 岁。初育年龄的提前预示着生育的波动性增长的开始。由于政策的稳定性，近年来初育年龄与初婚年龄逐步拉动并平稳。政策在生育水平中的影响是持续性和长期性的。

随着计划生育政策的发展，宣传工作的多样化。安徽省生育状况体现出来的初育年龄逐渐稳定，没有出现大的波动性，一些违反生育政策的现象也逐步得到控制。进入 21 世纪，安徽省的初婚年龄出现了一定的波动性。2000 年人口普查时 22.61 岁，2005 年 23.27 岁，2009 年 23.09 岁，到 2010 年人口普查时又降至 21.56 岁，从 2005 年以来持续性下降。虽然初婚年龄存在着波动性，由于初育年龄从 2000 年以来长期保持 24.20 岁至 24.35 之间的变化，所以婚育年龄间隔也随之逐渐扩大。

图 5 安徽省一孩平均生育年龄

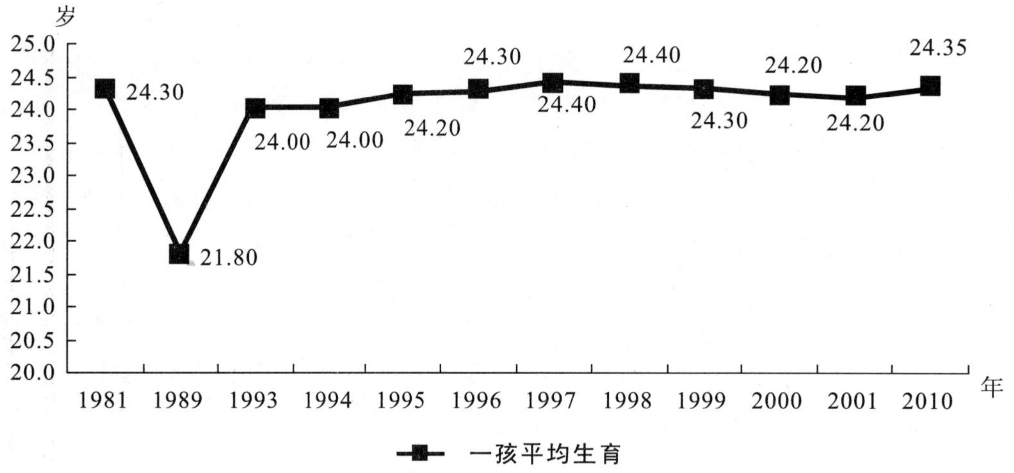

(二)文化因素

育龄妇女随着文化程度及素质修养的提高，其生育的观念也随着时代的变迁而变迁。文化程度较高的育龄妇女往往会更注重自身生活品质，生存发展的投入，所以生育水平与育龄妇女受教育程度大多情况下呈现负相关关系。

1. 文化程度对生育子女数量的影响

表 5 数据显示，2010 年随着妇女文化学历的上升，妇女的平均活产和平均存活数都逐渐下降。2010 年与 2000 年相比，出现两极分化，高中以下文化水平的妇女平均活产和平均存活有所上升，而高中(包括高中)以上水平的妇女平均活产和平均存活数有所下降。这说明随着时间的发展，学历高的育龄妇女生育子女数越来越少，而学历低的育龄妇女生育子女数越来越多。

表 5 2010 年安徽省不同文化程度育龄妇女的活产和存活子女数

单位：人，%

文化程度	2010 年			2000 年		
	平均活产	平均存活	存活占活产比重	平均活产	平均存活	存活占活产比重
总计	1.5	1.48	98.72	1.46	1.43	98.13
未上过学	2.74	2.68	97.77	2.43	2.36	97.21
小学	2.14	2.11	98.57	1.85	1.82	98.05
初中	1.24	1.23	99.24	1.06	1.05	98.73
高中	0.61	0.6	99.33	0.69	0.68	99.1
专科	0.52	0.52	99.48			
本科	0.39	0.39	99.47			
研究生	0.39	0.39	99.28	0.6	0.59	99.41

育龄妇女生育子女应该具有“少生“优生”的特点。虽然医疗条件和生活条件的改善，对女性的生殖健康的关注加大，但从表中可以看出高学历的育龄妇女比低学历的育龄妇女生育子女存活率要高。这充分说明高学历对于少生、优生有着十分积极影响。

2. 文化程度对妇女生育孩次的影响

在妇女生育孩次方面，不同的文化程度有着显著性的差异。一孩率，小学以下文化程度(包括小学)不足 50%(见表 6)，随着文化程度的升高，一孩构成比例明显升高，本科文化水平达到最高的 97.49%。而二孩率的变化趋势则与一孩率的变化趋势相反，随着文化程度的上升二孩率明显降低，特别是大专及大专以上二孩构成率低于10%。

表6　安徽省不同文化程度育龄妇女的生育孩次构成

单位:%

类别	一孩率	二孩率	三孩率及三孩以上
总计	65.75	30.20	4.05
未上过学	32.61	51.21	16.17
小学	41.51	48.34	10.15
初中	65.50	30.99	3.51
高中	83.59	15.36	1.05
专科	93.49	6.18	0.33
本科	97.49	2.43	0.08
研究生	96.69	3.31	0.00

(三)职业因素

职业对于育龄妇女的生育观念也有着一定影响,以脑力劳动为主的育龄妇女比以体力劳动为主的育龄妇女生育水平要低。且不同职业的育龄妇女且往往有着不同的生育观念。职业对生育子女数有着一定的影响。

表7数据显示,从事农、林、牧、渔、水利业生产的妇女平均活产和平均存活数最高,高出从事脑力劳动的专业技术人员、办事人员等1.12个活产数量和1.11个存活数量。高低值相差一倍多。

表7　职业对生育子女数的影响

单位:人

职业大类	妇女平均活产数	妇女平均存活数
总计	1.65	1.63
国家机关、党群组织、企业、事业单位负责人	1.14	1.14
专业技术人员	0.87	0.86
办事人员和有关人员	0.87	0.86
商业、服务业人员	1.21	1.2
农、林、牧、渔、水利业生产人员	1.99	1.97
生产、运输设备操作人员及有关人员	1.19	1.18
分类的其他从业人员	1.25	1.24

(四)地区与经济因素

安徽省各地区的总和生育率分布有着明显的地区特色,皖北地区要大于江淮地区,而江淮地区要大于江南地区。皖北地区与江淮地区,经济情况随着经济水平差异表现出总和生育率的差异,经济情况越好生育率越低。而皖北地区和江南地区经济水平相差不大,但江南地区总和生育率在安徽省最低,可能其他地域文化因素在生育水平中起到了很大的因素。皖北地区属于多平原和丘陵地区,粮食产物地区农村需要大量劳动力,而江南多为山区,不易耕种,对农作物劳动力需求较小。而城市化和总和生育率有着负相关的关系,城市化越高的地区总和生育率越低。

综上所述,人口的生育水平与诸多社会、文化、经济相联系。社会经济文化的快速、多元化的发展也对人口的生育观念和生育行为有着不同程度的影响。随着社会发展进步,人们的生育观念和生育行为也将朝着健康、和谐、稳定方向发展。

五、结论和建议

综合以上分析可以发现,全省当前人口生育水平已处于低生育率发展阶段,总和生育率水平在1.8—2.0这一区间,总体生育水平应当是高于全国平均水平。同时结合分析数据,我们也必然要认识到当前我省在人口形势发展依然比较严峻,首先就是从历年的总和生育率趋势图可以发现,我省低生育水平不稳定,波动比较大,存在着反弹势能。此外,地区之间生育水平发展极不平衡,皖北地区计划生育工作和人口发展状况不容乐观。人口问题始终是

表 8　总和生育率与经济、城市化水平

地市	TFR	地区人均 GDP（元/人）	城镇居民可支配收入（元）	农村居民人均纯收入（元）	城市化水平（%）
阜阳市	1.80	12885	14434	5271.21	31.9
宿州市	1.87	38553	16747	6737.66	31.4
亳州市	1.83	17295	14197	4955.36	29.1
淮北市	1.31	7288	12693	3520.04	54.5
蚌埠市	1.65	8477	14042	3976.97	45
淮南市	1.39	9545	13097	4076.34	62.9
皖北地区	1.64	15673.8333	14201.6667	4756.263	42.47
合肥市	1.10	41585	17158	6065	68.5
安庆市	1.34	14002	13368	5030.15	36.8
滁州市	1.43	51927	20390	7946.65	41.6
六安市	1.56	46765	16769	6194.41	35.9
巢湖市	1.43	16774	13302	5631.62	40.8
江淮地区	1.37	34210.60	16197.40	6173.57	44.72
马鞍山市	1.09	14802	13483	4726.8	69.1
芜湖市	0.99	18096	13736	4546.97	65.6
铜陵市	1.11	22169	14046	4892.85	73.5
黄山市	1.19	9281	13001	4010.3	41.1
池州市	1.32	14242	13454	4245.64	44.5
宣城市	1.33	17981	14068	5703.64	43.3
江南地区	1.17	16095.17	13631.33	4687.70	56.18

制约我国全面协调可持续发展的重大问题，是影响经济社会发展的关键因素。当前全省正处于“十二五”发展时期，为了能够加快推进全省社会全面转型，加速经济的崛起，并实现全面建设小康社会的重要目标，必须要针对当前全省在生育水平方面所存在的问题采取积极的措施。

当前学术界对于我国是否需要调整生育政策的争论非常激烈，但结合安徽省当前低生育水平不稳定以及当前仍处于第四次生育高峰期，年均出生人口在 90—100 万人之间的实际情况，同时也考虑到 80 年代全省的独生子女已进入婚育年龄，按照政策允许生育二胎，这也对全省的低生育水平造成了很大压力。因此，全省在“十二五”期间还依然需要继续保持生育政策的稳定性和连续性，坚持现行生育政策，稳定低生育水平，全面做好人口和计划生育工作，确保全省总和生育率水平稳定在 1.8 左右的水平。当然由于安徽省各地市生育水平发展存在明显差异，在全省人口和计划生育工作方面工作重心和资源安排上也必然需要有所区别和侧重，坚持一切从实际出发，深入实施“主攻皖北、提升皖南、带动江淮”人口发展战略。同时做好全省相关人口政策的前瞻性研究也是非常需要的，因为从统计数据中可以发现以铜陵、马鞍山等为代表的皖南地区的生育率水平已非常低，人口自然增长率已不到 3‰，避免“低生育率陷阱”对全省经济和社会的可持续发展带来不利影响。

主要参考文献：

1. 郭志刚．中国的低生育水平及相关人口问题研究[J]．学海，2010(1)．
2. 陆杰华，朱荟．2010：中国人口学研究的回顾与评述[J]．人口与经济，2012(1)．

3. 国家人口发展战略研究课题组．国家人口发展战略报告[J]. 人口研究,2007(1).
4. 王金营．中国妇女生育水平变动考证和未来人口发展的策略选择[J]. 人口学刊,2009(3).
5. 黎楚湘,吴擢春等．1998— 2003 中国妇女生育水平与生育模式[J]. 中国卫生统计,2005(4).
6. 于学军．对第五次全国人口普查数据中总量和结构的估计[J]. 人口研究,2002(3).
7. 夏乐平．1979—2000 年中国人口生育趋势:出生数据和教育数据的比较分析[J]. 人口研究,2005(4).
8. 翟振武,陈卫．1990 年代中国生育水平研究[J]. 人口研究,2007 (1).
9. 王金营．1990 年—2000 年我国生育模式变动及生育水平估计[J]. 中国人口科学,2003(2).
11. 郭志刚．六普结果表明以往人口估计和预测严重失误[J]. 中国人口科学,2011(6).
12. 马瀛通．过低的生育水平是难以令人置信的[J]. 市场与人口分析, 2005(6).
13. 梁中堂．2000 年中国人口总量和妇女生育率水平[J]. 中国人口科学,2003(6).
14. 王金营,王志成等．中国各地区妇女生育水平差异的社会经济影响因素分析 ——兼对 1990— 200 年期间各地区生育水平下降因素考察[J]. 南方人口,2005(2).
15. 杨成钢,张笑秋．中国婚姻结构与生育控制对生育水平的影响分析一基于简化的邦戈茨中间变量生育率模型[J]. 人口学刊,2011(2).
16. 宋丽敏,王玥,柳清瑞．中国农村居民家庭的生育决策模型与实证分析[J]. 人口学刊,2012(1).
17. 郭志刚．流动人口对当前生育水平的影响[J]. 人口研究,2010(1)．
18. 杨书章．当前中国妇 女生育水平与变化趋势的分析．人口与计划生育,2000(4).
19. 钟作勇．广东妇女生育水平的变化及影响因素分析[J]. 南方人口,2004(1).
20. 杨道本,马建．广东妇女文化素质与生育水平分析[J]. 南方人口,2004(1).
21. 李忆春,高新才等．西北农村妇女文化素质对生育水平及生育观念的影响分析—对甘肃中部地区 520 名农村妇女的调查[J]. 西北人口,2008(1).
22. 张青．总和生育率的测算及分析[J]. 中国人口科学,2006(4).
23. 田飞．未来 40 年安徽省户籍人口变动趋势[J]. 合肥学院学报,2012(1).
24. 马芒,孙中锋．皖北皖南农民生育行为的影响因素比较分析[J]. 人口研究,2002(5).

安徽省统计局　安徽大学人口研究所　孙中锋等

低龄人口漏报率测算及总和生育率重建研究(1982－2010)

——基于1982－2010历次人口普查、抽样调查数据

一、研究背景

20世纪90年代开始，我国的人口普查数据质量就不断受到质疑[1][2]。随着对人口普查数据质量研究的深入，普查数据质量越来越引起研究者的高度重视。官方公布的“六普”漏登率非常之低，仅为0.12%，而“五普”漏报率高达1.81%，“五普”存在比较严重的漏报问题已成为无可争辩的事实。人口普查数据质量问题不仅是一个学术问题，更是一个会影响一系列人口政策的社会问题，不仅关系到对人口总量的推断，而且关系到对人口发展、变化状况的分析。因此在使用普查数居前，需要对数据进行评估与调整，尤其是在目前对我国总和生育率存在很大争议的情况下，对婴儿及低龄儿童的漏报程度的研究就显得更为重要。

这里以“五普”和“六普”的数据为例来直观的阐述一下低龄人口漏报的问题。对于2000年0－89岁的人，他们存活到2010年后即10－99岁，由于存在死亡风险，人数只会减少(注，由于这里以全国的数据为例，视为封闭人口，对于迁移不加考虑；若利用此方法研究某个省或市的情况，则属于开放性人口，考虑到迁移的情况，则人数可能反而增加，此方法将不再适用)。从图1中我们可以看出对于2000年0－10岁的人，他们活到2010年时，反而人数越活人越多了，这种矛盾表明了2000年低年龄段人口漏报较为明显。

图1 “五普”与“六普”同批次人口对比

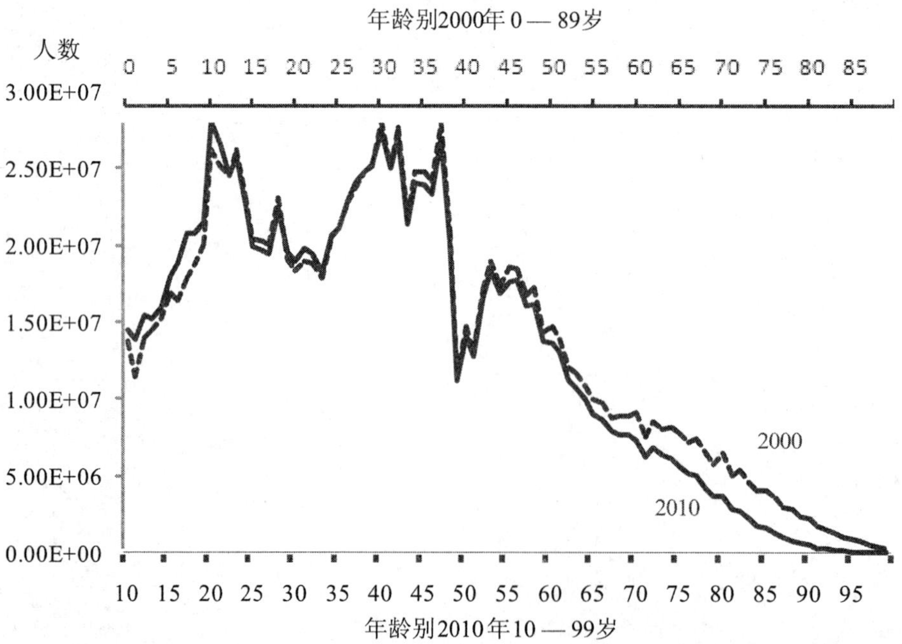

对于2000年处于10－40岁的群体，即活到2010年变为20－50岁，由于这批人的死亡率较低，

两条曲线拟合较好，说明统计数据是比较值得信赖的。对于2000年40岁以上的人，由于死亡概率的增高，他们到了2010年比较明显的呈现相对减少的趋势，且两条曲线的趋势拟合较好，说明统计数据也是比较值得信赖的。综上所述，普查资料中，低龄人口漏报现象较为严重，需要经过调整后才能重新使用，并才能重新评估出更为准确的生育水平。

王广州根据1982年、1990年人口普查资料和中国统计年鉴数据，运用人口存活分析方法、人口目标分析方法对我国第五次人口普查年龄结构数据进行了分析、评估和调整[3]。张为民、崔红艳利用人口分析技术和与其他有关统计资料比较等方法，从人口的年龄、性别构成，总人口，生育，死亡以及统计手段等几个方面对“五普”数据的准确性进行了评估，客观地评价了普查数据的质量，为数据使用者提供了参考[4][5]。

Robert D. Retherford与李希如等利用亲生子女法、生育史重构法和胎次递进比方法分析了1990年代生育率的下降过程，认为2000年总和生育率最准确的估计应为1.58[6]。郭志刚[7][8][9]应用中国历年生育数据对去进度效应总和生育率TFR′方法进行应用与检验，结果表明该指标作为估计的确比TFR指标更接近于实际队列的终身生育率。他测算出，90年代中后期我国生育率调查得到的总和生育率为1.3－1.4，而TFR′指标却达到1.7。根据2000年人口普查数据推算的1999年总和生育率为1.23，而TFR′为1.58。

朱勤[10]，李汉东[11]利用2000年以来的两次人口普查数据，依据相关模型和方法推算出2000年来的平均总和生育率在1.5左右，高于官方公布的水平。

三、研究方法

1. 数据准备

准备1982－2010年间各次人口普查、1%人口抽样调查得到的分年龄、性别人口数、死亡人口数、育龄妇女年龄别生育率数据。

2. 制作生命表、时期生命表

利用2010、2000、1990、1982这四次人口普查数据；2005，1995，1987的三次1%抽查

数据，分别制作出当年的分性别生命表。然后通过取平均数的方法，制作普查及抽样调查间隔年份间时期生命表，如2005－2010时期生命表，2000－2005时期生命表。

3. 调整生命表中的0岁组死亡、存活概率

由于制作生命表时，直接使用的是普查或者抽样数据，没有考虑到低龄组，尤其是0

岁组的死亡漏报、存活漏报，所以0岁组的死亡概率偏低、存活概率偏高，固需要做适当的处理，这里提出了一种自修正迭代处理办法进行处理(见附录)。

4. 人口逆预测

以“六普”人口为基数，依次回推出1982－2005各年分年龄、性别人口数、普查年份时刻的低龄人口漏报率。

具体的做法是，2010年5－100岁回推出2005年0－95岁人口，回推时的各岁组存活率来自之前得到的2005和2010间的时期生命表，以此类推。继续利用2005年1－95岁，回推到出2004年0－94岁，2003年0－93岁，2002年0－92岁，直到推出1982年0－72岁分年龄、性别人口数。

5. 估算人口普查年时点的婴儿漏报率

利用推算出的普查年时点的0－5岁人口数，与普查得到的0－5岁人口数对比，求得0至5岁的各岁组漏报率。

6. 估算历年总和生育率

利用推出的各年0岁人口数，结合与该年最相邻的普查年或1%抽样调查年时点的育龄妇女的年龄别生育率，按照其相对年龄别生育模式，将漏报的婴儿数分摊到各育龄妇女年龄别，重新估算出当年的总和生育率。

7. 对TFR估算值进行拟合，测算2006－2010年的TFR

由于TFR的估算值从1999年开始呈现出较好的平稳发展趋势，固这里通过一元线性回归的方法对1999－2005年的TFR值进行拟合，并预测出2006－2010年的TFR值。

四、测算结果

1. 各普查年份低龄人口的漏报率

从表1到表3的结果可以看出，我国第三、第

四、第五次人口普查中，0－2岁组的人口漏报情况最为严重，且女性人口的漏报较男性更为突出。出生婴儿的漏报率均值在10%以上。第五次人口普查的漏报程度较前两次普查更为严重。

表1　2000年低龄组漏报率

单位：人、%

年龄组	2000年男性			2000年女性		
	普查人口数	回推人口数	漏报率	普查人口数	回推人口数	漏报率
0岁	7460206	8058943	8.03	6333593	6876580	8.57
1岁	6332425	7573037	19.59	5162822	6447694	24.89
2岁	7701684	8335970	8.24	6309027	7139679	13.17
3岁	7897234	8202784	3.87	6557101	7088323	8.10
4岁	8257145	8504565	3.00	6967137	7452758	6.97
5岁	9157597	9569518	4.50	7775962	8523902	9.62

表2　1990年低龄组漏报率

单位：人、%

年龄组	1990年男性			1990年女性		
	普查人口数	回推人口数	漏报率	普查人口数	回推人口数	漏报率
0岁	12254905	14296527	16.66	10965946	12910487	17.73
1岁	12304824	13261906	7.78	11027053	12149423	10.18
2岁	12672092	12897956	1.78	11508503	11886179	3.28
3岁	12676790	13725806	8.28	11617575	12739990	9.66
4岁	11140519	12108149	8.69	10270212	11225234	9.30
5岁	10405433	10668973	2.53	9576857	9878203	3.15

表3　1982年低龄组漏报率

单位：人、%

年龄组	1982年男性			1982年女性		
	普查人口数	回推人口数	漏报率	普查人口数	回推人口数	漏报率
0岁	10787028	12027808	11.50	10022319	11173939	11.49
1岁	9015023	9514148	5.54	8360755	8862831	6.01
2岁	9460846	10074835	6.49	8812995	9372820	6.35
3岁	10131309	10068150	－0.62	9494200	9414177	－0.84
4岁	9589607	9806430	2.26	9030279	9199246	1.87
5岁	10005985	10060522	0.55	9415315	9433382	0.19

2. 1982－2005各年的TFR估算值

从1982－2005的TFR估算值可以看出，利用人口逆推法重构后的TFR基本都要高于每年的官方统计值；自1982年来，TFR总体上呈下降趋势，尤其是进入90年代后，下降趋势明显，到1999年左右达到最低水平，约1.4左右，但是自2000年后，总和生育率就没有继续下降，其值保持在约 1.4—1.5 之间，甚至还有缓慢上升的趋势。

表 4　1982—2005 年 TFR 估算值

年份	TFR	年份	TFR
1982	3.0119	1994	1.8704
1983	2.5580	1995	1.6905
1984	2.4972	1996	1.5070
1985	2.4245	1997	1.4652
1986	2.6290	1998	1.4453
1987	2.8542	1999	1.3929
1988	2.6070	2000	1.4507
1989	2.7147	2001	1.4135
1990	2.7585	2002	1.4117
1991	2.0487	2003	1.4004
1992	1.9171	2004	1.4956
1993	1.8704	2005	1.5228

表 5　TFR 拟合值

年份	置信下限(95%)	TFR 拟合值	置信上限(95%)
1999	1.274	1.374	1.473
2000	1.301	1.394	1.487
2001	1.325	1.414	1.503
2002	1.346	1.434	1.522
2003	1.365	1.454	1.543
2004	1.381	1.474	1.567
2005	1.395	1.495	1.594
2006	1.407	1.515	1.622
2007	1.418	1.535	1.652
2008	1.427	1.555	1.683
2009	1.436	1.575	1.715
2010	1.444	1.595	1.747

通过对 1999—2005 年的 TFR 的估算值做一元线性回归拟合，得出 2006 年—2010 年的 TFR 呈现稳中带增的趋势，如图 2 所示；预测得出 2010 年的 TFR 值为 1.595，其 95%的置信下限值为 1.44，上限值为 1.747。

图 2　历年 TFR 变化趋势图

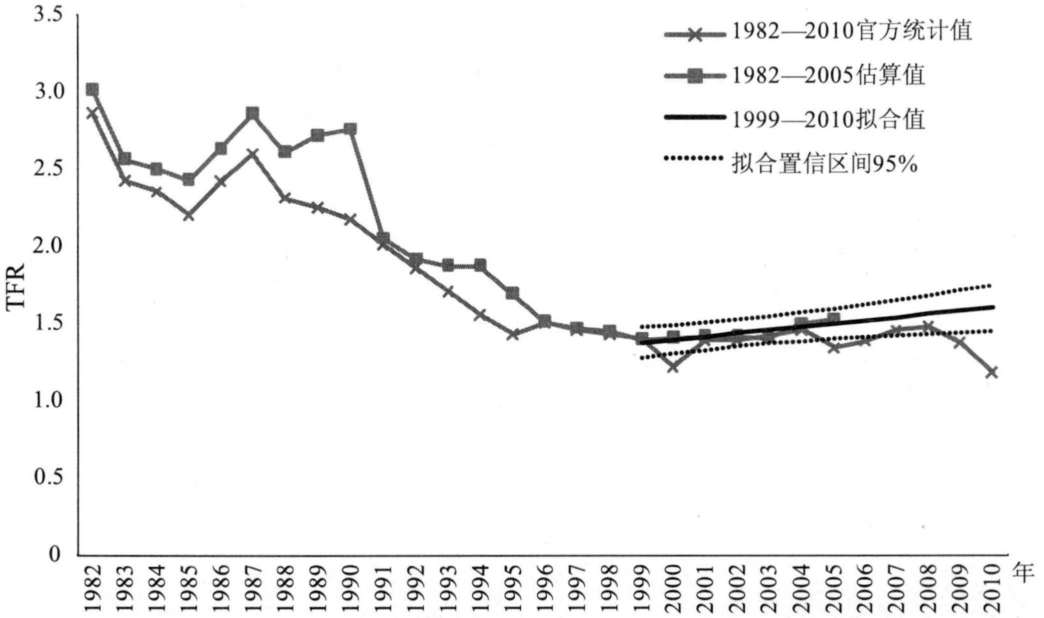

五、结论

本文充分利用各次普查人口数、1%抽样人口数据，首先对 1982、1990、2000 几次普查年的出生婴儿漏报率进行了估算，估算结果介于 8%—18%之间，并测算出各普查年的 TFR；由于考虑到单单几次普查年的 TFR 难以体现出 TFR 的变化趋势，本文进一步推算出了1982—2005年间每一年的TFR,发现自1982年来,TFR呈现一个总体下降,但进入20世纪以来,TFR稳定在1.4—1.5的水平,2004、2005年来又有回升的态势。最后,通过对1999—2005年TFR估算值的回归分析,预测出2010年的TFR为1.595。

另外,由于本文的回推时间间隔从5年开始,比如用2010年5岁推算2005年0岁,但是2010年5岁仍然属于低龄儿童,有较大的低龄漏报风险,固回推的基数可能偏小,以至于漏报率的估计值和TFR估计值值也偏小。

因此,本文得出的1999年—2005年间低龄漏报率,尤其是TFR值仅为一个下限值,即:我们认为实际的TFR还要略高于本文的估算值,并将在今后的研究中进行更为准确的测算与分析。

参考文献:

1. 乔晓春．从"主要数据公报"看第五次人口普查存在的问题．中国人口科学，2002，(4).
2. 王广州．对第五次人口普查数据重报问题的分析．中国人口科学，2003，(1).
3. 王广州．对第五次人口普查年龄结构数据的评估与调整．人口与经济，2004,(5).
4. 崔红艳,张为民．对2000年人口普查人口总数的初步评价,人口研究,2002,(4).
5. 张为民,崔红艳．对2000年中国人口普查准确性的估计．人口研究,2003,(4).
6. Robert D. Retherford, Minja Kim Choe, CHEN Jiajian,李希如,崔红艳．中国的生育率到底降低了多少[J]. 人口研究,2004(4)
7. 郭志刚．从近年来的时期生育行为看终身生育水平——中国生育数据的去进度效应总和生育率的研究[J]. 人口研究，2000，(1).
8. 郭志刚．对中国1990年代生育水平的研究与讨论[J]. 人口研究，2004，(2).
9. 郭志刚．关于中国1990年代低生育水平的再讨论[J]. 人口研究，2004，(4).
10. 朱勤．2000—2010年中国生育水平推算——基于"六普"数据的初步研究[J]. 中国人口科学,2012，(04).
11. 李汉东,李流．中国2000年以来生育水平估计[J]. 中国人口学,2012,(05)

浙江大学人口与发展研究所　浙江大学公共管理学院

浙江大学数学系　米红　杨明旭　刘雨　郑垚

附录:对 0 岁组死亡概率进行自修正迭代的算法

以估算 2000 年 0 岁死亡率为例:

${}_1p_{2000}^0$: 2000 年 0 岁人口数,初始值为直接用普查数据求得的死亡概率、存活概率做回推得到的 2000 年 0 岁人口数

P_{2000}^0:2000 年普查得到的 0 岁人口数

${}_1q_{2000}^0$:第一次修正得到的 2000 年 0 岁死亡概率 $\quad {}_1q_{2000}^0 = \dfrac{{}_1p_{2000}^0 - p_{2001}^1}{({}_1p_{2000}^0 + P_{2000}^0)/2}$

${}_2p_{2000}^0$: 第一次修正后得到的新的 2000 年 0 岁人口数 ${}_2p_{2000}^0 = \dfrac{p_{2001}^1}{1-{}_1q_{2000}^0}$

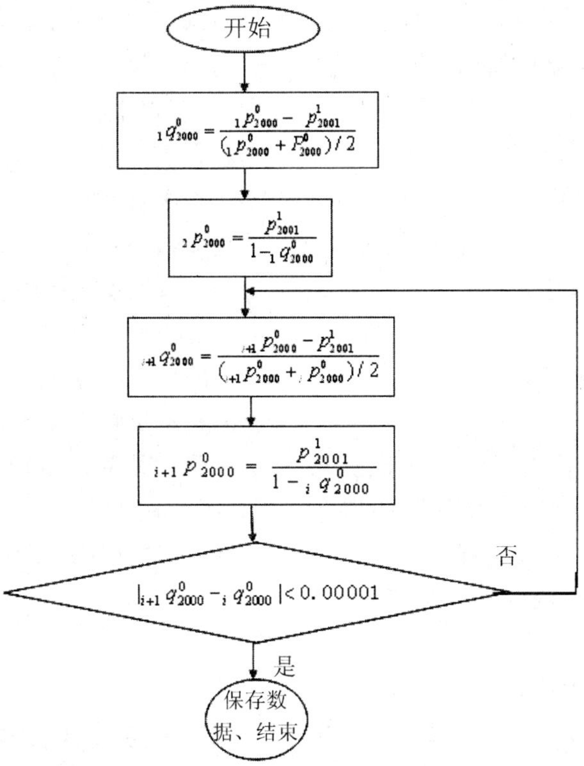

利用"六普"资料估算人口预期寿命

人口平均预期寿命(Life expectancy)是分析评价一个国家或者地区的人口健康状况的一个非常敏感而具有重要意义的指标,也是衡量一个社会的经济发展水平及医疗卫生服务水平的指标。根据2010年我国第六次人口普查提供的有关全国人口数据资料,本研究使用直接法和间接法对我国婴儿死亡率、5岁以下儿童死亡率和人口平均预期寿命进行了初步计算,希望能够了解我国人口健康状况相关指标,为相关政策制定和规划提供参考。

一、资料与方法

2010年我国第六次人口普查提供了计算婴儿死亡率、5岁以下儿童死亡率和人口平均预期寿命的相关数据资料,包括全国、各省、城乡的分性别、分年龄平均人口数、出生数、死亡数等基础数据,可以根据其对上述指标进行直接计算。

本次研究选择简略寿命表法,利用第六次人口普查数据库中提供的分年龄组平均人口数、实际死亡人数,计算各年龄组的死亡率和死亡概率,然后假设0岁组人数为10万人,以各年龄组死亡概率计算各年龄组死亡人数、尚存人数、生存人年数和累积生存总人年数,最后算得各年龄组期望寿命。

但是由于普查资料的误差和天然缺陷,比如普查时没有登记到有关人口的所有成员、重复登记人口的状况、人口普查时部分人口中出现质量比较差的年龄申报、年龄较小的人口与成年人口相比更容易被漏登等等,因此普查资料中根据年龄和性别划分的人口数据申报完整程度经常是需要进一步完善的,对于以上指标的计算采用其他人口间接估计技术和方法进行初步估算。

本次研究利用按性别和母亲5岁年龄组分的曾生子女数、存活子女数、死亡子女数,按5岁年龄组分的妇女总数,借助寇尔一德曼区域模型生命表中的西区模型,估算出全国、各省、各性别不同时期的儿童的死亡概率和生存概率,即特拉赛尔法。估算出的儿童年龄段存活概率、成人年龄段存活概率,借助寇尔一德曼区域模型生命表中的西区模型,对全国、各省、分性别的生命表中的各年龄段死亡概率、存活概率进行修匀和调整,并计算预期寿命。

二、结果

(一)平均预期寿命

1. 直接法计算平均预期寿命

表1.1以全国各年龄组平均人口数和实际死亡人数为例,展示了计算过程。

根据简略寿命表计算方法,计算全国分地区、分省、分性别、分年龄组期望寿命如表1.2、表1.3所示:

表1　简略寿命表计算全国期望寿命

年龄组	平均人口	实际死亡人数	死亡率	死亡概率	生存概率	尚存人数	死亡人数	生存人年数	总生存人年数	预期寿命
0—	15781004	60217	0.00381579	0.003816	0.996184	100000	382	99675	7815678	78.16
1—	61441933	39591	0.00064436	0.002574	0.997426	99618	256	397960	7716003	77.46
5—	70449638	21183	0.00030068	0.001502	0.998498	99362	149	496438	7318043	73.65
10—	77144787	23088	0.00029928	0.001495	0.998505	99213	148	495695	6821605	68.76

表 1 续表

年龄组	平均人口	实际死亡人数	死亡率	死亡概率	生存概率	尚存人数	死亡人数	生存人年数	总生存人年数	预期寿命
15—	104380676	40469	0.00038771	0.001937	0.998063	99065	192	494845	6325910	63.86
20—	124144390	62552	0.00050386	0.002516	0.997484	98873	249	493743	5831065	58.98
25—	99847689	60661	0.00060754	0.003033	0.996967	98624	299	492373	5337322	54.12
30—	98630105	79960	0.00081071	0.004045	0.995955	98325	398	490630	4844949	49.27
35—	121046434	140531	0.00116097	0.005788	0.994212	97927	567	488218	4354319	44.46
40—	123217058	216353	0.00175587	0.008741	0.991259	97360	851	484673	3866101	39.71
45—	100540459	262531	0.00261120	0.012971	0.987029	96509	1252	479415	3381428	35.04
50—	80681808	337397	0.00418182	0.020693	0.979307	95257	1971	471358	2902013	30.47
55—	79916406	494339	0.00618570	0.030458	0.969542	93286	2841	459328	2430655	26.06
60—	56869341	586160	0.01030714	0.050241	0.949759	90445	4544	440865	1971327	21.80
65—	40430322	695662	0.01720644	0.082484	0.917516	85901	7085	411793	1530462	17.82
70—	32626699	999653	0.03063911	0.142296	0.857704	78816	11215	366043	1118669	14.19
75—	23477629	1162694	0.04952348	0.220338	0.779662	67601	14895	300768	752626	11.13
80—	12754562	1081704	0.08480918	0.349866	0.650134	52706	18440	217430	451858	8.57
85—	7233044	1057245	0.14616875	1	0	34266	34266	234428	234428	6.84

表 2　全国人口平均预期寿命

单位:岁

区域	总计	男性	女性
全国	78.16	75.79	80.77
城市	82.22	80.13	84.43
镇	79.74	77.48	82.24
乡村	75.87	73.30	78.76

表 3　我国各省平均预期寿命

单位:岁

省份	总计	男性	女性
北　京	82.10	80.06	84.27
天　津	81.82	80.06	81.92
河　北	76.07	73.74	78.62
山　西	76.71	74.67	79.01
内蒙古	77.70	75.46	80.19
辽　宁	78.00	75.70	80.51
吉　林	78.43	76.61	80.33
黑龙江	77.63	74.94	80.76
上　海	81.77	79.81	83.70
江　苏	79.02	76.81	81.34
浙　江	79.16	76.87	81.71

表 3 续表

单位:岁

省份	总计	男性	女性
安　徽	77.20	74.70	79.91
福　建	78.19	75.86	80.77
江　西	76.41	73.64	79.55
山　东	78.16	75.51	80.93
河　南	77.84	74.79	81.09
湖　北	77.79	75.39	80.39
湖　南	78.30	75.82	81.06
广　东	78.19	75.67	81.00
广　西	78.50	74.84	82.69
海　南	80.22	77.09	83.55
重　庆	77.20	74.61	80.00
四　川	77.72	75.27	80.41
贵　州	74.15	71.33	77.33
云　南	73.06	70.31	76.13
西　藏	70.04	67.49	72.24
陕　西	77.41	75.51	79.51
甘　肃	76.13	74.28	78.13
青　海	71.03	68.70	73.46
宁　夏	73.23	71.20	75.04
新　疆	75.98	73.91	78.34

2. 利用间接估算法调整死亡率后计算平均预期寿命

表 4　调整后全国人口平均预期寿命

单位:岁

区域	总计	男性	女性
全国	73.65	71.37	75.88
城市	77.32	75.78	78.81
镇	75.88	73.80	77.77
乡村	72.43	70.29	74.53

表 5　调整后我国各省平均预期寿命

单位:岁

省份	总计	男性	女性
北　京	77.06	75.76	78.48
天　津	75.27	73.86	75.46
河　北	73.52	72.07	74.44
山　西	73.59	72.29	74.99
内蒙古	72.17	71.11	73.58
辽　宁	72.91	71.69	74.31
吉　林	72.33	71.01	73.64
黑龙江	71.49	70.36	72.88
上　海	77.26	76.77	77.73
江　苏	75.96	74.01	77.79
浙　江	76.23	74.18	77.93
安　徽	73.07	70.83	75.25
福　建	74.46	73.22	75.75
江　西	73.66	72.05	75.42
山　东	74.16	72.13	76.10
河　南	74.25	72.06	76.39
湖　北	72.51	70.61	74.27
湖　南	72.76	70.66	75.08
广　东	76.73	75.24	78.07
广　西	73.54	70.88	76.41
海　南	76.05	75.87	76.09
重　庆	72.10	70.24	73.79
四　川	71.47	69.28	73.76
贵　州	71.30	69.17	73.60
云　南	72.82	70.26	75.34
西　藏	68.72	67.14	70.84
陕　西	72.92	71.61	74.33
甘　肃	71.94	70.37	73.78
青　海	69.33	66.76	71.52
宁　夏	73.33	72.93	73.73
新　疆	72.87	72.57	73.25

(二)婴儿死亡率和儿童死亡率

1. 直接法计算婴儿死亡率和儿童死亡率

利用第六次人口普查数据库提供的各省、分性别、分年龄的平均人口数和死亡人数,计算全国婴儿死亡率和儿童死亡率如表 6、表 7。

表 6　全国婴儿死亡率和儿童死亡率

单位:‰

指标	总计	男性	女性
婴儿死亡率	3.82	3.73	3.92
5 岁以下儿童死亡率	1.29	1.31	1.27

表 7　各省婴儿死亡率和儿童死亡率

单位:‰

省份	婴儿死亡率			5 岁以下儿童死亡率		
	合计	男性	女性	合计	男性	女性
北　京	1.09	1.04	1.15	0.42	0.47	0.38
天　津	1.35	1.58	1.07	0.38	0.43	0.31
河　北	2.49	2.60	2.36	0.81	0.85	0.76
山　西	4.50	4.17	4.90	1.17	1.18	1.16
内蒙古	4.49	5.06	3.86	1.17	1.38	0.95
辽　宁	2.51	2.82	2.16	0.78	0.86	0.68
吉　林	1.61	1.84	1.38	0.55	0.64	0.46
黑龙江	1.36	1.54	1.16	0.51	0.54	0.47
上　海	2.28	2.43	2.08	0.78	0.91	0.65
江　苏	1.88	1.99	1.75	0.73	0.80	0.64
浙　江	3.52	4.19	2.92	1.23	1.37	1.09
安　徽	5.44	5.02	6.08	1.43	1.44	1.41
福　建	3.70	3.57	3.85	1.07	1.08	1.06
江　西	3.97	3.51	4.56	1.36	1.31	1.44
山　东	1.92	1.93	1.91	0.62	0.63	0.61
河　南	0.86	0.86	0.86	0.43	0.45	0.40
湖　北	3.46	3.30	3.67	1.22	1.26	1.18
湖　南	2.41	2.44	2.37	1.11	1.17	1.04
广　东	3.08	2.79	3.48	1.01	0.98	1.05
广　西	3.64	3.56	3.75	1.29	1.29	1.28
海　南	6.33	4.70	9.40	1.97	1.88	2.08
重　庆	3.82	4.14	3.48	1.28	1.41	1.13
四　川	3.43	3.58	3.27	1.35	1.42	1.27
贵　州	15.62	15.20	16.06	4.34	4.15	4.58
云　南	14.51	13.91	15.18	4.53	4.48	4.58
西　藏	11.83	14.04	10.13	4.77	4.79	4.76
陕　西	1.89	1.85	1.94	0.83	0.88	0.78
甘　肃	7.44	7.71	7.20	2.23	2.15	2.32
青　海	12.08	11.35	13.13	5.24	5.14	5.36
宁　夏	13.06	15.53	10.88	3.29	3.77	2.84
新　疆	8.37	9.70	7.13	2.80	3.03	2.55

从表6和表7可以看出，如果原始数据不经过调整，不论是全国数据，还是分省份数据，计算得到的婴儿死亡率和5岁以下儿童死亡率数据结果均偏低，不能很好的反应出我国人口发展的现状，因此应当对其科学调整。

2. 利用间接估算法调整后婴儿死亡率和儿童死亡率

间接估算儿童死亡率(特拉赛尔法)——以全国情况为例：

第一步，计算每个妇女的平均活产子女数：分年龄组得知妇女人数、曾生育子女数，各年龄组曾生育子女数量/各年龄组妇女人数=平均活产数。(见表8)

表8 平均活产数计算

年龄组	妇女总数	曾出生人数	男曾出生数	女曾出生数	平均活产男孩数	平均活产女孩数	平均活产数
15—	4408116	54942	29421	25521	0.0067	0.0058	0.0125
20—	5832745	1514471	817838	696633	0.1402	0.1194	0.2596
25—	4666287	3938366	2142938	1795428	0.4592	0.3848	0.8440
30—	4467437	5775399	3147704	2627695	0.7046	0.5882	1.2928
35—	5486262	8358273	4532062	3826211	0.8261	0.6974	1.5235
40—	5886276	9930802	5333142	4597660	0.9060	0.7811	1.6871
45—	5040971	9258278	4949053	4309225	0.9818	0.8548	1.8366

第二步，计算按母亲每个年龄组分的死亡子女比例：用各年龄段男性和女性死亡人数之和作为该年龄组总死亡人数，除以该年龄组曾出生人数算的死亡子女比例。(见表9)

表9 死亡子女比例计算

年龄组	曾出生数	男曾出生数	男死亡数	女曾出生数	女死亡数	男女孩死亡比例
15—	54942	29421	595	25521	356	0.01730916
20—	1514471	817838	10662	696633	6491	0.01132607
25—	3938366	2142938	19773	1795428	12429	0.00817649
30—	5775399	3147704	25177	2627695	16545	0.00722409
35—	8358273	4532062	38332	3826211	25641	0.00765385
40—	9930802	5333142	53207	4597660	35186	0.00890089
45—	9258278	4949053	58295	4309225	37843	0.01038400

第三步，借助寇尔一德曼区域模型生命表中的西区模型，计算估算乘数。根据表2.4中20—24岁组平均活产数/25—29岁组平均活产数=0.048002，25—29岁组平均活产数/30—34岁组平均活产数=0.30764。选择寇尔一德曼区域模型生命表中西区模型的各年龄组系数x1，x2，x3，带入估算乘数计算公式，x1+x2 * 0.048002+x3 * 0.30764算得各年龄组估算乘数。如15—19岁组选择系数后，带入该方程：1.1415+(—2.707) * 0.048002+0.7663 * 0.30764，算得估算乘数为1.247302。(见表10)

表10 各年龄组估算乘数计算

年龄组	平均活产数	乘数K
15—	0.01246383	1.247302
20—	0.25964979	1.149345
25—	0.84400424	1.059637
30—	1.29277682	1.051813
35—	1.5234914	1.064323
40—	1.68711117	1.050932
45—	1.83660608	1.042774

第四步，计算死亡概率和存活概率。用各年龄

组死亡比 * 各年龄组估算乘数算得各年龄组死亡率，存活率，其中 15—29 岁组算得结果即婴儿死亡率。（如表 11）

表 11　各年龄组死亡率和存活率计算

年龄组	男女孩死亡比例	男女孩乘数 K	男女孩死亡率	男女孩存活率
15—	0.01730916	1.247302	0.02159	0.97841
20—	0.01132607	1.149345	0.013018	0.986982
25—	0.00817649	1.059637	0.008664	0.991336
30—	0.00722409	1.051813	0.007598	0.992402
35—	0.00765385	1.064323	0.008146	0.991854
40—	0.00890089	1.050932	0.009354	0.990646
45—	0.010384	1.042774	0.010828	0.989172

从表 2.6 可以看出，经过调整后，我国婴儿死亡率为 21.59‰。按照该方法，继续调整其他分性别、分年龄、分地区婴儿死亡率和儿童死亡率。（见表 12，表 13）

表 12　调整后全国婴儿死亡率和儿童死亡率

单位：‰

指标	总计	男性	女性
婴儿死亡率	21.59	25.77	17.41
5 岁以下儿童死亡率	25.44	30.40	20.48

三、分析与讨论

温家宝总理在 2008 年 3 月 5 日的十一届全国人大一次会议上指出“2005 年，我国人均期望寿命达到 73 岁”；在 2011 年十一届人大四次会议上所作《政府工作报告》中的关于我国“十二五”时期的主要目标和任务中也指出“到 2015 年末，我国人均预期寿命提高 1 岁，达到 74.5 岁。”2012 年，卫生部新闻发言人也指出“我国人均期望寿命在‘十一五’期间提高了 1 岁，从 72 岁提至 73 岁。”（人民日报（北京），2012—02—09）。

因此，根据现有第六次人口普查数据库中提供的分年龄组平均人口数、实际死亡人数等资料和数据计算得到的全国分地区、分省、分性别、分年龄组期望寿命明显偏高。考虑到普查资料的误差和天然缺陷，需要采用人口间接估计技术和方法，对普查资料中根据年龄和性别划分的人口数据的死亡率情况进行科学调整，进一步使之完善，以便对预期寿命做出科学推算。

表 13　调整后各省婴儿死亡率和儿童死亡率

‰

省份	婴儿死亡率			5 岁以下儿童死亡率		
	合计	男性	女性	合计	男性	女性
北　京	2.56	2.70	2.42	8.22	8.76	7.68
天　津	7.34	8.90	5.78	10.23	10.64	9.82
河　北	6.26	4.90	7.62	9.99	11.18	8.80
山　西	13.07	9.49	16.65	14.80	10.16	19.44
内蒙古	8.92	9.59	8.25	11.77	13.56	9.98
辽　宁	5.95	5.50	6.40	12.54	13.97	11.11
吉　林	6.15	8.58	3.72	12.69	14.18	11.20
黑龙江	12.40	10.34	14.46	12.93	9.16	16.70
上　海	4.34	6.01	2.67	7.87	8.19	7.55
江　苏	4.98	6.26	3.70	5.62	6.71	4.53
浙　江	4.96	5.53	4.39	8.09	9.17	7.01
安　徽	8.70	8.82	8.58	11.35	13.22	9.48
福　建	8.51	8.05	8.97	8.87	7.76	9.98
江　西	9.54	8.06	11.02	10.48	8.49	12.47
山　东	6.93	9.28	4.58	10.67	11.85	9.49
河　南	7.28	7.02	7.54	10.03	11.16	8.90
湖　北	12.56	12.26	12.86	14.17	13.62	14.72
湖　南	11.65	13.65	9.65	11.95	13.45	10.45
广　东	6.25	6.92	5.58	6.40	7.14	5.66
广　西	10.70	12.88	8.52	11.40	13.19	9.61
海　南	14.02	6.29	21.75	17.18	6.88	27.48
重　庆	7.67	8.90	6.44	8.74	5.50	11.98
四　川	11.15	12.20	10.10	13.45	15.57	11.33
贵　州	13.27	16.67	9.87	15.03	19.94	10.12
云　南	14.07	19.82	8.32	16.74	23.75	9.73
西　藏	28.03	33.10	22.96	34.47	41.80	27.14
陕　西	9.16	10.85	7.47	11.19	12.25	10.13
甘　肃	9.84	12.97	6.71	11.01	12.13	9.89
青　海	19.99	18.65	21.33	23.21	20.98	25.44
宁　夏	16.43	18.30	14.56	21.47	18.86	24.08
新　疆	13.81	11.02	16.60	17.27	15.74	18.80

本次研究发现我国人口预期寿命在第六次人口普查时为 73.65 岁，男性预期寿命（71.37 岁）低于女性（75.88 岁）；城市人口预期寿命（77.32 岁），高于

镇(75.88 岁)和乡村(72.43 岁)。相比第五次人口普查时的 2000 年国家公报数据,人口预期寿命 10 年间增加了 2.25 岁,其中男性增加了 1.74 岁,女性增加了 2.55 岁。各省间人口平均预期寿命分布为东部最高,中部次之,西部地区预期寿命较低。其中上海、北京、广东三地预期寿命最高,而西藏、青海、贵州三地最低。同时,各省均显示出女性人口预期寿命高于男性。

经过调整后,我国婴儿死亡率为 21.59‰。比第五次人口普查时下降了 6.82‰;儿童死亡率为 25.44‰。根据国家统计局编写的《国际统计年鉴 2012》,2005 年全国婴儿死亡率及 5 岁以下儿童死亡率分别为 21‰和 22.5‰,2010 年分别为 15.8‰和 18.4‰。本文计算结果与国家公报数据相比,偏高 6‰左右。其原因可能一是因为两种数据统计计算的时期不同,国家公报数据为 2010 年度结果,本文为第六次人口普查时期结果,即 2009 年 11 月 1 日 0 时—2010 年 10 月 31 日 24 时;二是因为本文在利用间接估算方法估算儿童死亡率,即“特拉赛尔法”时获取的有关数据,包括按性别和母亲 5 岁年龄组分的曾生子女数、存活子女数、死亡子女数和妇女总数,是根据人口普查的“长表”调查资料的 1%抽样结果计算得到的。其中存在着一定的偏差和统计口径的不一致,因此需要进一步研究,并对数据进行合理推算和调整。三是因为这种方法的假定之一是所研究的人口的近期死亡模式和死亡水平是固定不变的。因此,这种估算儿童死亡率的方法,是建立在近期的生育率和儿童死亡率保持不变的假设之上。如果生育率一直在变,那么使用该方法进行儿童死亡率的估算,得到的是一个近似估算结果。考虑到我国近年来生育率变化,联合国人口司曾在 2008 年版的《世界人口前景》中将 2000—2010 年的中国生育率设定为 1.77,2011 年 5 月 3 日公布的 2010 版的《世界人口前景》中指出,中国的 2000 年—2005 年和 2005 年—2010 年的生育率为 1.70 和 1.64,因此尝试使用特拉赛尔法对儿童死亡率做出了初步的估计和推断。

本次研究也发现婴儿死亡率和 5 岁以下儿童死亡率在地区间分布不平衡,东部地区较低,西部地区较高。其中婴儿死亡率最低的是北京、上海和浙江;最高的是西藏、青海和宁夏。5 岁以下儿童死亡率最低的是江苏、广东和上海;最高的仍然是西藏、青海和宁夏。说明区域经济的发展水平和医疗资源的分布,对婴儿死亡率和 5 岁以下儿童死亡率有很大影响。除江苏、河北、福建、安徽、江西、湖南、黑龙江、宁夏、青海、西藏等省外,其余各省的 5 岁以下儿童死亡率均为男性高于女性。

舒星宇[①]温勇　宗占红　周建芳

① 本文来源于国家统计局“六普”课题《中国人口健康状况分析及健康促进研究——基于“六普”数据的分析》的部分研究成果舒星宇,南京人口管理干部学院,讲师。

浙江人口死亡与健康:变动态势与原因探讨

一、引言

随着老龄社会的步入,学界对死亡问题和健康问题给予了特殊的重视。认为以后的社会是死亡率很低、且健康的社会。从已有研究看,主要侧重于对死亡水平的研究,对健康研究较少,主要有四个方面的内容:一是关于人口死亡状况和预期寿命的研究(蒋正华等 1984;郝虹生等 1988;黄荣清 1989,2004,2005;张菊英 2004;游中允,郑晓瑛,2005)。二是关于死因的研究(饶克勤,周有尚 1988;张晓磊 2007)。三是关于影响因素的研究。一般认为,社会经济发展程度(如收入水平、城市化程度、受教育程度越高)越高,死亡率就越低(黄荣清,2005;游中允等,2005)。四是关于死亡分析的方法和技术研究(黄荣清 1983,2005;翟振武 1985,1988;乔晓春 1985;郑晓瑛 2005)。

以往的研究为本研究提供了有益的启发。特别是已经有一些研究开始将人口死亡和健康进行关联研究,为我们提供了新的思路。毕竟,提高老年人生命质量单纯追求低死亡是没有什么意义的,长寿+健康才是追求的目标。特别是当前的老龄社会,老年的健康问题和负担问题应是关注的重点。由于以往普查资料的有限性,难以对死亡水平和健康水平进行关联分析。第六次人口普查资料调查了老年群体的健康状况,这为我们的分析提供了良机。因此,本文将系统分析历次普查年浙江人口死亡水平变化过程;分析人口死亡在地区、种族、性别、年龄、文化程度等的演变的基本特征及规律;分析浙江现在存活老年人口的生活自理能力和健康水平,探讨各种经济和非经济因素对人口死亡和健康的影响机制,提炼人口死亡水平、健康水平与各变量之间的关联模式,给浙江未来发展提供政策建议。

二、浙江人口死亡水平分析

(一)死亡率变化的阶段性特征

观察 1949 以来浙江人口死亡人数和死亡率的变化轨迹(见图 1 和 2),可以看出:

1. 浙江人口死亡率总体是逐渐下降的。1949 年为 14.84‰,到 2010 年下降至 5.46‰,减少了 9.38 个千分点。人口死亡模式经历了由高死亡率向低死亡率的转变,且相当长时间内稳定在较低水平。

2. 剔除 1959－1961 年这三年特殊情况,1949 年以来浙江省死亡人口总数和人口粗死亡率的变化发展大致经历了三个阶段。

第一阶段是 1950－1955 年,为死亡人口总数和人口粗死亡率高水平徘徊期。此阶段,各种烈性传染病还没得到控制,人口死亡总数和人口粗死亡率还维持在较高水平,但已有了下降的迹象。

第二阶段是 1956－1969 年,为人口死亡总数和粗死亡率由高水平向低水平过渡期。到 1955 年底,严重危害人民健康和生命的各种烈性传染病已得到有效控制,1956 年人口粗死亡率首次降落至 10.00‰以内。

第三阶段是从 1970－2010 年,为浙江死亡人口总数逐步上升和人口粗死亡率稳定在较低水平时期。由于浙江人口年龄结构的持续老化,老年人口的绝对数量逐步上升导致死亡人口总数增加。然而这段时期浙江省生保健工作进一步加强,孕产妇和新生儿死亡率进一步降低,使得人口粗死亡率仍然维持较低水平,2005 年来稳定在 6‰以下。

图 1　1949—2000 年浙江人口粗死亡率变动轨迹

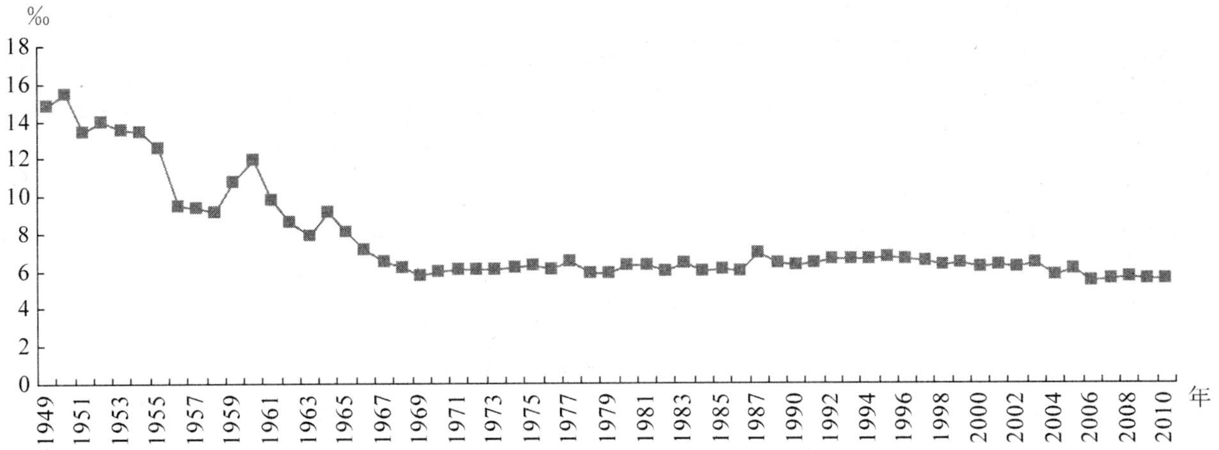

资源来源:浙江省统计年鉴 2011

图 2　1949—2000 年浙江人口死亡人数变动轨迹

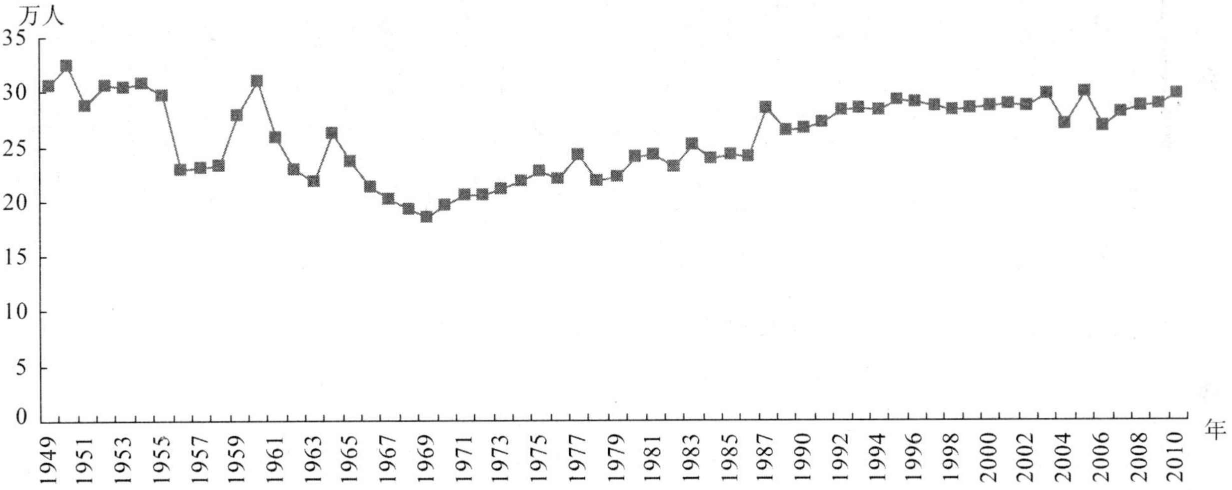

资料来源:同图 1。

(二)死亡率与全国各省(市、区)的比较

第六次人口普查资料表明,2010 年浙江人口死亡率为 5.46‰,略低于全国平均水平 5.57‰,明显低于世界平均水平 8.1‰①。

如果不结合年龄构成,仅从死亡率判断,会以为浙江死亡水平与全国平均水平差不多。为剔除年龄构成的影响,以全国人口年龄构成为标准化权数,计算全国各地区的标准化死亡率,会发现浙江标准化死亡率在 5‰以下,死亡水平明显低于全国平均水平。

从粗死亡率由低到高排列,按低于 5‰,5‰—6‰,高于 6‰划分,中国大陆各省(市、区)可分为三类地区(见表 1)。在标准化前,浙江粗死亡率处于第二类地区,由低到高位居全国第 20 位。在标准化后,浙江粗死亡率处于第一类低死亡地区,由低到高位居全国第 5 位,标准化死亡率仅比上海,北京,海南省,天津市四个地区高。

① 由于缺乏 2010 年的数据,这里采用 2009 年数据

表 1　2010 年全国各省(市、区)按死亡率由低到高分类

分类	标准化前粗死亡率	标准化后粗死亡率
第一类(5‰以下)	北京，海南，新疆，天津，广东，内蒙古，吉林	上海，北京，海南，天津，浙江
第二类(5‰—6‰)	上海，福建，黑龙江，宁夏，江西，西藏，陕西，甘肃，湖北，青海，山西，河南，浙江，广西，湖南，安徽	吉林，江苏，广东，黑龙江，福建，广西，重庆，湖南，湖北，安徽，内蒙古，新疆，辽宁，山东，河南，四川，陕西，江西，山西，甘肃，河北，贵州
第三类(6‰以上)	贵州，江苏，河北，山东，云南，重庆，辽宁，四川	宁夏，青海，云南，西藏

注：以全国人口年龄构成为标准化权数。资料来源：中国 2010 年人口普查资料。

图 3　2010 年全国各地区粗死亡率和标准化死亡率的对比

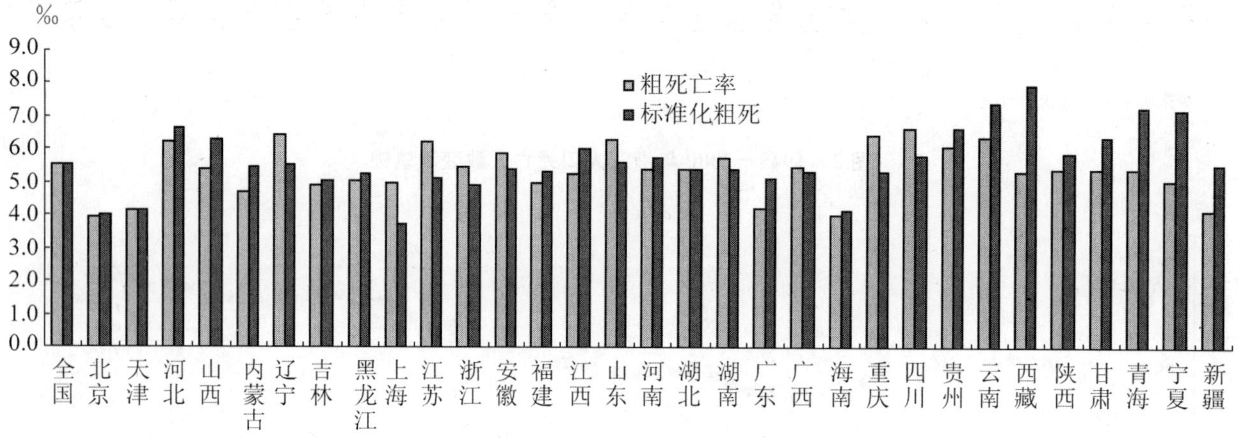

资料来源：同上

(三)死亡率与世界部分发达国家的比较

同样，如果不结合人口年龄构成，会乐观的认为，浙江死亡水平已比美国、加拿大、日本等发达国家的还要低。事实上，目前发达国家的人口老化程度比浙江严重，从 2010 年 65 岁以上人口所占比重看，日本高达 22.7%，意大利和德国达 20.4%，美国、加拿大分别为 13.1%和 14.1%，均远高于浙江省。结合出生预期寿命，不难发现，浙江省的死亡水平虽然逐步降低，但离发达国家的死亡水平尚有一定的距离(见表 2)。

表 2　浙江省和部分国家死亡水平对比

浙江省和部分国家	2000 年死亡率(‰)	2005 年死亡率(‰)	2009 年死亡率(‰)	2010 年 65 岁及上人口比重(%)	2009 年出生预期寿命(岁)
浙　　江	6.1	6.1	5.6	9.3	77.73
日　　本	9.4	8.4	9.1	22.7	82.93
加 拿 大	7.1	7.1	7.4	14.1	80.66
美　　国	8.7	8.3	8.4	13.1	78.09
法　　国	8.9	8.5	8.5	16.8	81.07
德　　国	10.2	10.1	10.4	20.4	79.84
意 大 利	9.7	9.7	9.8	20.4	81.44
西 班 牙	9	8.9	8.3	17.0	81.48
英　　国	10.2	9.7	9.1	16.6	80.05
澳大利亚	6.7	6.4	6.4	13.5	81.54

资料来源：世界银行网站

(四)浙江人口死亡率的各种差异

1. 年龄差异:以老年人口死亡为主的"J"型模式,且曲线越来越平缓

年龄别死亡率不受人口年龄构成的影响,克服了粗死亡率的一些缺陷。一般说来,婴幼儿死亡率较多受社会经济因素影响,老年人口死亡较多受遗传、生物、病理和环境等因素支配。

从"四普"、"五普"、"六普的分年龄死亡率看,浙江各年龄死亡率稳定在低水平,且呈现持续下降的态势。死亡模式也从新中国成立初期以高婴儿死亡率和高老年死亡率为特征的"U"型分布,转变成为以低婴儿死亡率为特征的"J"型分布。即死亡人口的年龄构成已由多受社会经济因素影响的儿童死亡为主转变为以多受遗传、生物、病理和环境等因素支配老年人口死亡为主。

图 4　浙江三次人口普查分年龄人口死亡率

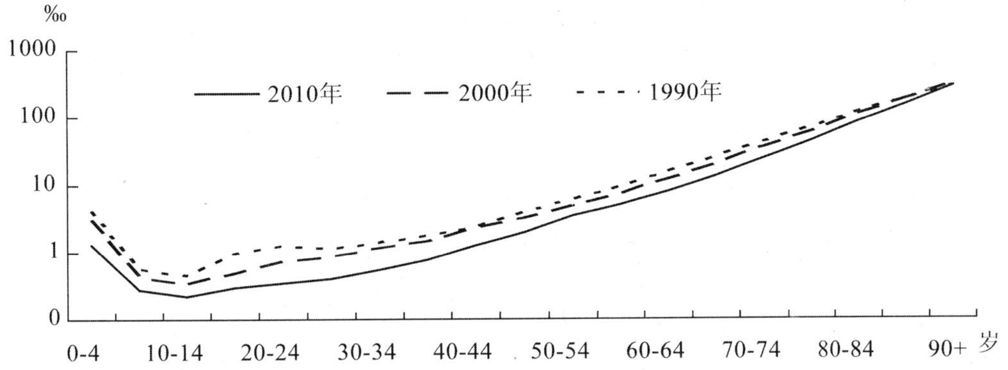

资料来源:浙江省历次人口普查资料。

"六普"死亡模式"J"型曲线比"四普""五普"更加平缓,死亡率的下降更为显著,不仅少年儿童组死亡率明显下降,而且中、壮、老年人口死亡率的下降也较明显。2010 年死亡率在年龄模式上反映出的特点具体为:0－14 岁期间由高向低迅速下降,至 10－14 岁期间下降到最低水平;15－39 岁期间死亡率稳定处于低水平;40－64 岁以后死亡率缓慢上升;65 岁以后死亡率急剧上升,到 90 岁及以上时,死亡率达到最高水平。

总体来看,2010 年 5－24 岁青少年组的死亡率最低,均<0.5‰,这既有生物因素也有社会因素,社会因素体现在两方面,一方面与浙江省对青少年进行的各种免疫工作的成功开展有关,一方面是学校对青少年进行德智体全面教育,青少年身体素质得到了较明显的提高。

图 5　浙江三次人口普查分年龄人口死亡概率

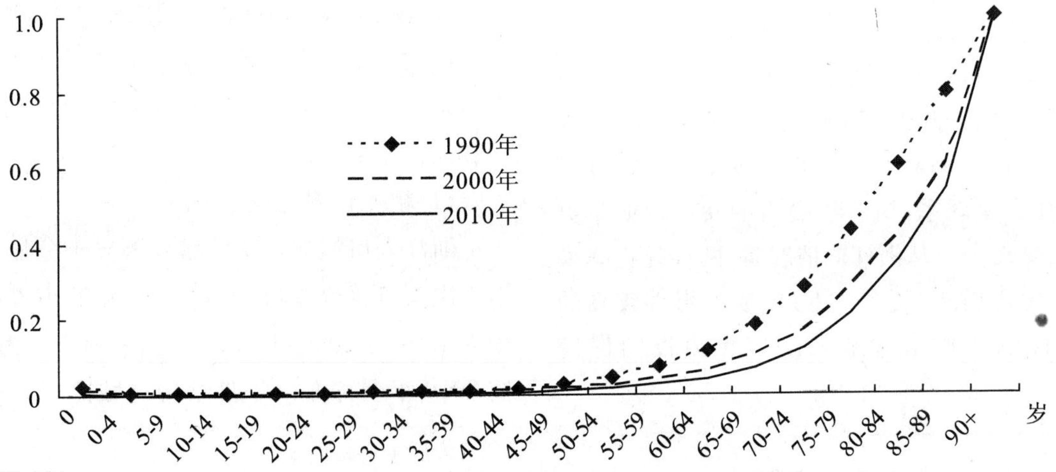

资料来源:同上

从年龄别死亡概率看,2010 年与 2000 年、1990 年相比,各年龄组均在减小。其中 5 岁以下儿童和 60 岁及以上老年人口死亡概率有较为明显的下降。由于死亡概率与死亡率有固定的依存关系,死亡概率的分布也近似死亡率的分布。

2. 性别差异:有现代模式特征,成年组两性死亡差异扩大

死亡率的性别差异状况在一定程度上反映了社会发展和进步程度的差异,并揭示着两性在健康上的平等程度。

第六次人口普查资料表明,2010 年浙江省男性人口粗死亡率为 6.10‰,女性为 4.79‰,男性高出女性 27%。各年龄组死亡率的两性差异均十分明显(见图 6),且所有年龄组男性死亡率始终高于女性,即使在女性生育旺盛期也如此。

图 6　2010 年浙江省分性别的人口死亡率曲线

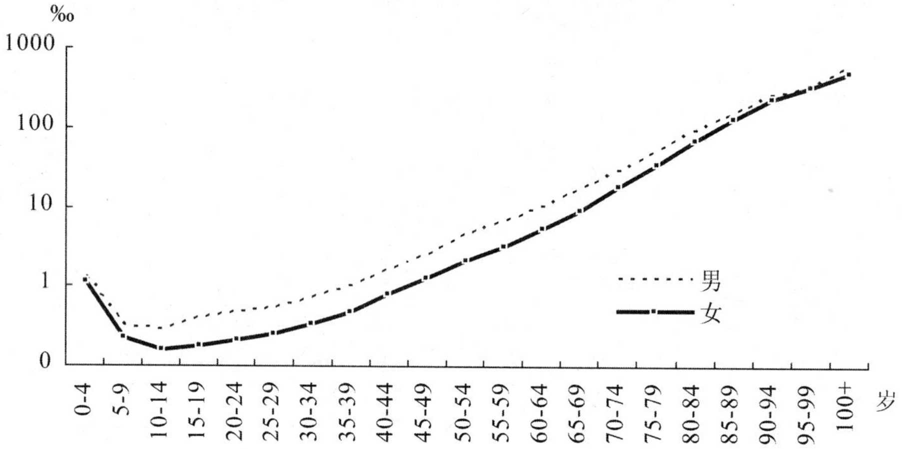

资料来源:同上

与"五普"相比,"六普"分性别死亡率有两个最重要的变化:一是 0—4 岁女孩死亡率低于男孩。而"五普"时,0—4 岁女孩死亡率却高于男孩。这一定程度上说明,浙江近些年来的关爱女孩的行动已取得很好的成效。二是 15—60 岁成年人口的两性死亡差异不仅大于少年和老年,而且大于"五普"。2010 年 15—60 岁组的男性死亡率是女性死亡率的 2 倍多,这可能与男性人口因生活压力、工作环境等因素造成死亡概率相对较高有关。

人口学者将两性死亡率模式分为三种模式:与高死亡率相联系,所有或大部分年龄组女性死亡率都高于男性的"传统模式";死亡率下降过程中,女婴、育龄妇女死亡率高于同年龄组男性的"过渡模式";与低死亡率联系,所有年龄组的女性都低于男性的"现代模式"①。从浙江的情况看,两性死亡率模式已具备"现代模式"特征。不过,成年男性较高的死亡率也提醒我们重视和关注成年男性的保健问题。

城市、镇、乡村的两性差异与上述基本相似。只是出现一个矛盾点:城市人口的 90—95 岁组的女性死亡率(281.09‰)高于男性死亡率(269.39‰),且无论全省还是分城乡,高龄组两性死亡率很接近。"自身筛选"规律可以解释这个现象。男性群体在幼年和成年较高的死亡率意味着,易死的人从"历险群体"消失得越多,群体"消失得越多,存活人口的存活能力便增强,该群体死亡率便降低。

3. 城乡差异:粗死亡率的二元结构依然存在

城镇的社会经济综合发展水平明显高于广大的农村地区,这种发展上的差异也反映在人口健康水平和死亡率上。

(1)粗死亡率的城乡差异

浙江人口粗死亡率的城乡差异十分显著。根据第六次人口普查资料,全省 2010 年城市人口粗死亡率为 3.07‰,镇人口为 4.15‰,乡村人口为 8.62‰。按 2010 年全省人口年龄结构对城镇与乡村人口粗

① 郝虹生,中国人口死亡率的性别差异研究,中国人口科学 1995,2。

死亡率进行标准化计算，则全省城市人口标准化死亡率为 4.18‰，镇人口为 4.87‰，乡村人口为 6.51‰。由于城镇人口年龄结构比乡村人口年龄结构年轻，剔除年龄结构影响后城乡差距有所缩小，但仍然显著，标准化后的镇人口死亡率比城市人口死亡率高 17%，乡村人口死亡率比市人口死亡率高 56%。分性别看，男性人口和女性人口粗死亡率的城乡差异均十分明显。

(2)分性别年龄死亡率的城乡差异

乡村人口各年龄组死亡率明显高于城市、镇人口。从图 7—图 9 可直观考察全省、男性和女性人口年龄别死亡率的城乡差异。无论全省、男性还是女性人口，其城乡年龄别死亡率模式呈现出相似的规律：①从 J 型曲线的谷底看，由高到低依次为：乡村>镇>城市。②城市、镇人口的死亡率曲线靠得很近，差异较小，乡村人口的死亡率曲线有所偏离，与城市和镇人口死亡率的差异较大。

图 7 2010 年浙江人口年龄别死亡的城乡差异

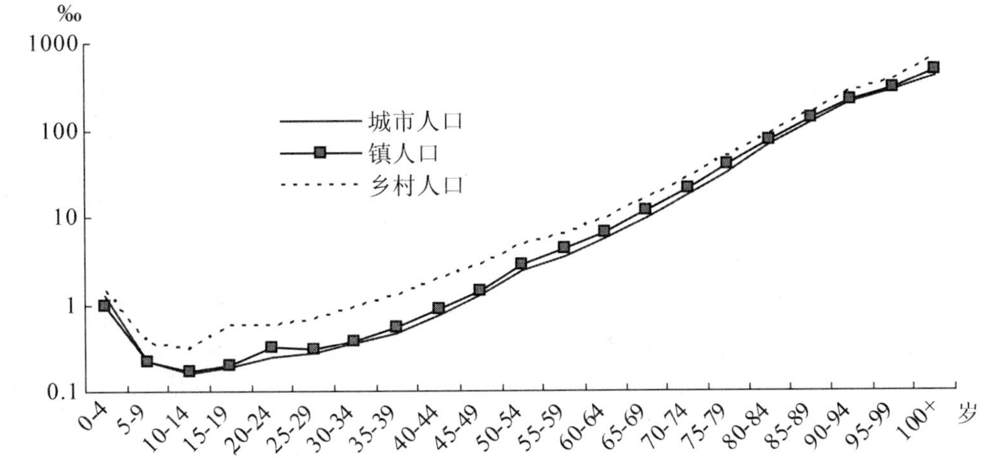

资料来源：浙江省 2010 年人口普查资料。

图 8 2010 年浙江省男性人口年龄别死亡的城乡差异

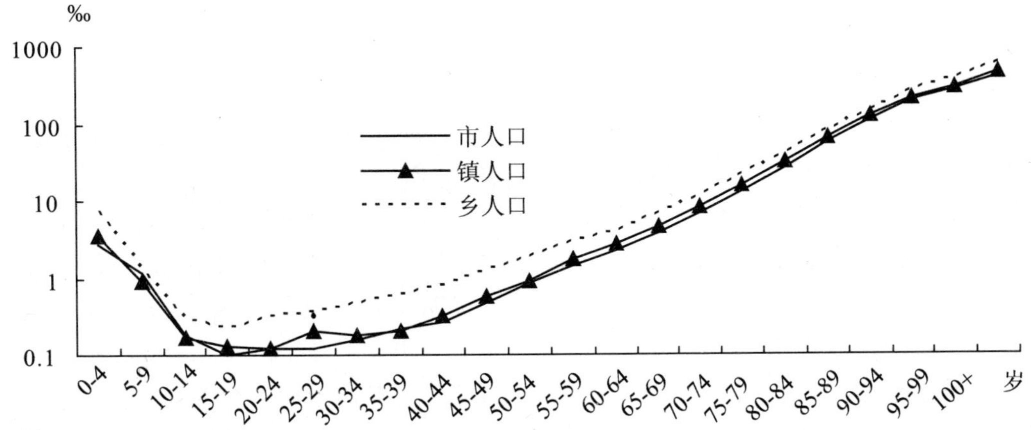

资料来源：同上。

从 2010 年城乡年龄别死亡率的相对差异可以看出：

其一，劳动年龄组死亡率的城乡差异较大，其中 15—19 岁组乡村人口与城市人口死亡率差异最大。我们认为，乡村和城市青壮年死亡差距较大的主要与职业、文化程度、收入、工作条件、生活环境、医疗服务等方面差异导致的发病率、就诊率和治愈率差异有关。

其二，分性别看，女性人口死亡率的城乡差异略比男性人口大。

图 9　2010 年浙江省女性人口年龄别死亡的城乡差异

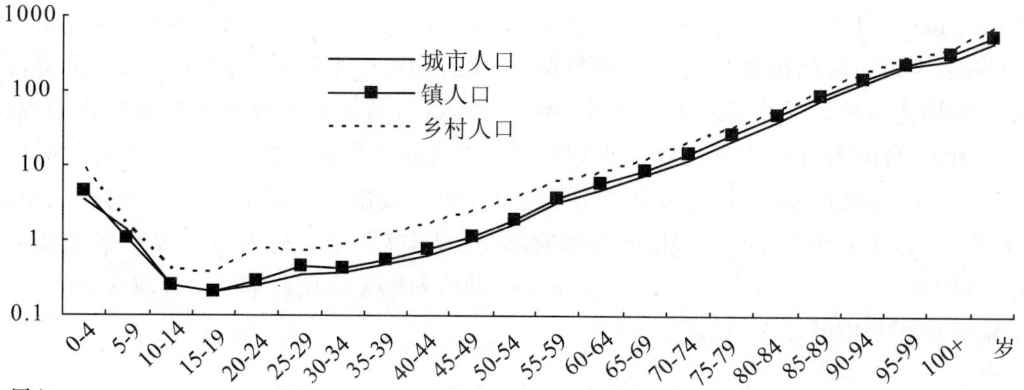

资料来源:同上。

其三,镇人口与城市人口 20—24 岁组死亡率差异大于其它年龄组,女性的这种差异比男性突出。这不仅仅与大城市优越的生活、医疗卫生条件有关,更重要的是城市青少年大多较长时间生活在中高等院校,而镇青少年则较早地进入不同职业的劳动队伍,毕竟学校环境下的死亡风险明显低于各职业环境。

其四,无论男性还是女性,镇、城市 0—9 岁组死亡率之比小于等于 1,这意味着镇人口的婴幼儿死亡率低于城市,其原因有待进一步研究。

与全国其他省份比较而言,浙江城乡差距并不大,但对于山区和边远乡村来说,降低死亡率还有一段较长的路程要走,在健康教育、医疗保健方面还有很多工作要做。

4. 地区差异:宁波死亡水平最低,丽水最高

各地区的自然环境、社会经济环境、人口年龄结构等存在差异,因而表现在人口死亡率上,地区差异也非常明显。据第六次人口普查资料,宁波的粗死亡率最低为 4.88‰,其次为杭州、温州,衢州最高 7.3‰。

为消除人口年龄结构的影响,同样以全省人口年龄结构为权数进行标准化处理。标准化死亡率最低的仍是宁波为 4.88‰,最高的丽水为 6.04‰。粗死亡率最高与最低的差距显著缩小,由原来的相差 2.42 个千分点缩小为 1.16 个千分点。从粗死亡率的排序位次看,除杭州、宁波、绍兴位次保持不变外,其它各市排序位次均发生了变化,嘉兴、衢州均比标准化前位次下降了 1 个位次。台州、金华和丽水比标准化前上升了 1 个位次。排序位次变化较大的是:舟山和湖州比标准化前下降了 3 个位次,温州比标准化前上升了 5 个位次,湖州上升至第 8 位。

各地区的性别死亡率差异显著且差距不一。其中丽水两性粗死亡率差异最大,男性比女性高 2.36 个千分点。其次是衢州,差异最小的是宁波和嘉兴。标准化后,粗死亡率仍是男性高于女性。男性标准化死亡率大多在 6‰以上,而女性全部在 5‰以下。其中舟山的两性差异最大,男性比女性高 1.67 个千分点;其次是温州,差异最小的是宁波和杭州。

(五)平均预期寿命变化及与世界部分国家的比较

1. 浙江平均预期寿命多年来一直在稳步增长之中

据第六次人口普查资料计算,2010 年浙江人口平均预期寿命为 77.73 岁,比全国人口平均预期寿命(74.83 岁)高 2.90 岁。其中男性和女性分别为 75.58 岁和 80.21 岁,分别比全国(72.38 岁、77.37 岁)高 3.2 岁和 2.84 岁。

与以往普查资料比较,浙江人口平均预期寿命多年来一直在稳步增长之中。"三普"时全省人口平均预期寿命为 69.51 岁,到"四普"、"五普"、"六普"时分别提高到 72.03 岁、74.69 岁、77.73 岁。其中男性人口平均预期寿命在"三普"时为 67.81 岁,到"四普"、"五普"、"六普"时,分别提高到 69.96 岁、72.54 岁、75.58 岁。女性平均预期寿命在"三普"时为 71.36 岁,到"四普"、"五普"、"六普"时,分别提高到 74.37 岁、77.10 岁、80.21 岁。

2000 至 2010 年 10 年中,浙江人口平均预期寿命增加了 3.04 岁,增长了 4%。其中男性人口增加了 3.04 岁,增长了 4.2%;女性人口增加了 3.11 岁,增长 4%。人口寿命上升是人口质量提高的重要标志。数据折射出，随着社会经济实力的增强，浙江政府在全面优化人口生存条件、迅速提升人口质量上付出的巨大努力。

2. 女性存活优势持续扩大

浙江在现代化建设过程中的不断改善社会环境因素，使女性地位得到了显著提高，使女性权利得到更多的保障，从而扩大了女性优势。在"三普"时，女性比男性分别长3.55岁，在"四普"、"五普"、"六普"时，女性比男性分别长4.41岁、4.56岁、4.63岁，差异持续扩大。差异扩大多与现代社会相联系。现代化社会中男性较女性更多地从事危险性大和竞争性强的职业，更多地承受事故的风险和精神上的压力。另外，对健康不利的生活方式也更多地涉及男性，如吸烟和饮酒等。而现代化社会中妇女地位的提高、角色的变化、生育率的降低，以及卫生保健发展带来的孕产妇死亡率的降低等，则使女性寿命提高。

3. 与发达国家的差距仍然较大

由于缺乏2010年的世界人口平均预期寿命，这里对2009年世界部分国家的预期寿命进行观察。2009年世界人口的平均预期寿命为69.41岁，日本最高，达82.93岁。平均预期寿命在80岁以上的还有以色列(81.55岁)，韩国(80.3岁)，新加坡(81.29岁)，加拿大(80.66岁)、法国(81.07岁)、意大利(81.44岁)，荷兰(80.55岁)，西班牙(81.48岁)，英国(80.05岁)，澳大利亚(81.54岁)，新西兰(80.29岁)。可见，浙江省人口的平均预期寿命虽然比世界平均水平高8.3岁，但同发达国家和地区比较还有差距。

从平均预期寿命的增长看，发达国家的平均预期寿命提高幅度要低于世界平均预期寿命的提高幅度。发达国家较低增长幅度可能与人类寿命的极限问题有关(因为有专家认为，当预期寿命在60岁左右时，估计每年增加约0.3－0.4岁，在70岁左右时，估计每年增加0.2岁左右)浙江省人口平均预期寿命增长相对较快，十年来增加了3.04岁，增长4.07%，高于世界平均预期寿命增长幅度。可以预见，随着浙江社会经济的发展和医疗卫生保障体系的不断完善，浙江人口的平均预期寿命有望进一步提高。

三、浙江人口健康水平分析

(一)妇幼保健水平与全国、国际对比

出生婴儿死亡率、围产儿死亡率、孕产妇死亡率是具有特殊意义的指标。由于婴儿、围产儿、幼儿、孕产妇发病机会比其他年龄组高得多，而其抵抗力又较其他年龄组弱得多，需要更高的医疗卫生水平，所以它们的死亡率高低直接代表着某地的生产力发展水平、物质生活水平、医疗卫生水平和妇幼保健水平。因此，有必要单独考察这几项指标。

由于部分地区存在着出生婴儿瞒报、漏报现象，利用普查资料推算婴儿死亡率还没有一个统一的制度。因此这里利用卫生系统资料进行观察。改革开放以来，浙江婴儿死亡率得到很好的控制，由1981年的30.60‰，降至1989年的25‰，再降至2000年15.6‰，到2010年，成功降至7‰以下。

浙江与国内发达地区的差距正在缩小。2000年浙江婴儿死亡率为15.6‰，比北京和上海分别高10.2和10.5个千分点。而2009年，浙江婴儿死亡率为6.7‰，比全国低7.1个千分点，比北京高3.2个千分点，与上海和广东差不多。显然浙江正逐步向上海、北京等低婴儿死亡水平地区靠拢。

从国际范围看，浙江2010年婴儿死亡水平则已接近发达国家水平。2009年新加坡婴儿死亡率为2.3‰，日本为2.4‰，加拿大为5.3‰，美国为6.9‰，新西兰为4.8‰，捷克为2.8‰，法国为3.2‰，德国为4.4‰。

再根据卫生部门的数据观察围产儿死亡率和孕产妇死亡率，可以看出，浙江妇幼保健水平走在全国前列。浙江2009年围产儿死亡率为6.08‰，高于上海(2.58‰)、江苏(4.8‰)、北京(4.96‰)、江西(5.56‰)、重庆(5.57‰)和湖北(5.97‰)。浙江2009年孕产妇死亡率为9.5人/10万，仅高于上海(5.5/10万)和江苏(5.2人/10万)。全国各地基本分布是经济发达区死亡率低，经济欠发达区死亡率高。西藏的孕产妇死亡率特别高，达200人/10万，这与那里的生活环境、医疗水平有着很大关系。

图 10　全国各地区围产儿死亡率比较

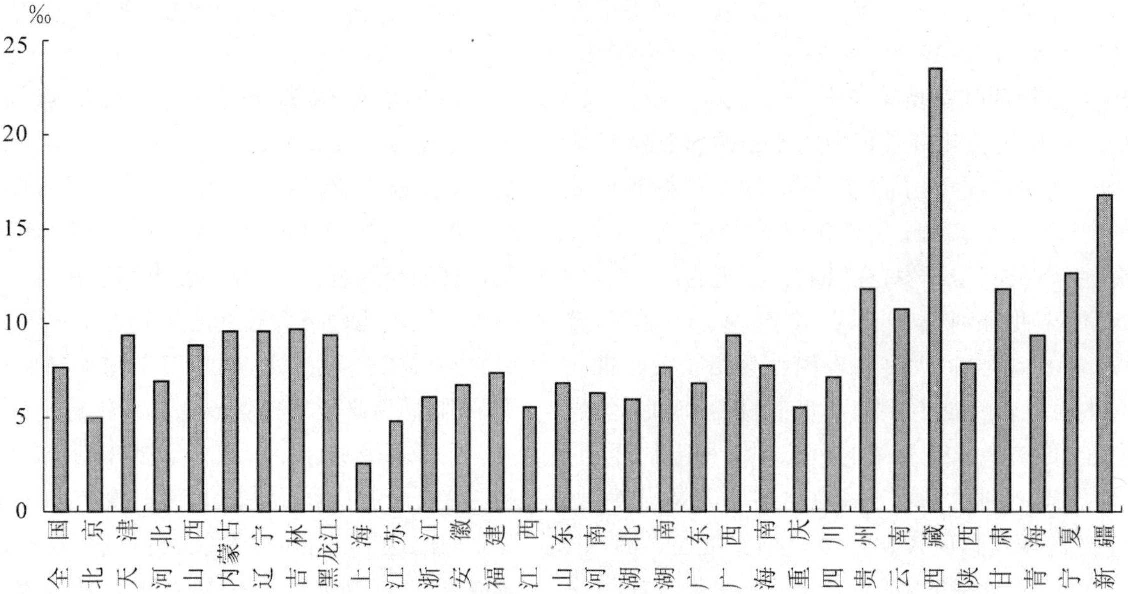

图 11　全国各地区孕产妇死亡率比较

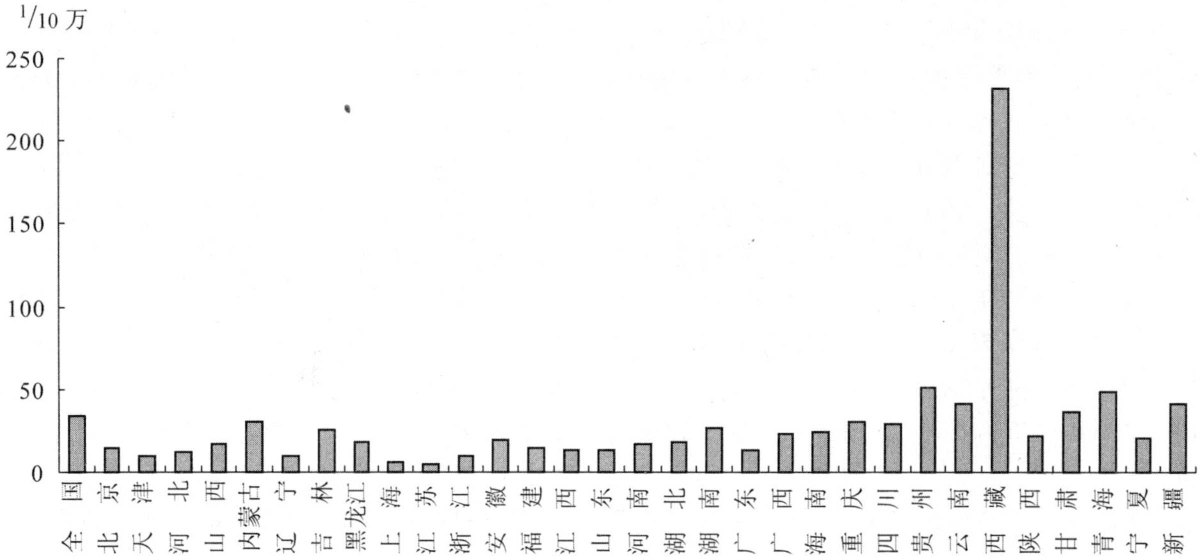

(二)老人健康状况及与全国比较

单纯追求长寿没什么意义,更重要的是要健康的、有品质的活着,有必要对老年人口健康状况进行考察。

1. 老年女性特别是乡村女性的健康状况令人担忧

根据 2010 年人口普查长表抽样数据,在浙江 60 岁及以上老人中,健康、基本健康、不健康但生活能自理、生活不能自理分别占 52.78%、35.05%、9.80%和 2.37%。分性别看,浙江老年男性健康比重为 57.19%,远高于老年女性健康比重 48.41%。老年女性健康状况令人担忧。

分城乡看,老年人口健康比重城市高于镇,镇高于乡村,城市、镇、乡村老年人口健康比重分别为 59.26%、54.53%、48.79%。值得注意的是,乡村女性健康比重仅为 43.97%,低于镇(50.24%),远低于城市(55.63%)。

2. 老年健康水平随着年龄递增大幅递减

分年龄层看,健康比重随着年龄的递增而明显减小。60－60 岁、65－69 岁老人的健康比重达 71.52%、60.38%,而 90－94 岁、95－99 岁、100 岁及以上组的健康比重仅分别为 17.05%、14.48%和

12.17%，绝大多数老人不健康或生活不能自理。分性别看，总体是女性健康状况不如男性。且随着年龄的增长，两性的差异不断扩大。**可见，女性虽然死亡率低，长寿，但相当部分健康状况较差，处于不健康和生活不能自理的状态，生活质量并不理想，需要关注。**

3. 浙东北老人健康状况好于浙西南

分地区看，嘉兴健康老人的比重最高，达64.48%，其次是湖州（55.92%），再次是温州（53.79%）和宁波（53.37%。健康老人比重最低的是金华和丽水。若将不健康生活能自理或生活不能自理的两组合并视为不健康，那么不健康比重最高的是舟山（27.15%），其次是丽水（14.58%）和温州（14.27%），再次是金华（13.66%）、衢州（13.33%）和台州（13.11%），以上6市不健康比重均在全省平均水平（12.17%）以上，其余5市不健康比重在全国平均水平以下，由高到低分别为宁波（11%）、杭州（10.79%）、绍兴（10.79%）、湖州（9.35%）和嘉兴（7.95%）。

总体看来，发展基础和水平较好、生活品质更有保障的杭宁嘉湖绍五地的老人更为健康。浙江老人健康水平的总体分布是由北至南由东至西由平原至山区逐渐降低。很显然，浙江省老年健康水平这种地理分布格局与浙江省社会经济发展水平的地理分布是相当一致的。

图12 浙江各地60及以上老年人口健康状况比较

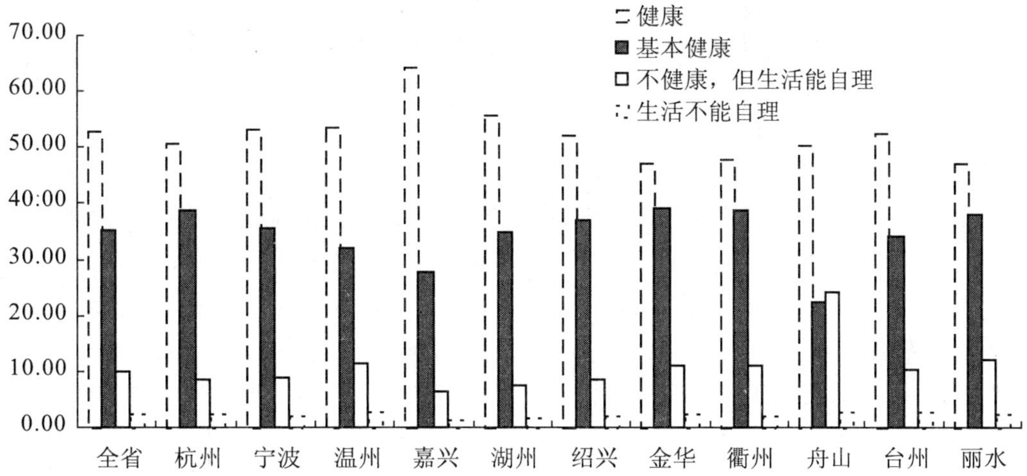

4. 老人健康比重在全国列第1位

与全国及其他省市比较，浙江健康老人比重较高，从高到低在全国各省市中列第1位，基本健康、不健康和生活不能自理老人的比重较低，在全国的位次分别为倒数第2、第4和第5位。如果将健康和基本健康合并视为健康，将不健康生活能自理和不能自理的合并视为不健康，那么浙江前者比例达87.83%，仅次于广东（89.75%）和福建（88.75%）列第3位。健康老人比重超过全国平均水平的省份由高到低依次有：浙江、山东、广东、江苏、福建、江西、天津、上海和广西。可见，从全国层面看，浙江老人的健康状况总体较好。

（三）平均潜在损失年数及其与全国的比较

平均潜在损失年数（Average Years of Potential Life Lost，AYPLL）指标是1986年由美国疾病控制中心提出，并被作为衡量健康水平的指标之一。一般来说，人们工作到65岁退休，而在此之前的死亡将损失相应的可从事社会劳动的时间。因此，本研究的潜在生存目标定为65岁，可对65岁以下的年轻群体的死亡和健康水平有较好的把握。

1. 平均潜在损失年数明显低于10年前，女性降低更快

据第六次人口普查资料，2010年全省每百人潜在损失年数为2.35年（即平均每百人在65岁之前死亡的年数为2.35年），比2000年第五次人口普查时的4.17年减少了43.7%、1.82年。其中男性3.07年，与2000年的5.14年相比减少了40.3%、2.07年；女性为1.60年，与2000年的3.15年相比减少了49.2%、1.55年。2000年女性每百人平均潜在损失年数比男性低39%，2010年女性每百人平均潜在损失年数比男性低 47.9%。

2. 宁波平均潜在损失年数最低，丽水最高

2010 年每百人平均潜在损失年数最低的地区是宁波、湖州，嘉兴，分别为 1.77 年、1.92 年、1.91 年。最高地区是丽水(3.3 年)和衢州(3.24 年)。与 2000 年相比，每百人平均潜在损失年数减少幅度最大的地区是温州(52.39%)和宁波(50.97%)，减少幅度最小的地区是杭州(29.97%)。这里再次突出了湖州和宁波人口死亡水平在全省最低的事实。

3. 乡村平均潜在损失年数远高于城镇

与前面提到的其它人口死亡指标相一致，乡村人口每百人平均潜在损失年数也明显高于城镇人口。乡村 3.37 年，分别比市(1.65 年)、镇(1.82 年)高出 104.2%、1.72 年和 85.2%、1.55 年。再次提醒我们，农村 65 岁以下群体健康状况不容乐观，农村的健康教育、卫生保健工作任重而道远。

从市人口来看，湖州、宁波、丽水的每百人平均潜在损失年数最低，分别仅为 0.94 年、1.03 年、1.09 年；而台州和杭州最高，分别为 2.40 年和 2.08 年。丽水的市人口死亡水平低，可能与其较好的生态环境和较少的工作压力有关；而台州和杭州，市人口死亡水平较高是否与其过分劳作、较少闲适的生活节奏有关还需进一步研究。

对镇人口来说，绍兴、湖州、丽水的每百人平均潜在损失年数最少(1.28 年、1.38 年和 1.39 年)，而舟山最多(2.53 年)。和前面看看到的规律一致，小城镇(丽水、湖州等)较好的社会经济条件、较小的人口密度、较小的竞争压力、较清洁的自然环境在人口死亡中的优势仍然是易见的；舟山镇人口死亡水平较高可能与其特殊的产业结构承载更多的体力劳动有关。

边远地区和乡村人口仍处于劣势。丽水、衢州、温州乡村人口每百人平均潜在失去年数在全省 11 个地区是最高的，分别为 5.19 年、4.43 年和 3.94 年；嘉兴、宁波和湖州最低，分别是 2.13 年、2.48 年和 2.69 年。丽水、衢州、温州的乡村大多为偏僻的贫困山区，尽管其生态环境好，但由于交通闭塞，医疗卫生条件差，又加上农民的经济收入本不高，缺医少药造成年轻群体死亡率较高，进而平均潜在损失年数最高便成为一种必然。

4. 平均潜在损失年数与发达地区还存在较大差距

浙江平均潜在损失年数低于全国平均水平(3.07 年)，由低到高在全国的位次也靠前，高于北京(1.34 年)、上海(1.39 年)、天津(1.61 年)、广东(2.25 年)和江苏(2.27 年)在全国列第 6 位。显然，浙江与北京、上海、天津等直辖市相比，还存在较大差距，浙江 65 岁以下群体的健康状况还有待提高。

图 13 全国各省(市、区)平均潜在损失年数

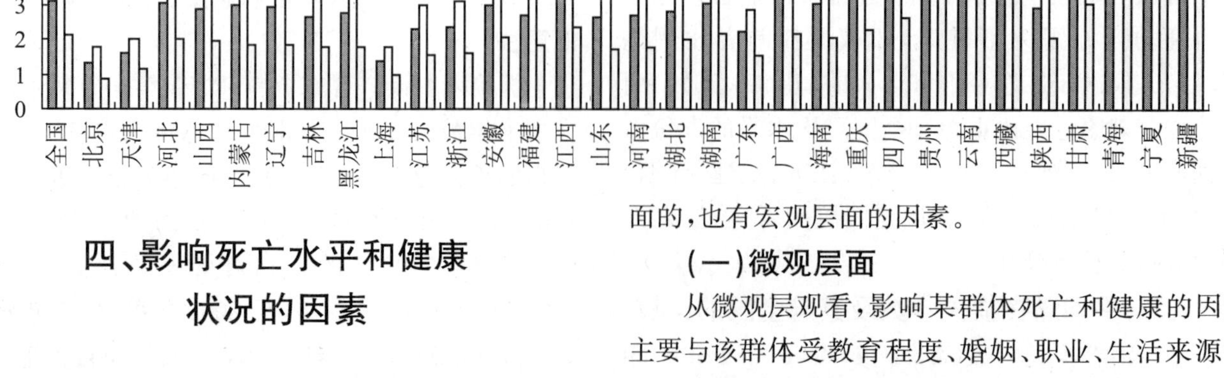

四、影响死亡水平和健康状况的因素

影响死亡水平和健康的因素很多，既有微观层面的，也有宏观层面的因素。

(一)微观层面

从微观层观看，影响某群体死亡和健康的因素主要与该群体受教育程度、婚姻、职业、生活来源保障、生活方式以及意外事故和疾病等有关。

1. 教育程度的影响

受教育程度对提高人口死亡和健康水平有着明显的作用。其一，受教育程度较高的群体所具备的保健知识较多，保健意识强。其二，受教育程度较高的群体社会经济地位也可能较高，相应的生活和居住环境，以及享受到的医疗卫生设施和保健服务可能会较好。

受普查资料限制，这里只计算 2010 年 15 及以上不同受教育程度人口的粗死亡率。计算得出，不同受教育程度人口的粗死亡率由低到高依次为研究生、大学本科、大学专科、高中、初中、小学、未上过学，显示出受教育程度与死亡率呈明显的负相关。即受教育程度越高，死亡水平越低。分性别粗死亡率由低到高的顺序也大致相同，且女性明显低于男性。

考虑到老年群体的受教育程度较低，为剔除年龄构成的影响，以 6 岁及以上人口年龄结构为标准化权数计算标准化死亡率，发现标准化后的受教育程度差异变小，但不同受教育程度的标准化死亡率差异依然显著，由高到低的次序依然与标准化前的次序一致。其中女性研究生标准化死亡率偏高与女性研究生数量(即分母)较小有关。

2. 婚姻状况的影响

人们的婚姻状况不同，其生活起居的规律性、生活条件、医疗服务的可获性等，其生理和心理健康也相应不同，从而带来死亡水平的差异。2010 年普查资料显示，在长表抽样的 60 岁及以上老年人口中，不同婚姻状况的健康比重由高到低依次为：有配偶(59.02%)、离婚(49.55%)、丧偶(36.48%)、未婚(32.52%)。而不健康但生活能自理的比重由高到低依次为：未婚(23.81%)、丧偶(15.98%)、离婚(13.23%)、有配偶(7.26%)。排序刚好和健康者相反。生活不能自理的比重仍然是和丧偶(4.54%)和未婚(3.91%)最高，离婚(2.07%)次之，有配偶(1.57%)最低。可见，有无配偶以及与配偶关系的稳定度都会影响到老年群体的生理和心理健康。即无配偶的健康状况不如有配偶的，夫妻关系不稳定的健康状况不如关系稳定的。分性别的不同婚姻状况老人的健康比重由高到低的顺序也大致相同，且基本上是男性高于女性。

3. 职业的影响

作为不同社会经济人群分组重要特征的职业与死亡和健康有着直接的联系。如职业的劳动强度、工作环境等都会对劳动群体的死亡和健康水平有着相当的影响。由于第六次和第五次人口普查资料中没有分职业的死亡人口数，所以无法分析不同职业的死亡水平。但通过以往的研究，可以了解到不同职业对死亡水平的影响，不同职业的粗死亡率由低到高的顺序为办事人员和有关人员、专业技术人员、国家党群企业负责人、生产运输和有关工人、商业工作人员、服务性工作人员，最高的为其他不便分类的劳动者和农林牧副渔劳动者，其中分性别的粗死亡率也大致符合这样的顺序，且女性死亡率明显低于男性①。改善各类职业人口的工作、生产和生活环境，加强安全生产和劳动保护措施，减少职业病的发生，将有利于各类职业人口的死亡水平的降低。

4. 生活保障的影响

生活来源缺乏保障，意味着日常生活、医疗、保健等的缺失从而对人口健康水平产生负面影响。第六次人口普查资料显示，在长表抽样的 60 岁及以上老年人口中，不同生活来源的健康老人比重由高到低依次为：劳动收入(75.23%)、财产性收入(59.07%)、离退休养老金(58.06%)、其他(44.87%)、家庭其他成员供养(37.62%)、最低生活保障金(29.55%)。可见，不同生活来源的老人健康状况呈现很大差异。不健康生活能自理和生活不能自理的老人比重的由高到低的次序均刚好与前述相反。表明，提高老人健康水平，首要任务是保障他们的生活来源，提高其生活质量。分性别看，依靠劳动收入、财产性收入、离退休养老金生活的老人的两性健康差异不大，且基本表现为男性健康比重高于女性；而依靠最低生活保障和家庭其他成员供养的老人的两性健康差异较大，但表现为女性健康比重高于男性，女性生活不能自理的比重低于男性。

5. 生活方式的影响

良好的生活方式，得病几率少且长寿；反之，则得病

---

① 高凌，中国不同职业人口死亡率差异分析。中国人口科学 1995.4。游中允，中国人口的死亡和健康，北京大学出版社，2005

几率多，短寿。普查没有关于生活方式的调查内容，这里无法定量考察。但翻阅任何一本医学保健书，都会发现，提倡健康的生活方式被提到很重要的位置。有关医学研究表明，吸烟是心脑血管疾病、癌症、慢性阻塞性肺病等多种疾患的行为危害因素，吸烟已成为继高血压之后的第二号全球杀手。同时，过量饮酒，精神忧郁，也会增加患某些疾病的风险，并可能导致交通事故及暴力事件的增加。暴饮暴食，缺乏运动也会增加患高血脂，高血糖，高血压的风险。可见，生活有规律，无不良嗜好，心态乐观，注重保健，积极运动，对身心有益。近年来，以英国为首的一些西方国家再次提出了100多年前曾提出过的作为保健金科玉律的"维多利亚宣言"，以"合理膳食、适量运动、戒烟限酒、心理平衡"作为健康的四大基石，其实强调的有益于健康的习惯化的行为方式。

6. 意外故事和疾病的影响

尽管影响死亡和健康的因素是多样而复杂的，但引起死亡的最终表现则是各种疾病和意外死亡。新中国成立以来，浙江省人口的"死因谱"也发生了显著变化：①多年来威胁浙江人口的恶性肿瘤、脑血管、呼吸系病和心脏病的死亡比例上升幅度很大。1953年全省城市调查点四大死因死亡比例合计为23.49%，1964上升为35.77%，1990、2000和2010年分别高达73.33%、74.46%和75.13%。2010年农村为71.73%，2010年占72.08%。②改革开放以来，前10位死因合计占死亡总数的比重保持在90%左右。③意外死亡（损伤和中毒）位次显著前移。1953年城市调查点意外死亡居死因顺位的第10位。城市从1970年代开始上升，农村从1980年代开始上升，1990、2000、2010年的城市意外死亡均列第5位，1990年和2000农村意外死亡居第4位，2010年农村意外死亡居第5位，农村意外死亡的比重也远高于城市。④2000年至2010年，内分泌、营养和代谢的其他疾病（糖尿病、高血压）、泌尿生殖系统疾病（肾炎和肾变病）、神经系统（精神病）一直成为十大死因之一。⑤2010年，消化系统疾病、传统病和寄生虫病等上升为十大死因之一。

浙江省近年来死于呼吸道感染的人数约占全部死因的15%以上，在十大死因中列第三位，农村的比重比城市高，有典型的发展中国家人口死亡特征。而每年死于心脏病、脑血管病和恶性肿瘤等的人数占全部死因的50%以上，又具有发达国家人口死亡特征。

（二）宏观层面：社会经济环境的区域差异对死亡和健康区域差异的影响

从宏观层面看，死亡和健康在地区存在差异不仅与主要与生物、遗传和地理环境有关；同时还会受到经济发展水平、城市化水平、教育水平、卫生资源和医疗条件等地区社会经济文化因素的影响。根据普查资料的可获性，这里只对后者，即社会经济环境因素的影响进行分析。

1. 指标的选取

选取浙江11个市的标准化死亡率和60岁及以上人口的健康比重（这里将健康与基本健康合并）等指标分别为因变量，选取反映浙江11个市的经济发展水平、城市化水平、文化教育水平、医疗水平的11个指标作为自变量，对宏观社会经济环境对死亡和健康的影响进行实证。为了时间的一致性，所有指标都采用2010年的数据。具体指标为：

（1）经济发展水平：人均GDP，城镇居民可支配收入，农村居民人均纯收入

（2）城市化水平：城镇人口占总人口的比重

（3）文体水平：平均受教育年限，文盲率，社区服务设施数

（4）医疗水平：每千人医院卫生院数，每千人医院卫生院床位数，每千人医生数

2. 相关分析

相关分析表明，2010年各地区标准死亡率与人均GDP，城市居民人均可支配收入、每千人医院卫生院床位数、每千人医生数、平均教育年限显著负相关，与文盲率，女性文盲率显著正相关（$P<0.05$），与农村居民人均纯收入、城镇人口比重、社区服务设施数，每千人医院卫生院数相关不显著（$P>0.05$）。

老人健康比重与城镇居民可支配收入、农村居民人均纯收入、城镇人口比重显著正相关（$P<0.05$），与文盲率、女性文盲率显著负相关（$P<0.05$），与人均GDP，社会服务设施数，每千人医院卫生院数，每千人医院卫生院床位数、每千人医生数相关不显著。

虽然各指标的相关程度不一样，但已可以粗略看出，提高收入水平、城市化水平、医疗卫生水平、教育水平，均对降低死亡，提高健康有着积极的意义。

3. 多元回归分析

为进一步了解各变量的影响作用程度和大小，分别以11个市的标准化死亡率和老人健康比重为因变量，以上述X1－X11为自变量，进行多元回归分析。采取逐步回归，进入模型的变量见表3和4。

从表3知，以各地标准化死亡率为因变量，只有每千人医院卫生院床位数，每千人医生数进入了模型。从表4知，以各地老人健康比重为因变量，只有女性文盲率进入了模型。这表明：

（1）对浙江11个市来说，当前医疗卫生资源和条件的地区差异对死亡水平地区差异的影响最大。可见，合理配置医疗卫生资源，改善医疗卫生条件应是工作重点。

（2）文化教育水平，特别是女性接受教育水平的地区差异对老人健康水平地区差异影响最大。可见提高落后地区的教育水平，对缩小地区健康水平差异有着重要作用。

（3）应该指出，经济发展水平对死亡和健康的影响在统计上不显著，并不意味着死亡和健康与经济发展水平无关。其实无论医疗卫生条件的改善，还是教育水平的提高，都离不开经济发展水平的提高。只是在死亡率较低，经济发展水平较高的情况下，经济发展对死亡的影响会逐渐弱化。

表3 以标准化死亡率为因变量的回归分析

进入变量	非标准化系数	标准化系数	T值	显著性水平
常数	6.507		15.647	0.000
每千人医院卫生院床位数	－0.005	－0.660	－3.707	0.006
每千人医生数	0.067	0.441	2.476	0.038

确定系数 R^2＝0758　F值的概率为0.001，说明方程中的自变量与因变量有显著的线性关系。

表4 以各地老人健康比重为因变量的回归分析

进入变量	非标准化系数	标准化系数	T值	显著性水平
常数	97.628		25.903	0.000
女性文盲率	－1.023	－0.711	－3.032	0.014

确定系数 R^2＝0806，F值的概率为0.001。

如果纵向研究浙江省历年来经济发展水平与死亡水平的关系，就可以看出，在经济发展尚未达到相当水平的情况下，经济增长使死亡率下降，经济衰退使死亡率上升。如1955－1958年浙江省经济迅速恢复和发展与人口死亡率大幅度下降的对应；又如1959－1961年三年国民经济遭到严重挫折和困难与人口死亡率回升的对应（1961年人口死亡率高达11.88‰）。诚然，经济增长促进死亡率下降的速度和作用程度都是不一样的。在死亡率水平较高、经济发展水平较低的情况下，经济的增长对死亡率的下降作用值就较大，1955－1958年就是如此；而在死亡率水平较低、经济发展水平相对较高的情况下，经济增长对死亡率的下降作用就越小，目前浙江省的情况就是这样。

六、结论与思考

（一）主要结论

1. 伴随着死亡率的下降和低死亡水平的稳定，浙江人口的分年龄死亡率已由20世纪50、60年代的“U”型分布转变为以低婴儿死亡率为特征的“J”型分布模式，且“J”型曲线越来越平缓。

2. 与全国各省、区、市比较，浙江属于低死亡水平和高健康水平行列。

标准化死亡率由低到高排序，仅高于上海、北京、海南、天津列全国第5位，围儿产死亡率仅高于上海、江苏、北京、江西、重庆和湖北列第7位，孕产妇死亡率高于上海和江苏列第3位。平均潜在损失年数高于北京、上海、天津、广东和江苏列全国第6位。老人健康比重由高到低列全国第1位，不健康生活能自理和生活不能自理合计列全国倒数第3位。但是，从各类指标看，浙江死亡水平和健康水平与发达国家和地区相比尚有一定差距。

3. 浙江人口的死亡和健康水平在两性、年龄、地区、城乡、不同受教育程度、不同婚姻状况间仍存在着不平衡性。

死亡水平以男性、高龄、低学历者、经济欠发达的乡村和浙西南地区为高。老年健康水平以女性、高龄、未婚丧偶、低学历者、经济欠发达的乡村和浙西南地区为低。死亡水平以女性为低，但老年健康水平也以女性为低。特别是乡村女性和无配偶女性的健康状况令人堪忧。这提示我们，女性虽长寿但活得不健康。可见提高生命质量单纯追求长寿并没有意义，长寿＋健康才是追求的目标。

4. 在诸多影响因素中，医疗卫生条件和教育水平的地区差异是影响浙江死亡和健康的地区差异的

最重要因素。从微观层面看，较低的教育程度、无配偶或丧偶的婚姻状况、生活来源的弱势、不良生活方式、意外事故和疾病会对死亡和健康产生负面影响。从区域宏观层观看，经济发展水平、城市化水平、医疗卫生条件、教育水平等的地区差异对死亡和健康的地区差异产生明显影响。回归分析发现，经济发展水平较高的当前，医疗卫生条件是影响浙江 11 市死亡水平最重要的因素，女性教育水平影响浙江 11 个市老年健康水平的最重要因素。

(二)对策建议

上述发现为我们寻找降低死亡水平，提高健康水平的有效途径提供了有益的启示。制约因素的多样性决定着对策的多样性。针对浙江省具体情况，应该着眼以下几个方面着手：

1. 加强欠发达地区医疗卫生保健服务

前面的实证分析得出，医疗卫生资源和条件是当前影响浙江地区死亡水平的最重要的因素。因此，加强欠发达地区的医疗卫生资源的配置，提高医疗技术和卫生保健水平对于降低死亡尤其重要。适当的健康水平并不一定要等待富裕才能达到。只要提供良好的社会保健服务和提供较完善人口、卫生和社会福利政策，经济欠发达的地区或经济落后的乡村也能将死亡水平控制在较低水平。

2. 人口健康，教育为本

众所周知，教育是反映人口素质的一个重要标志，也是对人口发展产生深远影响的一个重要因素。它通过人们职业、收入、婚姻质量、社会地位、生活观念及选择等一系列具体事件来影响人们的死亡。教育本身是一种人口基础能力的反映，人口的健康也必定受之影响，这是间接和潜移默化的。已有的经验也证明，支持预防为主的教育，可以不需太多投入就可以达到很好地效果，如通过健康教育改变人们的卫生习惯、实施各种免疫计划、洁净饮水计划、病虫防治计划等。

3. 号召全民全过程保健

虽然老年群体的死亡水平最高，但保健不只是中老年的事，而是人生各个阶段的积累。老年群体健康是其婴儿、幼儿、青少年和成年期，即进入老年期前各阶段所制约健康因素最综合、最集中和最终的表现。健康状况应从人生发展的每个阶段做起，做好预防保健工作，特别是人的初生阶段，它是健康的开始，也是健康的基础。

4. 重视老年女性的身体和心理保健服务

老年女性的健康水平远不如男性的原因很多，即有筛选机制的原因，更重要的是身体和心理的保健不到位。如老年女性生活来源弱势对女性的身体保健产生不利影响，丧偶或无伴侣的独自生活对女性的精神生活和心理产生负面影响。因此一方面，要建全社会保障制度，从经济上提高其享受卫生保健服务的能力；另一方面，重视老年女性的心理健康。豁达的人生观、开阔的心胸，即使生活清贫、单调，但心理觉得生活幸福、愉快，便可减少许多疾病的发生。

5. 重视劳动年龄组男性和乡村青壮年群体的保健服务

从年龄层看，劳动年龄组两性差异较大，男性的死亡率远高于女性，这应该与劳动年龄组男性的生活压力和工作环境等因素有关。同时劳动年龄组死亡率的城乡差异也最大，这不仅与生活环境、工作性质有关，还与经济条件等因素有关。这提醒我们要特别关注成年男性的保健，同时要完善城乡医疗保健体系，扩大农村统筹医疗的覆盖面，使每个农村劳动者都有全面的健康检查和福利保障。

参考文献：

1. 费世宏．婴儿死亡率与平均预期寿命．人口研究，1985.
2. 高凌．中国不同职业人口死亡率差异分析．中国人口科学，1995(4)：16—20.
3. 郝虹生．中国不同婚姻状况人口死亡率差异分析．人口研究，1995(5)：32—35.
4. 胡平．不同受教育程度人口的死亡水平差异．人口与经济，1997.
5. 黄荣清．中国人口死亡问题研究．
6. 游中允，郑晓瑛．中国人口死亡与健康：20 世纪 80 年代以来人口死亡水平、类型、原因和发展趋势．北京大学出版社，2005.

浙江省人普办　姚剑平　黄洪琳

中国人口老龄化与老年人口:现状与变化

2010年第六次人口普查结果显示,中国60岁及以上老年人口已经达到1.78亿人,人口老龄化也在加速发展。2000年底中国65岁及以上老年人口比例达到7%标志着中国进入老年型人口阶段,在过去10年中,人口老龄化的迅速发展对中国社会经济的深远影响不断显现,日益引起全社会的关注。分析2010年人口普查数据,对中国人口老龄化现状与趋势的了解以及对中国老年人口生活状况的认识成为新世纪制定相关政策措施、提高老年人生活质量、促进和谐社会建设的前提。因此,对2010年第六次人口普查与老年人口相关内容的研究即有理论意义,也有丰富的现实意义。

在对第六次人口普查相关数据分析的基础上,我们可以对人口老龄化和老年人口状况进行分析,比较过去十年间相应的变化与特点。重新审视中国人口老龄化的形势及由此带来的变化与挑战,政府和社会需要高度重视人口老龄化的发展趋势并加快建立和完善社会保障和养老服务等体系的建设步伐,采取积极措施,切实应对人口老龄化给中国社会经济发展带来的挑战。

第六次全国人口普查对认识中国人口老龄化形势与老年人口状况有两方面的重要意义。第一,这是中国人口在新世纪进入老年型之后进行的第一次人口普查,它可以帮助我们进一步认识中国老年人口和人口老龄化的发展形势和特点。第二,这次普查注重常住人口的统计,在很大程度上改变了以往强调户籍人口的统计导向,可以更加真实地反映不同地区的人口老龄化现状和问题,特别是大量的人口流动对流入地和流出地人口老龄化的影响,有助于更好地规划各个地区的社会养老服务体系建设,也有利于对人口流动的作用给予全面的认识。

一、中国人口老龄化与老年人口的数量变化

从国家统计局发布的2010年第六次全国人口普查主要数据公报中可以看出,本世纪的头十年里,中国人口老龄化正在加速发展,老年人口数量和人口老龄化发展速度都比预期的增长更快,标志着中国人口老龄化已经进入快速发展阶段,对中国社会经济的长期影响将日益显现。

需要说明的是,2010年人口普查结果与以往的年度统计结果和预测结果有一定的差异,从而可能使人们对普查的数据的准确性产生疑问,也就是说老年人口数量与老年人口比例的迅速增长是否是真实的反映?由于普查公报认为这是一次高质量的普查(误差率只有0.12%),同时,全面的评估普查质量还有待于更多基于原始数据的专门分析,这是目前难以完成的工作。所以,以下的分析是建立在目前普查公报数据的结果上进行的。老年人口数量和老年人口比例的增长超出原来的大多数预计,从人口老龄化角度讲,可能的原因是目前实际生育率水平低于以往的假定水平造成的,同时,也很可能是由于以往对死亡率的高估造成的。过去几年中,许多人口预测都是假定中国人口平均预期寿命是73岁,但2012年国家统计局公布的平均预期寿命已经达到74.83岁,这在一定程度上有助于认识老年人口数超过预期的原因。

从第六次人口普查结果我们可以看到中国人口老龄化的发展速度快于预期,需要重新审视中国老年人口规模的增长与人口老龄化发展进程。

2010年11月1日,中国大陆人口中60岁及以上人口达到1.78亿人,占总人口的13.26%,其中65岁及以上人口为1.19亿人,占8.87%。60岁以上和65岁及以上老年人口数量已经超过整个欧洲

的老年人口数(欧洲60岁以上和65岁及以上老年人口数量分别为1.58亿和1.18亿)。中国的老年人口数量和人口老龄化程度都高于此前的预测结果,表明中国人口老龄化正在加速发展。此前的预测认为2010年底中国老年人口数可能达到1.7亿人,老年人口比例达到12.7% 。

中国老年人口数量的加速增长有两方面原因,一是由于社会经济的持续发展使平均预期寿命不断延长,活到老年阶段的人口迅速增加,同时,在老年阶段生活的时间延长,高龄老年人增多。另一方面,1949年新中国成立后开始的第一次出生高峰队列正在进入老年阶段,未来几年增速也将日益明显。

1990年到2000年,中国60岁及以上老年人口数增长了3300万人,年均增长330万人。2000年到2010年,老年人口增长了4767万人,年均增长476.7万人,已经显示出加速增长的势头。2011年底,60岁及以上老年人达到1.85亿人,比上一年增长近700万人。2012年底,60岁及以上老年人达到1.94亿人,比上一年增长近900万人。预计未来五年老年人口总量年均净增长都将超过800万人,老年人口增长进入快速发展阶段。

中国人口老龄化程度的加速提高除了上述原因之外,还由于中国人口总量的增长放慢。从1950年到2000年,中国人口总量每十年的增长幅度平均在1.2亿人左右,2010年普查数据表明,在过去十年,人口总量的增长下降到7390万人,远小于以前的增长幅度,从而在一定程度上加大了老年人口占总人口的比例,使老年人口比例达到2010年的13.26%。

在上述人口老龄化发展背景下,政府和社会需要重新审视中国老年人口规模的增长与人口老龄化发展进程。这包括以下几个方面:

第一,中国60岁及以上老年人口数目前已经超过1.9亿人。

2010年人口普查时,中国老年人口总数为1.78亿人,而到2012年末,中国老年人口数是1.94亿人,以年平均增长800万到900万老年人估计,2013年中国老年人口数将超过2亿人。这比此前通常预测的2014年老年人口超过2亿人将提前一年到来。在“十二五”期间,社会保障体系和养老服务体系的建设因此也需要加快推进。

第二,中国老年人口数到2050年将超过4.4亿人,人口老龄化程度可能达到34%以上。

根据联合国人口司《世界人口展望2010》的估计,中国2050年老年人口总数将超过4.4亿人,人口老龄化程度可能达到34%以上。以现有人口为基础预测未来中国人口的发展变化,这意味着中国将长期面临人口老龄化的影响,庞大的老年人口数量需要现在就抓紧进行政策、法律和制度上的各项准备。

第三,中国老年人口数量可能在2015年超过少儿人口数量。

如果结合少儿人口比例看中国人口老龄化的发展,另一个值得重视的现象是少儿人口比例与老年人口比例在迅速接近。2010年0—14岁人口的比重是16.6%,比2000年下降6.29个百分点,而2010年60岁及以上人口的比重达到13.26%,比2000年上升了2.93个百分点,少儿人口比例与老年人口比例的差距已经从2000年的12.56个百分点缩小到2010年的3.34个百分点。今后几年,随着两者的此消彼长,如果人口生育率没有显著变化,则估计在2015年前后,中国老年人口数量就将超过少儿人口数量,这将比此前预测的超越时间提前6年。目前,上海、北京等东部发达地区省市老年人口数已经多于少儿人口数,如果全国都出现这样的变化必将广泛影响中国的社会经济发展。

二、中国人口老龄化的城乡和地区差异

(一)人口流动极大地改变了城乡中国人口老龄化的格局

2010年人口普查结果中,流动人口数量超过了2.2亿人,由于大部分流动人口是来自农村的青年劳动力,这一变化趋势将进一步加大我国城市和农村人口老龄化程度的差异。从1982年人口普查农村人口老龄化程度超过城市人口老龄化程度的现象开始引起关注,中国人口老龄化在过去三十年里表现出了农村人口老龄化程度日益高于城市,人口老龄化城乡倒置的特征。从1982到2000年的18年间,农村老年人口比例从7.8%上升到10.9%,上升了3.1个百分点;同期,城市从7.4%上升到9.7%,上升了2.3个百分点,农村上升幅度比城市高0.8个百分点。这说明农村人口老龄化速度快于城市,

而且各时期均表现出农村人口老龄化程度高于城市的状况。2010年，中国农村60岁及以上老年人口比例高达15.0%，远高于城镇11.7%的水平 。由于2010年第六次人口普查更加强调常住人口的情况，大量农村流入城市生活的年轻人计入城市常住人口，客观上延缓了城市人口老龄化进程，而进一步突出了流出地的人口老龄化。因此，预计人口老龄化城乡倒置的情况今后一段时间将进一步加剧。

图1 中国人口老龄化城乡差异

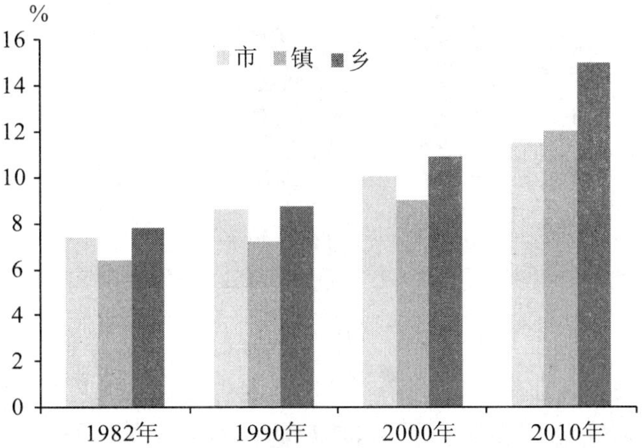

数据来源：国务院人口普查办公室、国家统计局人口与就业统计司编：《中国2010年人口普查资料》，中国统计出版社，2012年。

农村青壮年劳动力进入城市工作生活，对城市和农村带来了双重影响。一方面，城市人口老龄化过程中面临的劳动力短缺和养老服务人员需求主要由于农村年轻劳动力的加入得到缓解，城市人口老龄化速度也因此得到放慢，极大地促进了城市社会经济的发展。另一方面，以西部农村为主的流出地则势必在加速人口老龄化。2010年重庆市一跃成为全国老年人口比例最高的省份，65岁以上人口比例达到11.56%。作为最大的劳务输出省份，四川省的常住人口2010年比2000年共减少了288万人，而同样10年间，四川省65岁以上的老龄人口却增加了260万人，65岁以上老年人口比例高达10.95%，十年间提高了3.5个百分点。65岁及以上老年人口比例超过了江苏的10.89%、上海的10.12%、北京的8.7%和天津的8.52%。湖北省老年人口比例达到9.09%，人口老龄化程度超过北京，贵州省在常住人口减少的同时，65岁及以上老年人口比例达到8.57%，也已经超过发达地区的天津。可以说，2010年人口普查改写了中国各地区人口老龄化的版图，也更加真实地反映了各地区由于人口流动导致的常住人口年龄结构的变化。这对规划各个地区的养老保障和社会服务有重要现实意义。如果能够有各省区分城乡的老年人口比例数据，农村人口老龄化的加剧将会表现得更加明显。

另一方面，农村老年人口比例的迅速上升也提示我们，虽然已经有半数人口生活在城市，但中国57%的老年人口仍然生活在农村。在国家社会保障体系尚未健全和完善，农村养老资源主要靠家庭提供、代际关系弱化、代际资源转移不畅、传统家庭养老功能削弱时，农村家庭养老负担依然很大。农村养老、照料、医疗等资源的不足，使农村老龄问题更为突出，特别是养老保障和医疗问题亟待解决，贫困农村地区情况会更加严重。因此，当前，在中国人口老龄化和城市化加速的背景下，中国农村老龄问题应受到更多的关注。

图3 2010年中国各省市区65岁及以上老年人口比例

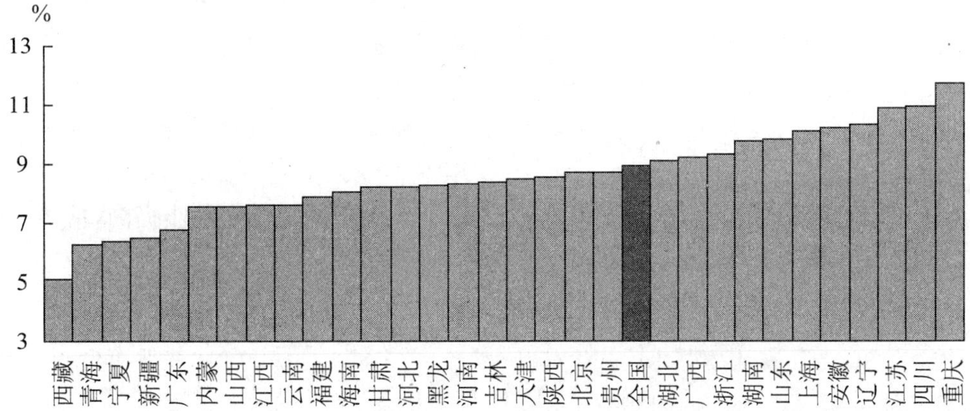

(二)中国人口老龄化的地区差异

2010年人口普查数据表明,以65岁及以上老年人口达到7%来划分,中国已有26个省(区、市)成为老年型人口地区。各地区人口老龄化水平超过全国平均值的有重庆、四川、江苏、辽宁、安徽、上海、山东、湖南、浙江、广西、湖北等11个省市。

三、中国老年人的社会经济状况与特点

(一)中国老年在业人口状况分析

随着社会经济的发展,我国劳动力人口的就业结构也发生了巨大的变化,老年人参与经济活动的情况也出现了变化。老年人是一个特殊的人口群体,一方面,他们有着多年积累起来的丰富知识和经验,继续参加工作对社会仍将做出很大的贡献,增加老年时期的经济收入,充实老年生活。但另一方面,中国人口众多,劳动力资源丰富是中国的基本国情,老年人的就业又面临许多实际的困难。那么,现在中国有多少老年人仍在工作?

根据2010年人口普查长表统计结果推算,我国1.78亿60岁及以上老年在业人口为5374万人,占老年人口总数的30.25%,在业老年人口中80.9%是农村老年人。分性别看,男性占在业老年人口的61%。男性老年人在业率为37.84%,女性老年人为23.04%。我国1.19亿65岁及以上老年人口中,在业老年人口总数约为2488万人,男性占65岁及以上在业老年人口的62.7%。在65岁及以上人口中,男性老年人在业率为27.43%,女性老年人为14.97%。

与2000年相比,我国在业老年人口增长1083万人,但在业率下降了2.8个百分点,主要是由于城市老年人口在业率的持续下降。从图4中可以看出,1990年以来,城市老年人口在业率在不断下降,已经下降到6%的低水平,而农村老年人口在业率在2000年以来都保持在43%左右的高水平上。

上述差异是由于中国在城市普遍实行了养老金制度,而在农村地区尚未广泛推行,即使已经发放一定养老金,农村老年人往往也难以依靠养老金生活,当中国城市老年人在50—60岁陆续退休后,60岁以后的在业率迅速下降。而在广大的农村地区,还有相当多60岁以上的老年人在继续工作,以得到经济收入,特别是在年轻子女外出务工后,老年人从事生产活动的比例一直居高不下。因而,农村地区60岁及以上老年人的在业率明显高于城市地区。在老年在业人口中,农村劳动力占了主要部分。

图4　中国分地区老年人口在业率的变化

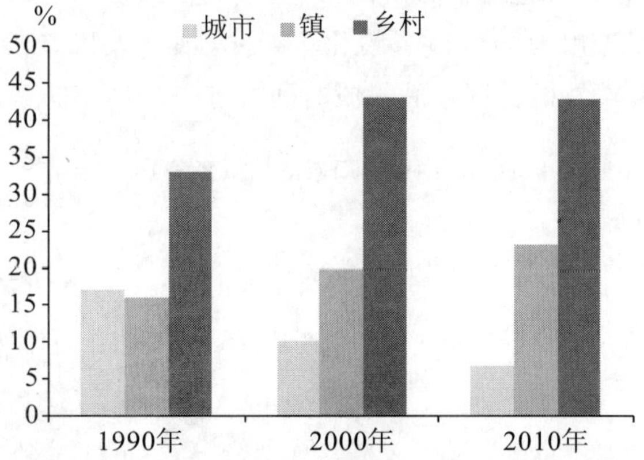

数据来源:国务院人口普查办公室、国家统计局人口与就业统计司编:《中国2010年人口普查资料》,中国统计出版社,2012年。

老年人在业率的总体情况是农村最高,镇次之,城市在业率最低,2010年60岁及以上老年人口在业率分别为43%、23%和6%,农村老年人在业率比城市老年人高出六倍多。分性别看,无论城市还是农村,男性老年人在业率都高于女性。

(二)老年人的主要生活来源

老年人的生活来源对老年生活有着极其重要的影响,长期以来,家庭养老一直被视为是我国养老的主要形式,而以退休金为主要生活来源与以子女供养为主要生活来源的老年人家庭在养老的经济负担上也必然存在着差异。因此,了解老年人的生活来源是认识中国养老问题的重要基础。

2010年,我国老年人的三大主要生活来源排位分别是家庭其他成员供养、劳动收入、离退休金养老金,比例分别为40.7%、29.1%和24.1%。比较2000年我国老年人的主要生活来源可以发现,老年人依靠家庭其他成员供养的比例不断下降,从2000年的43.8%下降到2010年的40.7%;而依靠离退休金养老金的比例在稳步提高,从2000年的19.6%上升到2010年的24.1%。

从城乡老年人的主要生活来源比较看,城乡老年人的生活来源存在显著的差异。城市老年人中66.3%的老年人以离退休金养老金作为主要生活来源,而农村老年人这一比例非常低,只占4.6%。

农村老年人中将近半数(47.7%)的老年人依靠家庭其他成员供养,比城市老年人比例高一倍;依靠劳动收入作为主要生活来源的比例也高达41.2%,几乎是城市老年人的六倍。城乡老年人主要生活来源的差异主要是受到养老保障体系的城乡差异的影响,城镇老年人在达到退休年龄以后从劳动力市场退出,由于拥有较充足的离退休金养老金,依靠劳动和家庭其他成员供养的可能性要比乡村农村老年人低。而乡村农村老年人由于没有离退休金养老金的保障,在生活来源上不得不更多依靠自己的劳动收入和家庭其他成员供养。

图5 中国老年人主要生活来源,2010年,%

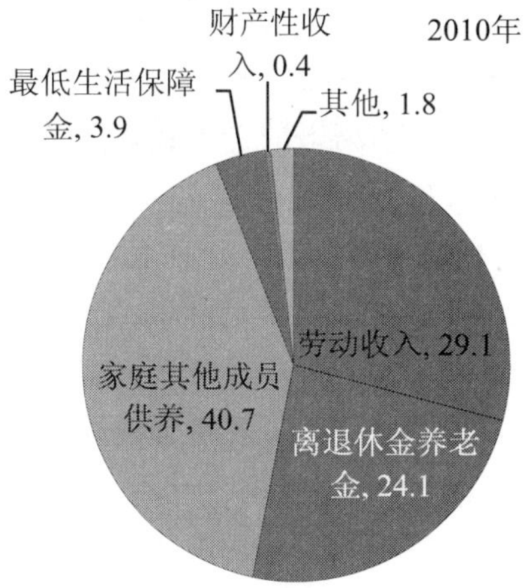

数据来源:国务院人口普查办公室、国家统计局人口与就业统计司编:《中国2010年人口普查资料》,中国统计出版社,2012年。

图6 中国城乡老年人主要生活来源,2010年,%

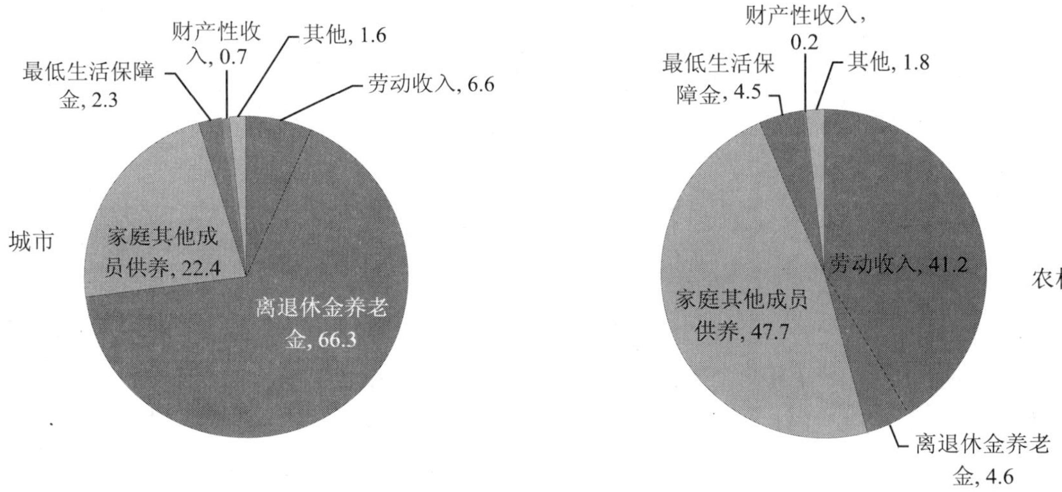

数据来源:国务院人口普查办公室、国家统计局人口与就业统计司编:《中国2010年人口普查资料》,中国统计出版社,2012年。

从不同年龄老年人的主要生活来源来看,存在着显著的年龄差异。低龄老年人主要依靠劳动收入,比例超过一半;而高龄老年人则主要依靠家庭其他成员供养,比例超过六成。随着年龄的升高,越来越多的老年人依靠家庭其他成员的供养,老年人依靠劳动收入的比例呈不断下降的趋势。不同年龄的老年人在离退休金养老金为主要生活来源的比例方面差异不大。

图7 2010年中国分年龄老年人主要生活来源

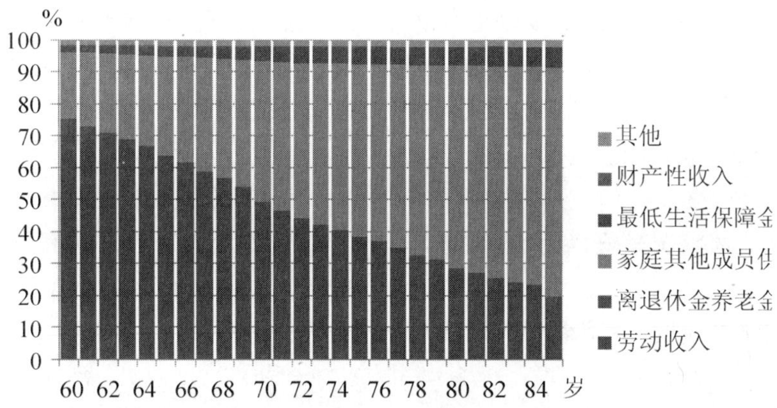

数据来源:国务院人口普查办公室、国家统计局人口与就业统计司编:《中国2010年人口普查资料》,中国统计出版社,2012年。

(三)老年人口的婚姻状况

2010年我国的老年人口中，有配偶的老人比例最高，达到70.55%，丧偶的老人排在第二位，比例达到26.89%，未婚和离婚的老人比例都非常低，分别只占1.78%和0.78%。与2000年相比，2010我国老年人口的有偶率有所上升，丧偶率有所下降，未婚和离婚的比例相对稳定。老年人口丧偶的比例由2000年的30.36%下降到2010年的26.89%，下降了3.47个百分点；老年人口的有偶率则由2000年的67.32%上升到2010年的70.55%，上升了3.23个百分点。

2010年人口普查数据显示，我国丧偶老年人共有4748万，其中女性占70.4%，女性老人丧偶的比例为37%。

(四)空巢老年人口的数量与比例

随着人口老龄化的不断发展、住房条件的改善和人们家庭观念的改变，老年人的居住方式也在发生着变化，中国老年人的家庭结构出现史无前例的深刻变化，突出表现在“空巢”老年人口的数量与比例增长上。

2010年全国4.01亿个家庭户中，有60岁及以上老年人口的家庭户为1.23亿户，占30.6%。其中有一个老年人的家庭占58.91%，有两个老年人的家庭户占40.13%，有三个60岁及以上老年人的家庭户占0.96%。

有1824.4万老年人生活在单身家庭户中，生活在只有夫妇两个老年人的户数为2189.1万户。总体上看，通常所说的老年空巢家庭共有4013.5万户，生活在空巢家庭中的老年人口总数至少有6200万人，占老年人口总数的三分之一。

(五)老年人口的健康状况

2010年第六次人口普查第一次直接以老年人自评健康状况的方式对老年人进行了调查，为我们全面认识中国老年人的健康状况、了解需要照料的老年人数量和比例提供了重要依据，因而具有历史性的意义。

1. 老年人口总体健康状况较好，绝大多数老年人处于健康状态

2010年人口普查结果表明，我国老年人口中有43.82%自评身体健康，39.33%的老年人基本健康，两类合计占老年人总体的83.15% 。这一结果说明老年并不等于不健康，我国绝大多数老年人在日常生活上都不需要依赖别人，年老并不一定意味着成为社会和家庭的医疗负担和照料负担。

2. 老年人生活自理能力状况总体很好，生活不能自理老年人占3%

2010年我国老年人中，不健康的老年人占16.85%，其中不健康，但生活能自理的老年人占13.90%，生活不能自理的老年人占2.95%。虽然我国不能自理的老年人比例很低，但如果以此推算中国不能自理老年人的总量，则需要长期照料的老年人总数已经超过524万人，。从不健康老年人占16.85%来推算，全国共有3000万老年人处于不健康状态，政府和社会需要对老年健康和照料问题予以足够的重视。

3. 男性老年人健康状况好于女性，不健康老年人中女性老年人占57%

男性老年人口中自评为健康的占48.22%，女性中有39.64%自评为健康。虽然回答基本健康的女性比例高于男性，但从总体上看，健康和基本健康的老年人占男性的85.12%，女性比例则为81.28%，男性健康状况仍然好于女性。

(六)老年人口的教育状况

2010年第六次人口普查数据显示，中国老年人口的受教育程度以小学的比例最高，为49.72%，其次是初中，比例只有22.50%，排在第三位的是未上过学，比例为18.70%，受教育程度为高中和大专及以上的比例之和不足一成，比例分别为5.83%和3.26%。从老年人口的受教育程度来看，小学及以下的老年人口比例最高，比例超过七成。

总体上看，我国老年人口受教育水平出现根本性变化，从十年前以未上过学为主的老年人口转变为三分之二都是小学及以上受教育程度的人口，实现了受教育水平的一次飞跃。这将对老年人口的生活产生广泛的影响，例如在文化生活、终生学习、社会参与、健康长寿等方面都会有更高的要求，也对新的老年文化、代际关系和谐、社会参与方式等产生积极促进作用。

中国人民大学人口与发展研究中心　老年学研究所　杜鹏

中国失能老人状况及演变趋势分析

—兼养老机构床位和照护提供者需求测算

一、引言

失能老人是社会弱势群体，他们更需要其他家庭成员和社会成员向其提供生活照料、长期护理、精神关爱服务，他们迫切需要得到专业照护服务。《中国老龄事业发展"十二五"规划》明确提出要加快发展养老服务业，我们认为面向失能老人的照护服务是养老服务业的重点。国家和地方在制定养老服务业发展规划、养老服务提供者培养计划的时候，必须要掌握规划期的老年人口规模、老年人口失能率、失能老年人口规模、照护对象与服务提供者的比例，照护服务提供者需求量。老年人口失能率和失能老年人口规模直接决定了养老服务机构的规模、床位需求量、服务提供者需求量。

由于以往的人口普查和专项调查数据未能充分反映我国老年人口的总体失能情况，这些数据不适宜作为全国和地区制定养老机构和床位规划依据，也不能作为教育部门制定养老服务照护和管理人才培养计划的依据。科学测算不同时期中国失能老人数量对国家和地区制定失能老人照护政策、长期护理保险制度都具有重要作用。

本文利用第六次人口普查长表中登记的 60 岁及以上生活不能自理老年人数据，推算我国 2010 年老年人口失能率、失能老年人口规模；结合年龄移算方法测算我国 2011 年至 2050 年各年失能老年人口规模；根据失能老人数量与机构床位、服务提供者配比关系测算不同时期失能老人对养老机构床位、对服务提供者的需求量。迄今为止，全国第六次人口普查长表中 L8－1、L8－2、L8－3、L8－4 数据是反映我国老年人口失能状况最权威、最全面、最具有代表性的数据。

二、核心概念及相关研究

按照国际通行标准，失能老人是指因疾病、伤残、虚弱而不能独立完成穿衣、吃饭、洗澡、上厕所、室内运动、购物等任何一项活动的老人。老年人在上述六个方面都不费力气为完全自理，在这六个方面有一个方面有点困难为部分自理，在六个方面任何一个方面做不了为失能。在失能老人中有 1－2 个方面做不了为轻度失能，有 3－4 个方面做不了为中度失能；有 5－6 项做不了为重度失能。失能老人需要其他人员向其提供生活照料、长期护理、精神关爱服务，他们需要连续的、长期的、专业的照护。老年人口失能率、老年人口失能规模是一个国家和地区进行养老机构、养老床位、服务提供者规划最基本的依据。

由于资料来源不同，统计口径不同，我国已有文献中老年人口失能率的差异较大，根据国家统计局 2004 年报告，我国不能自理老年人比例为 8.9%[①]，据此估计 2010 年六普时我国失能老年人口超过 1581 万；根据中国老龄科研中心 2006 年全国城乡老年人抽样调查，全国城乡家庭居住的老年人有 6.4% 为失能老年人，其中轻度失能的老年人占所有老年人的 5.4%，中度失能老年人和重度失能老年比例较少，分别占老年人的 0.3% 和 0.7%；轻度失能老年人在失能老年人中的比例最高，为 84.3%，其次是重度失能老年人，为 10.6%，而重度失能老年人在失能老年人中的比例最小，只有 5.1%；另有学者报道，中国城乡老年人口至少有一项活动不能自理的比例为 19.3%[②]；2008 年北京大学调查数据显示，老年人至少有一项活动不能自理的比例高达 22.5%；2008 年国家卫生部抽样调查显示，有 15% 左右的老人不能行走自如，需要他人照护。2011 年张恺悌等学者根据2010年中国城乡老年人追踪调查估算，2010年末全国城乡部分失能和完全失能老人约3300万人，占总体老年人口的19.0%，其中完全失能老年人1084.3万人左右，占总体老年人口6.25%[③]，他们据此预测，到2015年，我国部分失能和完全失能老年人将达4,000万人，比2010年增加700万人，占总体老年人口的19.5%，其中完全失能老年人达1240万人左右，占总体老年人口的6.05%，比2010年增加160万人。另有学者认为[④]，老年人中约有21.15%的人生活轻度不能自理，5%－8%生活中度不能自理，2%－5%完全不能自理2007年底，全国有1350万迫切需要长期照料的失能老年人，涉及近5,000万家庭、近1亿亲属（党俊武，2008），根据他们的预测到2055年，中国失能老年人将达到2366万人（党俊武，2007），涉及的家庭和亲属数量更是十分庞大。

由于以往研究所取样本量有限，样本对总体缺少代表性，导致老年人失能率差距相差近10倍，即老年人口失能率在2%－20%之间，这些调查结果，如果不推论总体，仅反映样本情况，问题不大，如果推论总体就会发生偏差，因此以往老年人口的失能数据不宜作为全国和各地制定养老机构床位规划和养老服务提供者培养计划的依据。由于第六次全国人口普查长表增加了老年健康项目，我们有机会了解全国10%左右的老年人生活自理能力情况，六普老年人口失能数据对全国老年人失能情况具有很好的代表性，为我们测算全国老年人口失能率，推算全国老年人口规模，预测老年人口失能演变趋势提供了可能，也为我们测算不同时期失能老人所需要的机构养老床位数和所需要的服务提供者数量提供了科学依据。

许多发达国家已经把失能老人照护问题作为一项重要的公共政策和公共服务问题加以研究，努力通过技术、政策、制度手段加以解决。德国和日本运用社会保险模式建立了长期护理社会保险，美国运用商业保险模式建立了长期护理商业保险[⑤]，同时政府承担失能老年人的部分长期照料服务费用。韩国、法国、英国[⑥]等国家也相继建立起了发达的老年长期照料体系和长期护理保险制度。在西方国家，大约有5%的老年人需要在机构接受照护服务，而我国目前在机构养老的老人不到2%，大量的失能老人没有得到应有的专业照护。在我国，受传统的孝文化影响，长期以来子女一直是失能老人生活照料、精神慰藉的主要承担者，不到万不得已，子女和老人都不大愿意选择机构养老；随着独生子女的增加、家庭的小型化、老年人身边子女的减少，家庭照料人力资源匮乏，家庭成员难以承担老年人的长期生活照料和护理之重；从机构养老的供给能力看，我国现有养老机构的床位数量、服务质量远远不能满足失能老人的照护需求，根据一些地区的调查只有10%的养老机构能够接收失能或半失能老人[⑦]。对于城乡贫困失能老人来说更没有经济能力入住机构照料。近年来我国学术界、政府已经意识到失能老人长期生活照料和长期护理的重要性[⑧]，国家老龄办、上海、北京、南京等老龄部门对城市失能老人展开了长期照料研究和试点，已经取得初步成效。但是，从总体上看，我国城、乡老年照料服务体系不发达，缺乏老年照料资金的制度性供给，多数城乡失能老人得不到专业的、持续的的老年照料和护理，我国城乡老年人的长期护理制度还处在空白状态。

根据第六次全国人口普查数据，全国60岁及以上老年人口17765万人，占总人口的13.26%，其中65岁及以上人口11883万人，占总人口的8.9%。随着人口转型，我国人口正呈现老龄化、高龄化发展趋势，老年人口失能率正随着平均预期寿命的增加而上升，失能老人的规模随着老年人口的增加而扩大。由于国家推行独生子女政策30多年，独生子女家庭失能老人的长期照料问题更加严峻和突出[⑨]。从照护和关爱角度看，失能老人最需要刚性化的专业照料服务。国际上，养老机构的主要服务对象是失能老人。失能老年人的照护难题正考验着我国的社会良知和千家万户的道德伦理。

三、资料来源及研究方法：

（一）第六次人口普查数据

1. T1－1　各地区户数、人口数和性别比

2. T3－1　全国分年龄、性别的人口

3. T6－1　各地区分性别、年龄的死亡人口（2009.11.1－2010.10.31）

4. T6－4　全国分年龄、性别的死亡人口状况（2009.11.1－2010.10.31）

5. L1－3　各地区分年龄、性别的人口

6. L1－4　全国分年龄、性别的人口

7. L8－1　各地区分性别、健康状况的老年人口

8. L8－2　全国分年龄、性别、健康状况的老年人口

9. L8－3　全国分性别、婚姻状况、健康状况的老年人口(原表 L8－4)

(二)研究方法

1. 依据第六次人口普查资料，运用年龄移算法，预测不同时期、不同年龄、分性别老年人口；

2. 运用第六次人口普查长表数据中登记的 60 岁及以上生活不能自理老年年人口数据计算我国不同省区 2010 年年龄别老年人失能率。

3. 根据分性别、分年龄老年人口规模、失能率推算全国分年龄、分地区、分性别失能老年人口的规模；

4. 根据年龄移算数据，结合老年人静态、动态失能率，预测不同时期的失能老年人口规模；

5. 根据失能老年人口规模测算机构床位、服务提供者的需求量。

四、研究结果

(一)分省区老年人口失能状况

1. 分省区、分性别老年人口失能率

根据对第六次人口普查长表中老年人健康状况数据的统计，大陆 31 个省区老年人口总失能率为 2.9459753％，其中男性老年人口失能率 2.5163％，女性老年人口失能率 3.3546％，女性老年人口失能率明显高于男性老年人口失能率。老年人口失能率排在前五位的省(区、市)分别是：西藏自治区(5.449395％)、北京市(4.4261128％)、云南省(3.9025348％)、山西省(3.7115729％)、上海市(3.7081298％)。老年人口失能率排在后五位的省(区、市)分别为：浙江省(2.3682273％)、广西壮族自治区(2.3126382％)、江西省(2.1555701％)、福建省(1.9955897％)、广东省(1.7976519％)。

总体上看，省区之间老年人口的失能率差距较大，西藏自治区老年人口失能率为广东省老年人口失能率的 3.03 倍。福建省和广东省老年人口失能率不到 2％；湖南省、辽宁省、山东省、吉林省、黑龙江省、江苏省、浙江省、广西壮族自治区、江西省老年人口失能率在 2％－3％之间，北京市和西藏自治去一样老年人口失能率超过 4％，另外 18 个省区老年人口失能率在 3％－4％之间(见图 1)；第六次人口普查得到的老年人口失能率低于 2004 年国家统计局抽样调查所得到的老年人口失能率、低于卫生部历次卫生服务抽样调查所得到的老年人口失能率、同样低于北京大学高龄老人抽样调查所得到的老年人口失能率、更低于中国老龄科研中心中国城乡老年人追踪抽样调查所得到的老年人口失能率。我们认为，由于第六次人口普查长表的样本量大，对全国、对各省区均具有代表性，因此第六次人口普查长表中得到的老年人口失能数据更加接近全国老年人口的失能状况。

就全国而言，女性老年人口失能率要高于男性失能率，全国平均两性失能率差值为 0.8383％，老年

图 1　2010 年分省区、性别老年人口失能率

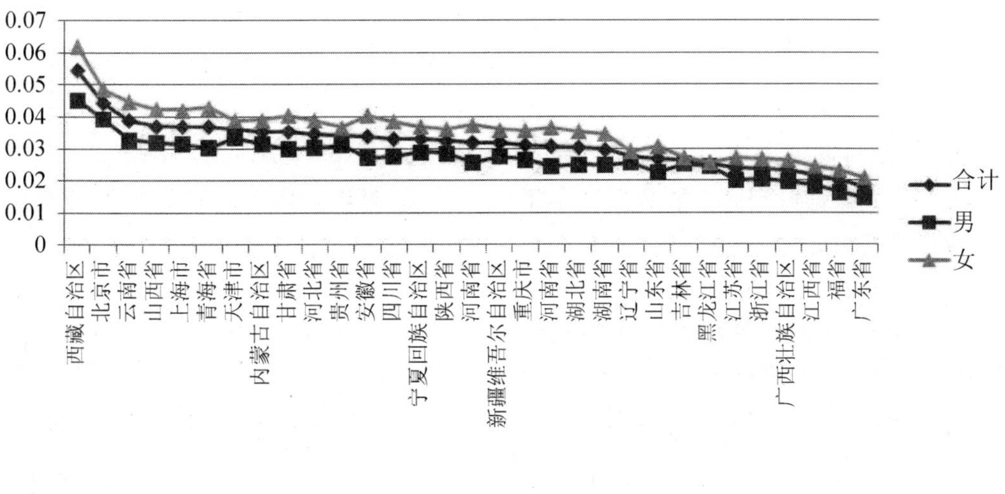

人口两性失能率差排在前五位的省(区、市)分别是:西藏自治区(1.651%)、安徽省(1.3426%)、青海省(1.2865%)、海南省(1.2168%)、云南省(1.1891%)。老年人口两性失能率差排在后五位的省(区、市)分别是:贵州省(0.5765%)、天津市(0.5618%)、辽宁省(0.3646%)、吉林省(0.1704%)、黑龙江省(0.1254%)。导致老年人口两性失能率差的原因还有待进一步研究。

2. 分省区、分性别失能老年人口规模

根据第六次人口普查长表数据推算,全国共有失能老人 5220883 人。失能老年人口规模排在前五位的省(区、市)分别是:四川省(433474)、河南省(381817)、山东省(378606)、河北省(323222)、安徽省(302346)。失能老年人口规模排在后五位的省(区、市)分别是:天津市(61091)、海南省(30247)、宁夏回族自治区(20098)、青海省(19588)、西藏自治区(12553)(见图 2)。失能老年人口规模与各省区人口规模、老年人口规模、失能率有关,而失能率与当地的物质生活条件、卫生服务状况、疾病康复状况、老年人年龄、性别、生产和生活方式有关。

图 2　2010 年分省区、性别失能老年人口规模

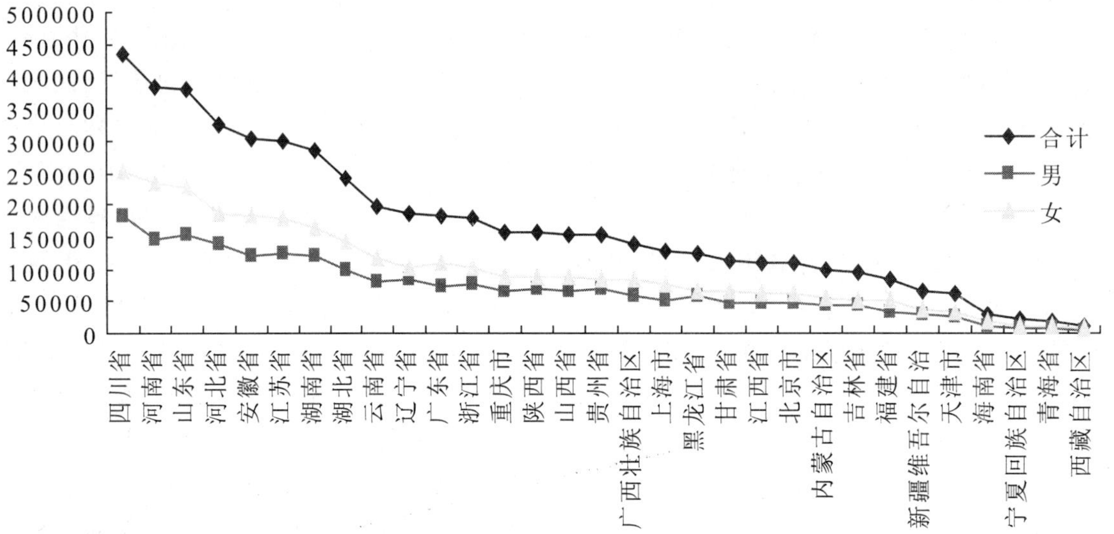

根据六普资料推算的 2010 年全国失能率、失能老年人口总量以及对未来的预测数据都比以往文献中报告的老年人失能率和失能总量要小。比如,张恺悌等学者报告,2010 年,我国完全失能老年人口为 1084.3 万人左右。占老年人口的 6.2 5%,其中城市失能老年人 345.6 万人,占城市老年人口的 4.76%,农村为 738.7 万人,占农村老年人口的 6.83 %,到 2015 年,即"十二五"期末,我国完全失能老年人口 1239.8 万人左右,占老年人口的 6.05%,其中城市失能老年人 410.8 万,占城市老年人口的 4.42%,农村为 828.9 万人,占农村老年人口的 6.73%。而本文根据第六次人口普查数据得到的失能数据则小于上述学者研究所得到的数据。

(二)分年龄老年人口失能状况

1. 老年人口高龄化明显,女性高龄化更加突出

"六普"资料显示,我国大陆省区 60 岁及以上人口为 177648705 人,占 13.26%,其中 65 岁及以上人口为 118831709 人,占 8.87%。同 2000 年第五次全国人口普查相比,0—14 岁人口的比重下降 6.29 个百分点,15—59 岁人口的比重上升 3.36 个百分点,60 岁及以上人口的比重上升 2.93 个百分点,65 岁及以上人口的比重上升 1.91 个百分点。我国人口老龄化的高龄化趋势明显,80 岁以上老年人口已经占老年人口的 11.82%,其中男性为 10.08%,女性为 13.49,说明女性高龄化更加突出。女性平均预期寿命高于男性平均预期寿命是世界普遍现象,因此我国女性高龄化的特征具有世界老龄化的共同特性。

2. 老年人口年龄别失能率随着年龄增加快速增加

六普资料显示,中国老年人口失能率随着年龄上升而上升,60 岁老年人口合计失能率只有 0.675%,70 岁老年人口合计失能率上升到 2.152%,80 岁老人口合计失能率达到 6.487%,90

岁老人口失能率则达到18.561%，百岁以上老人口的失能率高达29.189%。六普资料显示，75岁是老年人口失能率加速上升的转折点，此后失能率呈加速上升态势，两性失能率在75岁以前差别不大，但是到75岁以后，两性失能率随着年龄上升差距拉大，并呈喇叭口状放大，90岁以上老年人口的失能率则呈不稳定上升态势，有较大起伏，其原因有待进一步研究。百岁老人两性失能率差接近1/3左右(见图3)。

图3 全国分性别、年龄老年人失能率

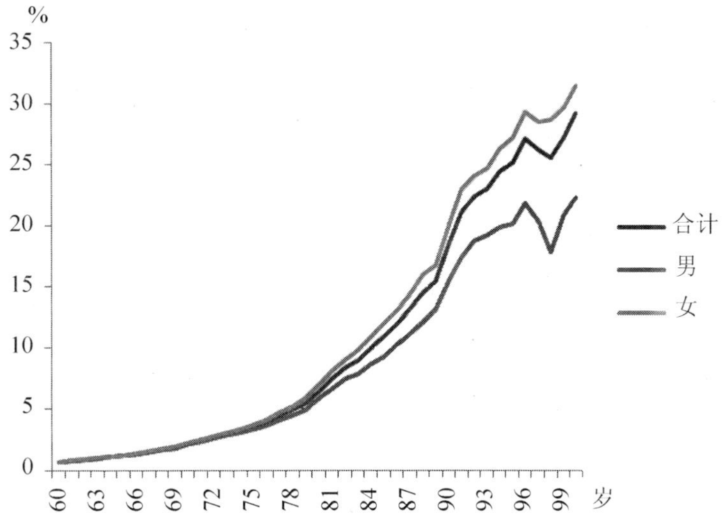

3. 年龄别失能老人规模呈现向右倾斜的倒“V”字分布

随着老年人口失能率逐龄上升，中国年龄别失能老人规模呈现向右倾斜的倒“V”字型分布，失能老人规模在60—84岁之间一直呈现上升趋势，年龄别失能老年人口规模逐步增大。80—84岁年龄组失能老年人口规模达到高峰。85岁后，由于高龄老年人口规模随着年龄增加而迅速减少，此时，虽然失能率还在上升，但是实际的失能人口规模则呈现下降态势(见图4)。

图4 全国分年龄、性别失能老年人口

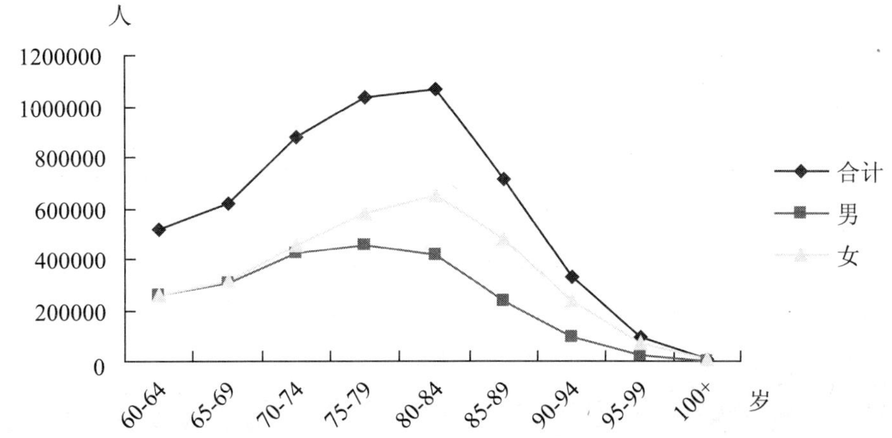

(三)城市、镇、乡村老年人口失能状况

六普资料显示，老年人口失能率在城市、镇、乡村之间存在较大差距，城市失能率最低(2.3495%)，其次是镇(2.603%)、最高的是乡村(3.3167%)。

1. 城市老年人口失能状况

城市60岁以上老年人口占城市人口的11.4706%，其中60岁及以上男性人口占城市男性人口10.8385%，60岁及以上女性人口占城市女性人口 12.132%。全国城市老年人失能率低于全国老年人平均失能率(见图 5)。这与城市老年人享有较高的物质生活条件、拥有较好的医疗卫生保障、重视健身运动有关。城市老年人失能率在两性之间存在较大差距。

图 5　城市分年龄、性别老年人口失能率

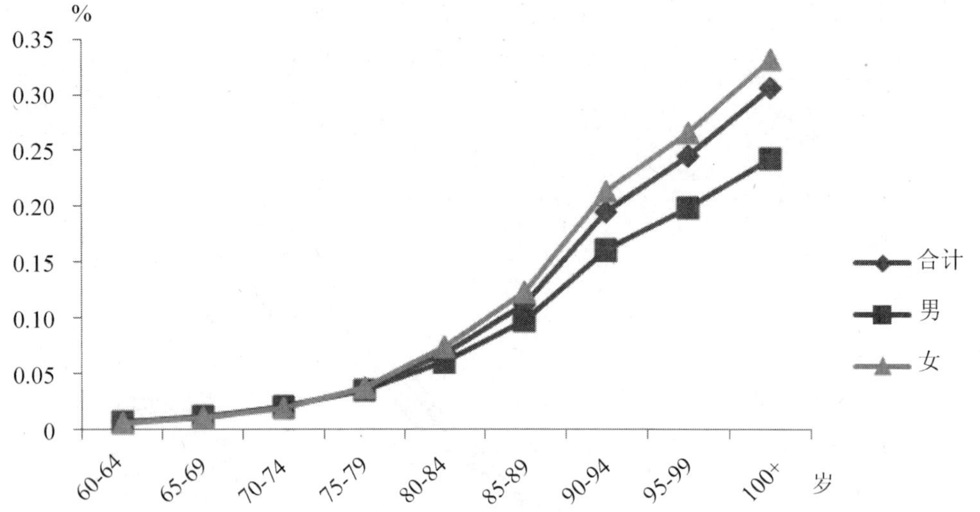

城市年别老年人口失能规模也呈现向右倾斜的倒"V"字型分布,失能人口总量在 60－84 岁之间呈现上升趋势,在 85 岁以后呈现下降趋势(见图 6)。

图 6　城市分年龄、性别失能人口

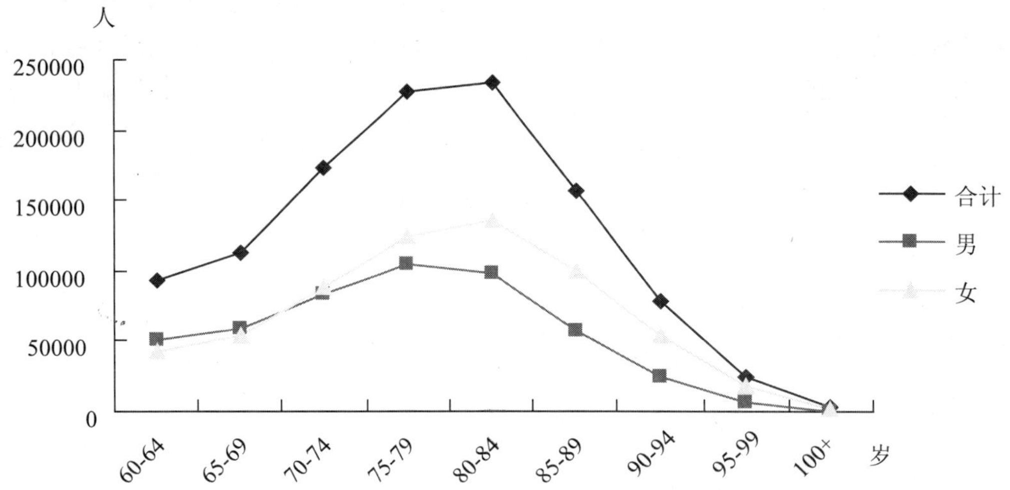

2. 镇老年人口失能状况

镇 60 岁及以上人口占城市人口的 12.01%,其中 60 岁及以上男性人口占城市男性人口 11.57%,60 岁以上女性人口占城市女性人口 12.47%。全国镇老年人口失能率低于全国老年人平均失能率,高于城市老年人失能,低于乡村老年人失能率,这与镇老年人和城市老年人类似地享有较高的物质生活条件、拥有较好的医疗卫生保障、重视健身运动有关。镇老年人失能率在两性之间存在也存在较大的差距,尤其在在 95 岁以后。镇 90 岁以上男性老人失能率趋于稳定,镇 100 岁以上男性老年人失能率还有所下降,这一现象是由于超高龄老年人数量较少的波动引起还是一种规律,现在尚难定论,具体原因有待进一步调查分析(见图 7)。

图 7 镇分年龄、性别老年人口失能率

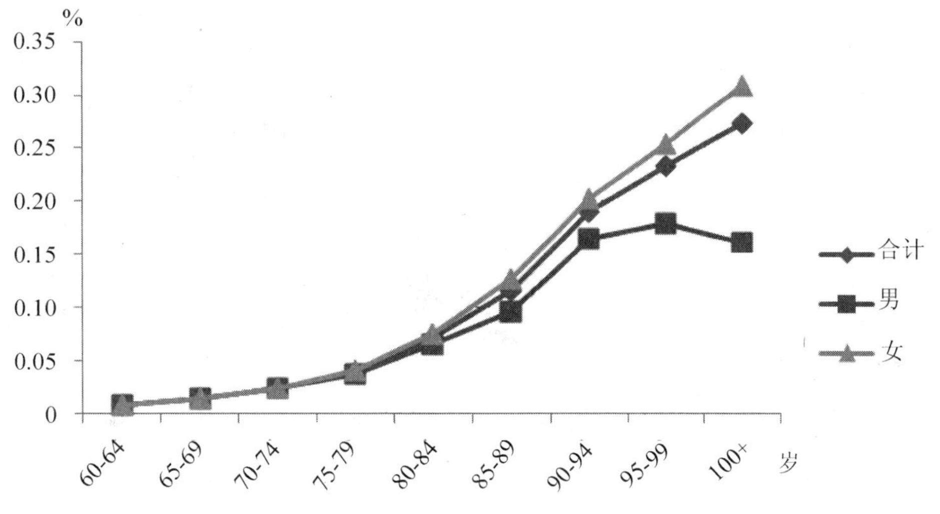

镇老年失能人口数量在年龄上的分布上同样呈现向右倾斜的倒"V"字型分布，失能人口总量在 60—84 岁之间呈现上升趋势，在 85 岁以后呈现下降趋势(见图 8)。

图 8 镇分年龄、性别失能老年人口

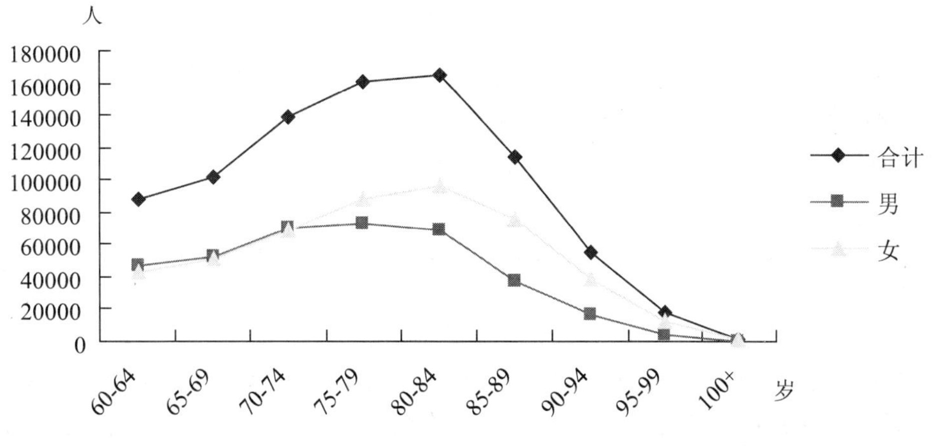

3. 乡村老年人口失能状况

我国乡村老龄化程度较高，60 岁以上人口占乡村人口的 14.98%，男性 60 岁以上人口占男性人口的 14.40%；女性 60 岁以上人口占女性人口的 15.59%。我国乡村分年龄组老年人的失能率高于城市、镇老年人失能率，这与乡村老年人晚年物质生活条件较差，继续从事有毒有害、危险作业的老人较多有关，也与农村老年人的医疗保障水平较低而导致的因病致残、因残失能的人较多有关。数据分析发现，我国乡村 90 岁以上男性老年人的失能率趋于平和，而女性老年人的失能率继续上升(见图 9)。

中国乡村年龄别失能老人规模也呈现右倾的倒"V"字型分布，即失能人口规模在 60—84 岁之间呈现上升趋势，在 85 岁以后呈现下降趋势(见图 10)。

(四)不同婚姻状态老年人口失能状况分析

1. 不同婚姻状态的老年人口失能率存在明显差异

六普资料显示老年人口中有配偶老年人口的失能率最低，只有 1.97%，其中有配偶男性老年人口失能率(1.98%)略高于有配偶女性老年人口失能率(1.94%)；离婚老年人口失能率为 2.40%，其中女性离婚老年人口失能率(2.62%)略高于男性离婚老年人口失能率(2.27%)；未婚老年人口的失能率较高，

图9　乡村分年龄、性别老年人口失能率

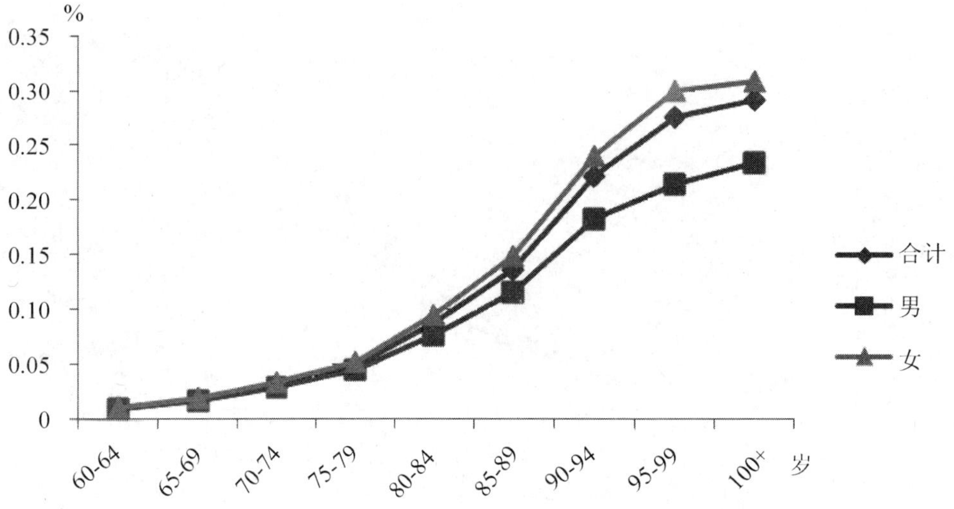

图10　2010年乡村分年龄、性别失能老年人口分布

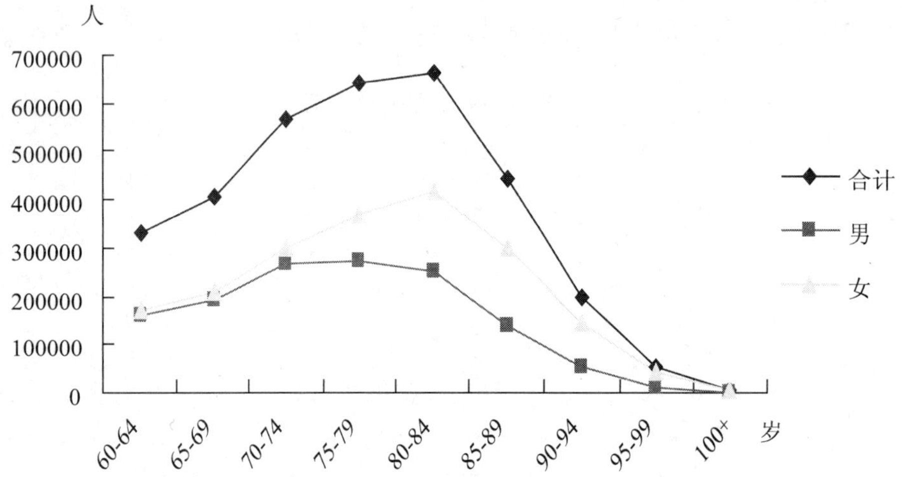

达到4.07%，女性未婚老年人口的失能率（6.80%）明显高于男性未婚老年人口的失能率（3.74%），这可能与未婚女性寿命较长有关；老年人口中丧偶老人的失能率最高，达到5.46%，女性丧偶老人失能率高于男性丧偶老人失能率（见图11）。

图11　全国分性别不同婚姻状态老年人口失能率

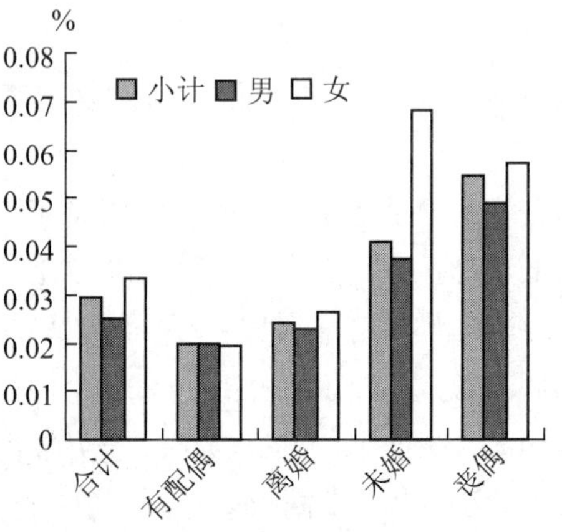

失能老人的婚姻构成显示，47.06%的失能老人有配偶，高达52.94%的失能老人处在未婚/离婚/丧偶状态，理论上说，这部分失能老人缺少家庭照料人力资源，他们应在机构接受照护。如果考虑到部分有配偶老人双方都失能或另一方可能体力不支的情况，城乡失能老人在家中无力照顾的比例在75%左右。

2. 城市老年人中未婚老年人的失能率最高

城市老年人口中未婚老年人口的失能率最高，达到5.30%。城市女性老年人口失能率（2.55%）高于男性老年人口的失能率（2.14%）。城市其他婚姻状态失能率从低到高的排序依次为有配偶老人（1.39%）、离婚老人（1.61%）、丧偶老人（4.81%）。城市老年人口的合计失能率低于全国老年人口的平均失能率（见图12）。

图 12 城市分性别不同婚姻状态老年人口的失能率

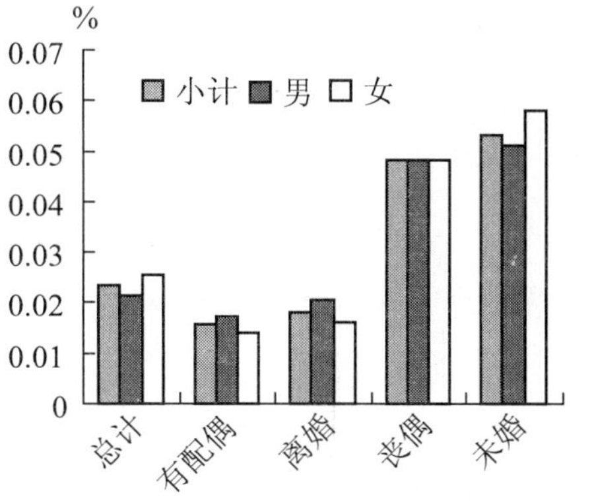

3. 镇老年人口中丧偶老人的失能率最高

镇老年人口失能率低于全国老年人口平均失能率，镇不同婚姻状态老年人口的失能率从低到高的排序为：有配偶（1.68%）、离婚（2.48%）、未婚（6.39%）、丧偶（4.92%）（见图 13）。

图 13 镇分性别不同婚姻状态老年人口失能率

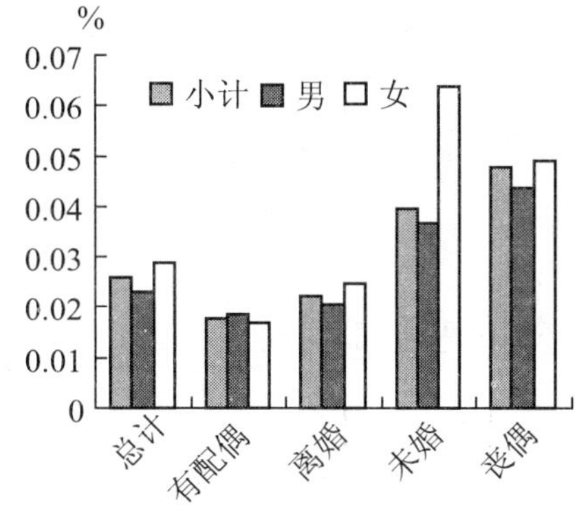

4. 乡村老年人口中丧偶老年人的失能率最高

乡村老人口失能率较城市、镇失能率高，乡村老年人口失能率从低到高的排序为有配偶（2.26%）、离婚（3.97%）、未婚（7.33%）、丧偶（6.29%）。未婚两性失能率差值较大（见图 14）。

图 14 乡村分性别不同婚姻老年人失能率

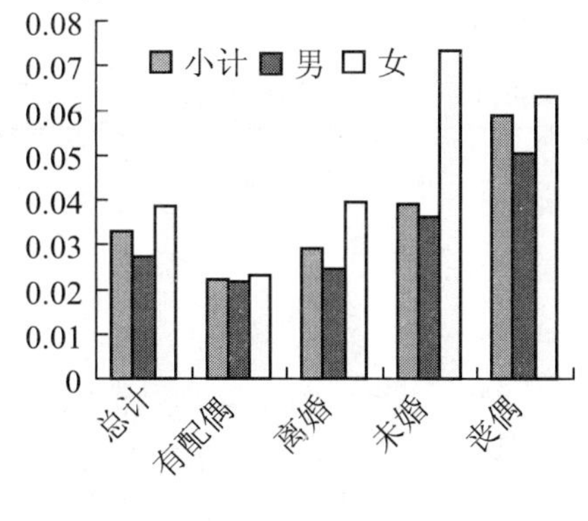

我国人口老龄化存在较为明显的城乡差异，由于农村地区老年人的失能率、失能规模更大，老人身边无子女的现象日益严重，因此农村地区失能老人的长期照料问题尤为突出。目前的老年人大多有多个子女，等到实行计划生育政策的父母尤其是独生子女父母进入到了晚年，失能老年人的长期照料问题将更为严峻。

（五）中国失能老人规模演变趋势

1. 中国老年人口演变趋势

未来中国失能老人数量变化取决于未来的老年人口数量及其失能率，为了推算未来失能老人规模，需要对未来老年人口规模进行预测。本文利用第六次人口普查数据，采用年龄移算法对我国在 2050 年前各年老年人口规模进行了测算。测算结果表明，我国老年人口在 2035 年前上升加快，在 2035 年上升的势头有所缓和，但是在 2050 前一直呈现上升趋势，老年人口将从 2010 年的 177648705 人，上升到 2050 年的 430988259 人，增加幅度为 142.61%（见表 1）。预测数据显示，我国未来的高龄化趋势明显，尤其是女性高龄化非常突出。

2. 中国失能老年人口规模演变趋势

本文根据第六次人口普查资料计算得到的老年人口失能率和通过年龄移算得到的不同时期的老年人口数量，对 2011—2050 年各年度的失能老人数据进行静态测算，同时考虑到失能率随着预期寿命的增加而增加，本研究取 2010 年全国老年人平均失能率（2.95%）为下限，北京市的失能率（4.426%）为上限对我国 2011—2050 年各年份的失能老人数量进行动态测算。之所以选择这两个失能率为上下限，主要考虑到随着老龄化的加深，高龄老年人的增加，我国未来老年人的失能率不会低于现在全国老年人的平均失能率，而北京市是我国社会经济比较发达的地区，也是老年人失能率较高的地区，预示着我国未来老年人失能率的变化方向。动态预测结果表明，我国失能老人总量的增加速度快于我国失能老人总量增加的速度。根据动态预测，2050 年失能老人规模（19076026）比 2011 年失能老人规模（5446222）增加 2.50 倍，同期老年人口增加 1.33 倍（见表 2）。

表 1　2011－2050 老年人口数量测算(1)

性别	年龄	2011	2015	2020	2025	2030
男	60－64	31380658	39328844	37176545	49189409	56864645
	65－69	21414746	27464252	36098273	34038487	45229677
	70－74	16608828	17601236	23351707	30670093	28758656
	75－79	11623955	12128152	13032308	17348666	22759113
	80－84	6124173	6891920	7392408	7959081	10643083
	85－89	2273926	2813874	3263345	3489894	3766962
	90－94	584251	754906	966841	1115111	1188552
	95－99	110440	121614	172103	220736	252802
	100＋	13546	15658	17440	24114	31137
	合计	90134523	107120456	121470970	144055591	169494629
女	60－64	30627630	39217037	36670878	49512795	57671553
	65－69	21207979	27552393	37307405	34838150	47147263
	70－74	16891957	18596251	25185497	34084188	31738298
	75－79	13153654	14030234	15761584	21385834	28914343
	80－84	7784483	9342000	10394818	11695527	15915816
	85－89	3596348	4580752	5728536	6350440	7160140
	90－94	1174487	1636337	2183742	2723686	3005709
	95－99	261135	363169	563893	752425	935169
	100＋	37735	59687	90739	139434	188945
	合计	94735408	115377861	133887092	161482478	192677235
合计	60－64	62008288	78545881	73847422	98702204	114536198
	65－69	42622725	55016645	73405679	68876637	92376940
	70－74	33500785	36197487	48537204	64754280	60496954
	75－79	24777609	26158386	28793892	38734499	51673456
	80－84	13908656	16233921	17787226	19654608	26558899
	85－89	5870274	7394626	8991881	9840334	10927102
	90－94	1758738	2391243	3150582	3838797	4194262
	95－99	371575	484783	735996	973161	1187971
	100＋	51280	75345	108179	163549	220082
	合计	184869931	222498318	255358061	305538069	362171864

表 1 2011—2050 老年人口数量测算(2)

性别	年龄	2035	2040	2045	2050
男	60—64	52828807	43063908	45585247	56713120
	65—69	52172488	48393323	39471889	41793334
	70—74	38567434	44291159	40933770	33435423
	75—79	21162345	28764164	32829698	30174226
	80—84	13939116	12814340	17728050	20078840
	85—89	5065894	6619885	5997440	8480275
	90—94	1286953	1742538	2270432	2020259
	95—99	268528	291844	398271	517014
	100+	35574	37903	41304	56019
	合计	185327139	186019063	185256102	193268510
女	60—64	53747921	44291526	46825763	58795100
	65—69	54854714	51079516	42106927	44516928
	70—74	43157794	50100264	46569056	38416874
	75—79	26787305	36739688	42477326	39357112
	80—84	21482511	19738976	27438434	31535479
	85—89	9782415	13172232	11969232	16934103
	90—94	3398188	4665866	6262268	5610139
	95—99	1026624	1164599	1608667	2149853
	100+	236045	262332	297903	404161
	合计	214473516	221214999	225555575	237719748
合计	60—64	106576728	87355434	92411010	115508219
	65—69	107027202	99472838	81578817	86310262
	70—74	81725228	94391424	87502827	71852297
	75—79	47949650	65503852	75307024	69531338
	80—84	35421627	32553315	45166484	51614319
	85—89	14848309	19792117	17966672	25414378
	90—94	4685140	6408404	8532700	7630398
	95—99	1295152	1456443	2006937	2666867
	100+	271618	300235	339207	460180
	合计	399800655	407234062	410811677	430988259

表 2　2011－2050 失能老年人口数量测算

年份	老年人口数	静态老年人失能率	静态失能老人数量	动态老年人失能率	动态失能老人数量
2011	184869931	0.029459753	5446222	0.029459753	5446222
2015	222498318	0.029459753	6554745	0.031309925	6966405
2020	255358061	0.029459753	7522785	0.033160097	8467698
2025	305538069	0.029459753	9001076	0.035010269	10696969
2030	362171864	0.029459753	10669493	0.036860441	13349814
2035	399800655	0.029459753	11778028	0.038710612	15476528
2040	407234062	0.029459753	11997014	0.040560784	16517732
2045	410811677	0.029459753	12102410	0.042410956	17422916
2050	430988259	0.029459753	12696807	0.044261128	19076026

(七)中国机构养老床位及其服务提供者需求分析

1. 中国机构养老床位需求分析

根据刚性需求，70%－75%的失能老人需要接受机构照护，考虑到失能老人机构养老的刚性需求在上升，本次对床位需求预测采用 75%这一参数，根据动态预测，2011 年我国失能老人需要机构床位 4084666 张，到 2050 年我国失能老人需要机构床位 14307019 张。

根据民政部数据：截至 2010 年底，全国各类老年福利机构 39904 个，床位 314.9 万张，年末收养老年人 242.6 万人。从单位类型上来看，城市养老服务机构 5413 个，床位 56.7 万张，年末收养老年人 36.3 万人；农村养老服务机构 31472 个，床位 224.9 万张，年末收养老年人 182.5 万人；社会福利院 1572 个，床位 24.5 万张，年末收养人数 17.9 万人；光荣院 1371 个，床位 7.3 万张，年末收养老年人 5.0 万人；荣誉军人康复医院 40 个，床位 0.9 万张，年末收养老年人 0.5 万人；复员军人疗养院 36 个，床位 0.6 万张，年末收养老年人 0.4 万人。从年末在院人员的性质来看，优抚对象 12.0 万人，“三无”对象 187.2 万人，自费人员 43.4 万人；按年龄分，老年人 229.1 万人，青壮年 7.5 万人，少年儿童 6.0 万人；按类型分，自理(完全自理)190.8 万人，介助(半自理)35.0 万人，介护(不能自理)16.8 万人。用于介助、介护的床位只有 51.8 万，也就是说，只有不到 10%的失能老人得到机构的照护。到 2010 年末，失能老人需要机构床位 3915662 张床位，即使养老机构床位全部用于失能老人都不够。2010 年全国各类老年福利机构收住的老年人只占老年人口的 1.37%(242.6 万/17765 万 * 100)，入住机构养老的失能老人只占失能老人的的 9.92%(51.8/5220883 * 100)，也就是说有 90.08%的失能老人没有得到机构照护。而养老机构收住的失能老人只占住院老人的 21.35%(51.8/242.6 * 100)。上述数据表明，从总量上看，不仅我国养老机构的床位数与失能老人对机构床位数的刚性需求之间存在巨大差距，只占刚需的 46.48%(242.6/5220883 * 100)，同时，现有的养老机构床位存在结构性缺陷，即在住院老人中 90.08%是能够自理的老人，而多数真正需要机构照护的失能老年人却因经济和习惯原因未能得到住院机构照护。

2. 中国失能老人服务提供者需求分析

根据国际经验失能老人与照护提供者的比例为 3:1 至 5:1，考虑到国际上照护提供者人力资源普遍缺乏的现实，我国将来难以做到像发达国家的高配比，本测算综合国内外养老机构失能老人与照护人员的低配比为 5:1，按照这一比例，根据不同时期失能老人总量，可以推算中国失能老人需要的照护人员数量。测算结果显示，我国现阶段需要失能老人服务提供者 1089244 人，按照静态需求，2050 年需要服务提供者 2539361 人，按照动态需求，2050 年需要服务提供者 3815205 人(见表 3、表 4)。

老年人失能率是养老服务业发展规划的重要依据，他反映了养老服务的刚性需求。由于老年人的失能比例与老龄化程度、预期寿命有关，因此应根据本地老年人失能比例及其发展趋势进行规划，分阶段实施，在规划时不能不切实际地夸大和缩小老年人的失能率，否则会导致床位的不足或过多。

表 3 失能老人照护提供者需求数量测算

年份	动态机构床位	静态失能照护人员需求	动态失能老人照护人员需求数量
2011	4084666	1089244	1089244
2015	5224803	1310949	1393281
2020	6350773	1504557	1693539
2025	8022726	1800215	2139393
2030	10012360	2133898	2669962
2035	11607396	2355605	3095305
2040	12388299	2399402	3303546
2045	13067187	2420482	3484583
2050	14307019	2539361	3815205

根据国家民政部报告，截止 2012 年第一季度末，全国每千老人机构养老床位只有 19.10 张(见表5)，与老年人的失能率相比尚有相当的差距，况且目前机构床位并非全部用于失能老人，城市公办养老院和民办养老院中入住了大量自理老人，农村敬老院也无力收住失能的五保老人。考虑到越来越多的高龄虚弱老人也有入住机构养老的刚性需求，因此总体上看，我国的机构养老床位需要进一步增加。从长远看，我国机构养老床位数应按照 3 个标准规划，第一是刚性需求标准，机构床位数量首先要满足没有住家照护条件的失能老人的住院刚性需求，大约占失能老人的 70％－75％，在我国现阶段大约占老年人口的千分之 21－23；第二是拓展性需求标准，即机构床位能够满足所有失能老人住院照护需求，在我国现阶段这一标准大约是老年人口的 3％，即每千人 30 张床位，由于各省区实际失能率不同，在分地区制定老年床位发展规划时应根据所在地区实际失能率来制定；第三是市场需求标准，满足部分健康单身老人、经济条件好的老人、独居高龄老人住院集中养老需求，这一比例大约占老年人口 3％左右，即每千人 30 张床位。综上所述，我国机构养老床位数量应占老年人口的 2.1％－6％，各地应根据自己的社会经济发展水平选用规划标准。标准首先应满足刚需，然后满足市场需求。按照上述规划标准，根据第六次人口普查数据，2010 年我国需要面向失能老人的刚性床位最少为 3654618 张，面向非刚需失能老人床位 1566265 张，市场化需求床位 5220883 张，显然，国家民政部公布的机构养老床即使全部用于刚性需求尚有差距，况且在已有的床位中能用于失能老人的床位很少。

表 4 1978－2010 年收养性服务机构

指标	1978 年	1995 年	2000 年	2005 年	2006 年	2007 年	2008 年	2009 年	2010 年
床位数(万张)	16.3	97.6	113.0	172.1	193.3	257.3	286.1	326.5	349.6
每千人口床位数(张)	0.17	0.81	0.89	1.32	1.47	1.95	2.15	2.45	2.61

表 5 2012 年最新社会服务床位数(截止 2012 年 1 季度)

项目	单位	数量
社会服务床位数	万张	398.2
收养机构床位数	万张	358.5
为老年人与残疾人提供收养服务床位数	万张	341.3
为智障与精神病人提供收养服务床位数	万张	6.5
社区服务床位数	万张	12.0
军休床位数	万张	19.7
收养性社会服务单位数	个	41881
收养人数	万人	262.2
社会服务人均床位数	张/千人	2.96
每千老年人口养老床位数	张/千人	19.10

五、结论

(一)全国老年人口失能率为 2.95％，低于以往调查所得到的老年人口失能数据，省区之间、两性之间失能率存在较大差距，女性失能率高预示老年失能女性更值得关注

根据第六次人口普查资料测算，全国老年人口总失能率为 2.95％，其中男性老年人失能率 2.52％，女性老年人失能率 3.35％，女性老年人失能率明显高于男性老男人失能率。广东，江西、四川、

青海4省区女性老年人的失能率在1%—2%之间；福建等21个省区女性老年人失能率在2%—3%之间；安徽、天津女性老年失能率超过3%，上海、北京女性失能老人率已经超过4%。失能率排在前五位的分别是：西藏自治区(5.45%)、北京市(4.43%)、云南省(3.90%)、山西省(3.71%)、上海市(3.71%)。失能率排在后五位的分别为：浙江省(2.37%)、广西壮族自治区(2.31%)、江西省(2.16%)、福建省(2.00%)、广东省(1.80%)。省区之间老年人的失能率差距较大，西藏自治区老年人失能率为广东省老年人失能率的3.03倍。

(二)六普人口平均预期寿命较五普人口平均预期寿命又有较大幅度提高，其中城市女性人均预期寿命达到84岁，平均预期寿命的提高预示着高龄失能老年人口的增加

根据对第六次人口资料的计算，全国男性人均预期寿命为75.6岁，女性人均预期寿命为80.4岁，城市男性人均预期寿命80岁，城市女性人均预期寿命为84岁；镇男性平均预期寿命77岁，镇女性平均预期寿命82岁；乡村男性平均预期寿命73，乡村女性平均预期寿命79岁，较第五次人口普查时的平均预期寿命(总人口平均预期寿命71.4岁，男性平均预期寿命69.63岁、女性平均预期寿命73.33岁)又有了较大幅度提高。人均预期寿命的提高，一方面，充分反映了我国社会经济发展的综合成就；另一方面，预期寿命的延长也意味着老年人的失能期在延长，需要照护的时间在增加。有学者研究发现，在我国新增寿命中的绝大部分时间处于不能自理状态(杜鹏、李强，2006)，故中国老年人口数量的迅速增长和寿命的不断延长将导致老年人失能率的增加、长期照料负担加重。第六次人口普查数据提示我们在关注男性人均预期寿命较短的同时更应关注女性老人的健康水平和失能率，把女性老年人的长期照护问题作为重要问题研究。

(三)家庭小型化、少子化、亲子居住分离，导致家庭照护所需的人力资源短缺，国家应加快失能老人社会化服务体系建设和公共服务政策及相关法律制定

六普资料显示，我国大陆31个省区市共有家庭户40152万户，平均每个家庭户的人口为3.10人，随着人口老龄化和家庭小型化，失能老人的长期照护问题已难以在家庭层面解决，失能老人已经让家庭成员不堪重负，失能老人照护问题已经成为严峻的社会现实问题，我国亟待构建社会化的照护体系和长期护理保险制度。

失能老人是家庭、社会、政府需要共同关注的弱势群体，应将失能老人的照护问题列入老年人基本权益保护范围，列入社会公共服务体系建设。国家应根据我国失能老人的演变趋势和刚性需求，尽快构建起全方位的失能老人照护制度、照护服务体系和失能老人特殊用品的研发与生产。

(四)中国老年人失能率随着年龄上升而上升，中国年龄别失能老人规模呈现向右倾斜的倒"V"字型分布

60岁组老年人口合计失能率只有0.68%，70岁组老年人口合计失能力上升到2.15%，80岁组老年人口合计失能率达到6.49%，90岁组老年人口失能率则达到18.56%，百岁及以上老人的失能率高达29.19%。75岁是老年人失能率加速上升的转折点，此后失能率呈加速上升态势，男女两性失能率在75岁以前差别不大，但是到75岁以后，两性失能率随着年龄上升差距拉大，并呈现喇叭口状放大。90岁以上老年人的失能率则呈现不稳定上升态势，有较大起伏，其原因有待进一步研究。百岁老人两性失能率差距近1/3左右。

中国年龄别失能老人规模呈现向右倾斜的倒"V"字型分布。失能人口规模在60—84岁之间呈现上升趋势，实际的失能老年人口规模逐步增大。85岁前几年由于老年人口的基数依然较大，而这时老年人口失能率继续快速攀升，因此实际的老年人口数量迅速增加，达到年龄别老年人口的高峰。85岁后高龄老年人口规模随着年龄增加而迅速减少，虽然此时失能率较高，但是实际的失能人口总量则呈现下降态势。

(五)中国失能老人规模已经达到500多万，到2050年将增加到1907.60万，失能老人规模的增加对机构床位、照护服务提供者、失能老人专用产品提出更多的需求

动态预测结果表明，我国失能老人总量增加的速度快于同期老人人口总量增加的速度。根据动态

预测，2050 年失能老人规模为 19076026 人，比 2011 年失能老人规模增加 2.50 倍，同期老年人口只增加 1.33 倍。根据刚性需求，75%的失能老人应该得到机构接受照护，根据动态预测，2011 年我国失能老人需要机构床位 4084666 张，到 2050 年我国失能老人需要机构床位 14307019 张。

测算结果显示，我国现阶段需要面向失能老人的服务提供者 1089244 人，按照静态需求，2050 年需要服务提供者 2539361 人，按照动态需求，2050 年需要服务提供者 3815205 人。机构床位、照护服务提供者的数量应与失能老人数量、失能程度配比。

根据民政部门同期的统计数据，只有 10%的失能老人得到机构照护，90%的失能老人还在家艰难地度过生命的最后历程。失能老人的增加，意味着与照护相关的老年产品需求增加，这既是压力，也是商机。

(六)国家应提倡失能老人的机构照护，政府应为低收入失能老人购买照护服务

良好的失能老人照护体系有赖于机构、床位、服务提供者与服务对象的匹配。失能老人照护应以机构为主，因此养老机构首先应满足失能老人的刚性照护需求，其次满足其他老人住院养老需求。我们需要借鉴西方发达国家照护失能老人的经验，明确政府的养老责任，构建全方位的养老服务体系，尤其要明确政府办的养老机构应以收住低收入失能老人为主，国家加快推进老年长期护理保险制度的实施。

参考文献：

1. 根据国家统计局 2004 年人口变动抽样调查数据汇总计算.

2. 根据 2006 年中国城乡老年人口状况跟踪调查加权数据汇总．中国老龄科研中心.

3. 中国老龄科学研究中心课题组，张恺悌等．全国城乡失能老年人状况研究残疾人研究，2011，2.

4. 黄成礼．中国老年人口的健康、负担及家庭照料〔J〕1 中国卫生资源，2006，9（5）：208291.

5. National Association for Home Care & Hosp ice. Basic Statistics about Home Care [R]. 2004.

6. 美国联邦长期护理保险计划网站 http：/ /www. ltcfeds. Gov.

7. 失能老人养老情况调查 http://www. qqhe. smehlj. gov. cn/web/assembly/action/browsePage. do? channelID=1134450276920&contentID=1275376703499.

8. 桂世勋．构建广义的老年人照料体系——以上海为例．人口与发展，2008，3.

9. 潘金洪．江苏省独生子女数量测算及其风险分析．扬州大学学报，2007，1.

10. http://www. mca. gov. cn/article/zwgk/mzyw/201106/20110600161364. shtml.

11. 中华人民共和国民政部社会服务业统计季报 http://files2. mca. gov. cn/cws/201204/20120428123417784. htm.

南京人口管理干部学院 老龄科学与老龄产业研究所　潘金洪
南京人口管理干部学院 社会工作系 老龄科学与老龄产业研究所　孙唐水
南京人口管理干部学院 人口经济系　帅友良
南京人口管理干部学院 工商管理系 老龄科学与老龄产业研究所　张吟鹤
南京人口管理干部学院 工商管理系　薛晓华
南京人口管理干部学院 社会工作系　周长青

安徽省百岁老人现状研究

常言道:“山中常有千年树,世上难逢百岁人”。现如今,随着经济发展、社会进步以及医疗卫生保障的日益改善,老年人活上百岁已经不是一件稀罕事。安徽省第六次全国人口普查资料表明,全省常住人口中,100 岁及以上人口 1996 人,与 2000 年第五次人口普查的 827 人相比,十年增加 1169 人,增长 1.4 倍,可以说“人活百岁不是梦”。为了解百岁老人现状,探索百岁老人长寿的奥秘,现根据我省第六次人口普查资料和对百岁老人回访调查汇总资料,对全省百岁老人现状作一研究分析。

一、百岁老人基本特征

1. 百岁老人数量增速较快

1964 年“二普”以来,我省百岁老人开始步入加速增长期,并在“四普”期间达到高峰,年均增速为 12.9%。进入 21 世纪以来,全省百岁老人数量继续迅猛增长,年均增速 9.2%,远高于同期全国平均水平。

图 1　历次人口普查百岁老人数及年均增速

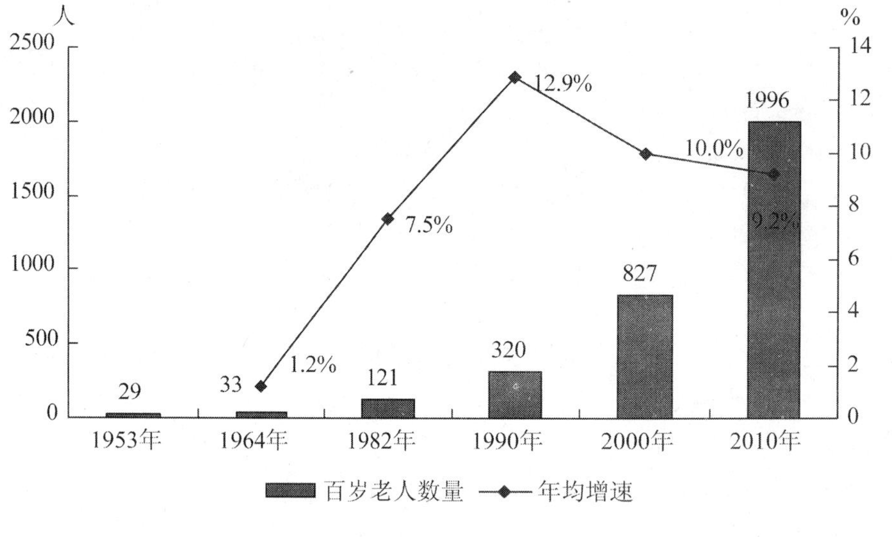

2. 地理分布差异显著

全省 17 个市均有不同数量的百岁老人,但在空间分布上存有显著差异,呈现出“北方多南方少、平原多山区少、农村多城镇少”的特点。从地理走势看,百岁老人分布呈由北向南递减态势。近 3/4 分布在阜阳、亳州、宿州、六安、淮北五市,共有 1400 人。分市看,亳州市 397 人,占总数的 19.89%,居全省之首;阜阳市 396 人,占总数的 19.84%,居全省第 2 位;宿州市 356 人,占总数的 17.84%,居全省第 3 位。分县区看,百岁老人最多的是涡阳县 131 人,其次是谯城区 129 人,萧县 125 人居第 3 位。

从城乡分布看,全省 83.76%的百岁老人生活在农村,9.52%的百岁老人生活在市区,4.68%的百岁老人生活在镇区,2.04%的百岁老人生活在城乡结合部。从自然地域看,79.06%的百岁老人生活在平原,18.84%的百岁老人生活在丘陵地区,2.1%的百岁老人生活在山区。

表 1 各市百岁老人分布情况

单位:人

地 区	合计	男	女
总 计	1996	335	1661
合肥市	166	26	140
芜湖市	22	4	18
蚌埠市	114	18	96
淮南市	61	15	46
马鞍山市	20	5	15
淮北市	120	11	109
铜陵市	5	0	5
安庆市	31	5	26
黄山市	24	4	20
滁州市	81	17	64
阜阳市	396	66	330
宿州市	356	75	281
巢湖市	45	9	36
六安市	131	20	111
亳州市	397	53	344
池州市	8	1	7
宣城市	19	6	13

图 2 全省百岁老人城乡分布图

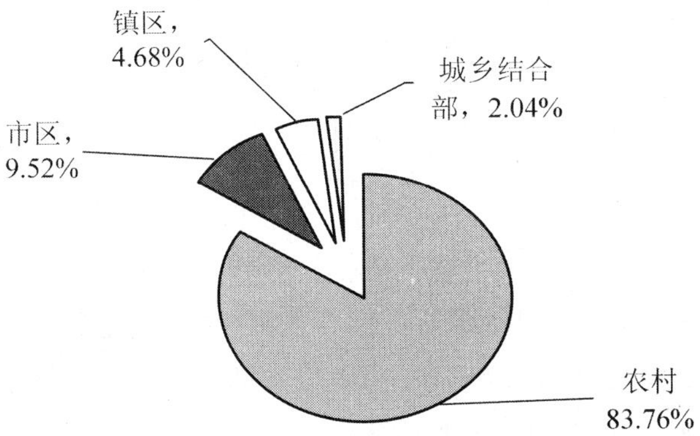

3. 百岁老人女性远多于男性

女性的寿命普遍高于男性,导致百岁老人女性远多于男性,性别比历来偏低。全省百岁老人中,男性 335 人,占 16.78%;女性 1661 人,占 83.22%,性别比为 20.2(女性=100),远低于老年人口的性别比(96.1)。与 2000 年"五普"相比,全省百岁老人中男性、女性数量均有所增加,但女性增加速度更快,导致"女多男少"的现象进一步凸显,百岁老人女性比重延续上升势头。

4. 百岁老人数随年龄升高而递减

调查结果显示,全省百岁老人呈现出随年龄升高而递减的特征。其中,100—102 岁 1363 人,占总数的 68.29%;103—105 岁 416 人,占总数的 20.84%;106—108 岁占总数的 8.97%;108 岁及以上人口 38 人,占总数的 1.9%。全省百岁老人中,年龄最大者为 115 岁。

表 2 全省百岁老人年龄分布情况

单位:人

年 龄	合计	男	女
100 岁及以上	1996	335	1661
100	722	135	587
101	365	63	302
102	276	38	238
103	187	25	162
104	131	23	108
105	98	14	84
106	72	15	57
107	61	13	48
108	46	3	43
109	22	4	18
110 岁及以上	16	2	14

5. 百岁老人受教育程度有所改善

调查显示,全省百岁老人中,小学文化程度 48 人,初中文化程度 11 人,高中文化程度 5 人,大学及以上文化程度 4 人,未上过学的百岁老人占 90.9%,比"五普"下降 1.4 个百分点,文盲人口进一步减少,受教育水平整体提升。

6. 九成以上百岁老人务农为生

由于历史因素制约,很多百岁老人接受教育、进城务工的机会很少,一辈子务农为生。据统计,我省百岁老人过去职业身份的构成是:农民占 90.38%,工人占 3.06%,干部占 0.75%,其他职业占 5.81%。

图 3 全省百岁老人职业构成图示

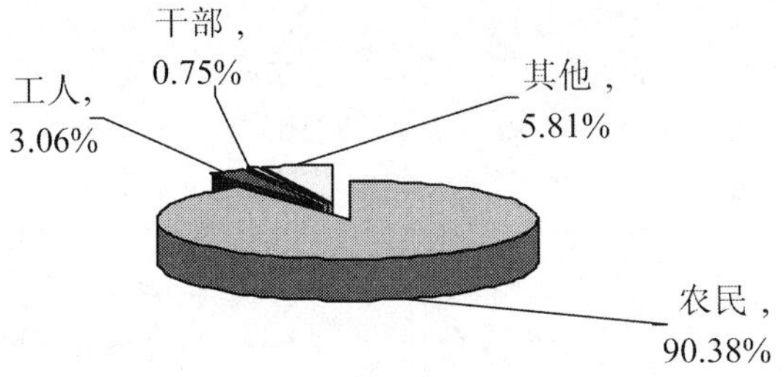

7. 我省百岁老人数居全国第七位

第六次全国人口普查资料显示，全国 31 个省(直辖市、自治区)100 岁及以上人口为 35934 人，每百万人口中拥有百岁老人 27 人。分地区看，我省百岁老人 1996 人，居全国第 7 位，比总人口排名(全国第 8 位)靠前一位，列于广东(4300 人)、四川(3227 人)、广西(2977 人)、河南(2941 人)、山东(2699 人)、江苏(2153 人)之后。

表 3　全国各地区百岁老人分布情况

单位：人

地　区	总人口	百岁老人数量			每百万人口中百岁老人数
		合计	男	女	
全　国	1332810869	35934	8852	27082	27.0
北　京	19612368	552	146	406	28.1
天　津	12938693	216	80	136	16.7
河　北	71854210	940	179	761	13.1
山　西	35712101	227	51	176	6.4
内蒙古	24706291	188	71	117	7.6
辽　宁	43746323	1182	426	756	27.0
吉　林	27452815	579	248	331	21.1
黑龙江	38313991	488	194	294	12.7
上　海	23019196	928	195	733	40.3
江　苏	78660941	2153	454	1699	27.4
浙　江	54426891	1191	308	883	21.9
安　徽	59500468	1996	335	1661	33.5
福　建	36894217	1058	221	837	28.7
江　西	44567797	599	162	437	13.4
山　东	95792719	2699	633	2066	28.2
河　南	94029939	2941	674	2267	31.3
湖　北	57237727	826	197	629	14.4
湖　南	65700762	1597	388	1209	24.3
广　东	104320459	4300	866	3434	41.2
广　西	46023761	2977	608	2369	64.7
海　南	8671485	1162	255	907	134.0
重　庆	28846170	826	198	628	28.6
四　川	80417528	3227	916	2311	40.1
贵　州	34748556	831	241	590	23.9
云　南	45966766	777	209	568	16.9
西　藏	3002165	38	17	21	12.7
陕　西	37327379	340	111	229	9.1
甘　肃	25575263	193	58	135	7.5
青　海	5626723	84	32	52	14.9
宁　夏	6301350	76	20	56	12.1
新　疆	21815815	743	359	384	34.1

从百岁老人分布密度看，全省每百万人口中拥有百岁老人 33.5 人，比全国平均水平多 6.5 人，居全国第 7 位，列于海南(134 人)、广西(64.7 人)、广东(41.2 人)、上海(40.3 人)、四川(40.1 人)、新疆(34.1 人)之后。

二、百岁老人生活状况

1. 百岁老人大都与人合住

大部分老人与子女共同居住，约八成老人感觉居住面积宽敞。百岁老人中，有 29.50%的人有单独住房；二代合住的占 32.84 %；三代合住的占 17.59 %；四代及以上的占 15.74 %；与其他人合住的占 2.54 %；有 1.30%的人住养老院。这充分肯定了百岁高龄老人家庭养老的客观事实，反映出家庭养老仍然是极其重要的养老方式。

图 4　全省百岁老人居住方式

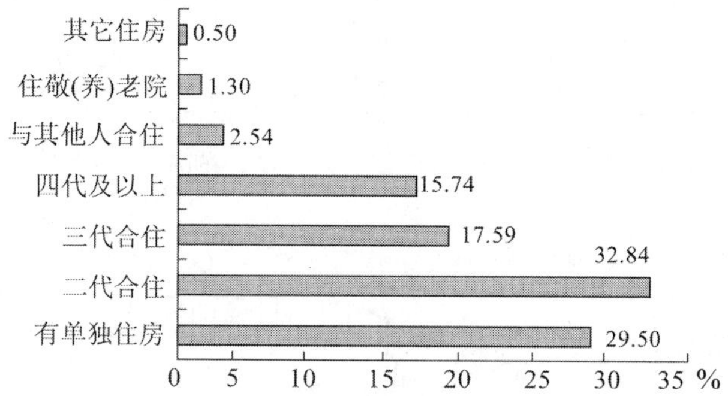

2. 百岁老人主要依靠子女供养

百岁老人中，靠子女供养的占 79.12%；靠孙子女供养的占 13.54%；社会单位救助的占 5.18%；靠其他来源生活的占 2.16%。

图 5　全省百岁老人生活来源情况

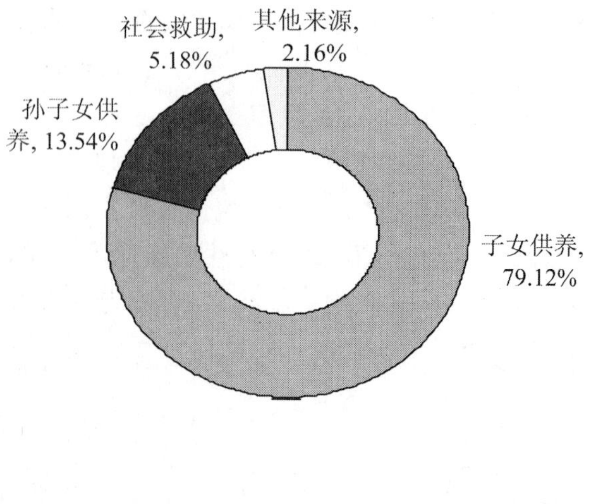

从百岁老人的实际收入水平看，月收入100元以下的占48.08%，100—200元占25.06%，200—500元占21.28%，500—1000元占2.34%，1000—2000元占2.89%，2000元以上的占0.35%。

3. 部分百岁老人感觉生活困难

在被调查的百岁老人中，感觉生活宽裕的占12.71%；感觉生活一般的占61.09%；感觉生活困难的占25.76%，其他占0.44%。感觉生活困难的百岁老人主要分布在阜阳市（106人）、宿州市（91人）、亳州市（72人）、六安市（53人）、淮北市（52人）。相关部门应加强应对举措，进一步改善百岁老人的生活条件，提升百岁老人生活质量，为他们幸福安康、颐养天年营造一个良好的外部环境。

4. 九成百岁老人依靠他人照料

被调查的百岁老人中，能够照料自己的占10.31%；靠子女照料的占72.80%；靠孙辈照料的占10.76%；靠亲友照料的占1.94%；靠配偶照料的占1.30%；还有58人靠其他人照料，占2.89%。

百岁老人与子女及孙子女的关系是：后辈敬重的占68.41%，后辈比较敬重的占30.19%，后辈不敬重的仅占0.5%。由此可见我省百岁老人生活基本上能得到照料。

5. 百岁老人以静养者居多

调查显示，11.13%的百岁老人坚持每日运动，38.45%有时运动，50.42%不运动。百岁老人做家务劳动的情况是：经常做家务劳动的占9.01%；有时做家务劳动的占20.68%；不做家务劳动的占70.31%。

仍然从事劳动的百岁老人有394人，其中，从事家务劳动的占68.78%，从事农业劳动的占10.15%，从事其他劳动的占21.07%。

6. 百岁老人闲暇时间爱好广泛

在识字的百岁老人中，既看书又读报的占3.84%，只读报不看书的占90.48%，其他情况占5.68%。在闲暇时间，多数百岁老人以看电视、听广播、养花养鸟、琴棋书画等作为主要的娱乐活动。

三、百岁老人饮食状况

1. 百岁老人中六成以上以面食为主食

百岁老人中，65.52%的人主食为面食；23.47%的人主食为大米；9.02%主食为杂粮；1.99%主食为其他。

图6 全省百岁老人主食分配结构图示

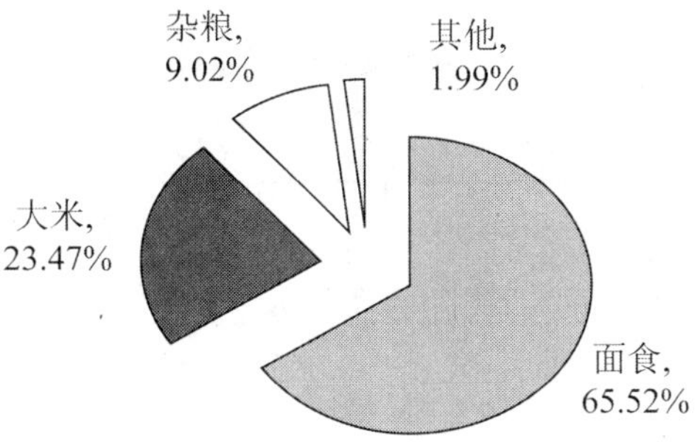

有关研究表明，以小麦为主食的长寿老人其健康状况趋好的可能性高于主食吃杂粮或大米的长寿老人。这主要是因为面粉的蛋白质，维生素B1，B2，E，钙，磷，钠以及微量元素硒的含量均高于杂粮和大米。

2. 百岁老人近八成食用新鲜水果、九成以上的人食用蔬菜

百岁老人中，9.82%的人几乎每天都吃新鲜水果；7.22%的人除了冬天，其他季节经常吃新鲜水果；58%的人有时吃新鲜水果；24.16%的人很少或从不吃新鲜水果，其他情况占0.8%。百岁老人中，62.23%的人经常吃新鲜蔬菜；33.33%的人有时吃新鲜蔬菜；3.54%的人从不吃新鲜蔬菜，其他为0.9%。

新鲜蔬菜、水果是多数百岁老人生活中必不可少的食品。植物性食物，含有丰富的多种维生素，特别是维生素B和C，能加速肠道的蠕动能力，对防止老年人便秘和肠道疾病非常有益，此外，纤维素还能降低血清胆固醇，预防动脉粥样硬化，高纤维素饮食还能提高人体的糖耐量，防止糖尿病发生。以素为主，荤素搭配，粗细粮混合，获得全面均衡的营养是促进长寿的合理饮食结构。

3. 百岁老人日常饮食分布较广，饮食结构较为合理

适量的禽蛋类、豆制品和奶制品在百岁老人长寿的机制中不容忽略。被调查的百岁老人中，83.86%的人都吃鸡蛋。每天一个鸡蛋就可以满足人体的需求。主要是蛋清蛋白有极丰富的氨基酸，而且组成比例非常适合人体需要，这种蛋白质在人体中利用率最高。蛋清蛋白对肝脏组织损失有修复作用。蛋黄中的卵磷脂可促进肝细胞的再生，还可提高人体血浆蛋白量，增强机体的代谢功能和免疫能力。蛋黄含的无机盐、钙、磷、铁和维生素都比较丰富。

表 4 安徽省百岁老人日常饮食结构情况

单位：%

饮食	几乎每天都吃	有时吃	很少或从不吃	其他
白糖或糖果	10.71	46.79	30.79	11.71
保健食品	2.94	23.37	60.44	13.25
茶	9.07	14.70	62.43	13.80
大葱	26.31	45.19	17.34	11.16
大蒜	16.04	52.52	21.38	10.06
蛋类	25.41	58.45	8.92	7.22
豆制品	18.14	62.73	10.11	9.02
肉类	10.91	61.29	20.03	7.77
乳制品	10.06	42.55	36.22	11.17
食用菌类	1.94	39.76	45.04	13.26
腌咸菜或泡菜	11.31	35.92	40.06	12.71
鱼等水产品	7.62	65.17	19.88	7.33

80.84%的百岁老人经常吃豆制品和52.61%经常吃奶制品。丰厚的豆制品为老人们的一生提供了充足的蛋白质来源，牛奶营养丰富，奶中赖氨酸含量较高，胆固醇含量低，碳水化合物全部为乳糖，在肠道中可转化为乳酸，有抑制腐败菌生长的作用。牛奶含钙很丰富，吸收率也很高，还含有较多的维生素A、D、核黄素等，这些对维护老年身体健康和长寿都是必要的。

不油腻、低盐量对百岁老人的长寿贡献很大，而食用油腻食物就会增加体内过多脂肪的摄入，会导致体内脂肪堆积和胆固醇升高，促使动脉硬化，导致脂肪肝等疾病的发生。

低盐量，偏淡和适中的饭菜是长寿老人的首选，咸菜尽量少吃，调查中的百岁老人中40.06%的从不吃咸菜，食盐的化学物质是氯化钠，是人体必需的物质，钠在维持体液渗透压、调节体液容量、维持正常肌肉神经的兴奋性和对水、脂肪、氯等的代谢方面都有重要作用；氯还可在胃内形成胃酸、激活胃蛋白酶起促进消化作用，然而食入过多则会与其他元素失衡，对血压不利。目前世界范围内的许多盐与高血压的关系资料表明，盐的摄入量或尿钠离子排泄量与高血压呈正相关，即人群摄入食盐量越多，血压水平越高。

5. 百岁老人八成以上不抽烟不喝酒

百岁老人中，16.64%的人过去经常喝酒，过去不喝酒的占83.36%的；17.94%的人过去吸烟，过去不吸烟占82.06%。

吸烟对人体危害巨大，而且生活和工作环境中有人吸烟对自身健康也有较大影响。主要是因为吸烟对呼吸道、心血管系统都有较大的危害性，特别是呼吸道、胃肠道癌症发生率增高。吸烟所形成的烟雾有害他人健康。所以长寿老人中吸烟人的比例较低。

少量饮酒虽对人体有益，但不可过量。明代李时珍说过："曲之酒，少饮则和血行气，壮神御寒，消愁遣兴，痛饮则伤身耗血，损胃亡精，生疾动火"。被调查的百岁老人中不饮酒者占绝对优势，饮酒者也具有一定的规律性。偶尔饮酒的百岁老人相对每次饮用的酒精量大，而大多数常饮酒老人都是多次少量，对身体不仅无害反而有利，且饮用的酒的种类基本为白酒。

不吸烟，不饮酒或少量多次规律性饮酒都有利于人们的自身健康，对长寿有一定的积极作用。

四、百岁老人健康状况

1. 近五成的人没有疾病

百岁老人中，43.45%的人没有明显疾病；在患有的疾病类型中，下列类型比例较高：9.62%的人患有气管炎、支气管炎、肺气肿、哮喘病，7.67%的人患有关节炎，7.42%的人患有白内障，7.27%的人患有高血压，4.93%的人患有心血管病。

2. 六成以上生活能自理

百岁老人中，17.69%的人日常生活能够自理；43.65%的人一般能自理；38.22%的人不能自理；其他为0.44%。生活不能自理的百岁老人主要分布在亳州市（151人）、阜阳市（136人）、宿州市（129人）、六安市（79人）、合肥市（54人）、淮北市（44人）、蚌埠市（37人）、滁州市（37人）。

3. 生病基本上能得到及时治疗

百岁老人中，96.46%的人生病能得到及时治疗；2.99%的人生病不能得到及时治疗；其他为0.55%。

4. 六成以上生病自费医疗

百岁老人中，4.83%的人生病享受公费医疗；31.34%的人生病享受半公费医疗；60.79%的人生病医疗自费；1.94%的人生病无钱医治，其他为1.1%。

5. 近九成未患过重病

在回访的百岁老人中，16.64%的人得过重病；82.51%的人未得过重病，其他为0.85%。

五、百岁老人长寿之道

影响人的寿命的因素是多方面的，诸如心理因素、生理因素、疾病因素、营养因素、社会因素等，健康长寿是主客观诸种因素综合效应的结果。尽管寿星们漫漫的人生旅程中，谱写出自己独特的生活奏鸣曲，尽管他们的生活环境有城市的、有乡村的，尽管每个人的生活经历、社会环境、身体素质、遗传基因、性格脾气不同，但全省各地的百岁寿星，大都有一些共同的长寿之道，他们每个人的生活习惯及个性，对他们的长寿起到了很大的作用，从主要的共同的方面进行考察，我省百岁老人的长寿奥秘可归纳为十点：一是态度和蔼，性情温和，不乱发脾气，待人宽厚，心胸开阔，与世无争；二是饮食以面粉杂粮为主，不偏食，不过食；三是少喝酒吸烟，饮茶适量；四是好动不好静，一生爱劳动；五是坚持早起早睡，生活起居有规律；六是家庭和睦，与子女和孙子女的关系融洽，受到晚辈的敬重、无微不至的照顾，物质上有关心，精神上有体贴；七是团结友邻，乐善好施，深受人们的尊重和爱戴，一个人经常处于友善和睦的人际关系中，身心总处于一种和谐的境地，自然会有助于健康，延长寿命；八是住处地势开阔，空气新鲜，气候条件较好，无污染；九是一生中没有患过大的疾病，倘若身体不适有病能立即得到治疗；十是胎次与长寿也有关系，胎次越靠前，长寿优势越显著，排行老大的长寿机率越高。

六、多措并举，提高养老质量，让老人更健康、更长寿

百岁老人增多是人类社会进步的象征。首先，以长寿为特征的人口老龄化，是社会发展的综合尺度，它标志着经济发展、文化教育、科学技术、医药卫生都达到相应水平。没有一定的物质文明和精神文明作前提，人口老龄化是不可能的。

由于我省经济条件较为落后，各项保障措施还不完善，要提高老年人生活质量，让更多的长寿老人出现，必须提倡和努力做到以下几点：

（一）鼓励自我养老

1. 要转变生活观念

老年人口的消费状况受制于他们的经济收入。有什么样的收入，就有什么样的消费水平。在发达国家，由于最近几十年社会养老保障制度的建立和发展，老年人的经济状况比以前要好得多，有资料显示，1980年美国老年人人均纳税后收入为6300美元，而全国人均收入仅为5964元。在我国不同地区、不同文化水平、不同年龄层次的老年人口中物质消费水平有较大的差别，一般而言，城市老年人的物质消费高，农村老人低；经济发达地区高于经济落后地区；文化教育程度高的老人高于文化程度较低的老人；低龄老人高于高龄老人。从总体上讲，我省老年人的经济生活不富裕，许多人受传统观念的影响，日常生活中存在一些误区，如：一是重积累，轻消费。不少老人因物价上涨，实际收入减少，只好节衣缩食增加储蓄，以备防老。不少人过分节俭，过着清苦的生活，因此大多营养不良，疾病增多，难以长寿。二是重子孙，轻自身。1992年中国老龄中心的调查显示，有50%以上的老人在日常生活中帮助子女处理各种家务，并且在经济上还要补贴子女，由于老人自己经济并不宽裕，补贴子女后生活水平下降。

2. 老人也要美化生活

老年人完全有理由在人生的最后阶段，从外貌仪表到精神生活提出美的要求，使晚年生活过得更加充实和更有情趣。长期以来，人们认为上了年纪，就该穿着马虎、吃得简单，甚至于该穿的不穿，该吃的不吃，把必要的正当的消费看成是浪费，把文明、健康、美好的生活方式当作奢侈，这是不足取的。其实是，爱美之心人皆有之。老人也需要美化自己的生活，通过对美的享受，会感到自己还年轻，生活有意义。作为老年人要改变消费观念和生活观念，作为年轻人更应理解老人，支持老人享受美好生活。

3. 适当进行养老储蓄

有条件的老人，可以在离开工作岗位以前为自己今后的养老储蓄一笔钱，可以个人购买养老商业保险，以备将来之用。

4. 再就业

退休老人同样有工作的权利，也有再就业的愿望，特别是身体健康、有较强劳动能力的老人再就业的愿望较强。在人均寿命延长和人体素质提高的情况下，老人再就业可以提高其生活质量，一是增加了自己的经济收入，改善生活；二是可发挥知识才能和特长，增加成就感，让老人感到"还是有用的"；三是增进身心健康，减少孤独和空虚。

（二）提倡家庭养老

因经济社会发展条件所限，以家庭为主要养老载体是当今比较可行且符合国情的做法。家庭养老既可以减轻社会养老的负担，还可以有利于老人在家庭中愉快的安度晚年。1991年《联合国老年人原则》再次强调"老年人应尽可能在家居住"。这是因为养老不单是物质上的，而且是精神上的。除了给老年人以生活的保障之外，还要给他们以家庭的温馨。家庭是建立在婚姻关系和血缘关系基础上的群体，它是老年人感情和精神上的重要支柱，日常生活的重要场所，它给老年人的照顾是其他任何机构所不能代替的。在西方国家，虽然社会保障事业比较发达，但绝大多数老人还是在家里养老。在美国进入养老院的老人只占老人总数的5%左右。在日本近97%的老人希望与子女生活在一起。而在我省由于养老社会保险的社会化程度很低，社会福利事业还不发达，加之思想观念和生活习惯的影响，家庭仍是养老的主要载体。根据本文的分析，三代户、四代户仍占相当比例，在老年人口全部经济来源中，来自子女、孙子女供给部分占92%，这也说明继续提倡家庭子女供养老人很有必要。但是在现实中，由于市场经济和泛商品意识的影响，价值观念价值取向的变化，传统的养老、尊老受到很大挑战，子女拒不养老的案件增多。对此，一要加强宣传和教育，发扬中华民族尊老养老、爱老的优良传统，树立孝敬老人社会道德风范；二是要加强法制建设，谴责和惩戒遗弃、虐待、不赡养父母的行为。

家庭养老对于老人长寿的关键，要使老人在子女关爱基础上得到良好的物质与精神的享受和满足。绝大多数老人都是生活在不同代际的家庭里，大量事实表明，决定老人家庭生活好坏的往往不在于老年人本身，而在于子女对父母的态度，对老年父母在物质和精神的支持和帮助。青年人在物质上要提供一定的支持，现在不少青年人非但在物质上不支持父母的生活，反而还要父母倒贴，这不仅削弱了老人的自我养老的能力，也给精神上增加了负担，这种现象在城镇比较多。此外子女还要在精神方面给老人以关心，所谓精神赡养，青年人应该注重道德修养，尊老爱老，使老人在获得物质赡养的同时，得到精神慰藉，从而幸福、愉快地度过晚年。

（三）重视社区服务

在我国随着人类寿命的延长，需要照顾的老人，特别是高龄老人和生活不能自理的老人越来越多。卫生部有项调查显示，目前在老年人口中，因病卧床的时间随年龄的增高而增多，高龄老人中平均有不足1/5时间处于健康状况，其余时间都处在带病或需要别人照料的状态。这给许多家庭带来痛苦和矛盾。要使老人在家生活得到较好的照顾，除了加强对子女的尊老敬老教育外，还要帮助解决有老人家庭的实际困难。这就要求在建立和完善养老保障的同时，大力发展福利服务和医疗服务，其中特别着重于福利服务与医疗服务的社区化。

社区可提供以下几种形式的服务：一是建立家庭服务员制度。由社区组织志愿者或有偿服务人员，通过每周2—3次的家庭访问帮助老人做一些自己难以料理的事情，如购物、做家务、打扫卫生等，收取少量费用；二是提供膳食服务。将现成的饭菜直接送到老人家中，菜谱根据老人的需要而改变。或者办老年人食堂，在居民区定点提供各式各样的饮食；三是设立各种各样的老年服务机构，如设立老年人生活服务中心、老年人文化活动中心、老年大学、老年医护中心等机构，为老年人生活和文化上的消费服务。由于子女白天上班，无暇照顾老人，开办"托老所"，可以将老人送进托老所照看，等子女下班后再接回家；四是推行"时间储蓄制度"，目的是让年轻人多为老年人服务，以换取自己年老以后要求照顾和服务的权利，具体方法是将会员为老年人服务的时间记录下来，作为会员以后或其家属要求服务的时间储蓄；五是兴办社会福利院，对无子女、无亲友的老人加以关爱和照顾。

加强社区环境建设，开拓老年人消费市场。老年人口的消费水平是衡量老人生活质量的一个极其重要的标志，满足老年人口的各种消费需求，是老年社会经济发展的重要任务。实现老有所乐，必须首先要解决老年人衣、食、住、行、医等基本生活问题，在此基础上逐渐提高老年人生活质量。一方面加强社区环境和基础设施建设，改善老年人周围的生活环境，提供各种方便周到的服务；另一方面要未雨绸缪，研究老年人消费行为，增加老年消费品的供应，进一步调整和繁荣农村消费市场。汹涌的银发浪潮让本不为社会所关注的老年问题走到了前台，既对现有的市场消费格局造成一定冲击，其中又蕴藏着难得的机会。现在一方面是很多老年人买不到适合自己和自己喜欢的商品，钱没处花；一方面生产者们又面临着传统市场的激烈竞争和日益萎缩。“银发”经济在目前的中国还是一个方兴未艾的朝阳产业，广泛的消费需求必然形成巨大的市场动力，“银发”市场未来的乐观前景不容置疑。各路商家在传统市场上苦战之余，不妨关心一下身边“银发”市场，也让老年人生活多一些方便和乐趣。

(四)加强社会保障机制

搞好社会养老保险机制，对促进社会稳定，保障老人合法权益将起到越来越重要的作用。在农村民政部门仅为“三无老人”、“五保老人”和“残疾老人”服务，而这部分人占整体老人的比例很小，远远不能满足广大农村老人的需求，所以需要进一步完善农村供养制度，提高供养水平，扩大农村敬老院的服务范围，家庭、社会各界共同关注老人的生活，特别是百岁老人，给予他们更多的帮助和慰藉，切实解决他们生活的困难，使他们生活有依靠、有保障，免除后顾之忧，幸福地安度晚年。我省目前有部分市县对高龄老人，特别是百岁以上的老人进行慰问和经济上的补贴，这一做法广受欢迎，起到了引领全社会尊老、敬老、爱老的示范作用。

城镇要注重在组织领导、设施建设、资金投入、政策扶持等方面加大了对社区养老服务的工作力度，不断完善服务设施，拓展服务范围，形成市、区、街道、居委会四级社区服务网络，使之作为我省老年事业建设的主力军。目前我省城镇养老服务仍处于起步阶段，总体上看，仍显得设施少、规模小、档次低、功能单一，存在不少问题。如重视、宣传力度不够，没有形成必要的舆论氛围，养老事业仍处于自发的、无序的发展状态，主要表现在养老社会化程度不够，投资主体单一，资金投入不足；老年福利设施仍由国家、集体包办，民政部门直办直管的做法没有根本改变。另外，养老服务的协调配合的运行机制不够健全，各自为政，很难形成合力，且造成有限的社会资源的闲置浪费。

安徽的人口老龄化是在经济并不发达的情况下到来的，社会保障制度还未建立健全，社会应对老龄问题的能力较弱。因此，要提高老人生活质量，让更多长寿老人出现，必须要营造一个保障有力的老年社会。

安徽省人普办　方志华

我国老年人口文化素质分析①

——基于第六次全国人口普查1‰抽样数据

我国第六次全国人口普查数据显示，60周岁及以上人口占总人口的13.26%，比2000年人口普查上升2.93个百分点②。伴随着老龄人口比例增加，人口老龄化进程的加快，有关老年人的问题日益受到全社会的关注。

老年人文化素质对老年人自身意义重大，较高的文化素质往往与较好的健康状况，较高的经济收入、较高的心理健康水平等等方面联系紧密。老年人文化素质水平不仅仅对其自身生活质量有很重要的影响，对整个国家来说，也是关系紧密，拥有一个高素质的老年人群体，利于减轻国家的医疗负担，有助于促进社会的发展。

一、老年人口文化素质

表1呈现的是老年人群的受教育程度、识字和平均受教育年限的情况。笔者将在下文分别进行阐述。

1. 老年人口文盲率

如表1所示，在60周岁及以上的老年人口中，“文盲率”为25%。也就是说，在现有老年人口中，约有1/4是文盲人口，其比例是同期15—59周岁中青年人口文盲率(其文盲率为2.13%)的11倍。可见在总人口中，老年人口文化素质较低。

2. 老年人口受教育程度

在老年人口中，有26.1%的老年人从未上过学；只有小学文化程度的老人占到将近一半；也就是说，有74.1%的老年人受教育程度处在小学及以下的水平。处在初中至高中教育程度的老人比例较低，共为22.7%，而接受过高等教育如拥有大学专科至研究生学历的老人，比例更小，只有1.4%左右。可见，在老年人口中，受过高等教育的老人比例非常低；而没有上过学或学历较低的老人比例很高。

表1　老年人口文化素质总体情况

单位：%，年，人

类别	比例	男性	女性
未上过学	26.1	14.2	37.4
小学	48.0	50.8	45.4
初中	17.1	22.9	11.7
高中	5.6	7.5	3.7
大学专科	2.0	2.9	1.1
大学本科	1.2	1.8	0.7
研究生	0.0	0.1	0.0
合计	100	100	100
识字	75.0	86.6	63.9
不识字	25.0	13.4	36.1
合计	100	100	100
平均受教育年限	5.48	6.62	4.39
人数	176973	86163	90810

二、老年人口文化素质的性别特征

由表1我们还可以了解到老年人口的受教育程度、识字和平均受教育年限的分性别差异。

笔者将在下文分别进行阐述。

1. 老年人口分性别文盲率

男女性老人文盲情况差异较大，老年男性文盲率(男性文盲人口占男性总人口比例)为13.4%，而老年女性文盲人口则占到36.1%，老年女性文盲率

① 北京大学人口研究所郑晓瑛教授承担第六次人口普查课题“中国人口素质和人力资本研究”子课题

② 国家统计局：http://www.stats.gov.cn/zgrkpc/dlc/yw/t20110428_402722384.html

比男性高22.7个百分点。由表上数据计算可得，在老年文盲人口中，老年男性只占26.1%，而老年女性则占到73.9%。也就是说，在老年文盲人口中，大部分都是女性老人。这是由过去乃至现在对女性的歧视，忽略女性的受教育权造成的。目前老龄化的一个明显趋势是女性化，而老年女性文盲率高，受教育水平低往往与低收入保障相联系。因此，保障老年女性的生活是政府在应对老龄化问题时必须重点关注的一个问题。

2. 老年人口分性别受教育程度

在老年人口中，老年女性未上过学的比例比老年男性高出23.2个百分点；而在其他受教育程度上，老年男性的比例都要比老年女性高。此外，在较高的受教育程度上，如大学专科、大学本科、研究生，老年男性与老年女性的比例都比较小，因而性别之间的差距反而缩小了。总体看来，与老年男性相比，老年女性的受教育水平比老年男性差。

3. 老年人口分性别平均受教育年限

老年人口平均受教育年限的性别差异较大，老年男性与老年女性的平均受教育年限的差值达2.2345年。可见，老年女性的受教育状况相比老年男性来说更差。这是由过去对女性受教育权忽视而产生的累积效应，是性别不平等的一个表现。女性在分享教育资源上处于弱势地位。女性的受教育权应该受到尊重和保护，在未来的工作中，应该重视女孩的受教育权，保证她们能够和男孩一样公平地分享教育资源。

三、老年人口文化素质的年龄特征

表2呈现的是老年人群的受教育程度、识字和平均受教育年限的分年龄情况。笔者将在下文分别进行阐述。

1. 老年人口分年龄文盲率

数据显示，从年轻的年龄组到年老的年龄组，老年人的文盲率是递增的。年龄越老的年龄组，文盲率越高，而年龄越轻的年龄组，文盲率越低。这一定程度上也可以证明我国教育事业的发展，因为刚进入老年阶段的老人文盲的可能性要比高龄老人小得多。这是由过去落后的教育水平所决定的。

表2　老年人口文化素质的年龄特征

单位：%，年，人

类别	60—64	65—69	70—74	75—79	80—84	85＋
未上过学	13.2	19.5	29.4	40	50.4	59.4
小学	52.5	50.4	47.7	44.1	37.7	32.4
初中	24.3	20.1	13.3	9.4	7.1	4.9
高中	6.7	6.5	5.6	3.7	2.8	2
大学专科	2.3	2.2	2.1	1.6	0.8	0.5
大学本科	0.9	1.3	1.9	1.2	1	0.8
研究生	0	0	0	0	0	0
合计	100	100	100	100	100	100
识字	87.4	81.3	71.9	61.4	51.5	42.7
不识字	12.6	18.7	28.1	38.6	48.5	57.3
合计	100	100	100	100	100	100
平均受教育年限	6.54	6.05	5.25	4.26	3.44	2.75
人数	58141	40992	32965	23837	13571	7467

2. 老年人口分年龄受教育程度

从低龄老人到高龄老人，未上过学的老人比例在递增，而上过小学、初中、高中、大学专科的老人比例均在递减；但在大学本科、研究生这些受教育程度上，这种趋势并不明显，例如，出现了70—74周岁的老人中拥有大学本科学历的比例高于60—64及65—69年龄段相应的比例。(1)一方面说明，相较于低龄老人，高龄老人的受教育水平更差，因为没上过学的比例比低龄老人的比例高得多，例如，85周岁及以上的老人未上过学的比例比60—64周岁相应情况的老人多46.2个百分点，差距很大；而在85周岁及以上老年人中，有初中学历的老人比例为24.3%，而60—64周岁老人相应的比例为4.9%，差距也有19.4个百分点；(2)但是，可以发现，在高中、大学专科、大学本科、研究生受教育程度上，低龄老人与高龄老人之间的差距在缩小。这说明，不论是在较年轻的年龄组，还是在较年老的年龄组，拥有高中及以上学历的老年人比例还很小。

3. 老年人口分年龄平均受教育年限

越是高龄的老人，平均受教育年限越低；越是低龄的老人，平均受教育年限越高。随着社会的进步，我国的教育事业也在不断的发展，相比过去，有了很大的提高，这从低龄老人平均受教育年限远比高龄老人高就可见一斑，例如60—64周岁的老人平均受教育年限比85及以上老人高3.7905年。因此，刚进入老年阶段的老人比较高龄的老人受教育情况要好。

4. 老年人口分年龄、分性别文化素质分析

由表3所示，不论哪一个年龄段，老年人文化素质的性别差异在较低教育程度上较小，而在较高教育程度上则较大。并且，从总体上看，较大年龄段的老年人性别相对差距比较小年龄段的老年人的性别相对差距要大，尤其是在较高教育水平上。可以说，高龄女性老人的受教育水平是最差的，与之相伴随的是较低的收入。因此，高龄女性老人群体是脆弱群体，应该引起社会的关注。高龄女性老人的生活保障是未来老龄工作的一个重点。

表3 老年人口分年龄、分性别文化素质分析

单位：%，人

年龄	性别	未上过学	小学	初中	高中	大学专科	大学本科	研究生	合计	识字	不识字	合计	人数
60—64	男性	6.50	50.20	30.30	8.40	3.30	1.20	0.00	100	93.90	6.10	100	29282
	女性	20.00	54.80	18.30	4.90	1.40	0.50	0.00	100	80.80	19.20	100	28859
65—69	男性	10.20	50.80	26.00	8.10	3.00	1.90	0.00	100	90.40	9.60	100	20662
	女性	29.10	49.90	14.10	4.80	1.30	0.80	0.00	100	72.00	28.00	100	20330
70—74	男性	16.90	52.20	17.70	7.50	3.00	2.70	0.10	100	84.10	15.90	100	16337
	女性	41.60	43.40	9.00	3.80	1.10	1.10	0.00	100	59.90	40.10	100	16628
75—79	男性	22.70	52.30	14.60	5.70	2.60	2.00	0.10	100	78.30	21.70	100	11113
	女性	55.10	36.90	4.80	2.00	0.70	0.50	0.00	100	46.70	53.30	100	12724
80—84	男性	31.00	48.80	11.90	5.10	1.50	1.70	0.10	100	70.50	29.50	100	5958
	女性	65.60	29.10	3.40	1.10	0.30	0.40	0.00	100	36.70	63.30	100	7613
85+	男性	37.40	46.70	9.40	3.90	1.00	1.50	0.10	100	64.90	35.10	100	2811
	女性	72.60	23.80	2.10	0.90	0.20	0.30	0.00	100	29.30	70.70	100	4656

四、老年人口文化素质的户籍特征

表4呈现的是老年人群的受教育程度、识字和平均受教育年限的户籍差异。笔者将在下文分别进行阐述。

1. 老年人口分市镇乡文盲率

从城到镇再到乡，不识字即文盲的比例是递增的，可见农村老年人的文盲率最高，镇老年人的文盲率居中，而城市老年人的文盲率则是最低的。城市文盲率要比乡文盲率低19.7个百分点。这说明在过去，我国农村教育事业相较于城、镇来说，发展滞后。当时，我国对于农村教育事业还不够重视，投入也是不足的，以致于农村老年人群体中的文盲率这么高。我国在未来应该更加重视农村教育事业的发展，缩小城乡之间的教育差异。

表4 老年人口文化素质的户籍特征

单位：%，年，人

类别	市	镇	乡
未上过学	12.7	23.4	32.9
小学	36.3	48.3	53.1
初中	27.0	19.5	12.0
高中	13.8	6.3	1.7
大学专科	5.8	1.9	0.2
大学本科	4.3	0.5	0.0
研究生	0.1	0.0	0.0
合计	100	100	100
识字	88.0	77.6	68.3
不识字	12.0	22.4	31.7
合计	100	100	100
平均受教育年限	7.79	5.69	4.39
人数	45146	30520	101307

2. 老年人口分市镇乡受教育程度

由表4,可以看出,(1)农村老年人“未上过学”的比例高于镇的老年人,也大于城市的老年人,其中农村老年人未上过学的比例比城市老年人多了20.2个百分点;而在其他教育程度上,均是农村老年人的相应比例小于镇老年人,更小于城市老年人;(2)并且市镇乡老年人受教育程度之间的差距比较大,尤其是城市老年人与农村老年人之间的差距。从绝对差距的视角看,城市老年人拥有小学学历的老人比例比农村高16.8个百分点,而在初中、高中的城乡之间的绝对差距分别是15个百分点、12.1个百分点;而从相对差距的视角看,农村老年人口中未上过学的比例是城市老年人口相应比例的2.59倍,农村拥有小学学历的老年人口比例是城市的1.46倍,而城市拥有初中,高中,大学专科或大学本科的老年人口比例分别是农村的2.25倍,8.12倍,29倍,14052倍和5065.86倍。可见在高教育水平上,城乡老年人口比例的相对差距是非常大的,远超过低教育水平。总而言之,不论是城市还是乡村,受过高等教育的老年人还比较少。虽然较高教育水平上城乡老年人的绝对差距较小,但相对差距很大。

3. 老年人分市镇乡平均受教育年限

不同户籍的老年人口之间平均受教育年限差异也较大,城市老年人的平均受教育年限最长,镇老年人其次,而农村老年人的平均受教育年限是最短的。可见城市老年人受教育情况最好,镇老年人居中,农村老年人受教育情况则最差。这与我国长期以来的二元体制不无关系,我国在农村的教育事业投入是远远不够的。并且,从表上还可以看出农村老年人口占总的老年人口的比重是最大的,占到57.24%,城市老年人与镇老年人所占比重较低,分别为25.51%,17.25%。可见老年人口中多半是农村老年人口,农村老年人口受教育情况较差决定了老年人口总体受教育情况不高的事实。可见,多数老年人生活在农村,而且农村老年人的受教育程度偏低,使得我国农村老龄化的问题和养老保障的难度要超过城市地区,农村老年人的生活保障将是未来养老工作的重点和难点,应给予较大的关注。

4. 老年人分市镇乡、分性别文化素质分析

由表5所示,无论是城市,镇,还是农村,女性老人的文盲率水平均低于男性老人。其中农村老年女性群体的文盲率最高,高达44.8%,可以说将近一半的农村老年女性是文盲。此外,城市老年文盲率的性别差值是14.6个百分点,镇是22.2个百分点,而农村老年男性与老年女性文盲率差值最大,达26.8个百分点。可见农村文盲率的性别差异是最大的。这说明农村在教育方面对女性的歧视更严重。

表5 分城乡、性别老年人口文化素质分析

单位:%,人

类别	市			镇			村		
	男	女	总	男	女	总	男	女	总
未上过学	4.80	19.90	12.70	11.60	34.60	23.40	19.00	46.3	32.9
小学	32.5	39.8	36.3	48.8	47.8	48.3	59.3	47.2	53.1
初中	31.2	23.1	27.00	26.1	13.3	19.5	18.3	6.0	12.0
高中	16.6	11.1	13.8	9.5	3.4	6.3	2.9	0.5	1.7
大学专科	8.3	3.6	5.8	3.1	0.8	1.9	0.4	0.1	0.2
大学本科	6.4	2.4	4.3	0.9	0.2	0.5	0.1	0.0	0.0
研究生	0.2	0.0	0.1	0.0	0.0	0.0	0.0	0.0	0.0
合计	100.00	100.00	100.00	100.00	100.00	100.00	100.00	100.00	100.00
文盲率	4.4	19.0	12.0	10.9	33.1	22.4	18.0	44.8	31.7
平均受教育年限	9.01	6.67	7.79	6.94	4.51	5.69	5.50	3.32	4.39
人数	21661	23485	45146	14807	15713	30520	49695	51612	101307

综上所述，老年人口文化素质存在年龄、性别和城乡的差异。第一，低龄老人相较于高龄老人，文盲率较低，而受教育水平较高，平均受教育年限也越高；而年龄越大的老年人口，文盲率越高，受教育水平越低，平均受教育年限也越低。第二，老年人口文化素质也呈现出较大的性别差异，老年男性的文盲率比老年女性低，而受教育水平、平均受教育年限都比老年女性高。第三，市镇乡老年人的文化素质差异较大，尤其是城乡老年人之间的差异，农村老年人的文盲率高于镇，更高于城市；而在受教育程度方面，城市老年人的受教育水平最高，平均受教育年限最长，镇次之，而农村老年人的受教育水平最差，平均受教育年限最短。不可否认，老年人口是一个弱势群体，这一点在老年人口文化素质方面可以得到体现，例如在老年人口中，文盲率达到 25%，未上过学的老人占到 26.1%，而有 48%的老人只有小学教育程度，因此绝大部分老年人口受教育程度很低。然而，老年人又是一个异质性很高的群体，从以上数据中，我们可以发现，高龄老人、女性老人、农村老人的文化素质水平最差，他们是弱势群体中的弱势，亟待得到政府的关注。

五、文化素质与老年人收入来源关系分析

1. 受教育程度与老年人主要收入来源的分析

由表 6，可以看到，未上过学和小学教育水平的老人生活来源以家庭供养为主。]随着教育程度的提高，老年人靠家庭其他成员供养的比例在显著减少；而以离退休金养老金为主要生活来源的比例在上升；并且在高中、大学专科、大学本科及研究生这些相对较高的教育程度上，以离退休金养老金为主要生活来源的占了绝大多数。教育程度越低，依靠劳动收入的比例越高，受教育程度低的老人更需要活到老干到老。另外，教育程度越低，依靠最低生活保障金的老人比例越高。可见，教育程度越高，老年人在经济上对子女的依赖性越小。在现有社会养老制度不健全的情况下，高教育程度的老年人有经济独立和自立自主能力，今后国家更应该关注受教育程度较低的老年人的养老保障，以减轻这部分老人的家庭经济负担。

表 6　受教育程度与主要收入来源的交叉分析

单位：%，人

受教育程度	劳动收入	离退休金养老金	最低生活保障金	财产性收入	家庭其他成员供养	其他	合计	人数
未上过学	20.60	6.00	6.60	0.30	64.30	2.30	100	46201
小学	36.50	15.70	3.70	0.50	41.60	2.00	100	84960
初中	30.60	44.50	1.80	0.50	21.20	1.50	100	30329
高中	11.70	77.90	0.70	0.20	8.50	0.90	100	9826
大学专科	6.10	90.90	0.30	0.20	2.20	0.30	100	3452
大学本科	4.70	93.50	0.00	0.00	1.20	0.50	100	2151
研究生	18.50	74.10	0.00	1.90	3.70	1.90	100	54

2. 教育程度与生活来源之间关系的性别差异

如表 7 所示，(1)：在相对低水平的教育程度上，如"未上过学"、"小学"，老年人对家庭其他成员供养的依赖较大，比例都在 30%以上；其中相较于老年男性，老年女性对家庭其他成员更加依赖，以"家庭其他成员供养"为主要收入来源的比例更高，比例在 50%以上；并且，在"未上过学"、"小学"这两个教育程度上，以"离退休金养老金"为主要收入来源的老年人比例较低，比例均在 17%以下。(2)：但是，随着教育程度的提高，以"离退休金养老金"为主要收入来源的老年人比例大幅度上升。相比"小学"，教育程度为"初中"的老年男性以"离退休金养老金"为主要收入来源的比例上升了 25.9 个百分点，在老年女性中，则上升了 33.4 个百分点。在拥有高中及以上教育程度的老年人，以"离退休金养老金"为主要收入来源的比例在 75%以上，可见在较高教育程度上，

老年人主要依赖“离退休金养老金”。(3):此外可以发现,在接受过初中及以上教育程度条件下,以“离退休金养老金”为主要收入来源的老年女性比例要比同学历的老年男性高;并且,以“家庭其他成员供养”为主要收入来源的老年女性比例也别同学历的老年男性高;但是,以“劳动收入”为主要收入来源的老年男性比例要比同学历的老年女性高。这一定程度上可以说明老年男性更倾向于靠自己。(4):在接受过“研究生”教育的老年人群体中,以“离退休金养老金”为主要收入来源的比例相较于“大学本科”的老年人却下降了,而以“劳动收入”为主要收入来源的比例反而上升了,可能的原因是,拥有较高学历的老人退而不休,依然在发挥余热,因此能够获取一部分劳动收入。(5):相比起老年男性,不论是在较高的受教育程度上,还是在较低的受教育程度上,女性对家庭其他成员供养的依赖都较大;此外,享有最低生活保障金的男性比例比女性高。

表7 教育程度与生活来源之间关系的性别差异

单位:%,人

类别		劳动收入	离退休金养老金	最低生活保障金	财产性收入	家庭其他成员供养	其他	合计	人数
男性	未上过学	29.60	6.80	9.80	0.30	51.00	2.60	100.00	12202
	小学	44.30	16.40	4.30	0.50	32.50	2.00	100.00	43759
	初中	37.00	42.30	2.00	0.50	16.80	1.40	100.00	19719
	高中	15.10	75.10	0.90	0.20	7.70	1.00	100.00	6422
	大学专科	7.20	89.90	0.30	0.20	2.10	0.40	100.00	2471
	大学本科	5.60	92.80	0.10	0.10	1.00	0.60	100.00	1546
	研究生	18.20	77.30		2.30	2.30		100.00	44
女性	未上过学	17.30	5.80	5.50	0.30	69.00	2.20	100.00	33999
	小学	28.20	15.00	3.10	0.40	51.30	2.00	100.00	41201
	初中	18.60	48.40	1.50	0.50	29.40	1.60	100.00	10610
	高中	5.30	83.40	0.40	0.20	10.00	0.80	100.00	3404
	大学专科	3.30	93.40	0.10	0.30	2.70	0.30	100.00	981
	大学本科	2.50	95.50			1.70	0.30	100.00	605
	研究生	20.00	60.00			10.00	10.00	100.00	10

3. 教育程度与生活来源之间的关系存在城乡之间有差异

从表8,我们看到,(1)在城市老年人中,以离退休金养老金作为主要生活来源的最为普遍。除了“未上过学”及“小学”这两个受教育程度,城市老年人以离退休金养老金作为主要收入来源的比例均超过60%。(2)而在农村,以离退休金养老金作为主要收入来源的老人还不那么普遍,尤其是在“未上过学”、“小学”、“初中”等教育程度上,比例不超过11.5%。(3)但是可以看到,在农村,受教育程度越高的老年人越有可能以离退休金养老金作为主要收入来源,如图所示,拥有“高中”学历的农村老年人中,以离退休金养老金为主要收入来源的比例达到39.30%,而拥有“大学专科”及以上的老年人中以离退休金养老金作作为主要收入来源的比例则更高,占到70%以上。(4)但是必须要指出的是,拥有较高学历的农村老年人群体其实并不大,其数量比城市中的少。(5)教育程度与收入来源的关系在城乡间存在较大差异:第一个差异体现在,除了在研究生教育程度上,城镇老人中以离退休金养老金为主要收入来源的比例均高于农村老人的相应比列,又由于接受过研究生教育的农村老人非常少,因此可忽略不计;第二个差异体现在,是除了在研究生教育程度上,农村老人中以劳动收入为主要收入来源的比例均高于城市老年人相应比例；第三个差异体现在，拥有相同教育程度的老人中，农村老年人以家庭其他成员供养的比例均大于城镇老年人的相应比例。总而言之，由于过去城乡二元的社会保障体制以及目前新农保推行中存在的问题，农村中以离退休金养老金为主要收入来源的老人还不普遍，这使得他们不得不靠自己的劳动收入以及家庭其他成员的供养；但是教育程度越高的农村老年人越有可能以离退休金养老金为主要收入来源。因此，提高农村人口的教育水平，有助于增强农村老人晚年的自我保障能力，减轻家庭其他成员的经济负担。

表 8　教育程度与生活来源之间关系的城乡差异

单位：%，人

类别		劳动收入	离退休金养老金	最低生活保障金	财产性收入	家庭其他成员供养	其他	合计	人数
城市	未上过学	9.80	17.70	6.90	0.60	62.20	2.80	100	12868
	小学	17.60	36.50	3.60	0.90	39.10	2.40	100	31128
	初中	12.20	66.60	1.60	0.70	17.40	1.50	100	18133
	高中	6.20	85.90	0.50	0.20	6.40	0.80	100	8152
	大学专科	5.40	92.20	0.20	0.20	1.70	0.30	100	3213
	大学本科	4.50	93.90	0.00	0.00	1.10	0.50	100	2120
	研究生	19.20	73.10		1.90	3.80	1.90	100	52
农村	未上过学	24.70	1.50	6.50	0.20	65.00	2.00	100	33333
	小学	47.50	3.70	3.80	0.20	43.00	1.80	100	53832
	初中	57.80	11.50	2.20	0.20	26.80	1.40	100	12196
	高中	38.50	39.30	1.70	0.50	18.50	1.50	100	1674
	大学专科	15.10	73.60	0.80	0.80	9.20	0.40	100	239
	大学本科	19.40	71.00			6.50	3.20	100	31
	研究生		100.00					100	2

4. 教育程度与生活来源之间关系存在年龄段差异

从表 9 可以看出，年龄因素对教育程度与生活来源的关系会产生影响。表现的最明显的一点都是，年龄组越高，不同受教育水平老年人以家庭其他成员供养的比例越高。老年人年龄的增长，常伴随着疾病的增加，自理能力的降低，失能、残疾的可能性增加，不得不更加依赖于家庭成员的供养。因此，不管是教育程度低的还是教育程度高的，家庭其他成员供养将成为高龄老年人生活来源的一个重要方面。因此，在未来的养老保障工作中，应更加关心高龄老人的需求，着重解决高龄老人家庭的难处，解决高龄老人家庭的经济负担。

5. 较低教育程度与生活来源之间关系存在年龄段差异

观察表 9 中未上过学或小学教育程度老年人的生活来源情况，可以发现，不管是在哪个年龄段，未上过学或者拥有小学教育程度的老年人以离退休金为主要收入来源的比例很小。因为较低的受教育水平往往与较不稳定的工作相联。此外，除了在 60—64 年龄段，劳动收入占了很大比例外，在其他年龄段上，以家庭成员供养为主要收入来源的比例都超过了 50%。这说明，在较地受教育水平下，由于享有离退休金的可能性很小，老年人口不得不更加依赖于家庭其他成员的供养。因此，首先我们应该尽快完善养老保障体系。此外，考虑到低教育程度老年人家庭的负担较重，尤其是高龄且教育程度老年人的家庭。考虑到低教育水平的老年人享受离退休金的可能性较小，未来的养老工作应该重点关注高龄、低学历老人的生活保障问题。

表 9 教育程度与生活来源之间关系的年龄差异

单位:%,人

类别		劳动收入	离退休金养老金	最低生活保障金	财产性收入	家庭其他成员供养	其他	合计	人数
	未上过学	50.60	3.40	4.90	0.30	38.80	2.00	100	7700
	小学	56.70	10.90	2.40	0.50	27.80	1.80	100	30517
	初中	41.50	38.10	1.30	0.60	17.00	1.50	100	14151
60—64	高中	18.80	72.10	0.70	0.20	7.20	1.00	100	3887
	大学专科	10.10	88.10	0.10	0.20	1.10	0.40	100	1365
	大学本科	10.90	87.90			0.80	0.40	100	506
	研究生	40.00	60.00					100	15
	未上过学	34.10	4.30	6.30	0.40	52.80	2.10	100	8007
	小学	41.70	13.60	3.40	0.50	38.70	2.10	100	20656
	初中	30.70	41.10	2.10	0.60	24.30	1.30	100	8228
65—69	高中	10.20	78.80	0.50	0.20	9.40	0.90	100	2657
	大学专科	5.00	91.30	0.20	0.30	2.90	0.20	100	882
	大学本科	3.80	94.70		0.20	0.90	0.40	100	550
	研究生	25.00	66.70				8.30	100	12
	未上过学	17.30	5.80	7.00	0.30	67.10	2.50	100	9676
	小学	22.00	19.30	4.80	0.40	51.40	2.10	100	15738
	初中	14.90	54.90	2.60	0.30	25.70	1.70	100	4388
70—74	高中	5.60	83.20	0.90	0.40	9.00	0.90	100	1859
	大学专科	2.70	93.80	0.10	0.10	2.70	0.60	100	679
	大学本科	2.60	95.80			1.10	0.50	100	615
	研究生		80.00			20.00		100	10
	未上过学	9.50	7.70	6.80	0.20	73.60	2.30	100	9543
	小学	12.60	22.70	5.30	0.40	56.80	2.20	100	10503
	初中	7.50	65.00	2.20	0.10	23.60	1.60	100	2230
75—79	高中	3.00	86.00	0.60	0.20	8.90	1.20	100	888
	大学专科	1.90	94.70	0.80		2.40	0.30	100	375
	大学本科	1.70	95.20	0.30		2.10	0.70	100	289
	研究生	11.10	77.80		11.10			100	9
	未上过学	3.30	8.60	7.30	0.30	78.10	2.40	100	6843
	小学	5.60	24.50	5.10	0.30	62.20	2.40	100	5123
	初中	2.60	68.00	2.70	0.10	25.30	1.30	100	968
80—84	高中	0.50	87.60	1.30	0.30	9.80	0.50	100	386
	大学专科		95.50	0.90		3.60		100	111
	大学本科	2.20	94.80			1.50	1.50	100	134
	研究生		100.00					100	6
	未上过学	1.50	6.90	7.80	0.00	81.70	2.10	100	4432
	小学	3.20	21.60	6.40	0.20	66.30	2.20	100	2423
	初中	7.10	53.00	1.60	0.50	35.70	1.90	100	364
85+	高中	8.70	75.80	2.00		12.10	1.30	100	149
	大学专科	7.50	80.00			12.50		100	40
	大学本科	1.80	96.50			1.80		100	57
	研究生		100.00					100	2

六、结论和建议

老年人口文化素质存在年龄差异，性别差异和城乡差异。而文化素质和生活来源状况之间又存在密切的联系。文化素质较高的老人经济独立性较好，一般以养老金为主要生活来源；而文化素质较低的老人的经济依赖性更大，以家庭成员供养为主要收入来源的比例很高；研究还发现，在初中及以下文化素质下，以劳动收入为主要收入来源的老人比例较高。此外，老年人口文化素质和生活来源之间的关系也存在年龄、性别和城乡差异。因此，重视并解决低龄老人、女性老人、农村老人、丧偶老人的困难，应该成为未来老龄工作的重中之重。

北京大学人口研究所　吴金晶

从性别差异看山东人口老龄化问题

——兼论男女同龄退休的利弊

随着山东经济社会发展水平的提高和卫生、医疗条件的不断改善，人口老龄化趋势愈加明显。2010 年，全省 65 岁及以上老年人口达到 942.97 万人，居全国首位；老年人口比重为 9.84%，较全国平均水平高 0.97 个百分点，居第七位。特别值得关注的是，尽管当前山东老年人口增速与前一个 10 年相比没有太大变化，但由于第一次人口出生高峰期的出生人口即将进入老年阶段，意味着未来我省老年人口增速将会有所加快，且由于我省人口基数大，老年人口增量将十分可观。因此，近年来，山东省委、省政府对老年人口的发展状况日趋关注。但在以往的研究中，人口老龄化过程中普遍存在的性别差异往往被忽略，而女性是老年人口中极其重要、不可忽视的群体，是人口老龄化研究的重点人群和对象。联合国在世界老龄大会上强调指出：各地老年妇女的境况必须成为采取政策行动的优先问题。可以说，关注老年妇女的生活状况，是解决老龄社会问题的关键所在。

一、人口老龄化进程中存在深刻的性别差异

从第六次人口普查（以下简称“六普”）数据来看，山东人口老龄化过程中，老年男性与老年女性之间普遍存在的显著差异主要表现在平均预期寿命、规模和比重、健康状况、经济状况、在家庭和社会中的地位等方面。

1. 女性平均预期寿命普遍高于男性，女性老年人口数量多于男性

人口平均预期寿命指在目前的死亡水平下，预期平均每个人可以存活的年数。是根据现实各年龄组人口死亡率计算出来的，死亡率越低，平均预期寿命越高，反之亦然。平均预期寿命的高低主要取决于居民的生活水平和医疗卫生水平，反映了当前水平下，不同地区和不同人群之间的差异。由于生理因素的差异，女性平均预期寿命一般高于男性。基于第六次人口普查编制的完全生命表显示，无论是从出生时还是从进入老年之后开始计算，山东女性平均预期寿命都普遍高于男性。从全省来看，女性 0 岁平均预期寿命为 79.06 年，高出男性 5.01 年，65 岁女性平均预期寿命为 17.76，高出男性 2.85 年，且这一现象在各地普遍存在，全省 17 市平均预期寿命均为女性高于男性，最低的相差 4.16 年，最高的相差 5.74 年。从历史数据来看，男性和女性的平均预期寿命差异也较为明显，且逐步扩大。1955 年全省男性人口平均预期寿命仅比女性低 0.97 年；到 1982 年扩大到 2.86 年；2000 年进一步扩大到 4.98 年，直至 2010 年的 5.01 年（见表一）。

表一　山东部分年份平均预期寿命

单位：年

年份	总人口	男	女	女高于男
1955	60.17	59.33	60.3	0.97
1975	67.82	66.67	68.97	2.30
1982	69.19	67.76	70.62	2.86
1990	70.21	68.61	72.33	3.72
2000	73.42	71.01	75.99	4.98
2010	76.46	74.05	79.06	5.01

资料来源：跨世纪的中国人口——山东卷。

由于女性的平均预期寿命普遍高于男性，因此，无论从其在老年人口中的数量上来看，还是从其在不同年龄段老年人口中的比例上来看，女性都居多。“六普”数据显示，山东 65 岁及以上老年人口中女性

所占比重为53.47%，较男性高出6.94个百分点。且随着年龄增长，女性所占比重与男性的差距也逐步加大，70岁及以上年龄组这一差距扩大为10.19个百分点，80岁及以上达到22.91个百分点，90岁及以上这一差距更是达到40.57个百分点，女性较男性高出了一倍还要多。（见图一）

图一　不同年龄组老年女性较男性所占比重差别

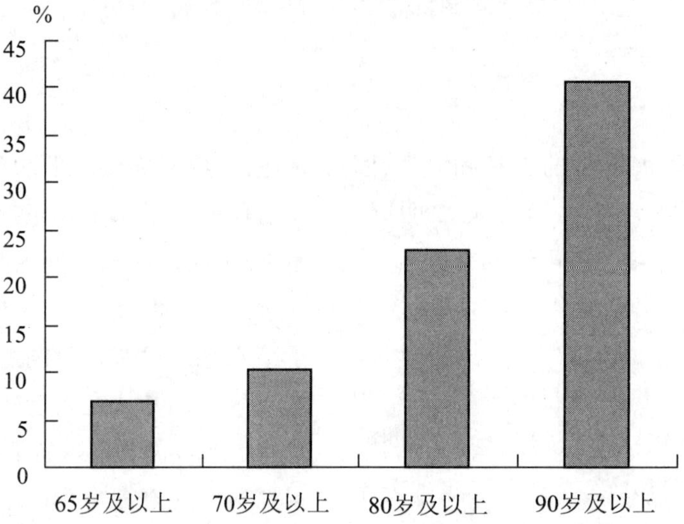

2. 老年人口健康状况性别差异明显，女性健康状况差于男性

在死亡率下降的情况下，理想状态是患病人口死亡率和患病人口比例能够同时下降。然而，“六普”数据显示，尽管女性平均预期寿命明显高于男性，但进入老年之后的健康状况却差于男性。（见图二）

图二　“六普”山东省60岁及以上老年人口自评健康状况的男女分布情况

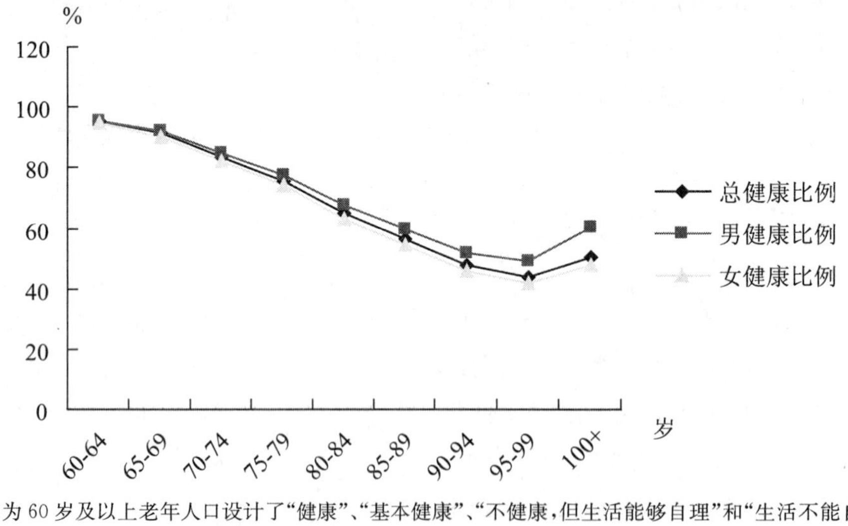

注：“六普”指标中为60岁及以上老年人口设计了“健康”、“基本健康”、“不健康，但生活能够自理”和“生活不能自理”四个自评选项。前两项合并为“健康”，后两项合并为“不健康”。

图二可以看出，老年人口中，各年龄别女性健康比例普遍低于男女平均水平，老年男性的健康比例则普遍高于平均水平，且这一差别随着年龄的增长逐渐加大。基于六普数据编制的健康生命表显示，60岁及以上老年人口中，女性健康寿命在正常寿命中所占的比例也明显低于男性。也就是说，尽管女性老年人口生命长度高于男性老年人口，但生命质量低于同龄男性老年人口（见表二）。

表二 "六普"山东省60岁及以上老年人口自评健康预期寿命

年龄组	总人口			男			女		
	正常余命（岁）	健康余命（岁）	健康余命比例(%)	正常余命（岁）	健康余命（岁）	健康余命%	正常余命（岁）	健康余命（岁）	健康余命比例(%)
60—64	20.35	19.40	95.36	19.79	18.92	95.63	21.80	20.74	95.10
65—69	16.31	14.88	91.21	16.07	14.79	92.04	17.48	15.80	90.40
70—74	12.60	10.53	83.59	12.75	10.80	84.69	13.46	11.11	82.54
75—79	9.26	7.01	75.65	9.91	7.66	77.30	9.81	7.29	74.29
80+	6.26	3.82	60.96	7.66	4.93	64.40	6.57	3.86	58.70

老年人口健康状况的性别差异还突出的表现在"生活不能自理"的比例上。"生活不能自理的比例"以75岁为拐点，在74岁之前，男女之间几乎没有差别，但75岁之后的任何年龄区间，女性比例均明显高于男性，且随着年龄增长，男女的差别越来越大（见表三）。

表三 "六普"山东省60岁及以上健康自评"生活不能自理"男女分布情况

年龄组	合计			男			女		
	正常余命（岁）	不能自理余命（岁）	不能自理余命比例(%)	正常余命（岁）	不能自理余命（岁）	不能自理余命比例(%)	正常余命（岁）	不能自理余命（岁）	不能自理余命比例(%)
60—64	20.35	0.15	0.74	19.79	0.15	0.76	21.80	0.16	0.72
65—69	16.31	0.21	1.27	16.07	0.21	1.28	17.48	0.22	1.25
70—74	12.60	0.28	2.26	12.75	0.29	2.29	13.46	0.30	2.23
75—79	9.26	0.35	3.79	9.91	0.36	3.60	9.81	0.39	3.94
80+	6.26	0.60	9.50	7.66	0.59	7.68	6.57	0.69	10.56

3. 女性老年人口在经济、社会中处于弱势地位

首先表现为经济收入的不独立，按照"六普"统计，全省60岁及以上老年人口中，继续参与社会劳动并获得收入的男性比例为46.03%，而女性仅为28.17%，多数（56.51%）女性在步入老年之后选择了不再参与劳动，而是依靠家庭其他成员供养，是男性（28.10%）的2倍略多。在有离退休金的人群中，老年男性所占比例为21.42%，女性所占比例仅为11.17%。因此总体上，女性老人退休后的经济收入远远低于男性，进而也影响了女性老人在家庭、社会的地位（见表四）。

表四 "六普"山东省60岁及以上老年人口生活来源情况

单位：%

总计	合计	男性	女性
劳动收入	36.61	46.03	28.17
离退休金养老金	16.01	21.42	11.17
最低生活保障金	2.34	2.52	2.17
财产性收入	0.20	0.23	0.18
家庭其他成员供养	43.09	28.10	56.51
其他	1.75	1.69	1.80

值得注意的是，由于女性平均预期寿命要高于男性，女性孤寡比例也大大高于男性，从"六普"数据来看，全省60岁及以上一人独居户中，女性所占比例59.61%，较男性高出19.22个百分点。60岁及

以上老年丧偶人群中，女性比例高达70.84%，其中多数为劳动能力较差的高龄老人。一般来说，老年女性的经济状况是与婚姻的完整程度有着很大的关系，一个完整的家庭经济收入通常以核心家庭（夫妻两人及未婚的孩子两代人）成员总计情况来看，当老年妇女丧偶之后或独身时，经济来源就会受到影响，只能依靠家庭其他成员供养。"六普"数据显示，60岁及以上老年丧偶人口中，女性生活来源依靠家庭其他成员供养的比例达到73.58%，而男性为52.44%。到了80岁以后，90%以上的单身女性都要依靠他人供养。老年女性进入寡居阶段不仅意味着其物质生活和精神生活水平的整体下降，同时，在社会保障体系尚不完备的情况下，还意味着生活质量的下降。

其次，表现为就业结构单一，就业层次相对较低。退休后（男60岁，女55岁）继续参与社会劳动的老年人口中，女性的就业层次也低于男性。调查数据显示，在达到退休年龄之后仍然从事收入性劳动的女性中，89.45%的从事农、林、牧、渔、水利业生产，而国家机关、党群组织、企事业单位负责人、专业技术人员、办事人员和有关人员所占比重只有1.37%，仅为男性（4.21%）的三分之一。在60岁以上的老年人口中，女性的就业层次与男性相差更大。与退休年龄女性再就业情况相比，属于国家机关、党群组织、企事业单位负责人、专业技术人员、办事人员和有关人员的女性再就业比例均有所下降，而与之相对应的是，从事农、林、牧、渔、水利业生产的女性比例却继续提高，男性的职业结构层次明显高于女性。相对于男性来说，老年女性的再就业更多的表现出结构单一、工资待遇低的职业特征（见表五）。特别是在农村地区，农业收益不高和农业劳动的女性化趋势，更进一步导致了女性经济地位低于男性。

表五 "六普"山东省不同性别退休后继续从事劳动的老年人口的职业分布

单位：%

性别	一、国家机关、党群组织、企业、事业单位负责人	二、专业技术人员	三、办事人员和有关人员	四、商业、服务业人员	五、农、林、牧、渔、水利业生产人员	六、生产、运输设备操作人员及有关人员	七、不便分类的其他从业人员
男（60岁及以上）	0.49	1.32	2.41	5.47	83.24	7.04	0.04
女（55岁及以上）	0.17	0.88	0.32	5.15	89.45	4.02	0.01
女（60岁及以上）	0.08	0.49	0.23	3.85	92.27	3.07	0.01

再次，表现为家庭地位的相对弱势。由于劳动力市场上的不利地位，更多的女性将生活重心转移到照顾家庭及没有报酬的家务劳动，这使得女性在经济上往往要依赖丈夫或其他家庭成员而导致家庭中处于依附性地位。年轻女性如此，到了年老时，更是如此。比较普遍的现象是，老年妇女在家庭生活中承担着较为繁重的家务劳动，却较少处于主导地位，"六普"数据显示，全省家庭户中，男性户主所占比例达到84.76%，女性作为一家之主的比例仅为15.25%。户主率的偏低从一个侧面反映了多数女性在家庭中处于从属地位的事实。

4. 即将迈入老年阶段的女性就业现状仍不容乐观

对比中青年男性和女性的职业层次可以看出，尽管"专业技术人员"在不同性别中所占的比例相对稳定，甚至女性还要高于男性，但各年龄组岁男性中"国家机关、党群组织、企业、事业单位负责人"以及"办事人员和有关人员"的比例却高出女性很多，相对应的是，女性各年龄组从事"农、林、牧、渔、水利业生产人员"的比例均高于男性，男性职业结构层次明显高于女性，这进一步影响了不同性别人口的经济收入差异。从不同年龄组女性职业类型来看，40—44岁女性中，属于"国家机关、党群组织、企业、事业单位负责人"、"办事人员和有关人员"、"专业技术人员"和"生产、运输设备操作人员及有关人员"的比例均高于其他年龄组，而进入45—49岁年龄组后，女性的职业结构除"农、林、牧、渔、水利业生产人员"外均出现不同程度的下降；从男性职业结构来看，45—

49岁男性中“国家机关、党群组织、企业、事业单位负责人”以及“办事人员和有关人员”、“专业技术人员”的比例高于40—44岁。

表六:“六普”山东省不同年龄组男性和女性职业结构

单位:%

比例	年龄组	一、国家机关、党群组织、企业、事业单位负责人	二、专业技术人员	三、办事人员和有关人员	四、商业、服务业人员	五、农、林、牧、渔、水利业生产人员	六、生产、运输设备操作人员及有关人员	七、不便分类的其他从业人员
男性	40—44岁	3.06	5.86	3.81	12.45	46.88	27.88	0.06
	45—49岁	3.53	6.05	4.65	11.49	49.64	24.58	0.06
	50—54岁	2.72	5.02	4.66	10.14	57.11	20.29	0.07
	55—59岁	1.79	3.59	3.73	7.97	67.85	15.00	0.07
女性	35—39岁	0.79	6.94	1.97	14.83	60.49	14.93	0.04
	40—44岁	1.24	10.02	2.82	18.43	49.05	18.38	0.06
	45—49岁	1.01	6.69	2.01	14.91	59.40	15.93	0.04
	50—54岁	0.95	5.83	1.91	13.10	65.54	12.62	0.04

一般来说,40—44岁正是人们年富力强、经验最丰富,家庭负担相对较强的时期,而不同性别的职业结构在45岁之后的两种不同的变化趋势,虽与人们的个体条件性别差异有关,但也与现行的相关管理制度对不同性别人口的影响有关。“六普”数据显示,40—54岁女性平均受教育年限为8.39年,较男性(9.54年)低1.15年,其中大专以上学历人口占总人口的比重仅为4.48%,较男性(7.95%)低3.47个百分点,较低的受教育程度使女性在劳动市场的竞争中也相对处于弱势,也造成了整体职业结构层次的下沉。另外,由于当前我国实行的退休制度为男性60周岁,女性55周岁,女性较男性更早退出劳动市场,其发展期相对较短,也在一定程度上影响了女性地位的提升。由于现行的社会保障制度属于劳动关联型,每个公民获得医疗、失业、养老、生育、工伤保障的数额,是与其工资水平、工作期限及劳动形式相关联的。女性由于在劳动市场中处于不利地位,因此其享有各种社会保障所带来的福利也相对较差,进而影响到了女性步入老年之后的“夕阳生活”。

综上所述,山东人口老龄化过程中的性别差异十分明显。一方面,与男性相比,女性尽管预期寿命更长,占老年人口中的多数,但无论在经济上、身体条件上,还是在家庭和社会地位等方面均处于明显的弱势,关爱老年人口在很大程度上更要关爱老年女性。另一方面,中青年女性虽然拥有较高的受教育程度,更多地参与了社会经济、政治活动,也有更多的经济来源,家庭地位和社会地位都有了不同程度的改善和提高。但是与男性相比,妇女在就业过程中由于生育等原因容易造成职业中断,再就业困难,加之退休制度的性别差距等,都会进一步导致女性进入老年后的保障程度低于男性。因此,要解决好人口的快速老龄化带来的各种问题,就应该从从性别差异视的角度应对、处理由此带来的社会问题。

二、关注老年女性,积极稳妥应对老龄化冲击

随着老龄化程度的日益加剧,老年人特别是老年女性的生活与权益问题也日益凸显。老龄化社会涉及到的一系列与女性相关的问题都有待于进一步的解决与完善。但首先要明确的是,解决好女性面临的问题绝不能片面的理解为增强女性权益,要同时考虑不同性别之间的差异与利益,其目的是实现不同性别在参与经济社会过程中的平等。

1. 积极承担改善老年女性生活、促进社会协调发展的责任

各级政府作为社会公共资源的管理者，应加大对老年女性群体的关注度，了解她们的问题和需要，制定并执行有利于性别平等的老龄政策，不断满足老年女性的各种需要。加大关爱老年人口的宣传，营造全社会尊老、敬老、爱老、护老的良好氛围，引导全社会对老年人特别是老年女性的广泛关注和重视。同时，建立和完善适合国情、省情的老年社会保障制度，推进以家庭养老为主的模式逐渐向家庭、社会双方养老模式过渡。不断改善老年人的经济、社会、文化和家庭环境，使所有的老年人包括老年妇女安享晚年。

2. 建立科学的预警评价体系，积极评估、应对老龄化过程中可能面临的性别差异问题

当前，社会各界对老龄化的关注往往基于老年人口整个群体，较少关注其中的性别差异。因此，要在对老龄化社会与老年女性的现状进行深入剖析的基础上，加大对老龄化社会与女性发展关系的研究力度，逐步建立、完善科学的基于不同性别人群的监测制度，积极进行有关性别平等的评估，反映老年女性的需求，维护老年女性的合法权益，发挥老年女性作用，以便更好应对老龄化社会所带来的冲击。

3. 从可持续发展的角度，增强女性参与社会的机会和能力

一方面，社会应提供给妇女充分的参与机会，以提高生活质量、改善生活环境和提升自我价值为核心，制定男女平等的、完善的各种社会保障制度。各级妇联团体进一步明确工作切入点，围绕老年女性最直接、最关心、最现实的利益问题，在提升女性素质、促进女性发展、维护女性权益等方面积极作为。另一方面，从增强女性个人能力，提高社会竞争力出发，增加适合女性的经济、政治和社会资源，提高老年女性特别是农村老年妇女的创业就业技能，激发其参与社会的能力。鼓励老年女性积极参与各种社会活动和提高个人素质，进而提高其在家庭和社会中的地位和信心，这是改变老年妇女状况的关键因素。

三、当前社会发展水平下实行男女同龄退休的利弊分析

依据前文所述，当前不同性别的人口在社会地位、就业选择、社会保障等各方面还存在显著的差异，这直接导致了老年人口的生活状况也存在显著的性别差异。要消除这种差异，就要从消除两性社会、经济、家庭地位的差异下手。而与老年生活息息相关的退休保障制度，由于在有关退休年龄的规定上存在严格的性别差异，也直接影响了不同性别老年人口的生活状况。因此，还有必要就如何选择规定不同性别的退休年龄，改进、完善现行的退休制度，进行深入的讨论分析。

从我国现行的退休制度来看，法定的退休年龄是男职工年满60周岁，女干部年满55周岁，女工人年满50周岁；从事井下、高空、高温、繁重体力劳动和其他有害健康工种并在这类岗位工作达到规定年限的职工，男性年满55周岁、女性年满45周岁即可退休。对于现行的退休制度，很难说清到底体现了对女性的关怀还是更加剧了男女之间的差距。单单从制度本身来看，依照《国务院关于安置老弱病残干部的暂行办法》的规定，女性年满55周岁的法定退休年龄就必须退休，而我国《宪法》《劳动法》又规定男女平等，男女实行“差龄”退休本身就违背了《宪法》和《劳动法》所规定的平等原则。如果单独从法律层面看，《宪法》所发挥的效力无疑是最大的，那么也就是说，如果女性在自己55岁时主张不退休，也应该得到支持。当然，国家制定《宪法》主要是明确一些原则性的基础，而其他一些法律、法规则是考虑到具体的现实状况。如果只为原则而原则，却不顾实际，也不是好的解决办法。在这方面，如何更好的体现男女之间的平等，实现男女同龄退休，消除外界因素所导致的老年生活的性别差异，还要分别从其对个人、社会所产生的利弊两方面进行探讨。

1. 延迟女性退休年龄对人口老龄化的有利影响

首先，从个人角度来说，延迟退休将有利于改善男女经济平等，提高老年女性自身供养能力。按照“六普”统计，老年女性中依靠家庭其他成员供养的比例（56.51%）过半，是男性老人（28.10%）的2倍多。这反映出女性退休后的经济收入低于男性的客

观事实。而根据中国统计年鉴的数据，我国企业职工平均养老金替代率仅为45%(替代率是劳动者退休时养老金领取水平与退休前工资收入水平之间的比率，替代率45%意味着退休金是退休前工资的45%)，事业单位和公务员的替代率能达到80%—90%。也就是说，在企业职工平均养老金替代率不变的情况下，退休后的经济收入明显降低。而男女由于实行不同的退休政策，导致相同条件的女性较男性的经济收入提前进入缩减期。另外，按照目前规定，工龄是否满30年将决定退休时拿到的数额，这其实也是一种变相的不公平，妇女学历越高，则工龄越短、退休越早，退休金金额和社会福利越少，这也造成了男女经济的不平等。因此，延迟女性退休年龄将更有利于改善男女之间的经济平等，进而提高女性退休后的自我供养能力。

其次，从社会角度来说，延缓女性退休年龄可提高劳动力供给数量，改善老年抚养比。延缓退休年龄对劳动力市场的影响可以从两方面来说，一方面，当前我国就业形势总体来说仍供大于求，延长退休年龄，可能会挤压岗位供给，进一步加剧就业紧张形势；但另一方面，2010年诺贝尔经济学奖得主克里斯托弗·皮萨里德斯(Christopher A. Pissarides)曾经提出，如果老年人的工作时间延长，他们的消费也会相应增多，会为年轻人创造更多的就业机会，——“延迟退休可增加更多的就业机会”。这两方面对劳动力市场的影响目前还很难通过量化说清楚。但仅从应对人口老龄化所带来的老年抚养比不断升高和消除男女就业差距来说，延缓女性退休年龄的作用无疑是积极的。特别是当前普遍面临的“未富先老”现象，意味着劳动人口比例的降低，要保持合理劳动人口比例，延迟退休年龄也成为一种必要手段。另外，随着经济社会的进步和人们物质生活条件、社会福利制度的逐步改善，女性在家庭劳动和育儿方面的劳动强度逐步减轻，工作、生活环境变好，平均寿命日益延长，受教育程度与男性的差距也逐步缩小，在很多就业层面特别是脑力劳动上完全可以与男性一样独当一面。而且，女性到50—55岁期间，身体一般比较健康，孩子也已经独立，家务事减少，正是经验成熟、得心应手的事业辉煌期，强令退休实在是对人力资源的巨大浪费。从六普数据来看，如果将“国家机关、党群组织、企业、事业单位负责人”、“专业技术人员”、“办事人员和有关人员”的女性视为机关工作人员，其退休年龄由55岁推迟到60岁；将“从事生产、运输设备操作人员及有关人员的女性”视为企业职工，其退休年龄由50岁推迟到55岁，那么在不考虑人口自然减少的前提下，全省将增加就业人员92.3万，平均推迟一岁为18.46万人。根据2011年全省职工1006.00万来计算，如果女性退休年龄延迟5年，将增加城镇职工的9.17%。

再次，延缓女性退休年龄有助于短期内缓解社会养老金的支付压力。通过延缓退休年龄来解决当前社会养老金所面临的压力其实是一种治标不治本的做法，毕竟当前社会养老金的压力还主要是源于其本身的保值和增值能力。但从短期来看，延迟退休年龄却可以在一定程度上缓解养老金的支付压力。以山东为例来看，如果按照2011年全省人均退休费用2.21万元/年(全省为362.37万退休人员，支付退休金费用801.51亿元)计算，女性退休年龄延迟5年将减少支出退休金203.98亿元。更重要的是，推迟退休的92.30万人还可以继续增加养老统筹基金增长。这在短期内对缓解社会养老金的支付压力无疑是有利的，但其前提是养老金保值增值能力逐步得到妥善解决。

2. 延迟女性退休年龄对社会产生的不利影响

延迟退休年龄对社会产生的不利影响首先表现在加剧了已经很紧张的就业压力。一方面，在全社会就业岗位不变的前提下，推迟女性退休年龄，显然会让全社会的就业岗位相对减少，不利于缓解目前巨大的就业压力。另一方面，有些就业岗位不适合年龄较大的人工作，或者说有的岗位，新人的效率更高，为单位创造的效益也更大。而在我国的许多传统行业，论资排辈现象严重，老人不退，新人就无法往上走，这影响了劳动力资源的优化配置。而如果通过提前男性退休年龄来解决不同性别的公平问题，那无疑从各方面来说对经济社会的健康发展都是不利的。

其次，以延迟退休年龄来增加劳动力供给的做法，有一个很重要的前提，即老年劳动者的教育程度应与年轻劳动者没有显著差别，再加上前者的工作经验，在劳动力市场是才能具有竞争力。而当前，这个前提条件显然还不完全具备。从普查数据来看，不同年龄组的受教育程度差别非常明显，年龄越大其受教育水平就越低，接近退休年龄的50—59岁年龄组平均受教育年限与20—24岁人口相差了3—4年，女性差别更为明显(见表七)。

表七 “六普”分年龄、性别的人口平均受教育年限

单位:年

年龄	平均受教育年限	其中	
		男	女
20—24	11.30	11.38	11.22
25—29	10.81	10.95	10.68
30—34	10.46	10.65	10.26
35—39	9.89	10.18	9.59
40—44	9.22	9.63	8.80
45—49	9.12	9.73	8.52
50—54	8.40	9.17	7.61
55—59	7.35	8.22	6.46
60—64	6.54	7.43	5.65
65—69	6.05	7.06	5.04
70—74	5.14	6.38	3.94
75—79	3.99	5.42	2.80
80—84	3.12	4.71	2.01

较低的受教育程度导致即将退出劳动力市场的中高龄人口单凭工作经验难以弥补其与年轻劳动力的差距，进而使得他们在劳动力市场上处于不利的竞争地位。在这种情况下，一旦延长退休年龄，就有可能会导致部分中高龄劳动者陷于困境：在劳动力市场中因无法与年轻人竞争而找不到工作，同时又因为还未到退休年龄而拿不到养老金。特别是对于女性来说，由于中高龄女性受教育程度原本就低于男性，而年轻女性与男性的差距越来越小(见表七)，这一问题可能会更加明显。从“六普”数据来看，山东城镇地区非农业户口的失业女性中，37.79%是接近退休年龄的人口，远高于其他年龄组所占比例。

再次，由于不同工作岗位的工作条件、劳动强度和养老保障条件的不同，导致不同就业岗位人员的生存状况也不同，延迟女性退休年龄实行男女同龄退休，并不一定符合多数人的利益需求，特别是在目前的社保“双轨制”(一套是政府部门、事业单位的退休制度，个人无须缴纳社保，由财政统一支付养老金；另一套是社会企业单位的“缴费型”统筹制度，单位和职工本人按照一定的工资比例来缴纳)条件下，机关事业单位的女性相对企业下岗和普通女性职工来说，能够获得更多的利益。那么，在占劳动者多数的处于一线的女性职工(见表五、表六)，特别是重体力劳动者的工作条件和保障条件完善之前，推行男女同龄退休反而可能会给社会增加不安定因素。

综合延迟女性退休年龄、实行男女同龄退休的利弊两方面来看，尽管其“利”总体上要大于“弊”，但以当前的社会现实来看，其前提条件还未充分形成，提前付诸于实施很可能会带来各种各样的社会问题。只有在综合考虑不同群体的利益与公平，考虑未来的可持续发展，广泛听取社会各方的意见，科学论证、凝聚共识后，才可以逐步予以实施。

山东省统计局　张强

四川有老年人口的家庭户现状分析

根据第六次全国人口普查(以下简称“六普”)资料和相关历史资料①,对四川有老年人口的家庭户情况进行分析,以期为做好家庭养老相关工作,促进四川家庭发展提供决策依据。

一、有老人的家庭户比重提高,老年抚养比上升

2010年,四川有60岁及以上老人的家庭户为9344875户,占全省家庭户总数的36.23%。其中,有65岁及以上老人的家庭户为6710282户,较2000年增加1699217户,增长33.91%,占全省家庭户总数的比重由2000年的21.20%提高到26.01%。与此同时,四川65岁及以上人口占总人口的比重由2000年的7.56%提高到10.95%,老年抚养比②由2000年的10.83上升至15.19。

二、仍以有一个老人为主,但比重有所下降

2010年,四川有65岁及以上老人的家庭户中,有一个老人的户数为4772272户,占71.12%,比重较2000年下降6.11个百分点。此外,有二个老人和有三个及以上老人的家庭户比重分别由2000年的22.48%和0.29%上升至28.51%和0.37%(见表1)。

三、纯老人户③和仅有老人与未成年亲属户均大幅增加,其中以单身老人户增幅最大

2010年,四川有65岁及以上老人的家庭户中,纯老人户为1910860户,较2000年增长138.14%,占28.48%,比重较2000年上升12.46个百分点。其中,单身老人户和只有一对老夫妇的户分别较2000年增长153.07%和120.27%,比重分别较2000年上升7.76个和4.70个百分点(见表1)。

与此同时,四川有65岁及以上老人的家庭户中,仅有老人和未成年亲属的为197577户,较2000年增长40.75%,占2.94%,比重较2000年上升0.14个百分点。其中,一个老人与未成年亲属和一对老夫妇与未成年亲属的家庭户比重分别由2000年的1.62%和1.18%上升至1.69%和1.25%(见表1)。

四、各地区有老人的家庭户比重均有所提高,成都市户数最多,自贡市比重最大

分市(州)看(见表2),2010年,四川各市(州)有65岁及以上老人的家庭户数量均有所增加,占地区家庭户总数的比重均较2000年有所提高。其中,户数增幅最大的是攀枝花市(80.08%),最小的是资阳市(17.10%);比重提高最多的是巴中市(7.81%),最小的是成都市(0.72%)。

从总量分布来看,2010年,四川有65岁及以上老人的家庭户数最多仍是成都市,为1010944户,占15.07%,比重较2000年提高0.83个百分点。最少的仍是阿坝州,为50934户,占0.76%,比重较2000年提高0.01个百分点。

从地区结构来看,2010年,自贡市有65岁及以上老人的家庭户数占地区家庭户总数的比重最大,为30.72%,较2000年提高7.20个百分点,比2000年比重最大的眉山市(24.23%)多6.49个百分点。最小的是凉山州,为21.51%,较2000年提高4.70

① 文中所指的普查资料数据均为普查时点数,为分析方便,仅以普查年份指代。

② 老年抚养比=65岁及以上人口/15－64岁人口＊100,表明每百名劳动年龄人口需要负担的老年人数。

③ 这里的“纯老人户”指代单身老人户和只有一对老夫妇的家庭户,不考虑有三个以上老人的家庭户,下同。

表 1 2010 年四川有 65 岁及以上老人的家庭户状况

项目		家庭户户数		比重	
		2010 年(户)	较 2000 年±%	2010 年(%)	较 2000 年±百分点
有一个老人	小计	4772272	23.31	71.12	-6.11
	单身老人户	1106491	153.07	16.49	7.76
	一个老人与未成年亲属	113482	39.50	1.69	0.07
	其他	3552299	5.99	52.94	-13.95
有二个老人	小计	1912887	69.83	28.51	6.03
	只有一对老夫妇	804369	120.27	11.99	4.70
	一对老夫妇与未成年亲属	84095	42.48	1.25	0.08
	其他	1024423	45.90	15.27	1.26
有三个及以上老人		25123	72.98	0.37	0.08
总计		6710282	33.91	100.00	0.00

数据来源:《四川省 2000 年人口普查资料》、《四川省 2010 年人口普查资料》。

个百分点，比 2000 年比重最小的攀枝花市(14.87%)多 6.63 个百分点。与全省平均水平相比较而言,除成都市、攀枝花市、德阳市、绵阳市、广元市、阿坝州、甘孜州和凉山州八个市(州)外,其他地区有 65 岁及以上老人的家庭户比重均高于全省平均水平。

表 2 2010 年四川分市(州)有 65 岁及以上老人的家庭户状况

地区	有老人的家庭户		占地区家庭户比重	
	2010 年(户)	较 2000 年±%	2010 年(%)	较 2000 年±百分点
总计	6710282	33.91	26.01	4.82
成都市	1010944	41.67	22.23	0.72
自贡市	256908	26.92	30.72	7.20
攀枝花市	85425	80.08	22.55	7.68
泸州市	365223	24.64	28.80	5.48
德阳市	326741	28.67	25.20	3.91
绵阳市	416371	31.49	24.90	4.84
广元市	213929	39.78	25.74	7.50
遂宁市	283537	28.32	27.60	4.59
内江市	339874	26.59	28.25	5.74
乐山市	298311	32.43	27.99	5.67
南充市	570517	38.31	27.88	6.14
眉山市	301497	35.29	29.83	5.60
宜宾市	372363	26.28	26.24	4.29
广安市	303294	31.92	26.89	7.28
达州市	442649	40.77	26.44	7.02
雅安市	123312	30.18	26.69	5.36
巴中市	254120	53.52	26.47	7.81
资阳市	384257	17.10	29.36	5.81
阿坝州	50934	35.55	22.73	3.70
甘孜州	55682	36.09	22.11	1.55
凉山州	254394	45.53	21.51	4.70

数据来源:《四川省 2000 年人口普查资料》、《四川省 2010 年人口普查资料》。

五、农村有老人的家庭户比重高于城镇，城镇有两个及以上老人的家庭户比重高于农村

分城乡看，2010 年，四川有 65 岁及以上老人的家庭户中，城镇 2132592 户，农村 4577690 户，所占比重分别由 2000 年的 23.50% 和 76.50% 调整至 31.78%和 68.22%。比较而言，2010 年，农村有 65 岁及以上老人的家庭户比重为 29.95%，高于城镇 9.65 个百分点。

就有老人的个数而言，2010 年，四川城镇有 65 岁及以人的家庭户中，有一个老人的家庭户数为 1449676 户，占 67.98%，低于农村 4.61 个百分点。此外，有两个老人和有三个及以上老人的家庭户比重分别为 31.58%和 0.44%，分别高于农村 4.51 个和 0.09 个百分点。

就有老人户的构成而言，2010 年，四川城镇有 65 岁及以上老人的家庭户中，纯老人户为 648772 户，占 30.42%，高于农村 2.85 个百分点。其中，单身老人户和只有一对老夫妇的户比重分别为 16.09%和 14.33%，前者低于农村 0.58 个百分点，后者高于农村 3.43 个百分点(见表 3)。

与此同时，四川城镇有 65 岁及以上老人的家庭户中，仅有老人和未成年亲属的为 42157 户，占 1.98%，低于农村 1.42 个百分点。其中，一个老人与未成年亲属和一对老夫妇与未成年亲属的家庭户比重分别为 1.08% 和 0.90%，分别低于农村 0.90 个和 0.52 个百分点(见表 3)。

表 3　2010 年四川分城乡有 65 岁及以上老人的家庭户状况

项　目		家庭户户数(户)		占家庭户比重(%)	
		城镇	农村	城镇	农村
有一个老人	小计	1449676	3322596	67.98	72.58
	单身老人户	343191	763300	16.09	16.67
	一个老人与未成年亲属	22929	90553	1.08	1.98
	其他	1083556	2468743	50.81	53.93
有二个老人	小计	673574	1239313	31.58	27.07
	只有一对老夫妇	305581	498788	14.33	10.90
	一对老夫妇与未成年亲属	19228	64867	0.90	1.42
	其他	348765	675658	16.35	14.76
有三个及以上老人		9342	9342	0.44	0.34
总计		2132592	1449676	100.00	100.00

数据来源:《四川省 2010 年人口普查资料》。

综上所述，四川有老年人口的家庭户呈现以下特征：一是家庭人口老龄化特征明显，家庭养老压力大。有老年人口的家庭户增加、比重提高，以及家庭有老年人口数量的上升，对家庭养老提出更高要求的同时，刺激养老公共资源需求，对此需要积极应对。二是家庭养老形势复杂，留守老人和留守儿童问题突出。纯老人户和仅有老人与未成年亲属户的大幅增加，要求在积极探索新型养老模式的同时，加大对留守老人和留守儿童的关怀力度，重点关注未成年人成长过程中家庭教育缺失等问题。三是城乡家庭养老负担差异明显。一方面四川农村家庭户养老面大于城镇，另一方面城镇有老人的家庭户户均赡养老人的个数大于农村，养老负担大于农村。对此要求进一步完善城乡养老保障体系，合理配置城乡养老公共服务资源。

四川省人口和计划生育委员会　四川省统计局
执笔人　朱莉　黎宗玲

云南人口老龄化现状、影响与对策

人口老龄化，是指总人口中老龄人口的比重，相对于年轻人口所占比重而言，呈待续增长的趋势。简言之，是指老龄人口的比重日益增加的过程。

中国的人口老龄化进程带有由政府实施人口计划生育政策所引发的特定问题与性质，在云南的特定条件下，人口老龄化演进的态势、引致的原因及产生的后果具有自身的特殊性，提示我们应及时、积极地采取不同的策略和政策加以应对。

一、人口老龄化发展的现状和态势

(一)人口老龄化进程相对滞后于全国平均水平，但来势急骤

云南省第六次全国人口普查(简称“六普”)数据显示，2010年云南60岁及以上老龄人口为508.7万人，占总人口的比重达11.07%。与2000年“五普”数据比较，云南60岁及以上老年人数净增加120余万，老龄人口比重上升了1.9个百分点，云南省于2005年进入“老年型”社会，在时点上横向观察，云南比全国的人口老龄化进程晚6年左右，程度相对较轻，但与本省总人口增长态势比较，“五普”至“六普”10年间，云南总人口年均增长率为仅为0.7%，同期云南老龄人口年均增长率达3.1%，表明云南老龄化来势急骤，老龄人口的比重和绝对量都呈快速增长的态势。数据表明，云南人口老龄化已先于工业化、城镇化来临，“未富先老”已成为不争的现实。

(二)人口老龄化进程存在显著的区域和城乡差异，城镇显著快于乡村

全省16个地州市的人口老龄化程度参差不齐。“六普”时老龄化系数(以65岁为指标标准)超过全省平均值的有玉溪、保山、楚雄、大理、昆明和丽江6个地州市，最高的玉溪市达到8.78%；比较而言，老龄化系数最低的怒江州仅为6.09%，未进入老龄化社会。城乡比较上，从“五普”到“六普”，城镇老龄人口总数翻了一番，占比从21.32%上升至32.64%，同期乡村老龄人口总数仅增加16%，占比从78.69%下降至67.36%，表明了云南城乡人口老龄化进程的差异性与不平衡，城镇老龄化显著快于乡村。

(三)人口老龄化演进由生育率下降主导，但寿命延长的效应开始凸显

据“六普”数据，我省人口老龄化的主导因素来自生育率的持续下降，2000—2010年10年间，人口出生率从18.51‰下降到13.10‰，下降了5.41个千分点，直接减少出生人口约250万，由此导致少年人口占总人口的比例显著降低，相当于人口年龄“金字塔”底部收缩40%；其次，老龄人口死亡率的持续下降与预期寿命的不断提高，促使老龄人口绝对数在10年间净增加92.6万，增幅超过35%。可以预见，随着生育率下降空间的不断压缩，未来人口老龄化的主导因素必将从生育减少的“底部老龄化”向寿命延长的“顶部老龄化”转换。

(四)在现行生育政策下，未来的人口老龄化将持续加深

基于云南人口年龄结构的老龄化形态变化，可以预计，伴随经济社会发展，公共医疗服务水平的不断改善，在“稳定现行计划生育政策”的预期条件下，未来云南人口老龄化进程必将持续加深。据预测，2010—2020年间将以2.74%的年均增速增长，老龄人口规模将接近700万人，比2010年增长了31.6%；2020—2030年间，将以3.92%的年均增速增长，老龄人口规模将逼近1000万人，比2020年增长了47.9%；2030—2050年的20年，将以1.47%的年均增速增长，老龄人口规模将达到1300余万，比2030年的老龄人口规模增长了34.1%，2030年总人口达到峰值规模，人口老龄化系数将突破20%，大致相当于目前发达国家的平均水平。同时，老龄人口的高龄化现象也将随之凸显，百岁老人数量将会呈

递增态势，2050 年百岁老人的规模有可能突破 3000 人。

二、人口老龄化对云南经济社会发展的影响

云南人口老龄化是在欠发达的经济社会背景下演化的，具有突出的“未富先老”特征，经济社会发展水平与人口老龄化发展现状和趋势不协调，化解老龄化问题的资源短缺，由此会引发对经济社会发展的多方面消极影响。

（一）人口老龄化导致社会抚养负担大幅度上升

在人口老龄化进程中老年抚养负担将不断加重，预计到本世纪中叶，老年抚养系数将达 31%以上，总人口抚养系数更将接近 60%，意味着平均不到两个劳动力人口就要负担一个非劳动年龄人口。

（二）人口老龄化进程加速将缩短云南“人口红利”期，减少由此带来的经济利益

一方面，劳动年龄人口比例在 2010—2031 年期间都将处于 70%的高位，意味着云南“人口红利”还将持续二十余年，为经济社会发展提供充裕的劳动力资源；另一方面，人口老龄化加速将缩短云南“人口红利”期，劳动力人口供给减少，抚养负担加重，社会进入人口负债期，拖累经济发展与社会进步。

（三）人口老龄化影响储蓄意向的变化

经过历年人口和相关数据定量分析研究表明：

1. 老龄人口系数和储蓄率呈正相关，说明在社会保障不健全，养老公共支持严重不足的情况下，家庭养老储蓄动机强烈，而且既使在当下的老人收入极低，养老成本急剧上升的双重困境下，仍然促使人们增加家庭储蓄以保障养老经济需求，由此引导社会的低消费率，拉动内需乏力；

2. 劳动人口系数和储蓄率也呈正相关，这是“人口红利”的额外经济收益，由于劳动力人口增加，使社会总收入增加，从而产生高储蓄效应；

3. 储蓄率对数与老龄人口比重对数和劳动年龄人口比重对数具有相关性关系，反映了储蓄率对老龄人口和劳动年龄人口的变动弹性，即老龄人口比重每增长 1 个百分点，储蓄率可提高 0.65 个百分点，劳动年龄人口比重每增长 1 个百分点，人均储蓄可提高 1.37 个百分点。比较而言，劳动年龄人口比重的变动对储蓄和投资影响非常大，而老龄人口比重的变动对储蓄和投资的影响相对较小，云南仍然处于“第一人口红利”期。但是，随着人口老龄化程度的加深，人口转变的额外经济效益将减少。

（四）人口老龄化催生较为迫切的社会养老服务需求

伴随着“四二一”家庭结构的显性化，高龄老人、孤寡老人，空巢家庭不断增多，将出现爆发性的社会养老服务需求。2010 年普查数据显示，全省独居老人、偶居老人户比例为 23.16%，由此可知，“六普”时云南空巢老人为约为 118 万人。而截至 2009 年底，全省共建成各类养老机构 776 个，其中城市国办养老机构 67 个，民办养老机构 46 个，农村敬老院 663 个，共拥有 38668 个床位，每万名空巢老人仅拥有 328 张床位，供需矛盾异常突出，人口老龄化对社会养老服务的需求非常强烈且急迫。

（五）人口老龄化的不断演进将凸显出对老年健康保障的强烈需求

普查数据表明，随着年岁的增长，老年人群中健康老人的比重显著下降。在当下的老年人群中，有 3.6%的老年人生活完全不能自理，按此推算，全省完全需要照顾的“失能老人”总数接近 20 万。另有 32%的老年人需要适当帮助与护理。可以预见，随着人口老龄化向高龄化发展，失能老人和不能自理、需要帮助的老龄人口规模将不断增加，老年人的健康保障、生活照料是“刚性”需求，政府、社会和家庭都无法回避。

三、对策建议

云南是一个集“山、边、民、贫”于一体的欠发达省区，又是一个产业转型慢、传统产业分量重，市场经济发展不充分，收入水平较低，城镇化水平不高，社会事业特别是养老事业滞后的省区，必须认真思考和进行战略性选择，积极谋求化挑战为机遇的应对之策，努力消减人口老龄化的负面影响，以最大的人口红利支持经济社会的发展。基于以上现状和影响，提出以下对策和建议：

（一）解放生产力，努力实现经济社会的

跨越式发展

经济发展是应对人口老龄化的物质基础。充分和有保障的现代养老体系需要以雄厚的经济基础为支撑，但经济发展的路径是可以选择的，要坚持经济发展方式的转变，将资源型主导的传统经济增长方式转移到“以人为本”的内涵式经济发展方式上，创建能够最大限度地推动和发挥人的创造价值与生产效率的经济体制，利用云南较之于全国和发达省份更长周期的人口红利，使其充分转化为经济效率，在人的创造价值实现过程中提高国民收入、积累养老资源、改善社会养老条件，这一路径具有推动经济发展方式转变和积极应对和化解人口老龄化问题的“一石二鸟”效应。

（二）依据云南特点，积极应对人口老龄化，加快发展老龄事业和老龄产业

提高对发展老龄事业、产业的重要性和紧迫性的认识，根据《中华人民共和国老年人权益保障法》、《中华人民共和国国民经济和社会发展第十二个五年规划纲要》、《中共中央国务院关于加强老龄工作的决定》(中发〔2000〕13 号)、《中国老龄事业发展“十二五”规划》等法律、法规，充分利用云南得天独厚的气候优势和区位优势，及时完善、制定适合云南老龄事业、产业发展的各项法律、法规和政策，大力促进政府主导的老龄事业和市场主导的老龄产业超前、加快发展。

（三）综合运用财政、税收等手段，加大财政投入，优化老龄事业、产业发展环境

各级财政要依据经济发展、老龄化进程，形成合理的投入机制，按一定的比例、一定的增幅保证每年对老龄事业、产业的财政投入。云南是一个县级财政较为匮乏的省份，县区支持应对人口老龄化的财政能力较差，因此需要从省级财政统筹考虑各级政府养老的公共投入，最大限度形成各级养老公共投入的均衡化体制，以平衡区域之间养老财政体系发展的不平衡问题，也由此推及应建立县域产业发展与养老事业在政策上的关联，以优惠政策吸引养老产业的引进与可持续发展。

（四）充分利用各种形式，加大宣传、教育力度，形成政府、社会、企事业和家庭共同关心、关注老龄人口的良好氛围

利用和倡导我国和云南传统养老的优秀文化、社会风尚和社区条件，建立多元化解决人口老龄化条件下的养老难题，在传承和发扬光大民族文化的目标模式中建设有特色的云南养老文化。加大户籍改革的力度，尽快实现城乡统筹政策构架下解决养老问题，出台政策加快农民市民化、非农转移家庭化的进程，减少农村实际上的养老困境和代际断裂。并由此构建城市家庭养老文化传承的新路径。

（五）适时调整人口与计划生育政策，以积极的人口对策化解深度人口老龄化进程中的社会压力与经济负担

据第六次人口普查数据显示，云南省人口年龄结构老龄化的主要因素是生育水平的持续下降和平均预期寿命不断提高。一方面历经 30 多年计划生育政策的贯彻实施，总和生育率已经下降到“更替水平”以下，少儿人口持续减少导致少年人口占总人口的比例不断降低，促使人口年龄结构底部明显收缩；另一方面，得益于人民生活水平和医疗卫生保健事业的不断改善，城乡养老保障体系的逐步完善，老年人口死亡率大幅度下降，人口寿命不断延长，老年人口绝对数增加，人口年龄金字塔呈现中间突出的缩减型特征。依据云南人口发展的客观情况和现实，完善、创新人口政策。

1. 深刻、清醒认识生育率的持续下降和人口老龄化对社会经济的负面影响。一个四二一家庭，最大一代步入退休年龄时，家庭的劳动人口一下子减少 4/7，家庭收入受到严重影响；人口的老龄化，也意味着一个民族和国家创新能力和消费能力的降低，人口作为生产者是相对的，而作为消费者是绝对的，年轻人口减少的过程，也是经济社会养老压力日渐沉重的过程，而且低生育率、老龄化会形成不良循环。现代社会环境下，年轻人学习、就业、生活压力加大，生育率必然持续走低，将导致低生育率和老龄化进程的不断加快、加深。如果这个不良循环无法停止，将影响到人口和国家安全；

2. 适当、区别化放宽计划生育政策，特别是独立子女政策，阻止“二代独生子女”家庭的代际传递，从家庭代际关系上化解人口老龄化长期影响的人口学根源；

3. 取消架构二元社会结构的户籍制度，从根本上解决非农转移中人口结构与家庭关系的非均衡性，以“城乡一体化”的统筹发展思路来积极应对人口老龄化问题。

（六）以健康老龄化为中心构建全民敬老爱老社会服务机制，广泛动员和吸纳社会中介组织、自愿者与社会资源参与

从健康养老的经济保障、安居与社区服务、心理咨询与调适、医疗卫生与护理、亲情照料与自愿者协助等等方面构建起由全社会各领域、各系统的健康老龄化创新机制，并建议由各级政府的老龄委予以统筹计划与协调。

说明：

1. 本咨询报告是在云南“六普”资料开发课题《云南省人口老龄化发展趋势研究》研究成果基础上撰写而成。

2. 文本所涉及云南第六次全国人口普查综合数据为初步汇总数据。正式数据以公开发布和出版数据为准。

云南省统计局　姚堂文　饶秀才

陕西人口老龄化趋势及其对社会经济发展的影响

一、绪论

(一)研究背景

纵观人口发展,中国经历了人口在几十年的时间里从5.4亿增加到12.6亿的巨大压力;计划生育政策的有效实施,使我们在短短的三十年左右的时间扭转了人口过快增长的趋势,人口过快增长的速度迅速降了下来,并在各个方面对我们这个社会产生影响。进入21世纪,我们在继续承受人口总量压力的同时,人口结构性问题正在成为影响经济社会发展与和谐稳定的主要矛盾。

第六次全国人口普查主要数据的公布引起社会舆论高度关切。此次普查数据反映出新世纪10年间中国人口国情的五大变化即人口总量和素质变化、人口流动迅猛、人口分布失衡、老龄化加速、出生人口性别比失衡。普查结果所显示的中国人口结构转变速度之快,印证了许多人口学者的担忧,也超出了许多人的想象。老龄化加速是其中最重要的变化之一,也是未来10—20年人口问题影响全面小康和经济社会发展稳定的重要方面。未来几十年人口老龄化、高龄化、空巢化将进一步加速,将牵涉到政治、经济、文化和社会发展诸多方面,可能会带来一系列的涉及社会各个方面的问题。

人口老龄化是指老年人口占总人口的比例不断增加的过程。第六次人口普查数据表明:我省常住人口中65岁及以上人口为318.38万人,占8.53%,说明我省已进入老龄化社会。与2000年第五次人口普查数据相比,十年增加2.63个百分点(全国增加1.91个百分点)的增速说明我省老龄化进程明显加快。在我省经济实力还不是很强、整体还不太富裕的情况下迎接银色浪潮的到来,这将是我们面临的重大课题。人口结构的转变既会对我省的经济社会发展的带来严峻挑战,也为促进经济增长方式转变提供了一个很好的契机。掌握了解我省老龄化的现状、进程和趋势,分析其对我省经济社会发展的重要影响具有积极意义

(二)国内外老龄化问题研究现状

1. 我国老龄化现状与特点

2010年第六次全国人口普查主要数据公报显示:全国65岁及以上人口为11883万人,占8.87%。同2000年第五次全国人口普查相比,比重上升1.91个百分点。“我们以前经常说老龄化问题需要重视,但总觉得离我们还远。但‘六普’数据说明,这次狼真的来了。而且,它的前半身已经进来了”(中国人民大学社会与人口学院院长翟振武教授,2011年)。“‘十二五’期间,也就是今后五年内,我国大陆60岁以上的老年人口将首次超过0—14岁的少儿人口”(中国人民大学老年学研究所所长杜鹏,2011年)。“由于中国的人口老龄化发生在实行计划生育、独生子女等背景下,因此又具有特殊的复杂性。中国的老龄化伴随着独子高龄化、高龄病残化、老年空巢化、空巢孤独化的特点”(中国人民大学社会与人口学院穆光宗教授,2011年)。老龄化加速+空巢化,可谓来势凶猛。

2. 国内对我国老龄化问题的认识

“欧洲国家用100年时间、发展中国家用60年时间达到的老龄化程度,中国将只用20年”。“这意味着,我们能够用来处理这个问题的时间大大缩短了”(翟振武,2011年)。学者认为,我国现阶段的老龄化应是“边富边老”。“‘未富先老’只是对过去一段时期内我国老龄化特征的概括,我国现阶段老龄化的特征应当是‘边富边老’。社会经济发展水平大幅度提高之后,如果一再强调这个概念(未富先老),是为不能处理好老龄化的问题提供一个借口,那就没有意义了”(杜鹏,2011年)。

3. 老龄化对经济社会影响的基本判断

老龄化可能引起各类社会问题，影响社会的和谐稳定。“相对于未来10年将越来越频繁出现的各类老龄化引发的突出社会问题，应该说留给我们的准备时间已经非常非常紧张了”(翟振武，2011年)。对社会保障体系和家庭养老提出挑战。但到目前为止，中国还没有应对人口老龄化的国家级的总体战略规划，更缺少与构建老龄保障体系相关的一系列社会政策、资金支持、民生工程等战术支撑。“老人与子女分开居住，更加削弱了家庭养老的功能，使老龄化问题‘雪上加霜’”。“老年人对于社会化养老服务的需求必然更加迫切，如果这种需求得不到满足，将产生很多负面社会问题”。“现在的老年人一般受过良好教育，有比较好的职业生涯经验，他们对于权利的要求是不一样的。社会管理层面如何应对都是需要审慎考虑的”(南开大学人口与发展研究所教授李建民，2011年)。“世界上还没有哪个国家因为老年人口多而发展停滞的，也没有哪个国家能靠劳动力数量取胜的。所以中国的发展必须要从依靠人口数量向依靠人口质量转变”(杜鹏，2011年)。

发达国家已经先一步进入了老龄化，但由于发达国家老龄化的进展比较缓慢，进程经历了较长的时间，况且发达国家的人口总量相对较小，人口老龄化对整个经济社会的影响不是很明显，影响过程也相对缓慢。因而，目前老龄化对发达国家的经济社会影响没有确切的定论，但普遍的看法倾向于“弊大于利”。

我国的老龄化有其特殊的社会背景和特殊的社会环境及不同的特征，其总量是整个发达国家所不能比的。发达国家面临的老龄化问题为我们敲响了警钟，一个世界上人口最多的国家，一个在过去的30多年中收获了巨大人口红利的国家，当老少人口关系逆转意味着什么？而这样的变化又是从何而来，向何而去？而这种巨大变动恰恰发生在中国社会由传统模式向现代模式的重大转型过程中，意味着传统经济、社会结构、价值观念、文化习俗都将伴随人口结构转变发生剧烈冲击。因此老龄化对整个社会的保障体系产生冲击是可以肯定的，但对经济社会的影响及影响程度尚难以判断，对中国这个人口大国来说，可能是有利也有弊即机遇与挑战并存。民工荒、大学毕业生找就业难、二胎生育和柔性退休制度试点等等现象正在这个过去一直被感叹人太多、太拥挤的社会中发生并持续，也许正是老龄化现象的社会反映。

(三)研究思路及基本观点

人口结构变化对社会经济发展的影响越来越显现出来，不亚于人口总量的影响，应该更加关注人口年龄结构的变化和人口老龄化的发展进程。

主要内容：1. 我省老龄化现状、特征及未来五年至十年人口发展和老龄化趋势。第六次人口普查资料显示：2010年11月1日，陕西65岁及以上人口318.38万人，占全省常住人口的8.53%，与2000年相比，10年上升了2.60个百分点，快于全国1.91的增长幅度。老年人口10年增加了104.61万，年均增加10.46万人。我省老龄化进程明显加快。未来几十年人口老龄化、高龄化、空巢化将进一步加速，会牵涉到政治、经济、文化和社会发展诸多方面，将带来一系列的问题。2. 老龄化的社会经济影响：人口老龄化对我省经济发展的影响主要表现在减少劳动力的相对供给，降低国民储蓄，减缓经济增长速度，还可能会减缓技术进步，对还不坚实的经济基础形成冲击。人口老龄化对社会发展的影响主要表现在对现有的社会福利、卫生保健和社会保障体系提出严峻挑战。为此，要在大力发展经济的基础上建立与社会经济发展水平相适应的社会保障体系，探索新的更加适应省情的城乡养老方式，大力发展老龄产业，营造有利于老年人融入社会、参与经济和敬老、助老、养老的社会环境。

人口结构的转变既会对我省的经济社会发展的带来严峻挑战，也为促进经济增长方式转变提供了一个良好契机。

(四)研究方法

研究方法包括对文献的整理，对历届普查数据和统计数据的收集、整理、描述。未来十年人口结构变化数据预测利用cpps预测分析软件，采用2010年人口普查的分年龄分性别人口数据、分年龄、分孩次的妇女生育率数据和分年龄死亡率等基础数据资料。

二、陕西人口老龄化进程及其特征

近几十年来，人口总量一直是我们关注的重点。

基于人口大国这个基本国情，在人口与经济社会发展的相互关系中，我们也一直比较重视人口总量变化对社会经济发展的影响，而对人口结构变化对经济社会发展影响的关注度不高。计划生育政策的有效实施，使我们在短短三十年左右的时间扭转了人口过快增长的趋势，但未来一段时间，整个社会面临的与人口结构有关的挑战会更加严峻。

许多人看到第六次人口普查的结果时感到惊讶，人口结构怎么变化这么快。的确如此，最近十年，我省人口年龄结构发生了明显的变化，老年人口在整个人口群体中所占到的比例呈现出不断增长的趋势，老龄化社会的到来似乎成为一股不可阻挡的潮流。值得注意的是，这一变化会对整个社会群体产生连锁反应，诸如在家庭结构、生活质量、社会保障、就业与收入、代际支持、社会管理等方面都会发生一系列的变化。人口结构变化对社会经济发展的影响越来越显现出来，不亚于人口总量的影响。今后我们应该更加关注人口年龄结构的变化和人口老龄化的发展进程。

1956年联合国在《人口老化及其所带来的经济和社会问题》一书中，以65岁作为老年人口的起始年龄。而1982年联合国在维也纳召开的“老龄问题世界大会”把60岁和60岁以上的人统一划为年长人。从我国的情况看，60岁是规定的退休年龄，涉及就业等有关问题时，60岁是一个比较合适的年龄，一些应用研究、调研报告、统计年报或公报数据中也都选择该年龄。但随着人们寿命的延长和衰老的推迟，国际上越来越多的国家选择以65岁作为老年的年龄起点。本文选择65周岁为老年人口的年龄起点。但由于部分资料可能无法分出65岁及以上人口数据或者使用的需要，本文也可能在个别地方使用60岁作为老年人年龄起点并加以说明。

分析和判断人口老龄化需要全面而完整的人口年龄资料，年度人口抽样调查资料受到样本代表性的影响，不宜与普查数据做比较，故本文采用历次人口普查年龄数据资料作比较。

人口老龄化是指总人口中因年轻人口数量减少、年长人口数量增加而导致的老年人口比例相应增长的过程。60岁以上老年人口达到总人口的10%(联合国传统标准)、或65岁以上的人口达总人口7%(新标准)就是“老龄化社会”，超过14%为“老龄社会”。老龄化是伴随人口再生产类型的变化而出现的，是人口年龄结构变化的一种结果。

(一)人口年龄结构转变与老龄化进程

建国前，陕西人口属于高出生、高死亡、低增长的粗放型人口再生产类型。新中国成立后，随着生产力和人民生活水平不断提高，人口出生率也随之快速上升，死亡率开始明显下降。到1964年，0－14岁人口占总人口的比重由1953年的36.71%上升到41.26%，65岁及以上人口所占比重由4.03%下降到3.51%。陕西人口处于典型的年轻型结构。随着70年代末计划生育政策的全面推行，妇女生育水平降低，人口出生率大幅度下降，到1990年，0－14岁人口占常住人口的比重由1982年的37.06%下降到28.87%，65岁及以上人口的比重由4.57%上升到5.15%。这一时期，陕西人口年龄构成已经从年轻型过渡到成年型。2000年，0－14岁人口比重已降到25.01%，65岁及以上老年人口比重上升到5.93%。说明年龄结构转变步伐加快，人口年龄结构已接近老年型。进入本世纪，人口老龄化速度进一步加快。2010年，全省0－14岁人口比重降到14.71%，比2000年减少10.3个百分点；65岁及以上老年人口比重为8.53%，比2000年上升2.6个百分点。

六普资料显示：2010年11月1日，陕西65岁及以上人口318.38万人，占全省常住人口的8.53%，略低于全国8.87%的平均水平。但与2000年相比，10年上升了2.60个百分点，快于全国1.91个百分点的增长幅度。老年人口十年增加了104.61万，年均增加10.46万人，年均增长4.06%。陕西人口年龄结构已是标准的老年型。根据年度人口抽样调查资料判断，陕西人口可能在2005年前已进入老龄化。

国际上通常认为：年龄中位数增加、老年人口比例上升、少儿人口比例下降、老少比增长的人口年龄结构是典型的人口老龄化。以上述四个指标衡量，陕西人口年龄结构已属典型老龄化社会。

(二)陕西人口老龄化特征

目前，我省人口老龄化表现出以下特征：老年人口规模大、增长快；老龄化速度快；老龄化伴随高龄化；地区发展不平衡，各地的老龄化起步、速度和程度都有差别；城乡倒置显著，农村在生产力尚不发达的条件下迎来老龄化；老龄化超前于经济发展。

表 1 陕西主要年份人口年龄构成与国际通用标准比较

单位:%,岁

年龄构成		0—14 岁人口占总人口的比重	65 岁及以上人口占总人口比重	老少比	年龄中位数
国际标准	年轻型	40 以上	4 以下	15 以下	20 以下
	成年型	30—40	4—7	15—30	20—30
	老年型	30 以下	7 以上	30 以上	30 以上
陕 西	1953 年	36.71	4.03	10.99	23.28
	1964 年	41.30	3.50	8.51	20.04
	1982 年	33.10	4.57	13.81	22.81
	1990 年	28.87	5.15	17.84	24.97
	2000 年	25.01	5.93	23.71	30.00
	2010 年	14.71	8.53	58.08	35.93

1. 规模扩大——老年人口增速超过常住人口

根据六次人口普查资料,到 1990 年的前四次人口普查,陕西 65 岁以上老年人口虽呈持续增长态势,但老年人口的总量均不是很大。1953 年全省 65 岁及以上人口仅有 60.74 万人,1964 年为 72.88 万人,1982 年增加到 131.99 万人,1990 年为 169.40 万人,近 40 年的时间里,老年人口缓慢增长。2000 年老年人口猛增到 217.60 万人,进入 21 世纪的 10 年,老年人口快速增长,2010 年达 318.38 万人。

分阶段看,1953—1964 年 11 年间,老年人口净增加 12.14 万,年均增加 1.11 万人,年均增长 1.67%,属老年人口的低速增长时期;1964—1982 年,18 年老年人口增加了 59.11 万人,年均增加 3.28 万人,平均每年增长 3.35%,老年人口增速开始加快;1982—1990 年的 8 年,老年人口增 37.41 万,年均增加 4.68 万人,年均增长 3.16%;1990—2000 年,老年人口净增 44.37 万,年均增加老年人口 4.44 万,年均增长 2.35%,增长速度有所减缓,但老年人口占常住人口的比重上升了 1 个百分点,老龄化在加速;2000—2010 年老年人口增加了 104.61 万人,2010 年比 2000 年增长 48.94%,每年增加 10.5 万,比上个十年每年多增加 6.2 万人。老龄化速度明显加快,以年均高达 4.06%增速将我省带入典型的老龄化社会。

特别引人注目的是,从 60 年代开始,老年人口始终以高于常住人口的速度持续增长,而且两者增长速度的差距逐渐拉大。1964 年到 1982 年的 18 年间,老年人口年均增长速度高于常住人口 1.5 个百分点,1990— 2000 年,这个差距达到 1.56 个百分点,即在常住人口以每年 0.89%的速度增长的情况下,老年人口却以年均 2.45%高速度增长。2010 年,这个差距进一步扩大,全省常住人口以年平均 0.35%的速度增长,老年人口却以年均 4.06%高速度增长,两者差距达 3.71 个百分点。即常住人口增长步伐在逐步放缓,而老年人口增长却在加速。

表 2 历次人口普查陕西人口与老年人口变化比较

单位:万人,%

普查年份	常住人口	65 岁及以上人口	比上次普查年均增长	
			常住人口	65 岁及以上人口
1953	1588.13	60.74	—	—
1964	2076.69	72.88	2.47	1.67
1982	2890.44	131.99	1.85	3.35
1990	3288.23	169.40	1.62	3.17
2000	3604.77	213.77	0.89	2.35
2010	3732.74	318.38	0.35	4.06

2. 后来居上一老龄化进程加快,程度提高

曾有人口学家说过,在人口老龄化的队伍里,从来都不乏后来居上者。1990 到 2000 年的十年,全国 65 岁以上人口占常住人口的比重增加了 1.39 个百分点,陕西只增加了 0.78 个百分点;2000 年到 2010

年的十年，全国65岁以上人口比重增加了1.91个百分点，陕西却增加了2.60个百分点；陕西人口老龄化大有后来居上之势。2000年陕西65岁以上人口占常住人口的比重低于全国平均水平0.95个百分点，在全国31个省、市、自治区中由高到低排列第22位，与兄弟省市相比，老龄化程度相对较低。2010年老年人口比重虽然仍低于全国0.34个百分点，但差距明显缩小，在全国的排位也大幅前移至第14位，比2000年上升8位。2000—2010年，陕西65岁以上老年人口年均增速4.06%，快于全国年均3.04%的增速。

表3　陕西老龄化程度及部分指标在全国排位

年份	老龄化程度	人均GDP	城镇居民人均可支配收入	农村居民人均纯收入
2010	14	15	19	27
2000	22	23	23	28
十年进位	8	8	4	1

3. 超前发展——老龄化程度与经济发展不同步

从人口学的角度看，当人口发展不受政策和其他外在因素影响的情况下，人口老龄化水平与经济社会发展水平呈现明显的正相关关系，因为平均预期寿命的增加和死亡率的下降依赖于经济社会发展水平的提高。这就是说，人口老龄化总是最先出现在经济发达、社会富裕的国家和地区。世界各国人口发展的历史也证明了这一点，发达国家的老龄化都是在经济发展到较高水平时出现的。各省的人口发展都受到计生政策等外在因素的影响，各地的人口老龄化与经济社会发展水平也呈现出这一相关特征。上海等东部比较富裕省份的老龄化出现的更早一些，程度也更加严重一点。

将陕西的主要经济指标与人口老龄化程度做一个比较，2000年陕西人均GDP在31个省、市自治区中排第23位，2009年和2010年分别排17和15位；人口老龄化程度2000年和2010年分别排在22和14位，老龄化程度在全国的排位比主要经济指标超前一些。同期，城镇居民人均可支配收入由23位进到19位，农村居民人均纯收入有28进到27位。陕西的人口老龄化进程与全国一样，是对人口出生有效控制的结果，其人口老龄化的模式由“未富先老”逐步向“边富边老”过度，与发达国家的富老同步有相当的差异。我省应对老龄化的经济实力还显得比较薄弱，我们所走的将是前所未有的“在低收入阶段进入老龄化”的道路。

4. 城乡倒置——农村人口更“老”一些

按一般的经验，城镇的计划生育政策执行情况好，因此新生人口减少的更明显，同时医疗卫生和营养保健水平普遍高于农村地区，所以城镇的人口老龄化水平应该高于农村。但实际情况却相反，2000年陕西农村老年人口的比重就已经高于城镇，到2010年，农村的老龄化程度更高，与城市和镇的差距进一步扩大。十年时间，65岁及以上人口占常住人口的比重上升了3个百分点达9.34%，明显高于全省老龄化水平，老龄化进程也快于城市与镇；农村0—14岁人口比重大幅下降近12个百分点，远超城市和镇的降幅；农村的年龄中位数增加了7岁多，而城市还略有下降。

表4　陕西省城乡人口年龄构成情况

单位：%，岁

年份	地区别	老少比	年龄中位数	占常住人口比重		
				0—14岁	15—64岁	65岁及以上
2000年	城市	35.73	35	17.67	76.02	6.32
	镇	21.95	31	22.97	66.87	5.04
	农村	23.04	30	27.40	66.30	6.32
2010年	城市	67.67	34.45	12.17	79.60	8.23
	镇	43.79	34.13	15.65	77.50	6.85
	农村	60.52	37.46	15.43	75.23	9.34

六普数据提醒我们，农村的老龄化程度可能比我们想象的要严重，老龄化进程及速度比我们预料的更快一些。同时也表明，当生育和死亡水平基本稳定后，人口迁移流动对一些地区人口年龄结构的影响越来越大，对一些较小区域人口结构的影响甚至是根本性的。二元经济结构所带来城乡社会经济发展的差异使得流迁人口中的主体—青壮年群体从农村聚集到城市，从而导致城市特别是一些中心城市青年人增多，而一些偏僻、落后的农村地区，青壮年大都外出打工，留在村里的大部分是老年人和少年儿童。老年人和儿童留守农村，使农村老龄化程度更加严重。

由此可见，老龄化问题最先突出表现出来的不是出生率较低的城市，而是落后和贫困的农村地区。无论是从数量看还是从结构看，农村的养老问题都更加突出。而且农村社会保障尤其是养老保障体系并不健全，在经济条件劣于城镇、农民收入还比较低的情况下，农民的负担会更加沉重。从协调城乡和谐发展的角度考虑，解决农村老龄化问题，特别是落后和贫穷地区老龄化问题的压力巨大。

5. 区域差异——陕南老龄化程度更重

由于受政治、经济、文化以及社会发展水平和人口发展过程中的诸多因素的综合影响，各市老龄化程度存在差别。总体上看，各市(区)老龄化进程都是因为生育率的下降、低年龄人口减少而使老年人口比重上升。但各地之间老化的程度和速度有所差别，在地区之间呈现出自北向南老化程度逐渐加重的现象。

陕南老龄化程度比较重，关中地区次之，陕北相对“年轻”一点。陕北同十年前一样，老化程度依然最低，年龄中位数、老少比和65岁及以上人口占比重都属全省的低水平，而0－14岁的比重在全省最高；老化的速度也是最慢的，10年来年龄中位数、老少比增加的幅度也都比较低。

关中地区铜川市最“老”，年龄中位数和老少比都比较高，2010年年龄中位数比2000年增加了7.47岁，是各市中增加最多的。老少比增加了47.38个百分点，说明这个十年，铜川的老龄化速度在全省最快。西安与杨凌的情况相类似，两地因为突出的教育资源优势吸引了众多年轻学子，西安更因为经济社会发展的优势和特殊地理位置成为打工者的聚居地。大量年轻人的加入扩大了15－64岁人口队伍，在一定程度上使这两地人口趋于年轻化，或者说减缓了两地人口老龄化的步伐。

汉中是全省最“老”的一个市，2010年的年龄中位数和65岁及以上人口占比重都是全省最高的。其实，从“五普“数据看，汉中2000年就已显示出这一特征，当时就是全省最老的市。

表5 各市(区)人口年龄结构比较

地区	占常住人口比重(%)				老少比(%)			年龄中位数(岁)		
	0－14岁		65岁及以上							
	2000	2010	2000	2010	2000	2010	10年增加	2000	2010	10年增加
陕西省	24.94	14.71	5.93	8.53	24.67	58.08	33.41	30	35.93	5.93
汉中市	21.87	15.45	7.68	10.72	35.11	69.37	34.26	33	39.16	6.16
安康市	26.8	16.59	7.27	8.97	27.14	54.06	26.92	31	36.32	5.32
商洛市	27.38	15.44	5.96	7.81	21.76	50.56	28.8	29	35.54	6.54
西安市	20.81	12.89	6.59	8.46	31.69	78.65	46.96	31	34.63	3.63
铜川市	24.15	13.07	5.86	9.36	24.24	71.62	47.38	31	38.47	7.47
宝鸡市	24.84	14.69	5.57	8.54	22.41	76.77	54.36	31	37.33	6.33
咸阳市	26.23	15.25	5.34	8.58	20.35	76.17	55.82	29	35.77	6.77
渭南市	25.77	14.06	6.14	8.83	23.81	77.11	53.3	31	37.7	6.7
杨凌示范区	21.94	12.93	5.29	6.37	24.12	49.29	25.17	26	25.76	－0.24
延安市	28.72	16.82	4.82	6.38	16.79	37.94	21.15	28	31.63	3.63
榆林市	29.15	15.92	5.58	7.4	19.16	46.47	27.31	27	31.99	4.99

陕南地区大量的年轻人外出加剧了老龄化程度。六普资料显示：陕南三市外出半年以上人口148.53万人，其中流出到省外的有76.79万人，占全省流出省外半年以上161.20万人的近一半；另外，三市还有9.37万人净流出到市外省内，两者合计流出市外86.16万人，占常住人口的一成。流出人口中15—64岁占86.22%，流出省外人口中的近九成是在15—64岁年龄段。中间年龄段人口的大量流出影响了陕南三市的人口年龄结构，助推了陕南的老龄化进程。

表6　陕南三市外出半年以上人口数量

单位：万人，%

陕南三市	合计	其中：15—64岁	占外出人口比重	市外省内净流出人数	省外	省外15—64岁	占常住人口比重	市外省内+省外	占常住人口比重
汉中	71.39	56.88	79.68	2.29	38.58	35.21	20.90	40.87	11.96
安康	55.27	47.53	86.00	2.59	31.36	27.86	21.02	33.95	12.91
商洛	21.88	18.99	86.79	4.49	6.85	6.18	9.34	11.34	4.84
陕南	148.53	123.40	83.07	9.37	76.79	69.25	9.20	86.16	10.27

这种老龄化的区域差距从一个方面说明省内各市的老龄化程度与经济发展的不同步，陕南经济落后于陕北，老龄化程度却高于陕北。

6. 双重挑战——高龄化速度快于老龄化

老年人口的高龄化是发展的必然趋势，这一趋势会越来越强劲。陕西人口年龄结构在趋于老化的同时，老年人口内部的年龄结构也在逐步高龄化。2000—2010年，80岁以上高龄人口以年均4.88%的高速度增长，是常住人口和65岁及以上老年人口远不能及的。2010年全省80岁及以上高龄老人达到42.12万人。全省人口的长寿指数(80岁及以上人口与65岁及以上人口之比)由1990年的8.45%上升至2000年12.01%，2010年上升到13.23%，老年人口高龄化趋势非常明显，过去人们常说的"人到70古来稀"已经成为历史。老年人口高龄化在反映陕西经济稳定发展、社会文明进步的同时，也说明我们正面临更加突出的高龄老年人口问题。未来，我们将面临人口老龄化和人口高龄化的双重挑战。

总体上看，我省老龄化伴随着工业化、城镇化、现代化而加速发展，与城乡差异、区域差异、收入差异扩大相重叠，同时还交织于经济转型与社会转型之中。超低的生育率，不断加速的老龄化，使得人口中的老少人口关系已经发生了彻底的逆转，传统上拥有大家庭和大量剩余劳动力的年轻型人口类型正在逐渐成为记忆的一部分。

三、陕西人口老龄化发展趋势预测

人们在谈短期问题的时候，从来不会把人口问题作为一个重要的因素。短期不过是一年、三年、五年，人口无论是总数也好，结构也好，都没有太大的变化或者说它的变化还不明显。但是当我们去研究一个地区长期发展问题的时候，比方说十年、二十年、三十年的时候，就永远不能够忽略人口问题。所以有必要对我省未来的人口发展情况做一个预测，判断未来十年人口老龄化的发展趋势。

假定未来10年我省保持2010年人口死亡水平，妇女分年龄和孩次的生育水平也保持不变，采用CPPS人口预测软件，利用2010年第六次人口普查分年龄分性别人口资料，我们预测了未来10年陕西人口结构的发展变化情况。

预测结果显示：未来十年，陕西人口总量的增速在逐步放缓，人口的增量越来越少；0—14岁人口数量在逐年减少，比重一直呈下降趋势；老年人口的规模却越来越大，而老年人口比重则呈明显上升态势。

未来五年，陕西每年增加的65岁及以上老年人口大都在14万人以上。预计到2015年，我国65岁以上老年人口将接近400万，约占总人口的10%以上，年均净增老年人口15万多；2015年后，老年人增加的趋势更明显，每年增加的老年人口在18万以上；到

2020年，每年增加的老年人口在20万以上，超过新增人口数量。65岁以上老年人口总量将超过500万，约占总人口的13%，接近14%的老龄社会标准。未来10年，年均增加老年人口约18万左右。

需要我们特别注意的是处于劳动年龄段的15—64岁人口总量先是增加，在2013年出现拐点，达到峰值2880多万，此后逐年减少，而且减速逐步加快，减量逐年增加，到2010年每年约减少20万。

表7 陕西人口年龄结构预测结果

单位：人，%

年份	0—14岁人口数	15—64岁人口数	65岁及以上人口	0—14岁人口比重	15—64岁人口比重	65岁及以上人口比重
2011	5330854	28774823	3330234	14.24	76.86	8.90
2012	5241902	28820412	3480035	13.96	76.77	9.27
2013	5172462	28864133	3609050	13.74	76.67	9.59
2014	5150724	28815190	3777265	13.65	76.35	10.01
2015	5127050	28738408	3966356	13.55	75.96	10.48
2016	5118979	28640627	4149493	13.50	75.55	10.95
2017	5130796	28456032	4384600	13.51	74.94	11.55
2018	5136051	28286021	4593327	13.51	74.41	12.08
2019	5108597	28105415	4823318	13.43	73.89	12.68
2020	5077364	27898255	5059085	13.35	73.35	13.30

这个结果似乎难以想象，但如果我们观察一下现在人口年龄构成，对这个结果就不会惊讶了。2010年陕西常住人口中55－64岁年龄段常住人口有388余万，死亡人口3.2万人。即今后十年平均每年有30万以上的人新进入老年人口的队伍，除去每年死亡老年人口，每年增加老年人口非常可观。变化的情况也可能存在，一方面，随着独生子女一代逐步进入婚育年龄，即使现行生育政策没有调整，生育率仍可能会略有上升，使低年龄人口增加；另一方面，随着生活水平的提高，人们寿命也会有所延长，老年人口死亡水平下降，老年人口则可能增加。这两方面因素均可能影响我省人口年龄结构和老年人口比重，但不大可能影响每年增加的老年人口总量。可以肯定的是，“十二五”时期和未来十年将是我省人口老龄化加速发展期，人口老龄化形势会更加严峻，将呈现老龄化、高龄化、空巢化加速发展的新特征。

四、人口老龄化对经济发展的影响

人口老龄化是我省当前和今后一个时期的基本人口省情。老龄化社会的到来，不同年龄人群的比重发生了较大变化，将对经济发展产生较大影响。因为不同年龄层次的人群具有不同的经济社会特征，在社会经济中扮演不同的角色，发挥着不同的作用，人口年龄结构的变化会给未来经济社会领域带来广泛的影响。这种影响既有负面的，也有积极的方面。

（一）劳动力市场可能发生变化

人口老龄化对经济发展的影响，一般表现为通过对劳动力、资本和劳动生产率这三要素的改变而影响经济增长。社会财富是由有生产能力的劳动人口创造的。人口老龄化使劳动人口的数量、年龄结构和参与率发生变化，进而对经济发展产生影响。在一定的生产资料和技术条件下，不断加重的老龄化致使劳动力供给不足可能导致部分生产资料技术设备闲置，影响社会生产活动的正常运转，影响生产力和经济发展。

1. 老年抚养比上升，劳动力负担加重

人口负担系数（抚养比）是指14岁及以下人口数和65岁及以上人口数占15－64岁人口数的比重。从我省第六次人口普查数据来看，2010年我省总负担系数为30.26%，比2000年大幅下降。但负担系数构成发生变化，少儿抚养比只有19.16%，下降幅度达17个百分点；老年抚养比为11.11%，比2000年上升2.18个百分点。预测到2020年，总负担系数有所上升，但老少负担系数平分秋色，各占一半，主要是老年抚养比快速上升所致。

图1　我省不同时期人口抚养比

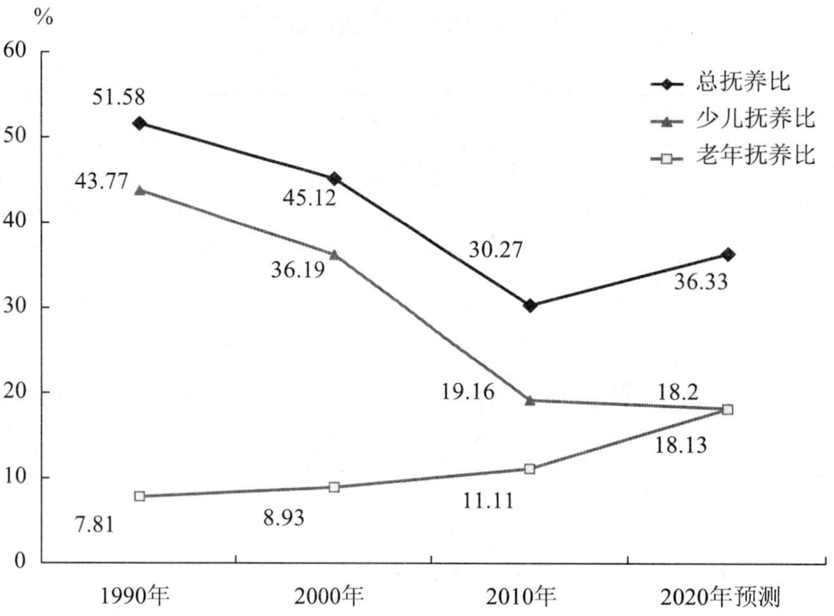

劳动力人口的负担也会越来越重。2010年适龄劳动人群(15—64)与老龄人群的比例约为9∶1，即9个适龄劳动力人口要负担一个老年人，明显低于2000年的11.65∶1。到2020年这个比例可能下降到5.5∶1，即5—6个适龄劳动力人口要负担一个老年人。劳动力人口的负担逐步加重。我国目前是以女55岁和男60岁为退休年龄，如果统一将15—59岁人口作为劳动适龄人口，则2010年适龄劳动人群(15—59)与老龄人群的比例约为5.64∶1，即5.64个适龄劳动力人口负担一个老年人。

2. 劳动力趋于高龄化，劳动参与率下降

劳动参与率表示劳动年龄人口参与经济活动的情况，从一个方面反映劳动力资源的利用程度。近几年我省的劳动参与率在逐步下降。2010年，我省15岁以上及人口的劳动参与率67.19%，城镇的只有59.22%，分别比2000年下降了10.94个百分点和5.45个百分点。前几年劳动参与率的降低更多是由劳动年龄人口年龄结构和劳动参与模式的变动引起的，特别是较低年龄组群入学率(如大学的扩招)提高及其劳动参与率下降的结果。今后一段时期，人口老龄化将是引起劳动参与率下降的主要因素，因为人口老龄化往往伴随着劳动力人口的高龄化。同较低年龄组相比，高龄组人口劳动参与率较低。根据人口预测结果分析，未来劳动年龄人口将经历25岁—44岁比例下降、45岁—64岁比例上升即相对较高年龄组比例升高过程，即使未来各年龄组别的劳动参与率保持现在水平，今后几年总体的劳动参与率也将会下降。

我省在今后一段时期仍然拥有丰富的劳动力资源，短期内劳动参与率降低对缓解就业压力有积极的作用，也有利于充分就业时代的真正到来。但从长远看，劳动力人口高龄化已经出现，并呈现加速趋势，过低的劳动参与率会在一定程度上影响经济的发展，依靠充足劳动力供给这一经济增长的动力将开始逐渐弱化。

3. 年轻劳动力比重下降，劳动力相对供给减少

在人口老龄化过程中，年长者的比重上升，劳动力中年轻人的比重下降，从而影响到劳动力的有效供给。在一些高度老龄化的国家和地区，已经发生劳动力短缺的现象，并继而成为制约经济发展的一个重要因素。

根据现有的人口年龄结构推算，未来10年，陕西在20—40岁之间劳动力黄金年龄段人口将减少70余万，特别是18—22岁的青年人口将比现在减少

200多万人。本文所作人口预测结果表明，陕西15—64岁劳动年龄人口将在2014年由增加转为减少。

虽然我省目前还没有像沿海即东部地区一样出现严重的“民工荒”和人力成本上升的情况，但据媒体前一段时间的报道，我省的一些服务行业今年已出现涨工资也招不到人的现象，这也许就是一个信号，或许是东部“民工荒”的延续。所以，早一点意识到未来劳动力短缺，那么具有先见之明的企业就应该更多地寻求用技术和资本来替代劳动，通过增加资本投入、技术提高生产率来应对未来劳动力的不足。另外，政府、企业和个人也需要在教育上更多投资，以此来改善劳动力素质。

4. 劳动者报酬增加，劳动力成本上升

老龄化的加剧，劳动力的相对供给的逐步减少，劳动力成本会提高，劳动力成本低廉的比较优势逐步降低或丧失。原来的劳动报酬比较低，其实与人口结构有一定关系。在劳动力很充足或者过剩的情况下，提高劳动者收入缺乏现实支持。

劳动力成本提高，对促进产业升级是挑战也是机遇。随着劳动力成本的上升，如果没有明显的技术进步和劳动生产率提升，未来劳动者报酬在收入分配的占比将逐步上升，并会通过整体产业链对原材料价格、农产品和大宗商品价格产生冲击，使企业面临利润率下降和收入减少的风险。另一方面，劳动力成本的适当提高，可以促进节约劳动力的技术进步，并且会提升人力资本投资的价值。而技术进步和人力资本投资是新经济增长理论的要义所在，这对于扭转粗放式生产有着重要意义，可能为我们提供一个实现更平衡和更持久增长的契机。所以，这也是我们的机遇。

(二)影响收入分配格局

处于生命周期的不同发展阶段，人们的消费与储蓄倾向必然不同。老龄化会使供养系数构成发生变化，引起社会消费和储蓄比例的变化，国民收入中用于养老、护理、医疗等非生产性消费大幅上升，用于发展的公共投资比例减少，势必影响投资规模，影响经济发展的后劲和可持续性。

(三)消费结构和经济结构发生变化

1. 消费结构向老年人倾斜

老龄人口的消费需求不同于中青年人口，人口老龄化使社会的消费需求结构发生变化，适合老年人的消费需求，尤其是某些专用于老年人的特殊项目趋于增加。

2. 投资内容和重点发生改变

人口老龄化需要社会增加与老年人需求有关项目的投资，如养老院、托老所、老年保健中心、老年娱乐中心，减少用于中小学校方面的数量投资，而把重点放在提高质量上。为满足变化着的消费需求，产业结构也会进行相应的调整，一些与老年人需求密切相关的产业将会得到发展。因此，老龄化使得社会消费结构和经济结构向老年人倾斜，社会对医疗保健和劳务服务的需求急剧扩大，出现一批专门为老年人口生产消费品的行业，以适应老年人的需要。

3. 消费需求可能下降

人口老龄化对扩大社会总体消费需求不利。老年人往往重储蓄，消费倾向和投资意向趋于保守，消费水平和消费意愿低。老年人口数量和比重的增加会减少家庭的消费需求，进而降低社会总体的消费需求，从而削弱社会的经济活力，不利于内需的扩大和经济持续增长。

(四)不利于科技进步和劳动生产率提高

一般把15—44岁的劳动力视为中青年劳动力，而45—59岁的劳动力视为高龄劳动力。高年龄段的劳动人口的特点是技术熟练，但同年轻人相比思想比较保守，缺乏进取心和创业精神。高龄劳动力比重高的社会易趋向保守，同样也会缺少活力。在科学技术竞争日益激烈的现代化社会，容易变得相对落后。随着老龄化进程的加快，总体人口接受前沿科学技术能力和科技创新能力将受到影响，不利于科技的进步及其成果在经济生活中的应用。人口老龄化可能会造成整个劳动力人口的健康素质和技术适应能力下降，从而降低劳动生产率。同时，未来青年在就业人口中的比例下降，对提高就业人口的学习能力、创新能力和应变能力产生不利影响。

(五)制约产业结构调整

产业结构的调整优化要求劳动力的技术结构与之相适应，与年轻人不同，中老年劳动力从旧的产业和地区向新兴的产业和地区转移会受到更多限制，他们接受新技术的速度慢，培训费用高，难以适应产业结构的需求，因此人口老龄化不利于产业结构的调整，制约新兴产业的发展进程。

老龄化对农业产业调整的冲击更直接。我国农业产业的发展方向主要是农业科技成果创新和应用，生态农业、高效农业是发展趋势。但是我省农村人口老龄化比较严重，农村老年人口文化素质低，科学种田能力较差，科技创新和接受适应能力弱，因此农村人口老龄化阻碍农业产业的调整，不利于农业发展和农业现代化进程。

五、人口老龄化对社会发展的影响

人口老龄化所带来的问题，不仅是老年人自身与其家庭、子女的问题，它还牵涉到社会发展诸多方面，社会结构、价值观念、文化习俗都将伴随人口结构转变而发生剧烈冲击，给社会管理带来新的问题，这些都给我们应对人口老龄化增加新的难度，也提供了新的机遇。

人口老龄化对社会发展的影响主要表现在以下方面，加重社会负担（如医疗、养老等方面）；造成社会文化福利事业的发展与人口老龄化不适应；家庭养老功能减弱；老年人对医疗保健、生活服务的需求突出等方面。老龄化加快，老年人口基数大、增长快、高龄化对社会养老保障提出了严峻挑战。

（一）老年社会保障逐步完善

老年社会保障是社会保障制度的重要组成部分，它的建立使进入老年阶段或在不能通过劳动取得生活来源时有可靠的经济来源维持生活最基本的需求，是老年人的生存之本。“十一五”时期是我省历史上老年社会保障和服务事业发展最好的时期，养老保障体系逐步建立健全，保障水平大幅度提高；社会养老服务体系建设加快推进，居家养老服务在城市逐步开展并向农村延伸，养老机构建设加快发展；老年优待制度建立并得到落实，优待内容进一步拓展，享受高龄补贴的年龄下延、标准提高。逐步建立多层次的医疗保障体系和医疗救助制度；“十一五”期间，我省逐步实行对农村“五保”对象和城镇的“三无”老人实行集中供养，全省“五保”集中供养率达到 30.5%；建立了高龄补贴制度，将 80 岁以上老人纳入高龄补贴保障范围，全省有 60.45 万 80 岁以上老人每人每月可领取 50－200 元不等的补贴；65 岁以上老年人免费体检全面落实。从 2012 年 5 月起，全省老年人补贴范围进一步扩大，将 70 岁以上的老年人均纳入补贴享受人群，按 70、80、90、100 岁及以上不同年龄段每人每月可领取 50、100、200、300 元不等补贴。

（二）城乡养老金需求迅速扩大，养老金保障压力巨大

进入老龄化社会，老年人口比重提高的过程也就是离退休人员快速增加的过程。离退休人员的增加导致养老金的膨胀，对养老金体制形成冲击。我国现行的养老金保障是现收现付制即代际转移模式，是用现有劳动力人口缴纳的养老保险金支付现有老年人口的养老金。当老年人口不断增加，保障面又比较高时，现有的养老保险金将不能再支付规模庞大的老年人口养老金水平。人口老龄化和高龄化、老年人口的规模扩大，对社会保障体制的财务可持续性产生直接冲击，进而对社会保障体制产生重大影响。我省现行养老保险体系的供养比例和资金支付压力很大。2010 年我省城镇企业职工参加基本养老保险人数达到 357.38 万人，领取养老金的离退休人员有 135.24 万人。城镇职工养老保险的赡养率已上升到 1:2.6（约 2.6 个参保职工负担 1 个离退休人员），参保职工负担比较重。

这几年，养老基金已经出现了缺口。2010 年陕西养老基金缴纳 187.43 亿元，拨付 234.31 亿元，当期统筹部分的资金已不足以发放养老金。由于缺口越来越大，只能依靠中央财政补贴、挪用个人账户和扩面征缴等办法。2010 年，我省的养老金保险人数已达 1034.94 万人（含城镇企业职工和机关事业单位养老保险、新农保试点地区、未参保集体企业退休人员基本生活保障和城镇居民养老保险试点的参保人员），参保率已比较高，通过扩大参保面增加收入的空间已经不大。

未来几年，上世纪 50 年代出生高峰人群陆续开始进入退休年龄，按人口发展的惯性趋势，这拨人也会带来退休的高峰。依照目前的养老保险制度，城镇职工养老保险维持收支平衡所需要的财政补贴将不断增加，可能给公共财政造成巨大压力。所以这种依靠中央财政维系庞大的社保体系运转的模式，造成了养老基金入不敷出和当期政府的财政负担，也造成了老龄化时期养老问题深刻的社会危机。养老金保障应逐步由现收现付制即代际转移模式向养老基金的积累制转变，这有利于减轻不断加剧的空账压力。另外，目前实际存在的养老双轨制使不同

群体之间的养老金存在较大差别，而且两类人群的待遇水平差距有日益扩大的趋势，这也可能会引发新时期新的社会矛盾，影响社会的和谐稳定。

（三）养老服务需求快速增加，现有保障能力面临挑战

养老服务指老年人口随年龄的增加、身体健康状况逐步下降而产生的生活照料和医疗护理等需求，也包括精神慰籍需求。不管是居家养老还是机构养老，老年人一些共性的老年服务需求规模是巨大的。

1. 老年人照料问题将更加突出

老年人发病率高，生活不能自理的比重高，老年人疾病又多为慢性病，时间长花费大，消耗卫生资源多，对国家社会和家庭构成极大的负担。随着老年人口规模的扩大，老年人照料问题将会更加突出，需要越来越多的医务人员服务于老年人的医疗、护理、康复及照顾。

图 2　65 岁及以上老年人口的身体健康状况

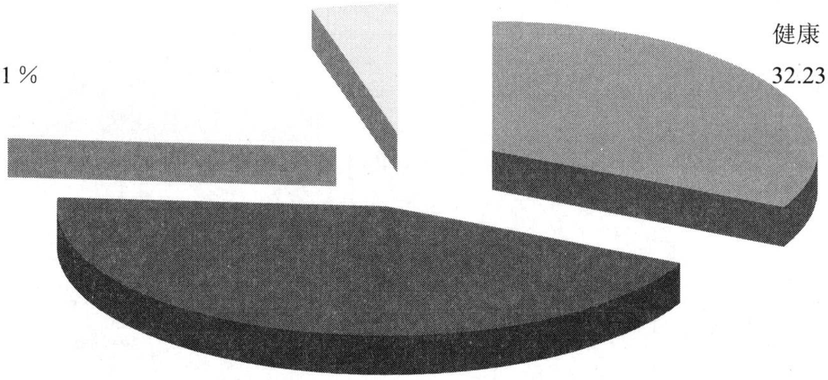

2010 年，全省 65 岁及以上老年人口中有 76.14% 健康和基本健康，19.51% 的不健康但生活尚能自理，还有 4.3% 约 13.69 万的老年人生活不能自理。

在全省 318.38 万老年人中，80 岁以上的高龄老人有 42.12 万，其中许多人逐步进入半自理或不能自理状态。高龄老人和失能老人大幅增加，需要照料的失能、半失能老人数量大。同时，随着第一代独生子女家长进入老年，我省也开始进入少子老龄化的新阶段。

老年人的赡养、“空巢老人”特别是生活不能自理老人生活照料和高龄老人的护理问题都是我们养老保障面临的挑战。目前，我省养老保障面相对较小，服务项目偏少，专业的服务人员严重不足。2010 年，我省老年收养性机构服务人员仅有 3401 人，与庞大的老年人队伍和老年服务需求极不相称。

2. 家庭养老功能逐步弱化

人口老龄化与家庭规模和结构的变化对养老方式的影响是比较直接的。2010 年我省家庭户规模比 2000 年减少 0.38 人，平均每个家庭户只有 3.22 人，而城市更少，平均只有 2.7 人。家庭户规模的缩小，使家庭中能够承担养老责任的人在减少。而且老龄化又使得家庭中老年人口比重增加，实际上，家庭养老的负担是在不断增加的。老龄化的一个很明显的影响是家庭养老承受能力下降，老人较多的家庭负担将会很重。

表 8　65 岁及以上老人家庭户居住类型

单位：户，%

类别	老人家庭户户数	一个或两个老人单独居住的纯老人户数	老人与未成年人居住户数	老人家庭空巢比例（%）
全省	2360804	599128	31961	25.38
城市	513758	178171	7024	34.68
镇	392627	120584	6821	30.71
农村	1454419	300373	18116	20.65

近年来，由老年人组成的家庭越来越多。空巢

化和农村留守老人问题使城乡家庭居家养老条件明显缺失。2010年,全省236万户家庭生活着一个及一个以上的老人,占全省1071.86万家庭户的22%。老年人的空巢比例也较高。在这些有老人的家庭户中,59.9万户家庭是一个老人或一对老年夫妇单独居住生活的纯老人户,即空巢老人户占老人家庭户的四分之一;还有4.76%共3.19万老年人是与未成年孙子辈居住。农村留守老人数量也很大,农村的纯老人户有30万户,占全省纯老人户一半,加上与未成年人一起居住生活的,全省农村有31.8万家庭是老人单独居住或与未成年子女一起居住。

表9　陕西省60岁以上老年人居住及健康状况

单位:%

居住方式	比 重	#不健康,生活能自理	#生活不能自理
总　计	100.00	15.51	3.24
一人独居户	6.67	21.65	3.79
一对夫妇户	24.79	11.96	2.02
二代户	21.63	14.84	3.46
#隔代户	4.76	11.71	1.87
三代户	41.85	16.27	3.43
四代户	1.98	25.39	9.01
其他	2.66	13.39	3.94

如表9,在60岁以上老人中,分别有15.51%和3.24%的老人不健康和生活不能自理;一个人单独居住生活老人中有21.65%和3.79%的不健康和生活不能自理;一对老年夫妇单独生活的不健康和生活不能自理达到11.96%和2.02%。这些单独居住并且不健康和生活不能自理的老人明显缺乏居家养老的条件,他们的养老问题是我们的政府和社会应该关注和解决的。

配偶是老年人最最重要的生活照料来源,老年人的婚姻状况能够间接反映老年人得到家庭照顾的情况。没有配偶的老年人得到的生活照料和精神慰籍一般不如有配偶的老年人,我省有三分之一以上的老年人没有配偶。较高的丧偶率降低了老年人的生活照料能力,对家庭养老产生一定影响。

老人家庭的空巢化率在城市、镇、乡村之间没有明显的差别,但在大、中、小城市之间差距较大。六普数据显示:中小城市老人家庭的空巢化率要明显高于特大城市和大城市,陕南、陕北城市普遍高于关中城市。陕北最高,像延安、榆林这样的中等城市城区老人家庭的空巢化率都在50%以上,咸阳、宝鸡等大城市也比西安高,但低于中等城市。特大城市西安老人家庭的空巢化率反而比较低,西安市29万多城市老人家庭中,有9万多家庭是只有一个老人或两个老人(65岁及以上)单独居住,空巢老人家庭占31.85%。这可能与中小城市的年轻人更倾向于生活在大城市从而离开家庭有关。

图3　老年人婚姻状况

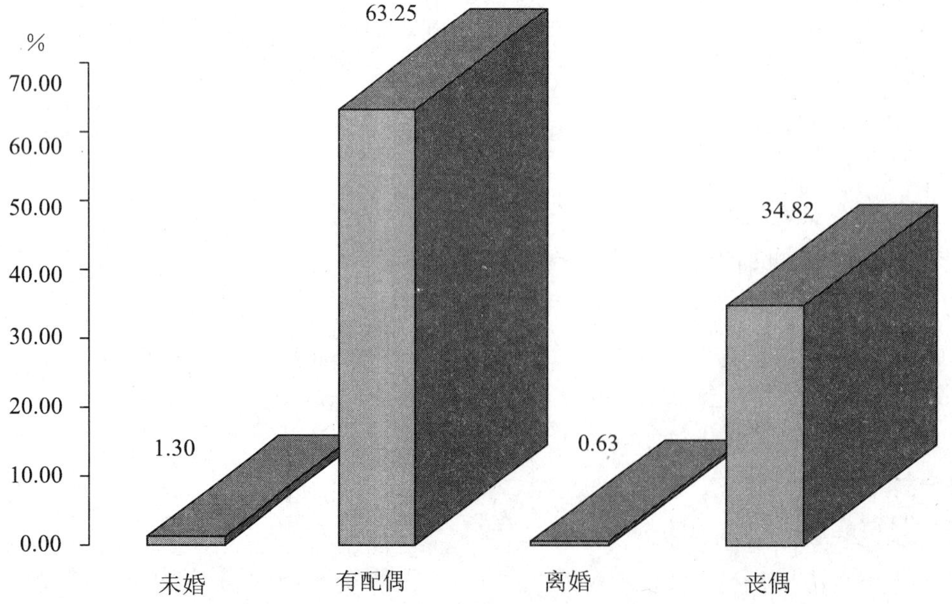

3. 农村老人对家庭及社会的依赖程度较高

全省一半的老人要依靠家庭其他成员供养，但城乡差别非常大。在城市这一比重只有24.26%，农村则达到59.84%，即六成的农村老人需家庭成员供养，还有26.98%的老人要依靠自己的劳动收入。这些数据说明大部分的农村老年人的基本生活对家庭或社会的依赖程度比较高。城市近七成的老人有自己的离退休金。因此可以说明，在目前的经济水平下，经济帮助仍然是大多数农村老人最重要的养老需求，劳动收入和家庭成员供养是农村老人最重要的生活来源。

4. 养老服务项目偏少，社会养老力量不足

在居家养老功能弱化时，养老负担将会越来越多地依赖于社会，所以急需社会力量补充并承担主体责任。然而社会养老力量却明显不足，居家养老服务缺乏专业人才队伍。

2010年底，我省有各类老年收养性机构822个，养老床位49681张。养老床位总数仅占全省65岁及以上老年人口的1.56%，低于发展中国家2%—3%的水平，养老机构数量严重不足。

在目前社会养老保险和各类养老机构还难以替代家庭的养老功能的情况下，低保、残疾、受灾以及特殊困难的老人家庭的扶助需求在日趋增加，社会养老服务需求会急剧增加，社会养老服务压力不断加重。我省的养老服务项目偏少，民间投入的力度不够，社区养老潜力未得到有效开发，资源未得到合理利用。由于我省老龄化是在'未富先老'、社会保障制度有待完善、城乡和区域发展不平衡的形势下发生的，在养老床位数量、养老模式、养老服务内容和养老服务专业化水平等社会养老诸多方面，还不能满足老年群体的需求。

图4　我省各市城区老人家庭的空巢化率

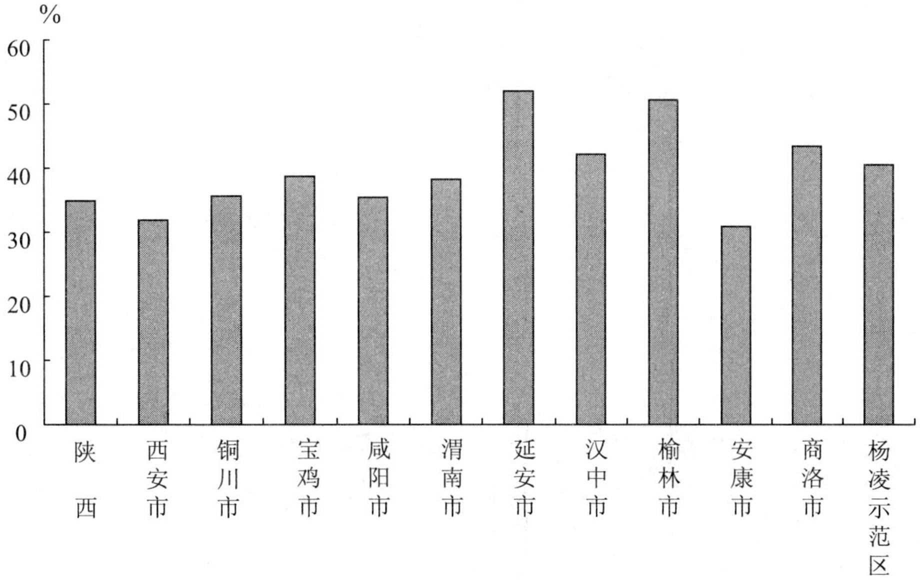

表10　全省65岁及以上老年人口的生活来源情况

单位：%

类别	劳动收入	离退休金养老金	最低生活保障金	财产性收入	家庭其他成员供养	其他
全省	19.15	21.58	5.79	0.51	50.56	2.41
城市	2.81	67.53	2.22	1.09	24.26	2.10
镇	11.57	28.30	5.77	0.88	50.83	2.65
农村	26.98	3.47	7.06	0.20	59.84	2.46

(四)医疗保障体系面临较大压力

医疗保障是指社会对公民的健康给予维护和对疾病给予治愈及康复的保护性措施，属现代社会保障范畴的重要组成部分。老年人处于生理上的衰老期和社会角色转换及社会功能下降的时期，具有患病率高、伤残率高、医疗利用率高的特点，是医疗卫生资源的重要消费对象。老年人口比例和规模的增加，会使社会人群患病率增加，并相应增加医疗保健开支与人员照料，给医疗保障体系带来较大压力。

1. 老年保健服务和预防医疗的需求增加

老年人口的发病率要明显高于其他年龄组人口，是疾病的高发人群，他们的健康需要特别的保障。在目前医疗技术条件和健康状况未发生根本变化的情况下，老年人口的发病率有随着老龄化的发展而逐步提高的趋势。在老年人口比重较低的社会，老年病的防治并不会成为医疗保障的重点，人口老龄化的到来有促使医疗保障的重心向老年人转移的趋势。随着经济的发展和人们健康水平的提高，人类的疾病谱已发生了变化，慢性病取代了急性病和传染病成为老年人健康的主要威胁，社会对长期保健服务和预防医疗的需求有所增加，老龄化将促使医疗模式向这方面转变。

2. 社会的医疗保障费用负担加重

由于老年人的患病率较高，随着老龄化的发展和高龄人口的增加，必然导致医疗保障资金的增加。

一般来说，老年人比年轻人更需要医疗保健服务。一般来讲，老年人口的医疗费用是中青年人口的3—5倍，平均一个人晚年的医药费约占其一生医药费的70—80%以上，老年人医疗费用支出占总支出相当大的比例。人口老龄化本身将大大增加医疗费用的支出。人口的高龄化(指人口中80岁以上人口比例的增加)还将大大增加对于丧失自理能力的老人的护理需要和成本。老龄化对医疗保障产生的压力会更加严重。与陕西经济社会发展水平相比，目前老年人的收入保障和医疗保障水平相对较低。如果没有其他的相应的保障措施，高昂的医疗负担，如果单靠老人的养老金及基本医疗保险，很可能导致一部分老年人因病致贫，从而降低老年人的健康水平和生活质量，对农村新合疗的承受力将是很大挑战。高昂的医疗费用，会给国家和社会的承受力造成明显的影响。

(五)社会弱势群体规模可能扩大

高龄、贫困、残疾、女性等老年人属于社会弱势群体，老年人口规模的增加，可能会相应增加全省弱势群体的规模，给社会管理工作带来一定的压力。

六、采取积极措施，应对人口老龄化挑战

面对人口老龄化和老年人口规模扩大的现实，我们应尽快推进经济结构的转型、人力资源结构的提升、养老保障制度的完善，以应对人口结构性变化带来的冲击，

(一)发展服务业和老龄产业

人是要消费的，不同年龄的人群，对产品和服务的需求是不一样的。老龄化客观要求社会调整产业和产品结构，所以老龄化在给社会经济发展带来影响的同时也孕育一个巨大的消费市场——老年产品市场，它能促使老年市场的形成和老年产业的发展，带动相关的第三产业大力发展。面对我省的老龄化形势，应推进第三产业和老龄产业发展，放松服务业管制，发展医疗、教育、通信、金融等高端服务领域，并加快培育和发展生活照料、家政服务、康复护理、医疗保健等服务为主的的养老服务业。

同时，不能忽视庞大老年群体的心理、文化、娱乐等精神需求，多建立一些老年大学、老年活动中心等老年活动场所，为老年人摆脱孤独、融入社会营造更好的环境和条件，使老年人在“老有所养”的同时，能够“老有所乐”，得到更多的心理慰籍，满足他们的精神需求。这是应对人口老龄化、满足庞大老年人群需求、促进经济社会的协调和可持续发展的重要举措。

(二)充分发挥人力资源优势，促进技术创新和进步

人口老龄化为我们提出了一个新的课题：即在劳动力结构的重建过程中，如何改变传统的人力资源开发和利用模式，更多发挥不同年龄人群、特别是年长者的作用。

老龄人是过去、现在和未来的桥梁，也是知识和经验的象征。在老龄人这个特殊的人群里，有相当多的是学识渊博、经验丰富、事业有成的专业人才，老年人才继续发挥“余热”可以节约人口智力投资成本，大力挖掘、开发、利用老龄人群中的人力资源，对社会经济的发展具有重要的作用。同时老龄人参与社会事务，体现了老年人的“老有所学”、“老有所为”，既为社会创造了财富，减少社会对老龄人的供养成本，为社会做出重要贡献，也是对老龄人群社会价值的尊重。

(三)建立与社会发展水平相适应的养老保障体系

今日社会，老年社会保障健全与否已成为衡量

一个国家或地区社会文明进步的重要标志。健全的老年社会保障包括两个方面，一是应保尽保，即所有应当拥有老年社会保障的老年人口都应有基本生活的社会保障；二是建立保障水平调整机制，使老年人口能随着社会经济的发展分享改革的成果和社会进步。

1. 扩大养老保险覆盖面

目前养老保险仅覆盖城镇中部分人，农村老年人口大部分被排除在外；因此在财力许可的情况下，要尽可能实施广覆盖，逐步扩大老年社会保障范围，让更多的老年人口享有一定份额的养老金，使他们的经济生活有可靠的社会保障，这是社会的责任，也是人类文明和社会进步的象征。

2. 完善社会养老保障制度

老龄化进程的加快迫使我们建立一个更加完善合理的、可持续的社会保障体系，从现收现付制养老保障制度向完全个人积累制度过渡。今后还需要把农村转移劳动力纳入新的保障体系；针对当前养老金共济性弱、筹资严峻的形势，建议适当提高当前保障基金的缴费水平，同时还要确保养老保险金的保值增值。

3. 建立多元化养老模式

现有的养老模式是以居家养老为主、社区服务为依托、机构养老为补充，机构养老人数只占很小部分。我省养老服务体系建设的目标是：在“十二五”期间，按照“9073”的目标保证养老服务工作的全覆盖，即90%的老年人居家养老，7%的老年人社区养老，3%的老年人机构养老。即使按3%的目标，我省养老机构的缺口也很大。应增加养老机构的数量和专业服务人员，通过税费减免、补贴、购买服务等方式，引导和鼓励社会力量兴办老年公寓、福利院等养老机构；培育和发展社区非营利性组织的养老服务，即老年人居家和社区养老两者结合，老年人自己出钱，政府加以补助，由社区派人提供养老服务，即解决老年人的照顾问题，又提供了大量就业机会，满足我省300余万老年人的养老需求。

（四）适时调整计划生育政策，实现合理人口年龄结构

经济社会发展的实践证明适度的人口数量和合理的结构是经济社会协调发展的前提。人口发展的规律告诉我们，人口问题在时间上往往具有一定的滞后性，作用的强度具有乘数效应，当我们明显感到问题的存在时，实际上已经丧失了解决问题的最好时机。发达国家面临的老龄化问题为我们敲响了警钟，人口老龄化如果越来越严重，就意味着人口再生产转向静止型甚至是缩减型，使人口的发展出现不可持续性。根据我省实际，适时调整人口生育政策，使人口年龄结构逐步趋于合理，可以减轻老龄化带来的劳动力供给不足及出生婴儿性别比失衡等社会性问题。

（五）适时调整劳动就业政策

随着人口平均预期寿命和平均受教育年限的提高，应适当调整劳动就业政策，弹性延迟领取基本养老金年龄。首先，延迟退休年龄即延长了养老金缴纳时间，可以缓解部分养老金缺口的压力，最重要的是能够优化就业者的结构。现行的退休年龄规定导致个人工作时间在整个生命周期中的比重大幅下降。据人力资源和社会保障部的数据：2011年我国平均退休年龄只有52岁。实际上，一些特定行业，如医生、教师，往往是“越老越吃香”。目前一些优秀的医生、教师、技术人员等专业技术人员即使退休了还在被社会上聘用，继续发挥余热。退休早在某种程度上的确是一种人才资源的浪费。其次，弹性延迟退休年龄能够解决人才断档问题。文革十年使得人才断档十分明显，社会期待也需要夕阳再放光芒。

应把握好时机，根据人口结构变化、就业情况、收入增长和经济发展情况，适度稳步提高退休年龄，确保参保人得到可持续的充分保障。应小步渐进，逐步到位。首先针对《国家中长期人才发展规划纲要（2012—2020）》所规定的各类人才实行，其次在正规部门实行男女平等相同的退休年龄政策，然后逐渐在全社会实行。积极探索针对行业特点、考虑个性差异以及给予劳动者更大自由的就业政策的有效途径。

当前，“银发浪潮”扑面而来，人口老龄化冲击无法回避，可能会对未来的经济增长和社会发展带来长期的不利的影响，尤其是我省，是在经济不很发达、社会尚不富裕时进入老龄化，因此解决我省老龄化问题必须具有超前性和战略性，要千方百计寻找对策，积极应对，在“稳增长、调结构、转方式“的背景下，将老龄化的挑战转化为发展与转型的新机遇。

参考文献：

1. 邬沧萍主编．社会老年学．北京：中国人民大学出版社，1999.
2. 国务院第六次人口普查办公室，国家统计局人口和就业司．2010 年第六次人口普查主要数据．北京：中国统计出版社，2011.
3. 陕西省统计局．国家统计局陕西调查总队陕西统计年鉴[M]．北京：中国统计出版社，2011.
4. 陕西人口普查办公室．世纪之交的中国人口—陕西卷．北京：中国统计出版社，2005.
5. 陕西人口普查办公室．陕西省 2000 年人口普查资料．北京：中国统计出版社，2002.
6. 六普数据：2010 年陕西省第六次全国人口普查汇总数据(电子版).
7. 陕西统计局．陕西省情，2012.

陕西省统计局　杨志俊　刘琼怡　何永生

江西人口老龄化问题研究

第一章 人口老龄化问题研究背景与进展

随着社会的发展进步，人类生产力的提高，人口老龄化问题已经成为全球性的问题，成为各国经济发展水平的重要构成因素。世界各国都在积极探索如何采取有效的措施来面对日益严峻人口老龄化问题。对于人口老龄化所产生的一系列对经济社会的负面影响，国内外学者长期以来进行了深入研究探讨，本文拟做一初步概述，作为研究本课题的理论铺垫。

一、人口老龄化问题的研究背景

就人口老龄化的基本概念而言，包括两方面的含义：一是指老年人口相对增多，在总人口中所占比例不断上升的过程；二是指社会人口结构呈现老年状态，进入老龄化社会。国际上通常的看法是，当一个国家或地区 60 岁以上老年人口占人口总数的 10%，或 65 岁以上老年人口占人口总数的 7%，而同时 14 岁及以下人口占总人口比重低于 30%并逐渐缩小，即意味着这个国家或地区的人口处于老龄化社会，当 65 岁以上老年人口比例达到或超过 14%时，该国家或地区就进入了“超老龄社会”。通常把 60—69 岁称为低龄老年人口，70—79 岁称为中龄老年人口，80 岁以上称为高龄老年人口。人口老龄化作为人口统计学的一个概念，强调人群的老化，而不是个体的老化。人类社会进入 21 世纪以来面临着所未有的冲击，城市化、全球化、人口老龄化和气候变化已经被大家公为人类面的四大挑战。其中老龄化问题已经成为影响各国政治、经济、文化等各个方面的重要现实问题，也是一个深刻影响人类发展的长久性问题。

1. 世界和我国人口总量日益增加

根据世界银行 WDI 数据库显示，全世界人口已经由 1990 年的 52.9 亿上升到 2000 年 60.8 亿，再到 2009 年的 67.8 亿，1971—1980 年的人口年均增长率为 1.9%，1981—1990 年的年均增长率为 1.7%，1991—2000 年的年均增长率为 1.4%，2001—2009 年的年均增长率为 1.2%；中国由 1990 年的 11.4 亿到 2000 年的 12.6 亿，再上升到 2009 年的 13.3 亿，1971—1980 年的人口年均增长率为 2.0%，1981—1990 年的年均增长率为 1.9%，1991—2000 年的年均增长率为 1.4%，2001—2009 年的年均增长率为 0.6%，世界人口与中国人口都处于历史的顶峰，但增速都呈趋缓的趋势。

2. 全球面临日趋严重的人口老龄化问题

当今世界人口生态及人口政策关注的三大问题依次为：人口增速减缓；老龄化加速；国际移民成为相关国家化解人口生态矛盾的一大重要对策。在未来半世纪内，全球人口出生率持续下降，持续老化，已成定势。

3. 人力资本对经济增长的作用日益增强

人的知识、能力、健康等人力资本的提高对经济增长的贡献远比物质资本、劳动力数量的增加重要的多。现实社会与经济的发展充分证明，在一个国家经济发展的较低阶段，人口数量的增长和经济增长之间存在着长期稳定的关系，但当经济社会发展到一定程度，这种关系会逐渐减弱，而此时人口对经济影响的程度与每个人对经济增长所做出的贡献是正相关的，即与人口的质量是正相关的。

4. 全球进入结构调整与人口红利消失期

随着 2008 年由美国次贷危机引发的金融海啸逐步消退，全球经济步入了“后危机时代”，世界经济进入结构调整时期。发达经济体消费需求不振，外需大幅度下降，全球贸易增长势头减缓，与此形成对照的是，新兴市场国家和发展中国家增长较快，进入新的建设高峰期。世界各国纷纷根据本国实际进行政策调整，使国际经济环境更加复杂，我国发展面临新挑战与人口红利消失。

二、对人口老龄化问题研究进展概述

1. 国外学者对人口老龄化问题的研究

人口老龄化早已引起世界各国政府和学者们的高度关注，但人口老龄化经济学对经济学家和其他社会科学家来说，还是一门新的学科。20 世纪 80 年代中期以来，随着发达国家人口老龄化程度的加剧，其劳动力市场、社会保障制度、社会福利和公共财政政策以及代际关系等方面面临巨大的挑战，由此推动人口老龄化经济影响研究的快速发展。

自上世纪 90 年代以来，国外学者对人口老龄化影响区域经济发展的研究成果颇丰，在理论和实践上都不断深入，主要侧重于以下几个方面：人口老龄化对经济增长和社会福利的负面影响；人口老龄化对消费、储蓄和资本积累的不利影响；人口老龄化对就业和人力资本积累的影响；人口老龄化对养老和医疗服务保障需求增加的影响；人口老龄化对公共财政压力的影响。

2. 国内学者对人口老龄化问题的研究

从 20 世纪 80 年代中后期开始，我国学术界关注人口老龄化的社会经济影响问题。20 世纪 90 年代，我国人口学和老年学界也对人口老龄化的社会经济影响问题做出了进一步的研究，尤其是关于人口老龄化对经济发展的利弊分析上有不同的见解。到了 21 世纪，中国学者对人口老龄化进行了多视角的分析研究。

第二章　发达国家人口老龄化趋势与影响

包括日本在内的西方国家，是进入老龄化社会时间最早、老龄化程度最严重的地区，当前西欧多国老龄化水平已经超过 20%。人口老龄化的形成原因是多方面的，对发达国家经济社会也产生了一系列影响，如劳动力资源短缺价格上涨、养老保障支出大幅提高、各种养老服务需求增加、制约经济增长的速度，等。

一、发达国家人口老龄化状况

1. 发达国家人口老龄化趋势

2009 年，全世界 65 岁及以上老年人口比例为 7.5%，而发达国家地区该比例为 15.8%，也就是说全世界已进入人口老龄化社会，发达国家更是进入了超高龄社会。发达国家中老龄化水平最高的是日本，2010 年，65 岁及以上老年人口比例为 22.5%，属于超高龄社会；意大利、德国的老龄化水平紧随其后，2010 年 65 岁老年人口比例为 20.4%；法国、英国的老龄化水平在发达国家中居中，2010 年 65 岁以上老年人口比例分别为 16.8%和 16.6%；加拿大和美国的老龄化水平相对较低，2010 年 65 岁以上老年人口比例分别为 14.1%和 13.1%。

表一1　发达国家人口老龄化速度比较

地区	65 岁以上人口比例达到年次（年）		老龄社会到超老龄社会所需年限
	7%（老龄社会）	14%（超老龄社会）	
日本	1970	1994	24
法国	1865	1979	114
德国	1930	1972	42
英国	1930	1976	46
美国	1945	2014	69
中国	2000	2027	27
江西	2005	2035	30

资料来源：Population Reference Bureau. 2009。

2. 发达国家人口老龄化的成因

老龄化问题有着其必然因素，是人类历史进步的必然趋势，发达国家人口老龄化的主要原因如下：

人口出生率的下降。计划生育的推广，优生优育已成为世界上大部分国家普遍关注，同时，由于城市化和文化教育事业的迅猛发展妇女社会地位的逐步提高，许多青年男女更把大量的精力投入到工作和学习中，导致人口的出生率大幅下降，世界已经由过去的高出生率逐渐转变为低出生率。

价值观的变化。随着经济水平的发展，人们的精神生活水平也有了长足的进步，传统妇女的地位得到解放，已经不再满足于做家庭主妇，她们也开始走出家庭，走进工作岗位，她们已经不再把自己的职责放在生儿育女上，促使使人们生育观念的改变。

平均寿命的延长。随着经济、医药、卫生事业的发展，人民生活、健康水平提高，人的寿命得以提高，当今发达国家人口平均寿命显著高于发展中国家。欧盟统计局于 2011 年 4 月 1 日发布“第三次人口报告”，称欧盟人口老龄化趋势不断加重。调查显示，欧盟 27 个成员国中男性人均寿命为 76.4 岁，女性为 82.4 岁。

初婚年龄延长及未婚人口增加。发达地区年轻人随着学业延长和经济活动等因素，女性生活方式的变化和就业率的提高，拖延婚姻以及逃避生育、单身生活等态度变化使减少婚姻的趋势持续蔓延。

和平安定的社会环境。众所周知，战争、灾害、疾病、贫困，是造成人口减少的主要原因，两次世界大战造成欧亚大陆人口锐减，不少国家人口出现负增长，而从二战后，全球没有发生大规模的战争，重大的疾病、灾害也得以有效控制，全球贫困得以缓解，特别是发达国家生活水平不断提高，社会福利完善，这些条件都有利于促使发达国家人口老龄化。

二、人口老龄化对发达国家经济社会的影响

1. 劳动力资源短缺价格上涨

人口老龄化是人口年龄结构的一种变化，即老年人口比例不断上升的过程。老年人口的增多意味着对医疗保健，生活照料等服务需求的增加，这些在客观上派生出对劳动力的需求，使企业和国家投入更多的劳动力生产产品和提供服务，为社会创造足够的可供更多老年人的经济财富。巨大的劳动力短缺，将造成劳动力价格上涨，削弱企业的竞争力。

2. 养老保障支出大幅提高

在人口老龄化的进程中，往往会带来退休人员的快速增加，个人领取养老金时间也相应延长，客观导致养老金支出大幅提高。除了养老金支出不断上涨外，老年人医疗费用开支也不断上涨，即社会保险、社会救济和医疗卫生等社会福利，用于老年人的支出也将不断增加。欧洲老年人退休金极为优厚的一些国家，政府和社会承受极大负担。

3. 各种养老服务需求增加

在发达国家老龄化的同时，家庭结构也发生了变化，老人与子女共同居住的比例越来越低。随着老人与子女分居生活的方式被广泛接受，传统的由家庭成员提供服务的家庭养老模式逐渐让位于由社会提供服务的社会养老模式。目前社会养老模式主要有居家养老和机构养老两种方式。无论是居家养老还是机构养老，都需要社会提供相应的服务。

4. 不利于储蓄率的提高

在国民收入一定的情况下，积累基金和消费基金是此消彼长的关系。积累基金多就意味着国家和企业可以拿出更多的钱用于投资和扩大再生产，这对拉动经济增长是至关重要的。但是，人口老龄化会导致养老经费的不断增加，从而导致消费基金的增加，使积累基金相对减少，这对扩大投资无疑是不利的。欧洲债务危机就是由于消费过度，储蓄不足引起的。

5. 制约经济增长的速度

人口老龄化可能导致人均国内生产总值的持续下降，老龄化带来公共财政压力、资本积累不足、劳动力资源短缺及价格上涨、生产率降低等多种问题。储蓄是资本积累和投资的源泉，积累的不足会导致投资减小，这势必制约经济的发展。劳动年龄人口的相对缩减、劳动参与率的降低，影响生产力和经济的发展。

第三章　江西人口老龄化的特征和趋势

根据人口普查与调查资料分析，江西在 2005 年开始进入人口老龄化阶段。根据第六次全国人口普查资料，对江西人口老龄化状况进行了统计分析，内容包括：不同时期老年人比重与地区分布，年龄性别结构等；还对江西老年人的生活状况进行了描述，包括家庭分布、婚姻与健康、生活来源以及分年龄死亡状况；到 2020 年江西人口总量与老年人口增长的趋势进行了预测。

一、江西人口老龄化状况分析

1. 江西各阶段的人口规模与增长

中华人民共和国成立后，随着政治、经济的巨大变化，人民生活水平不断，江西省人口有了较快的发展，人口总量、结构出现了不同的几个阶段的跨越、变化。自1950年以来，江西省人口发展，大致经历了这几个阶段：

第一阶段（1950—1952年）人口大幅上升的时期，年平均增长8.01%；第二阶段（1953—1959年）第一个人口生育高峰时期，年平均增长2.56%；第三阶段（1960—1962年）人口增长的低谷时期，年平均增长率为1.01%；第四阶段（1963—1978年）第二个人口生育高峰时期，年人口平均增长率为2.82%；第五阶段（1979—1990年）人口有计划控制的时期，年人口平均增长率为1.51%；第六阶段（1991—2000年）人口低增长时期，年均增长率为0.85%；第七阶段（2001—2010年）人口进一步低增长时期，年均增长率为0.72%，2010年底江西人口达到4462万人。

2. 各年龄组人口分布形态与比较

2010年，江西各年龄组人口分布呈现出柱锥体半截面图（见图一1），50岁以上人口逐渐呈现递减的趋势，0－34岁呈均匀分布状态，35－49岁略为偏大的人口分布状态，相比2000年人口分布呈现出圆锥体半截面图（见图一2）而言，江西各年龄组人口分布显得更为合理，较大程度改变了2000年那种上面人口小，下面人口逐渐增长的人口不断扩展的趋势，整体显示出江西人口呈现出良性发展的良好趋势。

图—1　2010年江西各年龄组人口分布

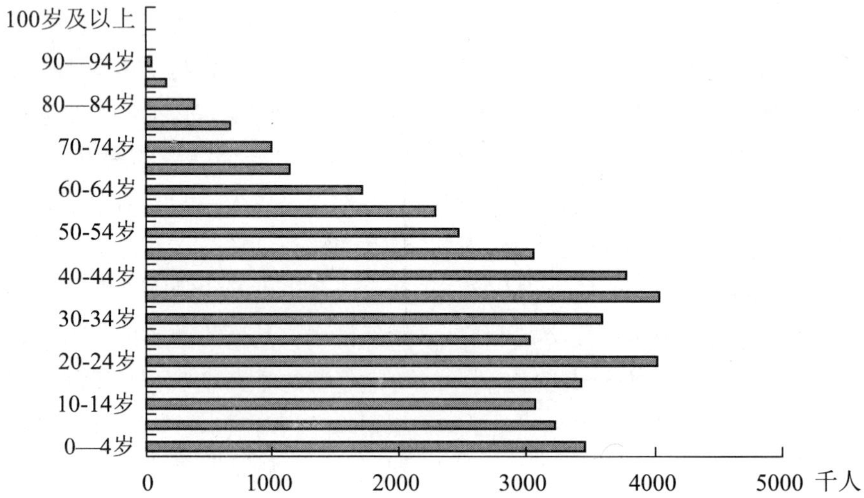

图—2　2000年江西各年龄组人口分布

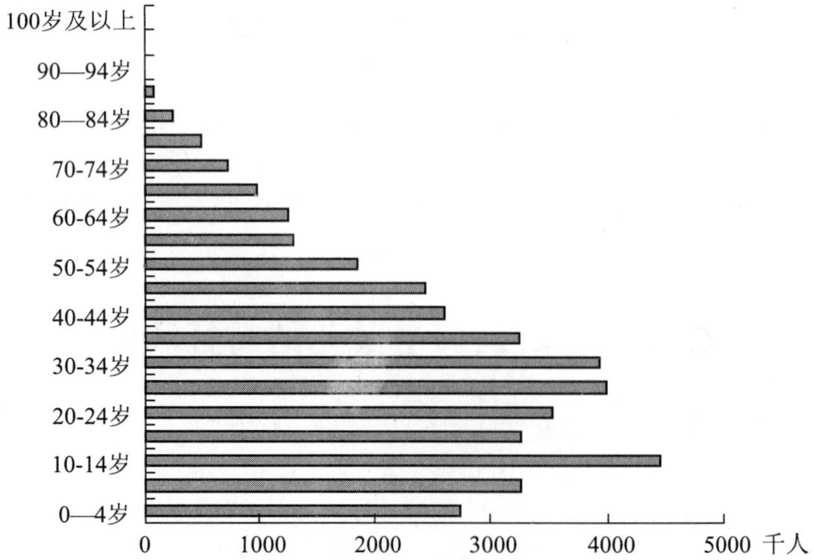

3. 不同时期老龄人口比例

自新中国成立以来，江西省共经历 6 次人口普查，数据见表—2。0—14 岁年龄组构成比从 1953 年到 1964 年有较大比例上升，然后从 1964 年到 2010 年连续呈下降趋势，在 2000 年的构成比例为 25.99%，到 2010 年再降为 21.91%，低于 30%的比例，此项数据显示，江西从 2010 年进入人口老龄化区域；65 岁及以上年龄组构成比从 1953 年到 1964 年略有下降，然后一直呈上升趋势，到 2010 年达到 7.6%，越过人口老龄化这项指标 7%临界点；15—64 岁年龄组构成比从从 1953 年到 1964 年有所下降，然后也一直处于上升阶段，到 2010 年达到最高为 70.49%。综合以上几个指标可以看出，现阶段江西正处于“人口红利”最好时期，同时也正进入人口老龄化阶段，随着时间推进，在未来几十年间“人口红利”将逐渐消失，进而进入“人口负债”时期。

图—3 2010 年江西老龄人口分年龄组构成(%)

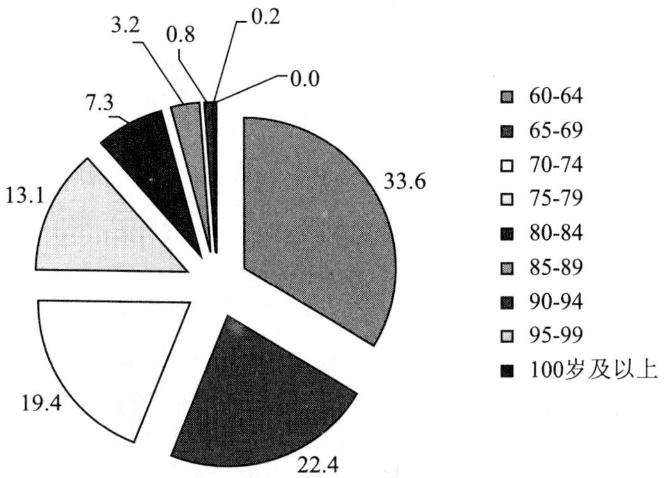

表—2 江西历次人口普查各年龄组人口构成比例

单位：%

年龄组	1953 年	1964 年	1982 年	1990 年	2000 年	2010 年
0—14 岁	34.42	39.98	38.80	31.79	25.99	21.91
15—64 岁	61.59	56.23	56.70	63.12	67.90	70.49
65 岁及以上	3.99	3.79	4.50	5.09	6.11	7.60
少儿抚养比	55.88	71.10	68.43	50.37	38.28	31.08
老年抚养比	6.48	6.74	7.94	8.06	9.00	10.78
总抚养比①	62.36	77.84	76.37	58.43	47.28	41.86

4. 江西老年人的年龄性别状况

2010 年，江西 60 岁以上老年人口总数为 509.9 万，占江西总人口 11.4%。60 岁以上老龄人口，随着年龄的增长，构成比例不断呈下降趋势，其中 74 岁以下老龄人占总老龄人口 75.4%，80 岁以上老龄人口占总老龄人口 11.5%，说明江西高老龄人口构成比重较低，低老龄人口构成比重较大。在 60—64 岁、65—69 岁年龄段中，男性老龄人口多于女性老龄人口，性别比分别为 105.5∶100 和 103.7∶100；超过 70 岁老龄人口中，性别比则呈下降趋势，特别是年龄越高，男性老年人口比重就越低，100 岁以上老年人口中，性别比仅为 37.1∶100；总老龄人口中，性别比为 96.9∶100，男女性别比重相差不大，女性略为更多。

5. 江西各地区人口老龄化状况

2010 年江西全省老年抚养比为 10.78%，低于全国 1.12 个百分点；总抚养比为 41.86%，高于全国 7.69 个百分点。说明江西的人口老龄化低于全国的平均水平，但总抚养压力高于全国平均水平，这主要是由于江西的少儿抚养比高于全国平均水平，因此在未来的几十年中，江西老龄化问题相对全国平均水平来说要轻微一些，在人力资源方面相对占有一定的优势。

① 抚养比是指在某一区域人口中非劳动年龄人口与劳动年龄人口之比，以百分比表示。抚养比分为少年儿童抚养比和老年人口抚养比。老年人口抚养比为老年人口与劳动年龄人口之比，以百分比表示。总抚养比是少年儿童抚养比和老年人口抚养比。

2010年，各设区市老龄化高于全省平均水平的有赣州市、萍乡市、新余市、吉安市，老年抚养比分别为11.74%、11.68%、11.1%和10.9%，但都低于全国11.9%的平均水平；老龄化程度比较低的设区市有景德镇市、抚州市，老年抚养比分别为9.4%和9.84%，但都高于人口老龄化7%这个临界点。

2010年，江西总抚养比高于全省平均水平的设区市有赣州市、上饶市，分别为48.2%和45.07%；总抚养比较低的设区市有南昌市、新余市、景德镇市，分别为35.46%、36.81%和36.95%，但都高于全国34.17%的平均水平。

二、江西老年人口生活状况

1. 江西老年人口按家庭分布状况

2010年江西家庭户总数为1154万户，有65岁及以上老年人的户为256.5万户，占家庭户总数22.22%，相当于每5个家庭户就有1.1个家庭有65岁及以上的老人。其中有一个65岁及以上老年人的户占比为15.83%，有二个65岁及以上老年人的户占比为6.32%，有三个65岁及以上老年人的户占比为0.07%，困难老龄家庭户[①]占比为5.43%。

2. 江西老年人口婚姻与健康状况

2010年，江西60岁及以上老年人婚姻构成中，有配偶占69.24%，丧偶人数占28.86%，未婚占1.17%，离婚人数占0.73%。60岁及以上老年人中，男女性别比为0.95∶1,；未婚男女性别比为5.37∶1；有配偶男女性别比为1.33∶1；离婚男女性别比为2.09∶1；丧偶男女性别比为0.37∶1。总体来说，60岁及以上老年人中，由于女性丧偶比例大于男性，导致男性婚姻状况好于女性婚姻状况。

2010年，江西60岁及以上老年人中，身体健康占总人数44.5%，基本健康占总人数41%，不健康、但生活能自理的人占总人数12.3%，生活不能自理的人占总人数2.2%；60岁及以上男性老年人中，身体健康占总人数49.7%，基本健康占总人数37.6%，不健康、但生活能自理的人占总人数10.9%，生活不能自理的人占总人数1.8%；60岁及以上女性老年人中，身体健康占总人数39.6%，基本健康占总人数44.3%，不健康、但生活能自理的人占总人数13.6%，生活不能自理的人占总人数2.5%；总体上男性老年健康状况略微好于女性老年人。

老年人口在晚年适当参加劳动或锻炼，对健康有正面影响。江西60岁以上老人按不同生活来源的健康状况分类来看，依靠劳动收入养老的老年人健康状况最好，靠离退休金养老的老年人健康状况为第二，靠财产性收入养老的老年人健康状况为第三，靠家庭其他成员供养养老的老年人健康状况较差，靠最低生活保障金养老的老年人健康最差。

3. 江西老年人口生活来源状况

2010年，江西60岁及以上老年人生活来源构成中，主要是家庭其他成员供养，占比为49.7%；其次是劳动收入，占比为24.7%；再次为离退休金养老，占比为20.3%；然后是最低生活保障金、其他、财产性收入，占比分别为3.5%、1.6%、0.2%。

从江西各年龄段人口就业状况可以反映出老龄人口的就业情况。2010年，江西劳动参与率为71.1%，其中16—19岁、55—59岁、60—64岁、65—69岁、70—74岁以及75岁以上这6个年龄组的劳动参与率低于平均水平，分别为32.7%、66.5%、45.4%、29.4%、14.9%、5.5%；35—39岁年龄组人口劳动率最高为91%，60—64岁年龄组人口劳动参与率相当于最高劳动参与率的一半，65—69岁年龄组人口劳动参与率相当于最高劳动参与率的三分之一，70—74岁年龄组人口劳动参与率相当于最高劳动参与率的六分之一，75岁以上年龄组人口劳动参与率仅相当于最高劳动参与率的十六分之一。2010年，全省平均失业率为2.4%，低于城镇登记失业率0.96个百分点，低于全国城镇登记失业率1.75个百分点，失业率较高的年龄段为16—29岁这个年龄段和75岁以上这个年龄段，其中75岁以上这个年龄段的失业率为2.5%。

4. 江西老年人分年龄段死亡状况

2010年江西全省人口平均死亡率为0.53%，老年人的死亡率随着年龄增长呈递增趋势，其中60—64岁年龄组的死亡率为1.09%，100岁及以上老年

① 困难老龄家庭户是指单身65岁及以上老年人户、一个65岁及以上老年人与未成年人户、只有一对65岁及以上老夫妇的户、一对65岁及以上老夫妇与未成年人的户、有三个65岁及以上老年人的户。

人的死亡率为 57.57%。

2010 年江西死亡老年人分布中，70—74 岁、75—79 岁、80—84 岁年龄组死亡人数较多分别为 3.4、3.6、3.3 万人，65—69 岁、85—89 岁年龄组死亡人数分别为 2.12、2.08 万人；64 岁以下累计死亡率为 10.4%，79 岁以下累计死亡率为 63.1%，84 岁以下累计死亡率为 82.4%，89 岁以下累计死亡率为 94.4%。

图—4 1982—2010 年江西人口总量增长趋势

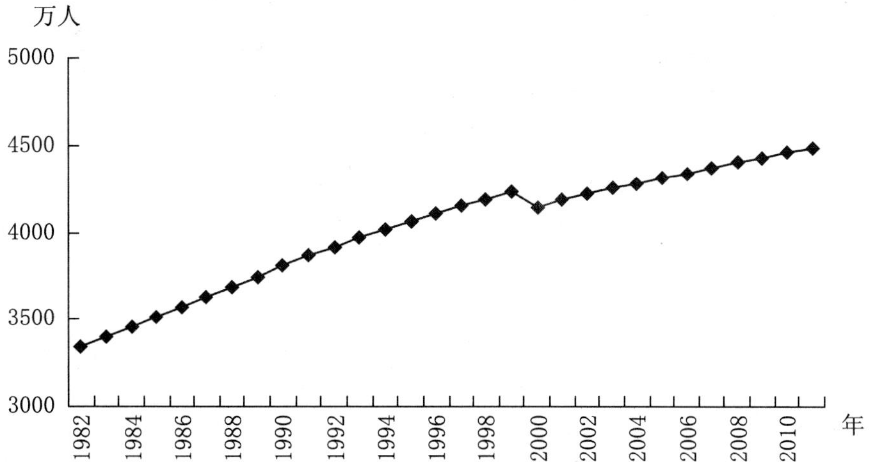

三、江西人口老龄化发展趋势

1. 未来江西人口发展趋势与总量预测

按照江西历次人口普查年均增长率，江西人口从 1982 年开始呈现出增长率持续下降的趋势，1982—1990 年的年均增长率为 1.61%，1991—2000 年的年均增长率为 0.94%，2001—2010 年的年均增长率为 0.74%，年均增长率分别比上期下降 0.95、0.67、0.2 个百分点；按照如此趋势预测 2011—2020 年年均人口增长率应该下降 0.06 个百分点左右，2021—2030 年再下降 0.02 个百分点左右，则 2011—2020 年江西人口的年均增长率为 0. 68%，2021—2030 年为 0.66%，到 2020 年江西总人口为 4769. 万，2030 年为 5074 万。

依据江西人口增长特征趋势，进一步分析从 1982 年到 2011 年江西人口总量曲线，可以发现 1982—2011 年江西人口总量呈对数曲线增长趋势，为此，我们采用对数模型加以滞后自回归变量进行拟合，并进行预测 2012—2030 年的江西人口总量情况。

建立模型(1)如下：

$$renkout = 501.39 + 0.8518 * renkout-1 + 50.98 * \ln(T) + \varepsilon \quad (1)$$

(2.682) (12.92) (1.66)

其中 renkou 表示江西人口总量，t 表示时间，从 1982 年开始为第 1 年，然后依次类推，R2＝0.995，D. W＝2.01，F＝2937，模型拟合效果良好，根据 1982 至 2011 年数据，预测 2012 年至 2030 年数据见表—3。

表—3 2012—2030 年江西人口总量模型预测

年份	人口总量(万人)	年份	人口总量(万人)
2012	4474	2022	4599
2013	4489	2023	4609
2014	4503	2024	4619
2015	4517	2025	4628
2016	4530	2026	4638
2017	4542	2027	4647
2018	4554	2028	4656
2019	4566	2029	4664
2020	4577	2030	4672
2021	4588	—	—

2. 江西未来老龄人口发展趋势与总量预测

按照现有人口推算预测：2010 年江西 65 岁及以上老龄人口总量为 338.7 万，相当于 2000 年 55—68 岁年龄段 336 万的人口总量，如果按照这一趋势进行计算，2010 年 55 岁到 68 岁的人口总量为 400.8 万，即到 2020 年进入 65 岁及以上老龄人口预计将达到 400 万左右，而且随着生活水平的提高，人均预期寿命的上升，这一数据还存在低估的可能；按照这样的预测数据计算，2020 年 65 岁及以上老龄人口占总人口比重将在 8.39%－8.74%之间。按照 2010 年 5－54 岁年龄段人口到 2020 年将为 15－64 岁年龄段人口计算，则到 2020 年江西 15－64 岁人口总量将为 3370 万左右，总人口抚养比将为 35.8%到 41.5%之间。

表—4 江西历次人口普查 65 岁及以上人口占比及增长情况

年龄组	1953 年	1964 年	1982 年	1990 年	2000 年	2010 年
65 岁及以上占总人口比重(%)	3.99	3.79	4.5	5.09	6.11	7.6
比前期增长百分点	—	－0.2	0.71	0.59	1.02	1.49

按照历次人口普查增长趋势预测：根据江西历次人口普查 65 岁及以上占总人口比重的情况(见表—4)进行分析，可以看出，从 1964 年开始江西老龄人口比重呈现上升态势，而且从 1990 年开始，老龄人口占比增长基本上呈现直线上升的趋势；按照这样的趋势分析江西 2020 年、2030 年的 65 岁及以上人口占比应该分别比前期增长 2.0 和 2.5 个百分点。这样到 2020 年、2030 年江西 65 岁及以上人口占总人口比重将为 9.6%和 12.1%。

根据江西历次人口普查 0－14 岁年龄组占总人口比重的情况(见表一5)进行分析，可以看出，按照 0－14 岁年龄段人口占比从 1953 年到 1964 年呈上升，然后从 1982 年开始一直呈下降的趋势，而且从 1990 年开始，比前期减少的百分点呈直线下降的趋势；按照这种趋势分析，江西 2020 年、2030 年 0－14 岁人口占比应该分别比前期减少 3.0 和 2.0 个百分点；这样到 2020 年、2030 年江西 0－14 年龄组人口占比将分别为 19%和 17%左右。

表—5 江西历次人口普查 0—14 岁年龄组人口占比及增长情况

年龄组	1953 年	1964 年	1982 年	1990 年	2000 年	2010 年
0—14 岁占总人口比(%)	34.42	39.98	38.8	31.79	25.99	21.91
比前期减少百分点	—	－5.56	1.18	7.01	5.8	4.08

综合 0－14 岁年龄组与 65 岁及以上年龄组占总人口比重的预测结果，可以计算出到 2020、2030 年江西的 15－64 岁年龄组人口占总人口比重分别为 71.4%和 70.9%，总负担系数将分别为 40.1%和 41.1%，老龄人口比重逐渐增加，少儿人口比重逐渐减少，总人口负担渐渐加重；若按照模型(1)预测 2020 年、2030 年江西人口总量为 4577 万和 4672 万，则 2020 年、2030 年江西 0－14 岁年龄组的人口总量分别为 3268 万和 3312 万，比 2010 年的 3142 万还有所增加。由于我国实行计划生育是从 1979 年开始，然后人口出生率才开始下降，当 20 世纪 70 年代出生人口进入老龄期，老龄化将趋于严重，所以预计到 2045 年江西将进入总人口负担系数增长期。

第四章 江西应对人口老龄化的对策

人口老龄化带来一系列问题，将对江西经济社会发展产生深远的影响。主要是：使劳动年龄人口比重下降，对老人赡养比上升；人口老龄化对投资、消费、储蓄和税收都带来相关影响；人口老龄化使政府用于老人的财政支出增加，财政负担加重；人口老龄化、高龄化影响家庭结构和赡养功能等。如何应对人口老龄化是本世纪江西的一个重大课题，在借鉴西方发达国家经验的基础上，提出江西应对人口老龄化问题的对策建议。

一、发达国家应对人口老龄化经验

1. 鼓励劳动力自由流动调整退休年龄

发达国家为了应对老龄化所带来的劳动力资源短缺导致劳动力供给不足问题，各国都积极从劳动力政策上进行调整，最为显著的就是鼓励劳动力自由流动及推行弹性退休政策。

2. 实行终身学习缓解人力资源不足

对老年工人这一群体实施终身学习和培训，可以防止出现裁员，加强老年工人的就业能力，从而减少和解决人力资源不足的问题。连续和系统的工作人员培训尤其是针对老年工人的培训将是提升企业竞争力的一个关键性的因素。积极采取各种措施，致力于将青年人融入劳动力市场，支持他们在学习、就业、参与再培训上获得更多、更新的技能。

3. 从国外吸纳移民和调整人口政策

移民是许多国家用来解决人口老龄化的重要举措。香港推行资本投资者入境计划，吸引有财力在香港投资而无意亲自经营业务的人士。在接收国外移民和难民时，优先"进口"更多年轻人尤其是青少年的政策，加拿大政府对此一直持积极态度。在英国，政府对产妇实行生育补贴，给予新生儿福利金等补贴，在此基础上再实行增加产假的办法并通过吸收移民来弥补劳动力不足。

4. 实施养老金制度的一系列改革

为应对养老金支出不断上涨、占 GDP 比例越来越大的状况，发达国家普遍实施提高法定退休年龄、延长法定养老金缴费年限、建立稳定养老保险来源等养老金制度等一系列改革。逐渐提高法定退休年龄，是发达国家应对养老金支出大幅提高的首要做法。在提高法定退休年龄的同时，各国还在延长法定养老金缴费年限上作了一些调整。

5. 提供多种养老方式及养老服务选择

随着养老模式由家庭养老向社会养老的变化，养老服务的需求亦不断增加。对此，发达国家大都能提供多种养老方式选择，并提供全方位的社会养老服务，以满足老年人的多种养老需求。北欧一些福利国家通常对全体国民的福利服务制定统一标准，通过公共机构向全体国民提供均质的养老服务；美国则引入市场机制，以民间服务机构为中心强调自立和互相帮助；日本则是政府、家庭、社区、工作单位、民间组织共同参与，服务主体多样化。

6. 建立老年长期护理保险制度

老年人长期护理照料是老龄化国家必须解决的问题，大多数发达国家为此建立了完整的老年护理保险制度，包括现金给付和提供服务两个方面。20 世纪 70 年代，长期护理保险开始在美国商业保险市场上出现，90 年代德国、日本也相继建立了长期护理保险制度。长期护理保险目前存在两种不同的模式：商业保险模式和社会保险模式。

二、当前我国老年人口养老模式

1. 家庭养老模式

所谓家庭养老是指对老年人物质生活的需要、日常生活的照料和精神生活的慰藉，完全依靠家庭来满足。随着市场经济的建立，越来越多的年轻人随着工作的变动在各地流动，使得城市和农村都出现了大量的独居老人。学术界称之为空巢老人。家里只有老人单独居住，增大了对社会养老的需求量。此外，女性劳动参与率的提高，闲暇时间减少，大家庭观念的淡化，也对家庭养老的功能起到了弱化作用。

2. 机构养老模式

所谓机构养老是指以社会机构为养老地，依靠国家资助、社会资助、亲人资助或老年人自备的形式获得经济来源，由养老机构统一为老年人提供有偿或无偿的生活照料与精神慰藉，以保障老年人安度晚年的养老方式。在我国现有的经济条件下，机构养老对于解决我国的养老问题也只是杯水车薪。

3. 社区养老模式

所谓社区是指以一定地域为基础的社会生活共同体，它包括一定的地理区域，该地域内的各种物质文化资源，以及通过血缘、地缘等关系联系起来的具有共同利益的人群及组织。社区养老就是以社区为载体，依靠社区中各种性质的组织，充分利用社区内的资源，通过有偿、低偿、无偿的方式为老年人提供社会化的服务，使老年人能够继续留在家中，在亲人、朋友的陪伴下安度晚年。

4. 托"老"所养老

所谓"托老所"，专为体弱多病的老人而设。这里并不只是照顾老人吃喝，而是有一整套专业关照技术，帮助他们身体更健康，生活更快乐。忙于工作而无暇照顾父母的中青年人，早晨将老人送到这里"日托"，受托照料的老人每天白天在这里用餐、洗澡、午休、就医、读报上网等，傍晚下班后再把老人接回家，回到家里享受天伦之乐，消除了"独子养老"时代老人的精神孤独和生活困难。

5. 自我养老模式

自我养老有"生态养老"、"异地养老"、"文化养老"等多种形式，是新型的自我养老方式。所谓"生态养老"，就是老年人通过亲近大自然的生态环境，享受自然之美，并在和谐的自然和人文环境中实现生理、心理健康的一种积极养老方式。所谓“异地养老”，就是从大城市到中小城市，以及从城市到农村的老年人移居趋势。“文化养老”的方式多种多样，其中到老年大学成为很多老人的首选。

三、江西应对人口老龄化的对策

1. 逐步增强养老保险基金支付能力

对于城镇职工养老保险制度，要由现收现付制改为“统账结合”的部分积累制。一是多渠道充实社保基金，提高养老金运营效率。引入竞争机制，培育独立的、高效率的社会保险基金经营机构，确保养老基金的保值增值。二是合理控制养老保险基金的支出规模，使养老保险的水平与经济发展水平相适应。三是完善养老保险管理信息技术，提高养老保险关系转移的便捷度。

对于农村养老保险制度，一是要建立新型农村养老保障制度，建立促进城乡协调发展的养老保障制度。将农民参加养老保障作为劳动年龄农民的一项义务，强制农民参加，保证养老保障持续稳定地发展。二是让农民工更好地享有养老保险权益。摒弃分身份管理的养老保险理念，建立全国统筹的农民工养老保险基金。建立便于跨地区转移养老保险关系的机制，使农民工不再因为流动而多次履行“退保”、“参保”等程序。

2. 完善医疗养老保障体系

2010 年，江西养老保险覆盖率为 34.5%，农村居民养老保险覆盖率 17.6%，而全国平均养老保险覆盖率为 36.5%，可见，江西的社会的养老保障覆盖率相比全国平均水平还较低，相对我国养老保险全覆盖的目标还有较大的差距，需要进一步扩大养老保险覆盖范围。2010 年，全省医疗保险覆盖率为 100%，高于全国平均水平 5.4 个百分点，但现阶段江西的医疗保障是一种低水平的医疗保障，对于大多数人而言，仅仅是对于一些重大疾病才可能给予一定程度的医疗费用报销，仍旧存在看病难、看病贵、滥用药、老百姓看不起病的现象，为此，需要改革公共医疗卫生体制，公共医疗卫生应该以非盈利为目标，加大公共卫生宣传、医疗保健、健康咨询和健康检查力度，建立起覆盖全民、费用低效益高、以社区卫生服务为主的比较公平的医疗保障体系。

3. 着力推进老年事业发展

积极推进老年健康教育。健康教育是传播保健知识、培养健康行为、促进人类健康的社会性工作。为此，要增加对老年人的健康检查和健康咨询，培育老年人的健康生活习惯，使老年人自己掌握一些基本的健康预防保健知识，使老年人自己能够较好地保健好自己。加大对老年人的需求研究，积极扶持和发展老龄事业。积极推进社区养老建设，发挥社区养老功能。

4. 大力发展老年产业

创造让老年人能够适应、适用、安定的生存环境和社会空间，这是发展老龄产业的基本前提。老年产业包括：老年日常用品制造业、老年家政服务业、老年卫生保健服务业、老年教育产业、老年特色旅游业、老年文化娱乐产业、老年体育产业、农村老年针织、刺绣、工艺品制作产业、农村庭院产品种植、加工业等通过各种税收等优惠政策，引导和鼓励社会发展老龄产业，创建养老服务机构。尤其要发挥社区的老龄服务功能，包括社区生活照料服务和保健、医疗服务等产业。

5. 积极开发老年人力资源

随着平均预期寿命的提高和老龄人口的增加，政府和社会应当为老年人创造可以继续工作的便利，尽量使其各种能力和创造性在其身体状况许可的前提下得以继续发挥。因此，要实行弹性退休年龄制度，充分发挥老年人力资源优势。

6. 提供多种养老方式选择

逐步建立和完善以居家养老为基础、社区服务为依托、机构养老为支撑，投资主体多元化、服务对象公众化、服务方式多样化、服务队伍专业化、监督管理规范化的社会养老服务体系。在当前，我国的传统的“养子防老”观念仍将存在，也是老人养老的基本方式，在条件许可的范围内，大多数老年人选择与子女共同生活，享受家庭天伦之乐。同时可以大力发展社区养老，老年人可以同样生活在自己家中，而又能够享受社区的老年服务，如提供老年人家政服务、老年人社区娱乐等，从而减轻子女的生活压力，也使得老年人能够得到更好的关照，大力开发不同层次机构养老，在农村建立“以老养老”的养老院。

江西省统计局　彭道宾　张启良　曾庆道　康冬明　陈全才　李卫　许年妹　李军

2010 年我国劳动生命表的编制与分析[①]

劳动生命表(Tables of Working Life)是劳动力动向分析的重要工具,可以用来计算劳动力预期的终生劳动参与年限,反映劳动力加入和退出的动态过程。劳动生命表以人口生命表技术为基础,最初由 Wolfbein(1949)提出构建思路,Harold wool(1950)提出具体编制方法,并利用 1940 年美国男性劳动力数据编制出世界上第一张劳动生命表。1990 年以来,我国部分学者也对劳动生命表进行了编制和分析。本文将利用 2010 年第六次全国人口普查数据,编制中国劳动生命表,并对不同时期,不同人群的劳动生命表进行对比分析。

一、编制劳动生命表的基本方法

(一)基本假设

编制劳动生命表通常需要有以下假设:

1. 当劳动力有增加时,假定劳动力的退出完全由死亡造成的,而且有新增劳动力存在。

2. 当劳动力有减少时,分两种情况:一是当劳动力的减少数小于死亡退出数时,假定劳动力的退出完全由死亡造成的,而且有新增的劳动力存在;二是当劳动力的减少数大于死亡退出数时,假定除死亡外,还存在因退休等原因退出的劳动力,不存在新增的劳动力。

3. 个人退休年龄与其进入市场年龄是独立的。

4. 经济活动人口与非经济活动人口的死亡率是一样的。

(二)数据来源

编制劳动生命表需要的基础数据是分年龄的死亡率(m_x)和劳动参与率(w_x)。目前我国就业统计中,劳动年龄人口一般指 16 岁及以上人口,本文在编制劳动生命表时将年龄下限定为 16 岁,年龄上限定为 75 岁,认为人们从 16 岁开始进入劳动力市场,参与经济活动,75 岁以后基本退出劳动力市场,因此,上述指标中年龄 x 的取值范围就是 16—75 岁。

分年龄死亡率也是人口生命表[②]中的重要指标,一般根据全年死亡人口除以年平均人口或年中人口得到,分年龄死亡率用来推算出死亡概率,进而得出尚存人数和生存人年数;分年龄劳动参与率是指某一时点上经济活动人口与相同年龄的人口数之比,反映劳动力资源参与社会经济活动的程度。这两个指标可以利用人口普查或 1% 人口抽样调查数据计算得到。劳动生命表中的年龄从 16 岁开始,死亡漏报不严重,因此本文编制的劳动生命表未对分年龄死亡率进行修正,对分年龄劳动参与率进行了一次移动平均,消除其波动性。

(三)编制方法

本文利用 2010 年和 2000 年人口普查数据编制了劳动生命表(附表 1、附表 2),表中共包含 9 个函数,1—5 项反映了计算平均劳动预期寿命 Ew(x) 的过程,6—9 项是反映了劳动力的加入和退出的情况,通常用比率表示,有的劳动生命表还列出劳动力加入和退出的具体人数(劳动生命表的编制过程参见附录)。

二、2010 年我国劳动生命表的简要分析

人口生命表中一般假定出生人口为 10 万人,劳动生命表同样也遵循这个假设,显示了这 10 万人按照 2010 年人口的死亡模式和劳动参与模式,从 16 岁到 75 岁的过程中参加劳动力市场的情况。

(一)劳动力数量

图 1 是根据附表 1 中 L_x 和 Lw_x 描绘的曲线,显示

---

① 本文在研究过程中得到国家统计局人口和就业统计局副巡视员胡英同志的指导与帮助。

② 人口生命表技术是人口统计学的重要内容,具体方法请参阅相关书籍,本文不再赘述。

了每个年龄的人口数和劳动力数。可以看出：16 岁时，劳动力人数要远远低于人口数，劳动参与率仅为 15.3%，随着年龄增长，参与率快速上升，基本到 23 岁之前劳动力都处于快速上升的阶段；23 岁以后，大部分年轻人都结束学业，开始寻找工作或已经参加工作，因此劳动力不再快速增长，而转入了一个平稳增长的时期，一直到 39 岁，劳动力达到了顶峰，劳动参与率为 91.0%；之后劳动力出现明显减少，减少趋势一直延续到 75 岁，劳动参与率下降到 8.2%，这时大部分人都已退出劳动力市场。23—49 岁间，劳动力曲线和人口曲线最接近，劳动参与率都在 80%以上，这个年龄段的大部分人口都参与了经济活动。

图 2 反映了 2000 年的情况，可以看出，2000 年的低年龄劳动力数量明显高于 2010 年。2000 年 16 岁的劳动参与率为 24.0%，每 10 万人劳动力数量达到 3.8 万人，而 2010 年 16 岁的参与率为 15.3%，劳动力数量只有 1.5 万人。2000 年劳动参与率的高峰在 34 岁，比 2010 年提前了 5 岁，劳动参与率达到 93.4%，比 2010 年高 2.4 个百分点。2000 年劳动力曲线和人口曲线接近的年龄区间在 20—51 岁，比 2010 年的 23—49 岁多了 5 岁。

图 1　每 10 万人中的静止人口和劳动力(2010)

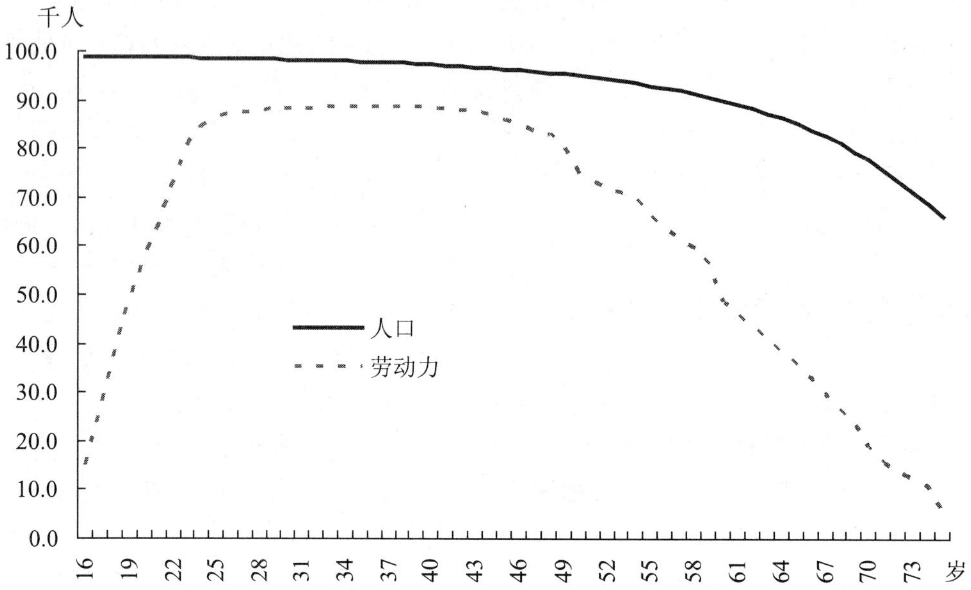

图 2　每 10 万人中的静止人口和劳动力(2000)

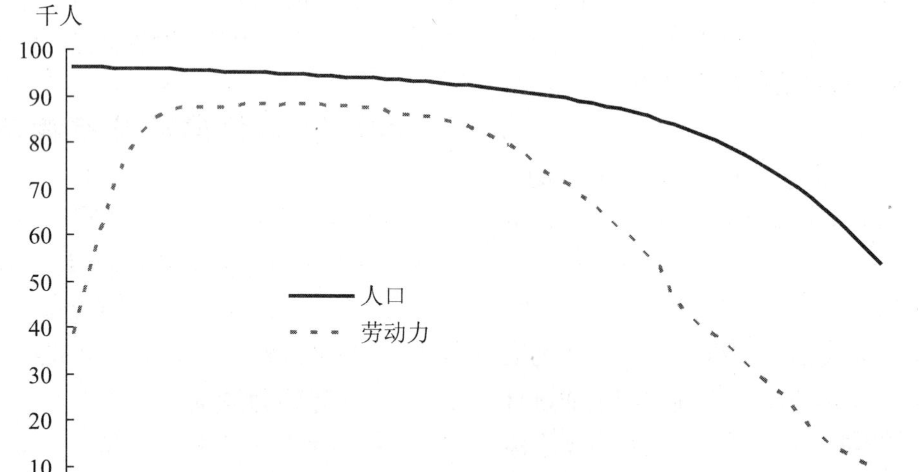

(二)平均劳动预期寿命

2010 年,16 岁人口的平均预期寿命为 62.6 岁,平均劳动预期寿命为 45.7 岁,这意味着 16 岁的年轻人在未来生存的 62.6 年中,平均参与经济活动的年数为 45.7 年。16 岁人口的平均预期寿命和平均劳动预期寿命之间相差 16.9 年,也称为退休后的生存年数。随着年龄增加,退休后的生存年数也所提高,40 岁时达到最高,人口平均预期寿命和平均劳动预期寿命相差 17.2 年;之后,各年龄人口退休后的生存年数有所下降,到 75 岁时,人口平均预期寿命为 10.7 岁,平均劳动预期寿命为 0.7 岁,其退休后的生存年数仅为 10 年。

60 岁以前,2010 年人口平均劳动预期寿命高于 2000 年,但幅度不大,各年龄均未超过 1 岁,其中 16 岁相差最大,2010 年比 2000 年高 0.8 岁。60 岁以后,情况却相反,说明 2000 年 60 岁以上的人口预期参与经济活动的时间更长。由于 2010 年各年龄人口的平均预期寿命比 2000 年有了较大提高,因此 2010 年劳动力退休后的生存年数普遍比 2000 年提高了 2 年多。

表 1 人口平均预期寿命和平均劳动预期寿命(2000,2010)

单位:岁

年龄	2010			2000			2010 年比 2000 年增减		
	平均预期寿命	平均劳动预期寿命	退休后生存年数(年)	平均预期寿命	平均劳动预期寿命	退休后生存年数(年)	平均预期寿命	平均劳动预期寿命	退休后生存年数(年)
16	62.6	45.7	16.9	59.2	44.9	14.2	3.4	0.8	2.7
20	58.7	41.8	16.9	55.3	41.0	14.3	3.4	0.7	2.6
30	49.0	32.0	17.0	45.8	31.4	14.4	3.1	0.6	2.6
40	39.4	22.2	17.2	36.4	22.0	14.4	3.0	0.2	2.8
50	30.2	14.3	15.9	27.4	14.0	13.3	2.8	0.2	2.6
60	21.5	8.4	13.0	19.0	8.5	10.4	2.5	−0.1	2.6
70	13.8	3.6	10.2	11.9	4.0	7.9	2.0	−0.4	2.3
75	10.7	0.7	10.0	9.1	0.9	8.2	1.6	−0.3	1.9

(三)劳动力的加入率

图 3 中的曲线显示了 2000、2010 年我国各年龄人口进入劳动力市场的比例,可以看出,两条曲线的走势大不相同。2010 年,大部分人都在 30 岁之前参与了经济活动,30 岁之后劳动力的加入率下降到 2‰以下,39 岁开始,劳动力的加入率为 0。而 2000 年,大部分人在 25 岁以前就参与了经济活动,比 2010 年提前了 5 岁。2010 年曲线显示,17 岁时,劳动力加入率达到顶峰,为 133.3‰,主要由于高中毕业的青年人进入劳动力市场,之后加入率略有下降,20 岁下降到 73.3‰,到 21 岁时,由于大专和大学毕业生的加入,劳动力加入率又出现一个小高峰,达到 88.8‰。2000 年的曲线未出现任何高峰,16 岁时,劳动力加入率达到最高,为 127.1‰,出现这种现象一方面由于大量乡村劳动力在较低年龄进入劳动力市场,另一方面由于大学扩招,更多的城镇年轻人还未完成学业,因此未出现大学生毕业引起的劳动力加入高峰。

(四)劳动力的退出率

在劳动生命表中,劳动力退出分为两种情况,一是因为死亡退出,二是因为退休退出,退休原因中还包括丧失劳动能力、犯法、长期失业等其他原因。2010 年劳动生命表显示,在 39 岁之前,劳动力的退出主要因为死亡,由于这个时期人口死亡率很低,因此 39 之前退出的劳动力很少,基本都在 100 人以内,每个年龄的退出率均在 2‰以下,从 39 岁开始,劳动力的退出数量受死亡和退休两个因素影响,死亡率较为平稳,退出率的波动主要受退休因素的影响。

表 2 显示了 2010 年和 2000 年不同年龄段退出劳动力所占的比例。2010 年,46.7%的劳动力在 60 岁之前就退出了劳动力市场,其中因退休退出的占

图 3 劳动力加入率(2000,2010)

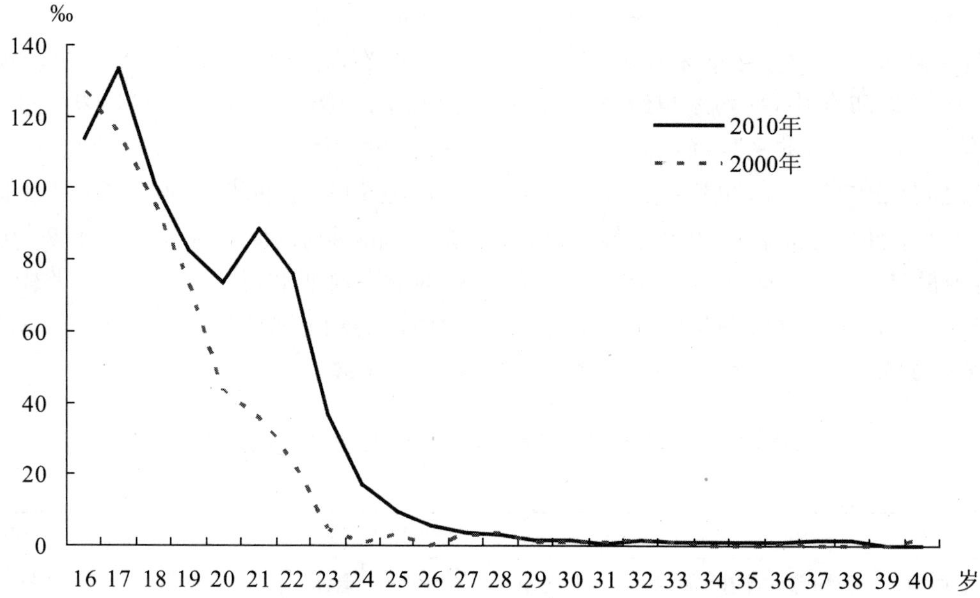

39.1%,因死亡退出的占 7.6%;到 74 岁时,95.3%的劳动力退出了劳动力市场,因退休和死亡退出的分别占 80.1%和 15.3%。与 2000 年相比,40 岁以下的青壮年劳动力退出的比例下降了 2.5 个百分点,60 岁以上的劳动力退出比例增加明显,尤其是 70—74 岁劳动力退出比例比 2000 年高 5.2 个百分点,其中因退休退出的比例高 9.9 个百分点。随着城乡社会保障制度的进一步完善,老年劳动力更愿意早一些退休,安享晚年。

表 2 2010 年和 2000 年劳动力退出比例

单位:%

年龄	2010			2000			2010 年比 2000 年增减		
	总退出	因死亡	因退休	总退出	因死亡	因退休	总退出	因死亡	因退休
16—39	1.7	1.6	0.1	4.2	2.7	1.5	−2.5	−1.1	−1.4
40—49	15.2	2.2	13.0	13.0	2.8	10.2	2.2	−0.6	2.8
50—59	29.8	3.8	26.0	32.1	5.1	27.0	−2.3	−1.3	−1.0
60—69	33.6	5.3	28.2	32.0	7.1	24.9	1.6	−1.8	3.3
70—74	15.2	2.4	12.8	10.0	3.3	6.7	5.2	−0.9	6.1
合计	95.3	15.3	80.1	91.2	21.0	70.2	4.1	−5.7	9.9

图 4 至图 5 中的曲线显示了 2010 年和 2000 年我国劳动力的退出情况,由于死亡率保持平稳,劳动力退出曲线和因退休退出的曲线的趋势基本一致。2010 年,劳动力因退休退出开始于 39 岁;在 49、54、59 三个年龄上,受我国法定退休年龄的影响,有 3 个明显的高峰;69、73 岁时,又出现 2 个高峰,显示了老年劳动力退出的情况。而 2000 年的曲线显示劳动力退出的年龄较早,在 34 岁左右,就有因退休原因退出的劳动力;在法定退休的年龄上,劳动力退出的高峰集中在 59 岁;69 岁时又出现一个退出高峰;70 岁之后劳动力退出人数有所下降,受死亡率上升的影响,72—73 岁的老年劳动力退出率略有上升。

图 4　劳动力退出率(2010)

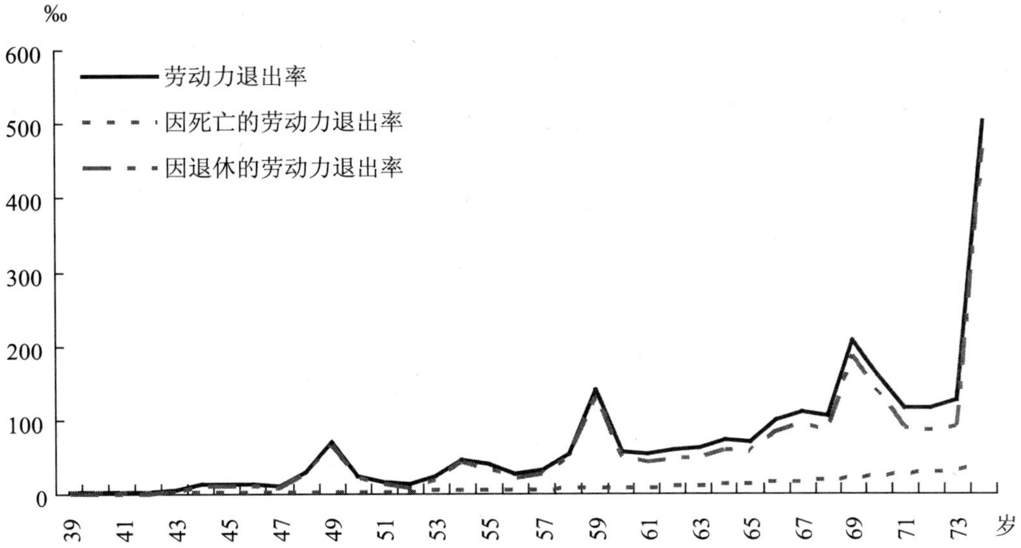

图 5　劳动力退出率(2000)

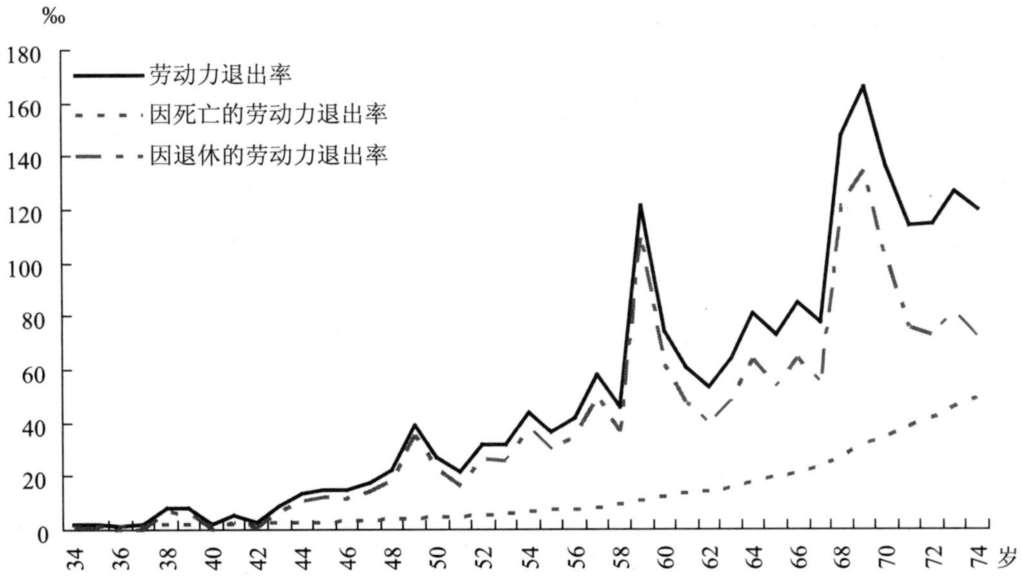

三、2010 年分城乡劳动生命表的对比分析

我国一直处于二元经济状态，城镇和乡村在经济发展和社会进步方面存在较大差异，劳动力参与经济活动的状况也有显著不同。

(一)城乡平均劳动预期寿命比较

2010 年，我国城镇 16 岁人口的平均劳动预期寿命为 41.7 岁，乡村为 48.1 岁，城镇比乡村低 6.4 岁，各个年龄的城镇平均劳动预期寿命都低于乡村，反映了城镇人口参与经济活动的时间明显少于乡村人口。城镇人口退休后的生存年数在各个年龄上都高于乡村，其中 16 岁为 23.4 年，比乡村的 12.5 年高 11.0 年，75 岁时，虽然城镇和乡村的平均劳动预期寿命都约为 0.7 岁，但由于城镇人口的平均预期寿命长，老年劳动力在退出劳动力市场后，生存的年数比农村高 1.7 年。与 2000 年比较，城镇 16 岁人口的平均劳动预期寿命提高了 1.4 岁，退休后生存年数提高了 2.2 岁；乡村分别提高了 1.2 岁和 1.4 岁。不管城镇还是农村，2010 年 70 和 75 岁老年人口的平均劳动预期寿命都比 2000 年有所下降，说明老年人口参与经济活动的比例减少。

表 3 城乡人口平均预期寿命和平均劳动预期寿命(2000,2010)

单位:岁,年

年龄	城镇			乡村			城镇比乡村增减		
	平均预期寿命	平均劳动预期寿命	退休后生存年数	平均预期寿命	平均劳动预期寿命	退休后生存年数	平均预期寿命	平均劳动预期寿命	退休后生存年数
2010 年									
16	65.1	41.7	23.4	60.6	48.1	12.5	4.5	−6.4	11.0
20	61.2	37.7	23.4	56.7	44.2	12.5	4.4	−6.5	10.9
30	51.3	27.8	23.5	47.2	34.6	12.6	4.1	−6.8	10.9
40	41.6	18.0	23.6	37.8	25.0	12.8	3.7	−7.1	10.8
50	32.1	10.4	21.8	28.8	16.3	12.5	3.3	−5.9	9.3
60	23.2	6.6	16.6	20.3	8.9	11.5	2.8	−2.3	5.1
70	15.2	3.5	11.6	13.0	3.6	9.3	2.2	−0.1	2.3
75	11.7	0.7	11.1	10.0	0.7	9.4	1.7	0.0	1.7
2000 年									
16	61.5	40.3	21.2	58.0	46.9	11.1	3.5	−6.6	10.1
20	57.6	36.3	21.2	54.2	43.0	11.1	3.4	−6.7	10.1
30	47.9	26.5	21.3	44.8	33.6	11.3	3.0	−7.0	10.0
40	38.3	17.0	21.3	35.6	24.3	11.3	2.7	−7.3	10.0
50	29.1	10.0	19.1	26.6	15.5	11.1	2.5	−5.6	8.0
60	20.4	6.6	13.8	18.3	8.9	9.5	2.1	−2.3	4.3
70	13.0	4.1	8.9	11.4	3.9	7.5	1.6	0.1	1.4
75	10.0	1.0	9.1	8.7	0.9	7.8	1.3	0.0	1.3

(二)城乡劳动力加入率比较

乡村人口进入劳动力市场早于城镇人口,16 岁时,乡村人口的劳动参与率就达到了 21.3%,城镇只有 9.6%。图 6 显示,在 20 岁之前,乡村劳动力加入率一直高于城镇,20—27 岁时,城镇劳动力加入率开始低于乡村,27 岁以后,城镇和乡村的劳动力加入率都处于较低水平,乡村略高于城镇。这种现象主要由于我国城乡二元经济结构和劳动力流动所造成的。16 岁时,部分乡村的年轻人完成义务教育,开始进入劳动力市场,而这个年龄的城镇青年大多还没完成学业,因此劳动参与率较低,随着乡村劳动力向城镇转移,城镇劳动力加入率在 16—18 岁出现了上升趋势。20 岁以后,大量乡村青年进入城镇打工,加之城镇青年完成学业,开始工作,使城镇的劳动力加入率出现快速上升趋势,到 22 岁达到一个高峰。27 岁以后,大部分劳动力都进入了市场,因此劳动力加入率基本降到 2‰以下。

(三)城乡劳动力退出率比较

总体看,城镇劳动力退出市场较早,各年龄的退出率普遍高于乡村。分原因看,乡村劳动力因死亡退出的比率高于城镇,这主要因为乡村的生活水平、卫生保健和医疗条件均落后于城镇,而乡村劳动力从事的大多是农业生产活动,要耗费较大的体力,导致乡村劳动力的死亡水平高于城镇。从退休原因看,城镇劳动力的退出率普遍高于乡村,这种差别从中年一直延续到老年。49—50 岁时,城镇劳动力迎来了第一个退休高峰,劳动力因退休的退出率为 120.2‰,而乡村仅为 15.7‰;54—55 岁,城镇劳动

图 6 城乡劳动力加入率(2010)

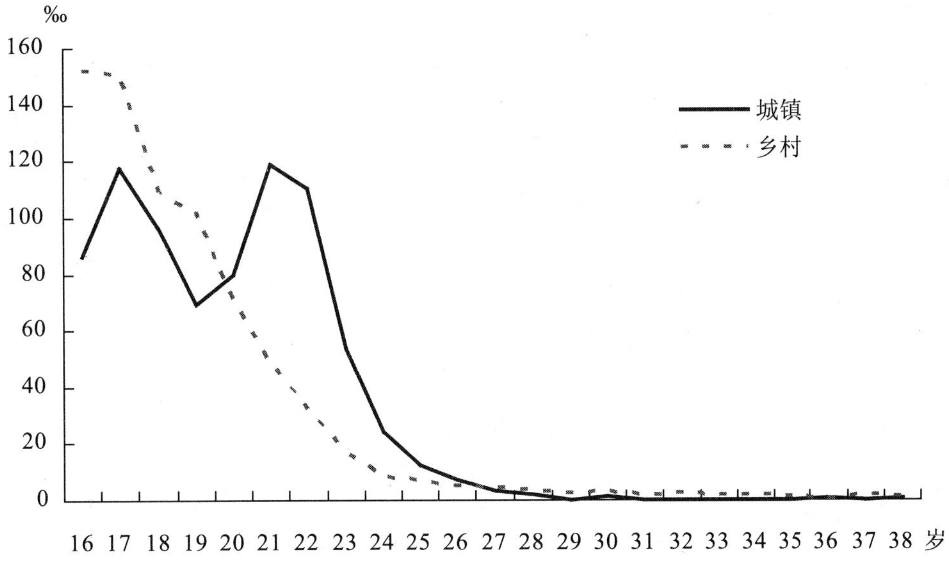

力因退休的退出率为 99.8‰,乡村为 13.4‰;到 59—60 岁;城镇劳动力因退休的退出率达到最高峰,为 280.6‰,乡村只有 72.0‰,这时,城镇已有 70.7%的劳动力退出了市场,而乡村的这一比例仅为 31.1%;直到 70—72 岁,乡村劳动力因退休退出的比率才略高于城镇。以上现象反映出,由于城镇存在法定退休年龄,在 50、55、60 岁几个年龄上,劳动力因退休的退出率大幅上升,退出劳动力市场的城镇老人可以依靠养老金维持基本生活;而乡村没有法定退休年龄,社会养老保障体系尚不完善,乡村劳动力只有依靠自身劳动,才能维持基本生活,只有到了 70 岁左右,受身体等方面的因素影响,乡村劳动力因退休的退出率才逐渐与城镇接近,在 70—72 岁甚至超过了城镇。

图 7 城乡劳动力退出率(2010)

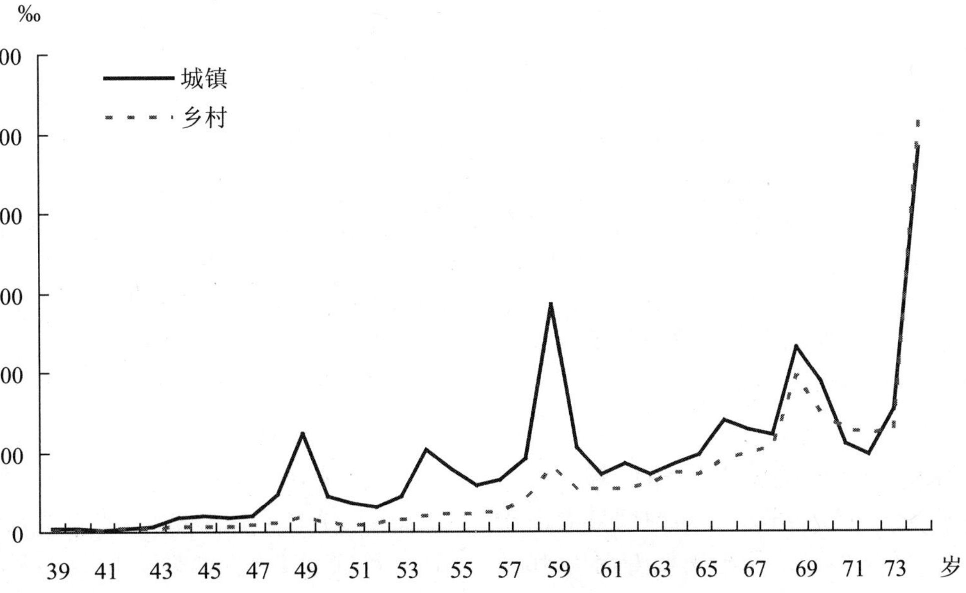

图 8 城乡因死亡的劳动力退出率(2010)

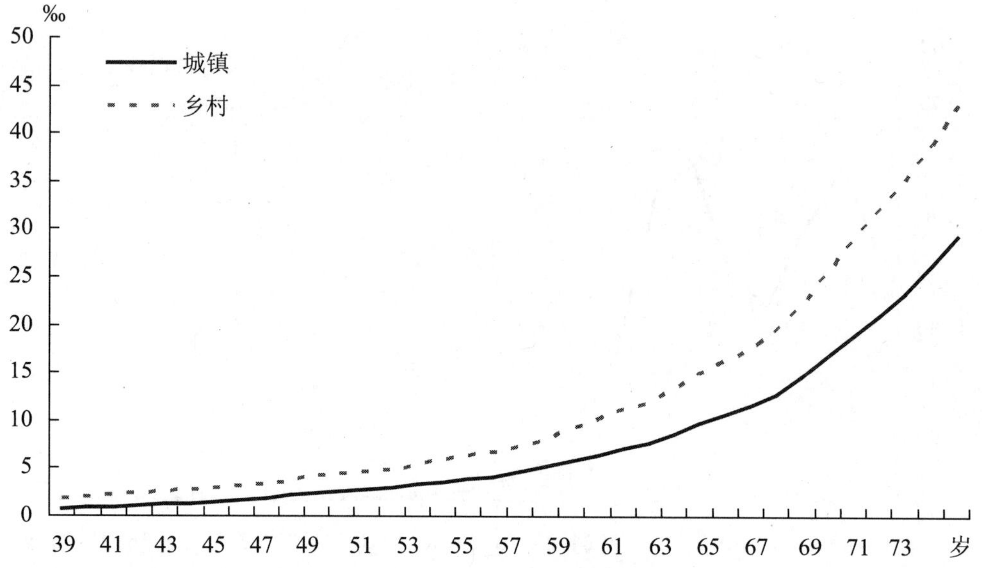

图 9 城乡因退休的劳动力退出率

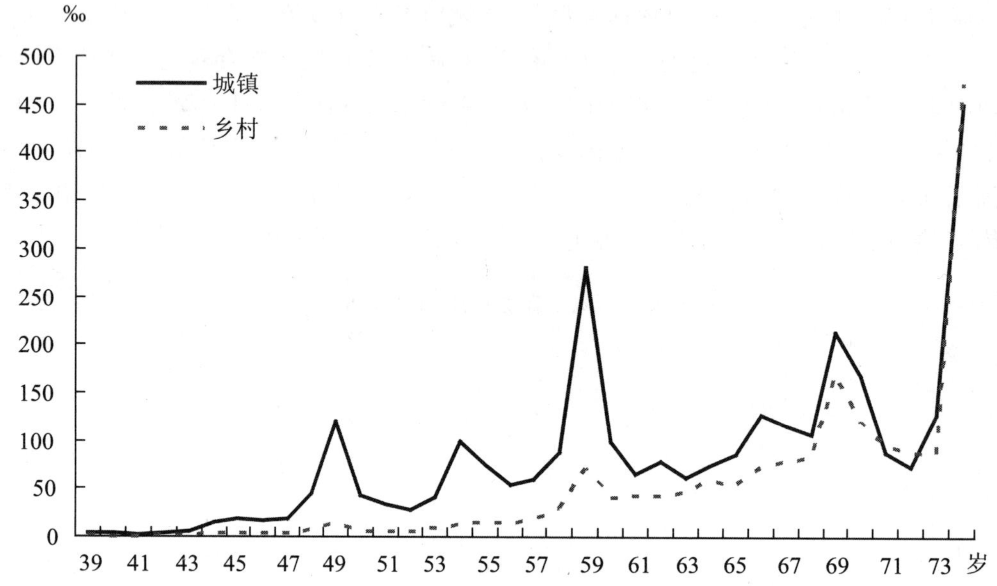

四、2010 年分性别劳动生命表的对比分析

(一)分性别平均劳动预期寿命比较

总体看,各年龄男性的平均劳动预期寿命高于女性,其中 16 岁的男性平均劳动预期寿命为 46.7 岁,比女性高 2.4 岁,男女之间差距最大的是 40 岁,男性比女性高 2.9 岁,40 岁之后,两者差距逐渐缩小,70 岁以后,男女平均劳动预期寿命基本相同。由于女性的平均预期寿命普遍高于男性,而平均劳动预期寿命普遍低于男性,因此各年龄段女性退出劳动力市场后的生存年数均高于男性,其中 40 岁之前,女性比男性高 7 年左右。

分城乡看,50 岁以前城镇男性的平均劳动预期寿命均高于女性,尤其是 40 岁以前,男性普遍比女性高 4 岁多,而 60 岁时,由于受退休年龄影响,大量城镇男性劳动力退出市场,平均劳动预期寿命略低于女性,70 岁以后,两性平均劳动预期寿命基本持平。乡村男性和女性的劳动预期寿命相差不大,50 岁以前相差大约 1 岁多,60 岁以后相差不到 1 岁。城镇和乡村男性退休后的生存年数普遍低于女性,尤其在 40 岁之前,城镇男性比女性低 8 年多,乡村低 6 年多。在 60 岁时,城镇性别差异缩小,男性退休后生存年数仅比女性低 1.9 年，而乡村仍低 4.0 年。

表 4 分性别人口平均预期寿命和平均劳动预期寿命(2010)

单位:岁,年

年龄	男性			女性			男性比女性增减		
	平均预期寿命	平均劳动预期寿命	退休后生存年数	平均预期寿命	平均劳动预期寿命	退休后生存年数	平均预期寿命	平均劳动预期寿命	退休后生存年数
合计									
16	60.3	46.7	13.6	65.0	44.3	20.7	−4.7	2.4	−7.1
20	56.5	42.8	13.7	61.1	40.3	20.8	−4.6	2.5	−7.1
30	46.9	33.1	13.8	51.3	30.5	20.8	−4.4	2.6	−7.0
40	37.4	23.5	13.9	41.6	20.6	21.0	−4.1	2.9	−7.1
50	28.4	14.8	13.6	32.1	13.4	18.7	−3.7	1.4	−5.1
60	20.0	8.5	11.5	23.0	8.2	14.8	−3.0	0.3	−3.3
70	12.7	3.7	9.0	14.9	3.5	11.4	−2.2	0.1	−2.4
75	9.8	0.7	9.1	11.5	0.7	10.9	−1.7	0.0	−1.7
城镇									
16	63.1	43.5	19.6	67.3	39.2	28.0	−4.2	4.3	−8.4
20	59.2	39.6	19.6	63.3	35.3	28.0	−4.1	4.3	−8.4
30	49.4	29.7	19.7	53.4	25.3	28.1	−4.0	4.4	−8.4
40	39.7	20.0	19.7	43.6	15.4	28.2	−3.8	4.7	−8.5
50	30.4	11.3	19.1	33.9	8.8	25.1	−3.5	2.5	−6.0
60	21.8	6.3	15.5	24.7	7.3	17.4	−2.9	−1.0	−1.9
70	14.1	3.5	10.6	16.2	3.5	12.7	−2.1	0.0	−2.1
75	10.9	0.7	10.2	12.5	0.7	11.8	−1.6	−0.0	−1.6
乡村									
16	58.1	48.5	9.6	63.3	47.5	15.8	−5.2	1.0	−6.2
20	54.3	44.7	9.7	59.4	43.6	15.9	−5.1	1.1	−6.2
30	44.9	35.2	9.8	49.7	33.8	15.9	−4.8	1.4	−6.2
40	35.8	25.8	10.0	40.1	24.0	16.1	−4.4	1.8	−6.1
50	27.0	16.9	10.1	30.8	15.4	15.4	−3.8	1.5	−5.2
60	18.9	9.2	9.7	21.9	8.3	13.6	−3.1	0.9	−4.0
70	11.8	3.7	8.1	14.1	3.5	10.6	−2.3	0.2	−2.5
75	9.1	0.7	8.4	10.9	0.6	10.3	−1.9	0.0	−1.9

(二)分性别劳动力加入率比较

男性劳动力进入市场早于女性，男性 16 岁的劳动参与率为 16.4%，比女性高 2.3 个百分点，34 岁时，男性的劳动参与率达到最高，为 97.1%，而女性到 42 岁时劳动参与率才达到最高点 85.0%。男性和女性劳动力加入率的峰值均出现在 17 岁，分别为

132.7‰和134.0‰；到21岁时，又出现第二个高峰，分别为96.1‰和81.8‰。30岁以前，男性劳动力加入率大多高于女性，30岁以后情况才发生逆转。

分城乡看，城镇男性劳动力加入率17岁出现第一个高峰，22岁时达到最高，为129.2‰；而女性在则在17岁时达到最高，为117.4‰，21岁时出现了第二个高峰。乡村男性和女性的劳动力加入率最高点均在较低年龄，其中男性在16岁，为156.5‰；女性在17岁，为152.6‰，之后均未出现过第二次加入高峰。

(三)分性别劳动力退出率比较

女性退出劳动力市场要早于男性，60岁时，54.3%的女性劳动力退出，而男性只有46.5%；65岁时，女性劳动力退出了69.1%，男性退出率60.3%；70岁时，女性劳动力退出了86.9%，仍然高于男性的80.9%。从退出的模式看，60岁以前，女性劳动力退出率略高于男性，尤其在49岁和54岁，城镇女性劳动力到了法定退休年龄，出现两个小高峰，退出率远远高于男性。60岁左右，城镇男性劳动力到了法定退休年龄，退出率超过了女性。分原因看，男性劳动力因死亡退出率均高于女性，因退休原因的退出率遵循了总退出率的规律。

图10　分性别劳动力加入率(2010)

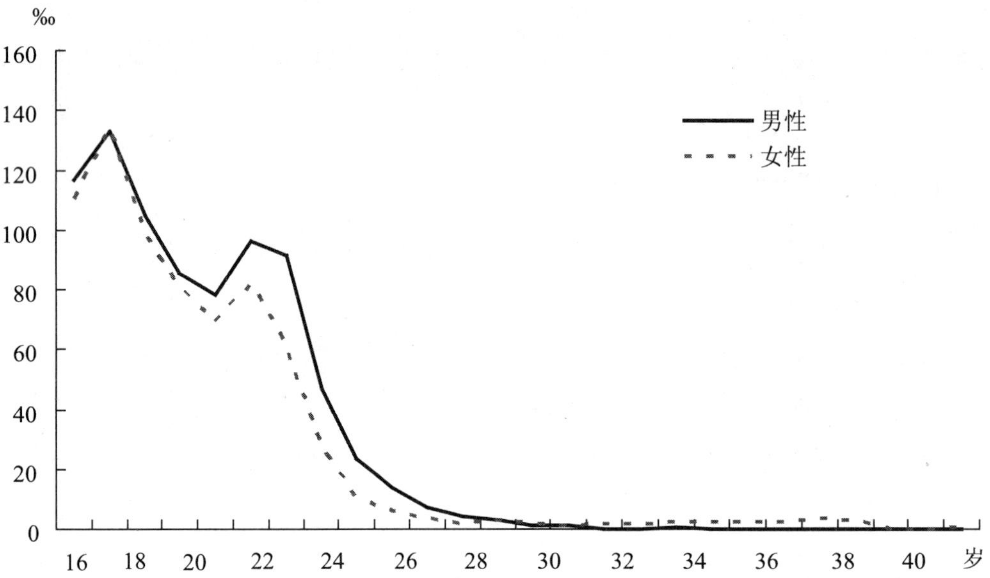

图11　城镇分性别劳动力加入率(2010)

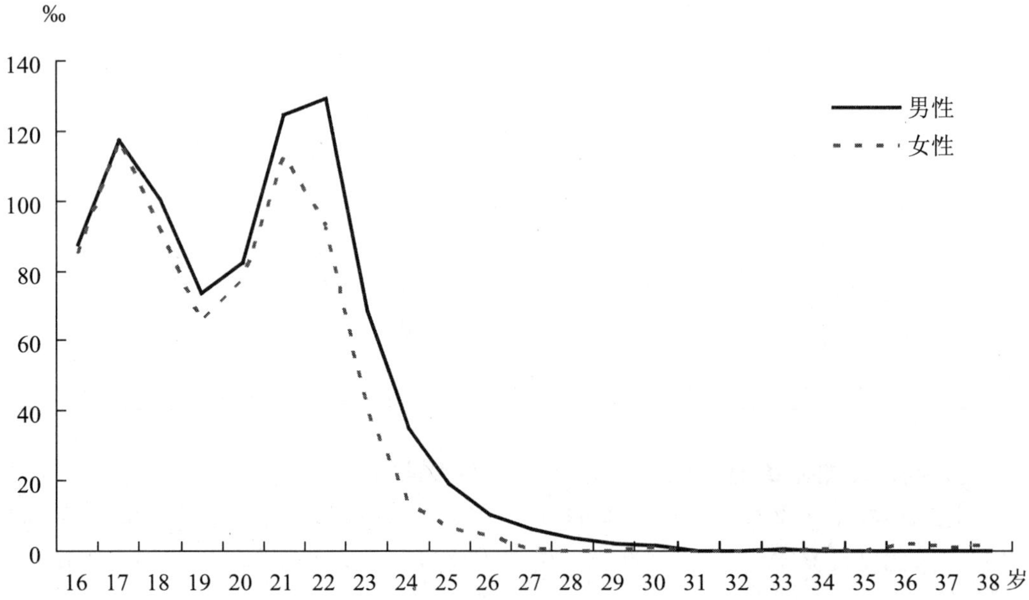

图 12 乡村分性别劳动力加入率(2010)

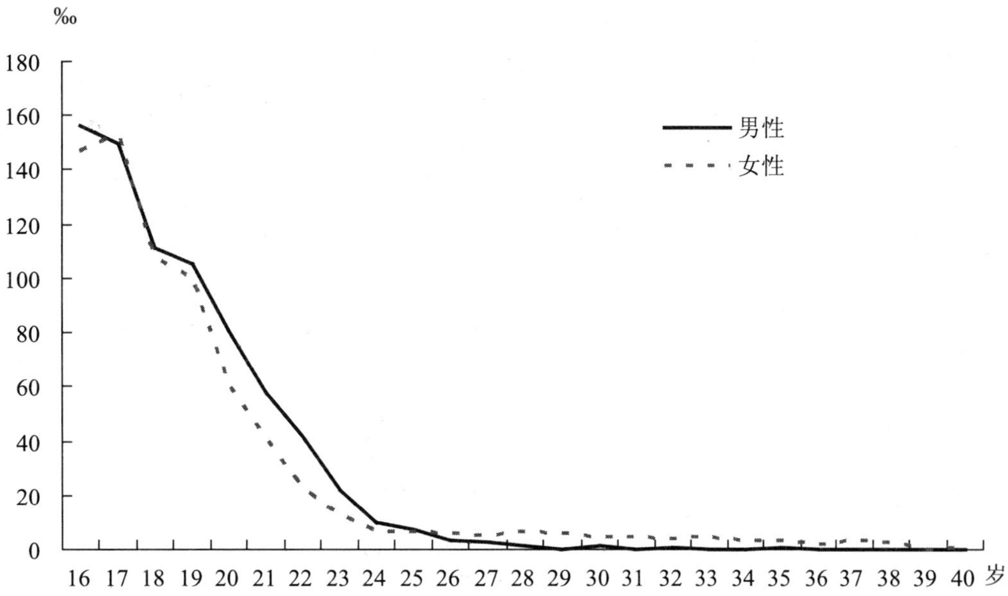

分城乡看，城镇的性别差异大于乡村。60 岁时，77.7%的城镇女性劳动力退出，比男性的 69.3%高 8.5 个百分点，而乡村女性退出的比例为 38.4%，比男性的 32.6%高 5.8 个百分点。相比而言，乡村男性退出劳动市场最晚，到 75 岁时，乡村男性劳动力退出的比例为 93.4%，比乡村女性的 95.1%低 1.7 个百分点，比城镇男性的 97.7%低 4.3 个百分点。

图 13 分性别劳动力退出率(2010)

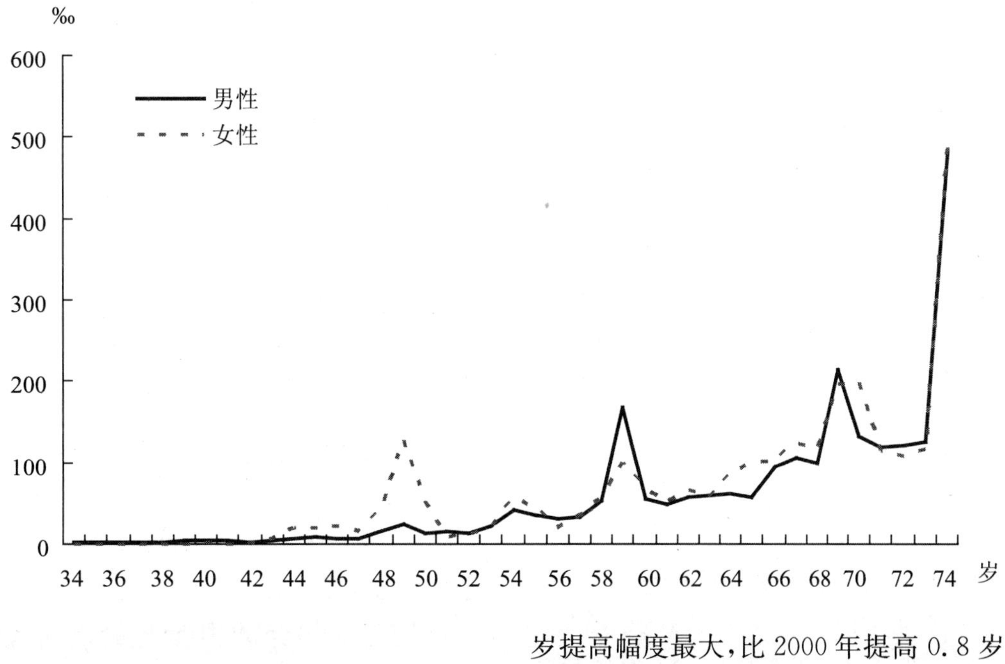

五、主要结论

(一)青壮年劳动力的平均劳动预期寿命提高

50 岁以前，2010 年各年龄的平均劳动预期寿命都高于 2000 年，但幅度不大，均未超过 1 岁，其中 16 岁提高幅度最大，比 2000 年提高 0.8 岁。虽然劳动力参与经济活动的时间增加，但由于人口平均预期寿命提高幅度更大，因此各年龄劳动力退休后的生存年数均比 2000 年提高 2 年多。

(二)老年劳动力的平均劳动预期寿命下降

60 岁以后，2010 年各年龄劳动力平均劳动预期

图 14　分性别因死亡的劳动力退出率(2010)

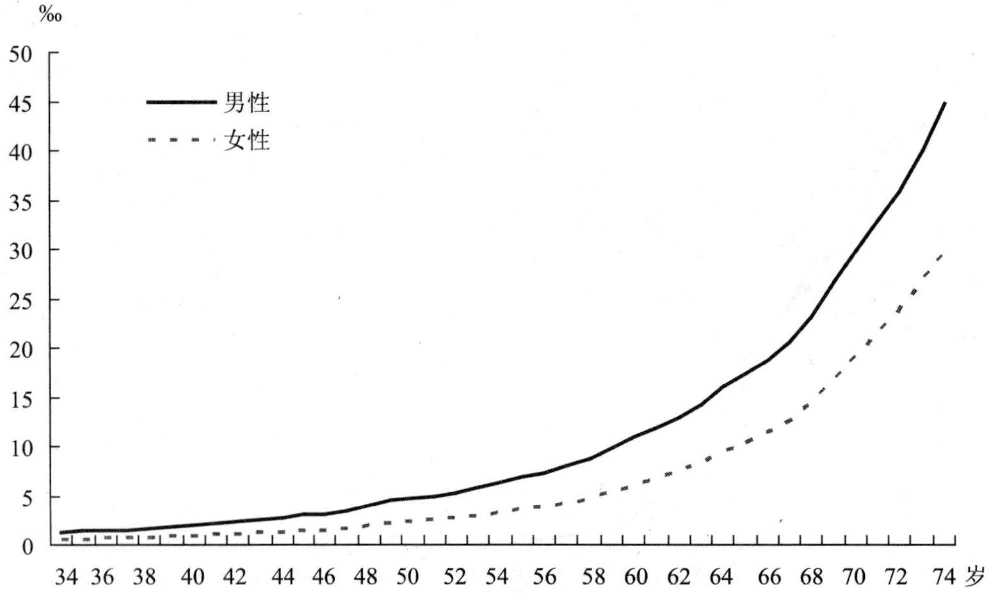

图 15　分性别因退休的劳动力退出率(2010)

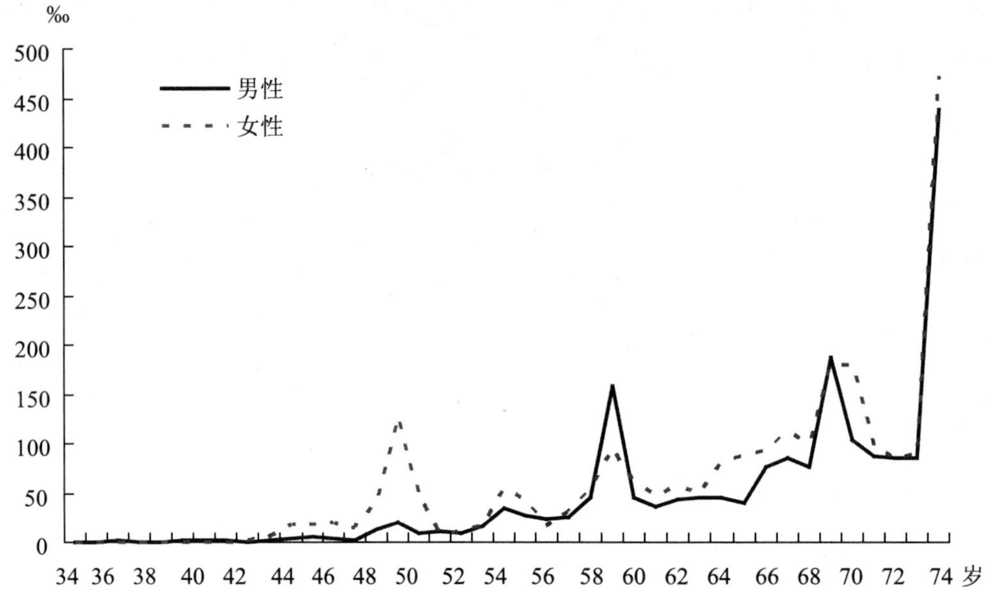

寿命要低于 2000 年。其中 60 岁的平均劳动预期寿命为 8.4 岁，比 2000 年下降 0.1 岁，70 岁下降了 0.4 岁；75 岁下降了 0.3 岁。

(三)劳动力加入市场的时间推后

2010 年，16 岁的参与率为 15.3%，每 10 万人中劳动力数量只有 1.5 万人；而 2000 年 16 岁的劳动参与率为 24.0%，劳动力数量达到 3.8 万人。2010 年的劳动参与率高峰在 39 岁，比 2000 年退后了 5 岁。2010 年，大多数人都在 30 岁之前参与了经济活动，30 岁之后劳动力的加入率下降到 2‰ 以下，而 2000 年，大部分人在 25 岁以前就参与了经济活动。

(四)老年劳动力退出比例增加明显

2010 年，70－74 岁退出的劳动力比例为 15.2%，比 2000 年提高 5.2 个百分点，其中因退休退出的比例提高 6.1 个百分点。

(五)乡村劳动力参与经济活动的时间远远超过城镇

2010 年，16 岁乡村劳动力平均劳动预期寿命为 48.1 年，城镇为 41.7 年，乡村比城镇多 6.4 年。乡村劳动力进入市场的时间早于城镇，16 岁时，乡村人口的劳动参与率就达到了 21.3%，城镇只有

9.6%。乡村劳动力退出市场较晚，各年龄的退出率普遍低于城镇。

（六）乡村男性劳动力的平均劳动预期寿命最长，退出劳动力市场最晚

总体看，男性劳动力的平均劳动预期寿命超过女性。分城乡看，乡村16岁男性平均劳动预期寿命达到48.5岁，比乡村女性高1岁，比城镇男性高5岁。75岁时，乡村男性劳动力退出的比例为93.4%，比乡村女性的95.1%低1.7个百分点，比城镇男性的97.7%低4.3个百分点。

（七）城镇老年女性平均劳动预期寿命超过男性

2010年，城镇60岁女性的平均劳动预期寿命为7.3岁，超过男性1岁。

以上结论表明，2010年我国青壮年劳动力平均参与经济活动的时间延长，人口红利进一步增加。老年劳动力退出劳动力市场的时间提前，更多的老年人愿意早一点儿享受退休生活。与城镇相比，乡村劳动力受教育程度较低，进入劳动力市场较早，没有法定退休年龄，养老保障程度低，许多乡村劳动力处于活到老、干到老的状态，因此要大力推进农村基础教育和职业教育，提高农村劳动力素质；加强农业综合生产能力建设，提高农民收入；加大农村社会养老保险力度，让更多的乡村老年劳动力能按时退出劳动力市场，安享晚年。男性劳动力平均劳动预期寿命大于女性，而女性劳动力退出劳动力市场较早，老年保障水平低于男性，一旦家中男性劳动力死亡，为了维持生计，一些老年女性会再次进入劳动力市场。因此，劳动和社会保障政策的设计需要兼顾性别公平，可以适当延长女性劳动力的退休时间。

附表1　2010年劳动生命表

年龄	L_x (1)	w_x (2)	Lw_x (3)	Tw_x (4)	Ew(x) (5)	A_x (6)	QS(x) (7)	QD(x) (8)	QR(x) (9)
16	99017	15.3	15140	4117780	45.7	113.6	0.4	0.4	0.0
17	98980	26.7	26383	4027682	44.7	133.3	0.4	0.4	0.0
18	98940	40.0	39566	3937617	43.7	101.1	0.4	0.4	0.0
19	98899	50.1	49557	3847589	42.7	82.7	0.4	0.4	0.0
20	98855	58.4	57710	3757598	41.8	73.3	0.5	0.5	0.0
21	98808	65.7	64933	3667647	40.8	88.8	0.5	0.5	0.0
22	98760	74.6	73673	3577738	39.8	75.9	0.5	0.5	0.0
23	98709	82.2	81134	3487874	38.8	36.6	0.5	0.5	0.0
24	98655	85.9	84706	3398056	37.8	17.0	0.6	0.6	0.0
25	98599	87.6	86337	3308287	36.9	9.8	0.6	0.6	0.0
26	98542	88.5	87255	3218569	35.9	5.5	0.6	0.6	0.0
27	98484	89.1	87745	3128903	34.9	3.5	0.6	0.6	0.0
28	98425	89.4	88038	3039289	33.9	3.1	0.6	0.6	0.0
29	98361	89.8	88292	2949730	32.9	1.3	0.7	0.7	0.0
30	98293	89.9	88364	2860228	32.0	1.7	0.7	0.7	0.0
31	98221	90.1	88467	2770789	31.0	0.7	0.8	0.8	0.0
32	98144	90.1	88467	2681415	30.0	1.4	0.8	0.8	0.0
33	98064	90.3	88535	2592111	29.0	1.2	0.8	0.8	0.0
34	97976	90.4	88582	2502879	28.1	1.0	0.9	0.9	0.0
35	97881	90.5	88594	2413728	27.1	1.0	1.0	1.0	0.0
36	97778	90.6	88603	2324664	26.1	0.9	1.1	1.1	0.0

续表

年龄	L_x (1)	w_x (2)	Lw_x (3)	Tw_x (4)	Ew(x) (5)	A_x (6)	QS(x) (7)	QD(x) (8)	QR(x) (9)
37	97671	90.7	88595	2235693	25.1	1.4	1.1	1.1	0.0
38	97557	90.8	88630	2146819	24.2	1.4	1.2	1.2	0.0
39	97431	91.0	88655	2058049	23.2	0.0	2.7	1.4	1.3
40	97294	90.9	88420	1969394	22.2	0.0	2.6	1.5	1.1
41	97144	90.8	88194	1880974	21.3	0.0	1.8	1.6	0.2
42	96980	90.8	88035	1792780	20.3	0.0	2.7	1.8	0.9
43	96802	90.7	87798	1704745	19.4	0.0	5.3	1.9	3.4
44	96609	90.4	87334	1616947	18.5	0.0	12.7	2.1	10.6
45	96399	89.4	86225	1529614	17.6	0.0	14.2	2.3	12.0
46	96176	88.4	84998	1443389	16.9	0.0	12.9	2.4	10.5
47	95936	87.5	83904	1358391	16.1	0.0	10.8	2.6	8.2
48	95667	86.8	82997	1274487	15.3	0.0	29.6	3.0	26.6
49	95363	84.5	80539	1191490	14.6	0.0	69.0	3.4	65.6
50	95033	78.9	74983	1110951	14.3	0.0	24.3	3.6	20.8
51	94685	77.3	73157	1035968	14.0	0.0	16.3	3.8	12.6
52	94317	76.3	71962	962811	13.3	0.0	13.2	4.0	9.2
53	93920	75.6	71014	890849	12.5	0.0	23.1	4.4	18.7
54	93483	74.2	69373	819835	11.7	0.0	46.8	4.9	42.0
55	93010	71.1	66124	750462	11.1	0.0	39.4	5.2	34.2
56	92507	68.7	63516	684338	10.6	0.0	27.4	5.6	21.8
57	91967	67.2	61776	620822	9.9	0.0	33.4	6.1	27.3
58	91374	65.3	59709	559046	9.2	0.0	55.1	6.8	48.3
59	90715	62.2	56419	499337	8.6	0.0	139.0	7.6	131.4
60	89985	54.0	48576	442918	8.4	0.0	56.8	8.5	48.3
61	89181	51.4	45817	394342	8.4	0.0	52.9	9.4	43.5
62	88309	49.1	43393	348525	7.8	0.0	59.2	10.2	49.1
63	87359	46.7	40822	305132	7.2	0.0	60.9	11.3	49.6
64	86307	44.4	38334	264310	6.7	0.0	71.5	12.8	58.7
65	85157	41.8	35595	225975	6.1	0.0	70.1	13.9	56.2
66	83922	39.4	33100	190380	5.5	0.0	99.0	15.1	83.9
67	82593	36.1	29824	157280	5.0	0.0	111.5	16.6	94.9
68	81131	32.7	26498	127456	4.5	0.0	105.2	18.8	86.4
69	79484	29.8	23711	100958	4.0	0.0	206.4	21.8	184.6
70	77644	24.2	18816	77247	3.6	0.0	158.1	24.5	133.6
71	75635	20.9	15840	58431	3.4	0.0	116.1	27.2	88.8
72	73478	19.1	14002	42590	2.9	0.0	115.9	29.9	86.0
73	71158	17.4	12380	28588	2.2	0.0	125.6	33.3	92.3
74	68658	15.8	10825	16208	1.4	0.0	502.7	37.0	465.7
75	66037	8.2	5383	5383	0.7	—	—	—	—

注：L_x 为生存人年数；w_x 为劳动参与率；Lw_x 为劳动参与人年数；Tw_x 为累计劳动参与人年数；Ew(x) 为平均劳动预期寿命；A_x 为劳动力的加入率；QS(x) 为劳动力的退出率；QD(x) 为因死亡引起的劳动力退出率；QR(x) 为因退休引起的劳动力退出率。

附表 2 2000 年劳动生命表

年龄	L_x (1)	w_x (2)	Lw_x (3)	Tw_x (4)	Ew(x) (5)	A_x (6)	QS(x) (7)	QD(x) (8)	QR(x) (9)
16	96206	39.8	38324	4035666	44.9	127.1	0.5	0.5	0.0
17	96151	52.6	50534	3945851	43.9	115.3	0.6	0.6	0.0
18	96088	64.1	61587	3856087	43.0	95.6	0.7	0.7	0.0
19	96015	73.7	70731	3766382	42.0	73.5	0.8	0.8	0.0
20	95933	81.0	77731	3676746	41.0	43.4	0.9	0.9	0.0
21	95846	85.4	81822	3587186	40.1	35.8	0.9	0.9	0.0
22	95755	89.0	85178	3497707	39.1	23.6	1.0	1.0	0.0
23	95661	91.3	87358	3408313	38.1	4.5	1.0	1.0	0.0
24	95563	91.8	87702	3319007	37.2	1.0	1.0	1.0	0.0
25	95462	91.9	87710	3229792	36.2	3.0	1.1	1.1	0.0
26	95360	92.2	87905	3140672	35.3	0.0	2.1	1.1	1.0
27	95257	92.1	87723	3051647	34.3	3.2	1.1	1.1	0.0
28	95152	92.4	87934	2962718	33.3	3.3	1.1	1.1	0.0
29	95043	92.8	88154	2873887	32.4	1.0	1.2	1.2	0.0
30	94928	92.8	88140	2785157	31.4	0.8	1.2	1.2	0.0
31	94808	92.9	88109	2696536	30.4	1.3	1.3	1.3	0.0
32	94685	93.1	88114	2608026	29.5	1.6	1.3	1.3	0.0
33	94558	93.2	88153	2519631	28.5	1.3	1.4	1.4	0.0
34	94425	93.4	88152	2431354	27.6	0.0	2.2	1.5	0.8
35	94284	93.3	87955	2343202	26.6	0.0	1.9	1.5	0.4
36	94136	93.3	87788	2255248	25.7	0.4	1.6	1.6	0.0
37	93982	93.3	87685	2167460	24.7	0.0	2.0	1.7	0.3
38	93819	93.3	87510	2079775	23.7	0.0	8.4	1.8	6.6
39	93642	92.7	86775	1992266	22.9	0.0	7.9	2.0	5.9
40	93451	92.1	86093	1905491	22.0	2.2	2.1	2.1	0.0
41	93247	92.4	86120	1819398	21.1	0.0	5.1	2.3	2.8
42	93033	92.1	85682	1733278	20.2	0.0	2.8	2.3	0.4
43	92807	92.1	85444	1647596	19.3	0.0	9.1	2.5	6.6
44	92567	91.5	84667	1562152	18.4	0.0	13.3	2.7	10.6
45	92306	90.5	83545	1477485	17.6	0.0	15.1	2.9	12.2
46	92023	89.4	82281	1393941	16.8	0.0	14.7	3.2	11.5
47	91718	88.4	81075	1311659	16.1	0.0	17.4	3.4	13.9
48	91390	87.2	79667	1230584	15.3	0.0	22.1	3.7	18.4
49	91024	85.6	77905	1150917	14.6	0.0	39.2	4.3	34.9
50	90618	82.6	74854	1073012	14.0	0.0	27.0	4.7	22.4
51	90178	80.8	72831	998159	13.5	0.0	21.6	5.1	16.5
52	89708	79.4	71261	925327	12.8	0.0	31.7	5.4	26.3

续表

年龄	L_x (1)	w_x (2)	Lw_x (3)	Tw_x (4)	Ew(x) (5)	A_x (6)	QS(x) (7)	QD(x) (8)	QR(x) (9)
53	89200	77.4	69003	854067	12.2	0.0	31.4	6.0	25.4
54	88639	75.4	66837	785063	11.6	0.0	43.5	6.6	36.9
55	88031	72.6	63930	718226	11.0	0.0	36.7	7.1	29.6
56	87378	70.5	61585	654296	10.4	0.0	42.0	7.7	34.3
57	86674	68.1	58999	592711	9.8	0.0	58.0	8.4	49.6
58	85903	64.7	55577	533712	9.3	0.0	45.6	9.4	36.2
59	85029	62.4	53044	478135	8.8	0.0	121.5	10.9	110.5
60	84043	55.4	46601	425091	8.5	0.0	74.3	12.3	62.0
61	82963	52.0	43139	378490	8.4	0.0	60.9	13.4	47.5
62	81816	49.5	40510	335352	8.0	0.0	53.3	14.2	39.1
63	80590	47.6	38351	294841	7.5	0.0	63.9	15.8	48.1
64	79242	45.3	35902	256490	6.9	0.0	80.8	17.7	63.1
65	77771	42.4	33000	220588	6.4	0.0	72.7	19.5	53.3
66	76196	40.2	30600	187588	5.9	0.0	85.0	21.1	64.0
67	74505	37.6	27998	156988	5.4	0.0	77.6	23.3	54.3
68	72632	35.6	25825	128990	4.8	0.0	147.5	27.0	120.5
69	70515	31.2	22016	103165	4.3	0.0	165.9	31.4	134.5
70	68187	26.9	18364	81148	4.0	0.0	136.3	34.7	101.6
71	65698	24.1	15861	62784	3.7	0.0	114.0	38.4	75.6
72	63065	22.3	14054	46923	3.1	0.0	114.6	41.8	72.8
73	60306	20.6	12443	32869	2.5	0.0	126.9	45.8	81.1
74	57449	18.9	10864	20426	1.8	0.0	119.8	49.1	70.8
75	54501	17.5	9562	9562	0.9	—	—	—	—

注:同附表 1

附录:

劳动生命表函数的计算方法

1. 生存人年数(L_x)

指同时期出生的一批人在 x 岁到 x+1 岁之间存活的人年数,可从人口生命表中获得。

2. 劳动参与率(w_x)

w_x =(就人口+失人口)÷同年人口×100%,根据人口普查汇总资料计算得到。

3. 劳动参与人年数(Lw_x)

$Lw_x = L_x \times w_x$ 。为了计算平均劳动预期寿命,我们还需计算最大劳动参与人年数 Lw_x' 。首先找到劳动参与率的最大值 $\max(w_x)$ 所在的年龄 age_{max},当年龄 $x \geq age_{max}$ 时,$Lw_x' = Lw_x$;当年龄 $x < age_{max}$ 时,$Lw_x' = L_x \times \max(w_x)$ 。

4. 累计劳动参与人年数(Tw_x)

$$Tw_x = Lw_x' + Lw_{x+1}' + \ldots + Lw_{75}' = \sum_{i=x}^{75} Lw_i' 。$$

5. 平均劳动预期寿命(Ew(x))

指 x 岁劳动力平均预期参与劳动力市场的时间。$Ew(x) = Tw_x \div lw_x'$,其中,$lw_x' = 0.5 \times (Lw_{x-1}' + Lw_x')$ 。

6. 劳动力的加入率(A_x)

指 x 岁进入劳动力市场的人年数(a_x)与 x 岁人口的生存人年数(L_x)之比,通常乘以 1000,表示新进入市场的劳动力所占的比率。其中,$a_x = Lw_{x+1} - Lw_x + Lw_x \times Q_x$,(当 a_x 结果为负数时,a_x 取值为 0),Q_x 表示 x 岁人口的死亡概率,可从人口生命表中获得。

7. 劳动力的退出率 QS(x)

指 x 岁退出劳动力市场的人年数(s_x)与 x 岁人口的劳动参与人年数(Lw_x)之比，通常乘以 1000，表示退出市场的劳动力所占的比率。其中，$s_x = a_x - (Lw_{x+1} - Lw_x)$ 。

8. 因死亡引起的劳动力退出率(QD(x))

指 x 岁由于死亡退出劳动力市场的人年数(d_x)与 x 岁人口的劳动参与人年数(Lw_x)之比，通常乘以 1000，表示因死亡退出市场的劳动力所占的比率。其中，d_x 表示 x 岁由于死亡退出劳动力市场的人年数，$d_x = Lw_x \times Q_x$ 。

9. 因退休引起的劳动力退出率(QR(x))

指 x 岁由于退休退出劳动力市场的人年数(r_x)与 x 岁人口的劳动参与人年数(Lw_x)之比，通常乘以 1000，表示因退休退出市场的劳动力所占的比率。其中，r_x 表示 x 岁由于退休等原因退出劳动力市场的人年数，$r_x = s_x - d_x$

参考文献：

1. 丁仁船. 我国城镇人口劳动生命表. 西北人口. 2008,2:8.

2. 黄荣清，李世红. 中国劳动力生命表的编制. 人口与经济. 1999,4:7.

3. Wool Harold. Tables of Working Life—Length of Working Life for Men. United Stats Department of Labor.

国务院人口普查办公室 肖宁

我国劳动力市场中的就业：现状、趋势与对策研究

改革开放30多年来，我国经济社会都发生了巨大改变，低生育率和人口预期寿命水平已经接近或达到发达国家水平。与此同时，我国也在较短的时间内实现了人口转变，人口年龄结构发生了显著变化，老龄化水平不断提高。第六次人口普查数据显示，2010年我国0—14岁人口在总人口中所占的比例为16.6%，15—59岁人口在总人口中所占的比例为70.14%，60岁及以上人口在总人口中所占的比例为13.26%，与2000年第五次人口普查相比，三者的比重分别下降了6.29个百分点、上升了3.36个百分点和上升了2.93个百分点，这种人口结构变化将会对未来我国劳动力市场中的就业产生重要影响。

一、我国劳动力市场中的就业现状

（一）劳动年龄人口比重进一步增加

根据六普数据，我国劳动年龄人口（16岁及以上）占总被调查人口比重的81.53%，与五普的76.46%相比增长超过5个百分点。比较六普和五普数据，我国劳动年龄人口在总人口中的比重进一步增加，少年儿童比重下降而老年人口增长速度大于全国总人口增长速度，表明我国未来将面临日益严峻的就业和老龄化问题。

从性别结构看，女性劳动年龄人口结构比重和增长率均高于男性。2010年女性劳动年龄人口在女性人口中所占比重（82.75%）高于同口径男性比重（80.35%）2.4个百分点。与2000年相比，10年间男性劳动年龄人口比重增长4.83个百分点，女性劳动年龄人口比重增长5.3个百分点。从年龄结构看，2010年我国劳动年龄人口的平均年龄为42.65岁，与2000年劳动年龄人口的平均年龄40.13岁相比，上升幅度超过1.5岁。从不同年龄段分组来看，我国劳动年龄人口所占比重最高的年龄组已经由2000年处于青年阶段的30—34岁之间（13.10%）上升到2010年处于40—44岁之间（11.44%）。劳动年龄人口平均年龄上升同样说明我国老龄化在加速。从城乡结构看，城乡之间劳动年龄人口占总人口比重差距趋于缩小。2010年城镇、乡村劳动年龄人口占总人口比重分别为84.13%和79.02%，与2000年的81.01%和73.85%相比，乡村劳动年龄人口占总人口比重增长幅度更快。从区域结构看，劳动年龄人口比重东部地区依旧高于中西部地区。2010年我国东、中、西和东北劳动年龄人口比重分别为83.76%、79.49%、78.81%和86.91%。从变化幅度来看，10年间东北地区劳动年龄人口占总人口比重增长幅度最大，增长幅度达到5.65个百分点，而东部、中部地区增长幅度与全国水平基本持平。从受教育程度结构看，我国劳动年龄人口的受教育程度继续稳步提高。2010年我国未受过教育的劳动年龄人口所占比重已由2000年的11.91%下降到6.38%；接受过小学教育的人口所占比重由2000年的30.27%下降到2010年的24.05%；初中以上受教育程度的劳动年龄人口所占比重均呈上升趋势，2010年受过初中教育的劳动年龄人口所占比重已达到42.38%，接受过大学专科教育程度的劳动年龄人口增长速度也相对较快。

（二）劳动参与率总体处于下降趋势

根据六普数据，2010年我国劳动参与率达到70.96%，相比五普的76.82%，劳动参与率下降了近6个百分点。

从性别结构看，六普男性劳动参与率为78.16%、女性为63.73%。相对于五普男性、女性劳动参与率82.94%和70.57%，虽然男女劳动参与率均呈下降趋势，但女性劳动参加率下降更快，男性与女性之间劳动参与率差距在继续扩大。从年龄结构

看，我国劳动年龄人口中年龄在40—44岁之间的人口数量最多占劳动年龄人口的比重为11.44%，该年龄组的经济活动人口数量也最多占全国经济活动人口的比重为14.63%。年龄在30—44岁的劳动参与率水平最高，平均劳动参与率超过90%，其中，年龄在35—39岁之间经济活动人口的劳动参与率最高，达到了90.75%。从城乡结构看，2000—2010年期间，我国城镇劳动参与率由67.64%下降至64.29%，而乡村劳动参与率由82.62%下降至77.81%，乡村劳动参与率下降的幅度更大。由于我国城镇劳动参与率低于乡村，乡村劳动劳动率下降幅度更快，未来城乡劳动参与率差距会进一步缩小。从区域结构看，与2000年相比，2010年我国中部、西部地区劳动参与率下降幅度最大，分别为7.46%、7.27%，而东部地区劳动参与率下降幅度最少，仅为4.02%。东北地区劳动年龄人口比重在全国范围内最高，而劳动参与率却处于全国最低水平。从受教育程度结构看，六普数据表明，具有初中文化程度的经济活动人口的劳动参与率达到81.48%，在所有文化程度分类中劳动参与率最高。具有小学和大专文化程度的经济活动人口的劳动参与率分别为69.14%和68.67，而具有大学本科和研究生文化程度的经济活动人口的劳动参与率分别为61.86%和65.93%。

(三)就业人口规模继续呈现增长

六普数据表明，我国就业人口71,547,989人，同五普相比，就业人口增加4,673,100人，增长率为6.99%。

从性别结构看，2010年我国就业人口中男性女性所占比重分别为55.34%和44.66%，男性所占比重比女性高出超过10个百分点。与2000年相比，男女比重的差距由9.31%增长到10.69%，说明就业性别比差距在逐步扩大。从城乡结构看，2010年我国城镇和乡村就业人口所占比重分别为44.98%和55.02%，就业人口一半以上仍旧分布在乡村。从区域结构看，2010年我国东、中、西和东北四个地区中，东部地区就业人口数量最多。与五普相比，东部地区就业人口所占比重由36.62%增长到39.34%，处于上升趋势且上升速度较快，东北地区也增长超过一个百分点，而中部和西部两个地区就业人口均处于下降趋势，下降幅度在1—2个百分点之间。从受教育程度结构看，2010年我国受过初中教育程度的就业人口所占比重最高达到48.80%，受过小学教育的就业人口约占四分之一，接受过高等教育就业人口所占比重不足十分之一，接受过大学专科、本科和研究生教育的就业人口所占比重分别为5.96%、3.71%和0.39%。从产业结构看，第一产业就业人口占总就业人口的比重为48.34%。与五普相比，第一产业就业人口比重呈下降趋势，由五普的64.38%下降至48.34%。从行业结构看，农林牧渔业依旧是吸收就业人口的最主要行业，吸纳就业人口数量接近一半，而制造业也吸纳近六分之一的就业人口。2010年我国就业人口主要集中的五个行业门类是农林牧渔业、制造业、批发和零售业、建筑业、交通运输仓储和邮政业，所占比重分别为48.34%、16.85%、9.30%、5.48%、3.56%。从职业结构看，农林牧渔水利业生产人员所占比重最高。2010年我国就业人口按七大类职业分类进行划分农林牧渔水利业生产人员所占比重最高，达到48.31%；其次是生产、运输设备操作人员及有关人员，所占比重达到22.49%；再次是商业服务业人员、专业技术人员和办事人员和有关人员，所占比重分别为16.17%、6.84%和4.32；国家机关党群组织企业事业单位负责人所占比重最少，仅为1.77%。从工作时间看，2010年就业人员的周平均工作时间45.16小时，其中，男性46.39小时，女性43.63小时，男性周平均工作时间高于女性。全国81.52%的就业者周工作时间在40小时以上，其中工作48小时以上者占38.38%。85.03%的男性周工作时间超过40小时，而女性周工作时间超过40小时的比重为77.16%，略低于男性。

(四)就业率下降幅度较大

根据六普数据，我国就业率为68.92%，与五普就业率74.08%相比，下降超过五个百分点。

从性别结构看，六普我国男性与女性的就业人口所占比重分别为55.34%和44.66%。相对于五普男性所占比重略有上升，而女性所占比重则出现相对下降。从年龄结构看，与其他年龄段相比，2010年年龄在40—44岁之间的就业人口最多，就业率也最高达到88.71%。从城乡结构看，2010年我国城镇就业率为61.18%，乡村就业率为76.87%，乡村就业率高于城镇。与2000年城镇就业率62.04%相比，2010年城镇就业率下降不大，下降近四个百分点；但是乡村就业率与2000年的81.67%相比下降了超过五个百分点，下降更为明显。从受教育程度结构看，2000年就业人口中未上过学和小学文化程度的劳动者所占比重分别为8.14%和32.84%，到2010年未上过学和小学文化程度的劳动者所占比重分别为3.41%和23.86%。初中以上文化程度劳动者所占比重呈上升趋势，特别是初中文化程度的就业人口所占比重由2000年的41.70%上升到2010年的48.80%，上升幅度最快。与2000年相比，研究生文化程度的就业人口规模较小，仅占0.39%，且上升幅度较小，升幅仅为0.30个百分点。

二、我国劳动力市场中就业的发展趋势

(一)我国劳动力供给总量的发展趋势

人口快速转变的结果使得我国当前及今后一段时间内仍面临着较为丰富的劳动力供给。

以第六次人口普查数据为基准，我们对2030年前我国各年龄段的人口趋势进行测算，结果表明，到2028年，我国人口将达到峰值14.46亿，随后开始逐步下降；15—59岁劳动年龄人口总量仍将继续缓慢下降；15—64岁劳动力人口整个期间也会保持在9亿的水平，劳动力总量供给压力仍然很大。从15—64岁劳动力人口增量上看，期间我国劳动力供给增量开始减缓，下降速度趋于加快，估计在2015年左右增量会出现拐点，达到10.13亿左右的劳动力人口峰值。因此，从劳动供给的角度来看，中国劳动力人口供给最为丰富的时间基本已经过去，劳动人口绝对数量已不再大幅度增长，其规模正在逐渐开始缩小。

表1　2010—2030年我国人口变化趋势及预测

单位：亿人

年份	总人口	15—59岁	15—64岁	劳动力供给
2010	13.397	9.405	9.994	7.84
2015	13.729	9.278	10.129	8.07
2020	14.014	9.156	10.013	8.10
2025	14.264	8.958	9.958	8.14
2030	14.459	8.591	9.701	8.12

考虑到随着人口预期寿命的延长，健康状况的改善，部分老年人口会进入劳动力市场等因素，研究中我们将劳动力供给人口的年龄区间界定为15—64岁，计算表明，我国劳动力供给在2015—2030年期间仍会保持在8亿以上的水平，劳动力总量供给压力依然很大。

(二)我国劳动力需求总量的发展趋势

综合考虑发展方式转变、经济增速放缓，产业结构优化升级的影响，我们采取情景模拟倒推法来预测2015—2030年期间的劳动力需求。预测结果如下。

表2　2010—2030年我国劳动力的需求趋势

年份	GDP增长率	产业结构(%)			劳动力需求(亿人)			
		一产	二产	三产	合计	一产	二产	三产
2010	10.4	10.1	46.8	43.1	7.64	2.79	2.19	2.63
2015	7.5	7.6	44.2	48.2	7.79	2.27	2.35	3.16
2020	7.0	6.0	42.4	51.6	7.84	1.69	2.41	3.73
2025	6.5	4.8	36.9	58.3	7.90	1.24	2.32	4.34
2030	6.0	3.6	33.8	62.6	8.10	0.81	2.28	5.01

(三)我国劳动力市场供求总量的发展趋势

根据上述对劳动力供求的预测，在2030年前我国劳动力依旧供给大于需求，就业总量压力仍存在。2030年后，我国就业的总量矛盾有望得到缓解。造成这种状况的原因，一方面，人口年龄结构的迅速变化仍使我国处于劳动力供给较为丰富的时期，更重要的是，随着农业生产率的提高，农业仍将产生剩余劳动力。另一方面，随着我国经济增长方式的转变，产业结构的优化升级，经济增长对就业的需求拉动能力也在下降。劳动力供给相对充分和就业需求相对不足使得我国就业总体上依旧呈现供大于求的

局面。

表 3　2010－2030 年我国劳动力供需情况及缺口

单位:亿人

年份	劳动力供给	劳动力需求	劳动力供求缺口
2010	7.84	7.61	0.23
2015	8.07	7.79	0.27
2020	8.10	7.84	0.26
2025	8.14	7.90	0.24
2030	8.12	8.10	0.02

需要说明的是,单从数量上看,在 2030 年前我们并没有必要担心劳动力供给问题。但在 2030 年后,由于人口健康寿命的延长,在完善的教育制度、劳动力市场制度、养老保险制度以及适当延长退休年龄情况下,老年人口仍然能够为经济增长提供额外的劳动力供给来支撑我国经济的高速发展,还会有大量的劳动力资源可以开发,我国的劳动力供给将会增大。因此,在未来相当长的时期内我国不大可能会出现所谓的“人口负债”。

此外,2030 年以后,尽管劳动力供求的总量矛盾得到缓解,但劳动力供求的结构性矛盾会更加突出,并成为影响劳动力就业的主要矛盾。劳动力就业的结构性问题,主要是指就业存在着地区间和行业间的不平衡。在劳动供给压力大的地方,对劳动力的需求严重不足,其结果,劳动力必然从供给压力大的地方流向供给压力小的地方。就业结构的不平衡不仅表现在地区间,而且表现在行业和部门间。伴随着经济增长,经济结构和就业结构会不断发生变化,具体表现为部分行业会不断吸纳劳动力就业,而有些行业和部门不仅不能吸纳新的劳动力就业,而且还通过裁员的办法排斥劳动力就业,这种产业结构升级与劳动力素质偏低之间的矛盾将使劳动力就业的结构性矛盾长期存在。

三、促进就业的对策建议

在我国劳动年龄人口总量规模逐渐下降,就业总量压力逐渐有所减轻的新形势下,促进就业的政策思路也要有所调整,要逐步从由实施扩大就业的发展战略向推动实现更高质量的就业转变,并把政策重点放在就业结构进一步优化、就业能力明显提高、就业质量稳步提升上。

(一)加快经济结构调整优化就业结构

从我国失业人员的失业类型看,结构性失业特别突出。导致我国结构性失业的原因除了经济周期波动和体制转轨等原因外,还与产业结构、所有制结构及企业组织结构有密切的联系。人口年龄结构变化的影响直接表现在对产业结构调整目标的转换要求上,因此,要有效地解决就业问题,除了促进经济发展,保持一定的经济增长速度外,还必须从结构入手,加大调整经济结构的力度。

在产业结构上,要注重发展第三产业。要加快产业结构调整步伐,努力提升第三产业在吸纳就业中的作用。大力发展就业容量较大,与经济发展及居民生活密切相关的仓储、商贸餐饮、教育、医疗卫生、社区服务、家政服务等劳动密集型行业。在区域结构上,加快产业转移培育就业增长点。加大对中西部地区(或东部地区内部之间)产业转移政策的扶持力度,鼓励劳动密集型、物流成本低、产品时效性弱的产业向这些地区转移,培育中西部就业增长点。在企业结构上,注重发展非公经济和中小企业。注重从资金、信贷、税收、经营场地和设施等方面积极扶持非公有制经济和中小企业的发展。在机构形式上,注重发挥非营利社会组织促进就业的作用。分类别、分步骤对不同社会组织采取不同的登记管理方式以切实降低准入门槛,在加强监管的前提下放宽社会组织成立的权限。加大各级政府向社会组织购买服务的支持力度,培育发展社会组织吸纳就业。

(二)增加人力资本投资提高劳动者就业能力

提高人口素质,打破劳动力数量短缺的瓶颈,是我国应对人口结构变化挑战的重要举措。如果说人口红利更多地体现在劳动力数量上优势,并且作为增长源泉终究要消失的话,那么人力资本存量的提高意味着形成一个更具有报酬递增性质,更加可持续的经济增长源泉。

适应就业结构的变化,加快高等教育结构的优化调整。在高等教育的经费投入和政策支持上,不仅要建设一批特色鲜明的研究教学型、教学研究型以及教学型普通本科院校,而且要加快高等职业技术教育尤其是农村职业技术教育的发展，从而满足经济社会发展对不同层次人才的需求。高等院校应根据产业结构调整和人才需求结构的变化，不断优化学科结构，调整专业设置，突出专业特色，扩大毕业生的就业面，增强其就业适应性。大力发展职业教育，建立健全职业教育投入机制。要不断扩大职业教育的招生规模，加强统筹规划，促进城乡之间和不同地域之间职业教育的均衡发展。完善政府主导、依靠企业、充分发挥行业作用、社会力量积极参与、公办与民办共同发展的多元职业教育办学格局。健全面向全体劳动者的职业技能培训，统筹推动就业技能培训、岗位技能提升培训和创业培训，积极探索现代学徒制培训，加快构建劳动者终身职业培训体系，使城乡劳动者都能得到有针对性的培训，提升其职业技能水平。

(三)规范协调劳动关系努力提升就业质量

加快劳动关系协调机制建设，加强协调劳动关系三方机制的组织建设和制度建设，充分发挥三方机制的作用，促进人力资源市场的各主体都自觉守法，在扩大就业数量的同时，不断提升就业质量。

积极贯彻落实《就业促进法》，进一步完善《劳动合同法》、《社会保险法》、《劳动争议调解仲裁法》等法规。尽快充实劳动监察队伍，加强劳动执法，对就业歧视行为和其他侵犯劳动者权益的行为进行坚决打击，改进劳动者工作条件和职业健康安全。统筹设计城镇化和生产力布局，优化劳动力资源配置。中央政府应加强对农村人口向城市转移、制造业等产业跨区域梯度转移的整体设计指导和统筹协调，加快推进都市圈、城市带、城市群建设，发挥大城市对中小城市、小城镇的辐射带动作用，加大对中西部地区农村劳动力转移的扶持力度，在产业和劳动力双转移中保持传统产业竞争力，逐步积累新兴产业新的竞争优势。深化户籍制度改革加快推进农民工市民化，要由鼓励农村剩余劳动力进城转向进城农民工市民化(本地化)，将稳定就业的进城务工人员和因城镇建设征地而失去承包地的农民转为城镇户籍人口，将农民工纳入城镇低保、城镇基本医疗和失业救助等社会保障覆盖范围，避免城镇内部出现新的二元结构。

(四)加强和完善就业统计与监测

借鉴国外就业调查统计工作的经验与缺陷，尽快完善工作方案，切实做好调查失业率的调查统计工作和就业失业信息监测预警，为宏观决策提供更加真实、及时、准确的统计信息。

完善就业与失业登记管理办法，完善城镇调查失业率统计。尽快发布城镇调查失业率，把城镇调查失业率作为经济社会发展的约束性指标，逐步将城镇调查失业率转变为重要的常规统计工作。加强就业评估，建立健全失业预警机制，在制定经济社会发展战略、改革经济制度、制定宏观政策措施时，对预期的就业影响要进行评估。对结构调整和重大灾害及遇到危机情况下出现的失业风险要进行积极预防和有效调控，制定应对预案，采取切实措施，保持就业稳定并将失业控制在社会可承受范围。此外，要建立失业保险与促进就业的联动机制，发挥失业保险制度的预防功能和再就业促进功能，充分保障失业人员的基本生活，避免影响社会稳定。

主要参考文献：

1. United Nations, Department of Economic and Social Affairs, Population Division (2011). World Population Prospects: The 2010 Revision, CD—ROM Edition.
2. 十八大报告辅导读本．人民出版社，2012.
3. 蔡昉．中国人口与劳动问题报告 NO13. 社会科学文献出版社，2012.
4. 李善同，刘云中．2030 年的中国经济．经济科学出版社，2011.
5. 国家人口发展战略研究组．国家人口发展战略研究报告．中国人口出版社，2007.
6. 田雪原，王金营，周广庆．老龄化—从“人口盈利”到“人口亏损”. 中国经济出版社，2006.
7. 王一鸣．以提高经济增长质量和效益为中心．人民日报，2013，1，14.
8. 张军伟，蔡翼飞．中国劳动供求态势变化、问题与对策．人口与经济．2012，4.

9. 郭东杰．中国细分行业的就业创造研究．中国人口科学,2012,3.
10. 人力资源和社会保障部课题组．促进经济发展与就业增长良性互动．中国劳动,2012,2.
11. 郭志刚．六普结果表明以往人口估计和预测严重失误．中国人口科学,2011,6.
12. 蔡昉．人口转变、人口红利与刘易斯转折点”. 经济研究,2010,4.

国家发展和改革委员会社会发展研究所课题组　谭永生　张新营　赵晓男

劳动力市场分割、搜寻匹配与结构性失业治理

——文献综述对人口普查资料开发的启示

结构性失业被称为失业中的"硬核",是经济发展过程不能摆脱的顽疾。当前我国正处于结构调整的关键时期,各种形式的"用工荒"与"返乡潮"时有发生,大学生面临"毕业即失业"困境的同时,高端人才却呈现严重匮乏的局面,劳动力市场分割与歧视严重,唯学历、唯职称、唯资历、唯身份等现象大量存在,不仅造成我国人力资源的极大浪费,而且制约了发展方式的转变与国际竞争力的提升,为社会和谐增添了不和谐的因素。2011 年 12 月 16 日召开的国务院常务会议指出,"十二五"时期的就业总量压力将继续加大,劳动者技能与岗位需求不相适应、劳动力供给与企业用工需求不相匹配的结构性矛盾将更加突出。中国结构性失业表现形式多样、形成根源复杂。因此,深入研究结构性失业的成因,消除劳动力市场分割与结构性矛盾,实现劳动力供求的对接匹配具有重要意义。本文从文献综述的视角,系统梳理劳动力市场分割理论与搜寻匹配理论,考察劳动力市场分割与不匹配引发结构性失业的传导机制,分析了当前结构性失业治理需要解决的关键问题与研究思路,进而研究了结构性失业治理中的人口普查资料深度开发。

一、我国劳动力市场结构性矛盾的乱象

(一)青春围城之"逃离北上广"与"逃回北上广"——区域选择的困惑

近期有关逃离"北上广"(北京、上海、广州)和逃回"北上广"的话题备受关注。"是选择在北上广,被挤得像沙丁鱼,还是选择在老家当死咸鱼?逃离大城市的压力后,他们迷失于小城市的平庸与固化。"这些年轻人左右为难的旅程背后,是几乎一代普通青年艰难安放的前途与希望,也反映了我国人力资源配置的不均衡与区域流动的无序性。当前我国大学毕业生就业形势日益严峻的现象,是转型过程中劳动力市场分割的制度背景下,大学毕业生与用人单位相互搜寻的结果,大学毕业生就业难是相对的,具有转型性和结构性的特点,即在某些大中城市,大学毕业生的供给量是相对过剩的,而在广大农村地区和西部地区,他们则是绝对不足(赖德胜,2001)。伴随我国教育快速发展而出现的"知识失业"问题,在很大程度上是由劳动力市场的制度性分割引起的,应逐步消除劳动力市场的制度性分割,鼓励大学毕业生向西部和农村等次要劳动力市场流动(赖德胜,2005)①。"北大毕业生杀猪、卖糖葫芦"之所以引起关注,不仅因为他们居然找不到好的工作,更是因为他们居然有勇气从事次级劳动力市场的工作,主要是由于没有建立空岗和高素质劳动力之间有效的匹配机制。

(二)新生代农民工"频繁跳槽"的怪圈——"要饭碗,更要有发展"

2012 年 1 月 16 日《经济参考报》刊登了一篇题为"我国用工荒与就业难并存,结构性短缺问题突出"的报道:农民工万亮武不过 20 岁,但据他讲,现在的温州玉百合鞋厂已是他进过的第 8 个工厂了,来自贵州黔西南的他去过深圳、上海,但进厂就像"走马灯",换了一个又一个,没挣着钱,也没学到技术。当前像万亮武那样频繁跳槽的新生代农民工并非少数,对此他们给出一个类似的答案:"要饭碗更要有发展"。当前新生代农民工就业普遍存在"短工化"趋势,工作持续时间短,流动性高,缺乏稳定性。与老一代农民工相比,他们对岗位的选择更加理性,

① 赖德胜、田永坡:《对中国"知识失业"成因的一个解释》,《经济研究》2005 年第 11 期。

更加注重维护自己的权益，认为个人的成长与发展比“饭碗”更重要。他们渴望扎根城市，但也有更多的迷茫，他们处于城市与农村的边缘，在农村没有土地，生活在城市中，却又无法融入城市文化。他们的迷茫及对未来发展的高预期决定了其在劳动力市场搜寻职位的不确定性和搜寻范围狭小，他们仅限于那些能够提供理想工作的市场中进行工作搜寻，主动囿于狭窄市场中，形成了职业拥挤效应，降低就业水平。

（三）“用工荒”与“返乡潮”频现——转型升级面临“后继无人”的危机

从 2003 年起，各种形式的“用工荒”频繁出现并呈现由沿海向全国不断扩展的趋势，甚至西部省份也出现了“用工荒”。无论是家政、保安等普通的用工需求，还是技工等高端的用工需求，都面临着较大的结构性短缺。当前我国众多企业处于附加值低的产业链低端，竞争力很大一部分来自廉价劳动力，“用工荒”与“电荒”、“钱荒”、“高成本”等因素交织在一起，凸显了企业生存与发展困境，同时也促进了行业洗牌，“倒逼”有潜力的企业在转型升级中寻找出路。然而，转型升级面临严重的人才短缺瓶颈，各用人企业普遍反映“现在不光是技工难招，熟练工人都不好找，好不容易招来的技术工人现在不少都跳槽，企业并不愿意花成本培训人才，自己培养出来的还很容易被其它企业高薪挖走”。由于技术人才的培养与产业竞争力的形成需要一个过程，如果断代将造成转型升级“后继无人”的危机。因此，提高劳动力与岗位的动态匹配性，对于避免企业在低成本优势的低位徘徊，实现人力资本提升与转型升级的协同发展具有重要意义。

（四）结构性失业的“高龄化趋势”——呈现向“长期失业”转化的风险

结构性失业被称为失业中的“硬核”，其治理难度和成本高于周期性失业和摩擦性失业。结构性失业者重新掌握一项技能适用于新的岗位需要一个过程，尤其是从简单工种到复杂工种。目前企业招聘员工大都有 35 岁、40 岁以下的年龄限制，高中以上文化程度，于是大批的“4050”下岗人员难以再次进入劳动力市场[①]。按照目前的人口年龄结构推算，在不久的将来，将有更多的人迈入“4050”失业群体，向长期失业的累积风险增加，其关键在于早发现，早治理。顾东辉(2001)以上海为例对下岗职工再就业和求职行为进行研究，发现下岗职工由于意识形态、传统文化、资源容量和个人竞争力等多方面原因，较少采用市场化求职行为[②]。我国再就业人员年龄偏大、技能单一、家庭负担重，是就业的弱势群体，其个人资源和社会资源有限，普遍认为再就业成败属于碰巧，加之，由于中国“面子”、“耻”等文化观念和社会环境的影响，怯于或不屑于进行市场化求职活动，其工作搜寻行为对基准 DMP 搜索匹配模型(Diamond (1982)，Mortensen (1982) and Pissarides (1985))偏离较大，结构性失业更加严重。因此，有必要针对性职位搜寻匹配行为特征。

国外学者研究发现，结构性失业不同来源之间存在相互抵消、相互加强效应(Herz，2011)，结构性失业的治理对策应根据不同来源更加细化，各政策之间应保持整体性和协调性。如果仅仅减少部分来源，而不是综合考虑各种来源，将有可能加剧结构性失业，得到适得其反的效果。以上列举了我国劳动力市场几种“典型”的结构性矛盾，从现实角度验证了此结论的可信性。

二、劳动力市场分割与搜寻匹配文献综述

（一）国外研究现状

1. 劳动力市场分割综述：结构划分走向细化和融合

劳动力市场分割理论认为劳动力市场不是一个单一的竞争市场，而是由几个非竞争的市场组成的。Doringer&Piore(1971)认为劳动力市场由分割的主要劳动力市场和次要劳动力市场两个部分组成，认为生产特性导致劳动力市场分割的原因。Edwards(1975)强调导致分割的制度因素，他们认为劳动力市场分割是资本主义发展和非竞争集团演化发展的结果，为获得和保持其优势地位，往往会内化生产过程和劳动力市场。Osterman(1975)检验

---

① 注：很多企业在员工 40、50 岁时就不再续签合同了，这样企业就没有退休人员，以减少自己的负担。

② 顾东辉：《下岗职工的再就业服务和求职行为》，《社会学研究》，2001 年第 4 期。

美国劳动力市场是否呈二元结构,研究发现在一级、二级劳动力市场之间存在显著差异。Mayhew and Rosewell(1979)检验英国一级、二级市场之间是否存在清晰的界线,他们发现在两个部门之间存在双向的流动,但要脱离二级劳动力市场需要付出大量的成本，并与受教育程度和工作经历有关。Bulow &Summers(1986)认为工作不同，衡量员工努力程度的成本也不同。为避免高端职位员工偷懒，公司把他们的工资提高到竞争水平之上,即通过提高他们的解雇成本来减少这类员工偷懒的可能性，劳动力市场因而被分割。

早期分割理论将劳动力市场分为一级、二级两个子市场,但这并不被后续的经验研究所支持,需要更精细的分割理论将对劳动力市场进一步细分。虽然许多经验研究使用基于行业或职业特征的标准对劳动力市场进行划分,但其忽视了同一行业或同一职业内部存在分割的可能性,而且这些研究都具有“主观先验”的色彩。Cain(1976)批评了按工资高低把劳动力分配到两个“领域”,然后对教育和其它人力资本变量进行回归的方法，认为主观地把单一劳动力市场划分为高、低工资“领域”会造成截尾偏误。Boston(1983)认为按工资高低的划分方法，会在二级劳动力市场删除那些高工资样本，导致人们只观察到那些低工资领域中高学历的工作者，他们因为一些难以观测的个体特征，如低能力，使他们的人力资本投资处于一个较低的收益水平上，因此,无论是二元或多元的划分,都属于先验地划分领域的方法，它会使基于此划分的实证研究出现估计偏误。因此,一些学者主张,科学的方式是不做事前划分,劳动力市场的分割应由内生来决定。Dicken and Lang(1985)认为，在“工作”或“产业”划分的基础上样本选择有着重要缺陷，既然工人的部门选择会受到没有被计量到的个体特征所影响，这样会导致样本选择的偏差。为了解决这一问题,他们认为，不要先验地根据产业或工作划分部门，如果可能，将工人所归属的部门看作是未知的，这是较为科学的作法。

2. 劳动力市场搜寻匹配文献综述:微观行为特征不断趋近

“搜寻匹配理论”围绕搜寻摩擦成本这一关键性市场前提，论述失业者和企业如何搜寻匹配，以及政府怎样制定政策以降低失业率。现实市场是“摩擦市场”,搜寻匹配理论正是针对市场信息不完备、交易存在摩擦的情况,描述企业与个人如何采用理性的法则进行决策，进而推理出合乎理性逻辑的最优选择的一种理论分析框架。因此,搜寻匹配理论更加接近于社会经济现实，在微观行为与宏观经济效率之间搭建了一座桥梁。戴蒙德与另外两位诺贝尔奖获得者莫滕森、皮萨里季斯基于“搜寻匹配理论”发展了一个用于分析劳动力市场供给与需求、均衡工资与市场效率的“DMP 模型”(Diamond－Mortensen－Pissarides Model)。搜寻匹配理论和DMP 模型加深并统一了人们对结构性失业的认识，改变了经济学家思考失业问题的方式，为自然失业率奠定了微观基础。DMP 模型起源于 Mo rtensen (1970）对劳动力市场搜寻摩擦的洞察，随后Diamond (1981，1982）、Mortensen (1982）、Pissar ides (1979，1984，1985，1999）和 Mortensen & Pissar ides (1994) 等文献对该合成模型的发展做出了重要贡献。

尽管搜寻匹配理论对于研究劳动力市场微观行为做出了开创性贡献，但其微观基础仍需要进一步挖掘。首先,从劳动者角度,诸如求职者的年龄特征、地理分布、受教育情况、从业经历、待业时间及政府的就业政策都需要纳入搜寻匹配的分析框架,在此过程中,不断放松假定、更加接近劳动力市场现实。其次,从企业角度,当前搜寻匹配模型及其改进模型对岗位空缺的研究远远不够。面临不同程度的技术冲击与变革，厂商会如何做出反应需要进一步研究。其不应仅仅局限于简单的岗位空缺方程方面,还需要进一步关注厂商招聘(设立岗位)的行为决策。最后,从劳动力市场供求双方的搜寻过程及匹配函数的角度,现有搜寻匹配模型更多地强调搜寻行为,即在搜寻过程中需要时间和摩擦成本，而对于匹配过程关注不够,过多的简化设定将匹配函数设计为“黑箱”。尽管 Shimer(2007)曾采用“盒子——球”的匹配模型进行尝试,但仍存在着诸多争议。事实上，搜寻匹配模型直观上具有微观特征，但匹配函数却在一定程度上是一种总量模型，对整个模型的微观基础有所偏离(钟春平,2010)。因此，促进搜寻匹配模型向劳动力市场微观主体行为更加趋近将是重要的研究方向。

（二）国内研究现状

1. 中国劳动力市场的多重分割综述：制度性分割逐渐淡出

中国的劳动力市场发育尚未成熟，劳动力市场分割的成因和表现形式复杂多样，不仅存在由于产业结构、技术进步、企业组织形态等带来的市场性分割，而且存在更深层次的体制性分割和制度性分割。从现实国情来看，户籍制度深刻地形塑着中国社会的分层体系，城乡差别被公认为中国最为根本的不平等结构，因此，早期的劳动力市场分割研究主要集中于城乡分割（杜鹰，2002；白南生，1997；Knight et al. ，1999）、区域分割（蔡昉、王德文、都阳，2001）和户籍分割（蔡昉、都阳、王美艳，2001）。随着各领域“渐进式”改革的推进，劳动力市场分割被扩展到其他领域，如国有与非国有部门的所有制分割（陆铭，2004）；开放性行业（聂盛，2004；张展新，2004）、垄断性行业（许经勇，2007；晋利珍，2008）、劳动密集型（章铮，谭琴，2005）等具体行业的分割、正规部门与非正规部门分割（吴要武，2009），及以财政地方分权为基础的外来人口— 本地市民群体性分割（原新、韩靓，2009）。随着劳动力流动更加充分并广泛进入到各个领域，人口学因素在劳动力市场分割研究中更加得到重视，如，性别歧视性分割（王美艳，2005；姜向群，2007；吴愈晓、吴晓刚，2009）、健康状况分割（魏众，2004）、代际行业分割（郭丛斌、丁小浩，2005），婚姻状况分割（原新、韩靓，2009）、受教育经历分割、年龄分割和职业经历分割（吴愈晓，2011）。

中国劳动力市场分割的原因十分复杂，形式多种多样，因此并没有“统一”的分割理论，以上劳动力市场分割只是劳动力市场分割的不同方面。杨宜勇（2001）认为中国劳动力市场分割包括横向分割和纵向分割。李建民（2002）把中国劳动力市场分割主要归结为制度性因素，并总结出中国劳动力市场的多重分隔格局。鉴于传统体制在各个领域皆有所松动，劳动者就业领域相互渗透，不断拓展，单纯基于某些视角的分割呈现逐渐弱化的趋势，而各种分割之间的交叉融合却在不断增强，各种劳动力市场分割间难以逾越的制度性鸿沟有望架起沟通的桥梁。

2. 中国劳动力市场的微观行为综述：分隔阻碍与低效匹配

就微观主体而言，新古典经济学假定个人是劳动力市场的最小单位，性别、年龄、受教育水平以及所拥有的社会资本存量是影响个体决策的主要变量。搜寻匹配理论把工作搜寻看作是一种理性投资行为，劳动力在企业间和城市间的流动实际上是一种“用脚投票”的理性行为，目的是为了寻找一个匹配的工作机会，实现其人力资本水平的提升。实际研究中，许多学者发现个人决策不仅受个人预期的影响，往往与家庭有着密切关系，即家庭福利最大化条件下的迁移决策行为（蔡昉等，2002） 。赖德胜（2001）对大学生搜寻行为、钱永坤（ 2001） 对下岗职工工作搜寻行为进行研究，以考察搜寻者的工作搜寻行为及影响工作搜寻成功与否的因素，前者包括搜寻者的期望工资、搜寻渠道和搜寻广度等；后者则主要由搜寻者的年龄、性别、受教育程度、工作经验、种族、职业和行业等组成。赖德胜、孟大虎（2006）研究发现，东北老工业基地的人力资本专用性导致了劳动力岗位搜寻匹配的难度增加，表现出明显的人力资本粘性和人力资本失灵问题①。叶海云、尹恒、龚六堂（2006）针对我国不完全的劳动市场，建立了一个短视—搜寻模型，发现我国现行的社会保障制度、户籍制度以及地方保护政策造成城乡劳动力市场分割，妨碍城乡劳动力自由流动，这种匹配过程虽然有可能最大限度降低城镇失业率，但不是使得全国总失业率最低的均衡②。关于迁移的选择性方面，易君键、耿龙波（ 2007）将个人、家庭特征、就业途径和户籍等变量纳入模型，检验了各种变量对农民工就业过程中 3 种部门选择的影响程度，得出搜寻渠道和人力资本对农民工迁移就业中的部门选择影响显著，而家庭特征变量的影响不明显。翁杰、周必彧（2009）利用搜寻匹配理论研究大学生

① 赖德胜、孟大虎：《专用性人力资本、劳动力转移与区域经济发展》，《中国人口科学》2006 年第 1 期。

② 叶海云、尹恒、龚六堂：《不完全劳动市场、政府干预与失业率》，《财经问题研究》2006 年第 1 期。

就业问题,发现,企业提供的工资水平会随着高等教育规模的扩大而降低;大学生及其家庭高等教育投资的增加则会推高他们的保留工资诉求;两者相反方向变动导致工资匹配概率的下降和大学生失业的形成①。

任何劳动力市场分割模型必须能够描述劳动力市场状况如何在子市场间相互关联,其关联有助于减少分割,促进统一市场的形成,例如,基于同质劳动力和职位假设的基准搜索匹配模型——Diamond (1982), Mortensen (1982) and Pissarides (1985)。在基准搜索匹配模型基础上产生的失业是摩擦性失业,而偏离此模型所产生的失业是结构性失业(Herz,2011)。由于我国劳动力市场发育不健全,市场分割,制度性阻碍和流动成本更加严重,微观行为对于基准搜索匹配模型的偏离更大,于是结构性失业问题更加严重,因此,有必要基于劳动力市场分割模型及搜索匹配理论,探索偏离这些关联所产生的结构性失业效应。

三、劳动力市场分割、搜寻匹配与中国结构性失业治理

(一)劳动力市场分割与搜寻匹配理论对中国结构性失业问题的适用性

中国劳动力市场发育还很不成熟,劳动力市场分割的成因和表现形式复杂多样,不仅存在各种市场性分割,而且存在更为深层的体制性分割和制度性分割,深刻影响着其他维度的劳动力市场分割。尽管随着制度改革和体制的松动,劳动力的流动与转换更加频繁,但劳动力市场多重分割之间的交互影响更加密切(见图 1),更加细化的市场分割仅仅聚焦于更加细微的劳动力群体并将其他劳动者排斥在外,例如,唯学历、唯职称、唯资历、唯身份等多重条件相交叉造成招聘对象范围极大地缩小,从而使劳动市场资源配置被分割成更加细碎的模块,大大增加了劳动力市场的流动成本和社会整体的就业成本,阻碍了劳动力市场效率的提高。而由于搜寻匹配摩擦和成本的存在,延长了搜寻时间,进一步降低了劳动力市场效率。劳动力市场分割与搜寻匹配理论对于中国失业和就业问题具有很强的适用性,有助于解释当前中国"招工难"和"就业难"并存而无法实现对接匹配的问题,即结构性失业问题。例如,大学生期望过高,将目光局限于局部分割市场,延长搜寻时间,过度搜索以期望得到更好的待遇,其职位的频繁转换造成就业率的下降。农民工劳动技能低,只能限于局部次级市场搜寻职位,其信息不对称、盲目搜寻则造成农民工搜寻匹配效率的下降,进而导致农民工就业难的问题。

总之,中国劳动力市场更加交叉细化的分割障碍增加了搜寻成本,降低了匹配效率,加之,由于中国人口、社会、文化因素的影响,中国劳动力市场的搜寻匹配行为对于基准搜寻匹配模型偏离较大,而偏离此模型所产生的失业即为结构性失业(Herz,2011)。因此,可以基于我国劳动力市场分割的现实情况及微观行为对基准搜寻匹配模型的偏离效应考察结构性失业的来源与产生机制,从而为结构性失业治理提供针对性策略。

(二)劳动力市场分割、搜寻匹配、结构性失业问题的研究框架

当前我国经济发展中结构性失业问题日益严重,其根源在于劳动力市场分割及劳动力供给和需求的不匹配。鉴于结构性失业的原因复杂并难以治理,其来源的细化与产生机制的研究是结构性失业治理政策制定的重要依据。可以构建劳动力市场分割背景下的搜寻匹配模型,考察劳动力市场分割与不匹配引发结构性失业的传导机制,以人口普查数据为基础对结构性失业进行测算,并对其来源进行细致分解,分解为劳动力流动成本、职位流动成本、工资谈判成本、子市场间技术匹配等四大类因素及其细分因素,具体研究框架如图 2 所示。

① 翁杰、周必彧:《基于劳动力市场工资匹配的大学生失业问题研究》,《中国人口科学》2009 年第 3 期。

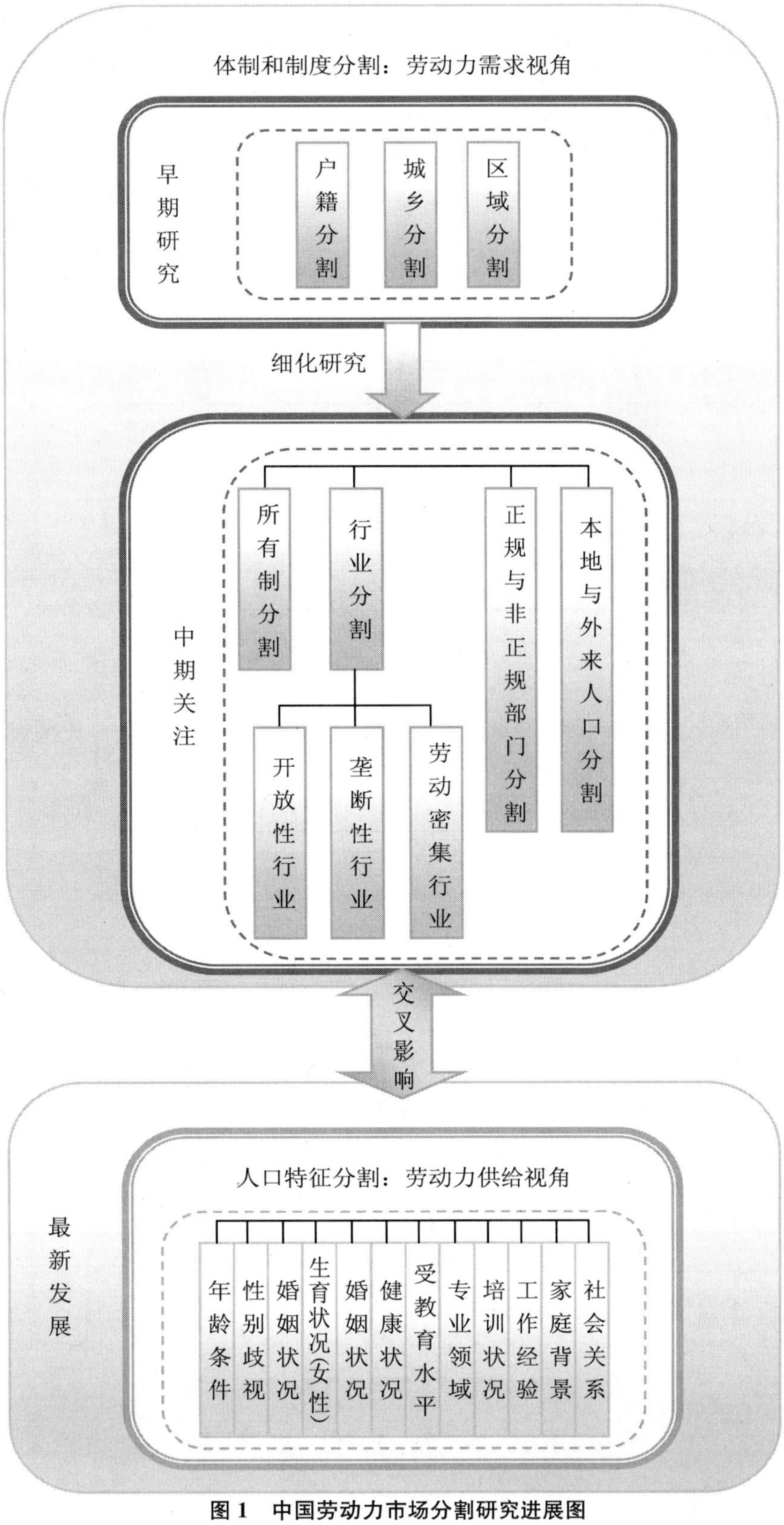

图 1 中国劳动力市场分割研究进展图

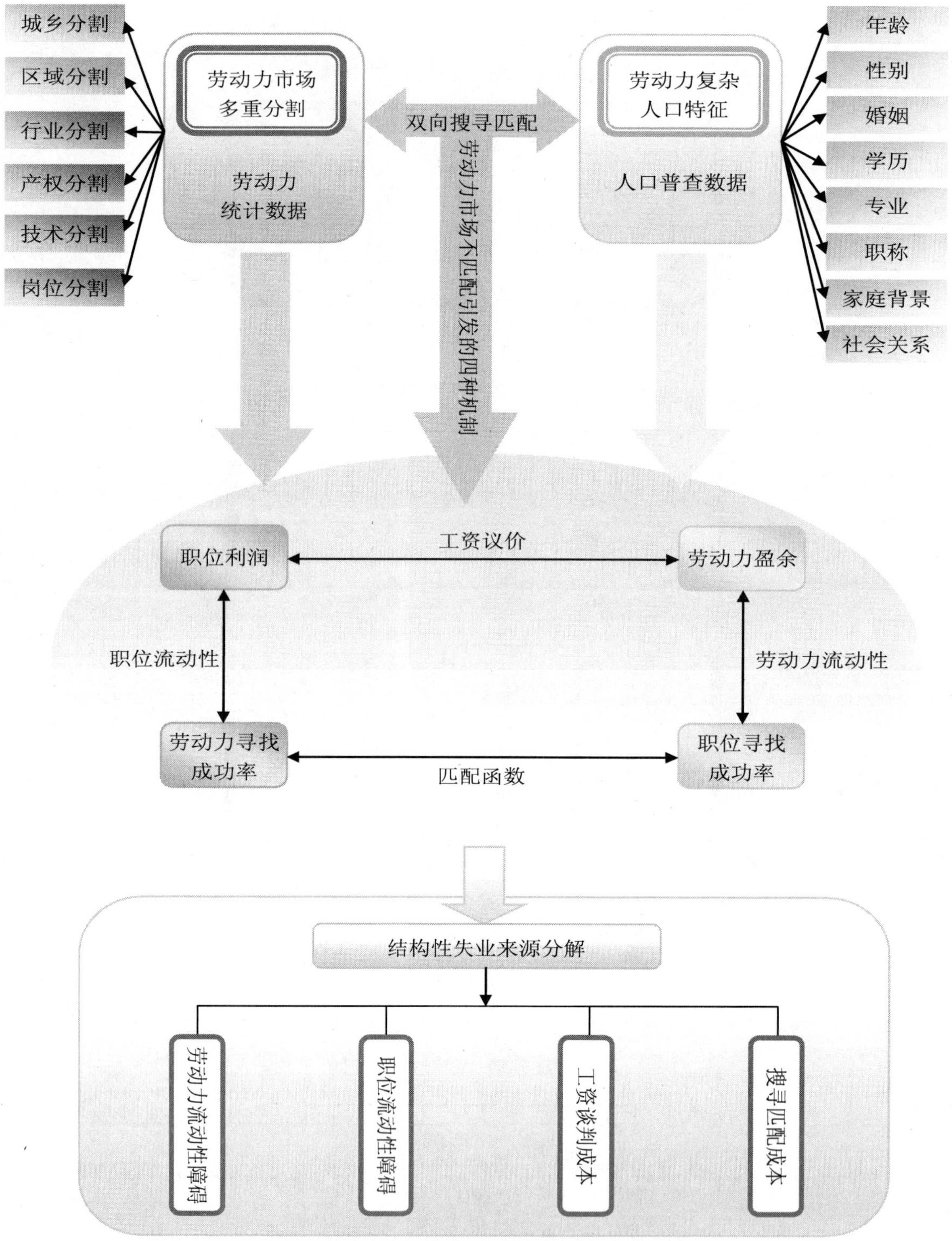

图 2　劳动力市场供求双向搜寻匹配研究框架图

四、市场分割、搜寻匹配与结构性失业待解决的关键问题

(一)中国劳动力市场复杂分割机制的系统梳理与实证检验

中国劳动力市场分割的原因复杂,形式多种多样,既有横向、纵向分割的观点(杨宜勇,2001),又有多重分隔格局的观点(李建民,2002)。因此,并不存在"统一"的分割理论。随着各领域制度改革和体制的松动,劳动力流动更加充分,劳动力市场多重分割呈现相互融合、交叉影响的趋势。例如,随着户籍制度的放松,越来越多的人通过招工、升学、参军等途径实现"农转非",摆脱了城乡分割,广泛进入各种部门,从而与其他维度市场分割交互影响。由于本质层面的制度性分割及各领域"渐进式"改革的影响,中国劳动力市场的分割机制非常复杂,需要进行系统梳理。同时,为避免劳动力市场"先验"划分而造成的截尾偏误(Cain,1976;Boston,1990;Dicken and Lang,1985),需要进行大量试算和实证检验。

(二)劳动力市场微观行为特征及搜寻匹配"黑箱"问题

搜寻匹配理论的微观基础需要结合中国现实情况进一步挖掘。例如,从人的角度,中国存在广泛的代际效应,"子承父业"现象普遍存在,父母职业对子女的职业搜寻匹配行为具有显著影响。从企业角度,中国企业转型面临人才制约的两难问题,一方面,面对各种"招工难"和 "技工荒",另一方面,又不愿意自己培养,担心自己培养的人才"跳槽"或被"高薪挖走"。如何实现企业转型升级与人力资源储备的协调稳定发展是重要的研究课题,可以从人才支撑角度确保转型升级的顺利实现。从供求双方的搜寻过程及匹配函数的角度,鉴于现有搜寻匹配模型过于强调搜寻过程,而对于匹配过程关注不够,将匹配函数简化设计为"黑箱",对整个模型的微观基础有所偏离(钟春平,2010)。因此,结合国情实证研究,促进搜寻匹配理论向劳动力市场微观主体行为更加趋近进而开启匹配函数的"黑箱"问题是未来的重要研究方向。

(三)结构性失业来源的细化分解与系统性综合治理研究

通过结构性失业来源的分解,提出结构性失业治理的系统解决方案,有助于使结构性失业治理更具针对性与有效性。鉴于结构性失业不同来源之间存在相互抵消、相互加强效应(Herz,2011),如果仅仅减少部分来源,而不是所有来源,将有可能加剧结构性失业,得到适得其反的效果。结构性失业的治理对策应根据不同来源更加细化,充分考虑各来源之间的关联效应,政策之间保持较高的整体性和协调性,为此,结构性失业的来源还应进一步细化,以展现更深层次问题,发现更加具体的行为规律。

五、结构性失业视角的人口普查资料深度开发

(一)大量试算:中国劳动力市场多重分割边界的验证

由于劳动力市场分割的边界,即操作化定义很含糊,这给经验研究带来很大困难,因为不合理的分类将降低不同劳动部门之间的异质性。国外学者往往根据理论考量或者数据所提供的信息来进行划分,例如,依据职业分类来划分,根据行业分类进行划分,或者划分时兼顾职业和行业。由于划分标准的非绝对性,很难合理准确地将劳动力市场进行区分,这需要结合具体国情利用劳动力市场现实数据进行大量试算和检验。有必要基于人口普查的海量微观数据,利用基于尽可能少的假设,对中国劳动力市场的复杂分割机制进行大量试算和检验,以避免"先验"划分带来偏误问题。

(二)普查数据:开启微观规律与匹配"黑箱"的钥匙

劳动力市场是受非经济的人口社会因素影响最多的市场,不同的社会文化背景,决定了劳动者和企业不同的行为准则及搜寻特征。我国现有搜寻匹配研究更加关注改革中制度性因素,而对社会人口因素关注不足。需要基于人口普查和经济普查数据对不同类型企业和劳动力群体在劳动力市场的搜寻匹配行为特征进行了细致刻画。鉴于搜寻匹配决策都是微观主体基于自身多维度的现实情况而做出的理性选择,因此,有必要结合两大普查的数据资源优势

对劳动力供求双方的多种特征进交叉分析研究，更加符合我国经济、社会、人口的现实国情。鉴于当前匹配函数主要是一种总量模型，对整体模型的微观基础有所偏离的争议（Petrongolo&Pissarides，2001），有必要基于大量普查微观数据，从空间角度考察“盒子——球”的匹配模型（Shimer，2007）对于中国劳动力市场的适用性，试图揭示匹配函数的过程“黑箱”。

（三）统筹兼顾：结构性失业的来源分解及综合性治理方案

结构性失业治理与经济结构的长期变动相联系，其治理需要一个长期过程，加之，来源复杂、形式多样，其治理更是一项系统工程。从长期角度，劳动力市场分割模型中子市场间具有关联效应，通过这些机制的加强能够减少劳动力市场分割，促进统一劳动力市场的形成。从中期来看，研究搜寻匹配的微观机制及不匹配对结构性失业的传导机制，有助于从微观层面促进劳资双方的双向搜寻、减少摩擦，增强匹配度，通过阻断传导机制将结构性失业防患于未然。从后期角度，结构性失业产生后，研究结构性失业来源的细化分解，有助于增强政策的针对性和协同性。鉴于其不同来源之间存在相互抵消、相互加强的效应，为避免因仅仅减少部分来源，而不是统筹考虑各种来源导致收效甚微甚至加剧结构性失业的风险，从政策制定层面必须通盘考虑各种短、中、长期因素和宏观、中观、微观不同层次问题，协调处理结构性失业各种细化来源及多元化政策目标，结合具体地区、具体产业现实情况及国家“十二五”规划的重要导向，提出更加系统、更具针对性、并统筹兼顾的结构性失业综合治理方案。

参考文献：

1. Boston, T. D. (1990). Segmented Labor Markets: New Evidence from Study of Four Race — gender Group. Industrial and Labor Relations Review, vol. 44, 1: 99—115.
2. Bulow J and Summers L. (1986) A theory of Dual Labor Markets With Application to Industrial.
3. Cain G. (1976), The challenge of segmented labor market theories to orthodox theory: A survey, Journal of Economic Literature.
4. Diamond, P. (1981), Mobility costs, frictional unemployment, and efficiency, Journal of Political Economy 89(4): 798—813.
5. Diamond, P. (1982a), Wage determination and efficiency in search equilibrium, Review of Economic Studies 49 (2): 217—227.
6. Diamond, P. (1982b), Aggregate demand management in search equilibrium, Journal of Political Economy 90(5): 881—894.
7. Dickens, W. T., Lang, K. (1985), A Test of Dual Labor Market, American Economic Review, vol. 75, 4: 792—805.
8. Doeringer P and Piore M. (1971): Internal Labor Market and Manpower Analysis, Lexington: Heath.
9. Edwards R, Reich M and Gordon D. eds. (1975): Labor Market.
10. Herz B & Thijs van Rens, Structural Unemployment, Barcelona GSE Working Paper Series Working Paper No. 568.
11. Knight, John, Lina Song & Huaibin Jia (1999), Chinese Rural Migrants in Urban Enterprises: Three Perspectives, The Journal of Development Studies 35.
12. Mayhew, K., Rosewell, B. (1979), Labour Market Segmentation in Britain. Oxford Bulletin of Economics and Statistics, vol. 41, 2: 81—107.
13. Mortensen & Pissarides (1994), Job creation and job destruction in the theory of unemployment, Review of Economic Studies, 61(5): 397—415.
14. Mortensen & Pissarides (1998), Technological progress, job creation and job destruction, Review of Economic Dynamics 1: 733—753.
15. Mortensen & Pissarides (1999), New Developments in models of search in the labor market, in Ashenfelter & Cards(eds.), Handbook in Labor Economics, Amsterdam: North Holland.

16. Mortensen, D. (1970a), A theory of wag e and employment dynamics, in E. S. Phelps et al. , Microeconomic Foundations of Employment and Inflation Theory , Macmillan.

17. Mortensen, D. (1970b), Job search, the duration of unemployment and the Phillips curve , American Economic Review 60(5) : 847—862.

18. Mortensen, D. (1982), Property rights and efficiency in mating, racing and related games, American Economic Review 72(5) : 968—979.

19. Mortensen, D. (1988), Matching: Finding a partner for life or otherwise, American Journal of Sociology 94(S) : 215—240.

20. Osterman, P. (1975), An Empirical Study of Labor Market Segmentation. Industrial and Labor Relations Review , vol 28, 4: 508—523.

21. Petrongolo & Pissarides (2001), Looking into the black box : A survey of the matching function , Journal of Economic Literature 39(2) : 390—431.

22. Pissarides, C. (1984a), Search intensity, job advertising ,and efficiency, Journal of Labor Economics 2 (1) : 128—143.

23. Pissarides, C. (1984b), Efficient job rejection, Economic Journal 94(s) : 97—108.

24. Pissarides, C. (1985), Short — run equilibrium dynamics of unemployment, vacancies, and real wages, American Economic Review 75(4) : 676—690.

25. Pissarides, C. (1994), Search unemployment with on—the—job search, Review of Economic Studies 61(3) : 457—475.

26. Pissarides, C. (2000), Equilibrium Unemployment Theory, 2nd ed. MIT Press.

27. Pissarides, C. (2009), The unemployment volatility puzzle: Is the wage stickiness the answer? Econometrica 77(5):1339—1369.

28. Shimer, R. (2007), Mismatch, American Economic Review 97(4):1074—1101.

29. 白南生等.回乡,还是外出?——中国农民外出的劳动力回流研究.社会学研究,2002,3.

30. 蔡昉,都阳,王美艳.户籍制度与劳动力市场保护.经济研究,2001,12.

31. 蔡昉,都阳.迁移的双重动因及其政策含义—检验相对贫困假说.中国人口科学,2002,4.

32. 蔡昉,王德文,都阳.劳动力市场扭曲对区域差距的影响.中国社会科学,2001,2.

33. 杜鹰等.走出乡村——中国农村劳动力流动实证研究.北京经济科学出版社,1997.

34. 顾东辉:下岗职工的再就业服务和求职行为,《社会学研究》,2001 年第 4 期。

35. 郭丛斌,丁小浩.中国劳动力市场分割中的行业代际效应及教育的作用.教育研究,2005,1.

36. 姜向群.就业中的性别歧视:一个需要正视和化解的难题.人口研究,2007,5.

37. 晋利珍.改革开放以来中国劳动力市场分割的制度变迁研究,经济与管理研究,2008,8.

38. 赖德胜,孟大虎.专用性人力资本、劳动力转移与区域经济发展.中国人口科学,2006,1.

39. 赖德胜,田永坡.对中国"知识失业"成因的一个解释.经济研究,2005,11.

40. 赖德胜.分割的劳动力市场理论评述.经济学动态,1996,11.

41. 赖德胜.劳动力市场分割与大学毕业生失业.北京师范大学学报(人文社会科学版),2001,4.

42. 赖德胜.论劳动力市场的制度性分割.经济科学,1996,6.

43. 李建民.中国劳动力市场多重分隔及其对劳动力供求的影响.中国人口科学,2002,2.

44. 李萌.劳动力市场分割下乡城流动人口的就业分布与收入的实证分析.人口研究,2004,11.

45. 陆铭.工资和就业议价理论—对中国二元就业体制的效率考察.上海:上海三联书店,上海人民出版社,2004.

46. 聂盛.我国经济转型期间的劳动力市场分割:从所有制分割到行业分割.当代经济科学,2004,6.

47. 钱永坤.搜寻理论与下岗职工再就业.中国矿业大学学报,2001,1.

48. 王德文,吴要武.迁移、失业与城市劳动力市场分割.世界经济文汇,2004,1.

49. 王美艳.中国城市劳动力市场上的性别工资差异.经济研究,2005,12.

50. 魏众.健康对非农就业及其工资决定的影响.经济研究,2004,2.

51. 翁杰，周必彧. 基于劳动力市场工资匹配的大学生失业问题研究. 中国人口科学，2009，3.
52. 吴要武. 非正规就业者的未来. 经济研究，2009，7.
53. 吴愈晓，吴晓刚. 城镇的职业性别隔离与收入分层. 社会学研究，2009，4.
54. 吴愈晓. 劳动力市场分割、职业流动与城市劳动者经济地位获得的二元路径模式. 中国社会科学，2011，1.
55. 许经勇. 劳动力市场竞争与分割的再认识. 攀登，2007，6.
56. 杨宜勇. 我国社区就业发展状况调查. 经济学家，2001，3.
57. 叶海云，尹恒，龚六堂. 不完全劳动市场、政府干预与失业率. 财经问题研究，2006，1.
58. 易君健，耿龙波. 中国农村劳动力迁移过程中的部门选择与性别差异. 世界经济文汇，2007，4.
59. 原新，韩靓. 多重分割视角下外来人口就业与收入歧视分析. 人口研究，2009，1.
60. 张展新. 劳动力市场的产业分割与劳动人口流动. 中国人口科学，2004，2.
61. 章铮，谭琴. 论劳动密集型制造业的就业效应——兼论"民工荒". 中国工业经济，2005，7.
62. 钟春平. 失业波动之谜与搜寻匹配模型的进展与争议. 经济学动态，2010，6.

国家统计局统计科学研究所　谷彬

产业结构演进对人口流动的影响研究

前　言

产业结构是一个地区经济结构的重要组成部分，是决定地区经济功能和性质的内在因素。新中国成立至今，江苏产业结构始终处于不断优化和升级进程中。江苏产业结构，上世纪 70 年代初由“一二三”转为“二一三”类型，到 80 年代末转为“二三一”类型，并保持至今。在保持第二产业稳定发展的同时，第三产业超过第一产业，位居三大产业的第二位。

人口流动是人类历史上普遍存在的社会经济现象，在历史变革和经济活动活跃时期表现得尤为突出。改革开放以后，特别是上世纪 90 年代以来，我国人口流动规模迅速扩大。江苏是我国主要的人口净流入省份，大量的外省人口流入江苏务工经商、求学创业，对江苏的经济社会发展产生了重大影响。

英国经济学家唐纳德·博格等人提出的“推力—拉力”模型，对产业结构演进与人口流动两者的关系进行了分析。产业结构演进对劳动力转移的“拉力”作用，主要表现为非农产业的大力发展，会产生对劳动力的大量需求，而地域间的经济差别和城乡间收入的扩大，则成为人口流动的“推力”。

本课题依据 2010 年第六次全国人口普查数据等相关资料，运用发展经济学和产业经济学的相关理论，采用协整分析方法，研究江苏产业结构演进对人口流动的影响。

一、产业结构与人口流动的一般规律

（一）产业结构及其演进规律

在产业经济理论中，产业结构通常是指各产业之间的组合、技术经济联系和比例关系，是在社会经济发展过程中，社会分工不断细化的基础上产生和发展的。产业结构是由国家或地区的自然资源、经济制度、科技发展水平和人民生活习惯等多种因素决定的，是经济技术长期发展的结果。一个国家或地区在不同的经济发展阶段、发展时点上，组成产业经济系统的产业部门往往不尽相同。各产业部门之间的联系、比例也不相同。

产业结构变动水平一般与经济发展程度相适应。其变动趋势主要表现为产业结构由低级向高级发展，由粗组合、低端化向精组合、高度化、合理化发展。

综观世界各国的现代经济发展史，可以发现其产业结构的演进一般呈现如下变化趋势：

（1）三次产业之间，产业结构变动先后经历第一产业主导、第二产业主导、第三产业主导的三个阶段。产业结构变动体现为第一产业产值和增加值在国民生产总值中的比例不断减小，第三产业的比例不断上升，第二产业所占比例则是先迅速增加，后逐步趋于稳定或者缓慢下降。相应地，各产业就业人数的变化也表现出类似的规律，就业人口逐渐向第二产业和第三产业转移。

（2）从主导产业的转换过程看，随工业化发展，第二产业中重工业相对轻工业的比例，以及加工工业相对传统采掘业和原材料工业的比例均会大幅上升。这一变化趋势是由需求结构决定的，在解决温饱问题后，需求结构的重心开始转向非必需品，从而促进重工业的发展；随着个人需求的多样化和多层次化，必然促进加工工业的高加工度化。加工度的提高，使得产品的技术含量和附加值大幅提高，而原材料的消耗并不成比例增长。工业向技术密集型和知识密集型方向发展。20 世纪 70 年代以后，随着计算机、激光及半导体技术的飞速发展，西方发达国家产业结构变化出现新的趋势：新兴行业不断涌现并逐渐替代传统行业占据主导地位，制造业由劳动密集型向技术密集型转变，第三产业在整个产业产值中的比例越来越大。

(二)产业结构演进中就业结构变化的一般规律

国内外学者对产业结构与就业结构关系的基本观点是：产业结构变动决定就业结构变动，就业结构在一定条件下又制约产业结构变动。随着产业结构的演进，因人口增长和生产力发展而产生的农业剩余劳动力，从第一产业向第二产业和第三产业转移，以满足第二产业在扩张过程中对劳动力资源的需求，推动就业结构调整和产业结构演进。经济学家对产业结构演进中的人口流动与就业结构变动进行了大量的实证研究，其中比较有代表性的主要有配第一克拉克定理、库兹涅茨理论和钱纳里一赛尔昆理论。

配第一克拉克定理。此定理源于英国经济学家威廉·配第的《政治算术》(1691 年)和科林·克拉克的《经济发展条件》(1940 年)。通过对不同国家和地区不同时期第一、第二和第三次产业劳动投入和总产出数据的分析研究，总结出劳动力在三次产业中的结构变化与人均国民收入的提高存在着一定的规律性。因此，配第一克拉克定理可以从人口流动和产业结构演进两个方面进行解读。就劳动力转移而言，由于收入高低的变化呈现为：商业＞制造业＞农业，收入上的差异促使劳动力由低收入部门向高收入部门迁移。随着社会经济的发展，人均国民收入水平逐步提高，劳动力首先由第一产业向第二产业转移，当国民收入进一步提高时，劳动力转而向第三产业转移。在产业结构上的表现，即随着社会经济的发展，第一产业的国民产值和劳动力的相对比例逐渐下降，第二产业的国民产值和劳动力的相对比例上升，经济进一步发展后，第三产业的国民产值和劳动力的相对比例上升，成为国民生产总值和劳动力就业的主体。因此，产业结构产生的收入差异是劳动力转移的动力源泉，当此差异不再存在时，劳动力转移将会停止。但配第一克拉克定理仅仅揭示了劳动力在三次产业间转移的规律，并没有阐述劳动力的合理配置问题。

库兹涅茨理论。西蒙库茨涅兹(Simon Smith Kuznets)继承和发展了配第和克拉克等人的理论，通过对二十多个国家的国民经济收入的统计分析，得出随时间变化，各国国民收入和劳动力在各产业间分布结构演变的一般趋势。库兹涅茨的主要结论为：(1)农业部门的产值在国民总收入中的比重、农业部门劳动力占全部劳动力的比重均随经济的发展而不断下降；(2)工业部门产值在国民生产总值中的比例不断增大，但是工业部门劳动力总量总体趋势为不变或略有上升；(3)服务业的国民收入相对比重随经济发展略有上升或者保持不变，但其劳动力的占用比例逐渐上升，可见服务业吸收劳动力的能力要强于第一、第二产业，但是劳动生产率并不高。库兹涅茨还以人均国民收入为参考，研究了各产业总产值变化与就业人口结构变化之间的关系，得出产业结构变化的方向和劳动力就业结构变化的一般趋势。总体而言，三次产业中就业人口结构和产业结构的变化在方向上是一致的，即第一产业中国民收入(产业产值)和劳动力的相对比例持续降低，而第二产业和第三产业的产业产值和劳动力的相对比例在快速上升后逐渐趋于平缓。可见，对于第一产业而言，其生产总值和劳动力的相对比例的减少，是任何国家或地区在经济发展过程中的普遍现象。

刘易斯的二元经济理论。刘易斯认为，发展中国家广泛存在着两个部门，一个是劳动生产率低下、存在剩余劳动力的传统农业部门(维持生计部门)，一个是劳动生产率相对较高的城市工业部门(现代资本主义部门)。劳动力从农村流向城市的决定因素被认为是由实际收入水平决定的，只要城市工业部门的工资水平高于传统农业部门，就存在着劳动力从农村向城市转移的动力。在转移的过程中，农业部门的边际劳动生产率逐步提高，城市部门的劳动边际生产率逐步降低，直到两者相等。此时，二元经济结构就转变为一元经济结构。刘易斯的模型隐含了两个重要假定：一是农业剩余劳动力的供给弹性无限大，二是城市部门不存在失业问题。它抓住了发展中国家的实际—二元经济结构和农业剩余劳动力并存的局面，动态的分析了经济发展和劳动力转移的问题，对发展中国家提供了指导意义。但是，刘易斯的二元模型存在着两个明显的缺陷：一是忽视了农业部门在推动工业发展中的作用，如忽视了农业部门自身的发展、技术进步、人口自然增长等对农业劳动力转移的影响；二是没有明确农村剩余劳动力转移的前提条件，它是以农业劳动生产率的提高为根本的。针对这些缺陷，1961 年，美国经济学家费景汉和拉尼斯针对刘易斯模型进行了修正和扩展，建立了费景汉—拉尼斯模型，研究了不同发展阶段劳动力流动和两部门发展的状况，提出了工业和农业两部门平衡发展的思想，并把农业剩余劳动力转移过程由两阶段变为更符合实际的三阶段，为劳动力的转移和就业理论增加了新的内容。

钱纳里一赛尔昆理论。美国经济学家钱纳里(H. B. Chenery)与其合作者赛尔昆(M. Syrquin)在吸取库兹涅茨成果的基础上，将研究领域扩展到发展中国家，他们将 101 个国家在 1950—1970 年不同收入水平下各国劳动力就业结构情况进行统计分析，在 1975 年发表了《发展的格局(1950—1970)》，归纳出了劳动力就业结构随人均国民生产总值变化的“劳动力正常发展模型”。该模型中，他们根据人均国民生产总值的变化，将不发达经济到成熟工业经济整个变化过程划分为初级产业、中期产业和后期产业等三个阶段。在初级产业阶段(即不发达经济阶段和工业化初级阶段)，产业结构以农业为主，并逐渐向初级产品生产为主的现代化工业转变，此时，包括农业和矿业、建材等初级产业产值占国民生产总值的比例和占有劳动力的比例均比较大，但随着人均收入水平的上升，此两部分比例均逐渐下降，工业经济越来越发达，工业和服务业的产值份额和就业份额不断增大。鉴于工业发达国家的人均收入水平要高于不发达或发展中国家，在发达国家的产业结构演进中，第一产业产值的变化与农业劳动力向非农产业的转移是基本同步的，即随着农业和工业产值在国民生产总值中比例的此消彼长，农业人口也相应地向工业和第三产业转移。然而，对于发展中国家，劳动力结构的转换，要普遍落后于产业结构的转换。劳动力结构与产业结构的不协调，主要表现为：现代产业部门的产值相对高于以农业为主的第一产业产值，而劳动力相对数量有明显偏低。产生这一结果的主要原因为：(1)由于技术的快速发展，发展中国家的许多产业部门正在越来越多地使用节约劳动力的先进技术，其创造价值的能力远远高于其吸收劳动力的能力，因此，对于人口较多的不发达国家而言，劳动力结构的升级时非常缓慢的；(2)发展中国家的工农贸易条件不合理，工业品价格偏高，而农产品价格偏低，其工业的发展(产业结构的演进)是以牺牲农业为代价的。

因此，相对而言，就业结构的变化，比产值结构的变化，更能真实地反映一个国家产业结构的变化情况，劳动力结构的滞后性，更能充分地说明，在经济迅速发展过程中，就业增长的压力会越来越大。对于发展中国家而言，现代工业部门对劳动力的需求大大下降，发展中国家的农业剩余劳动力不可能一开始就直接被吸收到采用最先进技术的现代工业部门，而是首先被吸收到劳动密集型、技术不太先进的工业部门。

(三)产业结构演进与人口流动的关系

就发达国家而言，农村劳动力转移的根本动力在于工业革命所带来的技术进步，促使劳动生产率的提高。工业革命引发的产业结构的变革，为农村劳动力的转移提供了广阔的就业空间，同时，相应的交通、教育、培训及政策立法则为之提供有效的物质条件和制度保障。而且，发达国家在工业化过程中其产业结构的转变是逐步进行的，前期是劳动密集型产业，而后才是资本密集型和技术密集型产业，这种产业结构的演进过程是发达国家劳动力转移顺利进行的一个重要原因，这个过程也充分证实克拉克定理的描述：收入差异促使劳动力从第一产业依次向第二产业和第三产业迁移。从这个意义上来讲，技术革新促进产业结构演进，同时推动就业结构转变，从而促进经济增长。

然而，对于发展中国家而言，产业结构演进与劳动力转移的关系相对发达国家会有所不同。在世界性产业结构调整的大环境和经济全球化的背景下，世界上各个国家开放程度的提高，方便了资本和产品的流动，同时吸引了外部投资和吸收外部先进技术需求的上升，而随着国际投资和国际贸易的快速发展，产业在世界范围内的布局和调整，出现了一些与区域产业结构出现一些不同的特点。发展中国家在产业结构演进与劳动力流动上出现了不符合以往研究结论的现象。但第二、三产业产值份额逐步提高，劳动力从一产不断向二、三产业转移的基本规律并没有改变。

综上所述，经济的发展、产业结构的转换是农村剩余劳动力转移的动力来源，非农产业的发展会拉动农村剩余劳动力向城市移动，同时农业的发展、农业生产效率的提高是劳动力转移的推力，进而带动人口流动。而农村剩余劳动力的迁移也是经济发展和工业化的客观必然要求，不以人的意志而转移。

二、产业结构演进对就业结构的影响

2000年以来，尤其是“十一五”期间，全省坚持保增长、调结构、抓创新相结合，制定了重点产业调整振兴规划和配套政策，出台加快工业经济优化升级的实施意见，启动新兴产业倍增、服务业提速、传统产业升级“三大计划”，积极推进产业结构优化升级。江苏第一、第二和第三次产业增加值比例，由2000年的12.2∶51.9∶35.9转变为2010年的6.1∶52.5∶41.4。而就业结构则从2000年的42.8∶30.2∶27.0转变为2010年的22.3∶42.0∶35.7。

(一)产业结构的变化

改革开放三十多年来，全省地区生产总值构成，呈现出第一产业比重持续下降、第二产业比重保持稳定、第三产业比重快速上升的态势(见图1)。根据美国经济学家西蒙·库兹涅茨等人的研究成果，工业化演进阶段可通过产业结构的变动过程表现出来。在工业化初期和中期阶段，产业结构变化的核心是农业和工业之间“二元结构”的转化。在工业化起步初期，一产比重较高，二产比重较低。随着工业化的推进，一产比重持续下降，二产和三产比重相应提高，且二产比重上升幅度大于三产，一产在产业结构中的优势地位被二产所取代。当一产比重降低到20%以下时，二产比重上升到高于三产，这时工业化进入了中期阶段；当一产比重低于10%时，二产比重达到最高水平，工业化进入中后期阶段，此后二产的比重转化为相对稳定或有所下降。江苏地区生产总值三次产业构成的发展变化显示，江苏已进入工业化中后期阶段，产业结构仍处进一步转化升级过程中。

图1　历年江苏地区生产总值构成

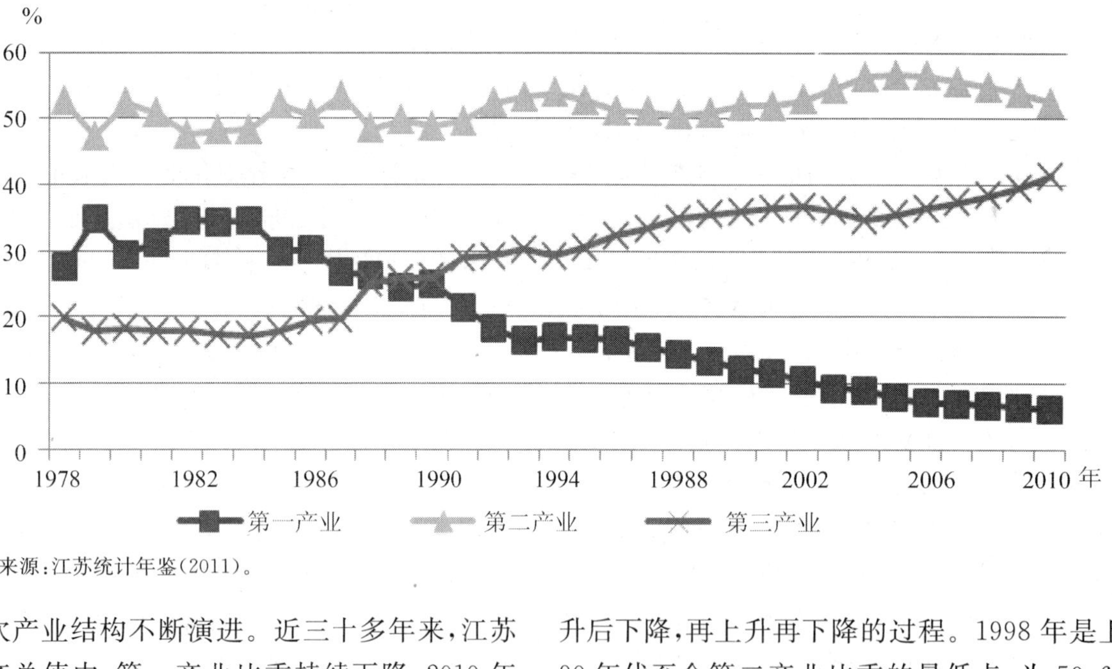

资料来源：江苏统计年鉴(2011)。

三次产业结构不断演进。近三十多年来，江苏地区生产总值中，第一产业比重持续下降，2010年的比重为6.1%，比1978年下降了21.5个百分点，年均降低0.67个百分点，下降较快。第二产业比重相对比较稳定，2010年为52.5%，与1978年相比，下降了0.1个百分点。在改革开放后的一段时期内，第二产业比重稳定在50%左右；上世纪90年代至今，一直维持在50%以上的水平，期间经历了先上升后下降，再上升再下降的过程。1998年是上世纪90年代至今第二产业比重的最低点，为50.6%，之后2005年达到56.6%的新高，近几年又呈现出逐步下降的态势，2010年比2005年减少4.1个百分点。第三产业比重，在经历了改革开放初期的低水平后，于1985年开始稳步上升，2010年升至41.4%，比1978年增加了21.6个百分点。江苏地区生产总值的三次产业构成，经历了“二一三”(第二产业比重最大，第三产业比重最小，该类型经历的时间为1978至1988年）和“二三一”（1989年至今）两个发展阶段，与发达形态“三二一”的结构类型只差一个发展阶段。早在上世纪70年代初，我省就从第一产业主导转变为第二产业主导。从1989年至今，在保持了第二产业强劲稳定发展的同时，第三产业历史性地超过第一产业，居三大产业排序的第二位，第二产业与第三产业所占比重之差由1978年的32.8个百分点减少到11.1个百分点，三次产业结构不断优化升级。

重工业成为第二产业的主体。2010年末，全省第二产业中，工业增加值的比重为88.62%，建筑业增加值比重为11.38%。2000年至2010年的十年间，工业、建筑业增加值在第二产业中的比重变化以2007年为分水岭，2000年至2007年，工业增加值比重逐年上升，2007年为90.56%，达到最大；2008年至2010年，工业增加值比重逐年下降。十年间，工业、建筑业增加值在第二产业中的比重变化，虽有起伏，但幅度较小。工业仍是第二产业的支柱。在工业内部，重工业产值比重与轻工业差距逐步增大。经济普查数据显示，2004年，全省工业中，轻工业总产值所占比重为32.28%，重工业所占比重为67.72%，按工业总产值计算的霍夫曼比例为0.48。到了2008年，轻工业比重已经降至27.15%，重工业比重上升为72.85%，霍夫曼比例下降为0.37。表明江苏工业化程度提高，进入了工业化中后期发展阶段。经济普查资料也反映出重工业比轻工业在人均利润、人均利税、劳动生产率、劳动力增长和市场需求等方面具有明显的优势。在制造业内部，行业结构向高度化方向发展。第二次经济普查数据显示，通信设备、计算机及其他电子设备制造业近年来快速发展，其产值、收入、资产、就业人数、利润和利税均占制造业的第一位，已成为江苏制造业的第一大行业。产值、收入、利税较大的行业还有：化学原料及化学制品制造业、黑色金属冶炼及压延加工业、电气机械及器材制造业和通用设备制造业等；就业人数比重较大的行业是：电子设备制造业、纺织业、纺织服装鞋帽制造业和通用设备制造业等。劳动力在向高科技行业加快转移，但纺织业等传统产业劳动力密集型行业所占份额仍然较高。

表1 第三产业内部各行业增加值及构成变化

单位：亿元，%

行业	2006年		2010年	
	增加值	比重	增加值	比重
第三产业	7914.11	100.00	17131.45	100.00
交通运输、仓储和邮政业	953.57	12.05	1768.30	10.32
信息传输、计算机服务和软件业	391.94	4.95	605.28	3.53
批发和零售业	2043.09	25.82	4447.50	25.96
住宿和餐饮业	375.08	4.74	710.98	4.15
金融业	653.25	8.25	2105.92	12.29
房地产业	1017.91	12.86	2600.95	15.18
租赁和商务服务业	347.27	4.39	868.34	5.07
科学研究、技术服务和地质勘查业	136.86	1.73	365.17	2.13
水利、环境和公共设施管理业	103.56	1.31	215.34	1.26
居民服务和其他服务业	253.45	3.20	447.86	2.61
教育	599.22	7.57	1022.72	5.97
卫生、社会保障和社会福利业	262.25	3.31	500.72	2.92
文化、体育和娱乐业	107.54	1.36	220.80	1.29
公共管理和社会组织	669.12	8.45	1251.57	7.31

资料来源：《江苏统计年鉴(2011)》。

现代服务业得到快速提升。近年来，在坚持发展先进制造业和现代服务业的"两轮驱动"下，第三产业得到加快发展。2010 年第三产业增加值增长 13.3%，高于地区生产总值增幅 0.5 个百分点。软件外包、工业设计等产业集群规模扩大、层次提升，产业聚集区建设推进加快；服务外包取得长足发展，产业规模、载体建设等多项指标继续保持全国领先。2010 年末，江苏第三产业中的 14 个行业，增加值比重最大的行业是批发和零售业（增加值占第三产业的比重为 25.96%），其次是房地产业（15.18%）、金融业（12.29%）、交通运输仓储和邮政业（10.32%），这些行业比重均在 10%以上，合计达 63.76%。与 2006 年相比，第三产业增加值所占份额上升较快的是金融业、房地产业，分别上升了 4.04、2.32 个百分点；而交通运输、仓储和邮政业、信息传输、计算机服务和软件业的增加值所占份额减少最多，分别下降了 1.73、1.42 个百分点。说明传统服务业在保持稳定发展的同时，以金融业带头的现代服务业也得到较快的提升。

（二）产业结构演进下的就业结构变化

产业结构演进推动就业结构的优化。进入 21 世纪以来，随着经济体制改革的深化和产业结构优化升级的加快，就业人口在三次产业间的分布发生了明显的转变，呈现出劳动力从第一产业流向第二、三产业的基本特点。2000 年至 2010 年，第一产业就业人数由 1890.96 万人减少到 1060.29 万人，减少了 830.67 万人；第二、三产业就业人数则分别由 1335.16 万人、1192.01 万人增加到 1996.97 万人、1697.42 万人，分别增加了 661.80 万人、505.4 万人。2010 年末，就业人口中第一、二、三次产业的比重分别为 21.50%、42.40%、36.10%。与 2000 年相比，第一产业就业人口比重下降了 20.5 个百分点，第二、三产业比重分别上升了 11.8、8.7 个百分点。可见，这十年，第二产业仍是吸纳劳动力最强的产业。从世界范围来看，目前世界第三产业劳动力比重的平均水平是 50%，发达国家是 60%—70%，发展中国家平均在 40%以上。与之相比，江苏第三产业就业人口比重明显较低。

制造业中，传统劳动密集型行业就业比重下降。在制造业内部，主要包括纺织业、纺织服装、鞋、帽制造业、通用设备制造业等以劳动密集型为主的行业，虽然就业总量仍在增长，但就业人口所占比重有所下降。第六次全国人口普查数据显示，制造业就业人口中，劳动密集型为主的行业就业人口占 70.71%，与 2005 年相比下降了 2.26 个百分点，而主要包括通信设备、计算机及其他电子设备制造业、电气机械及器材制造业、化学原料及化学制品制造业等以资金密集型为主的行业，就业人口占 29.29%，比 2005 年上升了 2.26 个百分点。

服务业中，传统服务业就业比重仍较高。近些年，现代服务业的发展得到快速提升，但对就业吸纳的能力并没有得到相应的体现，第三产业就业人员仍多从事传统服务业，新兴服务业所占比例相对较低。第六次全国人口普查数据显示，在第三产业内部，各种行业就业人口均有不同程度的增长，但消费性服务业仍是吸纳就业的主渠道。2010 年，生产性服务业（主要包括交通运输、批发、信息传输、金融、租赁和商务服务、科研等行业）、消费性服务业（主要包括零售、住餐、房地产、文体娱乐、居民服务等行业）、公益性服务业（主要包括卫生、教育、水利和公共管理组织等行业）就业人口所占比重分别约为 26.92%、55.23%、17.85%。与 2005 年相比，消费性服务业就业人口所占比重增加了 8.43 个百分点，而生产性、公益性服务业就业人口所占比重分别下降了 1.46 个、6.97 个百分点。这表明，以传统服务业为主的消费性服务业仍是吸纳就业人口的主要渠道，而集中了较高人力资本和技术知识含量的生产性服务业发展则相对不充分。

（三）产业结构与就业结构的适应性分析

产业结构与就业结构偏离度逐步缩小。产业就业结构的变化，与产业产值结构的变化也是密切相关的。为更加准确反映就业结构和产业结构的偏离程度，引入公式

$$J=\sum_{i=1}^{3}|L_i-GDP_i|\times 100\%$$

（其中，L_i 为第 i 产业的劳动力占总劳动力比重，GDP_i 为第 i 次产业增加值占地区生产总值的比重）表示就业结构与产业结构的偏离度。J 值越小，表明劳动力越能按照市场经济规律流向比较效益高的产业，产业结构效益越高；反之，则表明劳动力的正常流动受到阻碍，表现为就业结构和产业结构的偏离，J 值越大则二者偏离越明显，产业结构效益越

低。由计算结果(见图 2)可知,进入 21 世纪以来,江苏三次产业结构偏离度逐年缩小。从 2000 年的 61.2%的偏离度,减少到 2010 年的 32.4%,下降了 28.8 个百分点。说明虽然江苏三次产业结构偏离度仍存在,但程度逐步减轻。

图 2　2000 年以来江苏三次产业结构偏离度

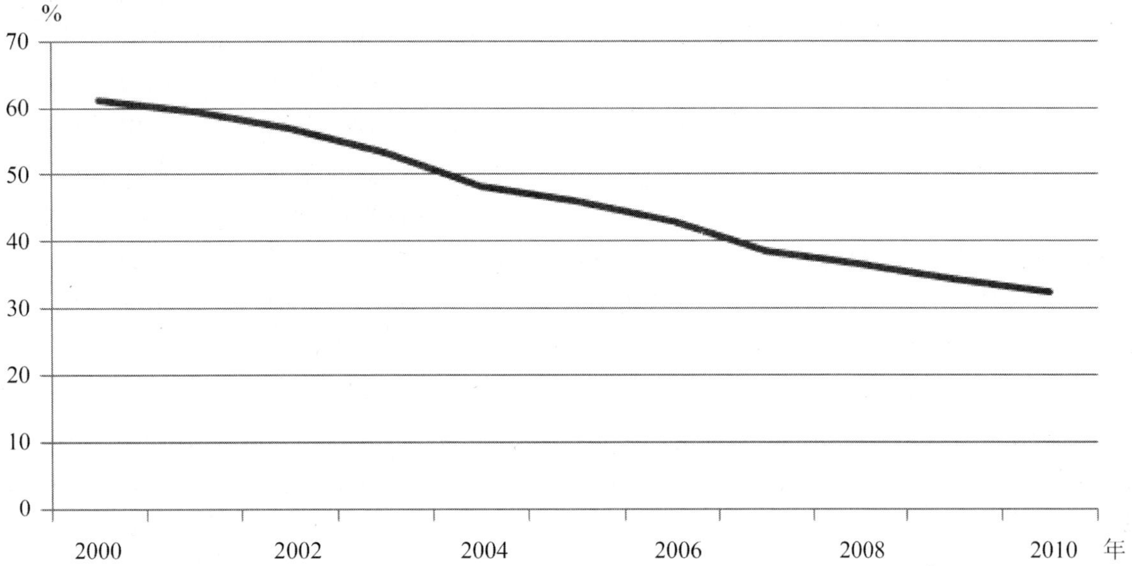

资料来源:同上。

产业结构偏离度的存在,与两个方面的因素相关。第一,经济快速增长带来的就业扩大能力处于较低的水平。自上世纪 90 年代以来,全省就业弹性系数长期处于 0.1 以下的水平,出现了经济快速增长不能同时带来就业相应扩大的"奥肯悖论"现象。进入 21 世纪以来,随着劳动力就业市场改革的深化,科技进步提高劳动生产率,经济增长对就业拉大的效应明显回升,但就业弹性系数仍处于低位,三次产业的就业弹性系数亦如此(见表 2)。1990 年来的 4 个时期,第一产业就业弹性连续为负数;进入 21 世纪后,第二产业就业弹性系数明显回升,吸纳就业的能力得到体现;第三产业就业弹性虽一直在三次产业中表现得较高,但 1990 年以来一直呈下降趋势,吸纳劳动力的能力和作用并没有真正显现出来。第二,第三产业发展不充分导致吸纳劳动力的能力有限。目前,江苏经济增长仍然主要靠第二产业拉动。随着江苏工业化进程的加快,第二产业的生产要素逐渐向资金密集和技术密集型转变,导致劳动力需求弹性大大下降,新创造的就业岗位越来越少。第三产业应是吸纳就业最多的产业,但我省第三产业的就业比例仍然偏低,仅占到全部就业人口的 36.1%。

表 2　江苏分三次产业的就业弹性系数变化

年份	就业人口	第一产业	第二产业	第三产业
1981—1985	0.23	−0.28	0.98	0.66
1986—1990	0.18	0.06	0.25	0.33
1991—1995	0.04	−0.56	−0.6	0.42
1996—2000	0.01	−0.37	−0.1	0.38
2001—2005	0.06	−1.94	0.33	0.33
2006—2010	0.06	−1.30	0.23	0.21

资料来源:同上。

就业效应揭示就业结构仍需进一步优化。就业效应反映的是该行业最终使用增加一个货币单位,所引发的各个行业就业量增加。随着经济社会的发展,各行业的劳动生产率都在不断提高,特别是近年来,知识经济的发展更是使技术进步成为推动经济发展的最大动力。劳动生产率的提高使同样的产出所需要的劳动力大为减少,劳动力投入系数和就业效应自然相应下降。劳动生产率的变化可以通过就业弹性系数来反映,就业弹性系数的计算采用就业人数的增长率与该行业 GDP 增长率之比。有了就业弹性系数,就可以得出经过就业弹性系数调整的劳动投入系数和就业效应。通过对表 3 各行业调整后的就业效应分析，可以看出，第一，第一产业，即农业的就业效应较低，为—2.43。也就是说农业最终使用增加1万元，各个行业的总就业量不但没有增加，反而减少。说明农业的劳动生产效率提高，产值增加，而就业人数绝对下降。随着农业生产技术的持续进步和农业机械应用的进一步扩大，劳动生产率逐步提高，第一产业不仅不再吸纳就业，而且有大量剩余劳动力需要转移。第二，第二产业中，建筑业的就业效应要明显强于制造业和采矿业，这是因为建筑业是劳动密集型产业，且近年来需求旺盛。在制造业内部，传统的劳动密集型行业，如纺织业、纺织服装鞋帽皮革羽绒及其制品业、木材加工及家具制造业、造纸印刷及文教体育用品制造业，调整后的就业效应为负，比较劳动生产率低下，吸纳大量的劳动力不能产生应有效用。按照经济发展规律，低比较劳动生产率行业就业人员会流向比较劳动生产率高的行业。这些行业吸纳更多劳动力的能力对经济社会发展贡献较小。资金密集型行业中，通信设备、计算机及其他电子设备制造业、金属冶炼及压延加工业不仅对经济发展的贡献能力强，而且吸纳就业人员的能力也较强，这些行业的进一步发展对社会贡献较大。此外，石油加工、炼焦及核燃料加工业，由于资源禀赋的影响，无资源优势可言，吸纳劳动力的能力有限。第三，第三产业中，分行业的就业效应最高的是邮政业，达到0.63，其含义是该行业最终使用增加1万元，可以导致各个行业直接间接增加就业0.63人。传统服务业的就业效应整体上要高于现代服务业。房地产业虽然在近些年得到了长足的发展，由于属于资本密集型产业，且有一定的进入壁垒，所以在吸纳就业方面并不突出。在就业效应为负的行业中，研究与试验发展业、卫生社会保障和社会福利业，侧重于研究与社会保障方面，投入大而对就业的吸纳并不显著。此外，传统劳动密集型的居民服务和其他服务业，其就业效应也是负的，这个行业是为人们衣食住行提供使得的重要行业之一，体现人民生活便利程度和生活质量状况，不能因就业效应为负，而减缓其发展。

表3　江苏省39个行业的就业效应

行　业	调整前的就业效应	调整后的就业效应	行　业	调整前的就业效应	调整后的就业效应
农林牧渔业	0.57	—2.43	燃气生产和供应业	1.82	0.18
采矿业	5.6	—2.71	水的生产和供应业	5.42	0.26
食品制造及烟草加工业	1.98	0.31	建筑业	1.92	0.02
纺织业	2.18	—0.37	交通运输及仓储业	2.12	0.23
纺织服装鞋帽皮革羽绒及其制品业	2.69	—0.02	邮政业	5.03	0.63
木材加工及家具制造业	1.9	—0.42	信息传输计算机服务和软件业	1.55	0.29
造纸印刷及文教体育用品制造业	2.12	—0.72	批发和零售业	1.3	0.15
石油加工、炼焦及核燃料加工业	1.04	—0.04	住宿和餐饮业	1.93	0.33
化学工业	1.54	—9.15	金融业	1.56	0.31
非金属矿物制品业	1.78	—0.29	房地产业	0.73	0.04
金属冶炼及压延加工业	1.12	0.23	租赁和商务服务业	2.02	0.24
金属制品业	1.68	0.06	研究与试验发展业	2.59	—0.29
通用、专用设备制造业	1.9	0.23	综合技术服务业	2.72	0.39
交通运输设备制造业	1.83	0.19	水利环境和公共设施管理业	5.34	0.13
电气机械及器材制造业	2.01	—0.26	居民服务和其他服务业	0.97	—0.06
通信设备计算机及其他电子设备制造业	2.23	0.05	教育	9.32	0.33
仪器仪表及文化办公用机械制造业	2.42	—0.39	卫生、社会保障和社会福利业	5.5	—1.86
工艺品及其他制造业	2.21	—0.43	文化、体育和娱乐业	2.39	0.17
废品废料	0.07	—0.07	公共管理和社会组织	5.68	0.34
电力、热力的生产和供应业	1.54	0.54			

资料来源：《江苏统计年鉴(2011)》、《江苏省投入产出表(2007)》。

注：调整后的就业效应，考虑了就业弹性系数。

三、就业结构变动对人口流动的影响

(一)就业总量快速提升,流动人口大幅度增长

经济的快速发展,加大了全省劳动力需求。2000年以来全省就业水平持续保持在高位,就业人口占总人口比重均在60%以上。2010年末,全省就业总量达到4754.68万人,比2000年末增加了336.54万人,增长7.6%。十年间,第一产业就业人口减少了830.67万人,而第二、三产业就业人口增加了1167.21万人,远远超出了第一产业减少的就业人口。

就业需求得到满足,得益于全省劳动力总量庞大、资源丰富。第一产业劳动生产率的提高,释放了大量的劳动力,促进了劳动力的省内流动,但满足不二、三产业快速发展对劳动力的需求,省际劳动力的大量流入则对此进行了很好的弥补。当前,江苏人口自然增长率已经降至并稳定在较低水平,但由于人口再生产的惯性影响,尤其是外来流动人口、劳动力的大量涌入,致使我省劳动适龄人口仍然维持着庞大的数量,并呈增长态势。2010年第六次人口普查显示,全省劳动适龄人口(男16—59岁、女16—54岁)达到5226.61万人,比2000年增加526.51万人,增长11.2%。劳动适龄人口的比重也从2000年的64.35%上升到2010年的66.44%,提高了2.09个百分点。

根据第六全国次人口普查资料,全省流动人口(流动人口,是指居住在江苏省内,且离开户口登记地所在乡(镇、街道)半年及以上的人口,下同)达到了1822.7万人,占常住总人口的23.2%,且省际流动人口的增长幅度高于省内。与2000年人口普查相比,流动人口总量增加了912.7万人,增长1倍多,占常住人口的比重提高了10.7个百分点。分户籍地看,全省流动人口中,来自省外的人口737.9万人,省内的1084.8万人。与2000年人口普查相比,外省流入江苏人口增加了484.2万人,增长1.9倍;省内流动人口增加了428.5万人,增长65.3%。

(二)地区经济发展水平的差异决定了流动人口的流向

经济发展水平的差异性,决定了流动人口的流向与分布。在全国,江苏属于经济发达省份,决定了省际人口流动以流入为主。在省内,苏南地区属于经济发达地区、苏中属经济次发达的中部地区、苏北为经济欠发达的边缘区,流动人口必定以流向苏南为主。第六次人口普查资料显示,省外流入人口流向苏南地区的占86.8%、流向苏中、苏北地区的分别占8.4%、4.8%。在13个省辖市中,苏州市吸纳省际流动人口最多,占42.7%;其次是无锡市、南京市、常州市,分别占17.5%、11.8%、10.9%。四个市合计吸纳了82.9%的外省流入人口。13个省辖市之间的人口流动中,也以流向苏州市的为最多,占29.8%;其次是流向南京、无锡、常州3市,均超过10%,分别占17.8%、16.7%、11.3%。

流动人口大多来自农村地区,并多居住在城镇地区。流动人口主要来自乡村地区,即户口登记地类型是乡和镇的村委会。全省流动人口中,20.1%来自乡、46.8%来自镇的村委会,两者合计达66.9%。在省外流入人口中,来自农村的比重更高,达到87.2%;省内流动人口仅有58.5%。这主要是由于省内流动人口中包含了市辖区内的流动人口。从流动人口的居住地看,流动人口主要居住在城镇地区。全省流动人口居住在城市地区的占63.8%、镇的占17.0%,两者合计达80.8%。

(三)劳动力密集型为主的就业结构决定了流动人口年龄偏轻

全部流动人口,以年龄在15—39岁的人口为主,占62.9%。15—39岁流动人口中,分五岁年龄段占全部流动人口的比重均超过了10%。其中,15—19岁占11.5%、20—24岁占18.7%、25—29岁占12.3%、30—34岁占10.2%、35—39岁占10.3%。从年龄分布看,流动人口无论是省内还是省外,在年龄分布上有较高的一致性,年龄分布的高峰年龄均出现在20岁左右。当然,随着流动人口社会地位、收入水平的不断提高,随迁家属也不断多,全省流动人口中,15岁以下、60岁及以上的人口占13.9%。此外,流动人口多为男性,人口性别比达到110.8。其中,省外流入人口性别比高达122.0,省内流动省内性别比103.8。

不同年龄段流动人口性别构成存在显著差异,呈现出比较明显的一个低谷两个高峰。低谷出现在20岁左右、高峰分别出现在10岁左右的低年龄段与

50岁的高年龄段。分年龄人口性别比的低谷可能是女性在完成义务教育后或高中教育后，继续升学的可能性低于男性，流动的可能性增加，使得20左右的流动人口性别比较低。而随着年龄的增长，一方面女性结婚生育后迁移流动性降低，尤其是省外，另一方面年龄越大，流动人口中女性就业的渠道越来越少，造成流动人口中女性人数减少，这使得在50岁左右的高年龄段流动人口性别比较高。具体来看（见图3），全部流动人口分年龄性别比最低出现在19岁，性别比为95.7；两个高峰年龄分别为9岁、52岁，性别比分别为132.4、139.1。省外流入人口分年龄性别比最低出现在18岁，性别比为96.7；高峰年龄分别为10岁、52岁，性别比分别145.3、185.8。省内流动人口分年龄性别比最低出现在24岁，性别比为83.0；高峰年龄分别为7岁、51岁，性别比分别为125.2、127.4。

图3　流动人口分年龄性别比

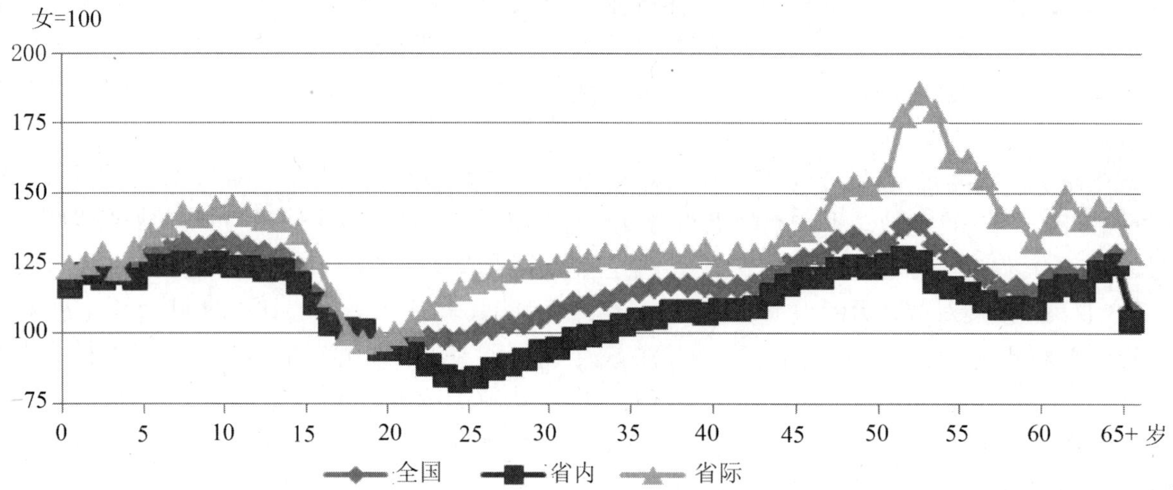

(四)产业水平决定了流动人口受教育程度不高

当前，我省第二、三产业的技术密集型和知识密集型程度还不高，对劳动力的需求层次总体上也处于一个不太高的层次。第六次人口普查长表抽样资料，江苏就业人口平均受教育年限为9.5年。从受教育程度构成看，就业人口受初中受教育程度的比重最高，为48.8%；其次是受小学、高中教育程度分别占20.2%、16.7%；受大专及以上教育程度的占12.0%；仍有2.4%的就业人口未上过学。

流动人口中，15岁及以上的平均受教育年限10.3年，相当于高中二年级水平，略高于全省就业人口的平均水平。其中，省内流动人口的平均受教育年限达到11.1年，省外流入人口为9.6年。

从受教育程度构成看，省内流动人口受初中及以上教育程度的比重较高，受初中、高中、大学专科及以上教育程度的比重分别达到44.2%、23.3%、18.7%，合计达86.2%。省外流入人口受教育程度以初中为主，占55.9%，其次是受高中、小学教育程度的，分别占18.2%、8.7%。省内流动人口中受高中及以上教育程度人口的比重明显高于全省常住人口的，而省外流入人口则要低于全省。这与江苏义务教育水平、高中普及率、大学招生水平处于全国前列是分不开的。

表4　15岁及以上人口的受教育程度

类　型	受教育程度构成(%)					平均受教育年限(年)
	未上过学	小　学	初　中	高　中	大专及以上	
常住人口	4.9	22.0	42.2	18.5	12.4	9.3
# 流动人口	1.6	12.1	44.2	23.3	18.7	10.5
# 省内	1.8	9.6	36.3	26.7	25.6	11.1
省外	1.4	15.7	55.9	18.2	8.7	9.6

由于流动人口主要集中在中青年段，整体上受教育程度要高于全省平均水平。但从20—59岁主要劳动年龄人口的受教育程度看，外省流入人口的受教育程度则明显要偏低。这主要是由于外省流入人口以打工为主，省内流动人口中包含了大量了在校学生。全省流动人口中，20—59岁平均受教育年限为10.5年，高于全省同年龄人口(9.9年)。其中，省内流动人口中20—59岁平均受教育年龄为11.3年，外省流动人口仅有9.5年。

(五)就业需求决定了流动人口以就业为主

1. 就业水平较高

15岁及以上流动人口中，就业比重达72.5%。其中，省外流入人口的就业比重高达87.7%；省内流动人口的就业比重相对较低，仅有62.4%。这是由于省内流动人口中非经济因素流动的人口占了较大比例，而省外流入人口流入的主要目的就是为了就业。省外流入人口极大程度上满足了江苏经济快速发展中对劳动力的需求。

2. 周平均工作时间较长

在普查时点前一周，流动人口就业平均周工作时间为49.6小时，比全省就业人口周平均工作时间高了3.5小时。其中，省外流入人口周平均工作时间超过了50小时，为51.4小时。省内流动人口周平均工作时间为48小时，略低于省外流入人口，但也处于较高的水平。

3. 集中在制造业

从行业上看，流动人口从事制造业的比重最高，超过一半，达到50.4%，且主要集中在通信设备计算机及其他电子设备制造业、纺织业、纺织服装鞋帽制造业。此外，流动人口也多从事建筑业和传统服务业部门，如在批发和零售业中就业的流动人口占15.1%、从事建筑业的占8.3%。

四、产业结构演进与人口流动的协整分析

利用1990年以来的历年常住人口、户籍人口以及地区生产总值等数据进行协整分析，能够更好地揭示江苏产业结构演进与人口流动的关系。

(一)协整方法

第一，协整方法说明。

协整关系是指如果两个及两个以上的时间序列变量是非平稳的，但它们的某种线性组合却表现出平稳性，则这些变量之间存在一种长期稳定的关系。进行协整之前，序列应该有相同的单位根过程。因此对数据先进行单位根检验，然后进行协整分析。在发现变量间的协整关系后，需要建立误差修正模型来描述变量间的短期波动关系。误差修正模型(ECM)是一种有特殊形式的计量经济模型，由Davidson等人于1978年提出。由Granger表述定理，如果变量X和Y是协整的，则它们的短期非均衡关系总能由一个误差修正模型：

$\triangle Y_t = \text{lagged}(\triangle Y, \triangle X) - \lambda ecm_{t-1} + \mu_t$，其中，$ecm_{t-1}$是长期均衡偏差项，$\lambda$是短期调整参数，且$0<\lambda<1$。

协整只分析了变量之间是否存在长期关系，变量间是否构成因果关系还需用Granger因果检验法进行进一步检验。Granger因果检验思路为：在Y关于自身滞后的回归中，如果引入X的滞后能显著的增加对Y的预测，就表示X是Y的Granger原因。检验方程一般形式为：

无限制条件回归形式为：

$$Y_t = \alpha + \sum_{i=1}^{m} \alpha_i Y_{t-i} + \sum_{i=1}^{m} \beta_j X_{t-i} + \mu_t;$$

有限制条件回归形式为：

$$Y_t = \alpha + \sum_{i=1}^{m} \alpha_i Y_{t-i} + \mu_t。$$

然后利用回归残差平方和计算F统计量，检验X的滞后期数是否同时显著不为零，检验的滞后阶数一般由AIC准则确定。

第二，单位根检验。

单位根检验就是检验时间序列的平稳性，在此用ADF法单位根检验方法。在Eviews5.0中，ADF检验有三种形式：有截距项、有截距项并且有时间趋势项、没有截距项和时间趋势项。本文检验的顺序为：先选择没有截距项和时间趋势项，若无法形成稳定的时间序列，再选择有截距项，若截距项不显著，最后选择有截距项与有时间趋势项，假如还无法形成稳定的时间序列，再进行一阶差分重复以上检验过程直到达到稳态为止。对最佳滞后期的选择，采用AIC信息准则，最大滞后期为2。

用R表示常住人口与户籍人口之比，简称为人口净流动率；C_1、C_2、C_3 分别表示地区生产总值第一、二、三产业的结构。为了减少异方差性，分别对各变量进行对数化处理。

检验结果显示△LnR、△LnC₁、△LnC₂、△LnC₃，一阶差分变量的ADF统计量小于1%水平的临界值，都含有两个单位根，是I(1)过程，可以进行协整分析。

表6　ADF检验结果

变量	检验形式(I、T、P)	ADF统计量	临界值(1%显著水平)	是否平稳
R	(N、N、1)	3.6063	−2.6857	不平稳
△LnR	(I、N、1)	−8.0576	−3.8574	平稳
C_1	(N、N、1)	−1.0942	−3.8086	不平稳
△LnC_1	(I、N、1)	−5.0725	−3.8574	平稳
C_2	(N、N、1)	−0.0348	−2.6924	不平稳
△LnC_2	(I、N、1)	−5.7094	−3.8574	平稳
C_3	(N、N、1)	3.1559	−2.6857	不平稳
△LnC_3	(I、N、1)	−7.5300	−3.8574	平稳

注：△表示一阶差分。检验形式中的I和T表示常数项和趋势项，N表示无常数项与趋势项，P表示根据AIC原则确定的滞后阶数。

第三，协整检验。

EG二阶段分析法的步骤可归结为：第一步，用最小二乘法(OLS)对变量进行协整回归，估计长期均衡方程，确定变量之间的长期关系；第二步，用ADF法对回归残差进行平稳性检验。如残差是平稳序列，则变量存在协整关系。反之，协整关系不成立。

利用Eviews5.0进行回归，得到人口流动率与三次产业结构之间的协整方程。

(1)人口流动率对第一产业产值结构的OLS估计为：

$$LnR = 0.1006 - 0.0267LnC_1 + \mu_1,$$
$$(42.3094)\quad(-28.0543)$$

$R^2=0.9764$，$F=787.0480$，$DW=1.3443$。

(2)人口流动率对第二产业产值结构的OLS估计，由于模型中自变量存在自相关，引入MA项，得到

$$LnR = -0.3433 + 0.0958LnC_2 + \mu_2,$$
$$(-3.9494)\quad(4.1157)$$

$R^2=0.9000$，$F=60.9933$，$DW=1.5201$。

(3)人口流动率对第三产业产值结构的OLS估计，由于模型中自变量存在自相关，引入MA项，得到

$$LnR = -1616 + 0.0561LnC_3 + \mu_3,$$
$$(-3.2432)\quad(3.9871)$$

$R^2=0.9335$，$F=79.5123$，$DW=1.6922$。

用ResidC1、ResidC2、ResidC3分别代表上述方程的回归残差项，并对其进行ADF单位根检验(结果见表7)，如果变量间存在协整关系，则残差水平序列平稳。

表7　残差序列的平稳性检验

变量	检验形式(I、T、P)	ADF统计量	临界值(1%显著水平)	是否平稳
ResidC1	(N、N、1)	−3.11247	−2.68572	平稳
ResidC1	(N、N、1)	−5.12912	−4.49831	平稳
ResidC1	(N、N、1)	−5.36732	−4.49831	平稳

注：△表示一阶差分。检验形式中的I和T表示常数项和趋势项，N表示无常数项与趋势项，P表示根据AIC原则确定的滞后阶数。

对残差的检验结果表明，残差 ResidC1、ResidC2、ResidC3 的 ADF 统计量均小于 1%水平下的临界值，因此是平衡序列，变量 LnR 与 LnC_1、LnC_2、LnC_3 存在唯一的协整关系，存在长期的稳定均衡关系。也就是说，从长期来看，人口流动变化与产业结构变动是存在稳定均衡关系的。

（二）建立误差修正模型

在确定 LnR 与 LnC_1、LnC_2、LnC_3 存在协整关系的基础上，为了进一步的检验三次产业结构变动与人口流动率之间的关系，需要建立包括误差修正项(EC)在内的误差修正模型 ECM，以此来检验协整方程的短期动态与长期调整特征。

利用协整方程得到误差修正项：

$ecm_{t-1}=LnR_{t-1}+\alpha+\beta LnC_{t-1}$，

于是对如下误差修正模型进行估计：

$\triangle LnR_t=\alpha_1\triangle LnC_t+\gamma ecm_{t-1}$，

可以得到：

(1) $\triangle LnR_t=0.0016-0.0041\triangle LnC1_{t-1}-0.0338ecm_{t-1}$，

(2.4602)　(−0.5612)　(−3.0805)

$R^2=0.5256$，F=8.3105，DW=2.3753。

(2) $\triangle LnR_t=0.0015+0.0311\triangle LnC2_{t-2}-0.1505ecm_{t-2}$，

(3.7973)　(0.9348)　(−4.0143)

$R^2=0.5874$，F=11.3888，DW=1.8506。

(3) $\triangle LnR_t=0.0019+0.0142\triangle LnC3_{t-1}-0.1613ecm_{t-3}$，

(3.5401)　(−0.8324)　(−1.0956)

$R^2=0.1190$，F=1.0132，DW=2.4680。

差分项反映了短期波动的影响。人口流动率的短期变动可以分为两部分：一部分是第一产业产值比重短期波动的影响；一部分是偏离长期均衡的影响。误差修正项 ecm_t 的系数的大小反映了对偏离长期均衡的调整力度。上面三式中显示，人口流动率与产业结构变动存在显著的滞后效应。第一产业产值结构的减少，第二、三产业产值结构的提高，均会带动人口流动率的提高，而第二产业产值结构变化对人口流动率的影响程度最高。这与江苏仍是工业大省的实情是相符的。虽然相关性不强，但误差项系数均通过了检验。从系数估计值来看，当短期波动偏离长期均衡时，第一、二、三产业产值结构与人口流动率分别以 3.38%、15.05%、16.13%的调整力度，将非均衡状态拉回到均衡状态。

（三）Granger 因果检验

为进一步分析产业结构变动对人口流动率的影响，现对人口流动率与产值结构进行两两 Granger 因果关系检验。

格兰杰因果关系：如果两个经济变量 x 和 y 在包含过去信息条件下对 y 的预测效果要好于只单独由 y 的过去信息对 y 的预测，即变量 x 有助于变量 y 预测精度的改善，则称 x 对 y 存在格兰杰因果关系。格兰杰因果关系所反映的是一个经济变量是否对另一变量具有显著的滞后影响。

模型方程如下：

$$y_t=c_1+\sum_{i=1}^{m}\alpha_i y_{t-i}+\sum_{j=1}^{n}\beta_j x_{t-j}+\varepsilon_{1t},$$

$$x_t=c_2+\sum_{i=1}^{m}\gamma_i x_{t-i}+\sum_{j=1}^{n}\delta_j y_{t-j}+\varepsilon_{2t},$$

其中，c_1、c_2、α_j、β_j、γ_i 和 δ_j 为常数项，ε_{1t}、ε_{2t} 为随机误差项，且 E(1t,2t)=0。m 和 n 分别为 y 和 x 的最大滞后期数。格兰杰方法对模型中变量所取的滞后期长短异常敏感，本文采用 AIC 原则确定最优滞后阶数，临界值采用 Mackinnon 临界值。

对于上述方程来说，从理论上可以知道 y 和 x 之间存在四种关系：

Ⅰ、如果 $\beta_j=0$ 且 $\delta_j=0$ (i,j=1,2,…,n)，则说明 y 和 x 之间不存在因果关系，即彼此相互独立；

Ⅱ、如果 $\beta_j=0$ 且 $\delta_j\neq0$ (i,j=1,2,…,n)，则说明 x 不是 y 的因果关系，而 y 是 x 的因果关系；

Ⅲ、如果 $\beta_j\neq0$ 且 $\delta_j=0$(i,j=1,2,…,n)，则说明 y 不是 x 的因果关系，而 x 是 y 的因果关系；

Ⅳ、如果 $\beta_j\neq0$ 且 $\delta_j\neq0$(i,j=1,2,…,n)，则说明 y 和 x 之间互为因果关系。

在人口流动率与产值结构之间，第一、二产业中，产值结构变动是人口流动的 Granger 因果关系，而第三产业不存在；人口流动率对产业结构的变动不存在 Granger 因果关系。也就是产业结构变动能够带来人口流动，而人口流动对于产业结构变动没有显著影响。同时也可以看出，第二、三产业产值结构的变动是第一产业产值结构变动的 Granger 因果关系。

表 8　人口流动率与产值结构变动的 Granger 检验结果

虚拟假设（不是变动的原因）	F 值	P 值	结论
LnC1→LnR	10.5997	0.00157	拒绝
LnR→LnC1	0.31892	0.73208	接受
LnC2→LnR	2.77487	0.09658	拒绝
LnR→LnC2	1.25428	0.31545	接受
LnC3→LnR	0.39610	0.68025	接受
LnR→LnC3	1.20410	0.32921	接受
LnC2→LnC1	1.87876	0.18933	接受
LnC1→LnC2	2.91514	0.08742	拒绝
LnC3→LnC1	0.43410	0.65628	接受
LnC1→LnC3	3.75299	0.04954	拒绝
LnC3→LnC2	3.92160	0.04443	拒绝
LnC2→LnC3	2.88884	0.08906	拒绝

(四)脉冲响应函数

使用时间序列模型来分析影响关系的一种思路是从扰动项出发，考虑其影响是如何传播到各变量的，在协整前提下，着重考察长期均衡被破坏后各个变量如何以及多快恢复到均衡，研究的重点也从对单个变量冲击转变为对协整关系(βX_t)的冲击上。

由于存在长期均衡，对协整关系项的冲击在长期必将消失，但是冲击引起的变化的时间特点可以作为我们分析问题提供很好的参考，其大小可以通过对脉冲反应函数左乘长期协整项得到。如果 Y_t 中第 i 个变量对第 j 阶长期协整关系的效果为 $\beta_j X_t$，其扩展函数可由下式给出：

$G_{\beta_j x_t}, N = \dfrac{\beta_j A_N \sum \theta_i}{\sqrt{\sigma ii}}$，用来描述系统向长期均衡收敛的速度。

图 4　脉冲响应分析结果

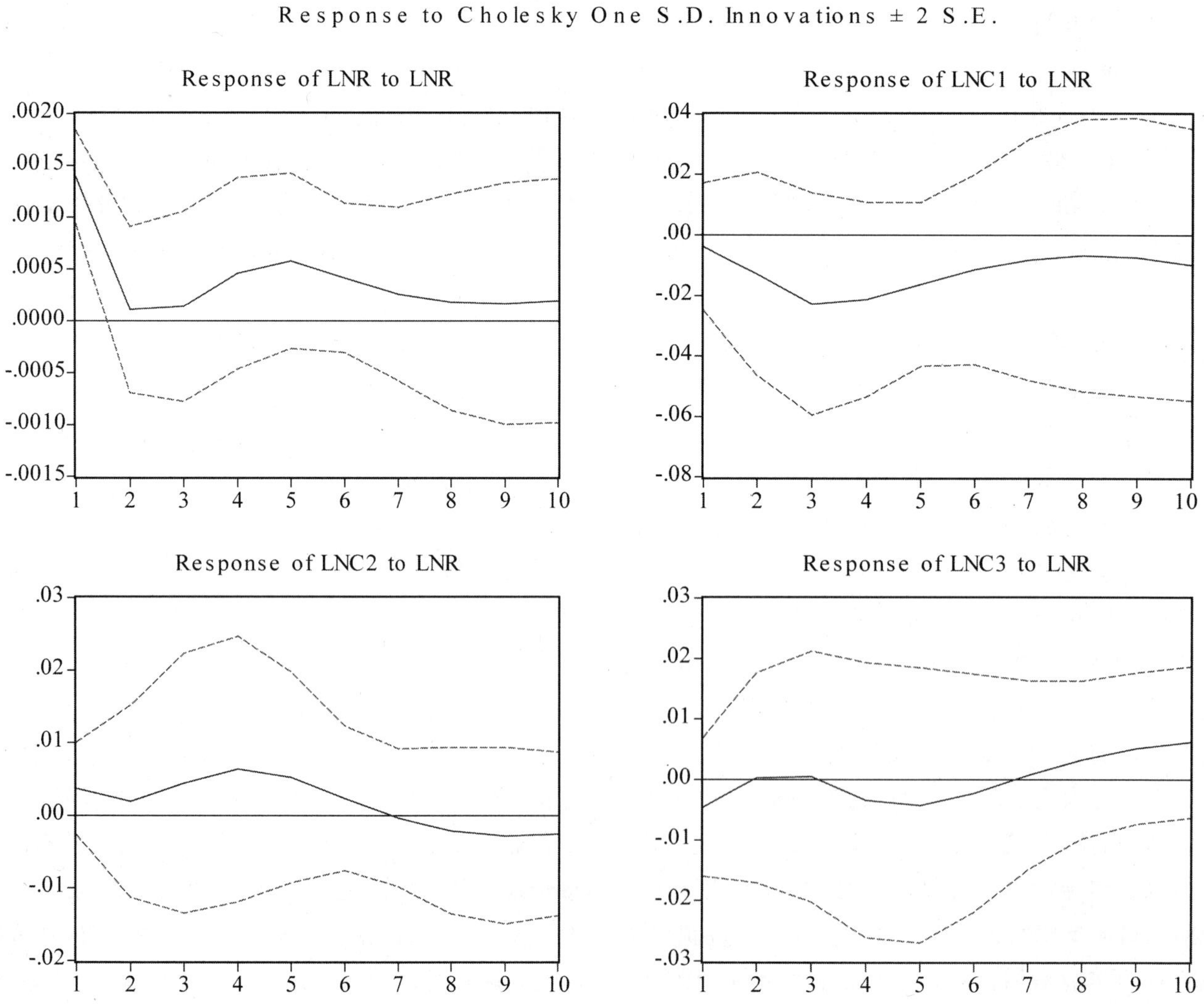

由图 4 可知，第一，人口流动具有惯性，这种惯性在第 5 期使得人口流动达到最大，随后趋于稳定。

第二，当在本期给第一产业产值结构一个正冲击后，人口流动率在第 3 期达到最低点，随后开始逐步增长，从第 8 期后开始稳定。这表明，第一产业产值比重的上升，会导致流动人口的减少。反之，第一产业产产值比重的下降，会促进人口的流动。第一产业产值比重的变化，与第二、三产业产值比重变化是相关的，第一产业产值比重的下降，正说明第二、三产业的快速发展，而第二、三产业的快速发展在短期内必然需要大量劳动力。

第三，当本期给第二产业产值结构一个正冲击后，人口流动率在第 4 期达到最高点，随后开始下降。这与第二产业从初期的劳动密集型产业向资金密集型的转型升级过程对劳动力需求的变化是相符合的。

第四，当本期给第三产业产值结构一个正冲击后，人口流动率处于不断增长的过程。这充分说明第三产业就业吸纳能力强，对人口流动率影响的长期效果显著。

(五)结论

以上协整分析表明，第一、二、三产业产值结构变动与人口流动率之间存在长期稳定的均衡关系。误差修正模型显示，第一产业产值比重每下降 1%，人口流动率将增加 0.0041%；第二产业产值比重每增长 1%，人口流动率将提高 0.0311%；第三产业产值比重每增长 1%，人口流动率将提高 0.0142%。结合上述分析并通过 Granger 检验可以得到，长期而言，第一、二次产业结构变动对人口流动率存在 Granger 因果关系，而第三产业产值比重变化对人口流动不存在 Granger 因果关系，即第一、二产业的结构变动对人口流动存在滞后效应，而第三产业结构变动对人口流动的滞后效应不显著。同时，人口流动也不是三次产业结构变动的 Granger 因果关系，也就是说，人口流动对三次产业结构变动的滞后效应不显著。具体分析看：

第一，随着第一产业劳动力生产效率的不断提高，第二、三产业的持续稳定的增长，农业生产中仍存在剩余劳动力，对省际人口流入的影响贡献不大。江苏是一个人多地少、自然资源相对匮乏的省份，随着农业产业化、机械化和农业生产能力的不断提升，农业劳动力仍然存在着一定程度的富余和过剩。截止 2010 年底，全省第一产业就业人员 1060.29 万人，每个劳动者拥有的耕地平均不到 4500 平方米，折合不到 7 亩。若依据 1984 年我国有关学者做出的平均每个劳动力可以最大限度耕种 9.93 亩土地的定量调查分析结果，并考虑到 20 多年来技术进步和集约化经营的变化，我们估计，目前我省农业需要的劳动力仅为实际从事第一产业就业总量的 65%。换句话说，也就是目前第一产业中仍存在 300 多万人富余劳动力，对第二、三产业的发展来说，则是富裕的劳动力供给。但问题是，目前尚未转移的农村剩余劳动力中有“五多”特征：女劳力多，占 64%；年龄偏大者多，“4050”者占 57.6%；文化程度低者多，小学及小学以下人数占 44.7%；无技能者多，89%的人没有接受过技能培训。由此，虽然第一产业产值增加、比重下降，劳动力生产率提高，就业需求减少，提供了大量剩余劳动力，但由于这些剩余劳动力并不能完全达不到二、三产业发展的需求，进而促使省际人口流入。

第二，随着工业化进程的不断推进，江苏工业结构调整进一步深化，产业布局日趋合理，产业升级步伐加快，不断推动江苏工业持续稳定健康发展。但在加快工业化进程中，经济发展立足于投资建设和规模扩张，粗放型增长特征仍十分明显，工业够大还不够强，存在产业结构不够优、自主创新能力不够强、可持续发展水平不够高等一些深层次矛盾和问题。而且在价值链分工中处于中低端位置，劳动密集型、代工型、低附加值型产品居多，这也使得在工业仍是吸纳就业的主体，也是大量省外人口流入的主要原因。

第三，长期以来，江苏第三产业发展相对缓慢，虽然近些年有所转变，但仍远低于第二产业，对地区生产总值的贡献也远不如第二产业。第三产业一直存在投入不足、部分行业开放不足等问题，吸纳就业的能量并未能完全释放出来。第一，总体投入不足，2000 年以来在总投资额中所占比重均未超过 50%，制约了发展。第二，传统服务业投资比较集中，现代服务业投资相对不足。第三，电信、铁路、卫生公共事业等部分行业市场开放的程度不高，非国有企业难以介入，投资比例较低，从而使这些服务领域需求能力的扩张受到制约。因此，尽管第三产业的就业弹性是三次产业中最高的，但其对总体经济的就业弹性提高作用不明显。正是由于第三产业发展相对滞后，吸纳就业的能力未能完全释放出来，因此，对省际人口流入影响的贡献也不是很强。

五、各地区产业结构与人口流动的关系

为进一步考察全省各地区产业结构与人口流动的关系，将全省所有各省辖市区合并一个县级单位，加上51个县(市)，全省分为64个县级单位。利用2010年人口普查各县级区域人口流动数据(计算常住人口与户籍人口之比，用来表示人口流动率)以及2010年地区产业结构，构建模型，考察不同产业结构下的人口流动状况。

通过SPSS15.0分析人口流动分别与地区经济总量、分产业产值、产业结构之间的关系，并对数据进行对数化处理，建立线性模型进行评价。

(一)人口流动与地区经济总量的关系

第一，对64个县级单位常住人口总量(应变量)与地区生产总值(自变量)线性回归，$R^2=0.659$，$F=117.757$。线性关系通过检验，但相关性不强。

第二，只考虑人口净流入的县级单位，常住人口与地区生产总值进行线性回归后，$R^2=0.871$，$F=148.284$。相关性有了很大的提高。地区生产总值的规模对常住人口的规模是有影响的，尤其表现在人口净流入地区。在人口表现为净流出的地区，经济规模与人口规模的相关性不强。

第三，人口流动率与地区生产总值指数不存在线性关系。人口的流动与经济增长速度没有绝对的关系，或者说经济增长对人口流动的影响在当期并不显著。

第四，流入人口规模与地区生产总值进行线性回归，$R^2=0.878$，$F=440.536$，存在线性关系，相关性较强。地区经济总量较大，对人口的流入有很强的影响力。

第五，流出人口规模与地区生产总值之间不存在线性关系。说明省内县级地区经济规模的差异与人口的流出没有太大的关联。

总的来看，地区经济总量对人口的流入存在较强的影响，进而影响常住人口规模，与人口流出之间不存在线性关系。地区经济增长变化与人口流动率之间也无直接关系。

(二)人口流动与分产业产值总量的关系

对人口规模、人口流动与分产业增加值分别进行一元回归，回归关系见表9。可以看出：

表9 人口规模、人口流动与分产业产值总量的线性关系

分产业	常住人口			流入人口	流出人口
		人口净流入地区	人口净流出地区		
第一产业	无线性关系	$R^2=0.576$，F=29.909	$R^2=0.71$，F=90.732	无线性关系	无线性关系
第二产业	$R^2=0.566$，F=79.519	$R^2=0.811$，F=94.214	$R^2=0.391$，F=23.710	$R^2=0.889$，F=488.733	
第三产业	$R^2=0.668$，F=122.754	$R^2=0.895$，F=188.421	$R^2=0.492$，F=35.793	$R^2=0.869$，F=404.823	

1. 第一产业增加值与人口净流出地区的人口规模存在线性关系，且相关性较强；与人口净流入地区的人口规模存在较弱的线性关系。由于各地农业生产率差异，特效农业发展不平衡，对人口流动的影响不是很强。这与农村剩余劳动力转移地域的变化是密切相关的。在转移区域上，农村劳动力本地转移的比重在近几年大幅上升。其中，2009年和2010年，在新增转移的农村劳动力中，就地转移的比例分别为93.9%和70%；而在2007年和2008年，就地转移的比例分别只有57.5%和40.6%；2000年至2007年农村劳动力的转移则是以异地为主。

2. 第二、三产业增加值与人口净流入地区的人

口规模表现出较强的线性关系，对人口流入的影响也很大。这与第二、三产业较强的吸纳人口就业的能力是相关的。

3. 三次产业增加值与人口流出无线性关系。说明影响人口流出的因素与分产业经济规模没有关联，更可能是一地区就业吸纳容量导致。

六、政策建议

目前，江苏人口密度已达每平方公里 767 人，是全国平均水平的 5.4 倍，位居各省、自治区之首。人口规模大，密度高，对资源、环境压力较大。大量外来人口的流入，无疑又加剧了这一状况。人口的增长使得对土地资源占用随之增加，致使江苏人均耕地面积逐年减少，人均占有量仅 0.06 公顷。江苏过境水资源丰富，但本地水资源不足，水污染比较严重。森林资源总量偏少，质量不高，生态环境建设任务艰巨。矿产资源种类较多，但储量不大。江苏又是一个能源严重短缺的省份。随着总人口特别是外来流动人口大量增加，以及经济发展、工业化推进，江苏水、空气、土壤等污染有可能趋于加重，人口对环境的压力进一步加大。2010 年，江苏城镇生活污水排放量达到 29.17 亿吨，比 2000 年增长近 1 倍；工业废气排放量达到 31212.93 亿标立米，比 2000 年增长 2.4 倍。因此，在未来，江苏一方面要继续优化升级产业结构，合理布局劳动密集型行业，另一方面也要做好人口的有序流动，合理控制全省人口规模。

(一)深化产业结构优化升级

重视加强农业基础作用。尽管农业产值在国民经济中的比重持续下降，但其重要性和基础地位仍不会改变。仍然迫切需要建立起第一产业基础扎实、优质与绿色产品率高、拥有高效的种植业、畜牧业与渔业发展迅速的现代农业结构。第一，稳定农业生产、提升农业生产规模、优化调整内部结构，不断提高传统农业中林、牧、渔业的贡献，稳步推进畜牧业规模养殖水平。第二，调整农业区域生产结构，发挥地区比较优势，实施特色生态农业。抓住全省丘陵山区开发和沿海开发等有利时机，大力发展设施园艺，推进高效蔬菜、花卉苗木等园艺产业发展。发展高效优质农业、加强农业产业化经营。

优化工业内部产业结构。目前江苏仍处于工业化中后期阶段，“十二五”重工业扩张动力依然存在。第一，重点发展高新技术产业，提升行业的自主创新能力，实现规模化发展。通信设备、计算机及其他电子设备制造业是江苏高新技术产业中的最大行业，也是江苏省的主导产业。重点围绕有一定集成和优势等高新技术产业，依托高新技术产业园区，加快发展高新技术产业基地，加快形成自主品牌，引导企业强化技术创新机制。第二，改造和提升传统优势产业。纺织业和轻工业都是江苏传统的支柱产业和就业人员较为集中的行业。发展中长期依赖劳动力、土地和原材料成本低廉形成的比较优势，核心竞争力不强。应广泛应用先进信息技术、清洁生产技术、资源节约技术、绿色资源替代技术、废弃物再资源化技术以及污染处理技术，对传统产业进行改造和升级，依靠技术创新推动传统产业高新技术化。第三，控制高消耗和高污染行业。化学工业属于江苏省传统优势产业，应以引进先进技术，调整内部结构和清洁生产为重点；金属冶练及压延加工业应积极推进先进技术，控制生产规模，大幅度削减污染物排放量。

加快推进现代服务业步伐。江苏服务业虽然得到了较快发展，但与较为发达的制造业相比较，第三产业整体发展仍显相对滞后。同时内部结构不尽合理，新兴服务业所占比重较小、生产性服务业发展相对缓慢。第一，改造和提升传统服务业。重视传统服务业的社会功能，提升服务功能、拓展服务空间；提高传统服务业的运行质量和经营档次。第二，积极发展新兴服务业。新兴服务业代表着未来服务业发展的方向。一是加强金融支撑；二是营造良好的创新环境；三是促进企业与高校科研相结合，完善产学研合作机制。第三，大力发展生产性服务业。生产社会化对生产性服务业的需求将不断扩大，今后，一要培育生产性服务业集聚区，加强市场竞争力；二要营造良好的产业生态环境；三要建立商品交易市场集群，最终形成有效的产业间带动和融合发展。

(二)引导人口有序流动

大量流动人口的存在以及流动的频繁性，在合理配置劳动力供给、繁荣经济、促进社会发展的同时，也给当地人口与计划生育的管理和服务、社会治安等带来严峻的挑战，加重了在食品、住房、交通、医疗卫生等方面的社会负担,影响着人口、资源、环境的协调发展。在江苏,突出地表现在外来流动人口大量聚集在以苏州、无锡、常州为主的苏南地区以及一些大城市,并呈现出流动盲目、频率较高、分布聚集、素质不高等特征,构成了人口协调发展中一个突出的问题。

强化流入地与流出地的联系。劳动力市场的不健全造成了劳动力流动的无序盲目,组织化程度较低给劳动力转移就业带来了不确定性和不稳定性,对劳动力转移就业后的保障、维权工作带来了难度,也难以形成规模化、正规化的经济。因此,要加强劳动力市场的建设,流入地与流出地联合起来,以劳动力市场为中介,引导人口更加合理、有序的流动。建立城乡一体化的市场体系和公共服务机制,建立健全劳动力市场和信息网络平台,实现城乡间、产业间信息资源共享。只有实现信息、市场资源、社会公共服务一体化,才能降低人口的流动成本、克服自发性、盲目性。

促进农村社会经济的快速发展。解决"三农"问题是现代化的一项重要任务,农村建设、农业现代化、农民富裕需要一定数量的人口以及富有知识和技术的劳动力。客观上,城镇地区的劳动力吸纳能力和容量,也无法让广大农村地区庞大的劳动力全部转移到城镇去。因此,要在政策上鼓励、支持农村建设和农业发展,不断改善农村人居环境,提高农民生活水平和生活质量,把新农村建设和农业产业化推进所需要的人口、劳动力留下来,促进当地发展增加收入。

提高流动人口中劳动力的素质和技能。流动人口,尤其是外省流入的,超过一半的仅有初中受教育程度。随着江苏经济转型升级步伐的加快,今后经济增长模式势必要摆脱依靠低成本、高投入的劳动密集型和资源密集型产业以维持产业竞争力的传统方式,逐步转变到依靠提高技术水平和加大人力资本投入的模式上来。如果外来劳动力供给仍然维持以初中文化水平为主体的人力资源结构,将无法满足劳动力市场对高素质人才的需要,必将会影响未来的就业结构,也将影响到经济的整体竞争力。因此,要积极搭建多元平台,加强流动人口培训。包括搭建文化教育平台、职业技能训练平台、学历教育平台,提高外来人口文明素质、职业技能和学历层次;建立以市场和就业为导向,全日制与非全日制结合,学历与非学历、正规与非正规教育并举,文化教育、学历教育与职业技能培训兼备,覆盖多个教育层次的教育培训体系。全方位、多渠道、多形式地开展培训,为进城务工人员提供灵活多样、实用有效的教育培训服务,满足不同类型进城务工人员的学习要求,提升他们的职业技能和综合素质。

参考文献:

1. 刘保珺.产业结构演变成因分析模型及其应用.中国统计出版社,2010.
2. 范德成.中国产业结构的动态投入产出模型分析.科学出版社,2011.
3. 原毅军,董琨.产业结构的变动与优化.大连理工大学出版社,2008.
4. 李雁玲.澳门产业结构与就业结构变动研究.暨南大学出版社,2010.
5. 夏杰长,李勇坚,姚战琪等.增长 就业与公共政策.社会科学文献出版社,2005.
6. 徐瑛,陈秀山,纪宝成.区域经济质量评价.中国人民大学出版社,2009.
7. 李仲生.中国的人口与经济发展.北京大学出版社,2004.
8. 蔡昉.中国人口与劳动问题报告.社会科学文献出版社,2004—2010.
9. 赵显洲.中国农业剩余劳动力转移问题研究.经济科学出版社,2010.
10. 李建新.中国人口结构问题.社会科学文献出版社,2009.
11. 石宏伟.中国城乡二元化社会保障制度的改革和创新.中国社会科学出版社,2008.
12. 江苏省人口普查办公室编.跨越世纪的挑战——江苏省第五次人口普查课题汇编,2003.
13. 张清泉.二元经济结构条件下的中国农民工研究.经济科学出版社,2008.

江苏省统计局　徐国强　马永春　刘兵

河南农村富余劳动力转移问题研究

引言

改革开放30多年来，河南人力资源优势促进了经济的高速发展。河南是人口大省，劳动力资源大省。丰富的劳动力资源给河南经济发展提供了源源不断的廉价劳动力，为河南省带来了巨大的人口红利，有力地促进了河南经济的发展。劳动力资源优势给河南带来人口红利的同时，也给河南带来巨大的人口挑战。如何把农村富余劳动力的优势充分发挥出来，把人口压力逐步转化为人力资源优势，把人口大省逐步转化为人才强省，为全面建设小康社会实现中原经济区的发展提供源源不断的动力，是关系民生，又关系社会稳定的重大课题。

因此，本文将利用河南省第六次人口普查资料及统计年鉴资料，系统分析河南省农村劳动力转移的现状及存在的问题，预测不同发展阶段农村劳动力供求关系变化的规律，在全面分析河南省情和河南农村劳动力转移现状的基础上，大量运用描述统计分析方法，进行多维经济指标的计算，同时进一步运用计量经济模型方法对河南省农村富余劳动力数量、转移的匹配关系以及未来变化趋势进行科学计算和判断，从经济学、社会学、人口学学等多个视角，定性和定量地科学分析河南省农村劳动力转移问题，并针对性地提出可行性建议，从而为如何促进河南农村劳动力合理有序转移、进而推动中原经济区建设提供决策参考，以期为政府制定有针对性的政策提供依据。

一、河南农村劳动力转移的历史进程

河南农村劳动力转移的历史进程，按其转移的速度和规模及其经济效益，可以划分为两个时期：从建国到1978年党的十一届三中全会实行改革开放以前，属缓慢转移时期；1979年至现在为农村富余劳动力转移的新时期。从1979年起，我国走上了改革开放的道路，积极探索并努力寻求从根本上解决农村劳动力过剩的问题。30多年来河南省农村劳动力转移可概括为“两个高潮”、“三个阶段”。两个高潮：一个是从1979－1997年，主要是以乡镇企业发展为主渠道的转移；另一个是1997年以后，由乡镇企业转移为主渠道逐步向加速城镇化建设、经济结构调整等多渠道转移。据河南省统计年鉴数据，到2010年河南省农村劳动力转移1843万人，比2000年增加了1538万人，增加了5倍。1978年，党的十一届三中全会决定实行改革开放政策以后，农村富余劳动力的转移进入了一个新的时期。这个时期大致上可分为以下三个阶段：

（一）乡镇企业成为吸纳农村富余劳动力的主要渠道

1979－1988年间，农村经济体制改革，实行家庭联产承包责任制和以市场为取向的改革，调动了农民的生产积极性，促进了农业生产的发展和农业劳动生产率的提高。农村富余劳动力大量涌现出来，向非农产业转移，向城市转移。十年间，全省城市劳动力增加了281万人，城市劳动力占全社会劳动力的比重，从1978年的15.07%上升到1988年的17.98%。农业生产的发展促进了非农产业的发展，使农村乡镇企业异军突起。1979－1988年间，乡镇企业总产值从29.96亿元增加到1988年的456.26亿元。乡镇企业成为吸纳农村富余劳动力的主要渠道。农村非农产业劳动力占农村劳动力总数的比重，从1978年的5.58%上升到1988年的17.93%，增长12.35个百分点。与此同时，全省农村劳动力从1978年的2384万人增加到1988年的3212万人，而农村劳动力占全社会劳动力的比重，则从1978年的84.93%下降到1988年的82.02%，下降2.91

个百分点。这是继1958年“大跃进”以后的又一次农村富余劳动力大规模向非农产业转移。

(二)已转移的农村富余劳动力向农村回流

1989—1991年,继河南经济上一阶段的大发展之后,进入治理整顿的新阶段,受经济周期波动影响,发生已转移的农村富余劳动力向农村回流。在城镇建筑和服务行业的部分农村劳动力回到农村,部分乡镇企业关、停、并、转,已转移的劳动力又回到农业生产。三年间,城市劳动力占全社会劳动力比重不仅没有提高,反而有所下降,从1988年的17.98%下降到1991年的16.72%。1991年乡镇企业开始进入回升阶段,非农产业劳动力增长为598万人,比1988年仅增长22万人。全省农村劳动力从1988年的3212万人增加到1991年的3511万人,农村劳动力占全社会劳动力的比重从1988年的82.02%上升为83.28%。

(三)农村富余劳动力进入了一个全方位大规模转移的新阶段

1992年以来,农村富余劳动力进入了一个全方位大规模转移的新阶段。1992年以后,由于河南经济出现了持续高速增长,极大地推动了农村富余劳动力向非农产业、向城市转移。1990—1994年,全省乡镇企业总产值从673.11亿元增加到3725.70亿元,增长453.5%。乡镇企业就业人数也大幅度增加。农村非农产业劳动力从1991年的598万人增加到1993年的756万人,增长26.42%。1994年以后又有进一步的增长。从1991年到1996年,农村非农产业劳动力占农村劳动力的比重从17.03%上升到26.82%;农村农业劳动力占农村劳动力的比重从82.97%下降到73.18%。农村农业劳动力占全社会劳动力的比重从1991年的69.09%下降到1996年的60.72%。

随着市场化改革的不断深入,农民获得了在地区间流动的更大自由,农村富余劳动力跨地区向城镇转移明显增加。1990年全省农村富余劳动力跨地区向城镇转移的总量为69.1万人,占农村全部转移劳动力的40.74%,1995年上升到162万人,占农村全部转移劳动力的50.69%,2000年上升到240.7万人,占农村全部转移劳动力的79.02%,2010年上升到1047.53万人,占农村全部转移劳动力的56.84%,农村富余劳动力转向城镇就业的规模越来越大,形成了跨地区流动的“民工潮”。

从上述几个阶段来看,河南农村劳动力转移受国家宏观调控政策的显著影响,农村劳动力转移变化基本上和我国经济波动周期相吻合。改革开放以来出现两个高潮:一个是以乡镇企业发展为主渠道的转移;另一个是由乡镇企业转移为主渠道逐步向加速城镇化建设、经济结构调整等多渠道转移。

二、河南农村劳动力转移的现状

河南是农业大省,农村劳动力资源丰富,劳动年龄人口比重高、劳动力供给充分、人口抚养比低,长期处于“人口红利”期。但是,**随着快速发展的社会经济对劳动力需求的加大,以及老年人口比重上升和少儿比重下降,农村富余劳动力数量已明显减少,我省劳动力供求关系已在悄然发生着变化,农村劳动力的供给格局正在由“无限供给”向“有限剩余”转变。**

(一)全省劳动适龄人口比重略有上升,农村劳动适龄人口数量比重下降

河南是第一人口大省,也是农业大省,农村劳动力资源相当丰富。第六次人口普查资料显示:2010年11月1日0时,全省劳动适龄人口为5819万人,比2000年第五次人口普查的5521万人相比,10来增加了298万人,增长1.37个百分点。

2010年农村劳动适龄人口数量为3381万人,比2000年第五次人口普查的4104万人减少723万人,农村劳动适龄人口占全省劳动适龄人口的比重为58.1%,10年来下降了16.23个百分点(见表1)。

表1 河南省劳动适龄人口的数量变化

单位:万人、%

年份	总人口数	劳动适龄人口数	农村劳动适龄人口	劳动适龄人口占总人口的比重	农村劳动适龄人口占全省劳动适龄人口的比重
2000	9255	5521	4104	60.51	74.33
2010	9403	5819	3381	61.88	58.10

注:根据河南省2010年、2000年人口普查资料计算,中国统计出版社、河南人民出版社。

(二)农村劳动力及富余劳动力的概念及测算方法

本文按照有关通用口径,农村劳动力是指在第六次人口普查标准时间登记的,按国家规定的劳动年龄人口,居住在农村的16—59岁的男性人口和16—54岁的女性人口,在"六普"标准时间前一周,从事过不少于一小时有收入的社会劳动人口;农村富余劳动力是指农村劳动力中的隐性失业(隐性失业是指劳动边际生产率等于或接近于零的就业)人口,即从总就业中撤出一部分劳动力而不会使总产量减少,那么,被撤出的劳动力就是隐性失业人口,也叫富余劳动力。本课题中农村富余劳动力的测算方法:"六普"现有农村劳动力数量减去耕地可容纳劳动力数量(以1958年每个劳动力可耕种土地面积为参数)即得出农村富余劳动力。

另外还可采用全员劳动生产率法进行测算。即用从业人员的平均国内生产总值求出农业劳动力的最低需求量及富余劳动力数量。预测公式为:G=A-(P1/GDP)×E(式中:G为农业剩余劳动力数量;A为现在实有农业劳动力数量;P1为国内生产总值中第一产业增加值;GDP为全省国内生产总值;E为全省年末全部从业人员数。)将河南相关数据代入,得出2010年河南省农村富余劳动力数量。

(三)农村劳动力及富余劳动力的数量

根据第六次人口普查资料,采用上述测算方法,测算出2010年11月1日0时,河南省现有的农村劳动力数量(不包括农村中外出半年以上已转移到省外及本省城镇的劳动力人数)及富余劳动力数量如表2所示。

根据第六次人口普查资料利用耕地法测算:河南农村富余劳动力数量为1863万人,比2000年第五次人口普查的2655万人减少792万人。

表2 按耕地法测算农村富余劳动力数量

年份	1958年每人耕作(亩)	耕地可容纳劳动力(万人)	农村劳动适龄人口减去可容纳劳动力(万人)
2000年	7.12	1448	2655
2010年	7.12	1517	1863

注:根据河南省2010年、2000年人口普查资料计算,中国统计出版社、河南人民出版社。

在市场经济条件下,劳动力的流向与转移主要取决于劳动生产率的高低。各部门创造的产值将围绕社会平均利润上下波动。一个劳动力至少要达到社会平均劳动生产率,才能在市场上成为劳动者。因此,本课题采用河南从业人员的平均国内生产总值求出农业劳动力的最低需求量及富余劳动力数量。当前和今后一个时期,河南劳动力总体上仍然供大于求。根据河南统计年鉴资料利用全员劳动生产率法测算:河南农村富余劳动力数量为1860万人,比2000年减少423万人。

表3 按第全员劳动生产率测算农村富余劳动力数量

单位:万人

年份	按全员劳动生产率计算第一产业可容纳人员	按全员劳动生产率计算第一产业富余人员
2010	838	1860
2000	1285	2283

注:根据2011河南统计年鉴计算,中国统计出版社。

通过二种方法的测算比较,可以看出河南农村富余劳动力数量基本接近,大约在1800万左右。10年间大约减少了600万左右。

(四)农村劳动力转移的数量上升,平均每年增加154万人

根据河南统计年鉴资料显示:2010年河南农村劳动力转移总量为1843万人(转移口经以跨产业和跨乡镇为划分标准);2000年河南农村劳动力转移总量为305万人(转移口经以跨产业和跨省为划分标准)。

1. 从转移地域看,跨地域转移的比重上升

2010年在本地(乡内)转移的农村劳动力人数为795万人,占农村劳动力转移总量的43.2%,跨地域(乡外)转移的为1048万人,占56.8%。2000年,在省内转移的农村劳动力人数为137万人,占农村劳动力转移总量的45%,在省外转移的农村劳动力人数为167万人,占农村劳动力转移总量的55%。

2. 从转移产业看,转移到第二产业的比重下降,转移到第三产业的比重上升

2010年农村劳动力转移到第二产业的为904万人(主要为制造业、建筑业),占农村劳动力转移总量的49%,转移到第三产业的为933万,占农村劳动力转移总量的50.6%,转移到第一产业的仅为0.3%。和2000年相比,农村劳动力转移到第二产业的比重由56.2%下降到49%,下降了7.2个百分点;转移

到第三产业的比重由31.8%上升到50.6%，上升了18.8个百分点。

3. 从转移流向看，转移流向由东部向中部倾斜

2010年农村劳动力转移流向主要集中在东部和中部地区，转移到东部地区的占28.6%，转移到中部地区的占27%。和2000年相比，转移到东部地区的劳动力人口比重由43.3%下降到28.6%，下降了14.7个百分点；转移到中部地区的由9.2%上升到27%，上升了17.8个百分点。

4. 从转移类型看，2010年农村劳动力转移类型主要集中在直辖市、地级市、省会城市，分别为5.6%、10.8%、25%。

5. 从转移的组织方式看，主要是政府组织外出，中介组织介绍外出，亲属介绍外出三种类型，分别为2%、2.8%、32.3%。

（五）"十二五"和"十三五"期间，农村新增劳动力略有上升，2020年以后农村新增劳动力出现负增长

根据第六次人口普查资料利用年龄移算法推算未来10年（2010—2020年）我省农村劳动力的发展趋势，从2010—2016年每年都是逐年上升的，2017—2018年略有下降，2019—2020年继续上升，到2020年达到高峰，约为3580万人，2021年后呈现出持续下降态势。

这是因为我省第四次人口出生高峰期的人口进入新增劳动人口年龄的原因。因此，在2020年之前，我省农村劳动适龄人口少量增长，但2020年以后出现负增长。

图1　2010—2020年农村劳动力人数预测

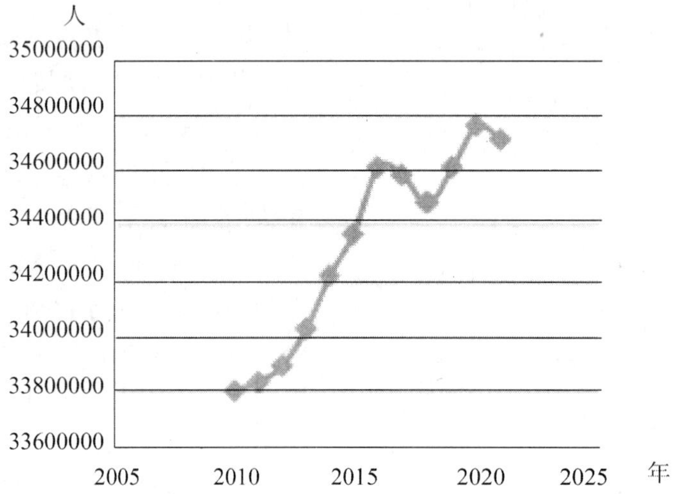

三、河南农村劳动力转移的匹配关系及存在问题

我省农村人口数量庞大，人均耕地少，工业起步晚，城市化水平低，城乡二元结构突出，这是我省的一个基本省情特征。这一省情导致我省农村富余劳动力转移形势严峻，受到种种因素制约，存在问题很多。

（一）农村劳动力文化素质低，转移渠道窄

农村劳动力人口文化程度的高低，直接影响农村经济的发展，影响农村富余劳动力人口的转移数量及转移方向。

从受教育的程度来看，我省农村劳动力文化程度较低，以具有初中和小学文化程度的人为主体。2010年第六次人口普查资料显示：农村劳动力中小学、初中文化程度的人口占很大比重，为83.3%，高中文化程度的人口占15.96%，大专以上文化程度的人口仅占2.67 %。和2000年第五次人口普查相比，农村劳动力中小学人口的比重有所下降，初中文化程度人口的比重上升了8.77个百分点，特别是女性农村劳动力初中文化程度人口的比重上升较快，上升了12.89个百分点，但农村劳动力仍以初中和小学文化程度的人为主体。

表 4 按文化程度分组的农村劳动力人口

单位：人，%

受教育程度	比重		男比重		女比重	
	2010 年	2000 年	2010 年	2000 年	2010 年	2000 年
总　计	100	100	100	100	100	100
未上过学	2.05	3.69	1.59	2.21	2.54	5.33
小　学	16.92	27.64	14.10	21.60	19.91	34.40
初　中	66.38	57.61	67.56	62.43	65.12	52.23
高　中	15.96	10.14	13.91	12.61	9.93	7.37
大学专科以上	2.67	0.93	2.84	1.16	2.51	0.67

注：根据河南省 2010 年、2000 年人口普查资料计算，中国统计出版社、河南人民出版社。

河南统计年鉴数据还显示：2010 年每百个转移的农村劳动力中，接受过培训的占 33.6%，未接受过培训的占 66.4%；和 2000 年相比，接受过培训的人口比重上升了 7.8 个百分点，未接受过培训的人口比重下降了 7.8 个百分点。

虽然和 2000 年相比，农村劳动力文化程度有了提高，但高素质的农村劳动力人口缺乏，与农村经济发展和农村经济结构调整的要求还很不适应。而且在经济利益的驱使下，大量的中小学生辍学，不够就业年龄就过早地加入到农业劳动力队伍中，造成农村劳动力低文化程度的恶性循环。

农村劳动力素质的低下既制约了农村劳动力转移的规模和速度，也制约了农村劳动力转移层次的提高。低素质的人员只能从事较为低层次的劳动，因而难以进入较高层次的产业，而且从长远看，随着经济发展水平的提高和高新技术产业的兴起，低素质劳动力的转移领域会越来越窄。

(二)全省经济人口承载力超载，转移空间小

在一定经济发展水平条件下，一个地区的人口承载能力客观上是有一定合理限度和适应范围的。如果人口增长过快，发展规模过大，社会资源的超量开发和过早枯竭，其结果将反作用于人口与经济发展，使人口与经济的发展失调。反之，如果人口增长缓慢，人口数量不能达到生产发展的要求，便会导致资源开发利用不足，也会制约经济发展和人民生活水平的提高。

经济承载力是衡量一个地区人口生存的首要条件，以人口、GDP 作为主要指标，计算人口经济压力指数(e)。e 小于 1，表明该地区经济承载力富足，e 大于 1，表明该地区经济承载力不足。本文根据 2010 年全国 31 个省、市、自治区人口有关数据，求得各省人口与经济承载力的有关量值，从而分析河南经济人口承载力在全国的位次及类型。

计算公式：人口密度(d)＝人口总量(P)/土地面积(S)

经济人口容量(E)＝各省市区 GDP 总量/全国市区人均 GDP

经济人口承载力(E')＝经济人口容量(E)/土地面积(S)

人口经济压力指数(e)＝人口密度(d)/经济人口承载力(E')

从表上看 2010 年各省人口与经济匹配关系量值对比组合可以分为三种类型：

A 类：e<1，经济承载力相对富裕的有 10 个省区：上海、广东、浙江、北京、天津、江苏、福建、辽宁、山东、内蒙古，这 10 个省区人口占全国总人口的 37.07 %，经济人口容量占全国的 54.83%，人口经济比较压力指数平均为 0.68。人口密度与经济承载力以上海为最高。

B 类：e 在 1—1.5 之间，经济承载力轻微超载的有 13 个省区：河北、山西、吉林、黑龙江、河南、湖南、湖北、海南、重庆、陕西、青海、宁夏、新疆。这 13 个省区人口占全国总人口的 37.43%，经济人口容量占全国的 30.27%，人口经济比较压力指数平均为 1.24。

表5　2010年全国各省、市、区经济人口承载力

地区别	人口密度	经济人口容量	经济人口承载力	2010年人口经济压力指数	2000年人口经济压力指数
全　国	139		139	1.00	
北　京	1167	4303	2561	0.46	0.39
天　津	1145	2812	2489	0.46	0.43
河　北	383	6218	331	1.16	0.93
山　西	228	2805	179	1.27	1.40
内蒙古	20.9	3559	30	0.69	1.18
辽　宁	300	5627	386	0.78	0.63
吉　林	146	2643	141	1.04	1.05
黑龙江	84	3161	70	1.21	0.79
上　海	3654	5234	8307	0.44	0.26
江　苏	767	12630	1231	0.62	0.61
浙　江	535	8452	830	0.64	0.54
安　徽	426	3768	270	1.58	1.38
福　建	304	4493	370	0.82	0.62
江　西	275	2881	178	1.55	1.40
山　东	611	11942	762	0.80	0.74
河　南	563	7040	422	1.34	1.26
湖　北	308	4868	262	1.18	0.99
湖　南	310	4890	231	1.34	1.22
广　东	586	14028	789	0.74	0.63
广　西	195	2918	124	1.58	1.53
海　南	256	629	186	1.38	1.06
重　庆	350	2416	293	1.19	1.36
四　川	166	5239	108	1.53	1.46
贵　州	197	1403	80	2.48	2.48
云　南	117	2202	56	2.09	1.54
西　藏	2.4	155	1	1.94	1.54
陕　西	182	3086	150	1.21	1.52
甘　肃	56	1256	28	2.04	1.81
青　海	7.8	412	6	1.37	1.38
宁　夏	122	515	99	1.22	1.47
新　疆	13.2	1658	10	1.32	1.02

注：根据2011中国统计年鉴计算，中国统计出版社。

C类：e在1.51以上，经济承载力严重超载的有8个省区：江西、贵州、云南、四川、广西、西藏、安徽、甘肃。这8省区人口占全国总人口的25.49％，经济人口容量占全国14.87％，人口经济比较压力指数平均达1.71。

在上述三个大类中，A类地区是经济承载力相

对富裕的地区，共有10个省区，占全国总人口37.07%。B类地区是经济承载力轻微超载的地区，共有13个省区，占全国总人口37.43%。C类地区是经济承载力严重超载的地区，共有8个省区，占全国总人口的25.49%。大体而言，我国约有三分之一的人口生活在经济承载力相对富裕的地区；约有近三分之一强的人口生活在经济承载力轻微超载的地区，三分之一弱的人口生活在经济承载力严重超载的地区。

综合以上分析可以看出，河南人口在全国人口与经济承载力的匹配模式类型中属于B类，即经济承载力轻微超载。2010年人口经济压力指数为1.34，在全国排第20位，这也是河南城镇化水平发展缓慢的原因之一。与2000年人口经济压力指数1.26相比略有上升，在全国的位次由2000年的18位下降到2010年的第20位，这说明河南经济人口承载力正逐渐减弱，农村劳动力的转移空间正在逐步缩小，由于转移空间有限，还需相当一部分劳动力向省外转移。

（四）农村劳动力在城镇生活压力大，转移能力弱

就人口城镇化来讲，只有生活水平、生活方式城镇化了的人口才是真正的市民。从居住条件、生活水平与方式、家庭迁入城市等标准来看，河南绝大多数农民工不是有效的城市人口，真正的城镇化就应使他们成为真正的市民。

第一，农民工的收入水平低、消费支出高于在本地区务工的消费支出。在收入方面，以信阳市农民工的调研结果为例，52%的农民工每月工资只有800－1500元，扣除租房费用、日常开支，在家里没有人生病，没有子女上幼儿园或大学的情况下，他们每年省吃俭用可以节余3000元，农民工当前的收入水平还无力承担城镇住房、子女教育和其他消费支出，农民工的低收入无法支撑他们在城镇定居。

第二，农民工的基本生活条件较差。生活节俭、居住环境差是农民工群体的显著特征。在衣着方面，由于其主要从事各种粗、重、脏的行业，衣着一般都极简朴粗陋：在饮食方面，农民工的饮食一般比较简单。他们是农贸市场的低档蔬菜和街头路边饮食摊点的主要顾客：在居住方面，农民工一般都合租于城乡结合部，人均居住面积很小，有的不足2平方米。在建筑工地上的农民工，则大多住在工棚内，或主宰自己用各种建筑材料搭建的棚屋内，采光和通风条件非常差，往往成为城市卫生中的死角。以信阳市农民工的调研结果为例，88%的农民工在市区没有住房，70%的农民工在租房，其中有43%的农民工住房条件较差。

第三，农民工的劳动时间长、劳动强度大。农民工工作的显著特征是劳动时间长，劳动强度大，危险性高。农民工每天工作大多超过8小时。以信阳市农民工的调研结果为例，89%的农民工日工作量大都在8小时以上。他们基本处于一种工作、吃饭、睡眠这种三点一线的简单的生活方式，天天过着从住处到工作地点再回到住处的循环过程。

第四，农民工的子女教育问题突出。现实中，子女入学成了农民工的难题，在《中国农民工问题调研总报告》[3]中显示，子女义务教育困难。农民工子女上学难是农民工面临的最为突出的一个问题，很多地方没有将进城农民工子女纳入当地义务教育体系。一些地方公立学校仍然向农民工子女收取借读费，小学每学期收取借读费600－800元，初中每学期收取借读费1000元左右。农民工子弟学校基本得不到当地政府的财政支持，只有依靠高收费维持运转，加重了农民工的子女教育负担。

（五）相关制度建设明显滞后，转移阻力多

从实际情况看，阻碍农村富余劳动力转移的主要体制障碍是：

第一，户籍制度。河南现行的城乡分割的二元户籍制度，虽然有所改革，但并未从根本上改变。农民与市民在地位、身份、就业、住房、补贴劳保、福利等方面仍存在着不平等。使农村富余劳动力向城镇转移加大了转移的成本，增加许多人为的难度。

第二，农地制度。现行农地制度实行承包经营权30年不变，对稳定和发展农业有重要作用；土地所有权和占有经营权分离的实现，也在客观上赋予了农村富余劳动力转移的巨大推力。同时，在农地两权分离情况下，土地产权关系的不明晰和土地流转制度的不健全，也阻碍了农村富余劳动力的转移。

第三，就业制度。自50年代初开始实行的劳动用工制度，原则上只负责城镇非农人口在城市的就业安置，不允许农村人口进城镇寻找职业。近些年，

农民就业环境有所改善，但仍然不够宽松。部分大中城市为了保护本地劳动力就业，推出了对外来劳动力就业的各种限制政策，设置各种障碍，不利于农村劳动力就业。

第四，社会保障制度。目前河南广大的农村，社会保障体系基本上没有建立起来，土地已成为农村劳动力的惟一失业保障和养老保险，农村富余劳动力一旦离开土地进城以后，将处于毫无保障的真空地带，一旦失业，基本生活就难以保障。

第五，城乡教育制度。由于城镇教育制度上一些不合理的限制性规定，使得许多农村劳动力往往在进城务工经商或在家照顾子女之间犹豫徘徊，这方面的考虑和担忧，已成为一部分农村劳动力转移的严重障碍。而农村教育水平较低、投入不足，学龄儿童辍学率居高不下，他们没有通过升学就业，而是过早地加入了农村劳动力大军，使得农村富余劳动力的转移形势更加严峻。

四、河南农业富余劳动力数量模型测量及分析

准确判断河南省农村富余劳动力的数量和变化趋势，对于探索河南省“三农”问题十分重要。在前述分析中，已经采用了静态耕地法和全员劳动生产率法较好地推算了农村富余劳动力的数量，为了更进一步动态反映河南省富余劳动力存量及其变动趋势，本部分将借鉴陈先运(2004)、涂圣伟和何安华(2011)的研究，采用动态的固定时期测算法来估算河南农业富余劳动力数量。

(一)模型设定

该方法的基本思路是：假定某一时期农业劳动力实现了充分就业，在技术进步和资源变动情况下，若农业劳动力占用的人均农业资源不足以让其充分就业时就产生了劳动力富余，也即是假定了耕地资源对农业劳动力资源需求的决定作用。固定时期测算法通常假定将来某一年的劳均耕地面积达到农业初期集约化经营水平，其公式为：

$$SL_t = L_t - \frac{S_t}{M_t} \quad (1)$$

$$M_t = \alpha \times (1+\beta)^{(t-1952)} \quad (2)$$

式(1)中：SL_t 表示第 t 年的农业剩余劳动力，L_t 表示第 t 年第一产业从业人员数，S_t 表示第 t 年的耕地总面积，M_t 表示第 t 年的劳均耕地面积；

式(2)中，α 表示假定农业劳动力充分就业时的劳均耕地面积，β 表示经营耕地变动率。

由此看出，固定时期测算法本质上是一种考虑了耕地变动情况的动态耕地法。要估算每年的劳均耕地面积 M_t，首先需要确定 α 和 β 的数值。

参考以往研究，本文仍假设在 1952 年河南不存在农业富余劳动力，经计算得到当年劳均耕地面积为 $\alpha = 0.6237$ 公顷。

为估算经营耕地变动率 β，可以使用河南省 1979—2008 年劳均耕地面积构建如下预测模型：

$$M_t = c + m_1(t-1978)^2 + m_2(t-1978) \quad (3)$$

和建立农业劳动力预测模型：

$$L_t = c + l_1(t-1978)^2 + l_2(t-1978) \quad (4)$$

对于河南省耕地总面积的预测，由于在 2002 年统计口径发生了较大变化，导致前后年份的数据缺乏长期可比性，且无法通过较短的时间序列建立合适的计量模型，因此考虑当前省委省政府提出的在“两不牺牲”的前提下发展新型工业化的思路，认为我省常用耕地数量在未来 20 年将基本保持稳定，故对 2009 年以后耕地总面积进行预测时仅以每年 10000 公顷的速度向下微调。

结合耕地总面积变动趋势，通过估计模型(4)，可以对未来年份河南省的富余劳动力状况进行趋势预测。

(二)模型估计

利用 SPSS17.0 对模型(3)进行估计，结果如下：

$$M_t = 0.322427 + 0.0002(t-1978)^2 - 0.008858(t-1978)$$

其中，$R^2 = 0.851$

根据模型预测结果，2045 年河南省劳均耕地面积达到 0.6267 公顷，略高，1952 年农业初期集约化经营水平的 0.6237 公顷。由此计算得出，劳均耕地面积为 0.6267 公顷时，带入公式(2)求出 $\beta = 0.000052$。

接下来同样利用 SPSS17.0 对模型(4)进行估计，结果如下：

$$L_t = 2170.382 + 71.499(t-1978) - 1.319(t-1978)^2$$

其中，$R^2 = 0.733$

结合前述对河南省常用耕地数量的判断，根据上述模型，可以得到2010富余劳动力趋势值为1960万人。并且按照模型解释，河南省农村富余劳动力在未来将延续下降趋势，这与第五次人口普查和第六次人口普查对比的结果也是一致的。

表6　河南省2005—2030年农业富余劳动力估算

年份	耕地面积 S_t（千公顷）	劳均耕地面积 M_t（公顷/人）	农业劳动力实际需要量 $\frac{S_t}{M_t}$（万人）	第一产业从业人员 L_t（万人）	农业富余劳动力 SL_t（万人）
2005	7201.2	0.625421	1151.415958	3139.304	1988
2006	7202.4	0.625454	1151.547948	3138.258	1987
2007	7201.9	0.625486	1151.408133	3134.574	1983
2008	7202.2	0.625519	1151.396223	3128.252	1977
2009	7192.2	0.625551	1149.737764	3119.292	1970
2010	7182.2	0.625584	1148.079474	3107.694	1960
2011	7172.2	0.625616	1146.421353	3093.458	1947
2012	7162.2	0.625649	1144.763402	3076.584	1932
2013	7152.2	0.625681	1143.10562	3057.072	1914
2014	7142.2	0.625714	1141.448007	3034.922	1893
2015	7132.2	0.625747	1139.790564	3010.134	1870
2016	7122.2	0.625779	1138.13329	2982.708	1845
2017	7112.2	0.625812	1136.476185	2952.644	1816
2018	7102.2	0.625844	1134.81925	2919.942	1785
2019	7092.2	0.625877	1133.162483	2884.602	1751
2020	7082.2	0.625909	1131.505886	2846.624	1715
2021	7072.2	0.625942	1129.849458	2806.008	1676
2022	7062.2	0.625974	1128.1932	2762.754	1635
2023	7052.2	0.626007	1126.53711	2716.862	1590
2024	7042.2	0.626039	1124.88119	2668.332	1543
2025	7032.2	0.626072	1123.225439	2617.164	1494
2026	7022.2	0.626105	1121.569857	2563.358	1442
2027	7012.2	0.626137	1119.914444	2506.914	1387
2028	7002.2	0.62617	1118.2592	2447.832	1330
2029	6992.2	0.626202	1116.604126	2386.112	1270
2030	6982.2	0.626235	1114.94922	2321.754	1207

（三）结果分析

根据劳均耕地面积模型估计结果发现，由于经营耕地变化率较低，所以在未来较长一段时期内劳均耕地面积虽有上升趋势，但总体上较为缓慢，这一结论和陈先运、涂圣伟等人的研究结果是一致的。同时，如果耕地总面积在未来一段时期内基本保持稳定，那么农业劳动力实际需要量也将保持比较缓慢的下降态势。而从在第一产业从业的人员来看，无论从预测值还是实际值都发现，该数量下降的速度较快，这也说明了农村劳动力主动或被动地向城市和非农业转移的速度之快。

综上两方面原因，河南省农村富余劳动力在未来20年仍将保持一个较快的下降速度。但上述理论和实证分析是基于如下假定，即农业劳动力是同质的。事实上，无论从学术界还是调查经验都表明，从年龄上来看，青壮年劳动力在向非农产业转移时占有优势，随着他们的持续转移，农村富余劳动力的绝大部分都是中老年劳动力；从性别上看，留在农业部门的多为中年以上的女性劳动力。也即是，出现了明显的农业老龄化和女性化趋势（危朝安，2008）。

这些富余劳动力无论从供给方面还是需求方面都不易转向非农产业。如国务院发展研究中心 2006 年对全国 17 个省 2749 个行政村进行的调查表明，74.3%的村庄认为，本村能够外出打工的青年劳动力都已经出去了，大部分村庄对自己村庄青壮年劳动力的供给情况表示担忧，只有 1/4 的村庄认为本村还有青壮年劳动力可供转移，一些典型调查也同样验证了宏观上的分析。

因此，在分析河南省农村富余劳动力转移问题时，一方面应看到近 2000 万富余劳动力的存在是河南省发展农村经济、解决三农问题的关键和利好所在，同时，也应考虑到现有农业劳动力的人力资本质量，防止出现农业经济副业化和农业劳动力老弱化，进而增加实现农业、农村科技进步的困难、削弱农业的竞争力和自我发展能力。面对农村富余劳动力转移中出现的新老挑战，农业政策在继续推进转移农村富余劳动力、提高农民收入，确保粮食安全的同时，同时兼顾农业生产效率提高和农业、农村的可持续发展。

五、河南农村富余劳动力转移的对策、建议

河南作为农业大省全面实现城镇化与现代化的过程，也就是解决农业问题、农民问题、农村问题的过程，即实现农业现代化、提高农业劳动生产率，大量农民进城从事第二、三产业，农村居民转化为城市居民，农村生活提高为城市生活。针对河南城市发展现状和特征，以及城镇化水平偏低的原因，特提出以下建议：

(一)加快推进城镇化和工业化进程，拉动农村富余劳动力向城镇和非农产业转移

发展中原城市群，扩大农村富余劳动力转移的空间。中原城市群覆盖了全省 60%的城市，人口占全省近 46%，生产总值占全省约 60%。诸多比较优势和综合条件使中原城市群成为中国中西部地区最具活力的经济增长极之一。这种以大都市圈为核心的区域不仅产业集聚和要素集聚程度高，劳动生产率和土地生产率高，经济增长速度快，潜力大，能够为流动人口提供较多的就业岗位，而且辐射扩散能力强，对周边地区的带动作用大，有利于实现都市圈域内城乡互动和融合发展。

增强与完善省会中心城市功能，辐射与带动区域整体发展，增强对农村富余劳动力的吸纳能力。河南省会中心城市经济首位度低，辐射力偏弱，对非农劳动力的吸纳能力偏低，因此难以产生强大的外部经济效益和聚集经济效益。增强与完善省会中心城市功能，通过中心城市的资金与资本辐射，加快周围地区开发步伐，促进城市经济产业链向广大乡村延伸，开拓区域大市场，拓展经济活动地域空间，推进城乡一体化进程。

发挥地级城市的主导作用，通过深化土地制度、户籍制度、社会保障制度改革，使中小城市的功能日益改善，成为吸纳大量农村富余劳动力转移的“蓄水池”。

加快小城镇发展，促进农村富余劳动力的有效转移。促进农村第二、三产业的发展，大量吸纳农村富余劳动力，缓解农村人多地少的矛盾，从而促进农业规模效益的提高和农民收入的增长。

(二)大力发展农业产业化和农村第三产业，创造劳动力转移的内部空间

河南应作为农产品生产大省，应加紧加快发展一批带动性强、辐射面广的农产品加工龙头企业，并积极发展仓储、保鲜、运输、分级、包装、销售等农业技术服务产业，拉长农业产业链，带动相关产业的发展，为农村劳动力实现就地转移创造机会。

同时大力发展农村第三产业，把握体制转轨、结构转型的有利时机，发展个体私营经济，加大第三产业对农村富余劳动力的容纳，推动农村富余劳动力的转移。

(三)扩大劳务输出规模，拓展农村富余劳动力就业的外部空间

河南地处中原，地理位置优越，交通四通八达，但由于经济基础相对较弱，人均经济总量和占有资源偏少，能提供的劳动就业机会也相对较少。针对河南农村人口多，农业和农村经济发展较落后，难以提供更多的就业机会的现状，必须充分发挥河南劳动力多的比较优势，从农业以外找出路，让全省 1800 多万富余农村劳动力流动起来，发挥其创造活力，将人力资源优势转变为人力资本优势，最快捷最现实的途径就是大力发展劳务经济，组织有规模、合理有序的劳务输出是扩大农村富余劳动力充分就业的重要渠道。

(四)配套制度改革,促进农村富余劳动力的可持续稳定转移

改革户籍管理、健全保障制度,解除农村富余劳动力转移的阻力。制定有利于农村城镇化的户籍制度,打破产业、非农业户口管理的二元结构,建立城乡统一的户口登记制度;在小城镇和中小城市以有合法固定住所、稳定职业及收入为标准,改革和简化入户手续。放宽大城市和特大城市对户口迁入的管制,允许具备上述条件、有较好自我生存和发展能力的农民进城从事非农产业;城市之间实行人口的无障碍自由流动。建立面向城镇所有非农产业就业人员的养老保险、失业保险和医疗保险。社会保险费的筹集和支付,应与当地经济社会发展水平相适应,并建立与经济发展水平相协调的保险费率征收调整机制,努力做到社会化筹措、社会化发放,公开透明、社会监督。对依法转让承包土地和承包生产资料进城的"新市民",与其他城镇居民同等对待,实行最低生活保障;对保留生产资料进城的居民,也可暂缓纳入,以减轻社会保障压力。

建立提高农村劳动力素质培训机制,突破制约农村富余劳动力转移的瓶颈。提高农村人力资本水平首要的是把大力开发农村人力资源作为突破口和基点,通过加强农村基本和基础教育、调整农村教育结构、摆正和开拓农村教育服务方向和办学思路等,来大幅度提高农村人力资本水平,真正建立起雄厚的农业和农村经济赖以长期稳定发展的人力资本基础。

深化土地流转制度改革,促进农地的规模优质经营。要把加快建立和健全土地使用权流转机制,通过掊育农业企业和种养大户,拉动对土地的需求,发展现代农业,解放农业生产力。同时在坚持"依法、自愿、有偿"的原则下,积极探索适合当地实际的土地流转形式,让转出土地的农民获得股权后安心从事二、三产业,从而实现农业向非农产业的转移。

(五)在继续推进转移农村富余劳动力的同时,兼顾农业生产效率提高和农业、农村的可持续发展

在分析河南省农村富余劳动力转移问题时,一方面应看到1900余万富余劳动力的存在是河南省发展农村经济、解决三农问题的关键和利好所在,同时,也应考虑到现有农业劳动力的人力资本质量,防止出现农业经济副业化和农业劳动力老弱化,进而增加实现农业、农村科技进步的困难、削弱农业的竞争力和自我发展能力。面对农村富余劳动力转移中出现的新老挑战,农业政策在继续推进转移农村富余劳动力、提高农民收入,确保粮食安全的同时,同时兼顾农业生产效率提高和农业、农村的可持续发展。

(六)未雨绸缪,在"人口红利"窗口关闭后,河南农民工出现短缺时积极应对措施

第一要调整产业结构,由密集型产业向高附加值产业过渡,增强河南吸纳农村劳动力的拉力和经济承载力,把流到外省的农村劳动力拉回来;第二要加快农业现代化建设,通过适度规模经营推动更多农业劳力转移,进一步释放农村富余劳动力;第三鼓励外出务工人员返乡创业。

参考文献:

1. 2011中国统计年鉴.中国统计出版社.
2. 中国2010年人口普查资料.中国统计出版社.
3. 2011中国城市年鉴.中国统计出版社.
4. 2011河南统计年鉴.中国统计出版社.
5. 河南省2010年人口普查资料.中国统计出版社.
6. 河南省2000年人口普查资料.河南人民出版社.

课题组负责人 王健

课题执笔 张曼平 任晓静

课题数据、绘图整理 孙花菊

课题模型审核 梅付春 马召

湖南流动人口就业状况及问题研究

流动是指人们发生超过一定时间长度、跨越一定空间范围的、没有相应户口变动的空间位移过程，经过这种空间位移过程的人口即为流动人口。流动人口在一地居住生活工作，又没有当地户口，它是我国现行户籍制度下相对当地户籍人口而产生的概念，也是我国户籍管理制度下独有的现象。流动人口的大量涌现是改革开放以来伴随着工业化、城镇化进程而必然产生的社会现象，从最初的农民工进城务工经商，发展到目前市场经济条件下地区间发展不平衡而引起的人员流动，流动人口已经占据城镇人口一定的比例，他们对当地社会经济的发展产生了重大影响，也成为影响人口变动的主要因素。

本文以湖南省2010年第六次全国人口普查资料为基础，参考相关部门的统计和调研资料，基于湖南省流动人口的就业状况分析入手，提出湖南流动人口生存发展中需要关注的问题，探讨建立流动人口社会保障、公共服务体系以及户籍制度改革的一些设想。

一、流动人口就业状况分析

2010年第六次全国人口普查对于人员流动的定义：普查居住地和户口所在地的空间跨度为“乡镇街道”，时间跨度为“半年”。按照这一界定凡是离开户口登记地异地居住的人，都可以理解为流动人口。但是按普查资料界定的流动人口，其中的“市区内人户分离人口”，不是实质意义上的流动人口，他们只是同一个城市内部因为搬迁、婚嫁等原因而形成居住地与户口登记地相分离的人，我们下面进行的流动人口状况分析，引用的普查原始数据剔除了“市区内人户分离人口”。

第六次人口普查登记的常住人口中，其中第二款“居住本乡、镇、街道，户口在外乡、镇、街道，离开户口登记地半年以上”，反映的即是离开户口所在地到现居住地的人口，可视为流入人口。第六次人口普查资料表明，湖南省流入人口789.88万人，和2000年的439.57万人比较，增加了近80%，占常住人口的比重由6.94%上升到12.02%。若剔除市区内人户分离人口的103.79万人，湖南省实际流入人口为686.09万人，比2000年增加56%。

第六次人口普查登记的户籍人口中，其中登记的“外出半年以上人口”，反映的是离开户籍所在地半年以上，到外乡镇街道居住的人口，可视为流出人口。第六次人口普查资料表明，湖南省户籍人口中，外出半年以上的达到1239.57万人，占户籍人口的17.51%，其中流向其他省、市、区的人口达527.27万，比2000年的430.69万人，增加了近100万。

由于普查资料主要是登记本省常住人口状况，我们以下关于流动人口就业状况的分析主要基于流入人口数据来进行。

(一)流动人口分布集聚效应明显，城镇流入人口比重高达90%

地区之间经济文化社会发展的差距，是吸引人员流动的主要因素，城镇地区，特别是交通比较发达地区是流动人口流入的首选地。湖南省686.09万流入人口，其中615.40万是流入城镇地区，占了流入人口的89.7%。从流入人口在14个市州的分布(见表1)看，长沙市的流入人口最多，达166.82万，占全省流入人口的24.31%，其他依次为衡阳(9.55%)、株洲(7.85%)、郴州(7.66%)、怀化(7.45%)、常德(6.97%)、岳阳(6.72%)，这7个市流入人口占了全部流入人口的70.52%。由于大量的流动人口聚集，使得流动人口占常住人口的比重上升，长沙市达到23.69%，株洲市为13.96%、湘潭市为12.58%。

从外省来的流动人口在市州分布看，外省来的流动人口主要集中于省份城市长沙市和株洲、岳阳、郴州、怀化，这5个市集中了外省来的68.36%的流动人口。长沙市是湖南省会城市，长株潭两型试验区的中心，岳阳、郴州、怀化三市分别是湖南省的北、南、西大门，株洲、岳阳、郴州位于我国老干道的京广线，怀化市虽然地处湖南省境内的西部，但它自古就有"黔滇门户"、"全楚咽喉"之称，是我国西部和西南主要交通要道，普查数据显示贵州、云南两省流入湖南境内的流动人口有21.6%集聚在怀化市内。

表1 2010年流入人口地区分布及构成

单位：万人，%

地区别	常住人口					其中：城镇地区			
	常住人口	流入人口	流入人口占常住人口比重	流入人口地区构成	其中：外省流入	常住人口	流入人口	流入人口占常住人口比重	流入人口地区构成
湖南省	6570.08	686.09	10.44	100.00	100.00	2845.31	615.40	21.63	100.00
长沙市	704.10	166.82	23.69	24.31	31.89	476.59	158.53	33.26	25.76
株洲市	385.71	53.84	13.96	7.85	11.46	217.86	48.57	22.30	7.89
湘潭市	275.22	34.62	12.58	5.05	4.84	137.90	31.27	22.67	5.08
衡阳市	714.83	65.53	9.17	9.55	6.95	318.09	61.94	19.47	10.06
邵阳市	707.17	31.81	4.50	4.64	3.00	232.22	26.68	11.49	4.34
岳阳市	547.61	46.12	8.42	6.72	7.23	251.96	36.96	14.67	6.01
常德市	571.46	47.84	8.37	6.97	4.52	222.13	41.18	18.54	6.69
张家界	147.81	12.51	8.46	1.82	1.51	49.63	10.36	20.88	1.68
益阳市	430.79	25.10	5.83	3.66	2.91	171.99	21.41	12.45	3.48
郴州市	458.35	52.54	11.46	7.66	8.25	191.14	45.49	23.80	7.39
永州市	519.43	35.76	6.88	5.21	3.23	183.79	32.86	17.88	5.34
怀化市	474.17	51.15	10.79	7.45	9.53	171.14	45.44	26.55	7.38
娄底市	378.46	37.33	9.86	5.44	2.61	132.34	32.85	24.83	5.34
湘西土	254.96	25.14	9.86	3.66	2.07	88.53	21.87	24.71	3.55

注：根据湖南省第六次全国人口普查汇总资料整理，流入人口剔除了市区内人户分离人口。

由于流动人口地区分布中向城镇集聚效应的明显性，使得城镇地区人口年龄结构发生变化。从城镇流动人口年龄构成与城镇常住人口数据比较（见表2）看，15—64岁劳动适龄人口比重，流入人口中：湖南省为84.32%、城镇地区为84.32%、长沙市为90.02%；常住人口中：湖南省为72.61%，城镇地区为76.18%，长沙市为77.41%。这些数据说明，由于流动人口的涌入，有效弥补了城镇劳动力资源的不足，另一方面也印证了大量年轻型的流动人口为城市二、三产业发展提供了源源不断的低成本劳动力，满足了加快工业化进程对劳动力的需求，使城市在过去20年中享受了巨大的"人口红利"。

表2 城镇流入人口年龄构成与城镇数据比较

单位：人，%

指标	湖南省		城镇		长沙市	
	常住人口	流入人口	常住人口	流入人口	常住人口	流入人口
总人口	65700762	6860901	28453063	6154040	7040952	1668193
0—14岁	11576515	811337	4459635	745974	955323	129345
15—64岁	47704886	5785412	21674790	5189035	5450342	1501654
65岁及以上	6419361	264152	2318638	219031	635287	37194
占总人口比重	100	100	100	100	100	100
0—14岁	17.62	11.83	15.67	12.12	13.57	7.75
15—64岁	72.61	84.32	76.18	84.32	77.41	90.02
65岁及以上	9.77	3.85	8.15	3.56	9.02	2.23

注：根据湖南省第六次全国人口普查汇总资料整理，流入人口剔除了市区内人户分离人口。

(二)流动人口构成劳动力因素活跃，劳动适龄人口比重超过80%

人口进行流动都有其明确的目的，从湖南流动人口流动原因看，属于务工经商、工作调动、学习培训等经济型原因的占了56.94%，特别是省外来的流动人口，这一比重达到70.68%，说明流动人口中劳动力因素活跃。从流动人口的年龄构成和全省常住人口数据比较分析(见表3)，这一特征更为明显。一是流动人口中劳动适龄人口超过80%。流入人口中的15—64岁劳动适龄人口占了84.32%，而0－14岁和65岁及以上人口比重只有11.83%和3.85%；流出人口中的15—64岁劳动适龄人口占了85.38%，0－14岁和65岁及以上的仅有11.08%和3.54%。流入和流出人口中的劳动适龄人口比重分别高出常住人口11.71到12.77个百分点。二是年轻的劳动力更偏向于跨省际间的流动。在跨省流动人口中，20—45岁的青壮年劳动力比重，占到了67.83%—70.52%，比同年龄段省内流动人口高出13个百分点，反映了年轻人以远距离的流动为主。

表3　流动人口年龄构成与全省数据比较

单位：人，%

指　标	湖南省	流入人口			流出人口		
		合计	省内	省外	合计	省内	省外
总人口	65700762	6860901	6135919	724982	12395667	7122958	5272709
0－14岁	11576515	811337	751783	59554	1373719	884865	488854
15－64岁	47704886	5785412	5135465	649947	10583876	5854878	4728998
# 20—40岁	28573518	3835417	3343645	491772	7814331	4096091	3718240
65岁及以上	6419361	264152	248671	15481	438072	383215	54857
占总人口比重	100	100	100	100	100	100	100
0－14岁	17.62	11.83	12.25	8.21	11.08	12.42	9.27
15－64岁	72.61	84.32	83.7	89.65	85.38	82.20	89.69
# 20—45岁	43.49	55.9	54.49	67.83	63.04	57.51	70.52
65岁及以上	9.77	3.85	4.05	2.14	3.54	5.38	1.04

注：根据湖南省第六次全国人口普查汇总资料整理，流入人口剔除了市区内人户分离人口。

(三)流动人口就业集中于非农产业，二三产业就业比重达到91.39%

从流动人口行业分布(见表4)看：流动人口就业虽然遍布全部各个行业，但主要集中于非农产业。就业比重最高的是批发和零售业(28.34%，)和制造业(17.45%)，其次为农林牧渔业(8.61%)、住宿和餐饮业(8.58%)、建筑业(6.65%)和交通运输、仓储和邮政业(5.76%)，剔除农林牧渔业，就业比重最高的批零、制造、住餐、建筑和交通5大行业从业人员占所有在业流动人口的66.78%。从与常住人口行业分布比较看，从业比重仅占8.61%的农林牧渔业大大低于全省水平(55.88%)，其余各行业从业比重均高于常住人口，特别是其中的批发和零售业，集中了28.34%的流动人口从业人员，远远高于全省同行业从业比重(9.02%)。

从从业人员三次产业构成看，流动人口第一产业就业的占8.61%，第二产业就业的占26.55%，第三产业就业的占64.84%；而全省从业人员一、二、三产业比重分别为55.88%、19.33%、24.78%。流动人口二三产业比重达到91.39%，比全省的44.12%高出47.28个百分点。流动人口从业人员三次产业分布构成的这些数据，充分说明湖南流动人口绝大部分是由农村转移出来的农民工构成，而且农村转移劳动力基本上在非农产业就业。

表 4 流动人口与常住人口行业分布

单位:%

行业	流动人口行业分布			常住人口行业分布
	合计	户口在省内	户口在省外	
总计	100.00	100.00	100.00	100.00
农、林、牧、渔业	8.61	8.17	12.28	55.88
采矿业	1.56	1.55	1.65	0.92
制造业	17.45	16.68	23.98	12.83
电力、燃气及水的生产和供应业	0.89	0.93	0.54	0.53
建筑业	6.65	6.52	7.71	5.05
交通运输、仓储和邮政业	5.76	6.02	3.62	3.17
信息传输、计算机服务和软件业	1.35	1.37	1.17	0.52
批发和零售业	28.34	28.29	28.77	9.02
住宿和餐饮业	8.58	8.67	7.75	2.76
金融业	1.32	1.36	0.99	0.60
房地产业	1.33	1.30	1.57	0.38
租赁和商务服务业	1.14	1.17	0.88	0.43
科学研究、技术服务和地质勘查业	0.30	0.30	0.32	0.16
水利、环境和公共设施管理业	0.53	0.55	0.41	0.26
居民服务和其他服务业	5.03	5.21	3.48	1.80
教育	4.27	4.56	1.84	1.99
卫生、社会保障和社会福利业	2.09	2.21	1.03	1.10
文化、体育和娱乐业	1.19	1.20	1.12	0.39
公共管理和社会组织	3.61	3.93	0.88	2.20
国际组织	0.00	0.00	0.00	0.00

注:根据湖南省第六次全国人口普查汇总资料整理,流入人口剔除了市区内人户分离人口。

(四)流动人口职业构成广泛,商业服务业和劳动密集型成流动人口主流职业

从流入人口职业构成数据(见下图)分析,一是流动人口职业构成广泛,七大职业流动人口都占一定比重;其中流动人口从事农、林、牧、渔、水利业生产人员比重仅为 8.42%,大大低于常住人口占 55.64%的比重。而其他职业流动人口比重都高于常住人口;二是七大职业中,流动人口在商业、服务业和生产、运输设备操作人员及有关人员就业比重最高,分别达到 46.33%和 24.39%,比常住人口的 15.96%和 18.40%高出 30.37 和 5.99 个百分点,说明流动人口主要在服务业和劳动密集型岗位就业;三是流动人口中的男性更多集中在运输、建筑、冶金、建材、采矿等重体力行业,工种岗位大多为一些苦、脏、累、险岗位,其中建筑业、采矿业行业男性就业比高达 85%。

二、流动人口生存发展中需要关注的问题

在湖南经济社会发展中,流动人口做出了积极贡献,他们工作在城市各个角落,脏、累、苦、险的工作基本上都是外来农民工在承担,城市环卫、家政服务、餐饮服务已经离不开农民工,大量的外来农民工对城市的建设和发展贡献了自己的力量。但是,相对于户籍人口而言,流动人口始终游走在城市的边缘,他们虽然在城市中谋生,但由于在教育、知识、信息、资源等方面存在的不平等,使其成为就业人口中的弱势群体,流动人口生存发展存在较多问题。

流动人口、常住人口职业构成

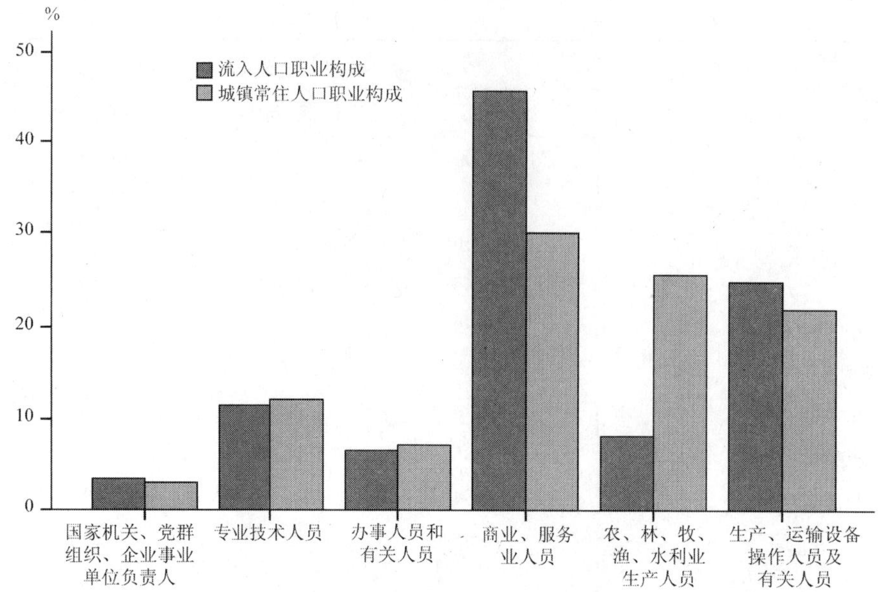

(一)签订劳动合同比率低,流动人口流动频繁,就业缺乏稳定性

2011年四季度湖南省统计局进行的劳动力抽样调查中,调查了3565名雇员签订劳动合同情况,签订了劳动合同的占61.2%,没有签订劳动合同的占38.8%。劳动合同签订率虽然有61.2%,但是其中签订1年内短期合同的达到74.8%。这种短期合同的存在,实际上到期日就是农民工的失业日。即使是已签订了劳动合同,不少企业也存在以签订临时短期合同为主,合同内容简单、不规范,有意回避或模糊社会保险责任,以及合同中有相当的“霸王条款”内容等等问题,即使雇员持有劳动合同文本也无济于事。近年来,劳动合同的订立和解除违法是湖南企业劳动保障中和农民工工资支付并列的二大类型案件之一,每年劳动保障部门都要处理上千件合同纠纷案件。

人员流动的目的主要是谋生,当流入一个城市没有找到合适的工作,流动人口马上会进入下一个城市,继续寻找工作。劳动合同签订比例不高,直接导致流动人口频繁流动。从流动人口流动时间(见表5)看:流入时间在“半年至一年”的比重为25.73%,流入时间在“一年至二年”的为22.99%,两者合计达到48.72%。其中省外流入人口“半年至一年”、“一年至二年”的比重为29.63%和23.63%,两者合计高达53.26%。这些数据充分说明我省流动人口呈现典型的短期流动特征。如果以在异地居住六年以上作为农民工长期工作、生活居住在城市的话,那么只有20.30%的人在城市稳定下来,外省来的流动人口这一比例仅15.19%。

表5　流入人口流动时间

单位:%

现住地	离开户口登记地时间							
	合计	半年至一年	一年至二年	二年至三年	三年至四年	四年至五年	五年至六年	六年及以上
总计	100.00	25.73	22.99	14.95	8.46	4.65	2.91	20.30
省内流动	100.00	25.27	22.92	14.95	8.36	4.67	2.92	20.90
省外流动	100.00	29.63	23.63	14.93	9.35	4.47	2.80	15.19

注:根据湖南省第六次全国人口普查汇总资料整理,流入人口剔除了市区内人户分离人口。

(二)劳动时间长劳动强度大,流动人口主要在低端市场就业

2010年普查数据显示,流动人口主要在低端市场就业,劳动时间长且劳动强调较大。从各行业工作时间(见表6)看,流动人口从业人员周平均工作时间为49.22小时,比常住人口从业人员的42.21小

时高出7.02小时。流动人口劳动者周工作时间超过50小时的行业分别为：批发和零售业（52.60小时）、住宿和餐饮业（52.52小时）、居民服务和其他服务业（52.06小时）、交通运输、仓储和邮政业（50.70小时）、建筑业（50.42小时）、文化、体育和娱乐业（50小时）。在这几大劳动时间长的行业中，特别是批发和零售业、住宿和餐饮业两大行业，流动人口劳动者占全部从业人员比重达到27%。超长劳动时间、超高劳动强度在流动人口就业中较为普遍。

表6 各行业流动人口与常住人口从业人员工作时间

单位：小时，%

行业	周平均工作时间			流动人口从业人员占常住人口从业人员比重
	流动人口	常住人口	流动人一常住人口	
总计	49.22	42.21	7.02	8.71
农、林、牧、渔业	40.59	38.65	1.95	1.34
采矿业	46.93	45.69	1.24	14.77
制造业	49.55	46.94	2.62	11.85
电力、燃气及水的生产和供应业	44.12	43.05	1.07	14.67
建筑业	50.42	46.72	3.70	11.47
交通运输、仓储和邮政业	50.70	46.63	4.08	15.83
信息传输、计算机服务和软件业	46.68	45.16	1.54	22.68
批发和零售业	52.60	48.93	3.69	27.36
住宿和餐饮业	52.52	48.97	3.57	27.04
金融业	43.48	42.58	0.90	19.25
房地产业	47.44	45.53	1.93	30.22
租赁和商务服务业	48.38	46.02	2.39	22.99
科学研究、技术服务和地质勘查业	44.04	42.79	1.25	16.22
水利、环境和公共设施管理业	46.60	44.04	2.56	17.89
居民服务和其他服务业	52.06	47.68	4.40	24.40
教育	42.22	41.25	0.97	18.65
卫生、社会保障和社会福利业	44.84	43.70	1.15	16.60
文化、体育和娱乐业	50.00	46.81	3.20	26.75
公共管理和社会组织	42.35	41.58	0.77	14.30
国际组织	40.00	44.19	−4.19	33.33

注：根据湖南省第六次全国人口普查汇总资料整理，流入人口剔除了市区内人户分离人口。

（三）社会保险参保率低，流动人口社会保障普遍缺失

从2011年四季度湖南省统计局进行的劳动力抽样调查数据看，在调查的6312名就业人口中，有20.4%没有参加任何养老保险，而流动人口中没有参加保险的比例则更高。据2010年国家人口计生委对流动人口实施的动态监测调查数据显示：就业的流动人口中，52.0%没有参加任何社会保险，特别是在工伤风险较高的采掘、制造、建筑业中，参加工伤保险的比例分别为58.4%、48.9%和25.1%，远未达到《工伤保险条例》规定的全部参保的要求。

（四）以租赁住房为主，流动人口住房状况有待改善

从外来务工经商人员住房来源（见表7）看，59.9%的外来务工经商人员在是流入地租房居住，大大高于城市常住人口17.57%的比重，在我省城市租赁住房总数中，约60%的是由外来务工经商人员租住；同时从住房用途分析，将住房作为“生活用房”同时又“兼做生产经营用房”的比重，外来务工经商人员占14.66%，而常住人口只有2.66%。这些数

据说明外来务工经商人员的住房主要以租住为主，同时为了节约租房费用，不超过自己能承受的最高房租，还有近 15%的人住房同时也作为生产经营场所。

表 7　常住人口家庭户与外来务工经商人员住房状况

单位：%

住房状况		城市常住人口家庭户	外来务工经商人员		
			合计	家庭户	集体户
住房用途	合计	100.00	100.00	100.00	100.00
	生活住房	97.20	84.72	85.42	81.86
	兼作生产经营用房	2.66	14.66	14.21	16.53
	无住房	0.14	0.61	0.37	1.61
住房来源	合计	100.00	100	100	100
	租赁住房	17.57	59.90	59.09	63.27
	租赁廉租住房	3.26	8.60	8.17	10.41
	租赁其他住房	14.31	51.30	50.92	52.86
	自建住房	23.18	9.59	10.49	5.87
	购买住房	55.06	21.85	26.33	3.22
	购买商品房	25.59	14.56	17.65	1.71
	购买二手房	3.08	2.95	3.57	0.39
	购买经济适用房	5.97	1.32	1.58	0.25
	购买原公有住房	20.43	3.02	3.53	0.87
	其他	4.19	8.66	4.10	27.64

注：根据湖南省第六次全国人口普查汇总资料整理。本表为结构数据，城市常住人口数据按家庭户户数计算，外来务工经商数据按人数计算。

三、对流动人口生存发展等问题的思考及建议

目前我国已经逐步建立起与经济发展水平相适应的社会保障体系，但流动人口保障问题却严重滞后，为流动人口提供的社会公共服务则更是缺乏。随着未来人员流动的更具广泛性，特别是 1980 年以后出生的第二代农民工的涌现，流动人口这样一个特定的社会群体，其保障和公共服务体系的建立，是一项涉及到社会公平的“基础设施”建设，更是经济社会协调发展和建设和谐社会的必然要求。

(一)逐步在大中城市建立“流动人口居住证”制度

与摆脱贫穷为根本动因的第一代农民工相比，1980 年出生的第二代农民工到城市务工经商的目的，是为改变生活方式和寻求更好的发展机会，是为了融入城市的主流社会。因此在城镇化的进程中，要充分考虑在城镇长期居住的农村流动人口，特别是新生代农民工的需求，促进农村居民有序进城落户，积极探索户籍、土地、就业、住房、社会保障联动的改革措施。

近二十年来，尽管户籍制度改革的呼声很高，实际上立刻并彻底废除户籍制度是不可行的，只能用渐进的方式逐步完善这个制度。我们建议逐步在大中城市建立全国统一的“流动人口居住证”制度，对流入城市的农村居民给定一个居住时间限定，如在城市居住达到规定年限后，流动人口取得“流动人口居住证”视为城镇居民。给予他们与城镇居民相同的基本权利，同时保留流出地农村居民的一部分权利，主要是对土地的权利，为流动人口保障消除身份上的障碍。取得“流动人口居住证”的农村居民不论流动到那个城市工作，都可以参加城镇社会保障，时间累加计算。即便是中断工作期间，也视为城镇居民一样，可以自行缴费，达到一定的退休年龄，即可以拿到养老保障金。

(二)建立全国统一的社会保障体系

由于流动人口高度的流动性，当他流入一个城市时，是否定居又是一个未知数，在目前“两元化”户籍制度下，其社会保障要融入流入地实现链接，在操

作层面上确实有其难度。虽然难度很大，但是建立全国统一的社会保障体系是我们最终的目标。

1. 实现全国省市间社会保障资金无条件相互划拨转移

2011年7月1日，《中华人民共和国社会保险法》正式施行。明确规定：农民工不管在哪里工作、参保，不管在一家企业、一个城市参保时间多长，其记录都可以由政府累积起来。这样，农民工可以比较容易地累积到参保15年的标准，从而达到法定年龄后，不管是留在城市工作，还是回乡养老，都可以从当地的政府机构领到养老金。这一新的保险法施行，首要的条件就是省与省之间资金的相互划拨转移国家必须统起来，人员流出省必须将个人和统筹部分资金全部转入到流入省，方可保障农民工的合法权利。目前湖南省已经实现省内统筹，个人和统筹两部分市州之间无条件转续，流动人口在省内任何城市打工，其保障都跟随本人到打工城市，即便是回到家乡务农，只要有15年累计缴费年限，到规定年龄就可以在家乡领取养老保险金。

2. 研究探索“城市保障”和“农村保障”的链接通道

目前湖南省正在进行新型农村社会养老保险试点，据劳动部门统计，截止2011年末，新型农村社会养老保险试点已经扩大到96个县，登记参保人数为2733.8万人，全年已经有628万农民领取了养老金。但是城市和农村居民保障还是两个渠道，之间没有链接和转换的通道，当人员流动时，如何确保他们的保障能够自由流通，还是一个重大的课题。我们建议有关部门及早研究探索将城市养老保障和农村养老保障统一起来的链接通道。基本的思路：一是允许参保人员自由选择参保城市还是农村保障。当农民工在城市和农村之间流动时，按照他们的个人愿望，选择参保城市或者农村养老保障，也可以分时间段分别参保城市和农村养老保障；二是缴费年限合并计算。参保人员其城市养老和农村养老缴费年限分别计算，只要两者累加达到15年就可以领取养老保险金。三是折算系数计算养老金。养老金的计算，由于城市和农村缴费金额的差距，需按其城市、农村养老金缴费年限的比例，折算一个系数，测算出一个介于城市和农村养老金之间的额度领取。

(三)流动人口逐步享有城镇居民同等的社会公共服务

1. 劳动力流入地公共就业服务机构要普遍向外来流动人口开放，免费为其提供就业信息和职业介绍等基本服务

各地就业服务机构要收集适合流动人口特别是农民工的就业岗位信息，开发一些针对农民工的服务项目，有条件的大城市要专门建立流动人口公共就业服务场所，集中为他们提供免费就业服务。

2. 妥善解决农民工子女教育问题

目前，流动人口子女接受义务教育大致有三种途径：其一不跟随父母在城市，而是回到户籍所在地入读；其二入读城市的公办学校，但可能需要交纳一次性赞助费。其三进入当地的民办学校，这类学校的学费大大高于公办学校。可以说，正是由于城市教育资源向流动人口的限定，造成了农村大量留守儿童这一社会问题的存在。要按照国家的统一要求，即以流入地政府为主，负责农民工子女的教育工作；以全日制公办中小学为主，接收农民工子女入学。同时农民工子女要与当地学生一样享受义务教育收费标准，使农民工子女接受教育的环境得到明显改善。

3. 城市经济适用房和廉租房应逐步向流动人口放开

首先，允许在城市居住一定时间并具有稳定工作的农民工购买城市经济适用房，为选择在城市定居的农民工改善居住环境。其次，要建设一些面向农民工的住房，向用人企业或农民工个人出租。同时鼓励企业利用闲置厂房等建筑改造低租金住房，解决农民工居住问题。

4. 将流动人口完全纳入城市计划生育管理服务及公共卫生服务体系

据《中国流动人口发展报告》称：流动已婚育龄妇女计划生育免费服务项目中，避孕节育情况检查免费率为86.7%，上/取环免费率为69.7%，而户籍人口无论是在城市还是在农村，获得上述服务几乎全部免费。可以考虑建立全省性的管理模式，将流动人口的计生生育和计划免疫、妇幼保健等基本公共卫生服务视为城镇户籍人员统一对待。

湖南省统计局　邓艳　欧阳普　雷波

辽宁产业结构升级与劳动力供需关系研究

进入新世纪，在实施东北老工业基地振兴战略的推动下，辽宁经济实现了持续较快增长，经济实力显著增强，经济总量居全国第7位。进入“十一五”以来，辽宁加快实施三大区域发展战略，尤其是沿海经济带开发开放上升为国家战略，沈阳经济区获批为国家新型工业化综合配套改革试验区，极大地提升了辽宁的地位。在经济社会持续、较快发展的基础上，全省产业结构和就业结构发生了深刻变化，产业结构的调整总体上与就业结构的趋向协调发展。

一、辽宁产业结构与就业结构的现状

(一)产业结构不断调整和优化

改革开放以来，辽宁三次产业比重呈现明显变化，三次产业比重由1978年的14.1∶71.1∶14.8调整为2010年的8.8∶54.1∶37.1。产业结构格局由“二一三”演变为“二三一”格局，与全国的三次产业变化的顺序相同，这是同发展中国家的经济发展水平相适应的，也是发展中国家向工业化迈进的必然途径。

辽宁第三产业的变化规律与全国(明显的上升态势)相比呈现明显差异，辽宁是先上升，近年有所下降。1978年至1989年，辽宁第三产业比重上升迅猛，1989年为31.6%，比1978年上升了16.8个百分点。1990年到2002年，第三产业所占比重虽仍然不断提高，但增长趋势明显减缓。从2004年开始出现小幅度下降，由41.4%下降到2010年37.1%，下降了4.3个百分点，但值得欣慰的是第三产业的增长速度在“十一五”期间一直呈上升态势。这主要是因为我省加大了服务业的生产规模，尽管目前我省服务业内部结构还不尽合理(仅沈阳、大连的服务业比重占全省服务业比重近2/3)。“十一五”期间，全省第三产业中的“其他行业”产值增加的幅度较大，这主要是依赖于“十一五”期间加大现代服务业的发展，把以信息传输、计算机服务和软件业、租赁和商务服务业等作为新的经济增长点。

(二)就业结构发生明显变化，第三产业成为就业主渠道

在产业结构调整的同时，辽宁就业结构也发生了较为明显的变化，但变化的方向和程度都有所不同，就业结构从1985年起由“一、二、三”格局变为“二、一、三”的格局，从1999年起，又变为“三、一、二”的格局。

第三产业就业比重呈现上升趋势，从1999年起，第三产业就业比重超过第二产业的就业比重，这一变化趋势说明了进入21世纪以来，农村剩余劳动力和第二产业过剩劳动力都转移到了第三产业，第三产业成为解决辽宁就业的重要途径。

通过上面的分析我们知道，辽宁产业结构从整体上朝向好的方向发展，为了更加准确的了解产业结构和就业结构的状态，我们将辽宁三次产业结构与就业结构作国际比较，见表1。

进一步从国际比较可以看出，首先，辽宁第二产业产值比重过大，就业比重偏低且严重滞后于产业结构。辽宁的人均收入略高于中上等收入国家，第二产业产值比重远远高于这些国家，但是第二产业就业比重偏低。这主要是因为辽宁重工业比重过大，资本对劳动力的代替以及国有企业的改革造成的；第二，第三产业成为吸纳劳动力的重要领域。第三产业就业比重虽已达到中上等收入国家水平，但产值比重还远远低于中上等收入国家的水平，与发达国家的水平差距就更大。第三，第一产业产值比重和就业比重虽与中上等收入国家水平接近，但与发达国家相比，还有相当大的差距。我省第一产业劳动力为30.3%，与发达国家6%相比，说明了我省当前仍有大量劳动力滞留在农村，这不利于农村人均收入水平的提高，同时还会制约第三产业的发展。

表 1　辽宁省三次产业结构与就业结构的国际比较

国家类别	人均 GDP（美元）	三次产业产值比重(%)			三次产业就业比重(%)		
		一产	二产	三产	一产	二产	三产
低收人	430	25	38	35	73	13	15
中下等收入	1670	13	36	49	54	17	29
中等收入	2390	11	35	52	44	22	34
中上等收入	4620	9	37	53	30	28	42
发达国家	24930	2	32	66	6	38	56
辽宁(2010 年)	6726	8.8	54.1	37.1	30.3	27.7	42.0

资料来源：郭克莎，结构优化与经济发展[M]，广东经济出版，2001(45、49)；辽宁 2011 年统计年鉴。

(三)一、二产业就业结构与产业结构不协调性增强，第三产业就业吸纳空间缩小

通常把就业结构与产业结构的不对称状态用偏离度来度量。结构偏离度指标(结构偏离度＝GDP 的产业构成百分比/就业的产业构成百分比－1)可用来判断产业结构和就业结构状况是否合理，是产业结构与就业结构协调性的反应。结构偏离度越接近于零，表明该产业的产业结构与就业结构越合理。结构偏离度大于零，表示相对于产值的比重来说，就业比重偏小，该产业应吸纳更多的劳动力，使产值的发展与吸纳劳动力的能力保持一致。相反，结构偏离度小于零，表示该产业已经吸纳了太多的劳动力，存在着大量的隐性失业者，应使该产业中的劳动力从该产业流出，转移到其他部门。

第一产业保持着较高的负偏离。从 1978 年至 2010 年，第一产业的结构偏离度始终为负值，这说明在第一产业中存在着大量的剩余劳动力，也就是说由于第一产业劳动生产率的提高和现代农业技术的应用，使得第一产业对劳动力的需求在减少，致使农村剩余劳动力人数不断增加。

第二产业就业结构对产业结构变动有滞后性。第二产业结构偏离度从 1978－2010 年都为正，且总体呈现先下降后上升的趋势。这表明第二产业，就业结构变动对产业结构变动有滞后性。从 1978 年到 1991 年第二产业偏离度呈下降趋势，这说明在此期间第二产业吸收了大量的劳动力。1991 年之后偏离度不断上升，其原因有两点：一是由于国有企业的减员增效政策和相当部分国有企业的经营困难，增大了就业壁垒；二是辽宁第二产业进入上世纪 90 年代后正在走一条资本密集型的生产路线，更多地选择依靠资本投入推动其发展，使得劳动力向第二产业转移速度变慢，这符合我省以装备制造业为重点的产业发展实际。

第三产业的结构日趋均衡，但就业吸纳空间在不断缩小。辽宁第三产业的结构偏离度从 1986 年开始为正，总体上趋向零值，这说明辽宁第三产业的产业结构与就业结构趋于均衡。但从 2008 年起开始变为负数，且偏离度的绝对值也在变大，这是一个值得注意的问题，因为它表明辽宁第三产业在对劳动力吸纳量不断增强的同时，其就业吸纳空间也正在不断缩小。

二、辽宁三次产业劳动力资源配置状况的动态分析

就业弹性是衡量不同产业就业吸纳能力的重要指标，用来反映行业产值增加对就业的带动能力。当就业弹性为正值时，弹性越高，表明经济增长对就业的拉动效应就越大；当就业弹性为负值时，经济增长对就业会形成一种“海绵”效应，这表现为两个方面：一种是“挤出”效应，它来自于经济为正增长但就业减少的情况，就业弹性的绝对值越大对就业的“挤出”效应就越大，就业弹性的绝对值越小对就业的“挤出”效应就越小；另一种是“吸入”效应，它产生于经济为负增长但就业增加的情况，这时就业弹性绝对值越大对就业的“吸入”效应就越大，反之，就业弹性绝对值越小对就业的“吸入”效应就越小。但严格的说，“吸入”效应有悖于经济发展的一般规律，是一

种不健康的、非正常的经济现象，如典型的农村经济对劳动力的“蓄水池”作用。当就业弹性为零时，说明经济增长对就业没有拉动作用，此时就业弹性也就不存在。

一般来说，随着经济的发展，在经济趋向成熟的过程中，经济增长对就业的拉动作用会不断减小，就业弹性也会有逐渐下降的趋势。这说明每创造一个增量的价值所需要的劳动增量变小了，实际上也意味着劳动生产率的提高。

（一）三次产业劳动力的吸纳能力不同

在1979－2010年间，第一产业的平均就业弹性为－0.44，第二产业为0.11，第三产业为0.29，这说明第一产业经济增长对就业的拉动作用最小，第二产业对就业的拉动作用高于第一产业，第三产业对就业的拉动作用最大，尚有很大的吸纳就业的潜力。

第一产业的就业弹性波动较大，且总体水平较低，负值较多，而且平均就业弹性为负值，这说明随着第一产业经济的正增长，其对就业存在很强的“挤出”效应。尤其在1997年，这种劳动力转移较为明显。2000年第一产业经济为负增长，而第一产业就业为正增长，出现了“吸入”效应，有可能是在“九五”期间大量人从事低技术、低价值的农业造成的。尤其最近几年，第一产业的就业弹性持续为负值，说明第一产业劳动力饱和，这些过多的剩余劳动力不断从第一产业转移到第二、第三产业中去。第一产业对劳动力的带动作用越来越小，其对剩余劳动力的“蓄水池”作用正阻碍着产业结构和就业结构的优化升级。

第二产业的就业弹性的变化反应了企业消除冗员的效果。1979－2010年，第二产业的就业弹性总体上呈下降的趋势，尤其在1996－2003年间，其就业弹性一直为负值，它反映了国有企业深化改革、消除冗员、实行下岗分流的结果，另外，对技术进行革新进一步提高社会劳动生产率，也进一步减缓了第二产业对就业拉动的效果。由于第二产业多为资金和技术密集型产业，对劳动力的素质要求较高，相对一、三产业来说就业的门槛过高，这都可以解释第二产业就业弹性的下降，但第二产业经济的增长及就业弹性的下降并不意味着对就业的挤出“效应”，其平均就业弹性为正值，说明第二产业对就业还有吸纳的空间，这也是辽宁结构性失业的症结所在。

第三产业的就业弹性虽然总体上也呈下降趋势，但与第一、第二产业相比其下降幅度要小得多，仍然维持在一个高水平上，这说明第三产业的经济增长对就业的拉动作用最大。第三产业的就业比重已由1978年的18％上升到2010年的42％，说明第三产业吸纳了大量的劳动力，已成为承接工业减员、农村转移劳动力和吸纳新增劳动力的重要空间。第三产业对就业的这种巨大拉动作用由其产业特性决定的，第三产业属于劳动相对密集的产业，其对劳动者的素质要求较低，可以吸收大量从一、二产业转移出来的劳动力。但其就业弹性呈下降趋势，则与第三产业内部结构的变化有关，第三产业既包括像零售业、餐饮业这样的传统部门，又包括像金融保险业、房地产业这样的新型部门，新型部门的资本密集程度较高，与劳动密集程度较高的传统部门相比，其经济增长较快，使得第三产业的就业弹性呈下降趋势。

（二）分行业劳动力就业情况对比分析

产业结构的升级表现为行业结构的变迁，其对劳动力的需求体现在劳动力在不同行业的就业上，下面我们主要分析第五次全国人口普查（2000年）和第六次全国人口普查（2010年）的劳动力就业的变化。需要说明的由于是我国在2003年以后使用了新的第三产业行业分类标准，所以“五普”和“六普”在第三产业的行业分类上是不同的，因此我们把第三产业作为总体来进行分析的，而在下面部分对第三产业进行了专门的分析。

从表2中我们可以看出，与第五次全国人口普查相比，第一产业的劳动力就业人数减少了9.3万人，而第三产业增加了22.12万人，成为辽宁就业增长的主要产业，增长率达到38％，和产业结构的升级形成联动效应。在第二产业内部，建筑业的就业人数在增加，与过去10年房地产行业快速增长的趋势相符合；而制造业的就业人数有所下降，说明过去10年虽然辽宁的制造业产值有了大幅度的增加，但随着技术进步，在制造业中人均占有的资本比重不断提高，主要体现为资本密集行业，可以预见未来我省的制造业对劳动力的吸纳不会增加，加上第一产业的富裕劳动力向外转移，因此大力发展第三产业才是增加就业的根本出路。

表 2 辽宁省分行业劳动力就业人数

单位:万人,%

行 业	五普(2000)	六普(2010)	增长量	增长率
农林牧渔业	1154.7	1066.1	−88.6	−7.67
采矿业	39.8	46.9	7.1	17.75
制造业	339.3	325.8	−13.4	−3.96
电力、燃气及水的生产和供应业	28.7	29.7	1.0	3.49
建筑业	69.3	96.3	27.1	39.06
第三产业	596.5	848.2	251.7	42.20

(三)分行业劳动力受教育程度

从表 3 中可以看出,辽宁各行业的从业人口受教育程度都在增加,大学及以上高等教育从业人口在各行业都有大幅度的增长,农林牧渔业的高等教育从业人口虽然有了近两倍的增长,但在总的从业人口中的比重依然较小,还不到 1%,未来农业的大规模生产和经营需要更多的高层次人才投入到第一产业。受过高等教育从业人口增加最多的是第三产业,共计增加了 8.35 万人,大量高层次人才进入第三产业,为我省现代服务业的发展提供了良好的人才和劳动力基础。初高中受教育人口在过去的 10 年间没有太大的变化。

表 3 辽宁省受教育程度各行业人口对比

单位:万人

行 业	小学及以下		初中		高中		大学及以上	
	五普	六普	五普	六普	五普	六普	五普	六普
农林牧渔业	544.05	366.26	560.41	648.16	47.04	44.86	2.56	6.79
采矿业	6.65	4.42	21.78	25.72	9.2	10.49	2.15	6.28
制造业	32.72	21.09	191.34	178.5	80.79	71.81	37.63	54.42
电力、燃气及水的生产和供应业	0.82	0.51	12.27	10.08	10.53	9.47	5.32	9.47
建筑业	11.25	13.37	40.6	62.35	11.96	11.93	5.42	8.64
第三产业	47.96	32.72	255.05	363.79	157.18	186.73	135.91	222.64

(四)第三产业内部各行业的劳动力需求情况

由于在以上的分析中我们得出,能够对辽宁未来劳动力产生需求的重点方向是第三产业,而且各国经济增长和发展的经验也都表明,随着产业结构的不断升级,第三产业在国民经济中的比重会不断的增加,因此我们首先分析辽宁第三产业中各行业对劳动力的需求变动状况。

在 2003 年以后,我国在第三产业的统计工作中使用了新的行业分类标准(GB/T4754—2002),新增加了信息传输、计算机服务和软件业,租赁和商务服务业等,取消了地质勘查业、水利管理和其他行业。2003 年以来,第三产业中就业人数最多的行业为教育,就业总人口维持在 50 万人以上,但基本上没有增长,其次为公共管理和社会组织,卫生、社会保障和社会福利业。在所有的第三产业中,交通运输、仓储和邮政业、批发和零售业和住宿和餐饮业等传统服务业的就业人员呈现出明显的下降趋势,其就业人员的下降比例分别为 18.7%、38.6%和 11%;而信息传输、计算机服务和软件业、房地产业和居民服务和其他服务业等新兴服务产业成为就业增长的重点,2010 年比 2003 年就业增加率分别为 44%、42%和 19%,成为吸纳劳动力的重点增长行业。

三、辽宁产业结构升级中的劳动力供需现状分析

(一)劳动力供给现状分析及预测

从宏观的角度讲,劳动力供给是一个国家或一个社会的劳动力供给总的状况,它可从劳动力供给的数量和质量两个方面进行分析。劳动力数量一般取决于三个因素:适龄劳动人口数量、劳动力参与率、工作时间。假设劳动力是同质的,一个国家或地区的劳动供给总量就可以简单地看成是三者的乘积。但在现实中,劳动力是异质的,必须考虑劳动力的质量问题。劳动力供给的质量主要体现在劳动者的素质和劳动效率状况两个方面,主要取决于教育、职业培训等方面。

辽宁的劳动力供给总数等于本省经济活动人口与外来劳动力数量之和。经济活动人口是劳动力供给的重要组成部分,反映某地区自身劳动力供给规模。2011—2020 年辽宁经济活动人口,我们可以根据劳动适龄人口数乘以该年劳动力参与率计算得出。根据 2010 年人口普查数据,辽宁外来迁入人口 122.9 万人,另外据统计,辽宁 2000—2005 平均每年净迁入人口 9.2 万人,2006—2007 平均每年净迁入人口 11.3 万人,并且之后每年将保持上升趋势。按照这个增长速度,我们假设 2010 年以后平均每五年,净迁入人口增长 2 万人。同时根据 2010 年的“六普”数据,2010 年全省平均劳动年龄人口占总人口比重为 78.27%,平均劳动参与率 67.94%,从而预测到 2020 年,辽宁外来劳动力人口将达到 202.85 万人,劳动力总供给为 2265.39 万人。

(二)劳动力需求现状分析及预测

从宏观的角度讲,劳动力需求是一个国家或一个社会对劳动力需求总的状况。影响劳动力需求的因素不外乎两类:一类为经济增长即 GDP 因素,另一类为经济结构变动因素。对于劳动力需求的预测,国内参考文献所用的方法一般有三种,分别是就业弹性法、劳动生产率法和生产函数法,由于三种方法可能会有一定的差异,所以我们用三种方法的组合平均法来预测全省劳动力需求。由于从业人员数与劳动力需求量相差不大,不妨用从业人员数来替代劳动力需求量,这基本上不影响预测结果。

经过综合的分析和预测,我们发现辽宁未来的劳动力需求呈现出先增长后下降的态势,在 2015 年达到需求的峰值为 2272 万人,但增长率十分缓慢,5 年间劳动力需求总量仅增长 58 万人,年均增长率约为 0.51%,此后随着劳动生产率的快速提高,经济增长中较多的资本代替了劳动,使得对劳动力的需求开始减少,我们的预测也呈下降的趋势。

(三)劳动力供给与需求综合分析

近些年,辽宁失业率位居全国前列,失业现象严重,特别是随着产业结构的调整和国有企业改革的深化以及资源枯竭型城市的出现,劳动力供给和需求总量相差过大。随着振兴东北老工业基地战略的实施,中央政府增加了对辽宁经济发展的投入与支持,劳动力需求也有了非常明显的增长,2010 年辽宁就业人员年增长率为 1.02%。但由于原有供需差距较大,辽宁劳动力供大于求现象虽有所缓解,却不能扭转这样的不平衡。

四、辽宁产业结构升级与劳动力供需结构的相关性分析

(一)产业结构优化的劳动力资源配置效应分析

产业结构优化的最终目的是实现促进经济增长的经济目标及社会生态化发展的社会目标,而产业结构优化的资源配置效应和生态效应可以用来衡量这两个目标的实现情况。一般情况下,产业结构优化过程通常是在非均衡的条件下发生的,即不同产业部门的要素边际生产率并不相等。产业结构的优化可以使劳动和资本向高生产率水平或高生产率增长的部门流动,会促进生产率的提升,从而加速经济的增长。

通过对辽宁产业结构优化的劳动力资源配置效应分析,从我国经济长远发展,缓解就业压力的角度,得出以下结论:今后的产业政策应向着“劳动力密集”产业的方向发展,尤其是第三产业的发展;同时,应大力发展社会中介组织和不断完善劳动力市场;此外,政府应进一步加大对基础教育的投入,形成政府教育投入的长效机制,继续鼓励和规范高等教育的发展,并从体制改革入手营造健康的、鼓励创新的学术体制和环境。另一方面,作为长效机制,政

府应进一步加大对基础教育的投入，继续鼓励和规范。

（二）比较劳动生产率分析

改革开放以来，辽宁第一产业的比较劳动生产率处于较低水平，波动较小，均在 0.5 以下，且有持续下降的趋势。这说明第一产业的结构效益较低，这不仅由于第一产业存在过多的剩余劳动力，还与辽宁传统农业占主导地位，农产品加工附加值较低，现代农业和规模农业发展缓慢是分不开的。

辽宁第二产业的比较劳动生产率均大于 1，总体水平较高，这正是突出了第二产业资金和技术密集型的特点。而且第二产业的比较劳动生产率除个别年份低于第三产业外，其余年份均高于第三产业，又从 2010 年第二产业对 GDP 的贡献占 54.1%来看，辽宁经济主要依赖于第二产业的发展。但从 1992 年以来第二产业比较劳动生产率越来越远离 1 的发展趋势来看，第二产业吸纳劳动力的作用较小。这一方面由于第二产业高新技术的应用，劳动生产率大大提高，减少了对劳动量的需求；另一方面，第二产业对劳动力的素质要求较高，不能大量吸收从第一产业转移出来的劳动力。

第三产业的比较劳动生产率高于第一产业，几乎都在 0.8 以上，但总体上低于第二产业，并且从 1992 年以来，第三产业的比较劳动生产率一直呈下降的趋势，这是因为第三产业多为劳动密集型产业，随着产业结构的优化升级，第三产业吸纳了大量的剩余和新增的劳动力，所以今后应该重视在第三产业从业人员增加的情况下提高其劳动生产率。

总体来看，第二产业的比较劳动生产率最高，第三产业次之，第一产业最低，劳动力将由劳动生产率最低的第一产业向二三产业转移。

五、促进辽宁产业结构升级及劳动力供需平衡的政策建议

目前，辽宁正面临着产业结构优化升级和促使劳动者充分就业双重考验。

在处理产业结构演进的同时增加就业，解决劳动力供需失衡问题上，辽宁可借鉴上海市提出的“两个坚持、两个优先”战略：“两个坚持”是坚持“三、二、一”产业发展方针，坚持二、三产业共同推动经济发展；“两个优先”是优先发展现代服务业，优先发展先进制造业，促进产业结构调整，促进就业；培育新兴优势产业，培育新的就业增长点，拓宽就业空间，吸纳更多的劳动者就业。为此，辽宁应该实施一系列产业和就业策略。

（一）实施积极的产业政策，进一步优化产业结构

要致力于构建三次产业协调发展的产业结构，实施积极的产业政策，在加快工业发展的同时，努力提升第三产业比重，特别是促进生产性服务业的发展，增强生产性服务业与工业的融合和互动。

1. 优先发展装备制造业

各地区比较优势的差别产生于资源禀赋和发展阶段相关的生产要素相对丰度。从总体上看，我国仍然处于劳动力丰富、资本相对稀缺的发展阶段，因此，劳动密集型产业仍然是我国工业的比较优势所在。

2. 重点发展第三产业

从前面的劳动力就业弹性系数和比较劳动生产率的分析中，我们可以看出，第三产业具有极大的经济增长空间和就业增长空间。而据辽宁的实际情况，发展第三产业的重点为：

一是加快发展生产性服务业。从辽宁作为一个工业大省，特别是以装备制造业为核心的产业结构特征来看，由于生产性服务业与装备制造业具有很强的融合和互动关系，因此，要下大力气推进生产性服务业的发展，充分发挥其对制造业结构升级的重要作用，提升二者的互动性。

二是重点发展第三产业中就业弹性大的行业。在第三产业内部就业弹性也不一样，在第三产业中房地产业、批发和零售贸易餐饮业的就业吸纳弹性最高，在 0.4 以上，增加就业的潜力最大；交通运输、仓储及邮电通信业、社会服务业和金融保险业的就业吸纳弹性比较高，在 0.2 左右，增加就业的潜力也较大。若想通过发展第三产业促进就业增加，应注重发展第三产业中的这些行业。

3. 出台产业倾斜政策

产业倾斜政策的理论依据是非平衡发展理论，其主要思想是：由于资金短缺等方面的原因，发展中国家不可能在所有的产业部门同时进行投资，而应该选择合适的重点产业进行投资，然后通过关联效

应和诱发性投资等作用，带动其他产业的发展，最后达到经济发展和产业结构升级的目标。

（二）优化农业内部结构，引导部分劳动力向农产品加工业和都市农业转移

1. 发展特色农业

一直以来，辽宁第一产业就业在三次产业中占有较高比重。可以通过发展第一产业本身来加强农业剩余劳动力的内部吸收能力。特别是根据辽宁所特有的资源禀赋和环境，大力发展具有比较优势特色农业，使得农产品就地生产和深加工的产业化经营，推进农业向商品化、专业化转变，从而提高农产品的附加值和延伸产业链并综合发展农林牧副渔业和乡镇企业，形成合理的产业结构模式来减少第一产业的剩余劳动力。

2. 正确引导农村富余劳动力转移，避免国外“大城市病”

辽宁大中型城市多，城市化进程正在加速推进。城市化主要是将农村劳动力转移到城市。但也要注意到，20 世纪 50 年代，以巴西为代表的世界各国人口向大城市无序迁徙势头十分迅猛，造成城市失业、贫民窟、交通拥挤等“大城市病”，各国都未在适当时机加以控制，之后都试图通过颁布法律控制，但均未奏效。辽宁城市化进程不能重蹈国外“大城市病”的覆辙，必须引导农村富余劳动力主要向中小城市和小城镇转移，向大中城市郊区转移。引导部分农村富余劳动力到大中城市郊区从事农产品加工业和都市农业，是具有长远眼光的正确做法。

（三）消除制度性壁垒，完善劳动力市场

从目前已有的研究，以及从我国劳动力市场的现状看，中国形成了一个双二元劳动力市场，即原有的未被打破的城乡二元结构，以及城市内部形成的国有经济部门和非国有经济部门分别发挥作用的劳动力配置机制。

辽宁劳动力市场仍然不够完善，不完全具备使产业结构和就业结构协调演变的必要条件。为完善劳动力市场首先应该从促进劳动力流动，尤其是农村劳动力的自由流动为基本前提。这一前提的实现需要对现有的制度性障碍，包括户籍制度、农村土地制度、社会保障制度等的彻底改革。其次，是使工资成为劳动力供需变动的真正信号，使劳动力的价值得以真实反映。如近年在东莞等地出现的“民工荒”就是对真实的劳动力价值体现的反映。再次，完善劳动力市场就业服务体系，提供灵活且富有弹性的就业管理制度。建立有效的劳动力中介服务市场，建立专业技能人才市场。

（四）加大教育培训投资，提高劳动力素质

如前所述，劳动力的素质已经构成了对产业结构高度化和就业结构优化的主要制约因素之一。据第六次全国人口普查数据显示，2010 年，辽宁 15 岁以上人口中仍有文盲 84.37 万人，人口的平均受教育年限为 9.67 年，平均受教育程度为高中一年级水平。因此，教育培训的投入力度应该继续加大。

（五）健全社会保障体系，防范社会风险

产业结构的调整必然会同时引起结构性失业等诸多问题的出现，因此，存在着一定的社会风险。社会保障体系作为社会收入再分配和分散风险的机制，目的是维护社会的公平性、安全性。我国的目前的社会保障体系是原先计划经济体制下，城市偏向的社会保障和福利制度的延续，存在多方面的不完善，改革难度较大。为配合产业结构和就业结构的调整，目前我省最为迫切的是解决好农村社会农民的社会保障和城市化过程中失地农民的保障问题。

论文负责人　张秀坤

成员　李海明　刘岩　王传胜　陈纯宪　丁鑫　朱庆文　林景华　许晶　张洁　陈丽　秦延伟

辽宁人口变化趋势对经济社会的影响与对策研究

进入21世纪以来，辽宁人口发展实现了由总量控制转向均衡发展的重大转折。一方面，人口自然增长率逐年下降，接近零和负值，人口总量对经济社会发展的压力趋于缓解；另一方面，人口各要素关系更趋复杂，结构、素质、分布正在成为影响经济社会发展的主要因素。

一、辽宁人口发展变化趋势

新中国成立60多年来，辽宁人口数量、素质和结构发生了深刻的变化，主要有六大特点：

（一）人口自然增长进入拐点区域，实现了由传统人口再生产类型向现代人口再生产类型的转变

第六次全国人口普查结果显示，2010年，全省常住人口4374.6万人，同建国初期的1830.5万人相比，61年间增加2544.1万人，增长1.39倍，期间除1961年总人口有所减少外，其余各年总人口均持续增加，其中，1951－1955年是总人口增长速度最快时期，年平均增长3.40％，以后增速递减，上世纪60年代、70年代、80年代、90年代人口的年平均增长分别为1.75％、1.11％、1.20％和0.56％，进入21世纪，2000－2010年，总人口的年平均增长为0.45％。一是出生人口大幅减少。上世纪50年代年均出生人口77万人，60年代上升至88万人，最高年份1963年出生128万人，70年代、80年代、90年代年均出生人口逐渐下降，分别为63万人、57万人和50万人，进入21世纪以来，年均出生人口29万人，仅相当于上世纪60年代年均出生人口的1/3。二是死亡人口波动不大。上世纪50年代年均死亡人口20万人，60年代升到23万人，70年代达到最低水平，年均死亡人口18万人，80年代、90年代平均死亡人口分别为20万人和26万人，进入21世纪以来，年均死亡24万人。三是同2000年第五次全国人口普查的总人口4182.4万人相比，总人口在10年间增加192.2万人，增长4.6％，年平均增长率为0.45％，人口增长率和年平均增长率分别低于前10年2.8个和0.27个百分点，低于全国平均水平1.24个和0.12个百分点。全省常住人口总量处于低速增长阶段。2010年，全省出生人口29.2万人，出生率6.68‰，死亡人口27.4万人，死亡率6.26‰，自然增加人口1.8万人，人口的自然增长率为0.42‰，人口的自然增加已基本接近于零。

根据预测，辽宁人口自然增长已进入拐点区域，未来辽宁总人口自然减少成为必然。在不考虑省际迁移人口的情况下，人口总量在未来40年呈持续性减少的趋势，2020年约为4310.3万人，2030年为4065.9万人，2040年为3632.6万人，2050年为3098.2万人。

（二）流动人口增长迅速，人口城镇化进程不断加快

2010年全国第六次人口普查结果显示，全省流入人口931.0万人，比2000年“五普”648.2万人相比，增加282.8万人，其中省内流入人口752.3万人，增加208.6万人，省内流入人口中，扣除本市区内由于拆迁搬家、婚姻嫁娶、求学等人户分离的297.7万人，省内流入人口454.6万人。

全省市际之间流入人口134.1万人，以流入沈阳和大连两市为主，其中，流入沈阳47.4万人，占35.36％；流入大连29.1万人，占21.70％；两者合计76.5万人，占57.06％。市际之间流出人口较多的城市有朝阳市16万人和铁岭市15.4万人。

外省流入辽宁人口178.7万人，比2000年“五普”增加74.2万人。外省流入人口以流入大连和沈阳两市为主，其中，流入大连78.4万人，占43.87％；流入沈阳43.3万人，占24.22％；两者合计121.6万

人，占外省流入人口的68.09%。外省的流入人口主要来自于辽宁相邻的省份，以黑龙江、吉林、内蒙古最多，三省合计流入人口105万人，占全部外省流入人口的近60%。

辽宁流出到外省人口101.4万人，比2000年“五普”增加65.2万人。流出人口主要集中在经济较发达的省市和与辽宁邻近的省份，其中，流出到北京的最多，为24.78万人，占了将近1/4。

2010年，全省城镇人口2718.8万人，城镇化水平62.15%，比全国平均水平高12.47个百分点，在全国31个省、自治区、直辖市中，仅低于京、津、沪和广东省，位居全国第五。同2000年“五普”相比，城镇化水平提高7.24个百分点。1990—2000年全省城镇化率平均每年提高0.4个百分点，2000—2010年平均每年提高0.7个百分点。10年来全省城镇人口迅速增加，城镇化进程不断加快。

(三)劳动年龄人口基本接近峰值，青壮年劳动年龄人口将持续大幅减少，劳动年龄人口出现高龄化

全省15—64岁劳动年龄人口3424.3万人，占总人口的78.27%，比2000年“五普”增加311万人和提高3.83个百分点。2000—2010年，全省进入劳动年龄人口约571万人，退出劳动年龄的人口约328万人，劳动年龄人口自然增加243万人。目前，劳动年龄人口所占比例较大，人口负担较轻。2010年，全省总抚养比为27.76%。其中，少儿抚养比为14.59%；老年抚养比为13.17%。同2000年“五普”相比，总人口的扶养比下降6.58个百分点，少儿扶养比下降9.16个百分点，老年人口扶养比提高2.58个百分点。目前，我省劳动年龄人口所占比重较大，社会负担较轻，但上世纪50年代和60年代出生人口数量庞大，造成劳动年龄人口年龄偏高。2010年，15—64岁劳动年龄人口年龄中位数41岁，比2000年、1990年、1982年分别提高4岁、8.1岁和11岁。未来10—20年，劳动年龄人口老化将逐步加重，预计2020年，劳动年龄人口中位数44.6岁，2030年达45.9岁。未来40年，劳动年龄人口将逐年减少。预计2020年、2030年、2040年、2050年15—64岁劳动年龄人口分别为3119万人、2586万人、2086万人和1683万人，占总人口比重分别为72.4%、63.6%、57.4%和54.3%。

(四)各类学龄人口数量减少，各级各类学校的数量相应有不同程度的减少

出生人口的减少，使0—18岁各类学龄人口由2000年的970万人减少到2010年的699万人，减少271万人。其中，0—6岁学龄前儿童由265万人减少到220万人，减少45万人；7—12岁小学年龄组人口由332万人减少到201万人，减少131万人；13—18岁中学年龄组人口由373万人减少到278万人，减少95万人。19—22岁大学适龄人口属上世纪60年代生育高峰期妇女所生子女，因此19—22岁大学适龄人口由2000年的259万人增加到273万人，增加14万人。中、小学适龄人口的减少，使各级各类学校的数量相应有不同程度的减少。2010年全省共有小学5523所，初中学校1657所，高中419所。同2000年相比，小学、初中、高中分别减少7833所、283所和42所。

(五)老年人口数量增加，人口老化速度加快

2010年，全省60岁及以上老年人口675.0万人，占总人口的15.43%，其中65岁及以上老年人口为450.9万人，占10.31%。同2000“五普”相比，60岁及以上人口增加189万人，比重提高3.8个百分点；65岁及以上人口增加120万人，比重提高2.43个百分点。按照国际标准，60岁以上老年人口所占比重超过10%，或65岁以上老年人口所占比重超过7%为老年型人口。目前，我省已完全进入到人口老龄化社会，并且未来10—20年，人口老龄化进程将逐年加快。一方面，出生人口逐年减少，总人口由增长缓慢到零增长乃至负增长；另一方面，上世纪50年代、60年代(生育高峰期)出生的人口于2010年后相继进入老年。双重的作用必然使我省的人口老龄化进入一个加速并形成高峰的过程。若不考虑省际迁移人口的影响，按现有的人口年龄结构预测，2020年、2030年、2040年、2050年全省60岁及以上老年人口分别为1103万人、1465万人、1523万人和1449万人，所占比重为25.6%、36%、41.9%和46.8%，65岁及以上老年人口分别为744万人、1088万人、1228万人和1120万人，所占比重为17.3%、26.8%、33.8%和36.1%。到2030年，60岁及以上老年人口将占总人口1/3强，65岁及以上人口将占总人口的1/4强，即不到三人中就有一个60岁以上

的老年人,不到四人中就有一个65岁以上的老年人,2040年每三个人中就有一个65岁及以上老年人口。

(六)人口受教育程度逐步提高,明显高于全国平均水平

全省常住人口中,具有大学(指大专以上)程度的人口为523.4万人,具有高中(含中专)程度的人口为646.9万人,具有初中程度的人口为1982.9万人,具有小学程度的人口为936.5万人。同2000年"五普"相比,每10万人中具有大学程度的由6182人增加到11965人,具有高中程度的由13205人增加到14788人,具有初中程度的由40082人增加到45328人,具有小学程度的由29778人下降到21407人。全省每10万人中具有大学、高中、初中文化程度的人口分别高于全国平均水平的34.0%、5.4%和16.9%。全省15岁及以上人口的平均受教育年限为9.65年,比2000年"五普"的8.70年提高0.95年,比全国平均水平高0.6年。

二、人口变动对辽宁经济社会发展的影响

目前,全省人口基本状况已发生重大变化,人口总量特别是人口结构对经济社会的影响是全面而又深刻的。

(一)今后十几年我省仍处于"人口红利期",各种人口因素仍有利于经济增长

1. 人口红利因素

目前辽宁人口抚养负担相对较轻,达到近几十年最好水平,处于"人口红利期"中的"人口暴利期"(见表1,表2)。

表1 辽宁省历次人口普查人口抚养比

单位:%

年份	总抚养比	少儿抚养比	老年抚养比
1953	81.81	70.42	11.39
1964	103.16	91.80	11.37
1982	56.52	44.94	11.58
1990	47.52	34.25	13.26
2000	41.46	25.01	16.46
2010	36.71	15.62	21.10

表2 人口类型不同时期的划分标准

人口类型	总抚养比	少儿抚养比	老年抚养比
人口红利期	<67%	<33.0%	<35.0%
人口暴利期	<56%	<28.5%	<30.5%
人口高利期	56%—60%	28.5%—30.0%	30.5%—32.0%
人口红利期	60%—64%	30.0%—31.5%	32.0%—33.5%
人口微利期	64%—67%	31.5%—33.0%	33.5%—35.0%
盈亏平衡期	67%—75%	33.0%—36.0%	35.0%—38.0%
人口负债期	>75%	>36.0%	>38.0%
人口微债期	75%—79%	36.0%—37.5%	38.0%—39.5%
人口负债期	79%—83%	37.5%—39.0%	39.5%—41.0%
人口高债期	83%—87%	39.0%—40.5%	41.0%—42.5%
人口暴债期	>87%	>40.5%	>42.5%

注:本划分方法为基于瑞典1957年生命表基础上的人口类型划分标准。

根据我们的预测,到2025年前我省仍处于"人口红利期"(见表3)。

表3 辽宁省未来总抚养比、少儿抚养比和老年抚养比

单位:%

年份	总抚养比	少儿抚养比	老年抚养比
2015	45.20	15.42	29.78
2020	56.15	16.20	39.95
2025	69.95	17.07	52.88
2030	84.11	17.76	66.35
2035	94.75	17.53	77.22
2040	102.86	17.82	85.04
2045	110.15	18.97	91.18
2050	128.96	21.88	107.09

从预测结果看,辽宁还能享受十几年的"人口红利"。

2. 人口迁移因素

从1985年以来,辽宁省际迁入人口一直大于省际迁出人口,年均省际净迁入人口数量基本维持在4.9—7.9万人之间。辽宁作为东北地区的发达省份,对黑龙江、吉林、内蒙古及中西部地区一些省份的劳动力具有较高的吸引力。这部分净迁入人口,绝大部分是青壮年劳动力,对我省的劳动力形成了有效补充。并且随着辽宁经济的持续发展,对劳动

力的吸引力还将不断增强。

3. 人口城镇化因素

根据1‰人口抽样调查推算，2011年辽宁城镇化率已达到64%，比2010年提高1.8个百分点。未来辽宁人口城镇化率将进一步提高，根据预测，2015年人口城镇化率将达到70.1%，城镇人口较2010年将增加近334.6万人。2025年人口城镇化率达到73.0%，城镇人口将达到3086.5万人。随着城镇化率的不断提高，大量农村剩余劳动力来到城市，既有利于我省第二、第三产业的发展，从事农业人口的减少，也有利于农业产业化和规模化，有利于农业生产率的提高。

4. 人口素质因素

从第六次全国人口普查结果看，虽然我省常住人口受教育程度的总体水平大幅度提高，受教育重心继续向高文化层次转移，少数民族人口、女性人口、农村人口文化素质整体改善，外来常住人口中高文化素质人口比重上升。但同发达国家相比，我省人口素质还有很大的提升空间。从提高人口素质入手，提高劳动者的劳动技能，提高劳动生产率，将是推动今后我省经济增长的重要动力之源。

总体看，今后10年，我省仍处于"人口红利期"，辽宁对外部人才的吸引力、人口城镇化的稳步推进以及人口素质的不断提高，有利于未来辽宁经济发展。根据我们的预测，今后一个时期辽宁经济仍可以保持10%左右的增长率，应当在辽宁"人口红利"消失之前，即2025年以前，抓紧今后十几年的时间，尽快实现人均GDP达到2.5万美元左右，以期解决"未富先老"的问题。

(二)劳动力资源的变化将促进我省经济发展方式转变和产业结构优化升级

根据我们对未来40年辽宁劳动力人口预测，劳动力供需将由平衡逐渐转为短缺，劳动力不再像几年前那样无限供给，这就意味着劳动力资源的变化将很难继续支撑依赖廉价劳动力的传统的粗放式的经济发展模式。劳动力供给价格提高，将导致劳动力充分供给下的低通胀、高增长的态势无法持续，经济的增长速度受到影响，通胀风险加大。并且劳动力供给价格的提高会使得国民收入分配中劳动报酬占比上升，从而带动消费，导致储蓄下降，投资增速下降，经济增长的动力由投资转向消费。由此可见，在"人口红利"消失之前，辽宁经济如何避免高通胀、低增长的风险，实现发展方式的转变，实现由消费带动经济增长从而有效带动产业升级和保持增长的持续稳定是当前迫切需要解决的问题。

改革开放以来，辽宁加快产业结构调整与优化升级，地区生产总值三次产业比重由1978年的14.1：71.1：14.8调整为2010年的8.8：54.1：37.1，产业格局实现了由"二一三"演变为"二三一"。在产业结构调整的同时，就业结构也不断得到调整，由1985年的"一二三"转变为"二一三"，从1999年起又转变为"三二一"的格局。再从2000年和2010年经济结构变化看：一是第一产业从业人员在减少，但是创造的价值在增加。2000—2010年，第一产业增加值由503.4亿元增加到1631.1亿元，增加1127.7亿元。二是第二产业中制造业从业人员增加不多，表明吸纳劳动力的能力在减弱，同时也表明制造业的技术升级、结构升级以及劳动生产率等方面取得了明显进步，正是生产力的提高、先进技术的应用、创新产业的涌现和发展导致了从业人数的减少。被挤出的劳动力部分流向了第二产业中对技术要求较低的建筑业等其他行业。三是辽宁第三产业各行业从业人员大量增加，但增加值却出现了相反的状况，第三产业增加值所占比重由2000年的39.01%降低到2010年的37.11%，从绝对值看，虽然增加了，但增加额比第二产业少2604.2亿元。其原因在于，传统的批发零售饮食、居民服务等社会服务、交通运输等行业增加值率低，不利于产业增加值的增加和规模的扩大；而诸如金融业、科研和技术服务业等技术含量高、生产率较高的现代服务业则增长缓慢，说明第三产业有些行业还需要进一步提高效率和内部结构的优化升级。

辽宁第三产业就业人员以及增加值比重偏低，既表明发展潜力巨大，更表明与发达国家第三产业从业人员以及增加值比重均占60%以上的情况还有较大差距。从产业链构成看，产业竞争力越来越依赖于设计策划、技术研发、物流等商务服务业的支撑，未来工业竞争力的提升在很大程度上要依赖于服务业的发展，尤其是科技含量高的现代服务业。服务业是世界发展的潮流和不可逆转的大趋势，应当引起我们的高度重视，尤其是在引导和发展过程中应明确以先进技术推动服务业发展、发展技术含量高和生产率高的服务行业的原则和方向，从而在未来劳动适龄人口不断减少之前，在劳动成本不断提高之际，推进产业结构的优化升级。

(三)今后一个时期我省房地产市场仍将有较大的发展空间

随着经济的不断发展，城乡居民收入水平的不断提高，人们对改善居住条件的追求和人口结构的变化，我省房地产市场在未来一个时期仍有较大的发展空间。

1. 城乡居民收入水平提高将引发新的住房需求

通过对辽宁商品房销售面积和城镇家庭人均可支配收入的分析，商品房的需求(商品房销售面积)与城镇家庭人均可支配收入的变化趋势呈现一定程度的正相关关系。

随着城镇居民收入水平提高，城镇居民在满足日常消费之外，购买首套住房以及扩大住房面积，改善住房条件已经成为必然选择。2010 年，我省常住居民家庭平均每户住房建筑面积 71.67 平方米，全国为 93.97 平方米，我省人均住房建筑面积 25.78 平方米，全国为 30.41 平方米，我省同全国相比还有较大差距。随着经济快速增长，城乡居民收入水平也会不断提高，人们对于居住条件和质量的要求更高，将不断引发新的住房需求。

2. 人口城市化进程将带来新的住房需求

通过对辽宁商品房销售面积和城市化水平的分析，商品房的需求(商品房销售面积)与城市化的变化趋势也呈现一定程度的正相关关系。

目前，仅有沈阳市、大连市和本溪市的城市化水平超过 70%，进入了城市化发展的后期阶段，而其他 11 个市还处于城市化水平的中期阶段，今后将呈现加速发展的态势。对此，在未来一段时期内，辽宁城市化水平将持续提高，将会有大量的农村劳动力举家迁移到城市，受固有观念的影响，这部分人来到城市后都希望拥有自己的住房，他们在农村都有自己的土地，如果愿意出让手中的土地的话，可以成为城市商品房的潜在购买者，这对未来房地产消费市场起到了较大的支撑作用。

3. 家庭结构变化将引发新的住房需求

近 30 年来，我省家庭结构不断变化，家庭规模的小型化和家庭结构类型简单化是我省家庭结构变化重要的特征之一。由于独生子女政策的实施，父母与一个孩子组成的三口之家越来越多，家庭户的平均规模不断缩小。2000 年辽宁平均每户家庭人数为 3.15 人，到 2010 年减少为 2.78 人。父母、子女分户单独居住家庭日益增多，家庭结构正在发生变化，家庭越来越小型化和核心化。到 2010 年，辽宁家庭户以二代户为主，占 48.35%；其次是一代户，占 37.52%；第三为三代户，占 13.8%；四代户及以上户所占比例很小，仅为 0.33%。人们传统家庭观念的改变，大多数子女婚后不愿与父母一起居住生活，要独立组成家庭。随着家庭户平均规模的不断缩小和家庭的小型化、核心化，将带来更多的住房需求。此外，对于转移到城市的农村劳动力和城市中适婚年龄的青年，他们对房产的需求比较迫切，而且他们购买的房产基本上都是首套住房，是政府调控政策中保护的需求，也是未来支撑我省房地产市场继续发展的重要需求。

(四)我省城乡一体化的条件已趋向成熟

改革开放前，我省的城乡关系具有明显的二元社会经济结构特征。改革开放以来，随着市场化的进程加快，城乡二元社会经济结构促进了工业化和城市化的发展，为经济增长提供了农村剩余劳动力，同时也对城乡的协调发展造成了一定的障碍。我省的一些城市与欧美发达国家相比毫不逊色，而广大的农村却没有跟上时代的步伐，仍然比较落后。随着农村剩余劳动力不断涌向城镇，大量农村人口向城镇迁移，尤其是农业产业化不断推进，农村各项事业不断进步，为实现我省城乡一体化奠定了坚实的基础，各项条件已逐渐趋向成熟。

1978－2010 年的 32 年间，占全省人口总量 30.45%的农业人口成为城镇常住人口。据估算，全省农村进入城镇人口超过 1300 万人。农村人口向城市的流动，一方面使部分土地闲置，不能得到充分的利用和有效经营；另一方面农村劳动力的减少也为逐步实现产业化、规模化、集约化经营创造了条件。

2011 年，辽宁地区生产总值达到 2.2 万亿元，其中，全省 56 个城区的地区生产总值 1.4 万亿元，22 个城区的地区生产总值超过 200 亿元，6 个城区超过 500 亿元，全省 44 个县域生产总值 10610 亿元，地区生产总值超百亿元的县 32 个。我省综合经济实力增强，城区经济和县域经济的发展，为反哺农业，支持农村建设提供了强大的物质条件。

目前，全省 44 个县基本形成了各自的特色产业，有的县(市)还确定了两个主打品种。已有 3000 多个村实现了“一村一品”，占村数的 20%；近 300 多个乡(镇)实现“一乡一业”或一个重点产业的发展格局，占乡(镇)数的 25%。全省农产品加工业增加值 2261 亿元，成为我省第二大支柱产业。我省农业产业化取得的重大进展为提高农业生产效率，缩小城乡收入差距创造了产业基础条件。

与此相适应，农村基础设施和生态环境得到明显改善；农村教育，包括农村幼儿教育、农村义务教育、农村师资培训等事业有了长足发展；农村社区文化建设方兴未艾；新型农村合作医疗实现了县、乡、村全覆盖，农村养老、扶贫等社会救助事业发展迅速；土地管理制度改革进一步深化，建立健全了农村土地经营权流转市场，林权制度改革成效明显，在全国保持领先地位；户籍制度改革在探索中推进，在全省取消了农业户口、非农户口划分，统一登记为“居民户口”，这为缩小城乡差距，最终实现城乡一体化，打下了坚实的社会基础。总之，随着人口从农村向城镇的大规模流动，以及随之带来的社会经济的全面进步，已经为我省打破城乡藩篱，消除城乡二元化社会体制和经济结构，实现城乡一体化创造出越来越成熟的条件。

(五)我省教育结构规模及资源配置面临重大调整，这将有利于教育质量的提高

根据第六次全国人口普查分年龄组数据推算，未来 3－10 年，我省各阶段教育适龄人口将发生很大变化，对各级教育结构、规模、资源配置方式将产生重大影响，面临着重大调整。一是未来 3 年学前教育适龄人口增加，将导致学前教育机构及资源配置缺口扩大。到 2013 年，我省学前教育 3－5 岁适龄人口将达 111.1 万人，比 2010 年增加 7.3%。当前我省学前教育资源配置存在以下问题：其一，全省学前教育专任教师及保育员数量不足，农村专任教师及保育员配备缺口较大；其二，幼儿园总体数量、规模不足，公办幼儿园数量比例偏低；其三，学前适龄人口净流入加重了学前教育机构及师资配备不足的矛盾。二是未来 10 年义务教育阶段适龄人口呈下降趋势，将使城乡义务教育学校的规模缩减，教职工人数减少。义务教育适龄人口小学阶段在 2016 年降至最低，全省小学在校生 187.3 万人，比 2010 年减少 14.2%；到 2020 年，全省初中在校生 95.8 万人，比 2010 年减少 24.7%，未来 10 年中小学教职工数量将逐渐减少，全省小学教职工由 2011 年的 94607 人减少到 2016 年的 89204 人，减少 5403 人；全省初中教职工由 2011 年的 66485 人减少到 2020 年的 59902 人，减少 6583 人。三是未来 10 年高中教育阶段适龄人口急剧萎缩，2010 年全省高中教育阶段适龄人口为 148.86 万人，到 2020 年将下降到 94.08 万人，适龄人口总数将减少 31.5%。适龄人口的急剧减少，将导致普通高中教职工数量出现大量过剩。而中等职业学校专任教师数量却仍不能满足需求，尽管我省 484 所中等职业学校也同样面临生源规模下降的情况，但由于中等职业教育涉及较多的专业门类，而且强调实践教学，因此生师比过高必然影响培养质量，根据对 2015 年及 2020 年我省中等职业学校在校生数的测量，如按照生师比 1∶14 计算，2015 年和 2020 年分别需配备专任教师约 3.6 万人和 3.4 万人，与 2010 年相比缺口为 0.9 万人和 0.7 万人。四是未来 10 年高等教育阶段适龄人口逐年下降，到 2020 年约为 173 万人，仅是 2011 年的 57%。10 年间减少 129 万人，减少 42.72%。适龄人口下降为高等教育结构优化提供了契机，为改善办学条件、提高办学质量提供了空间，教育资源短缺、办学条件不足的状况将大大好转。伴随适龄人口低峰的到来，高校将面临生源竞争的压力，这必然促使高校通过更新理念、改革办学模式，提高资源利用效益，也将促使高校以社会需求为导向，加大学科专业调整，优化人才培养结构，创新人才培养模式，努力提高办学水平。

三、促进辽宁人口与经济社会和谐发展的对策建议

针对我省人口发展变化特点和趋势，以及对经济社会产生的深刻影响，我们认为，促进辽宁人口与经济社会的和谐发展，当前及今后一个时期，要采取以下对策措施。

(一)全社会都要高度关注和加大人口发展问题的研究

未来几十年我省人口发展面临着诸多问题：总

人口数量持续性减少，且下降速度较快；育龄妇女人数减少，人口出生数量减少，人口自然增长率为负值；人口整体趋向老化，少儿人口越来越少，老年人口越来越多，劳动年龄人口尤其是主要劳动年龄人口数量下降；全社会的抚养成本等快速增加；人口结构畸形进一步加剧等，需要引起各级政府和全社会的高度重视。当前，由于长期的人口多、负担重的宣传教育在人们脑海中留下较深的印记，现实的劳动年龄人口就业难的实际问题，掩盖了未来人口发展问题，使人们对未来人口发展问题认识还不够。必须认识到人口发展面临的问题将会在不太长的时间内充分显现，将成为制约我省经济社会发展的突出问题。人口发展问题尽管有一定的滞后性，但矛盾凸现将会出现较为严重的后果。对此，各级政府和全社会要充分认识到人口发展问题的长期性、艰巨性和复杂性，进一步增强大局意识、忧患意识和人口安全意识，把人口发展问题放在经济社会发展中的核心战略地位予以高度重视，并加大人口发展问题的研究。

（二）完善现行生育政策，实现人口长期均衡可持续发展

生育政策是影响生育水平的主要因素之一。我省现行“普遍生育一胎，照顾生育二胎”的生育政策是 1985 年开始制定的，其后曾多次做过一些调整，但总体方向没有变化。目前已经到了再次调整的时机。一是全省持续保持低生育水平。上世纪 70 年代末达到更替水平以来，至今持续时间已达 30 多年，1995 年以来达到极低水平，2010 年总和生育率 0.8 左右。近几年符合生育条件的人群有所增加，但是生育率回升不明显，逐步完善生育政策，可以“多点”放开对生育的限制，促进生育率有所回升。二是育龄妇女尤其是生育旺盛期育龄妇女数量下降，承担生育的主体人群减少，完善生育政策并适当放开，确保出生率的增加，以平衡或增加因育龄妇女数量减少而影响的生育数量。三是目前我省人口年龄结构畸形严重，完善生育政策，增加生育数量，可以逐步调整人口结构，有利于人口的长期均衡发展。要尽早出台生育政策完善性调整的措施，以缩短畸形人口结构改善的周期，促进人口再生产平稳地回复到更替水平。

（三）加快产业结构优化升级

当前，我省人口就业主要表现为劳动力供过于求，并且在今后一段时间内（5－8 年）不至于发生明显劳动力不足的矛盾，但必须看到，劳动年龄人口比重大形成的“人口红利”到 2020－2025 年将会结束，劳动力多且廉价的优势将丧失，劳动力结构性短缺将会发生。解决劳动力资源减少的矛盾，有效的办法是，引导低层次产业结构向高层次方向发展，最终减少对人力资源的需求。对此，要实施积极的产业政策，进一步优化产业结构。辽宁历来以第二产业为主，今后也是如此，辽宁应该将第二产业作为优化升级的一个战略重点。辽宁工业优势产业主要集中在原材料开采加工业、钢铁业、装备制造业。尤其装备制造业是我省传统的优势产业，要优先发展装备制造业。同时，要加快服务业发展，重点加快生产性服务业发展，充分发挥其对制造业结构升级的重要作用，提升二者的互动性；加快发展新兴服务产业，按照市场化、集约化、信息化、国际化的原则，着力发展现代物流业、电通讯业、信息咨询业、旅游业等新兴服务业；要走市场化、信息化的发展道路，积极发展连锁经营、特许经营、代理制、电子商务等新型业态和服务方式；应用现代管理模式改造传统服务业，加快培育一批大型服务业集团。

（四）加大人力资本的投资

近年来，辽宁经济较快增长，主要得益于物质资本的投入。今后一个时期，作为创新主体和新技术应用主体的人力资本将成为辽宁经济持续增长的源泉和动力。要加强人力资源开发，以应对劳动力资源不足的发展趋势。其中，加快教育改革与发展，特别是职业教育和高等教育的改革与发展，从整体上提高劳动力人口的文化素质、提高人力资源深度开发的能力和水平，将是应对这一挑战的有效措施。要大力发展中等职业教育与培训，以适应经济社会发展对高素质技能型人才的需求。要适应产业结构升级需求，以优化人力资源专业结构为核心，调整高等教育科类结构。

（五）加快推进城乡一体化的进程

要紧紧抓住东北振兴和辽宁实施三大区域发展战略的机遇，充分利用后发优势，将有效解决“三农”问题，统筹城乡发展作为“十二五”及今后更长时期经济社会发展的核心工作来抓，使全省城乡差距进

一步缩小，一批发达市县成为全省乃至全国城乡统筹发展的典型示范区域，到2020年基本建立城乡经济社会发展一体化体制机制，实现城乡社会经济和谐发展的崭新局面。城乡统筹发展是一个长期的过程。由于地理、人文和发展阶段的差异，在不同的区域城乡统筹发展面临的基础和问题不同，应因地制宜、循序渐进，要把握好本区域城乡统筹发展的主要矛盾，确立正确的方向，科学地安排城乡统筹发展的政策、措施和方法。

论文负责人　王科庶

成员　陈艳　刘晓丹　董千里　李翔　顾丽艳　刘莹

山东人口就业、社会保障问题研究

人口就业、社会保障不仅仅是经济问题，也是社会问题。解决人口就业、社会保障问题，是稳定就业形势、建立并完善社会保障体系，促进经济与社会持续、快速、健康发展的基本条件，也是深化改革，保持社会稳定和实现长治久安的一项战略任务。我省“十二五规划”提出了“实施扩大就业战略”和“健全和完善城乡社会保障体系”的宏伟目标，如何实现这个目标，如何在此基础上制定下一个五年规划，是亟需破解的难题。第六次人口普查数据数据整理工作已经完成，利用最新人口数据资料，研究我省人口就业、社会保障问题，对于促进国民经济健康发展、最大限度地改善民生具有重要的现实意义。

一、2010 年人口就业、社会保障发展情况

1. 人口就业

(1)劳动年龄人口的数量和结构

劳动年龄人口①是劳动力资源中的重要组成部分。20 世纪 90 年代以来，山东省劳动年龄人口逐年增长，劳动年龄人口占总人口的比重在逐年提高，但是年均增长量在逐年下降。2010 年第六次人口普查数据显示，普查时点全省总人口 9579.27 万人，劳动年龄人口总量为 7970.56 万人，占全省总人口的 83.21%，与 2000 年第五次人口普查相比，劳动年龄人口总量增加了 1301.66 万人，增长 19.52%，年均增长 1.80%，劳动力资源呈增长态势。其中男性 3977.19 万人，增加了 614.10 万人，增长 18.26%，年均增长 1.69%；女性 3933.37 万人，增加了 627.56 万人，增长 18.98%，年均增长 1.75%[1]。同人口总量的增长相比，山东省劳动年龄人口总量的增长速度远大于人口总量的增长速度，女性劳动力资源总量增长快于男性劳动力资源总量的增长。按照国际标准口径，2010 年山东省 15—64 岁劳动年龄人口达到 7128.90 万人，占总人口的比重为 74.42%；与 2000 年相比增加了 152.49 万人，增长 2.19%，但是劳动年龄人口占总人口的比重下降了 3.12 个百分点(见表 1)，劳动年龄人口比重开始出现负增长。

表 1 山东省人口总量、劳动年龄人口总量、劳动年龄人口比重及劳动年龄人口增长速度

年份	总人口(万人)	劳动年龄人口(万人)	劳动年龄人口占总人口比重(%)	劳动年龄人口年均增长(%)
1982	7441.92	4970.46	66.79	—
1990	8439.21	6049.08	71.68	2.49
2000	8997.18	6976.41	77.54	1.39
2010	9579.27	7128.90	74.42	—0.41

性别和年龄反映劳动年龄人口的内在结构，是合理安排劳动力的重要依据。2010 年的劳动年龄人口中，男性人口为 3565.04 万人，女性人口为 3563.86 万人，人口性别比为 100.03，比总人口性别比 102.33 低 2.3 个百分点。从上个世纪 90 年代以来，山东省劳动年龄人口趋于老化。2010 年和 2000

① 这里的劳动年龄人口按照第六次人口普查的口径，即 16 周岁及其以上人口统称为劳动年龄人口。在进行历次人口普查比较时，为了便于比较采用 16—59 岁法定劳动年龄的口径。

年的数据对比表明[2]，山东省16－34岁年龄组人口占劳动年龄人口的比重提升的幅度不大，但是35－49岁年龄组和50－59岁年龄组提升幅度达到7%以上(见表2)，这充分说明，山东省劳动年龄人口老化较为显著，给经济发展带来不利的影响。

表2　山东省特殊年龄组劳动年龄人口数量及比重

年龄组	2010年人口普查		2000年人口普查		2010年与2000年比较	
	数量(万人)	比重(%)	数量(万人)	比重(%)	数量(万人)	比重(%)
16－34	2741.18	41.78	2912.13	41.74	－170.95	0.04
35－49	2531.37	38.58	2160.12	30.96	371.25	7.62
50－59	1288.81	19.64	860.46	12.33	428.35	7.31
总计	6561.36	100.00	5932.71	100.00	628.65	—

(2)经济活动人口和非经济活动人口数量和结构

经济活动人口指在一定时期内为各种经济生产和服务活动提供劳动力供给的人口，这些人被视为实际参加或要求参加社会经济活动的人口，也称为现实的人力资源。非经济活动人口反映一定时期某地区退出劳动力市场的人口数量，包含潜在的劳动力资源，如求学、毕业后未工作、失去工作等目前不要求参加社会经济活动的人口。2010年山东省经济活动人口为6016.77万人，非经济活动人口为1953.79万人。在经济活动人口中，20－49岁年龄组经济活动人口占经济活动人口总量的71.55%，说明这个年龄组人口是参与社会劳动主导力量。在非经济活动人口中，16－24岁年龄组和55岁以上年龄组人口的比重达到80.73%(见表3)，说明求学和退休的人口是非经济活动人口的主体，在这里求学人口是潜在的人力资源，而退休人口则由生产的主体转化为消费的主体。

表3　山东省经济活动人口和非经济活动人口总量和比重的年龄结构

单位：%

年龄组	经济活动人口			非经济活动人口
	总量	就业人口	失业人口	总量
16－19岁	2.15	2.07	6.34	14.67
20－24岁	11.53	11.25	26.07	11.15
25－29岁	10.45	10.40	13.04	2.79
30－34岁	9.97	9.97	9.68	2.21
35－39岁	12.34	12.35	11.54	2.44
40－44岁	14.76	14.83	11.20	2.74
45－49岁	12.50	12.55	10.06	3.41
50－54岁	8.72	8.78	5.47	5.68
55－59岁	8.51	8.60	3.79	8.57
60－64岁	4.91	4.97	1.41	9.54
65－69岁	2.50	2.53	0.74	8.90
70－74岁	1.05	1.07	0.35	9.83
75岁以上	0.62	0.62	0.31	18.07
合计	100.00	100.00	100.00	100.00

分性别看,2010年山东省男性经济活动人口略多于女性,而非经济活动人口中女性的人口近乎男性的2倍(见表4)。这说明,在经济活动人口中,性别比例大致相当。而在非经济活动中,女性人口较多,这是因为,女性人口中有相当一部分没有参与社会劳动,而参与了家务劳动,而家务劳动目前不计入雇佣劳动的范围之中。

表4 山东省经济活动人口和非经济活动人口总量和比重的性别结构

性别	16岁及以上人口(%)	经济活动人口(%)			非经济活动人口(%)
		小计	就业人口	失业人口	
男	49.54	53.57	53.74	44.78	37.11
女	50.46	46.43	46.26	55.22	62.89
总计	100.00	100.00	100.00	100.00	100.00

劳动参与率是经济活动人口(包括就业者和失业者)占劳动年龄人口的比率,是衡量人们参与经济活动状况的指标。分年龄看,2010年25—49岁年龄组人口劳动力参与率达到90%以上,说明这个年龄组的人口参与劳动就业是最为活跃的。16—24岁年龄组劳动参与率较低,这与这个年龄组的人口正在参与学习和服兵役有关。与此相类似的是,60岁以上年龄组劳动力参与率锐减,这是由于人口年龄偏大进入老年期所致。从整个年龄分布来看,40—44岁年龄组劳动力参与率最高,为94.31%,以这个年龄组为界,其前后年龄组人口劳动力参与率逐步递减,40—44岁年龄组以后的劳动力参与率的递减速度大于这个年龄组以前的递减速度(见表5)。分性别看,男性劳动力参与率明显高于女性,二者相差12.18个百分点(见表6)。

表5 山东省不同年龄组人口的劳动参与和就业水平

单位:%

年龄组	劳动力参与率	就业率	就业人口比
16—19岁	31.07	94.44	29.34
20—24岁	76.10	95.75	72.86
25—29岁	92.01	97.65	89.85
30—34岁	93.28	98.17	91.58
35—39岁	93.97	98.24	92.31
40—44岁	94.31	98.57	92.96
45—49岁	91.87	98.49	90.48
50—54岁	82.55	98.82	81.58
55—59岁	75.36	99.16	74.72
60—64岁	61.29	99.46	60.96
65—69岁	46.32	99.44	46.06
70—74岁	24.82	99.38	24.67
75岁及以上	9.49	99.05	9.40
总体	75.48	98.12	74.06

表6 山东省不同性别人口的劳动参与和就业水平

单位:%

性别	劳动参与率	就业率	就业人口比
男	81.63	98.12	74.06
女	69.45	98.43	80.35
总体	75.48	97.76	67.89

(3)就业人口和失业人口的数量和结构

就业和失业是一个问题的两个方面。就业率(失业率)主要用来表述一个国家或地区的经济活力与社会延展性,就业人口比主要表述一个国家或地区的经济多层性。2010年山东省就业人口为5902.02万人,失业人口为114.75万人。2010年山东省人口就业率为98.12%,就业人口比为74.06%。分年龄看,就业率分三个层次,16—29岁年龄组的就业率在98%以下,30—54岁年龄组的就业率在98%—99%之间,而55岁及其以上年龄组的就业率在99%以上。这说明,青年经济活动人口就业不足,而老年经济活动人口就业充分。就业人口比与分年龄就业率的分布不同,25—49岁年龄组就业人口比在90%左右,以此年龄组为界,就业人口比向两侧递减(见表5),这说明,25—49岁年龄组劳动年龄人口参与社会生产的力量最强。分性别看,男性人口就业率和女性基本相当,而就业人口比男性比例低于女性(见表6),这说明男女经济活动人口的就业程度相当,但女性劳动年龄人口参与社会生产的活力不如男性。

(4)就业人口的产业结构

分产业看,2010年山东省就业人口主要分布在第一产业,第二产业和第三产业的就业人口比重基本持平;2000年也呈现出类似的态势。通过2010年和2000年两次人口普查的对比[3],可以看出,第一产业就业人口所占比重大幅度下降，第二产业和第三产业就业人口比重以大致相同的幅度上升。同时也表明，第一产业就业人口有一半流向第二产业，有一半流向第三产业（见表7）。说明我省制造业和服务业吸纳劳动力的强度大致相当。

表7　山东省"六普"和"五普"就业人口产业构成对比

产业类别	2010年（%）	2000年（%）	2010年与2000年对比
第一产业	54.5	68.8	－14.3
第二产业	22.9	15.7	7.2
第三产业	22.6	15.5	7.1
总计	100.0	100.0	

从行业结构看，2010年农林牧渔业就业人口比重与制造业就业人口比重合计达70.7%，另一个占比重较大的行业是批发、零售和贸易餐饮业，占接近10%，其他行业就业人口比重占近20%。与2000年相比[4]，2010年农林牧渔业就业人口比重下降幅度最大，为14.3个百分点，公共管理和社会组织就业人口比重有些微下降。其余行业就业人口比重均呈现上升态势，其中电力、燃气及水的生产和供应业、批发和零售业、住宿和餐饮业就业人口比重提升幅度较大（见表8），从中可以看出农林牧渔业就业人口向外转移的流向，主要集中在城市基础设施建设和城市服务业方面。

（5）就业人口的职业机构

从就业人口的职业结构看，2010年山东省农、林、牧、渔、水利业生产人员所占比重最大，为54.8%。农、林、牧、渔、水利业生产人员和商业、服务业人员以及生产、运输设备操作人员及有关人员比重合计达到近90%。通过2010年和2000年对比[5]，可以看出山东省农、林、牧、渔、水利业生产人员比重下降幅度最大，为14.9个百分点，服务业人员以及生产、运输设备操作人员及有关人员比重上升，大致在6.8个百分点（见表9）。其余职业就业人口比重都有所上升。数据表明，从事简单体力劳动的就业人口大幅度减少，而从事机械操作、商业服务等有更多技术含量职业的就业人口较多。值得一提的是，2010年专业技术人员比重比2000年提高一个百分点，说明我省的专业技术人员规模在逐步扩大，这有利于充分发挥科学技术在在提升产能中的重要作用。

表8　山东省2010和2000年就业人口行业结构对比

行业类别	2010年各行业就业人口比重（%）	2000年各行业就业人口比重（%）	2010年与2000年对比
(1)	54.5	68.8	－14.3
(2)	1.3	1.2	0.1
(3)	16.2	11.8	4.4
(3)	0.6	0.5	0.1
(5)	4.8	2.3	2.5
(6)	3.0	2.0	1.0
(7)	9.9	4.9	5.0
(8)	0.7	0.5	0.2
(9)	0.5	0.1	0.4
(10)	0.5	0.1	0.4
(11)	2.4	1.8	0.6
(12)	3.2	3.1	0.1
(13)	2.4	2.9	－0.5
合计	100.0	100.0	—

注：将两次人口普查的项目进行了合并，尽量能够进行比较。(1)农、林、牧、渔业、(2)采矿业、(3)制造业、(3)电力、燃气及水的生产和供应业、(5)建筑业、(6)交通运输、仓储和邮政业、(7)批发和零售业、住宿和餐饮业、(8)金融业、(9)房地产业、(10)科学研究、技术服务、地质勘查、水利、环境和公共设施管理业、(11)居民服务和其他服务业、(12)教育、卫生、社会保障和社会福利业、文化、体育和娱乐业、(13)公共管理和社会组织。

表9　山东省2010和2000年就业人口职业结构对比

行业类别	2010年各行业就业人口比重（%）	2000年各行业就业人口比重（%）	2010年与2000年对比
(1)	1.6	1.6	0.0
(2)	6.2	5.2	1.0
(3)	3.0	2.6	0.4
(4)	13.7	6.9	6.8
(5)	54.8	69.7	－14.9
(6)	20.7	14.0	6.7
(7)	0.1	0.02	0.08
总计	100.0	100.0	—

注：(1)国家机关、党群组织、企业、事业单位负责人、(2)专业技术人员、(3)办事人员和有关人员、(4)商业、服务业人员、(5)农、林、牧、渔、水利业生产人员、(6)生产、运输设备操作人员及有关人员、(7)不便分类的其他从业人员。

（6）就业人口的城乡结构

2010年，在山东省5902.02万就业人口中，城市就业人口为1444.81万人，占总就业人口的24.48%；镇就业人口为1118.43万人，占18.95%；村就业人口为3338.78万人，占56.56%(见表10)。从中可以看出，乡村就业人口占就业人口的一半以上，说明我省的非农化任务仍很艰巨。分年龄看，25—39岁年龄组的就业人口，城市地区占30%以上，镇占20%左右，城市和镇的就业人口比重分布相类似。与城市和镇相反，25—39岁年龄组的乡村就业人口所占比重在50%以下，其余年龄组都在50%以上，这说明，大量的青壮年劳动力从农村进入城镇打工，从而造成了乡村劳动力的老化。

表10 山东省就业人口的城乡结构

单位:%

年龄	就业人口	占就业人口比重		
		市	镇	村
16—19岁	100	21.96	17.43	60.61
20—24岁	100	25.40	18.89	55.71
25—29岁	100	32.54	19.23	48.23
30—34岁	100	34.89	20.13	44.97
35—39岁	100	32.36	20.26	47.38
40—44岁	100	25.48	19.82	54.69
45—49岁	100	24.33	18.79	56.88
50—54岁	100	19.34	18.10	62.56
55—59岁	100	13.33	17.73	68.94
60—64岁	100	7.81	17.28	74.91
65—69岁	100	6.35	16.63	77.02
70—74岁	100	5.33	15.75	78.92
75岁及以上	100	4.11	15.34	80.55
总计	100	24.48	18.95	56.56

(7)就业人口的区域分布

山东省各地区就业人口比重相差很大。青岛、潍坊、济宁、临沂、菏泽五市的就业人口分别占全省总就业人口的8%以上，而淄博、枣庄、东营、威海、日照、莱芜、滨州七市的就业人口分别占全省总就业人口不足5%，这种分布格局与各地市人口禀赋密切相关。从总人口就业率看，济南、青岛、淄博三市总人口就业率不足60%，而其余各地市总人口就业率在60%—68%，这是因为，东部地区工业基础较好，农村劳动力隐形失业显性化，而中西部地区仍有大量劳动力滞留在农村，造成虚化的高就业率。

表11 山东省地区总人口、地区就业人口分布及各地区就业率

单位:%

地区	地区人口分布	就业人口分布	总人口就业率
济南市	7.06	6.23	54.62
青岛市	9.30	8.65	57.59
淄博市	4.72	4.30	56.41
枣庄市	3.73	3.69	61.24
东营市	2.17	2.11	60.29
烟台市	7.42	7.53	62.84
潍坊市	9.40	9.47	62.40
济宁市	8.34	8.31	61.75
泰安市	5.64	5.66	62.08
威海市	2.88	2.83	60.88
日照市	2.96	2.94	61.33
莱芜市	1.33	1.34	62.25
临沂市	10.59	11.17	65.34
德州市	5.72	6.28	67.95
聊城市	5.94	6.32	65.86
滨州市	4.02	4.31	66.33
菏泽市	8.78	8.85	62.43
合计	100.00	100.00	—

2. 人口社会保障

(1)老年人口的生活来源

2010年，山东省老年人口总量为942.98万人，占全省总人口的9.84%，比2000年提高了1.72个百分点。2010年山东省老年抚养比为13.23%，与2000年相比提高了1.93个百分点，我省老年人口规模增大，养老负担更加严重。山东省65岁以上老年人口由家庭其他成员供养的占到一半多，说明靠亲属供养是目前老年人养老的主要经济途径。靠劳动收入和离退休金养老的老年人口占老年人口总量的41.08%，表明经济自立的老年人口比重也较大，公共社会保障体系的功能显著地体现出来。另有不到3%的老年人口靠最低生活保证金度日(见表12)，说明山东省仍存在一小部分没有生活来源的人口，同时也表明了我省的最低生活保障制度发挥了积极的作用。人口数量、素质、结构和分布通过许多中间因素对社会保障起到影响作用[6]，上述对老年人口规模和供养结构的分析有利于老年社会保障政策的制定。

表12　山东省65岁及以上老年人口主要生活来源分布

主要生活来源	百分比(%)
劳动收入	24.84
离退休养老金	16.24
失业保险金	0.00
最低生活保障金	2.97
财产性收入	0.18
家庭其他成员供养	53.77
其他	2.02
合计	100.00

从老年人口生活来源的性别差异来看，以劳动收入为主要生活来源的男性老年人口占近2/3，女性占1/3。以离退休养老金为主要生活来源的男性老年人口接近女性老年人口的2倍。但是，靠家庭其他成员供养的女性老年人口是男性老年人口的2倍多(见表13)。数据表明，男性老年人在就业中处于强势地位，较多男性老人参与过社会生产，从而使较多的男性老年人口享受政府发放的养老金。而女性老年人口参与社会生产较少，有独立经济来源的少，生活的依附性较强，从而导致依靠子女或亲戚抚养的较多。相对男性老年人口而言，女性老年人口在养老方面处于弱势地位。

表13　山东省65岁及以上老年人口主要生活来源的性别差异

单位：%

主要生活来源	男	女	合计
劳动收入	62.36	37.64	100.00
离退休养老金	64.36	35.64	100.00
失业保险金	0.00	0.00	100.00
最低生活保障金	50.27	49.73	100.00
财产性收入	54.92	45.08	100.00
家庭其他成员供养	32.84	67.16	100.00
其他	46.62	53.38	100.00
总体	46.12	53.88	100.00

(2)老年人口的身体健康状况

2010年，山东省健康老年人口占全部老年人口的比重为52.09%，基本健康的为33.07%，不健康但生活能自理的占12.16%，生活不能自理的占2.68%，合计健康和基本健康的老年人口比重为85%(见表14)，我省老年人口的健康状况总体尚好。分年龄看，老年人口随着年龄的增加身体机能逐渐衰退，健康状况随年龄而递减。身体健康的老年人口随着年龄的增长，其比重逐渐减小。在基本健康的老年人口中，其比重以80－84岁年龄组为界，向两侧递减。不健康但生活能够自理的老年人口，其比重随着年龄的增长而提高。生活不能自理的老年人口，其比重随着年龄的增加而提高，自85－89岁年龄组开始，其比重急剧上升，100岁及以上年龄组的比重有所回落(见表14)。80岁以上老年人口自理能力堪忧，应引起政府对老龄老人日常护理的高度关注。

表14　山东省分年龄老年人口健康状况

单位：%

年龄组	老年人口	身体状况			
		健康	基本健康	不健康，但生活能自理	生活不能自理
60－64	100	72.38	22.98	3.89	0.74
65－69	100	59.78	31.43	7.53	1.27
70－74	100	42.67	40.92	14.15	2.26
75－79	100	32.43	43.22	20.56	3.79
80－84	100	22.59	42.10	28.44	6.87
85－89	100	18.38	38.07	31.81	11.74
90－94	100	14.57	33.06	32.30	20.07
95－99	100	14.50	29.41	30.06	26.03
100及以上	100	17.33	33.33	24.00	25.33
总体	—	52.09	33.07	12.16	2.68

分性别看，我省健康老年人口中男性和女性基本持平，基本健康、不健康但生活能够自理的老年人口中女性明显多于男性，生活不能自理的老年人口中女性是男性的1.5倍。这说明，男性老年人口的生活质量明显高于女性。将性别和年龄结合起来考察，健康、老年人口中男性比重随着年龄的增长而减低，女性比重随着年龄的增长而减小，以80—84岁年龄组为界，之前男性比重大于女性，之后女性比重大于男性。基本健康的老年人口中，男性人口比重随着年龄的增长而降低，而女性比重随着年龄的增长而提高，女性比重明显大于男性。不健康但生活能自理的老年人口中，男性比重随着年龄的增长而降低，但降低的幅度不大，而女性比重则随着年龄的增长而提高，女性比重显著大于男性。生活不能自理的老年人口中，男性比重随着年龄的增长加速降低，而女性比重则不断提高，随着年龄的增长女性比重远远大于男性。男女不同身体状况人口比重的变动表明，女性的寿命要长于男性，刚刚进入老年的男性和女性老年人口的不同健康状况基本持平，随着年龄的增大，男女差异越来越明显，即女性比例高于男性。一个特殊情况是，在健康老年人口中低龄组男性多于女性，高龄组女性多于男性(见表15)。上述分析，再次说明了女性寿命明显高于男性这条人口生物学定理，但是与男性相比，高龄女性老年人口的健康状况不佳。

表15 山东省老年人口身体状况的性别—年龄结构

单位：%

年龄组	身体状况							
	健康		基本健康		不健康，但生活能自理		生活不能自理	
	男	女	男	女	男	女	男	女
60—64	51.90	48.10	42.47	57.53	45.85	54.15	50.67	49.33
65—69	53.25	46.75	43.31	56.69	43.81	56.19	49.96	50.04
70—74	53.45	46.55	45.02	54.98	44.79	55.21	49.34	50.66
75—79	50.08	49.92	43.30	56.70	42.00	58.00	42.94	57.06
80—84	45.04	54.96	40.65	59.35	37.75	62.25	36.07	63.93
85—89	39.54	60.46	35.96	64.04	33.56	66.44	28.50	71.50
90—94	34.58	65.42	31.64	68.36	30.51	69.49	23.08	76.92
95—99	34.29	65.71	26.32	73.68	25.63	74.37	20.85	79.15
100+	42.31	57.69	21.00	79.00	23.61	76.39	14.47	85.53
总体	51.85	48.15	42.77	57.23	41.27	58.73	39.78	60.22

二、2011—2025年人口就业、社会保障趋势分析

1. 劳动年龄人口和老年人口预测

(1)预测基础

首先，基础数据确定。采用的预测基础数据为第六次人口普查分年龄、性别的常住人口数，分年龄育龄妇女人数、分年龄生育率、分年龄死亡率，出生人口性别比。其次，预测参数选择。生存模式以2010年为标准，生育模式以2010年分年龄生育率为标准。根据目前的计划生育工作实际水平，出生人口性别比确定为由2010年的124.28降低到2015年115，中间各年度数据进行线性插值。总和生育率划分为三个层次，即1.18(六普数据)、1.3(抽样数据)①、1.5(政策模拟数据)[7]。最后，人口预测步骤[8]。a. 采用分性别年龄移算法预测2011—2025年分性别人口数。b. 出生人口预测：一是按照

① 1992年全国38万人调查山东总和生育率为0.92，五普为1.16，2004年省生育力调查为1.37，这里折中取1.3。参见：丁传英主编：山东省2004年育龄妇女生育力调查数据集．北京：华艺出版社；2006年；第6页。

2010年育龄妇女生存模式，预测2011－2025年育龄妇女人数；二是按照2010年的生育模式，按照预测期总和生育率1.18、1.3和1.5分别预测出生人口；三是利用2010－2025年出生人口性别比124.28－115，将预测出来的出生人口进行性别分离，将得到的男性出生人口和女性出生人口，回填到分年龄人口预测数年龄移算表上方空白三角区内。c.按照性别和年龄两个维度整理预测数据，列出预测期历年经济活动人口数量和老年人口数量。需要说明的是，我省跨省人口流动的经验数据表明，忽略人口迁移并不影响预测期人口变动的趋势，本人口预测将人口迁移预测抽象掉，将我省人口当做封闭人口处理。

(2)预测结果

根据总和生育率1.18、1.30和1.50三个水平，得到低方案人口、中方案人口和高方案人口三个不同预测结果(见表16)。其中低方案人口预测的峰值为9742.48万人，出现在2018年，尔后人口总量逐步回落；中方案人口预测的峰值为9816.91万人，出现在2019年；高方案人口预测的峰值为9969.49万人，出现在2022年。三种方案预测的人口总量均不过1亿人。第六次人口普查获得的总和生育率数据为1.18，这个数据偏低，难以反映山东省的真实生育情况。前期研究表明，山东省的政策生育率为1.483[9]，综合不孕不育率和放弃二孩生育的家庭以及三孩及其以上生育情况，山东省的综合生育率不会超过1.50。也就是说，坚持贯彻现行生育政策，在计划生育率在100%的理想状态下，我省人口总和生育率不会超过1.50。通过前期研究，结合我国和山东省进入2000年以来的生育调查数据，认为在坚持现行生育政策的前提下，总和生育率定为1.30能够反映山东省的生育实际，鉴于此，选择中方案作为山东省人口变动的依据最为合适(见表16)。

从人口结构上来看，2011－2025年山东省儿童少年人口和劳动年龄人口比重将逐步下降，年均分别下降0.17和0.36个百分点，而老年人口比重逐年提高，年均提高0.54个百分点。2011－2025年山东省老年抚养比和总抚养比逐年提高，年均分别提高0.85和0.71个百分点，而儿童少年抚养比逐年下降，年均下降0.14个百分点(见表17)。未来三个“五年规划”期间，山东省总人口和劳动年龄人口进一步趋于老化，老年人口高龄化现象趋于严重；由于老年人口比重增速过快，使社会负担逐年加重。

表16　山东省2011－2025年人口变动趋势

单位：万人

年份	低方案人口 TFR＝1.18	中方案人口 TFR＝1.30	高方案人口 TFR＝1.50
2011	9612.26	9621.39	9637.00
2012	9644.24	9662.61	9694.01
2013	9674.51	9702.21	9749.53
2014	9700.54	9737.37	9800.30
2015	9720.16	9765.73	9843.60
2016	9733.12	9787.02	9879.12
2017	9740.14	9802.02	9907.76
2018	**9742.48**	9812.13	9931.15
2019	9739.74	**9816.91**	9948.79
2020	9732.02	9816.48	9960.80
2021	9720.13	9811.72	9968.22
2022	9702.83	9801.27	**9969.47**
2023	9679.30	9784.24	9963.53
2024	9650.45	9761.61	9951.56
2025	9616.59	9733.77	9934.00

2. 劳动力供求变动趋势

(1)劳动力需求预测

利用弹性法预测劳动力需求总量。2010年和2000年两次人口普查表明，2000年全省就业人口为5477万人，2010年为5902万人，年均增长0.75%。2000年全省GDP8337.47亿元，2010年增长到39169.92亿元，年均增长16.73%。已知10年间全省的人口年均增长率和GDP年均增长率，据此计算出2000－2010年间山东省的GDP就业弹性为0.045。根据GDP就业弹性的定义[10]，假定就业弹性不变，计算出2011－2025年各年度劳动力需求总量(见表18)。

表 17 山东省 2011—2025 年人口年龄结构及劳动年龄人口负担比

单位:%

年份	儿童少年人口比重	劳动年龄人口比重	老年人口比重	儿童少年抚养比	老年抚养比	总抚养比
2011	15.76	74.03	10.21	21.29	13.79	35.08
2012	15.74	73.67	10.59	21.36	14.38	35.74
2013	15.71	73.35	10.94	21.41	14.92	36.33
2014	15.77	72.81	11.43	21.65	15.69	37.35
2015	15.72	72.32	11.96	21.74	16.54	38.28
2016	15.66	71.80	12.54	21.80	17.47	39.27
2017	15.57	71.21	13.22	21.86	18.56	40.42
2018	15.52	70.62	13.87	21.97	19.64	41.61
2019	15.27	70.17	14.55	21.76	20.74	42.50
2020	14.98	69.72	15.30	21.48	21.95	43.43
2021	14.72	69.33	15.95	21.24	23.00	44.24
2022	14.39	68.93	16.68	20.88	24.20	45.08
2023	14.01	68.78	17.21	20.36	25.03	45.39
2024	13.65	68.94	17.41	19.80	25.25	45.05
2025	13.37	68.93	17.70	19.40	25.68	45.08

表 18 山东省 2011—2025 年劳动力需求总量变动趋势

年份	就业弹性	就业增长率(%)			劳动力需求总量(万人)		
		GDP 增长 8%	GDP 增长 10%	GDP 增长 12%	GDP 增长 8%	GDP 增长 10%	GDP 增长 12%
2011	0.045	0.00036	0.0045	0.0054	5904	5929	5934
2012	0.045	0.00036	0.0045	0.0054	5906	5955	5966
2013	0.045	0.00036	0.0045	0.0054	5908	5982	5998
2014	0.045	0.00036	0.0045	0.0054	5911	6009	6031
2015	0.045	0.00036	0.0045	0.0054	5913	6036	6063
2016	0.045	0.00036	0.0045	0.0054	5915	6063	6096
2017	0.045	0.00036	0.0045	0.0054	5917	6090	6129
2018	0.045	0.00036	0.0045	0.0054	5919	6118	6162
2019	0.045	0.00036	0.0045	0.0054	5921	6145	6195
2020	0.045	0.00036	0.0045	0.0054	5923	6173	6229
2021	0.045	0.00036	0.0045	0.0054	5925	6201	6262
2022	0.045	0.00036	0.0045	0.0054	5928	6229	6296
2023	0.045	0.00036	0.0045	0.0054	5930	6257	6330
2024	0.045	0.00036	0.0045	0.0054	5932	6285	6364
2025	0.045	0.00036	0.0045	0.0054	5934	6313	6399

注:预测基期劳动力需求总量采用六普在业人口数据。GDP 数据来源于山东统计年鉴—2011。

(2)劳动力供求变动趋势

劳动力供求比较的结果表明，在GDP增速为8%、10%和12%三种情况下，山东省将在“十二五”中后期开始出现劳动力短缺(见表19)。事实上，近几年出现的劳动力成本上升以及“民工荒”，能够佐证劳动力出现短缺的预测数据。随着时间的推移，劳动力短缺的现象会愈演愈烈，如果按方案2的预测，到2025年，山东省会出现800万人的劳动力缺口，如果不及时采取措施，届时经济发展会受到一定程度的阻滞。

表19　山东省2011—2025年劳动力供求比较

年份	劳动年龄人口(万人)	劳动参与率(%)	劳动力供给(万人)	劳动力需求(万人)			供求比较(万人)		
				方案1	方案2	方案3	方案1	方案2	方案3
2011	8013	74.82	5996	5904	5929	5934	92	67	62
2012	8044	74.17	5966	5906	5955	5966	60	11	0
2013	8078	73.52	5939	5908	5982	5998	31	**−43**	**−59**
2014	8112	72.88	5912	5911	6009	6031	1	−97	−119
2015	8134	72.25	5877	5913	6036	6063	**−36**	−159	−186
2016	8160	71.62	5844	5915	6063	6096	−71	−219	−252
2017	8181	71.00	5808	5917	6090	6129	−109	−282	−321
2018	8200	70.38	5771	5919	6118	6162	−148	−347	−391
2019	8211	69.77	5728	5921	6145	6195	−193	−417	−467
2020	8236	69.16	5696	5923	6173	6229	−227	−477	−533
2021	8262	68.56	5664	5925	6201	6262	−261	−537	−598
2022	8281	67.96	5628	5928	6229	6296	−300	−601	−668
2023	8302	67.37	5593	5930	6257	6330	−337	−664	−737
2024	8322	66.78	5557	5932	6285	6364	−375	−728	−807
2025	8335	66.20	5518	5934	6313	6399	−416	−795	−881

注：劳动力数据全部依据六普数据资料，劳动年龄人口采用16周岁及其以上人口数量。2010和2000年劳动力参与率分别为82.38%和75.48%，据此外推至2025年。按照世界银行的统计标准，66%的劳动参与率为中上等收入国家的标准，所以这里计算的经济活动人口数量偏小，换句话说，劳动力短缺的年份最早出现在2014年。方案1根据GDP年均增长8%预测，方案2根据GDP年均增长10%预测，方案3根据GDP年均增长12%预测。

(3)社会保障和就业公共支出变动趋势

衡量地区社会保障水平，通常采用社会保障支出占GDP的比重和人均社保支出两个指标来反映。前者反映了一个地区社会保障发展的深度，即从社会保障资金的供给容量分析地区社保水平；后者反映了一个地区社会保障发展的广度，即从社会保障资金的覆盖面分析地区社保水平。2011—2025年社会保障和就业公共支出预测基于2007年以来的社会保障和就业支出的增长速度。预测结果表明，到2025年社会保障和就业支出将达到5177.43亿元，是2011年的10.5倍；2025年的人均社会保障和就业支出将达到9382.80元，是2011年的11.4倍；社会保障和就业支出占GDP比重将由2011年的1.14%提高到2025年的3.16%，年均提高0.14个百分点。考虑到山东省人口老龄化水平将会从2011年的10.21%上升到2025年的15.30%，未来的社会保障支出规模和占GDP的比重将会更大(见表20)。

表 20 山东省 2011—2025 年社会保障和就业支出增长情况

年份	经济活动人口（万人）	社会保障和就业财政支出（亿元）	人均社会保障和就业财政支出（元）	Gdp 总量（亿元，按年均增长 10%）	社会保障和就业投入占 GDP 比重（%）
2011	5996	492.99	822.20	43086.91	1.14
2012	5966	583.16	977.47	47395.60	1.23
2013	5939	689.82	1161.51	52135.16	1.32
2014	5912	815.99	1380.23	57348.68	1.42
2015	5877	965.24	1642.40	63083.55	1.53
2016	5844	1141.78	1953.76	69391.90	1.65
2017	5808	1350.61	2325.43	76331.09	1.77
2018	5771	1597.64	2768.39	83964.20	1.90
2019	5728	1889.84	3299.30	92360.62	2.05
2020	5696	2235.50	3924.68	101596.68	2.20
2021	5664	2644.37	4668.73	111756.35	2.37
2022	5628	3128.02	5557.96	122931.99	2.54
2023	5593	3700.14	6615.66	135225.19	2.74
2024	5557	4376.89	7876.35	148747.71	2.94
2025	5518	5177.43	9382.80	163622.48	3.16

注：2007—2010 年就业和社会保障年均增长 18.29%，社会保障和就业财政投入以及 GDP 按照 2010 年价格计算。2000—2010 年年均地方财政支出 21.06%；资料来源：山东统计年鉴 2011。

三、人口就业、社会保障工作及存在的问题

1. 人口就业、社会保障工作回顾

（1）“十五”时期人口就业、社会保障

首先，就业方面：我省各级党委、政府把扩大就业摆在经济社会发展的突出位置，把扩大就业和控制失业率作为宏观调控的重要目标，建立了政府促进就业的目标责任体系，基本形成了“劳动者自主择业、市场调节就业、政府促进就业”的市场就业机制，逐步健全了困难群体就业援助机制，逐步完善了财政投入、税费减免、小额贷款为主要内容的就业政策体系。“十五”期间，帮助 200.4 万下岗失业人员实现再就业，组织实施了“三年六十万”的再就业培训计划和“两年五十万”的创业培训工程，共组织再就业培训 122 万人，再就业率达到 70%。完善了高技能人才表彰奖励政策，建立了“首席技师”制度，开展了“金蓝领”培训、“有突出贡献的技师”等活动。技工教育稳定发展，技工学校达到 253 所，在校生达到 32 万人，其中高级技工学校达到 34 所，年培养高级技工以上人员 10 万人。职业资格证书制度得到大力推行，职业技能鉴定覆盖面不断扩大，年鉴定人数达到 65 万人。

其次，社会保障方面：我省城镇职工参加养老、医疗、失业、工伤和生育保险的人数分别达到 1053.8 万人、861.5 万人、771 万人、578.7 万人和 461.2 万人，有 1070 万农民参加了农村社会养老保险。社会保险基金累计结余达到 411 亿元，年均增加 60 多亿元。以“确保企业离退休人员基本养老金按时足额发放，确保国有企业下岗职工基本生活费按时足额发放”为内容的“两个确保”取得卓著的成绩。组织 115 万下岗职工进入再就业服务中心，到 2003 年底全部出中心，实现了向失业保险并轨，90%以上实现了再就业；全省统筹范围内的 193 万企业离退休人员和 54 万机关事业单位离退休人员养老金以及 50.4 万失业人员的失业保险金均得到按时足额发放；企业离退休人员养老金从月人均 631 元提高到 785 元；企业退休人员社会化管理服务工作取得新进展，社会化率达到 98%，社区管理率达到 75%。

进一步加快劳动保障地方立法，先后出台了《山东省劳动合同条例》、《山东省就业促进条例》2 部地方性法规，发布实施了《山东省社会保险稽查办法》、《山东省失业保险规定》2 部政府规章，修改了《山东省劳动力市场管理条例》，初步构建出符合山东省情的劳动保障法律法规体系。

(2)“十一五”时期人口就业、社会保障

首先，就业方面：较之于“十五”时期，全省积极就业政策体系更加完善，就业规模进一步扩大，就业结构不断改善，就业局势保持稳定，劳动争议调处机制和劳动保障监察执法机制逐步完善，劳动关系总体保持和谐稳定。“十一五”时期仍然坚持贯彻“劳动者自主择业、市场调节就业、政府促进就业”的方针，实现了每市、每县(市、区)至少有一家高标准人力资源市场，充分发挥了依靠市场促进就业的基础作用。全省累计实现城镇新增就业 553.1 万人，农村富余劳动力转移就业 716.5 万人，城乡就业连续 5 年实现双过百万。三次产业的就业比例为 36：32.5：31.5，第二、三产业就业比重明显提高，各类职业介绍机构办理求职登记、招聘登记分别为 1415.2 万人次、1704.9 万人次，提供就业指导 833.3 万人次，介绍成功 768.5 万人次。其中，2010 年实现城镇就增就业 115.3 万人，转移农村劳动力 129.4 万人，城镇登记失业率为 3.36%，呈稳中有降态势。截至 2010 年底，省内高校 47.2 万应届毕业生中有 40 余万人落实了去向，总体就业率达到 85%。2010 年通过“就业援助月”等措施，帮助失业人员再就业 52.7 万人，其中特困难群体再就业 12 万人。

其次，社会保障方面：覆盖城乡居民的社会保障体系框架初步形成，社会保障制度建设取得突破性进展，社会保险待遇水平大幅提高。新型农村合作医疗和新型农村社会养老保险。2009 年山东省启动了新农保试点工作，确定了 19 个县(市、区)作为我省国家首批新农保试点县。目前已有 38 个县(市、区)纳入国家新农保试点，13 个县(市、区)纳入省级新农保试点，参保农民 1065 万人，领取养老金的农村老年人达 400 万人，占全省 60 岁以上老年人口的 30%以上。新型农村合作医疗方面，2010 年，我省新型农村合作医疗农民参合率已达 99.6%，累计受益 1.5 亿人次，其中，住院补偿 508.8 万人次，门诊补偿 1.4 亿人次。

城镇职工社会保险、城镇居民基本医疗保险和社会保险。2010 年全省城镇基本养老、医疗、失业、工伤和生育保险参保人数分别为 1773.0 万人、2823.6 万人、931.2 万人、1211.2 万人和 774.1 万人。分险种参保人数从多到少排序为医疗保险、养老保险、工伤保险、失业保险和生育保险；分险种参保人数增长速度从高到低排序为医疗保险、工伤保险、生育保险、社会基本养老保险和失业保险(见表 21)。2010 年全省离退休人员月人均养老金达到 1575.3 元，仅企业养老金支出就达 48 亿元。国务院决定，从 2007 年起开展城镇居民基本医疗保险试点。我省第一批试点的青岛、威海、淄博、东营、泰安、莱芜 6 市参保人数达到 224 万人，参保率达到 76%，已为 5 万名城镇居民报销住院和大病医疗费 1.12 亿元。第二批试点的潍坊、济宁、聊城、滨州、济南、烟台 6 市参保人数达到 160 万人，参保率达到 37%，共征缴基本医疗保险基金 6924.3 万元，为 6067 名城镇居民支付医疗费 1373 万元。2009 年实现城镇居民基本医疗保险全省覆盖，到 2010 年底参保居民达到 1229.3 万人。

表 21　2000—2010 年山东省城镇地区社会保险参保人数

单位：万人

年　份	养老保险	医疗保险	失业保险	工伤保险	生育保险
2000	972.2	255.5	715.0	279.4	325.5
2001	1022.2	490.2	700.2	285.5	331.8
2002	1043.0	625.6	701.2	278.2	323.2
2003	1135.9	691.1	719.1	281.8	336.5
2004	1218.7	771.9	747.5	476.7	390.8
2005	1302.5	861.5	771.1	578.7	461.2
2006	1368.0	996.1	789.7	647.3	488.8
2007	1455.7	1115.9	814.9	745.0	563.3
2008	1565.8	1266.2	864.1	865.0	638.0
2009	1661.0	2540.2	899.5	1064.6	703.0
2010	1773.0	2823.6	931.2	1211.2	774.1

资料来源：山东统计年鉴—2010；2010 年山东国民经济和社会发展统计公报。

(3)“十二五”初期人口就业、社会保障

首先，就业方面：各级政府坚持把扩大就业作为改善民生的头等大事和经济社会发展的优先目标，不断健全完善促进就业的政府责任体系、政策法规体系和管理服务体系，实现了经济发展与扩大就业的良性互动，超额完成了全年就业任务目标。全省实现城镇新增就业118.7万人，完成年度计划的118.7%；新增农村劳动力转移就业135.9万人，完成年度计划的113.3%；城镇登记失业率3.35%，低于4%的控制目标。总体看，2011年我省就业形势趋稳向好态势与经济平稳健康发展趋势相一致，就业增长模式转变与转方式调结构的要求相吻合，就业增量与重点区域发展战略的实施相契合，呈现出就业规模持续扩大、就业质量明显提高、就业服务体系不断完善，就业局势基本稳定的良好态势。截至2011年底，全省有40.5万名非师范类高校毕业生实现就业，总体就业率达到86.7%。帮助失业人员再就业55万人，其中困难群体就业11.8万人，零就业家庭全部实现动态消零。落实创业扶持政策，发放小额担保贷款14亿元。加强创业培训，完善创业培训师资管理办法，开展创业培训16万人，带动就业64万人。将家庭服务业从业人员纳入培训规划，不断提高劳动者就业技能，全年开展培训119万人，培训后就业率达80%以上。帮扶农村劳动力就业94.6万人；组织民营企业招聘周活动，帮助12.2万名求职者与用人单位达成就业意向。

其次，社会保障方面：各级政府坚持“广覆盖、保基本、多层次、可持续”的方针，着力推进社会保障制度改革，加快建设覆盖全省居民的社会保障体系，为保障和改善民生、促进经济发展和社会和谐发挥了重要作用。社会保险范围进一步扩大。坚持把扩大社会保险覆盖面作为重要基础性工作来抓，重点组织开展非公有制经济组织从业人员、灵活就业人员、农民工参加社会保险的专项行动，实现了社会保险制度安排由保障国有企业职工向保障城乡各类劳动者的延伸、覆盖范围由从业人员向非从业居民的扩展、保障区域由城镇为主向城乡统筹的转变。全省基本养老、基本医疗、失业、工伤、生育保险参保人数分别达到1901.8万人、2946万人、964.9万人、1276.1万人、857.8万人。新农保和城镇居民养老保险制度实现全覆盖，比国家要求提前了一年，全省参加城乡居民养老保险人数达到4093万人，平均参保率达到96.7%，1197.9万城乡居民按月领到了养老金。全年各项社会保险基金总收入达到1620亿元，同比增长29.9%；总支出1203.8亿元，同比增长19.5%。2011年全省共支付养老金587.9亿元，确保了293.7万企业退休人员养老金按时足额发放，参保职工的医疗、工伤、生育保险待遇也得到较好落实。连续第7年调整企业退休人员基本养老金水平，月人均增加187.5元，调整后月人均养老金达到1680元。城镇居民基本医疗保险财政补贴标准从每人每年120元增加到200元，城镇职工、居民政策范围内住院费用支付比例分别达到75%以上和65%左右，统筹基金最高支付限额平均达到26万元和12.6万元，分别达到职工年平均工资和居民年可支配收入的6倍以上。企业养老保险单位缴费比例进一步降低，全省减轻企业负担12.1亿元。企业退休人员管理服务社会化水平进一步提高。全省共有271.3万企业退休人员纳入社区管理，实现了与原企业社会事务的分离，社区管理率达到97.7%，大大减轻了企业的负担。

2. 未来人口就业、社会保障的困境

(1)劳动力结构性矛盾成为影响就业的重要矛盾

劳动力供大于求的总量矛盾已不再是就业的主要矛盾，结构性矛盾更加凸显。从就业人口的结构分析可以看出，第一产业就业人口规模仍然较大，就业人口的产业机构和行业结构升级的速度还不够快，难以与加快经济增长方式转变、推进产业结构优化升级的要求相适应。调查表明，劳动者就业质量低、劳动关系稳定性差，职业流动性较强。部分地区、企业在招工中存在结构性短缺现象，这种结构性短缺主要集中在春节、麦秋两收季节，劳动力春节返乡的刚性较强，麦秋两收的劳动力返乡趋于缓和，但有迹象表明劳动力短缺的时间在拉长，并开始由点到面蔓延。劳动力结构性短缺主要集中在我省东部沿海地区，并向中西部地区扩散开来，主要缺乏技术技能型人才，并逐步向一线操作工扩大。“招工难”反映了城镇化滞后于工业化，过于注重产业园区工业生产基础设施建设，而忽视了产业工人生活区基础设施配套建设和劳动力生活质量的改善。公共服务发展滞后于工业生产发展，农民工在城镇就业的合法权益还没有得到切实的维护，公共服务均等化还需很长的路子可走。企业用人观念滞后于经济转型步伐，“招工难”是相对于劳动力严重供大于求的情况下企业方挑挑拣拣而言的，在中国社会经济不断发展的大背景下，依靠低端廉价劳动力的发展模式终究难以为继，高素质的劳动力参与到生产中来是历史的必然。

(2)经济增长放缓弱化了就业量的增加速度

随着中央宏观经济调控的加强，短期内经济增长将出现趋缓的态势，这给就业促进带来一定的压力。今年全省经济增长预期目标是9.5%，按照目前就业弹性系数测算，就业拉动值预计减少9.9万人左右[11]，经济增速趋缓的影响不容忽视，这对人口就业和社会保障带来严峻挑战。从国际方面看，国际市场需求不振导致全省出口受挫，对外贸易在短期内难以恢复到以往水平，中长期也难获快速增长。欧美发达国家采取贸易保护措施，并对人民币升值施加压力，将对我省外贸企业造成重大影响，从而给沿海劳动力密集型出口企业的就业造成较大冲击。另外，投资增长减速也对就业带来冲击。我省经济增长主要是依靠投资和出口拉动，投资对就业的贡献率超过40%[12]，投资增长减速对就业的影响主要表现在：对建筑业、制造业在内的第二产业的就业冲击较大，从而导致就业量增幅减小，转变经济发展方式、大力发展带动就业增长社会服务产业成为必然。

(3)产业结构升级对就业产生不利影响

产业结构升级形成的“挤出效应”对促进就业产生一定的不利影响。山东省十二五规划纲要提出，要实施高端、高质、高效产业发展战略，牢固树立经济发展的效益导向，促进结构调整与财源建设有机结合，推动三次产业融合发展，加快建设结构优化、技术先进、清洁安全、附加值高、吸纳就业能力强的现代产业体系。目前全省经济工作的重点放在培育战略性新兴产业、加快改造提升传统产业、推进节能减排和环境保护、大力推进城镇化进程上。这样以来，会催生一批如节能设备、新能源等新产业、新企业创造一批新岗位；另一方面，淘汰落后产能会带来一定程度失业人口的增加，落后产业的工人和农村转移劳动力的技能素质无法短期快速提高，这部分就业人口还不能跟上产业结构升级的步伐，从而给就业促进工作带来不利影响。

(4)社会保障基金支付压力依然很大

山东省将长期面临着人口老龄化、人口城镇化、就业形式多样化及社会保险覆盖面窄、统筹层次低等多方面的问题，养老保险、医疗保险两大险种的社会保障基金的支付压力越来越大。退休人员逐年递增，养老保险个人账户滚动形成潜在的基金欠账。企业与机关事业单位养老保险制度不统一使退休人员养老金形成较大差距，这种社会不公平现象在短期内难以得到显著改观。部分城镇居民医疗保障缺乏制度安排，困难企业职工、关闭破产企业退休人员的参保问题还没有彻底解决。失业保险促进就业的功能尚未得到充分发挥。农村养老保险制度急需改革完善。社会保险扩面难度增大和部分参保缴费人员流失的问题并存。企业退休人员纳入社区管理的比例还不高。城镇个体劳动者和灵活就业人员、农民工、被征地农民的社会保障问题已成为全社会关注的焦点，迫切需要尽快解决。

(5)城乡社会保障还存在较大差距

城镇社会保障由政府、企业和个人共同分担社会保障责任，城镇地区建立起了比较完善的包括养老、医疗、失业、工伤保险在内的社会保险制度，老年人、儿童、残疾人等社会福利制度，低保、灾害救助、流动乞讨人员救助等社会救济制度，基本满足了不同人群的需求。但农村社会保障非常薄弱，比如农村低保制度保障程度较弱，新型农村合作医疗保障水平较低，难以有效解决农民“因病致贫、因病返贫”的问题，新农村社会养老保险制度保障程度较低。从保障项目看，城镇职工享有社会保险、社会救助、住房保障等较为全面系统的保障，而农民的保障基本上还靠家庭和土地，目前开展的特困救助、五保供养、新农合、农村养老保险等保障制度处在扩大覆盖面的阶段，保障程度比较低，难以满足农村人口的基本需求。在工作推进过程中，社会保障各部门职能分割的问题十分突出，目前社会保障工作分散由劳动保障、民政、卫生、计生等多个部门管理，多头管理难以形成合力。

三、破解人口就业、社会保障难题的对策建议

山东省委、省政府对就业和社会保障工作非常重视，坚持以人为本，全面落实科学发展观，把就业和社会保障当做改善民生的头等大事，同时也作为经济社会发展的优先目标。为了更好的促进就业和

社会保障工作，根据第六次人口普查数据分析的结论以及近十年来山东人口就业、社会保障工作情况，提出如下对策建议，供决策层参考。

1. 人口就业

(1)继续坚持积极的就业政策

继续坚持积极的就业政策，将就业政策和宏观经济政策有机结合在一起通盘考虑，将促进就业和转方式、调结构结合起来，在促进经济增长的同时带动就业岗位的增加，真正实现经济增长向经济发展的飞跃。积极的就业政策应当着力于以下几个方面：加强劳动力市场建设，加大劳动就业的公共服务力度，加大用工信息的监测、收集和发布力度，逐步建立起全国统一、规范、灵活的劳动力市场信息网络；加大劳动力市场的财政投入力度，增加面向基层、面向城乡的公益性招聘会和推介会，取消劳务中介收费，加强劳动力市场监管，为劳动力供求信息沟通打造良好的平台。大力加强职业教育和职业培训，增强劳动者的就业能力；创设有利于以创业带动就业的社会环境。

(2)做好重点人口群体的就业问题

重点人口群体包括高校毕业生，从农村转移出来的富余劳动力以及城镇就业困难人口。各级就业管理部门要依托就业公共服务机构，对就业困难人口群体有针对性地开展就业援助，出台并切实落实就业创业优惠政策，使帮扶对象尽快实现就业。积极发挥社区灵活就业岗位和公益性岗位安置就业作用，做好被征地农民就业促进工作，加大对被征地农民的就业援助，加大培训力度，提升就业能力，提高被征农民的就业率。加强对高校毕业生的就业服务工作，加强网上招聘和招聘进校园活动，大力发展人力资源服务产业，扶持社会化就业服务机构发挥准公共就业服务作用，提高就业信息和劳动力的有效供给。同时，要做好大中专毕业生的失业登记工作，配合相关部门安排大中专毕业生专场招聘会，组织创业政策进校园咨询活动，将特困职工家庭中的普通高校毕业生纳入就业困难对象进行重点帮扶。

(3)鼓励中小企业吸纳就业

中小企业是吸纳就业人口的主渠道，目前在中小企业的城镇就业人员比例约占80%。对于有困难的中小企业，政府应给予一定的扶持鼓励他们吸纳就业。首先，进一步改善中小企业生存环境，提升就业吸纳能力。经验表明，在应对金融危机中降低中小企业缴纳基数的政策有助于工人收入提高。中小企业社保缴费工资基数大都在缴费上限以下，正规缴费比例超过40%，相比大企业要高，对中小企业实施差异化社保缴费政策鼓励其提高工资水平。二是应继续推行"五缓四减三补贴"的政策，推进劳动密集型小企业贷款贴息工作。这个政策是对在金融危机冲击下困难企业的一种帮扶政策。所谓"五缓"就是只要是认定的困难企业，五项社会保险可以缓交；所谓"四减"就是对困难企业除养老保险以外，其他四项社会保险可以适当降低；同时对困难企业不裁员、保留就业岗位的给予社保补贴、岗位补贴、培训补贴。这项政策对于应对金融危机、稳定就业局势发挥了积极的作用。

(4)将职业教育和农民工城市融入相结合

中长期就业促进政策要以职业技能教育和进城农民工的社会融合为重点。一是以职业技工培训学校为主体加大劳动者培训投入。经验表明，凡就读技工学校的毕业生一般有技能就业意识，职业生涯预期稳定，出现"短工化"现象少。因此，职业技能培训工作重点应该以人力资源和社会保障部门的技工学校为主，要把办好技工学校作为一项重要的民生工程来抓，由公共财政负担技工院校的全部培养经费，对初高中毕业生就读技工院校实行免费。将教育附加费切块给技工院校，确保技工院校获得经费支持。二是加快农民工社会融合。千方百计创造条件取消城镇人口的身份差异，解决外来务工人员子女义务教育、住房保障、公共卫生等公共服务问题，使城镇农民工尽快融入当地的社会经济生活中去。以产业集群为中心统筹推进政府公共管理、企业管理和社会管理并带动经济区协调发展，将专业化、高效率的社会管理引入社区，加快农民工的社会融合。

2. 社会保障

(1)坚决落实"保险法"，保护劳动者的合法权益

依据《中华人民共和国社会保险法》的规定，社会保险包含五个项目：养老、医疗、工伤、失业和生育保险，养老、医疗保险是包括城乡全体的，包括职工也包括居民。而法律对统筹层次的规定是明确的，就是养老保险实行基础养老金的全国统筹，主要指的是城镇职工的养老保险，而对其他的社会保险项目确定的方向是省级统筹。养老保险的省级统筹现

在基本实现，所有的地区都制定了省级统筹的制度。我省要在这个法律框架内，尽快完成各个劳动者主体的社会保障城乡接续、异地接续，使劳动者自由流动，提高劳动者的配置效率，同时保护劳动者的合法权益不受侵犯。

(2)建立覆盖面广、多层次的社会保障体系

扩大社会保障覆盖范围，逐步建立覆盖面广、多层次的社会保障体系。一方面必须突破体制障碍，拓展社会保障覆盖面，逐步建立全社会统一的社会保障制度，为保障各类劳动者享受社会保障的权力，迅速扩大社会保险基金规模，尽快扩大社会保险的覆盖范围，真正建立起一个"安全网"。另一方面，建立多层次的社会保障体系。考虑到人们的现实需要，社会保障在改革过程中要按照待遇水平划分出不同层次：基本保险，由国家立法强制实施，政府统一组织；补充保险，在国家政策规范下由企业具体组织实施，鼓励有条件的企业和单位为职工建立补充保险；个人储蓄性保险，由劳动者个人自愿参加；商业保险应成为社会保险的补充，以满足经济条件较好的单位和人群的高层次保障需求。

(3)完善社会保障管理和监督体系

进一步完善社会保障管理和监督体系。一方面，加强对社会保障制度改革的统一领导和组织实施，建立起各部门之间分工协作的行政管理体系。另一方面，建立健全社会监督和行政监督制度。推动社会保障社会化，建立独立于企事业单位之外的社会保障支付体系。建立多样化的社会保障模式。多样化的社会保障模式由多功能的社会救助体系和包括国家强制的最低水平的社会保险、由缴费决定或自愿购买的补充保险在内的多层次的社会保险体系构成。

(4)推进农村基本保障体系建设

我国农村社会保障基金主要来源于国家财政，地方财政和农民参保。首先是政府资金的投入，政府要逐年按一定比例增加对农村社会保障事业的资金投入，要保证政府监管资金来源不受其他因素的干扰；要提高农民自我保障意识，通过宣传和引导，发挥社会、集体的力量；充分发挥家庭保障在农村社会保障中的主体地位。要采取政府积极引导和农民自愿相结合的原则，在一定范围内推行养老保险和养老储蓄。要鼓励有条件的农民积极参加各种商业保险。

(5)实现社会保障基金来源多元化

要扩大筹资渠道，实现社会保障基金来源多元化。人口老龄化加速，社会抚养比提高，整个人口结构不合理的现象凸显出，使养老金支出变动越来越困难。因此，应实行以部分积累制为主体，现收现付制和完全积累制并存，个人账户制、捐赠、发行彩票和可降低管理成本的志愿者服务等多种形式相结合的社会保障基金筹集模式。同时，建立、健全政府对弱势群体的保护与保障机制。在养老方面，应客观认识和对待人口的快速老龄化，大力发展养老保障事业，解决老年人口问题，提高政府对养老机构的投资水平，发展机构养老社区养老，促进养老模式多元化。

(6)树立社会福利应以就业优先的理念

树立社会福利应以就业优先的理念，统筹考虑劳动就业和社会保障问题。社会保障通常以劳动就业为条件，而劳动者的就业则需要有相应的社会保障做后盾。就业和社会保障是现代社会的两个基本问题，二者之间相互联系、相互影响、相互制约。从劳动经济学和福利经济学的角度来看，积极促进就业的政策与向保障对象提供收入补偿的社会保障政策，是一个问题的两个方面。扩大就业不仅可以缓解失业压力，也可以增强社会保障的物质力量，不断建设和完善社会保障体系，又可以在促进经济增长的同时，实现更宽泛的社会目标与人的全面发展。

参考文献：

1. 山东省人口普查办公室. 世纪之交的中国人口—山东卷[M]. 北京：中国统计出版社. 2005：150.
2. 同[1].
3. 同[1].
4. 同[1].
5. 同[1].

6. 崔树义等.山东人口和计划生育对社会保障的影响研究[J].东岳论丛.2011,11:126—130.
7. 李兰永.城市化进程中的生育政策取向研究——基于山东及部分二孩试点地区的经验分析[J].人口与发展,2009,5:16—23.
8. 温勇等主编.人口统计学[M].南京:东南大学出版社,2006:330—335.
9. 同[7].
10. 李兰永.山东省城镇地区就业现状与劳动力供求变动趋势[J].城市问题,2010,4:53—58.
11. 韩金峰.以职业培训缓解就业结构性矛盾[N]. http://roll.sohu.com/20120516/n343266240.shtml.
12. 董国勋.解读"十二五"山东就业面临的三难题[N]. http://jy.e23.cn/2011/0318/21918.html.

山东社科院　李兰永

湖北失业人口现状与社会救助政策研究

一、导论

就业问题关乎民生，世界各国政府都普遍关注就业问题，并通过制定积极的经济政策和社会政策来促进国民就业。我国是世界人口第一大国，巨大的就业压力在当前及未来相当长的时期将会持续存在，党中央、国务院一直把就业、再就业工作放在优先位置。胡锦涛同志在十七大报告中指出，“就业是民生之本。要坚持实施积极的就业政策，加强政府引导，完善市场就业机制，扩大就业规模，改善就业结构。完善支持自主创业、自谋职业政策，加强就业观念教育，使更多劳动者成为创业者。健全面向全体劳动者的职业教育培训制度，加强农村富余劳动力转移就业培训。建立统一规范的人力资源市场，形成城乡劳动者平等就业的制度。完善面向所有困难群众的就业援助制度，及时帮助零就业家庭解决就业困难。积极做好高校毕业生就业工作。完善和落实国家对农民工的政策，依法维护劳动者权益”。

目前，我国的失业人数总量不断攀升，失业人口增长率整体仍呈现出增长趋势，经济的高速增长与高失业率并存。《中国劳动统计年鉴 2011》显示，2010 年末城镇登记失业人数为 908 万人，湖北省 2010 年年末城镇登记失业人数为 55.7 万人。本文通过描述归纳湖北省失业人口的现状，分析湖北省对失业人口的社会救助，探析我省对失业人口社会救助中存在的问题，并结合对西方国家救助失业人口的经验和发达地区救助失业人口的实践，提出完善湖北失业人口社会救助的政策建议，以期能对破解我省失业难题有所帮助。

二、湖北省失业现状与成因

(一)湖北省失业人口特征

1. 湖北省失业率的地区分布

我省统计资料显示全省平均就业人口比为 69.12%，城镇平均失业率为 2.9%，小于 2011 年中国的登记失业率为 4.1%。从表 2.1 中的湖北各市州的数据来看，我省失业人口主要集中在经济发展较快的地区，武汉市失业率高于其他市区，城市模板表失业率最高，镇模板表失业率次之和乡村模板表失业率最小，相应地，就业人口比呈增加趋势。

2. 女性失业率高于男性

如图 2.1 所示从湖北省各地区的数据看女性在各地区的失业率普遍高于男性在该地区的失业率，女性合计模板中失业率均值为 3.16%，男性合计模板中失业率均值为 2.7%。失业女性在城市模板表中的失业率平均值高达 7.31%，相比之下，男性失业

图 2.1 湖北省各地区男女失业率

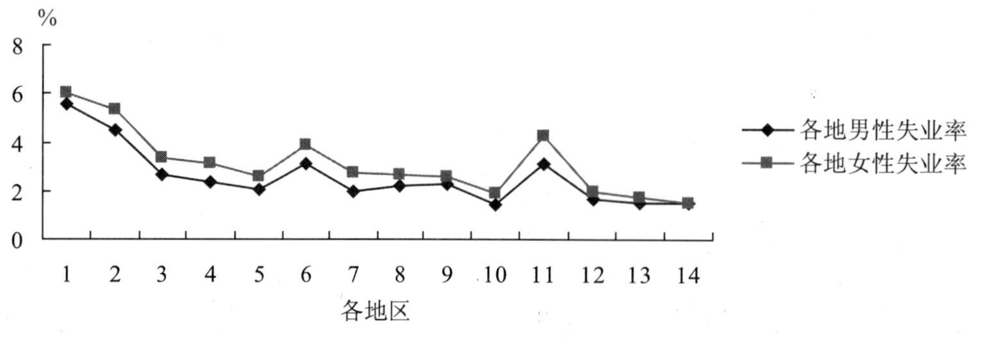

表 2.1 湖北省各市失业率与就业人口比(%)

城市	合计模板表		城市模板表		镇模板表		乡村模板表	
	失业率	就业人口比	失业率	就业人口比	失业率	就业人口比	失业率	就业人口比
武汉市	5.75	55.06	7.07	51.57	3.47	44.68	2.52	67.51
黄石市	4.86	61.09	8.42	51.48	4.51	59.17	2.36	71.04
十堰市	2.97	68.99	6	57.25	5.12	60.81	1.31	77.02
宜昌市	2.75	72	6.61	58.26	3.83	67.01	0.73	81.67
襄樊市	2.31	75.31	6	60.86	2.81	71.38	0.61	84.69
鄂州市	3.49	67.68	6.11	58.67	3.05	65.86	1.96	75.36
荆门市	2.31	75.09	7.72	58.01	3.77	66.9	0.5	84
孝感市	2.42	72.67	5.18	58.77	3.67	67.4	1.09	80.91
荆州市	2.41	72.51	7.33	53.4	3.93	64.58	0.89	81.32
黄冈市	1.65	71.76	4.62	57.97	3.48	64.5	0.77	76.23
咸宁市	3.63	66.63	6.96	52.58	5.89	62.02	1.99	73.01
随州市	1.83	75.13	4.29	62.02	3.84	67.05	0.76	81.37
恩施州	1.63	74.58	6.57	52.71	3.88	66.05	0.63	80
省直辖县级行政区划	1.5	76.96	4.36	63.98	1.92	70.94	0.56	83.91
平均值	2.9	69.12	6.55	55.02	3.69	65.39	1.02	78.97

率平均值为5.98%。尽管如此,男性在16—24岁和50—64岁时平均失业率高于女性在相同年龄段的失业率。

3. 失业人员年轻化

如图2.2显示,随着年龄段的增长,失业率呈现下降态势。从分年龄组数据看,全省16—19岁人口的平均失业率高达8.63%,20—24岁人口的平均失业率为6.63%,25—29岁人口为4.04%,30—34岁人口为2.87%,35—49岁人口平均失业率低于2.5%,而50岁以上人口平均失业率低于2.0%,失业人口普遍呈现出年轻化趋势。不同年龄段的失业率在湖北省各地区之间的差异不大,且都表现出低龄组的失业率较高的趋势。

图 2.2 湖北省失业人口年龄分布图

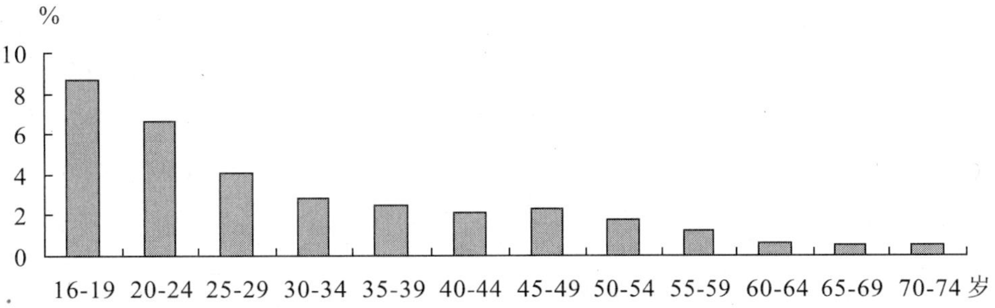

4. 家庭户失业率比集体户失业率高

如图2.3所示:各地区家庭户失业率普遍高于集体户失业率。家庭户是户别的主体,家庭户失业率能很好反映总体失业状况。只有荆州市和恩施市集体户失业率高于家庭户失业率。荆州市集体户失业率在城市模板、镇模板和乡村模板失业率均远高于其他地区,其中镇模板集体户失业率高达6.75%,远高于湖北省镇模板集体户失业率平均值1.68%,恩施市城市模版集体户失业率为4.17%,远高于湖北省城市模板集体户失业率平均值1.18%,

图 2.3　湖北省不同地区按户别失业率

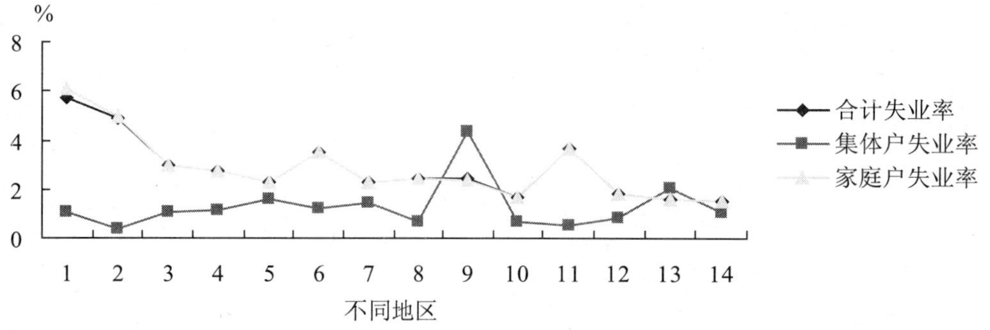

5. 高中以上学历失业率较高

不同学历人群的失业率不同，湖北省的数据显示高中学历及以上学历的人群失业率较高。如图 2.4 所示，高中以上学历失业人数占所有失业总人数的 50.5%。高中学历、大学专科和大学本科学历的失业率较高，分别为 6.09%、5.96%和 4.71%，研究生失业率为 2.57%，都比拥有初中学历以下的人员失业率高。这一现象说明并非高学历就能保证高就业率，我省呈现出高学历失业的现象。此外，不同学历人群的失业率水平在湖北省内各地区的水平及趋势大体相同。

图 2.4　湖北省不同学历人群的失业率

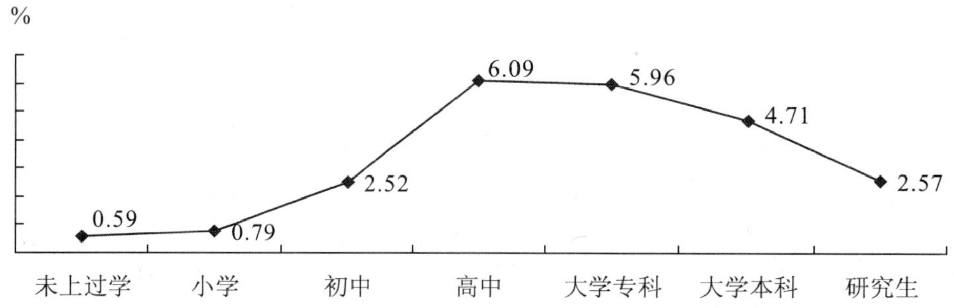

(二)湖北省失业现象的特征

1. 平均失业时间长

我省失业人失业时间平均值较大，为 13.16 个月，有 77%的失业人员在失业后一年内找到工作，11%的失业人员是失业后两年内找到工作，12%的失业人员失业两年后才找到工作。女性失业时间比男性失业时间长，女性失业未工作时间平均值为 13.75 个月，男性失业未工作时间平均值为 12.58 个月。不同年龄段的失业人员失业后未工作的时间也不相同，随着年龄的增加，失业人员失业后未工作的时间呈上升趋势，35 岁以上失业人员失业未工作时间都超过失业未工作时间平均值，这说明随着年龄越大，失业后待业的时间越长。城市模板表中平均失业时间较大，为 14.28 个月，镇模板表平均失业时间，为 13.26 个月，乡村平均失业时间最小，为 9.9 个月。各地区失业时间平均值相差不大，黄冈市失业平均值在不同模板表中均较高，鄂州市平均失业时间较短。

图 2.5　湖北省各年龄段失业时间分布图

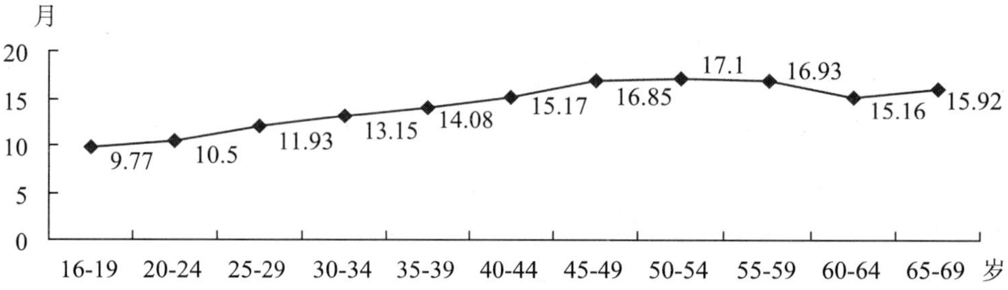

2. 结构性失业特点明显

我省呈现严重的结构失业现象。武汉市劳动力调查显示，武汉市岗位缺口将达12万，襄阳市、宜昌市、黄石市孝感市、鄂州市、咸宁市等都出现大量用工缺口，这些多是普工、一线工，月薪较高。另一方面，非自愿失业现象严重，分析失业原因，因为毕业后未工作和因为单位原因失去工作的员工占48%，即有将近一半的失业者是非自愿失业。由于劳动力市场上工人的技术、工种、年龄、性别、居住区不同，雇主招工条件及其所在地区有差异，供需双方不能相互满足，因而劳动力市场呈现出职位空缺（空位）与失业并存的现象。

3. 女性失业现象较严重

我省女性失业率高，失业时间长。不同地区，女失业率不同，但是各地区都呈现女性失业率高于男性失业率的现象，合计模板中女性失业率均值为3.16%，男性失业率均值为2.7。合计模板中女性失业待业时间均值为13.75个月，男性失业待业时间为12.59个月。25—49岁之间的女性就业困难，失业率高。在分析非经济活动人口的为工作原因时发现，男性非经济活动人口未工作的首要原因是在校学习，占36%，其次是离退休在家，占27%，然后是丧失工作能力，占18%。女性非经济活动人口未工作的首要原因是料理家务，占35%，其次是在校学习和离退休在家，各占20%。非经济活动人口反映一定时期某地区退出劳动力市场的人口数量，包含潜在的劳动力资源，比较男性和女性非经济活动人口未工作的原因发现，男性非经济活动人口为工作的原因及比例正常，在校学习的潜在劳动力资源是劳动者自身素质的深造，最终会转化为劳动力。但是，女性非经济活动人口的首要原因是料理家务，可谓是资源的浪费，反映了女性就业不充分。在所列的19个行业中，女性只在批发和零售业、卫生、社会保障和社会福利业、住宿和餐饮业、教育和金融业，这5个行业中的就业人数略高于男性的就业人数，说明女性在就业中处于弱势地位。女性就业人数和男性就业人数只在第一产业相当，第二产业和第三产业男性就业人数远高于女性就业人数。

4. 学历和年龄成为影响失业的敏感因素

湖北省的高学历失业现象表现突出，高中以上学历失业人数占所有失业总人数的50.5%。高中学历、大学专科、大学本科、研究生学历的失业率都比初中及初中以下失业率高，在校失业率远高于平均失业率。大学专科以上学历失业者的失业首要原因是毕业后未工作，其中有48%的失业人员是毕业后未工作。大量可得的工作机会与大量的失业同时存在，呈现高学历结构性失业的状态。

失业人员年轻化，年轻的失业者失业时间较短，年龄大的失业人员失业率低，但是待业时间长。16—29岁失业者占所有失业者的47%，这部分失业者平均失业时间是10.75个月，待业时间较短。35岁以上的失业者的平均失业时间是15.7个月，待业时间较长。其中45—60岁男性的平均失业时间是16.5个月。60岁以上的失业者的平均失业时间是14.5个月，60岁以上人员没有以失业保险金为主要生活来源的。

（三）湖北省失业问题的成因

我省城镇失业人口中将近一半人员是因为毕业后未找到工作和因为单位的原因失去工作。其中毕业后未工作是失业人口未工作的首要原因，占24%。将失业人员按不同年龄段划分，发现不同年龄段失业人员的失业原因不同，16—24岁失业人员的失业首要原因是毕业后未工作，25—34岁失业人员的失业原因是其他原因，35—59岁失业人员的失业首要原因是单位原因失去工作，65岁以上失业人员的失业首要原因是料理家务。将失业人员按学历划分，不同学历的失业人员失业的首要原因也不相同，小学以下的学历失业者的失业首要原因是料理家务，初中学历失业者的失业首要原因是其他，高中学历失业者的失业首要原因是单位原因失去工作，大学专科以上学历失业者的失业首要原因是毕业后未工作。进一步将不同学历者按性别划分发现，拥有初中以下学历的男性失业者失业首要原因是其他，高中下学历的女性失业者失业首要原因是料理家务，初中以上学历的男性和高中以上学历的女性失业首要原因是毕业后未工作。不同模板表中，失业首要原因不同，城市模板表中失业首要原因是因单位原因失去工作，镇模板表和乡村模板表中失业首要原因是毕业后未工作。

图 2.6 失业原因分布图

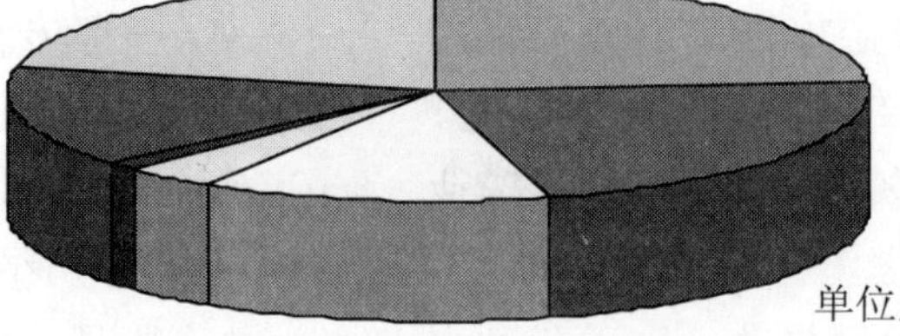

1. 导致我省结构性失业现象主要原因

（1）劳动者技能提供和市场需求不匹配

由于经济结构的调整导致社会对劳动力的需求结构包括工种、技能、技术、知识、经验等发生了变化，同时，我国产业结构调整促使第一产业、传统产业对劳动者的需求减少，第三产业、新兴产业对劳动者的需求增多，而不同产业对劳动者在工种、技能、知识、经验上的要求显然是不同的，劳动力的供给结构不能相应发生变动而引起的失业。此外，产业结构的升级也会促使用人单位提高对劳动者素质的要求，不适应要求的低素质劳动者原来即使有岗位也会陷入失业状态。由于经济增长方式的转变，部分企业实现从粗放型经济向集约型经济转变，用人单位对劳动者素质尤其是技能要求提出更高的要求，而现实中劳动者的技能满足不了要求，导致市场一方面，大量员工失业；另一方面，企业出现技术工人短缺状况。

（2）就业观念滞后

一部分国有企业下岗的员工不愿放弃国企职工的身份，拒绝接受非公有制经济单位提供的就业机会，抱着"等、靠"的心理，等待政府和企业安排再就业，将失业原因推诿为公司的原因。一些下岗职工自身文化素质比较低下、技能单一，却又不愿接受对劳动者素质要求较低的脏累工作，也不愿意自费参加再就业培训，不适应市场经济的要求，安于失业状态。一些刚毕业的大学生在择业时没有正确的就业观，一味想留在大城市，进大公司，高薪水，否则宁愿失业也不愿意到小城市或乡镇就业。

2. 女性就业弱势地位的形成原因

（1）就业单位存在性别歧视

就业单位的性别歧视是女性就业率低的直接原因。由于怀孕、生育及抚幼的原因，女性职工在孕产期间不但要中断工作，单位还要根据国家福利制度，支付相关费用。此外，女性由于生理原因，对工作条件的要求也比男性高，在工作安排上也较男性局限。统计数据显示，女性周平均工作时间为 43.24 小时，短于男性周平均工作时间 45.53 小时。女性的上述特征都有悖于企业追求利益最大化的目标。因此企业在招聘员工时只有当女性应聘者表现出更多工作所要求的特征时才有可能被录用，而对于男性应聘者，表现出少量与工作要求相关的特征时就可能被录用。

（2）社会文化传统影响女性就业率

社会文化传统影响是影响女性就业率的间接原因。中国几千年男权社会所承袭下来的对女性歧视的思想依然影响着当代人的行为，女性在社会中的地位仍受传统思想的影响。中国封建思想认为女性主要的任务是居家料理家务，不适合出差，远行，在外地工作，男主外、女主内的分工模式对女性施加了更多的家庭责任，同时也制约了女性在职场的发展。

3. 高学历人群失业的主要诱因

（1）劳动力资源供大于求

我国自建国初期至改革开放前，人口的增长速度远远高于经济的发展速度，在劳动年龄人口基数大的背景下，劳动年龄人口总量保持增长态势，就业压力始终较大。自 1999 年高等学校扩招以来，我国高校毕业生的人数逐年增加，到 2011 年增加到 660 万人。然而，高校的扩招只是延缓了庞大的劳动力的就业时间。就业者拥有更高的学历，但就业人数庞大的现状却没能改变。数目庞大的高学历毕业生就业人口深深地影响着我国劳动力市场的格局，同样也使高校毕业生的就业形势显示出不明朗的前景。同时，随着经济发达地区和热门企业及部门的人才供应日趋饱和，对大学生的新增需求越来越少，大学生求职成功的机会相对而言可能是越来越小，劳动力市场的雇主们对应聘者的学历和素质要求也水涨船高。某些原本专科生能完成的工作现在被要求必须由本科生来完成，原本某些本科生能完成的工作现在被要求必须由研究生甚至博士生来完成，在这种情况下，毕业大学生在人才市场的起薪被大大降低，不少发达地区用人单位刻意压低大学生工资水平，使劳动力市场人才价格严重失实。在这种情形下，部分高校毕业生宁愿失业也不愿找份“烂工作”，进入失业大军。另外，由于大学生缺乏工作经验和实际操作能力，企业一般都需要花费大量的精力进行培训，增加企业成本，这使得相当多的用人单位不愿意招聘应届毕业生。

(2)教育体制有待进一步完善

当前我国高等教育已经从精英教育走向了大众教育，但是在这个普及过程中，职业教育并未得到相应的扩大。虽然政府加大对高等职能学校的补助，但是高校更多的注意力被放在了本科生和研究生的培养上。实际上，一个国家的普通高等教育和职业技术教育共同决定了劳动力供给。这种失衡导致我国高校一方面培养了过剩的研究型人才，适应岗位的能力差。另一方面职业技术教育发展缓慢致使劳动力市场上的高级技术人才严重不足。

在经济结构快速调整与升级的情况下，高等学校的专业设置、学科建设与人才培养无法根据市场需求变化做出及时调整，导致学校专业设置陈旧，学科建设滞后，人才培养跟不上市场需求变化。高等教育体制的计划性与经济运行体制的市场性发生明显的错位与脱节，必然导致各高等学校不能面向市场培养人才，大学毕业生不适应市场经济发展要求而发生失业。

(3)就业市场不完善

虽然我省围绕高校、地区、行业存在不少就业市场，但是未形成较统一的大市场，导致毕业生和用人单位搜寻成本较高，在搜寻的过程中错过很多机会。市场规则不统一，部分市场甚至秩序混乱，导致部分就业者回避进入就业市场求职。这种就业市场的不完全竞争、不完全信息和较高成本，影响我省的就业工作进展。我省人事、劳动就业和社会保障制度的不完善，也给大学生就业造成了障碍，如户籍制度、档案管理制度等束缚了人才的合理流动。

(4)高校毕业生就业心态不端正

中国长期实行的应试教育，使相当大一部分学生适应了填鸭式的教学模式，虽然进入大学，但是对于自己的未来没有准确的定位，求职目标不明确，不知道自己的兴趣专业，在学校专业设置和市场需求脱节的情况下，大学生并没有积极探索，充实自己，弥补差距，为就业做准备而是就业和薪酬期望受到不合理结构的误导，盲目认为所谓的“高学历”就意味着“高薪酬”。事实上，大学生作为初次就业人群，其就业能力往往难以满足用人单位的实际需求，在劳动力市场的供需双方之间存在一定的就业能力缺口。一旦用人单位没有提供这部分就业者理想的就业条件，他们就会选择“毕业就失业”，而不是在一个岗位上踏实工作。

在求职意向上高校毕业生普遍愿意进国企，国家机关，行政、事业单位，不愿到非公有制企业就业，热衷于考公务员，甚至淡化了专业就业观念。

湖北处于中部地区，高等教育发达，交通便利，经济发达，省内高中毕业生高中毕业大部分选择省内高校继续深造，高校毕业生宁肯长时间失业去搜寻发展机会，在东、中部失业也不肯到西部及少数民族地区或者山区地区就业，导致一方面高校高失业率，另一方面偏远地区缺乏人才。

4. 不同年龄段失业人员失业性质的差异

(1)年轻失业者失业率高，失业时间短

我省16－29岁这个年龄段的失业人员中大多是从学校毕业的学生。由于经济体制改革、高校教育缺陷和学生自身能力缺口，导致部分学生毕业即失业，或者虽然毕业就业，但是频繁跳槽，总是处于寻找机会的状态。数据显示我省16－19岁劳动力中71%处于未婚状态，他们没有太大的生活压力，只是凭自己的喜好就业，选择工作，所以有很大的就业流动性。但是，由于年轻，他们身强力壮，身体条件比中年人好一些，可以减少一些福利费用，减少公司费用支出，直接增加公司的利润。同时，由于这部分年轻人，家庭负担轻，工作意向灵活，往往能更好地为公司服务，间接增加公司利润。公司在招聘员工是更愿意招聘这部分求职者，所以，处于16－19岁之间的劳动力虽然失业率很高，但是待业时间短。

(2)年长失业者失业率较低，失业时间长

随着市场化的推进，我国正经历劳动密集型产业向技术密集型产业的转轨，在这种情况下，先进的科学技术提高了生产率，机器自动化替代了大量的劳动力，一些技术含量比较的岗位逐渐减少，出现了高科技岗位，市场对劳动者的素质和人才结构提出了更高的要求。首先，45－60 岁之间的失业者多是上世纪国有企业改革产生的下岗职工或进城工作的农村劳动力，他们的知识和技术素质都不高，在提倡“技术是第一生产力”的今天，没有经过新的技能培训的劳动者适应先进的操作方法和技能，从而面临再就业难的问题。其次，第一产业人才需求呈下降趋势，二三产业的人才需求呈上升趋势，从第一产业失业的男性很难在第一产业继续工作，也无法像女性轻易地转换到第二和第三产业就业。最后，45－60 岁的男性一般为一家之主，承担着养家的生存压力和想成就一番事业的社会压力，这个年龄阶段男性较高的心理期望也限制了他们成功再就业的可能性。所以，呈现 45－60 岁失业者再就业难，待业时间长的势态。

(3)我省老年劳动者面临较大的生活压力

国家法定的企业职工退休年龄是男年满 60 周岁，女工人年满 50 周岁，女干部年满 55 周岁，有特殊情况的，退休年龄按照标准相应提前。按照国家的退休制度的规定 60 岁以上的劳动者本应该在家休息、安享晚年。但是数据显示，我省 60 岁及以上人口的失业率为 0.6，75 及以上失业率为 1.06，60 岁以上的失业者的平均失业时间是 14.5 个月，75 岁以上失业者的平均失业时间为 14.3 个月。我省 34％的 60 岁及以上人口以劳动收入为主要生活来源，以失业保险金为主要生活来源的人员为 0，说明我省老年劳动力面临较大的生活压力，我省社会救助政策有必要对我省老年群体特别关注。

三、湖北省失业人口社会救助制度的建立与发展

我省针对当前失业问题建立起包括失业保险、就业援助、创业促就业、网络援助、最低生活保障等内容的失业救助体系。湖北省人民政府在党中央的领导下，围绕促进就业制定了相关文件、颁布了系列条例，督促地市级落实就业促进工作。我省各地积极响应省政府的号召，结合当地情况，因地制宜对失业人员提供社会援助，失业救助工作取得了一定的成绩。

2002 年 8 月 30 日，湖北省人民政府根据国务院《失业保险条例》(以下简称《条例》)和有关法律、法规的规定，结合湖北省实际情况，颁布《湖北省失业保险实施办法》(湖北省人民政府令第 235 号)，保障失业人员失业期间的基本生活，促进失业人员再就业，维护劳动者的合法权益和社会稳定。劳动保障行政部门承办失业保险的具体工作，湖北省失业保险实施办法，允许“住所地不在城镇，但已按公司法的规定规范运作的股份公司和有限责任公司可以按条例要求参加失业保险”，“无雇工的城镇个体工商户、自由职业者，可本着自愿的原则参加失业保险，依照本办法规定履行缴费义务后，享受失业保险待遇。”“失业保险工作应与职业培训、职业介绍等就业服务工作紧密结合，统筹安排。”“缴费单位招用的农民合同制工人本人不缴纳失业保险费，”“农民合同制工人的生活补助由社会保险经办机构一次性发放给本人，”“无雇工的城镇个体工商户、自由职业者，自愿参加失业保险的，按不低于当地上年全部职工月平均工资的 2％缴纳失业保险费。”“进入再就业服务中心下岗职工的失业保险费，由再就业服务中心按当地上年全部职工月平均工资 2％的标准逐月缴纳，下岗职工本人不缴纳。”相比较于《失业保险条例》，《湖北省失业保险实施办法》结合湖北省实际情况，扩大了失业保险交纳的企业范围和参与者范围，考虑了农民合同制工人的失业保障，明确了失业保险工作的方向。

2008 年 10 月 23 日，湖北省省人民政府出台了《关于做好推动创业促进就业工作的通知》(鄂政发[2008]60 号)。文件全面贯彻党的十七大精神和《就业促进法》，使原有的积极就业政策得到进一步延续、调整、扩展和充实。强化了政府促进就业责任、城乡统筹的公平就业制度、政策鼓励扶持体系、创业带动就业、就业管理和服务，并在政策扶持对象范围、延长实施期限、扩大失业保险的功能作用、援助困难人员就业、加强小额担保贷款、调整补贴办法和标准等八个方面有了进一步的实化和优化。

2008 年 12 月 10 日省委、省政府办公厅发出通知，决定筹集 10.2 亿元资金促进就业，应对全球金融危机和我国经济发展减速对就业的冲击。一

是对10万返乡农民工开展特别职业培训，在春节前后采取“招标定点、政府采购”的方式，按人均1200元的标准安排补贴1.2亿元；二是推进创业带动就业，安排5亿元专项资金，用于补充各地小额贷款担保基金的不足和创业服务补贴；三是安排1亿元资金用于对就业困难人员的就业援助；四是使用3亿元失业保险基金，支持用人单位内部转岗安置富余人员。

2012年湖北省人民政府颁布《关于加强职业培训促进就业的实施意见》，为全面提高劳动者职业技能水平，加快我省技能人才队伍建设，现就加强职业培训促进就业。对农村转移就业劳动者和城镇登记失业人员，要重点开展初级技能培训；对城乡未继续升学的初高中毕业生等新成长劳动力，要开展3个月以上的劳动预备制培训；企业新招录用人员，要通过多种形式开展岗前技能培训；对退役士兵，要按照规定开展免费职业技能培训；鼓励大中专院校毕业生参加劳动预备制培训。劳动者可根据其获得职业资格证书或就业情况，享受培训补贴。

四、湖北省失业人口社会救助制度面临的困境及成因

(一)失业保险覆盖面不宽，失业保险发挥作用有限

现阶段，我国农村劳动力大量转移入城市，农民工已经成为城市建设者，为城市建设做出贡献。我省的失业保险制度已经将合同制农民工纳入覆盖范围，但从制度实施情况来看，实际参保农民工的人数较少，参保的农民工受益的额度也非常有限。《湖北省失业保险实施办法》在制度设计上依然实行着城市和农村的区别对待，在救助标准、救助项目、配套救助等诸多方面差异明显。《湖北省失业保险实施办法》第三十一条“按规定已缴纳失业保险费的缴费单位招用的农民合同制工人连续工作满1年，劳动合同期满未续订或者提前解除劳动合同的，按本实施办法第二十四条规定领取失业保险金的期限支付生活补助。生活补助的月标准为当地失业保险金标准的50%。农民合同制工人的生活补助由社会保险经办机构一次性发放给本人。”农民合同制工人的失业保险金标准低，这在一定程度上降低了农民工参保的积极性。事实上，很多用人单位为了降低用工成本，一般不主动为农民工缴纳失业保险费。因而，农民工享受失业保险待遇的情况并不令人乐观，这使得合同工制农民工在遭遇失业时得到的援助有限，也与社会保障的公平性不相符。

农民合同制工人的失业保险金发放形式也与城市一般失业人员不同。农民合同制工人的失业保险是由社会保险经办机构一次性发放给本人，而其他失业人员发放形式为社会保险经办机构按月为失业人员开具领取失业保险金、医疗补助金的单证，失业人员凭单证到指定银行领取。农民工的失业保险不考虑后续可能的医疗补助金、丧葬补助金、抚恤金、就业培训补贴，可能与农民合同制工人工作地点有很大的流动性有关。事实上，由于农民合同制工人保险意识淡薄、就业周期短、流动性强等特点，很多农民工并不知道自己可以享受失业保险待遇，遇到劳动合同终止根本不知道到还可领取失业保险金，因此，失业保险金对农民合同制工人发挥的作用非常有限。

(二)对大学生失业现象不够重视

我省现阶段对大学生的就业援助手段虽然多样化，但是更多的是体现在毕业前、失业后的补救措施。各大高校的就业网站也只是起到公布就业职位的信息，对大学生的就业培训并未落到实处。实际上从大学生失业的原因上分析，我省大学生失业有很大一部分是因为没有树立正确的职业价值观，就业意识淡薄，自身技能水平不足，个人需求与就业市场需求脱轨。大学生在校期间有大量的时间和空间提升自己的能力，政府和高校应将就业工作贯穿于整个大学阶段，指导学生合理的进行职业生涯的规划，树立正确的职业价值观，做好充分的就业准备，加大高校在职业指导方面的投入力度，积极促进大学生就业。

目前，湖北地区高校毕业生已成为我省失业人员中的新群体，在校失业率明显比合计失业率高。但是《湖北省失业保险实施办法》并没有将高校毕业生纳入参保群体。这部分是是因为高校毕业生及家庭对失业保险意识淡薄，高校毕业生的失业经费无法筹措。我国高校学生在校期间的费用大部分是家庭支付，学生没经济来源，为了减轻家庭负担，没有建立高校毕业生失业保险制度。但是另一方面高校

毕业生因为社会原因或个人原因失业，失去生活来源，应该得到社会的援助。特别是湖北省高校毕业生人数众多，更应积极探索建立大学生毕业生的失业救助制度，缓解我省的高学历失业的现象。

（三）失业社会救助体系形式单一，制度设计缺乏灵活性

我省的失业社会救助体系形式单一，不够灵活。我省的失业社会救助体系虽然包括五个方面，失业保险和最低生活保障是比较规范的行为方案，但是所有的企业都是“按本单位当月职工工资总额的2%缴纳失业保险费”，按失业人员失业前所在单位和本人按照规定缴费时间确定，时间最长期限为24个月，失业保险金从失业人员办理失业登记之日起按月计发。固定的失业保险金交付率和领取金额、较长的给付期限，使得失业保险金更多的体现在对失业人员的失业救济，制度对促进失业人员就业、激励鼓励用人单位稳定用人、减少裁员发挥的作用有限。其他的失业援助方案大都具有临时性。在对失业者进行培训的过程中，各地往往是重形式、轻内容，很多失业者难以学到真正有用的技能，就业培训结果的量化标准缺失。

（四）失业保险金资金来源单一

《湖北省失业保险实施办法》第13条规定，“统筹地区当年出现失业保险基金不敷使用时，其不足部分从本地区失业保险基金结余中支出；仍不足时，使用失业保险调剂金予以调剂；再不足时，由地方财政予以补贴。”失业保险调剂金，是按统筹地区依法应当征收的失业保险费5%的比例筹集。目前，统筹基金的层次过低，统筹基金金额有限，各项管理分散，失业保险金的资金来源过多地集中在政府部门，社会力量作用尚未得到充分的发挥，社会慈善事业、经常性的社会捐赠活动还未形成规模。

（五）女性的失业救助有待加强

女性失业问题在我省表现得较为突出，但是我省的失业救助制度并未关注这一特殊问题，对女性这一就业中的弱势群体没有政策倾斜。女性就业难很大程度上是社会原因所致，且女性就业边缘化将影响社会和谐进步的进程。因此，我省应针对这一问题出台促进女性就业的失业救助制度，缓解我省女性失业率持续走高的现状。

五、国外失业救助制度的启示与借鉴

（一）影响失业人口社会救助制度的因素

纵观各国对解决失业人口问题的态度和采取的社会救助的具体措施，不难发现对失业人口的社会救助制度会随着文化、经济和政治因素的变化而变化。

1. 文化因素

文化因素是影响社会救助制度的基本因素，因为不同文化中体现出的不同价值观决定着整个社会对解决失业人口社会救助的态度是主动还是被动。在美国主要以移民为主的国家崇尚个人主义和自由主义，对经济生活中出现的失业更多地被认为是懒汉、无耻的行为，尤其在罗斯福新政以前主张政府不应承担更多的社会责任——“大社会小政府“，而大萧条造成的严重失业危机才迫使其采取积极的干预政策，通过建立失业保险制度来解决长期失业问题。我国崇尚儒家文化中蕴含着民本、仁政、大同的社会治理思想，从古代就实行在对无收入来源、无所依靠的贫困者主动给与救助，主要方式为政府救助、社会救济和寺庙施舍等，这种思想让国家和政府始终对失业人口社会救助以主动的态度。但传统文化造成国人的保险意识淡薄，造成我国对失业人口救助制度的实施主要以社会保障为主。

2. 经济因素

英国的“圈地运动”让大量的失地农民成为失业者，而为解决大量失业引起的严重社会问题促使济贫法的产生。但由于商品经济发展对劳动力的大量需求，英国于1834年修改济贫法，实施“最少适合者”原则排斥一些真正需要救助的对象，迫使其进入工厂自谋生路，迎合资本主义的发展。经济发展确实能够容纳一定的失业人口，但不平等就业会造成收入差距的增大，即使就业也可能处于贫困状态。同时代的德国国内经济要落后于英国，德国采取国家经济学派提出的贸易保护主义政策对国家幼稚行业予以保护，以防止这些行业内出现大量失业，同时积极发展优势行业促使劳动者更多的进入。德国政府对经济的干预程度更高，对社会救助主要采取要求雇主和工人参与强制性保险，这种做法现在被大多数国家主要采用。

3. 政治因素

社会救助政策一直被执政党作为获得选民支持的重要手段。在美国历史上罗斯福总统是唯一一位任职三届、威望最高的总统，主要是因为其极力主张联邦政府采取积极的社会救助政策，解决失业问题，因此在其参与总统竞选期间有很高的选民支持率。而在瑞典由于社会民主党积极建立社会福利国家，使其在1932－1976年连续执政44年，而且在6年之后1982年之后再次成为执政党。这些例子都说明执政党采取积极有效的社会救助政策能够获得良好的选民支持率，维持政治稳定，因此各国的执政党上台之后都会对社会救助政策改良或改革。

（二）国外失业救助制度对我国的借鉴意义

建立失业人口社会救助制度对我国社会主义的物质文明和精神文明建设有着重要意义。面对我国正处于社会主义初级阶段，中国社会在相当长一段时间失业问题和贫困问题将持续存在，政府必须要建立良好的失业人口社会救助制度，维持社会和谐稳定，促进社会主义物质文明和精神文明的双重建设。

1. 完善失业社会救助的相关立法

西方资本主义国家社会保障体系的建立都是以社会保障、社会保险法律的颁布为标志的，英国1603年、瑞典1763年、荷兰1854年的《济贫法》，德国1883年《劳工疾病保险法》、1884年《劳工灾害保险法》、1889年《劳工老年残废保险法》等，将对失业人群的社会救助、社会保险政策上升为国家意志保证每个人都必须遵守。而且，各国还建立了住房、教育、健康、医疗等相关的法律，完善整个对失业人群社会救助的法律体系。另外，在不同地区、行政区域根据地方特点设立地方级的法律条文，增加法律的适应性，比如在美国，联邦政府的《社会保障法案》、《联邦失业税收法案》和各州政府的《失业保险法》相互补充、并行不悖。

2. 失业救助中普惠性与特殊性的平衡

对失业人口的社会救助要兼顾效率与公平，因为社会救助的财政来源是有限的，开展适当的财产调查情况是有必要的，有效调查能够消除救助过程中由于信息不对称的造成的机会主义行为，即不需求救助而要求救助、不努力寻找工作而希望长期救助，将失业救助金发给真正需要的人群，提高失业救济金的使用效率。采取普惠性原则虽然会减少因财产调查带来的成木，但也会忽视特殊人群，降低整体的效率。

3. 重视就业援助，鼓励再就业

失业和就业是一个问题的两面，解决失业问题的根本在于促进就业。处于长期失业的人群得到的社会救助资金不可能很高，极易造成贫困，而且任何一个社会制度也不会长期供养一位无业游民，对失业人口的援助都是有期限的。瑞典、新加坡、中国香港、台湾地区都十分重视对失业者再就业的促进，均起到良好的效果。从长远的角度看，重视就业援助，鼓励再就业，保证就业充分能够对经济发展起到推动作用，而良好的经济发展是社会保障得以存续的基石。

六、完善湖北省失业人口社会救助的政策建议

作为社会保障体系的基础层面和重要组成部分，社会救助是对以市场机制为依托的社会保险制度的补充，是一项需要政府与非政府组织及社会各方面广泛参与的系统工程，也是一项最基础、最具体、最细致而又难度较大的工作。如前文所述，多年来湖北省在各级政府的领导和各相关部门的努力下制定和实施了一系列有关失业人口社会救助的政策和措施，为保障失业人口基本生活和解决失业问题起到了重要的作用。但随着我省经济社会的发展，社会救助工作面临着新情况、新问题、新矛盾，整体而言失业人口社会救助制度中还存在政策法规体系不健全、工作管理机制不顺畅、社会力量没有充分发挥、基层机构和队伍薄弱、理论研究需要加强和深化等主要问题，亟须研究和完善。因此本文理论分析、实证研究和国际研究的基础上，探求健全和完善湖北省失业人口社会救助的思路和措施，提出政策建议。

（一）总体思路

根据湖北省失业人口社会救助多年的探索与实践，正视我省当前社会救助制度存在的问题，我们认为，完善湖北省失业人口社会救助的总体思路是：政府推动、部门协作、社会参与、整合协调、形成合力、逐步推进。在这一总体思路指导下，对湖北省社会救助体系进行改革和发展，推进失业人口的社会救

助体系逐步演进，从低层次向高层次发展，从低水平向高水平迈进，从分散向一体化并进，从随意性、临时性向规范化、制度化发展，从政府独撑向政府主导、社会积极参与转变，逐步建立起适应湖北省经济发展和社会进步的社会救助制度。

（二）基本框架

失业人口社会救助作为一个完整的体系，有其自身的目标和原则，构建和完善湖北省失业人口的社会救助制度，必须在遵循其目标和原则的基础上，搭建起社会救助制度的基本框架，以保障湖北省失业人口的基本生活，帮助失业人口再就业，促进社会发展。

1. 总体目标

社会学家马歇尔认为社会的发展是公民权利的发展，社会政策的制定根本目的是为保障公民权利的基本实现。社会救助属于社会政策的组成部分，对失业人群的社会救助即是为确保公民在因失业导致收入降低，生活困难的情况下其基本的公民权利依然能够实现。与社会保险、社会福利等其他社会保障制度相比较，社会救助是一种最低层次的社会保障制度，它的首要目标是克服贫困，保障全体公民的最基本生存权利。失业者如果长期处于失业状态，则会造成贫困并受到社会排斥，其公民的基本权利被践踏，而且成为社会不稳定的风险因素，对失业者进行社会救助有利于维持社会稳定，成为社会救助的又一重要目标。

2. 基本原则

（1）政策统一

对失业人口社会救助目标、水平、覆盖面以及资金筹措、运作和发放等各方面与环节，制定和发布统一的政策，整合各项救助政策。政策统一并不是要求社会救助的标准、对象、资金的来源、具体环节等完全相同，而是整体上的统一、协调。

（2）项目协调

在社会救助的项目从单一向规范、多个发展的同时，做好各项目之间的规划、政策、管理和操作的协调工作，防止不同项目的相互冲突，达到资源统一。同时，使社会救助与其他对于失业人口社会保障制度项目相互协调、补充，形成一个完整的体系。

（3）资金保障

救助资金应主要由各级政府负责筹措，列入财政预算，对财政困难、保障任务重的区（县）实行转移支付。另外，社会救助还得拓宽资金来源渠道，充分发挥社会捐赠、社会互济、社会慈善的作用，集聚社会资源开展社会救助工作与发展救助事业。

（4）对象明确

界定社会救助的对象应为不能维持自己和家庭基本生活水平的失业者，主要类型应为非自愿性失业，如产业结构调整、自然灾害、工伤意外、健康原因等。进行适当的收入调查有助于明确需要救助的对象，能够对特殊对象特殊处理。

（5）多层次救助标准、救助形式

应该根据失业人口的不同需求和收入状况来制定多层次的救助标准，对因工伤意外等原因失去劳动能力的长期失业者应采取较高水平全面的救助，对因劳动力市场流动受阻造成的短期失业的健康劳动者，采取较低标准和以帮助再就业方式进行救助。

3. 基本框架

（1）法律支持

首先应该建立失业社会救助的法律体系，纵观欧美、日本、香港地区都建立了比较完善的失业保险和失业救助的法律体系，使对失业者的保护权利更加规范化。其次，对失业者给与法律援助，通过对法律服务资源进行再分配，使法治得到有效的执行，保障失业者正当的公民权利。

（2）社会保障

物质支持。主要是对失业者和失业家庭给与维持基本生活条件的帮助，主要内容包括食物、生活用品、医疗健康服务、子女抚养和教育、住房等，这些内容主要包括在基本社会保障中。

就业援助。失业者中大部分人仍然具备一定的劳动能力，帮助其再就业实行自救是有效解决失业问题的有效手段。实施就业援助主要是为其提高就业培训服务，就业机会，就业信息服务等。

优抚残疾失业者。对此类失业人群应给与长期救助，在社会保险制度还不够完善的情况下，应该重视对其的各方面的救助，因为这部分人群已经失去劳动能力，通常处于长期贫困状态，有必要实施长期救助。

流浪乞讨人员、灾民等特殊群体。造成流浪乞讨人员的原因比较复杂，有些已经失去劳动能力，而有些具备完全的劳动能力，因此需要加强对这类人群的管理，建立收容所进行合理安置。灾民是由于自然灾害等不可抗拒力引起的，对其实施救助应以政府救济为主导，社会捐赠为重要补充，建立灾害救助制度。

(3)社会互助

通过建立形式多样的非营利组织，召集社会善心人士、志愿者积极参与，开展慈善捐助，义工服务等方式的社会互助活动。社会互助活动的主要特点是通过分散的组织能够发挥最广大群众的力量解决需要救助者的具体问题。

(三)政策建议

1. 继续完善相关的法律体系，坚持依法救助

对相关法律体系的完善是一个长期的过程，不可能一蹴而就。目前，我国对失业人口社会救助的相关法律制度还比较完善，且在实践中日臻全面。但在实施环节却存在漏洞。在实施过程中，应始终坚持依法救助，对当前“假报”、“漏报”、“谎报”家庭经济收入的人员、为申请人员开具不真实收入(收据)证明的单位和个人、无故不就业和不履行协议或义务的救助对象、不依法救助的机构、团体或工作人员等给与相应处罚，这也是保证社会救助制度公平的前提和依据。

2. 强化社会救助的政府职能

政府在社会救助中处于主导作用，在社会主义市场经济建设中，政府应一方面通过加大公共事业费支出来缓解周期性失业，另一方面通过产业政策和地区开发政策来克服结构性失业，充分发挥政府干预和调节市场的功能。

3. 建立就业帮扶机制，鼓励再就业和自主创业

对失业者中年龄偏大、残疾人实行就业帮扶，政府应多开发公益性劳动岗位，推广以工代赈的办法，实现救助与就业的有机结合。组织相关部门或向营利组织购买社会服务对失业者进行职业培训、教育培训提高其就业能力。建立就业帮扶和自主创业基金，对失业者寻找工作和自主创业提供资金支持。政府应鼓励合理的非正规就业。在中国城镇化发展中，农村人口城市化转移，他们通常无固定职业，以小商小贩、工地临工散工为主，这样的非正规就业提高了自己收入，同时也可能成功地自主创业，创造更多的就业机会。

4. 建立家庭经济收入申报和审查制度

政府应设立相关部门进行合理适当的收入调查，建立审查制度。本人及家庭在申请享受失业者救济金及社会保障其他待遇时，应如实申报本人及家庭收入的真实情况。对经过公示后，社区居民对申请人家庭经济收入有异议，且本人对核实不满的，可通过法律程序对其存款、股票等有价证券进行查证核实，金融、证券等部门须予以配合，同时尽快研究确定农民收入的认定口径、标准，从而解决农村失业人口难以调查统计问题。

5. 积极开展社区支持计划

社区支持主要是指以社区为单位对失业者等弱势群体的给与各项救助和援助性服务。香港政府通过建立强大的社区服务体系，达到促进社会和谐、发展自力更生、社会责任及社区凝聚力，鼓励个人参与解决社区问题，改善社区生活素质的目的，尤其是在解决社区中失业人口问题方面收效显著。以社区为单位开展社会救助有利于对被救助对象的信息调查，从而救助计划能够得到有效实施，因此，政府应该积极探索发展社区服务计划。

6. 加强对失业保险制度的建设

失业保险制度是对失业者进行救助的第一道屏障，加强失业保险制度建设能够将失业者的负担分由失业者、雇主和政府共同承担。有效管理失业保险能提高失业者的保障水平，减少政府投入支出而更多地帮助其他需要救济的人。如何收缴失业保险金及如何运作失业保险基金是当前面临的重要问题，政府应该建立失业保险金的专款专用制度，加强对企业失业保险金的征收，并对其合理运作，保证失业者能够在正常失业后及时获得失业救济金的补偿。

参考文献:

1. 湖北省统计局,国家统计局湖北调查总队著.2011湖北统计年鉴,2011:27.
2. 湖北省第五次人口普查机器汇总资料.
3. 湖北省第六次人口普查机器资料.
4. 国家统计局人口和就业司,中国人民大学社会和人口学院编.人口和就业统计分析技术,2010(2).
5. 国家统计局编.中国劳动统计年鉴,2011(8).

湖北省统计局　刘洪　张蔚　章玲

重庆市中长期劳动力资源变化与经济增长关系研究

前 言

劳动力是国民经济发展的重要生产要素之一。国内外发展经验表明，区域劳动力的数量、素质、结构、分布等直接影响到区域产业布局和竞争优势。由于劳动年龄人口的新增、死亡、迁移、退休等影响，劳动力人口始终处于不断变化之中，而劳动力人口的数量、构成等变化直接影响到未来区域经济发展的可持续性、人口与经济发展之间的协调性等。

本课题将在“六普”数据分析基础上，从重庆劳动力人口变动趋势对经济社会发展的影响角度进行研究，深入分析重庆市劳动力人口的现状、变动趋势、就业结构与经济结构的匹配关系及相互影响、存在的问题等，并提出相应的对策思路及政策建议，为市委市政府进行区域经济布局、人口城镇化、产业政策和社会公共政策等方面的决策提供科学依据。

第一部分 劳动力现状及其特征

在研究一个国家和地区劳动力总量时，必须先了解描述劳动力总量的概念。国际上通常将15—64岁年龄组列为劳动年龄人口。中国有时则采用男16—59岁，女16—54岁的统计口径。考虑经济因素、劳动力转移情况以及人们的平均预期寿命比过去大幅延长，本文劳动力资源人口拟以16—64岁年龄组年龄人口为分析研究对象，本课题如无特殊标注，均称16—64岁年龄组人口为劳动力资源。

如下图所示，劳动力资源可分为经济活动人口和非经济活动人口。

图1—1 劳动力分类图

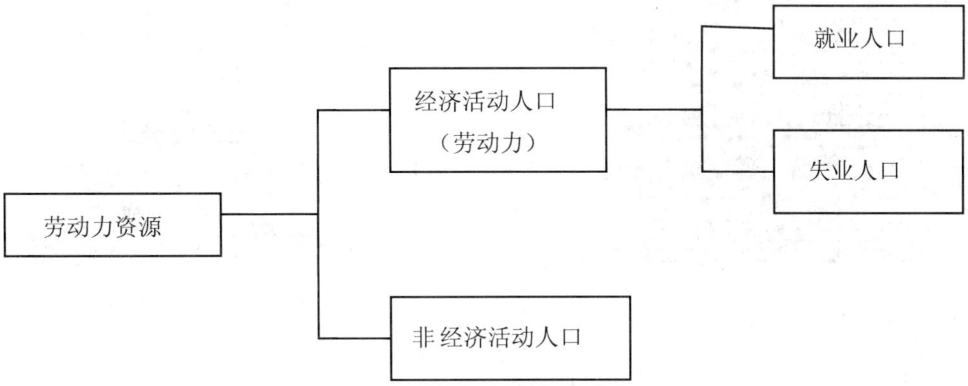

一、重庆劳动力资源总量及其分布

据2010年第六次人口普查结果显示，重庆市劳动力资源总量2014.09万人，占常住人口总量的69.8%，低于全国73.1%的平均水平3.3个百分点。其中城镇劳动力资源1150.53万人，占全市劳动力资源比重为57.1%，乡村劳动力863.56万人，所占比重为42.9%。从地域分布来看，2010年，一小时经济圈劳动力资源数量最多，占全市劳动力资源比重为63.7%，渝东北翼劳动力资源比重为27.4%，渝东南翼劳动力资源比重为8.9%。

二、劳动力资源结构特征

从性别比看，2010 年全市劳动力资源中性别比为 100.70，为平衡状态。其中城镇地区性别比为 100.23，乡村地区为 101.46。

表 1—1　重庆市 2010 年分年龄组性别比

年龄组	全市	城镇	乡村
16—24 岁组	99.95	99.46	100.73
25—34 岁组	95.12	94.38	96.65
35—44 岁组	100.51	101.84	98.75
45—54 岁组	103.72	105.09	102.10
55—64 岁组	104.29	100.53	107.47

资料来源：重庆市 2010 年第六次人口普查数据。

图 1—3　重庆市 2010 年城镇地区劳动力资源年龄金字塔

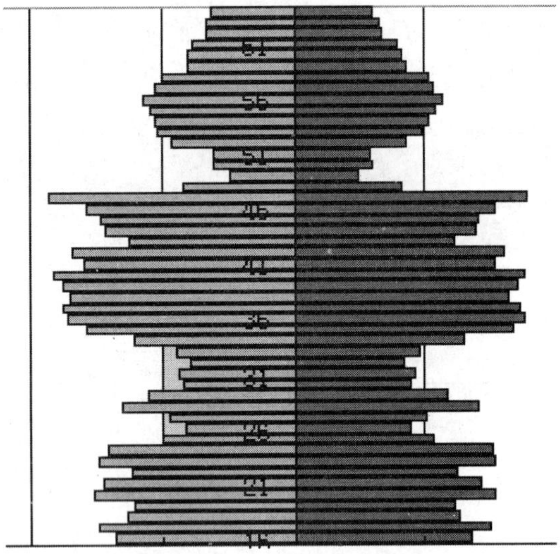

资料来源：重庆市 2010 年第六次人口普查数据。

从受教育程度来看，2010 年重庆市劳动力平均受教育年限 9.3 年，低于沿海发达省市，受教育程度比重较大的是初中、高中文化程度，占 40%左右。城乡之间劳动力资源受教育程度存在明显差距。

从年龄分布来看，2010 年重庆劳动力资源的年龄分布中 35—54 岁年龄段劳动力资源最为密集，所占比重占总量的近五成。劳动力资源平均年龄为 39.65 岁，其中城镇地区平均年龄为 38.06 岁，乡村地区为 41.76 岁。

图 1—2　重庆市 2010 年劳动力资源年龄金字塔①

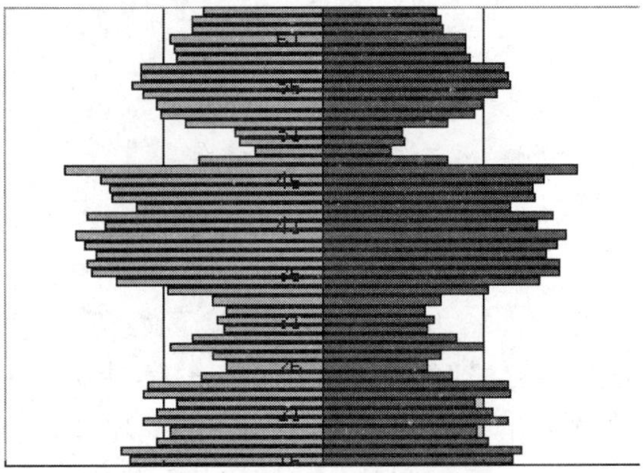

图 1—4　重庆市 2010 年乡村地区劳动力资源年龄金字塔

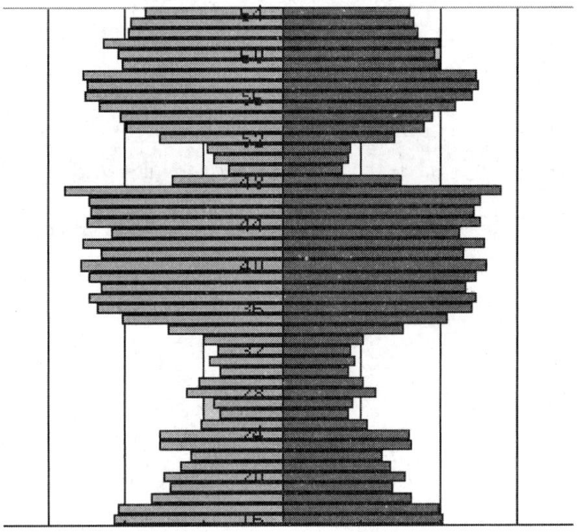

三、16 岁以上人口就业状况

从产业分布来看，第一产业就业人口 621.29 万人，第二产业 351.86 万人，第三产业 566.80 万人。从三次产

① 年龄金字塔是表示人口年龄和性别构成的一种特殊的条形统计图(图 1—1)。又称人口金字塔。图的纵轴表示年龄，并按年龄递增顺序自下而上等距排列。

业就业人口结构看,第一产业所占比重为40.3%,第二产业所占比重为22.9%,第三产业所占比重为36.8%。

表1—2 重庆市2010年劳动力资源受教育程度的城乡构成

单位:%

	全 市	城 镇	乡 村
受教育程度	100.0	100.0	100.0
不识字或识字很少	2.2	0.1	3.8
小 学	28.2	3.5	43.2
初 中	40.3	19.5	43.0
高 中	17.4	60.9	8.0
大 专	6.6	8.2	1.4
本 科及以上	5.3	7.7	0.6
平均受教育年限(年)	9.3	11.7	7.7

资料来源:重庆市2010年第六次人口普查数据。

从行业分布来看,2010年在国民经济19个行业中,就业人口较多的前五个行业分别是:农、林、牧、渔业占40.3%;制造业占11.0%;建筑业占9.8%;批发和零售业占9.0%;居民服务和其他服务业占8.6%,其余行业就业人口所占比重均低于5.5%。这五个行业合计占总就业人口的78.7%。

图1—5 重庆市2010年产业结构图

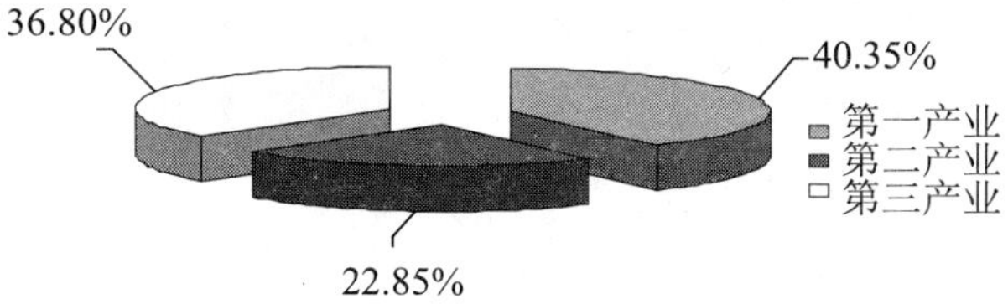

资料来源:2010年第六次人口普查长表数据。

表1—3 重庆市2010年分年龄受教育程度构成

单位:%

文化程度	16—24岁组	25—34岁组	35—44岁组	45—54岁组	55—64岁组
合 计	100.0	100.0	100.0	100.0	100.0
不识字或识字很少	0.1	0.2	0.4	1.2	4.4
小 学	3.5	5.9	16.8	21.0	44.8
初 中	22.6	37.0	50.2	42.3	35.8
高 中	40.6	25.7	18.6	25.5	9.4
大 专	15.8	16.9	8.6	6.4	4.0
本科及以上	17.4	14.3	5.4	3.6	1.6

资料来源:重庆市2010年第六次人口普查数据。

表1—4 重庆市2010年分行业就业人员

单位:万人、%

行 业	2010年	占就业人口比重	行 业	2010年	占就业人口比重
总 计	1539.95	100	10. 金融业	10.85	0.7
1. 农、林、牧、渔业	621.29	40.3	11. 房地产业	14.66	1
2. 采矿业	24.84	1.6	12. 租赁和商务服务业	24.63	1.6
3. 制造业	168.67	11	13. 科学研究、技术服务和地质勘查业	9.05	0.6
4. 电力、燃气及水的生产和供应业	8.2	0.5	14. 水利、环境和公共设施管理业	7.03	0.5
5. 建筑业	150.15	9.8	15. 居民服务和其他服务业	132.97	8.6
6. 交通运输、仓储和邮政业	50.12	3.3	16. 教育	38.17	2.4
7. 信息传输、计算机服务和软件业	9.34	0.6	17. 卫生、社会保障和社会福利业	16.1	1.1
8. 批发和零售业	138.22	9	18. 文化、体育和娱乐业	4.3	0.3
9. 住宿和餐饮业	85.07	5.5	19. 公共管理和社会组织	26.29	1.6

资料来源:2010年第六次人口普查长表数据

从职业分布来看，就业人口中从事智力型职业的比重较低，占12.8%；从事体力型职业的就业人口比重较高，占87.2%。

表1—5　重庆市2010年就业人口职业构成

单位：万人，%

职业分类	2010年	比重
合　　计	1539.95	100.0
国家机关、党群组织、企业、事业单位负责人	28.42	1.9
专业技术人员	104.55	6.8
办事人员和有关人员	63.42	4.1
商业、服务人员	276.62	18.0
农、林、牧、渔、水利生产人员	772.00	50.0
生产、运输设备操作人员及有关人员	293.50	19.1
不便分类的其他从业人员	1.45	0.1

资料来源：2010年第六次人口普查长表数据

分区域看，一小时经济圈，从事第三产业人数最多，占就业人口总数的39.1%，其次是第一产业，占36.7%，而第二产业相对最少，只有24.2%。而渝东北翼和渝东南翼第一产业就业人口比重均超过了50%以上，其中渝东南翼第一产业就业人口的比重最大，达到71.4%。

表1—6　重庆市2010年各区县就业人口的产业构成

单位：%

地　　区	合计	第一产业	第二产业	第三产业
全　　市	100.0	40.3	22.9	36.8
都市发达经济圈	100.0	16.3	31.6	52.1
一小时经济圈	100.0	36.7	24.2	39.1
渝东北翼	100.0	64.5	13.8	21.7
渝东南翼	100.0	71.4	11.0	17.6

资料来源：2010年第六次人口普查长表数据

四、重庆劳动力资源变化情况

2010年第六次人口普查资料显示：2010年重庆市劳动力资源总量为2014.09人，比2000年增加了118.31万人，占总人口的比重增加到2010年的69.8%，10年增加了3.2个百分点。

重庆市劳动力资源结构趋向老化。2010重庆市劳动力资源平均年龄为39.65岁，而2000年仅为38.45岁，10年间，劳动力资源平均年龄上升了1.2岁。与此同时劳动力人口平均年龄在10年内增加了1.2岁，重庆市劳动力资源的老化现象不容忽视。

表1—7　2000年和2010年重庆市劳动资源的年龄结构比较

单位：万人，%

年龄组	2000年		2010年	
	人数	比重	人数	比重
总计	1895.78	100.0	2014.09	100.0
16—19岁	117.54	6.2	177.80	8.8
20—24岁	125.12	6.6	215.46	10.7
25—29岁	265.41	14.0	157.00	7.7
30—34岁	282.47	14.9	145.99	7.3
35—39岁	238.87	12.6	285.95	14.2
40—44岁	166.83	8.8	273.29	13.6
45—49岁	242.66	12.8	220.71	11.0
50—54岁	185.79	9.8	153.70	7.6
55—59岁	149.77	7.9	219.48	10.9
60—64岁	121.33	6.4	164.71	8.2

五、就业人口转移基本特征

2000—2010年全市就业人口变化轨迹经历了先减后扬，2000—2006年，就业人口总量逐年递减，到2006年达到谷底就业人数为1454.77万人，2007开始，就业人口总量开始逐渐回升，到2010年上升到1539.95万人。就业人口在城乡间、各种所有制之间、各产业、行业和职业间转移速度加快。

从城乡转移看，2010年重庆市城镇就业人口为733.70万人，比2000年增加204.73万人，增长38.7%，乡村就业人口为806.25万人，比2000年减少325.94万人，下降28.8%。就业人口向城镇地区转移趋势明显。

图 1—6　　重庆市 2000—2010 年就业人员人数

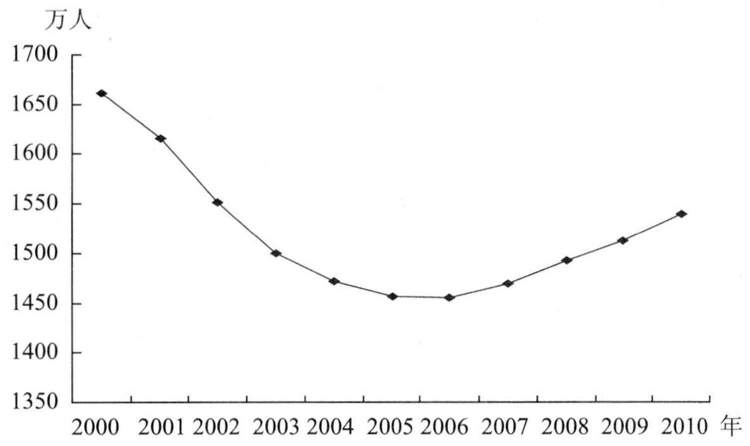

资料来源:《重庆统计年鉴》,中国统计出版社,2012 年。

表 1—8　重庆市 2000 年和 2010 年分城乡的就业人口

单位:万人,%

年份	就业人口数量						占就业人口比重		
	全市	增减变化	城镇	增减变化	乡村	增减变化	全市	城镇	乡村
2000	1661.16		528.97		1132.19		100.0	31.8	68.2
2010	1539.95	−7.3	733.70	38.7	806.25	−28.8	100.0	47.6	52.4

资料来源:《重庆统计年鉴》,中国统计出版社,2012 年。

从产业转移来看,三次产业的就业人口构成由 2000 年的 55.4 ∶ 17.5 ∶ 27.1,调整为 2010 年的 40.3 ∶ 22.8 ∶ 36.8。

表 1—9　重庆市 2000 年和 2010 年就业人口的三次产业的构成

单位:万人,%

产　业	就业人口数量			占就业人口的比重	
	2000 年	2010 年	增减变化	2000 年	2010 年
合　计	1661.16	1539.95	−7.3	100.0	100.0
第一产业	920.92	621.29	−32.5	55.4	40.3
第二产业	290.23	351.86	21.2	17.5	22.8
第三产业	450.01	566.80	26.0	27.1	36.8

资料来源:《重庆统计年鉴》,中国统计出版社,2006 年。

从行业转移来看,就业人口数量增加最多的是建筑业,其次是居民服务和其他服务业、批发和零售业。这三个行业的就业人口分别比 2000 年增加了 38.7、22.8 和 22.6 万人。而就业人口增长速度最快的行业前三位分别是:房地产业、金融业和信息传输、计算机服务和软件业,分别增长:191.45、69.27 和 58.04 个百分点。

表 1—10 重庆市 2000 年和 2010 年就业人口行业分布

单位:万人,%

行业	就业人口数量				占就业人口比重		
	2000 年	2010 年	增减变化	增减人数	2000 年	2010 年	增减百分点
合计	1661.16	1539.95	−7.3	−121.21	100.0	100.0	
农、林、牧、渔业	920.92	621.29	−32.5	−299.63	55.4	40.3	−15.1
采矿业	16.59	24.84	49.7	8.25	1.0	1.6	0.6
制造业	156.02	168.67	8.1	12.65	9.4	11.0	1.6
电力、燃气及水的生产和供应业	6.20	8.20	32.3	2.00	0.4	0.5	0.2
建筑业	111.42	150.15	34.8	38.73	6.7	9.8	3.0
交通运输、仓储和邮政业	40.23	50.12	24.6	9.89	2.4	3.3	0.8
信息传输、计算机服务和软件业	5.91	9.34	58.0	3.43	0.4	0.6	0.3
批发和零售业	115.65	138.22	19.5	22.57	7.0	9.0	2.0
住宿和餐饮业	70.52	85.07	20.6	14.55	4.2	5.5	1.3
金融业	6.41	10.85	69.3	4.44	0.4	0.7	0.3
房地产业	5.03	14.66	191.5	9.63	0.3	1.0	0.6
租赁和商务服务业	16.34	24.63	50.8	8.29	1.0	1.6	0.6
科学研究、技术服务和地质勘查业	7.71	9.05	17.4	1.34	0.5	0.6	0.1
水利、环境和公共设施管理业	5.31	7.03	32.4	1.72	0.3	0.5	0.1
居民服务和其他服务业	110.16	132.97	20.7	22.81	6.6	8.6	2.0
教育	30.59	38.17	24.8	7.58	1.8	2.5	0.6
卫生、社会保障和社会福利业	13.00	16.10	23.8	3.10	0.8	1.0	0.3
文化、体育和娱乐业	2.74	4.30	56.9	1.56	0.2	0.3	0.1
公共管理和社会组织	20.41	26.29	28.8	5.88	1.2	1.7	0.5

资料来源:《重庆统计年鉴》,中国统计出版社,2012 年。

从职业转移来看,2000—2010 年,体力型职业就业人口占就业人口的比重下降了个 4.8 分点,智力型职业就业人口比重上升了个 4.8 百分点。

表 1—11 重庆市 2000 年和 2010 年职业构成

单位:%

职业门类	占就业人口比重		
	20 00 年	2010 年	增减
一、国家机关、党群组织、企业、事业单位负责人	1.1	1.9	0.8
二、专业技术人员	4.5	6.8	2.3
三、办事人员和有关人员	2.5	4.1	1.6
四、商业、服务业人员	7.9	17.9	10.0
五、农、林、牧、渔、水利业生产人员	72.7	50.1	−22.6
六、生产、运输设备操作人员及有关人员	11.2	19.0	7.8
七、不便分类的其他从业人员	0.1	0.1	0.0

资料来源:《重庆统计年鉴》,中国统计出版社,2012 年。

从所有制转移来看,国有、集体企业向私营个体和其他经济转移。从 2000 年到 2010 年,国有、集体经济就业人口减幅分别为 16.1%和 36.8%。而私营、个体和其他经济就业人口分别增长了 213.8%、19.6%和 2.6 倍。

六、劳动力资源供需特点

2010 年重庆劳动力资源供给总量 2014.09 万人,就业人口为 1539.95 万人,就业人口占劳动力资源的 76.5%,扣除 16—64 岁非经济活动人口和 65 岁以上仍然工作人口,全市有 78.59 万人的劳动力资源得不到利用。

从性别角度看,2010 年,男性劳动力供给与就业人口之间的差异为 50.71 万人,女性劳动力资源与就业劳动力之间的差异为 27.88 万人。

图 1—7 重庆市 2000 年和 2010 年按所有制类型分组的就业人口

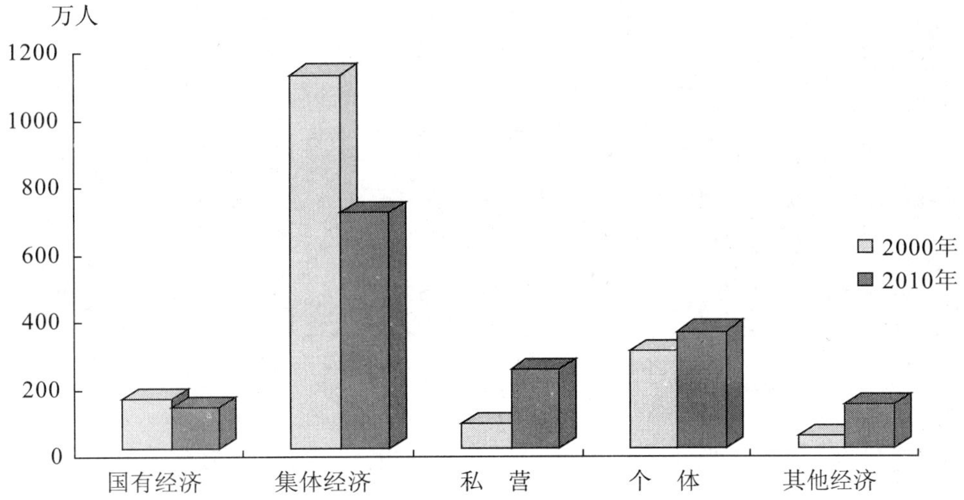

资料来源:《重庆统计年鉴》,中国统计出版社,2012 年。

从年龄段看,供需差异最大的是 20—24 岁年龄段劳动力,劳动力供给与就业人口的差异有 15.62 万人,占 19.9%。35—39 岁和 40—44 岁年龄段分别占总数的 15.5%和 13.8%的,绝对数分别为 12.20 万人和 10.9 万人。

从受教育程度看,重庆市劳动力资源供需的文化程度差异仍然较大,从绝对数看,劳动力资源供给与就业人口受教育程度总量差异最大的前三位依次是小学、初中、高中文化程度,分别有 28.36 万、24.10 万、19.51 万劳动力资源处于不就业状态。

第二部分 重庆劳动力供需预测

一、重庆劳动力供给

(一)影响因素分析

1. 常住人口总量变动呈现先减少后增多的发展趋势,决定了劳动力供给能力增强

2000 年以来,重庆市常住人口经历了由下降到上升的过程,2005 年开始常住人口开始上升,2010 年常住人口总数达到了 2884.62 万人。

图 2—1 重庆市 2000—2010 年常住人口变动情况

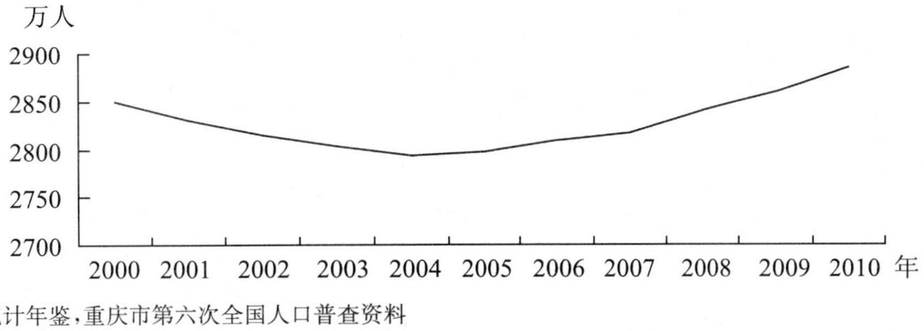

资料来源:重庆统计年鉴,重庆市第六次全国人口普查资料

2. 劳动参与率及对劳动力供给规模的影响

在劳动力资源人口已定的情况下,劳动力的实际供给还取决于劳动参与率。2000 年以来,重庆市劳动力资源人口劳动参与率总体呈下降趋势,由 88.4%下降到 2010 年的 76.3%,下降了 12.1 个百分点。

图 2-2　重庆市 2000-2010 年 16-64 岁人口劳动力参与率

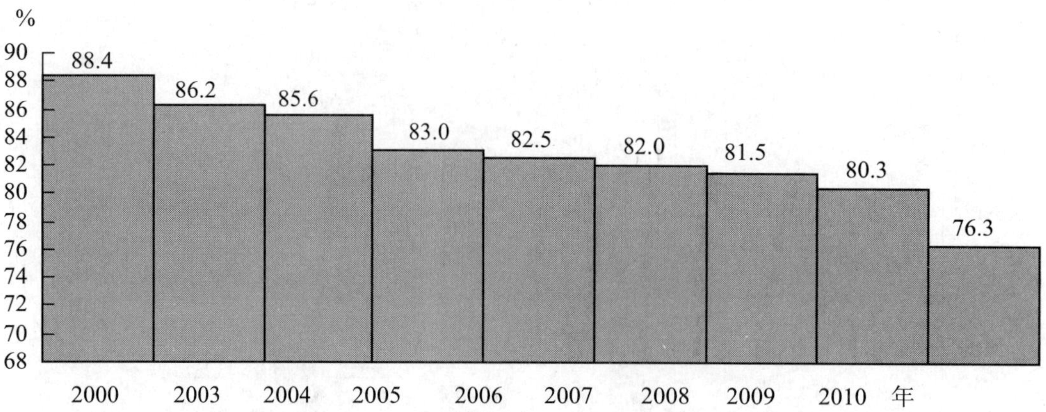

资料来源：重庆历年 1%人口抽样调查，重庆市第六次全国人口普查资料

3. 人口老龄化对劳动供给的影响

人口老龄化①必然会对社会经济产生一定影响，并对经济的发展提出相应要求，主要表现在以下两方面：首先，人口老龄化表现为劳动力资源老化。其次，人口老龄化对家庭劳动供给有较大的影响。

（二）劳动力供给预测

1. 预测的基本原理

本研究的预测分为两个部分：一个是采用人口学的分要素预测方法；第二部分是在劳动力资源人口预测的基础上，再根据劳动参与率的变化和影响因素，在给出可能的劳动参与率后，得到最终的劳动力供给规模的预测。

2. 预测方法和软件

采用中国人口与发展研究中心的提供的《国际人口预测软件（PADIS—INT）》作为预测工具。

3、测算方案参数设定及结果。主要考虑了以下几个指标。（1）总和生育率；（2）死亡水平；（3）净迁移率；（4）出生婴儿性别比。

4. 预测结果分析

（1）各种方案下人口规模的变动趋势

图 2-3　重庆有迁移状况下预测总人口变动趋势

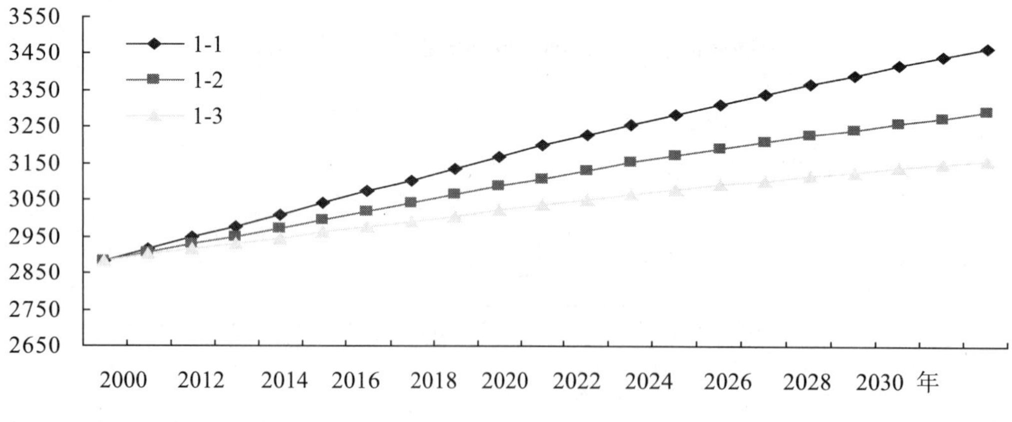

① 人口老龄化是指社会主体人口的年龄结构变化即老年人口比重逐步增加达到一定标准的过程。

图 2—4 重庆市没有迁移状况下预测总人口变动趋势

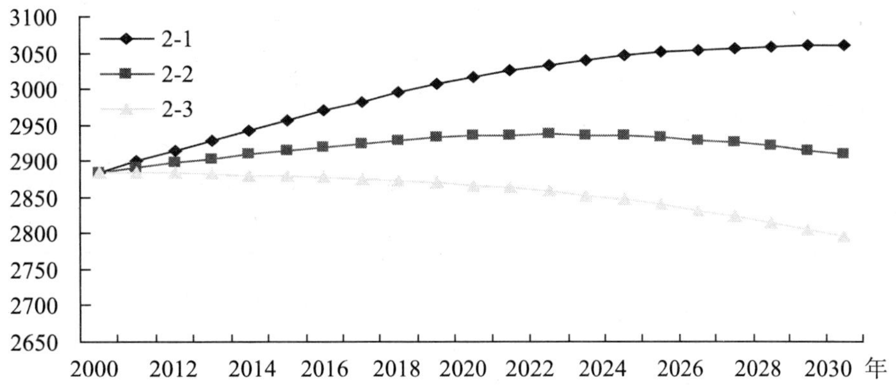

(2)人口年龄结构状况

表 2—1 重庆市各方案预测年龄结构状况

单位:%

方案	年份	有迁移			没有迁移		
		0—14 岁	15—64 岁	65 岁及以上	0—14 岁	15—64 岁	65 岁及以上
低方案	2015	14.21	71.55	14.24	14.33	71.13	14.54
	2020	12.82	69.59	17.59	12.87	68.76	18.37
	2025	11.55	70.15	18.30	11.40	69.10	19.50
	2030	12.07	67.35	20.58	11.79	65.77	22.44
中方案	2015	15.16	70.76	14.08	15.38	70.26	14.36
	2020	14.78	68.03	17.19	14.89	67.16	17.94
	2025	14.35	67.95	17.70	14.21	66.91	18.89
	2030	14.38	65.85	19.76	14.01	64.42	21.56
高方案	2015	16.44	69.69	13.87	16.57	69.27	14.16
	2020	17.10	66.19	16.71	17.20	65.34	17.46
	2025	17.56	65.42	17.01	17.53	64.31	18.15
	2030	17.17	64.06	18.77	16.91	62.59	20.50

表 2—2 重庆市不同方案下 16—64 岁人口规模及比重

单位:万人,%

年份	方案 1—2		方案 2—2	
	16—64 岁人口	占总人口比重	16—64 岁人口	占总人口比重
2010	2008.94	69.64	2008.94	69.64
2015	2087.25	69.72	2016.85	69.20
2020	2082.20	66.98	1939.27	66.09
2025	2153.72	67.11	1936.36	66.04
2030	2136.83	64.92	1846.75	63.46

(3)劳动力素质结构状况的间接估计

2010年重庆市16—64岁及以上人口人均受教育年限达到了9.3年,比2000年提高了1.5年。随着社会进步和"普九"工作的开展,高学历人口必然会增加,我们按照各种受教育程度的平均增速来进行假设,推算未来16—64岁人口的文化素质结构。

表2—3　重庆未来各种受教育程度人口比重

单位:%,年

受教育程度	2000年	2010年	2000—2010年年均增速	2015年	2020年	2025年	2030年
不识字或识字很少	5.81	2.24	—0.36	0.46	0.30	0.20	0.10
小学	42.50	28.20	—1.43	21.05	13.91	6.76	5.00
初中	35.91	40.34	0.44	42.55	43.14	43.67	38.81
高中	11.83	17.42	0.56	20.22	23.02	25.81	28.61
大专及以上	3.95	11.79	0.78	15.72	19.64	23.56	27.48
人均受教育年限	7.83	9.30	0.15	10.04	10.77	11.51	12.24

资料来源:重庆市第五次人口普查资料,重庆市第六次人口普查资料汇编

(4)城乡分布状况预测

表2—4　重庆市分城乡预测人口规模

单位:万人

年份	总人口	城镇人口	乡村人口
2010	2884.62	1529.58	1355.04
2015	2996.04	1745.04	1251.00
2020	3106.68	1952.17	1154.51
2025	3203.19	2125.87	1077.31
2030	3285.11	2251.29	1033.82

城镇人口由于受人口的迁移影响逐年增多,乡村人口逐年下降,根据预测到2030年下降为1000万人左右,那时城镇化率将达到68.5%。

(三)劳动力供给人数的变化分析

1. 劳动参与率的变化及假定

重庆市16—64岁的劳动参与率从2000年起一直呈下降趋势,从88.4%下降到2010年的76.3%。根据本课题需要,我们将16—64岁人口的动参与率给出了三种不同的假定,根据假定预测结果如下:

图2—5　重庆分城乡16—64岁人口比重变化情况

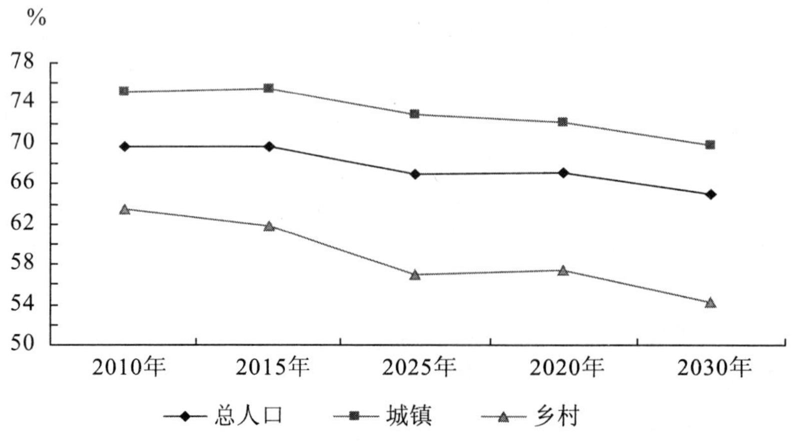

图 2－6 重庆市在几种不同劳动参与率下的劳动力供给规模

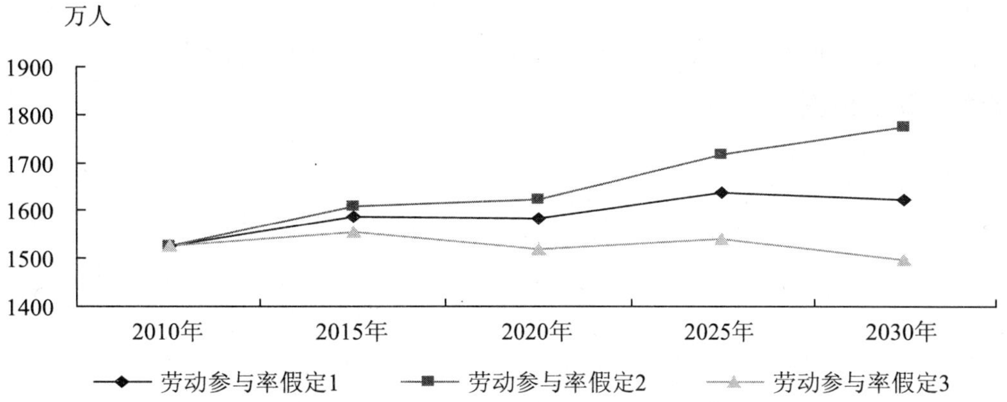

表 2－5 重庆市在方案 1－2 假定下未来劳动力供给规模

单位:万人

年份	劳动参与率假定 1	劳动参与率假定 2	劳动参与率假定 3
2010	1526.80	1526.80	1526.80
2015	1586.31	1607.18	1555.00
2020	1582.47	1624.12	1520.01
2025	1636.82	1717.59	1539.91
2030	1623.99	1773.57	1495.78

二、重庆劳动力需求分析

(一)影响因素分析

1. 经济发展总量

只有生产发展、社会进步,才能给社会提供更多的就业机会,提高劳动力需求量。

2. 技术进步

一方面科技进步有利于科技的应用和创新,推动传统产业及其生产方式向机械化和现代化方向发展,更多的劳动力被资本所替代。另一方面科技进步推动新产品开发和新产业兴起,也会提供一些新的就业机会。

3. 产业结构调整

从总体上说,重庆市一产业就业人口最多,而 GDP 的增速却最慢,因此第一产业的就业人口明显不能反映经济的增长情况,第一产业就业人口由于劳动生产率的提高逐年下降,二、三产业从业人随着 GDP 的增加逐年增加。

图 2－7 重庆市 2000－2010 年就业人口与 GDP 变动情况

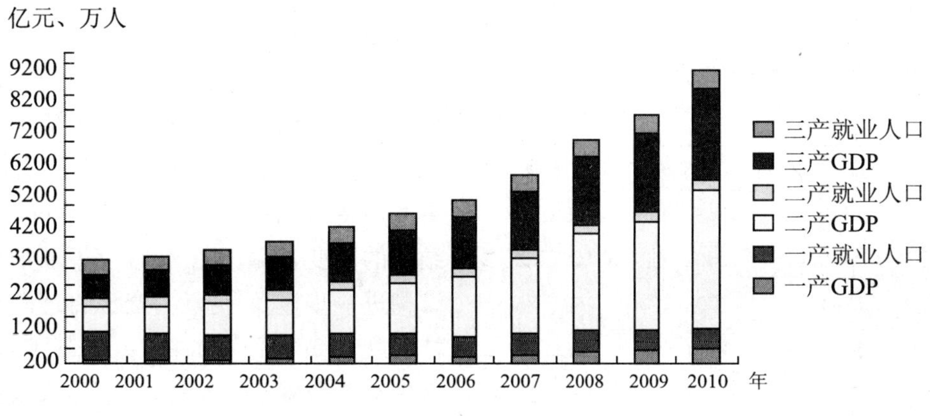

数据来源:重庆市统计年鉴。

4. 环境因素

其中主要环境因素有以下几个方面:(1)劳动力市场发育程度;(2)相关政策;(3)法律法规制度。

(二)劳动力需求预测

对未来劳动就业情况进行预测,我们主要采用回归方法和就业弹性系数两种方法,通过两种方法的预测结果相互印证对照,力图使预测结果更加趋于科学。

1. 预测的原理及方法

对未来劳动就业情况进行预测,我们主要采用回归方法和就业弹性系数两种方法,通过两种方法的预测结果相互印证对照,力图使预测结果更加趋于科学。

2. 预测结果分析

通过回归方法预测,2015 年劳动力需求为 1556.39 万人,到 2030 年增加到 1671.71 万人,增长率为 8.56%。通过就业弹性系数法预测,到 2030 年劳动力需求增加到 2048.68 万人,增长率为 33%。

表 2—6　回归方法对重庆就业人口需求量预测

单位:万人,%

年份	高方案	中方案	低方案
2010	1539.95	1539.95	1539.95
2015	1565.18	1556.39	1549.14
2020	1612.41	1594.83	1580.32
2025	1659.64	1633.27	1611.51
2030	1706.87	1671.71	1642.70
较 2010 年增长	166.92	131.76	102.75
增长率	10.84	8.56	6.67

表 2—7　就业弹性系数法对重庆市就业人口需求量预测

单位:万人,%

年份	高方案	中方案	低方案
2010	1539.95	1539.95	1539.95
2015	1619.40	1601.44	1587.82
2020	1764.27	1708.42	1667.85
2025	1993.53	1871.66	1786.27
2030	2250.40	2048.68	1911.16
2030 比 2010 增加	710.45	508.73	371.21
2030 比 2010 增长	46.10	33.00	24.10

根据重庆市经济发展的实际情况,就业弹性系数的方法对劳动力需求量的预测结果,比较符合重庆市经济发展的实际情况,回归方法预测的结果可供参考印证。

第三部分　经济增长与劳动力数量变化的关系

经济增长与劳动力供需关系的交互影响,是改革开放以来,特别是进入新世纪后,重庆人口、经济可持续健康快速发展的重要因素,形成了经济结构不断优化、就业状况不断改善的良好局面。

一、经济增长对劳动力需求的影响

按照索洛的新古典经济增长模型,就业增长率与经济增长率的变动趋势在理论上存在着一致性,经济的较快增长可以促进就业增长,就业增长又可以反过来促进经济增长,两者之间存在一种“加强效应”。一般情况下,经济水平越发达,第三产业的比重就越大,第一产业就业比重就越小;反之,经济水平越落后,第一产业就业的比重就越大,第三产业比重就越小。

二、劳动力供给对经济增长的影响

首先,劳动力供给数量对经济增长的影响。据预测,到 2020 年前后,全市劳动力资源达到顶峰并开始逐渐减少,社会抚养比上升趋势更加明显,而同时伴随刘易斯转折点的到来和城乡统筹一体化进程的加快,可供转移的农村富余劳动力资源逐渐枯竭,人口红利逐渐消失殆尽,从而对重庆长期经济增长造成负面影响。

其次,劳动力供给与产业发展关系密切。一方面,劳动力资源供给的减少导致劳动力价格上涨,在一定程度上增加了劳动者的收入,提高了广大劳动者的消费水平和购买力。另一方面,伴随人口年龄结构的演变,人口老龄化程度不断加深,老年型社会结构进一步显现,劳动力资源将逐渐减少并老龄化,社会抚养负担日益加重,由此造成的消费人群增加将带动消费服务业发展,从而导致服务业比重上升,相应工业比重下降。

第三,劳动力供给直接影响着产业结构调整。劳动力数量和质量直接影响产业结构的转换,其素质高低直接影响着产业结构的演进速度和高级化。

三、重庆劳动力变化与经济的可持续发展

(一)当前劳动力状况与经济发展水平的匹配程度

1. 结构相似系数①

通过计算就业结构和产业结构的相似系数可以发现,重庆与其他三个直辖市的相似程度很低,尤其是就业结构。这说明如以其他三个直辖市的就业结构和产业结构作为赶超奋进的目标,则当前重庆的经济发展水平还处在较低层次的发展阶段,劳动力资源的配置仍然不够合理,劳动力资源配置与经济发展水平的匹配程度与京津沪的标准相比相距甚远,远没有达到良性、协调、可持续发展的要求。

表 3—1 产业结构相似系数与就业结构相似系数

类 别	北 京	天 津	上 海
产业结构	0.136	0.371	0.367
就业结构	0.062	0.158	0.072

2. 比较劳动生产率②

2010 年,我市三次产业的比较劳动生产率分别为 0.2132、2.4071、0.9890。目前第一产业比较劳动生产率小于 1、第二产业比较劳动生产率显著大于 1、第三产业比较劳动生产率近似于 1 的现象表明,虽然重庆第一产业吸纳劳动力过多而二、三产业吸纳劳动力不足的状况在近年来加大城乡统筹力度、促进农村劳动力转移等措施下已有明显改善,但全市劳动力配置仍有进一步调整的空间。

3. 结构偏离度③

1985 年到 2010 年,重庆产业结构总体偏离度在波动中稳步缩小,由 74.8%下降到 64.3%,降低了 10.5 个百分点。分产业看,第一产业结构偏离度大于 0,2010 年为 31.7%,比 1985 年下降 5.7 个百分点;第二产业偏离度小于 0,2010 年为 32.2%,与 1985 年相比,第二产业偏离度增加 5.7 个百分点;第三产业的结构偏离度从 1985 年的—10.9%逐渐发展到 2010 年的 0.4%。从总体变化趋势看,除第二产业外,一、三产业及总体的结构偏离度均在向 0 靠拢,呈逐渐减少的态势,说明全市的产业结构偏离现象正逐步好转,并朝着不断缓解的方向发展。

3—2 重庆市主要年份的三次产业结构偏离度

单位:%

年份	第一产业	第二产业	第三产业
1985	37.4	—26.5	—10.9
1990	36.8	—21.8	—15.0
1995	33.6	—22.4	—11.2
2000	39.5	—24.9	—14.6
2001	39.0	—24.8	—14.1
2002	37.4	—24.5	—12.9
2003	36.2	—25.7	—10.5
2004	33.8	—26.3	—7.4
2005	33.2	—25.7	—7.5
2006	35.8	—28.2	—7.6
2007	34.5	—30.7	—3.9
2008	33.8	—32.2	—1.6
2009	32.9	—31.3	—1.6
2010	31.7	—32.2	0.4

资源来源:《重庆统计年鉴》,2012。

---

① 结构相似系数是通过比较被考察地的就业结构与产业结构和标准地的相似程度,来解释被考察地就业结构与产业结构的协调程度的,其计算公式为 $S_{ip}=1-3\sqrt{\sum_{j=1}^{3}(X_{ij}-X_{pj})}$。结构相似系数越接近于 1,被考察地的就业结构或产业结构的就越接近;反之,则相距越远。

② 比较劳动生产率是指一个产业的产值比重与就业比重之比。如果某一产业的比较劳动生产率小于 1,该产业部门的劳动力就会向其他部门转移,并导致该产业在经济中的比重下降。因此,三次产业的比较劳动生产率的差距大小,说明了就业结构与产业结构的协调程度。产业比较劳动生产率越接近,产业结构与就业结构越协调;反之,则越不协调。

③ 结构偏离度是指某产业的就业比重与产值比重之差,其绝对值的大小反映了就业结构与产业结构的协调性。当结构偏离度为 0 时,该产业的产业结构与就业结构在总量上达到均衡状态,此时的资源得到了最优配置;当结构偏离度大于 0 时(正偏离),该产业的就业比重大于增加值比重,表示该产业的劳动生产率较低且存在劳动力转出的可能性;当结构偏离度小于 0(负偏离),则表示该产业的劳动生产率较高,存在劳动力转入的可能性。

(二)当前劳动力状况与经济发展水平不匹配的原因分析

结合相关文献和研究资料，本文认为全市就业结构与产业结构不协调的问题主要是由于以下原因造成的：

1. 产业结构中的低农业化和就业结构中的高农业化

2010年重庆第一产业GDP仅占GDP总值的8.6%，而从业人员比例却高达40.3%。从表面上看，这种产业结构与就业结构的脱节说明了当前重庆第一产业中存在着大量的富余的需要转移到第二、三产业的劳动力。而从深层次看，这种结构的脱节表明第一产业中存在着大量的超龄就业人员。

2. 产业结构中的高工业化与就业结构中的低工业化

在计划经济时期，我国一直选择过度倚重重工业的工业化发展战略，在资源配置中依靠行政手段，超强制性地向重工业部门积聚资源，造成我国产业结构的高工业化现象特别突出。而重庆作为全国的重工业城市，这种现象尤为突出。

3. 第三产业增长缓慢与内部结构失调

相对而言，第三产业是全市三次产业中就业结构滞后时间最短的产业。其原因在于，第三产业中传统的商业和服务业由于对职业技能要求相对较低，可以迅速吸纳大量缺乏技能的农村剩余劳动力，从而提高第三产业就业比例。目前第三产业的内部结构矛盾也是影响其就业结构滞后，导致全市就业结构与产业结构不协调的重要原因之一。

(三)未来劳动力资源变动对经济发展的制约影响

1. 劳动力资源总量较少

预测数据显示，重庆未来劳动力资源已相对匮乏，如果不进行技术革新，仍以劳动密集型为主导产业，要想再继续保持经济高速增长，劳动力短缺的现象将会出现。

在不考虑产业结构调整和技术进步等因素影响的情况下，自2020年起，重庆劳动力资源供给量开始小于就业人口需求量，且劳动力资源需求缺口将越来越大，迎来“刘易斯拐点”，进入了劳动力绝对短缺时期。

表3—3　重庆未来劳动力供求预测结果

单位：万人

年份	劳动力供给量	劳动力人口需求		
		高方案	中方案	低方案
2015	1607.18	1619.40	1601.44	1587.82
2020	1624.12	1764.27	1708.42	1667.85
2025	1717.59	1993.53	1871.66	1786.27
2030	1773.57	2250.40	2048.68	1911.16

表3—4　重庆未来劳动力供求预测差异

单位：万人

指标	2015年	2020年	2025年	2030年
劳动力供给量	1607.18	1624.12	1717.59	1773.57
劳动力需求量	1601.44	1708.42	1871.66	2048.68
供需差	5.74	－84.3	－154.07	－275.11

2. 可供转移的农村剩余劳动力逐渐枯竭

“六普”资料汇总结果测算，2010年，全市可供转移的农村剩余劳动力数量约为24.65－68.31万人。若扣除外出不到半年的人口，农村剩余劳动力已经枯竭。

第四部分　问题与对策

一、存在的问题

(一)劳动力资源占比低，区域分布呈现明显差异

“六普”数据显示，2010年重庆市劳动力资源总量占常住人口总量的69.8%，比全国平均水平低3.3个百分点，而城镇劳动力资源占比比全国平均水平高4.3个百分点。劳动力主要分布在主城区以及一小时经济圈，乡村、两翼地区劳动力资源占比较低。

多年来重庆一直是流动人口净流出的区域，外出人口绝大多数是劳动年龄人口，且80%以上流动到重庆市外，大量的劳动年龄人口在外打工，为流入地创造价值，将老人和小孩留在家乡，对劳动力输出地区的发展是弊大于利。虽然这几年因重庆经济迅猛发展，外出返乡的人以及外来人口有所增加，但总体而言人口流出仍大于人口流入，常住人口大大低

于户籍人口的状况没有根本改变。劳动年龄人口大量外流对重庆经济发展产生诸多不利影响,如企业招工难、劳动力成本上升等等。

(二)劳动力人口年龄偏大,乡村、农业更甚

数据显示重庆劳动力资源年龄结构堪忧,平均年龄偏大。35－54 岁年龄段劳动力资源所占比重达 46.4%,16—34 岁年龄段的劳动力占比只有 34.5%;劳动力整体的平均年龄达 39.65 岁。中年人多,青年人少,劳动力供给与某些产业对劳动力的需求不相适应,如重庆正在快速发展的电子产品制造业,像富士康、英业达等大型代工企业急需大量流水线上的操作工,技术要求不高,但要眼疾手快、动作麻利,这些工作只适合年轻人,招工要求大多是 30 岁以下。劳动力资源年龄结构与产业发展需求不匹配,不仅制约产业发展,也不利于劳动力充分就业。重庆劳动力人口平均年龄 10 年时间上升了 1.2 岁,劳动力资源老化现状不容忽视。

30 多年来严格的计划生育政策导致的新生劳动力减少以及外出打工造成的青壮年劳动力外流使得乡村地区的劳动力、从事农业生产的劳动力年龄老化的状况比城镇更为突出,目前重庆城镇地区劳动力平均年龄为 38.06 岁,乡村地区为 41.76 岁。而且从发展趋势看,未来留在乡村的劳动力、从事农业生产的劳动力老龄化程度加深的趋势难以扭转,这不仅使农业生产效率难提升,也将影响农业现代化进程和新农村建设。

(三)劳动力文化素质较低

2010 年重庆市劳动年龄人口平均受教育年限 9.3 年,只有初中水平,低于沿海发达省市;初中及以下文化程度的劳动力占比达 70.7%,超过了劳动力总数的三分之二。城乡劳动力资源受教育程度存在明显差距,城镇地区平均受教育年限高于乡村 3.95 年,基本达到高中文化水平。劳动力受教育水平低限制了其职业的选择,也会影响职业发展前景和收入水平。

重庆市农村人口比重大拉低了整体的受教育水平,尽管近年来城镇化速度加快,年轻人受教育水平也在不断提升,但一些从农民转为市民的人受教育水平不高,占劳动力比重较大的中年劳动力整体的文化程度也不高,这些都影响了劳动力整体素质。在高科技、信息化为特征的现代社会,劳动力素质对经济发展具有决定性的作用,重庆经济要转型升级,重庆要发展现代制造业、高新技术产业以及现代服务业,都离不开高素质的人力资源的支撑。

(四)一产业劳动力数量大,体力型职业比重高

无论是就业人口的产业分布数据还是职业分布数据,均显示重庆市第一产业仍聚集着庞大的劳动力人口,从就业人口的产业分布看,第一产业所占比重为 40.3%,第二产业所占比重为 22.9%,第三产业所占比重为 36.8%;从就业人口的职业分布看,农、林、牧、渔、水利生产人员所占比重最大,远远高于其他职业就业人员,占 50.0%。虽然经过了 20 多年农村劳动力向非农产业转移,但由于重庆农村面积大、农业人口多、地形山高坡陡等特点,第一产业就业人口仍有 621.29 万人。

一产业聚集了数量最多的劳动力,二产业的就业人口又主要集中在制造业和建筑业,导致重庆市从事智力型职业的就业人口比重低,全市体力劳动人口高于脑力劳动人口 74.4 个百分点。这也说明目前重庆的产业结构不尽合理,经济结构处于较低水平。

(五)供给与需求错位造成的失业问题不容忽视

目前重庆市劳动力供需之间仍有近 80 万的缺口,存在供大于求的问题,在不少企业面临招工难的同时,有相当数量的劳动力找不到工作。数据表明 2010 年重庆市就业人口占劳动力资源的 76.5%,减去 16－64 岁非经济活动人口和扣除 65 岁以上仍然工作人口,全市有 78.59 万人的劳动力资源得不到利用,其中男性占剩余劳动力总数的 64.5%。这不仅造成劳动力资源的浪费,而且这部分有劳动能力有工作愿望的人找不到工作,必然影响其个人及家庭的生活,进而影响社会的和谐稳定。

(六)劳动力规模下降趋势难以逆转

人口老龄化加剧、劳动参与率逐年下降、持续的低生育率、农业剩余劳动力转移逐渐枯竭,如果没有外来劳动年龄人口的迁入,重庆未来劳动力供给将会出现绝对下降。通过对未来重庆市劳动力供给的预测数据可以看到,由于受人口年龄结构、劳动参与率、人口迁移、刘易斯拐点到来等因素的影响,未来

重庆市劳动力规模下降的趋势难以逆转，劳动力供给的短缺情况会随着时间的推移而逐渐到来。

一个地区劳动力供给与需求从绝对过剩→相对短缺→绝对短缺，将会对产业发展、经济结构产生重大影响，劳动力价格的上涨对那些劳动密集型产业的发展的打击是致命的。

二、对策建议

（一）调整农村劳动力转移政策，变输出为引入

多年来，重庆市由于人口众多，尤其是农民多，农业劳动力大量富余，农村劳动力转移规模巨大，政府一直鼓励并帮助农村劳动力外出打工，农村劳动力转移也以对外输出为主。但现在形势已发生了变化，由于产业快速发展对劳动力的需求上升，加上农业富余劳动力逐步减少，如何留住本地外出打工的劳动力并吸引其它地区的劳动力来重庆发展，成了当务之急。

虽然有关部门近两年来也为此做了一些政策调整，采取了一些工作措施，但大多是一些头痛医头、脚痛医脚的临时救急办法，没有从战略的高度、从长远发展来思考并调整政策、制定规划。要看到，发端于上世纪80年代的的农村劳动力转移已走过了近30年的风雨历程，农村劳动力转移到了一个新的转折点，必须在更深的层面上思考这个问题。转移农村劳动力不仅要注重短期收益，还要考虑长远的发展，不同时期的侧重点应有所不同，过去，重庆向沿海发达地区大量转移输出劳动力，今后，重庆农村劳动力转移要从对外输出为主转变为就地转移为主，应鼓励、引导外出劳动力回流，吸引外地劳动力来渝发展，并因此调整人口迁移政策。

（二）加快产业升级、结构调整的步伐

长期以来，重庆市重工业为主的产业结构以及农村剩余劳动力数量庞大的特点，劳动力一直是供过于求。但对未来重庆劳动力供给与需求的预测显示，随着人口出生率下降、人口老龄化程度的加剧、以及农村剩余劳动力的逐渐枯竭，未来重庆人口规模将下降，劳动力资源人口所占比重也呈下降趋势，劳动力的供给会出现绝对下降，甚至会出现供不应求的局面。因此，劳动力短缺，工资上升，企业人力资本上涨，是难以避免的。这对劳动密集型企业的发展是非常不利的，尤其是那些处于产业链末端，利润微薄的制造业。要应对这一点，就必须未雨绸缪，加快产业升级，加快经济结构调整步伐。要多发展高技术的现代制造业，适度发展低端劳动密集型产业，要大力发展第三产业，尤其是现代服务业。人口老龄化将对服务业提出更多需求，这将给中年劳动力提供更多的就业岗位。

（三）加快农业现代化进程，减少农业劳动力数量

要增加二、三产业的劳动力供给，就必须减少一产业的劳动力数量。目前重庆一产业劳动力占比太大，与重庆大部分地区山高坡陡、农业生产技术落后、实行机械化耕作难度大、农业生产劳动强度大、同样的耕地面积需要的劳动力要比平原地区多等原因有直接关系。按人均可耕种4亩计算，重庆农业劳动力需求量为525万人，“六普”统计第一产业就业人口621.29万人，考虑到目前从事农业生产的多是老人和妇女，劳动生产率更低，在传统耕作条件下，这个数字已接近基本需求数量，可转移的农业劳动力已近枯竭。要减少农业所需劳动力的数量，推迟“刘易斯拐点”的到来，就必须加快农业现代化进程。

首先必须研究重庆这样的丘陵山区实施农业现代化的路径和方法，平原地区的大机械耕作是不适合重庆实际的，传统的一家一户的农业生产模式对农业现代化的制约也是明显的；要在耕地多为梯田坡地的地区实施农业现代化，农产品、耕作技术、经营组织形式都必须有所变化。

（四）建立统筹城乡的多层次、多形式的教育体系

一是要大力发展农村基础教育，提高农村新生劳动力的文化素质。主要是加大对农村中小学的投入，改善农村基础教育的办学条件，义务教育阶段免出农村孩子全部的学费、杂费和书本费，高中阶段政府补贴农村贫困家庭子女的学杂费。二是大力发展城乡职业教育。加强对高级技能人才的宣传，积极引导家长学生转变观念进入职业学校学习；出台政策鼓励重庆的企业和社会团体投资兴办职业教育，扶持帮助一些基础较好的中专、技校做大做强，用3—10年的时间，在全市打造几个师资强、设备精、

牌子响、成规模的现代职业教育基地。在主城区和涪陵、万州、永川等区域性中心城市建立现代制造业和现代服务业的职业教育中心。三是大力开展多层次、多形式、多渠道的职业技术培训。要根据重庆未来制造业和服务业发展的需求开办相应的技术培训;引进一些国内外的师资强、口碑好的培训机构,支持鼓励一些大中型企业兴办职业技术培训。

(五)适时、适度调整人口政策

30 年来严格的计划生育政策,对遏制人口过快增长、控制人口总量、促进区域人口与资源环境可持续发展做出了巨大贡献。但与此同时,也带来了一些社会问题,如人口老龄化加剧、劳动力年龄结构老化、抚养比上升等等。重庆“六普”人口数据揭示:近 5 年来常住人口总量增长不大,户籍人口增长惯性消失殆尽;若未来仍延续当前低生育率水平,势必影响劳动力的规模和结构;未来根据经济与人口发展趋势适时、适度调整人口政策,已成当务之急。重庆可加强“六普”人口数据信息开发,通过调研获取各阶层人群真实的生育意愿,结合区域人口发展进程,适时、适度放松合法生育“二孩”的条件,完善人口生育控制政策,促进人口系统均衡发展。

重庆统计局 谢嘉渝 钟瑶奇 米清奎 钱韬 王伟

基于“六普”数据的甘肃就业结构变动趋势分析

就业是人类从农业社会进入工业社会以后普遍存在的社会和经济问题，就业结构是指影响就业结构形成的各要素之间相互制约相互作用所形成的关系或形式。合理的就业结构是经济发展和就业增长的关键，它不仅决定劳动力资源配置的效率，而且影响就业水平和质量。近年来甘肃经济实现了持续、快速发展，但同时也伴随着经济结构问题的不断积累与突显，其中产业就业结构尤为明显。产业就业结构优化是产业结构优化的重要体现之一，也是发展中国家加快经济发展的本质要求。因此研究一个国家或地区的产业就业结构变动趋势，对于实现产业就业结构优化和产业结构优化具有重要意义。本文以“六普”数据为基础，对甘肃就业结构基本状况以及改革开放后甘肃就业结构演变及其特征进行分析，并对“十二五”时期甘肃就业结构变动趋势进行预测，为政府制定就业和产业政策提供依据。

一、甘肃“六普”就业结构基本状况

1. 就业的性别结构状况

甘肃省10%抽样总人口中，男性占50.73%，女性占49.27%；16岁及以上人口中男性占50.03%，女性占49.97%；经济活动人口中，男性占53.38%，女性占46.62%；就业人口中，男性占53.62%，女性占46.38%；

2. 就业的产业结构状况

甘肃省10%抽样的就业总人口中，第一产业就业人口占71.69%，第二产业就业人口占9.29%，第三产业就业人口占19.03%；男性就业人口中，第一产业就业人口占67.38%，第二产业就业人口占12.68%，第三产业就业人口占19.94%；女性就业人口中，第一产业就业人口占76.67%，第二产业就业人口占5.37%，第三产业就业人口占17.97%。

3. 就业的行业结构状况

在甘肃省总就业人口中，20个行业中占比最大的是农林牧渔业，占71.69%，其次是批发和零售业，占5.33%，位居前十的其他行业依次是：制造业占4.06%，建筑业占3.52%，公共管理和社会组织占2.70%，交通运输仓储和邮政业2.39%，教育2.27%，住宿和餐饮业1.94%，居民服务和其他服务业占1.02%，采矿业占1.00%。男性就业人口中，占比居前十的行业分别是：农林牧渔业占67.38%，建筑业占5.44%，制造业占4.90%，批发和零售业占4.72%，交通运输仓储和邮政业占3.54%，公共管理和社会组织占3.39%，教育占2.28%，住宿和餐饮业占1.69%，采矿业占1.46%，居民服务和其他服务业占0.93%。女性就业人口中，占比居前十的行业分别是：农林牧渔业占76.67%，批发和零售业占6.03%，制造业占3.10%，教育占2.26%，住宿和餐饮业占2.22%，公共管理和社会组织占1.90%，建筑业占1.30%，卫生、社会保障和社会福利业占1.16%，居民服务和其他服务业占1.12%，交通运输仓储和邮政业占1.06%。

4. 就业的城乡结构状况

在甘肃就业总人口中，城镇就业人口比重为27.82%，乡村就业人口比重为72.18%；男性就业人口中，城镇就业人口比重为29.87%，乡村就业人口比重为70.13%；女性就业人口中，城镇就业人口比重为25.46%，乡村就业人口比重为74.54%。

二、甘肃就业结构的演变及特征

改革开放至今，甘肃产业就业结构的演变大致经历了三个阶段。

第一阶段(1983—1987)：在这一阶段，甘肃第一产业就业比重呈快速下降趋势，第二产业就业比重呈上升趋势，第三产业就业比重呈上升趋势，速度超过第二产业,但比重尚未超过第二产业,就业结构呈“一、二、三”格局。

第二阶段(1988－1998):在这一阶段,甘肃第一产业就业比重呈下降趋势,第二产业就业比重呈上升趋势,第三产业就业比重呈上升趋势。第一产业就业比重仍然大大超过二三产业就业比重,第二三产业就业比重交错上升,不相上下。

第三阶段(1999－2010):在这一阶段,甘肃第一产业就业比重小幅回升,第二产业就业比重呈下降趋势,第三产业就业比重缓慢上升,就业比重超过第二产业,就业结构呈“一、三、二”格局。

从甘肃就业结构的演变轨迹可以看出,甘肃就业结构演变具有以下特征:

1. 就业的产业结构总体趋于优化

甘肃就业的产业结构的变化基本符合配第一克拉克定理:第一次产业的劳动力不断减少,第二、第三产业的劳动力逐渐增加。1983－2010年,甘肃第一产业的就业人口比重从80.21%下降到61.61%,下降了18.6%;第二产业的就业人口比重从10.88%上升到15.36%,上升了4.48%;第三产业的就业人口比重从8.92%上升到23.03%,上升了14.11%。甘肃农业的就业比重明显下降,而非农产业的就业比重明显上升,就业结构得到了明显改善。

2. 结构变化断层,缺乏逐次过渡

根据配第一克拉克定律,劳动力会在三次产业之间顺次移动:随着经济的发展,人均国民收入水平的提高,劳动力首先由第一产业向第二产业转移,当人均收入水平进一步提高时,劳动力便向第三产业转移。劳动力在各产业间的变化趋势是,第一产业逐步减少,第二、第三产业逐步增加。但甘肃省就业结构变动未发现这一趋势。1983年,甘肃第一产业的就业人口比重为80.21%,2010年下降到61.61%,第二产业的就业人口比重从1983年的10.88%上升到2010年的15.36%,劳动力比重的增长速度非常缓慢。从现象上看劳动力直接从第一产业转向第三产业,这就出现了结构变化中的“断层”现象。这种断层现象与中国的工业发展战略有关。建国初期,我国制定了优先发展重工业的发展战略,在甘肃布局了大量重工业企业。重工业是资金密集型的,对劳动力的吸纳能力十分有限,从而导致了上述现象的发生。

3. 结构转换滞后,偏离标准结构

尽管库兹涅茨在研究中发现产值结构和产业结构的变动幅度并不完全一致,但是,甘肃农业的产值结构与就业的产业结构偏差太大。把甘肃的情况与钱纳里的世界发展模型“标准结构”进行比较,结果发现:与标准结构相比较,第一产业、第二产业和第三产业的结构偏离度都与“标准结构”偏离度相差较大。农业的结构偏离度高达40%以上,第二产业偏离均在负偏离20%以上,而第三产业为负偏离17%－20%左右。这说明,我国就业的产业结构转换的滞后和与标准结构的偏差十分明显。

4. 所有制结构趋向多元

甘肃就业的所有制结构存在着多元化倾向,除国有、集体单位就业外,非国有单位有:股份合作、联营、有限责任公司、股份有限公司、港澳台商投资、外商投资等。在各中所有制就业结构中,国有单位就业比重下降,非国有单位就业比重上升。2000年,国有单位就业比重为82.39%,2010年下降为75.85%;城镇集体单位在城镇就业中一直占据较大份额,但经过多年的演变,城镇集体单位在就业方面已经辉煌不再、日趋淡出,2000年甘肃城镇集体单位就业占城镇就业的12.55%,到2010年,这一比重分别下降至3.54%;在城镇其他各类所有制单位中,除股份合作和外商投资就业比重小幅下降外,其他各所有制单位的就业人数都有较大增长。

5. 农业就业比重过大,第三产业比重过小

2010年,甘肃省农业就业人口比重仍高达61.61%,而发达国家不到10%,美国为2.6%,日本为5.1%,韩国也只有10.9%;甘肃农业的就业比重与其他发展中国家相比也高出不少,巴西为23.4%,巴基斯坦为47.3%。与农业比重过大相反,甘肃的第三产业发展很缓慢,发达国家和新兴工业化国家第三产业的就业人口比重已达60%－75%,发展中国家也普遍达到了30%以上,而甘肃2010年只有23.03%。这种农业比重过大、第三产业发展缓慢的情况引发了我省经济发展中的许多矛盾,是地区经济进一步发展必须克服的障碍。

6. 传统行业比重下降,新兴行业比重上升

在甘肃的行业就业结构中,农林牧渔业、采掘业、制造业、批发零售贸易和餐饮业等传统产业就业比重下降。金融业、房地产业、文化教育卫生体育和社会福利业、电力、煤气及水的生产和供应业、科学研究和综合技术服务业地质勘查水利管理业、公共管理和社会组织等新兴行业比重上升。

农、林、牧、渔业的就业人口比重降低，由1990年的3.97%降至2010年的2.76%，降低1.21个百分点，降幅为30.4%；采掘业的就业人口比重降低，由1990年的8.5%降至2010年的4.72%，降低4个百分点，降幅为44%；制造业的就业人口比重降低，由1990年的35.1%降至2010年的18.38%，降低17个百分点，降幅为47.6%；批发零售贸易和餐饮业就业人口比重降低，由1990年的11.04%降至2010年的4.65%，降低6.4个百分点，降幅为57.9%；社会服务业就业人口比重降低，由1990年的1.90%降至2010年的0.12%，降低1.8个百分点，降幅为93.8%。传统行业份额的下降与就业的产业结构变动的总趋势一样，是就业结构改善和优化的反映。

在传统行业就业人口比重下降的同时，一些新兴行业在行业结构中所占的比重大幅度上升。电力、煤气及水的生产和供应业的就业人口比重上升，由1990年的1.854%升至2010年的3.511%，上升1.657个百分点，升幅为89.37%；金融业的就业人口比重上升，由1990年的1.639%升至2010年的3.506%，上升1.867个百分点，升幅为114%；房地产业的就业人口比重上升，由1990年的0.172%升至2010年的0.894%，上升0.72个百分点，升幅为418.2%；文化教育卫生体育和社会福利业的就业人口比重上升，由1990年的11.04%升至2010年的24.38%，上升13.34个百分点，升幅为120.8%；科学研究和综合技术服务业地质勘查水利管理业的就业人口比重上升，由1990年的3.407%升至2010年的4.288%，上升0.88个百分点，升幅为25.88%；公共管理和社会组织的就业人口比重上升，由1990年的8.02%升至2010年的19.01%，上升10.99个百分点，升幅为137%。这种上升，反映了我国住房制度改革、金融改革以及人民生活水平提高、需求多样化等社会经济变化。

三、甘肃省“十二五"时期就业的产业结构变动趋势预测

利用Eviews7.0软件对时间序列ARMA模型进行定阶、参数检验、估计，并建立模型如下：

第一产业就业人员的估计方程如下：

$$DDLYP=-0.0244AR(1)-0.9981MA(1) \quad (1)$$
$$(-0.1087) \quad (-23.71)$$
$$AIC=-3.72 \quad SC=-3.67 \quad DW=1.99$$

第二产业就业人员的估计方程如下：

$$DDLEP=-0.7978MA(1) \quad (2)$$
$$t=-6.70 \quad AIC=-1.71 \quad SC=-1.66 \quad DW=1.90$$

第三产业就业人员的估计方程：

$$DLSP=0.4428AR(2)+0.3617AR(3) \quad (3)$$
$$(2.50) \quad (2.23)$$
$$AIC=-1.55 \quad SC=-1.45 \quad DW=1.56$$

利用模型(1)、(2)、(3)对2011－2015年的三次产业就业人员数进行预测，预测结果见下表。

表1　三次产业就业人员2011－2015年预测值

单位：万人，%

年份	第一产业		第二产业		第三产业	
	就业人数	比重	就业人数	比重	就业人数	比重
2011	926.25	61.3	230.01	15.2	354.89	23.5
2012	941.47	61.4	229.43	15.0	362.75	23.6
2013	948.35	61.3	228.84	14.8	369.74	23.9
2014	964.84	61.5	228.25	14.5	376.85	24.0
2015	972.18	61.4	227.66	14.4	382.93	24.2

由以上预测结果可知，甘肃省“十二五”时期第一产业的就业人数呈上升趋势，但所占的比重基本

未变化；第二产业的就业人数呈下降趋势，所占比重也呈下降趋势；第三产业的就业人数呈上升趋势，所占的比重也呈上升趋势。2011 年第一产业就业人数 926.25 万人，占三次产业就业人数的 61.3%，到 2015 年为 972.18 万人，占 61.4 %，上升了 0.1 个百分点；2011 年，第二产业就业人数为 230.01 万人，占三次产业就业人数的 15.2%，2015 年为 227.66 万人，占 14.4%，下降了 0.8 个百分点；2011 年，第三产业就业人数为 354.89 万人，占三次产业就业人数的 23.5%，2015 年为 382.93 万人，占 24.2%，上升了 0.7 个百分点。

总体上来讲，三次产业的就业人数的变化趋势大体符合产业结构的变化趋势，即第一产业人员比重不断下降，第二产业人员比重先升后降，第三产业人员比重不断上升。但与产业结构的变化趋势仍存在一定的差距。但同时也要看到第一产业就业人数所占比重虽有所降低，但仍达到 60%以上，而第二与第三产业的比重偏低，就业结构对产业结构变化存在明显的滞后性。第一产业存在大量的剩余劳动力和隐性失业问题，迫切需要在政策上消除其转移障碍并给予相关扶持；在经济上加快第二、三产业的合理发展，由此带动整个就业结构的优化调整。

因此，要根据甘肃省经济发展的特点，一是发挥甘肃省的区位优势，大力发展特色农业，提高农产品的深加工能力，拉长农产品的产业链以提高其附加价值，走农业产业化道路，在农业内部解决农村剩余劳动力问题；二是在推进科技进步，发展资本、技术型产业的同时，要发展劳动密集型产业，大力扶持劳动密集型的中小企业的发展，促进“小企业，大就业”；三是要大力发展非公有制经济，特别是私营和个体经济，充分发挥非公有制经济在吸纳就业方面的主渠道作用；四是要发展知识密集与劳动密集相结合的高新技术产业，创造新的就业岗位；五是大力发展第三产业，通过第三产业的发展把第一产业的就业人员解放出来，促进就业。

参考文献：

1. 韩燕，胡强．基于灰色关联的我国人口就业结构、产业结构与城市化水平研究[J]．西北人口，2012(3).
2. 沈琴琴，崔钰雪．北京市就业结构演变及其动因研究[J]．人口与经济．2011(3).
3. 刘军丽．我国三大产业就业结构与就业弹性的实证分析[J]．统计与决策，2009(9).
4. 郭宇强．澳门的就业结构特征分析[J]．特区经济，2009(4).
5. 韩景华．北京市就业结构演变及特征[J]．城市问题，2008(9).
6. 叶海燕．平衡就业结构以发挥我国的比较优势[J]．特区经济，2007(3).
7. 周斌．北京就业结构实证分析[J]．首都经济贸易大学学报，2007(3).
8. 黄安余．香港就业结构转化特征与政策[J]．特区经济，2006(11).
9. 漆向东．在城乡统筹发展中优化就业结构[J]．经济问题探索，2005(5).
10. 彭启鹏．广东人口就业结构状况分析[J]．南方人口，2005(1).

西北师范大学经济学院　王秋红　王成龙

江西省人力资本对经济增长的影响分析

1 研究背景与意义

1.1 研究背景

我国将深入实施科教兴国和人才强国战略作为"十二五"的主要任务之一，江西省的经济在改革开放大潮中迅速发展，人民生活水平有了很大的提高，但是由于各方面的原因经济在发展的同时与周边几省的经济发展不均衡。导致这些差异的因素具体来看包括资本、劳动、地理、历史和制度等多方面原因。但是，从经济增长的根源来看，主要是资本投入、劳动投入及技术要素的进步，这其中人的因素为首要因素。

众多研究表明，人力资本对于协调区域经济发展，缩小区域经济发展差距具有重要作用。且劳动力素质是决定区域经济增长的重要因素之一。对于一个区域而言，劳动力素质的提高将会导致产出的增加。笔者正是从人力资本的角度出发，试图找出促进江西省经济增长的有效方式。与发达地区相比，江西省经济增长较为缓慢。2009 年江西省地区生产总值为 7655.18 亿元，与上年相比增长 13.1%，但同期，天津地区生产总值与上年相比增加了 16.5%，湖南增长 13.7%，重庆增长 14.9%，四川增长 14.5%，均高于江西省的经济增长速度。同时，2009 年江西省人均地区生产总值为 17273 元，仅是全国人均国民生产总值的 67.7%①。由以上数据可以看出江西省经济的发展任重而道远。

1.2 研究意义

无论是经济增长方式的转变还是社会发展的整体促进，人力资本都起到了无可替代的作用。随着经济增长理论和发展经济学的演进，人力资本要素在经济增长与发展中的作用日益突出。对于江西这种中部人口大省来说，解决其落后的经济发展问题尤为重要，在此背景下，研究人力资本对江西经济的影响具有重要的理论意义和现实意义。鉴于此，本课题拟在总结分析已有成果的基础上，进一步研究江西省区域内的人力资本存量结构及投资状况，就江西省人力资本对经济增长的影响展开讨论，以期获得对江西省经济增长的有益启示。

2 国内外文献综述

2.1 关于经济增长理论综述

经济增长是指一个经济中的生产总值和人均收入的持续增加过程。下面分别从古典经济增长理论、新古典经济增长理论和新经济增长理论这三个阶段对经济增长的研究进行概述。

2.1.1 古典经济增长理论概述

经济增长理论是西方经济理论中最重要的一个分支。在古典经济学时期，人们对经济增长有了更为深入的研究。亚当·斯密在其巨著《国民财富的性质和原因的研究》(l776)中，比较系统地论述了国民财富增长的条件和促进或者阻碍财富增长的因素等一系列的问题，并且十分强调资本积累和专业分工对促进经济增长的作用。亚当·斯密的思想由大卫·李嘉图做出了进一步发展。李嘉图在他的著作《政治经济学及赋税原理》中更深人地分析了经济增长因素的问题，并将经济增长问题的中心由生产领域转向了分配领域，从而更加完善了斯密的经济增长理论。古典经济学家们认为实现经济增长就要增加生产和资本积累，提高劳动生产率，并且也把分工、分配以及经济自由化等作为经济增长的因素。但他们悲观的认为经济不具有持续性。由于他们过

① 根据中国统计年鉴中的数据计算所得.

分强调了边际效益递减规律，因而没有看到科学技术进步所带来的劳动生产率的提高可以抵消人口增加对土地形成的压力。

2.1.2 新古典经济增长理论概述

现代经济增长理论模型研究才随着“凯恩斯革命”产生，我们一般认为是从拉姆齐模型和哈罗德—多马模型开始的。

2.1.2.1 哈罗德—多马模型

我们可以认为，哈罗德—多马模型是资本决定论的代表和核心。这一模型把凯恩斯的国民收入均衡理论作为基础，将凯恩斯的短期和静态分析法推广到分析长期的、动态的经济增长问题。

哈罗德—多马模型虽然在研究经济增长问题上的思路和观点具有开创性意义，但其两个前提假设具有明显的局限性，它假设资本—产出比C固定不变并且不考虑技术进步，这与各国的实际经济增长情况相悖。特别是在二战以后，一个国家的技术水平和国民受教育程度已逐步成为推动经济增长的决定性因素。

2.1.2.2 索洛—斯旺模型

索洛模型认为经济是以实现稳态平衡增长的。索洛模型认为均衡的增长率等于劳动力增长率，如果不存在外生的技术进步，经济就会收敛于一个人均收入不变的稳定状态，即为零增长。这也就是说，经济增长依赖于技术进步这一外生变量。这便使传统经济增长理论陷入了一种不愉快的尴尬局面。原因在于索洛模型认为知识外生于物质生产过程，其构造出来的生产函数是收益递减的，因而经济增长仅仅依赖于资本积累或人口积累，所以经济增长是收敛的。而面对各国经济增长率和人均收入水平具有长期而巨大差异性的现实状况，新古典经济增长理论无法提供合理的解释。

2.1.3 新经济增长理论概述

1986年保罗·罗默伊发表的论文《递增收益与长期增长》和罗伯特·卢卡斯于在1988年发表的论文《论经济发展机制》被我们看作是新经济增长理论产生的标志。新增长理论在理论上的主要突破是把技术进步引入到模型中来，它消除新古典增长模型中报酬递减的途径有三种：一种是以在生产中累积的资本代表当时的知识水平，将技术进步内生化，这一类模型可以称为知识积累模型(简称AK)；第二种是认为技术进步取决于人力资本建设的资源投入，主要体现在对R&D部门的投人，这一类模型可以称为基于研究和开发的模型(R&D模型)；第三种是从专业化和劳动分工的演进出发研究经济增长，被称为分工演进模型。

不同于前几种经济发展理论有为大多数人所接受或认同的经济增长模型，新经济增长理论至今还没有形成一个为大多数经济学家所认可的基本经济增长理论体系及其模型。

2.2 关于人力资本理论综述

2.2.1 西方人力资本理论概述

人力资本理论最早起源于18世纪，但真正形成则为20世纪60年代。在近两个半世纪的时间里，西方人力资本理论经历了萌芽、形成和发展三个阶段。

2.2.1.1 人力资本理论的萌芽

第一阶段是人力资本的萌芽阶段，时间自18世纪中期至20世纪60年代。著名古典学派代表亚当·斯密在他的著作《国富论》中，首次指出“人的才能与其它任何种类的资本同样是重要的生产手段”。他还详细分析了人的经验、知识以及能力作为财富和生产财富的重要作用。他提出人的经验、知识和能力是财富和可生产财富的观点，并提出为获得才能资本而受教育是一种投资。①

2.2.1.2 人力资本理论的形成

第二阶段是指以劳动力要素分析为核心的一般人力资本理论形成时期。时间自20世纪60年代至80年代，美国经济学家沃尔什第一次正式提出“人力资本”这个概念。他从个人教育费用和个人收益相比较来计算教育的经济收益。② 但真正形成比较完善的人力资本理论是20世纪60年代，主要的代表人物包括舒尔茨、贝克尔和爱德华·丹尼森。这一时期的西方人力资本理论研究的共同特点是以劳动力要素分析为核心，研究的主要内容是阐释人力资本的概念、形成和它对经济发展的作用，所以这一

---

① 佛里德里希·李斯特．政治经济学的国民体系．杨春学译．北京：商务印书馆，1997：122－123.

② 何正斌．经济学．长沙：湖南科学技术出版社，2000，807.

时期人力资本理论称为一般人力资本理论。

2.2.1.3　人力资本理论的完成

第三阶段是指以构建技术内生化增长模型为中心的人力资本理论完成时期。自20世纪80年代中期以来,以知识经济为背景的新"经济增长理论"在美国、英国等国家兴起。新经济增长理论以技术内生化为特征,把人力资本纳入模型之中,从经济增长模型中阐释人力资本理论。新经济增长理论的代表人物有罗默和卢卡斯。1988年,卢卡斯发表了著名论文《论经济发展机制》,提出了两个经济增长模型:两资本模型和两商品模型。

2.2.2　我国人力资本理论概述

我国对人力资本理论的研究相对国外而言起步较晚。90年代西方人力资本理论传入中国后,有关人力资本理论的研究在中国迅速发展。

2.2.2.1　人力资本的理论研究

梁小民(1987)翻译了加里·贝克尔的《人力资本一特别是关于教育的理论与经验分析》一书,这是我国首次翻译的有关人力资本理论的书籍。吕铁(1996)论述了人力资本的概念和人力资本与经济发展的关系;陈全明(1999)提出了人力资本张力理论,认为人力资本张力即人力资本自我增值、自我扩张的能力,是人力资本存量转化为人力资本价值变现的能力。人力资本扩张过程是在人力资本存量不断增大的状况下,人力资本价值最大化的过程;杨明洪(2001)对西方人力资本理论的研究主线与思路进行分析。

2.2.2.2　人力资本对经济增长的作用研究

刘建勇(2007)主要采用计量经济分析方法、动态分析方法和相关模型研究方法,利用人力资本与经济增长的相关理论,对山东省的人力资本进行系统核算,得出山东省要加大人力资本投资力度,以提高劳动者的人力资本水平为重要切入点来促进经济发展的结论。

李艳华博士(2010)通过对甘肃人力资本状况的分析,得出建立更为宽松的政策环境和更加完善的市场体系,为培养更多的企业家型人力资本创造适宜的外部环境,对于促进甘肃经济的长远发展具有重要意义的结论;

2.2.2.3　人力资本的投资收益研究

我国对人力资本的投资收益研究主要集中在两个方面:一是对人力资本个人投资收益率和社会投资收益率的研究;二是对人力资本投资主体的研究。

李世辉(2007)对辽宁省人力资本的现状进行了分析,并用回归分析等统计方法进行了实证分析,说明辽宁的经济增长主要依赖于固定资产投资,而人力资本对经济增长的贡献则不甚显著。

朱琪(2008)对全国和广东省的农业、工业及科学研究和综合技术服务业的教育明塞尔收益率进行了经验比较实证分析,结果表明各行业教育的收益率明显大于工作经验的回报率。

3　江西省经济发展与人力资本的现状分析

3.1　江西省基本经济发展现状

笔者在第二章中详细介绍了经济增长与人力资本的基本理论,接下来要研究江西省人力资本对经济增长的影响,必须先对江西省的基本经济发展状况和人力资本的存量状况有更深层次的了解。因而,本章对我省经济发展的基本状况和人力资本的相关指标进行比较细致的分析。

从江西省的经济发展规模和经济发展水平的角度,笔者选择地区生产总值作为判断的基础指标。从图3.1可以看出,随着改革开放的实施,江西省的经济得到了迅速发展,地区生产总值不断上升,到1995年,我省的地区生产总值达到1169.73亿元,首次突破了千亿元。此后,江西省的经济发展呈现出更为迅猛的态势,改革开放30年间经济总量增长了80倍,到2010年,江西省地区生产总值更是达到9451.26亿元,由以上数据可知,江西省的经济发展取得了可喜的成绩,我省的人民生活水平较之过去有了很大的提高。

人均国内(地区)生产总值在经济学中也是一个衡量经济发展状况的非常重要的指标,如下图3.2所示,江西省的人均地区生产总值在1978年与全国人均国内生产总值相差不大;随着改革开放的实施,我省经济飞速发展,到2010年,江西省人均地区生产总值更是达到21253元,人民生活水平稳步提高。同时,由下图可以看出江西省人均地区生产总值普遍低于全国人均国内生产总值,这种现象主要由于江西省人口偏多,虽然我省经济总量并不低,但是由于人口基数大，从而人均地区生产总值较低，改革开放以来一直低于全国平均水平。

图 3.1 江西省历年地区生产总值

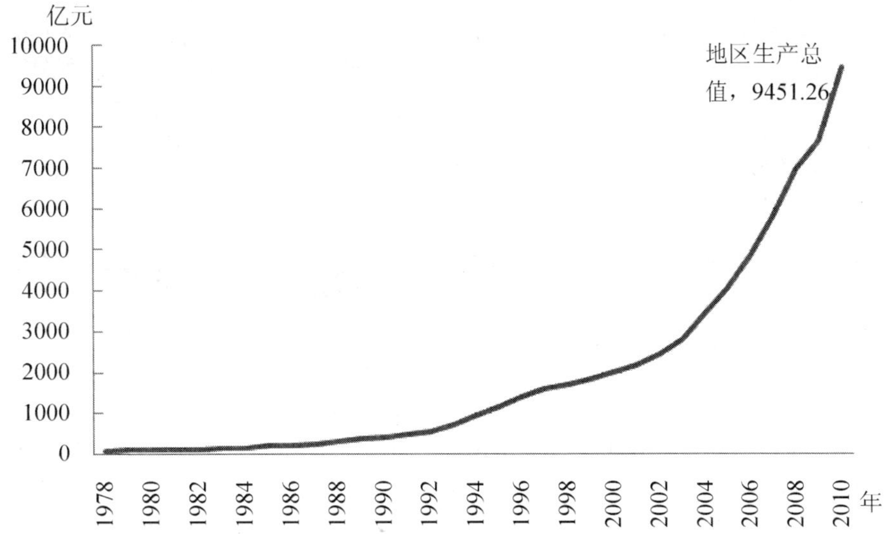

数据来源：历年《江西统计年鉴》。

图 3.2 江西省与全国人均 GDP 对比

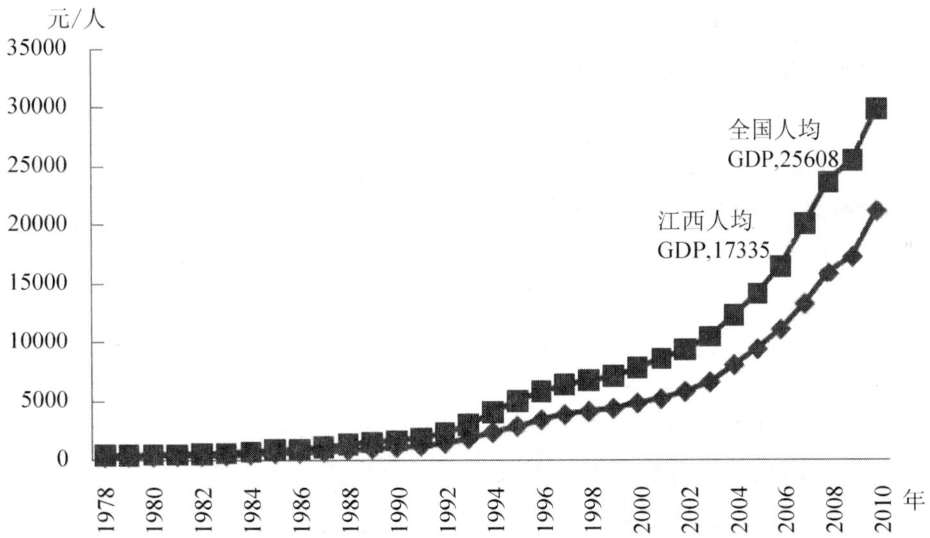

数据来源：历年《江西统计年鉴》。

如图 3.3 所示，由于最近十年间江西省经济的飞速发展，江西省的农业居民消费与非农业居民消费也被带动的呈现出逐年上升的趋势。同时，江西省非农业居民消费的增长率明显高于农业居民消费的增长率。

从江西省产业结构与经济增长的关系来看，在 1978 年，江西省我省三大产业的构成为 41.6%、38%和 20.4%。改革开放以后，江西省经济发展取得可喜的成绩，与此同时，江西省为适应经济发展的需要，我省及时调整产业结构，到 1995 年三大产业产值的构成分别是 32%、34.5%以及 33.5%，由此可知，在 1995 年，江西省第三产业产值首次超过第一产业产值，也说明了我省农村的剩余劳动力不断的向第二产业和第三产业转移，特别是向第三产业转移。截止到 2010 年，我省三大产业的总值构成依次是 12.8%、54.2%和 33.0%。

图 3.3 江西省农业与非农业居民消费

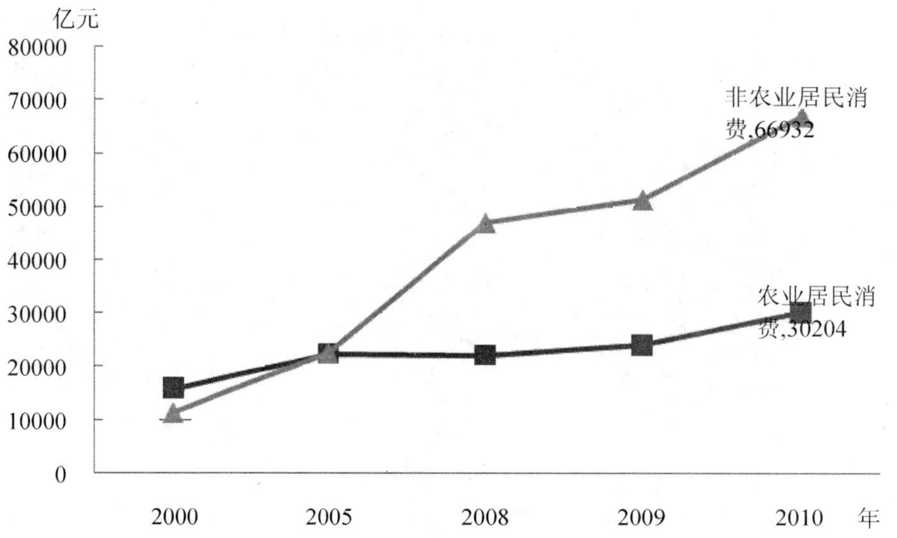

数据来源:历年《江西统计年鉴》。

3.2 江西省人力资本现状

3.2.1 江西省人力资本数量分析

3.2.1.1 江西省人口状况分析

江西省是我国中部人口大省,人力资源相对丰富,随着我省经济的不断发展以及人民生活水平的提高,江西省人力资本的数量也不断增加。2010 年 11 月 1 日零时,全省常住人口总数为 44567475 人(不包括中国人民解放军现役军人和居住在省内的港澳台居民以及外籍人员),同 2000 年第五次全国人口普查的 41398051 人相比,十年共增加了 3169460 人,增长 7.66%,平均每年增加 316946 人,年平均增长率为 0.74%。

全省 11 个设区市常住人口如表 3.1:

表 3.1 江西省 11 个设区市常驻人口

单位:人,%

地区	人口数(人)	2000—2010 年平均增长率
南昌市	5042565	1.29
景德镇市	1587477	0.64
萍乡市	1854510	0.49
九江市	4728763	0.47
新余市	1138873	0.37
鹰潭市	1124906	0.70
赣州市	8368440	0.99
吉安市	4810340	0.73
宜春市	5419575	0.41
抚州市	3912312	0.66
上饶市	6579714	0.71

资料来源:江西省 2010 年第六次人口普查主要数据。

2010 年 11 月 1 日零时,全省常住人口中,如下表所示,居住在城镇的人口 19636429 人,占总人口的 44.06%;居住在乡村的人口 24931046 人,占总人口的 55.94%。同第五次全国人口普查相比,城镇人口占总人口的比重上升了 16.39 个百分点,平均每年提高 1.64 个百分点。城镇人口比重的快速上升,表明江西省人口城镇化进程的不断加快。

3.2.2 江西省人力资本质量分析

笔者试图从知识水平、技能水平、健康水平以及教育和卫生经费四个不同方面来反映江西省的人力资本的质量状况。

3.2.2.1 江西省人力资本的知识水平

如表 3.3 所示,我们可以计算出江西省 2010 年的文盲率为 3.14%,与此同时,全国的文盲率为 4.08%,江西省的文盲率低于全国平均水平。我省每十万人拥有的有大专及以上受教育程度的人口有 6857 人,同期,全国每十万人拥有 8930 人。由此看出,虽然我省文盲率比较低但是高等教育水平也是低于全国平均水平。

3.2.2.2 江西省人力资本的技能水平

表 3.2 江西省人口城乡分布状况

单位:人,%

地区	总人口	城镇人口	城镇人口比重	乡村人口	乡村人口比重
全省	44567728	19636740	44.06	24930988	55.94
南昌市	5042565	3313471	65.71	1729096	34.29
景德镇市	1587477	893908	56.31	693569	43.69
萍乡市	1854510	1097315	59.17	757197	40.83
九江市	4728763	2010670	42.52	2718093	57.48
新余市	1138873	701432	61.59	437441	38.41
鹰潭市	1124906	533323	47.40	591832	52.60
赣州市	8368440	3140671	37.53	5227757	62.47
吉安市	4810340	1808206	37.59	3002133	62.41
宜春市	5419575	1926123	35.54	3493469	64.46
抚州市	3912312	1455379	37.20	2456930	62.80
上饶市	6579714	2756242	41.89	3823471	58.11

数据来源:江西统计年鉴 2011。

反映江西省人力资本的技能水平不像个体一样可以用技能证书来表示。这并没有单一并且全面的指标,笔者采用地方企事业单位各类别的专业技术人员、专利申请受理量和专利申请批准量来反映江西省人力资本的技能水平。具体数据如表 3.4 所示。

表 3.3 各种受教育程度就业人口

单位:人

地区	总人口	未上过学	小学	初中	高中	大专及以上
总计	4251692	187209	1279590	1587455	504526	289694
南昌市	482308	18238	109700	154565	73938	90163
景德镇市	154040	7476	45340	54673	20824	11750
萍乡市	173364	3974	46449	72898	23055	11279
九江市	465121	20180	124744	176044	67256	34206
新余市	104743	4197	28146	37997	14495	10819
鹰潭市	104363	5153	32005	38997	11723	5805
赣州市	797473	42632	259229	298645	81693	35879
吉安市	468651	17934	144577	184166	51678	23212
宜春市	507833	16110	144214	217277	58516	23043
抚州市	377482	15596	128336	140484	37892	19594
上饶市	616314	35719	216850	211709	63456	23944

资料来源:江西省 2010 年第六次人口普查主要数据。

表 3.4 江西省人力资本的技能水平

指标	2000	2005	2008	2009
地方企事业单位工程技术人员(人)	91360	74607	68416	69264
地方企事业单位农业技术人员(人)	19470	19733	20032	19950
地方企事业单位卫生技术人员(人)	99631	110834	119150	122430
地方企事业单位科学研究人员(人)	2333	3840	3261	3104
地方企事业单位教学人员(人)	360818	399404	416673	419753
专利申请受理量(项)	1557	2815	3746	5224
专利申请批准量(项)	1072	1361	2295	2915

资料来源:江西省统计年鉴(2010)。

由表 3.4 可以看出江西省的工程技术人员、农业技术人员以及科学研究人员数值都比较偏低而且增长并不稳定。原因可能是江西省经济发展水平比较落后,不利于留住和吸引技术人员;卫生技术人员和教学人员呈逐年递增的态势,反映出我省对教育和卫生事业的高度重视;专利申请受理量由 2000 年的 1557 项增长到了 2009 年的 5224 项,增长到了近三倍,反映出江西省科技创新能力的大幅提高以及我省对技术创新工作的日益重视。综上所述,江西省的人力资本的技能水平与以前相比有了很大的提高。

3.2.2.4 江西省教育和卫生经费情况

(1)教育经费

如上表 3.5 所示,江西省教育经费绝对数虽然呈现逐渐增加的态势,但增长得比例比较低,占 GDP 的比例也出现了波动。我们也注意到江西省教育经费占财政支出的比重近几年呈现出递减的趋势,财政性教育经费支出占财政支出的比重由 2007 年的 19.20%下降到 2010 年的 15.47%。江西省教育经费支出偏低,因而我省应该增加江西省教育投入以提升人力资本的质量。

表 3.5 江西省教育经费支出情况

年份	教育经费支出(万元)	占 GDP 比重	占财政支出比重
2006	1123336	2.33%	16.13%
2007	1738076	3.00%	19.20%
2008	2068578	2.97%	17.09%
2009	2519286	3.29%	16.12%
2010	2974961	3.15%	15.47%

资料来源:江西省统计年鉴(2010)。

(2)卫生经费

如下表 3.6 所示,在财政支出中,医疗卫生投入所占比例比较低,但它占 GDP 的比重是逐年递增的。江西省医疗卫生支出占 GDP 的比重由 2006 年的 0.63%上升到 2010 年的 1.59%,比 2010 年的全国平均水平高 0.39 个百分点。与全国的平均水平相比,近几年江西省在医疗卫生方面的投入力度要更高一些,由于江西省医疗卫生条件基础不高,因而我省应该增加医疗卫生的投入,从而使这一不良状况逐渐得到改善。

表 3.6 江西省与全国卫生经费投入情况

年份	全国		江西	
	医疗卫生支出(亿元)	占 GDP 比重(%)	医疗卫生支出(万元)	占 GDP 比重(%)
2006	1778.86	0.84	303032	0.63
2007	2297.10	0.92	580717	1.00
2008	2757.04	0.88	796197	1.14
2009	3994.19	1.17	1205455	1.57
2010	4804.18	1.20	1500167	1.59

4 江西省人力资本对经济增长的影响分析

4.1 人力资本与经济增长模型构建与解释

本文对于模型的构建也采用学术界较为认可的柯布—道格拉斯函数作为模型的基础。笔者在模型估计和分析中主要以人力资本外部性模型作为江西省经济增长生产函数,来进一步揭示人力资本对江西省经济增长的重要影响作用,继而提出相应的政策与建议。

4.2 江西省人力资本与经济增长模型

中要素的测算

4.2.1 实际产出

计量经济中反映实际产出的指标有很多，笔者选择地区生产总值(GDP)来表示实际产出。

4.2.2 物质资本存量

在经济研究中一般把资本分为流动资本和固定资本两个大类。资本存量一般是指某地区在一定时期(通常是一年)内所获得的资本投资减去当年处置的固定资产以及当年的存货的净额。具体来说资本存量包括固定资本形成的总额和存货的增加额即流动资本两项。

(1)物质资本存量的计算方法如式 4.1 所示：

$$K_t = KC_t + KV_t \quad (4.1)$$

(2)固定资本存量总额的计算方法如式 4.2 所示：

$$KC_t = KC_{t-1} \times (1-\delta) + I_t \quad (4.2)$$

(3)存货增加值的计算方法如式 4.3 所示：

$$KV_t = I_t/3 \quad (4.3)$$

4.2.3 人力资本存量与人力资本水平

4.2.3.1 江西省人力资本存量估算方法

笔者选取"教育年限法"对江西省人力资本的存量进行估计。本文采用江西省人口数及其受教育程度估计我省的人力资本存量。那么，某地区江西省人力资本的存量为：

$$H = 16 \times H_1 + 12 \times H_2 + 9 \times H_3 + 6 \times H_4 + 1 \times H_5 \quad (4.4)$$

人力资本水平为本地区的人力资本存量除以就业人员的总数，如下式：

$$人力资本水平\ h = H/就业人员 \quad (4.5)$$

4.2.3.3 江西省人力资本与经济增长模型中要素测算结果

根据以上测算方法的分析，笔者搜集历年江西省有关数据，利用 Eviews6.0 对 1991 年到 2010 年江西省的物质资本存量、人力资本存量和人力资本水平进行测算。

4.3 回归方程的相关检验

在利用时间序列进行回归分析之前，必须要对模型中涉及到的各个时间序列的相关关系和平稳性进行检验。

4.3.1 物质资本存量、人力资本存量、人力资本水平和产出的相关关系检验

笔者对物质资本存量、人力资本存量、人力资本水平和实际产出这些时间序列数据分别取自然对数，并使用 Eviews6.0 做出变量散点图。之后笔者分别对序列 InY 和 InK、InY 和 InL、InY 和 InH，作相关性分析，得到其相关系数矩阵。结果都表明，产出与物质资本存量、人资本存量和人力资本水平这三个不同变量之间基本上呈现线性关系。

4.3.2 物质资本存量、人力资本存量、人力资本水平和产出的协整关系检验

4.3.2.1 平稳序列的检验—单位根检验

因为在实际的研究中经济时间序列通常不会仅仅是一个简单的 AR(1)过程，所以 ADF 检验才是最常用和最准确的单位根检验方法。

就江西省 1996—2010 年的总产出序列、物质资本存量、人力资本存量序列和人力资本水平序列进行一阶或二阶平稳性检验。可以得出 ln(y)、ln(h)、ln(l)和 ln(k)是二阶平稳序列。

4.3.2.2 Granger 因果关系检验

根据平稳单位根检验结果可知江西省的 Iny、Inh 的二阶差分符合 Granger 因果检验的条件。我们采用 EviewS 软件对 Iny 和 Inh 变量进行 Granger 检验，检验结果如下表 4.1 所示。

表 4.1 格兰杰因果关系检验结果

	滞后阶数								
	1		2		3		4		
	F 值	P	F 值	P	F 值	P	F 值	P	
:Iny 不 Inh 的 Granger 原因	1.84	0.20	0.44	0.66	1.26	0.38	17.8	0.05	拒绝
:Inh 不 Iny 的 Granger 原因	1.19	0.30	2.39	0.15	2.02	0.23	1.21	0.50	接受

由上表可知，江西省的生产总值与其人力资本间有互为因果的数量特征。在5%的置信度水平下，人力资本不是生产总值的 Granger 因，而生产总值是人力资本的 Granger 因。

4.4 模型计量与参数估计

现利用有效劳动模型和人力资本外部性模型估算江西省人力资本对经济增长的贡献率。笔者利用江西省 1991－2010 年的数据采用 Eviews6.0 统计软件进行回归分析。回归结果如下：

有效劳动模型：

$$\ln y = -11.8 + 0.47\ln k + 1.70\ln h \quad (4.6)$$
$$(-5.99) \quad (9.77) \quad (7.24)$$
$$R^2 = 0.98 \qquad F = 552.44$$

由上面结果可以得出，回归系数通过了 t 检验，方程整体也通过了 F 检验，而且方程的拟合优度较好（$R^2 = 0.98$），这也说明了方程的自变量对因变量的解释能力非常强。因此将系数带入有效劳动模型有：

$$Y_t = A_t K_t^{0.47} H_t^{1.70} \quad (4.7)$$

这说明在有效劳动模型中，资本的产出弹性为 0.47，其经济意义是江西省的资本投入每增加一个百分点，在其他条件不变的情况下，产出平均增加 0.47 个百分点；人力资本的产出弹性为 1.70，其经济意义是江西省的人力资本每增加一个百分点，在其他条件不变的情况下，产出平均增加 1.70 个百分点。

人力资本外部性模型：

$$\ln Y_t - \ln L_t = -4.54 + 0.49(\ln K_t - \ln L_t) + 1.77\ln H_t + \mu_t \quad (4.8)$$
$$(-7.06)(12.20)(7.29)$$
$$R^2 = 0.98 \qquad F = 416.88$$

由以上的结果可以看出，方程自变量对因变量的解释能力非常强。因此将系数带入人力资本外部性模型有：

$$Y_t = A_t K_t^{0.49} L_t^{0.51} H_t^{1.77} \quad (4.9)$$

以上分析说明在人力资本外部性模型中，资本的产出弹性为 0.49，它的经济意义是在其他条件不变的情况下，江西省的资本投入每增加一个百分点，产出平均增加 0.49 个百分点；而人力资本的产出弹性是 0.51，人力资本水平弹性是 1.77。

4.5 人力资本要素对经济增长的贡献度测算

为索罗余值法中所用的增长率均是平均增长率，对于各年平均增长率的计算，本文采用几何平均法，即：

$$GY = \left(\sqrt[t]{\prod_{i=1}^{t} y_i} - 1\right) \times 100\% \quad (4.10)$$
$$GK = \left(\sqrt[t]{\prod_{i=1}^{t} k_i} - 1\right) \times 100\% \quad (4.11)$$
$$GL = \left(\sqrt[t]{\prod_{i=1}^{t} l_i} - 1\right) \times 100\% \quad (4.12)$$
$$GH = \left(\sqrt[t]{\prod_{i=1}^{t} h_i} - 1\right) \times 100\% \quad (4.13)$$

上面各式中，y_i、k_i、l_i、h_i 表示各指标第 i 年份相对应的发展速度。

这里需要区分增长率和发展速度，两者之间的关系可以用公式表示为：

发展速度＝1＋增长率。

表 4.2 有效劳动模型下各要素的贡献率（1991－2007 年）（$\alpha = 0.47, \beta = 1.70$）

GY	GK	GL	α∗GK	β∗Gl	EK	EL
10.75	12.54	3.02	5.89	5.13	54.80	47.74

表 4.3 人力资本外部性模型下各要素的贡献率（1991－2007）（$\alpha = 0.49, \beta = 1.77$）

GY	GK	GL	GH	α∗GK	(1－α)∗GL	β∗GH	EK	EL	EH
10.75	12.54	3.02	1.73	6.14	1.54	3.07	57.13	14.32	28.55

4.6 模型回归的结果分析

从上表 4.2 和表 4.3 中我们能够看出：

首先，在有效劳动模型中，人力资本存量在经济增长中的贡献份额小于资本的贡献份额。物质资本年平均增长率高于经济增长率，而人力资本存量的年平均增长率却远低于经济增长率和物质资本增长率，这说明江西省更多地关注物质资本投入力度，而人力资本的投入则相对较弱；

其次，在人力资本外部性模型中，江西人力资本存量对经济增长的贡献率小于在有效劳动模型中对经济增长的贡献率。这说明人力资本不仅具有内生于有效劳动中的劳动力的要素功能，而且也具有外部性作用

再次，总体来讲，物质资本对江西的经济增长起到了主导作用。在1991—2010年期间，物质资本对经济增长的贡献率达到了57.13%，说明在江西物质资本在经济增长所起到的作用仍占主导地位，江西经济一直都是靠高投入的粗放式经营来维持高速的经济增长，在转变经济增长方式上还有很长的路要走。

5 促进江西省人力资本投资以及经济增长的建议

5.1 加大江西省教育和医疗保健投入

通过前文分析可知，人力资本水平对江西省经济的贡献大于人力资本存量，因而如何不断提高人力资本水平是江西省面临的主要课题。从人力资本投资角度看，提高人力资本存量和人力资本水平，特别是提高人力资本水平的途径主要有两条：一是通过增加教育投资从而不断提高江西省全部劳动力的受教育程度和劳动力的技能水平；二是通过加强江西省的医疗保健服务，从而提高江西省劳动力的生理健康水平。江西省在教育投入重点的选择上，应集中主要的资源和力量，从基础做起，使江西省有限的教育投入发挥更大的经济效益。

江西省不能把教育的投资重点一直放在高等教育，要大力发展基础、初等和中等职业教育，争取江西省在短时间内越来越多人口的素质的得到提高，从而真正的增加江西省的人力资本。

由于江西省不发达地区众多并且这些不发达地区的医疗及卫生保健条件相对十分落后，所以江西省各级地方政府，特别是省政府必须根据各地的实际情况制定出一套完整的针对各个不发达地区的卫生保健计划。

5.2 健全以人力资本有序迁移为目标的劳动力市场

首先，改善人才成长和发展的软硬环境，强化公共服务职能。实行人才柔性流动机制，采用灵活的人事制度，保证人才的流动遵循市场规律，给人才提供自由选择的机会，打破人才单位化的壁垒建立人力资本社会化、资本化的运作机制，最大限度地发挥人力资本的价值。加强企业家人力资本市场建设，鼓励专业技术人才、经营管理人才的合理流动，通过制定优惠政策，吸引人才在基层流动。

其次，要建立健全人才保障机制。落实企事业单位各类人才的养老、失业、医疗、工伤保险等社会保障制度，为人力资本的充分发展扫除后顾之忧。积极探索和建立高层次人才社会优待制度，鼓励社会各界在医疗、购房、交通、子女入学就业等方面给予高层次人才优惠待遇，鼓励各类人才为江西省经济社会发展做贡献。

总之，要加快江西省得人力资本积累，就必须重视营造成一个"留得住人，引得进人"的良好社会、经济、政策环境，建立吸引人才的"绿色通道"。同时完善人才需求信息采集机制，定期发布人才需求岗位目录。采取团队引进、核心人才带动引进等多种方式，大力引进高层次和紧缺人才，提高人力资本质量。

5.3 培养多元化人力资本投资主体，发展多种形式教育

由于江西省不发达地区面积较广，人口众多而且素质普遍较低，同时江西省的教育经费十分紧张。因而，不能单一由江西省各级地方政府出资进行人力资本的各种投资，所以在进一步加大江西省各级政府对公办教育投入的同时，必须鼓励社会上各种形式的私人办学，同时根据江西省经济发展的现状。

5.4 优化调整产业结构及人力资本结构

在江西省建立人力资本结构调整与产业结构调整相协调的动态机制，根据江西省的产业结构调整需要，调整江西省的人力资本结构。根据前文中的分析我们可以看到江西省产业结构调整的目标是逐渐缩小第一产业比重，加大二、三产业发展，着力加强第三产业发展，增加第三产业在经济中所占的比重；所以江西省人力资本流动的基本导向是：引导人力资本从传统的第一、二产业向第三产业转移，提升第三产业的人力资本的比重，优化江西省产业结构以及三大产业的布局。江西省在产业结构调整过程中存在一个很大的障碍：江西省内一般化的人力资本数量过多从而江西省存在大量的剩余劳动力，但

是各个优势产业发展急需的专业化人力资本却处于紧缺状态。所以，江西省应该适应产业结构调整的需要来加大调整各地区的人力资本结构，加大专业化人力资本的培养力度，从而使这些具有创新能力的专业化的人力资本可以为江西经济的发展作出更大贡献。尤其是具有各种专业技术创新才能的专业化人力资本是江西省经济发展的动力源泉，更应该大力培养。

参考文献：

1. 阿尔弗雷德·马歇尔．经济学原理汇[M]. 北京：商务印书馆，1965.
2. 阿玛蒂亚·森．以自由看发展[M]. 北京：中国人民大学出版社，2002.
3. 贝克尔．人力资本：特别是关于教育的理论与经验分析[M]. 北京：北京大学出版社，1987.
4. 蔡昉，王美艳．中国经济增长究竟有多快[J]. 中国经济，2002，(9)：49—52.
5. 蔡昉、都阳，中国地区经济增长的趋同与差异—对西部开发战略的启示[J]. 经济研究，2000，(10)：30—35.
6. 高鸿业，西方经济学第二版(微观、宏观部分)[M]. 北京：中国人民大学出版社，2003.
7. 高铁梅，计量经济分析方法与建模：Eviews 应用举例[M]. 北京：清华大学出版社，2006.
8. 黄国华．人力资本与经济增长：对中国的实证分析 [J]. 经济经纬，2005，(6)：89—92.
9. 黄亚钧，微观经济学[M]. 北京：高等教育出版社，2006.
10. 胡宗义，张杰．经济增长中人力资本作用的评价指标体系研究[J]. 财经理论与实践(双月刊)，2005，(1)：85—88.
11. 胡永远，刘志勇．不同类型人力资本对经济增长的影响分析 [J]. 人口与经济，2004，(2)：55—58.
12. 胡鞍钢．从人口大国到人力资本大国[J]. 中国人口科学，2002，(5)：12—16.
13. 胡双梅等．四川省的教育投资对经济增长的贡献计量分析 [J]. 西南民族大学学报，2006，(1)：176—179.
14. 何晓群．现代统计分析方法与应用[M]. 北京：中国人民大学出版社，1999.
15. 李光．山西经济增长因素实证分析 [J]. 生产力研究，2001，(2)：92—93.
16. 李玲．人力资本运动与中国经济增长 [M]. 北京：中国计划出版社，2003.
17. 李磊，朱彤．人力资本、知识存量与我国经济增长[J]. 南京社会科学，2008，(9)：25—32.
18. 李建民．人力资本通论 [M]. 上海：上海三联出版社，1995.
19. 李玉江．区域人力资本研究[M]. 北京：科学出版社，2006.
20. 李玲．中国人力资本地区流动与配置状况分析[J]. 经济经纬，2002，(6)：82—85.
21. 李忠强，黄治华，高宇宁．人力资本、人力资本不平等与地区经济增长：一个实证研究[J]. 中国人口科学，2005，(1)：105—110.
22. 李亚玲，汪戎．人力资本分布结构与区域经济差距——一项基于中国各地区人力资本基尼系数的实证研究[J]. 管理世界，2006，(12)：42—49.
23. 李涛．人力资本市场运行机制与制度创新[J]. 湖南师范大学社会科学学报，2003，(3)：78—82.
24. 林毅夫、刘培林．中国的经济发展战略与地区收入差距[J]. 经济研究，2003，(3)：19—25.
25. 林荣日．教育经济学[M]. 上海：复旦大学出版社，2001.
26. 刘建华、黄春松．基于有效劳动模型的人力资本与经济增长关系分析—以福建省为例[J]. 工业技术经济，2009，(4)：42—49.
27. 刘海英、赵英才、张纯洪．人力资本"均化"与中国经济增长质量关系研究[J]. 管理世界，2004，(11)：15—21.
28. 明塞尔著，张凤林译．人力资本研究[M]. 北京：中国经济出版社，2001.
29. 钱雪亚、章丽君、林浣．度量人力资本水平的三类统计方法[J]. 统计与决策，2003，(10)：9—10.
30. 曲玥等．人口红利：延续还是替代．载于蔡昉主编：中国人口与劳动问题报告 No. 10[M]. 北京：社会科学文献出版社，2009.
31. 钱雪亚．中国人力资本水平再估算：1995—2005[J]. 统计研究，2008，(12)：3—10.
32. 荣志远．西北地区人才资源开发与经济增长—面板数据的实证分析 [J]. 西北师大学报(社会科学版)，2007，(5)：106—120.
33. 沈利生、朱运发．人力资本与经济增长分析[M]. 北京：社会科学文献出版社，1999.

34. 史君卿等．技术效率分析中的主要方法及其变焦研究[J]. 农业经济问题,2008,(1):51—58.
35. 谭崇台主编．发展经济学的新发展[M]. 武汉:武汉大学出版社,1999.
36. 陶静．人力资本对经济增长的影响[J]. 当代经济,2006,(6):26.
37. 田祖荫等．教育对经济增长的影响机制分析:来自发展中国家的经验证据[J]. 中央财经大学学报,2007,(12):59—63.
38. 王金营．人力资本与经济增长理论与实证[M]. 北京:中国财政经济出版社,2001.
39. 王小鲁,樊纲．中国地区差距的变动趋势和影响因素[J]. 经济研究,2004,(1):33—44.
40. 王金营.1978 年以来中国三次产业从业人员受教育水平估计[J]. 人口研究,2002,(3):70—76.
41. 王成新．中国区域人力资本结构模式的实证研究 [J]. 湖北经济学院学报,2006,(5):65.
42. 王国虹．人力资本与区域经济发展—广东陕西两省的生产函数比较分析[J]. 边疆经济与文化,2005,(4).
43. 王剑．发挥教育优势促进陕西人力资本培育 [J]. 商业现代化,2007,(8):301—302.
44. 王家赠．教育对中国经济增长的影响分析 [J]. 上海经济研究,2002,(3):63.
45. 王彩玲．人力资本与山西经济发展 [J]. 经济师,2007,(12):262.
46. 汪会宝等．教育对经济增长贡献的计量分析 [J]. 商业现代化,2008,(6):59—62.
47. 汪晓文．欠发达地区教育增长的动力机制:人力资本投资—以甘肃为例[J]. 人兰州大学学报,2005,(1):76—79.
48. 姚先国．人才战略与区域经济发展 [M]. 浙江:浙江大学出版社,2006.
49. 杨顺勇等．现代人力资源管理 [M]. 上海:复旦大学出版社,2006.
50. 杨建芳,龚六堂,张庆华．人力资本形成及其对经济增长的影响[J]. 管理世界,2006,(5):10—18.
51. 杨宇、郑垂勇．社会资本、人力资本与经济增长 [J]. 经济经纬,2008,(5):19—22.
52. 杨晓华等．教育对经济增长影响的实证分析—以吉林为例 [J]. 教育与经济,2005,(2):74.
53. 周兴,陈东娇．广东经济增长中的人力资本贡献[J]. 江苏商论,2007.
54. Jones,C.. Sources of U. S Economic Growth in a World of Ideas[J],American Economic Review,2002,92(1):220—239.
55. Mulligan,C. ,Sala—I—Martin,X.. Measuring Aggregate Human Capital[J],Journal of Economic Growth, 2000,(5):215—252.
56. Strulik,H.. The Role of Human Capital and Population Growth in R&D—based Models of Economic Growth [J],Review of International Economics,Blackwell Pdblishing,2005,13(1):129— 145.

江西财经大学 罗良清 胡晓琳 谢黎智 丁杨 胡振亚
江西省统计局 曾庆道 冷晴

辽宁未来人口发展趋势研究

建国以来，辽宁人口发展经历了起伏跌宕的变化，特别是人口计划生育工作的开展，推动了人口发展形势的快速转变。未来几十年是辽宁经济社会发展的关键时期，人口因素对全局影响至关重要。在追溯人口发展历程的基础上，深入研究未来人口发展趋势，准确评估人口发展中的问题，进而及时采取对应性措施，趋利避害，对促进人口发展与经济社会发展相适应，促进人口实现长期均衡发展，具有十分重要的意义。

一、辽宁建国以来人口发展主要特征

(一)总人口持续增加

建国以来，总人口数量增加了近 1.4 倍；1951—1955 年是人口增长最快的时期，年均增长 3.40%，以后增速递减，2001—2010 年间平均增速仅约为最快时期的 1/8。

表 1　辽宁部分年份年末总人口数量及增长率

单位:万人,%

年份	年末总人口	各时期人口增加数量及增长率			
		时　期	增　加	年均增加	年均增长率
1949	1830.5	—	—	—	—
1950	1875.5	—	—	—	—
1955	2216.5	1951—1955	341.0	68.2	3.40
1960	2559.5	1956—1960	343.0	68.6	2.92
1965	2808.3	1961—1965	248.8	49.8	1.87
1970	3083.7	1966—1970	275.4	55.1	1.89
1975	3282.0	1971—1975	198.3	39.7	1.25
1980	3486.9	1976—1980	204.9	41.0	1.22
1985	3689.0	1981—1985	202.1	40.4	1.13
1990	3946.0	1986—1990	257.0	51.4	1.36
1995	4092.0	1991—1995	146.0	29.2	0.73
2000	4184.0	1996—2000	92.0	18.4	0.45
2005	4221.0	2001—2005	37.0	7.4	0.18
2010	4375.0	2006—2010	154.0	30.8	0.72

(二)人口自然增长由较高水平衍变到接近零水平

人口出生数量，20 世纪 50 年代年均出生 76.52 万人，60 年代上升至 87.65 万人，最高年份 1963 年出生 127.7 万人，70 年代后出生规模逐渐下降，进入 21 世纪，年均出生 29.6 万人。建国后，人口出生高峰出现过 4 次，分别在 1953—1960 年、1962—1970 年、1978—1982 年和 1986—1990 年间。前两次高峰峰值高，时间长，年均出生人口分别为 84.0 万人和 92.6 万人；后两次峰值低，时间短，年均出生人口分别为58.6万人和61.9万人。

人口死亡数量，20世纪50年代年均死亡20.25万人，60年代升到年均22.80万人，其中最高年份1961年死亡44.4万人，70年代年均死亡下降至17.90万人，以后又逐步增加，进入21世纪，年均死亡24.3万人。

人口自然增长数量，20世纪60年代年均增长64.84万人，最高年份1963年达107.2万人。进入21世纪，年均增长5.28万人，其中2010年自然增长1.8万人，不足20世纪50年代年均出生规模的1/30。人口自然增长率接近零水平。

总和生育率，1950年为5.47，1960年上升到5.78，1963年上升到近几十年的最高水平，为8.20。之后快速下降，1979年总和生育率下降至更替水平，进入低生育水平，1983年继续降至1.5以下，1995年进入1.3以下的极低生育水平。

15—49岁育龄妇女数量，2000年达到峰值，为1248.7万人，其后逐步下降。其中20—34岁生育旺盛期育龄妇女数量1990年达到峰值，为599.9万人，以后年均递减1%。2010年育龄妇女和生育旺盛期育龄妇女数量分别为1210.1万人和492.1万人。

育龄妇女平均初育年龄，1990年以来持续后移，2010年为26.8岁，分别比1990年和2000年提高了3.4岁和2.6岁。

1991年完成了人口再生产类型完成向现代型的转变。

(三)人口年龄结构趋向老化

0—14岁少儿人口数量1964年达到峰值后开始减少，占总人口的比重下降，少儿人口数量由1964年得1217.5万人减少到2010年的499.7万人，占总人口比重由45.18%下降至11.42%。

15—59岁劳动年龄人口数量和占总人口的比重持续增加，2010年劳动年龄人口数量达到3199.9万，较1953年增加了近2倍，占总人口的比重2010年达到73.15%，比1953年增加了18.14个百分点。劳动年龄人口结构趋向老化，劳动年龄人口年龄中位数后移，2010年比1982年增加10岁多。

60岁及以上老年人口数量和比重迅速增加，老年人口数量2010年为675.1万人，1982年以来年均递增14.7万人；老年人口占总人口的比重，2010年为15.43%，比1982年增加了8个百分点。1997年进入老龄化社会。

总人口年龄中位数后移。1964年为18.2岁，2010年达40.7岁。

辽宁人口年龄结构类型在1964年以前为“年轻型”，1982年为“成年型”，2000年以后为“老年型”。

人口抚养比达到较低水平，处于“人口红利期”，总抚养比和少儿抚养比1964年以来逐步下降，2010年分别为36.71%和15.62%，达到近几十年最好水平。辽宁人口类型在1982年之前即进入“人口红利期”，目前处于“人口红利期”中的“人口暴利期”。

人口金字塔逐步畸形变化，1953年和1964年，人口金字塔接近“年轻型”，1982年至1990年人口金字塔形状持续发生改变，下部部分年龄段突兀明显，但底部还相对较宽，2000年以后，人口金字塔接近“老年型”。

(四)出生人口性别比偏高

上世纪90年代开始高出正常范围，并一直处于偏高的水平，2000年以后略有下降，2010年为110.2。

(五)人口城镇化达到较高水平

2010年达62%；1953—1982年间年均提高0.52个百分点，1982—1990年间年均提高1.06个百分点，1990—2000年间年均提高0.40个百分点，2000—2010年间年均提高0.73个百分点。

(六)人口流动活跃

2010年全省共有流动人口418.6万人，比2000年增加188.0万人，增长81.49%，流动人口占全省总人口的9.57%，比2000年提高了4.05个百分点。其中来自省内和省外的流动人口分别为239.9万人和178.7万人，比2000年分别增加了113.8万人和74.1万人，分别增长90.25%和70.92%。

1985年以来，年均省际迁入人口和省际迁出人口总体呈上升趋势，迁入人口大于迁出人口，年均净迁入人口数量在4.9—7.9万人之间。

二、辽宁未来人口发展的预测方法与参数设计

(一)人口预测方法

1. 预测的基本原理

本课题选择封闭预测，采用的人口预测方法是

分要素人口预测方法。

在单区域人口预测中，假设未来人口的死亡模式保持不变，根据当前人口状况，利用均匀分布假设法建立生命表，对当前年龄别人口的存活概率予以估计。同时构造存活转移矩阵，建立生育模型，从而计算出总人口。

在分城乡人口预测中，假设未来人口的死亡模式保持不变，忽略城镇人口与迁入城镇人口或城镇化人口的差别。建立在单区域人口预测基础上的城镇和农村人口预测模型，分别计算城乡人口。在算法上与单区域人口预测存在许多相同点和不同点。相同点是在生命表的建立方法生育模型与单区域人口预测相同，不同点在于在构造存活转移矩阵时加入了人口迁移项。

2. 预测软件

采用 CPPS 人口预测专用软件。

3. 预测基础数据

采用 2010 年第六次全国人口普查数据。

(二)人口预测参数设计

1. 全省人口预测参数设计

(1)总和生育率

2010 年辽宁的总和生育率为 0.74。考虑综合因素影响，2010 年人口总和生育率设定为 0.8。

本课题总和生育率设定了五套参数方案，其中认为中方案是最接近未来实际、最有可能达到的参数方案。2012—2013 年，辽宁的生育政策将作完善性调整，这将刺激人口出生增加，按照调整的内容，本课题对可能增加的人口出生数量也作了估算，设定参数时均考虑到了此因素。

表 2　辽宁未来总和生育率参数方案设计

年份	方案 1	方案 2	方案 3	方案 4	方案 5
2010—2012	0.8	0.8	0.8	0.8	0.8
2013—2015	0.9	0.95	1.0	1.1	1.2
2020	0.85	1.0	1.1	1.2	1.3
2030	0.8	1.1	1.3	1.4	1.5
2040	0.8	1.2	1.4	1.5	1.6
2050	0.8	1.3	1.5	1.6	1.8

各套参数方案指标设定的解释：

方案 1：受生育政策调整等因素，2013—2015 年间总和生育率有小幅增加，其后生育政策没有新的变化，人们的生育意愿继续处于低迷状态。

方案 2：2013—2015 年间，受生育政策调整和其他符合生育二胎人数的增加影响，总和生育率可能出现短期的增加，但是增加的趋势低于预期估计的水平；其后持续影响，总和生育率持续增加；2020 年以后的生育政策将进一步放开，但放开的幅度并不大，在原有基础上总和生育率上升的幅度也不大。

方案 3：2013—2015 年间，受生育政策调整和其他符合生育二胎人数的增加影响，总和生育率可能出现短期的跳跃性增加(爆破效应)，按现已知的生育政策调整内容和幅度，推测出可增加的生育数量，估计总和生育率将达到 1.0 左右；其后持续影响，总和生育率持续增加；2020 年以后辽宁的生育政策将进一步放开，符合生育二胎条件人群将进一步增加，社会、家庭及个人对增加子女生育的愿望开始变得强烈，家庭抚养条件普遍改善，经济快速增长致使个人或家庭收入增加，社会保障水平提高，到 2030 年时，总和生育率将达到 1.3；其后上述条件持续存在，总和生育率还将略有增加。

方案 4：同方案 3 理由，2013—2015 年间总和生育率可能出现短期跳跃性增加，由于生育政策调整可能带动其他符合政策生育条件的人群生育，其后在此基础上，总和生育率持续增加；2020 年以后辽宁的生育政策将进一步放开，符合生育二胎条件人群将进一步增加，社会、家庭及个人对增加子女生育的行为趋向自然生态化，同时家庭抚养条件进一步改善，个人收入快速增加，社会保障水平有较大提高，其后上述条件持续影响，总和生育率增加较快。

方案5：2013—2015年间，受生育政策调整和其他符合生育二胎人数的增加影响，总和生育率可能出现短期的跳跃性增加，其后持续影响，总和生育率持续增加；在2030年后为了改善人口减少、出生率较低的状况，可能采取一些鼓励性政策刺激生育，总和生育率快速增加；其后鼓励性政策持续存在，同时人们生育行为更加自主化、自然化，生育水平逐渐恢复，总和生育率逐步增加到1.8。

（2）生育模式

辽宁当前的生育模式为晚育少生模式，假定2010—2050年辽宁生育模式遵从第六次人口普查15—49岁育龄妇女分年龄别的生育率分布。此指标只设此一套参数。

（3）出生人口性别比

尽管2000年以来出生人口性别比有所下降，但是总体上出生人口性别比还处于偏高水平，随着专项工作的开展和育龄群众生育性别选择的意愿趋向正常，未来辽宁出生人口性别比将回落到正常水平。设定2011—2020年出生人口性别比为109，2021—2030年为108，2031—2050年为107。此指标只设此一套参数。

（4）平均预期寿命

2010年辽宁人口预期寿命，男性为75.43岁，女性为79.79岁，以此为基年数据，依照联合国步长法，推算出未来辽宁人口分性别的平均预期寿命值。此指标只设此一套参数。

表3 辽宁未来人口平均预期寿命参数设计

单位：岁

年份	男	女
2010	75.43	79.79
2015	75.63	79.99
2020	75.83	80.19
2025	76.03	80.29
2030	76.23	80.39
2035	76.43	80.49
2040	76.63	80.59
2045	76.83	80.69
2050	77.03	80.79

（5）死亡模式

假定2010—2050年辽宁死亡模式遵从第六次人口普查死亡模式。此指标只设此一套参数。

2. 城乡人口预测参数设计

（1）总和生育率

2010年城镇总和生育率为0.67，乡村为1.04，综合城乡未来发展各种因素及全省人口预测参数设计中方案3总和生育率，设定了2010—2050年辽宁分城乡总和生育率。

表4 辽宁城乡未来总和生育率参数设计

年份	乡村	城镇
2010—2012	1.04	0.67
2013—2015	1.2	0.9
2020	1.3	1.0
2030	1.5	1.24
2040	1.57	1.35
2050	1.66	1.46

（2）生育模式

我们假定2010—2050年辽宁城镇、乡村的生育模式分别遵从第六次全国人口普查城镇、乡村15—49岁育龄妇女分年龄别的生育率分布。此指标只设此一套参数。

（3）出生人口性别比

2010年辽宁城镇和乡村出生人口性别比为108.82和111.69。参照全省人口预测中2011—2050年出生人口性别比参数的设计值，将城镇和乡村出生人口性别比分别设定2011—2020年为108和111；2021—2030年为107和110；2031—2050年分别比106和109。此指标只设此一套参数。

（4）平均预期寿命

2010年辽宁城镇人口平均预期寿命，男性为77.36岁，女性为81.70岁，乡村人口平均预期寿命，男性为72.58岁，女性为77.26岁。以此为基年数据，依照联合国步长法，结合全省人口预测参数设计中2011—2050年平均预期寿命，推算出未来辽宁人口分性别的平均预期寿命值。此指标只设此一套参数。

表 5　辽宁未来分城乡分性别人口平均预期寿命参数设计

单位:岁

年份	城镇		乡村	
	男	女	男	女
2015	77.46	81.80	72.85	77.26
2020	77.56	81.90	73.05	77.46
2025	77.66	82.00	73.25	77.66
2030	77.76	82.10	73.45	77.86
2035	77.86	82.20	73.65	78.06
2040	77.96	82.30	73.85	78.26
2045	78.06	82.40	74.05	78.46
2050	78.16	82.50	74.25	78.66

(5)死亡模式

假定 2010－2050 年辽宁城镇和乡村的死亡模式分别遵从第六次全国人口普查城镇和乡村的死亡模式。此指标只设此一套参数。

(6)人口城镇化规模

人口城镇化规模是指每年农村人口转移到城市的数量。2010 年辽宁人口城镇化率为 62.15%。《辽宁省国民经济和社会发展第十二个五年规划纲要》确定 2015 年人口城镇化率达到 70%左右;之后辽宁人口城镇化率将继续缓慢增加,2050 年将超过 80%。依此推算,2011－2015 年年均新增城镇人口 66.3 万人,男、女各 33.15 万人;2016－2050 年年均新增城镇人口 10 万人,男、女各 5 万人。推算出的数值作为人口城镇化规模的参数,此指标只设此一套参数。

(7)人口城镇化模式

城镇化模式指迁移到城市的农村人口的年龄性别结构。假定人口城镇化模式为 2010 年农村人口年龄性别结构。此指标只设此一套参数。

三、辽宁未来人口发展的主要指标预测结果及分析

(一)总人口

各方案的预测结果,总人口数量在未来 40 年均呈持续性减少的趋势,区别只是快慢不同而已。总人口数量在 2010 年达到峰值,其后开始下降,总人口持续性减少,方案 3,2020 年减少到 4310.3 万人,比 2010 年减少 64.3 万人;2032 年下降到 4000 万人以下;2050 年仅 3000 万人左右。总人口下降速度逐步加快,方案 3,2011－2020 年、2021－2030 年、2031－2040 年、2041－2050 年间年均人口下降分别为 0.15%、0.58%、1.12%和 1.58%。

表 6　辽宁未来总人口

单位:万人

年份	方案 1	方案 2	方案 3	方案 4	方案 5
2015	4346.5	4351.2	4355.9	4365.2	4374.6
2020	4274.6	4294.5	4310.3	4333.6	4357.0
2025	4142.0	4183.6	4213.9	4248.4	4283.0
2030	3953.5	4019.4	4065.9	4109.5	4153.1
2035	3715.0	3806.9	3869.3	3921.3	3973.3
2040	3433.8	3554.0	3632.6	3695.4	3758.7
2045	3121.5	3273.6	3370.3	3446.8	3527.1
2050	2795.2	2981.8	3098.2	3189.2	3291.1

(二)人口出生、人口死亡和人口自然增长

预期 2012 年生育政策调整,出生人口数量在 2013 年均会有所增加;之后一直到 2034 年各方案均转为人口出生数量下降;2035 年之后除方案 4 和方案 5 人口出生数量略有短期少量增加外,其他方案出生人口数量还在继续减少。方案 3,2013 年出生人口增加 5.9 万人,之后一直到 2034 年之前年均减少出生人口 0.5 万人,2035－2050 年年均减少出生人口 0.1 万人。人口出生率各方案 2013 年均有不同程度小幅增加,2014－2033 年间均呈下降趋势,2035 年以后除方案 1 继续下降外,其他方案均有不同程度增加。方案 3,2014－2034 年间年均下降 0.10 个千分点,2035－2050 年间年均增加 0.05 个千分点。

表 7　辽宁未来出生人口

单位:万人

年份	方案 1	方案 2	方案 3	方案 4	方案 5
2015	27.9	29.4	31.0	34.1	37.2
2020	22.1	26.1	28.7	31.3	33.9
2025	17.0	21.6	24.7	26.8	28.8
2030	13.7	18.9	22.3	24.1	25.8
2035	12.0	17.4	20.6	22.4	24.3
2040	10.7	16.7	20.1	22.6	25.1
2045	9.4	16.1	20.0	22.9	26.9
2050	7.7	14.9	19.0	21.9	26.5

人口死亡数量未来各年度各方案预测结果比较接近，2047年前均逐年增加，死亡人口40万人、50万人、60万人和70万人分别在2019年、2027年、2033年、2040年，2047年达到峰值74万人左右。从方案3来看，反映了各方案的总体趋势。人口死亡率未来40年逐年增加，方案1到方案5，数据值由高到低，但相互之间的差距不大。

表8　辽宁未来死亡人口

单位：万人

年份	方案1	方案2	方案3	方案4	方案5
2015	35.5	35.5	35.5	35.6	35.6
2020	41.5	41.5	41.6	41.6	41.6
2025	48.2	48.3	48.3	48.3	48.4
2030	55.6	55.6	55.7	55.7	55.7
2035	63.4	63.5	63.5	63.5	63.6
2040	69.9	70.0	70.0	70.1	70.1
2045	73.6	73.7	73.7	73.8	73.9
2050	73.2	73.4	73.5	73.5	73.6

各方案的预测结果人口自然增长均为负增长，变化趋势基本相同，年均自然增长数量，除2013年有所增加外，直到2048年均逐年递减。从方案3来看，年均自然增长数量，2011－2020年为－6.4万人，2021－2030年为－24.4万人，2031－2040年为－43.3万人，2041－2050年为－53.4万人。人口自然增长率，除2013年有所增加外，各方案均呈逐年递减的趋势。

表9　辽宁未来自然增长人口

单位：万人

年份	方案1	方案2	方案3	方案4	方案5
2015	－7.6	－6.1	－4.6	－1.5	1.6
2020	－19.3	－15.5	－12.9	－10.3	－7.7
2025	－31.2	－26.6	－23.6	－21.5	－19.5
2030	－41.8	－36.7	－33.4	－31.7	－30.0
2035	－51.4	－46.0	－42.9	－41.1	－39.3
2040	－59.2	－53.2	－49.9	－47.5	－45.0
2045	－64.2	－57.6	－53.8	－50.9	－47.0
2050	－65.5	－58.5	－54.5	－51.6	－47.1

(三)育龄妇女

育龄妇女数量和生育旺盛期育龄妇女数量，各方案横向比较分别在2025年和2030年以前没有差异，但是各方案纵向比较减少的趋势均非常明显。方案3，未来40年每10年分别减少255.6万人和105.3万人、201.6万人和132.6万人、196.7万人和37.2万人、101.7万人和14.8万人。

表10　辽宁未来育龄妇女变化趋势(方案3)

单位：万人

年份	15－49岁育龄妇女	20－34岁生育旺盛期育龄妇女	年均减少数量		
			时期	15－49岁育龄妇女	20－34岁生育旺盛期育龄妇女
2015	1082.7	452.4	2011－2015	25.5	7.9
2020	954.5	386.8	2016－2020	25.6	13.1
2025	844.6	304.3	2021－2025	22.0	16.5
2030	753.0	254.2	2026－2030	18.3	10.0
2035	672.6	222.8	2031－2035	16.1	6.3
2040	556.3	217.0	2036－2040	23.3	1.2
2045	490.1	212.1	2041－2045	13.2	1.0
2050	454.6	202.3	2046－2050	7.1	2.0

(四)少儿人口

各方案少儿人口数量总体均呈逐步减少趋势，少儿人口占总人口比重，除方案1以外，其他各方案均在2040年前后达到最低水平，在10%以下。方案3，2030年少儿人口将为400万人以下，占总人口的9.65%，2050年少儿人口不足300万人，占总人口的9.55%。

表 11　辽宁未来 0—14 岁少儿人口数量与比重

单位:万人,%

年份	方案 1		方案 2		方案 3		方案 4		方案 5	
	数量	比重	数量	比重	数量	比重	数量	比重	数量	比重
2015	453.1	10.42	457.8	10.52	462.5	10.62	471.8	10.81	481.2	11.00
2020	411.5	9.63	431.4	10.04	447.1	10.37	470.5	10.86	493.9	11.33
2025	351.5	8.49	393.0	9.39	423.3	10.05	457.8	10.78	492.4	11.50
2030	289.0	7.31	350.4	8.72	392.2	9.65	426.5	10.38	460.8	11.09
2035	229.5	6.18	301.6	7.92	348.3	9.00	377.0	9.62	405.9	10.21
2040	191.7	5.58	270.6	7.61	319.0	8.78	347.4	9.40	376.4	10.01
2045	167.3	5.36	253.8	7.75	304.2	9.02	337.3	9.79	374.3	10.61
2050	146.4	5.24	241.7	8.10	296.0	9.55	335.3	10.51	385.5	11.71

(五)劳动年龄人口

15—59 岁劳动年龄人口数量,各方案横向比较分别在 2025 年以前没有差异,但是各方案纵向比较减少的趋势均非常明显。方案 3,2015 年为 3000.0 万人,占总人口的 68.87%,2025 年为 2479.5 万人,比重下降至 60%以下,2040 年为 1790.7 万人,比重下降至 50%以下。

表 12　辽宁未来 15—59 岁劳动年龄人口数量与比重

单位:万人,%

年份	方案 1		方案 2		方案 3		方案 4		方案 5	
	数量	比重	数量	比重	数量	比重	数量	比重	数量	比重
2015	3000.0	69.02	3000.0	68.95	3000.0	68.87	3000.0	68.73	3000.0	68.58
2020	2760.4	64.58	2760.4	64.28	2760.4	64.04	2760.4	63.70	2760.4	63.36
2025	2479.5	59.86	2479.5	59.27	2479.5	58.84	2479.5	58.36	2479.5	57.89
2030	2199.1	55.62	2203.7	54.83	2208.4	54.31	2217.7	53.96	2227.0	53.62
2035	1951.2	52.52	1971.0	51.78	1986.8	51.35	2010.0	51.26	2033.3	51.17
2040	1719.2	50.07	1760.6	49.54	1790.7	49.30	1825.1	49.39	1859.5	49.47
2045	1491.8	47.79	1557.5	47.58	1603.8	47.59	1647.1	47.79	1690.5	47.93
2050	1199.7	42.92	1291.1	43.30	1353.1	43.67	1404.8	44.05	1456.6	44.26

表 13　辽宁未来 25—49 岁主要劳动年龄人口数量及其占劳动年龄人口的比重

单位:万人,%

年份	方案 1		方案 2		方案 3		方案 4		方案 5	
	数量	比重	数量	比重	数量	比重	数量	比重	数量	比重
2015	1774.8	59.16	1774.8	59.16	1774.8	59.16	1774.8	59.16	1774.8	59.16
2020	1604.7	58.13	1604.7	58.13	1604.7	58.13	1604.7	58.13	1604.7	58.13
2025	1412.9	56.98	1412.9	56.98	1412.9	56.98	1412.9	56.98	1412.9	56.98
2030	1247.6	56.73	1247.6	56.61	1247.6	56.49	1247.6	56.26	1247.6	56.02
2035	1097.0	56.22	1097.0	55.65	1097.0	55.21	1097.0	54.57	1097.0	53.95
2040	870.6	50.64	875.3	49.71	879.9	49.14	889.2	48.72	898.4	48.32
2045	743.9	49.86	763.6	49.03	779.2	48.59	802.4	48.71	825.5	48.83
2050	656.6	54.73	697.8	54.05	727.8	53.79	762.0	54.24	796.2	54.66

未来25—49岁主要劳动年龄人口数量下降明显，方案3未来40年每10年递次减少241.6万人、357.1万人、367.7万人和152.1万人。

(六)老年人口

老年人口数量，各方案横向比较没有差异，但是各方案纵向比较增加的趋势均非常明显。方案3，2035达到峰值，2011—2020年、2021—2030年间老年人口年均增加42.8万人和36.3万人；各方案老年人口比重持续增加。

表14 辽宁未来60岁及以上老年人口数量与比重

单位：万人，%

年份	方案1		方案2		方案3		方案4		方案5	
	数量	比重	数量	比重	数量	比重	数量	比重	数量	比重
2015	893.4	20.55	893.4	20.53	893.4	20.51	893.4	20.47	893.4	20.42
2020	1102.7	25.80	1102.7	25.68	1102.7	25.58	1102.7	25.45	1102.7	25.31
2025	1311.1	31.65	1311.1	31.34	1311.1	31.11	1311.1	30.86	1311.1	30.61
2030	1465.3	37.06	1465.3	36.46	1465.3	36.04	1465.3	35.66	1465.3	35.28
2035	1534.2	41.30	1534.2	40.30	1534.2	39.65	1534.2	39.13	1534.2	38.61
2040	1522.8	44.35	1522.8	42.85	1522.8	41.92	1522.8	41.21	1522.8	40.51
2045	1462.3	46.85	1462.3	44.67	1462.3	43.39	1462.3	42.43	1462.3	41.46
2050	1449.1	51.84	1449.1	48.60	1449.1	46.77	1449.1	45.44	1449.1	44.03

(七)年龄中位数

各方案年龄中位数均在增加，方案3未来40年年均增加0.4岁。

表15 辽宁未来人口年龄中位数

单位：岁

年份	方案1	方案2	方案3	方案4	方案5
2015	44.1	44.0	44.0	44.0	43.9
2020	47.2	47.0	46.9	46.8	46.6
2025	49.9	49.5	49.2	48.9	48.6
2030	52.2	51.8	51.4	51.1	50.8
2035	54.7	54.0	53.6	53.2	52.8
2040	56.9	55.6	54.8	54.3	53.9
2045	58.8	57.4	56.7	56.2	55.6
2050	60.8	59.1	57.9	57.0	55.9

(八)人口抚养比

少儿抚养比各方案(除方案1)总体呈增加趋势。

老年抚养比各方案均呈现快速上升趋势。方案3，2020年比2010年增长了近1倍，2040年比2020年又增长了1倍多。

表16 辽宁未来少儿抚养比

单位：%

年份	方案1	方案2	方案3	方案4	方案5
2015	15.10	15.26	15.42	15.73	16.04
2020	14.91	15.63	16.20	17.04	17.89
2025	14.17	15.85	17.07	18.46	19.86
2030	13.14	15.90	17.76	19.23	20.69
2035	11.76	15.30	17.53	18.76	19.96
2040	11.15	15.37	17.82	19.04	20.24
2045	11.22	16.30	18.97	20.48	22.14
2050	12.21	18.72	21.88	23.87	26.46

表17 辽宁未来老年抚养比

单位：%

年份	方案1	方案2	方案3	方案4	方案5
2015	29.78	29.78	29.78	29.78	29.78
2020	39.95	39.95	39.95	39.95	39.95
2025	52.88	52.88	52.88	52.88	52.88
2030	66.63	66.49	66.35	66.07	65.80
2035	78.63	77.84	77.22	76.33	75.46
2040	88.58	86.49	85.04	83.44	81.90
2045	98.02	93.89	91.18	88.78	86.50
2050	120.79	112.24	107.09	103.15	99.48

总抚养比各方案均持续性快速增加，方案 3，2025 年比 2010 年增长近 1 倍，2050 年比 2025 年又增长了近 1 倍。

表 18　　辽宁未来总抚养比

单位：%

年份	方案 1	方案 2	方案 3	方案 4	方案 5
2015	44.88	45.04	45.20	45.51	45.82
2020	54.86	55.58	56.15	56.99	57.84
2025	67.05	68.73	69.95	71.34	72.74
2030	79.78	82.39	84.11	85.31	86.49
2035	90.39	93.14	94.75	95.09	95.42
2040	99.73	101.86	102.86	102.47	102.14
2045	109.24	110.19	110.15	109.26	108.64
2050	132.99	130.96	128.96	127.02	125.95

各方案"人口红利"2025 年前后开始消失，方案 3，2025 年前开始消失，2030 年前开始进入"人口负债期"，2035 年前快速进入"人口暴债期"。

(九)人口金字塔

各方案的塔型均显示"老年型"，畸形程度有所差别。方案 3，随着年份的增加，上宽下窄的趋势未变，只是塔型变"细"。

(十)城乡人口

根据上述参数设计的 2015 年人口城镇化率达到 70%左右的目标，2015 年城镇人口较 2010 年增加近 334.6 万人。由于未来总人口的逐步减少，城镇人口也在逐步下降。城镇人口 2033 年下降至 3000 万人以下，2050 年下降至 2600 万人以下。乡村人口未来 40 年快速减少，2015 年较 2010 年减少了 352.9 万人，2032 年下降至 1000 万人以下，2050 年下降至 565.0 万人。

四、解决辽宁未来人口发展问题的对策和建议

(一)人口发展的问题应引起各级领导和全社会的高度重视

从以上预测结果可以看出，未来人口问题日益复杂，有些问题较为严重，应引起高度警觉，要采取有力措施积极应对各种人口问题，未雨绸缪，制定切实可行的方针政策。

人口问题的出现有一定的滞后性，一旦出现将会出现较为严重的后果。各级党政部门和全社会要充分认识人口问题的长期性、艰巨性和复杂性，进一步增强大局意识、忧患意识和人口安全意识，把人口问题放在经济社会发展中的核心战略地位予以高度重视。解决人口问题，要以科学的发展观作指导，要坚持以人为本，坚持统筹解决。要把促进整体发展和改进局部问题相结合，要把长远考虑和关注当前相结合。鉴于未来的人口形势，辽宁的人口政策应概括为：调节人口数量，提高人口素质，改善人口结构，引导人口流动，开发人力资源，增进保障水平。具体工作中，首先要把人口问题真正纳入经济社会发展的整体规划中，各级各部门都要这样做，特别是不同层次的区域经济发展规划要充分考虑人口因素，避免提出或制定超能力实现的人口规划；其次要在法律保障、政策调整、应对措施、战略研究、增加投入、综合治理等方面有新的突破；第三在强化社会管理和关注民生工作中，强化人口问题解决。

(二)采取有效措施解决未来辽宁劳动力的短缺问题

未来几十年是经济社会发展的关键时期，特别是东北振兴、产业调整的过程中，对劳动力的数量和素质要求还是较高的。特别是中央关于东北振兴的规划中，提到要加快第三产业发展的步伐，这同样需要大量的劳动人口。尽管当前辽宁的人口就业主要表现为劳动力供过于求，并且在今后一段时间内(5—8 年)不至于发生明显劳动力不足的矛盾，但是必须看到，辽宁经济快速发展和劳动年龄人口形成的"人口红利"即将结束，劳动力多且廉价的优势将丧失，递进程度的劳动力结构性短缺将会发生。同时劳动年龄人口高龄化，预示劳动力创新能力和总体活力将降低。还有按目前的水平看，辽宁劳动力省外补充能力也较低。在经济发展的关键时期，面临这样的劳动力未来发展形势，无疑将影响辽宁的经济发展和技术进步。

解决劳动力资源开始减少的困难，应采取的办法是，继续发挥政府引导的作用，有计划有目的地引导人员流动，促进人力资源分布合理；进一步提高教育质量，增加未来劳动人口的人力资本内涵，以提高劳动生产率，弥补劳动力数量不足问题；改善劳动年龄人口的待遇和保障水平，改善用工环境，使劳动人

口爱岗敬业，提高工作效能；加快产业升级换代，要从政策上引导产业结构的趋向，鼓励传统产业升级换代，引导向高附加值、高科技产业转变，总体减少对劳动力的需求；人力资源再开发，注重发挥老年高素质劳动力的作用；制定并实施有比较优势的人才吸引政策，留住本地的优质人才，吸引并留住省外的人员到辽宁工作。

（三）积极应对快速到来的人口老龄化问题

目前上世纪50年代出生的人口已经开始陆续进入老年，不远的将来60年代出生大量人口也将进入老年，这种超大量、极高速地成为老年人口的现象不可避免。较高比重的老年人口将降低全社会的劳动生产率；老年人口将成为消费市场主要群体，影响社会消费形态，进而影响扩大内需拉动经济增长的格局；快速增加的大量老年人口将对社会保障体系带来沉重的压力。解决老年人口问题办法，一是提高各级政府和全社会的认识程度，未雨绸缪，超前应对；二是在制度上做好准备，尽快解决法律、政策层面的问题，动员全社会的力量关心、支持解决人口老龄化问题；三是措施上快速改进，促进老年事业快速发展，提高养老条件和保障水平。

（四）完善现行的生育政策，实现人口长期均衡可持续发展

目前现行的生育政策已经到了应再次调整的时机。理由是：第一、全省持续保持低生育水平。上世纪70年代末达到更替水平以来，至今持续时间已达30年多年，1995年以来达到极低水平，2010年总和生育率0.8左右。近几年符合生育条件的人群有所增加，但是生育率回升不明显，逐步完善生育政策，可以“多点”放开对生育的限制，促进生育率有所回升；第二、育龄妇女尤其是生育旺盛期育龄妇女数量下降，承担生育的主体人群减少，完善生育政策，适当放开，出生率增加可以平衡或增加因育龄妇女数量减少而影响的生育数量；第三、目前辽宁人口年龄结构畸形严重，完善生育政策，增加生育数量，可以逐步调整人口结构，有利于人口的长期均衡发展。第四、完善生育政策，可以减轻政府的“信誉”压力，减少调控人口出生上的工作难度。

促进人口长期均衡健康发展，完善生育政策要坚持循序渐进的原则，力求人口出生平稳递增。应在国家总体方针下，“小步快跑”，阶梯性地出台完善生育政策，先易后难，涉及面先小后大，避免为了期求总人口增加而不得已的大幅度放开人口生育政策，保证人口数量不发生明显的“失控性”震荡增加。完善生育政策的项目选择，尽量保持人群上及代际上的公平性，首先考虑照顾过去响应号召、为控制人口做出贡献的人群和家庭的项目，然后考虑群众最希望放开的项目，最后考虑普遍生育二胎或自主选择生育子女数量的项目。

（五）避免城市化进程中的人口问题发生

辽宁未来人口城市化率还要继续增加，城市新增人口主要来自省内农村转移人口和省外迁移人口。其中农村转移出来的人口有城市融入、个人家庭生存和发展、劳动者素质和就业、城市生态承载能力等问题。复杂的人口问题与城市化进程产生的问题相叠加，使人口问题更加突出。

解决城市化过程中的人口问题，一是要制定合理的城市化发展规划，因地制宜地制定城镇化战略及相关政策措施，坚持走多样化的城市化道路；二是按照辽宁主体功能区划分的原则，逐步完成人口的有序转移与流动，合理利用公共资源和市场机制，引导生态脆弱地区居民向具有发展潜力地区转移；三是推进公共服务均等化，加强教育与培训，重视人力资源开发，建立就业服务与援助制度，建立健全新增城市人口的社会保障体系，妥善解决进城人员的安居问题；四是加快户籍管理制度改革，消除城乡二元社会经济结构的制度障碍，构建城乡居民身份平等、机会平等、待遇平等的社会制度。

（六）提高全社会的人口管理水平

人口问题涉及社会发展的方方面面，人口问题的解决也必须依靠全社会的力量方能实现。要形成强有力的人口管理联动机构，实行政府主导，建立和完善人口管理制度和工作职能，整合人口计生和统计、发改、卫生、综治、公安、民政、教育、财政、人力资源和社会保障等相关部门资源，对人口问题进行多部门联动、统筹协调、综合治理。

要加强人口发展的动态监测，加强人口发展研究，提高职能管理部门管理工作水平。

（七）通过加快经济发展来解决人口问题

解决人口问题的根本办法还是加快经济发展，在社会财富增加的同时，增加社会公共积累和家庭财富的积累，为人口问题解决提供基础性保障。辽

宁的“人口红利期”还剩十几年时间，这是留给我们的最后有利时机，“人口红利期”过后，“人口负债期”快速到来，社会抚养负担相当沉重。因此要充分利用好人口红利这一有利时机，快速推进经济发展。结合本课题研究和辽宁当前的经济发展形势应重点增加对人口发展的公共投入，以更多的资源投入到人口发展事业上，增强社会承受能力，降低由于人口老龄化进程加速、人口结构变化、劳动力供给下降、社会形态和消费模式变化而导致内需下降的程度，还能吸引更多的劳动力，吸纳外地人才，促进经济和社会城镇化的发展，进而形成循环经济发展模式，即以经济发展来解决人口问题，以良好的人口模式来促进经济的快速发展。同时，经济发展还能加快辽宁的财富积累速度，为辽宁未来人口问题的解决打下坚实的物质基础。

参考文献：

1. 田雪原．21世纪中国人口发展战略研究．社会科学文献出版社，2007，12.
2. 陆学艺．当代中国社会结构．社会科学文献出版社，2010，1.
3. 国家人口和计划生育委员会发展规划司．人口发展功能区研究．世界知识出版社，2009，3.
4. 辽宁省人口和计划生育委员会．辽宁人口发展状况报告(2008，2009，2010).

论文负责人　李秀君
成员　牟维勇　阎雄　张怀明　王仲　刘振学　杨宏娟
刘雪梅　宋晶晶　谷姗姗　陈艳　刘广大

河南省人口发展趋势展望

河南在20世纪经历了高生育水平和人口的快速增长，21世纪的前十年，全省坚持“一高一低”的战略目标，坚持计划生育基本国策，统筹解决人口问题，低生育水平保持稳定，人口发展取得了明显成就。近10年来，我国劳动年龄人口大量增加，为“十五”和“十一五”经济发展提供了丰富的人力资源。同时，全省经济快速发展，人均GDP突破了3000美元。未来40年，河南人口又会有哪些变化？人口总量，人口结构、人口城镇化发展如何？本文利用2010年第六次人口普查所提供的翔实的人口资料，对未来人口发展做出科学预测，对于制定未来人口和经济社会发展规划、各项政策，促进人口与经济社会协调发展，具有重要作用。

一、人口预测方法和预测参数的确定

(一)预测方法

本文采用人口要素预测方法，建立了全省人口预测模型。模型涉及生育模式、死亡模式、迁移模式和城镇化预测模型。生育模式用总和生育率指标为控制参数，死亡模式用平均预测寿命为控制参数，在迁移模式和城镇化预测模式上，充分利用了年度人口调查的最新资料。本文预测年份为2011－2050年。从当前的人口状况出发，针对影响未来人口发展的重要指标总和生育率提出不同的假设，并考虑其相互作用，形成预测方案。

(二)基础数据

为了使预测数据较好地反映2010年第六次人口普查以来生育、死亡、迁移水平和数量的变化，本文以2010年第六次人口普查数据为预测的基础数据，以年度人口调查的城乡、流动人口为基数，对生育、死亡、流动人口、城镇化率等指标进行预测，得到2011－2050年的人口发展趋势，为中长期的人口规划提供较准确的依据。

(三)出生人口预测参数

出生人口预测的控制参数是妇女生育水平即总和生育率(TFR)。要预测未来人口增长目标值，首先要确定当前全省总和生育率。人口普查数据显示，妇女总和生育率1.31。考虑出生人口的漏报，2010年总和生育率估计为1.5，也基本能够反映当前超低的生育水平。据此设想了不同总和生育率所对应的低方案、中方案和高方案。

(四)预测方案的确定

在预测时，根据育龄妇女总和生育率变化的不同情况，计算了多套方案，从多套方案中筛选了三套方案，即目标方案(低方案)、可实现方案(中方案)和警告方案(高方案)。

二、未来人口发展预测

(一)“十二五”期间出生人口达到峰值

1986年以来，河南进入了建国后的第三次出生高峰，出生人数逐年增加，到1989年出生人口达223万人。从1990年下半年起狠抓了计划生育工作，人口过快增长的势头得到控制，20世纪90年代年出生人口逐年减少，育龄妇女总和生育率逐年下降。21世纪前10年保持较低生育水平，每年出生人口平均保持在115万人。根据预测，从2011年到2050年，出生人口变化情况大致分两个阶段。

第一阶段，从2011年到2015年，出生人口逐年增加。2012年低方案达到顶峰，年出生人口为127.7万人，中方案2014年达到顶峰、高方案2015年达到顶峰，年出生人口分别为134.5万人和141.1万人。

第二阶段，2016—2050年，低、中、高三种方案出生人口均逐年呈减少趋势。2050年低、中、高方案年出生人口分别降到57.3万人、74.6万人和79.9万人，降到2011年以来的最低水平。

从出生率的变化情况看，预计“十二五”时期人口出生率继续下降到12‰左右。2012—2017年中方案保持在10‰—12‰之间，2014年后，各方案的人口出生率开始下降。2015—2020年中方案保持在11‰左右，2020—2050年保持在7.73‰—10.37‰之间。2050年低、中、高各方案人口出生率均降到2011年以来的最低水平。

（二）死亡人口逐年增加

建国以来，河南省和全国一样，死亡人口数量和人口死亡率大幅度下降，到20世纪七八十年代，人口死亡率已降到较低水平，80年代以后，由于人口继续增加，特别是老年人口数量逐渐增多，使得死亡人口从数量上逐渐增多，2010年死亡人口达到67万人。根据预测，年死亡人口一直呈增长趋势，并且上升速度较快，这是以后几十年死亡人口发展变化的突出特点。从中方案看，2015年死亡人口达到82.2万人，2020年达到92.4万人，2025年达到106.5万人，2030年达到116万人，2045年超过150万人，2050年达到164.6万人，比2011年多死亡94万人，是2011年的2.33倍。从高、中、低三个方案看，死亡人口增长变化情况基本一致，2050年低方案年死亡人口为164.1万人，高方案为164.7万人。

从人口死亡率变化情况看，2011—2015年基本上稳定在7‰左右，2011年以后，死亡率逐渐上升，到2050年，低、中、高方案的死亡率分别为18.03‰、17.05‰和17‰左右。

（三）人口自然增长的数量将逐渐减少，2024年以后将出现负增长

因受出生人口惯性的影响，全省人口将经历第四次生育高峰，20世纪80年代第三次生育高峰出生的人口已陆续进入婚育年龄，人口自然增长数将在未来几年达到峰值。2015年，低、中、高三个方案自然增长的人口由2011年的52.3万人分别减少到32.6万人、50.1万人和58.8万人，2014年中、高方案自然增长人数达到峰值，中、高方案分别上升到56.4万人、60.8万人，而低方案则在2012年达到52.3万人的峰值。年自然增长人数达到峰值后便急剧减少，中方案2023年降到4.5万人，到2024年因死亡人数超过出生人数，人口出现负增长，2050年自然增长人数为−89.98万人。因低方案要求育龄妇女总和生育率低，所以从2021年起，人口出现负增长，自然增长人口为−2.95万人，2030年为−32.9万人，2040年为−73.6万人，2050年为−106.9万人。而高方案则要到2024年才出现人口负增长，比低方案晚3年。

纵观各方案年自然增长情况，从2011年到2050年大致经历两个阶段：2014年前为缓慢上升阶段，2014—2050年为逐步下降阶段。人口增长模式由高出生、低死亡、高增长，发展到低出生、高死亡、低增长，继而出现人口低出生、高死亡、负增长的增长模式，进入人口负增长的时间最早为2021年，较晚将在2024年前后。

（四）总人口数仍将持续上升20年，但预计不会超过1.1亿人，未来人口控制工作的关键时期在2011—2020年，任务十分艰巨

虽然从2014年起，人口自然增长率继续明显下降，但由于河南人口未来育龄人群庞大，受人口惯性的影响，每年仍有大量人口出生，在未来几十年内人口总量仍呈上升趋势。2015年，低、中、高方案预测的人口总量将分别达到10667万人、10704万人和10723万人。2020年低、中、高方案分别为10754万人，10870万人和10890万人。预测结果显示：低方案2020年达到峰值1.0754亿人，以后逐渐减少，2050年降到9019万人，相当于1994年的水平。中方案预计2023年总人口达到峰值1.0897亿人，以后逐渐减少。2045年减少到1亿人，2050年减少到9571万人。高方案预计2015年总人口达到1.0723亿人，2020年达到1.089亿人，2023年达到峰值1.0917亿人。从预测情况看，如果河南继续保持低生育水平，预计总人口不会突破1.1亿人。

未来人口控制工作的关键时期在2011－2020年，任务十分艰巨。从预测的情况看，低、中、高方案峰值年出生人口分别为127.7万人、134.6万人和141.1万人，悬殊较大。出现人口负增长的时间高方案比低方案晚3年，总人口达到的峰值，高方案比低方案多126.3万人。由于低、中、高三种方案分别于2020年前后达到人口峰值．所以，2011－2020年是人口控制的重点和关键时期。

（五）流动人口规模近期将保持稳定，远期将出现逐渐减少的趋势

河南是流出人口大省，近十年流出人口规模持

续增长。2000年全省流出外省人口为307万,2005年为828万人,2010年1014万人,占户籍人口的比重为9.37%。从近几年的年度人口抽样调查中可以看出,流动人口的规模基本稳定在1000万人左右,2010年和2011年流动人口占户籍人口的比重略有降低,流动人口规模稍有减少。今后随着人口年龄结构的变化,劳动适龄人口将逐渐减少,全省农村剩余劳动力向省外转移也会逐渐减少,并且国际金融危机的对东部地区的影响和产业结构升级使得一部分流出人口回流,随着河南经济的快速发展,产业集聚区渐成规模,承接产业转移不断加快,农村剩余劳动力将更多的在当地和省内转移就业。另外随着户籍制度的逐步放开,一部分流出人口落户工作地,一部分年龄大的流动人口返回户籍地,都会造成流动人口自然减少。因此短期内流动人口基本稳定并有少量减少的趋势,长期流动人口规模不断减少,而且减少的速度会不断加快。预测结果显示到2015年,出省流动人口规模按高、中、低三个方案分别达到1120万人,1050万人和1020万人;到2020年分别是1000万人、930万人和910万人;到2030年分别是830万人、800万人和780万人;到2050年分别为580万人、550万人和500万人。

(六)常住人口不断增加,预计最多达到1亿零80万人

常住人口按照预测的总人口减去预测的净出省流动人口得到。常住人口的变化趋势主要受总人口的变化影响,与总人口的走势基本一致。预测结果显示,河南常住人口到2025年达到峰值,按高、中、低方案分别为10077万人、10037万人和9803万人,比总人口高、中方案2023年达到峰值的时间晚两年。2025年以后常住人口缓慢减少,特别是到2035年之后,常住人口减少的幅度不断增大,按照中方案计算,2035—2050年,每5年分别减少200万人、280万人和480万人,到2050年按高、中、低方案分别为9107万人、9021万人和8439万人。

三、未来人口主要构成预测

(一)少年儿童人口状况预测

由于20世纪90年代以来河南省委省政府实行“一高一低”的战略目标,实行严格的计划生育政策,每年出生人口大量减少,所以低、中方案自2011年后少儿人口(0—14岁)呈逐年减少趋势,高方案预测的0—14岁少儿人口2015年达到峰值2063万人后逐年下降。2011年少儿人数为2056万人,2015年低、中、高方案少儿人口分别为2008万人、2044万人、2063万人。低方案预测2050年少儿人口1006万人,比2011年减少1050万人;中方案预测2050年少儿人口为1250万人,比2011年少806万人;高方案预测2050年少儿人口为1266万人,比2011年减少790万人。

从少儿人口占总人口比重看,也呈逐年下降趋势,低、中、高三种方案少儿比从19.6%分别下降到2050年的11.15%,13.06%和13.17%。

(二)老年人口状况预测

根据预测,河南省老年人口(65岁及以上)将大量增加,2011—2020年老年人口将由847万人增加到1229万人,增加382万人,平均每年增加42.44万人。预计2016年超过1000万人,2030年达到1617万人,2040年达到峰值,为2110万人,是2000年的2.5倍。而后下降,2050年降到2059万人。

由于老年人口数量急剧增加,使老年人口所占比重急剧上升。中方案预测2011—2020年老年人口占总人口的比重将由8.08%上升到11.31%,2020年超过11%,2050年达到21.51%。这时全省每5个人中便有一个老年人,老年人口问题将更为严峻。由于低方案要求更加严格地控制人口增长,使得老年人口所占比重上升速度更快,2040年超过20%,直到2050年还在上升,达22.83%。高方案老年人口所占比重上升速度相对慢一些,2020年达到11.29%,2050年达到21.43%。

据预测,未来40年的老年人口其绝对数一直呈急剧增加趋势,占总人口的比重也一直上升,这无疑会对河南的经济发展带来较大压力,因此要尽快把老年人口问题列入议事日程,及早全面考虑老年人口的赡养、医疗、婚姻和文化生活等,真正做到老有所学,老有所为,老有所养,老有所乐,老有所医。

(三)人口抚养状况预测

据预测,未来的15—64岁人口数量呈逐年增加趋势。中方案预测结果表明,2011—2020年全省15—64岁人口将由7586万人增加到7686万人,2025年达到峰值,为7818万人,比2011年增加232

万人，增长3.06%，2025年后逐渐减少，2030年降到7597万人，2050年减为6262万人，低于2011年的规模。低方案也是2025年达到峰值，为7818万人，以后逐渐减少，2050年减到5954万人。高方案2011—2050年15—64岁人口2025年达到峰值，为7818万人，2035年为7244万人，2050年达6282万人，低于2011年的水平。由此可见，未来40年劳动适龄人口仍是相对充足的。

由于15—64岁人口数量逐步增加，少儿人口逐渐减少，使少儿抚养系数大幅度下降。据中方案预测，少儿抚养系数(14岁及以下人口数与15—64岁人口数之比)，2011—2016年将稳定在0.27左右。以后开始下降，2017年降到0.26，2020年为0.25，2025年降为在0.22，2035—2050年维持在0.2左右，远远低于2000年的水平。低方案的少儿抚养系数2010－2020年稳定在0.23，2021—2050年维持在0.20左右。高方案少儿抚养系数稍高，2011—2018年稳定在0.27，2019年降为0.26，2025年降为0.23，2035—2050年维持在0.2左右。总的来看，未来几十年少儿抚养系数是比较低的。

虽然老年人口大量增加，但由于15—64岁人口数量也呈增加趋势，所以低、中、高各方案中老年人口抚养系数(65岁及以上人口数与15—64岁人口数之比)2012年前基本稳定在0.11左右，2012年后因15—64岁人口数量相对稳定，而老年人口数量急剧增多，使老年人口抚养系数也急剧上升。中方案预测该系数2025年为0.16，2030年上升到0.21，2040年上升到0.31，2050年达到0.33，即每3个成年人口就要抚养1个65岁以上的老年人口。低方案预测的老年人口抚养系数在2025年后上升更快，2030年上升到0.21，2050年上升到0.35。高方案预测的老年人口抚养系数稍低一些，2040年上升到0.31后基本稳定，2050年达到0.33的峰值。

总抚养系数呈现逐渐上升的趋势。2020年低、中、高方案分别降到0.4、0.41和0.42。2050年又分别上升到0.51、0.53和0.53。这表明未来40年成年人口的负担将逐渐加重。

(四)人口年龄构成类型预测

在人口日益老化的同时，未来人口的老少比将呈现出急剧上升趋势。各方案老少比2011年到2050年都是急剧上升。依中方案预测，2011年的老少比为41.2%，2015年为48.27%，2020年上升到62.88%，2030年上升到101.85%，2050年达到164.74%。这时的老年人口是少儿人口的1.65倍。高方案预测的老少比2020年达到62.26%，2030年上升到101.85%，2050年上升到162.71%。低方案预测的老少比在2020年达到62.68%，2050年达到204.77%，这时老年人口是少儿人口的2倍。

从未来各年少儿比、老年比、老少比的发展变化看，各方案均进入老年型人口，而且控制人口越严格，人口老化速度就越快。

(五)劳动力资源及其构成预测

劳动力是社会生产活动中最积极、最活跃的要素，是生产活动的主体，因此劳动力资源数量的多少，素质的高低，分布特点等都会直接影响生产的规模、经济结构、生产布局和企业的社会经济效益，所以预测劳动力资源的发展变化在人口学中具有重要地位。

预测结果表明:未来劳动力资源(15－64岁)相当丰富，本世纪的前20年占总人口的比重基本稳定，2011－2025年逐渐上升，2025—2050年逐渐下降。今后15年内劳动力数量仍逐渐增多，2015年和2020年分别达到7673万人、7686万人。中方案预测劳动力人口2025年达到峰值，为7818万人，比2011年增加232万人，增长3.06%，平均每年增加16.6万人，2025年后劳动力数量逐渐减少，2050年降到6262万人，比2011年少1324万人(见表11)。预测结果显示，各方案2025年前各年劳动力数量一致，2025年后劳动力数量各方案均开始下降。可见，未来几十年劳动力资源是相当丰富的，这对社会经济的发展将起积极作用，但也应采取积极措施，解决好劳动力就业问题。

(六)育龄妇女状况预测

育龄妇女人数自2011年后稳中有降，占总人口的比重也呈逐年下降趋势。

2011年后育龄妇女人数将逐渐减少，由2011年的2558万人增加到2025年的2527万人，净减少31万人。中方案从2020—2030年基本稳定在2600万人到2400万人之间，2050年低、中、高方案预测的育龄妇女人数分别减少到1696万人、1838万人和1847万人。

从育龄妇女占总人口的比重看，各方案2011—2020年基本稳定，保持在24.09%—27.94%之间，以后呈明显下降趋势，从 2020—2035 年保持在 22.12%—24.09%之间，2050 年低、中、高方案分别降到 18.8%、19.21%和 19.23%。

2011 年生育旺盛期妇女人数为 955 万人，2050 年低方案降为 393 万人，中、高方案降为 454 万人。从预测情况看，2011 年后随着生育旺盛期（20—29 岁）妇女人数的减少，人口出生规模将明显缩小。

（七）学龄人口状况预测

1. 学龄前人口逐渐减少

受第四次人口出生高峰的影响，2010 年学龄前儿童（1—6 岁）将由 2000 年的 661 万人增加到 892 万人，增长 34.95%。随着计划生育工作的逐步深入和加强，第四次人口出生高峰过后，人口急剧增长的势头将得到进一步的控制，学龄前人口将逐渐减少，中方案 2015 年减少到 760 万人，2020 年减少到 751 万人，2025 年减少到 643 万人，相当于 2000 年的水平。2030 年减少到 580 万人。2050 年降到 474 万人，比 2000 年减少 187 万人，减少 28.29%。学龄前人口占总人口的比重各方案一直呈下降趋势，中方案由 2010 年的 8.54%下降到 2050 年的 4.95%。

2. 小学适龄人口先增后减

小学适龄人口（7—12 岁），2010 年为 800 万人，2010 年至 2015 年小学适龄人口呈增长趋势。中方案预测 2015 年将增加到 891 万人，达到峰值。峰值人口比 2010 年增加 91 万人，增长 11.38%。2016 年后逐渐减少，基本稳定在 520 万人到 800 万人之间，2050 年为 521 万人，比 2010 年少 279 万人，减少 34.88%。各方案预测的小学适龄人口占总人口的比重基本与小学适龄人口一样，是先升后升再降的趋势，中方案将由 2010 年的 7.66%降到 2015 年的 8.32 后下降到 2020 年的 7.26%再降至 2050 年的 5.45%。

3. 初中适龄人口稳中有降

初中适龄人口（13—15 岁），中方案预测 2020 年前呈增加趋势，总量将由 2010 年的 378 万人增加到 2020 年的 450 万人，增加 72 万人，增长 19.05%，2020 年后将逐渐减少，2030 年降到 381 万人，相当于 2010 年的水平，2035—2050 年基本稳定在 324 万人到 272 万人之间，2050 年下降到 272 万人。各方案预测的初中适龄人口占总人口的比重 2010—2020 年稳中有升，由 3.62%上升到 4.14%，以后逐渐下降，中方案 2050 年降到 2.85%。

4. 高中适龄人口先减后增再减

高中适龄人口（16—18 岁），在未来 40 年先减增后增再减。中方案由 2010 年的 417 万人下降到 2012 年的 372 万人后快速增加，2025 年达到峰值 451 万人。此后开始逐年下降，这主要是受第三、第四次人口出生高峰影响所至。2030—2040 年基本上稳定在 350 万人左右。2040—2050 年稳定在 300 万人左右，2050 年降至 277 万人，比 2010 年少 140 万人，减少 33.58%。各方案高中适龄人口占总人口的比重呈先降后升再降的趋势，中方案 2010—2050 年由 2010 年的 4.00%下降到 2012 年的 3.53%，2025 年升至 4.14%后逐年下降直到 2050 年的 2.89%。

（八）人口城镇化发展趋势预测

河南是人口大省，又是外出人口大省，同时省内城乡之间的流动人口规模大而且比较频繁，城市接纳了大量的外来务工人员，农村大量户籍人口外出，这是河南城乡人口发展的现状。城镇化水平的统计 2004 年之前只有普查年份才有，其他年份多是推算得到，2004 年建立了河南省人口与城镇化抽样调查制度后每年才有调查的城镇人口比重，可利用的调查数据年限较短，与其他经济指标相关性较差，综合考虑城乡人口的变动特征、统计数据的协调性及模型的适用范围条件等因素，选择灰色预测模型对未来河南城镇化发展趋势进行预测比较合适。

1. 灰色预测模型的建模过程

假设原始数列为：

$$x^{(0)}=(x^{0}(1),x^{0}(2),\wedge\ x^{0}(n))$$

对原始数列进行一次累加，得到新数据。

$$x^{(1)}=(x^{1}(1),x^{1}(2),\wedge\ x^{1}(n))$$

$$\text{其中}\begin{cases}x^{1}(1)=x^{0}(1)\\x^{1}(2)=x^{0}(1)+x^{0}(2)\\\cdots\ \ \cdots\\x^{1}(n)=x^{0}(1)+x^{0}(2)+L+x^{0}(n)\end{cases}$$

$$\text{构造累加矩阵 B}\begin{Bmatrix}-\frac{1}{2}(x^{1}(1)+x^{1}(2)) & 1\\-\frac{1}{2}(x^{1}(2)+x^{1}(3)) & 1\\\wedge & \wedge\\-\frac{1}{2}(x^{1}(n-1)+x^{1}(n)) & 1\end{Bmatrix}_{(n-1)\times 2}$$

由原始数据构造数据列矩阵 y：

$y=(x^0(2),x^0(3),x^0(4) \wedge x^0(n))$

利用最小二乘法求得参数 α 和 U 。

$$\hat{\alpha}\binom{\alpha}{U}=(B^T B)^{-1} B^T Y$$

将 α 、β 带入下列预测公式：

$$\hat{x}^{(1)}(k+1)=\left(x^0(1)-\frac{\beta}{\alpha}\right)e^{-\alpha k}+\frac{\beta}{\alpha}$$

运用此公式，赋予不同的 k 值(k=0,1,2…n)，可求出 $\hat{x}^{(1)}(k+1)$ 的值，这里 $\hat{x}^1(k+1)$ 是 $x^1(k+1)$ 的预测值。

$\hat{x}^{(1)}=(\hat{x}^{(1)}(1),\hat{x}^{(1)}(2), \wedge \hat{x}^{(1)}(n),\hat{x}^{(1)}(n+1))$

从而可求出 $\hat{x}^{(0)}$ 的数据，只需还原即可，

$\hat{x}^{(0)}(k+1)=\hat{x}^{(1)}(k+1)-\hat{x}^{(1)}(k)$ ，$\hat{x}^0(k+1)$ 是 $x^0(k+1)$ 的预测值。

由此可以得到原始数列的预测值数列：

$\hat{x}^0=(\hat{x}^0(1),\hat{x}^0(2) \wedge \hat{x}^0(n),\hat{x}^0(n+1))$

当 n 值超过现有数据的个数，得到的就是随后相应年份的预测值。

2. 对河南城镇化未来 10 年的发展趋势及发展速度的预测

选取河南省 2000—2011 年 11 年的城镇人口比重和 2001 年—2011 年 10 年的每年城镇人口比重增长作为原始数据，利用上述灰色预测模型对河南省城镇化水平发展趋势和发展速度进行外推预测。

预测显示，河南省城镇化水平到 2015 年为 49.37%，到 2020 年为将超过 60%。河南 2011—2020 年的城镇化的发展速度将不断加快，2012 年增长 1.85%，到 2020 年比 2019 年增长 2.7%，2011 年到 2015 年年均增长 1.94%，2016 年到 2020 年年均增长 2.47%，未来十年年均预计增长 2.21%。

3. 今后十年城镇化发展保持持续快速增长

通过灰色预测模型对未来十年河南城镇化发展趋势及发展水平的预测结果显示，两种途径的预测结果存在差异，但趋势是一致的，都反映出未来十年河南城镇化水平将持续加速发展。综合两种预测结果，我们认为河南城镇化率 2015 年将达到 49%左右，2020 年将超过 60%，发展速度每年将加快 0.11 个百分点左右，2012 年预计比 2011 年增长 1.86%，2015 年年增速达到 2.14%左右，2020 年比 2019 年增长 2.7%。按照预测的发展趋势和发展速度，河南省"十二五"规划城镇化率达到 48%的发展目标是可以完成的，2050 年全省城镇化率预计将达到 85%左右。

四、未来人口发展面临的主要问题及应采取的对策

(一)贯彻落实科学发展观，更新观念，抢抓机遇，发展河南经济

2011—2020 年是河南经济发展的最有利时期。这个时期，全省劳动人口抚养负担较轻，劳动力资源丰富，人口老龄化处于初期，带来的问题还不明显，此间良好的人口环境正是集中精力发展经济的战略机遇期。

未来十年，是河南全面建成小康社会，实现中原崛起、河南振兴的关键时期，是深化改革开放、加快转变经济发展方式的攻坚时期，要进一步解放思想，更新观念，抓住中原经济区建设的机遇，下大力气解决好企业发展的软环境，制定有关政策，加大招商引资的力度，吸引省外资金和专业技术人才到河南创业，加速非公有制企业的发展，走不以牺牲农业和粮食、生态和环境为代价的"三化"协调科学发展的新路子，加快推进河南农业现代化、工业化和城镇化进程。资料显示，西方经济发达的地区都是农业比较发达的地方，把河南农业现代化这篇大文章做好，才是河南的希望。要采取措施，把从农业领域游离出来的不断增长的劳动力人口变为丰富的社会财富，并充分发挥劳动力数量多的优势，加快以农产品深加工、物流、信息技术服务等产业的发展，加速农村劳动力向第二、三产业转移。开发劳动力资源，迅速提高劳动者文化技术素质是有效合理利用劳动力资源的必要前提。及时调整教育布局和投入，大力发展高等教育事业。遵循市场经济运转规则，构建人力资本投资与回报的合理机制，使社会提供的机会有利于劳动者学习技术、钻研业务。树立凭技术和才能就业的意识，不断提高劳动力的素质，变压力为动力。建立和完善劳动力市场，解决好劳动力的就业问题，保持社会的稳定，贯彻落实科学发展观，更加注重遵循经济规律，更加注重发挥河南优势，更加注重经济社会文化、城市农村发展的统筹协调，更加

注重坚持解放思想、改革开放，促进经济的发展，加快中原经济区建设和中原崛起、河南振兴。

（二）逐步完善计划生育政策，促进人口长期均衡发展

20世纪90年代，在河南省委、省政府“一高一低”战略方针的指导下，坚持计划生育基本国策，统筹解决人口问题，稳定生育政策，在生育高峰期保持低生育水平，人口控制工作取得显著成效。由于河南人口基数大，农村人口比重大。“十一五”时期全省每年出生人口平均仍有113万。根据河南人口年龄构成，全省第四次生育高峰期2015年后才能结束，出生人口最高年份可达135万人。到2020年，20—29岁生育旺盛期妇女，仍达620万之多，其压力之大是显而易见的。随着市场经济的发展，人口流动数量增多，流动频率加快，当前河南所面临的人口压力没有减轻，所以，“十二五”期间计划生育工作还不能放松。河南人口控制工作，要适应人口结构变化的环境，逐步完善调整计划生育管理措施和办法。

根据河南人口的现状，“十二五”时期河南仍应继续实施“一高一低”发展战略，稳定生育政策，确保全省生育水平平稳发展。实现这一目标，要充分遵循人口发展的客观规律，走依法管理之路，促进人口长期均衡发展。走人口与经济、社会、资源、环境相互协调的可持续发展道路，以促进全省经济社会的全面发展与进步。

（三）坚持政府调控与市场引导相结合，促进人口有序合理流动

深入开展人口空间分布研究，加强人口发展规划与中原经济区主体功能区规划的衔接协调。制定促进人口有序流动、合理分布的政策，引导人口自愿、平稳、有序地向资源环境承载能力强、经济发展空间大的区域转移和集聚，使人口分布与经济社会发展水平相协调、与资源环境承载能力相适应。

促进人口的有序合理流动，加快转移农村剩余劳动力，是增加农民收入，促使农民奔小康的重要途径。据推算，目前全省农村剩余劳动力还有1000多万人，随着科学技术的进步，农业劳动生产率和生产集约化水平的不断提高，每个劳动力负担耕地的系数在逐步加大，农村剩余劳动力将呈不断增多的趋势。因此，必须高度重视农村剩余劳动力的转移对于全面建设小康社会的重大意义，坚持把政府调控与市场机制的引导作用紧密结合，努力实现人口和劳动力的有序合理流动。

（四）逐步建立养老保障体制，高度重视人口老龄化问题

2010年，河南省老年人口人口比重达8.36%，已进入老年型。这是在全省经济还不发达情况下到来的，而且未来老年人口还将继续呈增长趋势。尽管老龄化的初期，由人口老龄化带来的问题还不多，但是自2011年往后，河南老龄人口人数迅速增加。对人口老龄化必须及早动手，采取措施。围绕老龄工作的总目标，从思想、经济、政策、法律、社会服务等多方面做好老龄化工作。积极建立和完善社会养老保障体制，扩大社会服务范围。采取多种形式，扶持和发展为老年人口服务的产业。动员社会各界力量，兴办老年福利院、敬老院、老年公寓、老年医疗康复中心和老年文化体育活动设施等各种社区服务业。同时要提倡敬老、爱老、助老美德，全社会都来关爱老年人。加强应对人口老龄化战略研究，实施积极应对人口老龄化战略，建立与其他经济社会政策相互衔接、相互支撑的应对人口老龄化政策体系，推进老年人权益保障法制化进程。提高老年人口的素质和技能，充分开发老年人力资源，鼓励老年人参与经济社会活动。只有这样，才能从根本上解决好老年人口问题。

（五）广开就业渠道，增强吸纳劳动力就业的能力

河南是人口大省，同时也是劳动力供给大省，从预测情况来看，全省人口红利期还将持续一段时间，将面临不断增加的劳动力人口与不断增加的城镇失业人口和农村剩余劳动力的双重压力。就业岗位的增加落后于劳动力供给的增加，就业形势依然严峻。因此，必须合理调整经济发展策略，保证就业规模的不断扩大。技术结构上，一方面要贯彻科教兴国的发展战略，坚定不移地大力发展新兴技术，用新技术改造传统产业，吸纳高素质的人口就业；另一方面要发展劳动、资金和劳动与技术相结合产业，分层次、分步骤地推进技术进步，增强总体吸纳劳动力的就业能力。产业结构上，要加快产业结构的调整和升级，大力发展就业吸纳能力强的第三产业，加快第一、二产业向第三产业转移的步伐。劳动用工制度上，要深化企业改革，促进职业流动，进一步完善劳

动力市场，发挥市场调节配置劳动力资源的能力，为企业困难职工再就业创造条件。教育规划上，要不断扩大在校大中学生的规模，拉长受教育培训的时间，这样不仅可以减少就业压力，也使劳动力素质得到有效提高，最终为扩大就业创造更多的手段和条件。城镇化发展上，要充分重视城市建设对经济推动作用，加快城镇化进程，在提高城镇化水平的同时，积极增加就业岗位，扩大就业领域，推动农村剩余劳动力向城镇转移。

(六)根据学龄人口发展变化情况，合理调整教育结构

百年大计，教育为本。教育事业的发展状况，将直接关系到人口文化素质的提高和合格人才的培养，进而关系到科学技术的提高，经济的发展，乃至整个社会的进步。在未来的几十年里，各级政府和有关部门要根据学龄人口的发展变化情况，合理调整教育结构，逐步增加教育投资，努力改善教学条件，抓好基础教育和成人教育，努力提高教学质量，使全民文化素质进一步提高，从而促进河南社会主义现代化进程。

深化教育体制改革，全面实施素质教育，大力促进教育公平，加快构建覆盖城乡的基本公共教育服务体系。巩固义务教育普及成果，促进义务教育均衡发展。加强婴幼儿早期教育，推进婴幼儿早期发展示范区建设。加快普及学前教育和高中阶段教育，大力发展职业教育，切实提高高等教育质量，加快发展多样化的继续教育。健全资助政策体系，扶助家庭经济困难学生完成学业。加强青少年健康人格教育、独生子女社会行为教育。加强道德素质和诚信教育，提高国民素养。加大专业技术人才和高技能人才培养力度，实施更加积极的就业政策，充分发挥劳动力资源丰富的优势，加快人口大省向人力资源强省转变，为经济社会发展提供持久动力。

(七)积极稳妥地推进城镇化，注重提高城镇化质量

加快城镇化进程，大力实施城乡结构调整，是未来四十年经济结构调整中带有全局性的大变革，它与工业化紧密相关，与投资需求和消费需求的变动紧密联系，是全面建成小康社会，争取河南在全国格局中占据有利地位的重要环节。因此，要强化城镇化在区域社会经济发展中的战略作用，以发展经济为基础，以工业化为动力，充分发展第三产业，打破城乡社会的二元结构，全面提升城镇化水平。要进一步扩大中心城市的辐射带动作用，促进不同层次城市、城镇之间的沟通和联系，发展城市经济带，培育城市体系。要利用多种手段、多种投资方式、多种所有制形式，建设高质量、高水准、特色丰富的城市市区。加快推进新型城镇化，构建国家区域性中心城市、地区中心城市、中小城市、中心镇和新型农村社区协调发展、互相促进的五级城乡体系。加快中原城市群联动发展，实施中心城市带动战略，推动人口向中原城市群集聚，把建设复合型城市新区作为加快城镇化的重要突破口，带动人口集聚。以产业集聚增强城镇吸纳农村转移人口的能力，通过迁村并点推动产业集聚区内村庄向城镇社区转化。实施主体功能区战略，提升中小城市和县城规划建设标准，提高综合承载能力，吸纳农村人口就近向县城集聚。把小城镇作为城乡统筹发展的重要节点，支持已经形成一定产业和人口规模、基础条件好的中心镇发展成为小城市，其他乡镇逐步发展成为服务周边农村生产生活的社区中心。积极稳妥推进新型农村社区建设，促进城乡一体化发展。

参考文献：

1. 河南省2010年人口普查资料．中国统计出版社．
2. 2012河南统计年鉴．中国统计出版社．
3. 世纪之交的中国人口〈河南卷〉．中国统计出版社．
4. 本文预测采用中国人口预测软件(CPPS)．中国人口信息研究中心，王广州．

课题组负责人　刘永奇

课题执笔　刘晓峰　马召　裴斐

湖北未来人口发展前景展望和人口现代化进程研究

当今世界随着全球化趋势的不断发展，各种社会经济和资源环境问题变得更加复杂。预测分析和规划越来越成为各种社会经济管理中的一项重要内容，成为政府公共管理的一项不可缺少的重要工具和手段。特别是政府各种发展战略和规划的制定，政府以及公共部门各种政策的制定都越来越离不开科学预测。预测未来，是为了能更好地把握未来。对于湖北省的人口发展这个系统来说，未来短、中、长期的前景如何？到 2020 年和 21 世纪中叶人口将达到多大规模？人口的数量、结构、质量、教育、就业、老龄化等问题的趋势如何？这些都需要作出比较客观准确的预测。人口预测就是根据人口现状，即人口分年龄性别数据、出生死亡及迁移等资料，以及人口政策和社会经济等因素对人口再生产的影响，选择一定的参数和假设条件，对未来某一时期的人口规模、水平及结构作出比较科学的测算。未来人口的数量及结构将直接影响到湖北全面实现小康社会的目标。

一、湖北未来人口发展趋势预测

(一)未来人口发展预测

1. 人口预测方案的选择

人口预测常用的方法大致可分为三类：第一类是数学方法，第二类是因素法，第三类是社会经济学方法，这里选用的是预测精度较高的因素法。因素法的人口预测模型可用不同数学方法来表示，最常用的有代数法（或称矩阵法）、偏微分方程法和差分方程法三种。在这三种方法中，又可分为确定性模型和随机性模型。本课题对湖北人口的预测选用代数法，结合湖北实际，以年龄移算矩阵为基础进行人口队列动态仿真。

在预测时，采用育龄妇女总和生育率作为生育水平预测的主要参数，按现有生育模式进行模拟计算。采用平均预期寿命作为死亡水平的总指标，根据计算，2010 年湖北男性 0 岁平均预期寿命为 72.68 岁，女性为 77.35 岁，男女合计为 74.87 岁，到 2050 年，男性平均预期寿命预计可达 77.58 岁，女性寿命预计可达 82.25 岁，根据这一趋势，对分年龄、分性别死亡率用衰减因子法逐年降低，使预测的死亡水平与平均预期寿命相一致。由于机械增长的因素对全省总人口的影响不大，迁移受政策变化影响较大，不确定性因素多，而且迁移数据可用其他方法取得，所以未加考虑。对于人口发展过程中难以预测的天灾、战争等突变现象，也不作考虑。

在迁移影响不大的情况下，一个地区人口的增长主要是由出生和死亡两个因素决定的。由于湖北人口死亡率比较稳定，故它对全省未来人口发展的规模起不了决定性作用。未来湖北人口发展的规模，主要取决于出生人数的多少，这又取决于未来育龄妇女的人数、年龄结构及其总和生育率水平，以及相关的具体人口政策措施等。由于湖北省大体上于 1997 年退出了第三次生育高峰，到 2010 年已处于低生育率阶段。在今后相当长的一段时期内，湖北主要的人口目标是稳定低生育率水平，同时避免人口的过快负增长和过快老龄化，由此可确立湖北人口预测的主要依据。

人口预测队列动态仿真的模型公式如下：

1 岁及以上人口：${}_nP^S_{x+n,\,t+n} = {}_nP^S_{x,t}({}_nL^S_{x+n,t}/{}_nL^S_{x,t})$

0 岁人口：　　${}_nP^S_{0,t+n} = {}_nB^S_t({}_nL^S_{0,t}/{}_nl^S_0)$

出生人口：　　${}_nB_t = {}_n\sum {}_nF_{x,t}(({}_nP^f_{x,t} + {}_nP^f_{x,t+n})/2)$

其中，P＝人口，s＝性别，M＝迁移，B＝出生，n＝年龄组组距（通常用 1 或 5 岁，本文用 1 岁），t＝时间（年），F＝生育率，f＝女性，l＝生命表尚存人数，L＝生命表生存人年数，x＝年龄。另外，在第三个方程中的总出生人数需要按照假设的出生性别比分解为男婴数和女婴数。

队列动态仿真法人口预测需要的基础数据包括:(1)起始年的分年龄性别人口;(2)预测期历年的分性别人口生命表;(3)预测期历年的分年龄生育率。这里以2010年第六次人口普查数据作为起始年数据。

根据现行的人口和计划生育政策,依据各种不同的生育水平控制程度和措施,考虑到各种可能发生的情况,选择了高、中、低三种预测方案:

高方案:由于2010年湖北育龄妇女总和生育率为1.35左右,高方案的总和生育率应该明显高于1.35,但又不能突然高出太多,按照逐步上升的方法并综合历史发展情况,这里假定从2011年到2022年逐步由1.5上升到2.0,从2023年到2028年逐步由2.0上升到2.3,从2029年到2050年育龄妇女总和生育率保持为2.3水平。

中方案:此方案假定育龄妇女总和生育率从2011年到2020年逐步由1.35上升到1.60,从2021年到2040年逐步由1.61上升到1.80,从2041年到2050年育龄妇女总和生育率保持为1.80水平。我们认为这种方案实现的可能性较大。它既考虑到2010年的生育基数,又考虑到今后生育水平的稳定性,同时尽量避免人口的过快负增长和过快老龄化,从2020年以后逐步提高生育率到1.8并保持1.8的水平到2050年。只要2010年以后短期的人口与计划生育政策稳定并在中期适时进行逐步调整,各种社会保障体系逐步健全,该目标还是可以达到的。

低方案:此方案假定育龄妇女总和生育率从2010年到2020年逐步由1.35降到1.20,从2021年到2050年保持为1.20水平。这里考虑到人口控制十分严格,同时大部分可生二孩的妇女放弃指标,只要一个孩子,整个育龄妇女群体保持很低的生育水平。

以上三种方案的主要预测数据见表1、2、3。

2. 出生人口预测

按高方案,从2011年到2020年的年平均出生人数为73.98万人,其中2016年出生人数达峰值为78.50万人,出生率为13.29‰。从2016年到2026年,出生人数逐年减少,出生率逐年下降,到2026年出生人数减少到62.38万人,出生率降为10.25‰。从2030年以后出生率和出生人数逐年上升,到2041年出生人数达到一个阶段性高点,为75.08万人,出生率为12.37‰。从2042年以后出生人数逐年减少,但出生率逐年降低,到2050年出生人数降到一个阶段性低点,为70.88万人,出生率为11.82‰。

按中方案,从2011年到2020年平均每年出生人数为64.41万人。其中2015年出生人数和出生率均达到峰值,分别为67.24万人和11.51‰。如果从一个较长的时间考虑出生人数和出生率的波动,湖北人口在2013年到2020年将出现一个出生人数和出生率的相对高位平台,每年出生人数都在60万人以上,出生率都在10‰以上。2021年到2050年,出生人数和出生率均保持在较低水平小幅波动,出生人数在44－57万人之间波动,出生率一直在7.80‰－9.66‰之间波动。

按低方案,从2011年到2020年平均每年出生55.95万人,其中2012年出生人数和出生率达到峰值,分别为61.45万人和10.65‰。2016年以后出生率一直在9.81‰以下且总趋势是逐步下降的,2022年及以后出生率降到7‰以下,2041年及以后出生率降到6‰以下。出生人数的总趋势也是逐步下降的,2019年以后出生人数降到50万以下,2023年以后出生人数降到40万以下,2043年以后出生人数降到30万以下。到2050年出生人数降为23.13万人,出生率降为4.87‰。

3. 死亡人口预测

由于死亡人口预测中各种方案采用的是相同的参数,即同一平均预期寿命,同时采用的死亡率衰减模式也是一样的,因此,各方案死亡人数和死亡率的差别不大(参见表1、2、3),其微小差别主要是因为不同的出生人数造成的。这里主要分析中方案的死亡人口状况。湖北2011－2020年平均每年死亡人数为44.31万人,死亡率在7‰－8‰。2012年以后随着人口老化进程的加快,死亡率较高的老年人口比重增加较快,导致人口粗死亡率逐步上升,到2050年人口粗死亡率达到15.37‰,比出生率高出7.01个千分点。随着人口不断老化,死亡人数也是逐步上升的。2012年以后死亡人数上升到40万以上,2020

表 1 高方案 总人口预测

单位:万人,‰

年份	总人口数	出生人数	出生率	死亡人数	死亡率	自然增长人数	自然增长率
2010	5723.77	59.26	10.36	30.80	6.02	28.46	4.34
2011	5758.00	59.67	10.39	34.52	6.01	25.15	4.38
2012	5789.34	72.01	12.47	40.67	7.04	31.33	5.43
2013	5822.31	74.85	12.89	41.88	7.21	32.97	5.68
2014	5856.11	76.87	13.16	43.07	7.38	33.81	5.79
2015	5889.98	78.14	13.30	44.27	7.54	33.87	5.77
2016	5923.00	78.50	13.29	45.47	7.70	33.02	5.59
2017	5954.16	77.83	13.11	46.68	7.86	31.15	5.25
2018	5982.48	76.22	12.77	47.90	8.03	28.32	4.75
2019	6007.31	73.98	12.34	49.15	8.20	24.83	4.14
2020	6028.65	71.72	11.92	50.37	8.37	21.34	3.55
2021	6046.54	69.49	11.51	51.60	8.55	17.90	2.96
2022	6060.91	67.21	11.10	52.84	8.73	14.37	2.37
2023	6072.03	65.30	10.76	54.17	8.93	11.12	1.83
2024	6080.33	63.82	10.50	55.52	9.14	8.30	1.37
2025	6086.23	62.79	10.32	56.90	9.35	5.89	0.97
2026	6090.31	62.38	10.25	58.29	9.57	4.09	0.67
2027	6093.10	62.48	10.26	59.69	9.80	2.79	0.46
2028	6094.93	62.98	10.33	61.15	10.03	1.83	0.30
2029	6094.87	62.51	10.26	62.57	10.27	−0.06	−0.01
2030	6093.43	62.49	10.25	63.93	10.49	−1.44	−0.24
2031	6091.13	63.03	10.35	65.32	10.72	−2.29	−0.38
2032	6088.41	64.00	10.51	66.73	10.96	−2.73	−0.45
2033	6085.59	65.39	10.74	68.20	11.20	−2.82	−0.46
2034	6083.09	67.17	11.04	69.67	11.45	−2.50	−0.41
2035	6080.97	68.93	11.33	71.05	11.68	−2.12	−0.35
2036	6079.12	70.54	11.60	72.40	11.91	−1.86	−0.31
2037	6077.47	72.05	11.85	73.69	12.12	−1.64	−0.27
2038	6075.89	73.30	12.06	74.89	12.32	−1.59	−0.26
2039	6074.11	74.21	12.22	75.99	12.51	−1.78	−0.29
2040	6071.82	74.79	12.31	77.07	12.69	−2.29	−0.38
2041	6068.73	75.08	12.37	78.18	12.88	−3.10	−0.51
2042	6064.58	75.06	12.37	79.21	13.06	−4.15	−0.68
2043	6059.21	74.71	12.32	80.07	13.21	−5.36	−0.88
2044	6052.66	74.20	12.25	80.75	13.33	−6.55	−1.08
2045	6045.03	73.68	12.18	81.31	13.44	−7.63	−1.26
2046	6036.38	73.10	12.10	81.75	13.53	−8.65	−1.43
2047	6026.66	72.48	12.02	82.20	13.63	−9.72	−1.61
2048	6016.01	71.89	11.94	82.54	13.71	−10.65	−1.77
2049	6004.76	71.35	11.87	82.60	13.74	−11.25	−1.87
2050	5993.19	70.88	11.82	82.46	13.75	−11.57	−1.93

注:(1)2010 年数据是人口普查的数据。

(2)2011 年数据是根据人口变动抽样调查结果推算的数据。

(3)2012 年及以后数据都是预测数据。

表 2　中方案　总人口预测

单位：万人，‰

年份	总人口数	出生人数	出生率	死亡人数	死亡率	自然增长人数	自然增长率
2010	5723.77	59.26	10.36	30.80	6.02	28.46	4.34
2011	5758.00	59.67	10.39	34.52	6.01	25.15	4.38
2012	5782.14	64.81	11.23	40.67	7.05	24.13	4.18
2013	5805.98	65.67	11.33	41.83	7.22	23.84	4.11
2014	5829.78	66.78	11.48	42.98	7.39	23.80	4.09
2015	5852.86	67.24	11.51	44.17	7.56	23.08	3.95
2016	5874.45	66.95	11.42	45.36	7.74	21.60	3.68
2017	5893.72	65.82	11.19	46.55	7.91	19.27	3.27
2018	5910.32	64.36	10.91	47.77	8.09	16.60	2.81
2019	5923.69	62.38	10.54	49.01	8.28	13.37	2.26
2020	5933.84	60.39	10.19	50.24	8.47	10.16	1.71
2021	5939.76	57.38	9.66	51.46	8.67	5.91	1.00
2022	5941.50	54.44	9.16	52.70	8.87	1.74	0.29
2023	5939.39	51.92	8.74	54.03	9.09	−2.11	−0.35
2024	5933.87	49.84	8.40	55.37	9.33	−5.52	−0.93
2025	5925.32	48.19	8.13	56.74	9.57	−8.55	−1.44
2026	5914.26	47.07	7.95	58.12	9.82	−11.06	−1.87
2027	5901.12	46.37	7.85	59.51	10.07	−13.14	−2.22
2028	5886.15	45.99	7.80	60.96	10.34	−14.97	−2.54
2029	5869.68	45.90	7.81	62.38	10.61	−16.47	−2.80
2030	5852.05	46.10	7.87	63.73	10.87	−17.63	−3.01
2031	5833.58	46.65	7.98	65.12	11.15	−18.47	−3.16
2032	5814.45	47.39	8.14	66.52	11.42	−19.13	−3.28
2033	5794.76	48.32	8.32	68.00	11.71	−19.68	−3.39
2034	5774.70	49.39	8.54	69.46	12.01	−20.07	−3.47
2035	5754.18	50.31	8.73	70.83	12.29	−20.52	−3.56
2036	5733.11	51.10	8.90	72.17	12.56	−21.07	−3.67
2037	5711.47	51.82	9.06	73.45	12.84	−21.63	−3.78
2038	5689.20	52.37	9.19	74.64	13.09	−22.27	−3.91
2039	5666.15	52.68	9.28	75.73	13.34	−23.05	−4.06
2040	5642.12	52.76	9.33	76.80	13.58	−24.04	−4.25
2041	5616.62	52.41	9.31	77.90	13.84	−25.49	−4.53
2042	5589.55	51.85	9.25	78.92	14.08	−27.07	−4.83
2043	5560.83	51.04	9.16	79.77	14.31	−28.72	−5.15
2044	5530.53	50.15	9.04	80.44	14.51	−30.30	−5.46
2045	5498.78	49.24	8.93	80.99	14.69	−31.75	−5.76
2046	5465.64	48.29	8.81	81.42	14.85	−33.14	−6.04
2047	5431.09	47.31	8.68	81.86	15.02	−34.55	−6.34
2048	5395.26	46.36	8.56	82.19	15.18	−35.83	−6.62
2049	5358.48	45.46	8.46	82.24	15.30	−36.78	−6.84
2050	5321.04	44.65	8.36	82.09	15.37	−37.44	−7.01

注：同表 1。

表 3 低方案 总人口预测

单位:万人,‰

年份	总人口数	出生人数	出生率	死亡人数	死亡率	自然增长人数	自然增长率
2010	5723.77	59.26	10.36	30.80	6.02	28.46	4.34
2011	5758.00	59.67	10.39	34.52	6.01	25.15	4.38
2012	5778.78	61.45	10.65	40.67	7.05	20.77	3.60
2013	5798.29	61.33	10.59	41.81	7.22	19.52	3.37
2014	5815.89	60.54	10.42	42.94	7.39	17.60	3.03
2015	5830.97	59.19	10.16	44.11	7.57	15.08	2.59
2016	5842.95	57.26	9.81	45.28	7.76	11.98	2.05
2017	5851.20	54.70	9.36	46.46	7.95	8.25	1.41
2018	5855.21	51.66	8.83	47.65	8.14	4.01	0.68
2019	5854.71	48.38	8.26	48.88	8.35	−0.49	−0.08
2020	5849.92	45.30	7.74	50.09	8.56	−4.80	−0.82
2021	5841.38	42.77	7.32	51.30	8.78	−8.54	−1.46
2022	5829.17	40.33	6.91	52.54	9.00	−12.21	−2.09
2023	5813.53	38.22	6.57	53.86	9.25	−15.64	−2.69
2024	5794.79	36.47	6.28	55.21	9.51	−18.74	−3.23
2025	5773.26	35.05	6.06	56.58	9.78	−21.53	−3.72
2026	5749.32	34.03	5.91	57.97	10.06	−23.94	−4.16
2027	5723.29	33.32	5.81	59.35	10.35	−26.03	−4.54
2028	5695.34	32.85	5.75	60.80	10.65	−27.95	−4.90
2029	5665.71	32.58	5.74	62.21	10.95	−29.63	−5.22
2030	5634.65	32.51	5.75	63.57	11.25	−31.06	−5.50
2031	5602.36	32.66	5.81	64.95	11.56	−32.29	−5.75
2032	5568.91	32.90	5.89	66.35	11.88	−33.45	−5.99
2033	5534.28	33.19	5.98	67.82	12.22	−34.63	−6.24
2034	5498.51	33.50	6.07	69.27	12.56	−35.77	−6.48
2035	5461.48	33.61	6.13	70.63	12.89	−37.02	−6.76
2036	5423.08	33.56	6.17	71.96	13.22	−38.40	−7.06
2037	5383.24	33.40	6.18	73.24	13.55	−39.84	−7.37
2038	5341.89	33.06	6.16	74.41	13.88	−41.35	−7.71
2039	5298.92	32.53	6.11	75.49	14.19	−42.96	−8.08
2040	5254.19	31.82	6.03	76.55	14.51	−44.73	−8.48
2041	5207.59	31.03	5.93	77.64	14.84	−46.61	−8.91
2042	5159.08	30.14	5.82	78.65	15.17	−48.51	−9.36
2043	5108.73	29.14	5.68	79.49	15.48	−50.35	−9.81
2044	5056.73	28.15	5.54	80.16	15.77	−52.01	−10.23
2045	5003.25	27.22	5.41	80.70	16.04	−53.48	−10.63
2046	4948.42	26.30	5.29	81.13	16.30	−54.83	−11.02
2047	4892.28	25.42	5.17	81.56	16.58	−56.14	−11.41
2048	4834.98	24.59	5.06	81.88	16.84	−57.30	−11.78
2049	4776.87	23.82	4.96	81.93	17.05	−58.11	−12.09
2050	4718.24	23.13	4.87	81.76	17.22	−58.64	−12.35

注:同表 1。

年以后上升到50万以上，2028年以后上升到60万以上，2035年以后上升到70万以上，2044年以后上升到80万以上，2050年死亡人数高达82.09万人，比2010年的30.80万人高出51.29万人，比2020年的60.39万人高出21.70万人。由于总人口数量的增大和人口老化，使湖北的死亡人数和人口粗死亡率有所上升，但有关死亡水平方面的综合指标即平均预期寿命却是不断增加的。估计到2050年，湖北男性人口平均预期寿命预计可达77.58岁，女性人口平均预期寿命预计可达82.25岁，合计将达到80岁左右，湖北人口的健康水平将不断提高。

4. 迁移人口预测

一般来说，人口迁移受社会经济政策和统计口径的影响较大。而从影响人口增长的三个因素即出生、死亡和迁移来看，迁移是最难预测的因素，它与生育率和死亡率的性质完全不同，生育和死亡属人口的自然变动，迁移属机械变动，它更容易受人为因素的影响，具有很强的波动性和突发性。一般说来，国内迁移主要取决于经济原因，因此，其变动往往与国家及某地区的社会经济发展政策和决策实施效果有关，具有很强的不确定性，这种频繁的变化很难用规范化的数学模型精确描述。从预测的角度看，人口迁移会使一个地区的总人口数、年龄、性别结构及人口未来增长速度等发生相应的变化，但这种影响的程度又取决于该地区的人口净迁移状况。净迁移比例越高，则影响的程度越大，甚至会出现净迁移人口占主导地位的情况，反之，净迁移比例越低，影响程度也越小，当比例太低时其影响可忽略不计。

由于不同时期不同地区的社会经济发展水平不同，人口迁移流动也会发生波动。另一方面，随着中国市场经济体制逐步完善，人口的迁移流动将更加频繁。我们在第六次人口普查中对“迁移”、“常住”等口径的界定上与第四、五次人口普查有较大改变，因此许多数据从历史的角度不具可比性，因此这里利用湖北统计年鉴中公布的数据，根据计算，全省2001—2010年常住人口共增长77.77万人，自然增长175.74万人，说明同期净迁往省外共计97.63万人，全省平均每年净迁出9.76万人。但是2011年以后出现了相当数量外出人员的回流，如果假设2011—2020年湖北每年净迁入人口约2—5万人，10年估计共有20—50万净迁入人口。

5. 人口总量预测

新中国成立以后，湖北人口增长较快。湖北总人口由1949年的2580.94万增长到1982年人口普查时的4780.81万，然后增长到1990年人口普查时5397.05万，到2010年人口普查时常住人口已达到5723.77万人，建国61年湖北省总人口共增长了121.77%，翻了一番多，平均每年增加51.52万人，其间1954—1957年和1962—1973年出现第一次和第二次生育高峰，第三次生育高峰在1985—1996年出现。从2005年左右将进入一个新的生育小高潮，但就目前人口控制的力度和未来增长的势头看，我们已不能将其界定为第四次生育高峰，其强度与第三次生育高峰无法相比，湖北顺利渡过了这次生育小高潮，再往后年份将从稳定低生育率的工作转向防止人口过快老化。

按高方案，湖北总人口在2020年年末将达到6028.65万人，比2010年增长304.88万人，年均自然增长30.49万人，其间2014年自然增长率最高，达到5.79‰，自然增长人数为33.81万人，到2028年自然增长率为0.30‰，接近于零增长，总人口达到最大值6094.93万人，从2029年开始进入负增长，总人口逐年减少，到2050年减少为5993.19万人，自然增长人数为—11.57万人，自然增长率为—1.93‰，而且这一减少的趋势还将继续下去。从长远来看，人口增长到一定峰值后将逐步下降。

按中方案，即可行性方案，湖北总人口到2020年年末将达到5933.84万人，比2010年增长210.07万人，年均增长21.01万人。其间自然增长率逐年下降，到2020年自然增长率为1.71‰，自然增长人数为10.16万人。到2022年接近实现人口零增长，总人口达到最大值5941.50万人，自然增长率为0.29‰，2023年以后人口进入负增长，2023年到2033年每年净减人口在20万以下，2034年以后每年净减人口都在20万以上，其中2044年以后每年净减人口都在30万以上。到2050年自然增长率为—7.01‰，总人口降为5321.04万人，比2010年减少402.73万人。

按低方案，湖北总人口到2020年年末将达到5849.92万人，比2010年年末增长126.14万人，年均增长12.61万人。其间每年的自然增长率均在

5‰以下，2011 年为最高，也仅为 4.38‰。由于此方案假设的人口控制措施很严，在 2018 年达到最大值 5855.21 万人以后，总人口长期持续减少，到 2050 年总人口将降到 4718.24 万人，比 2010 年减少 1005.54 万人，下降 17.57%。

(二)未来人口的主要构成

1. 分性别年龄人口结构

(1)性别结构

出生人口的性别比对未来总人口的性别比有直接影响，但这种影响在较短的时间内表现不明显，但从较长时间周期考查，这种影响是很大的，而且未来人口的性别结构对人口与社会经济的可持续发展具有重大的影响，人口的性别结构是否正常，与一系列社会经济问题直接相关。若性别比例失调，会引起婚姻问题、家庭问题，以及人口再生产、劳动力分布及产业政策等一系列社会经济问题。如果未来各年出生人口的性别比是正常的话，那么其后各年的总人口性别比也将是正常的。人口普查结果表明，2010 年湖北出生婴儿性别比高达 124.09，而近几年湖北出生婴儿性别比明显偏高，考虑到 2010 年实际情况和将来发展趋势，也参照国际上常规比值，选取预测年份出生婴儿性别比为 109.56，按中方案计算的 2010 年至 2050 年人口性别数据见表 4。

根据预测数据，到 2020 年湖北总人口的性别比将为 104.15，性别比基本正常，比 2010 年的 105.55 有所下降，2010 年以后性别比逐年稳步下降，到 2020 年降为 106.50，到 2050 年进一步降为 102.45，男性占总人口的比重由 52.06%降为 50.61%，女性则由 47.94%上升为 49.39%，从性别比可看出，男女人数逐步趋于相等。造成总人口性别比逐年下降的原因，主要是出生婴儿性别比和老年人口所占的比重这两个因素，假定未来出生婴儿性别比正常，那么未来几十年总人口的性别比下降的主要原因是老年人口比重上升，而老年人口中女性人口比重要高于男性。注意到近 5 年出生婴儿性别比明显偏高，特别是二孩以上的婴儿性别比高得惊人，这不能不引起警觉，从发展眼光看，全社会都要重视性别偏好问题，它关系到子孙后代的幸福以及中华民族的长治久安。

表 4　湖北省分性别人口预测

单位：万人，%

年份	男性		女性		性别比
	人数	比重	人数	比重	(女性=100)
2010	2939.12	51.35	2784.65	48.65	105.55
2011	2954.95	51.32	2803.05	48.68	105.42
2012	2965.47	51.29	2816.67	48.71	105.28
2013	2975.80	51.25	2830.18	48.75	105.15
2014	2986.09	51.22	2843.69	48.78	105.01
2015	2995.99	51.19	2856.86	48.81	104.87
2016	3005.10	51.16	2869.36	48.84	104.73
2017	3012.95	51.12	2880.77	48.88	104.59
2018	3019.40	51.09	2890.92	48.91	104.44
2019	3024.14	51.05	2899.55	48.95	104.30
2020	3027.19	51.02	2906.65	48.98	104.15
2021	3028.04	50.98	2911.72	49.02	103.99
2022	3026.71	50.94	2914.79	49.06	103.84
2023	3023.38	50.90	2916.01	49.10	103.68
2024	3018.29	50.87	2915.57	49.13	103.52
2025	3011.65	50.83	2913.67	49.17	103.36
2026	3003.72	50.79	2910.54	49.21	103.20
2027	2994.75	50.75	2906.37	49.25	103.04
2028	2984.86	50.71	2901.29	49.29	102.88
2029	2974.24	50.67	2895.44	49.33	102.72
2030	2963.06	50.63	2888.98	49.37	102.56
2031	2951.53	50.60	2882.05	49.40	102.41
2032	2939.75	50.56	2874.70	49.44	102.26
2033	2927.78	50.52	2866.99	49.48	102.12
2034	2915.69	50.49	2859.01	49.51	101.98
2035	2903.49	50.46	2850.70	49.54	101.85
2036	2891.12	50.43	2841.99	49.57	101.73
2037	2878.60	50.40	2832.88	49.60	101.61
2038	2865.86	50.37	2823.34	49.63	101.51
2039	2852.84	50.35	2813.32	49.65	101.40
2040	2839.40	50.33	2802.71	49.67	101.31
2041	2825.33	50.30	2791.29	49.70	101.22
2042	2810.59	50.28	2778.96	49.72	101.14
2043	2795.16	50.27	2765.67	49.73	101.07
2044	2779.06	50.25	2751.47	49.75	101.00
2045	2762.37	50.24	2736.41	49.76	100.95
2046	2745.11	50.22	2720.53	49.78	100.90
2047	2727.26	50.22	2703.83	49.78	100.87
2048	2708.90	50.21	2686.36	49.79	100.84
2049	2690.17	50.20	2668.31	49.80	100.82
2050	2671.20	50.20	2649.85	49.80	100.81

注：同表 1。

(2)年龄结构

①人口年龄结构

人口学家依据总人口中0—14岁人口比重、65岁及以上人口比重、老少比和年龄中位数划分了三种人口类型:年轻型、成年型和老年型。为此,按中方案作出了湖北人口年龄结构预测(见表5),对不同年份划分了相应的年龄结构类型。

表5 湖北省人口年龄结构预测

单位:%

年份	0—14岁人口比重	15—64岁人口比重	65岁及以上人口比重	60岁及以上人口比重	老少比(65岁及以上/0—14岁)	年龄结构类型
2010	13.91	77.00	9.09	13.93	65.32	老年型
2011	14.10	76.52	9.38	14.40	66.54	老年型
2012	14.28	75.91	9.81	15.08	68.74	老年型
2013	14.45	75.33	10.21	15.67	70.66	老年型
2014	14.72	74.62	10.65	16.44	72.35	老年型
2015	15.00	73.96	11.04	17.07	73.62	老年型
2016	15.27	73.28	11.45	17.67	75.02	老年型
2017	15.56	72.40	12.04	18.53	77.39	老年型
2018	15.79	71.66	12.55	19.17	79.47	老年型
2019	15.89	70.88	13.23	19.49	83.27	老年型
2020	15.97	70.24	13.79	19.59	86.37	老年型
2021	15.93	69.74	14.33	19.88	89.92	老年型
2022	15.86	69.03	15.11	20.90	95.32	老年型
2023	15.71	68.60	15.70	22.18	99.93	老年型
2024	15.51	68.51	15.98	23.12	103.03	老年型
2025	15.35	68.61	16.04	23.96	104.51	老年型
2026	14.94	68.77	16.29	24.88	109.05	老年型
2027	14.66	68.12	17.22	25.55	117.45	老年型
2028	14.37	67.23	18.39	26.74	127.99	老年型
2029	14.06	66.70	19.24	27.70	136.81	老年型
2030	13.75	66.28	19.97	28.70	145.26	老年型
2031	13.45	65.76	20.79	29.54	154.55	老年型
2032	13.18	65.46	21.35	30.35	161.96	老年型
2033	12.96	64.63	22.41	30.96	172.96	老年型
2034	12.78	63.98	23.24	31.41	181.79	老年型
2035	12.66	63.24	24.10	31.74	190.43	老年型
2036	12.60	62.60	24.81	32.04	196.91	老年型
2037	12.60	61.92	25.48	32.16	202.18	老年型
2038	12.66	61.38	25.96	32.35	205.03	老年型
2039	12.76	60.94	26.29	32.63	206.00	老年型
2040	12.90	60.59	26.51	32.79	205.48	老年型
2041	13.06	60.24	26.71	32.90	204.57	老年型
2042	13.22	60.04	26.74	33.14	202.31	老年型
2043	13.38	59.77	26.85	33.28	200.71	老年型
2044	13.53	59.42	27.05	33.53	199.96	老年型
2045	13.66	59.19	27.15	33.78	198.69	老年型
2046	13.78	59.01	27.21	34.21	197.47	老年型
2047	13.87	58.73	27.40	34.91	197.62	老年型
2048	13.92	58.58	27.49	35.53	197.47	老年型
2049	13.95	58.34	27.71	36.40	198.67	老年型
2050	13.94	58.12	27.93	37.46	200.36	老年型

注:同表1。

2010年湖北0－14岁人口比重为13.91％，65岁及以上人口比重为9.09％，老少比即65岁及以上人口与0－14岁人口之比，为65.32％。随着人口控制措施的持续效应，新出生人数得到有效控制，2010年湖北人口年龄结构已属于老年型。到2020年，0－14岁人口比重为15.97％，比2010年上升2.06个百分点，65岁及以上老年人口比重上升为13.79％，比2010年上升4.70个百分点，老少比为86.37％，比2010年增加21.05个百分点。2020年以后，人口自然增长率逐步趋于零增长并转为负增长，而人口老龄化趋势将不断加强。到2030年，65岁及以上人口比重达到19.97％，0－14岁少儿比重降到13.75％，老少比上升为145.26％，说明湖北人口老化程度已很高。从2030年到2050年人口老化程度进一步提高，到2050年，0－14岁人口比重为13.94％，65岁及以上人口比重上升为27.93％，老少比高达200.36％，总人口中每4个人就有1个老年人。

另外，从人口的平均预期寿命也可看出人口老化的趋势，2010年湖北总人口的平均预期寿命为74.87岁，预计到2050年将提高到80岁，比2010年增加约5岁。随着中国全面实现小康社会进程的发展，湖北城乡居民的物质和文化生活水平将有很大提高，健康状况将不断得到改善，人口寿命的延长将使老年人口进一步增加，老龄化趋势进一步强化。

②人口再生产类型

按中方案作出了湖北人口再生产预测，并按瑞典人口学家桑德巴氏的标准划分了相应的人口再生产类型(见表6)。

2010年湖北0－14岁人口占总人口比重为13.91％，低于20％的减少型标准，15－49岁人口比重为59.25％，50岁及以上人口比重为26.84％，高于稳定型23％的标准，但低于30％的减少型标准，因此，2010年湖北人口再生产处于稳定型与减少型之间。到2014年，0－14岁比重为14.72％，15－49岁比重为54.42％，50岁及以上比重为30.85％，人口再生产类型已完全进入减少型。2015年以后，湖北人口再生产类型一直处于减少型，一直保持到2050年都为减少型。当然，桑德巴氏的划分标准比较粗略，但在反映人口再生产这一动态过程时，大趋势还是反映出来了。按中方案，湖北在2014年以前，人口再生产属于稳定型与减少型之间，并逐年偏向减少型。2015年以后，人口增长速度明显更慢，表现为人口再生产完全进入减少型，到2023年湖北人口第一次出现负增长(自然增长率为－0.35‰，可认为人口进入负增长状态)，此时人口再生产类型属于典型的减少型。

我们确实到了要好好反思以往人口政策的时候了，即使马上做出很大改变，以前政策带来的不利影响，恐怕也很难扭转——从世界其他国家的情况看，但一旦人口增长进入下行轨道，要想把跌下去的生育率再拉起来，实在不是一件容易的事情。越来越多的人认识到，人口增长太快，在一段时间里面会显著提高社会抚养比，在就业、日常生活和社会保障等方面带来很大压力，但是过了10年、20年之后，新增出来的大量年轻人口，却会转化为劳动大军，压力就有可能逐渐缓解甚至消失。但是人口再生产停滞或人口下降所带来的影响，却有可能是“长痛”而非“短痛”，就像一个老年人要把病治好，跟年轻人去治病和恢复健康，不是一个概念。如果现在不及时调整人口政策，中国及湖北未来会有很大麻烦。

2. 育龄妇女构成

众所周知，在不考虑迁移因素时，人口增长主要取决于生育，而生育主要受人口政策和生育基数影响，在稳定低生育率的政策下，生育基数亦即育龄妇女和生育旺龄妇女的变化趋势显得非常重要。湖北省未来育龄妇女和生育旺龄妇女(20－29岁)人数变化趋势如何？对此，根据中方案作了预测(见表7)。从2010年到2020年湖北育龄妇女人数总体上是下降的。由2010年的1665.70万人减少到2020年的1353.61万人，共减少312.09万人，下降18.74％，下降幅度较大。2010年20－29岁生育旺龄妇女人数为482.53万人，占育龄妇女人数的比重为28.97％。从20－29岁生育旺龄妇女人数的变化来看，2013年将达到最高峰，为511.61万人，其在育龄妇女中的比重达到32.28％。即接近每3个育龄妇女中就有1个处于生育旺龄。从2012年到2015年共4个年份的生育旺龄妇女人数均在500万以上，即使严格控制每对夫妇只生一个孩子，其生育基数也相当庞大。因此，在2015年以前需要适度控制人口增长，并稳定低生育率，不能简单放开生育，通过各项政策措施避免人口的过快增长。2016年以

表 6　湖北省人口再生产预测

年份	各年龄组人口比重(%)			人口再生产类型
	0—14 岁	15—49 岁	50 岁及以上	
2010	13.91	59.25	26.84	稳定型与减少型之间
2011	14.10	58.71	27.19	稳定型与减少型之间
2012	14.28	57.36	28.36	稳定型与减少型之间
2013	14.45	55.75	29.80	稳定型与减少型之间
2014	14.72	54.42	30.85	减少型
2015	15.00	53.22	31.78	减少型
2016	15.27	51.94	32.79	减少型
2017	15.56	50.90	33.54	减少型
2018	15.79	49.38	34.83	减少型
2019	15.89	48.22	35.89	减少型
2020	15.97	47.03	37.00	减少型
2021	15.93	46.11	37.96	减少型
2022	15.86	45.23	38.91	减少型
2023	15.71	44.62	39.68	减少型
2024	15.51	44.19	40.30	减少型
2025	15.35	43.83	40.82	减少型
2026	14.94	43.74	41.32	减少型
2027	14.66	43.69	41.65	减少型
2028	14.37	43.57	42.06	减少型
2029	14.06	43.39	42.55	减少型
2030	13.75	43.32	42.93	减少型
2031	13.45	43.30	43.25	减少型
2032	13.18	43.13	43.69	减少型
2033	12.96	43.04	44.01	减少型
2034	12.78	42.79	44.42	减少型
2035	12.66	42.52	44.82	减少型
2036	12.60	42.02	45.38	减少型
2037	12.60	41.21	46.19	减少型
2038	12.66	40.44	46.90	减少型
2039	12.76	39.40	47.84	减少型
2040	12.90	38.15	48.95	减少型
2041	13.06	37.31	49.64	减少型
2042	13.22	36.54	50.25	减少型
2043	13.38	35.67	50.95	减少型
2044	13.53	35.06	51.41	减少型
2045	13.66	34.69	51.64	减少型
2046	13.78	34.70	51.52	减少型
2047	13.87	34.86	51.27	减少型
2048	13.92	35.04	51.04	减少型
2049	13.95	35.32	50.73	减少型
2050	13.94	35.62	50.44	减少型

注:同表 1。

后20—29岁生育旺龄妇女人数逐年减少，2016年至2018年生育旺龄妇女人数保持在400万以上，2019年至2021年保持在300万以上，2022年至2050年在220万至300万波动。2016年以后要考虑人口发展的平衡。

从2010年到2050年育龄妇女人数总趋势是下降的。到2050年降为892.69万人，占总人口的16.78%，生育旺龄妇女人数降为232.02万人，占全部育龄妇女的25.99%。

3. 学龄人口构成

按中方案对各学龄段的适龄人数作出预测（见表8），这里对各学龄的界定为：学龄前儿童为0—6岁，小学为7—12岁，初中为13—15岁，高中为16—18岁，大学为19—22岁。分析未来湖北各学龄人数的变化趋势，到2020年有以下几个特点：

（1）学龄前儿童人数有所增加，总规模仍然较大。2010年学龄前儿童人数为404.94万人，占总人口比重为7.07%，其后人数有所上升，到2017年达到相对高点，为466.69万人。2017年以后学龄儿童又逐年减少，到2020年学龄前儿童为449.99万人。比2010年增加45.05万人，在总人口中的比重为7.58%，比2010年上升0.51个百分点。

（2）小学学龄人数有较大幅度增加。2010年小学学龄人数为283.91万人，占总人口的比重为4.96%，到2020年增加到381.91万人，占总人口比重上升到6.44%，比2010年增加98.00万人，增长34.52%，平均每年增加9.8万人。这主要是因为从2005年左右进入新的生育小高潮后出生的孩子陆续进入小学学龄，导致小学学龄人数逐年上升，这一上升趋势持续到2023年达到峰值，为399.80万人，之后逐年下降并小幅波动。

（3）初中学龄人数略有下降。2010年初中学龄人数为185.48万人，占总人口比重为3.24%，2010年之后连续五年下降，2015年达到阶段最小值，为138.67万人，占总人口的2.37%。2016年以后初中学龄人数逐年增加，到2020年回升为168.82万人，但仍比2010年减少16.66万人，在总人口中的比重下降0.39个百分点，降为2.85%。初中学龄人数的减少主要是第三次生育高峰及其后过渡期出生的人群逐步退出初中学龄段的15岁上限所致。

表7 湖北省育龄妇女人数预测

单位：万人，%

年份	15—49岁育龄妇女人数	20—29岁妇女人数	20—29岁妇女占育龄妇女比重
2010	1665.70	482.53	28.97
2011	1658.83	495.66	29.88
2012	1626.28	501.28	30.82
2013	1585.10	511.61	32.28
2014	1551.74	510.73	32.91
2015	1521.83	502.73	33.03
2016	1488.84	479.58	32.21
2017	1462.13	446.01	30.50
2018	1420.36	416.27	29.31
2019	1388.08	377.95	27.23
2020	1353.61	335.18	24.76
2021	1326.32	305.20	23.01
2022	1298.99	277.33	21.35
2023	1277.78	249.06	19.49
2024	1260.78	231.44	18.36
2025	1245.84	220.63	17.71
2026	1239.83	221.21	17.84
2027	1234.55	224.77	18.21
2028	1226.91	229.23	18.68
2029	1216.91	236.30	19.42
2030	1209.76	241.58	19.97
2031	1203.65	255.45	21.22
2032	1192.70	266.17	22.32
2033	1183.95	275.95	23.31
2034	1170.80	283.25	24.19
2035	1156.51	290.85	25.15
2036	1135.25	296.37	26.11
2037	1105.37	301.38	27.27
2038	1077.96	304.70	28.27
2039	1043.22	306.53	29.38
2040	1003.14	308.99	30.80
2041	975.07	301.42	30.91
2042	949.72	296.60	31.23
2043	922.52	290.18	31.46
2044	902.79	282.27	31.27
2045	889.93	273.37	30.72
2046	886.61	264.07	29.78
2047	886.57	254.98	28.76
2048	886.86	246.39	27.78
2049	889.68	238.69	26.83
2050	892.69	232.02	25.99

注：同表1。

(4)高中学龄人数大幅下降。2010年湖北高中学龄人数为297.65万人,占总人口的比重为5.20%。2010年以后逐年减少,到2018年达到最小值,为138.52万人,2019年以后逐年增加,到2020年回升为145.21万人,比2010年大幅减少152.44万人,下降51.21%,占总人口的比重下降2.75个百分点,降为2.45%。2010—2020年高中学龄人数大幅减少,主要是因为第三次生育高峰及其后过渡期出生的人群逐步退出高中学龄段所致。

(5)大学学龄人数下降幅度最大。2010年大学学龄人数为458.67万人,占总人口的8.01%,其后逐年减少,到2020年大幅下降为191.12万人,比2010年减少267.55万人,减少58.33%,占总人口的比重为3.22%,比2010年下降4.79个百分点,为各学龄中下降幅度最大的组。

观察2020年到2050年湖北各学龄人数的变化特点,可概括出以下几点:(1)各学龄人数呈有规律的波动变化,相互之间表现出一定的连动性、时滞性;(2)学龄前儿童人数减少幅度最大,减少120.31万人,减少了26.74%,小学学龄人数减少了18.74%,初中学龄人数减少了10.20%,大学学龄人数减少了4.70%,高中学龄人数减少幅度最小,1.26%;(3)学龄前儿童人数和小学学龄人数在总人口中的比重呈波动式下降,高中和大学学龄人数呈波动式略升。

4. 劳动年龄人口构成

按中方案,对湖北劳动适龄人口(男16—59岁,女16—54岁)作了预测,结果见表9,湖北劳动年龄人数到2020年的变化趋势,有以下几个特点:

(1)劳动年龄总人口有所减少。2010年湖北劳动年龄人数为3871.38万人,2011年以后逐年减少,到2020年降为3528.84万人,比2010年减少342.54万人,下降8.85%,平均每年减少34.25万人。从分性别情况看,2010年湖北男性劳动年龄人数为2060.02万人,女性劳动年龄人数为1811.36万人,劳动年龄人口性别比为113.73。到2020年男性劳动年龄人数下降为1929.58万人,减少130.44万人,下降幅度为6.33%,女性劳动年龄人数下降为1599.26万人,减少212.10万人,下降幅度为11.71%,女性比男性下降幅大。2020年劳动年龄人口性别比为120.65,比2010年上升6.93,说明女性劳动年龄人数在总劳动年龄人数中的比重将有所下降。

(2)16—25岁低龄劳动年龄人数大幅下降。2010年湖北16—25岁的低龄劳动年龄人数为1044.98万人,以后逐年减少,到2020年下降为520.95万人,比2010年减少524.03万人,下降了50.15%。因此2010—2020年这10年的新增劳动年龄人数大幅下降,其对经济社会发展的严重影响应引起高度重视。

(3)26—50岁中龄劳动年龄人数较稳定,增加幅度不大。2010年湖北26—50岁中龄劳动年龄人数为2319.01万人,到2020年增加为2331.93万人,增加12.92万人,增长幅度为0.56%,平均每年增加1.29万人。中龄劳动年龄人数占总劳动年龄人数的比重,2010年为59.90%,2020年上升为66.08%,上升6.18个百分点。

(4)男性51—59岁、女性51—54岁的高龄劳动年龄人数增长幅度较大,在总劳动年龄人数中的比重上升。2010年湖北男性51—59岁、女性51—54岁的高龄劳动年龄人数为507.40万人,2020年为675.96万人,比2010年增加168.56万人,增长33.22%,平均每年增加16.86万人。2010年高龄劳动年龄人数在劳动年龄总人口中的比重并不高,为13.11%,2020年上升为19.16%,上升6.05个百分点。

分析2020年至2050年湖北劳动年龄人数的变化,主要表现为逐年减少。到2050年,劳动年龄总人数降为2321.37万人,比2020年减少1207.47万人,下降34.22%。其中16—25岁低龄劳动年龄人数为464.94万人,比2020年减少56.01万人,26—50岁中龄劳动年龄人数为1425.80万人,比2020年减少906.14万人,男性51—59岁、女性51—54岁高龄劳动年龄人数为430.63万人,比2020年减少245.33万人。可见,到2050年不仅人口老化严重,而且劳动年龄人口老化也较严重,到2050年,高龄劳动年龄人数占全部劳动年龄人数的比重为18.55%。

根据预测,2010—2050年湖北劳动年龄人数在高位快速逐年减少,其对社会经济将产生较大影响,现在要未雨绸缪,尽早调整相关人口、就业与退休政策,以保持经济社会稳定可持续发展。

表 8 湖北省学龄人数预测

单位：万人，%

年份	学龄前儿童（0—6 岁）		小学（7—12 岁）		初中（13—15 岁）		高中（16—18 岁）		大学（19—22 岁）	
	人数	比重	人数	比重	人数	比重	人数	比重	人数	比重
2010	404.94	7.07	283.91	4.96	185.48	3.24	297.65	5.20	458.67	8.01
2011	424.19	7.37	286.34	4.97	158.56	2.75	275.09	4.78	453.89	7.88
2012	434.84	7.52	292.92	5.07	147.87	2.56	226.32	3.91	440.53	7.62
2013	441.82	7.61	303.73	5.23	144.59	2.49	185.28	3.19	402.17	6.93
2014	449.75	7.71	314.64	5.40	140.56	2.41	158.39	2.72	374.93	6.43
2015	455.69	7.79	330.30	5.64	138.67	2.37	147.71	2.52	331.77	5.67
2016	459.99	7.83	344.85	5.87	138.91	2.36	144.44	2.46	276.02	4.70
2017	466.69	7.92	349.57	5.93	145.36	2.47	140.42	2.38	235.89	4.00
2018	457.58	7.74	368.95	6.24	153.83	2.60	138.52	2.34	204.63	3.46
2019	455.20	7.68	375.09	6.33	164.38	2.78	138.77	2.34	194.30	3.28
2020	449.99	7.58	381.91	6.44	168.82	2.85	145.21	2.45	191.12	3.22
2021	440.69	7.42	387.38	6.52	176.00	2.96	153.68	2.59	184.80	3.11
2022	428.02	7.20	391.98	6.60	179.98	3.03	164.22	2.76	185.37	3.12
2023	413.15	6.96	399.80	6.73	180.27	3.04	168.66	2.84	191.90	3.23
2024	397.35	6.70	392.18	6.61	192.44	3.24	175.83	2.96	198.06	3.34
2025	381.35	6.44	391.80	6.61	194.60	3.28	179.80	3.03	211.04	3.56
2026	366.22	6.19	388.60	6.57	201.13	3.40	180.09	3.05	221.76	3.75
2027	352.37	5.97	382.35	6.48	194.43	3.29	192.26	3.26	228.63	3.87
2028	341.13	5.80	372.66	6.33	196.87	3.34	194.42	3.30	237.14	4.03
2029	332.71	5.67	360.35	6.14	198.16	3.38	200.94	3.42	237.61	4.05
2030	326.99	5.59	346.67	5.92	197.24	3.37	194.25	3.32	252.21	4.31
2031	323.87	5.55	332.37	5.70	194.44	3.33	196.69	3.37	255.71	4.38
2032	323.13	5.56	318.40	5.48	189.96	3.27	197.98	3.40	258.74	4.45
2033	324.42	5.60	305.28	5.27	184.63	3.19	197.07	3.40	266.36	4.60
2034	327.46	5.67	294.45	5.10	177.77	3.08	194.26	3.36	260.15	4.50
2035	331.78	5.77	286.14	4.97	169.96	2.95	189.79	3.30	262.31	4.56
2036	336.98	5.88	280.24	4.89	161.62	2.82	184.47	3.22	262.50	4.58
2037	342.70	6.00	276.59	4.84	154.21	2.70	177.62	3.11	260.17	4.56
2038	348.41	6.12	275.11	4.84	148.06	2.60	169.82	2.98	255.43	4.49
2039	353.69	6.24	275.48	4.86	143.30	2.53	161.49	2.85	249.02	4.39
2040	358.15	6.35	277.44	4.92	139.90	2.48	154.08	2.73	240.75	4.27
2041	361.18	6.43	280.85	5.00	137.75	2.45	147.94	2.63	231.02	4.11
2042	362.74	6.49	285.25	5.10	136.62	2.44	143.18	2.56	220.76	3.95
2043	362.72	6.52	290.24	5.22	136.38	2.45	139.78	2.51	210.40	3.78
2044	361.09	6.53	295.41	5.34	137.05	2.48	137.64	2.49	201.39	3.64
2045	358.01	6.51	300.38	5.46	138.55	2.52	136.51	2.48	194.16	3.53
2046	353.68	6.47	304.74	5.58	140.76	2.58	136.27	2.49	188.73	3.45
2047	348.29	6.41	308.13	5.67	143.49	2.64	136.94	2.52	184.98	3.41
2048	342.32	6.34	310.26	5.75	146.40	2.71	138.44	2.57	182.76	3.39
2049	336.01	6.27	311.05	5.80	149.17	2.78	140.65	2.62	181.84	3.39
2050	329.68	6.20	310.33	5.83	151.60	2.85	143.38	2.69	182.14	3.42

注：同表 1。

表 9 湖北省劳动年龄人数预测

单位:万人

年龄	合计	16—25 岁	26—50 岁	男 51—59 岁 女 51—54 岁
2010	3871.38	1044.98	2319.01	507.40
2011	3872.18	1038.57	2348.05	485.56
2012	3837.85	1000.93	2374.97	461.94
2013	3804.85	940.43	2371.64	492.79
2014	3775.84	886.23	2346.02	543.59
2015	3752.05	813.52	2354.79	583.74
2016	3723.24	730.97	2379.89	612.38
2017	3663.56	672.90	2374.19	616.48
2018	3599.15	617.25	2378.78	603.12
2019	3555.86	558.57	2355.95	641.34
2020	3528.84	520.95	2331.93	675.96
2021	3492.15	496.31	2290.81	705.02
2022	3445.23	496.79	2238.34	710.11
2023	3374.80	504.50	2179.55	690.76
2024	3323.05	513.82	2132.74	676.49
2025	3273.38	528.90	2089.83	654.65
2026	3222.29	540.15	2053.89	628.25
2027	3192.83	565.63	2018.29	608.92
2028	3144.24	584.73	1990.09	569.42
2029	3106.85	602.24	1959.26	545.35
2030	3072.56	614.58	1928.95	529.03
2031	3042.82	627.66	1904.41	510.75
2032	3018.35	635.95	1886.91	495.48
2033	2995.77	642.95	1861.51	491.32
2034	2973.33	646.08	1844.63	482.62
2035	2954.38	645.92	1822.25	486.21
2036	2934.62	647.30	1796.47	490.85
2037	2912.17	631.46	1774.78	505.93
2038	2887.47	621.35	1729.30	536.82
2039	2854.17	607.90	1690.02	556.24
2040	2821.85	591.33	1638.33	592.19
2041	2783.69	572.66	1577.41	633.62
2042	2733.73	553.19	1539.86	640.69
2043	2689.75	534.14	1505.85	649.76
2044	2635.93	516.15	1465.21	654.57
2045	2577.84	500.02	1436.98	640.84
2046	2527.99	486.05	1419.70	622.25
2047	2474.23	475.58	1419.36	579.29
2048	2421.21	468.74	1422.94	529.53
2049	2369.82	465.29	1423.26	481.27
2050	2321.37	464.94	1425.80	430.63

注:同表 1。

5. 老年人口构成

(1)老年人口总量的变化趋势

湖北将在 2003 年进入老年型社会,65 岁及以上老年人口占总人口的比重将超过 7%。湖北人口在 20 世纪 90 年代中期以后开始向低出生率、低死亡率、低自然增长率转变。在人口出生率逐步得到有效控制的情况下,又超前迎来了人口老龄化,人口增长的洪峰在逐步消退,白发浪潮将成为 21 世纪湖北主要的人口问题之一,人口老龄化将直接影响湖北的社会经济发展,也将影响到全面小康目标的实现。

从总量看(参见表 10),2010 年湖北省 60 岁及以上老年人口为 797.40 万人,占总人口的比重为 13.93%。到 2020 年增加为 1162.41 万人,比 2010 年增加 365.02 万人,增长 45.78%。2020 年 60 岁以上老年人口占总人口比重为 19.59%,比 2010 年提高 5.66 个百分点。到 2050 年 60 岁及以上老年人口达到 1993.38 万人,占总人口比重高达 37.46%,即总人口中每 3 个人就有 1 个 60 岁以上的老人,湖北人口将严重老化。究其原因,主要是出生率的大幅下降,导致年轻人口的比重减少,相应提高了老年人口的比重,这是人口老化的最主要原因。人口出生率下降速度越快,未来人口老化的速度也越快。另一方面,死亡率的下降对人口老化也有影响,特别是老年人口死亡率的下降,将使存活老年人口的数量和比重上升。另外从年龄结构可看出,当 2010 年占人口比重较高的年轻人口经过若干年后进入老年期时,仍将是一个较大的人群,这是由于人口惯性作用使老年人口比重较大。从发展趋势看,人口老化是无法回避的。湖北人口面临的主要矛盾已不是人口增长的压力,而主要是人口老龄化发展速度过快。当然,在稳定低生育率一段时期后,应根据当时的新情况对人口政策作出相应调整,以避免人口过度老化对综合国力的影响。

(2)老年人口的构成

按中案可得到未来老年人口的年龄构成(参见表 10)。2020 年与 2010 年相比,60 岁以上各个年龄组的老年人数都有所增长,占总人口的比重也有所提高。其中 60—64 岁老年人数增加 66.83 万人,增长 24.11%;65 — 69 岁增加 136.16 万人,增长 70.79%;70—74 岁增加 83.48 万人,增长 58.44%;75—79 岁增加 29.88 万人,增长 28.64%;80—84 岁增加25.15万人,增长48.70%;85岁及以上老人增加23.52万人,增长81.00%。由于基数较小,越是高龄老年人口,其增长相对幅度越大。

2050年与2020年相比,老年人口的人数及在总人口中的比重均有大幅度提高。其中60－64岁人数达到506.98万人,比2020年增加162.94万人,增长47.36%;65－69岁人数达到344.99万人,比2020年增加16.49万人,增长5.02%;70－74岁人数达到303.55万人,比2020年增加77.24万人,增长34.13%;75－79人数达到312.58万人,比2020年增加178.35万人,增长132.86%;80－84岁人数达到272.70万人,比2020年增加195.92万人,增长2.55倍;85岁及以上人数达到252.58万人,比2020年增加200.02万人,增长3.81倍。可见,越是高龄,老年人口增长速度越快,人口老化越严重。

人口老龄化将是本世纪未来几十年湖北人口必然面临的问题,它对于社会经济各方面的发展影响深远,目前一些发达国家如日本、瑞典、美国等国家所面临的人口老化问题,在未来湖北人口中也将碰到,这里主要涉及到以下几个问题:(1)老年人口的自然结构,即年龄性别结构,充分表现出老年人口的人口学特征;(2)老年人口的地域结构,同总体人口地域结构紧密相连,反映出老年人口的地理学特征;(3)老年人口的社会结构,这一问题最复杂,一是婚姻结构,二是家庭结构,三是受教育结构,四是民族结构,五是宗教结构,六是心理结构,这些问题对社会的稳定非常重要,反映了老年人口的社会学、心理学等方面的特征;(4)老年人口的经济结构。老年人口再就业问题、养老保障、医疗保障、衣食住行、娱乐、社会福利等方面都与老年人口的经济有关。因此,要未雨绸缪,提前研究这些问题,使湖北在迎接人口老龄化的银色浪潮中有备无患,及早从政府各项公共政策上予以考虑。

二、湖北人口现代化进程研究

(一)现代化与人口现代化

通常情况下人们所指的现代化属于历史范畴,是一种从不发达到发达、从落后到现代的发展过程。现代化的内涵十分广泛,反映了整个社会系统的进化过程和现时状态的表现形式。现代化是一个不断演进的动态的过程,它受主流发展理论的制约和影响,在不同的时代有不同的理解和衡量标志。现代化理论是一种多学科交叉的综合理论,涉及经济学、社会学、管理学、人口学、人类学等多个学科,各学科从自身学科的特定研究对象和研究方法出发,对现代化进行了不同的分析、研究和解释。国际权威亨廷顿(Huntington)指出了现代化过程的九个特征:革命性、复杂性、系统性、全球性、漫长性、阶段性、不同性、不可逆性、进步性。中国学者阎小培和翁计传将现代化的特征概括为六个方面:系统性、区域性、渐进性、相对性、发展性、自觉性。

人口现代化作为整个现代化体系的一个方面,作为一个相对的、历史的和不断发展着的概念和过程,近10多年来一直受到中国人口学者和实际工作者的重视。刘铮教授在1992年率先提出了“人口现代化”这一概念,指出人口现代化包含人口再生产类型的现代化和人口素质的现代化,并特别指出:在中国这样的发展中国家,人口素质现代化应该超前于经济现代化。随后顾宝昌教授提出了生育现代化,穆光宗教授又作了进一步深入研究,提出生育的五维性及生育文化现代化,并从系统科学的视野探讨人口流迁与人口现代化。查瑞传、张开敏、邬沧萍等教授将人口现代化内涵又推广到人口年龄结构、人口社会经济结构、人口地区分布结构、人口综合素质、人口迁移和分布的现代化等,陈友华同志对人口生育现代化、人口素质现代化和人口性别年龄结构现代化进行了量化分析并提出人口现代化指数,伍小兰同志在此基础上对生育现代化的度量作了进一步完善并进行了实证分析。王秀银教授进一步将人口现代化概括为:生育现代化是人口现代化的基础和前提,人口素质现代化是人口现代化的核心,人口结构现代化是人口现代化的重要内容,并通过人口转变指数、人口素质指数和人口结构指数来综合描绘人口现代化的实现程度。概括起来,人口现代化是指社会总体现代化的过程中实现人口素质发展水平不断提升、人口结构和分布趋向均衡和优化,在亲知识、亲生态的价值取向下实现传统型人口向现代型人口的转变过程。人口是影响社会发展的关键因素。人口是一人一口合成的统计总体。人决定口而不是相反,遵循这一“人口主体性原理”是树立科学人口观的起点。在新的历史条件下，我国人口问题

表 10　湖北省老年人口预测

单位：万人，%

年龄	60 岁及以上		65 岁及以上		60—64 岁	65—69 岁	70—74 岁	75—79 岁	80—84 岁	85 岁及以上	
	人口数	比重	人口数	比重	人口数	人口数	人口数	人口数	人口数	人口数	比重
2010	797.40	13.93	520.19	9.09	277.21	192.34	142.84	104.35	51.63	29.04	0.51
2011	829.25	14.40	540.17	9.38	289.08	196.75	148.72	111.23	53.35	30.12	0.52
2012	872.10	15.08	567.44	9.81	304.66	212.89	151.63	115.44	55.83	31.65	0.55
2013	909.79	15.67	592.93	10.21	316.86	228.16	153.51	115.43	62.27	33.56	0.58
2014	958.46	16.44	621.01	10.65	337.44	243.94	163.70	111.24	67.35	34.78	0.60
2015	999.23	17.07	646.20	11.04	353.03	257.06	168.23	112.83	70.38	37.70	0.64
2016	1038.04	17.67	672.74	11.45	365.31	268.13	172.53	118.00	75.02	39.06	0.66
2017	1092.16	18.53	709.64	12.04	382.52	282.93	187.10	120.58	77.82	41.21	0.70
2018	1133.10	19.17	741.58	12.55	391.52	294.43	200.71	122.37	78.17	45.89	0.78
2019	1154.80	19.49	783.78	13.23	371.02	313.92	214.79	130.45	75.29	49.33	0.83
2020	1162.41	19.59	818.37	13.79	344.04	328.49	226.31	134.23	76.78	52.56	0.89
2021	1180.88	19.88	851.01	14.33	329.87	339.92	236.13	138.20	80.96	55.80	0.94
2022	1241.81	20.90	897.97	15.11	343.85	356.35	249.74	150.41	83.06	58.41	0.98
2023	1317.30	22.18	932.22	15.70	385.08	364.76	260.14	161.60	84.60	61.12	1.03
2024	1372.01	23.12	948.12	15.98	423.89	345.64	277.93	173.23	90.20	61.11	1.03
2025	1419.44	23.96	950.62	16.04	468.81	320.29	290.92	182.57	93.10	63.75	1.08
2026	1471.50	24.88	963.37	16.29	508.13	307.17	300.99	190.63	96.49	68.09	1.15
2027	1507.82	25.55	1016.26	17.22	491.57	321.31	316.19	202.35	105.66	70.75	1.20
2028	1573.98	26.74	1082.71	18.39	491.26	360.84	323.68	211.12	113.87	73.20	1.24
2029	1625.69	27.70	1129.26	19.24	496.43	397.32	306.64	226.30	122.41	76.59	1.30
2030	1679.62	28.70	1168.82	19.97	510.80	438.95	283.72	237.04	129.12	80.00	1.37
2031	1723.27	29.54	1212.71	20.79	510.56	475.36	272.16	245.28	135.09	84.82	1.45
2032	1764.76	30.35	1241.56	21.35	523.20	459.90	286.67	258.53	144.28	92.18	1.59
2033	1794.10	30.96	1298.67	22.41	495.43	460.47	323.70	264.74	151.03	98.74	1.70
2034	1814.03	31.41	1341.84	23.24	472.20	465.65	356.57	250.81	162.75	106.06	1.84
2035	1826.23	31.74	1386.94	24.10	439.29	479.39	392.97	231.67	170.74	112.17	1.95
2036	1836.84	32.04	1422.14	24.81	414.70	479.36	424.80	222.38	176.86	118.75	2.07
2037	1836.92	32.16	1455.25	25.48	381.67	491.13	411.00	236.58	187.46	129.09	2.26
2038	1840.70	32.35	1476.93	25.96	363.77	465.33	412.94	269.22	192.23	137.20	2.41
2039	1848.88	32.63	1489.89	26.29	358.99	443.62	418.17	296.83	182.19	149.10	2.63
2040	1850.22	32.79	1495.70	26.51	354.52	412.90	430.90	326.23	167.98	157.67	2.79
2041	1848.05	32.90	1500.13	26.71	347.92	390.04	431.13	351.87	161.70	165.39	2.94
2042	1852.60	33.14	1494.71	26.74	357.90	359.23	441.48	340.54	174.72	178.73	3.20
2043	1850.47	33.28	1493.11	26.85	357.36	342.70	418.73	343.98	201.07	186.63	3.36
2044	1854.20	33.53	1496.07	27.05	358.14	338.54	399.31	349.07	221.94	187.20	3.38
2045	1857.28	33.78	1492.95	27.15	364.34	334.55	371.98	360.31	243.15	182.95	3.33
2046	1869.64	34.21	1487.08	27.21	382.56	328.55	351.77	360.95	261.90	183.91	3.36
2047	1896.03	34.91	1488.20	27.40	407.82	338.17	324.39	369.46	253.90	202.28	3.72
2048	1916.83	35.53	1483.42	27.49	433.42	337.82	309.99	351.04	258.53	226.03	4.19
2049	1950.44	36.40	1484.87	27.71	465.57	338.89	306.81	335.04	263.36	240.78	4.49
2050	1993.38	37.46	1486.39	27.93	506.98	344.99	303.55	312.58	272.70	252.58	4.75

注：同表 1。

的类型和性质已发生重要变化。也就是在低生育率目标实现之后，增长型人口问题开始转向缩减型人口问题，数量型人口问题转向结构型人口问题，自然型人口问题转向政策型人口问题。在后人口控制时期，以人为本，以人的全面发展为中心，统筹解决人口问题、实现人口长期均衡协调发展成为21世纪的指导思想。

这里尝试从一个新的角度来研究人口现代化，即从人口的自然特征、社会特征、经济特征和思想文化特征来分别考查人口现代化。人口自然特征现代化指人口自然基本属性的现代化：主要是人口生育现代化、人口健康现代化、人口年龄结构现代化和人口性别结构现代化。人口社会特征现代化指反映人口社会属性各方面的现代化：主要是人口教育现代化、人口婚姻结构现代化、人口家庭结构的现代化、人口流动迁移现代化和人口社会交往的现代化。人口经济特征现代化指反映人口经济属性各方面的现代化：主要是人口城乡结构现代化、人口产业结构现代化、人口收入结构现代化、人口消费结构现代化和人口社会保障现代化。人口思想文化现代化指人口思想文化各方面的现代化：主要是人口思想道德现代化、人口民主法治进程现代化和人口文化现代化。

人口自然特征现代化是人口现代化的基础。没有生育现代化和健康现代化，就不可能实现人口从高出生率、高死亡率向低出生率、低死亡率的转变，也就难以实现现代稳定人口增长模式。人口年龄结构现代化，其趋势是少儿人口比重下降，老年人口比重上升，形成人口老龄化和稳定人口趋势。人口性别结构现代化，不仅要求出生性别比在合理的正常值范围内，而且要求各年龄组及整个人口的性别比合理协调，这有利于形成稳定的婚姻结构，而稳定的婚姻结构又有利于形成稳定的家庭结构，可以说，人口年龄性别结构现代化是人口婚姻家庭结构现代化的基础和前提。人口健康现代化和人口年龄结构现代化的结果，是老年人口比重的上升，客观上要求提高整个人口特别是老年人口的医疗保障水平、养老保障水平，也就要求实现人口社会保障现代化。

人口社会特征现代化和人口经济特征现代化是人口现代化的核心和重要内容。人口的活动主要表现为参与社会经济活动，如人一出生就面临的是抚养和教育问题，从婴幼儿教育，到小学、初中、高中，直到高等教育。特别是在经济全球化和知识经济时代，国与国的竞争最根本的是人口教育的竞争，因此人口教育现代化显得尤为重要。科学技术的发展最根本的是靠人才，而人才还得靠教育培养，因此，在人口社会特征现代化中没有单列科学技术，而是用人口教育现代化概括代替了。人口社会结构方面，婚姻是一个基本结构，由它引申出家庭结构，婚姻是家庭的基石，家庭是社会的细胞。而婚姻和家庭结构是否稳定将直接关系到整个社会的稳定。人口婚姻的现代化应该是人口的婚姻质量更高、满意度更高，以及有配偶的比例上升，丧偶的比例下降，而离婚率的上升与下降并不一定直接反映婚姻质量的上升及下降，它受多种因素的影响。人口家庭现代化的发展趋势是大家庭越来越少，小家庭特别是核心家庭越来越多，家庭户规模呈缩小趋势。现代社会的另一个特征是人口迁移流动加快，而迁移流动的原因是多方面的。由于各国移民法的差异，导致国际迁移远不如国内迁移来得容易且频繁，人口迁移往往是社会因素和经济因素综合作用引起的。大量的农村人口流迁到城镇从事非农产业，大大加快了城镇化和工业化进程，促进了人口城乡结构的现代化和人口产业结构的现代化。随着信息化深入到社会生活的每一个角落，电话、手机、互联网的大量普及以及新技术新产品的推出，人们社会交往的范围、形式、内容等都在发生巨大变化，社会信息化要求人口社会交往实现现代化。

在实现人口城镇化、人口产业结构升级的过程中，城镇人口比重的上升，从事非农产业特别是第三产业人口的比重上升，客观上将引起人口收入结构和消费结构的现代化，在兼顾公平与效率的前提下，从宪法的高度保证充分实现城乡居民享有均等的社会保障权利。在收入结构上，将造就社会主要群体——中产阶层，整个社会需要控制高收入者的比重，减少低收入者的比重，扩大中产阶层的比重。

人口思想文化现代化是人口现代化的灵魂和精髓。一个国家或地区的人口在实现现代化的过程中，必然要求人们的思想道德达到一个较高的水平，全社会精神文明得到较大发展，人们思想解放，观念创新，真正达到“百花齐放，百家争鸣”的局面，人们积极参与整个社会政治生活的民主化、法治化的建设，并不断继承和发展先进的文化，这里文化是个广义的概念。很难想象一个国家或地区的人口在实现自然特征、社会特征和经济特征的现代化时，在思想文化方面还处于非常保守落后的局面。

人口现代化是全方位的，同时也是动态发展的，以上概括的几个方面随着整个人类社会的不断进步和发展，其内涵和外延也将不断更新。

(二)人口现代化指数构造

这里借鉴陈友华、伍小兰、王秀银等学者的指数构造方法，适当作些改进，并按上述新的人口现代化框架重新构造人口现代化指数。一般情况下，考虑到与历史数据的可比性，同时考虑到从 2000 年到 2010 年世界上发达国家中相应指标的最高数值变化不大，因此在这里采用 2000 年世界上发达国家中相应指标的最高数值为上限设计有关指数。

1. 人口自然特征现代化指数

(1)生育现代化指数

生育现代化的核心是生育数量和质量，而性别偏好引起的问题是性别结构的失衡，因此这里用生育数量指数和生育质量指数构造生育现代化指数：

$$\text{生育数量指数}=\begin{cases}100, & \text{TFR}\leqslant 2.1\\ 100e^{2.1-\text{TFR}}, & \text{TFR}>2.1\end{cases}$$

生育质量指数＝婴儿死亡率指数＝

(229‰－婴儿死亡率实际值)/(229‰－3‰)×100

生育现代化指数＝(生育数量指数＋生育质量指数)/2

(2)健康现代化指数

以 2000 年世界上最高的平均预期寿命值日本女性 85 岁为上限，定义如下：

健康现代化指数＝(e_0/85)×100

(3)年龄结构现代化指数

利用生命表构造人口年龄结构指数是较精细的，但计算上不简洁，而且没有突出重点，即老龄化的程度。以 2000 年发达国家 65 岁及以上老年人口占总人口比重的最高值 17%为上限，定义如下：

年龄结构指数＝(65 岁及以上人口比重/17%)×100

(4)性别结构现代化指数

利用生命表构造人口性别结构指数是比较全面的，但没有重点反映出生性别比对未来人口性别结构的巨大影响。在中国现阶段，应该更关注出生性别偏好对人口性别结构的影响，因此用性别偏好指数代替性别结构指数：

$$\text{出生性别偏好指数}=100e^{-12|\text{出生性别比}/105-1|}$$

综合以上有关人口自然特征的四个指数，可定义：

人口自然特征现代化指数＝(生育现代化指数＋健康现代化指数＋年龄结构指数＋出生性别偏好指数)/4

2. 人口社会特征现代化指数

(1)教育现代化指数

取平均受教育年限指标构造这一指数，发达国家中加拿大最高，2000 年为 17.5 年，定义如下：

教育现代化指数＝(平均受教育年限/17.5)×100

(2)婚姻现代化指数

采用 15 岁及以上有配偶的人口占 15 岁及以上人口比重来代替：

婚姻指数＝(15 岁及以上有配偶人口/15 岁及以上人口)×100

(3)家庭现代化指数

由于缺乏更详细数据，考虑以家庭户平均人数 3 即三口之家作为理想状态，可以设计为：

家庭指数＝(3/家庭户平均规模)×100

人口流动迁移现代化、人口社会交往的现代化由于缺少较全面的数据，在此暂未设计相应指数。综合以上有关人口社会特征的三个指数，可定义：

人口社会特征现代化指数＝(教育现代化指数＋婚姻指数＋家庭指数)/3

3. 人口经济特征现代化指数

(1)人口城乡结构现代化指数

采用主要发达国家的平均城市化率 75%为上限，设计如下：

城市化发展指数＝(城市化率/75%)×100

(2)人口产业结构现代化指数

以第三产业就业人口占总就业人口的比重考察，考虑 2010 年发达国家的上限为 75%，设计如下：

人口产业结构指数＝(第三产业就业人口的比重/75%)×100

由于统计数据的缺乏，对人口收入结构现代化、人口消费结构现代化和人口社会保障现代化暂未设计指数。综合以上有关人口经济特征的两个指数，可定义：

人口经济特征现代化指数＝（城市化指数＋人口产业结构指数）/2

对于人口思想文化现代化，也由于缺少相应统计数据及难于量化测定，故暂未列出。

综合以上有关人口自然特征、社会特征和经济特征几方面的指数，可定义：

人口现代化指数＝（人口自然特征现代化指数＋人口社会特征现代化指数＋人口经济特征现代化指数）/3

（三）湖北人口现代化进程的实证分析

考虑到在构造人口现代化指数时，主要以2000年发达国家相应人口指标的最大值为上限，如果某一单项指标达到了最大值，当然可以认定该项指标达到了现代化，但各单项指数综合在一起形成人口现代化指数时，就有必要给出不同的指数区间以判定人口现代化的实现程度。这里借鉴陈友华的划分并作改进，把人口现代化进程分为五个阶段：（1）启蒙阶段：人口现代化指数（Population Modernization Index，以下简称PMI）＜50；（2）初级阶段：50≤PMI＜65；（3）中级阶段：65≤PMI＜80；（4）高级阶段：80≤PMI＜90；（5）实现现代化阶段：PMI≥90。这里再次强调人口现代化是一个动态的、不断演进的过程，因此，在设计指数中所引用的上限值也应该是不断变化和改进的。另外，以上所划分的人口现代化五个阶段也是相对的、延续的，不是绝对分割开的。

由于1953年和1964年两次人口普查的数据不够详细，部分指标无法计算，这里重点利用1982年、1990年、2000年和2010年四次人口普查的数据，考查湖北人口在1982年至2010年的现代化发展进程。收集整理的四次人口普查主要数据见表11，人口现代化指数计算参见表12。

通过分析，可看出湖北人口在1982－2010年的现代化进程中有如下特点：

1. 人口自然特征现代化指数是先降后升

湖北人口自然特征现代化指数1982年为66.19，1990年下降为61.45，2000年进一步下降为56.77，2010年回升到62.83，1982－2000年这段时期下降的主要原因是出生性别偏好指数的大幅度下降，从1982年的79.84降为1990年的56.28，2000年降到7.07，2010年回升到11.28，同期出生婴儿性别比呈大幅攀升，从1982年的106.97上升到1990年的110.03，到2000年更上升到惊人的128.18，2000年之后有所下降，到2010年降为124.09，这一问题应引起全社会的严重关注！同时注意到湖北人口的生育现代化指数、健康现代化指数和年龄结构指数总体上是上升趋势，其中生育现代化指数2010年已达到，98.50，仅就这一单项指数而言，已基本实现了现代化。年龄结构指数略显偏低，2010年仅为53.47，说明湖北人口年龄结构的现代化过程还很漫长。正是由于1982－2000年出生性别比出现严重的逆现代化发展趋势，导致整个湖北人口的自然特征在1982－2000年也出现严重的逆现代化发展趋势。2010年人口自然特征现代化指数虽然回升到62.83，但仍低于1982年的66.19，主要是人口出生性别比仍然在高位，如何严格控制非法的人工流产和性别选择，使人口出生性别比恢复到正常范围，是湖北省各级政府在本世纪上半叶要解决的最紧迫的人口问题之一。

表11 湖北省第三、四、五、六次人口普查主要数据

指 标	1982	1990	2000	2010
总和生育率	2.41	2.51	1.06	1.35
婴儿死亡率（‰）	40.45	29.34	17.42	9.80
出生平均预期寿命（岁）	65.56	67.85	72.63	74.87
65岁及以上老年人口比重（%）	5.00	5.50	6.42	9.09
出生婴儿性别比（女＝100）	106.97	110.03	128.18	124.09
平均受教育年限（年）	4.73	5.19	7.74	8.95
15岁及以上人口有配偶比重（%）	62.55	68.68	74.87	80.87
家庭户平均户规模（人/户）	4.53	4.01	3.53	3.16
城镇人口比重（%）	17.32	28.75	40.47	49.70
第三产业人口比重（%）	10.87	14.08	20.88	33.30

资料来源：根据湖北省第三、四、五、六次人口普查资料计算。

2. 人口社会特征现代化指数呈上升趋势，在三大类指数中最高

人口社会特征现代化指数由1982年的51.93上升到1990年的57.72，再上升到2000年的68.03，到2010年已上升为75.65，在自然特征、社会特征和经济特征这三大类指数中，社会特征指数最

高，比自然特征指数高12.82，比经济特征指数高20.32。当然，也注意到在社会特征的三个小类指数中，婚姻指数和家庭指数较高，而教育现代化指数明显偏低，1982年教育现代化指数仅为27.93，起点非常低，到1990年提高幅度不大，仅提高了2.63，而1990年以后的二十年有较大提高，到2000年为44.23，到2010年为51.14，但仍偏低，说明湖北人口教育现代化的任务是非常艰巨而漫长的。

表12　湖北省人口现代化指数计算

指　标	1982	1990	2000	2010
生育数量指数	73.34	66.37	100.00	100.00
生育质量指数	83.43	88.35	93.62	96.99
生育现代化指数	78.39	77.36	96.81	98.50
健康现代化指数	77.13	79.82	85.45	88.08
年龄结构指数	29.41	32.35	37.76	53.47
出生性别偏好指数	79.84	56.28	7.07	11.28
人口自然特征现代化指数	66.19	61.45	56.77	62.83
教育现代化指数	27.03	29.66	44.23	51.14
婚姻指数	62.55	68.68	74.87	80.87
家庭指数	66.23	74.81	84.99	94.94
人口社会特征现代化指数	51.93	57.72	68.03	75.65
城市化发展指数	23.09	38.33	53.96	66.27
人口产业结构指数	14.49	18.77	27.84	44.40
人口经济特征现代化指数	18.79	28.55	40.90	55.33
人口现代化指数(PMI)	45.64	49.24	55.23	64.61

3. 人口经济特征现代化指数在三大类指数中最低，但上升副度最大

1982年湖北人口经济特征现代化指数仅为18.79，在三大类指数中最低，到1990年上升为28.55，到2000年上升为40.90，2010年进一步上升为55.33，但仍然是三大类指数中最低的，说明湖北人口的经济特征与发达国家的差距仍然很大。从1982年到2010年该指数的增长速度来看，高达1.94倍，同期社会特征指数仅增长了45.66%，而自然特征指数反而下降了5.07%，形成很大反差。这说明，湖北在执行严格的人口控制政策、大力发展社会主义市场经济的同时，不能不高度关注人口的自然特征特别是人口性别结构问题，这涉及到人口的可持续发展问题。

4. 湖北人口现代化进程已处于初级阶段的尾部，2048年将实现人口现代化

湖北人口现代化指数(PMI)在1982年为45.64，处于上文定义的人口现代化启蒙阶段，当时也正是改革开放后不久，经过8年发展，到1990年达到了49.24，已处于启蒙阶段即将结束的尾部，而到2000年已达到了55.23，这标志湖北人口已进入了现代化的初级阶段，但人口现代化实现的综合程度还不高。到2010年已达到了64.61，这说明湖北人口在2010年已处于现代化初级阶段的尾部，2011年就进入了现代化的中级阶段。按湖北1982年至2010年平均每年人口现代化指数提高0.6773的速度，预计到2033年，湖北人口将达到现代化的高级阶段，到2048年，将实现人口现代化。

参考文献：

1. 陈友华.人口现代化评价指标体系研究.中国人口科学，2003，3.
2. 刘铮.人口现代化和优先发展教育.人口研究，1992，2.
3. 顾宝昌.论生育和生育转变：数量、时间和性别.人口研究，1992，6.
4. 穆光宗.生育现代化的几个问题.人口研究，1993，2.
5. 查瑞传.人口现代化问题.第六次全国人口科学讨论会论文集．中国人口学会，1994.
6. 张开敏.社会主义市场经济与人口现代化.第六次全国人口科学讨论会论文集．中国人口学会，1994.
7. 邬沧萍.转变中的中国人口与发展总报告.高等教育出版社，1996.
8. 陈友华.关于人口现代化几个问题的理论探讨.人口研究，1998，6.
9. 伍小兰.中国生育现代化问题的定量研究.人口与经济，2001，3.
10. 王秀银.关于人口现代化的几点思考.人口研究，2002，4.
11. 湖北省统计局，湖北省人口普查办公室编.湖北省第三次人口普查资料汇编．
12. 湖北省统计局，湖北省人口普查办公室编.湖北省1990年人口普查资料．中国统计出版社，1992，7.

13. 湖北省统计局,湖北省人口普查办公室编.湖北省第五次人口普查机器汇总资料．中国统计出版社,2002,7.
14. 跨世纪的中国人口(湖北卷)编委会编著.跨世纪的中国人口(湖北卷). 中国统计出版社,1994.10.
15. 阎小培,翁计传.现代化与城市现代化理论问题探讨.现代城市研究,2002,1.

湖北省统计局　毛凤藻　刘洪　鲍谦

江苏人口均衡发展研究

在近三十年里，江苏乃至全国的人口增长都发生了急剧的转变，在短时间内人口再生产类型从高出生、低死亡、高增长转变为低出生、低死亡、低增长的模式。由于转变快速，新的人口问题也随之而来。本课题基于江苏省第六次人口普查，以人口均衡理论为中心，分析当前人口自身发展状况，及其与经济、社会、资源、环境的关系，阐述人口发展现状与人口均衡状态之间存在的问题，提出建立人口均衡发展评价指标体系来监测江苏人口发展态势、存在问题，据此提出未来江苏人口发展的建议。

一、人口均衡的概念界定及理论概述

在人口理论界，从马克思恩格斯的“人口生产必须同物质资料生产相协调”观点，到英国经济学家坎南(Edwin Cannan)19 世纪末首先提出的适度人口概念，再到上世纪 70 年代可持续发展概念的正式提出，均蕴含着“均衡”的意味，为“人口均衡”概念的正式提出奠定了基础。目前，在人口学界已形成共识的人口均衡包括两方面含义：其一，人口作为一个整体，应该与外部各方面如经济、社会、资源、环境等力量相平衡；其二，人口内部的各要素，如规模、素质、结构等有自身的理想状态。此外，人口学界还有一种诉求，即普遍认为，人口均衡发展不仅仅是一种理论上的理想人口状态和长期目标，而且体现了人口政策的内在延续，是人口、社会、经济发展和可持续发展现实的迫切要求。因此，应该从国家战略高度制定人口均衡发展的目标、政策和执行方案，使人口走上均衡发展之路，建设人口均衡型社会。

二、江苏人口自身均衡发展现状

(一)人口规模与增长

人口总量和增长速度的大小，人口增长动因的不同以及政策因素对人口再生产的作用程度，因人口再生产所具有的周期性及惯性特点，从而对人口结构变化的影响是巨大而深远的。可以说，现时的人口结构特点即是过去人口出生、死亡及迁移、流动变化的结果和反映。

1. 人口总量持续增加，增长速度有所减缓

新中国成立以来，除个别年份，江苏的总人口呈稳步增加的态势，人口规模不断扩大。从建国后进行的六次全国人口普查数据看，1953 年江苏省总人口为 3767.29 万人，1964 年超过 4000 万人，达到 4452.21 万人，1982 年超过 6000 万人，2000 年又超过 7000 万人，到 2010 年第六次人口普查时，全省常住人口总量达到 7866.09 万人，57 年间全省总人口增加了 4098.8 万人，增长了 1.09 倍，翻了一番多。在时间段上，可将六次人口普查间分为三个增长期：第一次至第三次普查为增长较快期，人口年均增长率在 1.5%以上，速度很快，第三次至第四次普查为过渡期，人口年均增长率介于 1.0%—1.5%之间，速度开始放缓；第四次至第六次普查为增长较慢期，人口年均增长率低于 1%，速度较慢。

从近 10 年增长情况看，第五次至第六次普查期间的人口年均增长速度，是六次全国人口普查期间的五个时期中人口增长速度最慢的一个时期，也是继第四次至第五次普查间人口年均增长率降至 1%以下后，第二个低于 1%的时期，并且比上一个 10 年的年均增长速度还要低 0.12 个百分点。

2. 自然增长持续降低，迁移流动大量增加

在总人口的增长过程中，不同时期社会经济发展水平及实施的人口政策不同，直接导致的人口增长的动因是不完全相同的。从自然增长、迁移流动角度来看，可把新中国成立后的 60 多年划分为两大时期，前 50 年江苏人口增长主要源自自然增长，人口迁移流动较少；近 10 多年来的人口增长则主要由人口流动所带来，自然增长明显减少。若从政策的

表1 六次全国人口普查间江苏人口增长情况

年份	人口数（万人）	年均增长率（%）	年均自然增长(‰)			省际净迁移量（万人）
			出生率	死亡率	自然增长率	
1953	3767.29					−5.34
1964	4452.21	1.53	28.97	11.79	11.31	−39.34
1982	6052.11	1.72	21.13	7.19	15.11	14.09
1990	6705.68	1.29	14.09	5.91	7.94	95.17
2000	7304.36	0.86	12.48	6.70	5.52	257.96
2010	7866.09	0.74	9.33	6.99	2.33	402.75

角度来看，也可把新中国成立后的60多年划分为两大时期，前30多年因为采取鼓励生育及限制流动的人口政策，由自然增长带来的人口增长规模大、速度快，人口基本没有流动；后30年因为采取严格控制生育及逐渐放开流动的人口政策，由自然增长带来的人口增长规模小、速度慢，人口流动的规模、速率明显加强。

从近10年的变化看，由出生率带来的自然增长率继续下降，人口净迁移明显增加。2001—2010年，人口出生率年平均为9.33‰，比1991—1999年年平均的12.48‰下降了3.15个千分点；人口死亡率年平均为6.99‰，比1990－1999年年平均的6.70‰上升0.29个千分点，保持基本稳定；由此，人口自然增长率年平均为2.33‰，比1990－1999年年平均的5.52‰下降了2.19个千分点，降幅明显。而在同期，省际人口流动方面，2010年由外省流入人口数为737.93万人，比2000年外省流入人口数增加了484.63万人，增长1.91倍；十年间，全省省际间净流入人口增加近240万人，超过了自然增长人口数。

（二）生育政策、生育水平与生育意愿

1. 生育政策与生育保障

20世纪70年代，我国生育政策通俗讲是“一个少了，两个正好，三个多了”。现行生育政策形成于20个世纪70年代后期到80年代初，实行严格的一孩化，这是一个以严、紧为特征的控制生育的政策。在现行生育政策形成以后的大约20年的时间里，我国又形成了依据现行生育政策制定的各个地方的生育法规和《中华人民共和国人口与计划生育法》。江苏生育政策和全国各地一样，20世纪70年代和80年代前期（1980－1984年），都经历了宽松的二孩政策和严格的一孩政策。到1985年，江苏已形成了适合本省特点的生育政策，并且一直很稳定。

江苏省现行的生育政策是提倡和鼓励一对夫妻只生育一个孩子，鼓励公民晚婚、晚育，禁止违反规定条件多生育孩子和非婚生育孩子，符合法律、法规规定条件的可以申请再生育一个孩子。江苏生育政策偏紧，体现在对农村地区的生育控制依然较紧。当前，全国绝大多数省、自治区的生育政策都普遍允许农民生育二胎，具体体现在，农民第一胎为女孩的可以生育第二胎，农村夫妻一方是独生子女且只生育一个子女的，也可以生育第二胎。

人口和计划生育工作进入全面依法管理新阶段，人口和计划生育管理和服务体系进一步建立和完善，“世代服务”新体系全面推进，优质服务拓展深化，育龄群众普遍享有较好的避孕节育全程服务和生殖保健服务。在经历第三次生育高峰之后，江苏在全国率先进入低生育水平状态，近二十年来一直保持着较低的生育水平，计划生育率保持在95%以上。根据《江苏省妇女儿童发展规划（2006—2010年）》终期监测统计报告，2010年，全省孕产妇系统管理率、孕妇产前医学检查率和住院分娩率分别为99.08%、98.28%和100%，比2005年提高了25.1个百分点、2.47个百分点和0.35个百分点。同时，江苏的孕产妇死亡率和新生儿出生缺陷发生率，分别从2005年的18.56/10万和5.46‰，下降到2010年的6/10万和4.46‰。如今，计划生育利益导向机制得到加强，人口和计划生育工作新机制基本建立，群众对计划生育工作的满意程度不断提高。

2. 生育水平。

建国初期至20世纪70年代初，江苏总和生育率的变化趋势是稳中有降。其中，1950—1958年之

间，江苏育龄妇女总和生育率在4.00—5.90之间波动，平均值为5.00；60年代，总和生育率每年都在4.00以上，至1972年降至3.12。自70年代末实行计划生育以来，全省育龄妇女总和生育率下降迅速。从近四次全国人口普查资料看，1982年为2.14、1990年为1.94、2000年为1.4左右(推算数)，2010年继续下降至1.3左右。可见，近30年间，全省总和生育率已从更替水平降至1.3左右，且多年远远低于更替水平。

由于全省实施控制孩次的生育政策，因此，考查生育水平，既要从总的生育水平来判断，也要分析孩次结构，以进一步判断由于孩次结构的变化所造成的现实生育水平与政策生育水平之间的差异。自执行计划生育以来，全省出生人口中一孩比例不断提高，二孩比例下降明显。20世纪末的三次人口普查中，1982年，全省出生人口中，一孩、二孩、三孩及以上的比例为61.4%、25.7%、12.9%；1990年，一孩、二孩、三孩及以上的比例为61.99%、27.02%、10.99%；2000年，一孩、二孩、三孩及以上的比例为88.02%、10.64%、1.34%。1982—1990年，三孩及以上出生人口比例降幅最为明显，下降幅度达14.8%；1990—2000年，二孩及以上比例的降幅更是达到68%。

进入21世纪以来，随着20世纪80年代以后出生的独生子女也陆续进入婚育期，符合生育二孩政策的人数增加，出生人口中孩次结构也出现了明显的变化，一孩生育比例大幅下降以及二孩生育比例大幅上升构成了这一时期生育孩次结构最突出的特征。据2010年人口普查长表资料，在全省育龄妇女生育孩次中，第一孩占68.22%，第二孩占27.54%，第三孩及以上(多孩)占4.23%，与2000年人口普查相比，第一孩生育比例下降了19.80个百分点，第二孩、多孩生育比例则分别上升了16.90个、2.89个百分点。

人类自身的生产是原有人口生命的生产和新一代生命的生产的统一。人口新一代出生、成长和老一代衰老、死亡不断重复的过程即为人口再生产，它通过世代更替，实现人口的延续和更新。一般地，总和生育率保持在更替水平，即总和生育率保持在2.1左右，是决定人口长期发展保持稳定的关键。而极低的生育率直接影响老龄化进程的加快，减少了劳动力的供给能力，带来了巨大的社会负担。

有大量研究证明保持稳定的劳动力规模的重要性。Peng(2005)，Golley and Tyers(2006)的模拟分析都发现，劳动力数量的下降将会减缓中国人均地区生产总值的增长速度。在过去30年里，发达国家的劳动力数量一直处于缓慢或者快速增长的状态(McDonald and Kippen，2001)。在亚洲，诸如中国香港、韩国、新加坡和泰国这些经济快速增长的国家和地区，劳动力规模在1970—1990年之间几乎翻了一番。中国在最近25年经济高速增长过程中，总劳动力规模增长了近57%。研究也发现，对劳动力的需求不会由于劳动力供给的缩减而下降。尽管劳动力价格的上升会刺激节约劳动力技术的出现以及劳动生产率的提高，但是，这并不意味着对劳动力的需求会出现大规模的下降。相反的观点是，迅速的技术进步以及可利用的投资资本的不断增长将会刺激对劳动力需求的增加。而且，人口老龄化本身将会改变人口的消费结构并由此改变劳动者的职业构成。消费需求会更多地转向老年人需要的产品以及服务，而这些产品和服务，比如对老年人的护理和照料等，大多都是劳动密集型产品。由此可见，将来"技术替代劳动的空间非常有限"(McDonald and Kippen，2001)。如不改变当前的生育状况，江苏未来将面临更大的挑战。

3. 生育意愿低于更替水平

生育意愿是指个人在生育子女方面的愿望和要求，体现在对生育孩子的数量、时间、性别、素质等方面的期望。根据2009年"江苏省群众生育意愿和生育行为研究"的调查结果，可以判断当前全省的生育意愿状况。此项调查样本涉及苏南、苏中、苏北6个县(市)。调查结果显示，在调查的20727名18—43岁育龄妇女中，生育意愿数量为1个的占57.7%、2个的占41.4%，平均意愿生育子女数为1.42个，在接受调查的妇女中近六成一生只愿意生育1个子女。调查也反映出生育意愿与生育行为存有偏差。在2007年接受调查、已有1孩、可生2孩的妇女中，只有6%在这3年中生了第二个孩子。2007年的二孩生育打算与此后3年间的生育行为之间虽然相关，但仍然存在差距，有44%的妇女在2007年表示"肯定会再要"一个孩子，在这三年间确实生了第二个孩子；还有一部分妇女改变了主意，放弃了再要二孩的打算。相比较而言，较为明确的生育意向和生育时间计划更有可能落实为生育行为。而在2007年说自己“不打算要了”的妇女，但到2010年生了二孩的占2%。这一方面显示了生育计划与生育行为之间的明显相关；另一方面，也说明“不生”的计划基本落实，而“要生”的计划离真正落实还有不小的差距。

通过此项调查的结果发现，全省育龄妇女生育意愿已经处于较低的水平，与更替水平相差甚远。这与进入21世纪，出生人口中多孩比例上升，而总和生育率仍然下降的趋势，是吻合的。而在20世纪末的三次人口普查中，总和生育率下降与多孩比例下降是同步的。但与政策生育率相比看，我省现实人们的生育意愿是要高于估计的政策生育率。根据郭志刚教授的测算，我国东部地区政策生育率在1.39左右，考虑到江苏生育政策在东部地区更为偏紧的现实，江苏政策生育率估计在1.2左右，这是低于生育意愿的。长期的、严格的生育政策及所带来的生育人数的大量减少，对现实的人口各种结构，尤其是年龄、性别结构的影响是巨大而深远的。

(三)人口年龄结构

1. 人口年龄结构的变化特点

人口年龄结构是人口自然变动的结果，受过去出生和死亡的影响，也受人口迁移流动的影响，是今后人口再生产变动的基础和起点。对江苏人口年龄结构的变化可从三个角度去分析判断。

第一，由金字塔图形判断，江苏人口年龄已转变成葫芦型。建国初期是江苏人口出生的第一个高峰期，但受高死亡的影响，人口增长较为缓慢。1953年第一次人口普查时，江苏人口年龄结构金字塔，呈上窄下宽，均匀平缓，是典型的塔形，反映了当时江苏人口高出生、高死亡，增长缓慢的特征。1964年第二次人口普查时，人口年龄结构金字塔表现出顶部略细，塔基底部经一凹陷收缩后迅速凸出，显著增宽，反映出当时江苏人口高出生、低死亡，增长较快的特征。1982年第三次人口普查时，人口金字塔塔基询问明显收缩，呈倒梯状，顶部钝厚，老年人口比重有所增加。1990年第四次人口普查时，人口年龄金字塔上半部匀称变小，顶部呈钝厚，底部变宽，老年人口比重比1982年进一步增加。受人口再生产周期影响，1986－1992年，江苏省进入第三个人口出生的高峰期，出生人口较80年代初明显增加。到1988年已超过100万人，1990年达到峰值的137.96万人，从金字塔来看，塔基底部明显加宽。2000年第五次人口普查时，人口年龄金字塔上半部匀称部分变小，顶部更加钝厚，老年人口比重进一步增加；塔基底部在1990年加宽后再次收缩，出生人口明显减少。与1990年相比，2000年人口年龄金字塔峰谷交替现象明显，其凸出部分为45－49岁、30－34岁、10－14岁，分别为第一、二、三次人口出生高峰期出生的人口，其凹陷部分40－44岁、20－24岁、0－4岁分别为三年经济困难时期、80年代初和第三次人口出生高峰时期后人口控制工作的成果。2010年第六次人口普查时，人口年龄金字塔变化为葫芦型，顶部钝厚更加显著，老年人口比重增加明显；受第四次人口出生高峰的影响，塔基底部比2000年明显加宽，但与前三次人口出生高峰相比，出生人口明显减少；金字塔中部比2000年明显加宽，这是受省际人口大规模迁入影响。这个时期，江苏人口低出生、低死亡、低增长，省际净流入人口的量已经超过了自然增长的量。1982、1990、2000、2010年人口普查的人口年龄金字塔见图1。

第二，由桑德巴标准判断，江苏人口结构类型已转变为减少型。在21世纪的前10年间，全省0－14岁人口减量、减幅，50岁以上人口增量、增速均明显加快。具体来看，自1982年以来的四次人口普查中，0－14岁人口数量逐渐减少。2010年全省0－14岁人口1023.35万人，比2000年减少了410.85万人，下降28.65%。在之前三次普查之间，2000年0－14岁人口比1990年减少158.27万人，下降9.94%；1990年比1982年减少161.28万人，下降9.20%。可见，第五次人口普查至第六次人口普查间，0－14岁人口减少的数量与下降幅度要远远高前三次人口普查间。

15－49岁呈现稳步增长的态势。2010年，全省15－49岁人口4548.48万人，比2000年增加350.77万人，增长8.36%。2000年15－49岁人口比1990年增加341.49万人，增长8.86%；1990年比1982年增加582.18万人，增长17.78%。

50岁及以上人口增量较大，增速较快。2010年，全省50岁及以上人口达到2294.26万人，比2010年增加621.82万人，增长37.18%。2000年

图 1　近四次普查人口年龄金字塔

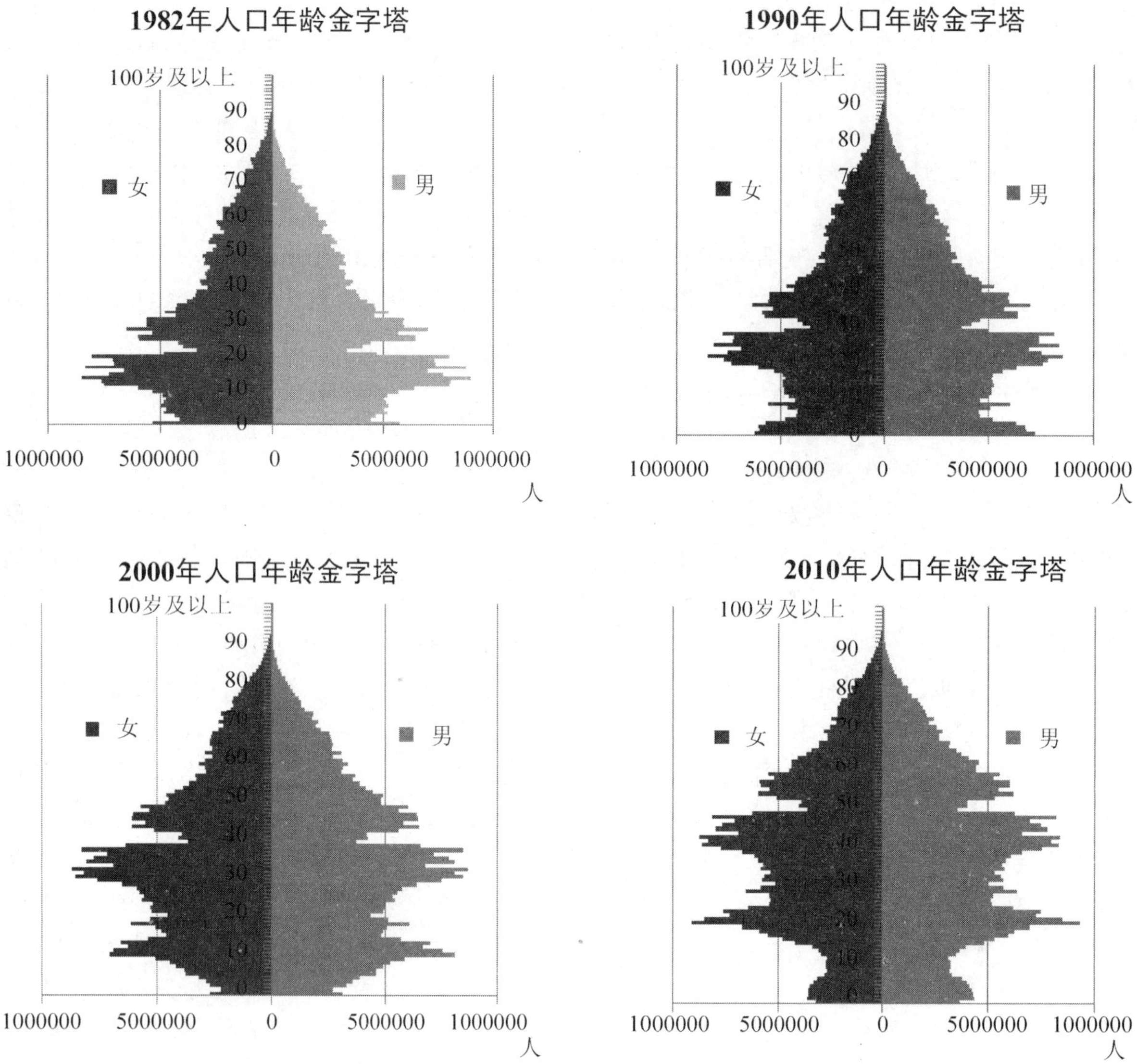

50 岁及以上人口比 1990 年增加 415.46 万人，增长 33.05%；1990 年比 1982 年增加 232.67 万人，增长 22.72%。

从 0—14 岁、15—49 岁、50 岁及以上人口的比重看，0—14 岁人口比重从 1982 年的 28.98%持续下降到 2010 年的 13.01%；15—49 岁人口比重在近四次人口普查呈稳中略升态势，处于 57.4%—58%之间；50 岁及以上人口比重则从 1982 年的 16.92%持续上升到 2010 年的 29.17%。与桑德巴标准对比看，0—14 岁人口自 2000 年起已进入减少型；50 岁及以上人口比重 2010 年已接近减少型，随着老龄化步伐的加快，进入减少型为期不远。总的来说，我省人口年龄结构已进入减少型类型。

表 2　　桑德巴人口年龄结构类型标准

单位：%

年龄	桑德巴人口年龄结构类型标准			江苏年龄构成			
	增加型	稳定型	减少型	1982 年	1990 年	2000 年	2010 年
0—14	40	26.5	20	28.98	23.75	19.63	13.01
15—49	50	50.5	50	54.10	57.50	57.47	57.82
50 及以上	10	23	30	16.92	18.75	22.90	29.17

第三，由国际通用标准判断，江苏人口年龄结构已进入老年型。江苏人口年龄结构的变动，与社会经济发展水平较高、计划生育工作成果显著是紧密相连的。1982年江苏人口年龄结构已进入成年型，并开始向老年型过渡，1990年则进入老年型初期，2000年已是老年型，到了2010年，人口老化程度进一步深化。

从老年人口的数量变化上看，2010年，全省60岁及以上老年人口达1257.46万人，分别比2000年增加了335.31万人，增长36.36%。65岁及以上老年人口，2010年则达到855.86万人，比2000年增加210.03万人，增长32.52%。之前三次普查间，60岁及以上人口，2000年比1990年增加235.62万人，增长34.32%；1990年比1982年增加160.93万人，增长30.62%。65岁以上人口，2000年比1990年增加190.56万人，增长41.86%；1990年比1982年增加119.61万人，增长35.63%。近十年，全省60岁及以上人口不仅在增量、而且在增速上，均要高于上世纪末的三次普查间；而65岁及以上人口的增速有所放缓。

从老年人口的比重上看，自1982年以来，持续增加。其中，全省60岁及以上老年人口比重从1982年的8.68%增加到2010年的15.99%，提高了7.31个百分点。65岁及以上老年人口比重则从5.55%上升到2010年的10.88%，提高5.33个百分点。由于老年人口的增加、少年人口的减少，全省2010年老少比达83.63%，比2000年上升38.60个百分点，上升幅度远远高于前三次普查间。

从年龄中位数看，上世纪全省人口中位数处于30岁以下，1982年、1990年分别为25.53岁、27.62岁。进入新世纪以来，人口中位数提高迅速，继2000年超过30岁，达到33.58岁后，2010年全省人口年龄中位数又超过35岁，达到38.52岁。

表3 六次人口普查江苏人口年龄结构变化

		少儿系数（%）	老年系数（%）		老少比（%）	年龄中位数（岁）
			60岁及以上人口比重	65岁及以上人口比重		
判别标准	年轻型	>40	<5	<4	<15	≥20
	成年型	30—40	5—10	4—7	15—30	20—30
	老年型	<30	>10	>7	>30	≤30
江苏省	1953年	64.81	7.37	4.49	11.95	21.2
	1964年	70.5	6.42	3.71	9.32	19.4
	1982年	44.26	8.68	5.55	19.15	25.53
	1990年	34.19	10.24	6.79	28.59	27.62
	2000年	27.45	12.64	8.84	45.03	33.58
	2010年	17.1	15.99	10.88	83.63	38.52

2. 人口年龄结构存在的问题

在人口学中，主要是以少年人口系数、老年人口系数、年龄中位数三个主要指标来划分人口年龄结构类型。根据三者的水平，可以划分成年老型、年轻型、成年型三种年龄构成类型。年轻型人口意味着少年人口比重高，未来育龄人群大，在生育率水平不变的情况下，未来人口增长速度必然较高。反之，年老型人口意味着老年人口比例大，未来育龄人群小，在生育率水平不变的情况下，未来人口增长速度也必然较低。对比三种年龄构成类型的优劣，较为理想的标准，或者说相对均衡的人口年龄结构是成年型，而不论是年轻型人口年龄结构抑或是老年型人口年龄结构都会影响人口稳定发展，并带来各种人口问题。

图2 不同类型的人口年龄结构金字塔

比较而言，江苏目前人口年龄结构存在着影响人口均衡发展的一些问题。一方面，从人口年龄结构金字塔图形看，1990 年比较接近成年型金字塔图形，2000 年、2010 年均与老年型金字塔图形较接近，低年龄人口在逐渐减少。另一方面，从数据上看，2010 年江苏少儿系数，与标准低限相比，要低 17 个百分点。其余各项指标均比成年型结构标准的高限要高。其中，60 岁及以上人口比重高出 6 个百分点，65 岁及以上人口比重高出近 4 个百分点；老少比高出 50 多个百分点；年龄中位数也要高出 8 岁多。

可以看出，目前全省人口年龄结构与成年型的标准渐行渐远。由于人口再生产惯性作用的影响，短时期内无法得到有效缓解，使得人口均衡发展在年龄结构上呈现着不合理性。主要表现在两个方面，一是，江苏人口年龄结构过度老化，将会影响着人口的稳定增长。人口转变理论表明：工业化、现代化和社会经济的发展必然导致人口转变，即出生率、死亡率从高到低的转变，人口转变直接影响了人口年龄结构的变化，导致老龄化。从这个意义上讲，人口老龄化是社会经济发展的必然结果。但计划生育政策的有效实施无疑大大加速了人口老龄化的进程，加剧了老龄化的程度。若按公安户籍人口统计资料，2010 年末，全省 60 岁及以上老年人口比重达到了 17.34%，比常住人口 60 岁及以上人口比重(15.99%)高出 1.35 个百分点。二是少儿人口持续减少并维持在较低比重，将会影响未来劳动力的供给。未来，随着中西部经济的加快发展，劳动力输出的减少，仅靠我省自身的供给将无法满足经济社会发展的需求。

(四)人口性别结构

1. 人口性别结构的变化特点

人口性别结构是指在一定时期内(通常为一年内)，一个国家或地区全体人口中男性或女性的比例。以此反映该国家或地区人口的性别结构是否合理或协调。这里，我们主要分析总人口性别比及分年龄性别比特别是出生婴儿性别比，从而衡量、判别江苏人口性别结构变化特征。

第一，总人口性别比相对保持基本稳定。江苏人口性别比也基本在此范围之内。近三次人口普查，全省常住人口性别比，2010 年为 101.52，比 2000 年的 102.55 略有下降、比 1990 年的 103.61 下降了 2.09。

长期以来，全省常住人口性别比，一直低于户籍人口。在近三次人口普查年份中，1990 年末常住人口性别比比户籍低 0.69、2000 年末低 1.36、2010 年末低 1.44。常住人口性别比与户籍的差越来越大，这与省际流动人口的性别比有很大的关系。第六次人口普查数据显示，常住人口中省外流入人口的性别比为 122.02，而户籍在江苏、现住外省的人口性别比则达到 167.17，很显然，省际流出人口的性别比远高于流入人口的，从而使得常住人口性别比低户籍人口。自 1990 年以来，江苏流出人口一直以男性为主，相比较而言，流入江苏的人口中女性较多，从而导致常住人口性别比长期低于户籍人口，且差距越来越大。

第二，分年龄组人口性别比变化各异。人口性别比在总体上是平衡的，由于各年龄别男性、女性死亡水平的差异，导致在不同时期、不同年龄组性别比有着较大的差别。从近四次人口普查所反映出的人口分年龄性别比分布看，呈现着以下特点：

(1)低年龄人口性别比较高，尤其是近两次普查。0 岁人口性别比，除 1982 年接近出生人口性别比的理论值外，其余三次普查均明显高于出生人口性别比理论值的上限 107；1—9 岁人口性别比，2000 年、2010 年要明显高于上世纪末的两次普查。

(2)中青年人口性别比，2010 年最低。受省际流动人口影响，2010 年中青年人口性别比基本处于 100 左右。根据普查资料比较，2010 年全省省际净流入人口是历次普查中最多的。全省省际净流入人口，1982 年，极少；1990 年，17 万人；2000 年，170 多万；2010 年，400 多万。2010 年比 2000 年多了一倍多。同时，省际流入人口女性较多，性别比较低，而省际流出人口以男性为主，性别比较高。根据第六次人口普查数据，户籍在江苏、现住外省、且离开户口登记地半年及以上的人口中，20—28 岁、29—37 岁人口性别比分别为 142.90、160.68；而全省常住人口中户籍在省外的、且离开户口登记地半年及以上的人口，20—28 岁、29—37 岁人口性别比分别为 126.60、111.81，分别比流入人口低了 26.30、48.87。

(3)1990 年 20 岁及以上(2010 年为 40 岁及以上)的同队列人口，受省际流动人口影响较少，人口性别比变化取决于男女性死亡水平的差异。从同队列性别比曲线看，三次普查间，曲线分布符合同队列人口性别比变化规律，一致性较强。2010 年 38 岁及以上各年龄人口性别比，均要低于 2000 年、1990 年同队列人口性别比，而且随着年龄增大，差距也在增大。

(4)性别比平衡年龄逐年延后。1982 年，全省人口性别比平衡年龄为 56 岁，是由于该批人经历战争年代，男性人口死亡率较高所致。1990 年，全省人口性别比平衡年龄提高到 60 岁，2000 年 65 岁，2010 年 71 岁。

图 3　近四次人口普查分年龄人口性别比

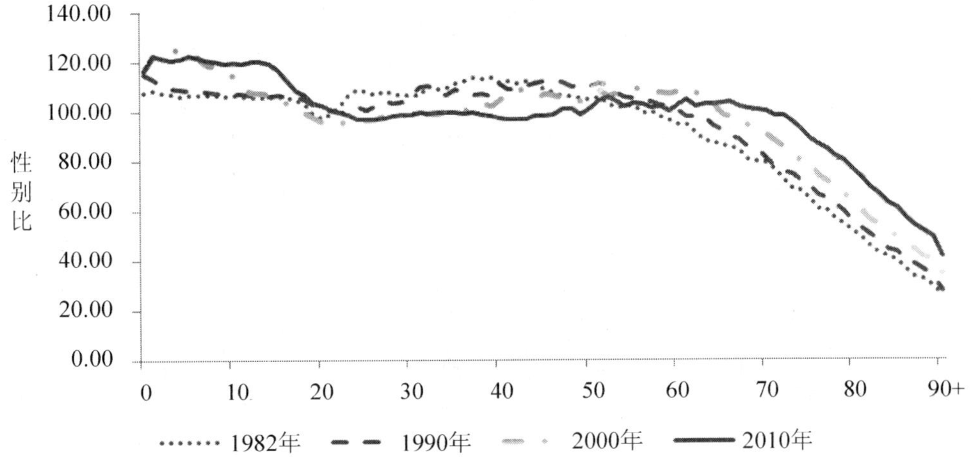

第三，出生人口性别比仍偏高。出生人口性别比是指人口某一时期(通常为一年)内出生的男婴总数与女婴总数的比值，用每百名出生女婴数相对应的出生男婴数表示。一般来说，每出生 100 名女婴，其男婴出生数置于 102－107 之间。全省出生人口性别比，长期以来一直高于 107。其中，1982 年为 107.67，1990 年超过 110.0，达到 114.4，2000 年上升到 116.51，2010 年为 116.24，略有下降，但仍偏高。出生人口性别比的失衡，必将影响未来人口年龄性别结构，会导致不良的社会后果。

分孩次看，全省出生人口性别比，随孩次增加有明显的上升。第六次人口普查数据显示，2010 年全省一孩、二孩、三孩及以上出生人口性别比分别为 114.77、135.01、151.22，二孩、多孩出生人口性别比分别比一孩高了 20.24、36.45。与 2000 年人口普查相比，二孩及以上出生人口性别比有了明显了下降，其中，一孩出生人口性别比上升 2.57，二孩、三孩及以上出生人口性别比分别下降 61.93、126.75。

分地区看，苏北地区出生人口性别比虽然下降较快，但仍最高。2010 年，苏南、苏中、苏北地区出生人口性别比分别为 111.02、113.27、119.91。与 2000 年相比，苏南、苏中地区出生人口性别比略有上升，分别上升 1.71、1.83，苏北地区出生人口性别比则明显下降，下降 3.68，达到 120 以下，但仍是最高的地区。

2. 人口性别结构存在的问题

婴儿性别比是总人口性别比的基础。绝大多数学者普遍认为，无论是从一定时空条件上的出生婴儿总数看，还是从其分孩次出生看，男婴与女婴的出生概率虽有差异，但各自的出生概率上基本相对稳定或略有微小波动的，其出生性别比通常波动在 102－107 之间。但由于女婴较男婴存活率为高，且女性比男人长寿，加上男人比较容易因为工作、卫生习惯、生活习惯等因素死亡，所以整体人口的性别比多在 100 以下，越高龄、生活环境愈好的国家，因为高龄女性人口愈来愈多，所以性别比也愈低。经验数据表明，世界上绝大多数国家的总人口性别比范围在 95－102 之间。西方发达国家的人口统计资料表明，西方发达国家从生育率开始下降到降至更替生育水平或其以下，普遍经历了 100 多年的自发下降过程。人口出生性别比虽然也有一定幅度的波动，但却从未超出 102～107 的值域范围，表现出高度和稳定性。日本自 1872 年开始分性别统计出生婴儿以来出生性别比一直相对稳定，波动相对较小，平均出生性别比为 105.7。

比较而言，全省人口性别结构存在的问题主要是低年龄人口性别比低偏高，尤其是出生人口性别比明显要高，使得人口均衡发展在性别结构上呈现着不合理性。横向看，江苏 2010 年出生人口性别比与经验值(西方发达国家)的差距在 14.24－9.24 之间，与绝大多数国家的差距在 21.24－14.24 之间，与日本的差距为 10.54。纵向看，江苏 2010 年出生人口性别比比实施严格生育政策前的 1982 年要高 8.57。内部看，不仅第二孩、第三孩出生人口性别比偏高，即使第一孩出生人口性别比也要超过 110。即使考虑到出生人口中女婴漏报比例高于男婴这一因素，各种孩次出生人口性别比也是偏高的。出生人口性别比偏高的负面影响主要表现在：

第一，形成未来年轻人群严重的婚姻挤压。出生性别比若是短期偏高，通过婚龄的调整也许还可以减轻一些婚姻挤压的程度。但是，出生性别比的长期偏高，必然会造成未来长期和严重的婚姻挤压，最终会形成一群找不到配偶的“光棍”。

第二，“光棍”最终会集中在最贫困的人群和最边远的地区，形成更严重的贫富两极差距。

第三，对女性生存权利的侵犯。出生性别比偏高从本质上是歧视妇女的表现，是对妇女在生命起始阶段生存权利的侵犯。这种现象的长期存在，将造成男女地位的进一步不平等，损害社会的健康发展。

第四，影响社会的稳定。被迫“单身”的人群的长期存在，对社会秩序和社会稳定构成严重的威胁，成为构建和谐社会的巨大隐患。

三、江苏人口与经济、社会、资源、环境的协调发展

(一)人口与经济、社会发展的协调性

1. 人口与经济发展的协调性

衡量地区人口与经济发展的协调性，可以从以下四个方面进行判断。

第一，人口总量的低速增长有力促进了地区人均水平的提高。进入 21 世纪，全省经济保持快速发展势头，地区生产总值保持每年 10%以上的增长速度，而同期全省常住人口年均增长率不足 1%，带来人均地区生产总值的快速增长。按当年汇率折算，2010 年全省人均 GDP 近 7700 美元，已跨入上中等收入国家和地区的门槛。这是经济快速增长以及人口低速增长共同作用的结果。

在江苏经济快速增长的过程中，省外劳动力的大量流入以及省内劳动力的相互流动，极大地弥补了因省内出生人口较少带来的劳动力数量的不足，较好地保障了经济快速发展对劳动力的有效需求。据人口普查资料，2010 年，由外省流入人口数为 737.93 万人，10 年增加了 484.24 万人，增长 1.91 倍。致使 2010 年全省劳动适龄人口(男 16－59 岁、女 16－54 岁)达到了 5226.61 万人，比 2000 年增加 526.51 万人，劳动适龄人口的比重也从 2000 年的 64.35%上升到 2010 年的 66.44%。充足的劳动力资源极大地满足了经济发展的需要。

第二，就业结构滞后产业结构的状况得到极大改善。就业人口产业分布上，继续得到调整、优化。据统计，全省就业总量 2010 年末达到 4754.68 万人，比 2000 年末增加 336.54 万人。2000 年以来就业人口占总人口比重均在 60%以上，就业水平一直保持在高位。就业产业结构序次由 2000 年“一、二、三”转变为 2010 年的“二、三、一”。

第三，人口城市化、非农化与经济发展阶段的调适性增强。近十年来，江苏城市化继续处于高速增长期。2000－2010 年，全省城镇人口由 3040.81 万人增加到 4767.63 万人，十年内共新增城镇人口 1726.82 万人，平均每年增加 172.68 万人，城市化率由 41.5%提高到 60.6%，平均每年提高 1.9 个百分点。城市化是一个综合的经济、社会发展过程，既保持着自身一定的独立性，又与其他方面的发展进程相互作用。对城市化与经济社会发展指标进行两两相关性分析，可以发现城市化与经济发展的紧密相关，相互促进，但在改善城乡居民收入差异方面的作用并不明显，甚至有拉大城乡居民收入差的迹象。这说明，在当前城市化进程的加速，对促进整体经济有较明显的作用，但在区域上存在差异，突出表现在城市与农村之间。

第四，人口发展中仍然存在着结构性矛盾和问题。这主要表现在：

(1)就业结构性矛盾较为突出。在劳动力供需矛盾并不十分突出的情况下，随着经济发展、产业结构调整和企业升级转型的加快，就业结构性矛盾日益彰显。

(2)劳动者素质仍不适应经济发展的需要。2010 年，全省 20－59 岁主要劳动年龄人口平均受教育年限为 9.94 年，相当于高中一年级的水平。与 2000 年相比，20－59 岁人口平均受教育年限提高了

1.26年。但与经济结构调整、产业转型升级的需求相比,还有差距。

(3)产业结构偏离度依然存在。主要原因在于经济快速增长带来的就业扩大能力呈弱化之势。一方面,自上世纪80年代中后期以来,全省就业弹性系数呈下降趋势,出现了经济快速增长不能同时带来就业相应扩大的“奥肯悖论”现象。另一方面,第三产业发展不充分导致吸纳劳动力的能力有限。

(4)城乡居民收入差异呈扩大之势。城乡居民收入差从2000年的3205元,扩大到了13826元。从反映城乡居民收入差别程度和划分城乡二元结构状态的城乡居民收入差异系数看,城乡居民收入差异系数由2000年的0.47提高到2010年的0.60。

2. 人口与社会发展的协调性

全省各项社会事业呈现齐头并进,蓬勃发展的崭新格局:教育面向大众、医疗卫生服务体系逐步完善、体育产业逐步壮大、文化建设兴旺发达,城乡居民居住、生活水平差异缩小,社会保障水平不断提高。

第一,各类教育的普及水平进一步提升。根据省教育部门资料,2010年全省小学学龄儿童入学率达99.96%,初中在校生年巩固率98.7%,初中三年保留率97.87%,初中毕业生升学率达97.5%,高中阶段毛入学率96%,高等教育毛入学率达到42%。与2000年相比,小学学龄儿童入学率提高了1.26个百分点,高等教育毛入学率提高了27个百分点。

第二,医疗改革向纵深发展。2010年,全省各类卫生机构总数达到30961个,非营利性医疗机构占主体,达到84%。社区卫生服务中心(站)从无到有,达到2180个,95%以上的城市社区卫生服务中心能够提供‘六位一体’的综合卫生服务。人民健康水平有了极大提高,其中,新生儿缺陷率从2000年的10.32‰下降到2010年的4.53‰;孕产妇死亡率从28.51/10万减少到6/10万;婴儿死亡率从14.28‰下降到10.00‰,平均预期寿命则从74.13岁提高到76.63岁。

第三,城乡恩格尔系数差异程度有所缩小。2010年,城镇居民家庭恩格尔系数为36.5,农村为38.1,相差1.6。与2000年相比,城镇居民家庭恩格尔系数降低了4.6个百分点,农村降低了5.4个百分点。城乡居民恩格尔系数的差异在缩小。

第四,信息化水平不断提高。全省信息基础设施逐步完善,成为普及信息化应用和服务的基础支撑。截至2010年末,全省光缆线路长度达81.45万公里,居全国第一位;互联网宽带接入端口达到1806.3万个,居全国第二位;全省广播、电视综合人口覆盖率分别是99.99%、99.88%,均居全国省级第一。从家庭来看,全省百户家庭电话拥有量达到280.3部、电脑拥有量66.1台,均达到比较高的水平。

第五,社会保障水平持续提高。2000年以来,江苏把扩大社会保障覆盖面和提高社会保障水平及能力作为重要目标,加大公共财政对社会保障的投入,社会保障制度不断完善,各项社会保险参保人数持续增长。

第六,城乡居民人均居住面积均达到小康标准。与全面建设小康指标体系的目标相比,2005年全省城镇人均住房建筑面积就达到全面建设小康的标准;2006年农村也达到。

虽然社会事业在这十年内得到飞速发展,但不能忽略一些存在的问题:教育支出的增长不及一般预算支出的增长;新生文盲人口仍然存在;社会基本保险还未能覆盖所有人群。

(二)人口与资源、环境承载力的适应性

1. 人口与资源的可持续发展

江苏人口与各种资源的关联性表现为:人多地少的矛盾日益突出;矿产资源十分缺乏,且开发利用程度较高;水资源供需矛盾突出。

2. 人口与环境的承载力

在自然环境方面,全省工业化、城市化正处于加速发展的时期,人口增长的态势也并未改变,自然环境容量受到前所未有的挤压。突出表现在:水环境来势严峻,废水排放量大;空气质量不容乐观,废气排放量大;土壤污染日益显现,化肥农药污染逐年增加。

在社会环境方面,城市绿化覆盖水平仍比较低。2010年,全省城市绿化覆盖率为41.5%,比2003年35.4%提高了6.1个百分点。国外学者认为城市绿化覆盖率达50%时,可保持良好的城市环境。森林覆盖率提高迅速,已高于亚洲平均水平,但还低于世界平均水平。

四、江苏人口均衡发展综合评价

根据科学性、导向性、可操作性、主客观相结合四项基本原则,参考国内外相关指标体系,如美国社会学家英克尔斯提出的现代化指标体系、人类发展

指数、中国科学院可持续发展战略研究组建立的可持续发展定量评估指标体系、中国人口学会“建设人口均衡型社会”学术研讨会上提出人口与资源环境均衡发展评价指标体系、中国学者王世巍的城市人口均衡指标体系，结合我省实际，建立人口均衡发展评价指标体系。指标体系包括人口内部均衡、人口外部协调两个大方面，细分为人口规模、增长与性别年龄结构稳定均衡、生育政策、生育保障与生育意愿均衡等 6 个准则，32 个指标（详见表 4）。综合评价模型基于梯形模糊数层次分析法建立，通过聘请相关专家（专家人数＞1）评判，建立判别矩阵，计算指标权数。

表 4　人口均衡发展评价指标体系

A层	B层	C层	单位	目标值	权重
人口内部均衡	人口规模、增长与性别、年龄结构稳定均衡	1. 人口增长率	%	≤1%	6
		2. 人口自然增长			
		（1）出生率	‰	≤15	4
		（2）死亡率	‰	≤10	3
		（3）自然增长率	‰	≤5	4
		3. 总和生育率	个	1.8—2.0	8
		4. 人口性别构成			
		（1）总人口性别比		100 左右	3
		（2）出生婴儿性别比		≤110	2
		5. 人口年龄结构			
		（1）少年人口系数	%	20 左右	3
		（2）老年人口系数	%	≤20	2
		（3）年龄中位数	岁	35	2
	生育政策、生育保障与生育意愿均衡	6. 出生政策符合率	%	≥90	5
		7. 生育孩次率			
		（1）一孩率	%	≥75	2
		（2）二孩率	%	≥20	2
		（3）三孩率	%	≤5	1
		8. 新生儿出生缺陷发生率	%	≤8	4
		9. 群众对人口和计划生育工作的满意率	%	≥90	4
		10. 生育意愿	个	2	4
人口外部协调	人口与经济协调	11. GDP 增长率与人口增长率之比		≥6	3
		12. 城市化率	%	≥65	4
		13. 劳动力供给与需求之比	%	≤10	2
		14. 劳动力平均受教育年限	年	≥15	1
		15. 城镇失业率	%	≤5	2
		16. 城乡居民收入差异系数		〈0.2	2
	人口与社会协调	17. 人均居住面积	平方米/人	≥35	4
		18. 城乡恩格尔系数差异程度	百分点	〈5	3
		19. 城乡基本社会保险覆盖率	%	≥100	2
		20. 婴儿死亡率	‰	≤10	2
	人口与资源协调	21. 人均耕地面积	公顷	≥0.06	4
		22. 人均水资源	立方米	＞1750	4
	人口与环境协调	23. 绿化水平			
		（1）城市绿化覆盖率	%	≥50	2
		（2）森林覆盖率	%	≥30	2
		24. 环境质量综合指数	分	≥95	4

综合评价模型基于梯形模糊数层次分析法建立，通过聘请相关专家（专家人数>1）评判，建立判别矩阵，计算指标权数。指标体系的具体建立过程可参见《江苏人口均衡发展先导区指标体系及评价方法研究》，此研究收集在《2010年江苏人口发展研究报告》（南京大学出版社，2011年8月）。

利用2000年、2010年两次人口普查资料及相关部门的数据，通过计算，可得出近十年全省人口均衡发展的综合评价结果。其具体评价得分见表6。

表5 主要年份人口均衡发展评价得分

	2000年	2010年
综合评价得分	85.63	78.43
各体系得分		
人口规模、增长与性别、年龄结构稳定均衡	31.49	26.61
生育政策、生育保障与生育意愿均衡	20.18	19.93
人口与经济协调	11.59	10.96
人口与社会协调	10.98	10.90
人口与资源协调	4.74	3.06
人口与环境协调	6.65	6.96

由表6，可以得出以下三点结论：

（1）总体上看，目前全省人口均衡发展态势良好。人口均衡发展评价得分，2000年为85.63，2010年为78.43，均在75分以上。这表明，江苏人口发展过程中，不论是人口内部均衡抑或是人口外部协调上，都取得了显著成效，这与地区经济、社会、资源、环境的可持续发展，以及人口政策执行的效果是相吻合的。

（2）从变化上看，总体得分有走低态势，结构不平衡不容忽视。由于人口发展变化是一个漫长的过程，虽然目前全省人口均衡发展的综合评价得分超过70，但与2000年、2005年相比，综合评价得分在降低。从指标体系的内部各指标层来看，人口内部均衡的得分走低很明显，这是由于人口老龄化等问题带来的。人口外部均衡中经济虽仍保持较快发展，但增长速度与人口增长速度的差异在缩小；社会保障功能在日益健全，但城乡差异仍存在，个别方面仍有拉大现象；环境虽日益改善、但人口与资源之间的关系日渐突出。可以看出，人口均衡发展指标体系体现了当前人口发展的态势。

（3）从分项指标看，与目标值的差异各有不同。人口均衡发展指标体系中目标值的设立，是围绕2025年江苏人口达到峰值这个时间节点来进行的。目标值是处于一个理想状态下的人口均衡所应达到的水平，是人口发展的一个方向标。用当前的水平与目标值相比，可以找出当前人口发展的薄弱环节。从近十年的数据看，虽然有的指标已经达到均衡目标值，但从发展的趋势看，不容乐观，如老年人口系数、人均耕地面积等；有的指标不但目前达不到均衡目标值，而且其发展趋势有远离目标值的趋势，如少年人口系数、生育孩次中一孩率等。从这一点看，人口均衡发展指标体系有助于发现人口未来发展的缺陷。

五、推进人口均衡发展的对策建议

根据全省发展规划，到2015年，全省以县为单位达到省定全面小康指标；到2020年，全省基本实现现代化，总体上达到中等发达国家水平。"十二五"时期，是江苏全面建成小康社会并向率先基本实现现代化迈进的关键阶段。科学制定人口政策，统筹解决人口问题，促进人口与经济社会、资源环境的协调，具有重要的意义和作用。

第一，遵循人口发展规律，制定合适的人口政策。实现人口均衡发展的战略目标，必须正确认识和尊重人口变化和人口发展的客观规律，并以其作为决策的客观依据。

第二，适当提高人口生育率，促进人口可持续增长。作为全国人口老龄化最严重省份之一的江苏，应该解放思想，与时俱进，采用激励措施逐步提高总和生育率，使人口向正常的更替水平迈进的同时降低家庭养老负担。这对改善江苏人口结构的意义重大。

第三，有序引导人口流动，保证经济社会和谐稳定。流动人口、劳动力是在市场经济条件下经济社会发展的需要，是促进地区发展不可或缺的重要生力军。要创新、调控、规范、完善流动人口管理，着重做到"三个结合"：行政干预与市场调节相结合；流出地管理与流入地管理相结合；加强管理与提供服务相结合。

第四，提高劳动者的素质和技能，适应经济发展需求。在全面普及九年义务教育的基础上，大力发展高中阶段的教育，提高高中阶段的普及率。在提高人口文化素质的同时，大力发展职业教育和技能培训，提高劳动者的科技素质。积极搭建多元平台，加强流动人口培训。

第五，推进经济转型升级，稳定经济增长。江苏经济目前正处于转型升级期，必须采取战略性调整措施，以市场为导向，全面推进经济转型的换代与升级。在区域上，要突出各地特色；在产业上，要充分改造和提升30年改革开放所形成的产业规模、建立和提升相应支柱产业中的产品竞争优势，实现江苏经济的快速发展。

第六，统筹城乡发展，加快城乡一体化进程。要发挥政府导向作用，加快城乡规划建设一体化；发挥工业对农业的反哺和支持作用，加快城乡经济发展一体化；大力发展农村社会事业，加快城乡公共服务一体化。

第七，加强环境保护，建设生态江苏。大力开展生态文明价值观的宣传教育；大力推进绿色增长；坚持不懈推进节能减排；加强城乡环境综合整治；大规模开展生态建设。

参考文献：

1. 刘铮主编.人口学辞典.人民出版社，1986.
2. 邬沧萍主编.人口学学科体系研究.中国人民大学出版社，2006.
3. 李仲生著.人口经济学.清华大学出版社，2006.
4. 李仲生著.中国的人口与经济发展.北京大学出版社，2004.
5. 苗润生著.中国地区综合经济实力评价方法研究.中国人民大学出版社，2006.
6. 郝海，踪家峰著.系统分析与评价方法.经济科学出版社，2007.
7. 杜栋，庞庆华，吴炎编著.现代综合评价方法与案例精选.清华大学出版社，2008.
8. 王世巍.城市人口均衡发展研究.社会科学文献出版社，2008.
9. 危言与变局—中国人口第三型社会的新目标.中国新闻周刊(489期)，2010，10，25.
10. 江苏省政府办公厅转发省人口计生委关于开展创建人口协调发展先进县(市、区)活动意见的通知(苏政办发〔2007〕106号).
11. 促进人口均衡发展 建设人口均衡型社会—中国人口与发展咨询会(2010)观点综述.
12. 李建新，骆为祥.生育意愿的代际差异分析—以江苏省为例.中国农业大学学报(社会科学版26卷第3期)，2009，9.
13. 刘雨华，张颖超.高校节约型校园综合评价模型研究.福建电脑，2008，4.
14. 人口均衡理论.http://baike.baidu.com.cn/view/4675204.html?fromTaglist.
15. 米红.城市适度人口容量的理论方法及其应用—深圳人口发展案例分析.http://www.lepp.org.cn/pages/5—3.pdf.
16. 人口增长对资源的压力.中国宏观经济信息网.2001，4，27.http://www.macrochina.com.cn/zhzt/000044/004/20010427003112.shtml.
17. 江苏统计年鉴(2001—2011年).中国统计出版社.
18. 江苏省2000年人口普查资料.中国统计出版社.
19. 全省及省辖全面建设小康社会进程统计监测报告(2003—2010年).江苏省统计局.

江苏省统计局　夏心旻　刘洪光　马永春

江西人口增长与资源环境可持续发展问题研究

本文运用系统论的观点与方法，研究江西人口增长与资源、环境可持续发展问题，阐明人口、资源、环境的有关概念及其关系，可持续发展理论的基本内涵、背景与要求，分析了江西的人口、资源、环境发展历史状况及未来面临的各种挑战，从四个方面提出实现江西可持续发展对策建议。

一、人口与资源、环境可持续发展概念及理论

1. 人口与资源、环境理论相关概念

*元财富、元资源和元生产力。*张象枢在《人口、资源与环境经济学》一书中提出了“元财富、元资源和元生产力”的概念。由人及其外在自然环境构成的大自然，是一切财富之源、一切资源之源和一切生产力之源。由人与自然环境构成的大自然是生产力的最终源泉，人的全面发展和自然环境的改善是生产力发展的根基。危害人的身心健康，破坏环境就是从根本上破坏生产力。

*物质流、能量流、价值流与信息流。*物质流、能量流、价值流和信息流是生态经济系统的四大要素，是构成生态经济系统结构、功能的物质内容。

物质流是指物质在流动过程中产生化合、分解等一系列物理、化学变化的过程。物质流可分为自然界的物质循环和社会经济系统中的经济物流两大类。前者在一个具体生态系统中通过生产者一消费者一分解者一环境一生产者的序列过程进行，按理化过程分为建造(化合)、贮存和矿化三个过程，最终都纳入生物地球化学循环总过程中。后者通过生产一分配一交换一消费过程在社会各经济部门之间循环流动。经济物流又可分为具体生产过程中的物流、流动领域的物流(商流)、消费物流。生产物流还产生一个分支，即生产“废弃物”，直接进入自然界参与生态系统物质循环而造成污染。

能量流是物质流的有机组成部分。经济能流在被消耗过程中有些会排出大量污染物、有害辐射和废料等。这种趋势的恶化，对生态环境和未来经济发展有重大负面影响。能量流是一种具有统一性的量纲，因而能量指标不仅可以衡量生态效果，也可以衡量经济效果。因而用它衡量经济效果，在某种情况下比用价值形态指标更能反映实际效果。

价值流不具有自然形态。使用价值流抽掉其他各种商品的具体使用价值，实质上只是物质形态和能量形态的融合态。任何一种使用价值，其中不是含有能量，就是在生产中消耗了能量。因此，使用价值流就是各种经济物流和能流的总称。

信息流人类控制生态经济系统，是通过获取信息流来控制物质流、能量流、价值流的，了解和把握这“三流”运转的不确定性，就是信息。信息是物质运动的外化，信息具有物质属性，因而信息流也是资源。自然界的信息是自然资源，经济系统中的信息是经济资源。所有资源都通过信息来管理。

经济系统的物质流、能量流、信息流和价值流是在经济系统的物质代谢、平衡和循环中流通的，因此，必须切实解决好物质代谢、平衡和循环中的经济问题，才能使之顺畅地流动。

2. 人口与资源、环境在经济系统中的地位与联系

传统的经济理论是在人口、粮食、能源、资源等全球性问题尚未出现，人口、资源、环境等因素对经济发展的制约表现得还不十分突出的历史背景下形成的，因此，将人口和环境作为不变的外生恒量或外生变量，这就忽略了人口和环境因素对经济发展的作用，也没有考虑到经济发展过程中对人口和环境产生的影响，这样，就无法探讨生态环境与社会经济发展的关系，也不能正确估量自然资源的价值和环

境污染与生态破坏的经济损失，其结果是导致人们无节制地开发利用自然资源，忽视治理环境、保护与建设生态环境的重要性。

要从根本上改变这种状况，必须认识到人口与环境对经济发展的重要地位与作用，因此，必须将人口、资源和环境在经济系统中的地位核心化。经济发展是以人为本的，其动力来自于人，经济发展的目的也是为了人，人的全面发展才是经济发展的终级目标。人类的生存环境不同于生物的生存环境。生物的发生、发展使地球表面环境发展到一个新阶段，即生物与其环境辩证发展的阶段，出现了物质能量转化的生物过程，产生了一个生物圈。人类的产生又使地表环境的发展进入了一个更高级的新阶段，即人类与环境辩证发展的新阶段，使地表层产生了一个智能圈或技术圈。人类以自己的劳动来改造环境，把自然环境转变为新的人工环境。

环境与资源从本质上讲是同一个含义，只是在对人类的生活、生产及其他经济活动具有不同功能时才分为环境和资源。环境是社会经济发展的自然物质基础。作为人类居住和从事各种活动的场所，环境为社会经济发展提供广阔的活动空间；作为人类所需一切生产资料和生活资料的来源，环境是满足人类各种物质需要的自然基础；此外，作为环境容量资源，它还具有吸纳、扩散、贮存、净化人类在生产、生活及其他活动中产生的各种废弃物的功能；作为舒适性资源，环境具有满足人类欣赏大自然、认知外在世界以及通过与自然接触体验生活等精神需要的功能；作为自维持性资源，环境具有通过物质循环与能量变换维持生态平衡的功能。但是，环境对于经济发展的支持作用，只能在一定限度内在经济发展中实现。超过一定限度，环境不仅不能实现其功能，而且还会造成资源枯竭、生态破坏的恶果。环境对经济发展的各种限制，体现出环境对经济发展的制约作用。

只有全面认识社会经济发展与环境保护两者的辩证关系，在一切社会经济活动中不仅要注意充分、合理利用环境对经济的支持作用，并且始终坚持在环境对社会经济发展限制的范围内发展经济，才能实现可持续发展，否则必然产生人口、资源、环境等问题。

3. 可持续发展理论的发展与我国的任务

人类社会随着人口的增加，人的欲望的提高，资源逐步出现稀缺，环境趋于而恶化。人类对环境问题的全面审视促进了可持续发展理念的诞生。

20 世纪以来，特别是第二次世界大战以后，人口急剧增加，西方国家工业化快速推进，经济规模迅速扩张。以“工业化生产方式和人类中心主义价值观”为特征的工业文明，在极大地促进了社会物质财富积累的同时，过度消耗着自然资源，大范围破坏着自然生态，大量排放着各种污染物，造成了日趋枯竭的资源问题和严重的生态环境问题，对人类健康和经济社会的持久发展带来了严重的影响和挑战。这也唤起了专家学者对环境问题的研究和对工业文明的反思。1962 年，美国女学者蕾切尔·卡逊的《寂静的春天》问世，第一次较系统地就环境问题的严重性向人类敲响了警钟，被认为是一个新的生态学时代的开始。

1972 年的联合国人类环境会议以后，人们吃惊地发现，尽管各国在采取措施防治污染和保护生态，但生态破坏和环境污染的程度仍在加剧，并且范围在不断扩大，出现了酸雨、土地退化、臭氧层破坏、生物多样性减少、气候变化等全球和区域环境问题。这一形势迫使人们开始反思“先污染，后治理”发展道路的弊端，逐步意识到“就污染治理污染，就环境论环境”的战略思维及其技术路线无法从根本上解决环境问题，必须从工业生产的源头和全过程寻求降低污染产生的办法，在经济社会发展的大局中预防环境问题的出现。1980 年，联合国向全世界发出呼吁：必须研究自然的、社会的、生态的、经济的以及利用自然过程中的基本关系，确保全球持续发展。1983 年，联合国组建了世界环境与发展委员会，委托挪威前首相布伦特兰组织世界范围的专家全面深入研究环境与发展的关系问题。1987 年，世界环境与发展委员会发表题为《我们共同的未来》的研究报告，正式提出了可持续发展的概念，即既满足当代人的需求，又不对后代人满足其需要的能力构成危害的发展。它表达了两个基本观点：一是人类要发展；二是发展有限度，不能危机后代人的发展。可持续发展概念的提出，从理论上终结了长期以来把发展经济同保护环境对立起来的观点，明确指出了它们应当是相互联系和互为因果的内在规律。

以1992年联合国环境与发展大会和2002年可持续发展世界首脑会议为标志，可持续发展从理念走向战略和实践。1992年6月，联合国在巴西里约热内卢召开了联合国环境与发展大会(简称里约环发大会)，183个国家和地区的代表参会。会议强调"人类应享有以与自然和谐的方式过健康而富有成果生活的权利"，"环境保护工作应是发展进程的一个整体组成部分，不能脱离这一进程来考虑"。高投入、高消耗、高污染的生产和消费模式被否定，经济与环境协调成为与会各国的共识。这次会议使可持续发展思想在全球范围内得到了最广泛和最高级别的承诺，由理念最终变成了各国人民的行动战略和纲领。在人类社会经过10年可持续发展的实践探索之后，2002年，联合国在南非约翰内斯堡举行了由包括104位国家元首和政府首脑在内的192个国家和地区的代表参加的可持续发展世界首脑会议，时任国务院总理的朱镕基率中国政府代表团参加了会议。会议进一步明确了可持续发展概念及其战略的内涵，即经济增长、社会进步、环境保护是可持续发展的三大支柱，社会与经济发展必须与环境保护相结合，以确保世界的可持续发展和人类的繁荣。此次会议标志着人类在可持续发展道路上向前迈出了实质性的一步。

我国的可持续发展理论探讨及实践与相关国际进程基本同步。早在1992年里约环发大会之后的两个月，我国就提出"中国环境与发展十大对策"，明确指出走可持续发展道路是中国当代以及未来的必然选择，这表明可持续发展开始进入我国执政理念和发展战略全局之中。1994年中国政府又率先发布了《中国21世纪议程》，从人口、环境与发展的具体国情出发，提出了中国可持续发展的总体战略、对策以及行动方案。1996年第八届全国人民代表大会第四次会议审议通过的《中华人民共和国国民经济和社会发展"九五"计划和2010年远景目标纲要》，把实施可持续发展作为现代化建设的一项重大战略进行了部署。1997年党的十五大报告强调，要实施科教兴国和可持续发展的重大战略。

现阶段，我国生态文明建设与可持续发展的战略思路是：坚持和谐原则，为提升人的素质、促进人的全面发展创造安全、健康的生态环境；坚持循环原则，依据生态规律，从根本上解决发展与资源环境有限的矛盾；坚持协调原则，与我国经济、政治、文化、社会建设同步；坚持适度原则，为人类社会长远发展预留空间、积蓄潜力；坚持优先原则，实施严格的环境保护措施，加快推进经济发展方式转变和经济结构调整，提升经济发展质量；坚持人文原则，把重要生态系统看做是与人类密切相连又具有独立存在价值的生命体，给自然生态以平等态度和人文关怀。我国可持续发展的主要任务有：一是形成符合生态文明要求的生产方式和消费模式；二是加快推进可持续发展的体制机制建设；三是毫不松懈地抓好主要污染物的减排；四是集中力量解决危害群众健康的突出环境问题；五是让江河湖泊等重要生态系统休养生息、恢复生机；六是在全社会树立和弘扬生态文明与可持续发展理念；七是统筹大局，积极应对气候变化等全球性环境问题。

为贯彻可持续发展理念，江西在建国后持之以恒实施造林绿化工程，促进了江西的水土流失状况和生态环境的改善；进入21世纪后，进一步探索可持续发展的新途径与新方式，特别是从2009年开始，为贯彻温家宝总理保护好鄱阳湖"一湖清水"的指示，全面实施了鄱阳湖生态经济区发展战略，并上升为国家战略。

二、江西人口与资源、环境发展状况与问题

对人口问题，从历史视角分析江西地区的人口消长，回顾建国后江西人口发展状况与问题，展望未来十年的人口发展趋势与特点；对资源问题，分析了江西的资源主要现状与开发利用中存在的问题；对生态环境问题，在总结江西在加快发展中加强生态建设、保护环境方面取得的成就同时，分析了加快发展与保护环境的矛盾所在。

(一)江西的人口发展历史、现状与问题

1. 历史视角下江西地区的人口消长变化

考古发现，距今约20万年前，也就是旧石器时代中期，江西境里已有了人类活动。在这漫长的岁月里，江西先民在这片广袤的土地上辛勤劳作，繁衍生息。远古时期人口的消长情况因无文字记载，其数量无以考证。但在秦汉之后，随着江南的开发以及江西地区在全国经济、交通的区位优势的逐渐明

晰，江西的人口数量呈现在波动中明显增长；加上北方的人口三次大迁移，江西地区也相应出现人口增长高峰。但战乱、天灾人祸，也多次对江西地区的人口予以重创。总体上看，自汉代至清末的2000多年，江西人口数量随着社会的兴衰而起伏，先后出现了三次大的人口增降。第一次出现在东汉永和五年(公元140年)，江西人口达到40万户、166万余口。从三国时候开始，户口急剧减少，至南朝刘宋大明八年(公元464年)跌入4万6千余户、33万余人的低谷。第二次是在隋唐时期，人口数量逐渐回升，至北宋宗宁年间起(公元1102年)，开始进入第二次人口增长期，持续增长近200年，至元代至元二十七年(公元1290年)达到281万户、1452万人的新高峰。之后又连续下降，由明及清，到乾隆年间才又重新回升，并急剧膨胀，进入第三次人口高涨期。晚清之际，再次受到战争影响，人口数量再次下降；民国时期，江西地区依然战乱频盈，军阀混战；红色革命，死去的民众与先烈无数。至新中国建国时，江西人口只有1314万人。

2. 建国至1978年江西的人口增长与基本特征

自1949年建国后，到1978年的30年间，可以称得上是中国有史以来人口增长的黄金期，人口出现了爆炸式的增长。这个时期的人口增长表现为高出生率、高增长率、高人口总量。江西人口从建国初的1952年的1655万人，增长到1978年的3182万人，人口增加1527万人，增长了0.92倍，年均人口净增量近59万人，年均增长率高达25.4‰。究其原因：一是社会的相对稳定。二是科技的发展和普及，推动医疗卫生状况有了较大的改善，初生婴儿成活率大幅度提升，人均寿命相对提升，自然死亡率大幅度下降。三是建国初期我国的人口基数较大。那时我国人口基数依然雄居世界之冠。四是传统思想和习惯影响，“多子多福”的观念一般起着鼓励早婚早育、多育的作用，助长了人口的放任增长。五是在人口问题上主导思想上的偏差。“人多力量大”，在人口问题上采取了鼓励增长的态度。六是出于当时的国际局势被中国人民赶走了的帝国主义列强，在新中国成立之初采取孤立、围堵社会主义中国的政策，加上中苏关系闹僵。我们一无所有，就需要更多的人来保卫自己的国家，从客观需要上加速了人口的增长。

3. 改革开放后30年江西人口增长与基本特征

建国后江西人口的过快增长导致了一系列社会经济问题。为了使人口的增长同社会和经济的发展相适应，20世纪70年代初，我国开始推行计划生育，1978年后，计划生育成为一项基本国策，大力提倡晚婚、晚育，少生、优生，通过降低生育率、减少人口增量、减缓人口增速来实现人口总量的控制。人口形势出现了新的可喜变化：①是人口出生水平明显下降，人口总量得到有效控制；②生育观念发生明显改变，人口再生产实现根本转型；③通过控制人口总量使人口素质显著提升；④有效缓解了经济社会和资源环境的压力。但严格的计划生育政策，使人口总量得到了有效控制，但也使人口结构发生了很大变化，一些人口问题开始显现出来。

*未富先老，人口老龄化提前到来。*数据显示：从2005年开始，江西就已经进入老龄化社会，比原来预想的要提前了十多年。至2010年，江西65岁以上人口比重达到7.60%，比1982年上升了3.1个百分点；0—14岁人口比重仅占总人口的1/5略多，下降了16.89个百分点。严格的人口控制使得江西人口老龄化进程明显提速，有陷入“未富先老”困境的危险。

*男多女少，出生人口性别比持续偏高。*上世纪80年代，江西出生人口性别比只是略微偏高，到1990年上升到110.82。整个90年代，出生人口性别比居高不下，至2000年时超过130。通过多年来的综合治理，出生人口性别比在不断回落，但2010年时仍在120以上；当年出生人口中，一孩性别比为113.89，二孩性别比接近140，三孩以上性别比则超过了160。出生人口性别比持续偏高将对家庭、社会产生非常不利的影响。

*老多少少，赡养负担将日益沉重。*六普资料显示：2010年江西家庭户中，60岁及以上空巢老人家庭占6.82%，类空巢老人家庭占1.16%；65岁及以上空巢、类空巢老人家庭比重占5.36%，比2000年上升了1.58个百分点。“4+2+1”的家庭模式将成为普遍现象，这就意味着一个孩子成年后，需要供养的老人很多，负担将会很重。

4. 未来十年江西人口发展的基本趋势与特点

*育龄妇女总数将呈现逐年减少趋势。*育龄妇女是人口再生产的承担者，这一群体数量的多少将直

接影响出生人口以及总人口的变化。利用六普资料测算，未来十年江西育龄妇女将基本上呈现逐年减少的趋势。计算结果显示，15－49 岁育龄妇女在 2011 年达到峰值，为 1246.62 万人，以后逐年减少，到 2020 年降至 1168 万人，其中 20－29 岁生育旺盛期妇女于 2013 年达到峰值，接近 370 万人，以后逐年减少，至 2020 年将降至不足 300 万人。

*总人口将持续增加但增量逐年减少。*假设现行的人口政策不变，按六普分年龄育龄妇女生育水平推算，2011－2020 年，全省将出生 597 万人，比本世纪的头十年少出生 10 万人左右。十年中，以 2013 年出生人口最多，将达到 62.51 万人，之后逐年减少，2016 年后每年出生人口均在 60 万人以下，2020 年降至 54.76 万人。在不考虑人口机械变动因素的条件下，未来十年内江西总人口仍将逐年增加，人口总数将增加 261 万人，但增量逐年减少，将由年增加 30 多万人降至 17.18 万人。

*人口老龄化程度进一步加深。*由于出生人口数量将逐年减少，未来十年江西 0－14 岁人口比重也将逐年降低，到 2020 年将不足总人口的 20%，而老年人口则会不断增加，增速加快。到 2016 年，65 岁及以上人口将超过 400 万人，2020 年接近 490 万人，占总人口的比重将超过 10%，老龄化程度大大加深。同时，未来十年内江西 15－64 岁劳动年龄人口仍将逐年小幅增加，占总人口的比重将一直维持在 70% 左右，劳动力资源丰富，但就业压力也大。

（二）江西的资源状况与利用问题

1. 江西资源基本概况

*区位资源：*从区位上看，江西东临福建、浙江、南连广东，西接湖南，北邻湖北、安徽，是华东、华南、华中三大区域的联结点，为长江三角洲、珠江三角洲和闽东南三角地区的腹地，区位位置极为重要。历史进入现代，特别是改革开放以来，江西的区位优势日渐凸显，纵向京九铁路把江西与京、广、港的连接更加紧密；横向多条高速公路的修筑让江西承东启西的功能更加突出。大大增强了江西与外界的资金、技术、人才、信息的流动与聚集。

*气象资源：*江西属于中亚热带湿润季风气候区，气候温和，四季分明，雨量充沛。为江西和南方动植物的生长，尤其是为水稻生产与发展提供了良好条件。

*土地资源：*江西地形以山地丘陵为主，约占全省总面积的 60%，其中边缘山地约占全省总面积的五分之一，这样一种地理形势，确定了历史时期江西人居、经济以及政区划分的基本格局。江西全省土地总面积为 25035 万亩。土壤以红壤分布面积最大，达 13966 万亩，占全省总面积的 55.8%。偏酸性的红壤适宜林木的生长。水稻土广泛分布于山丘谷地及河湖平原地带，面积约 3000 万亩，约占全省总面积的 11.99%、全省耕地总面积的 80%以上，适宜水稻和多种农作物种植。

*矿产资源：*江西目前已知的 150 多种矿产中，已发现各类固体矿产资源 140 多种，矿产地 700 余处，其中大型矿床 80 余处，中型矿床 100 余处。在探明的 89 种矿产储量中，居全国前五位的有 35 种。铜、钨、铀钍、钽铌、稀土、金、银被誉为江西省的“七朵金花”。其中在江西历史上最具重要意义是铜矿资源。现代江西铜储量占全国总储量的五分之一，工业储量占三分之一，德兴铜矿和贵溪冶炼厂是亚洲最大的铜矿和全国最大的铜冶炼基地。

*林业与动植物资源：*江西动植物资源十分丰富。各类植物有 4500 多种，占全国种数比例的 17%。江西有较为丰富的林业资源，林木生长发达，全省森林覆盖率为 63.1%，仅次于福建，为全国第二；江西竹木、药材等最晚从唐代以来已经是贸易的重要商品，一直是中国最重要的竹木输出地之一。江西现有脊椎动物 845 种，其中兽类 102 种，鸟类 420 种，鱼类 205 种，爬行类 77 种，两栖类 41 种。这为历史时期江西狩猎、畜牧、渔业的发展提供了条件。

*水资源：*江西气候温和湿润，雨量充沛，境内水系发达，河流纵横，湖泊水库星罗棋布。境内赣江、抚河、信江、饶河和修河五大水系及 2400 多条中小河流，绝大多数汇入鄱阳湖后经湖口注入长江，形成独立完整鄱阳湖水系，水资源总量约占全国 5.4%。全省主要河流和鄱阳湖水质基本良好，达到国家Ⅱ类标准。鄱阳湖为中国最大的淡水湖泊，以鄱阳湖珍稀水禽为主的江西湿地生物多样性在国际上有重要影响。鄱阳湖国家级自然保护区是我国最早列入国际重要湿地名录的 7 块国际重要湿地之一。

2010 年，全省自产地表水资源量 2220 亿立方米（2010 年数据），比上年增长 94.0%。人均拥有水资源量约 4981 立方米，增长 89.2%。全年平均降水量

2081毫米，增长49.5%。年末全省25座大型水库蓄水总量86.6亿立方米，比上年末增加17.70亿立方米。极为丰富的水利资源，对历史上江西经济的发展意义重大，但也导致了历史上江西多洪涝灾害发生。

2. 江西在资源利用方面存在的问题

*虽然江西资源比较丰富，但仍属资源匮乏省份。*江西是一个资源品种较多、但总体资源匮乏的省份。全省土地面积2.5亿亩，人均土地6.4亩，为全国平均水平的50%，其中耕地占20.8%，人均只相当于全国平均水平的1/2。江西水资源十分丰富，但由于气候变化，水量分布的季节与年度均衡的波动性进一步加大，水灾与干旱灾害频率加大。加之环境污染，一些河流、湖泊、水库、池塘、小溪的水体富营养化问题加重，实际可用水的供求矛盾也较突出。江西重要资源如铁矿石、铜矿石、煤炭、油品等对外依存度高，2009年全省煤炭自给率不足50%，铜矿砂、铁矿砂进口总值14.44亿美元，占全省进口总值36%，80%以上成品铁矿石、57%铜矿资源从省外、国外购入，天然气需要全部从省外购入。

*产业结构重化与粗放型增长方式加大对资源依赖。*江西重工业占工业经济总量的三分之二，重工业的能源消耗占工业能源消费量的90%；重工业中六大高耗能行业占工业经济总量的44%，能源消耗占工业能源消费量的85%，增长方式总体处于粗放型阶段，加大了对资源依赖。

*必须高度关注土地的利用效率及耕地保护问题。*未来十年是江西实现全面建成小康社会的重要时期，工业化、城市化进程将继续推进，发展与科学利用土地资源的矛盾，发展与保护耕地、保障粮食安全的矛盾将进一步显现。一是建设用地需求量不断增长，供给压力加大。城镇化、工业化、新农村建设推进将直接带动城镇用地、工业用地和基础设施用地的需求增长。在用地需求全面持续增长和土地资源约束双重压力下，全省行业间、城乡间和区域间的土地利用矛盾将日益突显。

（三）江西的生态建设与环境保护状况与问题

江西按照“科学发展、进位赶超、绿色崛起”发展战略目标，以鄱阳湖生态经济区建设为抓手，把建设资源节约型、环境友好型社会作为加快转变经济发展方式的重要着力点，在加快发展中大力加强对生态的建设与环境的保护。

1. 在加快发展中加强生态建设

森林资源保护成效显著。近几年，江西通过“一大四小”国土绿化工程，进一步提升了全省国土的森林覆盖和生态环境，森林资源实现了“五增长一提高”。2010年，全省森林面积918万公顷，覆盖率为63.1%，森林资源质量有了明显提高，生物多样性保护成效显著。

农村生态环境呈现新面貌。“十一五”时期以来，江西推进了声势浩大的新农村建设，通过“以奖代补”和“以奖促治”的手段，对农村饮用水安全、面源污染、土壤污染、生活污染、散养畜禽污染、工矿企业污染进行了综合整治，许多村庄的面貌得到明显改善，促进了农村生态环境、人居环境和居民生活质量的较大改善。

2. 在加快发展中大力保护环境

近年来，江西采取一系列政策措施，进一步拓宽环境污染治理投资的资金渠道，强化环境污染防治管理，污染治理投资保持较快增长，重点领域投入力度加大，对污染物减排与工业“三废”治理成效明显。主要污染物排放下降，水环境质量持续好转，2010年，江西境内主要河流Ⅰ—Ⅲ水质断面比例由2005年的76.5%上升到80.5%，饮用水源地水质达标率100%。长江干流湖口断面水质为优，稳定保持在Ⅱ类以上，好于国家要求Ⅲ类水质要求。城市环境空气质量总体较好，多数设区市达二级标准。2010年，城市生活垃圾无害化处理率达到85.9%，提高1.5个百分点；建成区绿化覆盖率由2009年的44.4%提高到2010年的46.6%。城市道路交通噪声等效声级同比下降。

3. 加快发展与生态环境保护的矛盾依然尖锐

江西在保护生态环境方面取得了积极进展，成效显著。但在经济保持较快增长的同时，节能减排的压力日益增加，存在着许多生态问题：一是生态环境退化，自然灾害加剧的问题依然不可忽视；二是生态环境恶化，各类污染严重问题依然不可忽视；三是工业“三废”排放总量增大，环境容量压力大的问题依然不可忽视；四是生活污水排放不断增加，对环境污染大的问题依然不可忽视。

三、推动江西可持续发展的对策建议

通过对人口、资源、环境的分析，未来的江西无论在人口增长与变化，还是经济快速增长背景下的资源与环境，都面临着前所未有的困难与挑战，破解这些难题，必须通过制度创新，科技创新，发展循环经济，积极应对已经来临的人口老龄化问题，实现全省经济的可持续发展。为推动江西人口、资源、环境的可持续发展，必须通过制度创新、科技创新、发展循环经济、积极应对人口挑战等四个方面的途径实现。

第一，以制度创新推动江西可持续发展。当今，制度创新成为增长的重要因素，因而必须构建区域经济发展的制度基础。欠发达地区经济发展落后是有其共同的原因的，有必要着力在四个方面推进机制创新：在区域经济的空间开发形式上，充分发挥中心城市增长极和县城的带动作用；在区域经济的增长动力上，以民间投资和消费为支点撬动区域经济发展；抓好结构调整，实现经济发展方式转型；实现政府职能根本性转变，优化环境提高经济增长质量。

第二，以科技创新推动江西可持续发展。近年来，江西科技投入大幅增长，产出效益明显提升，十大战略新兴产业现端倪，推动了江西科学发展、进位赶超、绿色崛起。但传统粗放型的发展方式特征依然明显，转变经济增长方式势在必行。必须通过深化改革，创造有利科技创新的环境；通过政府引导加大投入，企业主导深化产学研；以人才为根本，加强人才培养与技术引进；结合省情突出特色，加速科技成果转化。

第三，以发展循环经济促江西可持续发展。依据原则，找准定位，确立符合省情的循环经济发展目标与模式。对策是：一是要加强组织领导，科学编制规划；二是要调整产业结构，淘汰落后产能；三是要完善市场机制，加强经济激励；四是要强化科技支撑，提高创新能力；五是要建设示范标杆，引领行业推广；六是要强化环境管理，健全法制保障。

第四，积极应对人口挑战，促江西可持续发展。在人口发展战略方面，既要统筹考虑人口系统内部的数量、结构、质量和分布，又要统筹考虑人口与经济社会发展和生态系统的综合战略。从长远观点看，我国应该实现“稳定人口总量、调结构、提素质”的目标与政策。今后人口政策的目标应逐步转变为以调整人口结构为主，提高人口质量为主。在人口老龄化问题上，要把老龄事业明确纳入了经济社会发展的总体规划和可持续发展战略。如做实“个人账户”，逐步增强养老保险基金的支付能力；建立老年医疗健康保险制度，为老年人提供基本医疗保险，要逐步实现健康老龄化，为广大老年人安度幸福晚年创造条件；实行弹性退休年龄制度，充分发挥老年人力资源优势；在农村实行家庭养老为主与社会扶持相结合的养老制度，积极推进社区养老建设，发挥社区养老功能，积极发展老龄产业，开拓老年消费市场。

江西省统计局 王建农 韩志生 曾庆道 康冬明 张启良
江西财经大学 钟友明 肖文海

基于人口安全视角的贵州省PREE系统可持续协调发展问题研究

1 贵州省PREE系统现状分析

贵州省简称“黔”或“贵”，东毗湖南省、南邻广西自治区、西连云南省、北接四川省和重庆市，国土面积17.6万平方公里，约占全国国土面积的1.83%。

1.1 贵州省第六次人口普查人口现状

1.1.1 贵州省人口总量现状

2010年11月1日零时，贵州常住人口为3474.86万人(机器汇总数)，其中：男性1790.55万人、占51.53%，女性1684.31万人、占48.47%，性别比为106.31。与2000年第五次人口普查相比，常住人口减少49.64万人，减少1.41%，年平均递减0.14%。两个普查年份之间人口规模变动的情况分别为：1982年第三次人口普查至1990年第四次人口普查八年间，人口增加384万、增长13.44%，年平均增长率为1.59%；1990年第四次人口普查至2000年第五次人口普查十年零四个月间，常住人口增加286万、增长8.83%，年平均增长率为0.82%。2000年至2010年常住人口总量呈现负增长的变化特点充分体现了市场经济对人口和劳动力资源的空间配置作用。

1.1.2 贵州省人口结构现状

(1)人口的地域结构

人口的地域结构主要是从人口的地域分布情况来考察的分布特征。贵州省的人口地域结构表现为较为明显的不均衡性。贵阳市面积占全省总面积的4.5%，而人口数却占据全省总人口的12.45%，黔东南州占全省人口的10.02%，而所辖面积却是贵阳市的近4倍。

人口密度是用于计算一个国家或地区人口分布状况的常用指标，该指标能够反映人口分布的疏密程度。一个地区保持合理的人口密度是该地区的人口获得良好生存条件的前提。

第六次人口普查数据显示，贵州省总的人口密度是197人/平方公里，其中人口密度最大的为贵阳市云岩区，达到10233人/平方公里；而人口密度最小的为黔南州荔波县，仅有59人/平方公里，不同地区之间存在很大的差异。人口的聚集通常是出于生存和经济发展的需要，贵州省不同区县之间存在这样的差异主要是由于其经济发展水平间的差异造成的。贵州省常住人口密度与全国省市相比并不算高，但是在西部十个省市中排名第二，仅低于重庆市的351人/平方公里。

人口经济密度是由人口数与经济发展水平相比并乘以100得出的。一般来说，人口经济密度越大，往往意味着经济的人口负担越重，反之越轻。下图是贵州省2010年各地区的人口经济密度，其中经济发展水平由GDP反映。

从图中很明显可以看出，黔东南州人口经济密度最高为111人/万元，贵阳市最低仅为39人/万元。人口经济密度的这种差异，一方面说明贵州省各个地区的人口经济负担不同，另一方面也说明了由于人口分布的不平衡，即使经济保持快速增长，某些区域经济的人口负担仍会很重。

(2)人口的城乡结构

城市化是反映一个地区人口城乡结构的主要指标，是工业化和经济发展的必然结果。截至2010年底，全球城市人口占总人口的50%，其中发达国家的城市化率平均为75%，中等发达国家平均水平为45%，二发展中国家的平均水平为28%。我们可以发现经济发展水平越高的国家或地区，其城市化水平也会相应较高。

从下表可以看出，自从第一次人口普查以来，贵州省的城市化率一直保持上升趋势，从1953年城镇人口占总人口的7.31%上升至2010年的33.81%，

图 1—1 贵州省 2010 年各地区人口经济密度

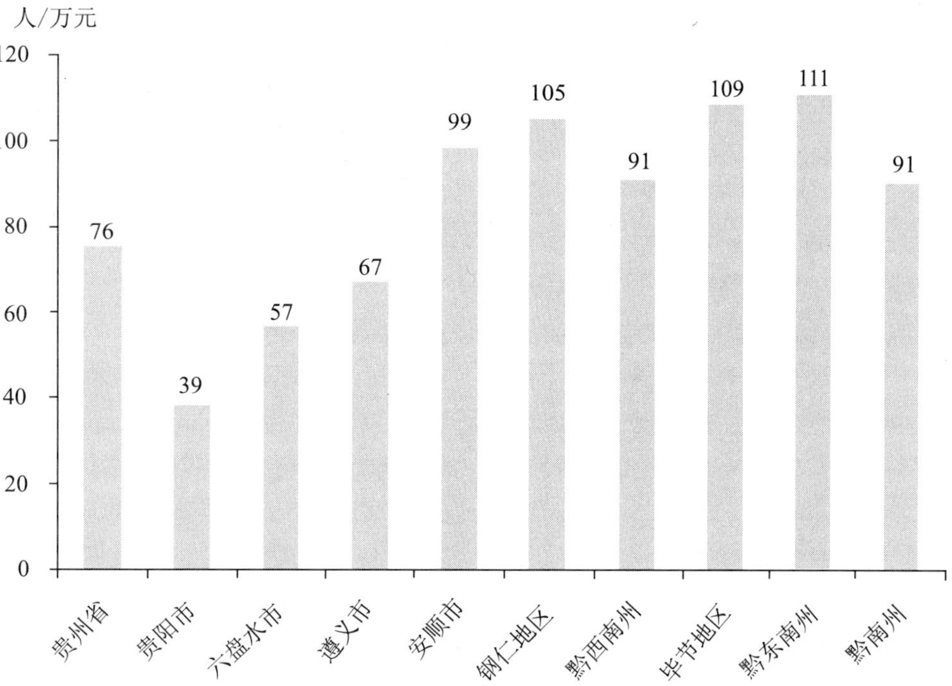

这一比率 57 年间提高了 26.5%，平均每年增加 0.46%。

表 1—1 贵州省城市化率变化表

单位:万人、%

普查年份	总人口	城市人口	城镇人口比重
1953	1503.73	109.91	7.31
1964	1714.05	203.55	11.88
1982	2855.29	540.22	18.92
1990	3239.11	623.17	19.24
2000	3524.77	844.51	23.96
2010	3474.85	1174.78	33.81

虽然贵州省的城镇化率一直处于上升趋势，但是与全国平均水平相比还是有很大的差距，2010 年全国平均城镇化率为 49.68%，贵州省低于全国 15.81 个百分点，同时在西部十个省市中最高的为重庆市，其次是宁夏自治区，而贵州省仅高于西藏地区排名第九。

(3)人口的文化素质构成

人口的文化素质是人口的重要社会特征，是人口素质的主要组成部分。人口的文化素质对经济社会发展影响重大，只有重视教育、加大教育投资，才是符合历史发展潮流的，才是符合我国科教兴国的基本国策的。根据 2010 年第六次人口普查数据可以发现，贵州省人口中文盲与半文盲人口数量占 15 岁及以上总人口的比重达到 8.74%，与 2000 年第五次人口普查相比下降了 8.24%。

第六次人口普查中，贵州省总人口中受教育程度达到大学及以上、高中和初中文化程度的人口数量分别比第五次人口普查时期增加了 116.31 万人、53.35 万人和 307.59 万人，分别增长了 172.33%、26.72%和 42.28%。而第六次人口普查时贵州省人口中受教育程度为小学的人口数量减少了 167.23 万人，下降了 10.89%。

1.2 贵州资源环境现状

人口问题与资源问题、环境问题、经济发展问题直接相关，是关键因素。人口增长对土地的压力是显而易见的。贵州地处云贵高原山地地区，是全国唯一一个没有平原支撑的省份，喀斯特的地理特征决定了脆弱的生态环境。根据统计数据显示，全省耕地面积只有在建国初期的时候有所增加，自从 1958 年以后，全省耕地面积逐年减少，从 1958 年的 3136 万亩减少到 2010 年的 2642 万亩，在 52 年的时间内，耕地面积平均每年减少 9.5 万亩，而同期总人口由 1958 年的 1710 万人增加到 2010 年的 3479 万人，平均每年增加 34.02 万人。从历史上看，1949 年贵州人均耕地面积为 1.9 亩，1985 年为 0.95 亩，

1991年为0.85亩，2000年为0.74亩，而2010年为0.76亩，由此可见人均耕地面积连年减少，已经低于世界粮农组织规定的人均耕地0.8亩警戒线，所以黄牌警示表明贵州人地矛盾已经相当突出。

水资源是制约人口和经济发展的最重要因素之一。贵州年河川径流量为1035×108立方米，占全国的3.82%，2000年贵州人均水资源量为2756立方米，稍稍低于世界上规定的人均3000立方米的轻度缺水标准，但是随着人口的增长和水资源的被污染被破坏，2010年贵州人均水资源量为2284立方米，比十年前人均减少了472立方米。而且贵州水资源分布具有不均衡性，人口密度和经济发展较为发达的黔中地区水资源却分布较短缺，这样制约了经济的发展，加剧了黔中地区的缺水状态。

森林资源在维护生态环境，保护资源方面具有重要作用。贵州森林覆盖率较低，2010年全省森林覆盖率为40.52%，比2000年的30.08%的提高了10.14个百分点，2000年人均森林面积0.12公顷，而2010年全省森林面积为10707万亩，人均为0.31公顷。

人口的过快增长，必然过度的依赖资源和能源来发展经济，生态环境已经受到极大的破坏。目前贵州这个天然的原始生态的天堂已经倍受污染。2010年，全省工业废水排放量为5.86万吨，生活污水为18.72万吨，呈现逐年上升趋势；2010年全省二氧化硫排放总量为110.42万吨，人均0.032万吨；2010年全省工业固体废物产生量8187.68万吨，比2000年增加了5915.88万吨，增长了2.6倍，2010年生活垃圾清运总量为428.51万吨，更是2000年的3.13倍之多。由此可见贵州环境污染程度加剧明显，应该引起有关部门的高度重视。

1.3 贵州经济发展现状

第一，综合经济实力。

新中国成立60年，全省生产总值由1949年的6.23亿元增加到2010年的4602.16亿元，年平均增长9.9%。财政总收入由1950年的0.28亿元增加到2010年的969.57亿元，增长了3463倍，年平均增长15.6%。2010年金融机构存贷款余额分别达到7363.923亿元和5747.53亿元，是1978年的407倍和265倍。国民经济持续增长，经济总量的稳步增加，使贵州的整体经济实力明显增强。

图1—2是根据改革开放以来贵州省的GDP总量（单位：亿元）数据得出的经济总量曲线图。从图中可以看出贵州省GDP在1979年至1993年经历了两次转折，第一个转折点是1993—1994年，这时的贵州提出了实施科教兴黔、开放带动和可持续发展三大战略，以推进经济社会发展，取得了明显的成效，国民经济增长速度加快；第二个转折点出现在2000—2001年，这时的贵州进入了改变命运的21世纪，全省生产总值从2000年的1029.92亿元一跃增加到2008年的3333.40亿元，从2000年开始全省生产总值增长的速度变化呈现出一条不断加快发展的轨迹。

图1—2 贵州省GDP总量变化趋势图

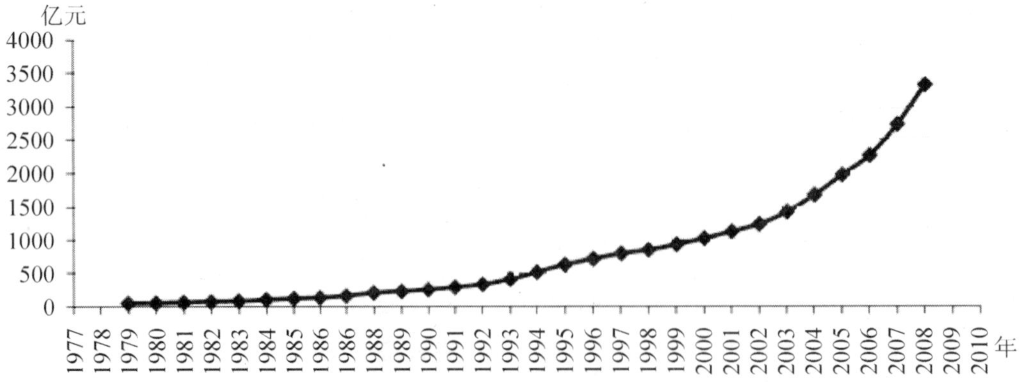

第二，产业结构的特色。

自新中国成立以来，贵州省第一产业不断巩固，第二产业加速发展，第三产业不断提高，已经摆脱了农业规模小，农业占绝对支配地位，产业单一发展的省份，发展成为一个以农业为基础，以工业为主导，以服务业为重要组成部分的省份。国民经济三次产业结构由1949年的83.0∶12.5∶4.5改变为2010年的13.6∶39.1∶47.3。

农业和农村经济稳步发展。60年来，贵州省不断加大农业和农村经济投入力度，农村基础设施进一步完善。农业机械从无到有，全省现有农业机械总动力为1537.5万千瓦。农村用电量和化肥施用量显著增加，新技术推广应用的步伐逐步加快，地膜覆盖、良种培育、科学养殖等新技术迅速推开，成效明显。贵州省的工业化进程不断加速。2010年末，全省工业企业单位数发展到16666个，规模以上工业增加值为1227.17亿元，工业已经发展成为行业众多门类齐全，具有一定规模和技术水平的工业体系，形成了能源、冶金、烟草、饮食、化工、医疗等一批支柱和优势产业。贵州省的服务业发展持续加快。随着经济的持续稳定的增长，第三产业增加值由1952年的1.11亿元上升到2010年的2177.07亿元，超过同期生产总值增速。

2 构建贵州省PREE系统协调发展评价指标体系

构建人口与经济、环境协调发展评价指标体系（以下简称“协调发展指标体系”）的总体顺序是：首先，确立指标体系的总体目标与原则；其次，设置一个包括多层次，多因子的结构框架体系；再次，把框架体系中的各层次因子转换为可计算的指标，并用层次结构图把整个框架体系及其选用指标标示出来；最后，对所选用的指标进行逐一量化，从而得出三个系统之间协调发展的标准。

2.1 评价指标体系构建基础

评价指标体系是由反映被评价对象综合状况的评价指标、指标权重以及评价标准等部分组成的一个有机系统。在这个系统中，因子和指标是根据总体目标分解出来的具体的评价内容。根据笔者对人口与经济、环境协调发展相关内容的认识与理解，并借鉴国内外其他学者的研究成果，本文把协调发展评价指标体系的基本框架结构设置为四个层次，分别是目标层、准则层、功能层和因子层。其中目标层（A层）是我们要评价的人口与经济、环境协调发展总体状况；准则层（C层）包括人口要素分系统指标（C_1）和人口支持分系统指标（C_2）两个分系统；功能层（D层）包括人口要素分系统中的人口数量（D_1）、人口质量（D_2）、人口结构（D_3）、人口分布（D_4）和人口支持分系统中的人口与经济（D_5）、人口与社会（D_6）、人口与资源（D_7）、人口与环境（D_8）、人口与其它（D_9）九个子系统；因子层（X层）由可度量的指标组成，包括三十一个指标因子。

2.1.1 人口要素分系统

人口要素分系统是由人口数量、人口质量、人口结构以及人口分布四个子体系构成的。

（1）人口数量子体系

该子体系包括了两个方面的问题，一是由于人口数量过大引起的安全问题，另外一个是由人口数量不足引起的安全问题。人口数量子体系旨在从以上两个方面测评目标区域的人口规模与该地区的社会、经济、环境之间是否协调。人口数量过多或过少都会威胁系统间的协调发展。本文选择人口总量、自然增长率、总和生育率和人口出生率四个指标作为该子体系的度量因子，分别从总量、增长率以及总体生育水平上反映了一定地区当前和未来的人口规模及其动态变化，综合反映了目标地区人口总体规模的发展状况。

（2）人口质量子体系

在人口质量子体系中，需要表明人口的健康状况、人均受教育程度和人文发展水平等涉及人口质量的因素，这些因素从不同侧面综合反映了一定区域内人们的身体素质和文化素质状况。本文选用婴儿死亡率、平均受教育年限、平均预期寿命以及人均教育财政支出四个指标来反映人口身体素质、人口文化素质和人力资源开发利用状况，综合反映了目标地区人口的总体质量状况。

（3）人口结构子体系

该子体系包括人口的性别结构和年龄结构两方面因素。本文为人口结构子体系选用了出生婴儿性别比、0—14岁人口比重、65岁及以上人口比重以及总抚养比四个指标来说明这两方面问题。这四个指标是反映人口结构合理与否的基本指标，能够直接反映人口结构中的不同角度的问题。出生婴儿性别比决定了人口将来的性别比例，会直接影响到未来适龄人日的婚育问题，其与总人口的性别比结合起来可以全面反映性别、婚姻、家庭生活以及经济发展和社会稳定等重大诸多领域的状况。0—14岁人口比重、65岁及以上人口比重则直接反映了人口总体的老龄化程度。

(4)人口分布子体系

该子体系描述了人口在时空上的分布与流动迁移状况。本文在此选用人口密度、城市化率、人口分布集中指数以及人口净迁移率四个指标进行标识。这四个指标从不同角度反映了人口在地域上的分布是否均衡，人口的流动规模和流向是否与地区发展水平相适应，综合反映了目标地区人口分布的状况。

2.1.2 人口支持分系统

人口支持分系统描述了人口与经济、社会、资源、环境和其它相关系统相互作用和协调发展的状况，反映了人口自身与外界之间的联系和协调发展的可持续性。人口支持系统包含了人口与经济、人口与社会、人口与资源、人口与环境以及人口与其它共五个子体系。

(1)人口与经济子体系

人口与经济子体系涉及劳动力的需求与供给、经济发展的规模和效益等方面，反映了人口就业、人口经济发展水平和经济发展的效益三方面内容，综合地反映了人口与经济发展的协调程度。本文选择人均GDP、登记失业率和总资产贡献率三个指标来标识该子体系的内容。

(2)人口与社会子体系

本文选用农村居民恩格尔系数、每万人社会治安案件和参加低保人口比例三个指标来标识该子体系的内容。其中农村居民恩格尔系数反映了占人口多数的农村人口的生活富裕水平；每万人社会治安案件反映了社会整体的稳定程度；参加最低生活保障的人口比例反映了财富的再分配情况以及社会整体的分配公平状况。

(3)人口与资源子体系

本文选用人均耕地拥有量、人均水资源拥有量和人均粮食产量三个指标对该子体系进行标识。这三个指标反映了目标地区的粮食供给状况、资源可持续发展状况和资源的承载能力，反映了资源的人均占有状况和人口与资源开发利用的协调发展程度。

(4)人口与环境子体系

本文选用人均公共绿地、城市污水处理率和森林覆盖率三个指标来标识该子体系。这三个指标综合反映了环境遭到污染破坏的程度与相应的治理情况，描述了人口与环境间的协调发展状况。

(5)人口与其它子体系

本文选用离婚结婚比、每万人拥有卫生病床数和每万人拥有卫生人员三个代表性指标来标识，反映了公共卫生、公共危机、社会习俗、道德观念和生活方式等与人的生活息息相关的因素对系统间协调发展的深刻影响。其中离婚结婚比指标动态反映了婚姻观念、生育观念等生活观念和生活方式的发展变化状况；每万人拥有卫生病床数和每万人拥有卫生人员反映了公共医疗卫生设施的建设以及人均医疗保障状况。

2.2 指标体系的数据处理

2.2.1 指标数据的获取

本文使用的数据除特别说明的以外，均来自《中国统计年鉴2010》,《贵州统计年鉴2010》、《2010年贵州省第六次人口普查资料》、《贵州省国民经济和社会发展统计公报2010》等统计年鉴或公报的数据，或在此进出上进行计算整理取得。其中，平均预期寿命、总抚养比、0—14岁人口比重、65岁及以上人口比重、出生婴儿性别比、总和生育率、人口净迁移率等数据均使用《2010年第六次人口普查资料数据》和《中国统计年鉴2010》的数据或对其进行相关计算和处理取得；其余指标的相关数据均使用《中国统计年鉴2010》和《贵州统计年鉴2010》的数据或对其进行计算处理取得。

2.2.2 指标阈值的确定

(1)指标阈值的确定

人口与经济、环境系统间协调发展问题既需要理论分析，同时还需要进行价值判断。对于确定协调发展指标体系中各指标临界值的标准，本文在此处主要参照了国际通行的惯例数据、国家人口政策及人口发展战略相关标准、国家有关部门和相关人员研究确立的协调发展标准以及专家学者的研究成果等。由于各项指标均没有所有国家和学者一致公认的统一标准，因此本文在对各指标的数据进行标准化时，根据数据标准的通用原则，分别参照了不同的数值标准。协调发展的临界值与峰值赋值结果见表2—1所示：

表 2—1 贵州省人口与经济、环境协调发展评价指标体系中的指标峰值与临界值

指标	最大临界值	协调发展峰值	最小临界值	依据
人口总量	4500	2500		有关论文数据
自然增长率	15	0		世界银行《世界发展报告》统计标准
总和生育率	1.8	1		中国人口统计数据经验值标准
出生率	15	6		国际通行的英格尔斯标准
婴儿死亡率	30	9		国务院《儿童发展纲要》标准
平均受教育年限		9	3	世界银行《世界发展报告》统计标准
平均预期寿命		75	60	世界银行《世界发展报告》统计标准
人均教育财政支出		400	80	中国全面建设小康社会数据标准
出生婴儿性别比	160	107	70	联合国通用惯例
0—14 岁人口比重	35	25	10	联合国人口类型划分标准
65 岁及以上人口比重	25	7	4	联合国人口类型划分标准
总抚养比	70	35		国际通行的人口红利临界值
人口密度	1100	85		联合国粮农组织标准
城市化率		50	10	国际通行的英格尔斯标准
人口分布集中指数	60	30	0	中国各年统计数据的算术平均数
人口净迁移率	0	—2		联合国通用惯例
人均 GDP		40000	8000	世界银行《世界发展报告》统计标准
登记失业率	7	2.5		《人口与劳动绿皮书》
总资产贡献率		20	2	中国全面建设小康社会数据标准
农村居民恩格尔系数	60	40		国际通行的英格尔斯标准
每万人社会治安案件	55	10		中国全面建设小康社会数据标准
参加低保人口比例		9	1	中国民政部相关数据标准
人均耕地拥有量		0.1	0.02	中国人均耕地拥有量标准
人均水资源拥有量		2500	300	世界银行《世界发展报告》统计标准
人均粮食产量		365	120	联合国粮农组织标准
人均公共绿地		10	2	中国全面建设小康社会数据标准
城市污水处理率		75	0	中国全面建设小康社会数据标准
森林覆盖率		40	2	联合国粮农组织标准
离婚结婚比	40	10		中国民政部标准
每万人拥有病床数		40	10	中国全面建设小康社会数据标准
每万人拥有卫生人员		50	10	中国全面建设小康社会数据标准

2.2.3 指标数据的标准化

在多指标综合评价系统中，不同的评价指标往往具有不同的量纲和量纲单位，要想将它们纳入统一的评价体系，应首先将评价指标进行标准化处理，将指标实际值转化为指标评价值。本文在此采用美国数学家 Zadeh (1965)提出的模糊隶属度函数的方

法对各个指标进行无量纲化处理。首先假定X为指标的实际值,W为指标的无量纲化数值,K_1为协调发展的最小临界值,K_2为协调发展的最大临界值,M为协调发展峰值,Y为协调发展阈值(根据定义有$Y=|M-K|$),并建立模糊隶属度函数进行指标的无量纲化或标准化处理,经过处理得到的指标评价值在[0,1]区间之内。使用公式表达为:

$$W=\frac{X-K}{Y}=\begin{cases}0 & X\leqslant K\\ \dfrac{X-K}{|M-K|} & M>X>K\\ 1 & X\geqslant M\end{cases}$$

(公式2—1)

由于各指标反映的现象性质不同,对人口与经济、环境协调发展状态影响的峰值也有所不同,下面分三种情况对指标进行标准化处理:

1. 第一类指标称为正指标,其数值越大对人口与经济、环境协调发展的正影响也越大。例如人均GDP,其指标数值越大,表明该地区的经济发展水平越高,也越有利于地区的协调发展水平的提高。属于该类的指标还有城市污水处理率、人均教育财政支出、平均预期寿命、平均受教育年限、每万人拥有卫生人员、每万人拥有卫生病床数人均粮食产量、人均水资源拥有量、人均耕地拥有量等。该类指标的性质为正向指标,当指标数值小于或等于最小临界值时,指标值标准化赋值为0;当指标数值大于或等于协调发展峰值时,指标值标准化赋值为1。其计算公式为:

$$W=\frac{X-K_1}{Y}=\begin{cases}0 & X\leqslant K_1\\ \dfrac{X-K_1}{|M-K_1|} & M>X>K_1\\ 1 & X\geqslant M\end{cases}$$

(公式2—2)

2. 第二类指标称为逆指标,其数值越小对人口与经济、环境协调发展的正影响越大。属于该类的指标有登记失业率、总抚养比、每万人社会治安案件、人口总量、人口出生率、婴儿死亡率、人口自然增长率、总和生育率、农村居民恩格尔系数、离婚结婚比以及人口密度等。该类指标的性质为逆向指标,当指标数值大于或等于最大临界值时,指标值标准化赋值为0;当指标数值小于或等于协调发展峰值时,指标值标准化赋值为1,其计算公式为:

$$W=\frac{K_2-X}{Y}=\begin{cases}0 & X\leqslant K_2\\ \dfrac{K_2-X}{|M-K_2|} & M>X>K_2\\ 1 & X\geqslant M\end{cases}$$

(公式2—3)

3. 第三类指标既可以表现为正指标,也可以表现为逆指标。该指标的数值等于峰值时对协调发展的正影响最大,当指标数值小于或大于峰值时对协调发展的正影响逐渐递减,当达到最大或最小临界值时其正影响为零。例如人口分布集中指数,其最小临界值为0,协调发展峰值为30,最大临界值为60。当指标数值位于[0,30]区间内,指标数值越大就越有利于人口与经济、环境的协调发展,当指标取值等于协调发展峰值30时其正影响最大。指标位于该区间范围时,其性质表现为正向指标,表明当某地区的人口呈现一定程度的集中时,对整个社会的协调发展将起到正面的促进作用;而当指标数值位于(30, 60]区间内的时候,指标数值越大越不利于人口与经济、环境整体的协调发展,并且当指标取值到最大临界值60时,其正影响为0。当指标位于该区间范围时,其性质表现为逆向指标,表明当某地区的人口呈现出过度集中趋势的时候,将对协调发展产生不断减弱的有利影响,并且当指标数值超过最大临界值时,将对协调发展产生不利影响。对于该类指标,当X⩽0或X⩾60时,指标值标准化赋值为0;当X=30时,该指标值标准化赋值为1。属于该类指标还有0—14岁人口比重、65岁及以上人口比重以及出生婴儿性别比等。以下通过公式来表达:

当指标值$X\in[K_1,M]$时,其计算公式为:

$$W=\frac{X-K_1}{Y}=\begin{cases}0 & X\leqslant K_1\\ \dfrac{X-K_1}{|M-K_1|} & M>X>K_1\\ 1 & X\geqslant M\end{cases}$$

(公式2—4)

当指标值$X\in[M,K_2]$时,其计算公式为:

$$W=\frac{K_2-X}{Y}=\begin{cases}0 & X\leqslant K_2\\ \dfrac{K_2-X}{|M-K_2|} & M>X>K_2\\ 1 & X\geqslant M\end{cases}$$

(公式2—5)

根据上述，对贵州省各相关指标进行无量纲化　处理，所得结果见表2—2、表2—3：

表2—2　贵州省人口与经济、环境协调发展评价指标体系的协调发展阈值

指　标	单位	最大临界值	指标性质	协调发展阈值	协调发展峰值	协调发展阈值	指标性质	最小临界值
人口总量	万人	4500	逆	2000	2500			
自然增长率	‰	15	逆	15	0			
总和生育率	‰	2.1	逆	1.1	1			
出生率	‰	15	逆	9	6			
婴儿死亡率	‰	30	逆	21	9			
平均受教育年限	年				9	6	正	3
平均预期寿命	岁				75	15	正	60
人均教育财政支出	元/人				400	320	正	80
出生婴儿性别比	%	160	逆	53	107	37	正	70
0—14岁人口比重	%	35	逆	10	25	15	正	10
65岁及以上人口比重	%	25	逆	18	7	3	正	4
总抚养比	%	70	逆	35	35			
人口密度	人/平方公里	1100	逆	1015	85			
城市化率	%				50	40	正	10
人口分布集中指数	%	60	逆	30	30	30	正	0
人口净迁移率	‰	0	逆	2	—2			
人均GDP	元/人				40000	32000	正	8000
登记失业率	%	7	逆	4.5	2.5			
总资产贡献率	元/人				20	18	正	2
农村居民恩格尔系数	%	60	逆	20	40			
每万人社会治安案件	件/万人	55	逆	45	10			
参加低保人口比例	%				9	8	正	1
人均耕地拥有量	公顷/人				0.1	0.08	正	0.02
人均水资源拥有量	立方米/人				2500	2200	正	300
人均粮食产量	公斤/人				365	245	正	120
人均公共绿地	平方米/人				10	8	正	2
城市污水处理率	%				75	75	正	0
森林覆盖率	%				40	38	正	2
离婚结婚比	%	40	逆	30	10			
每万人拥有病床数	床/万人				40	30	正	10
每万人拥有卫生人员	人/万人				50	40	正	10

表 2—3　贵州省 PREE 可持续发展指标标准化值

指　标	实际值	标准化值
人口总量	3474.86 万人	0.51
自然增长率	7.41‰	0.51
总和生育率	1.75	0.32
出生率	13.96‰	0.12
婴儿死亡率	16.2‰	0.66
平均受教育年限	7.41 年	0.74
平均预期寿命	71.1 岁	0.74
人均教育财政支出	106.98 元/人	0.08
出生婴儿性别比	126.2	0.64
0—14 岁人口比重	25.26%	0.97
65 岁及以上人口比重	12.83%	0.68
总抚养比	51.04%	0.54
人口密度	197 人/平方公里	0.89
城市化率	33.81%	0.59
人口分布集中指数	28.9%	0.96
人口净迁移率	−9.16‰	1
人均 GDP	13119 元/人	0.16
登记失业率	3.63%	0.75
总资产贡献率	12.84%	0.60
农村居民恩格尔系数	46.3	0.69
每万人社会治安案件	49 件/万人	0.13
参加低保人口比例	16.9%	1
人均耕地拥有量	0.05 公顷/人	0.38
人均水资源拥有量	1805 立方米/人	0.68
人均粮食产量	320 公斤/人	0.82
人均公共绿地	5.33 平方米/人	0.42
城市污水处理率	78.2%	1
森林覆盖率	41.53%	1
离婚结婚比	13.92%	0.87
每万人拥有病床数	27.8 床/万人	0.59
每万人拥有卫生人员	12 人/万人	0.05

2.3　贵州省人口与资源环境经济综合评价指数模型的构建与分析

本文在构建人口与经济、环境协调发展评价指标体系采用与该体系较匹配的层次分析法和主成分分析法作为研究方法。具体步骤是：首先运用层次分析法对所选取的指标权重进行确定，并根据权重计算得分计算贵州省的人口与经济、环境协调发展指数，将该指数进行横向类比，分析贵州与全国及其它地区相比，其协调发展水平的差异。接下来使用主成分分析法对指标体系中的众多因素进行降维处理，通过计算得出少数几个主成分因子，进而分析解释影响贵州省协调发展水平的主要因素，实现对贵州省人口与经济、环境协调发展的总体状况的全面反映。

层次分析法具体计算过程如下：假定已知的 n 个现象 $A_1, A_2, \cdots\cdots, A_n$ 的得分分别为 $W_1, W_2, \cdots\cdots, W_n$ 并假定这 n 个现象的总得分为 1，也就是说这 n 个现象的得分所组成的向量 $W=(W_1, W_2, \cdots\cdots, W_n)^T$ 为归一化向量。对这 n 个现象的得分两两之间进行对比，得到一系列相对得分，可以用矩阵的形式来表示：

$$A=\begin{bmatrix} W_1/W_1 & W_1/W_2 & \cdots & W_1/W_n \\ W_2/W_1 & W_2/W_2 & \cdots & W_2/W_n \\ \cdots & \cdots & \cdots & \cdots \\ W_n/W_1 & W_n/W_2 & \cdots & W_n/W_n \end{bmatrix}=(a_{ij})$$

（公式 2—6）

A 中的元素显然满足

$$a_{ij}>0$$
$$a_{ij}=1\ (i,j=1,2,\cdots\cdots,n)$$

（公式 2—7）

$$a_{ij}=1/a_{ji}$$

不仅满足以上条件，A 中的元素还满足：

$$a_{ij}\times a_{ijk}=a_{iik}\ (i,j=1,2,\cdots\cdots,n)$$

根据上述 A 所满足的条件我们可以得到：

$$AW=\begin{bmatrix} W_1/W_1 & W_1/W_2 & \cdots & W_1/W_n \\ W_2/W_1 & W_2/W_2 & \cdots & W_2/W_n \\ \cdots & \cdots & \cdots & \cdots \\ W_n/W_1 & W_n/W_2 & \cdots & W_n/W_n \end{bmatrix}\begin{bmatrix} W_1 \\ W_2 \\ \cdots \\ W_n \end{bmatrix}=nW$$

（公式 2—8）

通过以上用矩阵形式表示的条件可以看出，n 是矩阵 A 的特征根之一，而 A_i 的得分就是矩阵 A 对应于特征根 n 的特征向量的分量 W_i（i＝1，2，……,n)。由此可以看出,只要我们能够构造出判断矩阵 A,就一定可以求得每个现象的相对得分。该计算方法可以推广到层次分析法的使用中去,例如在指标体系同一层次的要素,只要能够构造出相应的判断矩阵,就一定可以利用计算特征根或特征向量的办法来确定描述各要素相对重要性的权数值 W_i(i=1,2……,n)。

按照以上构造判断矩阵的思路,计算协调发展指标体系中指标权重数值可以分按照以下三个步骤进行:

首先利用层次分析法将本文的研究对象所包含所有指标进行分层,按照由高到低的顺序分别为目标层(A 层)、准则层(C 层)、功能层(D 层)以及因子层(X 层)。整个协调发展指标体系是一个完整的系统,其中的每一个层次都是系统的一个组成部分,并且每个层次所反映的内容都包括了下一个层次的全部要素。

其次参照专家学者的意见确定每个层次的各个要素对上一级目标的影响程度。

最后构造判断矩阵计算最终的结果。该环节是层次分析法的重要环节,主要是通过计算确定每一个层次各有关要素的相对重要性。

根据上述方法和步骤,分别将每个层次的所有要素与上一个层次的目标之间进行两两重要程度的对比,构造了下列判断矩阵 C_1-D、C_2-D、D_1-X、D_2-X、D_3-X、D_4-X、D_5-X、D_6-X、D_7-X、D_8-X、D_9-X。本文就协调发展指标体系中各指标的权重取值向学术领域和政府相关部门的专家学者进行了咨询,并根据专家意见给出的原始权数为基础进行简单加权平均汇总,将其转化为层次分析法中的判断矩阵,再按照层次分析法的步骤来计算。

本指标体系的准则层的指标权重取值直接根据专家意见进行赋值。其它层次的指标权重取值使用构造判断矩阵的方法。以人口要素系统为例,本文使用统计软件,得到判断矩阵的特征向量为[0.3525,0.2208,0.3065,0.1202];其中最大特征值为 4.1179,一致性比例小于 0.1,说明该判断矩阵具有较为满意的一致性。因此,最终确定人口要素系统的权重:人口数量为 20.29%,人口质量为 22.08%,人口结构为 30.65%,人口分布为 12.02%。根据相同的权重确定方法,得出人口支持系统各指标的层内权重取值和总排序权重取值。如图 2—1 所示:

图 2—1 贵州省 PREE 系统指标体系图

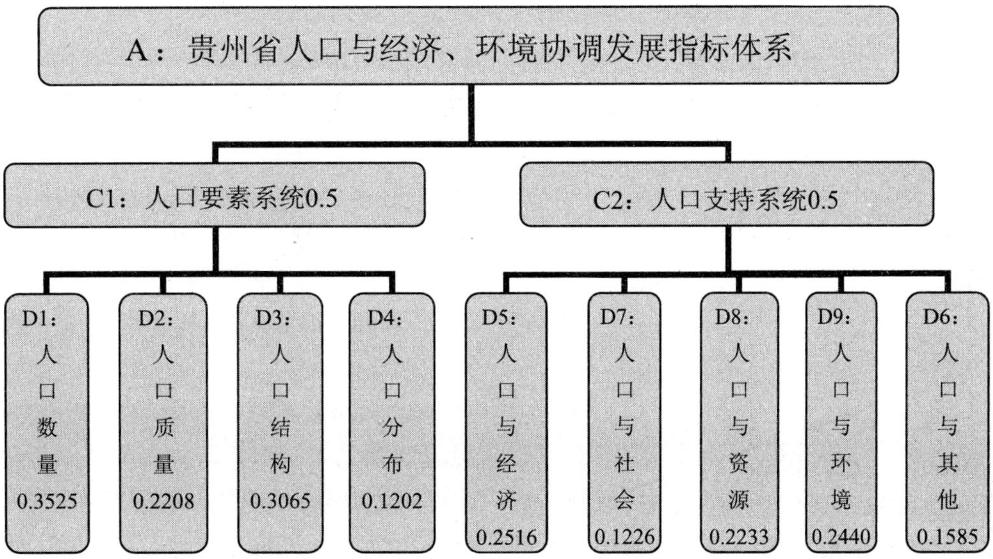

贵州省协调发展评价指标体系因子层(X 层)各个引子(指标)的单排序权重和总排序权重如下表所示:

表 2—4 贵州省人口与经济、环境协调发展评价指标体系因子层各指标权重

指标	单位	层内权重	总权重
X_1:人口总量	万人	0.4812	0.0869
X_2:自然增长率	‰	0.2082	0.0125
X_3:总和生育率	‰	0.2379	0.0323
X_4:出生率	‰	0.0727	0.0134
X_5:婴儿死亡率	‰	0.1075	0.0292
X_6:平均受教育年限	年	0.4628	0.0816
X_7:平均预期寿命	岁	0.3262	0.0544
X_8:人均教育财政支出	元/人	0.1035	0.0322
X_9:出生婴儿性别比	%	0.2568	0.0572
X_{10}:0—14 岁人口比重	%	0.1239	0.0236
X_{11}:65 岁及以上人口比重	%	0.4457	0.0624
X_{12}:总抚养比	%	0.1736	0.0368
X_{13}:人口密度	人/平方公里	0.1897	0.0081
X_{14}:城市化率	%	0.4328	0.0313
X_{15}:人口分布集中指数	%	0.1896	0.0173
X_{16}:人口净迁移率	‰	0.1879	0.0345
X_{17}:人均 GDP	元/人	0.4634	0.0422
X_{18}:登记失业率	%	0.4277	0.0346
X_{19}:总资产贡献率	元/人	0.1089	0.0195
X_{20}:农村居民恩格尔系数	%	0.3222	0.0327
X_{21}:每万人社会治安案件	件/万人	0.2633	0.0252
X_{22}:参加低保人口比例	%	0.4145	0.0412
X_{23}:人均耕地拥有量	公顷/人	0.4833	0.0364
X_{24}:人均水资源拥有量	立方米/人	0.3162	0.0122
X_{25}:人均粮食产量	公斤/人	0.2005	0.0136
X_{26}:人均公共绿地	平方米/人	0.1326	0.0063
X_{27}:城市污水处理率	%	0.2856	0.0118
X_{28}:森林覆盖率	%	0.5818	0.0433
X_{29}:离婚结婚比	%	0.1431	0.0126
X_{30}:每万人拥有病床数	床/万人	0.4396	0.0317
X_{31}:每万人拥有卫生人员	人/万人	0.4173	0.0230

根据图 2—1 和表 2—4 对指标权重进行赋值后，再用对应的指标数值乘以相对应的权重值，将各层次得分分别加总求和，最后得到贵州省分目标以及总目标的协调发展指数值。各层次得分的求和方式采用加权求和的方法，计算公式可以表示为：

$$Z=\sum WQ\times 100 \qquad \text{(公式 2—9)}$$

对 D 层(功能层)进行评价时，数学计算公式为：

$$Z_{dj}=\sum_{i=1}^{m}W_iQ_{dj}\times 100 \qquad (i=1,2,3,\cdots n)$$

(公式 2—10)

其中 d 代表功能层，j 代表地区，Z_j 为 j 地区功能层的协调发展指数，其中 m 描述的是功能层中每个要素包含的因子层指标数量，W_i 为第 i 个指标经过无量纲化后得到的标准化取值，Q_{dj} 为第 i 个指标在功能层的层内权重取值。

而对 A 层(目标层)进行评价时，数学计算公式为：

$$Z_j=\sum_{i=1}^{m}W_iQ_i\times 100 \qquad (i=1,2,3,\cdots n)$$

(公式 2—11)

其中，j 代表某地区，Z_j 为该地区的人口与经济、环境协调发展指数，W_i 为第 1 个指标经过无量纲化处理后的标准化取值，Q_i 为第 i 个指标的总权重取值，n 表示所有被选取指标的总数量。

使用层次分析法对 2010 年贵州省人口与经济、环境协调发展状态的评价结果见下表 2—5：

从计算结果看，贵州省人口与经济、环境协调发展状况具有以下特征：

1. 贵州省的该协调发展水平总体低于全国平均水平。计算可以得到，2010 年我国全国范围的协调发展指数总得分为 72.73，而贵州省该指数得分仅为 60.89 分，明显低于全国平均水平。并且总体来看，贵州省协调发展指标体系的功能层中大多数子系统得分均偏低。这是由于贵州省地处西部山区，经济较为落后，因此教育、医疗条件远低于全国平均水平，人均寿命也较全国平均寿命更短，2010 年平均预期寿命贵州省排位第 28 位。

2. 贵州省各系统间协调发展的状况并不均衡。可以观察到，指标体系中的人口分布以及人口与社会、人口与环境子系统的得分相对较高，其中人口与环境两个子系统得到 92.3 分。但这并不能掩盖贵州省协调发展状况不均衡的现实。在功能层的子系统中，人口数量、人口与经济、人口与资源、人口与其他四个子系统的得分均未超过 60 分，说明贵州省人

表 2—5 贵州省 PREE 系统评价结果

因子层	因子层得分	功能层	功能层得分	总得分
X_1:人口总量	0.51	人口数量	43.64	60.89
X_2:自然增长率	0.51			
X_3:总和生育率	0.32			
X_4:出生率	0.12			
X_5:婴儿死亡率	0.66	人口质量	66.31	
X_6:平均受教育年限	0.74			
X_7:平均预期寿命	0.74			
X_8:人均教育财政支出	0.08			
X_9:出生婴儿性别比	0.64	人口结构	68.14	
X_{10}:0—14 岁人口比重	0.97			
X_{11}:65 岁及以上人口比重	0.68			
X_{12}:总抚养比	0.54			
X_{13}:人口密度	0.89	人口分布	79.41	
X_{14}:城市化率	0.59			
X_{15}:人口分布集中指数	0.96			
X_{16}:人口净迁移率	1			
X_{17}:人均 GDP	0.16	人口与经济	46.03	
X_{18}:登记失业率	0.75			
X_{19}:总资产贡献率	0.60			
X_{20}:农村居民恩格尔系数	0.69	人口与社会	67.10	
X_{21}:每万人社会治安案件	0.13			
X_{22}:参加低保人口比例	1			
X_{23}:人均耕地拥有量	0.38	人口与资源	56.31	
X_{24}:人均水资源拥有量	0.68			
X_{25}:人均粮食产量	0.82			
X_{26}:人均公共绿地	0.42	人口与环境	92.30	
X_{27}:城市污水处理率	1			
X_{28}:森林覆盖率	1			
X_{29}:离婚结婚比	0.87	人口与其他	40.47	
X_{30}:每万人拥有病床数	0.59			
X_{31}:每万人拥有卫生人员	0.05			

口数量总体超出了协调发展的标准，尤其是出生率得分较低；人口数量同时也影响了人口与经济的系统得分，贵州经济虽然发展较为迅速，但是由于人口基数大，人均经济发展水平较低；由于贵州喀斯特地貌决定了贵州耕地面积较少，同时人均耕地拥有量也明显不足；贵州发展较晚，整体落后，卫生事业更是无法满足国民的需要，尤其是万人拥有的卫生人员数严重不足，导致人口与其他系统得分仅为40.47 分。

3 影响贵州省人口与经济、环境协调发展的原因分析

3.1 贵州省人口与经济、环境协调发展指数主成分分析结果

对贵州省人口与经济、环境协调发展指标体系的因子层数据进行主成分分析，结果如下表 3—1 所示：

表 3—1 贵州省 PREE 系统协调发展体系因子分析结果

主成分因子	特征值	方差贡献率	累计方差贡献率	主成分权重
F_1	9.256	28.765	28.765	0.364
F_2	7.518	24.135	52.9	0.254
F_3	3.449	12.079	64.979	0.126
F_4	2.672	9.436	74.415	0.097
F_5	2.089	7.056	81.471	0.085
F_6	2.008	5.642	87.123	0.074

利用表 3—1 的计算结果，经过旋转后的各主成分因子载荷系数矩阵见下表 3—2：

表 3—2 中的 F_1、F_2、F_3、F_4、F_5 和 F_6 分别表示按照重要程度排列的前六个主成分因子。表中的数值称为因子载荷，其绝对值越大，表明其对某个主成分因子的影响就越大，也就是说其绝对值越大，对公共因子的贡献率就越高。

通过观察表 3—2 的因子载荷系数矩阵的各个因子载荷可以得出结论：

表 3—2 旋转后贵州省主成分因子载荷系数

指 标	F_1	F_2	F_3	F_4	F_5	F_6
X_1：人口总量	0.062	0.172	−0.128	0.435	−0.825	−0.031
X_2：自然增长率	0.125	−0.281	0.368	0.712	0.282	0.279
X_3：总和生育率	0.329	−0.378	0.123	0.529	−0.392	0.141
X_4：出生率	0.271	−0.429	0.054	0.598	−0.027	0.202
X_5：婴儿死亡率	0.523	−0.232	0.028	0.472	0.033	0.098
X_6：平均受教育年限	0.856	−0.31	−0.232	0.392	0.499	0.113
X_7：平均预期寿命	0.685	−0.422	0.028	−0.133	0.399	0.384
X_8：人均教育财政支出	0.178	0.817	0.221	−0.233	−0.202	−0.452
X_9：出生婴儿性别比	0.283	0.492	−0.391	0.137	−0.801	0.014
X_{10}：0—14 岁人口比重	−0.394	0.403	0.249	−0.293	0.532	−0.112
X_{11}：65 岁及以上人口比重	0.433	0.899	−0.331	0.458	−0.431	0.328
X_{12}：总抚养比	0.235	0.223	−0.32	0.107	0.593	0.12
X_{13}：人口密度	−0.341	−0.433	0.604	0.23	−0.123	0.428
X_{14}：城市化率	0.983	−0.299	0.234	0.209	−0.233	−0.423
X_{15}：人口分布集中指数	0.082	0.093	−0.639	0.238	0.098	−0.383
X_{16}：人口净迁移率	−0.143	0.393	−0.111	0.022	0.458	−0.513
X_{17}：人均 GDP	0.913	0.332	−0.256	0.233	−0.011	0.288
X_{18}：登记失业率	0.396	0.301	−0.091	−0.011	0.211	0.502
X_{19}：总资产贡献率	−0.217	−0.312	0.033	0.275	−0.329	−0.438
X_{20}：农村居民恩格尔系数	0.523	−0.32	0.319	0.009	−0.313	0.393
X_{21}：每万人社会治安案件	−0.627	0.418	−0.437	0.328	−0.041	0.321
X_{22}：参加低保人口比例	−0.736	0.019	−0.397	0.223	−0.286	0.437
X_{23}：人均耕地拥有量	−0.311	−0.691	0.053	−0.128	0.088	0.123
X_{24}：人均水资源拥有量	−0.234	0.913	0.012	−0.389	−0.103	0.401
X_{25}：人均粮食产量	−0.312	−0.623	0.134	0.319	−0.032	0.237
X_{26}：人均公共绿地	0.174	−0.323	0.68	0.207	−0.438	0.012
X_{27}：城市污水处理率	0.157	−0.312	−0.521	0.067	0.309	0.054
X_{28}：森林覆盖率	0.179	0.211	0.883	−0.239	0.031	−0.432
X_{29}：离婚结婚比	−0.604	0.403	−0.018	0.294	−0.203	0.232
X_{30}：每万人拥有病床数	0.698	−0.078	0.338	−0.448	0.327	−0.037
X_{31}：每万人拥有卫生人员	0.571	0.126	−0.233	0.236	−0.072	0.179

第一主成分 F_1 属于经济与人文发展因子，在每万人拥有卫生病床位、每万人拥有卫生人员、婴儿死亡率、城市化率、人均GDP、农村居民恩格尔系数、每万人社会治安案件、参加低保人口比例、离婚结婚比、平均受教育年限以及平均预期寿命等指标上的载荷量较大。其中人均GDP与城市化率、农村居民恩格尔系数三个指标的相关程度较高，反映了贵州省社会经济总体发展水平；而婴儿死亡率、平均受教育年限、平均预期寿命、每万人社会治安案件、参加低保人口比例、离婚结婚比、每万人拥有卫生病床位、每万人拥有卫生人员主要反映医疗卫生、教育、社会保障等社会人文发展的程度。

第二主成分 F_2 属于教育、老龄化与资源因子，人均教育财政支出、65岁及以上人口比重、人均耕地拥有量、人均水资源拥有量、人均粮食产量等指标在该因子上有较大的载荷。人均教育财政支出指标反映人口的教育投入水平；65岁及以上人口比重指标反映人口老龄化程度；人均耕地拥有量、人均水资源拥有量和人均粮食产量三个指标主要反映资源的人均拥有量，因此这三个指标可统归为资源因子。

第三主成分 F_3 属于人口分布与环境因子，人口密度、人口分布集中指数、人均公共绿地、城市污水处理率以及森林覆盖率在其中承担较大的载荷。人口密度和人口分布集中指数反映人口的分布集中程度；人均公共绿地、城市污水处理率和森林覆盖率三个指标主要反映环境状况，归结为环境因子。

第四主成分 F_4 属于人口增长因子，自然增长率、总和生育率和出生率三个指标的载荷较大，反映的是与人口再生产的速度和比率相关的问题。

第五主成分 F_5 属于人口总量与人口结构因子，人口总量、出生婴儿性别比、0－14岁人口比重和总抚养比在其中承担较大的载荷。人口总量反映人口的总体数量和规模；出生婴儿性别比、0－14岁人口比重和总抚养比三个指标反映人口的性别与年龄结构，归为人口结构因子。

第六主成分 F_6 属于人口迁移与就业因子，人口净迁移率和登记失业率在其中承担较大载荷，分别归为人口迁移与就业因子。

3.3 影响人口与经济、环境协调发展的原因分析

3.3.1 经济的发展是提高协调发展程度的基础

众多主成分因子中，经济与人文发展因子对协调发展程度的影响最大，尤其是经济发展对区域协调发展的推动作用。一般而言，经济较为发达的地区，其经济与人文发展因子所代表的指标数值都会相对偏高。所以可以认为经济发展是提升区域协调发展水平的物质基础。医疗、教育、治安、社会保障以及环境治理等都需要大量的财政投入，需要经济发展作为基础。贵州省的人口数量、人口与经济、人口与资源和人口与其它等功能层得分都较低，这也是贵州省的协调发展指数取得较低得分的主要原因。

3.3.2 人口的受教育水平与人口老龄化是影响协调发展水平的重要因素

贵州省由于其经济发展水平较低，并且总人口中城市人口所占比重较少，因此该地区的人均受教育程度低于全国平均水平。而贵州省的人口老龄化程度略高于全国水平，表现为老龄化速度快，老龄人口与高龄人口比重迅速增加，而青少年人口比重快速下降。老年人口在总人口中所占比重的增加将会导致社会保障支出和公共服务投入的增加，从而加重国家或地方的财政负担。同时，老年人口的养老问题，特别是空巢老人的抚养问题，已经成为影响整个社会协调发展的重大问题。因此，为了提高整个社会各系统间的协调发展程度，我们必须尽快完善养老保障体系，引导和鼓励不同类型的社会和家庭养老方式的共同发展。

3.3.3 人口分布是制约协调发展指数提高的重要因素，而在环境因素方面贵州省具有较为明显的优势

贵州省由于地形以山地为主，适合大面积居住的平地较少，且地区内的居民聚居区域较为集中，造成人口分布相对集中，这更加大了人地关系的矛盾，明显制约经济社会的发展和协调发展水平的提高。环境方面，由于贵州省喀斯特的地理环境因素，加上贵州省打造国内一流旅游城市和适宜居住城市的定位也已显现出其独特的功效，使得贵州省在人口与环境一项得分很高，形成贵州省不可替代的特殊环境优势。

3.3.4 适度的人口增长是系统间协调发展的重要保证

人口增长速度因子对提高贵州省协调发展指数

有较大意义。贵州省的人口出生率、自然增长率和总和生育率都高于全国平均水平，人口再生产不符合社会与经济发展对人口再生产的需求，而低出生、低死亡和低增长的类型，是地区社会经济协调发展的重要保证，所以贵州省应该通过有效政策措施将人口增长速度系统分值提高。

3.3.5 人口总量和人口结构依然是影响协调发展水平的关键因素

人口总体规模过大仍然是全国以及大部分地区面临的社会发展障碍。由于人口具有的惯性特征，这一状况在短时间内不容易得到根本改变。而贵州省的人口总量相对于其经济与社会发展水平来说，是相对较高的。贵州省的人口结构总体较为合理，但年龄结构却不尽合理。贵州省的老年人口比重虽然存在一定程度的偏高，目前该地区人口结构的关键问题是劳动力年龄人口比重偏低。总抚养比这一因子的得分为 0.54 分，间接的反映了这一现象的严重程度。据有关专家预测，未来贵州省青少年人口比重将持续走低，将会造成老龄化程度的加剧，以及人口红利期的提前结束，使得劳动力人口的数量减少，成本提高，不利于贵州省经济社会的长期可持续发展。

3.3.6 人口迁移与就业因子对贵州省协调发展水平有较大影响

贵州省的人口流动表现为迁出率大于迁入率，每年有数万本省市人口迁出。仅以贵州省 2010 年为例，贵州省流动人口总量超过 1000 万人，占当年常住人口的 34%，相当于户籍人口的 28.4%，流出省外人口 718 万人，外省流入人口 76.3 万人，可见贵州省属于典型的人口净流出大省。人口流动的结果虽然有利于人口数量的减少，使地区的人均土地、水、医疗等资源的提高，但是很大程度上降低了贵州劳动力的供给，使产业升级更加困难，影响了地区经济结构的转变，由此引发不可忽视的社会经济问题，不利于贵州省人口与经济、环境间总体协调程度的提高。

4 贵州省人口资源环境经济可持续协调发展的政策建议

4.1 调整和完善现行人口政策

贵州省目前仍以“限制人口数量、提高人口素质”作为主要人口发展战略。人口发展的安全状况仍然面临着诸多风险，人口总体规模、人口素质、人口结构、人口迁移以及人口空间分布等领域的问题相互交织；人口数量虽然因计划生育政策的约束而增长减缓，但人口总量仍保持上升趋势；人口的身体素质和文化素质在短期内无法大幅度提高；人口结构的内在矛盾伴随经济发展水平的提高而不断凸显，例如老龄化和高龄化程度的加剧、人口性别比例失衡、人口出生缺陷发病率仍然较高等。

因此，政府应该根据当前人口系统中不合理的因素，调整和完善贵州人口政策，把以控制人口数量为核心的生育政策，扩展为以维持低生育水平、优化人口结构、合理开发人力资源为主要目标的更加系统科学的人口发展战略，探索有条件的逐步放开独生子女的政策，是贵州人口战略必要调整方向之一，全面提升人口安全水平。

4.2 优化人口结构

我们应该清楚认识到，当前影响贵州人口安全水平的根源已由纯粹的人口数量问题转变为人口与经济、环境协调发展问题。因此，人口发展战略的指定应该从单纯的控制人口数量转变为统筹兼顾人口结构的优化与人力资源的开发。贵州省经济处于快速增长时期，目前的人口结构已不能满足地区发展战略规划。因此，必须重新调整贵州人口发展战略，由关注稳定的低生育水平和适度的人口规模，转变为统筹解决人口系统中存在的各种类型的结构性矛盾，实现人口与经济、环境的协调发展。人口结构的优化是一个多角度、多层次的问题，要通过调整人口政策、完善保障体系、提升教育战略地位以及转变城镇化模式等方式来实现。贵州目前的人口政策，主要是依靠法律和行政手段来进行，有一定的反弹压力，应该考虑如何从硬性的规定，逐步转向更加灵活的调控手段。

当前应该着力解决以下人口结构问题：改革并完善医疗和养老保障体系，尤其是农村的社会保障体系，从根源上解决性别比例持续偏高问题；通过保持稳定的生育水平来延缓人口老龄化的过程；进一步加大对科学教育的投入，改善全省国民的文化素质，并从优化人口结构的角度出台更优惠的政策，培养和引进符合贵州发展战略目标的高层次、高技术人才。

4.3 统筹解决人口老龄化问题

尽管我国仍然处于人口的持续增长时期，但部分地区已经出现了人口的零增长甚至负增长，该现象通常伴随着一国或地区经济发展水平的提高而出现，标志着人口老龄化程度的加剧和老龄化社会到来。

为统筹解决当前与人口相关的社会经济领域存在的诸多问题，贵州地区人口战略的调整必然会针对老龄化问题以及社会养老问题进行相应的制度设计，以消除人口老龄化程度加重造成的消极影响。我们应该积极探索社会与老年人口双向互动服务模式的制度设计与路径选择。可以在安排就业与再就业工作过程中，为老年人口设计一些既不占用当前的就业岗位，同时也能合理利用与老年人口以往工作相关的专业技术岗位。也可以考虑如何有效利用抚养儿童的社会资源，例如闲置或利用率不高的幼儿园场地，通过对其进行合理的安排使之成为赡养老人的社会资源。另外，应该继续调整与完善社会养老保障体系，增加城镇老年人口服务设施，改善城乡老年人口的生活质量，增强其晚年的幸福感受。

4.4 确立教育优先发展战略

确立人口发展战略中教育优先的地位，符合我国以人为本的发展方向。我国要实现由人口大国向人力资源强国的根本转变，必须提高人口的身体素质与文化素质，保证教育在国家发展中的战略核心位置。贵州目前的人口数量逐渐趋于稳定，人口的素质问题应该成为人口发展战略新的重心。贵州省属于经济欠发达地区，由于教育投入的有限，教育水平还处于相对较低的阶段。为此，我们应该优先保证教育的公平发展，加大对广大农村地区的教育投入，全面实行免费义务教育，同时大力发展职业教育，推进农村地区人口素质的提高。

贵州省目前的教育体系强化了对义务教育和高等教育的倾斜，这符合当地人口的现实状况。但是，我们应该在重视基础教育的同时，结合社会经济发展的需求对教育模式进行适当的调整，同时根据对教育需求的差异性，从不同层次和不同角度寻求教育方式以及教育内容的多元化。同时，我们也应当注意各种教育方式之间的结构比例以及教育资源的合理配置问题。特别是针对贵州目前的职业教育在教育体系中所占比重过低的问题，应该大力推进职业教育的发展，使其适应社会经济的发展要求，让初级、中级、高级等不同层次的职业教育在新的形势下协调发展，满足社会对不同层次和知识结构人才的需要。

参考文献：

1. 蔡昉主编. 中国人口与可持续发展. 中国可持续发展总纲，第2卷. 科学出版社，2007.
2. 陈长杰，傅小锋. 中国可持续发展综合评价研究. 中国人口、资源与环境，2004，1.
3. 陈仲常，张翠姣，章翔. 中国人口发展监测评价模型研究——基于全国31个省份人口发展的实证分析. 中国人口科学，2007，5.
4. 贵州省统计局编. 贵州省国民经济和社会发展统计公报.
5. 贵州省统计局编. 贵州统计年鉴. 中国统计出版社.
6. 贵州省统计信息网(公众版)相关数据.
7. 国家统计局编. 中国统计年鉴. 中国统计出版社.
8. 贵州省统计局编. 贵州省2010年人口普查资料. 中国统计出版社.
9. 蒋正华，米红. 人口安全. 浙江大学出版社，2008.
10. 李小平. 尽力减少人口增长，加速提高人口安全系数. 人口与计划生育，2004，2.
11. 陆虹. 中国环境问题与经济发展的关系. 财经研究，2000，10.
12. 吴玉鸣，张燕. 中国区域经济增长与环境的耦合协调发展研究. 资源科学，2008，1.

贵州省人口就业处　杨娣

陕西省人口与经济、社会、资源、环境等因素的协调性分析

21世纪全球经济发展的主题是可持续发展。随着经济的全球化，国际社会对可持续发展与共同发展的认识不断深化，人口安全、适度人口也备受关注，人口与经济、社会、资源、环境的协调发展成为决定一个地区综合竞争力和可持续发展能力至关重要的因素，并被公认为是可持续发展的基本问题。

1992年联合国环境与发展大会通过的《21世纪议程》将实现可持续发展作为全面发展战略，要求改变过度追求经济增长、忽视生态环境保护的传统经济发展模式，由资源型经济转变为技术型经济，综合考虑人口、经济、社会、资源与环境间的关系，通过产业结构调整与合理布局，开发利用高新技术，实现清洁生产与文明消费，提高资源利用率，减少废物排放等措施，协调好经济发展与环境保护间的关系，使资源利用与经济发展既能满足当代人的需求，又不对后代人满足其需求的能力构成危害，最终达到人口、经济、社会、资源、环境的可持续发展。我国政府于1994年7月发表了《中国21世纪议程——中国21世纪人口、环境与发展白皮书》，作为指导我国国民经济和社会发展的纲领性文件，提出了我国将实施人口、经济、社会、资源和环境协调发展的可持续发展战略，开始了我国可持续发展的进程。经过近20年的艰苦努力，可持续发展战略已贯穿于我国经济和社会发展的各个领域，有力地促进人口与经济、社会、资源、环境的可持续协调发展。

陕西位于中国西北地区东部的黄河中游，东隔黄河与山西相望，西连甘肃、宁夏，北邻内蒙古，南连四川、重庆，东南与河南、湖北接壤，不仅有承东启西连接南北的区位优势，又拥有丰富的人才资源和矿产资源。作为西部地区重要省份的陕西，省委省政府在"十二五"开局之年，提出实现经济综合实力、人民生活水平和质量、生态环境保护"三个上台阶"；生产总值、财政收入、城乡居民收入"三个大幅提升"；基础设施和公共服务保障水平、社会和谐程度和人民群众幸福指数明显改善的总体目标，陕西省十二次党代会提出了建设经济强、科技强、文化强、百姓富、生态美的西部强省奋斗目标，这也是陕西以人为本，实现人口、经济、社会、资源、环境可持续发展的新要求。

1999年，国务院提出进一步推进西部大开发的十条意见。西部大开发战略的提出和实施，为加快西部地区经济社会发展提供了政策依据，为陕西的全方位发展搭建了更好的平台，促进了陕西在人口控制、经济发展、社会进步、资源合理开发利用、环境综合治理和生态环境保护等方面有了更好的发展，取得了一定成效。然而在经济社会快速发展的同时，根据可持续发展的要求，陕西人口、经济、社会、资源和环境五大系统的发展是否协调、协调度有多高、是否有利于陕西的可持续发展、存在哪些不协调的因素等是摆在我们面前的重大问题。本文通过分析评价陕西省人口与经济、社会、资源、环境协调状况，为促进人口与经济、社会、资源和环境的协调可持续发展提供参考依据。

一、人口与经济、社会、环境及资源协调发展评价方法

(一)指标体系的构建

本课题遵循科学性、系统性、综合性与全面性和可操作性的基本原则根据人口与经济、社会、资源、环境的内涵，在借鉴和总结国内外关于协调发展指标体系研究成果的基础上，创建了由系统层、准则层、指标层和正逆向构成由35个指标组成的陕西省人口与经济、社会、环境及资源协调发展评价指标体系(如表1—1)。

表 1—1 人口与经济、社会、环境、资源系统评价指标体系

系统层	准则层	指标层	正逆向
人口系统（8 个）	人口数量	1 常住人口（万人）	逆
		2 人口自然增长率（‰）	逆
		3 人口密度（人/平方公里）	中性
	人口质量	4 专科及以上学历在校学生数（万人）	正
		5 平均预期寿命（岁）	正
	人口结构	6 性别比（女＝100）	区间
		7 城镇化率（%）	正
		8 总抚养比（%）	逆
经济系统（6 个）	经济实力	9 人均 GDP（元）	正
		10 人均财政收入（元）	正
	产业结构	11 第二产业占 GDP 比重（%）	正
		12 第三产业占 GDP 比重（%）	正
	经济发展能力	13 R&D 经费支出占 GDP 比重（%）	正
		14 全社会固定资产投资占 GDP 比重（%）	正
社会系统（7 个）	人民生活水平	15 人均住房使用面积（平方米）	正
		16 恩格尔系数（%）	逆
	社会稳定	17 城镇登记失业率（%）	逆
		18 社会治安满意度（%）	正
	社会发展能力	19 文教科卫事业费占一般预算支出比重（%）	正
	社会公平	20 城乡居民收入比（以农为 1）	逆
		21 基本社会保险覆盖率（%）	正
环境系统（8 个）	环境污染	22 化学需氧量 COD 排放量（万吨）	逆
		23 二氧化硫 SO_2 排放量（万吨）	逆
		24 工业固体废物排放量（万吨）	逆
	环境治理	25 环境污染治理投资占 GDP 比重（%）	正
	居住环境	26 人均公园绿地面积（平方米）	正
		27 城市生活垃圾无害化处理率（%）	正
		28 农村改水受益率（%）	正
		29 环境质量指数（%）	正
资源系统（6 个）	资源条件	30 人均耕地面积（亩/人）	正
		31 人均水资源量（立方米/人）	正
		32 森林覆盖率（%）	正
	资源效益	33 农林牧渔业总产值（亿元）	正
		34 能源生产总值（万吨标准煤）	正
	资源利用	35 单位 GDP 能耗（吨标准煤/万元）	逆

（二）指标的无量纲化

人口与经济、社会、资源和环境协调度评价，是由多指标组成的评价体系，由于各单项指标的性质、度量单位以及意义不同，不能直接进行综合，必须进行指标的无量纲化处理，将不能直接综合的指标进行标准化或规范化处理，消除指标数量级和量纲的影响。指标无量纲化的方法有直线型、折线型和曲线型三种，本文采用功效系数法（直线型无量纲化法的一种）对指标进行标准化处理。

（三）指标权重的确定

由于评价对象的复杂性，综合评价指标数量较多，各指标对评价体系的贡献大小存在差异，需要根据各单项指标的重要程度和贡献大小给予赋权。一般情况下，在综合评价体系中作用较少的指标，赋以

较小权重，反则反之。在主观赋权法和客观赋权法中，本文选择了不带有个人主观意识，比较客观科学的客观赋权法进行指标权重的确定，并采用熵值法通过分析各指标间的联系程度及指标所提供的信息量客观确定权重。

(四)综合发展水平的计算

根据不同时期各项指标原始数据无量纲化(标准化)结果和各指标的权重，运用线性加权法计算各系统的综合评价值，值域在[0,1]之间，越接近1说明综合发展水平越高。计算公式为：

$$f(x)=\sum_{j=1}^{k}w_j r_{ij} \qquad (1-1)$$

式中：w_j ——第 j 项指标的权重系数；

r_{ij} ——第 i 年第 j 项指标的标准化值；

k ——各个系统所包含的评价指标的个数；

$f(x)$ ——各个系统的综合发展水平。

(五)计算协调度

综合发展水平只能反映整个系统中各子系统的综合发展状态，无法说明各系统间的协调程度，而协调性是指系统之间或系统构成要素之间在发展演化过程中彼此和谐程度，它是一个内涵明确而外延不清晰的模糊概念，因此可以用模糊数学中的隶属度概念对其进行描述。本文用正态分布隶属度函数对协调性进行描述：

$$y=\exp\left[\frac{-(x-\bar{x})^2}{\delta^2}\right]$$

其中，y—— 隶属度；x—— 统计数据；$\bar{x}$—— 期望值；σ^2——方差。

将1作为系统协调性指标的期望值，即 $\bar{x}=1$，x 为各系统综合发展水平值；为简化计算，令 $\sigma^2=1$。两系统间的协调发展协调度计算模型为：

$$C=\exp\left\{-\sum_{i=1}^{2}[f(x_i)-1]^2\right\} \quad (i=1,2) \qquad (1-2)$$

$f(x)$ ——各系统的综合发展水平；

C ——两系统间的协调度，$0\leqslant C\leqslant 1$，C 值越大，说明系统间的协调发展状况越好，反之越差。当 $C=1$ 时，协调度最大，说明两系统间的发展完全协调，系统将向新的有序结构发展；当 $C=0$ 时，协调度最小，说明两系统间的发展完全不协调，系统的有序结构将崩溃且向无序化发展。

(六)协调度等级的划分

协调度的大小表示协调发展水平的高低，为更加准确地衡量系统之间的协调程度，本文参考相关研究，根据0—1之间的协调度数值，将其划分为10个等级。数值越接近1，协调程度越高。如表1—2所示：

表1—2　协调等级划分标准

协调度	[0,0.1]	[0.1,0.2]	[0.2,0.3]	[0.3,0.4]	[0.4,0.5]
协调等级	极度失调	严重失调	中度失调	轻度失调	濒临失调
协调度	[0.5,0.6]	[0.6,0.7]	[0.7,0.8]	[0.8,0.9]	[0.9,1.0]
协调等级	勉强协调	初级协调	中级协调	良好协调	优质协调

二、人口、经济、社会、资源和环境系统发展现状

可持续发展是人口、经济、社会、资源、环境构成的社会系统工程。人口是总体协调可持续发展的根本，经济和社会发展是实现协调可持续发展的途径和调节器，资源是可持续发展的起点和条件，环境是协调可持续发展的终点和目标，分析研究各系统的发展现状、结构、特点，对于全面把握陕西人口、经济、社会、资源和环境发展的概况，理清人口与经济、社会、资源和环境之间的相互关系，提高评判结果的准确性，查找各系统存在的问题并提出对策建议，促进人口与经济、社会、资源、环境的协调发展具有十分重要的现实意义。

(一)人口发展"两慢三快"

在人口、经济、社会、资源和环境可持续发展系统中，人口处于基础地位，是可持续发展的核心内容，其变化特点既是各种自然资源可持续开发利用的内在变量，也是生态与环境可持续发展的内在变量，适宜的人口数量、较高的人口素质和合理的人口结构可以促进区域经济、社会、资源和环境的可持续发展。2000年以来，陕西人口呈现"两慢三快"的发展特点。

1. 常住人口增速放缓

2010年11月1日，陕西常住人口为3732.74万人，与2000年第五次全国人口普查的3604.77万人相比，10年增加127.97万人，平均每年增加12.8万

人，年平均增长0.35%，与前一个10年(1990—2000)相比，增加人数减少了189万，年均增长速度降低了0.54个百分点，也低于全国0.57%的年均增长速度，是全国人口增长速度较低的省份之一，在31个省(市、区)中由高到低排第20位。相对稳定的低速增长，在一定程度上缓解了陕西人口对资源和环境的压力，为社会经济的又好又快发展以及“和谐陕西”的建设创造了良好的人口环境。人口的出生率、死亡率和自然增长率分别为9.73‰、6.01‰和3.72‰，处于“低出生率、低死亡率和低增长率”的人口发展阶段。相对稳定的低速增长，在一定程度上缓解了陕西人口对资源和环境的压力，为社会经济的又好又快发展以及“和谐陕西”的建设创造了良好的人口环境。

表2—1 人口与经济、社会、环境、资源基本情况

指　标	2000年	2005年	2006年	2007年	2008年	2009年	2010年
常住人口(万人)	3644	3690	3699	3708	3718	3727	3735
人口自然增长率(‰)	5.08	4.01	4.04	4.05	4.08	4.00	3.72
人口密度(人/平方公里)	177.07	179.31	179.74	180.18	180.67	181.10	181.49
专科及以上学历在校学生数(万人)	25.97	72.53	79.16	84.72	91.41	97.38	101.31
平均预期寿命(岁)	71.45	72.87	73.17	73.47	73.77	74.07	74.68
性别比(女=100)	108.47	106.03	105.84	105.77	105.76	105.80	106.92
城镇化率(%)	32.27	37.23	39.12	40.61	42.10	43.50	45.70
总抚养比(%)	44.84	39.55	37.55	37.16	36.46	35.43	30.27
人均GDP(元)	4968	8570	9737	11248	13059	14797	16919
人均财政收入(元)	515	1435	1886	2411	2974	3737	4827
第二产业占GDP比重(%)	43.38	49.61	51.70	51.87	52.79	51.85	53.80
第三产业占GDP比重(%)	42.31	39.32	38.08	37.83	36.91	38.48	36.44
R&D经费支出占GDP比重	2.74	2.35	2.14	2.11	1.96	2.32	2.15
全社会固定资产投资占GDP比重	41.34	50.39	55.03	63.26	66.33	80.21	84.57
人均住房使用面积(平方米)	16.20	19.33	20.16	21.36	22.00	23.14	26.68
恩格尔系数(%)	41.00	40.37	37.16	36.64	37.11	36.06	35.53
城镇登记失业率(%)	3.20	4.20	4.00	4.00	3.90	3.94	3.85
社会治安满意度(%)	82.80	84.66	85.72	86.86	89.32	90.61	91.44
文教科卫事业费占一般预算支出比重(%)	20.55	21.97	22.27	17.51	18.54	27.07	27.38
城乡居民收入比(以农为1)	3.73	4.41	4.51	4.48	4.46	4.54	5.56
基本社会保险覆盖率(%)	11.20	17.80	29.27	49.25	55.05	60.24	64.85
化学需氧量COD排放量(万吨)	32.70	35.00	34.37	34.48	33.21	31.81	30.77
二氧化硫SO_2排放量(万吨)	55.37	79.99	90.83	92.72	88.94	80.44	77.86
工业固体废物排放量(万吨)	126.66	35.00	42.91	42.26	26.00	17.00	17.10
环境污染治理投资占GDP比重(%)	0.27	1.36	3.30	0.80	1.10	1.50	1.79
人均公园绿地面积(平方米)	4.22	5.11	7.11	8.00	8.71	9.34	10.67
城市生活垃圾无害化处理率(%)	38.30	39.80	60.20	52.40	68.52	69.16	79.84
农村改水受益率(%)	64.10	69.20	70.17	78.37	92.96	96.93	96.99
环境质量指数(%)	62.20	68.90	69.70	71.70	73.30	71.50	71.50
人均耕地面积(亩/人)	1.28	1.13	1.13	1.15	1.15	1.15	1.15
人均水资源量(立方米/人)	976.56	1322.70	716.51	1005.10	818.64	1118.84	1360.20
森林覆盖率(%)	24.10	37.26	37.26	37.26	37.26	37.26	41.42
农林牧渔业总产值(亿元)	464.89	730.72	821.54	1002.85	1277.86	1337.22	1666.06
能源生产总值(万吨标准煤)	3805.11	14466.47	15536.28	17931.44	22826.86	27563.07	32159.90
单位GDP能耗(吨标准煤/万元)	1.51	1.76	1.70	1.63	1.53	1.46	1.41

2. 人口性别比降低

全省常住人口中，男性人口 1928.76 万人，占 51.67%；女性人口为 1803.98 万人，占 48.33%，人口性别比（以女性为 100，男性对女性的比例）为 106.92，较 2000 年第五次人口普查的 108.42 下降了 1.5 个百分点。低年龄性别比下降更快，0—4 岁各年龄人口性别比从 120 以上降至 118 以下，出生人口性别比由 122.10 降低到 115.68。10 年来，无论是常住人口、低年龄人口还是出生人口性别比，虽有不同程度的降低，但还高于全国平均水平，仍处在较高水平上。

3. 老龄化程度加重速度加快

2010 年 11 月 1 日，我省 65 岁及以上人口为 318.38 万人，占常住人口的 8.53%，超过了联合国 7%的标准，是老龄化省份之一，但与 2000 年相比，人数增加了 104.38 万人，比重提高了 2.63 个百分点，老年人口抚养比由 8.93%上升到 11.11%，10 年增加的老年人口相当于西安市长安区 2010 年的常住人口数，年平均增长速度高达 4.05%，远远高于常住人口增速。这些变化意味着在经济活动人口负担的老年人口数量增加的同时，社会用于供养老年人的费用将会增多，也将给我省经济增长、社会福利、卫生保健和社会保障体系带来严峻挑战。

4. 人口素质明显提高

第六次人口普查结果显示，随着基础教育的全面普及、职业教育和成人继续教育迅速发展以及高等教育规模的进一步扩大，陕西人民的整体受教育程度进一步提高。2010 年我省具有大学（大专以上）程度的人口为 394.03 万人，其中大学本科 143.82 万人，占 36.49%；研究生 13.74 万人，占 3.48%，二者占 39.97%，与 2000 年相比，本科人数增加了 1.66 倍，研究生增加了 1.56 倍，文盲人口减少 123.22 万。高学历人口快速增加和文盲半文盲人口的减少，促进了陕西人口受教育程度结构重心的逐步后移，15 岁及以上人口平均受教育年限由 2000 年的 7.98 年提高到 9.22 年，提高了 1.24 年。同时，伴随陕西经济社会的发展，医疗卫生条件和生存环境的改善以及社会保障水平的提高，陕西人民的物质、文化生活水平日益丰富，城乡居民的身体更加健康，人口平均预期寿命由 2000 年的 71.4 岁提高到 74.68 岁。

图 2—1　每十万人拥有各种受教育程度人口数

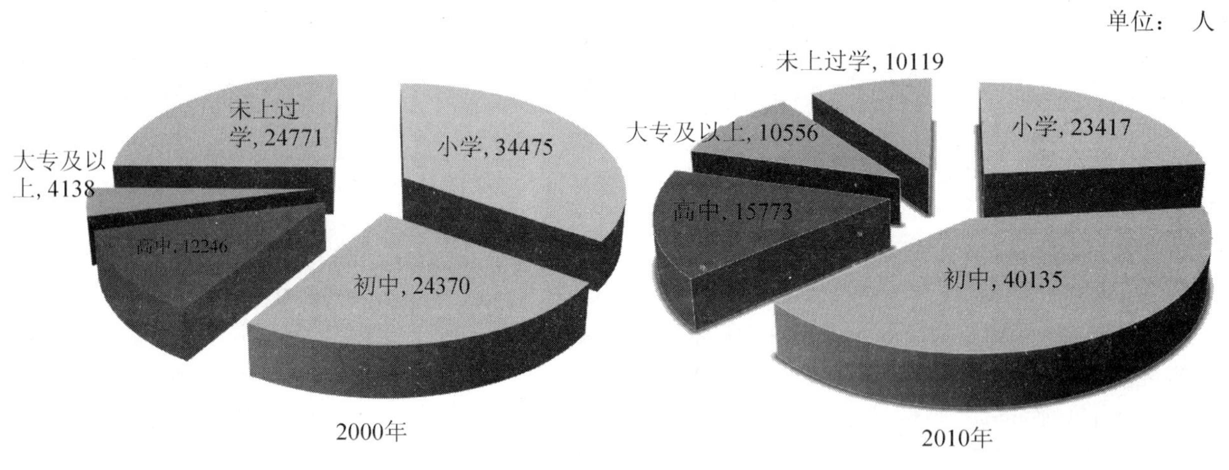

5. 城镇化水平提高

近年来，陕西省委省政府针对城镇化滞后工业化的实际情况，提出“做美城市、做强县城、做大集镇、做好社区”的全省城镇化发展战略思路，在抓好关中城市群建设的同时，着力搞好县城和重点镇建设，从资金、政策等方面全方位支持加快重点镇的发展，城乡统筹发展取得较好效果，城镇化水平进一步提高。2011 年居住在城镇的人口为 1770 万，占常住人口 47.3%，比 2000 年前的 32.26%提高了 13.5 个百分点。特别是 2005 年以来，陕西城镇人口以年平均 4.43%的速度增长，增速远高于常住人口。但与全国相比，城镇化水平还低 3.98 个百分点，在 31 个省市区中排位 18，西部省份低于内蒙、重庆、宁夏排第 4，西北五省低于宁夏排第 2，与相邻的其他 8

省相比，仅高于河南、四川和甘肃。

(二)经济平稳较快发展 居民生活水平显著提高

经济是可持续发展的基础，经济发展是区域可持续发展研究的永恒课题。在可持续发展系统中，经济与资源系统的耦合意味着区域经济发展模式适应了当地资源的特点，经济与环境系统的耦合，意味着在区域经济快速发展的同时，又能维持较好的环境质量；经济系统与人口、社会系统的耦合，意味着在实现良性循环的条件下，人的需求(包括物质需求和精神需求)能够不断得到满足。近年来，陕西经济增长呈现快速稳定的发展势头，为社会、环境的良好发展奠定了坚实基础。

1. 经济平稳较快发展

2000年以来，陕西国民经济发展态势良好，国内生产总值连续9年保持两位数增长，增长速度居全国前茅。全省生产总值由2000年的不足2000亿元，以年均增加800多亿的水平快速发展，2010年达到10123.48亿元，较2000年增加4.6倍。在经济总量不断提升的同时人均生产总值也快速增加，全省人均GDP也由2000年的4968元增加到，2010年的27133元(增长量和增长速度均按当年价格计算)，是2005年的2.5倍，是2000年的5.5倍。

表2—2 经济发展状况

单位：亿元，元

年份	GDP总量	人均GDP(当年价格)	财政收入	人均财政收入
2000	1804.00	4968	187.00	515
2005	3933.72	10674	529.02	1435
2010	10123.48	27133	1801.11	4827

经济总量的快速增加带动经济效益好转，促使财政收入的大幅增长。2000年全省财政收入为187亿，2005年超过500亿元，2008年超过1000亿元，2010年达到1801.11亿。地方财政收入也连年跨上新台阶，2006年、2007年、2008年、2009年和2010年分别跨上300、400、500、700和900亿元台阶，尤其是2010年，地方财政收入达957.92亿元，是2005年的3.5倍。“十一五”期间，陕西地方财政收入的年均增速高达28.3%，高出GDP平均增速13.4个百分点。地方财政收入占GDP的比重由2005年的7.0%提升到2010年的9.5%，提高了2.5个百分点。由此，陕西经济发展由量的扩张期，开始步入量质同步提升的新时期，对于增强全省经济发展后劲、健全和完善社会保障体系、提高人民生活水平发挥了重要保障作用。

2. 三大产业发展“一稳二升三降”

推进产业结构调整是加快经济方式转变的重要途径和内容。十年来，陕西以产业结构调整为抓手，通过优先发展农业，加强基础产业、基础设施建设，大力发展能源重化工业、先进设备制造业、高新技术等优势产业和现代服务业，三次产业结构不断改善并向优化和升级的方向发展。2010年三次产业分别实现增加值988.45、5446.10和3682.93亿元，占国内生产总值的比重由2000年的14.3∶43.4∶42.3到2005年的11.1∶49.6∶39.3，再到2010年的9.8∶53.8∶36.4，呈现“一稳、二升、三降”的发展态势，产业构成显示“二三一”的结构特点，初步形成与陕西处于工业化中期相适应的经济结构。与此同时，陕西根据三大区域资源禀赋的差异性，大力实施“关中率先发展、陕北跨越发展、陕南突破发展”的区域发展战略，具有陕西特点的三大区域因地制宜、优势互补、错位发展、协调发展，关中地区依托区位和装备制造业、现代服务业优势稳中求进，陕南地区围绕绿色产业寻求突破，实现经济快速赶超，陕北地区通过产业优化升级推动经济持续发展，经济结构初步形成了“关中先进制造、陕北能源化工、陕南绿色产业”为主导的区域产业格局。

表2—3 陕西三次产业构成情况

单位：亿元，%

年份	国内生产总值			比重		
	一产	二产	三产	一产	二产	三产
2000	258.22	782.58	763.20	14.3	43.4	42.3
2005	435.77	1951.36	1546.59	11.1	49.6	39.3
2010	988.45	5446.10	3688.93	9.8	53.8	36.4

3. 城乡居民收入双增长

近年来，陕西省委省政府始终把提高居民收入作为经济发展的出发点和落脚点，各级政府也高度重视民生工程，以提高居民收入为抓手，以改善民生、提高居民消费水平为宗旨，制定和出台了一系列惠民政策与措施，城乡居民收入水平保持了较快增长的良好态势。2010年，城镇居民人均可支配收入15695元，农村居民人均纯收入4105元，与十年前相比，与2000年相比，分别增加了2.06倍和1.79倍。同时，随着居民生活水平的提高，城乡居民的消费结构也发生了很大变化，衣食住行用明显改善，居民家庭拥有的“新新四件”(即商品住房、小汽车、通讯、旅游)正在迅猛发展，消费类型逐渐由“温饱型”向“小康型”转变，恩格尔系数由2000年的41%降至2010年的35.53%。但是，“两个收入”还低于全国平均水平，2010年分别比全国少3414和1814元，低17.87和30.65个百分点，在31个省市区中，由高到低分别排列第19和27位，农村居民纯收入远不及与其他省(市、区)。

表2—4　陕西省城乡居民收入

单位：元，%

年 份	城镇居民人均可支配收入	城镇居民家庭恩格尔系数	农民人均纯收入	农村居民家庭恩格尔系数	城乡居民收入比(以农为1)
2000	5124	35.8	1470	43.5	3.73
2005	8272	36.1	2052	42.9	4.41
2010	15695	37.1	4105	34.2	5.56

纵向来看，陕西经济实力逐渐增强，但经济欠发达依然是基本省情，结构性矛盾和粗放型发展方式尚未根本改变；城乡居民的收入和生活质量都在提高，但与GDP和财政收入的增速还存在较大的差距，按当年价格计算，2010年城镇居民可支配收入增长11.08%，农民人均纯收入增长19.40%，GDP增长23.91%，财政收入增长29.47%；贫困人口和低收入人口数量仍然较多。

(三)社会和谐稳定发展

社会系统在协调可持续发展系统中处于特殊位置，它既是协调可持续发展实现的基本前提，又是协调可持续发展的最终目的。2000年以来，经济实力的增强为陕西社会的全面发展奠定了基础，促进了社会的和谐稳定发展。主要表现在以下几个方面：

1. 社会事业投入连年增加

随着经济的快速发展和经济效益的提高，陕西财力随之增强，省委省政府按照科学发展观的要求，坚持以人为本，着力解决事关人民群众切身利益的突出矛盾和问题，着力促进人的全面发展，财政支出重点向农村倾斜，向社会事业发展的薄弱环节倾斜，向困难地区、困难基层、困难群众倾斜，充分体现了不同利益群体共享经济发展成果的利益格局。财政对科教文卫事业的投资持续增加，由2000年的5.58亿，2005年的14.04亿，增加到2010年的607.55亿元，占地方财政支出的比重由20.55%，21.97%上升到27.38%，说明陕西的财政支出有1/4多用于科教文卫事业的发展。

2. 就业形势基本稳定

就业是民生之本、安国之策。近年来，由于劳动力人口的增加而使陕西面临较大的就业压力。为了解决好就业问题，省委省政府秉持“促就业、保民生”的基本方针，坚持劳动者自主择业、市场调节就业和政府促进就业相结合的就业方针，建立促进就业的新体制、新机制，不断丰富就业援助的政策内容和形式。出台了“发展经济拉动就业，帮扶企业稳定就业，政策扶持鼓励创业，重点人群统筹就业，特别培训提高技能，加强服务促进就业”六方面组合性政策措施，扭转了城镇新增就业下滑、岗位流失加剧、失业率上升的局面，针对下岗失业人员、农民工、复员退役军人、高校毕业生等群体，制定有针对性的就业帮扶政策，通过开发公益性岗位、一对一就业援助、零就业家庭就业援助、小额担保贷款、开展创业培训等措施，千方百计开发就业岗位，拓宽就业渠道。2011年城镇新增就业人数41.15万人，下岗失业人员实现再就业人数为15.84万人，城镇登记失业率降至2005年以平的最低水平，也低于全国4.1%的平均水平，由高到低在全国31个省市区排13位。

针对农村劳动力就业问题，省委省政府加快促进农民工就近就地转移，鼓励回乡创业，推动农民创业致富，逐渐形成政府引导、市场配置、专业化培训、企业化运作、规范化经营、一体化服务的农村劳动力转移就业格局。广泛开展农村劳动力转移就业培训，继续实施“人人技能工程”、“阳光工程”、“雨露计划”、“农民工技能提升计划”等培训项目；精心培育“蓝田厨师”、“米脂婆姨”、“宝鸡技工”、“秦巴茶艺”等传统和优秀劳务品牌，提高我劳务品牌的知名度。扶持外出务工人员发挥技术、资金、信息优势回乡创业，积极提供培训指导、项目论证、政策咨询等方面的服务。

3. 社会保障程度日益提高

经济实力的增强带动了基本社会保险覆盖率的进一步提高。近年来，陕西省委、省政府将健全制度、系统解决社会发展领域的“短板”问题放在重要议事日程来抓，不断调整社会利益格局，健全和完善社会基本保障体系，大力推进并实施“民生八大工程” 和“富民强省十大民生工程”，积极推进“和谐陕西”构建，加大医疗卫生、社会保障、就业、教育、公共安全及交通运输等民生事业投入，确定将新增财力的80%用于民生工程，全民养老、医疗保险实现制度全覆盖。通过建立健全城乡居民养老和医疗保障制度，基本社会保险覆盖率达到64.85%，较2005年提高了47个百分点。群众看病难、看病贵问题得到有效缓解，大部分群众的困难都能通过现有社会保障体系得以解决，特别是结合陕西实际和地区特点，在实践中探索社会保障新领域，创建出许多好的做法和经验，宝鸡市新型农村社会养老保险模式、榆林市统筹城乡养老模式、神木县医保模式、吴起县免费教育模式等开创了陕西乃至全国社会保障制度新局面，标志着陕西养老、医疗、失业等社会保障体系日益健全，陕西人民老有所养、病有所医、住有所居、学有所教、劳有所得生活憧憬有望早日实现。

4. 社会治安状况持续好转

连续多年的群众安全感调查结果显示，2000年以来，陕西的社会治安满意率呈现平稳上升趋势，由2000年的82.8%到2006年85.72%，2009年突破90%，2011年达到91.44%的较高水平，社会治安综合治理工作特别是创建“平安陕西”活动取得了一定成效，得到多数群众的认可和赞同。

(四)自然资源相对丰富

资源是可持续发展的起点和条件。陕西地处西北，横跨黄土高原、关中平原和秦巴山地，自然条件复杂多样。陕北是我国重要的能源生产基地，也是水土流失严重地区，关中则是陕西重要的经济产业带和人类活动密集区，秦岭山地既是我国中部地区重要的水源涵养区和生态屏障，也是东亚地区生物多样性的热点地区，对区域社会经济的发展发挥重要的服务功能。在陕西20.58万平方公里土地中，山地占36%，主要分布在陕南的汉中、安康、商洛三市；高原占45%，以陕北的榆林和延安两市分布最多，其次是关中和陕南；平原仅占19%，主要分布在关中地区，其次是陕南，再次是陕北。2010年统计资料显示，我省有耕地405万公顷，占19.68%，林地1035.4万公倾，占50.31%，草地306.4万公倾，占14.89%。关中耕地比重大，陕南林地比重大，而陕北草地比重大。陕西的土地面积占全国12.68%，是全国的50分之一，人均耕地面积1.15亩，低于全国1.4的水平，高于联合国粮农组织确定的0.8亩的警戒线。

2000年以来，伴随退耕还林、植树造林、林地保护等政策的实施，陕西森林面积为853.24万公倾，较2000年为497.35万公倾增加了355.89万公倾。伴随陕西退耕还林、植树造林、林地保护等政策的实施，在森林面积增加的同时覆盖率逐年升高，由2000年的24.1%到2005年的37.26%提高到2010年的41.42%，高于全国20.36%的平均水平，在全国31个省市区中排列第11位。

陕西还是矿产资源大省之一。2010年，探明储量的矿产有93种，潜在价值42.56万亿元，约占全国的三分之一，储量居全国前10位的有62种，居前五位的有煤、天然气、钼、盐和水泥及灰岩，神府煤田以其储量大、易开采、质量优而在国内市场具有很强的竞争力。以靖边为中心的大型天然气田，除供应北京、西安、银川外，已成为西气东输的重要组成部分。

我省水资源可划分为长江流域、黄河流域和内流区3大片。有河流583条，以秦岭为界，北属黄河水系，南属长江水系。黄河水系境内主要有渭河、泾河、洛河、无定河，面积占全省的63.3%，水资源量占29%，长江水系境内主要有汉江、丹江、嘉陵江，面积占36.7%，水资源量占71%。内流区分布在长城沿线风沙区，以湖泊和小河流为主。黄河流域属资源型缺水区，秦巴山区水资源丰富，属丰水区。据统计，2010年陕西水资源总量为507.5亿立方米，占全国的1.64%。人均水资源1360立方米，比全国平均水平少950立方米，相当于全国平均水平的58.9%，略高于国际公认缺水警戒线人均1000立方米，在31个省市区中排列第21位。

(五)环保意识增强 环境质量提高

环境是可持续发展的终点和目标，是人类赖以生存的基础。它既为人类活动提供资源并容纳废弃物，又为人类活动提供空间和载体。环境子系统是区域协调可持续发展的容量支持系统，也是不同发展方式结果的警示器，可持续发展归根结底是为了创造有利于人的全面发展的环境。它主要由大气环境、水环境、土壤环境、森林环境、草原环境等要素构成。

在经济快速发展、社会和谐稳定的形势下，随着人们生活水平的提高，人们对生活质量的要求越来越高并将更多的目光放到了和自己生活息息相关的环境质量上，环境问题成为党政领导重视、社会各界和广大公众关心的热门话题。近年来，我省坚持在发展中解决环境问题，狠抓污染减排，加强“一山两水三大板块”环境治理，实施城市环境保护、工业污染源治理、生态环境保护、水环境保护、环保能力建设五大环境工程，加大环境污染治理投资，2010年投资了181.69亿元，占GDP的比重由2000年的0.27%上升到2010年的1.79%，污染物排放总量得到有效控制，二氧化硫、化学需氧量和工业固体废物排放量明显减少，分别比2005年减少4.23、2.13和17.9万吨，减少12.1、2.7和51.1个百分点，工业固体废物排放量减少了1/2多。同时，以秦岭保护、渭河治理、退耕还林为主要内容的生态环境建设和节能减排等措施强力推进，大规模实施退耕还林还草、天然林保护和“三北”防护林等重点生态建设工程，森林覆盖率由2000年的24.1%上升到2005年的37.26%继续提高到2010年的41.42%，万元GDP能耗由2005年的1.76下降到2010年的1.41吨标准煤，环境质量指数由2000年的62.2%到上升到2005年的68.9%，2010年突破70%达到71.5%，西安市空气质量达到及好于二级的天数也逐渐增加，2010年达到304天，其他市城区良好天数连年超过300天，城市生活垃圾无害化处理率由2000年38.3%上提高到2010年的79.84%，为解决农村居民的饮水安全问题，政府加大投资，农村改水受益率由2000年的64.1%提高到96.99%，基本上解决了农村居民的饮水安全问题，全省生态环境质量进一步改善，人民的生活环境逐渐优化。目前，陕西有国家级卫生城市4个、卫生县城19个、卫生镇1个，省级卫生城市7个、卫生县城42个，其中西安、宝鸡、铜川、渭南、安康等市实现省级以上卫生县城全覆盖；截至2011年，我省有国家级园林城市2个，园林县城6个，除榆林市以外，其他九市一区均达到省级园林城市的标准，36个县达到园林县城的标准。西安“大水大绿”城市风貌初步形成，宝鸡成为国家森林城市和园林城市，绿色已成为三秦大地的主色调。

三、各系统综合发展水平

应用建立的模型，根据评价指标体系及数据资料，使用功效系数法将原始数据无量纲化并采用“熵值法”对各指标赋予权重，根据(1－1)式得到人口、经济、社会、资源和环境五系统的综合发展水平，其结果如图表3－1显示。可以看出，五大系统的综合发展水平均按时间序列呈现出明显的上升态势，但在同一时期各系统的发展水平良莠不齐。2000年资源系统综合发展水平最高，2010年环境系统的发展水平最高。动态观察各系统综合发展水平，五系统的综合发展水平呈现以下特点：

(一)环境系统综合发展水平最快

2010年综合发展水平最高达到81.15%，较2000的提高了31.42个百分点，是五系统中发展最快的。表明陕西对环境污染和生态环境保护的重视程度越来越高，各级政府加大了对环境污染的治理力度，广大民众的环境保护意识大大增强，环境质量逐渐提高。但环境发展水平在2007年略有恶化，主要是因为环境污染治理投资占GDP比重的急剧减少、城市生活垃圾无害化处理率降低、SO_2排放量的增加均对环境的发展产生了制约性的影响，因此，要实现环境水平的平稳快速的发展，必须重视监测影响环境质量的各项指标。

图 3—1 各系统综合发展水平

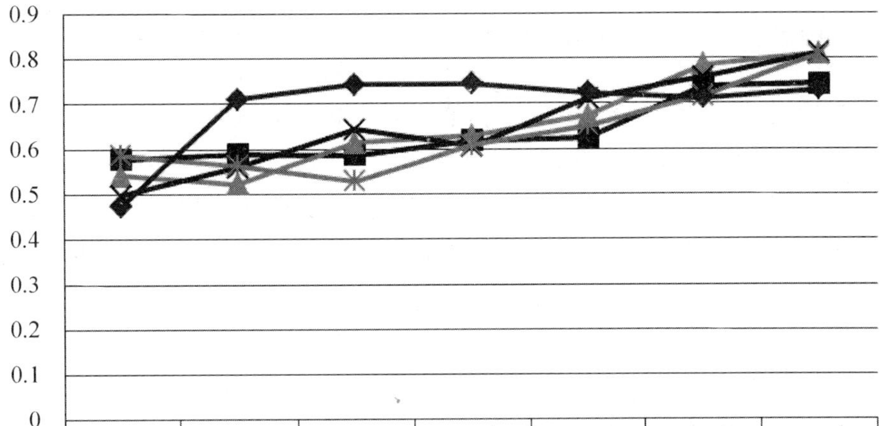

	2000年	2005年	2006年	2007年	2008年	2009年	2010年
经济系统	0.5774	0.5892	0.5863	0.6187	0.6228	0.7369	0.7432
社会系统	0.5409	0.5222	0.6144	0.6291	0.6732	0.7854	0.8096
环境系统	0.4973	0.5584	0.6442	0.6055	0.7102	0.7582	0.8115
资源系统	0.5868	0.5635	0.5283	0.6086	0.6509	0.7166	0.8076
人口系统	0.4751	0.7112	0.7428	0.7441	0.7241	0.7129	0.7296

(二)社会系统综合发展水平居第二

2010 年陕西社会综合发展水平为 80.96%，较 2000 年提高了 26.87%，2005 年经历了小幅度下降，主要原因是作为逆指标，城镇登记失业率在 2000 年是最小值 3.2，而 2005 年却达到最大值 4.2，城乡居民收入比也出现了上升态势，虽然 2005 的社会治安满意度、文教科卫事业费占一般预算支出比重和基本社会保险覆盖率、人均住房面积都略有提高，但不足以抵消逆指标所带来的影响，导致最直接的结果就是 2005 年社会的综合发展水平低于 2000 年。说明陕西要实现社会平稳快速发展，对产生的就业压力问题和贫富差距问题必须引起足够重视。

(三)资源综合发展水平经历了先降后升的过程

资源的综合发展水平以 2006 年为分界点，2000—2006 年期间综合发展水平逐渐下降，2006 年水平最低，之后开始上升。主要原因是 2006 年人均耕地面积最低，单位 GDP 能耗达到较大，加之 2006 年平均年降水量比往年平均减少 11.9%，地表水资源量减少 42.2%，黄河流域遭遇 2004、2005、2006 年连续 3 年年降水量比多年平均偏少的连枯期，长江流域发生继 2004 年年降水量比多年平均偏少的又一个偏枯水年份，人均水资源仅为 716.5 立方米，是 2000 年以来人均水平最低的年份。多种因素导致 2006 年资源综合发展水平为 2000 年来的最低点。之后资源综合发展水平上升速度较快，说明陕西在追求经济快速发展的同时，节能降耗、充分利用资源优势，加大了资源的开发力度，提高资源的利用效率，能源生产总值快速增长。因此，陕西要实现资源的平稳快速发展，就要加大资源生态条件改善的力度，提高耕地资源、水资源和能源的利用质量。

(四)经济系统综合发展水平倒数第二

2000 年到 2010 年的十年间，陕西经济综合发展水平呈现连续上升态势，经济总量和人均水平直线上升，但由于产业结构、居民消费结构、投资结构等还存在一定的问题，从而影响综合发展水平的提高。

(五)人口综合发展水平最低

近年来，陕西在控制人口数量、提高人口素质方面取得了显著成效，但是，人口结构性矛盾表现较为突出，如人口老龄化速度加快、人口性别比偏高等，这对人口综合发展水平造成一定的影响。但我们可以看到，2005 到 2008 年人口系统的发展水平超过了其他四个系统，说明这段时间陕西在控制人口数量、统筹解决人口问题方面取得了较好的效果。

四、人口与经济、社会、资源、环境各系统协调度评价

各系统的发展特点和综合发展水平，对相关系统之间的协调发展产生直接影响。根据(1—2)式计算获得陕西2000年到2010年人口与经济、人口与社会、人口与资源、人口与环境系统间的协调度，并依据协调度等级划分标准对陕西人口与经济、社会、资源、环境四系统之间协调发展水平进行分析评价。结果显示，人口与其他四个系统之间的协调关系随着时间的推移呈现逐渐改善的良好态势。

(一)人口与环境的协调度最高速度最快

人口与环境的关系主要表现在由于区域系统人口规模的不断加大，当人口数量达到一定限度时，就会突破环境承载力，使环境污染加剧和生态环境自调功能退化，使生态系统进入恶性循环，从而导致区域环境质量下降。当人口数量与环境的关系协调时，人口对环境起着净化和美化的作用，环境对人口的生存和发展提供优越的条件。从计算结果看，2000年人口与环境的协调度最低，仅为勉强协调，2010年协调度为0.897，达到良好协调的最高限。在此期间，陕西人口规模虽仍在扩大，但增速明显放缓，同时随着经济实力增强，对环境治理的投资加大，同时人口素质的提升使得环境保护的意识不断增强，人口与环境相互之间的压力在逐渐缓解，2007年人口与环境的协调度略有下降，主要是因为化学需氧量和二氧化硫排放量的增加对环境造成了不良影响，使环境质量下降导致人口与环境之间的协调发展有所减弱。说明对环境治理与保护方面的投入需要持续加强，稍有松懈就会影响人口与环境的协调发展状况。

表4—1　陕西人口与四系统间的协调度

	2000年	2005年	2006年	2007年	2008年	2009年	2010年
人口与经济	0.635012	0.777119	0.788755	0.809876	0.803803	0.859291	0.870174
	初级协调	中级协调	中级协调	良好协调	良好协调	良好协调	良好协调
人口与社会	0.614902	0.732202	0.806671	0.816236	0.832836	0.879432	0.896400
	初级协调	中级协调	良好协调	良好协调	良好协调	良好协调	良好协调
人口与环境	0.589649	0.756982	0.824692	0.801624	0.852054	0.868582	0.897046
	勉强协调	中级协调	良好协调	良好协调	良好协调	良好协调	良好协调
人口与资源	0.640021	0.760379	0.749272	0.80358	0.820377	0.84981	0.895714
	初级协调	中级协调	中级协调	良好协调	良好协调	良好协调	良好协调

(二)人口与社会的协调发展直线上升

人口发展是社会发展的基本内容，一定数量的人口是社会存在的必要前提。人既是生产者，又是消费者，人口状况对社会的发展起着加速或延缓的作用，当人口的数量、素质、结构以及人口密度和增长速度与物质生产状况、社会生产和科技水平要求相适应时，就会促进社会的发展。2000年到2010年，陕西的人口状况与社会发展之间没有出现突出矛盾，社会发展也能体现以人为本的理念，人口与社会发展过程中的一些细小矛盾能够通过政府采取的政策措施及时得以解决，从而促进人口与社会的和谐发展，使人口与社会的协调度由2000年的初级协调、2005年的中级协调、2006良好协调后，协调度继续提高，2010年达到0.896的高水平。

(三)人口与经济协调度最低

对一个国家或地区而言，适度的人口数量、较高的人口素质、合理的人口结构有助于经济的发展。当人口规模、结构和素质适应经济发展结构的要求时，就为经济的发展提供充足的、高素质的人力资源而且不影响国民生产的投资结构、促进经济的又好又快发展。从我省人口与经济的协调度看，2010年虽然达到良好协调程度，但相对于人口与其他三个系统来讲，协调度最低而且2008年还出现下降态势，主要因为人口自然增长率是2005年以来的最高水平，而且经济系统中农村居民的恩格尔系数也出现了反弹，由此影响到协调度的降低。2006年当人

口与环境、人口与社会的协调度已经达到了良好状态时，人口与经济的协调度还处在中级协调的水平上，较其他两系统延迟1年达到良好协调。

（四）人口与资源的协调发展相对较缓

人口规模和增长速度对资源的承载力影响较大，过多的人口数量和过快的增长速度会使人均土地面积、人均森林面积、人均水资源减少，能源供应紧张等，对资源造成压力。近年来陕西人口规模在扩大但增长速度相对较缓，加上经济发展的同时注重资源开发的计划性，提高资源利用效率，使资源的供需暂时没有出现紧张的矛盾，但是人口规模的逐渐加大对资源的数量、结构造成了一定程度的影响。如2000年，人口与资源的协调度是最高的，但到2010年，协调水平仅高于人口与经济排第三，较2000提高了0.26，比人口与环境、人口与社会的协调发展速度慢。

五、人口系统与经济—社会—环境—资源系统协调度分析

在五系统的协调可持续发展中，人口是可持续发展的关键。因此，我们将人口系统作为主系统，将经济、社会、资源和环境作为一个子系统，计算得到人口系统与经济—社会—环境—资源系统各指标的权重。根据（1—1）式计算得到人口系统、经济—社会—环境—资源系统的综合发展水平（如表5—12）。

表5—1　陕西人口系统、经济—社会—环境—资源系统综合发展水平

	2000年	2005年	2006年	2007年	2008年	2009年	2010年
人口系统	0.4751	0.7154	0.7474	0.7493	0.7298	0.7191	0.7296
经济—社会—环境—资源系统	0.5536	0.5508	0.5854	0.6087	0.6642	0.7526	0.7990

结果表明，经济—社会—资源—环境四系统的综合发展水平整体呈现上升趋势，但低于经济、社会、资源和环境各独立系统的发展水平。说明陕西在追求经济增长的同时，各级党政领导非常重视经济、社会、资源和环境的协调可持续发展，合理利用资源，提高资源利用质量，转变资源依赖型的产业结构和粗放型的经济增长方式。同时，积极解决人口规模加大和城镇化快速推进引起的劳动力资源增长、就业困难、交通拥挤、社会保障覆盖面低、教育和卫生设施不足等一系列社会问题。在发展经济的同时，更加注重环境的改善和保护，从政策、资金等方面加大环境治理的力度，使陕西居民的生活环境明显改善需要说明的是，在经济、社会、资源和环境这个系统中，要使四个子系统协调可持续发展，就必须处理好四个系统之间的关系。

根据（1—2）式得到陕西人口与经济—社会—环境—资源两系统间的协调度，并依据协调度等级划分标准分析评价陕西所处的协调发展水平如（表5—2）。

表5—2　陕西人口与经济—社会—环境—资源两系统间的协调度

	2000年	2005年	2006年	2007年	2008年	2009年	2010年
人口与经济—社会—环境—资源	0.62200	0.75367	0.79002	0.80574	0.83048	0.86927	0.89268
	初级协调	中级协调	中级协调	良好协调	良好协调	良好协调	良好协调

人口系统与经济—社会—环境—资源系统的协调状况逐年改善，由初级协调逐渐发展为良好协调。与2000—2005年相比，2005—2010年间协调度提高的速度较快，说明近五年陕西在控制人口数量、提高人口素质的同时，经济持续快速发展，社会能力随之增强，资源利用效率提高，环境治理和保护意识增强并加大环保投入，为陕西的人口与经济、社会、资源、环境可持续发展创造良好环境。目前陕西虽然基本达到人口与经济、社会、环境及资源的良好协调，但是要向本质协调的方向发展，必须在继续控制人口数量、提高人口素质、优化人口结构的同时，转变经济发展方式、更加注意保护环境、提高资源利用质

量,缓解人口与经济、社会、环境及资源之间的压力,让其在快速发展、协同发展的同时,能够稳定发展、科学发展、可持续发展。

六、促进人口与经济、社会、环境及资源协调发展的建议

综上所述,陕西人口系统与经济一社会一资源一环境系统的协调状况逐年改善,已由初级协调发展到良好协调。但由于相关数据的可获得性,以及各系统发展过程中有些因素无法用数据进行量化和定性分析,各系统内部以及各系统之间都还有一定的优化空间。为此,针对存在的问题提出对策建议,为促进陕西人口与经济、社会、资源和环境的更加协调提供参考。

(一)人口系统——统筹解决人口问题

一是提高出生人口素质,为经济社会发展提供人力资源;二是加大综合治理出生人口性别偏高力度,促进人口性别均衡发展;三是加快发展养老服务业;四是统筹城乡发展,促进城镇化建设。

(二)经济系统——把握机遇优势,促经济发展方式转变,走投资、消费、出口协同拉动之路,增加城乡居民收入

一是紧抓承接国际国内产业转移、新一轮西部大开发、国家实施创新型战略、进一步扩大国内需求“四个机遇”;二是实现经济增长由三次产业协同带动转变;三是坚持走投资、消费、出口协同拉动之路;四是促进区域经济协调发展,形成产业互补共同发展的新格局;五是充分发挥科教资源优势,增强自主创新能力;六是充分利用人口红利,发挥劳动力资源优势。

(三)社会系统——统筹教育发展,健全社会、住房保障体系,加强流动人口管理

一是统筹教育事业发展,加快普及学前教育,巩固提高义务教育水平,稳定高中规模,提高教育质量,统筹发展高等教育,推进资源整合;二是建立健全社会保障体系,实现制度覆盖的公平性,解决制度模式“碎片化”问题,实现保障制度的可持续发展,推进制度的法制化建设;三是保障城乡居民住有所居,将农村和城镇居民居住条件改善同步考虑、统筹解决,在改善居住环境中注重质与量的全面提升,切实做到安全、舒适。四是提升流动人口管理水平,建立健全城乡一体化的养老、医疗保障政策,创新流动人口的社会管理方式,积极开展流动人口的在岗和转岗培训。

(四)资源系统——促进资源节约,坚持植树造林,发展循环经济

一是节约水资源,提高利用效率和效益;二是节约土地资源,保护和合理开发矿产资源;三是大力发展循环经济;四是坚持不懈做好植树造林和森林保护工作。

(五)环境系统——健全污染减排机制,强化减排监管措施,改善农民生活环境,大力推进生态文明建设

一是健全污染减排协调机制;二是进一步加大产业结构调整力度;三是进一步扩大减排工程建设范围;四是完善污染减排政策体系;五是强化减排监督管理措施;六是重视改善农村居民的生活环境;七是加强生态文明宣传教育

总之,随着经济社会的发展,资源环境对经济增长制约作用越来越大,人民群众对生态环境质量的要求越来越高,陕西的五大系统协调度逐渐提高,但经济发展和人口资源环境的矛盾仍然存在,可持续发展的压力越来越大。面对严峻的形势,针对我省人口、经济、社会、资源和环境五大系统存在的不足,采取强有力的政策措施,将进一步促进陕西人口与经济、社会、资源和环境的协调健康可持续发展。

参考文献:

1. 毛汉英．山东省可持续发展指标体系初步研究[J]．地理研究,1996,15(4):69—75.
2. 曾康宁．江苏省 FEEEP 协调度研究[D]．南京财经大学硕士学位论文,2006,12.
3. 杜芸芝．基于 PRED 的厦门绿色城市协调发展评价研究[D]．福建农林大学,2010,4.
4. 贾晓丹．西安,宝鸡人口城市化与 PREE 协调发展研究[D]．陕西师范大学,2007,5.
5. 任淑花．陕北地区 PREE 协调发展测算及提升战略研究[D]．陕西师范大学,2008,5.

6. 齐晓娟．中国西北地区人口，环境与经济社会协调发展评价研究[D]. 首都经济贸易大学，2008，5.
7. 牛海燕．人力资本，环境与经济协调关系研究——以云南省为例[D]. 云南大学，2010，5.
8. 廖重斌．环境与经济协调发展的定量评判及其分类休系[J]. 热带地理，1999(2)：171—177.
9. 吴文恒，牛叔文. 甘肃省人口与资源环境耦合的演进分析[J]. 中国人口科学，2006(29)：81—86.
10. 蒲婷婷，王家勋，王生林. 甘肃省人口与经济协调发展评价与分析[J]. 甘肃理论学刊，2010(198)：142—146.
11. 柴莎莎，延军平，杨谨菲．山西经济增长与环境污染水平耦合协调度 [J]. 长江流域资源与环境，2011(7)：892—896.
12. 罗璐琴．武汉市社会_经济_资源_环境和谐度评价与预测[D]. 华中科技大学，2007，6.
13. 李华，申稳稳，俞书伟．关于山东经济发展与人口_资源_环境协调度评价[J]. 东岳论丛，2008(29)：75—79.
14. 韩兆洲，区域经济协调发展统计测度研究(博士课题，2000 年).
15. 汪波、方丽，区域经济发展的协调度评价实证分析(2004).
16. 王红瑞、王华东，论环境与经济发展的协调度(1992)．
17. 2001—2011 年《陕西统计年鉴》，2001—2011 年《中国统计年鉴》.

陕西省统计局 杨志俊 邵晓线 程飞 王文丽

人口发展对经济发展方式转变的影响分析

人口发展包括人口数量、人口质量和人口构成3个方面。人口数量主要指人口发展速度和规模；人口质量主要指人口身体素质和文化科学素质；人口构成包括人口自然构成、社会构成和地域构成。经济发展方式转变是指在经济发展进程中要以人为本，真正做到全面协调可持续发展、统筹城乡发展、区域发展、人与自然和谐发展、国内发展和对外开放，使经济发展朝着有利于人和社会全面发展的目标前进。人口发展在整个经济社会发展中占有举足轻重的地位，良好的人口发展，关系到人口与经济、社会、资源、环境协调的可持续发展，关系到中国能否实现人口大国向人力资本强国的转变，关系到惠及十几亿人口的更高水平小康社会宏伟目标的实现。科学的、有效的人口管理是推动和实现人口发展的重要途径。

一、人口发展对经济发展方式转变影响的理论机理

早在18世纪，英国经济学家马尔萨斯著书《人口原则》，这是人类历史上第一本专门研究人口问题的著作，其中提出“马尔萨斯人口论”，其核心观点是人类必须控制人口的增长，否则，贫穷是人类不可改变的命运。[1]马尔萨斯高屋建瓴地提出了人口与生活资料之间的适应，及人口的“适度”对经济发展的社会改良的促进。马尔萨斯人口论在理论上仍然具有一定的合理性。

马克思主义“两种生产”原理中关于人口发展规律的结论为：物质资料再生产对人类自身再生产具有决定作用，人类自身再生产反过来影响物质资料再生产。[2]这也同样是关于人口发展与经济发展关系的重要的论述

中国人口学常务副会长、中国人民大学翟振武教授指出：人口均衡发展是指人口的发展与经济社会发展水平相协调、与资源环境承载能力相适应，并且人口总量适度、人口素质全面提升、人口结构优化、人口分布合理及人口系统内部各个要素之间协调平衡发展。进而他指出人口问题是社会最为基础也是最为重要的问题之一，我们不仅要将实现“人口均衡”作为人口发展的目标，还必须站在社会建设的高度来认识人口的均衡发展问题，致力于建设“人口均衡型”社会是顺应历史发展趋势、势在必行的。[3]中南财经政治大学杨云彦教授提出，人口均衡发展应该包括两个层面的内容：第一是人口自身的均衡发展；第二是与经济、社会、资源、环境的均衡发展。[4]北京师范大学课题组认为，人口均衡发展是人口数量、质量与结构的全面均衡，是经济因素、社会因素和资源环境因素共同确定的最优人口发展状态，包括人口内部均衡和外部均衡两个层次，内部均衡主要包括人口数量均衡、人口质量均衡、人口结构均衡；外部均衡主要指国际竞争力等人口自身之外的系统相互协调和持续发展而达到的一种均衡状态。[5]以上定义不论从何角度出发，都体现出了人口均衡发展对经济发展的重要影响，因此研究人口均衡发展对经济发展方式转变的影响具有很重要的理论及现实意义。

二、甘肃省经济发展方式转变效果的测度

本研究立足于通过转变经济发展方式反映出的社会现象和社会事实的变化来研究经济发展方式转变的效果，因此指标体系设置落脚点在于经济发展方式转变期望目标实现的程度和能够反映经济发展方式转变的社会经济现象的变化。具体来说研究从当前国内外经典的发展理论出发认为经济发展方式转变的效果主要反映在经济效益水平增长、生产要

素效率提升、科技进步、产业结构合理化、资源环境效益水平提高、产品质量竞争力水平上升以及人民生活水平进步等七个方面出发，在综合考虑指标的代表性和数据的可得性基础之上，研究从上述七个方面出发构建了由19个相应的三级指标构成的指标体系，选用了1995－2010年的相关数据，运用离散系数法确定指标权重（关于离散系数发在计算指标权重方面的优点以及具体的计算方法可参见文献[6]），将19个三级指标按照其所属的二级指标分别拟合为各二级指标指数，并运用同样的方法将七个二级指标指数最终拟合为经济发展方式转变效果综合指数。最终计算结果如表1所示：

表1 经济发展方式转变各二级指标指数及其效果综合指数

时间	经济效益指数	经济效率指数	科技进步指数	产业结构指数	资源环境效益指数	产品竞争力指数	人民生活水平指数	经济发展方式转变效果综合指数
1995	0.2881	0.4549	0.2959	0.7141	0.0949	0.5905	0.9104	0.3314
1996	0.0973	0.5629	0.3954	0.6937	0.1215	0.5668	0.9567	0.3128
1997	0.0506	0.3401	0.4323	0.7131	0.1355	0.6875	0.9020	0.2951
1998	0.0480	0.3498	0.4896	0.7437	0.1415	0.6025	0.9229	0.2972
1999	0.0501	0.3049	0.5026	0.7663	0.1601	0.5045	0.8475	0.2863
2000	0.2695	0.2831	0.5012	0.7855	0.1753	0.6261	0.7624	0.3551
2001	0.2372	0.3214	0.4206	0.7996	0.2089	0.6585	0.7356	0.3545
2002	0.3944	0.3214	0.2772	0.8209	0.2127	0.7007	0.7001	0.3833
2003	0.4435	0.3630	0.5381	0.8842	0.2089	1.0000	0.6826	0.4648
2004	0.6591	0.4565	0.3873	0.8933	0.2603	0.9480	0.7065	0.5254
2005	0.5515	0.5610	0.2605	0.8989	0.3317	0.8311	0.6900	0.5027
2006	0.6643	0.5441	0.3872	0.9075	0.3935	0.9507	0.6740	0.5767
2007	0.9947	0.6374	0.5360	0.9098	0.4917	0.8369	0.6713	0.7087
2008	0.5033	0.6463	0.5293	0.9240	0.7657	0.6276	0.7036	0.6440
2009	0.7054	0.5366	0.5449	0.9399	0.7827	0.2661	0.6756	0.6512
2010	0.7265	0.6994	0.8666	0.9663	1.0000	0.4822	0.7032	0.8057

三、甘肃省人口发展对经济发展方式转变的影响分析

如前文所述，经济发展方式转变的效果主要体现在经济效率的提升、经济效益的提高以及科技进步等方面，显而易见，人口素质的提升对于技术创新、科技进步、管理创新乃至要素使用效率的提升都具有明显的作用。反过来，社会经济的发展，也直接影响人口素质的各个方面，人口素质是由社会的经济基础决定的，受各种社会条件的制约，经济条件是人口素质的重要基础；此外，男女性别比不同也严重影响社会消费结构以及投资结构，不同的投资结构与消费结最终影响社会经济发展方式的转变；劳动力人口是社会经济发展的基石，一个社会经济的发展主要依靠15－64岁人口的劳动贡献，因此，国际上通常把劳动力人口在总人口中占有的比重较高的时期称为一个社会经济发展的人口红利期，毫无疑问，劳动力在为社会经济发展做出贡献的同时，也影响了一个社会经济发展方式，他们采用什么样的劳动方式，这直接决定了这个社会的经济发展方式。

(一)人口发展相关评价指标的选取

本文选取了反映人口素质的指标——平均受教育年限、反映人口年龄结构的指标——劳动力人口占总人口的比重以及反映人口规模发展状况的指标——人口的自然增长率,并利用1995年至2010年以上指标相关数据对甘肃省经济发展方式与人口素质之间的关系进行了实证研究。考虑到男女性别比对经济发展的影响主要存在于对传统的以女性劳动者为主要劳动力的产业的影响,而正如前文所述,在高度紧张的就业压力下,大量男性进入了传统的女性职业,这在很大程度上弥补了传统女性产业的产值。而本研究选取的反映经济发展方式转变程度的高度抽象的指标又很难反映男女性别比变化对这些具体产业的的影响;此外,从经济发展方式转变理论的内涵来看,无论是国内学者还是国外的学者在对其理论内涵进行阐释时,都是从高度抽象的如经济效益、经济效率、科技进步、资源环境以及人的全面发展等方面评价经济发展方式转变的程度,现有的人口理论也不认为男女比例的失衡会影响到经济效益、经济效率、科技进步等方面。因此本研究在定量研究过程中没有考虑男女性别比对经济发展方式转变的影响。

(二)数据的获得及处理

本研究使用的数据主要来源于《中国统计年鉴》(1996－2011),《甘肃年鉴》(1996－2008),《甘肃发展年鉴》(2009－2011),《中国人口统计年鉴》(1996－2006),《中国人口和就业统计年鉴》(2007－2010),《中国2000年人口普查资料》,《中国2010年人口普查资料》。在数据的处理方面,为了数据的连续性本文选用的数据包含普查年份的普查数据和非普查年份的抽样调查数据,对于普查数据,本文直接采用原数据,对于抽样调查数据,本文运用抽样调查结果除以样本比率对总体进行了估计,在分析过程中则采用了估计的结果。在计算平均受教育年限的过程中,本文利用以下方法计算:平均受教育年限＝(具有小学文化程度的人口数×6＋具有初中文化程度的人口数×9＋具有高中文化程度的人口数×12＋具有大专以上文化程度的人口数×16)÷总人口;本文研究中的劳动力人口是指15—64岁的人口,也就是说仅指从年龄上来说具有劳动能力的人口。通过以上计算得到我国1995年至2010年的平均受教育年限、劳动力人口在总人口中所占的比重以及人口自然增长率数据如表2所示:

表2　人口发展相关指标序列

年份	平均受教育年限(年)	劳动力人口占总人口的比重(%)	人口自然增长率(‰)	年份	平均受教育年限(年)	劳动力人口占总人口的比重(%)	人口自然增长率(‰)
1995	4.86	0.67	14.16	2003	6.76	0.7	6.12
1996	5.13	0.66	11.79	2004	7.02	0.71	5.91
1997	5.52	0.68	11.02	2005	6.51	0.69	6.02
1998	5.52	0.67	10.04	2006	6.63	0.73	6.24
1999	5.79	0.67	9.17	2007	6.95	0.71	6.49
2000	5.69	0.68	7.97	2008	7.05	0.71	6.54
2001	6.32	0.69	7.15	2009	7.19	0.73	6.61
2002	6.46	0.7	6.71	2010	7.48	0.74	6.03

(三)研究的方法

本研究通过协整分析与格兰杰因果检验分析,并将两种分析方法所得结果进行结合以分析甘肃省人口发展与经济发展方式转变之间的相互关系,即利用协整检验来分析它们之间的相关关系,利用格兰杰因果关系检验分析它们之间的因果关系。

协整的意义就在于它揭示了一种长期稳定的均衡关系,满足协整的经济变量之间不能相互分离太远,一次冲击只能使它们短时间内偏离均衡位置,在长期中会自动回复到均衡位置。协整分析的经济意义在于,对于两个具有各自长期波动规律的变量,如果它们之间是协整的,则它们之间存在一个长期的均衡关系;反之,如果这两个变量不是协整的,则它们之间不存在长期均衡关系。验证经济变量之间的相关关系,传统的方法是根据现有的样本资料建立比较合适的回归方程。在进行传统的回归分析时,要求所有时间序列必须是平稳的,否则会产生伪回归问题。为了使回归有意义,同时又不忽视水平序列所包含的有用信息,1987 年 Engle 和 Granger 提出的协整理论及方法,为非平稳序列的建模提供了另一种途径。虽然一些经济变量本身是非平稳序列,但是它们的线性组合却有可能是平稳序列。这种平稳的线性组合被称为协整方程,它可解释为变量之间的长期稳定的均衡关系,近年来被广泛应用。因此,本文也采用这一方法进行研究。

当两个变量在时间上有先导—滞后关系时,能否从统计上考察这种关系是单向的还是双向的?即主要是一个变量的过去的行为影响着另一个变量的当前行为呢?还是双方的过去的行为在相互影响着对方的当前行为呢?格兰杰(Granger)提出了一个简单的检验程序,习惯上称为格兰杰因果关系检验。在经济领域的因果分析中,尽管人们可以根据经济理论对变量间的因果关系做出初步判断,但由于不同的经济理论所依据的前提假设不一致,使得有时单凭经济理论很难做出合理的判断,甚至有可能会给同一对变量间的因果关系做出近乎完全相反的判断。因此,用统计推断的方法,从实际观测数据中得出变量间因果关系的经验判断,这或许是因果关系检验的一种有效方法。(协整分析和格兰杰因果检验的方法参考文献[7])

(四)实证分析

1. 序列的平稳性检验

首先,用 x_1 表示平均受教育年限,x_2 表示劳动力人口占总人口的比重,x_3 表示人口自然增长率,用 y 来表示经济发展方式转变效果综合指数,y_1、y_2、y_3、y_4、y_5、y_6、y_7 表示经济效益指数、经济效率指数、科技进步指数、产业结构指数、资源环境效益指数、产品竞争力指数和人民生活水平指数。为了防止伪回归的问题,首先对各序列分别取自然对数以后进行平稳性检验,并将取对数以后的序列分别记为 Lx_1、Lx_2、Lx_3 和 Ly 、Ly_1、Ly_2、Ly_3、Ly_4、Ly_5、Ly_6、Ly_7。本文采用 ADF 单位根检验法对以上变量进行了平稳性检验,结果如表 3:

表 3 ADF 单位根检验

变量	初始变量的 ADF 检验结果				一阶差分的 ADF 检验结果			
	ADF 统计量	1%临界值	5%临界值	P 值	ADF 统计量	1%临界值	5%临界值	P 值
Lx_1	−1.594076	−3.959148	−3.081002	0.4610	−4.479275	−4.004425	−3.098896	0.0043
Lx_2	0.230337	−4.057910	−3.119910	0.9632	−4.463529	−4.057910	−3.119910	0.0050
Lx_3	−1.288761	−4.004425	−3.098896	0.6036	−2.101291	−2.740613	−1.968430	0.0383
Ly	0.421234	−3.959148	−3.081002	0.9766	−3.818152	−4.057910	−3.119910	0.0151
Ly_1	−0.952933	−3.959148	−3.081002	0.7411	−4.008220	−4.004425	−3.098896	0.0099
Ly_2	−2.130368	−4.121990	−3.144920	0.2374	−4.238350	−4.004425	−3.098896	0.0066
Ly_3	−2.061354	−3.959148	−3.081002	0.2607	−4.023019	−4.057910	−3.119910	0.0106
Ly_4	−0.361727	−3.959148	−3.081002	0.8929	−4.127970	−4.004425	−3.098896	0.0080
Ly_5	0.961942	−3.959148	−3.081002	0.9933	−3.615097	−4.004425	−3.098896	0.0201
Ly_6	−1.921917	−3.959148	−3.081002	0.3143	−3.872504	−4.004425	−3.098896	0.0127
Ly_7	−1.315597	−3.959148	−3.081002	0.5935	−3.757568	−4.004425	−3.098896	0.0156

检验结果表明,对一阶差分后的 11 个变量时间序列进行 ADF 检验所得的检验统计量在 5%显著性

水平下都小于相对应的临界值，因此应该拒绝单位根假设，也就是说一阶差分后的时间序列是平稳的。可得出这 11 个变量时间序列均是一阶单整的，记为 $I(1)$。

2. 协整关系检验

为了分析人口发展对经济发展方式转变总体效果影响，研究分别以经济发展方式转变效果综合指数以及七个二级指标指数为参考序列，以前文中选取的代表人口发展的三个指标——人口的平均受教育年限、劳动力在总人口中所占的比重以及人口的自然增长率为影响序列，应用协整理论对它们之间的长期稳定关系进行了探讨。由于上述经济变量的水平值是非平稳的，因此对这些非平稳的时间序列进行回归分析，结果可能会出现伪回归，但是，如果各个经济变量之间存在协整关系，即它们驾驭着相同的波长，那么仍然可以通过回归分析得出变量之间的一致无偏估计。因此，研究对各组变量进行滞后间隔为 1 到 1 的 Johansen 协整检验，结果如表 4 所示。

表 4 Johansen 协整关系检验

参考序列	检验规范	检验输出的协整关系个数		标准化的协整方程系数（括号内为系数估计值的标准差）			
		迹检验	最大特征值检验	Ly_i	Lx_1	Lx_2	Lx_3
Ly_1	(T,O,C)	3	1	1.000000	−6.168728	−10.01204	−2.671975
					(3.09999)	(8.90149)	(0.95060)
Ly_2	(O,O,O)	1	2	1.000000	−26.69194	31.05815	−40.79257
					(24.7004)	(15.3505)	(10.4576)
Ly_3	(T,O,C)	1	1	1.000000	−2.240531	−3.375208	−1.309737
					(0.70956)	(2.21292)	(0.19534)
Ly_4	(T,O,C)	1	2	1.000000	−0.751470	−0.110406	0.019548
					(0.09129)	(0.27302)	(0.02363)
Ly_5	(T,O,C)	2	2	1.000000	−6.926428	−1.722437	−1.601301
					(0.97378)	(2.79850)	(0.28436)
Ly_6	(T,O,C)	2	2	1.000000	−7.731095	24.24866	−1.241148
					(1.01927)	(2.26081)	(0.35039)
Ly_7	(O,O,O)	2	0	1.000000	0.845748	−0.756397	−0.118723
					(0.19043)	(0.64908)	(0.05515)
Ly	(T,O,C)	2	1	1.000000	−6.841659	3.550569	−2.661561
					(1.49235)	(4.16107)	(0.45956)

注：检验规范括弧内第一项表示参考序列有无确定性趋势，第二项表示协整方程有无线性趋势，第三项表示协整方程有无截距项。其中 T 表示有趋势，O 表示无趋势或截距，C 表示有截距项。

3. 格兰杰因果关系检验

协整检验说明变量之间存在长期均衡关系，但是否构成因果关系，还需要进一步检验。如果变量 X 有助于预测 Y，即根据 Y 的过去值对 Y 进行回归时，如果再加上 X 的过去值，能够显著地增强回归的解释能力，则称 X 是 Y 的 Granger 原因，否则称为非 Granger 原因。研究对上述四个序列在滞后 1 阶的条件下，检验它们之间 Granger 因果关系，结果如表 5 所示：

表 5 Granger 因果关系检验

原假设	F统计量	P值	原假设	F统计量	P值
Lx_1 不是 Ly_1 的格兰杰原因	12.4893	0.00412	Ly_1 不是 Lx_1 的格兰杰原因	1.89900	0.19334
Lx_2 不是 Ly_1 的格兰杰原因	3.88265	0.07230	Ly_1 不是 Lx_2 的格兰杰原因	0.62869	0.44323
Lx_3 不是 Ly_1 的格兰杰原因	19.0571	0.00092	Ly_1 不是 Lx_3 的格兰杰原因	0.09425	0.76411
Lx_1 不是 Ly_2 的格兰杰原因	3.62785	0.08106	Ly_2 不是 Lx_1 的格兰杰原因	0.04013	0.84458
Lx_2 不是 Ly_2 的格兰杰原因	14.1894	0.00269	Ly_2 不是 Lx_2 的格兰杰原因	0.45407	0.51318
Lx_3 不是 Ly_2 的格兰杰原因	2.76013	0.12252	Ly_2 不是 Lx_3 的格兰杰原因	8.99447	0.01109
Lx_1 不是 Ly_3 的格兰杰原因	0.07613	0.78731	Ly_3 不是 Lx_1 的格兰杰原因	0.16378	0.69282
Lx_2 不是 Ly_3 的格兰杰原因	0.67789	0.42638	Ly_3 不是 Lx_2 的格兰杰原因	0.04751	0.83111
Lx_3 不是 Ly_3 的格兰杰原因	0.02792	0.87009	Ly_3 不是 Lx_3 的格兰杰原因	0.24693	0.62823
Lx_1 不是 Ly_4 的格兰杰原因	14.7280	0.00236	Ly_4 不是 Lx_1 的格兰杰原因	1.88710	0.19465
Lx_2 不是 Ly_4 的格兰杰原因	12.8115	0.00379	Ly_4 不是 Lx_2 的格兰杰原因	0.00341	0.95439
Lx_3 不是 Ly_4 的格兰杰原因	5.40012	0.03850	Ly_4 不是 Lx_3 的格兰杰原因	0.14531	0.70972
Lx_1 不是 Ly_5 的格兰杰原因	0.00017	0.98967	Ly_5 不是 Lx_1 的格兰杰原因	2.10202	0.17273
Lx_2 不是 Ly_5 的格兰杰原因	2.20762	0.16312	Ly_5 不是 Lx_2 的格兰杰原因	10.0721	0.00802
Lx_3 不是 Ly_5 的格兰杰原因	0.00456	0.94728	Ly_5 不是 Lx_3 的格兰杰原因	0.24523	0.62940
Lx_1 不是 Ly_6 的格兰杰原因	0.04411	0.83717	Ly_6 不是 Lx_1 的格兰杰原因	0.47053	0.50578
Lx_2 不是 Ly_6 的格兰杰原因	0.08404	0.77684	Ly_6 不是 Lx_2 的格兰杰原因	0.53324	0.47926
Lx_3 不是 Ly_6 的格兰杰原因	0.11644	0.73883	Ly_6 不是 Lx_3 的格兰杰原因	4.66021	0.05183
Lx_1 不是 Ly_7 的格兰杰原因	0.92132	0.35607	Ly_7 不是 Lx_1 的格兰杰原因	3.93128	0.07076
Lx_2 不是 Ly_7 的格兰杰原因	5.13226	0.04279	Ly_7 不是 Lx_2 的格兰杰原因	2.02419	0.18028
Lx_3 不是 Ly_7 的格兰杰原因	13.0956	0.00352	Ly_7 不是 Lx_3 的格兰杰原因	1.66295	0.22151
Lx_1 不是 Ly 的格兰杰原因	4.54594	0.05435	Ly 不是 Lx_1 的格兰杰原因	1.21472	0.29201
Lx_2 不是 Ly 的格兰杰原因	6.48933	0.02559	Ly 不是 Lx_2 的格兰杰原因	2.67452	0.12791
Lx_3 不是 Ly 的格兰杰原因	4.24734	0.06167	Ly 不是 Lx_3 的格兰杰原因	1.57327	0.23361

(五)基于协整关系和格兰杰因果关系的人口发展对甘肃经济发展方式转变的影响分析

1. 人口发展对甘肃经济效益的影响分析

迹检验结果显示，经济效益指数序列与人口的平均受教育年限、劳动力人口在总人口中所占的比重以及人口的自然增长率在 5%的水平上存在 3 个协整关系，而最大特征值检验显示它们之间存在唯一的协整关系。那么，上述 4 个变量之间至少存在 1 个协整关系，它们之间的协整方程可以表示为：

$$Ly_1 = 6.168728Lx_1 + 0.01204Lx_2 + 2.671975Lx_3 \quad (5.1)$$

显然，甘肃省经济效益水平与人口的平均受教育年限、劳动力在总人口中所占的比重以及人口的自然增长率呈正相关关系。其中，人口的平均受教育年限与经济效益水平的相关性最高，其次是人口的自然增长率，最后是劳动力人口在总人口中的比重。

Granger 因果关系检验的结果同样显示，人口发展的三个相关指标是经济效益的单向格兰杰原因，这说明人口素质的提高、劳动力人口比重的不断上升、以及人口的自然增长率的变动都是引起甘肃省经济效益水平变动的主要原因。结合协整方程的结果，研究发现人口素质、劳动力在总人口中所占的比重以及人口的自然增长率的变化都会引起经济效益水平的变化，人口素质的提高是引起甘肃省经济效益水平提高的最主要原因，其次是人口自然增长率的下降，劳动力人口在总人口中的比重的上升虽然引起经济效益水平上升，但它的作用最不明显。从理论的角度来看，人口素质的提高有助于经济活动中管理水平提高和科技创新，从而有助于经济效益水平提高。而人口自然增长率下降则有助于减轻就业压力，缓解就业矛盾的同时也缓解了劳动力之间的竞争，提高了企业使用劳动力的成本，进而促进经济效益水平同方向变化。劳动力在总人口中所占比重上升则加剧了劳动力之间的竞争，降低了企业使用劳动力的成本，进而促进了它们的经济效益水平的提高。而人口自然增长率变化引起经济效益水平同方向变化则更多是从需求的角度影响经济效益水平，高的人口自然增长率某种程度上增加了市场需求，可以促进了市场繁荣，进而促进了经济效益水平提高。

2. 人口发展对甘肃经济效率水平的影响分析

协整检验的结果显示，甘肃省人口发展与经济效率水平变化之间存在长期稳定的关系，它们之间的关系可以通过标准化后的协整方程为：

$$Ly_2 = 26.69194Lx_1 - 31.05815Lx_2 + 40.79257Lx_3 \quad (5.2)$$

协整方程反映甘肃经济效率水平的变化与人口素质的提高和人口自然增长率的下降存在正相关关系，而与劳动力人口在总人口中的比重呈负相关关系。

Granger 因果关系检验的结果则说明人口素质提高和经济效率水平的变化互为因果关系，劳动力人口在总人口中的比重是经济效率变化的单向格兰杰原因，而经济效率水平变化则是人口自然增长率下降的单向格兰杰原因。结合协整关系，研究认为人口素质提高引起了甘肃经济效率上升，而劳动力人口在总人口中的比重引起甘肃经济效率下降，这一正一负的作用使得甘肃自 1995 年以来的经济效率变化几乎无明显的上升或下降趋势。而经济效率的变化引起了人口自然增长率的变化。显然，人口素质的提高自然通过科技创新、管理水平的提高引起经济效率的提升。劳动力人口在总人口中的比重为何会引起经济效率水平的下降的原因则主要是非充分就业带来的劳动力资源效率损失。近年来，伴随着在甘肃人口出生率高峰期出生的 80 后，90 后逐渐转变为劳动力人口，甘肃就业状况日益严重。

3. 人口发展对甘肃科技进步水平的影响分析

协整检验的结果反映，人口素质的提高，劳动力在总人口中所占的比重以及人口自然增长率与科技进步综合指数存在长期稳定的关系，它们之间的关系可以用协整方程表示为：

$$Ly_3 = 2.240531Lx_1 + 3.375208Lx_2 + 1.309737Lx_3 \quad (5.3)$$

该方程显示，科技进步综合指数和劳动力在总人口中所占比重的长期稳定关系要明显的强与它与人口素质和人口自然增长率之间的稳定关系。格兰杰因果关系检验的结果显示，它们之间不存在格兰杰因果关系。究其原因，研究认为，人口素质的提高对于科技进步的影响是显而易见的，只是，人口素质的提高对科技进步存在较长的滞后影响，遗憾的是研究获取的样本数有限，无法在一个大样本下研究它们之间的关系。所以滞后 1 期的格兰杰因果检验的结果无法证实这一理论关系。

4. 人口发展对甘肃产业结构的影响分析

甘肃产业结构综合指数和人口的平均受教育年限指标、劳动力在总人口中所占的比重指标以及人口的自然增长率指标的协整方程为：

$$Ly_4 = 0.75147Lx_1 + 0.110406Lx_2 - 0.019548Lx_3 \quad (5.4)$$

协整检验的结果表明上述四个指标之间存在长期稳定的关系，其中平均受教育年限和劳动力人口在总人口中的比重指标与产业结构综合指数呈正相关关系，而人口自然增长率与产业结构综合指数呈负相关关系。格兰杰因果检验的结果反映代表人口发展水平的上述三个指标序列均是甘肃省产业结构调整的格兰杰原因。从理论的角度来看，人口素质提高有助于人们正确的认识经济发展的客观规律，促进各产业协调发展，面对过去甘肃省第三产业发展水平落后的局面，近年来甘肃省第三产业的发展与人口素质的提高显然息息相关；劳动力人口的不断增长引起产业结构的变动也无可厚非，前文已经阐释，近年来，随着人口出生高峰期出生的 80 后、90 后加入就业大军，我国劳动力市场供给充足，就业竞争激烈，甘肃劳动力市场供给与全国具有相同的特征，劳动力市场的供给充足和激烈的就业竞争促使大批的劳动力进入劳动密集型的第三产业，这在某种程度上促进了第三产业产值比重和第三产业就业人员比重的上升，而这两个指标正是产业结构综合指数的重要来源指标。同样，人口的自然增长率与产业结构综合指数之间负相关关系和单向因果关系是因为人口的自然增长率越高，人口增长的速度越快，人均水平的各种经济指标将无疑会降低，进而影响城市化水平的提高，而城市化水平正是衡量产业结构合理化的重要源指标。

5. 人口发展对甘肃资源环境效益的影响分析

协整检验的结果反映资源环境效益综合指数和人口发展的相关指标存在长期稳定的关系，且它们的这种稳定关系可以表示为下列协整方程：

$$Ly_5 = 6.926428Lx_1 + 1.722437Lx_2 + 1.601301Lx_3 \quad (5.5)$$

上述协整方程反映，甘肃资源化境效益改善和人口素质提高、劳动力人口在总人口中的比重上升以及人口自然增长率的下降均存在正相关关系。格兰杰因果关系检验结果反映资源环境效益改善是劳动力人口在总人口中比重上升的格兰杰原因，而人口素质和人口自然增长率与资源环境效益序列之间没有明显的格兰杰因果关系。显然，近年来，随着我国资源环境效益改善，减少了因环境污染导致的健康问题，提高了人们的健康水平，降低了成年劳动力的死亡率。人口素质的提高和资源环境效益改善没有明显的因果关系可能的原因有以下几个方面：一个方面我国资源环境效益的改善几乎是政府推动型的，参与经济活动的人口缺乏主动地保护环境的意识；另一个方面是因为人口素质对资源环境的影响存在滞后性，而短的样本数据难以进行较长滞后期的格兰杰因果关系的有效检验；第三个方面是因为本研究在评价资源环境效益时选取的指标主要来源于工业行业，缺乏与人口素质直接相关的资源环境效益改善的指标。

6. 人口发展对甘肃产品竞争力的影响分析

产品竞争力综合指数和代表人口发展的相关指标的协整关系反映在下列协整方程中：

$$Ly_6 = 7.731095Lx_1 - 24.24866Lx_2 + 1.241148Lx_3 \quad (5.6)$$

该方程表明，甘肃产品竞争力水平的变动与人口素质提高、以及人口自然增长率的变动存在正相关关系，与劳动力人口在总人口中的比重呈负相关关系。在这些关系中，产品竞争力综合指数与劳动力在总人口中所占比重指标的相关性最强。格兰杰因果关系检验结果反映产品竞争力水平变化是人口自然增长率变动的单向格兰杰原因，其他指标之间不存在格兰杰因果关系，这似乎与现实相悖，研究在有限的样本期间内，对上述四个变量之间的格兰杰因果关系分别进行了不同滞后间隔期的检验，结果发现随着滞后间隔期的提高，变量 Lx_1、Lx_2、Lx_3 不能格兰杰引起 Ly_6 的原假设被接受的概率呈明显下降的趋势，这说明人口发展三个相关指标对产品竞争力的影响是存在的，只是可能这个影响具有较长的滞后期，本研究限于样本数据较短而无法进行有效地长滞后期的检验，最大也只能滞后 4 期。

7. 人口发展对甘肃人民生活水平的影响分析

人民生活水平综合指数与代表人口发展的三个相关指标之间的协整检验结果显示：迹检验结果表明存在 2 个协整关系，而最大特征值检验不存在协整关系。所以，有理由相信它们之间存在协整关系，协整方程为：

$$Ly_7 = -0.845748Lx_1 + 0.756397Lx_2 + 0.118723Lx_3 \quad (5.7)$$

该方程反映人民生活水平与人口素质提高是负相关的，而劳动力人口在总人口中的比重和人口自然增长率的下降与人民生活水平综合指数成正相关关系。格兰杰因果关系检验结果反映劳动力在总人口中所占的比重和人口自然增长率的变动是人民生活水平综合指数变动的单向格兰杰原因，而人民生活水平综合指数的变动是人均受教育年限变化的格兰杰原因。考虑到各个序列的变化趋势发现：自 1995 年以来，以恩格尔系数和城乡居民家庭人均收入比为源指标的人民生活水平综合指数没有明显提高，而人口的平均受教育年限在过去的 16 年间却存在明显的提高，事实也正是如此，过去 16 年，正是城乡贫富差距的不断拉大的时期，也是大跃进式的高校扩招和高校并轨改革的时期，这带来的后果便是大量农村学子为高校扩招和高校的收入做出了巨大的贡献，使得大量的农村居民财富转移到了城市居民手中，这无疑加剧了城乡居民收入差距，同时提高了人口平均受教育年限，所以可以说某种程度上是居民用牺牲自己的生活水平提高了甘肃人均受教育年限。此外，由于甘肃社会经济发展水平落后，市场化程度低，生产要素市场化程度则更低，这使得要素市场资源配置效率低下，不能使受教育程度高的高素质人才配置到效率高的岗位，他们从事的低效率工作不能有效提高他们的收入。劳动力人口在总人口中的比重指标引起人民生活水平综合指数同方向变动的关系说明过去16年甘肃正处于人口红利期，劳动力比重上升给人民生活水平提高的作用是积极的。人口自然增长率与人民生活水平存在同方向的变动且具有单向的因果关系则说明甘肃没有从根本上摆脱过去的经济发展方式，人民生活水平改善所依赖的收入依然取决于劳动力人口的多少，高的人口自然增长率可以维持高的劳动力比重，以促进居民生活水平的提高。

8. 人口发展对经济发展方式转变总体效果的影响分析

协整检验的结果显示，经济发展方式转变效果指数序列与人口的平均受教育年限、劳动力人口在总人口中所占的比重以及人口的自然增长率存在稳定的关系，它们之间的协整方程可以表示为：

$$Ly = 6.841659Lx_1 - 3.550569Lx_2 + 2.661561Lx_3 \quad (5.8)$$

协整方程反映，从长期来看，经济发展方式转变效果指数和代表人口素质的平均受教育年限指标呈正相关关系，与劳动力人口在总人口中的比重呈负相关关系，与人口自然增长率呈正相关关系；其中，与经济发展方式转变综合指数相关性最大的因素是人口的平均受教育年限，相关程度最低的是人口的自然增长率。Granger因果检验结果显示，人口的平均受教育年限、劳动力在总人口中所占的比重以及人口的自然增长率是经济发展方式转变的单向格兰杰原因。为了更准确的分析人口发展对经济发展方式转变的影响，研究以甘肃省GDP增长率序列为参考序列，以代表人口发展上述的三个相关指标为影响序列，应用Johansen协整检验和格兰杰因果关系检验分析方法对甘肃人口发展与经济增长之间的关系进行了检验，结果表明：取对数以后的GDP增长率序列(记为LGDP)是不平稳的，在1阶差分以后它是平稳的，即LGDP也是1阶单整的，协整检验表明它与人口发展的3个相关指标之间存在协整关系，他们之间的协整关系可用下列方程表示(括号内为系数标准差)：

$$LGDP = 0.264587Lx_1 + 0.385971Lx_2 + 0.133883Lx_4 \quad (5.9)$$

(0.32128)　　(0.19283)　　(0.12027)

滞后2阶的格兰杰因果关系检验的结果如表6所示：

表6　LGDP与人口发展相关指标的格兰杰因果关系

原假设	F统计量	P值	原假设	F统计量	P值
Lx_1 不是 $LGDP$ 的格兰杰原因	6.17774	0.02048	$LGDP$ 不是 Lx_1 的格兰杰原因	0.45949	0.64564
Lx_2 不是 $LGDP$ 的格兰杰原因	8.66359	0.00798	$LGDP$ 不是 Lx_2 的格兰杰原因	0.26904	0.77005
Lx_3 不是 $LGDP$ 的格兰杰原因	8.03058	0.00997	$LGDP$ 不是 Lx_3 的格兰杰原因	14.0414	0.00171

显然，对LGDP与人口发展的三个相关指标协整检验和格兰杰因果检验结果表明，人口素质、劳动力人口在总人口中的比重和人口自然增长率都是引起GDP增长率与其同方向变动的主要人口因素，而GDP增长率的变动也是引起人口自然增长率变动的原因。这一结论符合现实经济的增长是毋庸置疑的。

通过对协整方程5.8和5.9的对比分析，结合格兰杰因果检验的结果和现实经济的发展。研究初步得出以下几个方面的结论：

(1)人口素质的提高是引起经济发展方式转变效果上升的最主要的人口因素。前文已经证明，人口素质指标序列是经济效益指数、经济效率综合指数以及产业结构综合指数序列的单向格兰杰原因，且它们之间存在正的相关关系，因此人口素质提高有助于促进经济效益水平提高、资源使用效率提高以及产业结构调整。事实上，若能够扩大样本期间(限于我国统计数据的变动，无法收集到更长样本期的经济发展方式转变效果测度所涉及到的全部指标数据)相信在较长时期内,人口素质提高也有助于科技进步、同样也有助于产品竞争力的提高以及环境效益改善,因此,人口素质的提高毫无疑问有助于经济发展方式的转变。研究发现,人口平均受教育年限不但与经济发展方式转变综合指数成正相关性,它同其余七个二级指标综合指数也全部是正相关的,这说明,人口素质的提高对于经济发展方式转变效果的提高具有明显的作用,在所有影响经济发展方式转变的人口因素中居于首位,协整方程的系数也说明了这一问题。

(2)劳动力在总人口中所占的比重与经济发展方式转变呈负相关关系,并且在某种程度上影响了经济发展方式转变效果的提高。这主要是因为甘肃人口的出生率上世纪80年代到90年代,当前80、90后正成长为社会经济活动的主要劳动者,一个方面,他们为经济增长贡献了自己的力量,但另一个方面,在非充分就业的条件下,大量的劳动力闲置导致总体劳动资源效率水平的下降,使得经济效率水平较低,从而表现为劳动力在总人口中的比重对经济发展方式转变效果的抑制作用。从前文的分析来看,与劳动力人口在总人口中所占的比重负相关的经济发展方式转变二级指标序列有两个,一是经济效率综合指数序列,二是产品竞争力综合指数序列,显然,这与事实是相符的,近年来,甘肃和全国一样面临巨大的竞争压力,劳动力的供求矛盾十分突出,大量的劳动力竞争有限的工作岗位,这带来了两个方面的结果,一是劳动力工资水平低下,二是大量的劳动力闲置。继而带来了两个方面不利于经济发展方式转变的问题:一是劳动力的闲置导致劳动力资源不能得到充分利用致使经济效率损失,因此表现为劳动力在总人口中的比重越高,经济发展方式转变效果越差。二是廉价的劳动力催生了大量的技术水平不高、竞争力不强的劳动密集型产业,此外长期的廉价劳动力供给也导致他们缺乏创新的动力,因此表现为产品竞争力水平与劳动力在总人口中所占的比重成负相关关系。

(3)人口的自然增长率对经济发展方式转变有促进作用。前文已经阐释人口自然增长率对经济效益的正向作用和对人民生活水平具有的正向作用,显然,由综合分析的结果可知,人口自然增长率的这种正向作用明显强于他的负向作用,即它将引起经济发展方式转变效果与其的同方向变动。马尔萨斯人口理论告诉我们,人口的过快增长必然导致贫穷,然而本研究的实证结果却显然是人口增长与经济发展方式转变成正的相关性。研究认为有以下几个方面的原因:第一、马尔萨斯研究是以人性为出发点的对人口出生不加以限制的抽象人口规律为前提,而本研究是基于人口控制的条件下的实证结果。第二、人口增长对经济发展具有拉动作用(许多人口零增长或者负增长的国家经济发展早已证实了这一点),研究中人口自然增长率对经济发展方式转变的正向作用正是人口发展对经济发展拉动作用在经济发展方式转变中的体现。自1995年以来,我国收入分配的差距越来越明显,由此引发的有效需求不足已经严重制约了经济社会的发展,人口的自然增长率取决于出生率和死亡率,新增人口主要是婴幼儿,由于近年来我国计划生育政策的实施,高的人口基数下出生率的急剧下降,使得很多居民家庭对婴幼儿的抚养观念发生了重大变化,因婴幼儿的消费支出在居民家庭消费支出中的比重急剧上升,这说明研究的样本期间内新增人口具有某种程度的消费刚性,刺激了需求,从而促进了经济发展及其方式转变。

四、对策和建议

综上所述,甘肃省经济发展过程中人口发展与经济发展方式转变紧密相关,在人口发展的几个因素中,影响甘肃省经济发展方式转变最主要的因素是人口素质,劳动力人口在总人口中的比重与人口自然增长率对经济发展方式转变的影响程度差异不大,但二者影响经济发展方式转变的机制和角度有所不同。劳动力人口在总人口中的比重对甘肃省经济发展方式转变主要存在负的影响,而人口的自然增长率对甘肃省经济发展方式转变存在正的影响。劳动力人口在总人口中的比重的影响主要通过影响就业影响了经济效率水平,从而影响了甘肃省经济发展方式转变,而人口的自然增长率则主要通过在低出生率的条件下刺激了需求从而影响了甘肃省经济发展方式转变。

上述基本结论要求甘肃省解决好以下几个方面

的问题。第一,如何加快提高人口素质以促进甘肃经济增长及经济发展方式转变;第二,如何在劳动力人口占总人口的比重较高的时期(人口红利期),提高劳动作业效率,使甘肃经济社会发展避免进入"中等收入陷阱";第三,保持怎样的人口增长率,才能使人口的自然变动始终促进经济发展以及经济发展方式转变。

(一)重视教育,加快提高人口素质

教育水平是人口素质的核心。决定人口素质的关键在于人口的受教育水平。发展教育,能够培养和提高人的科技智能。科学技术是第一生产力。在当今世界综合国力的竞争中,科学技术水平成为决定国家和民族命运的关键。但是科学技术一般是由具有高素质的人发明、吸收和再创造的,而新的科学技术只有被广大劳动者掌握和运用起来,才能转化为现实的生产力,才能在劳动生产率和工作效率的提高上表现出它的威力。这里,教育扮演的角色相当重要,教育发挥的作用十分巨大。可以认为,教育是改善人口的有效投入,是提高科学技术水平的基础工程,是发展经济的重要积累。

1. 加大教育投入,落实教育优先发展的战略地位

20 世纪 60 年代初,美国教授 W·舒尔茨提出的人力资本理论,回答了智力投资的确定及效益的计算等问题。舒尔茨认为,在当今科学技术革命的时代,开发劳动者的智力成了主要的课题,智力资源已经越居各类资源因素的首位。他强调人力的开发,需要巨额投资,这便形成人力资本投入问题,但又强调不能忽视对实物资本投入的重要性,提出应当在这两类资本的投入之间建立一种优化的比例。舒尔茨把人力资本投入的重点放在智力投资上,认为智力投资的效益表现在开发智力、建立最佳智力结构上。[8]因此,要全面提高人口素质,就必须加大教育投入,大力发展教育事业。2010 年,甘肃财政教育支出 228.23 亿元,在全国 31 个省、市及直辖市中位列第 27 位。可见,对于甘肃来讲,继续加大教育投入,提高人口素质还任重而道远。

2. 重视基础教育,抓好"两基"工作,提高人口基本素质

教育是国家之基、民族之基,也是家庭之基、个人之基。"基本普及九年义务教育、基本扫除青壮年文盲"工作是提高人口基本素质、降低人口文盲率的重要战略举措。甘肃经济和教育欠发达、民族地区经济和教育尤其落后,实现"两基"目标,毫无疑问将有利于为甘肃经济的发展。

3. 加强成人教育,提高就业人口的科学文化水平

在以创新为特征的知识经济的到来,使各行各业的从业人员面临着巨大的挑战,知识更新和知识进步成为他们融入现代经济必然面对的现实。然而,目前甘肃成人教育的模式依然停留在传统的学历式教育,成人教育似乎只是为了取得一张文凭。甘肃省成人教育要想更好地,更出色地完成时代赋予的历史重任,必须充分认识创新的意义,不失时机地把创新精神和创新能力的培养溶入到成人教育中去。知识的本质就是创新,应当建立健全科学的、有利于推动创新教育的评价体系。把成人教育评价作为成人教育管理机构和成人教育管理者管理成人教育的重要工具和手段,对成人教育办学具有规范、强化和引导作用。特别是政府主管部门组织进行的评价,对成人教育办学更具有引导办学方向、规范办学行为的实际作用,在某种意义上甚至具有相当程度的规定性。在当前知识经济的冲击中,建立一套科学化、有利于推动创新教育的评价体系显得非常重要。如能这样,就能鼓励和引导办学机构从办学模式、教学内容和方法上去实施创新教育。

4. 积极实施人才战略,加快人才资源的开发力度

提升人口素质以推动经济发展,还要实施人才战略,高度重视人力资源开发工作,并将其纳入经济和社会发展规划之中。同时,要有针对性的开展工作,全面地提升人口整体的学习能力和创新能力。再则,我们还要进行总体的统筹和协调,使人力资源能够均衡分配,促进各地经济快速发展。

5. 打破教育资源分配不均的格局,鼓励教育资源向落后地区转移

教育资源分配不均是造成甘肃省教育水平两极分化的主要原因。近年来,随着城市化进程的加快,大量的乡办中学被合并撤销,然而,这种撤销远远快于人口的城市化速度,事实上,这种撤销并不是人口城镇化速度加快的条件下促生的自然撤销,而是教育资源分配不均导致的择校问题促生的结果。因此,如何鼓励教育资源向落后地区转移,促使教育资源分配公平,是今后甘肃省要解决的又一重点问题。

6. 提高人口城市化水平,促进人口素质的提高

甘肃省城乡间的人口迁移,随着城市经济的搞活开放,也已经活跃起来。随着农业生产的发展和劳动生产率的提高,农村劳动力剩余是必然的,因此随着工业化的发展,也必然要大量向城市转移。城市的经济文化环境,有利于人口素质的提高,甘肃省广大乡村人口文化素质明显低于城镇,特别是交通不便的边远山区和少数民族聚居地,人口文化素质更低。而城市经济文化基础好,交通便利,初等教育普及率高,因此,农村劳动力向城市的转移,不但可以使其观念有所更新,对下一代的教育也有益处。城市对高素质劳动力的需求,促使流入城市人口文化素质的提高。甘肃省内一些比较发达的城市如兰州、白银等地,第三产业中有许多被省外流动人员占据,其原因之一是甘肃省内剩余劳动力的素质较低,观念落后,商品经济意识淡薄,赶不上经济发展的需要。因此,随着经济发展水平的提高,对劳动力文化素质的要求也越来越高,这就要求我们加快教育步伐,尽快提高农村劳动力的文化素质,以适应城市化发展的需要。[8]

(二)充分利用劳动力资源,提高劳动作业效率

前文已经阐释,劳动力资源效率不高是影响甘肃经济发展方式和转变的又一重要因素,按照目前在出生高峰期出生的80、90后的年龄推算,甘肃省在未来大约30年还会继续维持较高比例的劳动力比重,因此,如何充分利用丰富的劳动力资源是促进人口与经济协调发展的前提和条件。当务之急应从教育方面和经济政策两个方面着手解决:

教育方面,一要大力发展高等教育,加快普通高等教育的结构性改革,使其向专业化方向发展,以适应甘肃现阶段对人才的需求。目前甘肃人才市场存在的一个明显现象是:一方面有大批待业人员在寻找工作岗位,另一方面却又存在高新技术工种无人顶岗。而且大学毕业生找工作的压力越来越大。这发映出甘肃高等教育与市场需求的不符,因此,加快高等教育培养方式的改革事在必行。[10]二是要突出发展职业技术教育,培养符合市场需求的各种应用型人才。高级技工严重短缺已经成为当前社会普遍的现象,甘肃省也不例外。因此发展职业技术教育,培养应用型人才是目前甘肃省提高人口素质、促进劳动力效率提升的重要措施。当前,应做好以下两个方面的工作。第一,加大高等职业教育的培养力度,使职业中学教育逐步转化为高等职业教育。第二,培养高层次的技工人才,不仅使技工人才具有人力资本的专用性,还要使技工人才具有人力资本的专有性,从而提高在社会上的竞争力。[10]经济政策方面,一是要寻求制定既能够促进管理创新、科技进步,又有利于解决劳动力就业的产业政策,应将劳动力培训与产业的优化升级相结合,寻求发展劳动力密集型的高科技产业和具有传统特色又有利于经济发展方式转变的产业。对于那些造成环境污染的、以简单劳动为主要劳动手段的劳动效率不高的产业,应尽可能敬而远之。二是要加快市场经济的制度建设,完善市场竞争环境,加快中高级生产要素的市场化配置,促进人力资源的合理流动以提高劳动资源的使用效率,使人口素质的提高与经济发展方式转变形成良好互动的局面。

(三)保持适度的人口自然增长率

根据前文的结论,目前的人口自然增长率是有利于经济增长和经济发展方式转变的。原则上来说按照上述结论,人口自然增长率将越高越好。但是人口的增长并不仅仅影响了经济总量的增长,也并不永远像本研究所采用的样本期一样是有利于经济发展方式转变的。众所周知,20世纪70年代及以前我国人口的过度增长,一个方面导致人均国民生产总值的急剧降低,另外一个方面也加速了社会资源的消耗和环境破坏,给社会经济的可持续发展带来了巨大的成本。因此,保持目前较低的适度人口自然增长率,使其有利于经济发展及其方式转变是当前甘肃省最明智的举措。

参考文献:

1.(英)马尔萨斯著.朱泱,胡启林,朱和中译.人口原理[M].北京:商务印书馆,1996:23—39.

2.(德)卡尔·马克思.哥达纲领批判.马克思恩格斯选集第3卷[M].北京:人民出版社,1972:5—25.

3. 翟振武，杨凡．中国人口均衡发展的状况与分析[J]. 人口与计划生育，2010，08：11—12.
4. 杨云彦．从“民工荒”看我国人口均衡发展[N]. 湖北日报，2010—05—13(011).
5. 王兆萍，郭建华．健康投资对人口老龄化的影响分析——基于人口均衡发展的视角[J]. 西北人口，2011，(05)：52—57.
6. 谢忠秋．用离散系数确定权数[J]. 统计教育，1996，03：30—31.
7. 高铁梅，《计量经济分析方法与建模：Eviews应用及实例》[M]，北京：清华大学出版社，2005：249.
8. 吴建华，邹红兵，杜志刚．甘肃的人口素质问题与可持续发展[J]. 兰州大学学报，1997，(03)：112—117.
9. 王家庭，崔风玉．我国人口教育结构与城市化关系的实证研究[J]. 城市发展研究，2010，(12)：24—29.
10. 高莉，杨家福．从规模扩张到结构优化：教育结构的战略性调整[J]. 教育发展研究，2012，(05)：1—5.

西北师范大学经济学院　甘肃联合大学　杨立勋　石富刚

甘肃贫困地区贫困人口自我发展能力研究

引言

当前是我省扶贫开发工作的难点攻坚期，而且也是政策机遇的叠加期。回顾甘肃扶贫开发战略的实施，不难看到，甘肃的发展有着自身的独特性，比如，甘肃定西在“陇中苦瘠甲于天下”的环境中，用“三苦”精神，走出了一条自然条件恶劣地区脱贫致富的成功路子。甘肃区域间经济社会发展差异巨大，地理环境、资源基础、历史文化和经济实力水平悬殊。在这样一个差异很大的区域内，本研究将通过阐释甘肃贫困地区人口自我发展能力的内生路径和外生路径，提出贫困地区增强贫困人口自我发展能力的建议。

甘肃有组织、有计划的扶贫开发实践实施20多年以来，取得了卓越的成就，但是随着反贫困实践的进一步深入，贫困明显呈现出了一些新的特征——区域性、民族性、脆弱性，究其原因主要是由于贫困地区贫困人口自我发展能力较弱。本文把能力分析方法引入地区经济发展之中，认为贫困地区贫困人口自我发展能力是贫困人口利用自然资本、物质资本、人力资本和社会资本实现价值创造的各种组合。这种能力强调的是区域经济发展的自身基础和造血功能，但它不排斥外围力量对这一地区经济发展的推动作用，相反，它是外围力量发挥作用的内在基础。

本研究针对贫困地区的实际状况，构建了贫困地区自我发展能力评价指标体系，并运用此体系对甘肃省43个国家重点贫困县的地区自我发展能力进行了评价，结果证明贫困地区自我发展能力的高低与地区经济发展的要素集聚程度、发展潜力、发展支撑条件、灾害条件、初始条件等因素有很大的相关性。并以此为基础，基于自然资本、人力资本、社会资本和特色产业的视角提出了培育地区自我发展能力的相关对策建议。

一、甘肃贫困地区贫困人口扶贫开发状况概述

甘肃历史上曾被称为“苦瘠甲于天下”的地方，是全国最早有计划、有组织、大规模开展扶贫工作的省份之一。经过多年来持续不断的扶贫开发，甘肃扶贫开发工作取得了巨大的成就。但是，由于贫困是一个涉及经济、社会、生态、文化、权利等多重因素的集合概念，导致贫困的成因非常错综复杂，决定了甘肃反贫困是一个长期而艰巨的系统工程。

（一）甘肃扶贫开发历程

甘肃省的扶贫开发工作始于20世纪80年代初的“两西”建设，迄今为止，大体经历了以下几个重要的节点。

第一个节点是1982年，在国家第一次有组织、有明确目的、有明确范围、有明确资金投入、有明确奋斗目标的减贫计划下，我省拉开了专项扶贫的序幕。1983年，国务院把以定西为代表的中部干旱地区20个县和河西19个县(即两西地区)列入“三西”建设范围，由单纯救济向经济开发转变，按照“兴河西之利，济中部之贫”的指导思想，进行区域性重点开发建设，重点解决了一些最贫困地区农村“食不裹腹、住不遮风雨”的绝对贫困问题。

第二个节点是1986年，国家在借鉴“三西”建设的经验基础上，成立了专门的机构，重点对高寒阴湿地区的21个县和陇东老区的9个县进行重点扶持。这一阶段，我省完成了有组织、有计划大规模的扶贫开发的基本布局。

第三个节点是1994年之后，甘肃省制定了“四七”扶贫攻坚计划，提出到20世纪末，解决400多万人的温饱问题，进入扶贫攻坚阶段。截至2000年底，甘肃全省尚有从未解决温饱问题的农村贫困人

口68万多人，占农村总人口的3.36%；加上因灾返贫的121万多人，共有贫困人口196.03万，占农村总人口的9.4%，虽然没有能够如期完成全省制定的“四七”扶贫攻坚计划。

第四个节点在2001年，扶贫开发整体上从以解决温饱为主要任务的阶段，转入巩固温饱成果、加快脱贫致富、改善生态环境、提高发展能力、缩小发展差距的新阶段，基本建立了低保维持生存、扶贫解决发展的工作机制和制度保障。

（二）甘肃贫困问题现状

经过了多年大规模的、卓有成效的扶贫开发，我省已成功走出来了一条以“经济发展为带动力量、以增强扶贫对象自我发展能力为根本途径，政府主导、社会帮扶与农民主体作用相结合，普惠性政策与特惠性政策相配套，扶贫开发与生活保障相衔接”的特色扶贫开发道路。但是，由于扶贫开发工作中存在的“边际收益递减”现象，我省整体贫困现象依然存在，仍然是制约全省经济社会发展的最大拦路虎。按照国家2300元扶贫新标准，我省2011年测算的贫困人口约1300万人，其中扶贫对象800余万，高于国家分解基数722万的数据。

目前，甘肃省农村扶贫工作面临的形势是贫困面广、程度深、返贫率高的问题突出。一方面，甘肃省整体上解决温饱问题，但还留有尾巴，农村贫困人口的地域分布已由几乎遍布全省，变为基本集中在青藏高原、黄土高原和秦巴山区西部的交汇地带，成为甘肃省扶贫的“硬骨头”。另一方面，已经基本解决温饱的标准很低，稳定性很差，极易返贫。

2011年，我省进入国家新十年扶贫开发纲要六盘山片区、秦巴片区、甘肃藏区集中连片特殊困难地区有58个县区，占全国片区县总数的10%，为进入比例最高的省份。其中，六盘山片区涉及兰州、白银、天水、武威、定西、平凉、庆阳、临夏8个市州40个县区，贫困人口206.40万人，贫困发生率15.49%。2010年农民收入2874元，比全省平均水平低551元。秦巴山片区涉及陇南全市9县区，贫困人口61.45万人，贫困发生率24.98%。2010年农民人均纯收入2299元，比全省平均水平低1126元。藏区片区涉及甘南州8县市和武威市天祝县，贫困人口18.97万人，贫困发生率26.13%。2010年农民人均纯收入2704元，比全省平均水平低721元。尽快解决这些贫困人口的温饱和小康问题，已经成为甘肃今后扶贫开发过程中一个非常艰巨的任务，成为甘肃构建社会主义和谐社会中的一块“硬骨头”。

（三）当前甘肃贫困地区贫困人口发展面临的问题

甘肃贫困面广、程度深、返贫率高的问题突出，面临许多困难和问题。据调查，我省每年脱贫的人口中约有2/3处于脱贫不稳定状态，他们中的多数基本上无财产积累，家境极其脆弱。自然灾害、家庭健康、市场物价、金融危机和劳务就业状况及婚丧嫁娶等，都可导致他们中的一大部分户立刻出现返贫现象。据调查，甘肃省每年脱贫的人口中约有三分之二左右处于脱贫不稳定状态。农村正常年景返贫率约为15%－20%，灾年约达30%－40%，而遭特大灾年等则基本全返贫。而在返贫因素中，因学致贫约达24%，因病致贫返贫约达18%。全省农村75%以上的低保户、80%以上的扶贫对象、每年80%以上的自然灾害均集中在58个片区县。甘肃的贫困地区贫困人口的发展面临的主要问题有六个方面：

（1）与全国的发展差距仍在进一步拉大。从农民人均收入看，2010年，贫困地区农民人均纯收入仅相当于全省平均水平的75.9%，相当于全国扶贫工作重点县平均水平的79.4%。农民人均收入与全国的差距呈持续拉大的趋势。从扶贫攻坚的任务看，按照2300元标准，我省贫困发生率仅次西藏，全国第二；不仅贫困面广，而且贫困程度深，与全国同步脱贫面临巨大压力。贫困县的财政自给率低，普遍靠转移支付，多年来吃饭建设均靠国家支持。

（2）整体滞后中的大面积贫困。与东中部地区相比，甘肃由于经济发展整体水平较低、地方财政困难而导致地方扶贫开发的投入能力有限，难以靠自身力量解决如此大规模贫困人口的脱贫问题，表现为“整体滞后中的大面积贫困”，同时，我省因资源性缺水、水土流失及高寒阴湿引发的生态性贫困问题突出。山地占到全省总面积的70%，贫困地区可利用耕地80%以上都是山地。风沙、冰雹、洪涝、泥石流等自然灾害频繁发生，十年九旱，是全国最典型的干旱省份之一。全省农村75%以上的低保户、80%以上的扶贫对象、每年80%以上的自然灾害均集中在58个片区县，扶贫工作成本比西部其他省的扶贫工作重点县约高出25—35%左右。

(3)贫困地区底子薄，发展后劲不足。贫困地区70%的劳动力分布在第一产业，贫困地区农民从二、三产业得到的收入所占比重较小。贫困地区兴办的特色增收产业普遍规模小、品质低、商品转化率不高、竞争力弱，极易受各类市场风险的冲击。一些扶贫龙头企业多数也是粗加工水平，产业链条短、附加值低、抗风险能力差。

(4)生态环境型贫困。甘肃的贫困人口与东中部地区的"产业型贫困"不同，他们多表现为"生态环境型贫困"，脆弱的自然条件、恶劣的生态环境严重制约着稳定解决贫困地区群众温饱的进程。

(5)扶贫开发难度加大，成本增加。随着全省扶贫工作进入新阶段，扶贫范围和领域不断扩大，改善基础条件、培育增收"造血"产业、缩小区域间差距，资金需求成倍增加，工作难度也越来越大。

(6)农村贫困人口整体素质普遍低。我省贫困地区人均教育、卫生支出，分别是全国平均水平的67%和28.8%。农村劳动力平均受教育不足6年、文盲半文盲率在10%上下，每万人中仅有专业技术人员103人，民族地区更突出。而这种状态在一些极偏边远乡村还在代际传递或延续，深深影响着农村脱贫进程。

二、贫困地区贫困人口自我发展能力诠释

我们党、政府社会各界对贫困问题一直相当重视，厘清贫困、贫困地区和贫困人口等概念，对于解决贫困问题是非常重要的。本部分将在梳理相关概念的基础上，诠释在中国后发大国背景下，贫困地区贫困人口自我发展能力的内涵、特征、方法及应用。

(一)相关概念界定

1. 贫困

贫困的认识是分层次的，应主要区别"宏观贫困"与"微观贫困"。宏观贫困是区域意义上的贫困，即是从整体角度看待贫困。例如，国家贫困、地区贫困、农村贫困、城市贫困等。从这个角度来理解，低收入国家都是贫困的国家，而高收入的国家则不是贫困国家。微观贫困是个体意义的贫困，即从个人和家庭角度看待贫困。从这种角度来看，所有国家都有贫困问题，美国也不例外。综合而言，本研究中所指的贫困是宏观贫困概念下的微观贫困，具有一些共同特征：第一，从对于贫困定义的界定来看，贫困具有人们普遍认可的客观社会性。第二，从历史演进的角度来看，贫困呈现出动态性、历史性。第三，从贫困的成因与表现形式来看，贫困又具有复杂性和多元性。第四，从贫困的实质来看，贫困的核心是指能力的欠缺。

2. 贫困地区

我国官方对贫困地区并没有作一严格的界定，中央政府也没有以法规的形式明文规定贫困地区，只是制定了贫困县的标准。就西部而言，人们普遍认为，云南、贵州、甘肃、青海、四川等省份是贫困地区，但国家始终没有明确过哪些省份是贫困地区。就目前人们一般意义上所说的贫困地区，主要是指国家确定的国家贫困县。1985年以后，我国共确定并公布了三批国家级贫困县，我国的贫困人口大部分分布于国家级贫困县内。第一批公布于1986年，共328个县。第二批公布于1991年，增加了256个5亿元专项贷款县。第三批公布于1993年，最后确定592个国家扶持县。

2012年3月19日，国务院扶贫开发领导小组办公室在其官方网站公布了592个国家扶贫开发工作重点县名单。涉及甘肃省的贫困县主要有58个县进入三大片区。其中六盘山区40个县，秦巴山区9个县，四省藏区9个县。"两州两市"(甘南州、临夏州、陇南市、定西市)所有县(市、区)全部进入国家扶持范围。六盘山区40个县是：永登县、皋兰县、榆中县、靖远县、会宁县、景泰县、清水县、秦安县、甘谷县、武山县、张家川县、北道区、古浪县、崆峒区、泾川县、灵台县、庄浪县、静宁县、庆城县、环县、华池县、合水县、正宁县、宁县、镇原县、安定区、通渭县、陇西县、渭源县、临洮县、漳县、岷县、临夏市、临夏县、康乐县、永靖县、广河县、和政县、东乡县、积石山县。秦巴山区9个县是：武都区、成县、文县、宕昌县、康县、西和县、礼县、徽县、两当县。四省藏区9个县是：合作市、临潭县、卓尼县、舟曲县、迭部县、玛曲县、碌曲县、夏河县、天祝县。

3. 贫困人口

贫困人口的理解是广泛的，从主客观因素角度看，贫困人口的类别有相对贫困与绝对贫困。相对

贫困是指与拥有较高收入的参照组相比较之后产生的贫困感觉。具有一定的主观性,依赖于一定的价值判断而存在。绝对贫困是指低于维持身体有效活动的最低指标的一种贫困状态,从这个角度看,一个社会的贫困人口问题是可以消除的。从物质和精神层面看,贫困人口还可以分为狭义贫困人口与广义贫困人口。狭义贫困人口是指经济意义上的物质生活资料匮乏而导致生活水平低于社会标准的贫困人口。广义贫困人口是指由收入贫困、能力贫困和权利贫困的集合而造成的贫困人口。其中收入贫困人口就是狭义贫困;能力贫困是指人们获取生活资料的能力不足,直接表现就是挣钱能力的不足;权利贫困是指作为社会成员应享受的政治和文化权利的丧失。这三者之间的关系是,收入贫困是贫困的表现形式,能力贫困和权利贫困是造成贫困的直接原因。

4. 区域自我发展能力

从学科内涵的方面,贫困地区贫困人口的自我发展能力是归属于区域自我发展能力这一概念的,是区域自我发展能力的集中体现。从实践意义上讲,它将是解决一方水土、一方人可与一方经济的结构优化问题,而非经济产出最大化问题。即区域自我发展能力是区域"经济资源"的"联结能力",以及由此带来的空间结构的创生、采用和扩散。它是一个地区在国家战略的指导下,利用本区域自然资源、人力资源和社会资源,通过有价值活动而实现区域发展的各种组合。这样一来,区域自我发展能力起码包括两种能力,一种是区域经济资源的利用能力,可通过生产效率的提高来表征;另一种是区域经济资源的创生能力,要通过新技术、新产品、新组织、新的原料供应地、新的市场来反映。可通过区域发展案例来进一步认识,比如说,甘肃定西的发展方式,改革开放很长一段时间以来,定西人民的生活并未见根本好转,农民"穿的黄衣裳(救济的军衣),吃的救济粮,住的土窑洞,睡的无席炕",生活十分困难,素有"陇中苦瘠甲于天下"之称。而现今定西市经济实力已明显增强,总结定西的发展成果,可以看到:在区域交通不便、自然条件恶劣的环境下,通过弘扬"领导苦抓、部门苦帮、群众苦干"的"三苦"精神①,用一种信念增强了区域经济资源的创生能力,把小土豆做成了大产业,初步走出了一条自然条件恶劣地区脱贫致富的成功路子。从定西的实践中,还可以看到区域自我发展能力界定的三个方面,即区域自我发展能力是与区域自身的资源优势、区位优势相区别的;区域自我发展能力的增强并未使原有恶劣的生态环境雪上加霜;区域自我发展能力是一个相对抽象的概念,重在对区域资源"联结"能力的认识。

(二)区域自我发展能力的实现基础

传统区域分工理论以区域资源的自然禀赋为依据,形成了以区域资源—区域分工—利益激励为主要内容的研究路线,但是随着中国区域发展实践的深入推进,这种思路已不能适应发展实践的需要,根据前述区域自我发展能力的阐述,作者提出了如图2.1实线所示的分析路线,虚线表示传统区域分工研究路线。

图 2.1　区域自我发展能力的实现

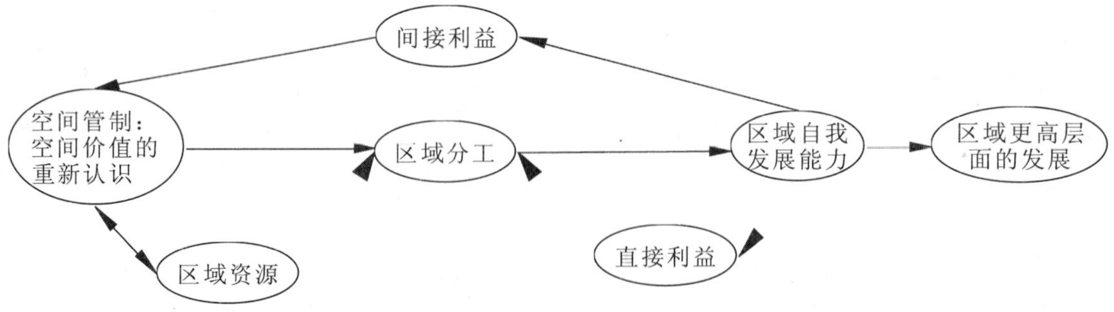

1. 区域资源是本研究路线的基础

这里所指的资源是指对人类有用途和有价值的、从而为人类生存与发展所必需的一切天然物质和人类创造物。之所以使用这样的界定,主要是因

① 作者认为,"三苦"精神是隶属于"信念"这一范畴的,其传导机制是信念—制度—组织—政策—结果。可参看道格拉斯.诺思.理解经济变迁过程[M].中国人民大学出版社.2008.

为，该界定体现了资源的本质属性是建立在“价值”基础上的“稀缺性”。“价值”特征表现在资源作为投入物，以要素形式渗入到生产、生活、服务等社会基本活动领域中，通过满足人类特定的需求，实现了“物，主体化”的过程，体现了能力实现的价值取向；“稀缺性”反映的是资源的相对稀缺性，这种稀缺不是指资源的绝对数量，因为对于人类无限的需求而言，它是相对的，但它又是绝对的，是人类面临的永恒问题，表明了能力实现的约束状况。需要交待清楚的是：由于资源的本质属性是建立在价值基础上的稀缺性，但“稀缺性”主要是从资源配置的视角看问题，能力更多的是一个生成问题，需要从“价值”的角度，从资源“联结”能力和匹配效率方面来研究。为此，作者将区域经济资源抽象为四大资本，即“自然资本”、“物资资本”、“人力资本”和“社会资本”。物质资本与可贸易的自然资本构成了区域自我发展能力实现的物质基础，区域自我发展能力的实现必然要以物质基础的占有或使用为基础；社会资本和人力资本构成了区域自我发展能力实现的主体，在一定程度上体现着区域自我发展能力。反映在自然资本、物质资本层面的“联结”能力是区域自我发展能力的表层结构，而侧重于人力资本、社会资本实现的“联结”则是区域自我发展能力的深层结构。

2. 区域自我发展能力是本研究路线的核心

前述已对区域自我发展能力做了界定。在具体的研究中，还需要补充的是，区域自我发展能力，作为一种“联结”经济资源的能力，在现实中的表现层面是不同的。大体而言，主要包括三种形式：其一，惯例式的联结能力，表现为一种不随时间而改变的“通类思想”[①](generic idea)现实化，可表示为 $L\rightarrow L$，其中，L 表示区域自我发展能力代表的联结能力；其二，信念式的联结能力，表现为在某个特定阶段由集体的顿悟而带来的“通类思想”现实化，可表示为 $L\rightarrow\cdots\cdots\rightarrow L\rightarrow L_{(t+1)}$，其中 $L_{(t+1)}$ 表示联结能力已发生改变；其三，知识式的联结能力，表现为长期随时间而演变的“通类思想”现实化，表现为 $L_{(t-1)}\rightarrow L_{(t)}\rightarrow L_{(t+1)}$。其中 $L_{(t-1)}$、$L_{(t)}$、$L_{(t+1)}$)表示不相同的可变规律。这三种能力受到利益激励后遵循的是不同的变化规律，所以在对具体区域实证研究时，需要具体区别对待。

3. 区域利益协调是研究区域自我发展能力的根本

区域利益分为两类，一类是区域通过产业分工而带来的直接利益，其作用是通过利益反馈提高分工效率的进一步提升。另一类是由空间功能分工而带来的间接利益，作者认为，要使这种空间功能分工实现，就必须形成一种机制来分担或分享它们相互作用所产生的代价或收益。由于空间价值的难以精确度量，所以这种分工只能是一种再分配机制作用下的分工。从理论上讲，若要通过相互谈判实现再分配，当且仅当受益方面临困境时，即受损方已实现了生态价值的内部化，才会主动提出实现功能分工。从这一点上讲，在实践中要使功能分工实现，就必须建立完善的公共财政均等化政策，以弥补损失方的受损。

三、甘肃贫困地区贫困人口自我发展能力实证分析

本部分将以甘肃国家重点扶贫县为分析样本，利用主成份分析法分析贫困地区贫困人口自我发展能力的状况与影响因素。主要制约因子主要从要素集聚因子、外部支持因子、发展潜力因子、发展支撑因子、约束因子和初始条件因子。

(一)样本确定及数据来源

样本的确定、数据的采集和处理是本章进行贫困地区自我发展能力实证研究的前提和基础。

1. 贫困地区样本的确定

本文对于贫困地区的样本选定主要依据国家扶贫办公室制定的 592 个国家重点贫困县，并以甘肃省 43 个国家贫困县作为分析的对象。

2. 数据来源

本文的截面数据的年份确定为 2010 年。

本章使用的数据主要来源于：

《甘肃省 2010 年第六次全国人口普查数据》

《2011 甘肃省统计年鉴》

《甘肃省扶贫开发资料汇编(2011 年)》

《中国扶贫开发报告 2011》

---

① 如果某种思想作为工具产生了认知和行为过程，它就被称为是通类的。参考库尔特. 多普菲. 演化经济学[M]. 北京：高等教育出版社，9.

中国扶贫开发网（网址：http://www. cpad. gov. cn/）

（二）甘肃省贫困地区自我发展能力总体评价

1. 原始数据库的建立

考虑到数据收集的限制，本文选取甘肃省下辖的四十三个贫困县作为样本，并针对贫困地区的特殊性，对贫困地区自我发展能力指标体系进行了调整（如表4—1）。依据贫困地区自我发展能力指标体系，查询相关统计数据资料，建立原始数据库。

2. 原始数据逆指标的转换

为保证评价体系中指标的同趋势，需要对指标体系中的部分逆指标进行处理，主要有X1、X4、X5、X19、X21的数据。

表3—1　甘肃省贫困地区自我发展能力指标体系

	子系统	指　标	单　位	
贫困地区自我发展能力指标体系	自然资本	海拔	米	X1
		无霜期	天	X2
		年均降雨量	天	X3
		受灾率	%	X4
		成灾人口比率	%	X5
		人均耕地面积	亩/人	X6
		耕地有效灌溉率	%	X7
	社会资本	通电村比率	%	X8
		通路村比率	%	X9
		通电话村比率	%	X10
		通电视村比率	%	X11
		通自来水村比率	%	X12
		平均万人拥有医生数	%	X13
		平均万人拥有教师数	%	X14
		农业机械化率（机耕地占总耕地面积）	%	X15
		离区域经济中心的距离①	公里	X16
		扶贫资金投入	万元	X17
	人力资本	总人口	万	X18
		人口自然增长率	%	X19
		人口密度	人/万平方公里	X20
		农村文盲半文盲率	%	X21
		城镇化率	%	X22
		劳动力资源比重	%	X23
	经济社会	人均GDP	元	X24
		农民人均纯收入	元	X25
		固定资产投入	元	X26
		经济密度	元/平方公里	X27
		限额以上工业总产值	万元	X28
		农业总产值	万元	X29
		乡镇企业总产值	万元	X30
		人均全社会消费品零售额	元	X31
		财政自给率	%	X32
		第三产业产值占GDP比重	%	X33
		人均城乡居民储蓄存款额	元	X34

① 在研究的过程中，我们对指标离区域经济中心的距离进行了赋值，依据某县离区域中心城市的距离分为五个等级：200公里以内、200—500公里、500—800公里、800—1000公里、1000公里以上，得分分别为5、4、3、2、1。

3. 原始数据的标准化

由于贫困地区自我发展能力指标通常都是有度量单位的，由这些指标的观测数据所计算的协方差矩阵或相关矩阵必然要受到指标量纲的影响，不同的量纲和数量级将得到不同的协方差矩阵或相关矩阵。所以，为了避免计算结果受指标量纲和数量级的影响，保证其客观性和科学性，在进行其他运算之前，必须对原始数据进行标准化处理。其标准化计算公式为：

$$x_{ij} = \frac{X_{ij} - \bar{X}_j}{S_j}$$

式中：x_{ij} 为标准化后的数据；

X_{ij} 为原始数据；

X_j 为第 j 个指标的平均数；

S_j 为标准差。

4. 分别按照不同的子系统提取主因子

(1)自然子系统

经 SPSS13 计算，得到样本相关系数矩阵、提取因子、因子载荷分析、因子旋转和方差极大化旋转后的因子载荷矩阵，因篇幅限制，数据可见本报告原提交稿，其中旋转后的因子载荷矩阵如表 3—2 所示。第一个主因子主要由变量由 X1 和 X2，即海拔和无霜期等指标决定，它们作用在第一主因子上的载荷分别为 0.923、0.917，用 Y1 表示。第二个主因子主要变量由 X4 和 X5，即受灾率和成灾人口比率等指标决定，它们作用在第二主因子上的载荷分别为 0.896、0.824，用 Y2 表示。第三个主因子主要变量由 X6、X7、X3，即人均耕地面积、耕地有效灌溉率、年均降雨量等指标决定，它们作用在第三主因子上的载荷分别为 0.912、0.685、0.521，用 Y3 表示。

表 3—2　方差极大化旋转后因子载荷矩阵

	Component		
	1	2	3
X1	.923	.005	—.018
X2	.917	—.085	.142
X5	.125	.896	—.056
X4	—.221	.824	.322
X6	.085	—.023	—.912
X7	—.054	—.525	.685
X3	.074	.185	.521

Extraction Method: Principal Component Analysis.

Rotation Method: Varimax with Kaiser Normalization.

(2)社会子系统

同样方法，社会子系统旋转后的因子载荷矩阵如表 3—3 所示。其中，第一个主因子主要由变量 X11、X8、X10，即通电视村比率、通电村比率、通电话村比率等指标决定，它们作用在第一主因子上的载荷分别为 0.862、0.834、0.791，用 Y4 表示。第二个主因子主要变量由 X12 和 X9，即通自来水村比率和通路村比率等指标决定，它们作用在第二主因子上的载荷分别为 0.947、0.196，用 Y5 表示。第三个主因子主要由变量 X14、X13、X15，即平均万人拥有的教师数、平均万人拥有的医生数、农业机械化率等指标决定，它们作用在第一主因子上的载荷分别为 0.729、0.716、0.708，用 Y6 表示。第四个主因子主要变量由 X17 和 X16，即扶贫资金投入和离区域经济中心的距离等指标决定，载荷分别为 0.868、0.822，用 Y7 表示。

表 3—3　方差极大化旋转后因子载荷矩阵

	Component	
	1	2
X11	0.862	0.186
X8	0.834	0.360
X10	0.791	—0.335
X12	—0.088	0.947
X9	0.135	0.196
X14	0.729	—0.075
X13	0.726	—0.180
X15	—0.708	—0.180
X17	0.127	0.868
X16	—0.197	0.822

Extraction Method: Principal Component Analysis.

Rotation Method: Varimax with Kaiser Normalization.

(3)人力资本子系统

人力资本子系统方差极大化旋转后因子载荷矩阵如表 3—4 所示。第一个主因子主要由变量 X18、X20、X21、X19，即总人口、人口密度、农村文盲半文盲率、人口自然增长率等指标决定，它们作用在第一主因子上的载荷分别为 0.785、0.721、0.622、0.621，用 Y8 表示。第二个主因子主要变量由 X22 和 X23，即城镇化率和劳动力资源比重等指标决定，它们作用在第二主因子上的载荷分别为0.931、0.919，用Y9表示。

表3—4　方差极大化旋转后因子载荷矩阵

	Component	
	1	2
X18	0.785	0.072
X20	0.721	0.231
X21	0.622	0.311
X19	−0.621	0.101
X22	−0.005	−0.934
X23	0.220	0.919

Extraction Method：Principal Component Analysis.

Rotation Method：Varimax with Kaiser Normalization.

（4）经济子系统

人力资本子系统方差极大化旋转后因子载荷矩阵如表3—5所示。第一个主因子主要由变量X29、X34、X26、X32，即农业总产值、人均城乡居民储蓄存款额、固定资产投入、财政自给率等指标决定，它们作用在第一主因子上的载荷分别为0.970、0.914、0.571、0.428，用Y10表示。第二个主因子主要变量由X33、X31、X30、X25，即第三产业产值占GDP的比重、人均全社会消费品零售总额、乡镇企业总产值、农民人均纯收入等指标决定，它们作用在第二主因子上的载荷分别为0.992、0.962、0.730、0.647，用Y11表示。第三个主因子主要变量由X27、X24、X28，即经济密度、人均GDP、限额以上工业总产值等指标决定，它们作用在第三主因子上的载荷分别为0.921、0.895、0.729，用Y12表示。

表3—5　方差极大化旋转后因子载荷矩阵

	Component		
	1	2	3
X29	0.970	0.106	0.139
X34	0.914	0.195	0.125
X26	0.571	0.623	0.135
X32	0.428	0.119	−0.020
X33	0.190	0.992	0.005
X31	−0.017	0.962	−0.015
X30	0.491	0.730	0.425
X25	0.366	0.647	0.254
X27	0.089	0.066	0.921
X24	0.399	−0.049	0.895
X28	0.427	−0.442	−0.729

Extraction Method：Principal Component Analysis.

Rotation Method：Varimax with Kaiser Normalization.

5.样本因子得分计算

根据各个子系统的方差极大化后的样本初始值，计算出样本因子得分（略）。

6.从个主因子得分中提取主因子

根据各主因子得分表的指标值，再次运用因子分析法提取主因子，处理后相关系数特征值为0.875，比较显著。利用方差最大化旋转得到因子载荷矩阵（表3—6），解释各个主因子。第一个主因子变量主要由Y9和Y10，即人力资本结构和要素投入两个指标决定，载荷值分别为0.956和0.955，把这个主因子称为要素集聚主因子。第二个主因子变量主要由Y7和11，即政策主因子和经济结构主因子两个指标决定，载荷值分别为0.917和0.871，把这个主因子称为外部支持主因子。第三个主因子变量主要由Y4、Y8、Y6，即社会文明主因子、人力资本总特征主因子、科技教育主因子等指标决定，载荷值分别为0.838、0.606、0.582，把这个主因子称为发展潜力主因子。第四个主因子变量主要由Y5和Y3，即基础主因子和资源主因子两个指标决定，载荷值分别为0.870和0.850，把这个主因子称为发展支撑主因子。第五个主因子变量主要由Y2，即脆弱性（自然灾害）因子决定，载荷值为0.833，把这个主因子称为约束主因子。第六个主因子变量主要由Y12和Y1，即经济总量和自然条件两个指标决定，载荷值分别为0.895和0.618，把这个主因子称为初始条件主因子。

表3—6　方差最大化旋转后因子载荷矩阵

	Component					
	1	2	3	4	5	6
Y9	−0.956	−0.007	0.061	0.057	−0.135	−0.048
Y10	0.955	0.025	−0.062	0.042	0.088	−0.027
Y7	0.025	0.917	0.067	−0.132	−0.011	−0.050
Y11	0.022	0.871	0.216	−0.155	−0.227	0.007
Y4	0.011	0.122	0.838	0.125	0.014	0.048
Y8	−0.115	0.334	0.606	−0.055	0.434	0.028
Y6	0.296	−0.049	−0.582	−0.041	0.466	−0.018
Y5	0.142	−0.224	−0.101	0.870	−0.080	−0.081
Y3	−0.153	−0.059	0.224	0.850	0.049	−0.066
Y2	0.182	−0.204	0.029	−0.008	0.833	−0.030
Y12	0.116	−0.152	0.180	−0.235	−0.111	0.895
Y1	−0.296	0.353	−0.448	0.213	0.233	0.618

Extraction Method：Principal Component Analysis.

Rotation Method：Varimax with Kaiser Normalization.

7. 样本得分及排序

计算各样本主因子得分，得到个样本得分（表略）。从要素集聚主因子来看，居前列的是榆中县、麦积区、武都区、秦安县、临洮县。榆中县和临洮县紧邻兰州，收益于区域经济中心的辐射效果较为明显，经济要素集聚能力明显较强；麦积区和武都区分别是天水市和陇南市的地级市所在地，分别是各市要素集聚中心；秦安县是甘肃省小商品集散地，要素集聚能力较强。排名后五位的县分别是合作市、卓尼县、临潭县、夏河县、华池县。从外部支持主因子来看，临夏县、和政县和积石山县享受的扶贫政策支持最多，其中临夏县、和政县和积石山县都隶属于临夏市，是甘肃省回族的主要聚居地，各县的贸易比较发达，第三产业所占比重较高。文县、康县、环县和两当县排在后面。从发展潜力主因子来看，武都区、广河县、临夏县、文县和东乡县排在前五位，会宁县、安定区、夏河县、通渭县和环县排在后五位。这说明武都区、临夏县、文县、广河县和东乡县无论是在人力资本积累，还是现代文明的普及程度方面，都领先于其它各县，已经具有了快速发展的起飞准备。从发展支撑主因子来看，合作市、天祝县、麦积区、安定区和夏河县分别排在前五位，康县、张川县、礼县、环县、和宕昌县分别排在后五位。这说明合作市、麦积区、天祝县、安定区和夏河县不仅具有得天独厚的资源优势，而且具有较好的基础设施，经济发展的支撑条件较好。从约束主因子来看，秦安县、武都区、清水县、张川县和西和县分别排在前五位，榆中县、东乡县、渭源县、古浪县和天祝县分别排在后五位。从初始条件主因子来看，华池县、文县、永靖县、麦积区和武都区分别排在前五位，天祝县、卓尼县、夏河县、合作市和临潭县分别排在后五位。

8. 各县地区自我发展能力综合得分分析

各贫困县地区自我发展能力受到6个因子的共同影响，为了能对各个地区的可持续发展能力进行比较，采用各因子正交旋转后的方差贡献率归一后作为权重，计算各个地区的综合因子得分，并进行地区排序。见表3－7所示，甘肃省43个国家贫困县中，地区自我发展能力较强的前五个县分别是麦积区、榆中县、武都区、秦安县和临洮县。这五个县各有优势：麦积区市天水市的主城区之一，是区域经济文化中心，是西陇海线的交通要道；榆中县和临洮县距离甘肃省省会城市兰州的距离非常近，是兰州城市经济文化扩展的主要受益区；武都区是陇南市的中心城市，生产生活的自然条件较为优越；秦安县位于天水市，虽然县域规模不大，交通条件不是非常便利，但是秦安县的商业意识却独具优势，是甘肃省乃至西北地区小商品的重要集散地。临潭县、康县、夏河县、两当县和环县是地区自我发展能力最弱的五个县，其中临潭和夏河隶属于甘南藏族自治州，区内人口较多，区内产业主要以农业为主，但是海拔较高、无霜期较短、降雨量较少，农业生产效率较低；康县和两当县隶属于陇南市，虽然生产生活的自然气候较好，但是区内人口稀少，自然条件较差，大都是高山深沟，可供耕作的土地较少，交通不便，发展能力弱；环县隶属于庆阳市，三面都与陕西省和宁夏回族自治区接壤，与甘肃省中心城市兰州市、天水市距离较远，所受经济辐射最小，县辖区面积较大，但是大部分都是戈壁沙漠分布地带，可供耕地较少，另外，县内是自然灾害频发地带，因此，自我发展能力最弱。

四、甘肃贫困地区贫困人口自我发展能力的培育

甘肃省贫困地区大都地处海拔较高、交通不便、生态脆弱的地区，这些地区在整体区域内部具有非常重要的生态屏障作用，是经济社会发展的基础条件，但长期粗放式开发的经济增长和扶贫开发方式使得自然生态和社会发展滞后于经济增长，并且这种滞后性已经成为经济进一步发展的主要瓶颈。为此，需要从如下四个方面提升甘肃省贫困地区贫困人口区域自我发展能力。

（一）基于自然资本视角培育贫困地区贫困人口自我发展能力

区域资源要素禀赋的不同决定了地区自我发展能力的不同，尤其是自然条件对地区发展的限制很难人为改变，但是从空间开发发展的视角来看，每一个自然条件不同的区域却在区域发展中发挥着相互迥异的功能，如生态功能、经济功能、政治功能等等，当然这些地区的功能不仅仅是受自然条件约束，而是在诸多条件的共同作用下形成的。

表 3—7 各贫困县地区自我发展能力综合得分及排序

地区	综合因子得分	名次	地区	综合因子得分	名次
麦 积	1.313	1	张家川	0.005	23
榆 中	1.095	2	镇 原	—0.003	24
秦 安	0.600	3	通 渭	—0.055	25
武 都	0.524	4	合 水	—0.086	26
临 洮	0.333	5	积石山	—0.112	27
广 河	0.308	6	康 乐	—0.120	28
甘 谷	0.300	7	舟 曲	—0.185	29
武 山	0.289	8	卓 尼	—0.188	30
临 夏	0.258	9	天 祝	—0.190	31
宁 县	0.258	10	东 乡	—0.196	32
陇 西	0.215	11	古 浪	—0.249	33
岷 县	0.160	12	宕 昌	—0.254	34
安 定	0.142	13	礼 县	—0.262	35
文 县	0.115	14	渭 源	—0.287	36
庄 浪	0.115	15	漳 县	—0.315	37
永 靖	0.114	16	会 宁	—0.325	38
静 宁	0.085	17	临 潭	—0.370	39
合 作	0.060	18	康 县	—0.399	40
西 和	0.054	19	夏 河	—0.784	41
和 政	0.049	20	两 当	—0.799	42
清 水	0.047	21	环 县	—1.279	43
华 池	0.021	22			

甘肃省贫困地区贫困人口自我发展能力较弱，生态环境的不断恶化是一个主要的原因。虽然从20世纪80年代末开始，我国政府陆续实施了“三北”防护林、退耕还林、退牧还草等生态工程，但这些工程的实施，没有建立起一个长效的生态补偿机制，造成很多贫困地区长期陷入自然生态“保护—破毁”的恶性循环中，需要10年或15年投入大量的人力、财力、物力的生态修复，却在1年或2年的时间由于政策松动（或变化）而破毁。

首先，加快建立生态补偿机制。参照由中央政府直接拨付的我国森林生态效益补偿基金，设立专门的生态效益补偿基金，由中央财政直接拨付，用于处于禁止或限制开发区域贫困地区的生态修复和维护。继续完善区域间合作和对口支援方式进行的受益者补偿，探索对于直接受益主体收取适当费用来充实相应生态补偿基金的做法，考虑采用从水资源费、水电费、旅游收入等渠道筹集受益者补偿资金。完善有利于区域生态保护的税费制度，加快建立按照生态环境资源开发利用量征收的生态环境补偿费征收机制。

其次，促进形成规范的财政转移支付。进一步增加对禁止或限制开发区域贫困地区用于生态环境建设的专项转移支付，积极争取尽快将限制开发区域贫困地区的经常性生态环境建设资金纳入中央政府预算科目。加快研究制定《财政转移支付法》，明确规定用于全国限制开发区域贫困地区经常性生态环境建设资金的增长速度要略高于中央财力增长速度。探索建立健全省以下财政转移支付机制，明确针对限制开发区域贫困地区的财政转移支付政策，以激励贫困地区的生态环境保护工作。

最后，对于那些处于自然资源缺乏，生态环境恶劣，一方水土养活不了一方人口的禁止开发区域，且贫困人口分散，采用常规的扶贫措施成本过高，不能取得预期成效的地区，继续采用移民迁村的发展政策，加强这些地区的生态保护。

（二）基于人力资本视角培育贫困地区贫困人口自我发展能力

“以人为本”已成为全世界最重要的发展理念，注重人力资本的积累应当是贫困地区自我发展能力的培育与提升核心。

1. 构筑基本的安全保障网

以基本养老、基本医疗、最低生活保障制度为重点，以慈善事业、商业保险为补充，加快完善社会保障体系。探索建立农村养老保险制度。全面推进城镇职工基本医疗保险、城镇居民基本医疗保险、新型农村合作医疗制度建设等逐步提高保障水平。

2. 建立健全基本医疗卫生制度

健康是人全面发展的基础，关系千家万户幸福。建设覆盖城乡居民的公共卫生服务体系、医疗服务体系、医疗保障体系、药品供应保障体系，为群众提供安全、有效、方便、价廉的医疗卫生服务。加强农村三级卫生服务网络和城市社区卫生服务体系建设，深化医疗体制改革，强化政府责任与投入。支持提高和扩大农村合作医疗保障强度和保障范围，增加农村公共卫生支出，建立农村医疗救助制度，防止农户因病返贫和因贫失医。尽快建立强制性的农民养老保险金制度，使外出务工的农民能在为输入地创造财富的同时，解除自身的后顾之忧。

3. 强化农村义务教育

目前贫困地区人口素质较低、教育水平不高已经成为农民收入提高和扶贫开发项目顺利实施的“瓶颈”。在以后的扶贫开发实践中，政府应该把提供更多的教育资源作为一项重要的支持措施。尤其政府要加大对农村教育投入的比例，继续重视学校硬件建设的同时，以法律的形式保证学龄儿童接受九年义务教育。一是完善现有的相关法律政策体系，一方面以法律的形式保障每位儿童接受义务教育的权利，另一方面认真落实农村贫困家庭学生“两免一补”政策，通过免费甚至补贴的形式保证农村适龄儿童上得起学、念得起书，保证家庭经济困难的学生不失学、不辍学，提高贫困儿童的入学率，保证全体学龄儿童都能接受九年制义务教育；二是要加强师资培训，提高学校图书、课桌椅及其他基本设施的拥有率，提高学校的教育质量；三是对贫困地区接受高中和高等教育学生实施补贴，确保他们能够进一步深造；四是加大贫困地区职业教育的投入，增加贫困地区人力资本的积累。我们要坚持政府主导，加大财政投入的同时，引导更多的社会资金投入农村教育和职业教育，提高教育与培训质量，造就一支高素质的新型农民队伍。

4. 加强职业教育

要开展多样化的成人教育和继续教育，如农业专业技能培训、农民转移就业技能培训和务工农民岗位技能培训为主要内容，以务农人员和转产转业人员这两类人群为主要对象，切实加大职业培训投入，整合城乡职业教育培训资源，加强实用技术培训，提高农民群众的文化素质。

发展贫困农村职业技术教育。贫困农村职业技术教育应与农村发展项目相结合，与农村经济发展需求相结合，与农村人口素质相适应，提供适应农村社会发展需求的职业技术培训内容。应依托国家“星火计划”、“农业综合开发”、“农业科技示范园建设”、“退耕还林”、“天然林保护”、“自然保护区建设”、“小流域治理”等农村发展项目，向农民介绍和展示科学种植和养殖模式，组织农民参加各种技术培训，为农民提供各种试验、示范条件，引导农民接受和利用科学技术。

成人文化素质和生存技能建设。不少实证研究指出，农户家庭收入状况与户主文化素质呈正相关，即户主文化水平高，家庭收入高。目前，10 年教育行动计划以贫困地区青少年教育为主，使贫困地区少年儿童完成 9 年义务教育。成人教育问题未受到足够重视，导致贫困人口低素质徘徊。要真正改变农村贫困现状，进行成人文化素质及生存技能培训是十分关键的。

加强残疾人教育（特殊教育）。应实施特殊教育，根据残疾人分布状况，成立免费学校，让残疾人接受正规教育，实现自食其力，以减轻贫困家庭的负担。

（三）基于社会资本视角培育贫困地区贫困人口自我发展能力

从社会资本的角度考虑，提升我省贫困地区贫困人口自我发展能力的政策建议有：

1. 加大财政支持力度

加大中央财政均衡性财政转移支付力度，提高转移支付系数，增加转移支付额度。加快建立和完善县级基本财力保障机制。中央财政有关专项转移支付向片区县倾斜。逐年提高省级财政配套扶贫专项资金投入，进一步增加省级财政专项扶贫资金的投入力度。市县财政部门要每年安排一定规模的财政专项扶贫资金，并逐步建立起专项扶贫资金稳定增长的投入机制。加大各级财政对片区新型农村合作医疗、新型农村社会养老保险等农村社会保障制度的支持力度。

2. 深入贯彻实施帮扶政策

深入推进"联村联户、为民富民"行动，全面落实省级党政机关和企事业单位对片区帮扶到乡、工作到村的定点扶贫全覆盖机制。省级定点扶贫单位与片区进行双向人才交流，定期选派干部挂职锻炼，开展相关培训。支持建立贫困地区人才交流互动机制，通过党政干部、专业技术人才交流任职促进片区协同发展。鼓励各类企业和社会组织积极支持片区县（区、市）发展，加大光彩事业扶持力度。深化开展"村企共建扶贫工程"，支持企业到重点贫困村兴建基地、联办企业，拓宽农民增收渠道，带动贫困农户增收致富，建立互惠互利、合作共赢的社会扶贫机制。

3. 加快农村公共基础设施建设

贫困地区农村生产生活等公共基础设施缺乏，是制约其快速发展的主要因素。一是道路建设相对滞后，尤其是边远山区的部分自然村仍未实现路通，行路难的问题相当突出，乡村道路的管理更是问题，部分道路建设使用后因无有效的管理和维护措施，道路破损现象严重，路况极差。二是农田水利设施建设相对滞后，农村农田水利工程建设和蓄洪、防洪、排洪工程建设相对不足，尤其是有限的水资源未得到合理的有效利用，农村抗灾减灾能力减弱。三是自来水设施建设在中心集镇虽然取得了一定成效，但受益面小，受益人口少，广大农村地区人畜饮水困难的现象还普遍存在。四是电力基础设施建设滞后，农村电源供电卡脖子、供电布局不合理、配电线路半径长、技术标准不规范、安全可靠性能低等问题，极大地影响了工农业生产和经济发展。为此，要坚持政府资源与社会资源、中央投资与地方投资相结合的原则，积极发动各类经济主体参与到基础设施项目建设当中。

4. 积极落实救助政策

在农村低保、新型农村合作医疗、大病救助、养老保险、贫困学生救助、农村危房改造、扶贫开发等到户政策方面，优先支持，努力解决扶贫对象入学、就医、养老、住房、生产发展等困难，实现户户有稳定的增收项目，加快脱贫致富。

5. 加强乡土文化挖掘

贫困农村大多在山区，受山地自然条件的阻隔以及山地文化的封闭性，使贫困地区保留大量具有极大观赏价值、研究价值的传统文化、民间文化和乡土文化。对这部分文化资源的发掘，不仅有利于研究贫困地区发展演变，还能够将这些资源转变为市场资源，获取经济价值，提升贫困地区群众生活水平。

6. 加快乡村信息化建设

建立信息系统和网络有利于促进贫困地区人口将现有大量经济、社会和自然方面的信息的盘活和有效利用，增强其可持续发展意识。我省很多藏族地区从 1997 年就开始普及县、乡一级的电脑办公自动化，但实际上直到目前为止，很多县、乡还只是把电脑作为一种摆设，尤其是乡一级。县级机关的电脑一般都通过电话上网，但使用率极低，一方面的支付不起电话费，另一方面是因为使用技术的问题，因此除了在硬件资源上加大信息化建设投入外，还需对其配套资源进行补充，培训农民成为信息社会的新型农民，提高其自我发展能力。

（四）基于特色产业视角培育贫困地区贫困人口自我发展能力

从特色优势产业发展的角度考虑，提升我省贫困地区贫困人口自我发展能力的政策建议有：

1. 因地制宜，发展特色产业

依据主体功能区的分类，大部分贫困地区都属于限制或禁止开发的区域，其承担的主要区域功能是生态修复与保护，在此基础上按照资源禀赋的比较优势培育发展特色产业，形成生态——经济的协调发展。有选择地扶持和培育特色优势产业。同时，要推动科技创新和产品开发，促进产业和产品结构的换代升级。如推动企业开发拥有自己知识产权的高新技术，培育核心竞争力，大力发展特色农业，推进农业产业化，促进农业向二、三产业转移，形成参与社会分工甚至参与国际分工的比较优势和竞争能力。

2. 严格贯彻落实各项税收优惠政策

对于享受西部大开发税收政策地区属于国家鼓励类产业的企业，以及高新技术企业，减按15%税率征收企业所得税。对从事种植业、养殖业和农产品初加工等农、林、牧、渔项目的企业所得，免征或减征企业所得税。企业从事国家重点扶持的公共基础设施项目投资经营所得，以及符合条件的环境保护、节能节水项目所得，可依法享受企业所得税"三免三减半"政策。对从事国家非限制和禁止行业并符合条件的小型微利企业，减按20%的税率征收企业所得税。企业以《资源综合利用企业所得税优惠目录》规定的资源作为主要原材料，生产国家非限制和禁止、并符合国家和行业相关标准的产品取得的收入，减按90%计入收入总额。

3. 大力发展劳务产业

发展劳务产业经济既是贫困人口提高自身能力，增加收入的主要途径，又是城市化的必然结果。首先，要加大培训资金投入，开展多形式、多技能农民工培训，力争输出技能型劳务；其次，要强化劳务输出组织管理服务，建立一批相对稳定的劳务输转基地；最后，要探索建立农民工工资支付保证金制度，维护农民工合法权益。

4. 积极推动金融产品和服务方式创新

引导股份制银行在片区中心城市、县城设立分支机构，支持设立县（区）合作制地方银行。引导银行业金融机构加大对片区扶贫贴息贷款的投放力度，鼓励按规定开展小额信用贷款业务，努力满足贫困地区贫困农户发展生产的资金需求。多方面拓宽片区发展融资渠道，积极支持和引导片区内符合条件的企业发行短期融资券、中期票据、中小企业集合票据、企业（公司）债券等直接融资工具。深化农村信用社改革，优化片区金融网点布局，支持村镇银行等农村新型金融机构发展，尽快实现片区内金融机构空白乡镇的金融服务全覆盖。增加农业保险保费补贴范围，建立小额保险扶贫机制，提高小额保险覆盖面。优先开展农业保险，加大支持力度，扩大特色种养业险种。扩大互助资金试点，探索贫困群众生产发展扶持的有效机制。

参考文献：

1. 高新才．中国经济改革30年——区域经济卷．重庆大学出版社，2008.
2. 苏东水．产业经济学．高等教育出版社，2000.
3. 邓伟根．区域产业经济分析．暨南大学出版社，1993.
4. 江世银．区域产业结构调整与主导产业选择研究．上海三联书店，上海人民出版社，2004.
5. 艾伯特·赫希曼．经济发展战略．经济科学出版社，1991.
6. 杰夫·马德里克．经济为什么增长．中信出版社，2003.
7. 戴维·S·兰德斯．国富国穷．新华出版社，2001.
8. 曼库尔·奥尔森．国家兴衰探源．商务印书馆，1995.
9. 王必达．后发优势与区域发展．复旦大学出版社，2004.
10. 郭志仪．面向新世纪的战略抉择．民族出版社，2001.
11. 甘肃省发展和改革委员会．甘肃省国土资源开发利用和保护研究．甘肃人民出版社，2005.
12. 高新才．中国经济体制：变革与挑战．兰州大学出版社，2008.
13. 刘伟、蔡志洲. 我国地区发展差异与经济高速增长持续能力——地区发展差异是提高反周期能力和保持持续增长的重要资源[J]. 经济学动态，2009，(4)：4—10.
14. 王科. 中国贫困地区自我发展能力研究[D]. 兰州：兰州大学，2008.
15. 闫磊. 中国西部区域自我发展能力研究[D]. 兰州：兰州大学，2011.

本课题承担单位　兰州理工大学
课题组负责人　闫磊
课题组成员　王科　吴永民　康殿统　范红全　王海燕　白莉红　罗旭　朱林　杨娜

宁夏人口发展变化研究

新中国成立以来，宁夏人口发展先后经历了由无计划增长到有计划控制的变化过程。特别是近年来，自治区各级党委、政府进一步加大对计划生育工作的领导和投入力度，在强化人口与计划生育目标管理责任制的同时，不断创新工作思路，完善工作机制，逐步探索计划生育工作由单纯的行政措施向行政措施和利益导向机制并举的转变，收到了显著的成效，总人口增速继续减缓，人口素质明显提高，人口增长类型实现了人口发展的历史性转变。这种转变使人口数量得到了有效控制，不仅促进了宁夏人口与社会经济的协调发展，对于减轻宁夏人口压力也起了重要作用。为落实科学发展观和建立和谐社会，实现人口与经济、社会、资源、环境协调可持续的发展，促进社会经济的全面进步，奠定了良好的基础。

一、人口发展的现状及特点

(一)人口增速减缓，快速增长势头得到有效控制

建国以来，除特殊年份外，宁夏人口增长速度一直较快。1949 年末，宁夏总人口为 119.75 万人，2010 年增加为 632.96 万人。61 年来，人口总数增加了 513.21 万人，增长 4.29 倍，年平均增加 8.41 万人，年平均增长 2.77%，是全国人口增长速度较快的省区之一。

表 1　宁夏各个时期人口增长状况

单位：万人，%

时期	期末总人口	时期年均增长率	时期	期末总人口	时期年均增长率
“一五”时期(1953—1957)	179.38	4.72	“六五”时期(1981—1985)	414.62	2.10
“二五”时期(1958—1962)	198.81	2.08	“七五”时期(1986—1990)	465.68	2.35
调整时期(1963—1965)	226.79	4.49	“八五”时期(1991—1995)	512.38	1.93
“三五”时期(1966—1970)	277.35	4.11	“九五”时期(1996—2000)	554.32	1.59
“四五”时期(1971—1975)	327.92	3.41	“十五”时期(2001—2005)	596.20	1.47
“五五”时期(1976—1980)	373.72	2.65	“十一五”时期(2006—2010)	632.96	1.20

宁夏控制人口增长取得了非常显著的成就。2010 年宁夏人口出生率为 14.14‰，与 1982 年相比，下降了 14.81 个千分点，平均每年下降 0.53 个千分点。若按 1982 年全区人口出生率水平计算，截止 2010 年宁夏约少出生人口 152.81 万人，反映出实行计划生育政策以来，宁夏人口过快增长的势头得到有效遏制。

(二)生育水平逐步下降，再生产类型发生根本性转变

进入 20 世纪 90 年代以来，随着计划生育工作的不断深入和国家各种惠民政策的出台，宁夏育龄妇女生育水平进一步下降，2010 年总和生育率(指假设妇女按照某一年的年龄别生育率度过育龄期，平均每个妇女在育龄期生育的孩子数)为 1.4，已降

至低生育水平，生育模式发生了显著变化，人口控制工作取得了显著成效。

1. 育龄妇女生育模式发生变化

生育模式指在单位时间内通常为1年，育龄妇女总的生育水平在生育期间不同生育年龄上的分布形式。

表2 宁夏育龄妇女年龄别生育率变化状况

单位：‰

	1982年	1990年	2000年	2010年
总生育率	120.10	95.26	66.21	50.19
15—19	13.16	28.00	13.92	18.37
20—24	233.68	243.32	186.75	127.06
25—29	287.71	178.29	145.31	128.22
30—34	143.19	55.07	39.40	54.53
35—39	84.12	18.97	8.65	16.57
40—44	45.75	7.24	2.31	4.40
45—49	11.16	1.89	0.88	2.82
总和生育率	4093.85	2663.90	1986.10	1759.85

1982年宁夏育龄妇女总和生育率达4.1，也就是说，1982年平均每个育龄妇女平均生育4.1个孩子，1990年减少为2.7个，2000年和2010年分别减少到2.0和1.8个，与1982年相比，2000年和2010年宁夏育龄妇女平均少生2.1和2.3个孩子。同时也显示出，自20世纪90年代后期以来，宁夏育龄妇女生育水平一直保持着相对较低、相对稳定的生育态势。

从育龄妇女年龄别生育率看，1982年和1990年，宁夏育龄妇女最高生育峰值年龄分别落在25—29岁组、20—24岁组，年龄别生育率高达287.71‰和243.32‰。从年龄别生育率变化图看，其值高而宽，生育模式呈现生育起点高，生育年龄宽，生育周期长的特征。2000年后则相反，随着计划生育工作的不断深入，其生育模式发生了深刻变化，育龄妇女生育以生育起点低、峰值生育年龄高且生育率水平低、生育年龄相对集中、周期短为主要特征。

2. 孩次构成重心明显向一孩转移

由于宁夏的生育政策相对较为宽松，加之一些群众的生育意愿仍与计划生育政策相悖，生育多孩的现象多年来一直未能从根本上消除，这也是导致宁夏生育水平与全国相比相对较高的一个主要原因。从人口普查年份育龄妇女生育的孩次构成变化比较看(见表3)，20世纪80年代，宁夏孩次构成中，三孩及以上孩次仍占相当比重，1982年为48.58%，1990年为29.93%。进入20世纪90年代后，重心明显由多孩向一孩转移。2010年，三孩及以上孩次占当年全部出生婴儿比重，仅为11.16%，与1982年和1990年相比，分别下降37.42和18.77个百分点，一孩比重为55.57%，分别提高了24.67和15.49个百分点。

宁夏人口普查年份育龄妇女年龄别生育率变化图

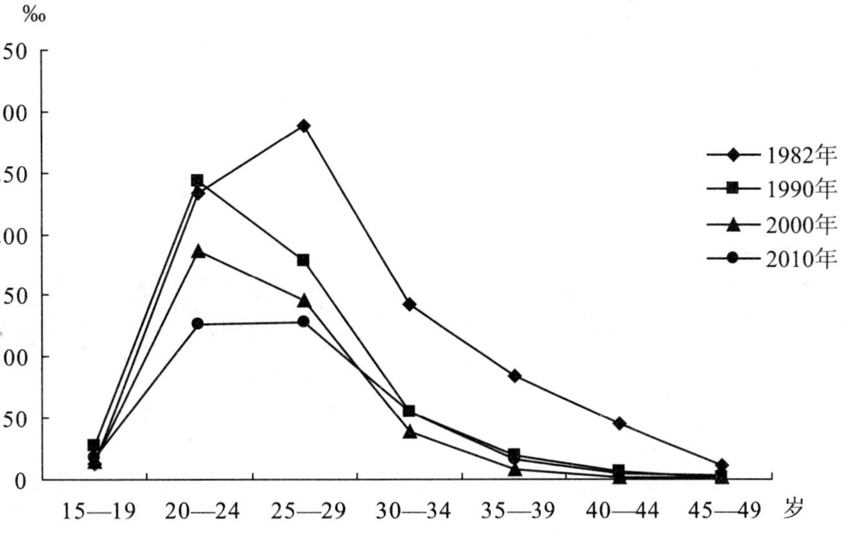

表 3　宁夏育龄妇女生育孩次构成变化状况

单位:%

孩次别	1982 年	1990 年	2000 年	2010 年
合计	100	100	100	100
一孩	30.90	40.08	56.00	55.57
二孩	20.52	29.99	27.03	33.27
三孩及以上	48.58	29.93	16.97	11.16

3. 人口再生产类型已进入现代型

按照"世界人口监测"划分标准,20 世纪 90 年代后期,宁夏人口再生产类型已进入低出生率、低死亡率、人口低速增长的现代型人口再生产类型。

(三)民族成份增多,回族人口分布发生明显变化

1. 民族成份逐渐增多

宁夏人口发展特征之一是人口不断的迁徙。民间早就有"宁夏有天下人"之说。随着各个时期特别是改革开放和西部大开发以来新移民的涌入,进入新世纪以来,自治区党委和政府结合宁夏实际,提出发展内陆开放型经济战略,进一步加快对外开放的步伐,吸引了全国各地及港澳台和国外人员来宁投资、经商、工作、学习、定居。人口迁移流动范围不断扩大,宁夏人口的民族成份发生了明显变化。

从建国后历次人口普查结果看,民族成份由少到多。1953 年"一普"时宁夏共有 11 个民族。1964 年"二普"时增加到 23 个。1982 年"三普"时增加到 31 个。1990 年"四普"时增加到 35 个。2000 年"五普"增加到 43 个。2010 年"六普"时数据表明,宁夏有汉族、蒙古族、回族、藏族、维吾尔族、苗族等 56 个民族。

2010 年第六次全国人口普查的宁夏常住人口中,汉族 408.64 万人,占常住人口的 64.85%,回族 217.38 万人,占常住人口的 34.50%,其他少数民族 4.12 万人,占常住人口的 0.65%。

2. 回族人口增多,人口分布发生明显变化

建国后,国家制定了一系列民族平等、民族团结、各民族共同繁荣的政策,加之在招生、招干、招工、生育等方面对少数民族实行一定的优惠政策,异族通婚的混合户中所生子女,基本上都选报少数民族,为宁夏回族人口的发展提供了良好的环境,促进了回族人口的快速增长。1950 年,宁夏回族人口为 38.18 万人,占全区总人口的 30.31%。1958 年自治区成立时,回族人口为 62.98 万人,占全区总人口的 32.54%。1976 年,宁夏回族人口突破百万大关达 103.07 万人,占全区总人口的 30.50%。2010 年回族人口增加到 217.38 万人,占全区总人口的 34.50%。1950—2010 年,宁夏回族人口年均增长 2.94%,高于同期汉族人口年均增长 2.60%的水平。

宁夏是以回族为主体,汉族居多数的民族自治地区。由于历史等原因的影响,回族人口分布呈大分散小聚居的特征,并且多聚居在比较贫穷的南部山区,从而形成了回族人口地区分布呈南多北少态势。第六次全国人口普查结果显示,2010 年,宁夏共有回族人口 217.38 万人,其中,山区 125.02 万人,占回族总人口的比重的 57.51%;川区 92.36 万人,占 42.49%。回族人口分布构成发生了明显变化,逐步向中北部地区转移。

宁夏回族人口地区分布变化的主要原因有三:

一是吊庄移民增多。

二是行政区划调整力度加大。

三是生育水平下降,缓解了人口的过快增长。

(四)年龄结构继续转变,仍处于人口"红利期"

人口年龄构成是人口自然特性和社会特性的综合表现,国际上通常使用少年、成年和老年年龄组(0—14 岁、15—64 岁、65 岁及以上)并结合人口年龄中位数来反映人口的年龄构成情况。2010 年第六次全国人口普查数据显示,宁夏人口年龄呈现以下特征:

1. 人口年龄结构呈现出"两头小、中间大"的特征

2010 年,宁夏登记的常住人口中,0—14 岁少年组人口占总人口比重为 21.39%,15—64 岁成年组人口占总人口比重为 72.22%,65 岁及以上老年组人口占总人口比重为 6.39%。少儿人口规模和比重下降,劳动适龄人口增长较快,65 岁及以上的老年人口持续增加,人口年龄结构呈现出"两头小、中间大"的明显特征。

宁夏人口年龄中位数为 30.28 岁,表明有一半人口的年龄在 30.28 岁以下。总人口的年龄中位数比 2000 年的 26.70 岁后推了 3.58 岁,年龄结构趋向于成年型。

2. 人口年龄构成类型步入成年型后期阶段

20 世纪 90 年代以来，随着计划生育工作力度的不断加大，人口出生水平逐年下降，总人口快速增长的势头得到了有效遏制。同时人口的年龄构成也发生了较大变化。

2010 年，0—14 岁少年儿童系数在 30%以下，为 21.39%；老年人口系数小于 7%，为 6.39%；老少比为 29.84%，均已在临界点徘徊；而年龄中位数为 30.28 岁，已进入老年型标准值域（见表 4）。按照表 5 标准衡量，宁夏人口年龄构成已由年轻型转变为成年型。但距离老年型社会已为时不远。

表 4 宁夏人口类型与通用标准比较

单位：岁，%

	通常使用标准			宁夏人口年龄构成			
	年轻型	成年型	老年型	1982 年	1990 年	2000 年	2010 年
少年儿童系数	>40	30—40	<30	41.26	33.73	28.37	21.39
老年人口系数	<4	4—7	>7	3.20	3.50	4.47	6.39
老少比	<15	15—30	>30	7.75	10.40	25.71	29.84
年龄中位数	<20	20—30	>30	18.39	21.71	26.70	30.28

3. 人口年龄构成处于“人口红利”黄金期

“人口红利”是指在一个时期内生育率迅速下降，少儿与老年抚养负担均相对较轻，总人口中劳动适龄人口比重上升，从而在老年人口比例达到较高水平之前，形成一个劳动力资源相对比较丰富，人口年龄结构演化过程中的“黄金季节”，对经济和社会发展十分有利的黄金时期。

近年来，宁夏的人口年龄结构正处在一个高劳动力人口比、低抚养比、劳动力资源丰富的阶段，也就是“人口红利”期。2010 年，宁夏 15 - 64 岁人口占总人口的比重高达 72.22%，与 1990 年和 2000 年相比，分别提高了 9.47 和 5.07 个百分点。

同时总抚养比系数继续下降。第六次全国人口普查资料显示，2010 年宁夏老年抚养系数上升，少儿抚养系数下降，总抚养系数继续呈下降趋势（见表 5）。2010 年总抚养系数为 38.47%，比 2000 年下降 10.43 个百分点；少儿抚养系数为 29.62%，比 2000 年下降 12.62 个百分点；老年抚养系数为 8.85%，比 2000 年上升 2.19 个百分点。与全国相比，总抚养系数比全国的 34.18%高 4.28 个百分点，老年抚养系数比全国的 11.9%低 3.05 个百分点，少儿抚养系数比全国的 22.28%高 7.34 个百分点，这些都与宁夏经济社会发展水平较低有密切关系。

表 5 宁夏历次人口普查人口年龄构成及抚养系数

单位：%

年份	占总人口的比重			少儿抚养比	老年抚养比	总抚养比
	0—14 岁	15—64 岁	65 岁及以上			
1953	40.68	56.32	3.00	72.22	5.33	77.56
1964	43.37	54.35	2.28	79.80	4.20	83.99
1982	41.26	55.54	3.20	74.29	5.76	80.05
1990	33.73	62.77	3.50	53.74	5.58	59.31
2000	28.37	67.16	4.47	42.24	6.66	48.90
2010	21.39	72.22	6.39	29.62	8.85	38.47

(五)教育事业蓬勃发展,人口受教育水平提高

进入新世纪以来,全区各级党委、政府十分重视教育事业,制定了一系列支持教育事业发展的政策和措施,大力实施科教兴宁、人才强区战略,提升教育的整体实力和发展水平,推动教育全面协调发展。全区教育规模不断扩大,各级各类教育协调发展,教育水平不断提高。尤其是基本普及九年义务教育,基本扫除青壮年文盲的“两基”目标提前一年实现,《宁夏妇女发展规划纲要(2001—2010年)》顺利完成,为提高人口文化素质奠定了坚实基础,人口文化素质明显提高,为宁夏实现跨越式发展提供了强有力的智力支持和人才保障。

第六次全国人口普查资料显示,2010年全区常住人口中,6岁及以上人口接受过各种教育程度的人口为537.92万人,比2000年“五普”时增加130.12万人,增长31.90%。其中女性为254.60万人,占受教育人口总数的47.33%,比2000年“五普”的44.69%,高出2.64个百分点。

1. 受教育人群比重上升

人口受教育程度是指6岁及以上人口中接受各种文化教育的人口。第六次全国人口普查结果显示,2010年,宁夏6岁及以上常住人口中接受过各种教育程度的人口为537.92万人,占6岁及以上人口总数的92.8%,与2000年“五普”的407.80万人相比,增加130.12万人,所占比重提高10.1个百分点。

2. 受教育程度向高学历转移

人口的受教育水平直接体现了教育的成果。2010年,宁夏平均每10万人拥有大专及以上文化程度人数由2000年的3691人增加到9316人,增长1.5倍;高中文化程度人数由10934人增加到12580人,增长15.05%;初中文化程度人数由27859人增加到33813人,增长21.37%;小学文化程度人数由31845人减少到29656人,下降6.87%。接受小学教育人数的减少,一方面反映了全区计划生育的成果,另一方面说明了宁夏人口受教育程度在向更高一个级次转化。

3. 平均受教育年限明显增加

人口平均受教育年限是度量一个国家或一个地区教育发展水平的重要指标。2010年,宁夏6岁及以上人口的平均受教育年限为8.5年,比2000年的7.0年提高1.5年。表明宁夏6岁及以上人口平均受教育程度由2000年的初中1年级提高到初中3年级。

4. 中南部山区人口素质明显低于全区平均水平

受经济收入的制约和重男轻女观念的影响,中南部山区人口受教育程度明显低于全区。据2010年“六普”资料显示,在6岁及以上人口中,全区具有中学学历的人口占50.42%,而中南部山区为37.52%,低于全区12.9个百分点,具有大专及以上学历的人口仅为4.52%,低于全区5.6个百分点,不到全区平均水平的一半。

5. 地区高层次文化程度不均衡

分五个地级市看,银川市大专及以上学历的人数为35.15万人,占接受小学及以上教育程度人数的19.67%,明显高于全区10.91%的平均水平;其次是石嘴山市,大专及以上学历人数为6.51万人,占9.92%,略低于全区平均水平;吴忠市和固原市有大专及以上学历的人数分别为6.81和6.04万人,占接受小学以上教育程度人数的比重基本相当,分别为6.34%和6.32%。中卫市高等教育层次的人数为4.18万人,比重最低,只有4.63%,不足全区平均水平的一半。

6. 回族大专及以上教育程度人数所占比重偏低

第六次全国人口普查资料显示,2010年全区汉族人口中,大专及以上文化程度为47.16万人,占接受小学及以上教育程度人数的13.01%,高于全区平均水平2.1个百分点;回族大专及以上文化程度为10.06万人,占5.86%,低于全区平均水平5.05个百分点;满族、蒙古族、土家族和苗族人口中,大专及以上文化程度占接受小学及以上教育程度人数比重较高,分别为36.37%、40.47%、44.86%和39.96%。

7. 女性人口受教育程度与男性相比,存在“三低一高”现象

“一低”是女性各种受教育程度低于男性。2010年,6岁及以上人口中,接受小学及以上教育的人口性别比为111.28(以女性为100,下同),明显低于2000年的123.78,说明男性与女性人口受教育的性别差距逐渐缩小。**“二低”是女性人均受教育年限低于男性。**2010年,6岁及以上人口平均受教育年限

男性为8.91年，女性为8.08年，女性比男性低0.83年。**“三低”是女性接受高等教育人数低于男性。**2010年，每10万人口中拥有大学学历女性人数占男性人数的80.99%；每10万人口中拥有研究生学历的女性人数占男性人数的88.20%。**“一高”是女性文盲率高于男性。**2010年，15岁及以上人口中，女性粗文盲率为11.24%，是男性的2.5倍。在文盲人口中，女性占70.61%，男性占29.39%。

8. 文盲人口大幅度减少，但中南部山区文盲率偏高

文盲率的高低，是直接显示一个地区经济建设和文化建设发展的重要基础指标。2010年，宁夏文盲人口减少至38.72万人，与2000年相比，减少23.05万人，下降为37.3%，文盲率为7.8%，与2000年相比下降7.9个百分点。但中南部山区文盲半文盲人口比例偏高。2010年“六普”数据显示，中南部山区文盲半文盲人口比例高达13.38%，分别比全国和宁夏高出9.3个和5.5个百分点，高出全国文盲半文盲人口比重的2倍多。女性文盲率高达18.76%，为男性的2.3倍。

(六)人口老龄化程度继续提高，经济来源和生活方式城乡有别

人口老龄化即人口年龄结构老龄化，是指总人口中老年人所占比例不断上升的动态过程。进入新世纪以来，宁夏人口老龄化进程不断加快。

第六次全国人口普查数据显示，2010年，宁夏60岁及以上人口为60.93万人，占总人口的9.67%，比2000年提高2.4个百分点。年均增长率高于同期常住人口增速2.91个百分点。65岁及以上人口40.28万人，占总人口的6.39%，平均每年增加1.57万人，比重上升1.9个百分点。

1. 老年人口分布状况

一是地区间人口老龄化程度差异大。部分地区已经接近老龄化；部分地区则人口老龄化水平较低；还有一部分地区人口尚未进入老年型。可见，人口老龄化发展的地区不平衡性是宁夏人口老龄化的特征之一。

宁夏老龄化程度最高与最低地区之间(60岁及以上人口比例)相差6.97个百分点，人口老龄化地区差异明显。

二是老年人口性别比上升，城乡差异显著。性别比是男性人口与女性人口之比。第六次全国人口普查资料显示：2010年宁夏分年龄段老年人口的性别比分别是：60岁及以上老年人口为99.35，比2000年第五次全国人口普查下降9.18个百分点；65岁及以上老年人口为99.51，下降10.79个百分点；80岁及以上高龄老年人口为105.34，比2000年提高3.01个百分点。说明在低龄老年人口中，男性与女性人数之比趋于缩小，而80岁及以上高龄老年人口中，男性与女性人数之比在扩大。

在城市中，低龄老年人口性别比低于100，而镇和农村中，低龄老年人口性别比高于100；在城市和镇中，80岁及以上高龄老年人口性别比高于100，而农村高龄老年人口性别比则低于100。反映出在低龄阶段老年人口中，镇和农村老年人口性别比高于城市，而高龄阶段老年人口中，城市老年人口性别比高于镇和农村。

三是大部分地区面临老龄化社会的挑战。按人口老龄化程度可以将全区各地分为三类地区，一类地区60岁及以上人口老龄化程度高于10%，二类地区人口老龄化程度介于10%—9%，三类地区为9%以下。

第六次全国人口普查资料显示，2010年宁夏一类地区包含了已达到人口老龄化程度的8个县。二类地区共有9个县。三类地区共有5个县。与2000年相比，一类地区(即已达到人口老龄化程度的县)增加6个，二类地区增加8个，三类地区减少14个，一类和二类地区的个数占全区各市县的比重超过70%。说明宁夏大部分地区都已经面临人口老龄化的挑战。

2. 老年人口生活基本状况

一是婚姻状况基本稳定。第六次全国人口普查资料显示，与2000年第五次全国人口普查相比，有配偶人口所占比重提高了2.55个百分点，丧偶、离婚和未婚人口所占比重分别下降2.37个、0.25个和0.04个百分点。有配偶人口比例上升，离婚人口比重下降，反映出宁夏老年人婚姻关系稳定。

二是经济来源以家庭供养和社会保障为主。在老年人口经济来源中，排在第一位的是家庭其他成员供养，占39.32%；领取退休养老金的位居第二位，占28.42%；靠劳动收入的人口占23.86%，位居第三；领取最低生活保障金的占6.27%；财产性收入和

其他收入所占份额较小，分别占 0.49%和 1.64%。表明宁夏老年人口晚年生活的主要经济来源，仍以家庭提供为主，主要依靠近血缘关系维系。

由于受城乡二元结构的影响，宁夏老年人口主要经济来源的途径也有所不同，主要特征是：

——城市以社会供养为主。

——农村以家庭供养为主。

——镇以家庭供养为主，社会供养为辅。

三是居住方式以与子女和亲属同住为主。

分城乡看主要呈现以下明显特征：

——七成以上农村老年人口和子女与其他亲属同住。

——近五成城市老年人口独居。

四是大部分老年人口处于健康和基本健康状态。 2010 年宁夏 60 岁及以上老年人口中，身体健康和基本健康者占 81.24%；不健康的占 18.76%，其中，生活不能自理的占 3.30%。在全区身体不健康的老年人口中，农村占 65.51%，分别比城市、镇高出 42.49 个和 54.04 个百分点。

(七)流出人口快速增长

宁夏自古就是移民地区，有句老话，“宁夏有天下人，而天下无宁夏人”，第六次全国人口普查资料表明，宁夏有天下人，天下也有宁夏人。

1. 流量大

2010 年，宁夏户籍人口中跨省流出人口 20.21 万人，占户籍人口的 3.20%。与 2000 年第五次全国人口普查相比，户籍人口中跨省流出人口增加 11.19 万人，增长 1.2 倍。

2. 流面广

2010 年，宁夏户籍人口中跨省流出人口遍布大陆 30 个省、自治区、直辖市。其中，流入到泛珠江三角洲经济圈包括广东、广西、海南、云南、江西、贵州、四川、福建(港澳两个特区除外)的人口 1.62 万人，占全部跨省流出人口的 8.02%。流入到长江三角洲经济圈包括上海、江苏、浙江、安徽的人口 1.50 万人，比重为 7.42%。流入到京津冀都市圈(北京、天津、河北)的人口 1.69 万人，占 8.36%。流入到其他省份人口 15.40 万人，占 76.20%。

3. 习相近

宁夏是全国唯一的省级回族自治区，地处祖国西部，民族和地域等特征也集中反映在人口迁徙中。跨省流入到新疆的人口最多，为 7.06 万人，占流出人口总数的 34.93%。而流入宁夏境内人口最多的是甘肃省为 10.51 万人，占全部流入人口的 28.53%。

(八)城镇化水平进一步提高

改革开放以来，自治区党委和政府高度重视城镇化的发展，把城镇化作为引领全区经济社会发展的重要战略，出台了一系列推进城镇化的政策措施，积极推进城镇化建设，引导人口合理有序流动，进一步加强城镇基础设施建设，提升城市综合承载能力，城镇化水平进一步提高。呈现出经济保持快速平稳增长、工业化速度加快的同时，有力促进了城镇化发展步伐，呈现出人口向城镇区域集中，城镇规模扩大，城镇人口占总人口比重提高等特点。

据第六次全国人口普查数据显示，2010 年宁夏城镇人口达 302.23 万人，城镇人口比 2000 年“五普”时增加 121.84 万人，增长近 70%，年均增长 5.3%，人口城镇化率达 47.96%，提高 15.08 个百分点。

“十一五”以来，宁夏城市综合实力进一步增强，发挥了城市辐射带动作用，全面推进了整体城镇化进程。

1. 城市人口规模进一步扩大

自治区各级政府积极推进城乡协调发展，统筹安排，合理布局，加强城市建设管理，使城市人口规模不断扩大。截至 2010 年末，全区城市辖区年末总人口达 294.50 万人，比 2000 年增长 28.55%，平均每年增长 2.5%，占全区总人口的比重为 46.5 %，比 2000 年提高 4.74 个百分点。

2. 城市经济稳步增长

全区城市辖区地区生产总值由 2000 年的 281.70 亿元增加到 2010 年的 935.67 亿元，占全区 55.38%，“十一五”时期快速发展，年平均增长 12.4%。

3. 城市财政收入大幅提高

宁夏经济的持续增长，经济运行质量稳步提高，带来财政收入稳步增长。2000 城市辖区地方财政收入为 11.16 亿元，2010 年达到 74.52 亿元，增长近 5.7 倍，平均每年增长 20.91%。

4. 城市居民人均可支配收入快速增长

近年来，全区各地多次调高居民最低生活保障标准，提高最低工资标准和企业退休人员基本养老金标准，调整个人所得税起征点，居民收入水平大幅提高。2010年全区城镇居民人均可支配收入达到15344元，比2000年增加10432元，增长2倍多，年均递增12.1%，高于全国年均增长(11.8%)0.3个百分点，是改革开放以来实际收入增长最快的时期，也是老百姓得到实惠最多的时期。

5. 城市社会保障覆盖面扩大

2000年以来，基本养老保险覆盖面不断扩大，城镇医疗保险试点全面启动，失业保险待遇标准和最低生活保障标准得到提高，以基本养老、基本医疗、失业、工伤、生育等为主的社会保障体系基本建成。尤其是"十一五"以来，城市居民生活得到了有效保障。2010年城市辖区基本养老保险参保人数达63.23万人，比2005年增长66.8%，平均每年增长10.8%；城镇职工基本医疗保险参保人数达65.02万人，比2005年增长30.9%，平均每年增长5.5%；失业保险参保人数达41.13万人，比2005年增长57.5%，平均每年增长9.5%。

6. 地区人口城镇化进程步伐加快，区域间差异大

从第六次全国人口普查的数据看，北部引黄灌区、中部干旱带、南部山区总体上都处于城镇化水平不断提高的过程，而且提高的速度逐步加快。2010年北部引黄灌区城镇人口达251.21万人，城镇化率达61.96%，明显高于全区平均水平14个百分点，为三个地区之最；中部干旱带城镇人口为22.98万人，城镇化率为37.10%，低于全区平均水平10.86个百分点；南部山区城镇人口为28.04万人，城镇化率22.83%，低于全区平均水平25.13个百分点。

以上分析可以看出，北部引黄灌区、中部干旱带、南部山区的城镇化水平都在不断提高，形成北部引黄灌区高于中部干旱带，中部干旱带高于南部山区的格局。

7. 人口城镇化中等水平的市县居多，地区间城镇化水平不平衡

根据2010年第六次全国人口普查数据，按照城镇化发展水平将全区22个县(市、区)划分为以下几类：

(1)城市化水平较高，城镇化率超过50%。包括兴庆区、大武口区、西夏区、金凤区、惠农区、利通区等6个市县区，其中银川市辖区的兴庆区、西夏区和金凤区，作为全区首府城市，其城镇化水平在全区的地位尤其突出。

(2)城市化水平中等，城镇化率介于49%—30%之间。包括灵武市、沙坡头区、平罗县、贺兰县、青铜峡市、永宁县、中宁县、同心县、盐池县和原州区等10个县区，大部分仍属于川区。

(3)城市化水平较低，城镇化水平在30%以下。包括红寺堡区、海原县、西吉县、隆德县、泾源县和彭阳县等6个县区。这些县区主要包括南部山区经济发展水平比较落后的地区。

可以看出，宁夏各个地区之间城镇化发展水平存在很大差异。川区城镇化水平最高的大武口区城镇人口比重已经达到了89.46%，而城镇化水平最低的海原县城镇人口比重仅为13.40%，两者相差了76.06个百分点，这种状态在短时间内还很难改变。

二、存在的问题

(一)人口增长仍然偏快

第六次全国人口普查与第五次全国人口普查相比，宁夏常住人口十年共增长12.21%，年均增长1.16%，明显高出全国(5.84%和0.57%)6.37个和0.59个百分点。

(二)出生人口性别比失衡

第六次全国人口普查资料显示，2010年，宁夏常住人口出生婴儿性别比为113.86，高出正常值上限数值6.86个百分点。比2000年第五次全国人口普查高出5.07个百分点。

(三)就业压力增大

宁夏目前处于"人口红利期"，劳动适龄年龄人口占比重大，劳动力资源丰富。2010年全区15—64岁人口占总人口的比重高达72.22%，比全国平均水平高2.08个百分点，在人力资源供应充足的同时，也带来社会就业压力。

(四)老龄化问题显现

进入新世纪以来，宁夏人口老龄化进程不断加快。2010年宁夏60岁及以上人口60.93万人，占总人口的9.67%，比2000年提高2.4个百分点。已接近国际通常划分老龄化(60岁及以上人口占总人口的10%)的标准，宁夏将面临养老、医疗、老年生活服务等各方面保障的严峻挑战。

(五)文化素质有待提高

目前宁夏人口整体文化素质仍处于较低层次,文盲率比全国平均水平高3.82个百分点。尤其是中南部山区人口素质明显低于全国和全区的平均水平。回族接受高等次教育比重偏低,2010年,全区回族人口接受大专及以上教育的人数为10.06万人,占5.86%,低于全国和全区平均水平4.23个和5.05个百分点。中南部山区文盲半文盲人口比例高达13.38%,分别比全国和全区高出9.3个和5.5个百分点。

(六)城镇化水平相对较低

与全国相比,城镇化率仍相对较低。2010年底宁夏城镇人口达到303.57万人,占全区总人口的47.96%,比全国平均水平低1.7个百分点,与全国城镇化水平差距反而有所拉大。

三、对策与建议

(一)坚持计划生育工作常抓不懈

全区各级政府严格执行控制人口增长、提高人口素质的各项人口政策,全面推行计划生育基本国策。并陆续制定和完善计划生育政策,宁夏人口由无计划、自发的高增长进入了有计划、可控制的增长时期,人口高出生、高增长的势头得到有效控制。但面对宁夏尚处于高增长的人口发展状况,仍应引起长期高度重视。一是制定稳定的计划生育政策,坚持既定的、行之有效的人口与计划生育工作方针。二是不仅要解决人口数量问题,更要强调提高素质和生殖健康水平,提高人口生活质量和福利,将计划生育与发展经济、消除贫困、保护生态环境、合理利用资源、普及文化教育、发展卫生事业、完善社会保障、提高妇女地位等紧密结合起来,努力从根本上解决宁夏的人口与发展问题。三是加强基层基础工作,积极创造条件,把人口与计划生育工作纳入社区基层组织管理体制和综合服务体系。四是坚持因地制宜,分类指导,重点做好农村特别是中南部山区的计划生育工作,实现不同地区工作的均衡发展。五是改革和完善人口与计划生育工作目标管理责任制,促进计划生育工作思路和工作方式的转变。六是增强妇女的健康保健意识,引导妇女转变婚育观念,坚持以宣传教育为主、经常性工作为主,普及科学知识,最大程度地满足群众计划生育和生殖健康需求,促进人的全面发展。

(二)加强出生人口性别比的控制

出生人口性别比失调将会造成危害人口安全、婚姻性别挤压、就业结构失衡,并带来买卖婚姻、拐卖妇女、卖淫嫖娼等一系列社会问题,给社会的文明与进步带来诸多不利,严重阻碍人口的和谐健康发展。针对宁夏出生人口性别比持续攀升的趋势,各级党委、政府应采取积极的对策,制定出生人口性别比治理的目标和计划,遏制人口性别比失调的趋势。**一是**针对部分育龄人群中存在的"男尊女卑"等落后的婚育观念,利用村级计生协会、中小学生的生殖健康课等进行宣传教育,加强"男女平等"等新观念的宣传教育,从根本上转变人们的婚育意识。坚持将计划生育政策法规宣传与女儿户脱贫致富的典型宣传相结合,营造有利于控制出生人口性别比的良好舆论氛围。**二是**要完善目标管理责任制。在计划生育管理目标中,不但依法依政策确定生育率控制等目标,而且将出生婴儿性别比确定为控制目标。还要加强专职人员的履职管理。由计划生育技术人员与怀孕对象签订孕产期全程跟踪服务合同,并实行终止妊娠申报审批制度。严防非医学需要鉴定胎儿性别和性别选择性中止妊娠等行为。对违规鉴定胎儿性别和进行性别选择性坠胎者,给予严肃的处理。**三是**完善利益导向机制。只有在政策的制定和具体措施落实上,坚决消除性别歧视和不平等因素,建立和完善男女一视同仁的利益机制,才能奠定控制出生人口性别比的基础。继续加大"少生快富"政策的执行力度,改变人们生女不如生男的认识,遏制要男孩不想要女孩的偏颇现象。**四是**加快建立健全农村计划生育家庭养老保障和奖励扶助制度,消除他们的后顾之忧。**五是**严格控制二孩和多孩的出生。针对孩次越高出生人口性别比越高的特点,严格控制二孩和多孩的出生,有效地遏制出生人口性别比升高的趋势。

(三)广开就业渠道,缓解就业压力

宁夏15—59岁劳动适龄人口比重大,形成了巨大的就业压力,各级党委、政府必须在扩大就业的发展思路指导下转变经济发展方式,大力贯彻落实促进就业增长的各项政策。使宁夏由"经济发展优先

型”过渡到“就业增长优先型”与“经济发展优先型”并重的发展思路。**一是**深化经济体制改革，促进经济发展方式的转变。提高各产业经济增长的就业弹性，通过转变经济发展方式带动就业总量的增长，从根本上解决日益突出的结构性就业矛盾，实现经济发展与就业增长良性循环。**二是**加大产业结构调整力度，大力发展第三产业。要实现宁夏就业稳步增长，必须纠正产业结构和就业结构的偏差，在经济结构调整中实现就业结构的优化，合理配置劳动力资源。第三产业的就业弹性最高，要抓紧时机调整产业结构，及时把经济发展的重点转移到第三产业上来，结合宁夏区情，大力发展旅游业、金融服务业、物流业等现代服务业，保持经济发展与社会就业的协调发展。**三是**建立和完善企业工资增长机制，促进就业增长机制的形成。应将各项就业政策法制化、长效化、普惠化，促进劳动力资源合理流动，提高劳动者素质，改善劳动力供给结构，最终促进就业增长。要制定出有利于调动广大劳动者积极性的《工资条例》，使工资增长与企业效益增长挂钩，增加劳动者报酬在初次分配中的比重。**四是**加大就业技能培训，增强劳动者就业能力。要坚持基础教育、高等教育和职业教育的协调发展，加强职业培训，从整体上全面提高劳动者素质，为国民经济各部门提供各个层次的合格劳动者，从而大力促进劳动者就业。完善劳动力市场，及时传递就业信息，排除劳动力转移障碍，降低劳动力的就业成本，提高劳动力资源的配置效率。**五是**不断健全社会保障制度。就业与社会保障是一个不可分割的有机整体。必须不断完善社会保障制度。继续扩大社会保障覆盖范围，重点促进农民工、灵活就业人员等群体参加社会保险。继续组织新农保试点，完善并落实被征地农民社会保障政策措施。组织实施养老保险关系转移接续办法和医疗保险异地就医等政策措施。巩固和完善养老保险省级统筹，提高其他各项社会保险的统筹层次。将失业保险制度向就业保障机制转化。

（四）重视老年化社会保障工作

随着宁夏老龄化社会的即将到来，银发浪潮将成为今后宁夏主要的人口问题之一。提高广大老年人生活质量的整体水平，使老年人在身心愉快的状况下安度晚年，让老年人融入到一个“夕阳红似火，晚霞更辉煌”的社会大环境之中，是摆在各级政府面前的重大课题。建立和完善老年人口保障制度，特别是加快农村老年人口保障制度的建设，使老年人口“老有所养、老有所医、老有所为、老有所乐”，应成为建设和谐富裕新宁夏的重要内容。

宁夏应借打造“黄河善谷”之举，统筹城乡医疗、养老保险，进一步完善城乡医疗、养老保险一体化制度，逐步缩小城乡医疗、养老保险的差距，使城乡老年人口人人受益。**一是**各级政府要创新城乡社区建设，满足老年人口发展的需要。树立统筹城乡发展的理念，坚持服务发展、服务民生，关注老龄化社会发展趋势，积极探索城乡新社区建设管理机制，加大社区建设力度，加快医疗保障等配套服务设施建设，构建功能完善的城乡社区服务中心，壮大社区工作人才队伍，提升社区建设水平，切实解决老龄化社会管理中不断涌现出来的新情况新问题，努力为老年人提供安全、有效、便捷、经济的卫生服务。**二是**建立城乡养老、医疗社会保障支出正常增长机制。根据物价上涨水平及时调整城乡居民社会保障收入，切实保障他们生活水平和健康之需。**三是**加快城乡社会保障“并轨”步伐，让全社会平等享受改革发展成果。应在医疗、养老等社会保障方面统筹城乡发展，让农民在公共资源城乡均衡配置中得到的最大实惠。**四是**将城市优质医疗资源“下沉”农村，推动各项公共服务均等化，消除城乡差距，提高农村老年人口的生活质量。**五是**采取多项措施，提高农民收入，增强农村劳动力赡养老年人口的能力。加大推进农村劳动力输出力度，增加农民工资性收入，将劳动年龄段被征地农民及非农产业就业的农村劳动力纳入“城保”等措施，保障农村老年人口老有所养。

（五）提高人口文化素质，加大扫盲工作力度

宁夏人口文化素质与全国相比存在很大差距，难以适应实现宁夏跨越式发展和全面小康社会的建设目标，必须采取有力措施提高全区人口素质，为宁夏经济建设和社会进步注入新的生机和活力。

——充分认识竞争的实质是人才竞争。纵观世界人口的发展史，凡是经济发达的国家，无一不是教育和文化发达以及劳动者受教育程度较高的国家。在科学技术发展日新月异的今天，各方面的竞争日趋激烈，而竞争的实质主要是人才的竞争。要充分认识教育对提高劳动者整体素质的作用，切实加强

和搞好基础教育，大力发展教育事业，建立一个既适合宁夏区情又具有特色，有利于加快人口教育发展和人口素质提高的教育体系。

——把教育优先落到实处。各级政府和全社会在观念和行为上真正把发展教育事业、提高人口文化素质，与满足社会经济发展的需要结合起来，采取更积极、更有效的措施，使知识转化为有效的生产力，逐步扫除青壮年劳动力文盲，提高人口劳动者的综合素质，为社会培养和输送更多的人才，通过提高劳动者素质加快经济建设和社会发展。

——积极实施“科技兴宁，教育奠基”的发展战略。加大公共教育投资力度，不断扩大高层次教育规模，使各级各类教育事业取得长足的发展。统筹教育资源配置，均衡发展宁夏教育，为建设和谐富裕的新宁夏形成强有力的智力支撑和人才储备。

——注重扫盲工作多样化。扫盲不能只满足于追求简单的识字认字，特别是在农村要向育人、智力开发、致富转化，实现扫盲与初、中级技术培训接轨，传授科学种植、经商、市场、农副生产技术等知识和实际操作的本领，培养脱盲人员的经济核算能力和生产经营能力，以学技术带动继续学文化，继续巩固和扩大扫盲工作取得的成果。

(六)继续加快城镇化步伐，统筹城乡发展

世界经济发展的实践表明，城镇化是人类社会进步和迈向现代化的重要标志。因此，各级党委、政府要把城镇化发展道路作为重要的战略目标，科学规划，高效管理。**一是**加快城镇发展，充分发挥城镇对农村的带动作用。实现以城带乡，以工促农，城乡互补，协调发展的良性循环，突出城市产业发展带动作用。要有序地将产业链向有条件的农村城镇地区延伸，以产业发展为依托，增强城市就业吸纳能力，促进当地城镇化建设和农民市民化进程。**二是**处理好城镇化发展与耕地保护之间的矛盾。今后仍需严格实行农田保护制度，加强城镇基础设施建设用地的计划管理，避免城镇盲目外延式发展而造成的耕地资源过快减少问题。**三是**构建合理的城镇体系，走以大城镇为主导，大中小城镇全面协调发展的城镇化道路。**四是**逐步改革现行户籍管理制度。促进农业人口就近、有序地向城镇转移。**五是**完善社会保障体系。应在养老、医疗、住房、最低生活保障、最低工资标准等政策方面制定切实可行的政策，加快城乡居民基本医疗保险一体化，扩大住院费即时结算和门诊大病统筹比例，提高城乡低保标准和补助水平，扩大城镇从业人员养老保险范围，增加保障性住房供应。**六是**构筑以沿黄城市带为核心的新型城乡一体化发展格局。紧紧抓住新一轮西部大开发的有利契机，加快推进沿黄城市带发展步伐，促进产业、资本、人口向城镇集聚，努力打造沿黄精品城市带。

宁夏统计局　朱尼　张雪艳　管利民

新疆人口分布与资源环境协调发展的研究结题报告

一、新疆人口分布变化及其影响因素

(一)新疆人口分布及其变化

1. 北疆、南疆和东疆人口分布的时空特征及其变化趋势

如表 1，1964—2010 年新疆人口分布成为北疆最高，其次是南疆，东疆最低。再者，北疆人口密度年增长率最高，约为南疆的 2.4 倍，东疆 4.4 倍，全疆的 1.8 倍，南疆和东疆低于全疆平均水平。因此，北疆人口的集中程度高于南疆，东疆最低，而且空间分布相对稳定。

表 1 1949—2010 年南疆、北疆和东疆人口密度变动

单位：人/km^2

年份	全疆	南疆	北疆	东疆
1949	2.61	2.89	2.76	1.06
1964	4.40	3.79	7.37	1.56
1982	7.93	5.78	15.92	3.79
1990	9.18	6.82	18.12	4.25
2000	10.89	8.02	21.21	5.10
2010	13.30	9.32	26.13	6.35

2. 新疆不同经济带人口分布的时空变化

1988—2010 年，天北带人口密度是 29.7—42.1 人/km^2，平均 35.80 人/km^2，约为天西带的 2.79 倍，塔北经济的 3.35 倍，塔南带的 5.37 倍，吐哈经济的 7.48 倍，全疆的 3.44 倍。再者，天北带的人口密度年平均增加 0.7482 人/km^2，约为天西带的 2.98 倍，塔北带的 3.08 倍，塔南带的 5.09 倍，吐哈带的 7.99 倍，因此，人口空间分布与区域经济发展的空间布局存在一定的协同性。

(二)新疆人口分布及其变化的空间特征

1. 新疆人口的空间分布格局

如图 1，2010 年人口分布空间格局与 2000 年基本一致，只是人口分布变化强度明显加强；其中，天北带和天西带的伊犁与博州形成连续的人口集中带，并且与东疆的吐鲁番市和托克逊县连成一片，其次是以塔城市和阿勒泰市为中心的人口集中区。在南疆，塔北带的轮台县、库尔勒市、博湖县和焉耆县、阿克苏河流域、渭干河流域与塔南带的喀什两河流域及和田河流域连成一片，形成人口分布的集中带，主要地州的城市又是人口集聚区；塔南带的民丰县、且末县、若羌县及塔北带的尉犁县是人口最为稀疏区。

如图 2，2000 年新疆人口的空间分布格局，人口密度从 0.1—1738 人/km^2，存在很大的空间差异。其中，北疆人口主要集中在天北带和天西带的伊犁地区、博州、阿勒泰地区的阿勒泰市和哈巴河县及塔城市等地区；在南疆塔北带主要集中在阿克苏市、温宿县、新和县、阿瓦提县、库尔勒市、焉耆和博湖县等，而塔南带的喀什地区、克州的阿图什市与和田地区的人口集中度较高；东疆吐鲁番市人口集中度较高。其中，人口最集中的区域是喀什市、石河子市、伊宁市、乌鲁木齐市、奎屯市、库尔勒市等区域。

如图 3，新疆 1990—2000 年人口空间分布变化。近 10 年全疆人口密度从 0.8—639 人/km^2，变动比较大。北疆涉及天北带的乌鲁木齐市、昌吉市、米泉市、阜康市、呼图壁县、玛纳斯县、石河子市、奎屯市、沙湾县和乌苏县，天西带的伊犁地区、博乐市、塔城市、精河县等；东疆是吐鲁番市和哈密市；南疆是塔北带的阿克苏流域、渭干河流域和巴州的库尔勒市和博湖与焉耆县；塔南带的喀什地区的喀什噶尔

图 1　2010 年新疆人口空间分布格局

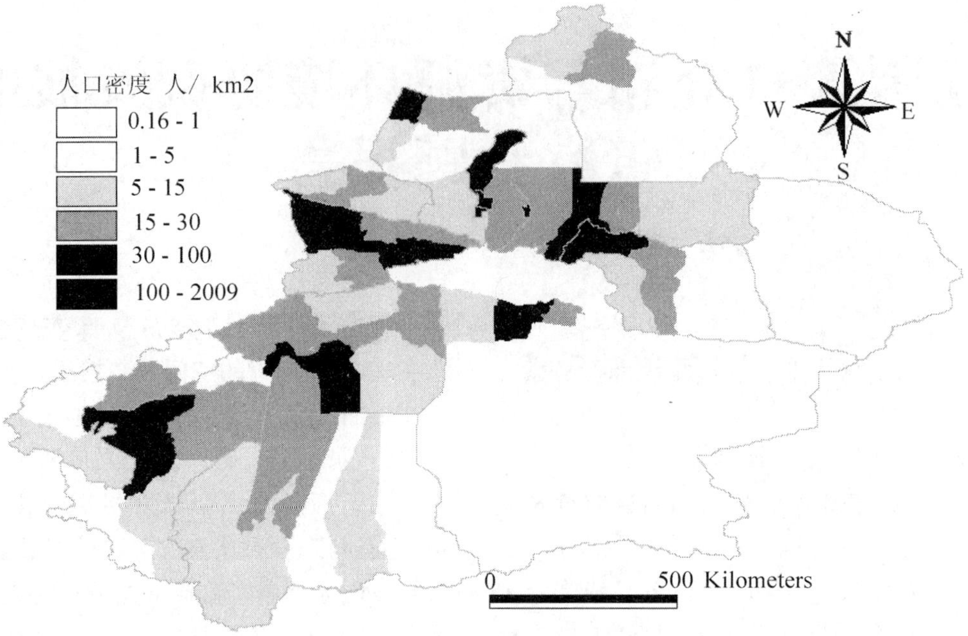

图 2　2000 年新疆人口的空间分布

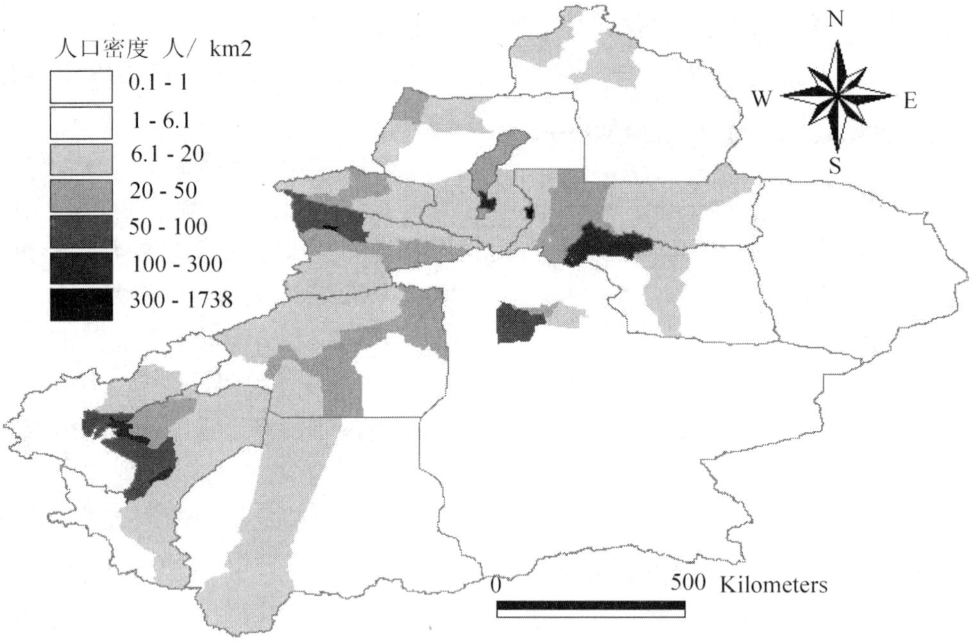

河流域和叶尔羌河流域与和田地区的和田市、和田县、墨玉县与洛普县。

如图 4，1982－1990 年全疆人口密度的变化范围是 0－89 人/km²，人口密度的变化要比 90 年代小。其中，北疆人口密度变化主要集中在天北带的乌鲁木齐、昌吉市、米泉县、阜康县、克拉玛依市和奎屯市，天西带主要集中在伊犁地区、博乐市和塔城市；东疆变化与 90 年代基本相同；南疆人口变动在塔北带主要是阿克苏地区的阿克苏市、温宿县、阿瓦提县、新和县和库车县与巴州的库尔勒市和博湖县，塔南带主要是喀什地区喀什噶尔河流域和叶尔羌河流域与和田河流域的和田市（县）、墨玉县和洛浦县，主要变动范围仍以喀什两大流域为主。

如图 5，1964－1982 年全疆人口密度变化从 0.1－

图3 1990—2000年新疆人口密度的变化的空间格局

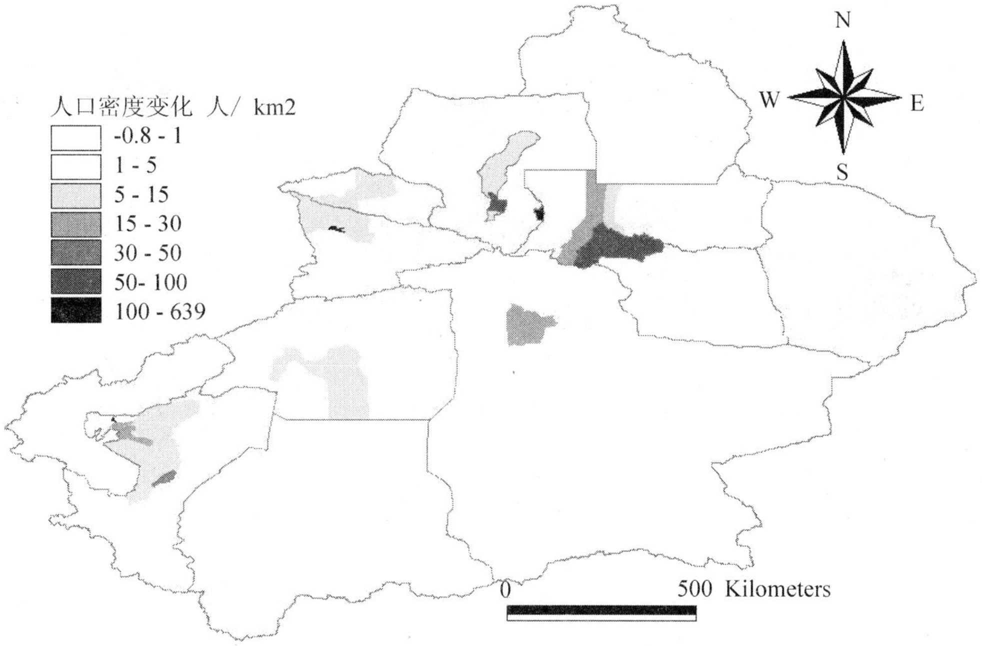

图4 1982—1990年新疆人口分布变化的空间格局

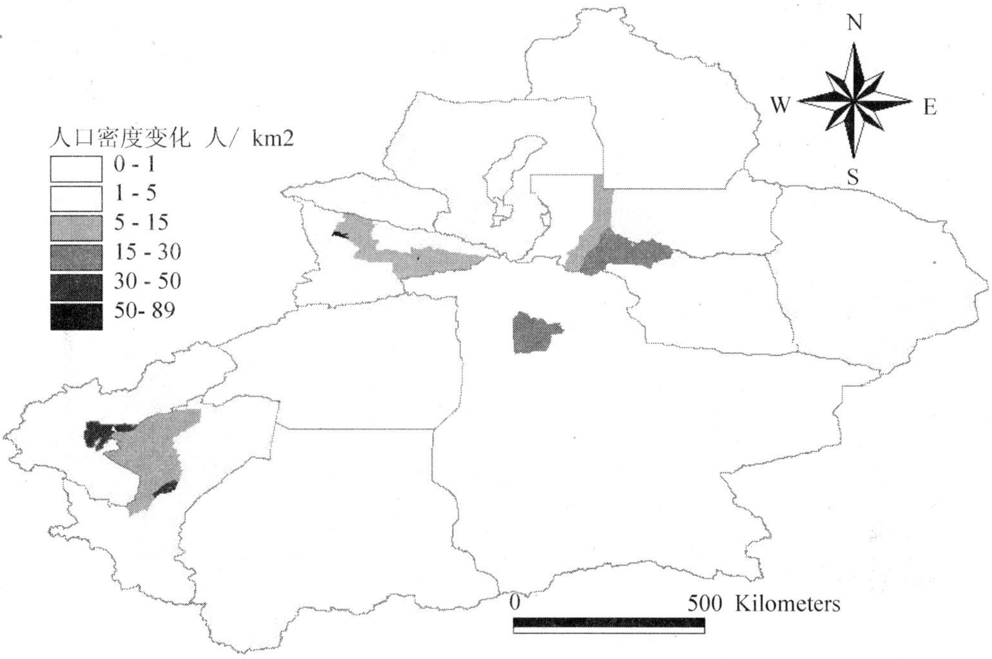

1195人/km^2，变动幅度比较大。其中，北疆的天北带主要集中在乌鲁木齐市、昌吉州、克拉玛依市、石河子市、奎屯市和乌苏及沙湾县，而且变动幅度较大区域也主要集中在这一区域。天西带人口变动主要集中在伊犁地区、博州和塔城地区及阿勒泰市、哈巴河县和布尔津县；变动比较大的地区集中在伊宁市和伊宁县及塔城市等地区。在南疆人口密度的变动范围主要集中在塔北带，具体是巴州地区的库尔勒市、焉耆、博湖、和静和和硕县与阿克苏地区，而在塔南带变动范围主要集中在喀什地区的两个主要流域，尤其以喀什市为中心的喀什噶尔流域人口密度变化较大，其次是阿图什市和和田河流域的和田市（县）、墨玉县和洛浦县；而且以各地州市所在地为中心区域相对人口密度变化较大。

图 5　1964—1982 年新疆人口分布变化的空间格局

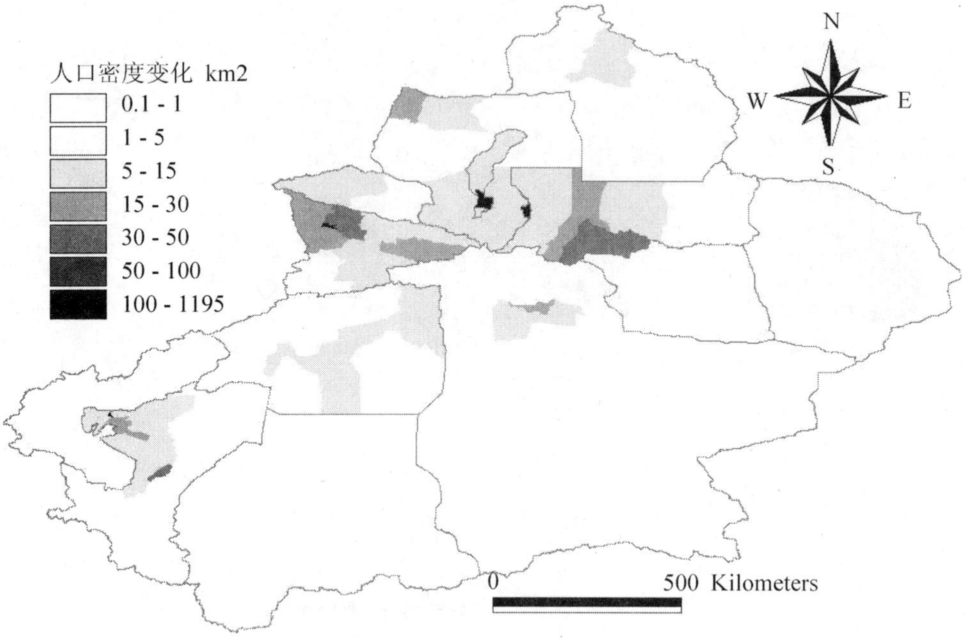

如图 6，1953—1964 年全疆人口变动从—20.4—346 人/km^2；其中，北疆主要集中在天北带的乌鲁木齐市、石河子市、克拉玛依市、奎屯市与乌苏市和沙湾县，而且变动很大的区域是乌鲁木齐市、昌吉市、米泉县、石河子、克拉玛依市和奎屯市；天西带主要是伊犁地区的伊宁市、伊宁县、察布查尔县、霍城县、巩留县和新源县、博州和阿勒泰的阿勒泰市和哈巴河县。南疆人口密度变动的比较小，变动区域主要集中在塔北带阿克苏地区的温宿县、阿克苏市、阿瓦提县、新和县和库车县与巴州的焉耆县、库尔勒市和博湖县；塔南带主要是喀什地区的大部分地区与阿克陶县。

图 6　1 953—1964 年新疆人口分布变化的空间格局

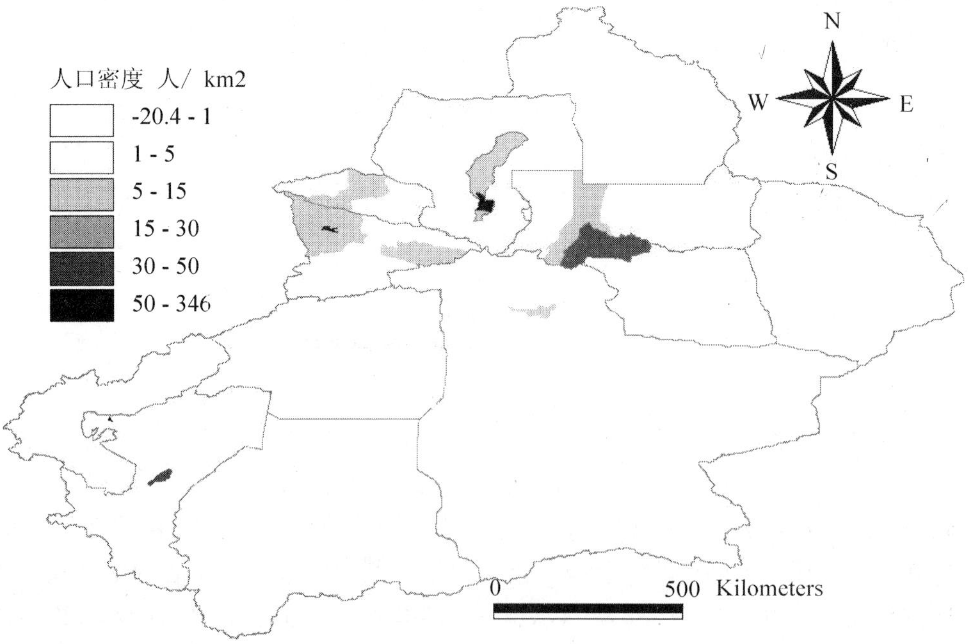

2. 未来新疆人口分布及其预测

如图 7 和图 8，2015－2020 年来新疆人口空间分布格局，2015 年和 2020 年人口分布的空间格局与 2010 年基本一致，只是变化强度在个别区域略有增加，因此人口分布空间格局在未来 10 年内是基本稳定的。未来 2010－2020 年人口密度空间变化主要在社会经济环境好的天北带与水土资源丰富的伊犁河和塔河源流；尤其是以喀什为中心的人口集中最强，这是未来人口必须重点控制的区域。

图 7　2015 年新疆人口空间分布格局

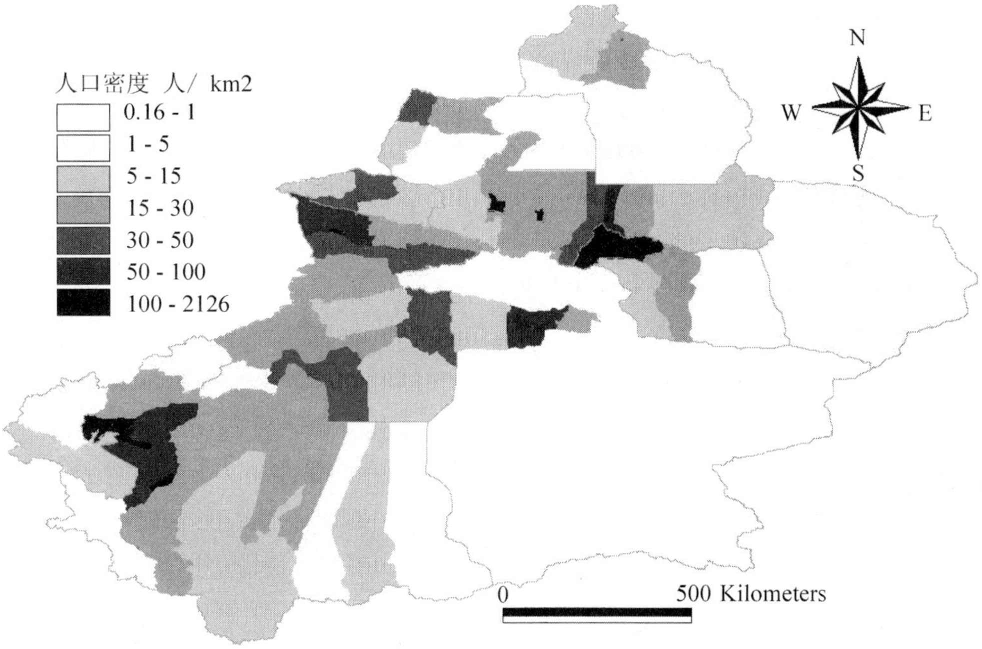

图 8　2020 年新疆人口空间分布格局

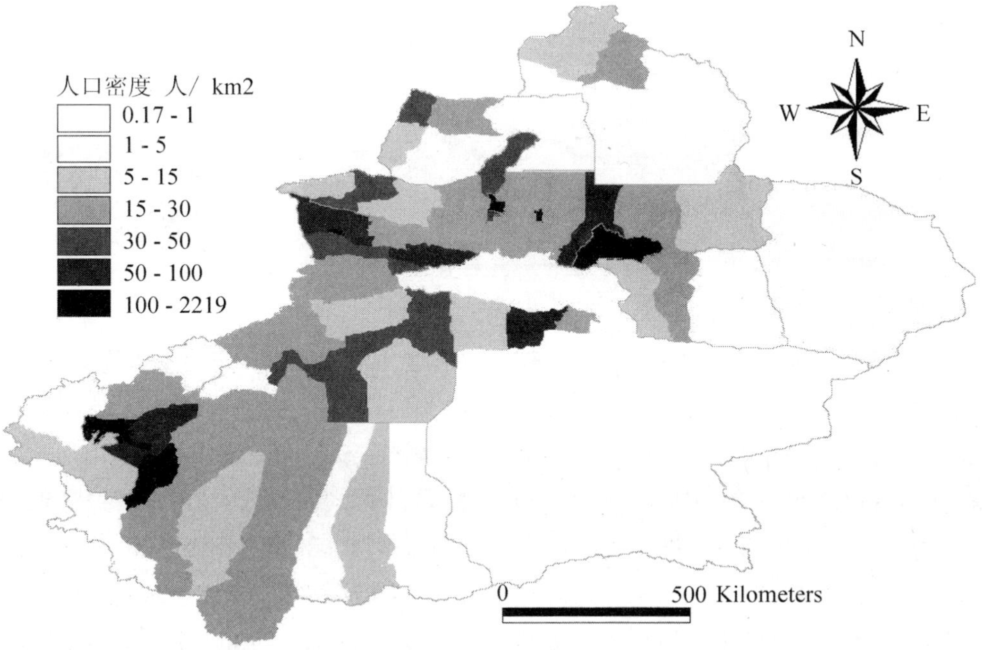

二、新疆人口分布与自然环境的协调性分析

(一)新疆人居环境的综合分析

如图9,新疆人居环境综合指数从0—0.31,平均0.08;人居环境综合指数高的区域主要位于中低山区和绿洲区域,人居环境条件较好;沙漠戈壁和中高山区及岩漠人居环境指数最低,人居环境较差。而且,人口主要集中分布在绿洲区,特别是人工绿洲区,人居综合环境指数与人口分布具有一致性;山区虽然人居环境指数较高,但人口相对较稀疏,人口集中度不是很高,这是两者的不协调之处。再者,北疆人居环境综合指数从0.03—0.31,平均0.10,人居综合环境最好,尤其是伊犁地区从0.03—0.31,平均0.15,在北疆是人居综合环境最好的区域;南疆从0.02—0.28,平均0.08;东疆从0.04—0.28,平均0.07,南疆人居综合环境略好于东疆,存在明显的水平地带性,但总体上新疆的沙漠戈壁、高山、岩漠等面积很大,人居环境很差,尤其是东疆和南疆。而且,新疆人居环境不适宜区面积约112.85万km^2,占总面积的67.78%。人居环境较难适宜区面积约为41.49万km^2,占24.92%。勉强适宜区主要分布在人工绿洲区,区域较温暖、降水少和干旱,面积约为10.08万km^2,占6.05%。人居环境基本适宜区面积约为1.64万km^2,占0.98%。人居环境较适宜区面积约为0.43万km^2,占0.26%。

图9 新疆人居环境指数的空间分布图

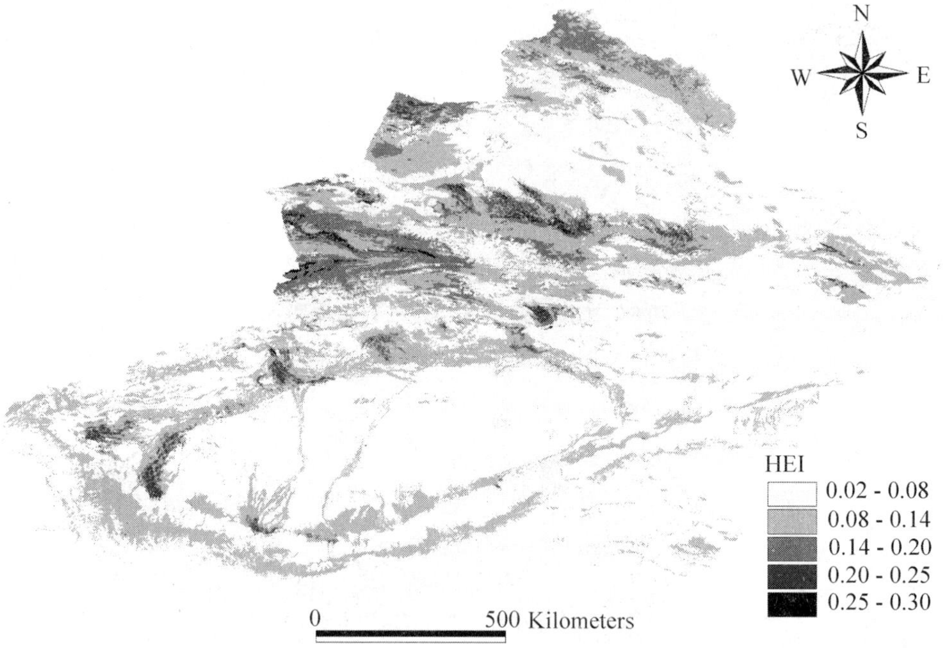

(二)南疆、北疆和东疆人口分布与人居环境的协调性分析

南疆、北疆和东疆人居环境与人口分布的协调分析结果如表2。人口分布与自然环境不协调区主要分布在南疆,约为77.83万km^2,北疆和东疆较小,分别为17.33万km^2和17.69万km^2,北疆略低;但是,北疆人口分布与自然环境不协调区域面积比重较小,约占北疆面积的44.23%;东疆和南疆占的比重很大,分别为东疆面积的84.39%和南疆面积的73.19%,东疆和南疆主要为人口分布与自然环境的不协调区占主导。人口分布与自然环境的基本不协调区主要分布在南疆,约为25.47万km^2;其次是北疆,约为12.96万km^2;东疆最低,约为3.07万km^2。但是,北疆占比重最高,约为33.07%,其次是南疆,约为23.95%,东疆最低,约为14.62%。东疆和南疆由于人口分布与自然环境的不协调区域占的比重较大,所以基本不协调区小于北疆。总体上,东疆、北疆和南疆不适宜人居环境的面积比重都很大,

约为77.3%—99.02%。北疆人口分布与自然环境的勉强、基本和较协调区域面积都高于南疆和东疆，分别为7.54万km^2、0.95万km^2和0.40万km^2；南疆高于东疆，分别为2.38万km^2、0.64万km^2和0.02万km^2；东疆最低，分别为0.16万km^2、0.05万km^2和0.006万km^2。而且，北疆人口分布与自然环境的勉强、基本和较协调区域面积比重都高于南疆和东疆，东疆最低。

表2 南疆、北疆和东疆人居环境适宜分区的基本统计表

区 域	指 标	不适宜区	较难适宜区	勉强适宜区	基本适宜区	较适宜区
东 疆	面积km^2	176930.39	30652.00	1551.47	461.25	62.90
	比重%	84.39	14.62	0.74	0.22	0.03
北 疆	面积km^2	173315.26	129584.80	75391.94	9521.96	4036.06
	比重%	44.23	33.07	19.24	2.43	1.03
南 疆	面积km^2	778299.53	254683.34	23820.07	6380.38	212.68
	比重%	73.19	23.95	2.24	0.6	0.02

(三)新疆不同经济带人口分布与人居环境的协调性分析

如表3，人口分布与自然环境的不协调和基本协调区域主要分布在天西带，面积分别为12.06万km^2和8.35万km^2，分别为天北带的2.29倍和1.81倍。但是，天西带不协调和基本不协调区域面积比重分别为44.92%和31.08%，分别为天北带的1.05倍和0.83倍，基本接近。然而，基本不协调和不协调面积比重总和，天北带和天西带分别为80.14%和76.00%，占的比重很大，天西带的比重略低于天北带。在南疆，人口分布与自然环境的不协调和基本不协调区域主要分布在塔南带，面积分别为58.86万km^2和15.63万km^2，分别为塔北带的3.10倍和1.59倍。但是，塔南带不协调和基本不协调区域面积比重分别为77.95%和20.70%，分别为塔北带的1.27倍和0.65倍。然而，基本不协调和不协调面积比重总和，塔北带和塔南带分别为93.44%和98.65%，占的比重非常大，区域人口分布与自然环境的协调性都非常低，只是塔南带更低。

在北疆，天西带人口分布与自然环境勉强协调、基本协调和较协调区域面积分别为5.70万km^2、0.47万km^2、0.27万km^2，分别为天北带的3.10倍、0.98倍和2.12倍，基本都是天西带高于天北带；尽管三类协调区面积和面积比重总和是24.00%，是天北带1.21倍；但是，面积比重只有勉强协调区是天西带最高，为21.22%，为天北带的1.42倍，而基本协调区和较协调区都是天北带高，分别为天西带的2.21倍和1.03倍。在南疆，塔北带人口分布与自然环境勉强协调、基本协调和较协调区域面积分别为1.68万km^2、0.32万km^2、0.02万km^2，分别为塔南带的2.39倍、1.02倍和26.03倍，塔北带高于塔南带；而且，塔北带三类协调区面积比重分别为5.45%、1.04%和0.07%，分别为塔南带的5.86倍、2.48倍和70.00倍。

表3 新疆经济带的人居环境适宜分区的基本统计表

区 域	指 标	不适宜区	较难适宜区	勉强适宜区	基本适宜区	较适宜区
天北带	面积km^2	52661.77	46151.49	18396.48	4796.40	1294.66
	比重%	42.71	37.43	14.92	3.89	1.05
天西带	面积km^2	120632.30	83465.09	56986.14	4726.47	2739.20
	比重%	44.92	31.08	21.22	1.76	1.02
塔北带	面积km^2	189665.67	98362.29	16799.58	3205.79	215.77
	比重%	61.53	31.91	5.45	1.04	0.07
塔南带	面积km^2	588637.01	156315.41	7022.87	3171.62	7.55
	比重%	77.95	20.70	0.93	0.42	1.00E—03

北疆天西带的伊犁地区人口分布与自然环境不协调区约为 0.78 万 km^2，约占伊犁地区面积的 13.33%，基本不协调区约为 1.50 万 km^2，约占其面积的 25.61%，勉强协调区约为 3.07 万 km^2，约占其面积的 52.56%，基本协调区约为 0.23 万 km^2，约占其面积的 3.97%，较协调区约为 0.26 万 km^2，约占其面积的 4.53%。

三、新疆人口分布与资源环境协调发展的量化评价与分析

（一）区域人口分布与土地资源承载力协调的量化评价分析

1. 南疆、北疆和东疆人口分布与土地资源承载力协调发展分析

如表 4，北疆 LCCI 为 1.123，属于协调发展类地区，但未来人口增长对土地资源的压力很大，目前已处于失调类区的边缘；南疆 LCCI 为 0.871，属于协调盈余类地区，而且粮食盈余县（市）比重高达 60%；东疆 LCCI 为 4.162，属于失调类中的严重失调类地区，土地超载的县（市）比重达到 83%，无协调盈余县（市），人口严重超载，粮食亏缺是东疆地区土地承载力的主要特征。

表 4　新疆南疆、北疆和东疆人口分布与土地资源承载力协调性评价分析

区域	人口与土地资源承载力		县市单元比重（%）		
	指数	类型	失调类	协调发展类	协调盈余类
全疆	0.952	协调发展类	39	14	47
南疆	0.871	协调盈余类	33	7	60
北疆	1.123	协调发展类	36	23	41
东疆	4.162	失调类	83	17	0

2. 新疆各经济带人口分布与土地资源承载力协调性分析

如表 5，北疆天北带和吐哈带 LCCI 分别为 1.736 和 4.162，都属于失调类中的严重失调地区，天西带 LCCI 为 0.766，属于协调盈余类地区；塔北带 LCCI 为 1.016，属于协调发展类中的协调较弱地区；塔南带 LCCI 为 0.809，属于协调盈余地区。天北带城市和社会经济发展带动了人口集中，使人口分布与土地承载力不协调；吐哈带则主要是由于人口增长和区域土地资源有限，导致人口与区域土地承载力严重失调；塔北带将难以满足未来人口增长、石油资源开发和社会经济发展对土地资源的需要，只有塔南带和天西带人口对土地资源的压力较小，尚能满足未来人口增长的粮食需要。再者，各经济带内协调类县市比重为 31%－86%，协调盈余类县为 40%－69%，协调发展类县市为 14%－25%，成为进一步分析各地州人口分布与土地承载力协调性的基本依据。

表 5　新疆各经济带人口分布与土地资源承载力协调性评价分析

区域	人口与土地资源承载力		县市单元比重（%）		
	指数	类型	失调类	协调发展类	协调盈余类
天北带	1.736	失调类	40	20	40
天西带	0.766	协调盈余类	33	25	42
塔北带	1.016	协调发展类	38	19	44
塔南带	0.809	协调盈余类	31	0	69
吐哈带	4.162	失调类	86	14	0

3. 新疆各地州（市）人口分布与土地资源承载力协调发展分析

如表 6，新疆有 8 个地州（市）为失调类地区。其中，乌鲁木齐市、克拉玛依市、哈密地区、吐鲁番地区和巴音郭楞蒙古自治州属于人口与土地资源承载力严重失调区；协调发展类的地区只有伊犁地区；协调盈余类的有 6 个地区。其中，人口土地资源协调富裕的地区有 2 个，分别是昌吉回族自治州和塔城地区；协调盈余的地区有 4 个，分别是博尔塔拉蒙古自治州、阿克苏地区、喀什地区和和田地区。天北带的昌吉州土地资源丰富，是人口分布与土地资源承载力协调盈余类地区，塔北带巴州社会经济发展、人口增长和土地资源不足的矛盾使人口分布与土地资源承载力失调，塔南带的克州主要是水土资源缺乏与人口增长不协调引起人口分布与土地资源的不协调，但南疆塔南带水土资源丰富的阿克苏、喀什和和田地区人口分布与土地资源承载力协调盈余。

表 6　新疆各地州(市)人口分布与土地资源承载力协调性评价

区　域		人口与土地资源承载力		县市单元比重(%)		
		指数	类型	失调类	协调发展类	协调盈余类
东疆	吐鲁番地区	5.367	失调类	100	0	0
	哈密地区	3.334	失调类	67	33	0
北疆	克拉玛依市	61.21	失调类	100	0	0
	乌鲁木齐市	12.241	失调类	50	50	0
	石河子市	1.801	失调类	100	0	0
	阿勒泰地区	1.291	失调类	43	14	43
	伊犁地区	0.887	协调发展类	40	30	30
	博尔塔拉蒙古自治州	0.844	协调盈余类	33	33	33
	昌吉回族自治州	0.617	协调盈余类	25	25	50
	塔城地区	0.535	协调盈余类	14	14	71
南疆	巴音郭楞蒙古自治州	2.151	失调类	67	22	11
	克孜勒苏柯尔克孜自治州	1.201	失调类	75	0	25
	喀什地区	0.758	协调盈余类	17	0	83
	和田地区	0.831	协调盈余类	13	0	88
	阿克苏地区	0.793	协调盈余类	22	11	67

4. 新疆县域人口分布与土地资源承载力协调性的评价分析

新疆有 47.13%县(市)属于协调盈余类地区，13.8%县(市)属于协调发展类地区，39.09%县(市)属于失调类地区。协调盈余类和协调发展类的县(市)比重超过 50%，而失调类县(市)的比重低于 40%，协调盈余县(市)的余粮足够补充失调类县(市)域的粮食短缺数额，新疆目前人口分布与土地承载力属于基本的协调发展状况。其中：

(1) 协调盈余类地区

如表 7，新疆现有 41 个县(市)属于协调盈余类地区，占全疆总县(市)的 47.12%，其人口占全疆的 45.01%，土地面积比重为 37.8%，粮食产量的比重为 76.11%。其中：

协调有余的地区有 8 个县(市)，包括奇台县、木垒哈萨克自治县、伊宁县、察布查尔锡伯自治县、塔城市、裕民县、温泉县和拜城县，占总县(市)的 9.20%，其人口占全疆的 6.98%，土地面积的比重为 4.26%，粮食产量的比重为 20.34%，粮食产量的比重高于人口、土地和县(市)比重的 1—3 倍，是单位土地面积粮食产出率和人均粮食产量最高的地区，粮食盈余率在 50%以上。

协调富裕的有 21 个县(市)，分别是吉木萨尔县、巩留县、额敏县、沙湾县、布尔津县、温宿县、沙雅县、新和县、乌什县、阿克陶县、疏附县、疏勒县、英吉沙县、泽普县、莎车县、叶城县、伽师县、巴楚县、和田县、洛浦县和策勒县，占县(市)总数的 24.14%，其人口占全疆的 26.08%，土地面积比重为 17.55%，粮食产量的比重为 40.82%，粮食产量的比重远远高于人口、土地和县(市)的比重，单位面积的粮食产量很高，粮食盈余率在 25%以上，土地承载了新疆较多的人口。

协调盈余的有 12 个县(市)，主要是玛纳斯县、乌苏市、富蕴县、青河县、博湖县、库车县、麦盖提县、岳普湖县、墨玉县、皮山县、于田县和民丰县，占总县(市)总数的 13.79%，其人口占全疆的 11.95%，土地面积比重为 15.99%，粮食产量比重为 14.95%，粮食产量比重低于土地面积比重，土地产出率不高。

(2) 协调发展类地区

如表 7，新疆有 12 个县(市)属于协调发展类地区，占全疆县(市)的 13.8%，其人口占全疆的 9.63%，土地面积的比重为 7.85%，粮食产量的比重为 10.17%，人口分布与土地资源协调平衡发展，但土地进一步开发利用的潜力有限。其中：

协调较好的县(市)有8个,主要是巴里坤哈萨克自治县、新源县、托里县、哈巴河县、博乐市、轮台县、焉耆回族自治县和柯坪县,占总县(市)的9.20%,人口占全疆的5.60%,土地面积比重为6.34%,粮食产量比重为6.22%,总体上基本平衡。

协调较弱的县(市)域有4个,主要包括乌鲁木齐县、阜康市、霍城县和昭苏县,占新疆总县(市)的4.6%;人口占全疆的4.03%,土地面积比重为1.51%,粮食产量比重为3.95%。人口土地协调发展地区在3大类型的各种指标中都较低,其人口、粮食、土地和县(市)比重的差异相对较小,勉强承载了现有人口。

(3) 失调类地区

如表7,新疆有34个县(市)属于失调类地区,占全疆87个县(市)的39.09%,其人口占全疆的45.36%,土地面积比重为54.36%,粮食产量比重为13.73%。土地面积的比重最高,在8个小类别中比重也较大。但粮食产量的比重不及人口比重和土地面积比重的四分之一,县(市)比重的三分之一,粮食缺口较大,人口超载严重。其中:

比较不协调的县(市)有昌吉市和呼图壁县2个,县(市)域比重为2.3%,人口比重为2.79%,土地面积的比重为1.02%,粮食产量的比重为2.45%,出现土地的人口超载。

不协调的县(市)有伊吾县、特克斯县、尼勒克县、吉木乃县、且末县和阿瓦提县6个,占总县(市)的6.9%,人口占全疆的3.39%,土地面积比重为11.8%,粮食产量的比重为2.67%;土地面积的比重最高,是粮食产量、人口和县(市)域单元比重的1—3倍,但单位面积的产量较低,土地的人口超载较重。

严重失调的县(市)有26个,其中乌鲁木齐市、克拉玛依市、鄯善县、哈密市、奎屯市、库尔勒市和尉犁县,土地超载率超过1000%;吐鲁番市、和布克赛尔蒙古自治县和精河县土地超载率超过500%,伊宁市、阿勒泰市、福海县、乌恰县、喀什市、塔什库尔干塔吉克自治县和和田市土地超载率超过100%,托克逊县、若羌县、和静县、和硕县、阿克苏市、阿图什市、阿合奇县、和田市、石河子和米泉市土地超载率超过50%以上。这些县(市)占新疆总县(市)的29.89%,人口占全疆的39.18%,土地面积比重为41.53%,粮食产量的比重为8.61%,粮食产量的比重远远低于人口、土地和县(市)比重,人口与土地承载力严重失调,粮食短缺严重。

表7　新疆县域人口分布与土地资源承载力协调评价相关指标

承载力分区		人口		土地		粮食		分县单元	
		数量(万人)	比例(%)	数量(万平方公里)	比例(%)	数量(万人)	比例(%)	数量(万吨)	比例(%)
协调盈余类	协调有余	140.51	6.98	7.06	4.26	159.55	20.34	8	9.20
	协调富裕	524.82	26.08	29.09	17.55	320.15	40.82	21	24.14
	协调盈余	240.58	11.95	26.51	15.99	117.26	14.95	12	13.79
协调发展类	协调较好	112.72	5.60	10.51	6.34	48.76	6.22	8	9.20
	协调较弱	81.02	4.03	2.51	1.51	30.98	3.95	4	4.60
失调类	比较不协调	56.14	2.79	1.69	1.02	19.19	2.45	2	2.30
	不协调	68.27	3.39	19.56	11.80	20.95	2.67	6	6.90
	严重失调	788.67	39.18	68.86	41.53	67.53	8.61	26	29.89

(二) 新疆区域人口分布与水资源承载力协调的量化评价与分析

1. 南疆、北疆和东疆人口分布与水资源承载力协调发展的评价分析

如表8,北疆WCCI为2.140,属于不协调类的失调类地区;南疆WCCI为1.022,属于协调较弱的协调发展类地区,而且人水协调的县(市)比重达到62%;东疆WCCI为1.545,属于比较不协调的失调类地区,水资源超载的县(市)比重达到50%,无协调盈余县(市),人口压力较大,水资源亏缺是东疆地区

水资源承载力的主要特征。

表 8 南疆、北疆和东疆人口分布与水资源承载力的协调性评价分析

区域	水资源承载力指数		县市单元比重(%)		
	指数	类型	协调盈余类	协调发展类	失调类
全疆	1.352	失调类	10	47	43
南疆	1.022	协调发展类	14	62	24
北疆	2.140	失调类	8	30	62
东疆	1.545	失调类	0	50	50

2. 新疆各经济带人口分布与水资源承载力协调发展分析

如表 9,天北带 WCCI 为 3.101,属于失调类中的严重失调地区,失调类县(市)的比重很高,达到 73%;天西带 WCCI 为 1.488,属于失调类中的比较不协调类地区;塔北带 WCCI 为 0.908,属于协调较好的协调发展类地区;塔南带 WCCI 为 1.098,属于协调较弱的协调发展类地区;吐哈带 WCCI 为 1.545,属于失调类中的比较不协调类地区,吐哈带和天北带无协调盈余类县(市)域,水资源短缺严重,人口压力很大。塔南带水资源人口压力随人口进一步增长也将会逐渐过渡到失调类地区,塔北带相对较好,但未来人口水资源压力将很大,协调性会降低。

表 9 新疆各经济带人口分布与水资源承载力的协调性评价分析

区域	水资源承载力指数		县市单元比重(%)		
	指数	类型	协调盈余类	协调发展类	失调类
天北带	3.101	失调类	0	27	73
天西带	1.488	失调类	13	33	54
塔北带	0.908	协调发展类	31	56	13
塔南带	1.098	协调发展类	4	65	31
吐哈带	1.545	失调类	0	50	50

3. 新疆各地州(市)人口分布与水资源承载力协调发展分析

如表 10,新疆有 9 个地州(市)为失调类地区。其中乌鲁木齐市和克拉玛依市水资源承载力指数(WCCI)大于 5,属于严重失调类地区;协调发展类的地区有 6 个,其中只有阿勒泰地区和阿克苏地区属于协调较好类,其它 4 个地区属于协调较弱类;15 个地州中无协调盈余类地区。

表 10 新疆各地州(市)人口分布与水资源承载力协调发展评价分析

区域		水资源承载力指数		县市单元比重(%)		
		指数	类型	协调盈余类	协调发展类	失调类
东疆	吐鲁番地区	1.292	协调发展类	0	67	33
	哈密地区	1.966	失调类	0	33	67
北疆	克拉玛依市	36.102	失调类	0	0	100
	乌鲁木齐市	11.601	失调类	0	0	100
	石河子市	36.102	失调类	0	0	100
	阿勒泰地区	0.734	协调发展类	29	57	14
	伊犁地区	2.286	失调类	0	20	80
	博尔塔拉蒙古自治州	1.398	失调类	33	34	33
	昌吉回族自治州	1.869	失调类	0	25	75
	塔城地区	1.395	失调类	0	43	57
南疆	巴音郭楞蒙古自治州	1.121	协调发展类	11	67	22
	克孜勒苏柯尔克孜自治州	1.595	失调类	0	25	75
	喀什地区	1.078	协调发展类	0	75	25
	和田地区	1.080	协调发展类	13	75	12
	阿克苏地区	0.819	协调发展类	45	44	11

4. 新疆县域人口分布与水资源承载力协调发展的评价分析

如表11,新疆有9个县(市)属于协调盈余类地区,占全疆县(市)的10.35%,其人口占全疆的5.76%,土地面积的比重为18.46%,供水总量的比重为14.97%,水资源的开发利用具有一定的潜力。其中:

人口分布与水资源承载力协调发展类的有41个县(市),占全疆总县(市)的47.13%,其人口占全疆的41.5%,土地面积的比重为41.03%,供水总量的比重为60.29%,水资源进一步开发利用的潜力有限。

新疆人口分布与水资源承载力失调类的有37个县(市),占全疆县(市)的42.53%,其人口占全疆的52.74%,土地面积的比重为40.5%,供水总量的比重为24.75%。人口比重最高,且在3个大类指标中比重也最大。但供水总量比重也远远低于土地面积和县(市)域比重。水资源供给不足,人口超载严重。

表11 新疆县域人口分布与水资源承载力协调发展的评价

类型	级 别	WCCI	县市数	名 称
协调盈余类	协调有余	WCCI≤0.33	1	福海县
	协调富裕	0.33<WCCI≤0.50	1	哈巴河县
	协调盈余	0.50<WCCI≤0.67	7	温泉县、且末县、温宿县、沙雅县、新和县、阿瓦提县、民丰县
协调发展类	协调较好	0.67<WCCI≤1.00	22	伊吾县、玛纳斯县、察布查尔锡伯自治县、巩留县、乌苏市、布尔津县、青河县、尉犁县、焉耆回族自治县、和硕县、博湖县、库车县、拜城县、阿合奇县、疏附县、泽普县、叶城县、麦盖提县、岳普湖县、墨玉县、洛浦县、于田县
	协调较弱	1.00<WCCI≤1.33	19	鄯善县、托克逊县、奇台县、沙湾县、裕民县、阿勒泰市、富蕴县、精河县、轮台县、和静县、乌什县、柯坪县、疏勒县、莎车县、伽师县、巴楚县、和田县、皮山县、策勒县
失调类	比较不协调	1.33<WCCI≤2.00	15	乌鲁木齐县、克拉玛依市、吐鲁番市、巴里坤哈萨克自治县、吉木萨尔县、伊宁县、特克斯县、尼勒克县、塔城市、库尔勒市、若羌县、阿图什市、阿克陶县、乌恰县、英吉沙县、
	不协调	2.00<WCCI≤5.00	16	哈密市、昌吉市、阜康市、米泉市、呼图壁县、木垒哈萨克自治县、霍城县、昭苏县、额敏县、托里县、和布克赛尔蒙古自治县、吉木乃县、博乐市、阿克苏市、喀什市、塔什库尔干塔吉克自治县
	严重失调	WCCI>5.00	6	乌鲁木齐市、石河子市、伊宁市、奎屯市、新源县、和田市、

四、主要结论和对策建议

(一)新疆人口主要集中分布在社会经济条件较好的北疆天北带、南疆塔北带和水土资源比较丰富的伊犁、喀什、阿克苏、和田等地区,尤其是集中在各地州的中心城市,且空间分布相对稳定

为此,立足新疆实际,把新疆特有资源开发(特色农业资源、矿产资源、旅游资源等)作为工业化依托,发展二三产业和区域城镇化,是新疆人口分布与资源环境协调发展的关键。而且,在南疆小城镇建设非常重要,尤其是充分利用石油矿产等资源优势推动和实现人口城镇化是必然出路。

(二)基于HEI的新疆人口分布与自然环境的不协调区占92.71%,协调区占7.29%,协调性总体很差,但是仍然可以划分为不适宜区、较难适宜区、勉强适宜区、基本

适宜区和较适宜区

为此，新疆社会经济发展必须考虑人口分布宇自然环境的协调性，而且在新疆人口功能分区中则必须考虑山区和盆地对人口功能分区的影响。

（三）北疆人口分布与自然环境的协调性高于南疆，东疆最低；其中较适宜区主要分布在天西带、天北带和塔北带，且伊犁地区是全疆人居环境最好的区域

为此，进一步加强乌鲁木齐市的发展及其都市圈效应、区域资源型城市的发展，形成人口的集中区。南疆强调水土资源利用，保证源流和上中游人工绿洲能够成为稳定的人口集中区，天然绿洲是人工绿洲和沙漠之间的过渡带，成为人工绿洲的生态屏障，作为人口疏散区。

（四）新疆水土资源禀赋和承载力既是影响人口分布，又是影响人居环境的重要因子，这成为量化评价与分析新疆人口分布与水土资源协调发展的理论依据

为此，新疆区域社会经济发展必须与水土资源和人口分布协调性分区相一致。

（五）新疆人口分布与资源环境的关系研究是未来新疆人口、资源环境协调发展的重要研究内容

新疆人口分布必须与资源环境要协调。而且，新疆特色环境资源合理和充分开发利用不仅有利于新疆人口合理配置，而且有利于新疆的环境保护。新疆人口分布与资源环境的协调发展是今后的重要研究内容。

新疆财经大学统计与信息学院教授　韩桂兰
新疆自治区统计局统计科研所所长　古丽娜
新疆财经大学统计与信息学学院教授、副院长　孙建光
新疆自治区统计局　阿不都热西提

中国城市家庭住房状况的时空变动及社会分化研究

一、前言

人类的生存，离不开衣食住行四大条件的基本保障。住房作为不可或缺的基本需要，承担着满足人们的生理生活和精神生活需要的功能。许多重要的国际组织文件明确规定“人人有权享有适当的住房”(the right to adequate housing)。从联合国1948年的《世界人权宣言》到1996年联合国第二届人类住区大会都明确指出这一基本权利。可见，住房权是基本人权的重要组成部分。住宅不仅影响到住户的身心健康，还会影响邻里关系和社会稳定。由于中低收入家庭无法从市场得到合适的住房，因此各国都制定住房保障政策来保护居住权利。

住房作为家庭最大的财富，影响到居民的财富积累和社会财富的再分配，并影响到社会和谐。中国国家统计局2002年城市居民财产调查指出房产占家庭财产的47.9%，占财产比例居第一位。全国城镇居民房产净值占总财产净值的比重从1995年的43.7%上升到2002年的64.4%，2006年期间房产价值所占比重进一步上升。中国居民财产积累额的大幅度上升，除居民的高储蓄率和缺少财产税政策外，城镇公有住房的私有化以及企业改制带来的国有资产转移也不无关系(罗楚亮等，2009)。美国一项研究估算1990年居住物业的价值为6.1万亿美元，占GDP的比例为69.8%，占净资产估算额15.6万亿美元的39.2%(迪帕斯奎尔等，2002)。而Zhu(2007)研究表明，美国的住房财产分配加剧了总财产的分配不平等。

住宅产业作为建筑业和房地产业的重要组成部分，作为宏观经济的支柱产业之一，影响到国民经济的发展。1980年6月，中共中央、国务院批转的《全国基本建设工作会议汇报提纲》宣布了我国将实行住宅商品化政策，“准许私人建房、私人买房、准许私人拥有自己的住宅”。1996年中央经济工作会议首次提出了把住宅产业作为国民经济新的增长点。1997年全国人大会议再次明确指出，要把住宅产业作为国民经济新的增长点，把住宅消费培育成居民消费新的热点。2003年国务院18号文件明确提出房地产业已经成为国民经济的支柱产业。住房产业关联度高，能带动一系列的产业发展，例如建材、汽车、家具等，对国民经济的持续发展有重要影响。

因此，城市家庭住房状况作为住房消费，对住房市场、住房保障、住宅产业发展有重要的影响，住房状况研究对政府科学制定住房政策也有很重要的现实意义。

经济和社会转型是我国现阶段的重要特征之一，在很多方面不同于计划经济和市场经济。从1956年社会主义“三大改造”完成之后，我国建立了高度集中的计划经济体制。从1978年开始改革开放，中央提出了“有计划的社会主义商品经济”，以计划经济为主，市场经济为辅。自邓小平南方讲话之后，中央在1992年正式提出建立社会主义市场经济体制。这就意味着我国从1978年开始进入了以市场经济为导向的转型阶段，并且是市场的增长和计划的减少和退出，最终走向成熟的市场经济。制度变迁极大地促进了市场经济的发展，改变了家庭消费者的收入、偏好和预期。自改革开放以来，经济市场化的程度逐步加深，微观经济主体(个人、家庭)的自主性不断加强，在选择住房等各种商品、职业有了越来越多的自由。人口的社会流动越来越强，发生了大规模的职业流动和地域流动，从第一产业流向第二、三产业，更加自由和频繁的更换工作，从农村流向城市等。

住房市场是地域性市场。我国地域辽阔，城市众多，社会经济发展水平、资源环境参差不齐。中国存在着中央政府与地方政府的分权，通常是中央政府出台政策，地方制定实施细则，并且还允许部分地区试点和创新。不同层级的政府有不同的动机，往往采取了不完全一样的政策和行动。地方政府在发展地方经济和体制改革方面具有较大的灵活性，这些也影响微观主体的经济行为。

随着制度变迁和市场发展，家庭的社会分化和个人的个性差异更加明显。例如年龄、性别、收入、职业、教育水平、宗教信仰、家庭规模和生命周期、种族、社会阶层、生活方式、亚文化、动机、目标、感知、经验、知识、个性、态度等都存在很大的差异，而这些将影响到消费者行为。

从计划经济到市场经济转轨的过程中，宏观的制度环境、中观的城市背景，消费者微观的家庭特征以及内在动机等都发生了很大的变化。与农村居民相比，城市居民住房状况变动更大，更具有研究意义。在这样一个经济快速发展、城市化迅猛推进、住房保障政策重大转向的急剧变化过程中，他们的住房状况有什么变化规律？内在的机制是什么？存在什么问题？作为公共管理的城市住房政策应该如何制定，才能做到效率和公平的结合？这些问题既是学术问题，又是我国现实的经济问题和社会问题，需要加强学术研究。

在快速城市化进程中，城市贫困是各国在城市化过程中普遍遇到的问题，住房贫困是城市贫困的重要方面。在世界范围内，住房贫困问题没有得到根本解决，并随着社会经济发展出现了一些新的变化(联合国人居署，1996)。它得到了广泛关注，成为研究热点之一。

从20世纪80年代，中国开始由计划经济向市场经济的制度转型，并逐步建立住房市场和探索新的住房保障体系。在此进程中，中国城市居民住房状况得到了很大的改善，人均建筑面积从2000年的21.8平方米，增长到2010年的29平方米（国务院人口普查办，2010）。这相当于2004年中高收入发达国家的平均水平，尽管离建设部2010年的住房小康目标35平方米还有一定的距离。然而，随着城市化加速，中国城市住房贫困变得更加突出。从2000年到2010年，中国城市化率从36%上升到50%。与此同时，城市商品房价格一路走高，并从2004年开始步入快速上升通道，2010年的住宅销售均价相当于1997年的2.6倍，年均增长18.9%(国家统计局，2011)。在2009年和2010年，各大城市的商品房成交均价涨幅在短短数年均超过100%甚至更多，已经远远超出普通民众的承受水平。中国城镇居民人均可支配收入从2000年的6280元增长到2010年的19109元，上涨了3.0倍；与中高收入群体相比，中低收入家庭的收入增长慢于平均水平，最低收入家庭城镇居民人均可支配收入从2000年的2653.0元增长到2010年的5948.1元，上涨了2.2倍；低收入家庭城镇居民人均可支配收入从2000年的3633.5元增长到2010年的9285.3元，上涨了2.6倍；中低收入家庭城镇居民人均可支配收入从2000年的4623.5元增长到2010年的12702.1元，上涨了2.7倍(国家统计局，2011)。因此，中低收入家庭的住房贫困问题更加突出。在大量吸引外来就业人口的大城市(例如北京等)，随着房价的快速上涨，使得进入城市的新就业人员，外来务工人员中的低收入人群的住房困难更加凸显，难以落地生根，无法真正融入城市，本地低收入人群在高房价下也陷入住房困难。中低收入家庭“买不起房、租不起房”的现象普遍存在，严重影响了民计民生，对构建和谐社会和全面建设小康社会带来严峻的挑战。

住房贫困引起了我国政府和社会各界极大的关注。中低收入家庭的住房问题引起了中国中央政府的高度重视。为了促进中国城市化健康快速的发展，为了解决城市中低收入家庭的住房困难问题和实现社会公平，为了提高住房质量标准和实现节能减排发展循环经济，为了应对金融危机和促进宏观经济增长，中央政府一直在制定政策大力发展保障性安居工程(包括以前的各类保障性住房)。自改革开放以来，中国中央政府为建立新的住房制度和与市场经济相适应的住房供应体系，解决城镇中低收入家庭的住房问题做了大量的工作。党的十六大提出了全面建设小康社会的目标，其中住房是关键。

2007年中共十七大提出了建设包括“住有所居”等内容的和谐社会。2007年8月7日国务院出台了《关于解决城市低收入家庭住房问题的意见》，目的是为了解决城市的住房问题。2008年3月国务院机构改革新成立的住房和城乡建设部更是将住房保障和住房政策作为其重要职能之一。2011年国民经济和社会发展十二五规划纲要主要目标之一是“城镇保障性安居工程建设3600万套”要求“加快建设以政府为主提供基本保障，以市场为主满足多层次需求的住房供应体系，对城镇低收入住房困难家庭，实行廉租房制度”。2011年3月国务院政府工作报告内容提出十二五时期的主要目标和任务中之一是“全国城镇保障性住房覆盖面达到20%左右”。2011年《国务院办公厅关于进一步做好房地产市场调控工作有关问题的通知》指出“加大保障性安居工程建设力度，2011年全国建设保障性住房和棚户区改造住房1000万套”。在这样一个急剧变化过程中，城市家庭的住房贫困状况有什么变化？内在的机制是什么？存在什么问题？作为公共管理的城市住房政策应该如何制定，才能做到效率和公平的结合？

2000年11月我国第五次人口普查是我国人口普查中第一次进行了住房调查。2010年11月我国开展了第六次人口普查。本文从住房是多维度的商品/产品出发，认为住房状况是包括家庭的住房消费数量和支出(指购买住房价格或租金)、住房来源与产权（使用模式)、住房建筑属性(产品)选择和居住区位选择行为的结果。住房选择行为是家庭在制度约束、预算约束、时间约束和流动性约束下的效用最大化的经济行为，但是还受到了政治、社会文化的、地理、心理的因素影响，是极其复杂的。**本项目研究目标旨在根据2000年和2010年人口普查资料研究中国城市家庭住房状况的动态变化、空间差异以及社会分化，并分析他们的影响因素，指出存在的问题，提出相应的政策建议。**即根据2010年最新数据和以前数据运用现代计量和统计分析技术实证研究中国城市家庭住房状况的含义、度量方法，并分析其历史、现状、特征和演变趋势，以及影响因素，在此基础上分析住房制度和政策的改进措施。

转型经济的中国与西方制度环境不同，个人的社会心理因素等方面也存在差别。对转型中国的住房状况与贫困研究不仅可检验在市场经济制度环境下提出的西方理论和假说是否成立和适用，还会发现一些与市场经济下的住房状况与贫困不同之处，并且可以提出新的理论和假说，从而丰富了该研究领域的内容，为国际学术研究提供新的实证案例。同时，本文利用目前最新的2010年人口普查住房数据和2000年人口普查数据相比较研究，可以有新的发现，并且能观察发展趋势和分析一些新的影响因素。在此基础上分析住房保障政策等影响，提出相关的政策建议，有利于政府制定可行的住房政策合理调控住房市场和发展住房保障，有利于改善住房贫困户的生活质量，有利于房地产企业更好地满足住房基本需求，促进房地产业的良性发展。因此本研究具有重要的理论价值和现实意义。

二、文献综述

经济学和社会学的理论研究表明，市场经济会导致贫富差距，一部分家庭处于收入贫困，一些中低收入家庭处于住房贫困。马克思经济学和新古典经济学认为市场经济导致了收入的不平等，无法解决经济行为的外部性问题，导致住房资源社会配置的不平等，出现了部分群体住房条件恶化，甚至没有住房。社会学的市场转型理论(Nee，1989)则指出中国不同人群在由计划经济向市场经济转变过程中，出现了住房分配和再分配机制的变化，形成了不同社会群体的多样化的住房利益和住房机会，而这种机会结构影响了这些群体努力实现权力和经济资源最大化的选择。其中有市民权利和没有权力和(或)没有能力的本地低收入家庭、没有市民权利和(或)没有能力的外来低收入家庭陷入了持久性的住房困难，有市民权利和暂时能力不足的城市新就业人员陷入了暂时性的住房困难。在社会达尔文主义看来，城市中低收入人群的住房问题不仅仅因为个人的失业或者恶化的个人经济状况，整个社会做为个人的集合体应该担负国民公共服务的责任，保障城市贫民的基本居住需求。福利经济学提出，政府不仅应该为公民提供包括基本住房在内的公共服务，还应该实现社会资源的最优配置，达到全体社会成员的经济福利最大化。在改革过程中政府的住房保障等再分配和社会第三方偏向弱势群体的住房再分配政策起到了减少住房贫困和保护弱势群体居住权的作用。政府干预住房政策的经济学理论视角可以分为“传统”和“最新”(Zenou，2010)。传统经济学理论视角将住房市场视为完全竞争的市场，市场在住房资源配置是有效率的，因此政府的作用是使市场有效运行，对市场干预越少越好。最新经济学理论视角将住房市场视为信息不完全和不完全竞争的和非竞争的(例如 Arnott ，1987，1989，2009;)。因此，适当的政府干预能使住房市场效率得到提高，政策内容也比完全竞争市场要丰富得多。

国际上住房状况研究可以分为两大流派：一是经济学流派，主要是从经济学角度研究持久收入、暂时收入、财富、贷款可得性、房价等因素对住房状况的影响(如 Arnott 1987)，认为收入和财产、房价等因素作为最重要的因素(Henderson and Ioannides ，1989)；二是社会人口学流派，从社会学和人口学角度研究家庭生命周期对住房状况的影响，例如种族、年龄、婚姻、家庭规模、家庭结构等、以及生命历程重大事件是重要的影响因素(Clark and Dieleman，1996)。此外，还有从心理学视角进行的住房选择行为及住房状况研究。

与经济学非常重视各种经济因素对住房状况的影响相比，社会学最初就更关注非经济因素对住房状况的影响，例如家庭、社会阶层、社会群体、参照群体、文化、亚文化等(如布迪厄，1984；尼古拉，2005)。随着消费社会的到来，社会学对住房状况的研究也发生了转向，住房状况所体现的社会结构关系成为研究者们关注的问题，把住房消费与社会制度、社会文化、社会分层和不平等联系起来，例如新城市社会学的住房阶级的研究(如桑德斯，1981)。

自 20 世纪 70 年代以来，西方社会人口的社会特征发生了许多根本性变化，如结婚率下降、初婚年龄提高、离婚率增加等。生命历程变化在住房拥有、迁居方面解释力增强(Rindfuss et a. l，1987)。个人及家庭就业和居住等事件的变化都是在社会经济背景下进行的，并受社会环境制约，生命历程把个人适应住房市场变化与更广泛的社会经济背景联系(Settersten and Mayer，1996)。Clark and Dieleman (1996)采用生命历程分析将非经济因素和经济因素综合起来，分析婚姻、孩子出生等事件以及家庭收入、财富的变化导致了住房租买、面积和房屋类型、区位的变化。成年男女搬出父母所在的独栋别墅，在外面租赁面积较小的公寓居住。结婚后，先是租赁较大的公寓居住。孩子即将出世或者出世后不久，购买较小的住宅；随着孩子的增加，购买郊区面积较大的独栋住宅。随着成年孩子的分开独立生活，老年夫妇卖掉面积较大的住宅，买入小面积的住宅，或者租赁公寓。在这过程中，家庭的住房消费量、消费支出、住房产品类型和区位都发生了比较大的变化。

1976 年的联合国“人居二”会议在全球人居报告分析了全球的住房状况，提出住房贫困的名词，并用来指家庭缺乏结构稳固的、产权安全的、基本设备齐全的、健康的住宅。自此以后，国际上开展了对住房状况和住房贫困的研究，包括对住房贫困的定义、度量方法、变化趋势、影响因素、政策等方面的研究。并且认为收入贫困只是贫困的一部分，住房贫困和收入贫困不完全相同，有必要深入研究(John and Bauman，1996)。总体来看，对发达国家研究较多，如 Ayala(2007a，2008b)对西班牙、Johnson & Youssef (1999)对美国、Williams & Dodgeon 等(1996)对英国住房贫困的研究。对中国住房贫困和住房保障需求的研究还很少。Lee (1988)分析了 1985 年前的中国城市住房问题现状和演变和影响因素。Zhang(1998)分析了 1994 年前的中国城市住房问题现状和演变和影响因素。Wang(2000)认为城市边缘人群的住房问题恶化在于政策的忽视。Sato(2006)分析了 1990 年到 2000 年以来城市住房贫困的变化及其影响因素。Wang (2003)和 Yu (2005)根据 2000 年人口普查汇总资料分析了中国城镇住房状况的变化及存在的住房问题。蒋耒文(2005)和易成栋(2005)利用 1985 年第一次全国城镇住房普查资料和 2000 年人口普查数据揭示了我国家庭情况发生了很大的改善，分析了存在的住房问题。Stephen 等(2007)分析了城市边缘人群存在的住房支付能力问题。城镇低收入人群或贫困家庭由于住房价格高、收入低以及相关住房政策的排斥而使其住房困难问题更加突出，因此住房政策应当向低收入弱势人群倾斜(崔凤与毛凤彦，2005)。李实等(2007)指出通过住房面积和质量来界定住房贫困户往往会将一部分有经济能力改善其住房条件但自愿选择现有住房条件的住户界定为住房贫困户，其结果可能导致贫困率的高估。并根据2002年城市住户收支调查数据指出根据住房面积衡量的城镇居民的住房贫困发生率非常低，占城镇总人口的近13%。从2000年到2010年已经过去了10年时间，在这段时间里住房市场迅猛发展，住房保障政策发生了重大变化，因此有必要结合最新数据深入研究这一阶段的住房状况和特定群体的住房贫困。

三、1978—2012年中国城市住房制度改革回顾

(一)中国城市住房制度改革的总体历程

我国长期以来实行住房实物福利分配制度，传统的住房制度造成了诸多弊端。住房制度改革就是要改变传统的实物福利分配制度，实行与国家基本经济政策相协调，符合国家经济体制改革要求的新的住房制度。自20世纪80年代住房制度改革以来，我国的住房体系发生了很大变化。总体来看，中国城市住房供应体系出现了市场化趋势，逐步建立了与市场经济相适应的商品住房和保障性住房并存的二元体系，并且保障性住房出现了以销售为主转向租赁为主的发展趋势。

从1978年开始改革城镇住房制度，到1990年为房改第一阶段，是探索和试点阶段，开始恢复住宅的商品属性和部分产权。1978年十一届三中全会开启了我国改革开放的进程，经济建设成为工作重点。1980年邓小平同志就我国住房制度改革问题做出指示说："关于住宅问题，要考虑城市建筑住宅、分配房屋的一系列政策。城镇居民个人可以购买房屋，也可以自己盖。不但新房子可以出售，老房子也可以出售。可以一次付款，也可以分期付款，十年、十五年付清。住宅出售后，房租恐怕要调整。要联系房价调整房租，使人考虑买房合算。因此要研究逐步提高房租。房租太低，人们就不买房子了。繁华的市中心和偏僻地方的房子，交通方便地区和不方便地区的房子，城区和郊区的房子，租金应该有所不同。将来房租提高了，对低工资的职工要给以补贴。这些政策要联系起来考虑。建房还可以鼓励公私合营或民建公助，也可以私人自己想办法。"①邓小平同志的讲话首次较为系统的提出了城镇住房建设、分配、住房出售、分期付款、租金调整、住房补贴和保障等住房制度改革的内容，树立了住房是商品的基本概念。上述思想成为住房制度改革的基本内容和基础框架，从而开启了我国城镇住房制度改革的进程。1980年6月，中共中央、国务院在批转《全国基本建设工作会议汇报提纲》的文件中，第一次提出了中国将实行住房商品化政策。在80年代初，我国逐步改革住房投资体制，由国家为主变为企事业为主，企事业单位投入增加。但是由于城镇居民对廉价住房"无限的需求"，依然存在严重的住房短缺。1984年正式宣布住房商品化政策，在部分试点城镇出售公房。1986年，国务院开始在全国进行住房改革试点，掀起了第一轮房改热潮，采取了改革低租金、提租补贴、租售结合、以租促售和配套改革等措施，例如全价售房、补贴售房、提租补贴、集资建房、住房押金和以息抵租等。1988年上半年，国务院召开了全国第一次房改会议，并向全国颁发了《关于在全国城镇分期分批推行住房制度改革方案》，大力推动住房制度改革。但是存在着公房低售价和低租金的双重问题。

1991年到2000年为第二阶段，是全面推进和配套改革阶段。1992年全国开始建立住房公积金制度。1993年党的十四届三中全会通过了《关于建立社会主义市场经济体制若干问题的决定》，明确提出了规范和发展房地产市场，加快城镇住房制度改革促进住房商品化和发展住房建设的要求。1994年7

① 《中国住房制度改革》(国务院住房制度改革领导小组办公室、中国城镇住房制度改革研究会编著；改革出版社1996年)扉页。

月，国务院发布了《关于深化城镇住房制度改革的规定》，要求建立与社会主义市场经济体制相适应的新的城镇住房制度，实现住房商品化、社会化；进一步完善了配套改革的内容和政策；明确了房改近期任务以建立住房公积金为主，提租和售房为辅。中央政府采取的主要措施有三改四建。三改指：改国家、单位负担为国家、单位、个人合理负担；改单位建设、分配、维护、管理为社会化、专业化；改实物福利为货币工资分配。四建指：为高收入阶层建设商品房，为中低收入建具有社会保障性质的经济适用房；建立住房公积金制度；建立住房金融保险制度，建立政策性和商业性并存的住房信贷体系；建立房产交易市场和社会化的维修管理市场。1995 年，国家还实施了解决中低收入和住房困难户的安居工程。1996 年底，中央经济工作会议提出加快普通民用住宅建设，带动相关产业发展，形成新的经济增长点的要求，同时提出加快住房制度改革，扩大和加快安居工程建设是培育新的增长点的两大支柱。1998 年 7 月 3 日发布了《关于进一步深化城镇住房制度改革加快住房建设的通知》，从下半年开始，国务院统一部署停止住房实物分配，住房分配货币化。同时住房补贴制度开始启动。住房政策总体框架是"转换机制，分类供应、培育市场、发展金融"（成思危，1999）。从而建立了个人承担住房责任为主导，国家承担住房社会保障为辅助，单位承担住房分配货币化为中心。这样，我国就逐步建立了以市场提供商品住房为主的住房分配机制，并对特殊群体提供社会保障的住房再分配机制。由于停止实物福利分配和实行住房分配货币化的具体时间、步骤由各省、自治区、直辖市人民政府根据本地实际情况确定，以及以前在全国不同地区进行房改试点，所以我国住房制度改革进程存在地区差异，基本在 2000 年左右停止了实物分房。

2001 以后为第三阶段，是快速住房市场化和探索建立新的住房保障体系阶段。而且 1999 年到 2007 年，是快速住房市场化和探索建立新的住房保障体系阶段，2007 年后则是大力发展保障性住房和完善住房保障体系阶段。建设部（1999）年还发布了《关于房改房和经济适用房上市交易的通知》，促进了原公房和经济适用房上市交易。即使到了 2001 年，还有一些城市没有出台住房制度改革方案，还有一些城市单位住房补贴不到位。城市的住房货币化分配，主要是针对城市财政拨款的机关和事业单位，占城市职工的比重很小。因此住房制度改革还存在很大的地区差异。国务院办公厅 2006 年 37 号文件《关于调整住房供应结构稳定住房价格的意见》指出"重点发展满足当地居民自主需求的中低价位、中小套型的普通商品住房，加快廉租房制度建设，规范发展经济适用房"。在市场化推进过程中，中低收入家庭遇到了很大的住房问题，政府从 2007 年开始制定了一系列住房保障政策完善住房保障体系。国发（2007）24 号文件《国务院关于解决城市低收入家庭住房困难的若干意见》提出了解决城市低收入家庭住房困难问题的基本原则、总体要求和指导思想，提出了以下几个具体措施，首先是建立健全城市廉租房制度，其次是改进和规范经济适用住房制度，第三是逐步改善其他住房困难群体的居住条件，如棚户区改造、旧住宅区综合整治、以及改善农民工居住条件等，第四是完善配套政策和工作机制。它还提出了 2008 年底要做到城市最低收入家庭住房保障应保尽保，2009 年将住房保障范围扩大到城市低收入家庭。为促进房地产市场健康发展，国务院下发文件《国务院办公厅关于促进房地产市场健康发展的若干意见》（国办发[2008]131 号）提出了如下意见和要求：加大保障性住房建设力度，通过加大廉租住房建设力度和棚户区改造来争取解决城市低收入家庭的住房问题；进一步鼓励普通商品住房消费，加大对自住型和改善型住房消费的信贷支持力度；支持房地产开发企业积极应对市场变化，支持房地产开发企业合理的融资需求；强化地方人民政府稳定房地产市场的职责；加强房地产市场监测。《国务院关于促进房地产市场平稳健康发展的通知》（国发 2010 年 4 号文）和《国务院关于坚决遏制部分城市房价过快上涨的通知》（国发 2010 年 10 号文）和《国务院关于进一步做好房地产市场调控工作有关问题的通知》（国发 2011 年 1 号文）指出调整住房供应结构和加强保障性安居工程建设。建设部保[2010]91 号文《关于做好住房保障规划工作的通知》提出加强中低收入家庭保障性住房规划和建设。2010 年 6 月 12 日由住房城乡建设部等七部门联合制定的《关于加快发展公共租赁住房的指导意见》正式对外发布，旨在解决城市中等偏低收入家庭住房困难。

(二)中国城市商品住房住房供应体系的变化

与此同时,伴随着住房市场的迅猛发展和商品房供应的增加。在计划经济时期,国家是城镇住宅唯一的投资主体,城镇住宅建设资金由国家财政拨款,并按照建设项目下达,资金是无偿使用的。从1978年到1988年,开始变成了国家和企业两个投资主体,由中央政府和地方政府提供住房建设资金,以及企事业单位自筹资金。到1988年以后,就变成了国家、企业和个人三个投资主体,并且出现了以营利为目的的专门的房地产开发企业。由于单位保留的利润增加和可自由支配的权利增大,导致了单位集团购买商品房并分给职工,或者通过集资建房、联合开发等多种形式投资住房。在1998年停止实物分房以后,房地产开发企业和个人则成为最主要的投资主体,单位基本从住房直接供应和分配中退出。商品住房市场因此得到了迅速的发展。

表3-1　1997—2010年中国城镇住宅销售面积、价格和城镇化率

单位:万平方米,元/平方元,%

年份	住宅销售面积	经济适用房销售面积	住宅销售价格	经济适用房销售价格	城镇化率
1997	7864.30	1211.9	1790	1097	31.9
1998	10827.10	1666.5	1854	1035	33.4
1999	12997.87	2701.313	1857	1093	34.8
2000	16570.28	3760.071	1948	1202	36.2
2001	19938.75	4021.472	2017	1240	37.7
2002	23702.31	4003.607	2092	1283	39.1
2003	29778.85	4018.866	2197	1380	40.5
2004	33819.89	3261.795	2608	1482	41.8
2005	49587.83	3205.013	2937	1655	43.0
2006	55422.95	3336.966	3119	1729	44.3
2007	70135.88	3507.52	3645	1754	45.9
2008	59280.35	3627.25	3576	1929	47.0
2009	86184.89	3058.85	4459	2134	48.3
2010	93376.60	2748.87	4725	2495	50.0

资料来源:国家统计局,《中国统计年鉴》(1997—2010)。住宅包括了所有的居住类房屋。

1997—2010年,中国城镇住房市场发展迅猛,住房销售面积呈现快速增长趋势,2010年的住宅销售面积相当于1997年的11.9倍。各年住房销售面积都比上年有所增长,除了2008年比上年略有下降以外,这可能是因为2008年住宅销售收到了金融危机的影响。住宅销售均价也呈快速上涨趋势,2010年的住宅销售均价相当于1997年的2.6倍,相当于价格年均增长18.9%。

(三)中国城市保障性住房住房供应体系的变化

为了解决中低收入家庭的住房问题,实现"每人都享有适当的住房",中央政府出台了一系列政策法规大力发展保障事业,并要求地方政府实施。

集资合作建房是房改过程中出现的政策性住房,属于经济适用住房的一部分,在政策上基本纳入经济适用住房管理,而其实际出现的时间更早于经济适用房。其性质类似于西方的住房合作社建房。中国政府的集资合作建房政策取向在1998年前后有较大的变化,由鼓励到限制。在1998年"23号文"以前,以公房出售为主的房改以鼓励集资合作建房为主要趋势。这一阶段房地产市场还未完全建立,住房分配货币化还未实现,集资合作建房较实物分房更具有市场化属性,是改革的主流方向。《国务院关于继续积极稳妥地进行城镇住房制度改革的通知》(国发[1991]30号)提出,积极组织集资建房和合作建房,各级人民政府要在用地、规划、计划、材料、信贷、税收等方面给予扶持。《国务院办公厅转发国务院住房制度改革领导小组关于全面推进城镇住房制度改革意见的通知》(国办发[1991]73号)进一步细化,各地政府应大力支持单位或个人的集资、合作建房,特别是结合"解危"、"解困"进行的集资、合作建房。除指令性计划安排的住房建设外,对个人集资和合作建房的部分可以不受规模控制,实行指导性计划。1994年"43号文"提出,鼓励集资合作建房,继续发展住房合作社,在统一规划的前提下,充分发挥各方面积极性,加快城镇危旧住房改造。从1998年以后,集资合作建房政策取向开始出现了变化,集资合作建房纳入经济适用住房管理,不再谈鼓励并开始出现限制。1998年后大力发展商品房,集资合作建房与商品房相比,市场化属性较弱,不再是改革的方向,甚至在房地产市场繁荣的环境中,成为具有类似实物分房性质的产品，并容易引发权钱谋私。1998 年“23 号文”提出，在符合城市总体规划和坚持节约用地的前提下，可以继续发展集资建房和合作建房，多渠道发展经济适用住房建设。2003 年“18 号文”明确指出“集资、合作建房是经济适用住房建设的组成部分，任何单位不得以集资、合作建房名义，变相搞实物分房或房地产开发经营”。《国务院办公厅转发建设部等部门关于调整住房供应结构稳定住房价格意见的通知》(国办发[2006]37 号)明确提出“严格规范集资合作建房，制止部分单位利用职权以集资合作建房名义，变相进行住房实物福利分配的违规行为”。国发“24 号文”进一步加强单位集资合作建房管理。《经济适用住房管理办法》(建住房[2007]258 号)则对企事业单位集资合作建房的现行政策进行了规范。依据现行政策，可以将集资合作建房分为两类：一类是受到政策许可的，距离城区较远的独立工矿企业和住房困难户较多的企业在符合城市规划和土地利用规划的前提下，可以通过自有资金和自有土地集资建房。企业在住房方面的责任没有强制性，是否为职工解决住房问题取决于企业自已的战略和决策。另一类是受到政策禁止的，任何单位不得利用新征用或新购买土地组织集资合作建房，各级政府机关一律不得搞单位集资合作建房。通过明确的禁止，防止拥有更多资源的企业和政府机关借政策漏洞重走福利分房的道路，带来新的社会不公平。

经济适用住房是我国构建与市场经济相适应的保障性住房体系的基本构成之一，在保障性住房中出现的时间较早。而且，经济适用房政策逐步走向规范发展。经济适用住房是房改的产物和重要内容。它由房改早期的安居工程转化而来，并且其产权出售给个人是符合房改公房出售方向的，在当时的背景下也是一种必然。1994 年《国务院关于深化城镇住房制度改革的决定》(国发[1994]43 号，下称“43 号文”)中提出加强经济适用住房的开发建设。这是在国务院全国性房改文件中第一次出现经济适用住房。在 1998 年《国务院关于进一步深化城镇住房制度改革加快住房建设的通知》(国发[1998]23 号)在住房改革目标中提出要“建立和完善以经济适用住房为主的多层次城镇住房供应体系”。经济适用房计划供应给 70％－80％的城市家庭(Wang，2011)。随后建设部等部委下发了《关于印发〈关于大力发展经济适用住房的若干意见〉的通知》(建房[1998]154 号)，首次对发展经济适用住房的目的、原则、建设、管理等进行了明确。为了应对 1997 年的东南亚金融危机，经济适用房的定位更多是为了带动经济增长，而且准入退出管理十分宽松。此后关于经济适用住房的一系列规章文件陆续出台。随着我国房地产市场的建立和完善，经济适用住房作为具有保障性质商品房的属性不断显现。《国务院关于促进房地产市场持续健康发展的通知》(国发[2003]18 号，下称“18 号文”) 第一次明确了经济适用住房是具有保障性质的政策性商品住房。2004 年建设部等部委下发了《关于印发〈经济适用住房管理办法〉的通知》(建住房[2004]77 号)，明确了在市场经济条件下经济适用住房的管理。在房地产市场迅速发展、住房财富属性不断显化的环境下，经济适用住房的保障性重视不足，而商品属性则更多地被放大，产生了经济适用住房建设和管理上的一系列问题。为了还原经济适用住房的保障性，《国务院办公厅转发建设部等部门关于调整住房供应结构稳定住房价格意见的通知》(国办发[2006]37 号)明确指出经济适用房是低收入家庭的政策性住房，并要求切实加强管理。2007 年《国务院关于解决城市低收入家庭住房困难的若干意见》(国发[2007]24 号，下称“24 号文”)出台后，我国住房制度重新走上保障和市场并行的轨道上来。建设部等部委修订并出台了《关于印发〈经济适用住房管理办法〉的通知》(建住房[2007]258 号)，将经济适用住房定性为具有保障性质的政策性住房，面向城市低收入住房困难家庭供应。各地纷纷出台了经济适用住房的地方政策，明确准入、退出等条件和管理措施。自此，经济适用住房作为单纯保障性住房的地位被确立，其产权出售给低收入住房困难家庭，是其政策延续性的结果，也是部分低收入群体的需求使然。

限价商品住房是 2006 年后在部分房价较高的城市出现的一种政策性住房，初衷是解决中间阶层的住房困难问题。2006 年 5 月，国务院向九部委转发的《关于调整住房供应结构稳定住房价格的意见》（即国十五条）中规定：保证中低价位、中小套型普通商品住房土地供应，土地的供应在限套型、限房价的基础上，采取竞地价、竞房价的办法，以招标方式确定开发建设单位。政策中提及的“限套型、限房价”的商品房就是限价房。国十五条意味着国务院开始将限价房纳入到住房保障体系中。《国务院办公厅关于保障性安居工程建设和管理的指导意见》（国办发［2011］45 号文）明确指出，根据实际情况继续安排经济适用住房和限价商品住房建设。房价较高的城市，要适当增加经济适用住房、限价商品住房供应。限价商品住房的上市交易收益调节办法，由市县人民政府制定。限价商品住房在性质上属于政策性商品住房，是房地产宏观调控的重要内容。具体内容没有统一的国家政策，主要由各地根据当地经济发展、房价水平、居民收入等确定建设规模、供应对象、上市交易收益调节政策等。它的产生是缓解城市高房价下住房矛盾的一种尝试，试图通过政府土地让利的方法降低房价满足部分中低收入家庭的自有产权住房需求。

租赁型保障房供应体系则比销售型保障房供应体系发展较晚。它的前期主要是廉租房，后期主要是公共租赁房，并且二者有并轨运行的趋势。廉租住房出现时间较早，供应目标为低收入家庭（早期为低保户），租金实行政府定价，通常远低于市场租金，是我国保障性住房体系的基本构成之一。从 1998 年至 2003 年，是以经济适用住房为主的住房供应体系中的一个组成部分。“23 号文”指出“建立和完善以经济适用住房为主的住房供应体系”，提出廉租住房可以从腾退的旧公有住房中调剂解决，也可以由政府或单位出资兴建。但是此阶段发展十分缓慢。从 2003 年至 2007 年，廉租住房制度与经济适用住房并行发展完善。2003 年“18 号文”提出建立和完善廉租住房制度。同年底，《城镇最低收入家庭廉租住房管理办法》（建设部等第 120 号令）出台。2005 年，《国务院办公厅转发建设部等部门关于做好稳定住房价格工作意见的通知》（国办发［2005］26 号）提出加强经济适用住房建设，完善廉租住房制度。要着力扩大廉租住房制度覆盖面，建设情况要纳入政府工作的目标责任制管理。2006 年 5 月，国务院办公厅转发《建设部等部门关于调整住房供应结构稳定住房价格意见的通知》，要求重点发展中低价位、中小套型普通商品住房、经济适用住房和廉租住房。针对前几年的保障事业落实不到位，中央政府提出了具体的保障目标。2007 年 8 月 7 日，国务院发布了《关于解决城市低收入家庭住房困难的若干意见》，提出住房问题是最重要的民生问题，要求进一步健全城市廉租住房制度。一要逐步扩大廉租住房制度的保障范围。2007 年底，所有城市要对符合规定住房困难条件、申请廉租住房租赁补贴的城市低保家庭基本做到应保尽保；2008 年底，所有县城要基本做到应保尽保。“十一五”期末，全国廉租住房制度保障范围要由城市最低收入住房困难家庭扩大到低收入住房困难家庭。二要合理确定廉租住房保障对象和保障标准。三要健全廉租住房保障方式。四要多渠道增加廉租住房房源。2008 年 12 月 18 日，国务院发布了《关于促进房地产市场健康发展的若干意见》提出要加大保障性住房建设力度，多渠道筹集建设资金，开展住房公积金用于住房建设的试点。争取到 2011 年底，基本解决 747 万户现有城市低收入住房困难家庭的住房问题。从 2007 年至 2010 年，保障性住房政策体系开始以廉租住房为主体。2007 年“24 号文”提出，加快建立健全以廉租住房制度为重点、多渠道解决城市低收入家庭住房困难的政策体系。随后，《财政部关于印发〈廉租住房保障资金管理办法〉的通知》（财综［2007］64 号）、《廉租住房保障办法》（建设部令第 162 号）相继发布。这表明，自我国在重新构建保障性住房和商品性住房并行的供应体系后，廉租住房因其更有针对性地解决低收入群体的住房困难问题而成为政策的重要主体。

公共租赁住房作为中国租赁型保障性住房的一类，2006 年在深圳开始出现，2009 年开始在全国普及。在房价居高不下的形势下，为解决中低收入群体住房问题，深圳市借鉴香港经验，创新性地提出了公共租赁住房的保障方式。2007 年 12 月，深圳市政府正式发布《关于进一步促进我市住房保障工作的若干意见》，表示在国家已有的廉租住房和经济适用住房模式基础上，还将增加公共租赁住房的住房保障方式，并在深圳市的建设规划中，公共租赁住房将逐步占保障性住房总量的80%左右。深圳、厦门、北京、天津、上海都较早开始了公共租赁住房的试点。2009年这一概念开始在全国普及，住房和城乡建设部正式鼓励推动公共租赁住房的建设。2010年6月，《关于加快发展公共租赁住房的指导意见》（建保［2010］87号）正式公布，旨在解决城市中等偏低收入家庭住房困难。“十二五”规划纲要明确提出，重点发展公共租赁住房，逐步使其成为保障性住房的主体。2011年“45号文”进一步明确，大力推进以公共租赁住房为重点的保障性安居工程建设，公共租赁住房的主要供应对象是城镇中等偏下收入住房困难家庭、新就业无房职工和在城镇稳定就业的外来务工人员，单套建筑面积以40平方米左右的小户型为主，满足基本居住需要，逐步实现廉租住房与公共租赁住房统筹建设、并轨运行。自此，租赁型保障性住房在保障房体系中的主体地位得以确立。

2010年1月7日，国务院发布《关于促进房地产市场平稳健康发展的通知》，要求增加保障性住房的有效供给，促开工、促上市。加快推进保障性安居工程建设，力争到2012年末，基本解决1540万户低收入住房困难家庭的住房问题。2010年4月17日，国务院发布《关于坚决遏制部分城市房价过快上涨的通知》，实施更为严格的差别化住房信贷政策，同时加快保障性安居工程建设，确保完成2010年建设保障性住房300万套的工作任务，明确要求抓紧制定2010—2012年保障性住房建设规划。2011年国民经济和社会发展十二五规划纲要主要目标之一是“城镇保障性安居工程建设3600万套”要求“加快建设以政府为主提供基本保障，以市场为主满足多层次需求的住房供应体系，对城镇低收入住房困难家庭，实行廉租房制度”。2011年3月国务院政府工作报告内容提出十二五时期的主要目标和任务中之一是“全国城镇保障性住房覆盖面达到20%左右”。2011年《国务院办公厅关于进一步做好房地产市场调控工作有关问题的通知》指出“加大保障性安居工程建设力度，2011年，全国建设保障性住房和棚户区改造住房1000万套”。国办发〔2011〕45号要求：到“十二五”期末，全国保障性住房覆盖面达到20%左右，力争使城镇中等偏下和低收入家庭住房困难问题得到基本解决，新就业职工住房困难问题得到有效缓解，外来务工人员居住条件得到明显改善。

1997—2010年，中国城镇住房保障体系发生了很大的变化。从1997年以来，经济适用房是住房保障的主力。经济适用住房销售面积呈现波动式增长趋势，从1997年到2003年出现了快速增长趋势，2003年的经济适用住宅销售面积相当于1997年的3.3倍。由于经济适用房政策的调整，2004年以后经济适用住宅销售面积开始出现了下降趋势，历年占总体住宅销售面积比例也从13%以上下降到10%以下，2010年经济适用住宅销售面积占总体住宅销售面积比例仅为3%，为历年最低。经济适用住宅销售均价也呈缓慢上涨趋势，2010年的经济适用住宅销售均价相当于1997年的2.3倍，相当于价格年均增长16.2%。

住房和城乡建设部长姜伟新（2011）说，“十一五”期间，全国开工建设各类保障性住房和棚户区改造住房1630万套，基本建成1100万套。到2010年底，全国累计用实物方式解决了近2200万户城镇低收入和部分中等偏下收入家庭的住房困难，实物住房保障受益户数占城镇家庭总户数的比例达到9.4%，还有近400万户城镇低收入住房困难家庭享受廉租住房租赁补贴。

由此可见，住房市场的快速发展增加了住房供应量，提高了居民的住房选择自由。住房保障体系的建设改善了中低收入家庭住房条件，对促进经济增长与社会和谐发挥了重要作用。

四、2000年和2010年中国城市家庭住房状况的变化

（一）数据说明

1995年我国人口抽样调查是我国人口抽样调查中第一次进行了住房调查，包括了住房面积和住房设施等方面的信息，但是该数据的质量不太好，因此这里没有使用该数据。2000年11月我国第五次人口普查是我国人口普查中第一次进行了住房调

查。该数据揭示了我国家庭情况发生了很大的改善(易成栋,2005)。该抽样调查按户填报项目包括了户的基本情况和住房情况,对家庭户的住房调查有15个问题,包括了住房间数、住房面积、住房用途、住房合住情况、住房建成时间、建筑层数、住宅建筑结构、厨房、炊事燃料、自来水、洗澡设施、厕所、住房来源、购建房费用、月租房费用。2010年我国开展了第六次全国人口普查。在六普短表数据中除了人口社会经济特征数据外,还有两个住房调查指标:住户填报本户住房间数(H5),本户住房建筑面积(H6)。在长表数据中除了有人口社会经济特征数据外,还有住户住房数据。其中住房数据总共有13个调查问题:住房用途(H5)、本户住房建筑面积(H6)、本户住房间数(H7)、建筑层数(H8)、承重结构(H9)、住房建成年代(H10)、主要炊事燃料(H11)、有无自来水(H12)、住房内有无厨房(H13)、住房内有无厕所(H14)、住房内有无洗澡设施(H15)、住房来源(H16)、月租房费用(H17)。除了个别问题取消(如购建房费用),还有个别问题选择项(如住房来源)发生了变化,其它和2000年人口普查保持一致,因此有很好的可比性。

人口统计口径保持不变。第六次人口普查常住人口指普查登记的2010年11月1日零时的常住人口。常住人口包括,1)居住在本乡镇街道,户口在本乡镇街道或户口待定的人;2)居住在本乡镇街道,离开户口所在的乡镇街道半年以上的人;3)户口在本乡镇街道,外出不满半年或在境外工作学习的人。2000年第五次人口普查的常住人口按照户口登记状况被分为以下5类:1)居住本乡、镇、街道,户口在本乡、镇、街道;2)居住本乡、镇、街道半年以上,户口在外乡、镇、街道;3)在本乡、镇、街道居住不满半年,离开户口登记地半年以上;4)居住本乡、镇、街道,户口待定;和5)原住本乡、镇、街道,现在国外工作或学习,暂无户口。并且上述第一种人包括两种情况:①居住在本调查小区,常住户口在本乡、镇、街道的人;②常住户口在本乡、镇、街道,但人离开本乡、镇、街道不满半年的人。对比二者,可以发现意思一致。在2010年常住人口类1和2000年常住人口类1和4一致,2010年常住人口类2,在2000年则为类2和3,基本意思一致,2010年类3和2000年类1中第二种情况和类5一致。

目前不同的部门和不同的学科对城镇定义不完全一致。这里主要说明国家统计局采用的城镇规定。国家统计局(1999)制定的《关于统计上划分城乡的规定(试行)》中规定:本规定所称城市,是指经国务院批准设市建制的城市市区。包括:设区市的市区和不设区市的市区。从2008年开始实施的《统计上划分城乡的规定》指出"本规定以我国的行政区划为基础,以民政部门确认的居民委员会和村民委员会辖区为划分对象,以实际建设为划分依据,将我国的地域划分为城镇和乡村。实际建设是指已建成或在建的公共设施、居住设施和其它设施。城镇包括城区和镇区。城区是指在市辖区和不设区的市,区、市政府驻地的实际建设连接到的居民委员会和其他区域。"由于无法区分城镇农村等空间范围发生的变化,这里没有调整。

(二)城市家庭住房状况的定义和度量方法

住房是人类的基本需要,也是人类文明的重要标志。住房状况是对住户居住状况的综合评价,它既是衡量一个地区居民生活质量的重要指标,也是衡量小康生活水平的指标之一。住房状况实际是住户在制度约束下对住房属性选择的结果,反映了住户的居住质量和数量,并影响个人身体健康和社会稳定。与人居环境的其他重要组成部分相比,住房状况是人居环境的核心部分。因此,住房状况能反映人居环境的基本状况。

通常用来说明住房状况的指标有人均居住面积指标,以及根据住房属性建立住房状况的定量分析指标体系,后者比前者更综合地反映了居住的综合状况。住房状况的合适的指标体系可以按照住房的可获得性(主要指住房类型)、可支付性(主要指价格因素)以及周边环境的定性特征来分析。但是住房指标的选择通常随着研究区域和不同时期的特点变化,同时也受到数据情况的影响。本文考虑到数据的可得性和适用性,建立住房状况的指标体系,分析以下与住房特征关系密切的四个方面,即住房消费数量和支出、住房来源和产权、住房设施质量。(1)对于住房消费数量和支出,分析了人均住房间数、人均住房建筑面积等测定住房拥挤。住房费用包括了购建房价格和月租房费用。由于购建房费用数据实际上为不同年份不同来源的成本或者价格,因此可比性较差。而且2010年的调查问卷不再包括该信息,因此这里分析了房屋月租金。而且计算了历年的平均月租房费用。(2)对于住房来源和产权,分析了住房自有率和租赁率,还比较了住房来源的构成。(3)对于住房设施质量,分析了使用不同结构类型的住房家庭户占总家庭户比重,分析了七个变量,包括自来水、厕所、厨房、洗浴设施、建筑材料、炊事燃料、建成时间。在居住区位和环境方面,无法得到小区环境和周边公共服务等方面的信息,因此没有分析。

参考Wang(2003)的办法,得到历年中国城市家庭平均月租房费用。其方法是,首先计算在每类家庭中租赁各种类型价格住房的比重,然后以每一类住房价格的家涉足平均值乘以各类价格住房的比重得到。例如月租金在100元以下取中位数50元。租金在2000元以上中位数取值为3000元。

住房设施质量指数是一个连续变量,用来反映房屋的建筑属性和产品质量类别的差异。通常处理办法是构建一个综合指数,例如给各建筑属性赋值加总(如Huang,2009),还有就是根据因子分析法得到因子来表示(如边燕杰等,2005)。前者的好处是简单易懂,能够清晰的比较差异,后者的好处是避免了多重共线性。这里仅得到汇总表数据,无法进行因子分析,采用了赋值的办法。

根据中国的实际情况,认为住房建筑属性里面最重要的是厨房、炊事燃料、饮用水、洗澡设施、厕所。厨房中本户独立适用、合用、无分别赋值为1、0.5、0。主要炊事燃料中燃气和电、煤炭、柴草和其他分别赋值为1、0.5、0。饮用水中有、无分别赋值为1、0。洗澡设施中独立供热水和自装热水器、其他、无分别赋值为1、0.5、0。厕所中独立使用抽水、其他、无分别赋值为1、0.5、0。

国际上很多政府机构和学者根据人口普查住房调查项目设立指标体系来研究家庭住房状况的变化,并进而反映社会经济发展的变化,深入分析他们的影响因素和提出公共政策建议。例如根据英国人口普查和住房调查的研究(Office for National Statistics,2011),美国人口普查和住房调查的研究(US Department of Housing and Urban Development, Office of Policy Development and Research,2007), Wang(2003)、Yu(2004)和Jiang(2006)根据中国2000年人口普查汇总资料以及其他资料对中国城市家庭住房状况的研究。

(三)2000和2010年中国城市家庭住房状况及其变化

中国城市家庭住房消费数量和支出都呈不断增加趋势。中国城市家庭人均住房建筑面积从2000年的22平方米增加到2010年的29平方米。对比2年的城镇化率和城市人口数,2000年总城市人口为2.93亿,城镇化率为36%,2010年城市人口为3.79亿,城镇化率为49%。10年城市人口增长了0.86亿。2010年的中国城市家庭人均建筑面积已经达到了20世纪90年代中高收入国家的人均29平方米的平均水平(建设部,2001)。中国城市家庭人均住房间数从2000年的0.75增加到2010年的0.88。和西方发达国家住房拥挤的标准(人均一间)相比,中国城市家庭则还是比较拥挤,但是考虑到中国的人多和居住文化不同的国情,3口之家2间卧室(人均0.67间)也是够用的,尽管不是很舒适。因此,中国城市家庭住房间数的消费虽有些不足,但总体来看,没有太大的拥挤问题。中国城市家庭的住房消费支出(月租房费用)呈上涨趋势,从2000年的平均月租房费用126元增加到2010年的478元。这可能是由于1998年停止实物分房,在2000年租赁低租金公房的比重较高的缘故,2000年到2006年则有一个快速的住房市场化进程,租金上涨很快。2007年以后住房市场价格和租金上涨很快。

中国城市家庭住房来源和产权也发生了很大的变化,表现为住房来源中购买商品房比例上升,租赁商品房比例上升,住房自有率略有下降,保持了相对稳定。中国城市家庭住房来源中购买商品房比例从2000年的9%,上升到2010年的31%。中国城市家庭住房来源中租赁商品房比例从2000年的7%,上升到2010年的23%。中国城市家庭住房来源中自建住房比例从2000年的27%,下降到2010年的17%。这可能是由于2000年之后城市更多实行了商品房开发的缘故。中国城市家庭住房来源中购买经济适用房比例从2000年的7%,再下降到2010年的5%。这可能是由于2006年之后经济适用房政策调整,建设规模占总体住房规模下降的缘故。中国城市家庭住房来源中购买原公房比例从2000年的29%,下降到2010年的17%。这反映了房改公房私有化以及再上市交易导致了公房比例下降。中国城市家庭住房来源中租赁公房比例从2000年的16%,下降到2005年的8%。这放映了租赁公房占总体住房的比例不断减少。这反映了单位公房私有化和按照市场价格收取租金的变化。2010年中国城市家庭住房来源中租赁廉租房比例为3%,这反映了自1998年建立廉租房制度的实施结果。根据建设部测算,人均建筑面积10平方米以下应保的城市住房困难家庭(廉租房对象)大约占到了总体家庭的5.5%(王红丽,2004,文林峰,2007)。由于2010年调查选项仅仅有廉租房,不包括类似产品公租房,因此初步判断廉租房的保障规模还是不够,也可能是由于低收入的外来人口增加,导致住房困难家庭增加。

中国城市家庭住房自有率从2000年的72%,下降到2010年为70%。这个自有率和美国的住房自有率(67%)差不多。这说明从2000年以来,由于房改和经济适用房的大规模建设,住房自有率快速上升,从2006年以后,经济适用房建设规模下降,城市化进程加快,移民增加,住房自有率出现了下降,并可能保持相对稳定。

中国城市家庭住房设施出现了明显的改善。中国城市家庭中独立使用厨房比例从2000年的85%上升到2010年为89%。中国城市家庭中使用燃气和电作为能源的比例从2000年的70%上升到2010年为90%。中国城市家庭中使用自来水的比例从2000年的85%上升到2010年为93%。中国城市家庭中使用热水器等较好洗澡设施的比例从2000年的43%上升到2010年为71%。中国城市家庭中独立使用抽水厕所的比例从2000年的49%上升到2010年为69%。中国城市家庭中住房兼作生产用途的比例从2000年的3%下降到2010年为2%。中国城市家庭中住房为平房的比例从2000年的31%下降到2010年为15%。中国城市家庭中住房为钢混结构的比例从2000年的31%上升到2010年为41%。中国城市家庭中住房为1969年以前建成的比例从2000年的7%下降到2010年为3%。

与国际上很多发展中国家相比,中国城市家庭使用自来水和卫生设施比例高于很多发展中国家,例如印度。印度2000年使用安全水的城市人口比例为85%,使用卫生设施的城市人口百分比为46%(联合国人居署,2004)。印度2001年拥有自来水的人口占比为36.7%,拥有天然气的人口占比为17.5%,巴西2009年使用燃气做饭的住房比例为93.7%,至少有一个房间有自来水管的住房比例为93.4%,中国城市燃气普及率到2009年也才达到了91.4%,俄罗斯2009年拥有自来水的人口占比为97.1%,拥有天然气的人口占比为73.9%,按照设施设备分的住房有自来水比例为77.3%,有燃气的比例为69.2%,2009年南非城市拥有自来水人口的比重为69.9%(金砖国家联合统计手册,2011)。

但是中国城市住房质量和设施完备程度低于一些发达国家。美国住房和城市发展部认为:如果城市的上下水系统和厨房设备不完善,存在构造上的问题(例如墙体开裂、屋顶漏水、石灰脱落),共用区域(楼梯间、走廊)存在缺陷或者热电系统不安全,那么这套住宅就是不合格的。美国1990年年度住房调查表明住在不合格的住宅家庭比例为7.9%(奥沙利文,2004),1997年大约3%的租户住在不合格的住房中(Quigley,2000)。

综上分析,中国城市家庭住房产品和建筑属性有了很大的提升,水电等居住设施的可得性有了很大提高,但是和发达国家相比,还存在着很多的不足,特别是住房设施方面。

(四)2000和2010年城市家庭住房状况的地区差异及其变化

本节分析了中国城市家庭住房状况的地区差异及其变化,发现各地区城市家庭人均住房面积和住房间数都有所改善,住房设施质量有所提高,住房自有率保持相对稳定。

1. 中国城市家庭住房数量的地区差异及其变化

从中国城市家庭所在地区来看,北京、天津、上海三大直辖市的城市家庭人均住房建筑面积和人均间数低于全国平均水平。从中国城市家庭所在地区来看,北京、天津、上海三大直辖市的城市家庭人均住房面积较低,人均住房间数较低。值得注意的是,按照西方住房拥挤人均一间的标准，中国绝大多数地区城市家庭都达不到，除了安徽、山东、河南、西藏以外。从2年比较来看，各地区城市家庭人均住房面积和住房间数都有所改善。按照各组均值计算标准差来看，从2000年到2010年的人均面积和人均间数的地区差异拉大。

表4—1 2000年和2010年按中国城市家庭居住地省份分的人均住房建筑面积和人均间数

地区	人均面积(平方米)		人均间数(间)	
	2000	2010	2000	2010
全国城市	21.8	29.2	0.75	0.88
北京	19.6	27.8	0.79	0.85
天津	17.2	25.5	0.61	0.71
河北	21.8	30.1	0.82	0.92
山西	18.7	25.8	0.75	0.81
内蒙古	17.8	24.9	0.63	0.73
辽宁	18.3	25.8	0.63	0.76
吉林	17.8	25.2	0.63	0.74
黑龙江	17.6	23.7	0.63	0.73
上海	19.9	25.1	0.66	0.74
江苏	26.7	33.9	0.76	0.91
浙江	29.3	31.0	0.85	0.89
安徽	19.4	29.4	0.71	0.89
福建	24.5	30.3	0.84	0.92
江西	21.9	29.8	0.72	0.85
山东	23.0	32.4	0.97	1.06
河南	23.7	34.0	0.81	1.04
湖北	23.5	33.2	0.73	0.91
湖南	25.1	33.5	0.81	0.99
广东	22.4	26.4	0.72	0.83
广西	22.4	30.7	0.74	0.94
海南	19.9	25.4	0.63	0.76
重庆	22.8	29.8	0.75	0.87
四川	24.3	30.7	0.82	0.92
贵州	17.9	25.9	0.65	0.83
云南	20.1	31.3	0.75	1.02
西藏	19.5	31.8	0.93	1.21
陕西	19.4	28.8	0.77	0.89
甘肃	18.6	26.7	0.84	0.87
青海	19.4	27.8	0.70	0.88
宁夏	20.7	28.4	0.74	0.84
新疆	19.6	28.0	0.71	0.89
S.D.	2.94	3.00	0.09	0.11

资料来源：根据2000年人口资料汇总表、2010年人口普查资料汇总表计算。

2. 中国城市家庭住房消费的地区差异及其变化

从中国城市家庭所在地区来看，北京、上海市的城市家庭平均月租房费用较高，经济发达的沿海省份平均月租房费用较高。从2年比较来看，各地区城市家庭平均月租房费用都有所提高。按照各组平均费用计算标准差，在2000年、2010年的月租金平均费用标准差分别为50.1，95.8，这说明地区差异在拉大。

表4—2 2000年和2010年按中国城市家庭户主省份分的租房费用

单位：百元

地区	2000年平均费用	2010年平均费用
合计	125.7	477.6
北京	145.6	765.9
天津	61.3	328.7
河北	106.8	513.5
山西	79.3	358.6
内蒙古	91.5	451.7
辽宁	83.5	411.0
吉林	95.0	436.0
黑龙江	105.0	458.8
上海	113.0	690.1
江苏	108.1	472.0
浙江	156.0	443.9
安徽	87.6	445.9
福建	176.2	449.2
江西	80.3	346.1
山东	113.0	500.0
河南	99.5	347.3
湖北	88.9	371.3
湖南	97.1	416.6
广东	344.8	485.5
广西	104.2	374.1
海南	163.1	515.0
重庆	97.2	432.5
四川	113.4	467.7
贵州	99.9	332.4
云南	129.4	406.5
西藏	126.3	474.9
陕西	86.8	382.0
甘肃	87.1	328.5
青海	92.8	377.3
宁夏	78.9	431.2
新疆	119.7	358.5

资料来源：根据2000年人口普查资料汇总表、2010年人口普查资料汇总表计算。2000年租房费用表中将20元以下、20—50元与50—100元合并为100元以下。

3. 中国城市家庭住房来源和产权的地区差异及其变化

从中国城市家庭居住地来看，在北京、上海、天津三大直辖市的家庭住房自有率较低。从2年比较来看，从2000年2010年，全国城市家庭住房自有率出现了下降，并且有些地区上升，有些地区下降。城市化率高的沿海地区和直辖市，城市家庭住房自有率低。按照各组住房自有率计算标准差，在2000年、2010年的标准差分别为11.0，12.4，这说明地区差异在拉大。

表4—3　2000年和2010年按中国城市家庭地区分的来源和产权分布

单位：%

年	省份	自建住房	购买商品房	购买经济适用房	购买原公有住房	租赁公有住房(租廉租房)	租赁商品住房(其他住房)	其他	自有住房
2000年	总　计	26.8	9.2	6.5	29.4	16.3	6.9	4.8	72.0
	北　京	13.3	2.8	2.1	37.0	33.8	7.4	3.7	55.1
	天　津	9.9	13.1	4.6	21.7	45.2	1.5	4.0	49.3
	河　北	29.9	7.2	7.0	37.7	10.8	4.4	2.9	81.9
	山　西	23.4	6.1	11.5	32.4	16.6	4.3	5.7	73.4
	内蒙古	17.9	11.9	6.4	37.6	8.5	12.3	5.3	73.8
	辽　宁	14.4	13.8	5.1	34.8	24.4	4.4	3.2	68.1
	吉　林	21.4	15.1	7.4	29.6	16.5	6.0	4.0	73.5
	黑龙江	21.4	14.7	7.6	35.9	11.5	6.2	2.7	79.6
	上　海	14.4	9.6	4.3	27.4	33.2	5.7	5.5	55.7
	江　苏	33.3	11.5	4.8	25.2	14.0	7.0	4.3	74.7
	浙　江	36.1	12.5	5.2	18.8	9.1	11.8	6.5	72.7
	安　徽	27.9	7.6	6.3	33.9	12.9	6.6	4.8	75.6
	福　建	32.4	9.4	6.1	18.7	12.7	12.3	8.4	66.6
	江　西	21.9	8.5	7.1	31.5	20.0	6.5	4.5	69.0
	山　东	41.2	7.2	5.8	30.1	7.6	3.9	4.2	84.3
	河　南	34.4	8.6	10.6	27.1	10.1	4.8	4.4	80.7
	湖　北	32.3	4.9	5.1	31.8	16.1	4.8	5.1	74.1
	湖　南	32.5	5.8	8.0	30.4	14.7	4.5	4.2	76.6
	广　东	32.3	14.1	3.5	19.6	11.5	12.4	6.6	69.5
	广　西	30.3	5.1	4.7	31.3	17.8	6.3	4.4	71.5
	海　南	32.9	5.5	6.1	20.4	17.2	8.6	9.4	64.8
	重　庆	29.8	7.9	8.3	22.6	19.7	6.9	4.7	68.7
	四　川	28.0	6.8	10.6	26.8	14.8	6.6	6.3	72.2
	贵　州	23.2	5.7	10.7	26.0	15.2	12.5	6.7	65.6
	云　南	18.1	4.0	8.3	32.6	16.3	14.8	5.9	63.1
	西　藏	17.4	3.0	3.1	3.3	58.4	11.5	3.4	26.8
	陕　西	27.0	4.4	11.5	29.5	16.0	8.0	3.7	72.3
	甘　肃	15.0	4.9	10.4	43.7	18.1	3.9	4.0	74.0
	青　海	14.2	3.2	12.4	41.5	17.5	5.0	6.2	71.4
	宁　夏	17.5	7.8	7.7	42.8	15.8	4.6	3.9	75.8
	新　疆	11.2	4.7	10.0	46.0	14.4	7.7	6.1	71.9

续表

年	省份	自建住房	购买商品房	购买经济适用房	购买原公有住房	租赁公有住房(廉租房)	租赁商品住房(其他住房)	其他	自有住房
2010年	总计	16.4	31.0	5.1	17.3	2.7	23.1	4.5	69.8
	北京	5.6	23.7	6.1	21.5	1.6	35.6	5.9	56.9
	天津	7.6	39.6	2.1	13.0	2.6	26.9	8.1	62.4
	河北	21.2	33.1	6.2	25.3	1.2	9.5	3.4	85.8
	山西	14.2	19.7	9.7	30.9	2.4	17.7	5.4	74.6
	内蒙古	11.2	37.5	4.4	18.5	2.1	22.3	3.9	71.7
	辽宁	8.4	43.3	6.5	26.2	1.1	11.9	2.5	84.5
	吉林	8.7	45.4	8.1	21.3	1.0	11.7	3.8	83.5
	黑龙江	11.6	44.0	7.1	22.9	0.9	10.6	3.1	85.4
	上海	4.1	36.6	0.3	18.5	1.7	36.6	2.2	59.5
	江苏	21.1	35.0	7.1	12.3	1.7	19.4	3.4	75.5
	浙江	18.9	26.5	1.7	7.6	1.4	39.2	4.6	54.7
	安徽	18.8	32.4	6.6	18.6	1.8	16.6	5.3	76.4
	福建	19.9	21.8	2.5	7.3	5.0	35.4	8.2	51.5
	江西	20.2	30.9	2.5	24.4	2.3	15.1	4.6	78.0
	山东	26.8	33	5.2	17.9	1.7	10.6	4.8	82.9
	河南	27.0	28.8	5.7	19.6	1.8	13.1	4.0	81.1
	湖北	21.8	27.3	3.9	23.9	2.4	16.6	4.2	76.9
	湖南	23.2	28.7	6.0	20.4	3.3	14.3	4.2	78.2
	广东	17.5	23.6	1.4	6.0	6.8	40.0	4.6	48.5
	广西	23.3	20.9	4.5	18.8	3.8	24.4	4.5	67.4
	海南	23.2	18.1	4.1	16.0	4.8	26.9	6.9	61.4
	重庆	12.9	41.2	8.7	11.5	1.9	19.8	4.0	74.3
	四川	13.4	33.6	6.5	15.2	3.0	20.8	7.4	68.8
	贵州	15.0	24.0	7.0	16.9	3.0	28.9	5.3	62.8
	云南	18.1	22.6	5.5	17.6	1.3	31.3	3.7	63.8
	西藏	16.9	5.7	5.6	2.8	27.1	33.4	8.6	30.9
	陕西	17.4	20.3	6.5	25.7	3.8	21.3	5.1	69.9
	甘肃	9.5	28.3	8.8	29.5	2.3	17.4	4.2	76.1
	青海	9.8	27.1	8.6	25.0	2.9	22.4	4.1	70.6
	宁夏	7.9	42.9	9.4	16.4	1.6	17.7	4.0	76.6
	新疆	7.7	29.2	13.0	23.0	3.2	20.3	3.6	72.9

资料来源:根据 2000 年人口普查资料汇总表计算,和 2010 年人口普查资料汇总表计算。

4. 中国城市家庭住房设施质量的地区差异及其变化

从下表指数的变化可以看出,中国城市家庭住房设施普遍改善。一般而言,经济比较发达的沿海省份和直辖市住房设施质量接近或超过了全国平均水平。按照各组住房设施指数计算标准差,在 2000 年、2010 年的标准差分别为 0.33、0.26,这说明地区差异在缩小。

表4—4　2000年和2010年按中国城市家庭居住地区分的住房设施指数分布(%)

住房设施指数	2000	2010
全　国	3.61	4.30
北　京	3.98	4.17
天　津	4.20	4.54
河　北	3.74	4.38
山　西	3.41	3.96
内蒙古	3.07	3.67
辽　宁	3.88	4.42
吉　林	3.35	4.14
黑龙江	3.35	3.96
上　海	4.14	4.31
江　苏	3.82	4.51
浙　江	3.87	4.25
安　徽	3.34	4.27
福　建	3.78	4.36
江　西	3.67	4.33
山　东	3.36	4.35
河　南	3.42	4.14
湖　北	3.31	4.35
湖　南	3.39	4.27
广　东	4.07	4.55
广　西	3.58	4.41
海　南	3.46	4.32
重　庆	3.22	4.42
四　川	3.47	4.41
贵　州	3.14	3.87
云　南	3.41	4.04
西　藏	2.71	3.43
陕　西	3.22	4.07
甘　肃	3.57	4.08
青　海	3.36	3.87
宁　夏	3.72	4.29
新　疆	3.75	4.34

资料来源:同上。

(五)2000和2010年城市家庭住房状况的社会分化及其变化

这里根据城市家庭户主职业、受教育程度比较了城市家庭的住房状况的差异及其变化。

1. 中国城市家庭住房数量的社会分化及其变化

从中国城市家庭户主职业来看,除了农业生产工人以外,户主职业序列越高的家庭人均住房面积越高,人均住房间数越高。值得注意的是,按照西方住房拥挤人均一间的标准,中国各类职业户主家庭都达不到,除了农业生产人员以外。从2年比较来看,各类职业户主的家庭人均住房面积和住房间数都有所改善。按照负责人计算最大值和工业生产人员计算最小值的极差发现,人均面积的极差由2000年的8.1上升到2010年的11.2,这说明他们之间的差距在拉大。人均间数的极差由2000年的0.17变为到2010年的0.14,这说明他们之间的差距在缩小,但是差距依然存在。按照各组人均面积计算标准差,在2000年、2010年的标准差分别为3.9,4.4,这说明组间差异在扩大。按照各组人均间数计算标准差,在2000年、2010年的标准差分别为0.09,0.10,这说明组间差异在扩大。

从中国城市家庭户主受教育程度来看,除了小学及以下以外,户主学历越高的人均住房面积越高,人均住房间数越高。值得注意的是,按照西方住房拥挤人均一间的标准,中国各类学历户主家庭都达不到。从2年比较来看,各类学历户主的家庭人均住房面积和住房间数都有所改善。按照历年各类受教育程度户主家庭人均面积最大值和最小值计算极差,发现人均面积的极差由2000年的7.5上升到2010年的13.2,这说明他们之间的差距在拉大。人均间数的极差由2000年的0.16变为到2010年的0.16,这说明他们之间的差距基本不变。按照各组人均面积计算标准差,在2000年、2010年的标准差分别为2.8,5.1,这说明组间差异在扩大。按照各组人均间数计算标准差,在2000年、2010年的标准差分别为0.06,0.06,这说明组间差异变化不大。比较城市家庭户主职业和学历的人均面积的标准差,发现学历差异更大。

表4—5 2000年和2010年按中国城市家庭户主职业分的人均住房建筑面积(平方米)分布(%)和人均间数

年	职业	—8	9—12	13—16	17—19	20—29	30—39	40—49	50+	人均面积	人均间数
2000	负责人	4.2	5.6	9.4	10.3	30.6	19.5	8.8	11.5	29.9	0.94
	技术员	4.4	6.8	10.8	11.5	33.5	16.4	7.7	9.0	27.8	0.92
	办事员	5.8	7.6	11.9	11.4	33.0	15.0	7.1	8.3	26.7	0.88
	商服员	17.9	13.4	13.7	9.6	23.4	9.8	5.0	7.1	22.2	0.80
	农业生产人员	6.0	8.8	13.0	8.0	27.1	15.8	9.1	12.4	28.7	0.94
	工业生产人员	14.0	13.1	15.4	11.8	26.0	9.5	4.2	6.1	21.8	0.77
	其他	21.6	15.0	16.5	9.0	19.5	8.0	4.4	6.0	19.9	0.72
	总计	11.0	10.6	13.3	10.5	27.5	12.7	6.2	8.2	24.8	0.84
2010	负责人	3.0	3.4	5.2	4.5	22.4	20.7	15.4	25.5	37.0	0.95
	技术员	2.1	3.1	5.3	5.3	25.0	22.1	15.6	21.5	34.5	0.94
	办事员	3.8	4.4	6.4	5.6	24.6	20.5	14.5	20.2	33.5	0.92
	商服员	9.5	8.9	10.3	6.4	24.4	15.7	9.4	15.3	28.1	0.85
	农业生产人员	2.8	4.0	7.1	4.8	23.3	18.2	12.9	26.9	36.0	1.11
	工业生产人员	13.6	11.0	11.9	6.9	24.7	13.6	7.3	11.0	25.8	0.81
	其他	8.5	8.1	10.0	6.8	24.8	16.9	9.8	15.1	28.4	0.86
	总计	8.4	7.6	9.2	6.1	24.5	17.0	10.7	16.5	29.9	0.88

资料来源：根据2000年人口普查微观数据计算，2010年人口普查资料汇总表计算。2010年人均住房建筑面积分布中，将小于8平方米和无住房的合并，将50—59，60—69与70以上的合并。

表4—6 2000年、2005年和2010年按中国城市家庭户主受教育程度分的人均住房建筑面积(平方米)分布(%)和人均间数

年	学历	—8	9—12	13—16	17—19	20—29	30—39	40—49	50+	人均面积	人均间数
2010	未上过学	15.4	14.7	12.7	6.0	21.5	11.5	7.6	10.6	24.9	0.94
	小学	14.5	11.4	13.2	7.3	22.3	13.0	7.3	10.9	25.7	0.85
	初中	14.6	12.9	14.9	10.5	24.6	10.2	5.2	7.1	22.6	0.80
	高中	8.8	10.0	13.8	12.4	30.0	12.0	5.3	7.6	24.6	0.84
	大学专科	3.3	5.7	9.5	11.2	35.1	18.7	7.8	8.7	28.4	0.92
	大学本科	2.9	4.7	8.6	10.1	34.9	19.8	9.5	9.4	29.6	0.95
	研究 生	2.0	4.0	6.6	11.3	37.9	16.3	10.6	11.3	30.1	0.96
	汇总	11.0	10.6	13.3	10.5	27.5	12.7	6.2	8.2	24.8	0.84
2010	未上过学	9.2	7.7	9.9	5.5	19.4	13.8	9.6	24.8	29.3	0.96
	小学	11.7	8.7	10.5	6.0	21.3	14.4	9.0	18.3	27.8	0.88
	初中	13.0	9.6	11.2	7.0	23.8	14.2	7.9	13.2	26.2	0.83
	高中	7.3	6.1	8.8	7.2	26.7	17.7	10.3	15.8	29.0	0.86
	大学专科	3.5	3.2	5.3	5.1	24.3	21.5	15.0	22.1	34.1	0.93
	大学本科	2.1	2.0	3.8	4.1	21.1	22.2	17.7	27.0	37.3	0.97
	研究 生	1.5	1.6	3.4	4.0	19.7	20.9	18.3	30.6	39.35	0.99
	汇总	9.2	7.2	9.1	6.4	23.9	16.7	10.4	17.2	29.0	0.87

资料来源：根据2000年人口普查微观数据计算，根据2010年人口普查资料汇总表计算。2010年人均住房建筑面积分布中，将小于8平方米和无住房的合并，将50—59，60—69与70以上的合并。

2. 中国城市家庭住房消费支出的社会分化及其变化

从中国城市家庭户主受教育程度来看，户主学历越高的家庭月租房费用越高。2000 年城市研究生学历的户主家庭月租金费用低，可能是因为他们更多租赁低租金的单位公房的缘故。而且，户主为大专、本科和研究生的城市家庭相比初中、高中家庭月租房费用高。从两年比较来看，各类学历户主的家庭月租房费用都在增加，而且相互之间的差距拉大。按照历年各类受教育程度户主家庭平均租金最大值和最小值计算极差，发现平均租金的极差由 2000 年的 59 上升到 2010 年的 902。这可能反映了在 2000 年各类学历人群可能租赁房租较低的单位公房，而到了 2010 年他们也都是租赁市场价格的住房，但是存在着区位和质量、面积等方面的差异。按照各组平均租金计算标准差，在 2000 年、2010 年的标准差分别为 18.9，331.8，标准差系数分别为 0.07 和 1.9，这说明组间差异变化大。

表 4—7　2000 年和 2010 年按中国城市家庭户主学历分的租房费用分布

单位：%，百元

年	分类	1 以下	1—2	2—5	5—10	10—15	15—20	20+	平均费用
2000	未上过学	68.8	23.4	6.8	0.5	0.5	0.0	0.0	103.2
	小学	61.7	22.8	13.1	2.2	0.1	0.1	0.0	130.4
	初中	64.0	20.5	11.7	3.1	0.4	0.1	0.2	139.2
	高中	69.8	14.5	11.1	3.6	0.6	0.3	0.2	139.8
	大学专科	69.5	12.2	13.6	3.4	0.9	0.1	0.2	144.5
	大学本科	70.7	12.3	9.4	5.4	1.1	0.6	0.3	162.5
	研究生	67.2	23.9	6.0	1.5	1.5	0.0	0.0	120.1
	汇总	66.3	18.0	11.6	3.2	0.5	0.2	0.2	139.2
2010	未上过学	35.7	27.5	23.1	8.9	2.9	1.0	1.0	288.5
	小学	17.7	33.7	31.5	11.2	3.4	1.2	1.2	353.9
	初中	11.4	30.1	38.1	13.2	4.2	1.5	1.6	408.6
	高中	13.7	19.3	35.8	18.9	6.8	2.7	2.9	520.3
	大学专科	9.4	13.5	31.3	25.2	10.8	4.6	5.1	692.3
	大学本科	9.7	9.6	21.7	26.1	14.5	7.7	10.6	927.0
	研究生	10.1	9.3	14.6	20.2	15.0	11.2	19.5	1190.8
	汇总	12.9	25.7	34.9	15.7	5.7	2.3	2.7	477.4

资料来源：根据 2000 年人口普查资料微观数据计算和 2010 年人口普查资料汇总表计算。

从中国城市家庭户主职业来看，户主职业序列越高的家庭月租房费用越高。而且，户主为工业、农业生产人员的城市家庭相比其它各类家庭平均月租房费用低。从两年比较来看，各类职业户主的家庭平均月租房费用都在增加，而且相互之间的差距拉大。按照负责人计算最大值和工业生产人员计算最小值的极差发现，平均租金的极差由 2000 年的 127 上升到上升到 2010 年的 579，这说明他们之间的差距在拉大。按照职业各组平均租金计算标准差，在 2000 年、2010 年的标准差分别为 53.7，232.4，标准差系数分别为 0.16 和 0.62，这说明组间差异变化大。这可能反映了在 2000 年各类人群可能租赁房租较低的单位公房，而到了 2010 年他们也都是租赁市场价格的住房，但是存在着区位和质量、面积等方面的差异。

表 4—8 2000 年和 2010 年按中国城市家庭户主职业分的租房费用分布

单位:%,百元

年	分类	1 以下	1—2	2—5	5—10	10—15	15—20	20+	平均费用
2000	负责人	52.3	16.2	20.0	8.5	1.2	1.4	0.3	233.8
	技术员	73.6	12.7	9.3	3.0	0.9	0.2	0.2	132.2
	办事员	75.6	13.1	7.4	3.4	0.3	0.0	0.2	118.3
	商服员	53.1	23.4	17.5	4.7	0.8	0.2	0.3	180.6
	农业生产人员	82.6	12.6	3.4	1.0	0.5	0.0	0.0	85.3
	工业生产人员	73.2	16.6	8.3	1.7	0.1	0.1	0.0	106.7
	其他	75.9	17.5	5.6	1.0	0.0	0.0	0.0	91.4
	总计	66.3	18.0	11.6	3.2	0.5	0.2	0.2	139.2
2010	负责人	4.7	11.8	28.0	24.8	13.8	6.9	10.1	898.8
	技术员	10.3	14.8	29.0	23.5	10.8	5.3	6.3	723.4
	办事员	12.2	18.4	34.2	18.6	7.8	3.8	5.0	606.8
	商服员	6.8	19.9	38.2	21.0	7.8	3.0	3.4	575.0
	农业生产人员	20.3	38.6	28.1	9.4	2.3	0.5	0.7	296.9
	工业生产人员	9.9	38.4	39.5	8.9	2.1	0.6	0.5	320.0
	其他	15.0	30.2	30.2	15.9	5.4	1.7	1.6	423.6
	总计	8.8	27.1	37.3	15.9	5.8	2.3	2.7	490.0

资料来源:根据 2000 年人口普查资料微观数据计算和 2010 年人口普查资料汇总表计算。

3. 中国城市家庭住房来源和产权的社会分化及其变化

从中国城市家庭户主职业来看,除了农业生产人员之外,户主职业序列越高的家庭住房自有率越高。而且,户主为工业生产人员和商业服务人员的城市家庭相比负责人、技术员、办事员户主家庭平均住房自有率低。从 2 年比较来看,家庭总体住房自有率从 2000 年到 2010 年出现了住房自有率下降。这可能是由于 2000 年以后城市化进程加速,移民增多,更多的租赁住房,同时城市经济适用房供应减少,房价飞涨等导致了住房购买力不足的缘故。这里比较户主为农业生产人员和其他之外的职业之间的住房自有率差异,从历年的住房自有率极差来看,2000 年为 25.1,2010 年为 23.7,这说明虽然不同职业的户主家庭住房自有率差距变小,但是差距依然存在,并且很大。按照职业各组住房自有率计算标准差,在 2000、2010 年的标准差分别为 15.9,13.6,这说明组间差异总体在缩小。

中国城市家庭户主学历越高的家庭住房自有率越高。而且,户主为小学和初中的城市家庭相比其它各类家庭平均住房自有率低。从 2 年比较来看,各类学历户主的家庭住房自有率都在增加,而且相互之间的差距拉大。从历年的户主受教育程度分的家庭住房自有率极差来看,2000 年为 10.2,2010 年为 20.1,这说明不同受教育程度的户主家庭住房自有率差距变大,户主受教育程度越高,家庭住房自有率也越高。

4. 中国城市家庭住房设施质量的社会分化及其变化

由于 2010 年人口普查汇总表没有公布分职业的住房设施信息,这里仅根据 2000 年的人口普查微观数据来分析住房设施的社会分化,等 2010 年人口普查微观数据可以公开使用后才能比较二者的变化。

表 11 表明,从家庭户主职业来看,负责人、技术员、办事员这三者比后三者的住房设施好。他们的组间分布单因素方差分析 F 检验在 0.001 水平下统计显著,说明他们是不同的。城市家庭户主受教育程度越高,家庭住房设施越好。组间分布单因素方差分析 F 检验在 0.001 水平下统计显著,说明他们是不同的。

表 4—9　2000 年和 2010 年按中国城市家庭户主职业分的来源和产权分布

单位：%

年	职业	自建住房	购买商品房	购买经济适用房	购买原公有住房	租赁公有住房（租廉租房）	租赁商品住房（其他住房）	其他	自有住房
2000	合计	29.3	9.8	6.7	26.1	14.4	8.6	5.1	71.9
	负责人	15.0	18.2	9.2	39.2	10.6	4.4	3.4	81.6
	技术员	8.4	13.8	10.9	43.0	16.3	3.2	4.5	76.1
	办事员	10.7	13.7	9.3	43.0	15.2	2.6	5.6	76.7
	商服员	20.4	11.4	5.6	19.1	18.0	19.0	6.6	56.5
	农业生产人员	90.8	1.4	1.0	1.7	1.2	1.3	2.5	95.0
	工业生产人员	24.3	8.0	7.0	26.8	18.3	10.2	5.5	66.1
	其他	35.0	5.7	4.3	13.5	15.6	18.3	7.7	47.8
2010	合计	15.7	32.2	4.5	11.7	3	28.7	4.2	64.1
	负责人	10.4	51.3	4.4	10.5	1.7	18.4	3.4	76.6
	技术员	5.4	50.2	6	16.8	1.7	15.6	4.4	78.3
	办事员	8.8	44.3	5.9	18	1.8	15.8	5.4	77
	商服员	12.4	29.9	3.7	8.6	3.5	38.2	3.7	54.6
	农业生产人员	80.9	7.6	1.5	1.8	0.9	5.4	1.9	91.8
	工业生产人员	17	22	4.6	11.4	4.2	36.2	4.6	55
	其他	18.1	30.6	5	11	3.7	25.7	5.9	64.8

资料来源：根据 2000 年人口普查资料微观数据计算，和 2010 年人口普查资料汇总表计算。

表 4—10　2000 年和 2010 年按中国城市家庭户主受教育程度分的来源和产权分布（%）

年	受教育程度	自建住房	购买商品房	购买经济适用房	购买原公有住房	租赁公有住房（租廉租房）	租赁商品住房（其他住房）	其他	自有住房
2000	合计	29.3	9.8	6.7	26.1	14.4	8.6	5.1	71.9
	未上过学	63.2	2.7	1.6	4.3	8.0	12.1	8.0	71.9
	小学	62.6	3.5	2.5	6.8	7.7	11.3	5.7	75.3
	初中	36.7	7.8	5.2	18.6	14.7	11.6	5.5	68.2
	高中	15.9	12.6	8.6	34.0	17.9	6.4	4.6	71.1
	大专	4.6	16.3	11.4	45.8	14.5	3.5	3.9	78.1
	大学本科	2.8	14.9	10.0	50.7	15.1	2.5	4.1	78.4
	研究生	0.3	9.0	9.3	54.8	21.9	0.3	4.3	73.4
2010	总计	16.3	31.1	5.1	17.2	2.7	23.2	4.5	69.7
	未上过学	37.9	13.4	4.8	18.8	2.7	16.1	6.3	74.9
	小学	33.8	16	4.5	15.5	2.9	22.4	5	69.8
	初中	20.6	22.4	4.4	14.4	3.4	30.2	4.5	61.8
	高中	9.8	36.2	5.6	20.5	2.4	21	4.4	72.1
	大学专科	4	49.5	6	19.7	1.5	15.4	3.8	79.2
	大学本科	1.9	54.7	6	19.3	1.2	12.9	3.9	81.9
	研究生	0.8	53.9	6.1	16.4	1.7	16	5.1	77.2

资料来源：根据 2000 年人口普查资料微观数据计算，和 2010 年人口普查资料汇总表计算。

表 4—11 2000 年按照职业、教育分类的中国城市家庭本户住房设施分布

单位：%

分类	7层以上楼房	钢筋混凝土	本户独立使用厨房	煤气电	自来水	自有热水	独立使用厕所	住房设施指数
负责人	28.9	48.2	94.8	91.7	97.4	71.7	90.3	4.5
技术员	26.8	46	92.8	91.3	97.4	68	87.5	4.4
办事员	26.7	46	92.6	90.5	97.7	67.6	86.3	4.3
商服员	18.2	34.5	78	77.2	94.7	41.6	63.4	3.6
工业生产人员	16	33.4	82.4	78.9	94.2	42.5	66.4	3.7
其他	10.9	20.6	73.5	57.5	86.1	19	44.7	3.0
职业合计	20.9	38.6	85.5	82.9	95.5	52.4	73.8	3.9
学历合计	20.1	37.6	86.8	81.4	95.7	50.1	73.8	3.9
小学及以下	13.2	28.8	81.9	68.6	93.5	33.3	61.1	3.5
初中	16.7	33.5	83.2	77.3	94.7	41.2	66.6	3.7
高中中专	22	41.3	89.3	86.4	96.6	56.7	79.1	4.1
大专及以上	30.1	48.5	94.8	94.3	98.5	73.5	91.6	4.5

资料来源：根据 2000 年人口普查微观数据计算。这里去掉了户主为农业户口和农业生产工人的城市家庭。

五、2000 年和 2010 年中国城市家庭住房贫困状况的变化

(一)城市家庭住房贫困的定义和度量方法

住房贫困通常被认为是基本的住房状况存在不足，达不到社会的最低标准。它既包括家庭得不到应有的住房，以及尽管拥有住房但是存在一些基本的不足。住房贫困意味着人们住房权利的剥夺，基本的住房需要没有得到满足。住房问题的界定通常取决于特定时期一国的社会、经济和政治状况，以及人们对居住标准和住房改善的预期。他还取决于政策目标和政策手段(Bourne,1981)。不同国家、地区和不同经济发展阶段、不同住房福利制度下对于住房贫困的含义和标准不同。而具体的标准既和大多数家庭的住房状况有密切关系，还和社会认可的文明标准有关，以及和住房保证人们的身心健康联系起来，还和政府的住房政策目标和手段有关。

美国 1991 年住房调查定义住房问题如下：住房不合格；住房拥挤；高成本负担。如果住房上下水系统和厨房设备不完善；存在构造上的问题，共用区域存在缺陷或者热电系统不安全，那么就是住房不合格：如果住宅的每个房间住了一个以上的人，那么住宅就是拥挤的；如果一户家庭用于住宅的花费占了总收入的 30%以上，就是高成本负担的(Bogdon，Silver and Turner ，1994)。

联合国人居署(2003)定义了贫民窟居民。专家组会议的结论是：一群个人生活在同样的屋顶下，并且缺乏以下条件一个或多个：1，接近改善的水；2，接近改良的卫生设施；3，充分的居住区，并且不过分拥挤；4，住所的建筑质量和持久性；5，安全的产权。其具体的评估方法如下：评估程序主要是逻辑的，而不是数学的或统计的。这种分类方法试图区分住户是否是贫民窟从接近改善的水开始。其他指标按照以下次序评估：接近改善的厕所，过度拥挤，建筑的可持久性，和安全的产权。住户缺乏以上指标任何之一都是贫民窟住所。

Zhang(1998)指出住房问题的界定通常取决于特定时期一国的社会、经济和政治状况，以及人们对居住标准和住房改善的预期。它还取决于政策目标和政策手段。并提出了衡量住房短缺、住房低标准和住房不合适问题的一系列方法。Merrett (1982)提出对住户合适的住宅的六个特征包括：房屋的物理特征良好、安全的产权、环境舒适、外部可达性好、内部的可达性好、可支付的财务负担。这些标准可以用来衡量是否住房贫困。

衡量住房数量不足的住房面积标准应用很广泛。关于面积标准的确定，通常有两种方法：一种是考虑家庭结构，按照单身成年人、夫妇 2 人户、夫妇和 1 个子女、夫妇和 2 个子女等分类，确定不同的标

准。采用这种方法的有英国、香港、日本等。国际家庭组织联盟(IUFO)、国际住房和城市规划联合会(IFHTP)于1958年也考虑家庭结构从"居住面积"概念出发,联合提出了欧洲国家的住房及其房间统一的最小居住面积标准建议(Ranson,1991)。另一种办法是按照家庭人均住房面积确定贫困标准。按照人均住房面积确定住房困难标准的方法,其优点是操作简单,缺点是不能准确反映居住需要的实际。在住房保障制度起步时,可以这样做,但随着制度的完善,应当按家庭结构确定住房保障标准。

综合以上定义,本文认为住房贫困定义和标准应该包括以下内容:(1)住房的数量标准,包括人均建筑面积和人均间数低于基本标准,出现住房拥挤;(2)住房质量标准,没有合格的水,没有合格的卫生设施,住宅质量不安全;(3)住房的支付能力标准,家庭住房月租金高于家庭月收入的30%(25%),或家庭月还贷本息和高于家庭月收入的一定比例(例如美国的标准38%,中国的标准50%);(4)住房产权标准,住房产权不安全,例如不是自有或者合法的稳定的租赁,存在被强制驱逐的威胁。此外,还有居住环境标准,居住在环境污染、交通不便和公共设施不齐全的社区。对应存在的住房问题分别为:住房短缺和过度拥挤,不合格的住宅,住房支付性不足,不安全的产权住房,环境不利等。

图5—1 住房贫困统计指标体系

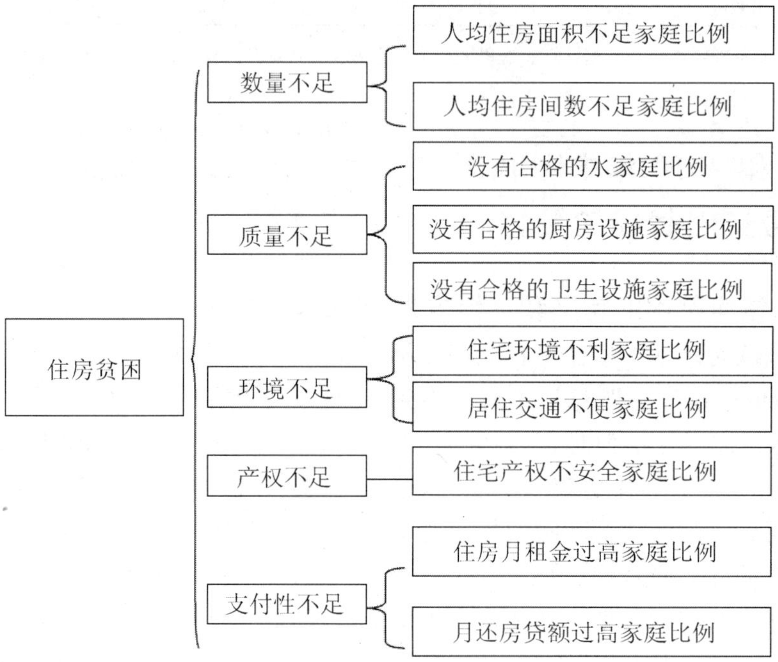

中国为了实施住房保障,也制定了住房困难户的标准,主要是从收入标准、资产标准和住房标准来确定的。依据中国的住房保障政策,成套住宅中,公共租赁住房单套建筑面积控制在60平方米以下,以40平方米左右的小户型为主,经济适用住房单套建筑面积控制在60平方米以内(国办发〔2011〕45号文)。前者按照3人之家和后者按照三口之家计算,前者人均建筑面积的住房保障标准约为13平方米,后者人均建筑面积的住房保障标准约为20平方米。建设部政策研究中心(2004)"全面建设小康社会居住目标研究"提出了到2020年全面小康社会时衡量居住目标的指标体系和评价方法。其中之一是:到2020年,城镇最低收入家庭人均住房建筑面积不低于20平方米,最低收入家庭的住房保障实现"应保尽保",即保障面达到98%以上。文林峰(2007)指出住房困难的面积标准在各个地区认定差异比较大,有些城市确定标准为人均住房建筑面积8平方米以下,有些为4平方米以下。

确定住房贫困的标准还必须要考虑到数据收集、处理和测算的可行性。本文根据2000年人口普查资料和2010年人口普查资料来分析中国城市家庭住房贫困程度的变化。目前可以得到公开出版的

2000年人口普查资料汇总表和2010年人口普查资料汇总表,没有得到微观数据,因此无法分析分析住房数量和质量详细分类的住房贫困结果。而且2000年和2010年人口普查没有收入,无法直接分析住房负担程度。对于产权安全程度,更是缺乏信息。

因此,本文根据数据的特征,建立住房贫困的定义标准:(1)住房数量贫困标准,低于人均建筑面积8、12、16、19平方米作为住房数量贫困,将8平方米以下作为严重住房数量贫困。由于中国家庭人均间数都是在1以下,因此人均间数没有太大分析意义,仅作为参考。(2)住房质量贫困标准,缺乏以下基本设施的,无厨房,炊事能源使用柴草或者其他等非煤气、电和煤炭燃料,无水,没有洗澡设施,无厕所,建筑结构存在安全隐患的(这里用平房、木结构及其它、1969年以前的老房,1979年前的老房)。(3)住房租金高负担标准,由于人口普查没有收入信息,这里根据2000和2010城镇居民人均可支配收入、家庭户均人口数,按照房租支出占家庭收入的25%计算(因为居住支出包括房租以及水电物业及其他支出,这里按照居住支出30%估算房租支出25%为限),得到各年城镇居民的平均收入对应的可支付月租金为410和1147元。由于汇总表的租金支出为分级数据,并且这里分析的城市比城镇居民租金支出高,这里分别采用500以上和1000以上作为高租金支出。需要注意的是,北京、上海、浙江的月可支付租金比上述指标高,这里没有调整。(4)不安全产权住房标准,这里缺少不安全的产权信息,因此考虑采用租赁商品住房(2010年为租赁住房)和其他住房来源测算。具体测算办法是不安全的产权为租赁商品住房的一半与其它住房来源之和。自有住房有安全的产权,租赁单位公房和保障性住房(廉租房和公租房)有稳定的租赁关系。租赁商品住房中很大一部分是短期的租约,租赁关系不稳定,还有一部分是租赁非正式住房(例如城中村、地下室、非住宅类房屋),并且存在着群租等居住质量较差和不符合规定等问题(例如北京、上海出台了出租房屋管理规定不允许群租和禁止租赁非正式住房)。而且城市移民占城市贫困人口的大约一半(Wang,2004),因此这里近似选取租赁商品房比例的1/2作为不安全产权,然后加上其它的不安全产权来计算。事实上,无论这里采取的比例为多少,不影响他们的变化趋势。由于数据没有社区环境方面的信息,因此这里没有分析。

(二)2000和2010年中国城市家庭住房贫困的变化

根据上述标准,我们分别计算了各年分地区分社会阶层的城市家庭户的住房贫困发生率。

从表2来看,仅从人均住房建筑面积上来衡量,城市家庭户的住房数量贫困发生率还比较高,并且从总体上出现了减少趋势。在2000年中国城市家庭人均建筑面积19平方米以下达到了49%,在2010年减少为32%,减少了12个百分点。2000年城市家庭户为8488.9万户,2010年城市家庭户为12866.1万户,按照城市家庭户数量计算增加了住房贫困户25.7万户。在2000年中国城市家庭人均建筑面积8平方米以下的极端贫困户达到了12%,在2010年减少为9%,减少了12个百分点,按照城市家庭户数量计算减少了住房贫困户165.3万户。在2000年中国城市家庭人均建筑面积12平方米以下的贫困户达到了25%,在2010年减少为17%,减少了8个百分点,按照城市家庭户数量计算减少了住房贫困户9.2万户。

中国城市家庭住房设施贫困发生率也发生了变化,并且从总体上出现了减少趋势(见表3)。中国城市家庭住房无厨房比例从2000年的12.8%变为2010年的8.2%,下降了4.6个百分点,按照家庭数量来算,减少了31.6万户。中国城市家庭住房使用柴草其它等不好燃料比例从2000年的9.5%变为2010年的3.5%,下降了6个百分点,按照家庭数量来算,减少了356.1万户。中国城市家庭住房没有自来水比例从2000年的15.1%变为2010年的6.8%,下降了6个百分点,按照家庭数量来算,减少了4069.9万户。中国城市家庭住房没有洗澡设施比例从2000年的48.8%变为2010年的22.5%,下降了26个百分点,按照家庭数量来算,增加了2894.9万户。中国城市家庭住房无厕所比例从2000年的22.4%变为2010年的10.9%,下降了11个百分点,按照家庭数量来算,增加了787.5万户。中国城市家庭居住在平房比例从2000年的30.6%变为2010年的15%,下降了16个百分点,按照家庭数量来算,减少了1246.7万户。中国城市家庭住房建筑结构为木结构及其它比例从2000年的3.5%变为2010年的1%，下降了2.5个百分点，按照家庭数量来算，减少了168.5万户。中国城市家庭居住在1969年前的老住房比例从2000年的6.6%变为2010年的3.2%，下降了3.4个百分点，按照家庭数量来算，减少了148.6万户。中国城市家庭居住在1979年前的老住房比例从2000年的14.6%变为2010年的7.9%，下降了6.7个百分点，按照家庭数量来算，减少了223万户。

从2000年到2010年，中国城市家庭高租金负担发生率出现了上升，由2000年的3.5%上升到2010年的10.7%，上升了7.2百分点，按照城市家庭户数量计算，增加了1079.6万户(见表1)。

从中国城市家庭总体来看，居住在不安全产权住房中的家庭比例在上升，从2000年的8.3%上升到2010年的16.1%，上升了8百分点，按照城市家庭户数量计算，增加了1364.7万户(见表2)。

表5—1　2000和2010年中国城市家庭住房数量贫困和高租金负担发生率

单位：%

省份	2000				2010				2000	2010
	—8	—12	—16	—19	—8	—12	—16	—19	500+	1000+
汇　总	12.3	24.9	39.4	48.5	9.4	16.5	25.5	31.8	3.5	10.7
北　京	18.7	30.0	43.1	53.6	15.0	24.6	32.5	38.5	3.6	23.4
天　津	16.4	33.6	50.4	63.5	7.5	14.8	25.0	34.7	0.5	11.4
河　北	7.6	18.7	34.5	45.9	3.6	8.0	15.5	23.3	1.7	10
山　西	15.9	29.2	45.0	55.7	9.1	16.6	26.6	34.4	0.8	5
内蒙古	16.8	31.4	48.1	57.9	11.0	18.5	27.7	34.8	0.8	9.5
辽　宁	10.2	27.1	45.7	58.4	5.0	11.2	22.2	32.3	0.9	8.2
吉　林	12.7	29.6	48.3	59.0	7.5	12.8	22.9	32.0	1.3	6.9
黑龙江	11.4	30.5	50.5	60.8	8.2	15.0	26.8	36.5	1.5	8.4
上　海	18.2	33.4	47.6	56.4	14.8	24.6	34.8	41.9	2.7	23.4
江　苏	9.3	18.8	30.7	38.4	7.2	12.8	19.6	24.6	1.8	11
浙　江	9.5	18.4	28.7	36.2	14.6	24.1	33.0	37.7	3.9	9.3
安　徽	12.1	26.0	42.2	52.6	12.1	16.8	23.9	29.9	0.6	7.8
福　建	17.3	28.8	40.3	46.5	18.8	28.5	38.1	42.6	6.6	10.4
江　西	12.6	25.5	39.6	47.7	6.3	12.3	20.8	27.3	0.8	4.8
山　东	6.1	15.7	30.2	39.9	3.9	7.1	13.0	18.5	1.9	11.6
河　南	9.4	20.0	33.7	42.1	3.6	8.1	15.9	21.7	1.4	4
湖　北	12.6	24.3	37.1	44.3	7.7	13.0	20.2	25.2	1	6.4
湖　南	9.1	19.3	31.6	39.4	4.7	9.1	16.0	21.2	1.7	7.6
广　东	14.7	27.2	39.9	46.7	13.8	24.9	37.4	42.5	20.7	9.8
广　西	13.5	26.4	40.7	49.9	8.1	15.9	26.3	33.0	1.4	5.9
海　南	21.9	35.2	47.3	53.5	15.5	23.9	33.7	39.6	5.3	9.7
重　庆	12.3	24.4	37.7	45.4	8.2	13.3	20.9	26.8	1.5	6.1
四　川	9.6	20.0	32.5	40.1	7.1	12.4	20.0	25.5	2.5	10.5
贵　州	20.4	35.4	50.5	58.6	16.2	25.0	34.6	40.2	1.3	4.5
云　南	19.4	32.1	44.6	53.9	10.7	20.0	29.5	35.3	2.8	8.8
西　藏	17.9	35.3	50.0	57.2	11.6	22.6	34.0	38.7	2.9	11.5
陕　西	15.2	30.4	45.6	54.9	9.1	18.0	26.8	32.7	1.1	7.4
甘　肃	13.2	27.9	44.7	55.7	8.6	16.3	25.5	32.6	1.2	3.9
青　海	13.1	26.2	42.1	53.0	8.8	16.2	25.7	32.1	1	6
宁　夏	7.4	18.4	33.6	46.7	7.0	11.4	17.9	24.3	0.6	5.6
新　疆	12.4	23.2	37.2	48.7	8.7	14.2	21.5	27.1	3.2	4

资料来源：根据2000年人口普查资料汇总表和2010年人口普查资料汇总表计算。

表 5—2 2000 年和 2010 年按中国城市家庭地区分的不安全产权分布

单位:%

省份	2000			2010		
	租赁商品住房(其他住房)	其他	不安全产权	租赁商品住房(其他住房)	其他	不安全产权
总　计	6.9	4.8	8.3	23.1	4.5	16.1
北　京	7.4	3.7	7.4	35.6	5.9	23.7
天　津	1.5	4.0	4.8	26.9	8.1	21.6
河　北	4.4	2.9	5.1	9.5	3.4	8.2
山　西	4.3	5.7	7.9	17.7	5.4	14.3
内蒙古	12.3	5.3	11.5	22.3	3.9	15.1
辽　宁	4.4	3.2	5.4	11.9	2.5	8.5
吉　林	6.0	4.0	7.0	11.7	3.8	9.7
黑龙江	6.2	2.7	5.8	10.6	3.1	8.4
上　海	5.7	5.5	8.4	36.6	2.2	20.5
江　苏	7.0	4.3	7.8	19.4	3.4	13.1
浙　江	11.8	6.5	12.4	39.2	4.6	24.2
安　徽	6.6	4.8	8.1	16.6	5.3	13.6
福　建	12.3	8.4	14.6	35.4	8.2	25.9
江　西	6.5	4.5	7.8	15.1	4.6	12.2
山　东	3.9	4.2	6.2	10.6	4.8	10.1
河　南	4.8	4.4	6.8	13.1	4.0	10.6
湖　北	4.8	5.1	7.5	16.6	4.2	12.5
湖　南	4.5	4.2	6.5	14.3	4.2	11.4
广　东	12.4	6.6	12.8	40.0	4.6	24.6
广　西	6.3	4.4	7.6	24.4	4.5	16.7
海　南	8.6	9.4	13.7	26.9	6.9	20.4
重　庆	6.9	4.7	8.2	19.8	4.0	13.9
四　川	6.6	6.3	9.6	20.8	7.4	17.8
贵　州	12.5	6.7	13.0	28.9	5.3	19.8
云　南	14.8	5.9	13.3	31.3	3.7	19.4
西　藏	11.5	3.4	9.2	33.4	8.6	25.3
陕　西	8.0	3.7	7.7	21.3	5.1	15.8
甘　肃	3.9	4.0	6.0	17.4	4.2	12.9
青　海	5.0	6.2	8.7	22.4	4.1	15.3
宁　夏	4.6	3.9	6.2	17.7	4.0	12.9
新　疆	7.7	6.1	10.0	20.3	3.6	13.8

资料来源:根据 2000 年人口普查资料汇总表计算,2005 年人口抽样调查汇总表和 2010 年人口普查资料汇总表计算。

(三)2000 和 2010 年中国城市家庭住房贫困的地区差异

从表 2 来看,以人均住房面积来衡量,城市家庭户的住房贫困发生率存在地区差异。总体来看,北京、天津、上海三大直辖市以及沿海经济发达地区广东、福建、浙江等人均 19 平方米以下的住房贫困率比较高。

从总体来看,从 2000 年到 2010 年,中国大多数省份城市家庭高租金负担率出现了大幅度上升，北京、上海、天津三大直辖市上升幅度更大。即使考虑到北京、天津、上海的人均可支配收入较高的因素进行调整，依然发现，他们出现了上升趋势。

从总体来看，从2000年2010年，各地区使用较差住房设施比率出现了下降。从地区来看，北京、上海、天津、重庆等四大直辖市的无厨房、无厕所和1969年前的老房子比例高，使用非煤气电等燃料、无洗澡设施、无自来水比例低。

城市化率高的沿海地区和直辖市，城市家庭住房不安全产权比例高。总体来看，北京、天津、上海三大直辖市以及沿海经济发达地区不安全住房产权比例比较高。

表5—3　2000和2010年中国城市家庭住房设施贫困发生率

单位：%

2000年	无厨房	柴草其他	无水	无洗澡设施	无厕所	平房	木结构其他	—1969	—1979
全　国	12.8	9.5	15.1	48.8	22.4	30.6	3.5	6.6	14.6
北　京	19.9	1.1	0.8	36.8	31.2	36.3	0.2	14.2	21.5
天　津	12.2	1.4	0.5	35.1	19.4	18.9	0.7	9.2	19.1
河　北	10.0	6.9	5.0	51.9	18.1	41.8	0.7	5.0	15.5
山　西	17.1	1.3	7.7	75.3	20.9	38.4	1.0	8.9	16.8
内蒙古	21.0	3.4	18.9	73.8	45.9	52.8	5.2	6.1	14.6
辽　宁	1.9	5.9	8.7	64.8	7.6	28.4	0.4	8.0	16.8
吉　林	3.9	12.3	17.8	74.4	31.4	43.7	4.3	6.5	15.7
黑龙江	3.2	9.9	14.0	77.5	31.7	47.2	5.6	8.0	17.9
上　海	15.8	3.3	0.5	31.8	22.4	13.7	1.3	13.6	19.1
江　苏	12.6	12.6	9.7	39.0	25.7	26.5	0.7	4.9	12.4
浙　江	12.1	12.6	8.4	39.6	22.4	13.7	5.0	6.4	12.3
安　徽	15.7	10.7	24.5	56.9	31.4	35.4	2.1	4.3	12.5
福　建	14.9	9.7	13.1	30.1	27.9	19.8	7.2	8.5	16.0
江　西	14.7	7.6	14.3	38.2	27.8	16.9	3.1	6.4	13.1
山　东	11.1	15.6	30.1	55.6	9.8	52.6	1.9	3.9	13.0
河　南	12.6	2.8	17.1	59.9	18.4	32.9	1.5	3.6	11.3
湖　北	16.2	14.9	22.3	52.7	29.4	25.8	2.4	6.1	15.9
湖　南	15.1	6.7	26.8	36.7	20.9	22.6	3.8	5.9	14.9
广　东	10.1	9.9	11.3	15.4	16.0	23.5	4.1	5.2	10.6
广　西	15.4	20.7	20.4	26.5	27.6	26.4	3.5	6.2	17.0
海　南	19.5	23.8	17.8	37.6	28.2	33.9	5.4	4.5	10.8
重　庆	13.7	16.1	26.2	49.4	30.4	21.9	13.0	9.4	18.6
四　川	12.8	12.1	24.6	42.2	15.7	25.2	6.6	6.7	13.7
贵　州	27.0	4.4	15.8	67.1	23.4	32.3	5.7	9.9	19.0
云　南	28.7	13.3	7.4	50.8	44.0	17.3	10.3	4.8	11.5
西　藏	36.8	10.5	28.9	84.2	52.6	50.0	21.1	8.9	17.8
陕　西	19.8	13.1	30.0	64.0	22.6	29.2	4.8	6.9	15.7
甘　肃	12.8	4.7	9.9	71.3	21.2	31.3	12.3	5.2	14.6

续表

2000 年	无厨房	柴草其他	无水	无洗澡设施	无厕所	平房	木结构其他	—1969	—1979
青海	20.8	1.7	8.7	80.3	27.7	27.2	6.9	5.5	17.1
宁夏	11.0	1.5	12.5	57.4	23.2	33.8	6.8	2.6	8.6
新疆	16.0	1.3	13.1	52.4	23.0	32.0	9.9	2.8	8.9
2010 年	无厨房	柴草其他	无水	无洗澡设施	无厕所	平房	木结构其他	—1969	—1979
全国	8.2	3.5	6.8	22.5	10.9	15.0	1.0	3.2	7.9
北京	16.7	2.2	11.9	23.0	20.9	24.3	0.6	5.8	10.5
天津	6.4	1.5	3.4	15.4	13.3	14.6	0.6	3.9	10.9
河北	5.9	3.9	6.2	19.6	12.4	23.8	0.5	2.0	8.0
山西	12.3	1.4	10.3	47.1	15.3	18.7	1.6	3.9	9.4
内蒙古	15.2	1.8	12.6	54.2	32.6	32.6	1.7	3.0	7.9
辽宁	0.7	3.3	3.2	35.9	5.9	14.3	0.3	2.8	8.0
吉林	1.6	4.2	5.4	50.4	14.2	17.8	1.0	2.8	8.2
黑龙江	1.4	4.3	4.4	59.5	20.9	26.3	1.5	4.6	12.7
上海	14.0	1.4	6.5	22.5	16.3	9.8	0.7	9.0	12.4
江苏	6.8	3.0	4.1	12.9	10.9	14.5	0.5	2.6	7.1
浙江	14.6	3.9	3.7	26.0	11.0	11.6	1.1	2.8	6.3
安徽	8.9	4.7	11.7	20.2	14.7	12.9	0.7	2.1	6.6
福建	11.0	4.8	6.2	12.8	6.0	8.1	3.5	3.4	7.3
江西	5.3	3.5	9.0	14.0	11.1	8.3	0.9	4.0	9.5
山东	5.8	6.3	8.7	15.7	7.8	29.0	0.6	2.4	7.2
河南	7.4	3.4	13.0	25.6	12.6	15.0	0.4	1.9	6.4
湖北	5.9	4.6	5.7	16.5	8.9	7.9	0.6	3.4	9.9
湖南	5.5	2.2	9.8	10.7	7.7	8.9	0.8	3.0	9.3
广东	6.6	3.0	2.1	5.4	2.5	10.2	0.9	2.5	5.8
广西	6.2	5.8	7.0	7.4	7.2	10.8	1.1	2.5	7.3
海南	8.2	6.4	7.0	11.2	7.6	16.7	1.3	2.2	6.3
重庆	4.4	6.0	7.3	12.0	5.2	6.5	1.9	3.3	7.4
四川	5.9	3.8	8.7	12.2	6.4	9.3	1.7	2.5	6.8
贵州	20.7	1.1	12.1	37.5	17.8	10.7	0.8	3.2	8.1
云南	19.6	5.0	9.3	26.3	19.4	10.2	3.5	2.3	5.9
西藏	22.4	4.4	22.7	68.6	21.9	31.3	7.2	2.4	4.4
陕西	13.7	3.3	14.5	32.6	10.7	12.3	0.9	3.0	7.9
甘肃	11.1	2.3	8.3	43.4	12.1	14.9	2.1	3.1	8.0
青海	15.1	1.5	14.1	52.7	15.9	11.4	1.4	1.4	6.0
宁夏	9.7	2.0	9.0	25.1	14.8	16.5	1.1	1.3	4.3
新疆	10.7	1.6	4.1	25.7	11.3	15.8	1.3	1.1	3.1

资料来源：根据 2000 年人口普查资料汇总表和 2010 年人口普查资料汇总表计算。

根据 2000 年住房数量贫困、设施贫困、高租金负担发生率、不安全产权比例、地区城镇人均可支配收入、地区城镇住宅销售均价、经济适用房比例聚类分析，分为三大类：第一类，包括北京、上海，第二类包括广东、浙江、天津，此外为第三类。第一类特点是：两大经济发达直辖市，收入和房价高，住房数量贫困严重，设施贫困突出，不安全产权比重高，高租金负担发生率；第二类特点是：直辖市和沿海经济发达地区，收入和房价次高，住房数量贫困次严重，设施贫困次突出，不安全产权比重次高，租金负担发生率次高；第三类特点是：比前述地区经济次发达，收入和房价低，住房数量贫困低，设施贫困低，不安全产权比重低，租金负担发生率低。

根据2010年住房数量贫困、设施贫困、高租金负担发生率、不安全产权比例、地区城镇人均可支配收入、地区城镇住宅销售均价、经济适用房比例聚类分析，分为三大类：第一类，包括北京、上海，第二类包括广东、浙江、天津、福建、山东、江苏，此外为第三类。第一类特点是：两大经济发达直辖市，收入和房价高，住房数量贫困严重，设施贫困突出，不安全产权比重高，高租金负担发生率；第二类特点是：直辖市和沿海经济发达地区，收入和房价次高，住房数量贫困次严重，设施贫困次突出，不安全产权比重次高，租金负担发生率次高；第三类特点是：比前述地区经济次发达，收入和房价低，住房数量贫困低，设施贫困低，不安全产权比重低，租金负担发生率低。对比二者发现，2000年和2010年各地区的住房贫困程度分类基本保持不变。

(四)2000和2010年中国城市家庭住房贫困的阶层差异

从2000年到2010年，各类职业的户主家庭人均住房建筑面积都上升，并且负责人、技术员、办事员这三类比商业服务业人员和工业生产人员增长快；各类职业的户主家庭住房数量贫困发生率都出现了下降，并且商业服务业人员、农业生产人员住房数量贫困发生率下降最快。户主职业序列越高的城市家庭的住房数量贫困的比例越低，而且，户主为商业服务业人员、工业生产人员的城市家庭相比负责人、技术员、办事员而言住房数量贫困的比例高。从2000年到2010年，各类职业的户主家庭居住在不安全产权住房比例上升，并且商业服务业人员、工业生产人员居住在不安全产权住房比例上升最快，职业序列高的负责人、技术员、办事员上升较慢。并且户主职业序列越高的城市家庭的居住在不安全产权住房的比例越低，而且，户主为商业服务业人员、工业生产人员的城市家庭相比负责人、技术员、办事员而言居住在不安全产权住房的比例高。由于无法得到分职业户主家庭的住房设施信息，这里没有比较他们的差异。由于无法得到分职业户主家庭的收入信息，这里没有比较它们的高租金负担发生率的差异。

表5—4　2000年和2010年按中国城市家庭户主职业分的人均住房建筑面积分布和不安全产权住房比例

单位：%，平方米

年	职业	—8	9—12	13—16	17—19	人均面积	不安全产权比例
2000	总计	11.0	10.6	13.3	10.5	24.8	11.4
	负责人	4.2	5.6	9.4	10.3	29.9	5.8
	技术员	4.4	6.8	10.8	11.5	27.8	6.1
	办事员	5.8	7.6	11.9	11.4	26.7	6.9
	商服员	17.9	13.4	13.7	9.6	22.2	17.8
	农业生产人员	6.0	8.8	13.0	8.0	28.7	12.1
	工业生产人员	14.0	13.1	15.4	11.8	21.8	20.8
	其他	21.6	15.0	16.5	9.0	19.9	12.1
2010	总计	8.4	7.6	9.2	6.1	29.9	18.6
	负责人	3.0	3.4	5.2	4.5	37.0	12.6
	技术员	2.1	3.1	5.3	5.3	34.5	12.2
	办事员	3.8	4.4	6.4	5.6	33.5	13.3
	商服员	9.5	8.9	10.3	6.4	28.1	22.8
	农业生产人员	2.8	4.0	7.1	4.8	36.0	4.6
	工业生产人员	13.6	11.0	11.9	6.9	25.8	22.7
	其他	8.5	8.1	10.0	6.8	28.4	18.8

资料来源：根据2000年人口普查微观数据计算，根据2010年人口普查资料汇总表计算。2010年人均住房建筑面积分布中，将小于8平方米和无住房的合并。

从2000年到2010年，各类受教育程度的户主家庭人均住房建筑面积都上升，并且除了未上过学以外，学历越高的户主家庭人均住房建筑面积增长越多；各类受教育程度的户主家庭住房数量贫困发生率都出现了下降，并且高中及以下的户主家庭住房数量贫困发生率下降较快。而且，户主学历越高的城市家庭的住房数量贫困的比例越低，户主为大专、本科和研究生的城市家庭相比初中、高中而言住房数量贫困的比例低。从2000年到2010年，各类受教育程度的户主家庭居住在不安全产权住房比例上升，并且学历为高中、大专、未上过学的户主家庭居住在不安全产权住房比例上升最快，其他学历的户主家庭上升较慢。这可能和户主为刚毕业的学生或者进城务工的农民有关。并且户主受教育程度越高的城市家庭的居住在不安全产权住房的比例越低，由于无法得到分受教育程度户主家庭的住房设施信息，这里没有比较他们的差异。由于无法得到分受教育程度户主家庭的收入信息，这里没有比较它们的高租金负担发生率的差异。

表5—5　2000年和2010年按中国城市家庭户主受教育程度分的人均住房建筑面积分布和不安全产权住房比例

单位：平方米，%

年	学历	—8	9—12	13—16	17—19	人均面积	不安全产权比例
2000	汇总	11.0	10.6	13.3	10.5	24.8	9.4
	未上过学	15.4	14.7	12.7	6.0	24.9	14.1
	小　学	14.5	11.4	13.2	7.3	25.7	11.4
	初　中	14.6	12.9	14.9	10.5	22.6	11.3
	高　中	8.8	10.0	13.8	12.4	24.6	7.8
	大学专科	3.3	5.7	9.5	11.2	28.4	5.7
	大学本科	2.9	4.7	8.6	10.1	29.6	5.4
	研究生	2.0	4.0	6.6	11.3	30.1	4.5
2010	汇总	9.2	7.2	9.1	6.4	29.0	16.1
	未上过学	9.2	7.7	9.9	5.5	29.3	14.4
	小　学	11.7	8.7	10.5	6.0	27.8	16.2
	初　中	13.0	9.6	11.2	7.0	26.2	19.6
	高　中	7.3	6.1	8.8	7.2	29.0	14.9
	大学专科	3.5	3.2	5.3	5.1	34.1	11.5
	大学本科	2.1	2.0	3.8	4.1	37.3	10.4
	研究生	1.5	1.6	3.4	4.0	39.35	13.1

资料来源：根据2000年人口普查微观数据计算，根据2010年人口普查资料汇总表计算。2010年人均住房建筑面积分布中，将小于8平方米和无住房的合并。

六、中国城市家庭住房住房状况及其变化的影响因素

(一)中国城市家庭住房状况变化的影响因素

从宏观层面来看，转轨中国城市住房制度改革的大力推进、住房保障制度建设的正面效应凸现、住房市场增加供应和引导需求的资源配置作用是造成住房状况改善的重要原因之一。从地区层面来看，地区城市经济水平、房价和人口流入、保障房供应情况对住房状况及其变化也有影响。地区经济水平越高，居民收入越高，越有财力来投资住房改善家庭住房状况。然而具体的住房状况还和城市的住房保障制度和具体的实施管理有密切的关系。在目前住房保障主要覆盖本地中低收入群体的情况下，地区经济越发达，外来的中低收入人口越多，并且无法享受住房保障，住房困难规模反而大，住房状况反而不如经济不发达地区。而从微观角度来看，家庭成员参与住房分配的权利、权力、家庭资产和个人能力、社

会人口特征(家庭自身文化素质、家庭人口、健康、就业、思想观念、突发灾难等因素)和经济特征是影响住房状况的重要因素,例如户主受教育程度、行业、职业、年龄、户口、迁移等因素,并形成了不同社会阶层的住房状况分化问题。

住房选择一方面可以看作家庭在何种约束下选择住房的行为,另一方面可以看作是住房资源在政府、市场、单位和个人之间的配置过程。转型期制度变迁改变了政府、市场和单位、个人之间的资源分配关系,影响了中国城市消费者的行为。自改革开放以来,我国发生了制度变迁,从传统的计划经济体制过渡到市场经济体制,市场化的程度逐步提高,家庭逐渐成为住房消费的自主主体,这些极大地影响了家庭的住房决策。

制度变迁改变了政府、市场、单位和个人的关系。政府由计划经济时期实物住房的计划、投资、供应和分配者转变为少量保障性住房的计划、投资、供应和分配者,大部分住房需求和供应由市场通过价格机制解决。单位由计划经济时期的国家代理人作为实物住房的计划、投资、供应和分配者转变为发放货币住房工资的雇主,但是还为少量单位周转房、集资合作建房、公共租赁房的计划、投资、供应和分配者。个人从计划经济时期对单位的劳动关系、工资、住房、户口的强锁定变成了市场经济里面的单纯的就业和工资关系,流动性增强。

住房选择是作为经济人的家庭对制度环境的互动反应。制度变迁对住房选择的作用机理如下:

(1)制度变迁导致消费选择的约束集改变。例如在计划经济时期城镇家庭的选择集的主要元素有租赁公有住房、没有住房。但是在转型期,就增加了购买公有住房、购买商品房、租赁商品房。计划时期家庭不能也不愿购买完全产权的商品房,但在市场经济下变为可能。

(2)制度变迁不仅改变了家庭的收入和住房的支出,还改变了住房定价方式,从而改变了预算约束。例如转型期工资制度改革导致家庭收入的增加和不同家庭的收入分化,并且家庭收入来源于家庭的人力资本和其他生产要素收入。由于住房金融制度改革,家庭可以分期付款的方式购买住房,缓解了流动性约束。计划经济时期住房价格与产权和属性之间关系不大,但是住房的市场定价使他们建立了密切的相关关系。住房市场定价导致家庭住房支出的增加。

(3)制度变迁改变了风险和消费预期,在市场经济条件下,家庭对收入的不确定性、银行贷款风险预期增加,预期房价变化,并预期住房支出将增加,消费结构发生改变。

(4)劳动就业制度变迁改变了计划经济时期固定的就业模式,增强了就业的行业和地区流动性;住房制度变迁促使住房市场的出现和住房的市场定价,增强了住房的可转让性和可获得性;户籍制度改革减少了迁移的障碍。这样人口迁移和家庭迁居就因为制度约束的放松和交易费用的降低变得更容易。

制度变迁改变了家庭的选择集、预算约束、风险和消费预期,降低了搬迁成本和市场交易成本,影响家庭住房决策。城镇家庭在住房决策时既受到过去的住房分配制度的制约,又受到市场和家庭特征的影响,并且市场的作用越来越强。

我国住房制度改革从实物住房福利分配走向货币化分配,1998 年底正式下文停止分房,并提高公房房租和公房私售,还采用了一系列相关的配套措施。转型经济下家庭在住房市场自主选择程度提高,并影响到住房选择的各方面,这样就有住房消费的市场化趋势。按照理性假设,家庭预期住房福利越来越少,预期房价上升,购买原公房和商品房、经济适用房积极性大大提高,从市场渠道获得住房比重上升。我国就业制度变迁导致职业流动性增强,房改导致居住流动性和住房的可转让性、可获得性增强,个人和家庭为了寻找合适的就业和住所会更加频繁的迁居和选择合适的社区。为了达到小康水平和改善人居环境,政府加强了对住房开发的政策扶持;住宅建筑技术的进步提供了更多的新材料、新设计;以及房地产商面向消费者的市场开发,提供新的住宅产品。这样制度变迁、市场发展和住房保障的体系建设导致了家庭住房状况的改善。

中国各省级行政区的中国城市家庭人均住房面积变化的影响因素见下方程。可见,收入增长对人均住房面积变化统计不显著,经济适用房供应增加统计不显著,从数值来看增加经济适用房会导致人均住房面积增加;房价上升对人均住房面积变化有显著的负的影响,人口增长统计不显著,从数值来看增加人口会导致人均住房面积减少。最简模型则表明房价是最主要的影响因素。

表 6—1 中国城市家庭人均住房面积变化的影响因素 OLS 回归模型

	四变量全模型			四变量最简模型		
应变量(人均面积 10 年变化)	B	Beta	Sig.	B	Beta	Sig.
(Constant)	11.568		0.000	10.829		0.000
城镇居民人均收入 10 年变化	−0.004	−0.064	0.708			
城镇住宅销售均价 10 年变化	−0.013	−0.484	0.012	−0.015	−0.556	0.001
经济适用房比例 10 年变化	0.113	0.135	0.424			
2000 到 2010 年该地区人口增长率	−0.022	−0.119	0.513			
R Square	0.334			0.309		
F Change	3.261		0.027	12.983		0.001

中国各省级行政区的城市家庭住房租金变化的影响因素见下方程。可见，收入增长对租金增加有正的影响，但统计不显著，经济适用房供应增加有正的影响，统计显著，这主要是由于销售型经济适用房增加和租金上涨时间趋势一致；房价上升对租金变化有正的影响，但统计不显著；人口增长统计显著，从数值来看增加人口会导致租金增加。最简模型则表明人口增加是最主要的影响因素。

表 6—2 中国城市家庭住房租金变化的影响因素 OLS 回归模型

	四变量全模型			四变量最简模型		
应变量(住房租金 10 年变化)	B	Beta	Sig.	B	Beta	Sig.
(Constant)	173.683		0.065	291.007		0.000
城镇居民人均收入 10 年变化	0.363	0.123	0.446			
城镇住宅销售均价 10 年变化	0.355	0.298	0.088			
经济适用房比例 10 年变化	12.786	0.343	0.037			
2000 到 2010 年该地区人口增长率	3.026	0.369	0.037	3.984	0.486	0.006
R Square	0.334			0.236		
F Change	3.261		0.027	8.967		0.006

中国各省级行政区的城市家庭商品房比重变化的影响因素见下方程。可见，收入增长对商品房比重变化为正，统计不显著，经济适用房供应增加统计不显著，从数值来看增加经济适用房会导致商品房比重增加；房价上升对商品房比重变化为正的影响，但统计不显著，人口增长统计显著，增加人口会导致商品房比重增加。最简模型则表明人口增长是最主要的影响因素。

表 6—3 中国城市家庭商品房比重变化的影响因素 OLS 回归模型

	四变量全模型			四变量最简模型		
应变量(商品房比重 10 年变化)	B	Beta	Sig.	B	Beta	Sig.
(Constant)	29.329		0.001	33.743		0.000
城镇居民人均收入 10 年变化	0.006	0.024	0.889			
城镇住宅销售均价 10 年变化	0.018	0.193	0.284			
经济适用房比例 10 年变化	0.110	0.037	0.824			
2000 到 2010 年该地区人口增长率	0.335	0.508	0.008	0.374	0.567	0.001
R Square	0.356			0.322		
F Change	3.600		0.018	13.759		0.001

中国各省级行政区的城市家庭住房设施指数变化的影响因素见下方程。可见，收入增长对住房设施指数变化统计不显著，经济适用房供应增加统计不显著；房价上升对住房设施指数变化为正的影响，统计显著，人口增长统计显著，增加人口会导致住房设施指数下降。最简模型则表明人口增长是最主要的影响因素。

表 6—4　中国城市家庭住房设施指数变化的影响因素 OLS 回归模型

	四变量全模型			四变量最简模型		
应变量(住房设施指数 10 年变化)	B	Beta	Sig.	B	Beta	Sig.
(Constant)	0.977		0.000	0.807		
城镇居民人均收入 10 年变化	−0.001	−0.195	0.084			
城镇住宅销售均价 10 年变化	0.001	0.241	0.045			
经济适用房比例 10 年变化	0.016	0.167	0.129			
2000 到 2010 年该地区人口增长率	−0.020	−0.945	0.000	−0.017	−0.806	0.000
R Square	0.728			0.650		
F Change	17.428		0.000	53.822		0.000

(二)中国城市家庭住房贫困状况变化的影响因素

从宏观层面来看，转轨中国城市住房制度改革的漏洞、住房保障制度建设滞后、住房市场不完善是造成部分群体住房贫困的重要原因之一。在城市化快速发展阶段，城市经济快速增长和居民收入增长，人口迅速增加，导致了住房需求增加，而住房自身的生产周期、政府的土地垄断供应和开发商的屯地开发策略导致供应滞后，这引起了房价上涨，居民可支付能力下降。与此同时，城市住房分配不公、经济适用房支付力不足、廉租房和公租房供应不足就容易产生住房困难。很多住房贫困家庭没有获得单位(或者没有单位)的福利分房，以及住房补贴发放不到位导致了支付能力不足。保障性住房需求实际上是政府根据财力以社会可接受标准提高中低收入住房困难户的住房可支付能力，包括分配实物住房、租金补贴等，使之享有适当的住房。因此住房困难还受到了政府财力、政府政策、住房市场供应量和价格的影响。由于地方政府追求政绩的 GDP 导向，加剧了住房市场供应紧张和保障房供应不足。此外，还受到了住房规划和设计标准的影响。早期的住房规划设计标准偏低，面积较小和配套设施较差也导致了住房设施质量不足。

从地区层面来看，地区城市经济水平、房价和人口流入、保障房供应情况对住房困难规模及其变化也有影响。城市经济水平越高，越会有财力覆盖更多的住房保障对象，越能提高住房保障水平。然而具体的住房贫困程度还和城市的住房保障制度和具体的实施管理有密切的关系。在目前住房保障主要覆盖本地中低收入群体的情况下，地区经济越发达，外来的中低收入人口越多，并且无法享受住房保障，住房困难规模反而大。

根据相关性分析发现，2010 年人均收入、房价、2000 年到 2010 年地区人口增长率和住房贫困(数量贫困、设施贫困、高租金负担率、不安全产权比例)正相关，经济适用房比例和住房贫困负相关。

根据相关性分析发现，2000 年到 2010 年各地区城镇房价增长率、地区人口增长率和住房贫困(数量贫困、设施贫困、高租金负担率、不安全产权比例)正相关，2000 年到 2010 年城镇居民人均收入增长率、经济适用房占所有家庭住房来源比例变化和住房贫困负相关。

住房数量贫困变化的影响因素见下方程。可见，收入增长对住房数量贫困有显著的正的影响，经济适用房供应增加统计不显著，从数值来看增加经济适用房会导致住房数量贫困减少；房价上升对住房数量贫困减少有显著的负的影响，人口增长统计不显著，从数值来看增加人口会导致住房数量贫困增加。

表 6—5 中国城市家庭住房数量贫困变化的影响因素 OLS 回归模型

	四变量全模型			四变量最简模型		
应变量(人均面积 19 平方米以下 10 年变化)	B	Beta	Sig.	B	Beta	Sig.
(Constant)	−14.456		0.040	−14.476		0.031
城镇居民人均收入 10 年变化	−0.074	−0.349	0.044	−0.073	−0.347	0.033
城镇住宅销售均价 10 年变化	0.044	0.519	0.006	0.047	0.552	0.001
经济适用房比例 10 年变化	−0.422	−0.158	0.337			
2000 到 2010 年该地区人口增长率	0.014	0.024	0.892			
R Square	0.375			0.306		
F Change	3.904		0.013	7.611		0.002

住房设施质量贫困各指标之间中高度相关。这里选取没有自来水、厨房使用柴草等燃料比例变化为例来分析设施贫困变化的影响因素见下方程。从下表可见，人口增长对住房没有自来水比例增加有显著的正的影响。房价增长、经济适用房比例变化对它有负的影响，但统计不显著。从数值来看，收入变化对它有正的影响，但统计不显著。

表 6—6 中国城市家庭住房无自来水比例变化的影响因素 OLS 回归模型

	四变量全模型			四变量最简模型		
应变量(住房无自来水比例 10 年变化)	B	Beta	Sig.	B	Beta	Sig.
(Constant)	−15.076		0.044	−10.411		0.000
城镇居民人均收入 10 年变化	0.046	0.181	0.228			
城镇住宅销售均价 10 年变化	−0.026	−0.259	0.105			
经济适用房比例 10 年变化	−0.505	−0.158	0.281			
2000 到 2010 年该地区人口增长率	0.560	0.795	0.000	0.461	0.654	0.000
R Square	0.506			0.428		
F Change	6.665		0.001	21.722		0.000

由下表可见，人口增长对住房使用柴草等较差能源比例增加有显著的正的影响。房价增长对它有显著的负的影响。这可能是房价上升意味着新产品更多使用煤气等较好的能源。收入变化、经济适用房比例变化则和其他自变量高度相关，从相关性来看，收入与住房使用柴草等较差能源比例增加正相关，统计不显著，经济适用房比例增加与住房使用柴草等较差能源比例增加负相关，统计不显著。

表 6—7 中国城市家庭住房使用柴草等比例变化的影响因素 OLS 回归模型

	四变量全模型			四变量最简模型		
应变量(住房使用柴草等比例 10 年变化)	B	Beta	Sig.	B	Beta	Sig.
(Constant)	−9.191		0.075	−2.541		0.256
城镇居民人均收入 10 年变化	0.038	0.256	0.149			
城镇住宅销售均价 10 年变化	−0.027	−0.448	0.021	−0.021	−0.354	0.049
经济适用房比例 10 年变化	−0.179	−0.094	0.582			
2000 到 2010 年该地区人口增长率	0.240	0.575	0.004	0.200	0.478	0.009
R Square	0.317			0.252		
F Change	3.012		0.036	4.684		0.018

住房高租金负担发生率变化的影响因素见下方程。可见，人口增长对住房高租金负担发生率变化有显著的正的影响。收入增长、房价上升和经济适用房供应增加高度正相关。

表 6—8　中国城市家庭住房高租金负担发生率变化的影响因素 OLS 回归模型

	四变量全模型			四变量最简模型		
应变量(高负担租金发生率 10 年变化)	B	Beta	Sig.	B	Beta	Sig.
(Constant)	−3.982		0.482	4.488		0.000
城镇居民人均收入 10 年变化	0.031	0.181	0.303			
城镇住宅销售均价 10 年变化	0.017	0.242	0.193			
经济适用房比例 10 年变化	0.386	0.180	0.295			
2000 到 2010 年该地区人口增长率	0.184	0.389	0.041	0.213	0.452	0.011
R Square	0.320			0.205		
F Change	3.062		0.034	7.461		0.011

不安全产权比例变化的影响因素见下方程。可见，人口增长、房价上升对它有显著的正的影响。收入增长对它有负的显著的影响。经济适用房统计不显著，它和其他自变量高度相关，从相关性来看，它与不安全产权比例变化负相关。

表 6—9　中国城市家庭住房不安全产权发生率变化的影响因素 OLS 回归模型

	四变量全模型			四变量最简模型		
应变量(不安全产权发生率 10 年变化)	B	Beta	Sig.	B	Beta	Sig.
(Constant)	11.566		0.001	11.587		0.001
城镇居民人均收入 10 年变化	−0.046	−0.357	0.008	−0.046	−0.357	0.007
城镇住宅销售均价 10 年变化	0.013	0.246	0.073	0.014	0.261	0.049
经济适用房比例 10 年变化	−0.099	−0.060	0.627			
2000 到 2010 年该地区人口增长率	0.205	0.567	0.000	0.200	0.553	0.000
R Square	0.585			0.637		
F Change	11.560		0.000	15.775		0.000

而从微观角度来看，家庭成员参与住房分配的权利、权力、家庭资产和个人能力的不平等、贫困家庭的社会人口特征(贫困家庭自身文化素质、家庭人口、健康、就业、思想观念、突发灾难等因素)和经济特征是影响住房贫困状况的重要因素，例如户主受教育程度、行业、职业、年龄、户口、迁移等因素，并形成了特殊群体(本地中低收入家庭、城市新就业人员、外来务工人员)的住房贫困问题。收入和财产是重要影响因素。购买商品房、经济适用房或者自建的住房比租赁的商品房、公房的家庭同时使用有厨房和厕所比重要高。家庭所处的社会阶层是重要影响因素。如城市负责人、专业技术人员在人均住房建筑面积 8 或 12 平方米以下的比重明显比全国平均水平低。

七、结论、讨论和政策建议

总结本文的研究结论如下。

(1)从 2000—2010 年中国城市住房制度改革出现了市场化趋势，逐步建立了商品住房和保障性住房并存的供应体系，并且出现了保障房由销售为主向租赁为主的发展趋势。

(2)从 2000—2010 年中国城市家庭住房状况在变好，表现为住房消费数量和支出增加，住房来源市场化和住房自有率快速上升到保持相对稳定，住房设施质量提高。

(3)从 2000—2010 年中国城市家庭住房状况的地区差异在扩大，差距依然明显。表现为京沪比其他省份城市住房消费数量低和支出高，住房来源中租赁比重高和住房自有率低，住房设施质量高。比较2年发现，不同地区城市家庭人均面积上的地区差异扩大，住房消费差异扩大，住房自有率地区差异扩大，住房设施差异缩小。

(4)从2000－2010年中国城市各社会阶层家庭住房状况都在变好，但是差异在拉大。表现为城市高学历和高职业序列的户主家庭比其他学历、其他职业的户主家庭住房消费数量高和支出高，住房来源中市场比重高和住房自有率高，住房设施质量高。比较2年发现，城市不同职业和学历户主的家庭人均面积上的差异扩大，住房消费差异扩大，不同学历户主家庭住房自有率差异在扩大，不同职业住房自有率差距缩小，但差距依然很大，住房设施差异较大。

(5)从2000－2010年中国城市家庭住房数量贫困比例明显下降，人均建筑面积19平方米以下的家庭占城市家庭比例从48.5%下降到32%；设施质量贫困比例明显下降，例如没有自来水比例从15.1%下降到6.8%，但是规模依然庞大；高租金负担发生率上升，从3.5%上升到10.7%；不安全产权比例上升，居住在不安全产权的城市家庭比例从8.3%上升到16.1%。由于城市家庭总数增加，尽管住房数量和设施质量贫困比例下降，实际上在某些指标住房贫困户绝对规模也在增加。

(6)中国城市家庭住房贫困有明显的空间分布特征，表现在人口流入比较集中的三大直辖市和沿海发达省份住房贫困发生率比较高。

(7)中国城市家庭住房贫困有明显的社会阶层分布特征，户主为商业服务业人员、工业生产人员的城市家庭相比负责人、技术员、办事员而言住房贫困的比例高。户主学历越高的城市家庭的住房贫困的比例越低，户主为大专、本科和研究生的城市家庭相比初中、高中而言住房贫困的比例低。

(8)影响住房状况和住房贫困的因素很多，有宏观层面的城市化进程、地区经济发展水平、住房保障制度制定和实施情况，住房市场(房价)发育情况、住房规划和设计标准等，还有微观层面的家庭社会经济特征等因素，例如户主户口、行业、职业和受教育程度等。

中国城市家庭住房贫困反映了我国住房市场还存在一些问题。中国正处在城市化加速阶段。2000年城镇化率为36%，2005年城镇化率为43%，2010年城镇化率为50%。2030年中国城市化率被预测将达到61%(UN－Habitat，2005)。按照中国中央政府的规划，到2050年城市化率将达到中等发达国家水平(70%)。从城市化率30%－70%处于加速阶段，人口城市化加快，移民增加凶猛，房价上涨很快。与此同时，住房的财富效应导致了投资性(投机性)购房需求增加，2007年国家统计局255个大中城市大样本调查数据表明有15%的家庭有多套住房。根据国际经验，城市化快速发展过程中的贫困和住房困难问题非常普遍，需要保护城市居民(包括移民)的住房权利，根除贫困、增加可负担的住房，加强建设能力和消除歧视(UN－Habitat，2001)。因此，在中国城市化加速阶段，住房需求还处在加速阶段，这需要发挥市场的资源配置作用，促进住房供应大量增加。住房市场调控政策应该鼓励增加供应，鼓励存量流通，鼓励自住消费，采用经济手段(房产税)等抑制住宅空置。

中国城市家庭住房贫困反映了我国住房保障政策还存在一些问题。在城市化加速阶段，更多是穷人的城市化。对中低收入家庭的住房供应会存在着市场失灵。中国正在逐步建立与市场经济相适应的住房保障体系。从目前来看，保障性住房规模还是不足，亟需住房保障的住房困难群体规模庞大。加大保障性住房实物供应还是有必要的。从上述结果来看，尽管经济适用房和限价商品房存在着很多问题，但对增加住房供应和改善人居水平还是发挥了积极作用，因此应规范销售型保障房而不是取消它，包括加大供应，规范准入，完善退出。租赁型保障房(廉租房和公租房)政策开始发挥作用，占城市家庭住房来源总体比例为3%，依然很小，需要加大供应。

为了逐步解决我国城市住房贫困问题，提出以下政策建议：

(1)增加城市商品住房供应和改善供应结构。增加中小套型普通商品房供应，供应的空间结构应和人口的集聚空间结构匹配，应重点向人口集聚区增加，例如三大地区中增加东部沿海地区的住房供应，城市体系中增加人口大量流入的大中城市住房供应。还要大力发展具有稳定租赁关系的住房市场。

(2)增加城市保障性住房供应和改善供应结构。中央和地方各级城市切实承担解决住房问题的责任，建立健全城镇住房保障制度，逐步加大政府住房保障的力度和保障面，实现低收入家庭在住房保障范围内解决住房问题。按照建设部课题组赵路兴等(2003)的研究，住房保障覆盖城市总体比例为40%左右，其中，经济适用住房占20%左右；对于收入水平低于平均线又进入不了廉租住房范围的中低收入家庭，可提供可支付租赁房，这部分占15%左右；属于完全保障性质的廉租房供应对象是最低收入阶层中的住房困难家庭，这部分控制在5%左右。2011年3月国务院政府工作报告内容提出十二五时期的主要目标和任务中之一是"全国城镇保障性住房覆盖面达到20%左右"。按照租赁型保障房占保障房比例60%比例计算，租赁型保障房占到总体比例12%，销售型保障房占到总体比例8%左右。从2010年城市家庭住房来源来看，经济适用房比例为5%，廉租房比例为2.7%，这说明销售型和租赁型保障房规模都不够，需要加大保障性住房供应，特别是要加大租赁型保障房规模。政府应增加在住房保障方面的投入，扩大住房保障的覆盖面，加强保障性住房的供应，重点推进政府住房保障制度的创新，改善住房保障管理。政府在住房保障用地、税费减免、信贷、政府财政投入等方面提供资金支持。此外，社会捐赠住房和企业参与保障住房也是很重要的。

(3)提高住房规划设计和建设标准。提高城市新建住房的规划设计标准，加快住宅产业现代化进程，提高居住的品质与质量。在新建住房的面积、户型、建筑材料、住房设施方面应以国际文明标准为基础，制定我国的住宅标准，从而改善人居状况。提高住宅质量，加速推进住宅产业现代化步伐，采取相应的技术措施和技术政策，促进科技成果的转化，保证住宅建设的整体技术进步。

(4)多种住房供应方式相结合，新房供应与旧房改造并举。要加强旧城改造，改造城市贫民窟和棚户区。贫民窟居民是城市住房状况最差的社会群体，他们住房面积不足，质量差，设施落后。政府应该制定政策鼓励个人投资、政府出资和社会资金投入，进行旧城改造，加强住房维修，改善住房状况。

(5)加强城市家庭的自住需求和投资需求管理。在商品房市场，应加强投资需求管理。应在更多城市征收持有环节的房产税政策鼓励投资性住宅用于出租，减少空置和闲置。加强保障性住房需求管理。在城市化快速发展阶段，本地的居民保障性住房需求管理以公租房和廉租房为主，以经济适用房和限价商品房供应为辅；应设置合理的门槛逐步将流动人口纳入住房保障体系，给他们提供公租房和廉租房，另外发展城市低租金商品房和郊区农村住房租赁市场，增加他们的住房选择机会。

(6)制定和住房政策协调的收入和教育培训政策。改善收入分配和增加就业，加强对中低收入人群教育培训，提高他们的住房支付能力。

(7)改进公共财政支出政策。中央政府和地方政府应合理划分保障性住房事权，中央政府应加大保障性住房公共资金投入，地方政府也应在政府预算中设立专项资金投入保障性住房建设和运营管理。对于财政困难地区，中央财政应适度倾斜，加大对财政困难地区基础设施建设的投资支持力度，完善财政转移支付制度，加大中央财政对财政困难地区贫困家庭住房困难的专项补贴力度，帮助财政困难地区解决住房困难问题，促进财政困难地区人居可持续发展。

参考文献：

1. Yok-shiu F. Lee, The Urban Housing Problem in China, The China Quarterly, 1988, Sep. No. 115, p387—407.
2. Bogdon, A. and J. Silver. 1994. Prototype Analysis of Housing Availability, Affordability, Adequacy, and Accessibility. U. S. Department of Housing and Urban Development: Washington, DC.
3. Bogdon, A. S., J. Silver and M. A. Turner. 1994. National Analysis of Housing Affordability, Adequacy, and Availability: A Framework for Local Housing Strategies. HUD—1448—PDR. U. S. Department of Housing and Urban Development: Washington, DC.
4. Bourne L. S. The Geography of Housing. New York: Halsted Press (Division of John Wiley & Sons, Inc.), 1981.
5. Dale, A., Williams, M., Dodgeon, B., 1996. Housing Deprivation and Social Change: A Report Based on the Analysis of Individual Level Census Data for 1971, 1981 and 1991 Drawn from the Longitudinal Study and the Samples

of Anonymised Records. HMSO, London.
6. Hiroshi Sato . Housing inequality and housing poverty in urban China in the late 1990s . China Economic Review, Volume 17, Issue 1, 2006, Pages 37—50.
7. Huang Y. , 2011. Low—income Housing in Chinese Cities: Policies and Practices. China Quarterly, forthcoming.
8. Huang Youqin. Housing Choices in Transitional Urban China, UCLA Doc. Dissertation, 2001.
9. John Iceland and Kurt J. Bauman, Income poverty and material hardship: How strong is the association? The Journal of Socio—Economics, 2007, vol. 36, issue 3, pages 376—396.
10. Lawrence, R. J. , Housing Inequality: an Agenda for Research, Urban Studies,1995, vol. 32,no. 10,p. 1655—1664.
11. Lee, James, Ya — Penng Zhu. Urban governance, neoliberalism and housing reform in China. Pacific Review; Mar2006, Vol. 19 Issue 1, p39—61.
12. Logan,J. ,Y. Bian and F. Bian,(1999) Housing inequality in urban China in the 1990s. International Journal of Urban and Regional Research 23. 1,7 - 25.
13. Luis Ayala and Carolina Navarro. Multidimensional housing deprivation indices with application to Spain. Journal of Applied Economics. 40 (2008) Issue (Month): 5 ,Pages: 597—611.
14. Luis Ayala and Carolina Navarro. The dynamics of housing deprivation. Journal of Housing Economics. Volume 16, Issue 1, March 2007, Pages 72—97.
15. Mak, Stephen W. K,Choy, Lennon H. T. ,Ho, Winky K. O. . Privatization, housing conditions and affordability in the People's Republic of China. Habitat International; Jun 2007, Vol. 31 Issue 2, p177—192.
16. Meng Xin, Robert Gregory and Youjuan Wang. Poverty, inequality, and growth in urban China, 1986 - 2000. Journal of Comparative Economics, Volume 33, Issue 4, December 2005, Pages 710—729.
17. Merrett, S. (1982) Owner Occupation in Britain. London: Routledge and Kegan Paul.
18. Ranson R. Healthy Housing: A Practical Guide. London: E & FN Spon, 1991.
19. Rector, R. , Johnson, K. A. , Youssef, S. E. , 1999. The extent of material hardship and poverty in the United States. Review of Social Economy 57, 351 - 387.
20. Roger C. K. Chan, Y. M. Yao and Simon X. B. Zhao. Self—help housing strategy for temporary population in Guangzhou, China. Habitat International, Volume 27, Issue 1, March 2003, Pages 19—35.
21. UN—Habitat . Financing Urban Shelter: Global Report on Human Settlements 2005. London: Earthscan.
22. UN—Habitat ,Slums of the World: The face of urban poverty in the new millennium,2003.
23. Wang Feng , Housing Improvement and Distribution in Urban China: Initial Evidence from China's 2000 Census ,The China Review, Vol. 3, No. 2 (Fall 2003), 121 - 143.
24. Wang, Y. (2000) "Housing Reform and its Impacts on the Urban Poor in China", Housing Studies, 15(6): 845—64.
25. Wu Weiping,Migrant Housing in Urban China: Choices and Constraints, Urban Affairs Review,2002,vol. 38,no. 1,p. 90—119.
26. Yok—shiu F. Lee, The Urban Housing Problem in China, The China Quarterly, 1988,Sep. No. 115,p387—407.
27. Yu, Zhou. Heterogeneity and dynamics in China's emerging urban housing market: two sides of a success story from the late 1990s. Habitat International, Jun2004, Vol. 30 Issue 2, p277—304.
28. Zhang, Xing Quan. 1998. Privatisation: a study of housing policy in urban China. New York: Nova Science Publishers.
29. Zhao, Yingshun and Steven Rourassa,"China's Urban Housing Reform: Recent Achievement and New Inequities", Housing Studies, Vol. 18, No. 5. 2003.
30. US Department of Housing and Urban Development, Office of Policy Development and Research, 2007, AFFORDABLE HOUSING NEEDS 2005: Report to Congress.
31. Office for National Statistics,Social Trends: Housing,2011.
32. 奥沙利文,城市经济学,苏晓燕等译,北京:中信出版社,2003 年。原书为第四版。383—384.

33. 边燕杰，刘勇利. 社会分层、住房产权与居住质量——对中国"五普"数据的分析[J]. 社会学研究，2005(3).
34. 成思危. 中国城镇住房制度改革：目标模式与实施困难. 北京：民主与建设出版社，1999.
35. 崔凤，毛凤彦. 社会排斥与城市贫困家庭的住房问题. 学习与探索，2005，5.
36. 丹尼斯·迪帕斯奎尔，威廉·C·惠顿. 城市经济学与房地产市场[M]. 北京：经济科学出版社，2002.
37. 国家统计局，国务院人口办. 中国 2000 年人口普查资料[M]. 北京：中国统计出版社，2002.
38. 国家统计局，金砖国家统计手册，2011. 国家统计局网站.
39. 国家统计局. 中国统计年鉴(1996—2011)[M]. 北京：中国统计出版社，1997—2011.
40. 国务院办公厅，关于保障性安居工程建设和管理的指导意见. 国办发〔2011〕45 号.
41. 国务院发展研究中心课题组. 中国住房市场发展的基本判断与住房政策走向前瞻. 改革，2007，12：5—12.
42. 国务院国发〔2007〕24 号：国务院关于解决城市低收入家庭住房困难的若干意见，2007—8—7.
43. 简德三，王洪卫. 房地产经济学[M]. 上海：上海财经大学出版社，2003：347—348.
44. 建设部等. 关于加快发展公共租赁住房的指导意见，建保[2010]87 号.
45. 建设部等. 关于印发《关于改善农民工居住条件的指导意见》的通知，建住房[2007]276 号.
46. 建设部政策研究中心"全面建设小康社会居住目标研究"课题组. 全面小康社会的居住目标. 经济参考报，2004—6—7.
47. 蒋耒文，庞丽华，张志明. 中国城镇流动人口的住房状况研究[J]. 人口研究，2005(4).
48. 蒋耒文等. 中国人口与家庭户变动与住房状况研究//国务院人口普查办，国家统计局人口和社会科技统计司编. 转型期的中国人口：2000 年全国人口普查国家级重点课题. 北京：中国统计出版社，2005(6)：268—306.
49. 李实，罗楚亮. 中国城镇居民住房条件的不均等与住房贫困研究. 天则研究所论文，2007.
50. 联合国：中国人类住区宣言，2003. http://www.un.org/.
51. 联合国人居署. 全球化世界中的城市—全球人类住区报告，2001. 司然等译. 北京：中国建筑工业出版社，2004.
52. 联合国人居署. 全球人类住区报告，1996. http://www.un.org/.
53. 联合国人居中心. 城市化的世界 1996. //沈建国等译. 北京：中国建筑工业出版社，1999.
54. 刘金塘等，中国人民大学人口与发展研究中心. 北京市人口住房状况及其影响因素分析//北京市第五次人口普查办公室等编. 北京市 2000 年第五次全国人口普查课题论文集. 北京：中国人口出版社，2004，10：261—297.
55. 卢嘉，董征. 我国保障性住房政策演变与构建. 中国房地产(学术版)，2012，1：50—56.
56. 诺斯. 制度、制度变迁与经济绩效. 中译本. 上海：上海三联书店，1994.
57. 潘允康等. 家庭结构和住房//国务院人口普查办，国家统计局人口和社会科技统计司编. 转型期的中国人口：2000 年全国人口普查国家级重点课题. 北京：中国统计出版社，2005，6：235—267.
58. 切希尔，米尔斯. 区域与城市经济学手册 3 卷[M]. 北京：经济科学出版社，2002.
59. 全面小康社会居住目标：城镇人均住房面积 35 平米. 经济参考报，2004，6，16. http://business.sohu.com/2004/06/16/49/article220564921.shtml.
60. 文林峰. 城镇住房保障. 北京：中国发展出版社，2007，4.
61. 杨帆，阎小培. 近十年来中国城镇居民居住状况分析. 城市问题，2000，4.
62. 易成栋. 中国家庭户住房状况和人居可持续发展. 资源与人居环境，2005，11.
63. 赵路兴，浦湛. 中低收入家庭住房保障收入线划分研究[J]. 城市开发，2003，(11).
64. 郑思齐，满燕云，任荣荣. 中国城市的住房状况与居住不平等. PLC Working Paper，(No. 006)，2009.
65. 住建部：我国城镇人均住房面积达 31.6 平方米. 中国经济网，2011，10，25，http://www.ce.cn/xwzx/gnsz/gdxw/201110/25/t20111025_22787694.shtml.

中央财经大学 城市与房地产管理系　易成栋[①]

---

① 基金项目：国务院第六次人口普查办课题(Grant of the Six Population Census of State Council)支持。
作者简介：易成栋(1972—)，男，湖北黄冈人，中央财经大学城市与房地产管理系教授，区域经济学博士，主要研究房地产和城市发展。

基于对应分析的居民住房状况与户主职业关系研究①

一、引言与数据准备

改革开放30多年以来，我国住房建设规模、居民居住条件发生了翻天覆地的变化。同时，伴随着我国市场经济体制转型的不断深化，社会各阶层的分化也在一定程度上越来越大，体现在住房上变化就是居民住房不平等性在不断扩大。处于不同阶层的户主由于获取社会资源能力上的差异导致住房资源获取的差异。

2000年第五次人口普查第一次引入了住房调查，通过此次普查数据国内有关学者开始着手分析住房状况包括住房来源、住房面积、住房质量等与户主职业、受教育程度等特征之间的关系。到2010年的第六次人口普查，中国住房无论从住房面积还是住房来源等都发生了较大的变化，本文关注的焦点就在住房状况与户主职业状况之间的关系以及这种关系与2000年相比发生了何种变化。

关于户主职业的分层研究，仇力平（2001）通过对上海社会结构与社会分层的研究得出职业地位的大体排名：①负责人②办事员③技术人员④商服员⑤工业生产人员⑥农业生产人员。一个职业所处阶层越高，其所掌握的社会资源也越多。② 边燕杰和刘勇利（2004）认为：当今中国的阶层差异体现在收入和住房上有三个方面：第一，在日益发展的住房商品市场上，是否拥有住房的产权，是个人或家庭的经济能力和成就的标志；第二，个人或家庭是否有能力购买更大、质量更好的住房，与个人或家庭成员的收入正相关；第三，管理精英和专业精英比非精英有更高的经济购买力，因为市场改革在回报权力的同时，也回报人力资本。通过研究发现，在2000年，72%的城市家庭户拥有住房所有权，比1990年的24%增加了48%；研究同时发现，户主职业地位高的住户在产权拥有率、购买租赁比、购房能力等方面均表现出显著优势，管理精英和专业精英的家庭所拥有的住房往往面积更大、质量更好。③ 易成栋和刘志东（2006）根据中国六大城市2000年人口普查资料0.095%抽样数据用Logit模型分析了影响家庭住房产权的因素，表明了中国住房产权选择与户主受教育程度以及职业状况有显著影响。④ 这些研究都将职业看作衡量其所处社会阶层的一个很重要的标志。

而在户主所处阶层对住房条件影响的研究方面，蒋耒文、庞丽华和张志明（2005）通过Logistic方法分析了中国流动人口特征与住房状况的关系，研究发现，掌握资源分配权利的政府官员和管理人员拥有最好的住房条件，同时那些直接为政府官员服务的、与政府官员和管理人员最接近的办事员也享有比专业技术人员更好的住房设施，但在农业户流动人口中，办事员与专业技术人员贫民窟发生率的差别非常小，这意味着制度因素的影响在这个农业户流动人口中被大大削弱了。⑤ 刘祖云、毛小平（2012）提出了相似的见解，他们认为个人的职业状况不同，其住房分层地位有较大的差距。与体力劳

① 本文得到国务院第六次全国人口普查领导小组办公室招标课题“城镇家庭住房：现状、特点与差异”与辽宁省教育厅2011年科学研究一般项目“基于人口普查资料的城镇住房地区差异及影响因素”（批准号：W2011101）的资助。

② 仇立平。《职业地位：社会分层的指示器——上海社会结构与社会分层研究》，《社会学研究》，2001年第3期。

③ 边燕杰，刘永利，《社会分层、住房产权与居住质量－对中国五普数据的分析》。《社会学研究》，2006年第3期。

④ 易成栋，刘志东，《基于Logit模型的中国城镇家庭住房产权的影响因素分析》。《大连民族学院学报》，2006年第6期。

⑤ 蒋耒文，庞丽华，张志明，《中国城镇流动人口的住房状况研究》，《人口研究》，2005年第4期。

动者相比，中高级管理人员，一般管理人员及办事员、科员，个体工商户的住房分层地位显著要更高；而专业技术人员及科研人员、技术工人的住房分层地位与体力劳动者相比则没有显著差别。①

然而由于数据的限制，对于第五次以及第六次全国人口普查居民住房状况与户主职业特点的关系的变化分析在国内研究仍处于空白状态，虽然种种研究表明住房状况与户主职业之间存在相当强的相关关系，但经过十年的社会发展，两者之间的关系究竟发生了何种变化仍需要进一步分析，这也是本论文重点解决的问题之一。

本研究主要采用第五次和第六次全国人口普查10%家庭户抽样数据进行分析。2010 年第六次全国人口普查数据在 2000 年普查基础上对数据描述更加全面，为本研究提供了更为权威细致的资料。对于第六次全国人口普查主要应用全国非合计模板表中的《L9－14 全国按户主的职业、住房来源分的家庭户户数》、《L9－16 全国按户主的职业分的家庭户住房状况》、《L9－17 全国按户主职业、人均住房面积分的家庭户户数》三个表。值得说明的是，由于第六次全国人口普查对于人均住房面积的划分更加细致，因此在分析"五普"、"六普"关于住房建筑面积差异时，本文将"六普"数据表《L9－17 全国按户主职业、人均住房面积分的家庭户户数》中"50－59 ㎡/人""60－69 ㎡/人"、"70 ㎡/人以上"这三个组合并为"50 ㎡/人以上"。另外对于"五普"数据中关于住房来源的划分方面，我们将"租住原公有住房"比率近似等于"六普"数据中的"租住廉租住房"比率，将"租用商品房"比率近似等于"六普"数据中的"租用其他住房"比率，并且将"六普"数据表中关于"购买二手房"并入到"其它"项中。

根据第六次全国人口普查数据，本文将户主(户主的要求是常住人口且为 15 岁以上)职业划分为七类：第一类，国家机关、党群组织、企业、事业单位负责人(简称负责人)；第二类，专业技术人员(简称技术员)；第三类，办事人员和有关人员(简称办事员)；第四类，商业、服务业人员(简称商服员)；第五类，农、林、牧、渔、水利业生产人员(简称农业生产人员)；第六类，生产、运输设备操作人员及有关人员(简称工业生产人员)；第七类，不便分类的其他劳动者(简称其他)②。

对于住房来源，总共分为八类：租赁廉租住房、租赁其他住房、自建住房、购买商品房、购买二手房、购买经济适用房、购买原公有住房、其他类型，我们关注的主要有三方面，分别为城镇居民住房自有率、市场型住房比率以及保障性住房比率，其中住房自有率是由自建住房比率、购买商品房比率、购买二手房比率、购买经济适用房比率、购买原公有住房比率五部分组成；市场型住房比率是由租赁其他住房比率、购买商品房比率、购买二手房比率以及购买经济适用房比率四部分组成；保障性住房比率是由租赁廉租住房比率及购买经济适用房比率构成。

同时，本文在分析住房建筑面积与户主职业之间关系时将人均住房建筑面积划分为七组："13 ㎡/人以下"、"13—29 ㎡/人"、"30—39 ㎡/人"、"40—49 ㎡/人"、"50—59 ㎡/人"、"60—69 ㎡/人"、"70 ㎡/人以上"，同时认为处在人均住房建筑面积 13 ㎡以下的居民属于住房困难群体，而人均住房建筑面积越大说明其住房宽敞程度越好。

二、住房状况与户主职业关系对应分析模型的建立

对应分析也称为 R－Q 型分析，是在 R 型因子分析与 Q 型因子分析的基础上发展起来的一种多元统计方法，首先由法国 Beozecri 与 1970 年提出，主要分析变量间、样本间以及变量及样本间的关系状况。

由于 R 型因子分析和 Q 型因子分析都是反映一个整体的不同侧面，因此它们之间一定存在内在的联系。对应分析就是通过一个过渡矩阵 Z 将二者有机地结合起来，具体地说，首先给出变量点的协方差阵 $A=Z'Z$ 和样本点的协方差阵 $B=ZZ'$，由于 $Z'Z$ 和 ZZ' 有相同的非零特征根记为 $\lambda_1 \geqslant \lambda_2 \geqslant \ldots \geqslant \lambda_m, 0<m \leqslant \min(p,n)$，如果 A 的特征根 λ_i 对应的特征向量为 U_i，则 B 的特征根 λ_i 对应的特征向

① 刘祖云，毛小平，《中国城市住房分层—基于 2010 年广州市千户问卷调查》，《中国社会科学》，

② 易成栋，"基于 Logit 模型的中国城镇家庭住房产权的影响因素"，《大连民族学院学报》，2006 年第 6 期。

量就是 $ZU_i = V_i$，根据这个结论就可以很方便的借助 R 型因子分析而得到 Q 型因子分析的结果。因为求出 A 的特征根和特征向量后很容易地写出变量点协方差阵的因子载荷，记为 F。则

$$F = \begin{pmatrix} u_{11}\sqrt{\lambda_1} & u_{12}\sqrt{\lambda_2} & \cdots & u_{2m}\sqrt{\lambda_m} \\ u_{21}\sqrt{\lambda_1} & u_{21}\sqrt{\lambda_2} & \cdots & u_{2m}\sqrt{\lambda_m} \\ \cdots & \cdots & \cdots & \cdots \\ u_{p1}\sqrt{\lambda_1} & u_{p2}\sqrt{\lambda_p} & \cdots & u_{pm}\sqrt{\lambda_m} \end{pmatrix} \quad (1)$$

这样一来样本点协方差阵 B 对应的因子载荷阵记为 G，则

$$G = \begin{pmatrix} V_{11}\sqrt{\lambda_1} & V_{12}\sqrt{\lambda_2} & \cdots & V_{2m}\sqrt{\lambda_m} \\ V_{21}\sqrt{\lambda_1} & V_{21}\sqrt{\lambda_2} & \cdots & V_{2m}\sqrt{\lambda_m} \\ \cdots & \cdots & \cdots & \cdots \\ V_{p1}\sqrt{\lambda_1} & V_{p2}\sqrt{\lambda_p} & \cdots & V_{pm}\sqrt{\lambda_m} \end{pmatrix} \quad (2)$$

由于 A 和 B 具有相同的非零特征根，而这些特征根又正是各个公共因子的方差，因此可以用相同的因子轴同时表示变量和样本点，即把变量点和样本点同时反映在具有相同坐标轴的因子平面上，以便对变量和样本点一起考虑进行分类。

以下是本文在对居民住房状况与户主职业状况进行对应分析的具体步骤：

1. 设原始数据矩阵为：

$$X = \begin{pmatrix} X_{11} X_{12} & \cdots & X_{1P} \\ X_{21} X_{22} & \cdots & X_{2P} \\ \cdots\cdots\cdots & & \cdots \\ X_{N1} X_{N2} & \cdots & X_{NP} \end{pmatrix}, \quad (3)$$

其中 N 为样本个数（文章中 N 被看做参与评测的 7 类职业），P 为指标（本文中第四部分 P 指对应分析模型中 8 类不同来源的住房，在第五部分中 P 指对应分析模型中 4 类住房建筑面积的分类）。X_{ij} 为第 i 个样品第 j 个指标观察值。

2. 将 X 按行、列分别求和，得到 $T = \sum_{i=1}^{N}\sum_{j=1}^{P} X_{ij}$ (4)

3. 对原始数据进行对应变换，得到 $Z = [Z_{ij}]$ (5)

式中 $Z_{ij} = \dfrac{X_{ij} - X_{i\cdot} \cdot X_{\cdot j}/T}{\sqrt{X_{i\cdot} \cdot X_{\cdot j}}}$，$(i = 1, 2, ..., N;\ j = 1, 2, .., P)$

4. 因子分析

R 型。计算协方差阵 $A = ZZ$ 的特征值 $\lambda_1 \geqslant \lambda_2 \geqslant \cdots \geqslant \lambda_p$，按其累计百分比 $\sum_{\alpha=1}^{m}\lambda_\alpha / \sum_{\alpha=1}^{p}\lambda_\alpha \geqslant 80\%$，取其前 m 个特征值 $\lambda_1, \lambda_2, \cdots, \lambda_m$，并计算相应的单位特征向量 $\mu_1, \mu_2 \cdots, \mu_m$，从而得到 R 型因子载荷矩阵，即式(1)。

Q 型。对上述 m 个特征根 $\lambda_1 \geqslant \lambda_2 \geqslant \cdots \geqslant \lambda_m$，计算器对应于矩阵 $B = ZZ'$ 单位特征向量 $Z_{u1} = V_1$，$Z_{u2} = V_2, \cdots, Z_{um} = V_m$，得到 Q 型因子载荷矩阵，即式(2)。

可以看到，A、B 两矩阵之间存在着简单的对应关系，并且将原始观测数据 X_{ij} 换为 Z_{ij}，使变量和样本具有对等性。因此对于 Q 型分析，是用 A 的结果导出 B 的特征值及特征向量。即从 R 型分析出发，获得 Q 型分析的结果，克服了当样本数量太大进行 Q 型分析的困难。在接下来的两部分内容里，我们将就户主职业状况与住房来源以及住房建筑面积进行对应分析。

三、居民住房来源与户主职业的对应分析

全国第六次人口普查中住房来源分为租赁廉租住房、租赁其他住房、自建住房、购买商品房、购买二手房、购买经济适用房、购买原公有住房、其他类型。廉租住房和经济适用房是中国住房保障制度的产物，用以满足购买力相对较弱低收入和中低收入家庭的住房需求，租赁廉租住房和购买经济适用房两项住房来源的比重可以反映各地区廉租住房制度和经济适用房制度的落实和发展水平；原公有住房是中国住房改革过程中的历史产物，购买原公有住房比重可以反映该地区国有经济对住房的影响程度；购买商品房是最能体现经济发展水平和住房市场化的住房来源。

首先需要验证的是住房来源与户主职业之间是否存在关联关系，只有存在关联关系才能继续使用对应分析，最终得到 $\chi^2 = 1.75E6$，对应 $P\text{-} = 0.00$，因此可以认为住房来源与户主职业存在关联。

表1　特征根及贡献率

	1	2	3	4	5	6
特征根	0.541	0.262	0.077	0.013	0.009	0.001
贡献率	0.797	0.187	0.016	0.000	0.000	0.000
累计贡献率	0.797	0.981	1.000	1.000	1.000	1.000

非零特征根及其贡献率见表1，从表中可以看出，前两个公因子已经代表了住房来源指标与户主职业的主要信息。其中第一个公因子（Dimension1）占79.7％，第二个公因子（Dimension2）占18.7％，从而得到以下R型因子载荷矩阵（表2）和Q型因子载荷阵（表3）。

表2　R型因子载荷矩阵及概括统计量

住房来源	Mass	Dim 1	Dim 2	Inertia	Quality
租赁廉租住房	0.027	0.260	0.721	0.006	0.981
租赁其他住房	0.223	0.279	0.719	0.057	0.998
自建住房	0.320	0.995	0.005	0.196	1.000
购买商品房	0.222	0.716	0.261	0.072	0.977
购买二手房	0.045	0.952	0.000	0.004	0.952
购买经济适用房	0.036	0.831	0.085	0.007	0.916
购买原公有住房	0.088	0.740	0.143	0.022	0.883
其他	0.039	0.778	0.058	0.005	0.836

信息量（Mass）为原始数据中各行或各列数据于总合计之比，是各指标的边缘频率，指标中信息量越大，则说明这个指标的优势作用越大。各类住房的边缘频率越大说明该类住房的发展程度越高。Dim1和Dim2分别表示各维度在各类别的分解情况。质量（Quality）为两个公共因子贡献率之和，惯量（Inertia）为指标对特征值的贡献率。

表3　Q型因子载荷矩阵及概括统计量

职业	Mass	Dim 1	Dim 2	Inertia	Quality
负责人	0.049	0.495	0.367	0.367	0.863
技术人员	0.126	0.632	0.366	0.366	0.998
办事员	0.101	0.588	0.393	0.393	0.980
商服员	0.253	0.413	0.502	0.502	0.914
农业生产人员	0.152	0.979	0.020	0.020	1.000
工业生产人员	0.319	0.022	0.889	0.889	0.911
其他	0.002	0.289	0.021	0.021	0.310

从Mass来看，自建住房、租赁其他住房以及购买商品房比重较大，其中自建住房主要是由户主为农业生产人员的家庭户拉动。从Dim 1来看，除了租赁廉租房以及租赁其他住房以外的六个类别携带了第一维度的信息，而第二维度的信息主要被其他的六个类别所携带。从Quality来看，两个公共因子在前几个指标上的贡献率为1或者是接近于1。从Inertia来看，自建住房、购买商品房、租赁其他住房以及购买原公有住房的惯量相对来说比较大，说明这几类住房对现有城镇居民住房来源贡献较大。

表3主要关注的是Dim 1以及Dim 2，从Dim 1来看，仅有农业生产人员这一类别在第一维度上区分度较好，在第二维度上则仅有工业生产人员区分度较好，因此若是其他职业的解释不理想，我们可以考虑是否加入第三维度以改善解释。接下来我们将指标和户主职业根据它们的载荷同时描绘在以两个公因子轴为坐标的平面上，得到指标与户主职业的因子平面点聚图（见图1），再进行观察。

图1用两条零点线将此图分成四个象限，根据住房来源和户主职业根部在途中四个象限的位置，直观地判断不同职业在选择不同类型的住房时的优势。由图中可以看到，负责人、办事员、技术人员在购买商品房、原公有住房以及经济适用房方面较其他职业更有优势，农业生产人员在自建住房方面优势更大，而工业生产人员以及商服员对于租赁其他住房及租赁廉租房方面更具优势。

综上来看，负责人、办事员、技术人员所拥有的住房市场化程度较高，同时在产权拥有方面较其他职业（除农业生产人员）更具优势。而农业生产人员由于自建住房比率达到了89.41％从而对住房产权的拥有上具有更大的优势，但是其住房市场化程度非常低，这不得不引起我们的注意。商服员以及工业生产人员在租住各类住房的比率较高，但租房毕竟不是长久之计，这两类家庭户对于住房产权拥有及市场化住房的拥有比率还有较长的路要走。

四、居民住房宽敞程度与户主职业的对应分析

职业是阶级结构的支柱，因此系统性的社会不平等，首先源于人们的职业位置和职业特征。权力、

图 1 城镇家庭户住房来源与户主职业的对应分析

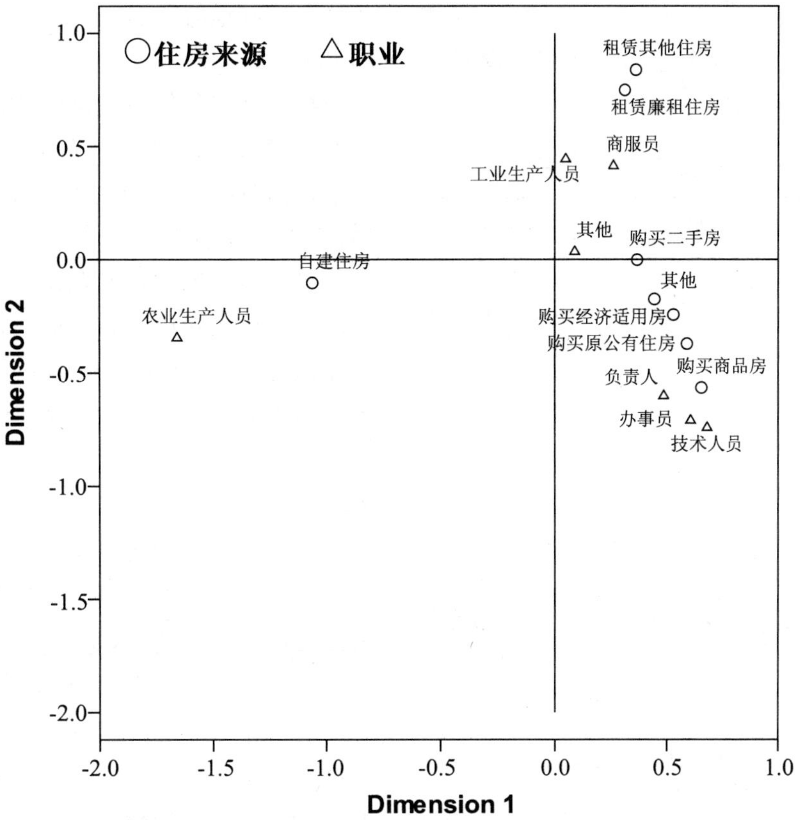

技术、收入甚至财产的不平等，都源于人们的职业活动，所以家庭住房宽敞状况也在一定程度上受到了职业的影响。这种由职业分层造成的资源分配的差异可以来源于两个方面：在相同等级的单位组织中，纵向的职业地位越高，对资源的控制能力越强，获得的分配资源的数目也就越大；而在各自单位组织中处于相同职业地位的群体，所在单位组织的横向地位越高，所获得的分配资源的数目越大。为此本部分具体分析中国居民住房宽敞状况（即住房建筑面积）与户主职业之间的关系。

与上一部分分析步骤一样，首先需要验证的是住房建筑面积与户主职业之间是存在关联关系，只有存在关联关系才能继续使用对应分析，计算得到 $\chi^2=9.67E5$，对应 P- $=0.00$，因此可以认为住房建筑面积与户主职业存在关联。

从其非零特征根及其贡献率来看，依旧是前两个公因子已经代表了住房建筑面积指标与户主职业的主要信息。其中第一个公因子（Dimension1）占 89.2%，第二个公因子（Dimension2）占 9.63%，因此完全可以使用二维空间进行结果的解释。以下为 R 型因子载荷矩阵（表 4）和 Q 型因子载荷阵（表 5）。

表 4 R 型因子载荷矩阵及概括统计量

住房建筑面积	Mass	Dim 1	Dim 2	Inertia	Quality
13 ㎡/人以下	0.102	0.992	0.008	0.024	1.000
13—29 ㎡/人	0.394	0.010	0.987	0.002	0.997
30—39 ㎡/人	0.182	0.934	0.030	0.002	0.964
40—49 ㎡/人	0.119	0.781	0.189	0.003	0.970
50—59 ㎡/人	0.061	0.847	0.143	0.001	0.990
60—69 ㎡/人	0.052	0.927	0.011	0.001	0.938
70 ㎡/人以上	0.089	0.328	0.532	0.001	0.860

根据表 4，从 Mass 来看，13—29 ㎡/人、30—39 ㎡/人两个类别所占比重较大。从 Dim 1 来看，第一维度的信息主要被 13 ㎡/人以下、30—39 ㎡/人、40—49 ㎡/人、、50—59 ㎡/人、60—69 ㎡/人五个类别所携带，换言之这五个类别在第一维度上区分度较好，而 13—29 ㎡/人这一类别在第二维度区分度较好，而 70 ㎡/人组在第一和第二维度分布较为平均，相对来说在第一维度区分度更好一些。从 Quality 来看，两个公共因子在前几个指标上的贡献率为 1

或者是接近于1。从Inertia来看，除13 ㎡/人以下、13－29 ㎡/人、30－39 ㎡/人以及40－49 ㎡/人四类的惯量相对来说比较大，说明这几个类别对现有居民住房建筑面积贡献较大。

表5　Q型因子载荷矩阵及概括统计量

职业	Mass	Dim 1	Dim 2	Inertia	Quality
负责人	0.027	0.460	0.469	0.002	0.929
技术人员	0.069	0.775	0.200	0.003	0.975
办事员	0.052	0.574	0.376	0.001	0.951
商服员	0.147	0.952	0.030	0.003	0.982
农业生产人员	0.471	0.884	0.116	0.008	0.999
工业生产人员	0.233	0.999	0.000	0.015	0.999
其他	0.001	0.978	0.000	0.000	0.978

表5主要关注的是Dim 1以及Dim 2，从Dim 1来看，商服员、农业生产人员、工业生产人员以及其他类别工作这四类在第一维度上区分度较好，而在第二维度上没有一个能显著在第二维度上区分明显的类别，但是从总的Quality值来看，两个维度能在总体上较好地解释居民住房宽敞程度和户主职业之间的关系。

接下来将各住房建筑面积指标和户主职业根据它们的载荷同时描绘在以两个公因子轴为坐标的平面上，得到指标与户主职业的因子平面点聚图（见图2），再进行观察。

图2用两条零点线将此图分成四个象限，根据住房建筑面积和户主职业根部在途中四个象限的位置，直观地判断不同职业在选择不同建筑面积的住房时的优势。由图中可以看到，负责人、办事员、技术人员在30－39 ㎡/人、40－49 ㎡/人、50－59 ㎡/人以及70 ㎡/人以上较其他职业更有优势，其中负责人在人均建筑面积70 ㎡/人以上的住房更有优势，技术人员在人均建筑面积30－49 ㎡/人方面相关性更强，工业生产人员、商服员、其他职业与人均建筑面积为13 ㎡/人以下的住房相关性较强，而农业生产人员与建筑面积为13－29 ㎡/人方面的相关性较强。

图2　城镇家庭户住房建筑面积与户主职业的对应分析

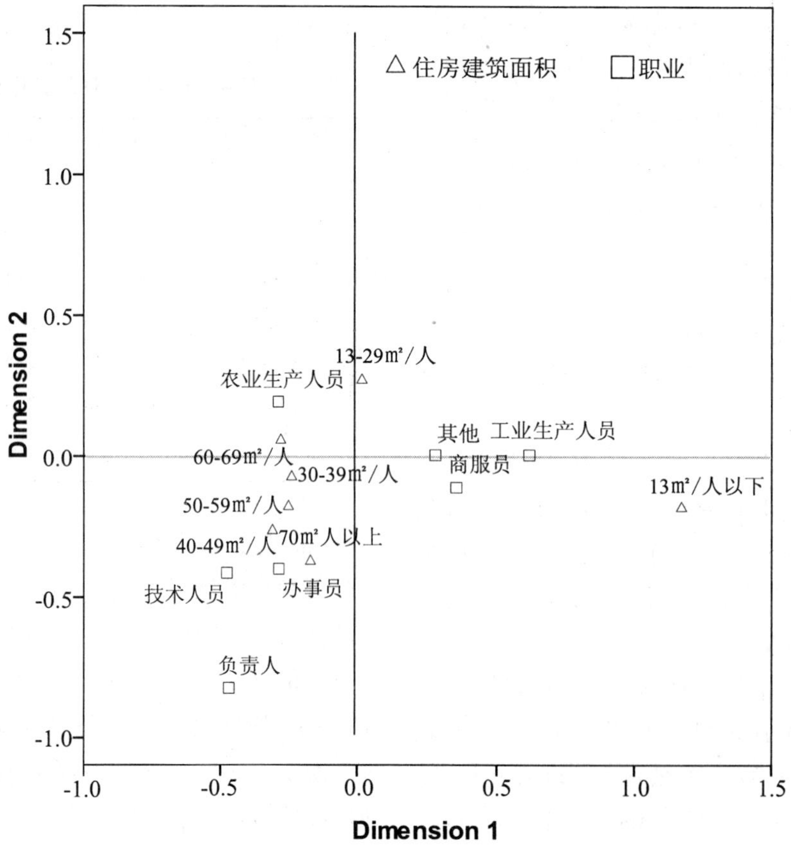

五、动态对比

通过对应分析，我们对住房状况与户主职业之间关系有一个较为基本的认识，那就是负责人、技术人员由于对社会资源的掌握从而在住房上体现为住房建筑面积大，住房市场化程度及住房自有率高。而那些直接为政府官员服务的、与政府官员和管理人员最接近的办事员也享有与专业技术人员相似或者更宽敞的住房。而商服员、农业以及工业生产人员、不便分类的其他劳动者除了农业生产人员住房自有率较高以外，剩下的住户在住房宽敞程度、住房市场化程度、自有住房比率上表现较为一般，甚至可以说是较差。职业是反映一个人所处社会阶层的重要体现，一般来说所处社会阶层越高其住房条件也就越好，因此通过住房宽敞程度的分析也可以在一定程度上看到户主的收入水平以及所处社会阶层状况。

本部分在对应分析基础上进一步对“五普”、“六普”数据中关于住房来源以及住房建筑面积与户主职业之间的关系进行动态比较，以期对十年间住房资源在不同职业阶层之间的分配变化情况有一个清晰的了解。具体数据见表 6、表 7：

表 6 “五普”、“六普”关于住房来源与户主职业关系对比情况

（%）

	租赁廉租住房		租赁其他住房		自建住房		购买商品房		购买经济适用房		购买原公有住房		其它	
	五普	六普	五普	六普	五普	六普	五普	六普	五普	六普	五普	六普	五普	六普
负责人	9.81	1.62	3.22	15.09	35.07	25.98	13.88	36.75	6.95	3.81	25.72	8.37	5.36	8.39
技术人员	16.36	1.88	2.61	12.50	27.58	19.20	10.20	36.17	7.59	5.07	26.07	13.20	9.59	11.99
办事员	14.78	1.76	2.81	13.11	20.25	18.87	12.08	35.12	8.73	5.38	33.60	14.86	7.76	10.90
商服员	13.43	3.25	13.68	28.65	40.59	32.51	9.23	19.20	4.45	2.71	12.34	6.00	6.28	7.68
农业人员	0.37	0.20	0.25	0.64	95.86	96.46	0.67	0.61	0.55	0.20	0.66	0.42	1.64	1.48
工业人员	11.86	2.97	7.51	23.22	50.73	48.05	5.75	10.46	4.21	2.59	14.30	5.97	5.64	6.73
其他	13.24	3.04	7.71	18.36	48.50	41.86	5.56	16.74	4.23	3.17	11.99	7.45	8.78	9.39

表 6 体现出如下特点：

1. 住房市场化程度有大幅度提高，但农业、工业生产人员在该指标上增幅缓慢

从最能体现住房市场化的商品房购买率看，“六普”时期七类职业户主（除农业生产人员）购买商品房比率均有了较大幅度增长，这说明我国的住房市场化程度有了较大的提高，其中技术人员、办事员、其他职业以及负责人在购买商品房比率上增幅均在 150%以上，而农业生产人员以及工业生产人员在购买商品房比率上增长较为缓慢，甚至农业生产人员出现了负增长。另外从各类职业在购买率占比上，农业以及工业生产人员商品房拥有率依然较其他职业有较大劣势，这应该引起我们足够重视。与此同时，七类职业在自建住房、购买原公有住房的拥有率上也大都有了较大幅度的降低，同样反映出我国住房市场化较“五普”时期的提高。

2. 保障性住房比率降低，低收入住房困难群体住房条件有所改善，但负责人、技术人员、办事员在一定程度上侵占了住房困难群体的住房资源

从租住房角度来看，七个不同职业的居民选择租赁廉租住房的比率均有较大幅度的降低，同时这七类职业居民在选择租赁其他住房（主要以租赁商品房为主）比例均有较大幅度增长，这说明居民的收入水平均有了较大幅度的提高，居民在租住房选择方面更倾向于选择条件更好的住房。从购买经济适用房比率角度看，“六普”时期各职业户主经济适用房拥有率降幅显著，这也在一定程度上反映出居民收入水平的提高，但是我们同样需要注意的是：据第六地人口普查数据显示，负责人、技术人员以及办事员在经济适用房拥有率达到了 40%，这说明这三个阶层在一定程度上侵占原本面向住房困难群体的经济适用房。

近年来有很多学者呼吁取消建造经济适用房，原因是经济适用房并未为有效解决低收入群体的住房难问题，由于居民真实收入的不易测度性，造成了很多浑水摸鱼的现象发生，负责人申请经济适用房用于出租的新闻经常见诸报端。而从我们的分析中可以看到，负责人、技术人员、办事员本身应属于收入较高的群体，但是其购买经济适用房的比率却高于户主为其他职业的家庭户比例，这说明以上分析的现象依然大量存在，这也是为什么建设廉租房取消经济适用房的呼声越来越高的原因之一。

表7 "五普"、"六普"关于住房建筑面积与户主职业关系对比情况

（%）

	13 ㎡/人以下		13—29 ㎡/人		30—39 ㎡/人		40—49 ㎡/人		50 ㎡/人以上	
	五普	六普	五普	六普	五普	六普	五普	六普	五普	六普
负责人	12.01	5.99	49.43	30.69	16.78	19.93	8.87	15.09	12.91	28.30
技术人员	15.62	5.39	55.12	34.45	14.61	21.65	6.67	15.44	7.98	23.06
办事员	16.17	7.64	54.82	34.79	14.44	20.42	6.57	14.86	8.00	22.30
商服员	27.47	14.56	46.98	38.69	11.22	16.59	5.79	10.62	8.54	19.54
农业人员	19.71	6.33	52.40	41.22	13.72	19.19	6.67	12.33	7.51	20.93
工业人员	24.79	17.54	48.07	39.77	11.50	15.70	6.36	9.71	9.29	17.28
其他	27.86	13.55	48.60	39.71	10.92	17.37	5.39	10.74	7.24	18.63

从表7来看，可以得到以下结论：

1. 处于低收入住房困难线以下的居民比率大幅度减少，但是商服员、农业生产人员以及工业生产人员仍不容乐观

各类职业的居民在人均住房建筑面积13 ㎡/人以下的比例有了较大幅度降低，但是商服员、工业生产人员以及其他职业居民在该组比例上仍占较大比例，根据计算得到，商服员、农业生产人员、工业生产人员在人均建筑面积13 ㎡/人以下的群体中所占比例分别为21.10%、29.34%以及40.26%，这说明这几类职业的居民住房状况仍不理想。

2. 13—29 ㎡/人仍是各类职业的主要选择，但负责人、技术人员以及办事员在大面积住房选择上更有优势

人均住房建筑面积在13—29 ㎡/人范围内的住房依然是七类职业居民的主要选择，但是比例较"五普"时期已经有了较大幅度的减少，居民更倾向于选择更宽敞的住房。也就是说人均建筑面积在30—39 ㎡/人、40—49 ㎡/人以及50 ㎡/人以上的住房拥有比例均有了不同程度的增长。虽然在"六普"时期选择这三类住房的比例均有提高，但负责人、技术人员以及办事员依旧是选择这三类住房的主要群体，其中技术人员在30—39 ㎡/人、40—49 ㎡/人组所占比例最高，负责人在50 ㎡/人以上的住房方面所占比例更高。另外对人均住房建筑面积在50 ㎡/人以上组进行细分，我们可以发现，负责人在50—59 ㎡/人、60—69 ㎡/人以及70 ㎡/人以上所占比率均为各类职业最高，也从侧面反映出了负责人在高质量住房获取方面对于其他职业的优势。

一般认为，住房建筑面积越大，证明户主收入层次越高，因此通过横向与纵向比较我们可以认为，负责人、技术人员以及办事员社会地位较高，其相应收入水平也较高，而商服员、农业生产人员、工业生产人员从整体上看，无论是对社会资源的获取还是收入水平都比以上三种职业户主要差一些，从横向上看，负责人、技术人员以及办事员不同层次之间收入差距相对另外几类职业要更小。

本部分主要分析了"五普"、"六普"两时期不同职业户主住房条件的变化情况，分析表明，住房市场经过十年的快速发展，居民的住房状况均发生了较大的改观，主要体现在住房市场化程度提高，居民住房宽敞程度更好。但同时我们发现，负责人、技术人员、办事员住房条件普遍比其他职业居民的住房条件好，农业生产人员、工业生产人员住房状况堪忧。边燕杰和刘勇利（2004）在《社会分层、住房产权与居住质量—对中国'五普'数据的分析》提出两个假设，假设1：管理精英（负责人）和专业精英（技术人员）比非精英更可能拥有住房产权，住房面积更大，住房质量更高；假设2：如果权力维续理论正确的话，与专业精英（技术人员）相比，管理精英（负责人）将在住房产权、房屋面积和居住质量等方面均处优势。本部分在一定程度上证明了经过十年的发展，该假设依然成立，从一定程度上说不同职业间的住房条件差距正在扩大，这也与现阶段职业间收入差距不断扩大现象相呼应。

六、结论及政策建议

本文利用第五次以及第六次人口普查数据，对中国城镇家庭户住房来源、住房建筑面积等指标与户主职业关系的变化情况结合描述统计以及对应分析进行了详细的研究。主要结论有：

1. 从住房来源角度分析，七类职业的居民住房条件均有了较大幅度提高，具体表现在：(1)廉租房租住率降低，取而代之的是租住条件更好的其他类住房（以租住商品房为主）；(2)住房市场化程度提高，商品房购买率增加。负责人、技术人员以及办事员在购买商品房方面占据较大优势，但同时原本为解决低收入住房困难群体住房问题的经济适用房拥有率上，负责人、技术人员、办事员购买率较高，说明他们在一定程度上侵占了住房困难群体的资源。

2. 从住房宽敞程度角度看，各职业阶层的住房宽敞程度也同样在不同程度上有所提高，具体表现在：(1)人均住房建筑面积在13 ㎡/人以下的居民比例有所减少，但是商服员、工业生产人员以及其他职业居民在该组比例上仍在10%以上，这几类职业居民的住房条件有待提高；(2)人均住房建筑面积在13－29 ㎡/人的居民仍在比例上占优，但是已经较“五普”时期有所降低，居民更趋向与选择面积更大的住房；(3)人均建筑面积在30－39 ㎡/人、40－49 ㎡/人以及50 ㎡/人以上的住房比例均有了不同程度的增长。虽然在“六普”时期选择这三类住房的比例均有提高，但负责人、技术人员以及办事员依旧是选择这三类住房的主要群体，其中技术人员在30－39 ㎡/人、40－49 ㎡/人组所占比例最高，负责人在50 ㎡/人以上的住房方面所占比例更高。

鉴于以上的研究发现，可以从以下三方面提高我国居民住房条件：

1. 进一步提高农业生产人员、工业生产人员以及商务员的收入水平

通过研究可以发现，负责人、技术人员以及办事员相对于其他职业居民，在商品房购买率、住房宽敞程度上均有较大优势，一方面由于这些职业的户主在社会资源的拥有上更有优势收入更高，另一方面也反映出农业生产人员、工业生产人员、商服员以及不便分类的其他劳动者（例如自有职业人员）在收入水平、社会资源的获取方面的劣势导致其失去获取好的住房条件的机会。因此需要进一步提高这几类职业的收入水平，缩小其与以上几类职业之间的收入差距。

2. 进一步加强对住房困难群体的重视程度

具体措施：(1)加大对经济适用房以及廉租房的建设力度，使更多的住房困难群体达到“居者有其屋”；(2)另外要从根本上杜绝有关人员利用职务之便谋求私利，侵占有限的保障性住房资源。

3. 实现由政府主导的市场调节的政策主体转变，推行社会型住房政策

从社会排斥的视角来看，我国现有的各类住房政策针对的保障对象虽然是中低收入家庭，但是由于其政策条款带来的局限性，其引发的各类社会排斥现象不可避免。因此政府必须转变思路，将房地产政策转入政府的社会政策范畴，由政府主导、控制；同时将福利、公益性质的住房社会政策进行市场化运作。

参考文献：

1. 边燕杰，刘勇利．社会分层、住房产权与居住质量一对中国五普数据的分析[J]．社会学研究，2006(3)：82－98.

2. 易成栋．中国城镇家庭住房来源与产权的省级差异一基于2000年人口普查资料的分析[J]．经济地理，2006(12)：163－165.

3. 易成栋，刘志东．基于Logit模型的中国城镇家庭住房产权的影响因素分析[J]．大连民族学院学报，2006(6)：58－63.

4. 王海涛，任强，蒋耒文．四大城市住房市场化程度及其社会人口学因素分析一以北京、上海、广州和重庆为例[J]．市场与人口分析,2004(10):56—62.
5. 张墨格.我国区域旅游业发展的统计分析[D](硕士学位论文).湖南:湖南大学统计学院,2006.
6. T Heil. Correspondence Factor Analysis: An Outline of Its Method[J]. Mathematical Geology,1975(1):3—12.
7. 朱亚鹏.国外中国住房政策研究:评述与启示[J].学术研究,2006(7):67—72.
8. 殷段飞,朱建平.数据挖掘中一种新的聚类方法—基于对应分析与因子旋转[J].统计研究,2008(1):93—97.
9. 徐志霖,闫平.中国工业产业结构与绩效—基于对应分析方法的研究[J].当代经济科学,2005(2):87—92.
10. 袁亮,唐红桃,陈恭军.对应分析和T—Test在我国居民收入结构中的应用—基于2006年《中国统计年鉴》的实证研究[J].技术经济与管理研究,2007(5):51—54.
11. 国家统计局人口普查办公室,国家统计局人口和就业统计司.中国2010年人口普查资料.北京:中国统计出版社,2012.
12. 刘娜.浅析市场调研中的品牌定位问题[D](硕士学位论文).辽宁:东北财经大学统计学院,2005.
13. 迟国泰,沈一侠,秦学志.基于对应分析的生态评价模型及典型省份的实证研究.[J].中国管理科学,2009(6):183—192.
14. 仇立平.职业地位:社会分层的指示器——上海社会结构与社会分层研究[J].社会学研究,2001,(3).
15. 刘祖云,毛小平.中国城市住房分层:基于2010年广州市千户问卷调查[J].中国社会科学,2012,(2).

东北财经大学统计学院　蒋萍　焦裕鑫

四川家庭居住状况分析

根据第六次全国人口普查（以下简称“六普”）资料和相关历史资料[①]，对四川家庭居住情况进行分析，以期为进一步改善四川家庭居住条件，促进四川家庭发展提供决策参考。

一、四川家庭住房间数和面积

（一）居民住房条件明显提高，但住房困难户仍占一定比例

根据“六普”资料显示，四川家庭户平均每户住房间数和人均住房建筑面积均较“五普”大为提高。2010年，四川家庭户平均每户拥有住房3.25间，人均住房建筑面积为35.12平方米，分别较2000年增加了0.57间和6.87平方米。

与此同时，四川住房困难户大幅减少，但仍占一定比例。2010年，四川人均住房建筑面积在8平方米以下的住房困难户为741722户，较2000年减少306740户，占四川家庭户总数的比重由2000年的4.44%下降至2.88%。其中，无住房家庭户为295619户，占四川家庭户总数的1.15%。

此外，2010年，四川三代及以上家庭户中，住房少于三间的仍有664861户，占家庭户总数的12.79%，给这部分家庭的生活起居带来很大的不便。

（二）地区间住房水平差异较大，甘孜州、凉山州、攀枝花市住房面积偏低

分地区看（见表1），2010年，全省21个市（州）家庭户平均住房间数和人均住房建筑面积均较2000年有所增加。其中，平均住房间数增量最大的是阿坝州，最小的是攀枝花市，分别较2000年增加1.46间和0.32间。人均住房建筑面积增量最大的是广元市，最小的是泸州市，分别较2000年增加12.05平方米和3.28平方米。

表1　四川分地区家庭户的住房间数和面积

单位：间，平方米

地区	平均每户住房间数		人均住房建筑面积	
	2010年	较2000年±	2010年	较2000年±
总计	3.25	0.57	35.12	6.87
成都市	2.95	0.33	36.58	7.02
自贡市	3.05	0.47	32.78	4.72
攀枝花市	2.70	0.32	28.31	5.09
泸州市	3.25	0.66	35.78	3.28
德阳市	3.35	0.93	35.60	9.39
绵阳市	3.37	0.98	40.25	9.11
广元市	3.48	0.86	39.20	12.05
遂宁市	3.09	0.40	34.64	7.11
内江市	3.35	0.41	30.46	5.13
乐山市	3.25	0.58	38.66	6.94
南充市	3.47	0.47	34.48	7.12
眉山市	3.73	0.96	42.83	9.33
宜宾市	3.32	0.71	35.84	5.56
广安市	3.24	0.56	38.52	10.76
达州市	3.00	0.33	31.78	4.86
雅安市	3.57	0.66	36.10	8.67
巴中市	3.82	0.32	31.71	5.10
资阳市	3.41	0.63	36.87	7.22
阿坝州	4.28	1.46	34.77	11.80
甘孜州	3.19	0.38	26.45	7.02
凉山州	2.85	0.71	27.09	4.44

数据来源：《四川省2000年人口普查资料》、《四川省2010年人口普查资料》。

就平均每户住房间数而言，2010年，超过半数的市（州）家庭户平均住房间数高于全省平均水平。其中，位列前三位的分别是阿坝州、巴中市和眉山市；位列后三名的分别是成都市、凉山市和攀枝花市，户均住房间数均低于3间。

就人均住房建筑面积而言，2010年，超过半数

① 文中所指的普查资料数据均为普查时点数，为分析方便，仅以普查年份指代。

的市(州)人均住房建筑面积高于全省平均水平。其中,眉山市和绵阳市人均住房建筑面积超过40平方米。眉山市最高,为42.93平方米,高于全省平均水平7.71个平方米。人均住房建筑面积最小的是甘孜州,仅26.45平方米,低于全省平均水平8.67个平方米。此外,人均住房建筑面积低于30平方米的还有凉山州和攀枝花市。

(三)城乡住房水平均有所提高,城镇住房困难户比重仍高于农村

分城乡看,2010年,四川城镇和农村家庭户平均每户拥有住房2.72间和3.61间,分别较2000年增加了0.31间和0.82间。城乡人均住房建筑面积分别为32.63平方米和36.63平方米,分别较2000年增加了7.56平方米和7.31平方米。

与此同时,四川城乡住房困难户均有所减少,城镇住房困难户比重仍高于农村,但两者差距有所缩小。2010年,四川城镇和农村人均住房建筑面积在8平方米以下的住房困难户分别为567960户和173762户,分别较2000年减少34940户和271800户,占城镇和农村家庭户总数的比重分别由2000年的8.97%和2.63%分别下降至5.40%和1.14%。

此外,2010年,四川城镇三代及以上家庭户中,住房少于三间的有377709户,较农村多90557户,占城镇家庭户总数的23.73%,高于农村15.77个百分点。

表2 2010年四川分地区、建筑年代的家庭户比重

单位:%

地区	1949年以前	1949—1959年	1960—1969年	1970—1979年	1980—1989年	1990—1999年	2000年以后
总计	1.59	1.03	2.96	8.58	20.61	31.11	34.12
成都市	0.75	0.60	1.28	4.00	17.49	34.66	41.23
自贡市	2.47	1.26	3.34	8.84	20.02	37.03	27.04
攀枝花市	0.24	0.36	2.19	13.21	23.01	29.28	31.71
泸州市	2.32	1.31	3.92	9.10	17.62	32.32	33.40
德阳市	0.54	0.49	1.48	4.38	16.61	28.10	48.38
绵阳市	0.69	0.48	1.75	6.53	14.30	24.89	51.36
广元市	1.01	1.04	2.77	8.65	24.25	20.79	41.49
遂宁市	1.12	0.83	3.66	13.32	24.04	31.18	25.85
内江市	1.23	0.90	3.46	9.53	23.50	37.48	23.90
乐山市	1.88	0.95	2.58	7.39	21.93	33.23	32.04
南充市	1.77	1.13	3.49	12.10	26.11	28.87	26.52
眉山市	0.94	0.69	2.17	6.21	18.95	37.02	34.01
宜宾市	2.06	1.09	3.43	9.84	18.81	27.93	36.84
广安市	3.61	1.83	3.83	8.71	19.56	35.14	27.32
达州市	3.96	2.03	4.42	10.17	23.10	30.88	25.44
雅安市	3.61	2.30	4.67	8.98	19.83	27.61	33.01
巴中市	2.17	2.07	6.62	16.62	26.95	22.35	23.22
资阳市	1.24	0.98	3.70	12.81	24.85	32.31	24.10
阿坝州	0.58	0.49	1.22	3.68	12.55	20.24	61.24
甘孜州	0.91	1.18	3.05	5.73	15.86	31.12	42.16
凉山州	0.95	0.71	2.76	7.98	21.85	32.45	33.30

数据来源:《四川省2010年人口普查资料》。

二、四川家庭住房质量

(一)近九成住房建成时间在1980年后,2000年后住房占比超过三成

从建筑年代看,四川家庭户住房建成时间主要集中在1980年以来,占85.84%。其中,1980—1989年、1990—1999年、2000年以后的分别占20.61%、31.11%、34.12%。与2000年相比较而言,住房建成时间在1980年以前的家庭户比重大幅下降,由2000年的27.31%下降至14.16%[①]。

分地区看(见表2),住房建成时间在2000年以后的家庭户比重最高的是阿坝州(61.24%),高于全省平均水平27.11个百分点。最低的是巴中市(23.22%),低于全省平均水平10.90个百分点。

分城乡看(见表3),除1990—1999年和2000年以后外,其他住房建成时间的城镇家庭户比重均低于农村。其中,住房建成时间在2000年以后的两者比重相差最大,城镇家庭户该比重为40.06%,高于农村9.60个百分点。其次是住房建成时间为1990—1999年,两者比重相差5.91个百分点,比重相差最小的是住房建成时间为1949年以前,两者比重仅差0.62个百分点。

表3 2010年四川分城乡、建筑年代的家庭户比重

单位:%

地区	1949年以前	1949—1959年	1960—1969年	1970—1979年	1980—1989年	1990—1999年	2000年以后
总计	1.59	1.03	2.96	8.58	20.61	31.11	34.12
城镇	1.21	0.68	1.54	4.92	17.31	34.27	40.06
农村	1.83	1.24	3.83	10.84	22.66	29.15	30.46

数据来源:《四川省2010年人口普查资料》。

(二)超过九成住房在6层楼以下,平房所占比重大幅下降

从建筑层数看,2010年,四川家庭户住房建筑层数仍以6层楼以下为主,占90.36%,但比重较2000年下降了4.18个百分点。其中,平房所占的比重大幅下降,但仍然占比最大,比重为46.43%,较2000年下降了18.46个百分点。此外,2—6层楼房和7层以上楼房的比重分别由2000年的29.65%和4.18%上升至43.93%和9.64%。

分地区看(见表4),2010年,平房所占比重最高的是凉山州(76.86%),高于全省平均水平30.43个百分点。最低的是成都市(26.21%),低于全省平均水平20.22个百分点。与2000年相比较而言,各市(州)平房所占比重均有所下降,其中比重下降最多的是绵阳市,最少的是凉山州,分别较2000年减少了26.01个和8.51个百分点。

分城乡看,2010年,城乡家庭户住房建筑层数差异大,农村家庭户以平房为主,占64.27%,城镇家庭户则以6层以下楼房为主,占57.41%。其中,城乡平房所占比重相差最大,农村家庭户该比重高于城镇46.68个百分点。此外,城镇6层以下楼房和7层以上楼房所占比重分别高于农村21.81个和24.87个百分点。

① 根据《四川省2010年人口普查资料》,2010年各地区的家庭户户数并未按"本住房中有无其他合住者"分,因此2010年数值反映的是除无房户外,其他所有家庭户的情况,而2000年仅反映其中"住房中无其他合住者"的家庭户情况,两者有所区别,但两者对比仍能在一定程度上反映现实变化情况。

表 4 四川分地区、建筑层数的家庭户比重①

单位:%、百分点

地区	平房		6层以下楼房		7层以上楼房	
	2010年	较2000年±	2010年	较2000年±	2010年	较2000年±
合计	46.43	−18.46	43.93	14.28	9.64	4.18
成都市	26.21	−19.32	54.75	11.81	19.05	7.51
自贡市	39.88	−18.40	48.78	13.90	11.35	4.50
攀枝花市	34.79	−13.45	44.68	6.65	20.52	6.79
泸州市	44.51	−21.01	44.92	16.73	10.57	4.28
德阳市	52.93	−14.89	42.43	14.43	4.64	0.46
绵阳市	40.29	−26.01	51.46	22.72	8.25	3.29
广元市	51.60	−25.05	43.86	23.83	4.54	1.22
遂宁市	49.27	−18.07	40.23	13.36	10.50	4.71
内江市	46.68	−16.36	45.11	14.40	8.21	1.95
乐山市	53.08	−13.61	40.66	11.41	6.26	2.21
南充市	55.01	−16.55	37.02	13.20	7.97	3.35
眉山市	53.39	−15.85	44.31	14.67	2.30	1.18
宜宾市	52.82	−22.98	38.45	19.13	8.73	3.85
广安市	46.15	−18.28	44.74	13.46	9.11	4.82
达州市	43.20	−12.80	45.61	7.37	11.20	5.43
雅安市	42.28	−15.51	52.78	14.18	4.94	1.33
巴中市	67.64	−16.56	22.15	9.52	10.22	7.04
资阳市	52.34	−18.54	41.40	14.99	6.27	3.55
阿坝州	31.90	−21.44	66.17	20.30	1.93	1.14
甘孜州	39.94	−19.75	57.25	18.34	2.81	1.40
凉山州	76.86	−8.51	22.01	7.80	1.14	0.71

数据来源:《四川省2000年人口普查资料》、《四川省2010年人口普查资料》。

(三)住房用途为生活用房的家庭户比重有所下降

从住房用途看,2010年,四川住房用途为生活用房的家庭户比重为97.17%,较2000年下降了1.55个百分点。此外,兼作生产经营用房和无住房的家庭户所占比重分别为2.61%和0.22%。

分地区看(见表5),2010年,住房用途为生活用房的家庭户比重最高的是巴中市(98.48%),最低的是甘孜州(94.39%)。与2000年相比较而言,各市(州)住房用途为生活用房的家庭户比重均有所下降。其中,比重下降最多的是遂宁市,最少的是成都市,分别较2000年减少3.01个和0.41个百分点。

① 根据《四川省2010年人口普查资料》,2010年各地区的家庭户户数并未按"本住房中有无其他合住者"分,因此2010年数值反映的是除无房户外,其他所有家庭户的情况,而2000年仅反映其中"住房中无其他合住者"的家庭户情况,两者有所区别,但两者对比仍能在一定程度上反映现实变化情况,下同。

表5 四川分地区住房用途为生活用房的家庭户比重①

单位：%、百分点

地区	2010年	较2000年±	地区	2010年	较2000年±
合计	97.17	−1.55	南充市	97.24	−1.84
成都市	97.40	−0.41	眉山市	97.33	−1.51
自贡市	97.34	−1.14	宜宾市	96.08	−2.46
攀枝花市	97.72	−0.97	广安市	97.55	−1.30
泸州市	97.08	−1.98	达州市	97.46	−1.65
德阳市	97.22	−1.53	雅安市	97.79	−0.49
绵阳市	97.27	−1.66	巴中市	98.48	−0.78
广元市	96.25	−2.94	资阳市	97.44	−1.57
遂宁市	95.44	−3.01	阿坝州	96.66	−1.89
内江市	97.74	−1.54	甘孜州	94.39	−0.93
乐山市	97.44	−1.53	凉山州	96.71	−2.20

数据来源：《四川省2000年人口普查资料》、《四川省2010年人口普查资料》。

分城乡看，2010年，四川城镇住房用途为生活用房的家庭户比重为96.42%，低于农村1.21个百分点。此外，兼作生产经营用房和无住房的家庭户所占比重分别为3.32%和0.26%，分别高于农村1.15个和0.06个百分点。

三、四川家庭住房设施

(一)住房设施有所改善，但尚需进一步完善

2010年，四川家庭户住房设施中，除无厕所家庭户的比重有所提高外，厨房、自来水、主要炊事燃料、洗澡设施等的整体状况均较2000年有所改善(见表6)。

从厨房使用情况来看，2010年，全省住房内有厨房的家庭户比重为91.76%，较2000年提高0.33个百分点。其中，独立使用厨房的家庭户比重由2000年的89.69%下降到88.05%；与其他住户合用厨房的家庭户比重则较2000年提高1.96个百分点，比重上升至3.71%。

从自来水饮用情况来看，2010年，四川住房内有管道自来水的家庭户比重为44.01%，较2000年提高16.02个百分点，自来水普及状况大为改善，但仍有过半数家庭户无自来水可用。

表6 四川按住房设施分的家庭户构成

单位：%、百分点

住房设施		2010年	较2000年±	住房设施		2010年	较2000年±
厨房	独立使用	88.05	−1.64	洗澡设施	统一供应热水	1.02	0.79
	与其他户合用	3.71	1.96		家庭自装热水器	38.21	24.85
	无	8.24	−0.33		其他	20.04	7.40
住房内有管道自来水		44.01	16.02		无	40.73	−33.05
主要炊事燃料	燃气	31.66	17.01	厕所	独立使用抽水式	25.74	15.44
	电	10.90	8.20		合用抽水式	1.73	1.20
	煤炭	6.58	−19.09		独立使用其他样式	47.75	−24.82
	柴草	49.54	−6.49		合用其他样式	11.69	7.70
	其他	1.31	0.38		无	13.09	0.48

数据来源：《四川省2000年人口普查资料》、《四川省2010年人口普查资料》。

从主要炊事燃料来看，2010年，四川使用柴草的家庭户数量仍居首位，但比重由2000年的56.04%下降到49.54%。此外，全省使用燃气的家庭户增幅最大，使用煤炭的家庭户降幅最大，使得全

① 根据《四川省2010年人口普查资料》，2010年各地区按住房用途分的家庭户户数中包含无住房户，但2000年中无此项数值，因此2010年住房用途为生活用房的家庭户比重的基数较2000年略大，表中同比差距略小于实际数值。

省使用燃气和煤炭的家庭户比重分别由2000年的14.65%和25.68%调整至31.66%和6.58%，燃气超过煤炭，跃居主要炊事燃料次位。

从洗澡设施来看，2010年，四川住房中有洗澡设施的家庭户比重为59.27%，较2000年提高33.05个百分点，洗澡设施改善状况显著。其中，拥有洗澡设施的家庭户仍以家庭自装热水器为主，且比重由2000年的13.36%上升至38.21%。

从厕所使用情况来看，2010年，四川住房中有厕所的家庭户比重为86.91%，较2000年下降0.48个百分点。全省仍以独立使用其他样式厕所的家庭户为主，但比重由2000年的72.58%下降到47.75%。此外，其他厕所使用方式的家庭户均有所增加，独立使用抽水式厕所的家庭户增幅最大，比重较2000年提高15.44个百分点。

(二)地区间住房设施条件差异明显，三州地区住房设施有待进一步改善

分地区看(见表7)，2010年，四川家庭户住房设施状况地区差异明显，三州地区住房内有厨房、洗澡设施、厕所等的家庭户比重均位居全省末位。

就厨房使用情况而言，2010年，住房内有厨房的家庭户比重最高的是广安市(97.17%)，最低的是凉山州(65.77%)，两者之间相差31.39个百分点。全省仅8个市(州)住房内有厨房的家庭户比重低于全省平均水平，其中，三州地区住房内有厨房的家庭户比重尽管较2000年有所提高，但比重仍不到85%。

就主要炊事燃料而言，全省除成都、攀枝花、德阳、雅安四市外，其他市(州)的家庭户均以使用柴草为主。其中，成都、攀枝花、德阳三市的家庭户以使用燃气为主，而雅安市的家庭户则以用电为主。此外，三州地区使用其他炊事燃料的家庭户比重位居全省前列，尤其是甘孜州，尽管比重较2000年(18.68%)有所下降，但仍达17.44%。

表7　2010年四川各地区按住房设施分的家庭户构成

单位:%

地区	住户内有厨房	主要炊事燃料					住房内有管道自来水	住房内有洗澡设施	住房内有厕所
		燃气	电	煤炭	柴草	其他			
总计	91.76	31.66	10.90	6.58	49.54	1.31	44.01	59.27	86.91
成都市	93.58	63.81	13.57	6.39	14.64	1.59	68.37	79.95	91.93
自贡市	95.21	40.15	3.46	3.12	52.35	0.92	43.82	64.08	88.44
攀枝花市	88.10	43.51	33.05	6.28	15.20	1.96	75.85	75.36	86.78
泸州市	93.82	24.48	3.64	19.42	51.66	0.80	37.34	57.47	89.81
德阳市	95.13	41.86	16.99	3.89	36.15	1.12	42.62	70.65	93.10
绵阳市	94.96	39.23	7.64	0.83	51.16	1.15	45.92	60.68	92.25
广元市	92.23	24.69	4.74	3.75	65.59	1.23	43.41	43.81	84.65
遂宁市	91.52	31.48	1.27	1.44	65.23	0.58	33.61	50.26	86.60
内江市	90.19	22.27	13.27	3.29	60.05	1.12	32.75	57.16	84.48
乐山市	95.57	23.49	23.71	2.97	48.99	0.85	42.74	67.08	92.81
南充市	92.86	27.09	1.36	2.18	68.69	0.69	35.17	53.99	89.87
眉山市	95.38	25.00	17.33	4.16	52.56	0.95	31.56	70.56	92.94
宜宾市	94.69	21.86	6.58	23.66	46.85	1.05	36.95	54.89	92.17
广安市	97.17	20.47	7.46	5.15	66.05	0.86	31.21	48.76	94.16
达州市	91.77	24.16	9.07	10.09	56.09	0.58	50.16	59.64	83.37
雅安市	92.39	14.11	35.02	26.76	23.33	0.77	72.89	63.48	87.91
巴中市	90.71	18.28	4.54	6.82	69.50	0.86	33.83	40.37	70.68
资阳市	89.90	16.29	5.32	2.50	74.93	0.96	24.99	45.71	83.88
阿坝州	83.51	5.42	29.06	2.89	53.69	8.94	56.62	47.93	68.47
甘孜州	72.50	3.09	23.00	0.99	55.49	17.44	43.96	19.54	49.74
凉山州	65.77	5.63	24.00	5.93	62.28	2.16	29.38	32.65	57.28

数据来源:《四川省2010年人口普查资料》。

就自来水饮用情况而言，2010 年，全省 21 个市（州）住房内有管道自来水的家庭户比重均较 2000 年有所增加，但仅 6 个市（州）高于全省平均水平。其中，位居全省前三位的仍分别是攀枝花、雅安、成都三市，阿坝州改善最大，比重较 2000 年上升 28.63 个百分点，跃居全省第四位。

就洗澡设施而言，2010 年，全省 21 个市（州）住房内有洗澡设施的家庭户比重也均较 2000 年有所增加，但过半数市（州）低于全省平均水平。其中，位居全省前两位的仍是成都市和攀枝花市，德阳市改善最大，比重较 2000 年提高 43.88 个百分点，跃居全省第三位。甘孜州改善最小，住房内有洗澡设施的家庭户比重仅为 19.54%，仍位居全省末位。

就厕所使用情况而言，2010 年，超过半数的市（州）住房内有厕所的家庭户比重高于全省平均水平，但近半数的市（州）较 2000 年有所下降。其中，巴中市下降最多，比重由 2000 年的 90.95%下降到 70.68%。三州地区尽管情况较 2000 年有所改善，但与全省平均水平仍有较大差距，其中，以甘孜州为最，比重不到 50%，有待进一步改善。

（三）城乡住房设施条件差异大，农村住房设施条件有待提高

分城乡看，2010 年，四川城镇家庭户住房设施条件显著好于农村，具体体现在厨房、自来水、主要炊事燃料、洗澡设施、厕所等方面（见表 8）。与 2000 年相比较而言，城镇家庭户各方面住房设施条件均有所改善，农村则除无厨房和无厕所的家庭户比重有所提高外，其他方面住房设施均有所改善。

从厨房使用情况来看，2010 年，四川城镇住房内有厨房的家庭户比重为 94.09%，高于农村 3.77 个百分点。与 2000 年相比较而言，城镇该比重提高了 5.55 个百分点，农村则下降了 2.23 个百分点。

从自来水饮用情况来看，2010 年，四川城镇住房内有管道自来水的家庭户比重为 83.83%，高于农村 64.46 个百分点。与 2000 年相比较而言，城镇和农村该比重分别提高了 6.92 个和 10.34 个百分点。

从主要炊事燃料来看，2010 年，四川城镇家庭户以使用燃气为主，占 70.57%，农村家庭户则以使用柴草为主，占 74.61%。与 2000 年相比较而言，城镇除使用电和燃气的家庭户比重有所提高外，其他家庭户比重均有所下降；农村除使用煤炭的家庭户比重有所下降外，其他家庭户比重均有所提高。

从洗澡设施来看，2010 年，四川城镇住房中有洗澡设施的家庭户比重为 83.15%，高于农村 38.65 个百分点。与 2000 年相比较而言，城镇和农村该比重分别提高了 30.09 个和 28.68 个百分点。

从厕所使用情况来看，2010 年，四川城镇住房中有厕所的家庭户比重为 92.83%，高于农村 9.58 个百分点。与 2000 年相比较而言，城镇该比重提高了 9.61 个百分点，农村则下降了 5.77 个百分点。

表 8　2010 年四川城乡按住房设施分的家庭户构成

单位：%

住房设施		城镇	农村	住房设施		城镇	农村
厨房	独立使用	90.12	86.77	洗澡设施	统一供应热水	1.96	0.44
	与其他户合用	3.96	3.55		家庭自装热水器	71.14	17.84
	无	5.91	9.68		其他	10.05	26.22
住房内有管道自来水		83.83	19.37		无	40.73	16.85
主要炊事燃料	燃气	70.57	7.58	厕所	独立使用抽水式	53.22	8.74
	电	12.89	9.67		合用抽水式	2.69	1.13
	煤炭	6.13	6.87		独立使用其他样式	30.12	58.67
	柴草	9.03	74.61		合用其他样式	6.80	14.72
	其他	1.38	1.27		无	7.17	16.75

数据来源：《四川省 2010 年人口普查资料》。

四、四川家庭住房来源和费用

(一)四川家庭户购房、租房比重有所上升,月租房费用大幅提高

从住房来源看,2010 年,四川家庭户住房自有率达 89.14%,较 2000 年提高 0.32 个百分点。具体而言,仍以自建为主,占 70.70%,比重较 2000 年减少 6.25 个百分点。此外,购房、租房和其他的比重分别由 2000 年的 11.87%、7.34%和 3.84%调整为 18.44%、7.70%和 3.17%(见图 1、表 10)。

图 1　2010 年四川按住房来源分家庭户构成

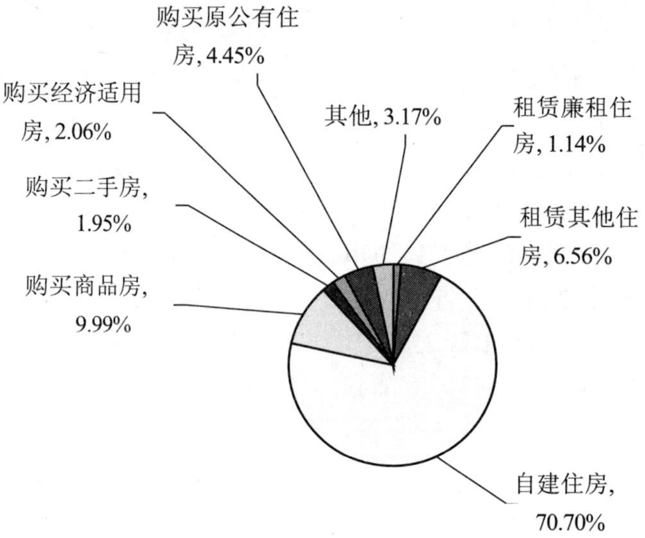

数据来源:《四川省 2010 年人口普查资料》。

从月租房费用来看(见表 9),2010 年,四川家庭户月租房费用以 500 元以下为主,占 75.88%。其中,比重最高的是 200－500 元,占 30.58%。与 2000 年相比较而言,四川除月租房费用在 100 元以下的比重大幅下降外,其他费用段的比重均有所上升。其中,比重上升最多的是 200－500 元,较 2000 年上升 25.07 个百分点。月租房费用在 100 元以下的比重由 2000 年的 83.63%下降至 19.09%,下降了 64.54 个百分点。

表 9　四川按月租房费用分的家庭户构成

单位:%

月租房费用	全省		城镇		农村	
	2010 年	较 2000 年±	2010 年	较 2000 年±	2010 年	较 2000 年±
100 元以下	19.09	－64.54	18.09	－63.55	30.63	－64.05
100－200 元	26.21	16.71	25.37	14.85	35.88	32.04
200－500 元	30.58	25.07	31.19	24.90	23.44	22.29
500－1000 元	16.20	15.10	17.02	15.76	6.64	6.42
1000－1500 元	5.53	5.38	5.85	5.69	1.71	1.66
1500－2000 元	1.20	1.14	1.25	1.19	0.60	0.59
2000 元以上	1.21	1.15	1.22	1.16	1.09	1.05

数据来源:《四川省 2000 年人口普查资料》、《四川省 2010 年人口普查资料》。

(二)各地区家庭户购房比重均有所提高，月租房费用均有所上升

分地区看(见表10)，2010年，除成都市和攀枝花市外，其他市(州)家庭户住房来源均以自建住房为主。与2000年相比较而言，除广元市、雅安市、阿坝州和凉山州外，其他市(州)自建住房比重均有所下降。此外，21个市(州)购房的家庭户比重均有所提高，其中比重上升最多的是巴中市，最少的是雅安市，分别较2000年增加9.80个和0.52个百分点。与全省平均水平差异较大的是租房情况，除成都市、攀枝花市和资阳市外，其他市(州)租房的家庭户比重均较2000年有所下降。

就月租房费用而言(见表11)，2010年，四川各市(州)家庭户情况与全省平均水平一致，月租房费用均以500元以下为主。除成都市(59.51%)和攀枝花市(68.04%)外，其他市(州)月租房费用在500元以下的家庭户比重均高于全省平均水平(75.88%)。与2000年相比较而言，除广安市外，其他市(州)家庭户月租房费用变动情况与全省平均水平一致，均表现为除月租房费用在100元以下的比重大幅下降外，其他费用段的比重均有所上升。其中，租房费用在100元以下的家庭户比重下降最多的是阿坝州，最少的是自贡市，分别较2000年减少74.81个和48.38个百分点。

表10 四川各地区按住房来源分的家庭户构成

单位：%、百分点

地区	自建住房		购房		租房		其他	
	2010年	较2000年±	2010年	较2000年±	2010年	较2000年±	2010年	较2000年±
总计	70.70	−6.25	18.44	6.56	7.70	0.35	3.17	−0.67
成都市	42.18	−17.39	31.06	8.36	19.46	7.36	7.30	1.68
自贡市	69.80	−5.29	21.32	6.85	6.75	−0.48	2.13	−1.08
攀枝花市	39.16	−4.08	38.14	2.24	17.79	2.77	4.91	−0.92
泸州市	73.97	−5.82	18.64	7.86	5.54	−0.71	1.84	−1.32
德阳市	75.05	−3.89	15.80	4.11	6.27	−0.33	2.87	0.11
绵阳市	72.18	−4.16	17.31	5.56	8.62	−0.97	1.89	−0.42
广元市	79.46	0.20	12.36	2.87	5.58	−2.45	2.61	−0.62
遂宁市	76.88	−7.25	17.43	8.24	3.87	−1.28	1.82	0.29
内江市	75.90	−2.96	17.68	5.87	4.34	−2.47	2.08	−0.44
乐山市	72.14	−2.81	19.68	4.81	5.70	−1.13	2.48	−0.88
南充市	78.97	−5.74	15.67	7.37	3.52	−1.04	1.84	−0.59
眉山市	81.07	−4.32	13.95	5.93	3.65	−0.30	1.33	−1.31
宜宾市	76.29	−2.42	14.56	4.41	6.60	−0.39	2.54	−1.60
广安市	80.33	−1.63	14.91	7.79	2.67	−2.17	2.09	−3.99
达州市	77.03	−0.68	16.52	7.70	4.03	−1.53	2.42	−5.49
雅安市	77.84	1.87	14.54	0.52	3.41	−2.47	4.21	0.08
巴中市	79.65	−7.53	14.62	9.80	4.29	−0.90	1.44	−1.37
资阳市	82.15	−4.25	11.80	4.79	4.50	0.04	1.54	−0.58
阿坝州	77.46	5.57	8.94	6.13	6.28	−12.97	7.31	1.27
甘孜州	75.71	−1.22	8.81	4.69	8.47	−6.64	7.02	3.17
凉山州	82.40	1.47	8.86	1.19	5.58	−1.80	3.15	−0.86

数据来源：《四川省2000年人口普查资料》、《四川省2010年人口普查资料》。

表 11　四川各地区按月租房费用分的家庭户构成

单位：%、百分点

地区	100 元以下		100—500 元		500—1000 元		1000 元以上	
	2010 年	较 2000 年±	2010 年	较 2000 年±	2010 年	较 2000 年±	2010 年	较 2000 年±
总计	19.09	−64.54	56.79	41.77	16.20	15.10	7.93	7.67
成都市	6.87	−63.90	52.65	27.30	26.56	23.10	13.93	13.50
自贡市	40.39	−48.38	52.91	41.89	5.51	5.36	1.20	1.13
攀枝花市	24.73	−55.30	63.77	45.18	8.97	7.97	2.52	2.14
泸州市	25.43	−59.51	60.67	46.08	12.28	11.89	1.62	1.54
德阳市	30.01	−56.91	52.68	40.18	13.45	13.02	3.86	3.71
绵阳市	20.07	−64.21	70.82	55.50	6.50	6.22	2.61	2.50
广元市	30.01	−58.66	58.71	47.52	8.90	8.76	2.38	2.38
遂宁市	29.76	−58.99	60.60	50.13	4.61	4.31	5.03	4.56
内江市	36.99	−50.24	54.16	41.73	7.00	6.73	1.85	1.78
乐山市	29.03	−60.48	62.87	52.90	5.46	5.10	2.65	2.48
南充市	20.90	−66.30	63.04	51.33	9.32	8.73	6.74	6.23
眉山市	28.22	−55.60	61.41	45.31	7.12	7.07	3.25	3.22
宜宾市	35.21	−50.38	54.37	40.55	8.97	8.52	1.45	1.32
广安市	29.98	−61.60	63.24	55.46	6.78	6.36	0.00	−0.21
达州市	26.75	−60.57	59.62	48.14	7.31	6.69	6.32	5.73
雅安市	24.77	−64.57	60.60	50.77	8.91	8.32	5.72	5.48
巴中市	25.14	−60.95	60.69	47.42	8.02	7.70	6.15	5.83
资阳市	32.16	−57.19	59.07	48.87	6.88	6.68	1.88	1.64
阿坝州	21.44	−74.81	55.74	52.20	12.86	12.68	9.96	9.93
甘孜州	28.18	−71.82	39.86	39.86	18.06	18.06	13.90	13.90
凉山州	27.44	−61.32	57.01	46.65	10.89	10.21	4.66	4.46

数据来源：《四川省 2000 年人口普查资料》、《四川省 2010 年人口普查资料》。

(三)农村自建住房的家庭户比重大幅高于城镇，城镇家庭户月租房费用整体高于农村

分城乡看，2010 年，四川城镇和农村家庭户住房自有率分别为 75.05%和 97.85%，分别较 2000 年提高 3.48 个和 2.34 个百分点。相比较而言，2010 年，农村自建住房的家庭户比重高达 97.85%，高于城镇 67.78 个百分点。此外，农村家庭户购房、租房和其他的比重分别为 1.24%、0.99% 和 1.16%，分别低于城镇 44.98 个、17.54 个和 5.26 个百分点。与 2000 年相比较而言，农村除自建住房的家庭户比重有所上升外，其他住房来源的家庭户比重均有所下降；城镇则为除自建住房和租房的家庭户比重有所下降外，其他住房来源的家庭户比重均有所上升。

与此同时，四川城镇家庭户月租房费用整体高于农村(见表 9)。除 100 元以下、100—200 元外，其他月租房费用的城镇家庭户比重均高于农村。其中，月租房费用在 100 元以下、100—200 元的城镇家庭户比重分别为 18.09%和 25.37%，分别低于农村家庭户 12.54 个和 10.51 个百分点。此外，城乡比

重相差最大的是月租房费用为500－1000元的，城镇该比重为17.02％，高于农村10.38个百分点。与2000年相比较而言，城乡家庭户均表现为除月租房费用在100元以下的比重大幅下降外，其他费用段的比重均有所上升。

综上所述，四川家庭居住状况有所改善，但地区间、城乡间仍存在较大差异。对此应加大区域统筹、城乡统筹力度，加快保障房建设步伐，为四川家庭提供良好居住条件以促进四川家庭发展。

四川人口和计划生育委员会　四川省统计局
执笔人　周怡